서정목 선생 정년 기념 논총

서정목 선생 정년 기념 논총

서정목 선생 정년 기념 논총 간행위원회

역락

서정목 선생 근영

국립국어원 '쉼표, 마침표' 제67호 대담 때, 서강대 정하상관 앞
(2011. 6.)

서강대 교무처장 때(1999. 11.)

Harvard-Yenching Institute 앞, 방문학자 때(1990. 5.)

심원재 서정목 교수의 정년을 맞아

심원재(心遠齋) 서정목 교수가 정년을 맞았다. 심원재가 서강대학교 문과대학에 발을 들여 놓은 것이 1983년이니, 서강대에서의 교수 생활만 꼽아도 31년이나 된다. 그 전에는 양정고등학교에서 교편을 잡은 일도 있고, 강원대학교와 고려대학교에서도 전임으로 강단에 섰던 일도 있다. 그 모든 과정을 성공적으로 마치고 이제 심원재가 교수직을 떠나려 한다. 교육에 종사한 것이 40년이 넘어 황조근정훈장을 받게 되었다고 한다. 서 교수의 부친도 황조근정훈장을 받았다고 하니, 서 교수 댁은 2대에 걸쳐 교육에 큰 공적을 남겼다는 이야기가 된다. 그 위에 가면 또 어떤 이야기가 숨어 있을지 모른다. 훈장은 외형적인 것이지만, 건강해야 탈수 있다. 필자는 서 교수가 무엇보다도 건강한 몸으로 한 점 티끌도 없이 홀가분하게 대학의 강단을 떠나는 것을 축하하여 마지않는다.

욕심 같아서는 미국의 교수들과 같이 정년을 자기가 선택하면 얼마나 좋을까 생각되지만, 우리의 현실은 그렇지 못하다. 만 65세가 되는 달이 있는 학기가 지나면, 싫든 좋든 대학을 떠나야 한다. 그러나 교수직의 출발이 다른 직에 비하여 상당히 늦는다는 것을 인정한다고 하더라도, 65세 정년을 유지하고 있다는 것은 좋은 일이다. 천수를 다하지 못하여 65세 전에 세상을 떠나는 사람도 있으니, 교수로서 정년을 맞이한다는 것은 그 사실 자체만으로도 경하할 만한 일이다.

정년 후에 또 다른 인생을 선택한 사람도 있는 것을 보면, 생각하기에 따라서는 정년을 반드시 나쁘게 생각할 것만도 아닌 것 같다. 서강대학교에 적을 두셨던 선배 교수님들의 경우를 보아도, 정년 후에 상당한 기간 동안 강의를 맡으셨던 것으로 알고 있다. 심원재도 시간을 맡아 학생들과의 인연을 계속해서 이어갈 것이니, 너무 애석하게 생각할 일도 아니다.

군자에게 삼락이 있다고 한다. 부모가 다 살아 계시고 형제가 무고한 것(父母俱存 兄弟無故)이 첫째 낙이고, 우러러 하늘에 부끄럽지 아니하고 내려 보아 사람에게 부끄럽지 않은 것(仰不愧於天 俯不怍於人)이 둘째 낙이고, 천하의 영재를 얻어 가르치는 것(得天下英材 而敎育之)이 셋째 낙이라고 하였다.

제1낙은 부모가 다 살아 계신 것만으로 군자의 낙이 되는 것을 말한다. 심원재의 아버님께서는 천수를 다하시고 지금은 저 세상에 계시지만, 교장 선생님을 오래 하시어 학교와 지역과 집안에서 두루 존경을 받으셨던 분이다. 어머님은 아흔을 넘기시고 아직 정정하시다고 한다. 조상님의 음덕이 후손들에게까지 미치고 있으니, 심원재는 참으로 복 받은 사람이라 생각된다. 형제들은 무고한 것을 넘어, 자신이 진출한 분야에서 큰 성취를 이루어 남들의 부러움을 사는 분들이다.

정년의 나이에 이르러서는, 부모 형제만이 관련 사항이 되는 것은 아니다. 자손이 번성하고, 큰 성취를 이루는 것 또한 빼놓을 수 없는 일이다. 군자삼락은 30대 군자론(君子論)이라 할 만하다. 심원재의 큰따님은 명지병원 소아응급실장이고, 작은따님은 동아대 교수님이시다. 심원재는 남부럽지 않게 자식 농사도 잘 지었다. 어느 날 손자에게 10분 동안 영어를 가르쳤더니 그날 시험에 백점을 맞아 왔다고 한다. 손자 기르는 재미도 톡톡히 보고 있는 것이다. 그는 분명히 군자삼락 중 첫째 낙을 이룬 사람이다.

우러러 하늘에 부끄럽지 않다는 것은 하늘에 대한 도리를 다하는 것을 말한다. 하늘에 대한 도리는 절대적인 선이나 도덕을 지키는 것을 말한다. 그것은 쉽게 알 수 없는 영역이다. 막스 베버에 의하면 천명(天命)은 맡은 바 일에 충실한 것을 말한다. 이 경우 우리는 심원재가 얼마나 자신이 맡은 일에 충실하였는가를 알고 있다. 교수로서 심원재는 최선을 다하였고, 학교의 보직자로서는 몸을 상할 정도로 혼신의 힘을 다하였다. 이러한 점에서 그는 가히 하늘의 명령을 다하였다고 할 수 있다.

사람에게 부끄럽지 않은 것은 사람에 대한 도리를 다하는 것을 말한다. 심원재는 남편으로 충실하였고, 아들로 충실하였고, 아버지로 충실하였고, 형제로 충실하였고, 동료로 충실하였고, 선배로 충실하였고, 후배로 충실하였고, 친구로 충실하였다. 또 제자로도 충실하였고, 스승으로도 충실하였고, 이웃으로도 충실하였다. 그 모든 측면에서 최선을 다하기를 바라지만, 실제로는 그렇게 되는 것이 얼마나 어려운 일인가 우리 모두 알고 있다. 효자가 반드시 좋은 아버지가 되는 것도 아니고, 좋은 후배가 반드시 좋은 선배가 되는 것도 아니다. 어느 한쪽에 치우치다 보면 다른 한쪽이 소홀하게 되는 것은 피할 수 없는 일이다. 심원재는 사람 사이의 관계에 대해서는 특별히 최선을 다하려고 하였다. 그는 군자삼락의 둘째 낙을 거의 이룬 사람이라 할 수 있다.

천하의 영재를 얻어 가르치는 것에서도 심원재는 누구에게도 뒤지지 않는다. 심원재가 배출한 박사만도 17명이나 되고, 앞으로 학위를 받을 박사 후보들도 4명이나 된다. 이들은 모두 어디에서건 자신의 몫은 충분히 해 낼 수 있는 인물들이다. 이들 중에는 이미 학계의 중진이 된 인물도 있다. 그들 중에는 미래의 어느 날 한국의 언어학계를 호령할 인물도 나올 것이다. 천하의 영재들이 아무에게나 모여든다는 것은 있을 수 없는 일이다. 많은 영재들을 길러 낸 심원재의 노고도 큰 것이지만, 그의 학문적인 깊이가 주위에 사람들을 모으는 것이라 할 수 있다. 심원재의 정년에 맞추어 심원재 자신과 그의 지도를 받은 인물들이 쓴 논문만으로 한 권의 책을 엮어 그의 정년을 기념하는 한국어 문법론 논문집을 만들었다고 하니, 이 또한 경하할 일이 아닐 수 없다. 이는 그의 학덕이 빚어낸 자연스런 결과라고 할 수 있다. 더구나 지금은 등재된 학술지가 아닌 논문집에 실린 논문은 거의 대접을 받지 못한다. 그러한 때에 흔쾌히 정년 논문집에 원고를 실린 이들의 깊은 생각과 뜨거운 성원을 필자는 높이 사지 않을 수 없다.

심원재와 나는 그동안 많은 일을 같이 해 왔다. 래드포드의 *변형문법이란 무엇인가*라는 책도 같이 번역하였고, 그 개정판 *변형문법*도 같이 번역하였다. 당시 원저자 동의가 꼭 필요한 것은 아니었으나, 원저자 동의를 꼭 얻고자 하여 정식 번역서를 낸 것은 참으로 가슴 뿌듯한 일이었다. 고등학교 *작문* 교과서도 같이 집필한 일이 있고, *화법* 교과서도 같이 쓴 일이 있다. 고등학교 문법 자습서도 같이 집필한 일이 있다. 어느 것이든 큰 힘을 보탠 것이 심원재 서정목 선생이었다. 나는 그 날들을 잊지 못한다.

심원재의 앞날에 좋은 일만 가득하기를 빌면서….

2014년 2월
임 홍 빈 씀

축하의 글

西江에서 서 교수님과 함께 지낸 세월은 16년이 조금 넘는다. 결코 짧지 않은 시간이다. 서강에 오기 전에는 가끔 학회에서 만나 피차 목례나 주고받던 사이였던 만큼 한 학과에 적을 두고 함께 지내리라고는 전혀 생각하지 못했다. 그런데 이제 또 무딘 붓을 들어 이 글을 쓰게 되매 새삼 因緣의 소중함과 세월의 무상함을 깨닫는다.

불혹을 넘겨 인연을 맺은 뒤로 서 교수께서는 언제나 흉금을 털어 놓고 대화를 나눌 수 있는 나의 이웃이자 동료였다. 아무리 절친한 사이라도 늘 즐겁고 기쁜 일만 있는 것은 아니어서 때론 이런저런 우여곡절을 겪으면서 다소 소원해질 수 있는 것이 우리네 인생살이지만 나와 서 교수님 사이에는 그런 일이 없다. 이는 늘 너그럽게 남을 배려하는 서 교수님의 人品 때문이리라 생각해 본다.

서 교수께서는 문법론, 방언론, 언어정책 등 국어학의 여러 분야에서 많은 연구 업적을 이루어냈고 후진 양성에 힘을 쏟았다. 또 교내에서는 처장, 학장, 부총장을 역임하면서 학교에 奉仕하기도 하고 학교 밖에서는 국립국어원과 국어심의회에서 국어 정책에 관련된 일도 하면서 쉴 새 없이 바쁜 나날을 보냈다. 이는 모국어에 대한 각별한 애정과 든든한 체력 그리고 남을 포용하고 배려하는 능력이 없이는 감당하기 어려운 일이다. 때문에 간혹 서 교수님의 건강을 걱정하면서 조용히 학문에만 진력하는 것이 좋지 않을까 하는 생각도 한 적이 있다. 훤칠한 체구에 유연한 면모를 지녔지만, 때론 작은 일에도 퍽 세심하게 신경을 쓰는 성격이어서 보직 때문에 마음고생을 할 수도 있겠거니 생각했던 것이다. 그러나 조금도 疏漏함이 없이 그 어렵고 힘든 숱한 일들을 모두 무난히 해 냈으니 그런 생각은 나 혼자만의 杞憂가 아니었던가 한다.

　서 교수께서는 학교의 주요 보직을 맡아 눈코 뜰 새 없이 바쁜 일상에서도 한 번도 결강한 일이 없다. 보직을 맡게 되면 담당 수업을 감당하기도 벅찬 법인데 오히려 책임시수를 넘겨 가면서 강의하기 일쑤였고 밤늦게까지 연구실에 남아 연구에 몰두하곤 하였다. 대학원 강의는 으레 강의 시간을 초과하여 마쳤다. 강의가 끝난 뒤면 언제나 얼굴이 불그스레하게 상기돼 있어 종종 농담 삼아 "너무 열강하지 마십시오!"라는 말을 건네곤 했다. 이는 아마도 교육자로서 타고난 性情에 말미암은 것일 터이다. 정년을 앞두고서는 1년여 동안 자정을 넘겨 가면서까지 연구실을 지켰다. 그간 '원전판독' 시간에 가르쳤던 향가에 대해 의문을 품어왔던 史實들을 꼼꼼하게 검토하면서 이를 바탕으로 향가의 본문에 드러나지 않는 역사적 事實들을 재구성하고 선학들의 향가 해독을 재검토해 보기 위해 그리한 것으로 알고 있다. 그리고 그 연구 결과를 가지고 恩師들을 찾아뵙기도 하였는바, 아마도 정년에 즈음하여 報恩의 심정으로 그리하지 않았는가 생각된다.

　서 교수께서는 오래 전부터 산 좋고 물 좋다는 近畿의 곳곳을 탐방하고 史蹟을 찾는 일이 잦았던 것으로 알고 있다. 사적을 찾아 옛 사람들의 궤적을 살피는 일은 국학을 전공한 이의 개인적 취향이려니 생각하고, 煙霞를 그리워하는 것은 아마도 고향을 떠나 와 빠듯한 일상에 쫓기면서 시름을 털어내고자 하는 마음에서 비롯된 것이리라 생각해 본다. 또 퇴직 후에 조용히 머물 곳을 마음속에 담게 되면서 생긴 것일 듯도 하다. 생각만큼 쉽지는 않겠지만 혹 定處가 마련되면 부디 物外다 桃源이다 하여 그 곳에 묻혀 지내지는 말고 또 찾아오는 문객을 박대하지는 마소서. 將進酒 辭는 아니라도 산수를 배경 삼아 흘러간 유행가 한 구절이라도 흥얼거리며 한 잔 술에 한담이라도 나눌 수 있기를 기대해 본다.

서 교수께서는 두 따님을 훌륭히 키워내 맏이는 인술을 베푸는 길을 걷고 있고 둘째는 대학 강단에 서서 후학들에게 언어학을 가르치고 있다. 언제 보아도 그저 남이 부러워할 만큼 다복하기만 하다.

이제 서강의 제자들이 스승의 학덕을 기리는 자리를 마련하여, 떠나는 스승의 학문적 자취를 되새기고 또 그 가르침을 거름 삼아 일구어 낸 연구 성과를 한 곳에 모아 이 기념 논총을 奉呈한다 하니 이는 참으로 뜻 깊은 일이 아닐 수 없다. 진심으로 慶賀할 일이다.

연구, 교수, 봉사의 길을 걸어온 그 긴 路程이 두루 빛나고 그 자취가 歷然할진대 어찌 그것이 후학의 귀감이 아니 될 것인가. 이제 제도가 씌운 굴레를 벗어 버리고 자유의 몸으로 또 새로운 길을 나섰으니 더욱 건강하시고 그 차고 넘치는 정력으로 일층 학계에 이바지하시기를 바랄 뿐이다.

2014년 2월
곽 충 구 씀

근하(謹賀)

　존경하는 선배 서정목 교수님께서 30여 년간의 교수 생활을 마치고 서강대학교 국어국문학과를 떠나십니다.

　전공도 다르고 이룬 것도 변변찮은 제게 뜻밖에도 축하의 글을 부탁하셔서 무척 놀랐고 또 당치 않다고 생각했습니다만, 선배와의 인연이 적지 않은 저로서 끝내 사양할 수만은 없었습니다. 그래서 선배에 대한 몇몇 추억들을 떠올려서 축하의 인사를 드리고자 합니다.

　제가 1970년에 서울대학교 국어국문학과에 입학한 뒤 2학년이 되어서 동숭동 교정에 다닐 때, 키가 장대처럼 크고 훤칠하게 생긴 하늘같은 4학년 선배께서는 초라한 저를 무척 위축되게 하셨습니다. 게다가 몇 차례의 체육회 때면 그 큰 키로 농구, 배구 코트를 휩쓸어서, 운동에도 별 소질이 없던 저를 더욱 위축시키곤 하셨습니다. 제게는 좋은 선배로 생각되지 않았습니다(선배와 저는 거의 동향인데도……).

　1982년 1월 초에 마산의 경남대학에 있던 저는 신년인사 드리러 이제는 별세하신 지 오래 된 백영 정병욱 선생님 댁에 가서 당시 고려대학에 계셨던 선배 등과 함께 밤드리 놀다가 거기서 잤는데, 아침에 일어나 보니 선배께서 먼저 일어나서 제 윗도리를 바꿔 입고 떠나신 것이었습니다(그 솔고 짧은 옷을 어떻게 입으셨는지, 또 체구 작은 다른 사람의 옷임을 금세 알아차리지 못하셨는지?). 그 때문에 옷을 맞바꾸기 위해 저는 집으로 내려가지도 못하고 그날 반나절 이상이나 우장(雨裝)처럼 긴 소매들을 드리우고서 서울 여기저기의 선생님들 댁을 돌아다녔던 일이 선배와의 추억들 가운데 머릿속에 가장 뚜렷이 남아 있습니다. 이때도 좋은 선배라고 생각되지는 않았을 것 같습니다.

그러다가 세월이 한참 지나, 2000년 봄에 서강대학교에서 선배를 다시 만나서 이후 14년간 가까이에서 지냈습니다(최근 7년간은 사는 곳도 가까웠습니다). 그 동안에 선배께서는, 전과는 달리, 제게 좋은 인상들을 많이 남기셨습니다. 20년 전에 비해 훨씬 명석해지신(?) 데다 본디 후덕한 성품을 지니셔서 일과 삶에 즐겁게 매진하시며, 학내 주요 보직들을 맡아서 합리적인 판단과 과감한 결단력으로써 업무를 바르고 빈틈없이 처리하시는 모습은 저를 경복(敬服)시켰습니다. 또한 정년퇴직을 눈앞에 둔 때에도 오랜 향가 연구의 성과를 꿰는 저술들에 불철주야 진력하시던 모습은 안쓰럽기도 했지만, 참으로 보기 좋았습니다. 그리고 국문학(고전시가) 전공이면서도 국어학 분야에서 알아야 할 점들이 무척 많았던 저의 시시콜콜한 질문들에 대하여 늘 친절하게 답해 주셨고, 간혹 제가 무례하게 굴어도 너그럽게 품어 주셨으며, 격려와 도움을 아끼지 않으셨습니다. 좋은 선배로 바뀌셨던 것입니다. 아니 실은 처음부터 좋은 선배셨습니다. 그 동안의 보살피심에 대하여 깊이 감사드립니다.

이렇게 오랫동안 깊은 인연을 맺어온 좋은 선배를 앞으로는 전처럼 자주 뵙기가 어렵다고 생각하니, 제 마음이 무척 허전합니다. 그렇지만 한때 걱정스럽기도 했던 상태를 극복하여 건강한 모습으로 퇴직하시니, 큰 축하를 드려야 마땅할 것입니다.

선배께서는 30여 년 동안 국어학 분야에서 높은 연구 업적을 이루시고 많은 제자들을 길러내셔서, 학계와 학교에 크게 기여하셨습니다. 그리고 국어 정책 등의 면에서 국가 사회에도 이바지하셨습니다.

지금까지 선배의 훈도를 받은 후학들이 선배의 정년퇴직을 맞아 그러한 큰 공적과 은덕을 기리는 논문집을 마련했다고 합니다. 요즘에는 보기 쉽지 않은 훈훈한 미담으로서, 선배께서 오랫동안 기울이신 열성과 베푸신 은택의 한 보람이라고 할 수 있고, 또한 '그 스승에 그 제자'라고 할 것입니다.

　선배께서는 떠나시는 모습도 무척 아름답습니다. 부디 퇴직하신 뒤에도 늘 건강히 그리고 즐겁게 일과 삶을 누리시기 바랍니다.

2014년 2월
후배 **성 호 경** 삼가 씀

푸르른 바탕화면처럼, 심원재 선생님

김 승 희

사람마다 나는 자기의 바탕화면을 이끌고 다닌다고 생각한다,
심원재(心遠齋) 서정목 선생님,
그의 바탕화면은 기파랑(耆婆郞)처럼 키 큰 잣나무,
키 큰 잣나무 가지 높고 푸르러 환한 달에 닿고
젊음의 푸른 끝가지 하나 늘 머나먼 심원재를 향해 뻗으며 살았는데
어느 새 가을이 왔나,
청산여화도(靑山如畵圖)인데 인상모미성(人常慕未成)이라고
청산은 그림 같은데 사람은 이루지 못한 꿈을 그리워할까?

고전 문헌들이 가득 쌓인 심원재는 시간보다도 더 오래된
포도주 향기로 그윽하고
심원재의 세계에는 빨간 책, 까만 책도 살고
언어학 개론, 중세국어 문법도 살고 한국어의 문장구조도 살고
생성 통사론도 촘스키도, 의문문 종결어미들도 살고
향가도 살고 기파랑도 살고 죽지랑(竹旨郞)도 살고
심원재의 세계는 늘 고요하지만 학문의 도전과 극적 대화가 들끓는 곳,

거기에서 그의 기상, 열정, 고고한 맑음이 나왔는가,

심원재 서정목 선생님,
"세한연후 지송백지후조(歲寒然後 知松柏之後凋)"라고
추운 겨울에는 소나무 백송(白松)나무도 약간 움츠려 잎을 접는데
우리 인생도 겨울을 맞이하여
그저 약간 움츠릴 따름이라고,
그저 약간 움츠린 뒤 푸르른 소나무 백송나무는 다시 더 푸르러져
그의 바탕화면은 내내 푸르른 향기로 가득하리라고

뜻 깊은 제자들은 그 바탕화면을 제 학문의 첫 마음에 깔아
다시 기파랑처럼 푸르른 기상의 잣나무들을
자기의 바탕화면으로 정하고
총총 분주하게 봄의 강물처럼 맑은 소리로
고대국어 문헌과 향찰, 중세국어,
고향 어머니 맬[母語], 변형생성 통사론
논한 심원재의 책을 읽으리라.

2014. 2.

차례

| 어미의 문법 |

| 단어의 문법 |

| 어미의 문법 |

문말앞 형태소의 통사적 지위에 대하여

서 정 목

1. 도입

핵 계층 이론(X'-Theory)에 의하여 한국어의[1] 문장 구조를 생성할 때 부딪히는 어려운 문제 가운데 하나는 문말앞(pre-sentence final) 형태소의 처리이다.[2] 이 글은 한국어의 문말앞 형태소들의 기능과 통사적 자격을 논의

---

1) 필자는 그동안 '국어'라는 말을 주로 사용해 왔다. 일제 치하에서 우리말을 지키고자 했던 선열들이 '조선어'라는 말 대신에 '국어'라는 말을 얼마나 쓰고 싶었을까를 생각하면서, 독립 국가의 공식 말을 '국어'로 부르는 것이 당연하다고 생각하였기 때문이다. 그러나 이제 '한국어'라는 말을 쓰는 것이 더욱 귀중한 시대가 되었다. '민족어'니 '조선어'니 '겨레말'이니 하는 말이 유행하는 이 위중한 시대를 맞아, 나를 키워준 나라, 내가 지킨 나라, 그리고 우리 후손들이 살아갈 나라인 '대한민국'의 언어, 그 언어를 가리키는 '한국어'라는 말을 쓰는 것이 '국어'라는 말을 쓰는 것보다 더 급하고 중요한 일이 되었다. 우리가 지켜야 할 언어는 '민족어'도 '겨레말'도 '조선어'도 아닌 바로 '한국어'인 것이다.

2) 형태소는 문제가 있는 술어이다. 언어학의 형태는 '의미를 지니는 최소의 언어 단위'이다. 그러나 '형태'라는 일상어는 이러한 개념을 지니지 못한다. 일상어 '형태'는 '사물의 생김새'이다. 일상어와 학술어가 차이 나면 날수록 그 학문은 일반인의 삶으로부터 멀어진다. 문법적 의미이든 어휘적 의미이든 의미를 지니는 최소의 언어 단위는 의미의 최소 단위인 것이고 그것은 형태소가 아니라 의미소이다. 형태소라는 술어를 가르쳐 본 사람은 이 술어 하나 때문에 언어학에 정이 떨어져 버리는 학생도 있을 수 있다는 경험을 하였을 것이다. 중학생에게야 얼마나 어려운 말이 되겠는가? 조사, 어미는 문법 의미소인 것이고, 단일어와 파생 접사는 어휘 의미소인 것이다. 문법론은 문법 의미를 연구하는 것이고, 어휘론은 어휘 의미를 연구하는 것이다. 둘 이상의 어휘 의미소가 합쳐 단어가 만들어지는 것은 조어론이 할

하는 데에 핵 계층 이론이 어떻게 응용될 수 있는지에 대하여 살펴보기로 한다.

한국어에서는 여러 문말앞 형태소들이 미묘한 문법적 의미 차이를 문장의 명제적 의미(어휘적 의미)에 덧붙이는 문법적 기능을 수행한다. 한국어의 문장은 '명제+문말앞 의미+문말 의미(proposition+pre-final meaning+final meaning)'으로 이루어져 있다. 문말 의미는 문말 어미에 의하여 실현되는 것으로 그 문장의 통사적 자격을 나타낸다. 문말 어미는 정동사 어미(=종결 어미), 부동사 어미(=접속 어미), 동명사 어미(=관형형 어미, 명사형 어미)로 나누어진다. 정동사 어미는 문장의 종류[평서, 감탄, 의문, 명령, 청유 등의 통사적 서법]을 결정하고, 부동사 어미는 그 절이 동사구에 내포되거나 또는 문장에 내포되어 접속됨을 나타내며, 동명사 어미는 그 절이 명사구에 내포되는 명사절, 관형절임을 나타낸다. 이들은 생성 통사론의 COMP [문장자]에 해당하는 것으로 CP의 핵(head)이 된다.[3]

문말앞 형태소에 의하여 표시되는 문법적 기능은 크게 경어법, 시제, 인식 양태, 인식 시점, 발화 양태로 나눌 수 있다.[4] 이러한 명제 외적 의미들이 일일이 문법 형태소들에 의하여 표시된다는 점이 한국어를 다른 언어들과 구별 짓는 가장 뚜렷한 문법적 특징이다. 그러므로 이러한 문법적 기능을 담당하는 문말앞 형태소들을 통사 구조에 반영하지 않고서는 한국어의 통사 구조에 대한 기술이 제대로 이루어졌다고 할 수 없다.

일이고 그것은 어휘론의 일부이다. 변이 형태는 의미소의 변이형으로 설명하면 된다. 이때의 '-형'이라는 말은 일상어이다. 그러나 이 글에서는 관례에 따라 아직은 의미소라는 뜻으로 형태소라는 술어를 사용한다. 흔히 의미 자질(semantic feature, sememe)을 의미소라 번역하기도 하는데 잘못된 번역이다. 의미 자질은 언어 단위가 아니므로 '-소'가 될 수 없다. 의미소와 의미 자질의 관계는 음소와 음성 자질(phonetic feature)의 관계와 같다.

3) 문말 어미의 통사적 지위에 관해서는 서정목(1984, 1987, 1998 : 247~261) 등에서 논의하였다.
4) 중세 한국어는 여기에 감탄 표현 '-도-', 의도의 '-오/우-' 등을 더 넣어야 한다. 그러나 현대 한국어에서는 감탄 표현이 문말 어미 '-구나, -구려'에 의하여 표시된다고 볼 수도 있고 의도의 '-오/우-'는 없으므로 이 글에서는 제외하였다.

이 글에서는 한국어의 시제와 양태 표현 문말앞 형태소들이 XP의 핵 으로서 VP와 CP 사이에서 TP, EMP, ETP 등의 계층적 구조를 이루고 있음을 보이고, 각 형태소들의 기능이 시제, 인식 양태, 인식 시제로 나 누어짐을 보이고자 한다. 한국어에는 이 밖에도 경어법과 발화 양태를 나 타내는 문말앞 형태소가 있다. 경어법 형태소는 존경(주체 존대)법의 '-(으) 시-', (화자)겸양(객체 존대)법의 '-습-~-ㅂ-', 공손(청자 존대)법의 '-이-' 로 나누어진다. 발화 양태 '-(으)니-', '-(으)리-'는 경어법 형태소와 밀 접한 관련을 맺는다. 이 글에서는 이들을 제외한 시제, 인식 양태, 인식 시점을 표시하는 형태소들의 통사적 처리에 대한 필자의 방안을 제시하 고자 한다.5)

이 문말앞 형태소들이 용언의 굴절(어형 변화)로 나타난다는 점과 동사 가 기본 문형의 유형을 결정짓는다는 점을 중시하여 한국어 통사 기술이 용언, 혹은 동사를 중심으로 이루어져야 한다는 생각을 할 수도 있다. 옳 은 생각이다. 그러나 이러한 내용을 말하는 논저들이 흔히 '용언, 혹은 동사가 문장의 핵이다.'라고 표현하면서, '그런데 왜 생성 통사론에서는 형 태소가 핵이라고 하는가?'라는 엉뚱한 물음을 제기하는 것을 볼 수 있다.

용언은 문장의 명제적 의미의 중심일 뿐이다. '용언이 문장의 핵이다.' 고 할 때의 '핵'은 핵 계층 이론의 핵과는 다른 모호한 개념이다. 그냥 중심, 그것도 명제적 의미의 중심이라고 생각하면 그만이다. 핵 계층 이 론에서의 '핵'은 엄격히 정의된 것으로 모든 XP의 중심이 되는 X를 가 리키는 것이다. NP에서는 N이 핵이고, ADVP에서는 ADV가 핵이며,

---

5) '확실성'의 발화 양태를 나타내는 '-(으)니-'는 화자 겸양법의 '-습-~-ㅂ-'과 공손법의 '-이-'와 거의 항상 함께 붙어 다닌다. '-(으)리-'는 독립적으로 나타난다. 이들에 대한 논 의는 통시적 변화 과정과 방언형의 차이 등을 고려하여 면밀하게 이루어져야 한다. 이들에 대한 설명 방식은 일단은 서정목(1998 : 262~267)에서 논의한 것으로 대신한다. 물론 이들 도 하나씩의 교점을 차지하여 계층적 구조를 이룬다. 다만 음성 형식부에서 긴밀히 융합되 어 하나의 단위처럼 움직이는 경향이 있다.

COPP에서는 COP가 핵이다. 동사는 VP의 핵일 따름이다. C에 속하는 형태소는 CP의 핵이며, T에 속하는 형태소는 TP의 핵이다. 문장, 즉 과거의 S가 TP로 대체되어 문장이라는 단위가 없어지는 이론 속에 무슨 '문장의 핵'이 있겠는가?

2. 시제(Tense)

시제는 사태가 일어난 시점과 발화 시점의 선후 관계를 나타내는 문법 범주이다. 사태시가 발화시보다 더 앞서면 과거 시제이고, 사태시와 발화시가 동시이거나 사태시가 발화시보다 더 뒤에 일어나면 비과거(현재나 미래) 시제이다. 물론 사태시가 발화시보다 더 뒤에 일어날 사태라면 미래 시제라 할 수 있다. 그러나 중요한 것은 그러한 시간적 선후 관계를 나타내는 형태소가 그 언어에 존재하는가 하는 것이다. 한국어에는 미래 시제를 나타내는 형태소가 따로 없다. 그러므로 시제 범주 속에 미래 시제는 설정될 수 없다. 그냥 과거와 비과거의 대립이 있을 뿐이다.

명제 속에 들어 있는 사태[동작, 상태, 지정]가, 말하는 시점(발화시)보다 더 먼저 일어났다는 것을 표시하는 형태소가 존재할 때 그 언어의 문법 체계에는 과거 시제를 표시하는 장치가 있다고 할 수 있다. 그리고 그와 대립되어 사태가 말하는 시점과 동시에 일어나고 있음을 표시하는 형태소가 존재할 때 현재 시제를 표시하는 장치가 있다고 할 수 있는 것이다. 그래야 비로소 그 언어 문법 체계에 시제라는 문법 범주가 존재한다고 말할 수 있다.

한국어에는 명백하게 사태시가 발화시보다 앞선다는 것을 나타내는 형태소가 있다. 다음에서 보는 '-었-'이 그러한 형태소이다.

    (1) 가. 유곤이가 삼국유사를 읽-었-다.

       나. 유곤이가 삼국유사를 다 읽-었-다는 말이냐?

       다. 어디까지 읽-었-느-냐?

    (1가)에서 '-었-'은 말하는 시점보다 더 앞에 주어의 '읽은 동작'이 있었음을 나타낸다. 이 말하는 시점보다 '동작 시점'이 더 앞서 일어난 것, 그것이 언어학상의 과거 시제이다. 그러므로 시제는 문장의 주어의 동작, 상태 등의 시간적 위치가 발화하는 시점과 비교되는 것이다. 그런데 이때의 동작이나 상태의 시점이라고 하는 것은 당연히 주어의 동작이나 상태의 시점이다.6)

    (1나)에서는 부사 '다'를 넣음으로써 '읽었다'라는 동작이 다 완료되어야 하는 것처럼 보여 '완료'라는 문법 범주를 나타낸다고 말할 수도 있다. 그러나 그렇게 '-었-'을 통하여 완료의 의미가 나타나는 현상은 발화시보다 앞선 동작이라는 설명 속에 포괄된다.7)

    (1가, 나)의 '-었-'은 사태시가 발화시보다 더 먼저 일어났다는 것을 나타낸다. 그러므로 과거 시제를 표시한다고 할 수 있다. 그러면 현재, 즉 발화시와 사태시가 동시임을 나타내는 형태소는 존재하는가? 즉, 현재

---

6) 이것이 시제가 양태와 구분되는 핵심 조건이다. 시제는 주어와 관련된다. 그러나 양태는 화자나, 청자의 심리적 태도를 표시하는 것으로 주어와는 아무 관련이 없다. 흔히 주어의 양태로 오인되는, 1인칭 주어 평서문이나 2인칭 주어 의문문에 나타난 '-겠-'의 '의도' 표시 기능은 '우연히 주어로 나타난 화자나 청자의 양태'이지 절대로 주어의 양태가 아니다. '의도'의 '-겠-'을 행위 양태로 설명하는 것은 잘못된 것이다. 한국어에는 행위 양태는 없고 인식 양태만 있을 뿐이다.

7) '상(aspect)'이라는 문법 범주는 사태가 다 끝났는가(완료), 진행 중(비완료)인가를 나타내는 것이다. 다 끝난 것은 과거에 포괄되고 진행 중인 것은 현재에 포괄된다. 문제는 한국어의 '-었-'이 나타내는 시간 표현 현상을, '완료 : 비완료'로 설명하는 것이 더 잘 설명되는가, '과거 : 비과거'로 설명하는 것이 더 잘 설명되는가 하는 것이다. 그러므로 '-었-'이 과거 시제가 아니고 완료를 나타낸다거나, 완료가 아니고 과거 시제를 나타낸다고 하는 논의는 초점이 어긋난 논쟁이다. 이 글은 당연히 '과거 : 비과거'로 설명하는 것이 '완료 : 비완료'로 설명하는 것보다 더 설명력이 크다고 본다.

시제를 표시하는 형태소도 존재하는가? 그것은 그렇지 않다.

> (2) 가. 그 산은 그가 오르기엔 너무 높-았-다.
> 나. 저 산은 그가 오르기엔 너무 높-○-다.
> 다. 저 산은 먼 후일 오르기에도 너무 높-○-다.

> (3) 가. 그는 그때 학생이-었-다.
> 나. 그는 아직 학생이-○-다.

(2가)에서 '-았-'이 나타난 자리에 (2나)에서는 아무 형태소도 나타나 있지 않다. 그런데 (2가)에서는 사태, 즉 '산이 높은 상태'가 말하는 시점보다 더 앞서는 데 반하여, (2나)에서는 발화시와 사태, 즉 '산이 높은 상태'가 동시임을 알 수 있다. 아무 형태소 없이도 비과거 시제가 표시되는 것이다. (2다)에서는 발화시보다 더 뒤지는 시점을 표시한다고 보아도 아무런 형태소 없이 그 의미를 나타낸다. 그러므로 한국어의 시제 체계는 '과거 : 비과거'의 대립 체계를 이루고 있는 것이다. (3가)와 (3나)도 VP의 핵이 지정사['이-']라는 차이만 있을 뿐 형용사가 VP의 핵인 (2)와 동일하다.

이에 대하여 "한국어는 현재 시제를 영 형태소로 나타낸다."라는 설명을 하는 논저들이 있다. 그러나 정상적인 언어 이론에서는 영 형태소는 존재하지 않는다. 미국의 기술 언어학자들도 영 형태소의 설정은 가능한 한 피하는 것이 좋다고 하고 있다(Nida 1949 참고). 만약 복수 '-들'에 대조시켜 단수 '-○' 형태소를 설정하고 존경(주체 존대)법의 '-(으)시-'에 대조시켜 안 높임의 '-○-' 형태소를 설정한다고 해 보자. 그러면 문법 체계의 도처에 영 형태소가 넘쳐날 것이다.[8]

---

8) 현재까지 필자는 한국어 문법 기술에서 영 형태소의 설정이 필요한 경우를 발견하지 못하였

그리고 "어떤 문법적 의미가 있는데 그 의미를 나타내는 형태소는 '-0-'이다."라고 하는 말은, "어떤 문법적 의미가 있는데 그 의미를 나타내는 형태소는 A이고, 그와 대립하는 의미는 A를 선택하지 않는 것과 동가이다."와 같다. 그러므로 우리는 어떤 문법적 의미를 나타내는 형태소가 항상 '-0-'으로 실현된다는 취지의 '영 형태소'를 인정하지 않는다. 항상 0으로 나타내는 형태소는 그냥 없는 것으로 보아야지 거기에 무슨 0을 둘 필요가 있겠는가?

이것은, 일반적으로는 B로 실현되는 형태소가 특정 환경에서 0으로 나타날 때 거기에는 형태소 B의 영 변이 형태가 있다고 설명하는 것과는 전혀 다른 이론이다. 우리는 영 변이 형태는 인정하지만 영 형태소는 인정하지 않는다.

그러면 이 경우는 어떻게 설명할 것인가? 그것은 이 자리에 T라는 명칭을 가진 종단 교점이 있고 그 교점에 '-었-'이 선택[삽입]되면 그 뜻이 나타나고 선택되지 않으면 '-었-'의 뜻이 나타나지 않아 그와 대립되는 비과거 시제의 뜻이 표현된다고 설명하는 것이다. 즉, 비과거 시제를 나타내는 별도의 형태소가 있는 것이 아니라 '-었-'의 부재에 의하여 비과거 시제의 의미가 나타난다고 하면 된다. 이 부재를 뜻하는 표시로 이 글에서는 비어 있는 공(空)을 뜻하는 ○을 사용하기로 한다.

그러므로 '-었-'의 선택과 불선택이 한국어에서는 시제를 나타내는 문법 장치이다. 그리하여 '-었-'이 선택되는 자리, 즉 교점이 시제를 나타내는 것으로 보고 이를 T(ense) 교점으로 설정한다. 그러면 '-었-'은 T 교점에서 처리할 수 있다. 물론 '-었-'이 선택되지 않으면 비과거 시제를 나타낸다. 그러니까 비과거 시제를 나타내는 형태소는 없는 셈이다.

다. 영 변이 형태는 필요한 경우가 있지만 영 형태소의 설정이 필요한 경우는 아무 데도 없었다.

그러면 '-었-'이 TP의 핵이 된다.[9]

여기서 '-었-'이나 '-었-'이 없음에 의하여 나타나는 주어의 동작이나 상태의 시간적 위치를 나타내는 시제적 의미는, 문장의 종류(통사적 서법)가 바뀌어도 변하지 않는다는 사실에 주목할 필요가 있다.

(4가, 나)에서 '-었-'은 주어 '순이'의 동작 시점을 나타낸다. '순이가 책을 읽은' 시점이 발화시보다 앞선다는 것을 나타내는 것이다. 이와는 대조적으로 (4나)의 '-겠-'은 주어 '순이'와 관련되는 것이 아니다. (4나)의 '-겠-'은 이 질문에 응답해야 하는 청자 '정희'에게 '추측하여' 응답할 것을 요구한다. 즉, 의문문에서의 '-겠-'은 '청자의 추측'을 나타내는 것이다. (4나)에 대한 응답인 평서문 (4다)의 '-겠-'은 화자인 정희의 추측을 나타낸 것이다. 이 둘 모두에서 '-겠-'은 주어 '순이'와는 아무런 관련을 맺지 않고, 평서문에서는 화자와 관련을 맺고 의문문에서는 청자와 관련을 맺는 것이다. (4)의 [   ]는 이 관계를 나타낸 것이다.

> (4) 가. 정희가 영수에게 : [순이가 삼국유사를 읽-었]-다.
> 　　나. 영수가 [정희에게 : 순이가 삼국유사를 읽-었-겠]-느-냐?
> 　　다. [정희가 영수에게 : 순이가 삼국유사를 읽-었-겠]-다.

이것이 주어의 동작, 상태, 즉 명제의 시간적 위치를 표시하는 시제 형태소의 기능과, 화자나 청자의 인식 방식이나 인식 시점, 발화의 확실성 여부를 나타내는 양태 형태소의 기능 사이의 본질적인 차이이다. 시제는 명제의 시간적 위치를 나타낸다. 그러나 양태는 명제를 떠나서 명제 바깥의 화자나 청자의 인식 방식, 인식 시점, 발화의 확실성 여부를 나타내는

---

9) '-었었-'을 어떻게 처리할지 하는 문제가 남는다. 과거 시제를 표시하는 형태소가 둘 중첩된다는 것은 '먹었다'와 '먹었었다'를 다 사용하는 화자가 있다면 구분해야 할 필요가 있다. '너는 언제 그 책을 읽었었느냐?'와 '너는 언제 그 책을 읽었느냐?'의 차이는 크지 않거나 앞의 것이 이상한 것으로 판단된다.

것이다.10) 양태적 의미는 기본적으로 평서문에서는 화자와 관련되지만 의문문에서는 청자와 관련된다.

이 '-었-'의 선택과 '-었-'의 불선택이 시제(Tense) 범주를 이룬다고 보고 T로 약자화하면, '-었-'이 문장의 통사 구조 속에 들어오는 절차는 (가)처럼 표시할 수 있다.

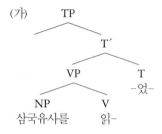

(가)

3. '추측'의 인식 양태

인식은 화자나 청자가 사태를 알게 되는 과정이다. 인간이 사태를 알게 되는 방식에는 여러 가지가 있을 수 있다. 들어서 알고, 보아서 알고, 맡아서 알고, 맛보아 알고, 만져서 아는 것 등이 그것이다. 그러나 이 여러 가지 앎의 방식도, 그것이 문법 형태소로 표시될 때에만 그러한 방식

---

10) 흔히 양태를 화자의 '심리적 태도'를 나타낸다고 정의하는데 이는 한국어에는 적절하지 않은 정의이다. 첫째는 심리적 태도라는 말이 정확하게 정의되는 말이 아니다. 둘째는 한국어의 양태 관련 문말앞 형태소 가운데 심리적 태도와 관련되지 않는 것도 있다. 양태와 관련지어 논의해야 할 형태소는 '-겠-'과 '-더-', '-느-', '-(으)니-', '-(으)리-'이다. '-겠-'은 추측하여 알았다는 '인식의 방식'을 나타낸 것이고, '-느-', '-더-'는 '발화시와 인식시의 선동(先同) 관계'를 나타내는 것이며, '-(으)니-', '-(으)리-'는 발화의 확실성 여부를 나타내는 것이다. 이들 가운데 발화의 확실성 여부를 나타내는 '-(으)니-', '-(으)리-'는 어느 정도 화자나 청자의 심리적 태도를 나타내는 것이라 할 수 있지만, 나머지 세 형태소는 심리적 태도라는 말로 표현할 수 없는 고유의 기능을 가진다. 양태를 엄밀하게 화자, 청자의 심리적 태도라고 정의하면 그에 가장 적합한 것은 '-(으)니-'와 '-(으)리-'이다.

을 표시하는 문법 범주가 그 언어에 있다고 말할 수 있다.

형태소에 의하여 표시되지 않고 여러 형태소가 통합되어 인식의 방식을 나타내는 경우가 있다면, 그러한 기능 표시는 문법 범주로서 존재하는 것이 아니고 통사적 구성으로 나타내는 의미가 되는 것이다. 마치 형태소가 통사적 단위가 되고, 형태소의 통합체가 구성으로서 형태소로 나타낼 수 없는 복합적인 뜻을 표현하는 것과 같다. 이른바 우언적 표현이 그러한 것이다.

'-을 것이다'는 '추측'의 의미를 나타내지만 이것이 '추측'을 나타내는 형태소가 아니기 때문에 이를 근거로 해서는 '추측의 양태'가 존재한다고 할 수 없다. '-을 수 있다'는 능력을 나타내지만 이를 근거로 '능력'을 나타내는 문법 범주가 있다고 말할 수도 없다. 이러한 우언적 표현으로 나타내는 의미는 문법 범주로 존재하는 것이 아니다.

하나의 형태소에 의하여 인식의 방식을 나타낼 때 그것이 이른바 문법 범주로서의 '인식 양태'라는 범주를 이룬다. 한국어에서 대표적인 인식 양태의 형태소로는 '추측에 의한 인식'을 나타내는 '-겠-'을 들 수 있다. '추측'은 일에 대하여 알게 되는 한 방식이다. '-겠-'은 이 인식의 방식을 나타내는 문법 장치이다. '추측'은 인간이 사태를 인식하는 한 방식이므로, 인식의 방식을 양태의 일종으로 보고 이를 '인식 양태'라 하기로 한다.

'추측하여 알게 된' 일은 '-겠-'으로 표현한다. 당연히 추측은 알지 못하는 일에 대하여 하는 사고 행위이므로 알지 못하는 미래의 일도 우리는 '추측'으로 표현한다. 아니 추측의 양태로써 미래의 사태에 대한 시간 표시도 가능하다. (5)에서 '-ㅇ-'은 '-었-'이 선택되지 않고 그 교점이 공(空)으로 비어 있어서 시제상으로 비과거임을 나타낸다.

(5) 가. 내일쯤 비가 오-ㅇ-겠-다.
　　나. 저 산이 더 높-ㅇ-겠-다.
　　다. 저 너머가 바다-이-ㅇ-겠-다.

(5가, 나, 다)에서 '-겠-'은 추측을 나타낸다. 이 추측은 주어가 3인칭 명사구일 때 가장 분명하게 드러난다. (5)에서 '추측'은 주체인 '비'나 '산', '저 너머'의 추측이 아니다. (5)에서 주어는 추측하는 행위자가 아닌 것이다. (5)에서 추측하는 주체는 '화자'이다. (5)는 평서문이다. 즉, 평서 문에서 추측하는 주체는 화자이다. 평서문의 인식의 주체, 즉 추측하여 그 일을 아는 주체는 화자이다.

이에 대당하는 의문문 (6)을 보면 그 추측의 주체가 달라짐을 알 수 있다. (6가, 나, 다)에서 추측해야 하는 주체는 화자가 아니라 청자이다. 청자가 추측하여 물음에 대하여 응답해야 하는 것이다. 그러므로 의문문의 인식의 주체는 청자라 할 수 있다. 언어 화행, 특히 대화의 한 유형이 묻고 답하는 것이라고 보면, 물을 때는 청자의 추측을 묻는 것이고, 이 물음에 답해야 하는 청자는 이번에는 역할을 바꾸어 화자로서 평서문으로 답하는 것이다.

(6) 가. 내일쯤 비가 오-ㅇ-겠-느-냐?
　　나. 저 산이 더 높-ㅇ-겠-느-냐?
　　다. 저 너머가 바다-이-ㅇ-겠-느-냐?

평서문이란 응답이고 의문문이란 물음이다. 평서문인가 의문문인가에 따라 인식 주체가 화자인가 청자인가로 바뀐다. '-겠-'은 항상 화자나 청자와 관련된 것으로 결코 주어와 관련되지 않는다. 즉, '추측'의 '인식 주체'는 항상 화자나 청자이지, 어떤 경우에도 주어나 주체라고 해서는 안 된다.

‘-겠-’이 (7가)처럼 1인칭 주어와 동작 동사 서술어, 비과거 시제, 평서문에 나타났을 때 ‘의도’를 나타내는 경우가 있다. (7나)처럼 2인칭 주어, 동작 동사 서술어, 비과거 시제, 의문문일 때도 ‘의도’를 나타낸다.

> (7) 가. 내가 그 책을 사-○-겠-다.
> 가′. 내가 그 책을 사-았-$^?$겠-다.
> 나. 너도 비빔밥을 먹-○-겠-느-냐?
> 나′. 너도 비빔밥을 먹-었-*겠-느-냐?

그러나 이 ‘의도’의 기능은 극히 제한된 용법으로 (7가)를 (7가′)으로, (7나)를 (7나′)으로 시제만 과거 시제로 바꾸어도 ‘의도’의 뜻은 사라지고 어색한 문장이 되거나 억지로 가능하다고 해도 ‘추측’의 뜻만 남는다. 물론 (8)처럼 주어의 인칭, 서술어의 종류, 시제, 문장의 종류 4 조건 가운데 어느 하나의 조건만 바꾸어도 ‘의도’의 뜻은 나타나지 않고 ‘추측’의 의미로만 해석된다.

> (8) 가. 네가 그 책을 사-○-겠-다.
> 나. 나도 비빔밥을 먹-○-겠-느-냐?
> 다. 너도 속이 상하-였-겠-다.

심지어 경우에 따라 그 4가지 조건을 다 갖춘 문장에서도 ‘추측’으로만 해석되고 ‘의도’로는 해석되지 않는 경우가 있다. (9)에서 보듯이 인칭, 서술어의 종류, 비과거 시제, 문장의 종류라는 조건을 모두 충족시켜도 ‘의도’의 뜻으로는 해석되지 않고 ‘추측’으로만 해석되는 경우도 있는 것이다.

(9) 가. 나도 두 시쯤 천왕봉에 도착하-ㅇ-겠-다.
　　나. 너는 언제쯤 그 일을 끝내-ㅇ-겠-느-냐?

'의도'의 뜻이 드러나는 경우는, 서술어가 동작 동사 중에서도 행동주의 '의도'가 적극적으로 반영될 수 있는 동사에 한한다.11) 그 밖에 행동주의 의도가 반영되기 어려운 동사나, 형용사, 지정사가 서술어로 사용된 경우에는 '-겠-'이 '추측'을 나타낸다. 그러므로 '의도'의 의미는 '추측'의 의미가 특정한 상황에서 나타내게 되는 부수적 의미이다. '-겠-'의 주된 기능은 어디까지나 '추측'을 나타내는 것이다.

그런 의미에서 (7가, 나)의 '의도'를 나타내는 것처럼 보이는 '-겠-'도 '추측'을 나타내는 '-겠-'과 같은 형태소로서 '의도'가 '추측'의 하위 집합으로 들어간다고 기술하는 것이 올바르다. '의도'에 의하여 앞으로 행하게 될 행위도 결국은 '추측해서' 표현한 말에 지나지 않는 것이다. '의도'는 가졌지만 실행되지 않으면 그것은 마음의 상태를 '추측'하여 표현한 것에 다름 아니다.

그렇다면 (7가, 나)의 경우도 '-겠-'의 양태 담지자가 주어가 아니라 화자와 청자라고 해야 한다. (7가)의 경우 1인칭 '나'는 주어이지만, 이 문장이 '추측'으로 해석되는 이유, 그리하여 '의도'를 나타내는 것으로 해석되는 이유는 1인칭 주어 때문이 아니라, 그 1인칭 주어가 화자이기 때문이라고 할 수 있다. 1인칭 주어 문장에서는 '주어=화자'이기 때문에 '화자의 추측=의도'를 나타내는 '-겠-'이 마치 '주어의 의도=추측'을 나타내는 것으로 오해될 수 있는 것이다.

---

11) '의사 선생님은 내가 내일쯤 낫-겠-다고 하네.'와 같은 간접 인용된 문장의 '-겠-'도, 절대로 주어 '나'의 '의도'로는 해석되지 않고, 꼭 인용되기 전의 원래의 직접 화법에서 '당신은 내일쯤 낫겠습니다.'의 '-겠-'이 지녔던 화자(의사 선생님)의 '추측'의 뜻으로만 해석된다. 간접 인용하였지만 양태 담지자, 즉 인식 주체가 바뀌지 않는 것이다.

이 때의 이 '-겠-'에 대하여 그것이 주어의 의도를 나타낸다고 하는 것은 잘못된 문법 기술이다. 주어의 의도처럼 보이지만 사실은 화자의 의도일 따름이다. '추측=의도'의 양태 담지자는 어디까지나 화자나 청자이지 주어일 수는 없다. 만약 이를 주어의 '의도'를 나타낸다고 하면, 3인칭 주어 문장의 경우 화자의 추측을 나타내는 것과 구별하여야 하고 특정 동사에서는 '추측'으로만 해석되는 것을 따로 외어야 하는 등 어려운 문법이 되고 만다. 문법 기술가의 태도에 따라 이 두 경우의 '-겠-'이 별개의 형태소라고 운위할 위험까지 있게 된다. 두 경우 모두 '화자의 의도=추측'이라고 함으로써 통일적인 문법 기술에 도달할 수 있다.

물론 2인칭 '너'가 주어인 의문문 (7나)에서도 '주어=청자'이기 때문에 '청자의 추측=의도'를 나타내는 '-겠-'이 마치 '주어인 너'의 '의도'를 나타내는 것으로 보일 수 있다. 그러나 추측은 어떤 경우에나 화자의 추측이거나 청자의 추측이기 때문에, 주어의 추측은 존재할 수 없다. 일상적인 의미상으로도 '이 사과 맛있겠다.'와 같은 문장을 들으면 누구나 '추측하는 사람이 화자라는 것'을 알 것이다.

즉, 추측의 일부 부분적인 의미가 의도라고 보면 의도를 나타내는 것처럼 보이는 '-겠-'도 주어의 의도가 아니라 1인칭 주어 평서문에서는 '화자의 의도=추측'를 나타내고, 2인칭 주어 의문문에서는 '청자의 의도=추측'을 나타낸다고 해석해야 하는 것이다.

(10)에서는 '-겠-'의 앞에 '-었-'이 선택되었음을 볼 수 있다. '-겠-'은 '-었-'과 공기 가능한 것이다. 이렇게 '-겠-'이 '-었-'과 통합 가능하다는 것은 무조건 '-겠-'이 시제와 관련된 형태소가 아님을 뜻한다. '-었-'이 이미 시제를 나타내는 형태소로서 과거 시제를 표시하고 있는데, 또 다른 시제 표시가 올 수 없는 것이다. '-겠-'이 미래 시제 형태소라면 과거 시제 형태소인 '-었-'과 공기할 수 없다. '-겠-'은 시제를 나

타내는 형태소가 아니라 '추측'을 나타내는 형태소이다.

> (10) 가. 진해에는 벚꽃이 피-었-겠-다.
>   나. 설악산에 단풍이 들-었-겠-느-ㄴ가?

그러면 평서문인 (10가)는, '벚꽃이 피-'라는 명제가 발화시 이전인 과거의 사태임을 '-었-'이 나타내고, 이 과거의 사태에 '-겠-'을 통합시킴으로써 '과거에 이미 일어난 사태'에 대하여 '추측'하여 진술한 것이다. '-겠-'은 인식이 추측에 의하여 이루어진 것임을 나타낸다. 이 때 인식은 당연히 '벚꽃'의 행위가 아니라 화자의 행위이다. 화자는 진해까지는 가 보지도 않고 서울에 앉아서, 이미 '피었을' 진해의 벚꽃 사정을 추측하고 있는 것이다.

(10나)에서 '-었-'은 문장의 주체 즉, '단풍'이 구성하는 명제 '설악산에 단풍이 들-었-'의 시점이 발화시보다 앞선다는 것을 나타낸다. 명제를 이루는 논항과 관련된 의미는 시제적 의미이다. 이에 비하여 (10나)에서 '-겠-'이 나타내는 '추측'의 의미는 단풍과 관련된 것이 아니다. 명제밖에 있는 청자와 관련된다. 추측해야 할 주체는 문장의 주체인 단풍이 아니라 청자인 것이다. 이는 전형적인 양태의 의미이다.

이 때 청자가 꼭 설악산에 가 있어야 할 필요는 없다. 화자는 청자가 설악산에 가 있을 것을 요구하지 않는다. 청자는 서울에 앉아서도 추측으로 인식하여 응답하면 되는 것이다. '-겠-'은 평서문에서는 화자, 의문문에서는 청자의 인식이 추측에 의하여 이루어졌음을 나타낸다.12)

'-겠-'이 통합되지 않은 문장은 당연히 그 사태에 대한 인식이 추측에

---

12) 문장 주어의 양태를 나타낸다고 말해져 온 '-(으)리-'도 사실은 평서문에서 화자인 주어, 의문문에서 청자인 주어와 관련된 것일 뿐이다. 이는 주어와 관련된 것이 아니라 화자, 청자와 관련된 것이다.

의한 것이 아니라 눈으로 보거나 귀로 듣거나, 또는 다른 지각 작용에 의하여 인식된 것임을 나타낸다. 이 종단 교점에 '-겠-'이 선택되지 않은 것은, 이 문장에 추측의 뜻이 없고, 이 사태가 추측하여 안 것이 아니라 오관(五官)에 의하여 확신적으로 인식하게 된 사태임을 나타내는 것이다. 이 비어 있음을 또 다른 공(空) ○으로 나타내기로 한다.

> (11) 가. 진해에는 벚꽃이 피-었-○-다.
> 나. 설악산에 단풍이 들-었-○-느-ㄴ가?

(11가)처럼 평서문에 '-겠-'이 통합되지 않은 경우는 '추측하여 인식한' 것이 아니라 '직접 보고(혹은 듣고) 인식한' 것을 진술한 것이다. 화자가 사태를 추측하여 인식한 것이 아니라 직접 진해에 가서 눈으로 보고서 안, 경험으로 인식한 사태를 진술하고 있다.

이에 비하여 의문문에서 (11나)처럼 '-겠-'이 통합되지 않으면 청자는 추측으로 응답하면 안 된다. (11나)를 발화하는 화자는 설악산에 가 있지 않는 것이 일반적이다. 서울에 앉아서 전화로라도 물어 볼 수 있다. 그러나 청자는 꼭 설악산에 가 있어야 한다. '추측이 아니라 직접 보고 확인하여' 설악산에 단풍이 들었음의 여부를 '비추측(확신)으로 인식하여' 응답하여야 한다.

'-겠-'이 통합된 문장과 '-겠-'이 통합되지 않은 문장은 어떤 경우라 하더라도 이러한 원리 위에서 그 차이가 설명되어야 한다. '미래'라는 시제의 개념으로는 전혀 설명할 수 없고, '의도'라는 특수한 조건에서 나오는 부분적인 의미로도 절대로 설명할 수 없다.

'-겠-'의 통합과 그것의 불통합은 '추측하여 인식한다'는 '인식 양태(Epistemic Modality)'라는 문법 범주를 이룬다. 이를 EM으로 약자화하고 이 범주가 통사 구조에서 차지하는 자리를 표시하면 (나)와 같다.[13]

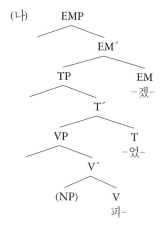

4. 발화시와 인식시의 선동(先同) 관계

'-었-'을 시제로 보아 T 교점에서 처리하고, '-겠-'을 추측의 인식 양
태로 보아 EM 교점에서 처리한다 하더라도, '-더-'와 '-느-'를 T 교점
이나 EM 교점에서 처리하는 것은 불가능하다.

'-더-'와 '-느-'는 화자나 청자가 사태를 인식한 시점과 발화시의 선
동(先同) 관계를 나타내는 것으로, '-었-', '-겠-'과는 전혀 다른 기능을
가진다. 그리고 '-었-', '-겠-'과 함께 한 문장 안에 공기할 수 있기까지

---

13) '-겠-'이 통합된 문장에는 뒤에 다시 '-(으)리-'가 통합되지는 않는다. 이는 '-(으)리-'가
  나타내는 '불확실한 발화'라는 의미 속에 이미 그 발화 내용을 '추측하여' 알았다는 뜻이
  들어 있어서 '추측'의 뜻이 중복되기 때문이다. '-(으)리-'가 불확실성으로 '-겠-'의 교점
  보다 상위 교점에서 '-겠-'이 들어갈 교점을 성분 지휘(c-command)하고 있기 때문에 그
  교점에도 불확실한 사태에 대하여 추측하여 안다는 뜻을 부과하는 것이다. 이를 통하여
  '정희가 지금쯤 {*도착하였겠으리라, 도착하였○으리라}.'에서 보는 문법성의 차이를 설명
  할 수 있다. 물론 '도착하였겠○○다'처럼 추측하여 알았다는 '추측 인식'이 표시되는 '-겠-'
  의 뒤에는 불확실한 발화를 나타내는 '-(으)리-' 없이 바로 '-다'가 와서 문장이 끝난다.
  추측하여 알았다는 뜻 자체에 이미 불확실하게 발화할 수밖에 없는 의미가 포함되기 때문
  이다.

하므로 이들과는 별도의 교점을 차지하는 것으로 보아야 한다.

'-더-'와 '-느-'는 인식 시점과 발화시의 선동 관계를 나타내는 하나의 문법 범주를 이루는 요소이다. 두 형태소가 나타내는 의미도 전혀 대척적이어서 '-더-'는 과거에 인식한 것을 나타내고 '-느-'는 비과거[즉, 현재]에 인식한 것을 나타낸다. '-더-'와 '-느-'는 한 문장 안에서 공기가 불가능하여 어느 하나가 선택되면 다른 것이 선택될 수 없다. 그러므로 이 두 형태소는 하나의 교점에서 처리할 수 있다.

'-더-'는 평서문에서는 발화 내용을 화자가 과거에 알아서 이미 알고 있다는 '과거 인식'을 나타내고, 의문문에서는 청자에게 과거에 인식한 것을 응답해 줄 것을 요구한다. 이에 비하여 '-느-'는 평서문에서는 화자가 발화 내용을 발화하는 순간에 인지한 것으로 이제 알았다는 뜻의 '현재 인식'을 나타내고, 의문문에서는 청자에게 현재의 인식을 응답해 줄 것을 요구한다.

이 두 형태소가 인식이 발화시보다 먼저 이루어진 과거 인식을 나타내는지, 아니면 인식이 발화시와 같은 시점에 이루어지는 현재 인식을 나타내는지를 표시해 주는 인식의 시간 관계를 나타내는 인식 시제(Epistemic Tense)라는 문법 범주를 이룬다.

4.1. 과거 인식의 '-더-'

먼저 현대 한국어에서도 뚜렷이 구분되어 기능하고 있는 '-더-'를 살펴보고 그 다음에 '-느-'를 살펴보기로 한다.

> (12) 가. 진해에는 벚꽃이 피-었-겠-더-라.
> 　　　나. 설악산에는 단풍이 들-었-겠-더-라.

(12가)에서 화자는 과거에 안 사태에 대하여 진술하고 있다. '피-었-겠-더-'를 차례대로 설명하면 다음과 같다. '-었-'은 발화시보다 더 전에 일어난 사태임을 나타낸다. '-겠-'은 그 과거의 사태를 추측하여 인식하였음을 나타낸다. 그리고 '-더-'는 그 과거의 사태에 대한 추측이 발화시보다 더 먼저 이루어졌음을 나타낸다.

화자는 진해까지는 가 보지도 않고, 마산쯤 갔다가 마산의 무학산의 벚꽃이 필둥 말둥한 것을 보고 서울로 왔다. 그리고 옆 사람에게 마산 꽃 사정만 보고서도 '그 때(발화시보다 더 앞선 과거에)' 진해의 벚꽃 사정을 추측하여 인식한 것을 진술하고 있는 것이다.

(12나)에서도 화자가 양태 담지자가 된다. 과거의 사태에 대하여 발화시보다 더 전에 추측하여 인식한 사람은 화자인 것이다. 이 발화의 화자도 설악산까지는 가 보지도 않고, 원통쯤 갔다가 돌아와서 원통의 산도 불그스럼하니 설악산이야 당연히 '단풍이 들-었-겠-더-'라는 과거의 사태에 대하여 발화시보다 이전에 추측하여 안 인식을 청자에게 진술하는 것이다.

'-더-'의 기능이 '과거 인식'이라는 데에는 이론의 여지가 없다. '회상'(최현배 1937/1961)도 과거에 인식한 것을 돌이켜서 재현하는 것으로 과거 인식의 범주에 속한다. 단절(임홍빈 1982)도 '과거에 안 것을 잊은' 상태에서 다시 인식을 되살려내는 경우에 적용되는 부분적 의미이다. '회상'이든 '단절'이든 '과거의 앎'이든 '이미 앎'(장경희 1985)이든 모든 것을 아우를 수 있는 가장 적절한 의미는 '과거 인식'이다.

위의 두 경우에서 보듯이 평서문에서는 발화시보다 이전에 추측하여 인식하는 주체, 즉 양태 담지자가 화자이다. 그런데 (13)에서 보듯이 의문문에서는 양태 담지자가 화자가 아니라 청자가 된다.

(13) 가. 그러면, 진해에는 벚꽃이 피-었-겠-더-냐?

　　 나. 그럼 원통에서 볼 때, 설악산에는 단풍이 들-었-겠-더-ㄴ가?

(13가)에서 화자는 청자가 마산까지만 갔다 온 것을 알고 있다. 마산의 꽃 사정이 아직 꽃이 피지 않았더라는 보고를 받고, 청자에게 마산 갔을 과거에 인식한 진해의 벚꽃 사정에 대하여 말해 줄 것을 요청하고 있는 것이다. 이 때 '-었-'은 벚꽃이 피는 벚꽃의 시간이고, '-겠-'의 '추측 인식'과 '-더-'의 '과거 인식'은 청자의 것임이 분명하다.

(13나)에서도 화자는 청자가 원통까지만 갔다는 것을 알고, 거기서 멀리 설악산 입구를 바라보며 추측으로 과거 그 때에 인식한 설악산 단풍의 사정을 말해 줄 것을 요구하고 있다. '-더-'가 의문문에서는 청자의 '과거 인식'을 나타냄이 분명한 것이다.

그런데 이 '-더-'와 대립되는 비과거 인식, 즉 '현재 인식'이 논란의 핵심에 놓여 있다. 이 글은 '-느-'가 '현재 인식'을 나타내는 형태소라고 규정하고 이 형태소를 둘러싼 여러 문제를 해명하는 것이 핵심 목표이다.

4.2. 현재 인식의 '-느-'

이제 문말앞 형태소 '-느-'의 설정 여부를 생각해 보기로 한다. (13)에서 '-더-'가 차지하고 있던 자리에 '-더-'가 아닌 다른 형태를 넣어서 현재와 관련된 표현을 하라고 하면 (14가, 나)처럼 하게 될 것이다.

(14) 가. 진해에는 벚꽃이 피-었-겠-느-냐?

　　 가´. 응, 진해에는 벚꽃이 피-었-겠-다.

　　 나. 설악산에 단풍이 들-었-겠-느-ㄴ가?

　　 나´. 응, 설악산에 단풍이 들-었-겠-다.

의문문인 (14가, 나)에서는 (13가, 나)의 '-더-'를 '-느-'로 바꿈으로
써 간단하게 현재적인 표현을 할 수 있다. '-느-'가 들어옴으로써 이제
청자는 '피/들-었-겠-'의 추측을 지금 현장에서 해야 한다. 화자는 청자
에게 자신이 질문을 발화하는 시점에 추측하여 인식한 바로 응답하라고
요구하는 것이다. '-더-'가 과거에 인식한 바로 응답하라고 요구한 것임
에 비하여 '-느-'는 현재에 인식한 바로 답하기를 요구한다.[14]

그런데 이에 대한 응답인 (14가´)의 '피-었-겠-다'에는 '-느-'가 없
다. (14나´)의 '들-었-겠-다'에도 '-느-'가 없다. (13)처럼 '-더-'를 포
함하여 물으면 '피-었-겠-더-라', '들-었-겠-더-라'로 과거의 인식을
나타낼 수 있었는데 (14)처럼 '-느-'를 포함하여 물은 데 대한 응답인
(14가´, 나´)에는 '-느-'가 없는 것이다. (13)처럼 되려면 (15가, 나)처럼
되어야 할 것이다.

> (15) 가. 진해에는 벚꽃이 피-었-겠-*는-다. (참고 : 피-ㄴ-다)
> 　　나. 설악산에 단풍이 들-었-겠-*는-다. (참고 : 읽-는-다)

의문법에서는 '-겠-' 뒤에 '-느-'가 반드시 후행해야 하는데, 왜 평서
법에서는 '-겠-' 뒤에 '-느-'가 절대로 올 수 없는가? 이는 '-었-' 뒤에
서도 마찬가지이다. '-었-느-냐?'는 가능한데 '-었-*는-다'는 안 된다.
그 까닭은 무엇인가? 이제 이 문제에 대한 해답을 찾기로 한다.

핵심은 '-느-'가 포함된 구성에서 '-느-'를 분석하여 하나의 문말앞
형태소로 인정할 것인가, 아니면 '-느-'를 분석하지 말고 후행 형식과

---

14) 한국어 문법 기술에서 인식시의 선시성 '-더-', 인식시의 동시성 '-느-'를 제안하여 인식
시제를 제시한 것은 한동완(1984)이다. 그 논문의 내용과 이 글의 주장 사이에는 비슷한
점도 있고 서로 다른 면도 있다. 특히 본연의 '-느-', 약화된 '-느-'와 같은 설명은 이 글
에서는 도입하지 않았다. 의문문 속의 '-느-'가 평서문 속의 '-느-'와 전혀 다르지 않다는
것이 필자의 생각이다.

묶어서 하나의 단위로 볼 것인가 하는 점이다. 즉, '-ㄴ/는-다', '-느-냐'로 볼 것인가, '-ㄴ/는다', '-느냐'로 볼 것인가 하는 문제이다.

> (16) '-느-'를 문말앞 형태소로 설정하지 않으면, '-ㄴ/는다', '-는구나', '-느냐', '-는가', '-는지', '-는데', '-는' 등을 하나의 단위로 보아야 한다.

현대 한국어를 기술한 많은 문법서가 (16)과 같은 태도를 취하고 있다. 그러나 그들은 (17), (18)과 같은 문제점을 심각하게 고려하여 설명한 적이 없다.

> (17) '-더-' 뒤에 이들 어미가 오는 '*-더-ㄴ다', '*-더-(는)구나[예 : 가(는)구나, 먹(는)구나]', '*-더-느냐', '*-더-는가', '*-더-는지', '*-더-는데', '*-더-는' 등이 비문법적임을 설명할 수 없다. 실제로 존재하는 어형은 '-더-라', '-더-구나', '-더-냐', '-더-ㄴ가', '-더-ㄴ지', '-더-ㄴ데', '-더-ㄴ' 등으로 '-더-'가 '-느-'를 대치한 형식이다.

> (18) 형용사, 지정사 뒤에 이들 어미가 오면 '-다', '-구나', '-(으)냐', '-(으)ㄴ가', '-(으)ㄴ지', '-(으)ㄴ데', '-(으)ㄴ'으로 바뀌는 것을 설명할 수 없다.

이 (17), (18)이 원활하게 설명되지 않는 한, 이들 어미는 '-느-'가 없는 '-다', '-구나', '-(으)냐', '-(으)ㄴ가', '-(으)ㄴ지', '-(으)ㄴ데', '-(으)ㄴ'으로 설정해야 된다. 그러면 '-느-'는 '-더-'와 대립되는 문말앞 형태소로 분석될 수밖에 없다. 그런데 이 문말앞 형태소 '-느-'는 그 변이형태로 '-느-', '-ㄴ-', '-는-', '-0-'을 가진다. 이 영(零)은 비어 있는 공(空) ○과는 다른 것으로 '-느-'와 같은 뜻을 가지는 '-느-'의 영 변이형태(zero allomorph)이다. 그 분포를 보이면 다음과 같다.

(19) 가. 동사 : 읽-는-다[가-ㄴ-다], 읽-(는)-구나[가-(는)-구나], 읽-느-
         내[가-느-냐], 읽-느-ㄴ가[가-느-ㄴ가], 읽-느-ㄴ지[가-느-ㄴ
         지], 읽-느-(으)ㄴ데[가-느-(으)ㄴ데], 읽-느-(으)ㄴ[가-느-(으)ㄴ]

    나. 형용사(지정사) : 넓-0-다[산-이-0-다], 넓-0-구나[산-이-0-구
         나], 넓-0-(으)냐[산-이-0-(으)냐], 넓-0-(으)ㄴ가[산-이-0-(으)
         ㄴ가], 넓-0-(으)ㄴ지[산-이-0-(으)ㄴ지], 넓-0-(으)ㄴ데[산-이
         -0-(으)ㄴ데], 넓-0-(으)ㄴ[산-이-0-(으)ㄴ]

    다. '있-', '없-' : 있-0-다[없-0-다], 있-0-구나[없-0-구나], 있-
         느-냐[없-느-(으)냐], 있-느-(으)ㄴ가[없-느-(으)ㄴ가], 있-느-
         ㄴ지[없-느-(으)ㄴ지], 있-느-ㄴ데[없-느-(으)ㄴ데], 있-느-(으)
         ㄴ[없-느-(으)ㄴ]

    라. '-었-' : 넓-었-0-다, 넓-었-0-구나, 넓-었-느-(으)냐, 넓-었-
         느-(으)ㄴ가, 넓-었-느-(으)ㄴ지, 넓-었-느-(으)ㄴ데, *넓-었-느
         -(으)ㄴ

    마. '-겠-' : 읽-겠-0-다, 읽-겠-0-구나, 읽-겠-느-(으)냐, 읽-겠-
         느-(으)ㄴ가, 읽-겠-느-(으)ㄴ지, 읽-겠-느-(으)ㄴ데, *읽-겠-느
         -(으)ㄴ

(19)에서 볼 수 있는 '-느-'가 나타나는 상황을 정리하면 표 (20)과 같
다. 대체로 말하여 선행 형태소의 종류와 후행 형태소의 종류에 따라 변
이 형태 실현 양상이 다르게 나타난다.

(20)

선행＼후행	-다	-구나	-(으)냐	-(으)ㄴ가	-(으)ㄴ지	-(으)ㄴ데	-(으)ㄴ
동사	-ㄴ/는-다	-(는)-구나	-느-(으)냐	-느-(으)ㄴ가	-느-(으)ㄴ지	-느-(으)ㄴ데	-느-(으)ㄴ
형용,지정사	-0-다	-0-구나	-0-(으)냐	-0-(으)ㄴ가	-0-(으)ㄴ지	-0-(으)ㄴ데	-0-(으)ㄴ
'있-','없-'	-0-다	-0-구나	-느-(으)냐	-느-(으)ㄴ가	-느-(으)ㄴ지	-느-(으)ㄴ데	-느-(으)ㄴ
'-었-','-겠-'	-0-다	-0-구나	-느-(으)냐	-느-(으)ㄴ가	-느-(으)ㄴ지	-느-(으)ㄴ데	*

표 (20)에 나타난 변이 형태 실현 양상을 간략하게 정리하면 다음과 같다. 서술어가 동사인가, 형용사/계사인가에 따라 '-느-'의 변이 형태 가운데 음성 실현형이 선택되는가 아니면 음성 실현형이 없는 '-0-' 변이 형태가 선택되는가 하는 차이를 보인다. 그런데 그 교체가 이렇게 선행 형태소의 종류에 따라서만 결정되는 것이 아니라, 평서법인가 의문법 등인가 하는 후행 형태소의 종류에 따라서도 결정되는 것이 특이하다.

(21) 평서법은 동사의 경우 '-ㄴ/는-'이 선택된다. 형용사, 지정사, '있-', '없-', '-었-', '-겠-'의 경우 '-0-'이 선택된다. 동사의 경우 '-ㄴ-' 과 '-는-'이 선행 형태소의 말음이 자음이면 '-는-', 모음이면 '-ㄴ-' 으로 나타난다. 이는 음운론적으로 조건된 교체이다. 형용사, 지정사, '있-', '없-', '-었-', '-겠-'이 선행하면 '-느-'의 영 변이 형태 '-0-'이 선택된다. 이는 형태론적으로 조건된 교체이다. '-ㄴ/는-'을 선택하는 동사 대 '-0-'을 선택하는 형용사 및 그 외 형태소로 나누어지는 것이다.

(22) 감탄법은 동사의 경우 '-(는)-'이 선택되는 방언도 있고 선택되지 않는 방언도 있다. '읽-(는)-구나', '가-(는)-구나'처럼 항상 '-는-'을 선택하는 동남 방언과 '-0-'을 선택하는 중부 방언이 있다. 형용사, 지정사, '있-', '없-', '-었-', '-겠-'은 항상 '-0-'을 선택하여 '있 -0-구나', '-었-0-구나'처럼 실현된다. 여기서도 '-(는)-'을 선택하는 동사 대 '-0-'을 선택하는 형용사 및 그 외 형태소로 나누어진다.

(23) 의문법(과 연결 어미 '-(으)ㄴ데', 관형형 '-(으)ㄴ'의 앞)의 경우, 동사, '있-', '없-', '-었-', '-겠-'은 항상 '-느-'를 후행시킨다. 형용사나 지정사는 항상 '-느-'의 영 변이 형태 '-0-'를 후행시킨다. 그러니까 여기서는 항상 '-0-'를 선택하는 형용사, 지정사 대 항상 '-느-'를 선택하는 동사, '있-', '없-', '-었-', '-겠-'으로 나누어지는 것이다. '있-', '없-', '-었-', '-겠-'이, 의문법 어미, '-(으)ㄴ데', '-(으)ㄴ'의 앞에서는 동사 쪽으로 분류되는 것이다.

(21)~(23)과 같은 결과를 보고 얻을 수 있는 '-느-'의 변이 형태 실현 양상은 (24)~(26)과 같이 정리된다. 이 형태소의 변이 형태 실현 양상은 (24)에서 보는 선행 형태소가 동사인가 형용사, 지정사인가에 따라 구분되는 것을 대원칙으로 한다.

거기에 (25)에서 볼 수 있는 대로 원래 동사와 형용사 두 가지 기능을 가진 '잇-/이시-'와 '없-'이 역사적으로 변화하면서 어떤 활용형에서는 동사 활용 유형을 따르고, 어떤 활용형에서는 형용사 활용 유형을 따르게 되었다는 것을 부수적 원칙으로 한다. '-었-'과 '-겠-'은 '있-'을 포함하는 구성으로부터 문법화되어 하나의 형태소로 굳어진 역사적 과정을 반영하여 '있-'과 같은 활용 유형을 보인다.

(24) 동사는 '-느-'의 변이 형태 '-ㄴ/는/느-'를 후행시킨다. 그리고 형용사, 지정사는 '-느-'의 변이 형태 '-0-'을 후행시킨다.

(25) 원래 중세 한국어에서 동사와 형용사의 두 기능을 가지고 있던 '있-'과 '없-'은 동사로 사용되었으면 '-느-'를 후행시키고 형용사로 사용되었으면 '-느-'의 변이 형태 '-0-'을 후행시켰다. 그러나 현대 한국어에 와서는 이것이 단순화되어 '있-', '없-'은 평서법, 감탄법에서는 형용사처럼 변이 형태 '-0-'을 후행시키고, 의문법, 연결 어미 '-(으)ㄴ데', 관형형 어미 '-(으)ㄴ' 앞에서는 동사처럼 '-느-'를 후행시킨다.

(26) '-었-'은 '-어 잇-'의 통합형이고 '-겠-'은 '-게 ᄒᆞ야 잇-'의 통합형이다.[15] 그러므로 '-었-', '-겠-' 뒤에서는 '있-'과 같이 평서법, 감탄법에서는 '-0-'을 후행시키고, 의문법, 연결 어미 '-(으)ㄴ데', 관형형 어미 '-(으)ㄴ' 앞에서는 '있-'과 같이 '-느-'를 후행시킨다.

---

15) '-었-'은 '-어 잇-'의 융합에 의하여 형성되었고 '-겠-'은 '-게 ᄒᆞ야 잇-'의 융합에 의하여 형성된 것이다. 고광모(2002), 조민진(2006) 등이 참고된다.

이에 따라 '-었-'이나 '-겠-' 뒤에 평서법에서는 '-느-'의 음성적으로 실현되는 변이 형태가 나타나지 않고, 음성 실현형이 없는 영 변이 형태 '-0-'이 나타나는 까닭을 알 수 있게 되었다. 이제 이에 따라 동사의 어형 변화표를 작성하면 (27)과 같이 된다. '-었-다'와 '-겠-다'는 실은 '-었-0-다'와 '-겠-0-다'로서 형용사 뒤에 오는 '-느-'의 영 변이 형태 '-0-'이 통합되어 있는 것으로 '현재 인식'의 의미를 가지는 것이다.

(27) 동사의 어형 변화표16)

가. 물음 : 읽었겠더냐 : 읽-었-겠-더-냐 "영수가 그 책을 읽-었-겠-더-냐?"
    응답 : 읽었겠더라 : 읽-었-겠-더-라 "영수가 그 책을 읽-었-겠-더-라."

가′. 물음 : 읽었겠느냐 : 읽-었-겠-느-냐 "영수가 그 책을 읽-었-겠-느-냐?"
    응답 : 읽었겠다   : 읽-었-겠-0-다 "영수가 그 책을 읽-었-겠-0-다."

나. 물음 : 읽었더냐   : 읽-었-O-더-냐
    응답 : 읽었더라   : 읽-었-O-더-라

나′. 물음 : 읽었느냐   : 읽-었-O-느-냐
    응답 : 읽었다   : 읽-었-O-0-다

다. 물음 : 읽겠더냐   : 읽-O-겠-더-냐
    응답 : 읽겠더라   : 읽-O-겠-더-라

다′. 물음 : 읽겠느냐   : 읽-O-겠-느-냐
    응답 : 읽겠다   : 읽-O-겠-0-다

라. 물음 : 읽더냐   : 읽-O-O-더-냐 (참고 : 있/없-O-O-더-냐)
    응답 : 읽더라   : 읽-O-O-더-라 (참고 : 있/없-O-O-더-라)

라′. 물음 : 읽느냐   : 읽-O-O-느-냐 (참고 : 있/없-O-O-느-냐)
    응답 : 읽는다   : 읽-O-O-는-다 (참고 : 있/없-O-O-0-다)

(27가)는 '-었-, -겠-, -더-'가 모두 선택된 경우이다. (27가′)은 '-더-' 대신에 '-느-'를 선택한 경우인데 응답에서는 '-느-'에 대한 현재 인식

---

16) 여기서도 공(空) O은 그 교점에 아무런 형태소도 선택되지 않았음을 나타내고 영(零) '-0-'은 '-더-'와 대립되는 '현재 인식'의 형태소 '-느-'의 영 변이 형태를 나타낸다.

의 응답이 '-0-'으로 주어져 있다. '-겠-' 뒤이기 때문에 '-느-'의 영변이 형태 '-0-'이 선택된 것이다. (27나)는 '-겠-'만 제외하고 '-었-', '-더-'가 선택된 경우이다. (27나´)의 응답에서 '-느-'에 대한 응답이 역시 '-0-'으로 주어졌다. 표면 구조상 직접 선행하는 형태소가 '-었-'이기 때문이다. (27다)는 '-었-'이 선택되지 않은 경우이다. 표면 구조상 직접 선행하는 형태소가 '-겠-'이기 때문에 (27가)의 경우와 같아진다.

가장 주목할 것은 (27라)이다. 이는 '-었-', '-겠-'이 모두 선택되지 않고, '-더-', '-느-'만 선택된 경우이다. (27라´)에서 현재 시제는 '-었-'의 부재를 나타내는 ○에 의하여 표시된다. '-느-'나 '-ㄴ/는-'은 절대로 현재 시제를 나타내는 것이 아니다. 그것은 과거 인식의 '-더-'와 대립되어 현재 인식을 나타내는 것이다.

흔히 하듯이 '-ㄴ/는다'와 '-느냐'를 하나의 단위로 취급하여 현재 시제의 평서법, 의문법 어미라 하거나, 이들을 '-ㄴ/는-다', '-느-냐'처럼 분석하더라도 '-느/ㄴ/는-'이 현재 시제를 나타낸다고 하는 현행 학교 문법식 설명이 얼마나 비체계적이고 한국어의 특성을 무시한 문법 기술인가를 이 어형 변화표 (27)만 보면 바로 깨달을 수 있을 것이다. '있-'과 '없-'은 의문문에서는 동사처럼 활용하고 평서문에서는 형용사처럼 활용한다는 것도 (27라´)을 보면 알 수 있는 일이다.

형용사, 지정사가 서술어의 핵으로 사용된 문장도 동사가 서술어의 핵으로 사용된 문장과 동일한 원리로 설명해야 한다. 여기서도 가장 중요한 것은 (28가)처럼 형용사가 문장에 들어오면, 통사 구조상으로는 그 형용사 '넓-다'를 '넓-○-○-○-다'와 같이 이해해야 한다는 점이다. '서울-이-다'도 '서울-이-○-○-○-다'로 이해해야 한다.

(28) 가. 저 들이 매우 넓다.
　　　나. 여기서부터가 서울이다.

그 까닭은 '넓-다'를 '넓-었-겠-더-라'와 비교해 보면 바로 알 수 있
다. '넓-다'는 평서법으로서, 과거 시제가 아니며, 추측 표현이 아니며,
또 과거에 인식한 것이 아니고 현재에 인식하고 있는 것이다. 그러므로
과거 시제 '-었-'이 선택되지 않은 교점이 ○으로 비어 있고, 추측에 의
하여 인식됨을 표시하는 '-겠-'이 선택되지 않은 교점이 ○으로 비어 있
으며, 과거에 인식한 것이 아니라 현재에 인식한 것임을 나타내는 '-느-'
의 영 변이 형태 '-0-'이 선택되어 있는 것이다. 이는 (28나)와 같이 지
정사가 서술어의 핵으로 들어온 경우도 마찬가지이다.[17]

(29)는 이러한 사정을 반영하여 만들어 본 형용사와 지정사의 어형 변
화표이다. 당연히 ○는 그 교점이 비어 있음을 나타내고 '-0-'은 현재
인식의 형태소 '-느-'의 영 변이 형태를 나타낸다. 의문문에서는 '-느-'
로 음성 실현되던 이 형태소가 평서법에서는 영 변이 형태 '-0-'으로 실
현되고 있음을 볼 수 있다.

(29) 형용사(지정사)의 어형 변화표
　가.　물음 : 넓었겠더냐 : 넓-었-겠-더-(으)냐
　　　 응답 : 넓었겠더라 : 넓-었-겠-더-라
　가´.　물음 : 넓었겠느냐 : 넓-었-겠-느-(으)냐　　"그 땅이 얼마나 넓었겠느냐?"
　　　 응답 : 넓었겠다 : 넓-었-겠-0-다　　　　　"그 땅이 매우 넓었겠0다."
　나.　물음 : 넓었더냐 : 넓-었-0-더-(으)냐
　　　 응답 : 넓었더라 : 넓-었-0-더-라

---

17) 필자의 문법 체계에서 지정사는 '이-'만을 가리키고 '아니-'는 포함하지 않는다. 통사 구
조상으로 '아니-'는 부사 '아니'와 '이-'의 통합형인 '아니 이-'로 처리한다. 하나의 형태
소가 아니다. '이-'를 영어의 be 동사처럼 취급하는 것이다. '아니 이-'는 'is not'과 같은
구조를 가진다(서정목 1993, 1998 : 296~303 참고).

<pre>
     나´. 물음 : 넓었느냐   : 넓-었-〇-느-(으)냐
          응답 : 넓었다   : 넓-었-〇-0-다
     다. 물음 : 넓겠더냐   : 넓-〇-겠-더-(으)냐
          응답 : 넓겠더라   : 넓-〇-겠-더-라
     다´. 물음 : 넓겠느냐   : 넓-〇-겠-느-(으)냐
          응답 : 넓겠다   : 넓-〇-겠-0-다
     라. 물음 : 넓더냐   : 넓-〇-〇-더-(으)냐
          응답 : 넓더라   : 넓-〇-〇-더-라
     라´. 물음 : 넓으냐   : 넓-〇-〇-0-으냐
          응답 : 넓다   : 넓-〇-〇-0-다
</pre>

관형형으로 활용한 경우는 둘로 나누어 보아야 한다. '읽었던 것이
다 : *읽었는 것이다', '읽었을 것이다 : *읽었은 것이다'처럼 '-었-'이 오
는 것을 허용하는 경우도 있고 허용하지 않는 경우도 있는 것으로 형식
명사 '것'과 함께 '----은/을 것-이-' 유형의 서술어를 이루는 경우와 순
수하게 NP 앞에서 NP를 수식하는 관형절의 서술어로 사용된 것이 그것
이다. 여기서는 후자만 대상으로 하는데 이를 수식적 관형절이라 편의상
부르기로 한다.

<pre>
     (30) 동사의 수식적 관형형
           가.   읽는   : 읽-〇-〇-느-(으)ㄴ(현재 인식)
           가´. 읽던   : 읽-〇-〇-더-(으)ㄴ(과거 인식)
           나.   읽은   : 읽-〇-〇-〇-(으)ㄴ(기정)
           나´. 읽을   : 읽-〇-〇-〇-(으)ㄹ(미정)

     (31) 형용사의 수식적 관형형
           가.   *넓는, 넓은 : 넓-〇-〇-0-(으)ㄴ(현재 인식)
           가´. 넓던   : 넓-〇-〇-더-(으)ㄴ(과거 인식)
           나.   넓은   : 넓-〇-〇-〇-(으)ㄴ(기정)
           나´. 넓을   : 넓-〇-〇-〇-(으)ㄹ(미정)
</pre>

관형형에서 언급할 것은 형용사의 '현재 인식형'과 '기정형'이 '넓은'으로 둘 다 같은 모습을 띠고 있다는 점이다.

동사의 경우에는 (30가)의 '책 읽-느-(으)ㄴ 사람이 누구냐?'라고 했을 때 청자는 현재의 인식으로 책을 지금 읽고 있는 사람의 이름을 응답해야 한다. 그리고 (30나)의 '책 다 읽은 사람이 누구냐?'에서 기정의 '읽은'은 청자의 인식 시점이 문제되는 것이 아니고 행동주의 행위가 기정의 일임을 나타낸다. 이 '읽-느-(으)ㄴ'과 '읽-(으)ㄴ'은 의미상으로 상당한 차이가 있는 것이다.

그러나 형용사에서는 '넓은'이 현재 인식의 '넓-○-○-0-(으)ㄴ'일 수도 있고, 기정의 '넓-○-○-○-(으)ㄴ'일 수도 있다. '뜨거운 물'에서는 현재 인식의 의미를 우선적으로 느끼지만 기정의 사실일 수도 있고, '높은 산'에서는 기정의 의미를 우선적으로 느끼지만 현재에 인식하여 높다는 것을 알았다는 의미도 있는 것이 이 까닭이다. '저 넓은 땅이 누구 땅인가?'에서는 '기정의 의미'가 우선적으로 느껴지지만 '이 넓은 밭이 다 너희 것이냐?'에서는 '현재 인식'의 의미가 더 강하게 느껴지는 것은 그 까닭이다.

이에 대하여 형용사는 '넓은'이 현재 시제이지만 동사는 '읽는'이 현재 시제이기 때문에 동사와 형용사의 활용 유형이 다르다는 식으로 기술할 문제가 아니다. '넓은'은 '읽은'과 같은 경우도 있고 '읽는'과 같은 경우도 있다. '읽은'과 같은 '넓은'은 '넓-○-○-○-(으)ㄴ'이지만 '읽는'과 같은 '넓은'은 '넓-○-○-0-(으)ㄴ'으로 '-느-'의 영 변이 형태를 가진 것이다. 이것을 구분하는 것이야말로 '-느-'의 영 변이 형태 '-0-'과 비어 있는 공(空) ○을 구분하는 요체를 잡는 일이다.

이제 '있-'과 '없-'의 관형형 활용의 특이성을 살펴보기로 한다.

(32) '있-'과 '없-'의 관형형

　　가.　있는　　: 있-○-○-느-(으)ㄴ(현재 인식)
　　가′.　있던　　: 있-○-○-더-(으)ㄴ(과거 인식)
　　나.　^{?*}있은　: 있-○-○-○-(으)ㄴ(기정)
　　나′.　있을　　: 있-○-○-○-(으)ㄹ(미정)
　　다.　없는　　: 없-○-○-느-(으)ㄴ(현재 인식)
　　다′.　없던　　: 없-○-○-더-(으)ㄴ(과거 인식)
　　라.　^{*}없은　: 없-○-○-○-(으)ㄴ(기정)
　　라′.　없을　　: 없-○-○-○-(으)ㄹ(미정)

'있-'과 '없-'은 관형형에서 특이한 모습을 보인다. 관형형 활용에서는 (32가, 다)에서 보듯이 둘 다 동사 활용을 택하여 '-느-'를 후행시키는 것을 허용한다. 그런데 기정의 '-(으)ㄴ'과의 통합에서 이상한 현상을 보인다. '^{?*}있은'은 매우 어색하고 '^{*}없은'은 아예 허용되지 않는다.

　(33) 가. 돈이 {^{?*}있은, 있는, 있던} 사람 손들어 봐.
　　　 나. 돈이 {^{*}없은, 없는, 없던} 사람은 이쪽으로 오도록.

중세 한국어에서는 '이신', '업슨'과 '잇눈', '업눈'이 공존하면서 전자는 형용사로 사용되었고 후자는 동사로 사용되었다. 이 글에서와 같이 생각하면 전자는 '이시-○-(으)ㄴ', '없-○-(으)ㄴ'이고 후자는 '잇-ᄂ-(으)ㄴ', '없-ᄂ-(으)ㄴ'으로 되어 '-ᄂ-'와 그것의 영 변이 형태의 실현으로 설명될 경우이다.

그러나 현대 한국어에서는 '있-○-(으)ㄴ', '없-○-(으)ㄴ' 형이 나타나지 않고 '있-느-(으)ㄴ', '없-느-(으)ㄴ'으로 '-느-'를 포함한 형으로 단일화된 것이다. 방언에 따라 혹은 개인어에 따라 '있-○-(으)ㄴ', '없-○-(으)ㄴ'이 나타나기도 한다. 필자는 '있-○-(으)ㄴ'을 허용하면서 '없-○-

(으)ㄴ'은 허용하지 않는 직관을 가지고 있다. 이는 이 미묘한 변화 과정을 더 섬세하게 살펴보아야 함을 암시한다.

'-더-'와 '-느-'는 인식시와 발화시의 시간적 관계를 표시하는 '인식 시제'라는 문법 범주를 이룬다. 인식시가 발화시보다 선행하는 경우인 '과거 인식'을 표시하는 문법 요소는 '-더-'이고 인식시와 발화시가 동시임을 나타내는 '현재 인식'을 표시하는 문법 요소는 '-느-'이다.

'-더-'는 어떤 경우에나 필요할 때는 나타난다. 그러나 '-느-'는 특정 위치에서는 '-ㄴ/는-'으로 나타나기도 하고 또 어떤 위치에서는 영 변이 형태 '-0-'으로 나타나기도 한다. 이 두 문말앞 형태소가 인식시와 발화시의 선동시(先同時) 여부를 나타내는 '인식 시제(Epistemic Tense)'라는 문법 범주를 이루는 것이다. 이 문법 범주를 ET로 약자화하고 이들이 이루는 최대 투사가 ETP가 되는 것으로 다루기로 한다.

이러한 사정들을 고려하면, 한국어의 IP 구조는 하나의 범주로 나타낼 수 없고 여러 범주로 나누어 나타내어야 한다. 따라서 이들을 핵으로 하는 XP의 구 투영도 여러 단계의 계층적 구조를 가지는 것으로 표시될 수밖에 없다. 앞에서 논의한 (나)에 지금의 '-더-'와 '-느-'가 실현될 교점 ET를 표시하면 (다)처럼 된다.[18]

---

18) '-더-', '-느-'는 '-(으)니-'와는 잘 어울린다. 그러나 '-더-, '-느-'가 '-(으)리-'와 어울리는 것은 불가능하다. 이런 현상도 우리의 설명 방식으로는 모두 쉽게 설명된다. '-(으)리-'는 '불확실한 발화'를 나타내고 '-(으)니-'는 '확실한 발화'를 나타낸다. '-더-'는 과거에 알았음을 나타내는 '과거 인식'이고 '-느-'는 현재에 앎을 나타내는 '현재 인식'이다. 이미 인식하여 아는 사태를 '-(으)니-'로 확실하게 발화하는 것은 당연한 일이지만, 불확실하게 '-(으)리-'로써 발화하는 것은 부적절한 것이다. '-겠-'은 인식의 방식을 나타내고, '-더-', '-느-'는 인식과 발화시의 선동 관계를 나타내며, '-(으)니-', '-(으)리-'는 발화의 확실성 여부를 나타내는 서로 다른 문법 범주에 속한다는 것을 이로써도 알 수 있다.

(다)

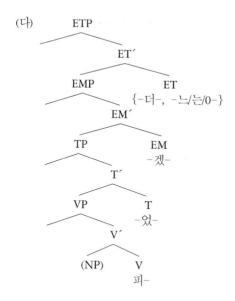

　(다)의 위에 평서법 '-다'나 의문법 '-(으)냐'라는 정동사 어미를 통합시키면 청자가 상위자가 아닐 때 사용하는 '온다체' 문장이 완성된다. 이 정동사 어미들은 핵 계층 이론의 COMP에 해당하는 것으로 문장자라 부를 만한 것이다. 이 COMP가 통합되면 그 COMP를 핵으로 하는 CP가 형성된다. 이 CP가 바로 문장인 것이다. 의문법의 '-(으)냐'['-(으)니-아'로 보아 '-아'만 C에 두어야 하지만 여기서는 간략히 하였다.]를 통합시키면 (라)와 같은 CP가 만들어진다.

　명령법, 청유법은 시제나 양태 범주가 공(空) ○으로 실현되는 통사적 서법이다. 따라서 이 두 문장의 종류는 경어법 문말앞 형태를 제외한 시제, 양태의 문말앞 형태 '-었-', '-겠-', '-더-', '-느-'를 허용하지 않는다. 그러므로 이러한 논의는 평서법, 의문법으로 충분한 것이다.

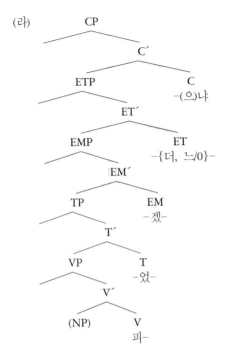

(라)

이러한 분석은 많은 문제를 안고 있다. 하나의 형태소의 있고 없음에 대하여 하나씩의 교점을 부여하게 되고, 또 그 형태소들이 전혀 관여하지 않는 문장에서는 그 교점들을 채우지 않은 채 그대로 남겨 두어야 한다. 하나씩의 형태소마다 교점을 줌으로써 XP의 명시어 자리가 많아지고, 그 명시어들과 핵이 되는 형태소들 사이에 일치 현상을 포착해야 한다.

그렇긴 하지만, 이러한 접근법은 문장에 나타나는 의미가 어휘적 의미 와 문법적 의미로 나누어진다는 것을 포착하고, 그 문법적 의미들을 통사 구조상에 표시할 수 있다는 점에서 큰 장점을 가진다. 또 어휘 요소가 차 지하는 교점에는 여러 단어들이 자유롭게 선택되는 반면에 문법 요소가 차지하는 교점에는 소수의 관련된 형태소들만이 서로 배타적으로 선택된 다는 점도 보여 준다. 이것은 어휘 요소로써 가리키는 이 세상의 대상은

무수히 많은 데 반하여, 문법 요소로써 나타내는 문법 범주는 어떤 문법
적 의미가 '있다' 또는 '없다'로 단순하게 표시된다는 것을 반영하는 것
이다.

각 XP의 명시어 자리에 오는 요소들은 다음과 같다. CP의 명시어 자
리는 이동해 온 wh-어가 차지한다. TP의 명시어 자리는 주어 NP가 차지
한다. 그 밖의 명시어 자리에는 어떤 요소들이 오는지 밝혀져 있지 않다.
이 명시어 자리들은 원래부터 채워져 있지 않은 경우가 대부분이다. 어디
선가 이동해 온 요소들이 들어가는 곳이다. 이 자리는 보충어와는 성격을
달리한다. 명시어 자리는 부가어 자리처럼 필요하면 만들고 불필요하면
안 만들면 되는 수의적 자리로 이해하는 것이 좋다.

여기서 제기되는 가장 큰 문제점은 XP의 성격이다. 어휘 범주의 경우
대체로 XP는 자립 형식이 되는 성분 단위를 이룬다. 그러나 지금까지 살
펴본 TP나 EMP, ETP는 자립 형식이 아니다. 그 의존 형식에 다시 붙는
상위 교점의 핵들도 자립 형식이 아니고 의존 형태소들이다. 마지막에
COMP까지 통합되어야 비로소 자립 형식이 된다. 이는 기능 범주의 투영
이 어휘 범주의 투영과는 본질적으로 차이난다는 것을 보여 주는 것이다.

5. 정리

경어법 형태소들, 그리고 경어법과 밀접한 관련을 맺는 발화 양태를
나타내는 형태소들을 제외한 문말앞 형태소들의 통사 구조상의 지위에
대하여 살펴보았다. 존경법 형태소 '-(으)시-', 화자 겸양법의 '-ㅂ/습-',
청자에 대한 공손법의 '-이/잇-' 등의 경어법 형태소와 발화 양태를 나
타내는 '-(으)니-', '-(으)리-'에 관한 논의와 합쳐져야 완성된 논의가 될

것이다. 다른 글에서 이미 논의한 바들이 있어 그쪽으로 미루면서(서정목 1987, 1988, 1998 등 참고) 여기서 논의를 그치기로 한다. 이 글에서 취급한 형태소들은 '-었-', '-겠-', '-더-', '-느-'이다. 지금까지의 논의를 요약하면 다음과 같다.

A. 한국어의 문말앞 형태소들은 VP와 CP 사이의 굴절(Inflection) 요소 들로서 시제, 인식 양태, 인식시와 발화시의 선동 관계, 발화 양태 등을 나타내는 문법 범주들을 이룬다. 이들은 자신이 나타내는 문법 범주를 표시하는 XP의 핵으로서 종단 교점에 형태소 삽입됨으로써 통사 구조 속에 들어오는 것으로 처리하여야 한다.

B. 시제는 과거와 비과거로 나누어진다. 사건시가 발화시보다 선행함을 표시하는 과거 시제는 '-었-'에 의하여 표시된다. 비과거는 '-었-' 을 선택하지 않음으로써 표시된다. 이는 영 형태소가 아니라 그 교점이 비어 있는 것으로 보아 공(空) O으로써 나타내었다. 시제는 주어의 동작이나 상태의 시점을 나타낸다.

C. 인식의 방식을 나타내는 인식 양태 형태소로는 추측의 '-겠-'이 있다. '-겠-'이 선택되지 않고 그 교점이 공(空) O으로 비어 있으면 인식이 비추측에 의한 것임을 나타낸다. 확신 인식이라 할 만한 것이다. 추측의 인식 양태는 항상 화자나 청자의 추측을 표시한다. 의문문에서는 청자의 추측을 나타내고 평서문에서는 화자의 추측을 나타낸다. 의도로 해석되는 '-겠-'도 추측의 하위 의미로서 1인칭 주어, 평서문에서는 화자의 의도를 나타내고, 2인칭 주어, 의문문에서는 청자의 의도를 나타낸다. '-겠-'은 어떤 경우도 주어의 인식 양태를 표시하지 않는다. 이는 인식 양태이지 행위 양태가 아닌 것이다.

D. '-더-'와 '-느-'는 인식 시점과 발화 시점의 선동(先同) 관계를 표
   시한다. '-더-'는 발화 시점보다 인식 시점이 앞서는 '과거 인식'
   을 나타낸다. '-느-'는 발화 시점과 인식 시점이 같은 '현재 인식'
   을 나타낸다.

E. '현재 인식'의 형태소 '-느-'의 변이 형태 실현 양상을 정리하면 다
   음과 같다.

   a. 동사 뒤에서는, 평서법 '-다' 앞의 '-ㄴ/는-', 의문법 어미, '-(으)
      ㄴ 데', '-(으)ㄴ' 앞의 '-느-'라는 변이 형태를 가진다.

   b. 형용사, 계사 뒤에서는 평서법, 의문법 모두 영 변이 형태 '-0-'
      을 가진다.

   c. '있-', '없-' 뒤에서는, 평서법 '-다' 앞의 영 변이 형태 '-0-',
      의문법 어미, '-(으)ㄴ데', '-(으)ㄴ' 앞의 변이 형태 '-느-'를 가
      진다.

   d. '-었-', '-겠-' 뒤에서는, '있-'과 마찬가지로 평서법에서는 영
      변이 형태 '-0-'을 가지고, 의문법 어미, '-(으)ㄴ데' 앞에서는
      '-느-'를 가진다.

‖ 참고문헌

고광모(2002), "'-겠-'의 형성 과정과 그 의미의 발달", 국어학 39, 27-47.

고광모(2007), "방언들의 미정법 어미 '-겠-, -갔-'의 형성에 대하여", 언어학 49, 165-180.

고영근(1965), 현대국어의 서법체계에 대한 연구 : 선어말 어미의 것을 중심으로, 국어연구 15, 국어연구회.

고영근(1981/1998), 중세국어의 시상과 서법(보정판), 탑출판사.

고영근(1986), "서법과 양태의 상관관계", 국어학신연구, 탑출판사, 383-399.

고영근(1999), 국어형태론연구(증보판), 서울대학교 출판부.

고영근(2004), 한국어의 시제, 서법, 동작상, 태학사.

고은숙(2011), 국어 의문법 어미의 역사적 변천, 한국문화사.

김차균(1981), "「을」과 「겠」의 의미", 한글 173 · 174, 65-114.

나진석(1953), "미래시상 보간 '리'와 '겠'의 교체", 국어국문학 6, 6-8.

남기심(1978), 국어문법의 시제문제에 관한 연구, 탑출판사.

남미정(2011), 근대국어 청자경어법 연구, 태학사.

박재연(1999), "국어 양태 범주의 확립과 어미의 의미 기술 : 인식 양태를 중심으로", 국어학 34, 199-225.

박재연(2003), "국어 양태의 화·청자 지향성과 주어 지향성", 국어학 41, 249-275.

박재연(2005), "인식 양태와 의문문의 상관관계에 대하여", 어학연구 41-1, 101-118.

박재연(2006), 한국어 양태 어미 연구(국어학총서 56), 태학사.

박재연(2009), "'주어 지향적 양태'와 관련한 몇 문제", 한국어학 44, 1-25.

박진호(2011가), "한국어에서 증거성이나 의외성의 의미성분을 포함하는 문법요소", 언어와 정보 사회 15, 1-25.

박진호(2011나), "시제, 상, 양태", 한국어 통사론의 현상과 이론, 태학사, 171-224.

서정목(1984), "의문사와 WH-의문 보문자의 호응", 국어학 13. [서정목(1994 : 134-162에 재수록]

서정목(1987), 경남방언의 의문문에 대한 연구, 박사학위논문, 서울대학교. ['서정목(1987), 국어 의문문 연구, 탑출판사'로 발행].

서정목(1988), "한국어 청자 대우 등급의 형태론적 해석 (1) : '옵니다체'의 해명을 위하여", 국어학 17. [서정목(1994 : 291-343)에 재수록]

서정목(1993), "계사 구문과 그 부정문의 통사 구조에 대하여", 국어사 자료와 국어학의 연구, 문학과지성사, 488-506.

서정목(1994), 국어 통사 구조 연구 1, 서강대학교 출판부.

서정목(1998), 문법의 모형과 핵 계층 이론, 태학사.

서정수(1978), "'ㄹ 것'에 관하여 : '겠'과의 대비를 중심으로", 국어학 6, 85-110.

서정수(1999), 국어문법(수정증보판), 한양대학교 출판원.

송재목(1998), "안맺음씨끝 '-더-'의 의미 기능에 대하여 : 유형론적 관점에서", 국어학 32, 135-169.

안병희(1965), "후기중세국어의 의문법에 대하여", 학술지(건국대) 6. [안병희(1992 : 136-167)에 재수록]

안병희(1992), 국어사 연구, 문학과 지성사.

이기갑(1987), "미정의 씨끝 '-으리-'와 '-겠-'의 역사적 교체", 말(외국어로서의 한국어교육) 12, 161-197.

이기용(1978), "언어와 추정", 국어학 6. [이기용(1998 : 149-189)에 재수록]

이기용(1998), 시제와 양상 : 가능 세계 의미론, 태학사.

이남순(1981), "'겠'과 'ㄹ 것'", 관악어문연구 6, 183-203.

이남순(1998), 시제·상·서법, 월인.

이병기(1997), 미래 시제 형태의 통시적 연구 : '-리-', '-ㄹ 것이-', '-겠-'을 중심으로, 국어연구 146, 국어연구회.

이병기(2006가), "'-겠-'과 '-었-'의 통합에 대하여", 국어학 47, 179-206.

이병기(2006나), 한국어 미래성 표현의 역사적 연구, 박사학위논문, 서울대학교.

이선웅(2001), "국어의 양태 체계 확립을 위한 시론", 관악어문연구 26, 317-339.

이선웅(2012), 한국어 문법론의 개념어 연구, 월인.

이승욱(1973), 국어문법체계의 사적연구, 일조각.

이승욱(1997), 국어 형태사 연구, 태학사.

이정훈(2005), 국어의 문법형식과 통사구조 연구, 박사학위논문, 서강대학교.

이현희(1994), 중세국어 구문연구, 신구문화사.

이효상(1995), "다각적 시각을 통한 국어의 시상체계 분석", 언어 20-3, 207-250.

임동훈(2001), "'-겠-'의 용법과 그 역사적 해석", 국어학 37, 115-147.

임동훈(2003), "국어 양태 체계의 정립을 위하여", 한국어 의미학 12, 127-153.

임동훈(2008), "한국어의 서법과 양태 체계", 한국어 의미학 26, 211-249.

임동훈(2010), "현대국어 어미 '느'의 범주와 변화", 국어학 59, 3-44.

임홍빈(1980), "{-겠-}과 대상성", 한글 170. [임홍빈(1998 : 231-269)에 재수록]

임홍빈(1982), "선어말{-더-}와 단절의 양상", 관악어문연구 7. [임홍빈(1998 : 339-376)에 재수록]

임홍빈(1998), 국어 문법의 심층 1 : 문장의 범주와 굴절, 태학사.

장경희(1985), 현대국어의 양태범주 연구, 탑출판사.

장경희(1998), "서법과 양태", 서태룡 외, 문법 연구와 자료 : 이익섭 선생 회갑 기념

논총, 태학사, 261-303.

장윤희(2002), 중세국어 종결어미 연구, 태학사.

정혜선(2012), 국어 인식 양태 형식의 역사적 연구, 박사학위논문, 서강대학교.

조민진(2006), '-겠-'의 문법화 과정 연구, 석사학위논문, 서강대학교.

최동주(1995), 국어 시상체계의 통시적 변화에 관한 연구, 박사학위논문, 서울대학교.

최현배(1937/1961), 우리말본, 정음문화사.

한동완(1984), 현대국어 시제의 체계적 연구, 석사학위논문, 서강대학교.

한동완(1996), 국어의 시제 연구, 태학사.

허 웅(1975), 우리옛말본, 샘문화사.

허 웅(1987), 국어 때매김법의 변천사, 샘문화사.

Chomsky, N.(1986), *Barriers*, The MIT Press.

Lee, Hyo-sang(1991), *Tense, Aspect, and Modality : A Discourse-Pragmatic Analysis of Verbal Affixes in Korean from a Typological Perspective*, Ph.D. Dissertation, UCLA.

Nida, E.(1949), *Morphology : The Descriptive Analysis of Word*, 2nd ed., University of Michigan Press.

Palmer, F. R.(1986), *Mood and Modality*, Cambridge University Press.

'-으시-' 일치의 통사론*

이정훈

1. 도입

언어 현상을 해명하는 단 한 가지 방법이 존재하는 것은 아니다. 사회 현상이 다각도로 분석되듯이 언어 현상도 여러 가지 시각과 방법으로 설명될 수 있으며, 또 언어 현상의 요모조모를 보다 풍부하고 깊게 이해하기 위해서는 다양한 방법을 동원해야 한다. 이러한 관점에서 이 글에서는 주로 순수 통사론의 시각으로 주체 경어법 어미 '-으시-'와 관련된 일치 현상을 탐구해 보고자 한다.[1]

주체 경어법 또는 존경법, 주체 대우법 등은 '-으시-'의 통사기능보다는, 다분히 의미적·화용적인 면에 방점을 둔 개념이다. 존대와 통사 절

---

* 이 글은 이정훈(2004, 2008나) 등의 논의를 다듬고 보완한 것이다. 앞선 논의와 다소 다른 내용도 있는데 대개 논의를 보다 선명히 하거나 다른 시각에서 현상을 재조명한 결과이다.

1) '-으시-'는 어미(語尾)인가, 문미(文尾)인가? 통사적 핵이라는 점을 강조하면 문미가 적합하지만 핵 이동으로 어간과 합쳐져서 단어를 형성한다는 점에서는 어미가 적합하다. 어느 한 측면을 강조하면 문미와 어미 중 어느 하나를 선택할 수 있지만 이 글의 초점은 두 측면에 걸친다. 따라서 문미든 어미든 어느 한 쪽을 택하기 어렵다. 그래서 전통적인 용어인 어미를 택한다. 이는 어미가 어간과 직접 결합하기도 한다는 점을 고려한 것이기도 하다(이정훈 2007 참고).

차는 구분되어야 하므로(박양규 1975, 임홍빈 1976 등), 통사적인 면을 강조
한다면 '일치'(agreement)나 '호응'(concord)이 더 합당한 술어가 된다. 이에
이 글에서는 '일치'를 택하고자 하는데, 일치의 관점에서 '-으시-'는 통
사구조의 특정 위치에 온 성분과 서로 일치하는 현상을 보인다.[2]

'-으시-' 일치 현상은 얼마나 다양한 모습을 보이며 또 그 현상들은
어떻게 설명할 수 있는가? 위에서 밝힌 통사적 관점, 즉 일치의 관점에서
'-으시-' 일치의 다양성은 '-으시-'와 일치하는 성분이 보이는 통사적
분포의 다양성과 통한다. 따라서 '-으시-' 일치 현상은 '-으시-'와 일치
하는 성분의 통사구조적이고 분포적인 특성을 중심으로 탐구하게 되며,
이러한 점에서 특히 계사 구문의 '-으시-' 일치 현상은 주목을 요한다.
아래에서 보듯이 계사 구문의 '-으시-' 일치 현상은 다른 어떤 경우보다
다양한 양상을 띠기 때문이다.

    (1) 가. <u>아버님이</u> 그 일에 적임자이<u>시</u>었다.
        나. <u>선생님이</u> 아이가 유치원생이<u>시</u>다.
        다. <u>선생님은</u> 취미가 그림이<u>시</u>다.
        라. 선과 교의 근원은 <u>부처님</u>이<u>시</u>고 선과 교의 갈래는 가섭존자와 아
            난존자이다.
        마. 그 때는 <u>선생님이</u> 책을 읽는 중이<u>시</u>었다

언어 현상을 온전히 이해하기 위해서는 실제로 관찰할 수 있는 자료에
더해 자료에 대한 해석, 즉 설명과 이론을 검증하기 위한 인위적·실험적

---

2) 한국어에는 '-으시-' 일치 현상에 더해 의문사-의문어미 일치 현상, 부정극어와 부정소의
일치 현상 등이 존재한다(서정목 1987, 시정곤 1997, 김영희 1998 등 참고). 한편 일치와 호
응 중에서 일치를 택한 이유는 다음과 같다. 먼저 호응이 안 쓰이는 것은 아니지만 의문사
-의문어미 일치에서 보듯이 통사적 측면에서는 '일치'가 보다 일반적으로 쓰인다. 다음으
로 '-으시-'는 활용, 즉 V 범주와 관련되는데 일반 언어학 차원에서 V 범주와 관련해서는
호응보다는 일치가 일반적으로 쓰인다(Baker 2008 : 1 참고).

자료도 필요하다. 이러한 관점에서 이 글에서는 말뭉치나 소설, 신문 등
과 일상에서 접하는 자료들을 적극적으로 활용하는 한편으로 이론 검증
차원에서 필요한 경우에는 인위적으로 구성한 자료도 활용한다.[3] 그리고
인위적 자료를 이용할 경우에는 그 자료의 신뢰성을 확보하기 위해 기존
의 연구들에서 제시한 자료들을 참고한다.

논의 순서는 다음과 같다. 먼저 2절과 3절에서는 계사 구문의 '-으시-'
일치 현상을 본격적으로 다루기에 앞서 일치의 통사 절차와 계사 구문
자체의 통사적 특징을 살핀다. 일치와 계사 구문 자체에 대한 통사적 이
해를 바탕으로 4절에서는 계사 구문의 '-으시-' 일치 현상을 본격적으로
탐구하는데, 먼저 주어와 주제어가 '-으시-'와 일치하는 현상을 살피고,
다음으로 보충어와 '-으시-'가 일치하는 현상 및 보충어가 취한 관형절
의 주어와 '-으시-'가 일치하는 현상을 논의한다. 끝으로 5절에서는 논
의를 요약하고 남은 문제를 제시하며 글을 맺는다.

2. 일치의 통사론

어미 '-으시-'는 통사구조의 특정 위치에 놓인 문장성분과 일치한다.
그리고 (1)에서 확인하였듯이 '-으시-'와 일치하는 문장성분은 주어일
수도 있고, 주제어일 수도 있으며, 경우에 따라서는 보충어일 수도 있
다.[4] 그렇다면 이렇게 사뭇 다양한 일치 현상이 어떻게 가능할까? 이 질

---

3) 말뭉치는 21세기 세종계획에서 구축한 말뭉치를 이용하며, 이 말뭉치에서 가져온 자료는
   ≪세종≫으로 표시한다. 다른 자료도 필요한 경우 그 출처를 따로 밝힌다.
4) 나아가 초점어도 '-으시-'와 일치할 수 있다(이정훈 2008나 : 331-337 참고). 특정한 하나의
   문장성분이 아니라 다양한 문장성분이 '-으시-'와 일치하는 것으로 보는 셈인데, 이와는 다
   른 시각의 논의도 있다. 예를 들어 통사구조보다는 일치의 대상이 지닌 의미적 공통성을 포
   착함으로써 '-으시-' 일치를 설명하려는 시도가 있으며(임홍빈 1976, 1985, 임동훈 1996

문에 답하기 위해서는 먼저 '-으시-' 일치의 통사적 정체를 분명히 해야한다. 이에 개별적이고 다양한 일치 현상은 4절에서 본격적으로 논의하기로 하고, 이 절에서는 '-으시-' 일치의 통사 기제를 밝히는 데 주력하고자 한다. 특히 '-으시-'가 문장성분과 일치 관계를 맺게 되는 원인과 일치의 조건을 고찰하고 이를 통해 주어와 '-으시-'가 일치하는 현상을 분석함으로써 '-으시-' 일치의 기본적인 통사 절차를 마련한다.

2.1. '-으시-'의 문장성분 지배력과 핵 이동

어미 '-으시-'가 특정 문장성분과 일치한다는 사실은 '-으시-'가 문장성분에 대한 지배력을 지닌다는 것을 의미한다. 그런데 '-으시-'를 포함하여 어미는 일반적으로 문장성분을 요구하지 않는다. 문장성분은 어미가 아니라 용언 어간 즉 VP의 핵 V의 요구에 부응할 뿐이다. 이에 아래와 같은 질문이 제기된다.

> 🔲 문장성분에 대한 지배력이 없는 '-으시-'가 어떻게 문장성분과 관계를 맺고 일치할 수 있는가?

별도의 약정을 상정하지 않는 한 문장성분에 대한 지배력의 근원은 VP의 핵 V에서 구할 수밖에 없다. 그렇다면 '-으시-'의 문장성분에 대한 지배력의 원천도 VP의 핵 V로 파악하는 것이 자연스러우며, 이런 맥락에서 위의 질문에는 아래와 같은 답이 제시된다.[5]

등), '-으시-'의 일치 대상을 주어로 보고 주제어나 초점어 등도 주어로 해석하려는 시도도 있다(성기철 1985, 박석준 2002, 목정수 2013 등).

[5] 앞서 지적했듯이 주제어와 초점어도 '-으시-'와 일치한다. 그렇다면 V는 주제어와 초점어에 대한 지배력도 지니는가? 이에 대해서는 두 가지 입장이 가능하다. 하나는 주제어와 초점어의 담화적 특성을 고려하여 담화 맥락에 의해 지배력이 확보된다고 보는 입장이며, 다

🔲 모종의 통사 절차를 통해 V의 문장성분에 대한 지배력이 '-으시-'로 확산되어 '-으시-'가 문장성분에 대한 지배력을 보유하게 된다. 이렇게 보유하게 된 문장성분 지배력에 기대어 '-으시-'와 문장성분은 관계를 맺게 되고 나아가 일치를 이루게 된다.

그렇다면 V의 문장성분에 대한 지배력이 '-으시-'로 확산될 수 있게끔 하는 '모종의 통사 절차'는 어떤 것인가? V와 어미 E(ending)는 의존형식으로서 핵 이동(head movement)을 통해 서로 통합하는 점을 적극적으로 고려하면(이정훈 2008나 : 202-243 참고), 핵 이동을 바로 문제의 절차로 파악할 수 있다. 구체적인 예를 들면 다음과 같다.6)

(2) 선생님이 부모님을 만나시었다.
　가.

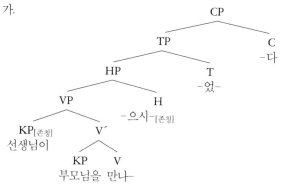

른 하나는 V가 중추가 되어 형성하는 사건(event)과 주제어, 초점어가 긴밀한 관계를 맺는데 이 긴밀한 관계를 지배력에 포함시키는 입장이다. 여기서는 후자의 관점에서 V가 주제어와 초점어에 대한 지배력도 지니는 것으로 본다.
6) 한국어의 통사구조 및 K(Kase), H(honorification), T(tense), M(modality), C(complementizer) 등 조사와 어미의 통사범주에 대해서는 서정목(1998), 이정훈(2008나, 2012나) 등 참고.

나.

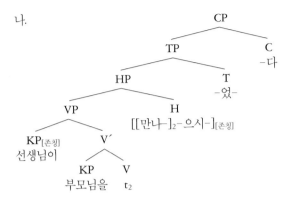

다.

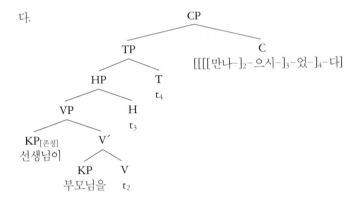

(2가)에서 VP의 핵 V '만나-'는 의존형식으로서 그 형태적 요구를 만족시키기 위해, 즉 어미와 결합하기 위해 H '-으시-'로 핵 이동하게 된다. 그 결과 (2나)의 통사구조가 나타나게 되는데, 이 단계에서 '만나-으시-'는 핵 V '만나-'가 핵 H '-으시-'에 부가된 복합핵 [H[V만나-]-으시-]의 구조를 가지게 된다.

핵 이동을 통해 하나의 복합핵이 형성되면 V '만나-'의 문장성분에 대한 지배력은 H '-으시-'로 확산되고 그 결과 H '-으시-'는 문장성분을 지배할 수 있게 된다. 이렇게 획득한 문장성분에 대한 지배력을 바탕으로 H '-으시-'는 문장성분과 일치 관계를 맺게 된다.

(2다)는 복합핵 [H[v만나-]-으시-]가 다시 형태적 요구를 만족시키기 위해 T '-었-'과 C '-다'로 핵 이동한 것을 나타낸다.

물론 핵 이동만으로는 일치가 보장되지 않는다. H '-으시-'는 본유적으로 [존칭] 자질을 가지고 있으며 이 자질은 문장성분과 일치해야 하는데,[7] V의 지배력이 미치는 문장성분에도 [존칭] 자질이 있어야 일치가 가능하다. (2)에서는 V '읽-'이 지배하는 KP '선생님이'에 [존칭] 자질이 있으므로 H '-으시-' 일치에 문제가 없다.

2.2. 일치의 두 조건

그런데 (2)에서 V '만나-'는 주어 KP '선생님이' 뿐만 아니라 목적어 KP '부모님을'도 지배한다. 그러면 H '-으시-'에는 주어 KP '선생님이'는 물론이고 목적어 KP '부모님을'에 대한 지배력도 확산될 것이므로, 주어 KP '선생님이'뿐만 아니라 목적어 KP '부모님을'도 H '-으시-'와 일치하리라는 예측이 가능하다. 특히 목적어 KP '부모님을'도 [존칭] 자질을 지니므로 H '-으시-'와 목적어 KP '부모님을' 사이의 일치는 별다른 부담을 야기하지 않는다. 하지만 이러한 예측은 사실과 달라서 아래에서 보듯이 H '-으시-는 주어와는 일치하지만 목적어와는 일치하지 않는다. 그렇다면 H '-으시-'는 왜 주어와는 일치하고 목적어와는 일치하지 않는가?[8]

---

7) '*영이가 책을 읽으시었다'와 '선생님이 책을 읽(으시)었다'에서 보듯이 어미 H '-으시-'의 [존칭] 자질은 일치할 성분을 필수적으로 요구하지만, 주어와 같은 문장성분이 지닌 [존칭] 자질은 그렇지 않다. 이로 인해 어미 H '-으시-' 출현의 수의성이 나타난다. 물론 '선생님이 책을 읽었다'가 적격하지 않기는 하지만 이는 문법이 아니라 사회적 관습에 의한 것이다. 앞서 서론에서 언급했듯이 존대, 즉 사회적 관습과 통사 절차는 구분해야 한다.

8) 이에 대해 H '-으시-'가 소위 주어 일치소(AGRs)이므로 주어와만 일치한다는 견해가 있었고(한학성 1993 참고), 의미역 위계상 주어와 일치하게 된다는 제안도 있었다(김의수 2006).

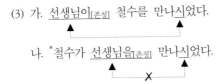

(3) 가. 선생님이[존칭] 철수를 만나시었다.

　　나. *철수가 선생님을[존칭] 만나시었다.

　통사적 관점에서 허용되는 것과 그렇지 않은 것 사이의 차이는 규칙 (rule)과 조건(condition) 이 두 가지에서 유래하는바, 규칙과 조건에 부합하는 것은 허용되며, 규칙으로 형성될 수 없거나 조건에 저촉되는 것은 허용되지 않는다.9) 이를 염두에 두고 (3)에서 주어 KP '선생님이'는 H '-으시-'와 일치하지만 목적어 KP '선생님을'은 H '-으시-'와 일치할 수 없는 이유가 규칙과 조건 중에 어느 것일지 생각해 보자. 아마 규칙은 아닐 것이다. V의 논항 지배력, V의 H '-으시-'로의 핵 이동, 그리고 핵 이동에 따른 논항 지배력의 확산 등이 규칙에 해당하는데 이 세 가지 사항으로는 목적어 KP '선생님을'과 H '-으시-' 사이의 일치를 막을 수 없기 때문이다. 따라서 주어 KP '선생님이'와 H '-으시-'의 일치는 보장하고 목적어 KP '선생님을'과 H '-으시-'의 일치를 막기 위해서는 통사적 조건을 설정할 수밖에 없다.

　그렇다면 조건을 어떻게 설정해야 하는가? 다시 말해 지금 필요한 조건의 내용은 무엇인가? 이에 주어와 목적어의 통사구조적 차이, 즉 주어는 VP의 명시어(specifier)이지만 목적어는 그렇지 않은 점에 주목해 보자. 그러면 아래와 같은 조건, 특히 (4나)의 조건을 설정할 수 있다.10)

　　하지만 주어도 아니고 의미역도 지니지 않은 초점이나 주제어도 H '-으시-'와 일치할 수 있으므로 이러한 견해는 재고를 요한다.

9) 규칙도 그렇지만 특히 조건은 언어의 기능적 속성(functional property)과 통한다(Newmeyer 1998, Hawkins 2004 등 참고). 이와 관련하여 이하의 논의에서 설정되는 조건은 존대 대상을 특정하려는 기능적 동기, 즉 존대하려는 대상과 그렇지 않은 대상을 구별하려는 기능적 동기와 통한다. (5)에 대한 논의도 참고. 참고로 여기서 규칙은 원리(principle), 공리(axiom) 등을 아우른 개념이며 조건도 제약(constraint), 여과(filter) 등을 아우른 개념이다.

(4) α와 β는 아래의 두 가지 조건을 준수해야 일치한다.

　가. α는 β에 대한 지배력을 가지고 있어야 한다.

　나. α와 β는 명시어-핵 관계를 맺어야 한다.11)

(4)에서 α는 H '-으시-'이고 β는 H '-으시-'와 일치하는 성분인데, 이렇게 일치에 조건을 두면 (3)에서 주어 KP '선생님이'만 H '-으시-' 와 일치하는 것을 아래와 같이 설명할 수 있다.

먼저 (3)에서 V '만나-'는 형태적 요구를 만족시키기 위해 H '-으시-' 로 핵 이동하고 이로써 V '만나-'의 문장성분에 대한 지배력은 H '-으시-'로 확산된다. 그 결과 H '-으시-'는 (3가)의 주어 KP '선생님이'뿐만 아니라 (3나)의 목적어 KP '선생님을'도 지배하게 되며, 조건 (4가)를 충족하게 된다.

또한 V '만나-'는 주어 KP '선생님이'와는 명시어-핵 관계를 맺고, 목적어 KP '선생님을'과는 보충어-핵 관계를 맺는데 이 두 관계는 V '만나-'가 H '-으시-'로 핵 이동하면서, 문장성분에 대한 지배력이 확산되듯이, H '-으시-'로 확산된다(이정훈 2008나 : 21-30 참고). 이로 인해 V '만나-'의 명시어인 주어 KP '선생님이'는 H '-으시-'의 명시어로 기능하게 되고, V '만나-'의 보충어인 목적어 KP '선생님을'은 H '-으시-' 의 보충어로 기능하게 되며, 이 가운데 H '-으시-'와 일치하는 것은 (4 나)에 따라 명시어로 기능하는 주어 KP '선생님이'가 된다.

---

10) 소위 거리의 경제성(economy of distance)과 같은 경제성 조건으로 일치 현상을 포착하려는 시도도 있다(Chomsky 1995, 2000, 2001, 2004, 2008, Boeckx & Niinuma 2004 등). 하지만 이 견해보다는 (4)가 더 타당한 것으로 판단된다. 자세한 사항은 이정훈(2008나 : 40-43) 참고

11) 이후의 논의에서 밝혀지듯이 일치는 '명시어-핵 관계'에 더해 '부가어-핵 관계', '핵-핵 관계'에서도 성립한다. 다만 여기서는 논의의 편의상 '명시어-핵 관계'만을 언급한다.

2.2.1. 명시어-핵 관계 조건

(4)에 포함된 두 가지 조건 가운데 (4나)의 명시어－핵 관계 조건은 여러 언어와 현상을 통해 입증된 사항이다(Kayne 1989, Chomsky 1993, Baker 2008, 2013 등 참고). 보충어가 왜 일치의 대상이 되지 않는가, 보충어도 일치의 대상이 될 수 있지 않은가 등에 대한 분명한 답은 아직 제시되지는 않은 듯한데, 논의 중인 H '-으시-' [존칭] 자질의 일치는 그 대상을 한정해야만 한다는 기능적 측면에서 명시어와 보충어 둘 다가 아니라 하나만 일치의 대상이 되는 것을 이해할 수 있다. 만약 H '-으시-'가 명시어뿐만 아니라 보충어와도 일치하게 되면 아래 예에서 과연 무엇이 H '-으시-'의 일치 대상인가 알기 어렵게 되는바, 이는 화용에 있어서 존대의 대상이 누군가가 불명확해지는 결과를 초래한다.

(5) 김 선생님이 이 선생님을 만나시었다.

효율적인 것은 (5)에서 H '-으시-'와 일치하는 것을 주어 KP '김 선생님이'나 목적어 KP '이 선생님을' 둘 가운데 어느 하나로 한정하는 것이며, H '-으시-'는 조건 (4나)를 통해 명시어로 기능하는 주어를 일치의 대상으로 선정하게 되는 것이다.[12]

2.2.2. 지배력 조건

그러면 (4가)의 조건은 어떠한가? 무엇으로 지배력 조건 (4가)의 정당

---

12) 참고로 Epstein et al.(1998)은, 이동이 개입하는 경우, 보충어가 아니라 명시어가 일치의 대상이 되는 이유를 '도출적 자매 관계(derivational sisterhood)'로 포착하기도 하였다. 예를 들어 βP가 α의 명시어 자리로 이동한 $[_{\alpha P} \beta P_2 [_{\alpha'} [\cdots t_2 \cdots] \alpha]]$에서 α는 βP의 이동 전 위치, 즉 t_2를 성분지휘하고 βP는 이동 후 α의 명시어 자리에서 α를 성분지휘하게 되는데, 이러한 경우 α와 βP가 도출적 자매 관계를 맺는다고 하며, Epstein et al.(1998)은 이 도출적 관계 하에서 일치가 가능하다고 보았다.

성을 확보할 수 있는가? 여기서는 H '-으시-' 일치의 절 한계성과 논항
-부가어 비대칭성, 그리고 대등 접속문에서의 H '-으시-' 일치 현상,
이 세 가지를 (4가)에 대한 근거로 제시하고자 한다.13)

먼저 아래 예를 통해 H '-으시-' 일치의 절 한계성부터 검토해 보자.
아래 예에서 문두의 '선생님에게'는 '생각하시었다'의 H '-으시-'와 일
치할 수 있는가, 일치할 수 없는가?

(6) *선생님에게 학생들이 책이 많다고 생각하시었다.
　　[참고] 선생님에게 책이 많으시다.

별표(*)로 표시해 놓았듯이 '선생님에게'는 '생각하시었다'의 '-으시-'
와 일치하지 못한다. 그렇다면 왜 일치할 수 없는가? 아래 (7)에서 보듯
이 (6)에서 '선생님에게[존칭]2'는 내포문에서 모문의 문두로 초점화된 성분
으로서, 일치에 (4가)의 조건이 관여하지 않는다면, 모문의 '생각하시었
다'에 포함된 H '-으시-'와 일치할 가능성이 크다. 모문의 H '-으시-'
와 '선생님에게[존칭]2'가 (4나)의 조건을 준수할 가능성이 있기 때문이다.

(7) *선생님에게[존칭]2 학생들이 [$_{CP}$ 책이 t_2 많다고] 생각하시었다.

반면에 (4가)처럼 H '-으시-'와 문장성분의 일치를 V의 지배력과 관
련지으면 (6)과 (7)에서 H '-으시-'와 '선생님에게[존칭]2'가 일치하지 못
하는 것은 당연하다. H '-으시-'와 일치할 수 있는 문장성분은 핵 이동
으로 H '-으시-'와 통합하는 V가 지배하는 것에 한하는데, (6)과 (7)에
서 핵 이동으로 모문의 H '-으시-'와 통합하는 것은 모문의 V '말하-'

---

13) 따로 논의하지는 않지만 (4가)의 통사적 조건에 대응하는 기능적 동기도 찾으려면 찾을 수
　　있을 것이다.

로서 이 V '말하-'는 '선생님에게[존칭]2'를 전혀 지배하지 못하기 때문이다. '선생님에게[존칭]2'를 지배하는 V는 모문의 V '말하-'가 아니라 내포문의 V '많-'이다. 따라서 일반적으로 H '-으시-' 일치는 절 즉 CP를 한계로 삼는데, (4가)는 이러한 사항을 포착하므로 그만큼 타당한 조건이라 할 수 있다.

다음으로 H '-으시-' 일치현상에서 나타나는 논항-부가어 비대칭 현상도 (4가)의 조건을 지지한다.

> (8) 가. 선생님에게[존칭] 책이 많으시다.
> 　　 나. *선생님한테서[존칭] 학생들이 국어학을 배우시었다.
> 　　 다. *선생님[존칭], 철수가 논문을 쓰시었습니다.

(8가)의 '선생님에게'와 달리 (8나)의 '선생님한테서'나 (8다)의 '선생님'은 H '-으시-'와 일치할 수 없다. 이러한 차이는 왜 나타나는가? (8가)의 '선생님에게'는 V '많-'에게서 소유주(owner) 또는 처소(location) 의미역을 부여받는 논항이지만, (8나)와 (8다)의 '선생님한테서'와 '선생님'은 부가어이다. 여기서 H '-으시-' 일치가 소위 논항-부가어 비대칭 현상을 드러내는 것을 알 수 있는데, 이러한 비대칭성은 H '-으시-'의 문장성분에 대한 지배력의 원천을 H '-으시-'와 통합하는 V에서 구하는 (4가)에서 예측되는 사항이다. V가 논항을 지배하는 힘은 강하겠지만 부가어에 대한 지배력은 매우 약할 것이기 때문이다.[14]

한편 지금까지의 논의는 다음과 같은 예측을 낳는다. H '-으시-'와 일치하는 성분은 핵 이동으로 H '-으시-'와 통합하는 V가 지배하는 성분에 국한되므로, 내포문 성분과 모문 H '-으시-'가 일치하는 현상은 기

---

14) 부가어라도 초점화나 주제화를 겪게 되면 H '-으시-'와 일치할 가능성이 높아진다. 논항성(argumenthood)과는 별도로 초점, 주제 등의 의미기능이 일치를 강하게 견인할 수 있기 때문이다. 4절 및 이정훈(2004, 2008나) 참고.

대하기 어렵다. 하지만 어떤 특수한 구문이 있어서 내포문의 V와 모문의 V가 마치 하나의 V처럼 기능한다면, 내포문 성분과 모문 H '-으시-' 사이의 일치가 가능할 것이다. 그리고 이러한 예측은 아래에서 보듯이 사실과 부합한다.

> (9) 가. 철수가 씩씩하기는 {하다, *한다}
> 　　나. 철수가 빨리 뛰기는 {*하다, 한다}
> 　　다. <u>선생님이</u> 산에 가기는 하<u>시</u>었다.

(9가)와 (9나)에서 보듯이 'V-기는 하-' 구문에서 '하-'의 품사는 V에 의해 결정된다(강명윤 1992 참고). 'V-기는'까지를 내포문으로 보고 V '하-'를 모문 VP의 핵으로 보면,[15) 내포문 V가 모문 V의 성격을 결정하는 경우라 할 수 있다. 그렇다면 내포문 V의 논항 지배력도 모문 V '하-'에 확산되리라는 예측이 가능한데 (9다)는 이러한 예측이 올바르다는 것을 잘 보여준다. 모문 V '하-'는 원래 내포문 주어 KP '선생님이'를 지배하는 힘이 없는데 내포문 V '가-'와 관련됨으로써 내포문 주어 KP '선생님이'를 지배하는 힘을 얻게 되고 이로 인해 모문 V '하-'에 통합된 H '-으시-'는 내포문 주어 KP '선생님이'와 일치할 수 있게 되는 것이다. 그리고 이러한 논의는 그대로 보조용언 구문에도 통한다.

> (10) 가. <u>선생님이</u> 그 논문을 읽어 보<u>시</u>었다.
> 　　나. <u>선생님이</u> 그 논문을 읽지 않으<u>시</u>었다.
> 　　다. <u>선생님이</u> 그 논문을 읽고 싶으<u>시</u>다.

(10)의 KP '선생님이'는 보조용언 V '보-'나 V '않-', V '싶-' 등이

---

15) 이는 편의상의 조치이다. (9)에 제시한 구문에 대한 자세한 논의는 이정훈(2013) 참고.

아니라 본용언 V '읽-'에서 의미역을 부여받는다. 따라서 KP '선생님이'
에 대한 지배력은 보조용언이 아니라 본용언 V '읽-'이 지닌다고 보아야
한다. 하지만 재구조화(restructuring)가 적용되거나 본용언과 보조용언이 하
나의 복합핵을 형성하여 하나의 핵처럼 기능하게 되면(최현숙 1988, 이정훈
2010 참고), 본용언의 지배력은 보조용언으로 확산되고 나아가 보조용언과
통합한 '-으시-'에도 확산된다. 그 결과 KP '선생님이'와 보조용언에 통
합된 H '-으시-'가 일치하게 된다.

끝으로 아래와 같은 대등 접속문에서의 H '-으시-' 일치 현상도 (4가)
의 조건을 지지한다.16)

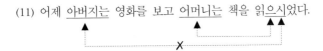

(11) 어제 아버지는 영화를 보고 어머니는 책을 읽으시었다.

위 예에서 '읽으시었다'의 T '-었-'은 후행절은 물론이고 선행절에도
영향을 미친다. 그래서 후행절은 물론이고 선행절도 과거 시제로 해석된
다. 그런데 H '-으시-'는 매우 다른 모습을 보인다. '어머니'는 '-으시-'
존대의 대상이지만 '아버지'는 그렇지 않은바, 이는 '읽으시었다'에 포함
된 H '-으시-'가 '어머니'와는 일치하지만 '아버지'와는 일치하지 않음
을 의미하기 때문이다.

그렇다면 (11)에서 H '-으시-'가 '어머니'와는 일치하지만 '아버지'와
는 일치하지 않는 것은 무엇 때문인가? 바로 (4가)에 제시한 지배력 조건
때문이다. 즉, (11)에서 핵 이동에 의해 H '-으시-'와 통합하는 것은 후
행절의 V '읽-'이고, 이 V '읽-'은 후행절의 '어머니'는 지배하지만 선
행절의 '아버지'는 지배하지 못하는바, H '-으시-'가 후행절의 '어머니'

---

16) 접속문의 통사구조에 대해서는 이정훈(2008가) 참고.

와는 일치하지만 선행절의 '아버지'와는 일치하지 않는 것은 당연한 귀
결이 된다.

3. 계사 구문의 통사론

계사 구문에서의 '-으시-' 일치 현상을 통사적으로 해명하기 위해서는
일치의 통사론에 더해 계사 구문 자체의 통사적 특성도 먼저 살필 필요
가 있다. 이에 이 절에서는 계사 구문의 통사적 특성을 살피는데, 특히
핵 이동이 계사 구문에도 관여한다는 점을 집중적으로 논의한다.

3.1. 계사 구문에서의 핵 이동

계사는 용언의 일종으로 VP를 이끄는 핵이지만, 의존성을 지녀서 접
사(affix)나 접어(clitic)의 자격을 지니며, 때로 어휘부의 재구조화나 어휘적
파생에 참여하기도 한다(양정석 1986, 1996, 엄정호 1989, 오미라 1991, 서정목
1993, 시정곤 1995, 안명철 1995, 양정석 1996, 이정훈 2004 등 참고).

V '-이-'의 의존성은 두 가지로서, 하나는 V '-이-'와 그 선행 성분
즉 보충어가 통합되어 해소되고, 다른 하나는 V '-이-'와 어미가 통합되
어 해소된다. 이 가운데 V '-이-'와 어미의 통합은 별다른 문제를 제기
하지 않는다. 앞서 2.1절에서 지적하였듯이 핵 이동을 통해 V '-이-'와
어미가 통합하기 때문이다. 그렇다면 V '-이-'와 보충어는 과연 어떻게
통합하는가?

어휘부 재구조화나 어휘적 파생에서는 방금 문제로 제기한 V '-이-'
의 의존성이 어휘부에서 해소되므로 통사부에 별다른 문제를 야기하지

않는다. 예를 들어 '열심이다'의 '-이-'가 계사 어간이어도 어휘부에서
이미 '열심'과 '-이-'가 통합해서 통사부의 V 자리에는 '-이-'가 아니라
'열심이-'가 오기 때문이다. 하지만 통사적 핵으로 기능하는 V '-이-'의
경우에는 의존성 해소가 문제로 대두된다. 아래 (12)의 통사구조에서 V
'-이-'의 보충어 '학생'과 V '-이-'가 통합하는 절차를 밝혀야 하기 때
문이다.17)

(12) 철수가 학생이다.

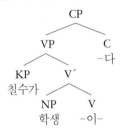

그렇다면 어떠한 절차가 (12)의 '학생'과 V '-이-'의 통합을 보장하는
가? 여기서 주목할 것은 (12)에서 '학생'은 V '-이-'와 통합하며 그 통합
결과인 '학생이-'는 다시 어미 C '-다'와 통합되어 '학생이다'가 형성된
다는 점이다. N '학생'과 V '-이-'의 통합, 그리고 '학생이-'와 C '-다'
의 통합이 V '-이-'와 어미 C '-다'의 형태적 의존성에 의한 것인 만큼
그 통합절차는 서로 유사할 것이다. 그렇다면 (12)에서 '학생'과 '-이-'

---

17) 계사 구문의 두 명사구가 [sc NP2 NP3]와 같은 소절(small clause)을 형성한다는 견해가 있
다(강명윤 1995, 송복승 2000 참고). 그러한 견해가 옳다 해도 아래 ㉮와 ㉯의 대조를 통해
알 수 있듯이 두 명사구 사이에는 구조적 비대칭성이 존재하므로 소절 구조는 (12)의 통사
구조로 바뀌어야 한다. 한편 논의를 간략히 하기 위해 따로 표시하지는 않았지만 시제 해
석을 고려하면 (12)의 VP와 CP 사이에는 현재 또는 비과거의 TP가 존재하며, 이 경우 T는
영 이형태 'Ø'로 실현된다(이정훈 2006가 참고).
  ㉮ [철수가]2 [자기2 어머니의 희망]이다.
  ㉯ *[자기2 어머니의 희망] [철수]2이다.

는, V '-이-'와 C '-다'가 핵 이동으로 서로 통합하듯이, 핵 이동에 의해 서로 통합할 가능성이 크다.

(12)에서 '학생'과 '-이-'가 핵 이동에 의해 통합한다고 해 보자. 그러면 이 핵 이동을 지지하는 증거는 존재하는가? 이와 관련해 아래 예는 주목을 요한다.

(13) 가. 철수는 민수보다 (그리고) 순이는 영이보다 부자이다.
　　　 나. 철수는 국문과에서 (그리고) 순이는 사학과에서 과대표이다.

(13)은 흔히 아래 (14)에 제시한 과정을 거쳐 형성되는 것으로 논의되어 왔다(김선웅 1998, 김정석 1998 등 참고). 취소선(═)은 생략을 나타낸다.

(14) 가. 접속
　　　 [[$_{CP}$ 철수는 민수보다 부자이다]
　　　 (그리고) [$_{CP}$ 순이는 영이보다 부자이다]]
　　　 [[$_{CP}$ 철수는 국문과에서 과대표이다]
　　　 (그리고) [$_{CP}$ 순이는 사학과에서 과대표이다]]
　　　 나. 생략
　　　 [[$_{CP}$ 철수는 민수보다 ~~부자이다~~]
　　　 (그리고) [$_{CP}$ 순이는 영이보다 부자이다]]
　　　 [[$_{CP}$ 철수는 국문과에서 ~~과대표이다~~]
　　　 (그리고) [$_{CP}$ 순이는 사학과에서 과대표이다]]

그런데 (14)는 (13)이 하나가 아니라 두 개의 절, 즉 두 개의 CP로 구성되었다는 것을 전제로 하기 때문에 올바른 분석일 수 없다. (13)을 두 개의 절로 분석하면 아래 (15), (16)에서 확인할 수 있듯이 '-들'과 '각각'의 분포에서 문제가 발생하고 또 생략에서도 문제가 발생하기 때문이다.

(15) 가. 철수는 민수보다 (그리고) 순이는 영이보다 <u>매우들</u> 부자이다.

　　　나. 철수는 국문과에서 (그리고) 순이는 사학과에서 <u>각각</u> 과대표이다.

(16) 가. [[_{CP} 철수는 민수보다 ~~매우들 부자이다~~]

　　　　　(그리고) [_{CP} 순이는 영이보다 <u>매우들</u> 부자이다]]

　　　나. [[_{CP} 철수는 국문과에서 ~~각각 과대표이다~~]

　　　　　(그리고) [_{CP} 순이는 사학과에서 <u>각각</u> 과대표이다]]

　(15)에서 '매우'에 통합된 접사 '-들'은 그것이 포함된 절의 주어가 복수일 것을 요구하고, '각각'은 그것이 포함된 절의 주어나 목적어 등이 복수일 것을 요구한다. 그러나 (15)를 (14)식으로 분석한 (16)에서는 이러한 요구가 충족될 수 없다. '매우들'을 포함한 절의 주어는 '철수는'이나 '순이는'으로서 단수이며, '각각'을 포함한 절도 마찬가지이기 때문이다. 따라서 (15)는 성립하지 않을 것으로 예측되는데, 이는 사실과 전혀 달라서 (15)에서는 어떠한 이상도 발견하기 어렵다.[18]

　또한 (16)은 생략에 따르는 방향성 제약(directionality constraint, 김영희 1997)을 위반하는 문제도 지닌다. 방향성 제약에 따르면 좌분지(left branching) 성분은 후행절의 것이 생략되고 우분지(right branching) 성분은 선행절의 것이 생략되어야 한다. 따라서 부가어로서 좌분지 성분에 해당하는 '매우들'과 '각각'은 후행절의 것이 생략되어야 하며 이는 '부자'와 '과대표'도 마찬가지이다. 그런데 (15)를 위해서는 방향성 제약을 무시하고 선행절의

---

18) (15)를 수용 불가능한 것으로 판단하는 직관도 간혹 존재한다. 이에 더해 '철수는 책을 (그리고) 순이는 논문을 {열심히들, 각각, 따로따로} 쓴다'와 같은 구성에 대한 수용성 판단 여부도, (15)만큼은 아니지만, 제보자에 따라서 차이를 드러낸다. 여기서는 (15)와 방금 소개한 예 모두 문법적인 것으로 판단하고 논의를 진행하며, 여기서의 판단과 다른 직관에 대한 구체적인 설명은 유보한다. 방금 제시한 예는 적격하고 (15)는 부적격하다는 직관과 방금 보인 예는 물론이고 (15)도 부적격하다는 직관이 있는 듯한데, 앞의 것은 V '-이-'와 V '쓰-'를 매우 다른 자격으로 판단하기 때문인 듯하고, 뒤의 것은 '-들, 각각, 따로따로'의 출현범위를 하나의 VP로 제한하기 때문인 듯하다.

'매우들', '각각', '부자', '과대표'가 생략되어야 한다. 제약을 위반한 분석을 타당한 것으로 인정할 수 없으므로 (16)의 분석은 그 타당성을 인정하기 어려우며, 이는 (14)의 분석도 타당하지 않다는 것을 의미한다.

위의 논의는 (13)과 (15)가 두 개의 절이 아니라 하나의 절로 구성되어 있다는 것을 암시하는 것이라 할 수 있다. (13), (15)를 두 개의 절이 아니라 하나의 절로 분석하면, 하나의 절에 복수 주어 즉 '철수는'과 '순이는'이 나타나므로 '매우들'과 '각각'이 적절히 해석될 수 있으며, 절과 절사이에 적용되던 생략은 아예 동원될 필요가 없어서 방향성 제약을 위반하는 문제가 발생하지 않기 때문이다. 또한 (13)에는 종결어미 C '-다'가한 번만 나타나 있다. 이러한 점을 고려하여 (13) 그대로를 최대한 존중하는 통사분석을 행하면 아래와 같다.

(17) 가. [$_{CP}$ [[$_{XP}$ 철수는 민수보다]

　　　　(그리고) [$_{VP}$ 순이는 영이보다 부자 -이-]] -다]

　　나. [$_{CP}$ [[$_{XP}$ 철수는 국문과에서]

　　　　(그리고) [$_{VP}$ 순이는 사학과에서 과대표 -이-]] -다]

'철수는 민수보다'와 '철수는 국문과에서'는 접속의 단위이므로 하나의 성분으로 묶인다. 그렇다면 이들의 범주 XP는 무엇이며, 또 XP와 VP는 어떻게 접속하는가?[19]

접속은 같은 통사범주를 지닌 표현들을 하나의 성분으로 묶는 것이므로(김정대 1997 참고), VP와 접속되는 XP의 통사범주도 VP인 것이 자연스럽다. 그런데 VP로 추정되는 XP에는 V '-이-' 및 보충어 '부자'와 '과

---

[19] (17가)에서 '철수는'과 '민수보다'가 성분을 이루고 '순이는'과 '영이보다'가 성분을 이루면 [[철수는 민수보다] (그리고) [순이는 영이보다]]와 같은 접속 구성이 나타난다. 이러한 구조는 가능한가? 이정훈(2012가)에서 논의했듯이 이러한 구조는 논리적·이론적으로 배제할 수 없을 뿐만 아니라 현상을 설명하기 위해서도 필요하다. 하지만 이 구조를 허용해도 계사가 도입되면 이어지는 논의에서 제시하는 구조로 변경된다.

대표'가 포함되어 있지 않다. 혹시 모종의 절차에 의해 V '-이-'와 보충어 '부자', '과대표'가 사라진 것은 아닐까? 그렇다면 이 모종의 절차는 무엇인가? 아래 예는 이 문제에 대한 답을 암시한다.

> (18) 가. 철수는 논문을 쓰고, 영이는 논문을 읽었다.
> 나. 논문을$_2$ [철수는 t$_2$ 쓰고, 영이는 t$_2$ 읽었다]
> 다. [철수는 t$_2$ 쓰고, 영이는 t$_2$ 읽었다] 논문을$_2$

(18)은 접속된 두 절의 공통 성분이 그 실현 위치를 바꾸면 한 번만 실현될 수 있다는 것을 보여준다.[20] 이 점을 고려하면 (17가)와 (17나)는 각각 (19)와 (20)으로 분석된다.

> (19) 가. [$_{CP}$[$_{VP}$[$_{VP}$ 철수는 민수보다 부자 -이-] (그리고)
>   [$_{VP}$ 순이는 영이보다 부자 -이-]]-대]
> 나. [$_{CP}$[$_{VP}$[$_{VP}$ 철수는 민수보다 t$_2$ 부자$_2$-이-] (그리고)
>   [$_{VP}$ 순이는 영이보다 t$_2$ 부자$_2$-이-]]-대]
> 다. [$_{CP}$[$_{VP}$[$_{VP}$ 철수는 민수보다 t$_2$ t$_3$] (그리고)
>   [$_{VP}$ 순이는 영이보다 t$_2$ t$_3$]] 부자$_2$-이$_3$-대]

> (20) 가. [$_{CP}$[$_{VP}$[$_{VP}$ 철수는 국문과에서 과대표 -이-] (그리고)
>   [$_{VP}$ 순이는 사학과에서 과대표 -이-]]-대]
> 나. [$_{CP}$[$_{VP}$[$_{VP}$ 철수는 국문과에서 t$_2$ 과대표$_2$-이-] (그리고)
>   [$_{VP}$ 순이는 사학과에서 t$_2$ 과대표$_2$-이-]]-대]
> 다. [$_{CP}$[$_{VP}$[$_{VP}$ 철수는 국문과에서 t$_2$ t$_3$] (그리고)
>   [$_{VP}$ 순이는 사학과에서 t$_2$ t$_3$]] 과대표$_2$-이$_3$-대]

(19)는 두 개의 VP가 접속된 뒤, 두 VP의 공통 요소인 보충어 '부자'와 V '-이-'가 위치를 바꾸면서 한 번만 실현된 것을 보여준다. 위치를

---

20) 이 현상에 대해서는 Bošković & Franks(2000) 참고.

바꾸는 데에는 핵 이동이 관여한다. (19나)에서는 선후행 VP 각각에서 '부자'가 V '-이-'로 핵 이동했고, (19다)에서는 (19나)의 핵 이동에 의해 형성된 복합핵 $[_V[_N$부자$]_2$-이-]가 다시 C '-다'로 핵 이동해서 복합핵 $[_C[_V[_N$부자$]_2$-이-$]_3$-다]를 형성하고 있다.[21] 마찬가지로 (20)에서도 N '과대표'가 V '-이-'로 핵 이동해서 형성된 복합핵 $[_V[_N$과대표$]_2$-이-]는 다시 C '-다'로 핵 이동한다.

지금까지의 논의를 인정하면 앞서 제시한 (12)는 아래와 같은 과정을 거치게 된다.

(21) 철수가 학생이다.

가.

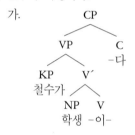

나.

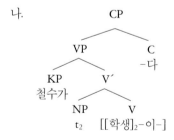

---

21) 아래 ㉮를 문법적인 것으로 판단하는 직관이 있다. (13가)와 달리 ㉮에서는 '부자'가 두 번 실현되는데 이는 ㉯에서 보듯이 선행 VP의 핵 V '-이-'의 의존성이 핵 이동이 아니라 생략에 의해 해소되기 때문이다. ㉯에서 V '-이-'는 우분지 성분이므로 앞서 언급한 방향성 제약에 따라 선행하는 것이 생략된다.

    ㉮ 철수는 민수보다 부자 (그리고) 순이는 영이보다 부자이다.

    ㉯ [_CP [_VP [_VP 철수는 민수보다 부자 ~~-이-~~] (그리고) [_VP 순이는 영이보다 t₂부자₂-이-]] -다]

다.

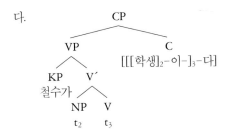

(21가)는 핵 이동이 적용되기 전 구조이고, (21나)는 핵 이동이 적용되어 N '학생'이 V '-이-'로 핵 이동한 구조이다. 핵 이동으로 형성된 복합핵 [v[N학생]₂-이-]는 (21다)에서 보듯이 다시 C '-다'로 핵 이동해서 복합핵 [c[v[N학생]₂-이-]₃-다]를 형성하게 된다.[22]

3.2. 핵 이동의 이점

지금까지 계사 구문의 의존성이 핵 이동으로 해소된다는 점을 밝혀왔다. 그렇다면 계사 구문에서의 핵 이동을 인정하면 어떠한 이점이 있는가? 이와 관련하여 주목하고자 하는 것은 계사 구문의 격조사 통합 문제와 KP 'NP에게' 성분의 해석 문제이다.

첫 번째 문제는 V '-이-'에 선행하는 명사에 격조사가 통합되지 못한다는 점과 계사 구문과 그 부정문의 격조사 통합 양상이 다르다는 점에

---

22) 계사 구문에서의 핵 이동을 지지하는 증거로 또 무엇이 있을까? 시정곤(1995)는 '이것은 논이고 저것은 밭이다[바치다]'와 같은 예에서 볼 수 있는 구개음화를 그 증거로 제시하기도 하였다. 그런데 구개음화 규칙은 최명옥(1993)에 따르면 그 공시성이 문제시되므로 핵 이동의 적극적인 증거가 되기는 어렵다. 하지만 여기서는 다음의 두 가지 사항을 고려하여 구개음화가 핵 이동의 간접적인 증거가 될 수 있다고 본다. 첫째, 언어 습득 등을 염두에 두면 구개음화 규칙의 공시성을 전면적으로 부정하기는 어려우며 공시성이 의심되는 규칙도 공시성을 인정해야 하는 경우가 있다(신승용 2004 참고). 둘째, 비록 현대국어는 아니지만 구개음화 규칙의 공시성이 확실한 시기의 자료를 논거로 삼으면 핵 이동이 정당화될 수 있다. 다만 핵 이동이 과거에 유효했으므로 별다른 이상이 없는 한 현재에도 유효하다는 논리가 인정되어야 한다.

서 큰 관심을 끌어 왔다(엄정호 1989, 서정목 1993 등 참고).

   (22) 가. 철수는 천재(*-가)-이-다.
       나. 철수는 천재-가 아니-이-다.

  (22가)에서 '천재'는 V '-이-'가 핵인 V´에 포함되므로 소위 보격조사가 통합될 수 있어야 한다(이정훈 2005가, 2008나 등 참고). 그런데 '천재'에 보격조사를 통합시킨 표현은 결코 문법적이라 할 수 없다.23) 그런데 (22가)의 부정문 (22나)에서는 V '-이-'의 보충어 '천재'에 보격조사가 얼마든지 통합될 수 있다. 따라서 계사 구문의 보충어에 무조건 보격조사가 통합될 수 없는 것은 아니며, (22가)처럼 N '천재'가 V '-이-'로 핵 이동하면 N '천재'에 보격조사가 통합될 수 없다고 정리할 수 있다.

  그렇다면 V '-이-'로 핵 이동한 N '천재'에는 왜 격조사가 통합되지 못하는가? 그것은 (22가)의 경우 핵 이동의 결과 N '천재'와 V '-이-'가 NP와 핵 V의 관계가 아니라 핵 N과 핵 V의 관계를 맺으며 하나의 복합 핵 [$_\text{V}$[$_\text{N}$천재]-이-]를 형성하기 때문이다.24) 이와 달리 (22나)에서는 V '-이-'의 의존성이 '아니'로 해소되어 N '천재'가 V '-이-'로 핵 이동하지 않으므로 '천재'와 V '-이-'는 NP와 핵 V의 관계를 유지하게 되고 NP '천재'에 주격조사 '-가'가 통합될 수 있다. (22나)에서 '천재'가 핵 이동을 겪지 않는 것은 아래 (23)에서 보듯이 '천재'와 '아니다' 사이에 부사어가 개입할 수 있고, '천재가'가 생략되기도 하는 것을 통해 알 수 있다.

---

23) (22가)의 '천재이다'의 '이'를 조사로 볼 수는 없다. 조사라면 '-이'가 아니라 '-가'가 선택되어야 하기 때문이다. 한편 최기용(1993)은 이 경우의 '이'를 주격조사로 가정하기도 하였다.
24) '해돋이, *해가돋이'와 '줄넘기, *줄을넘기'에서 보듯이 일반적으로 핵 즉 X^{0} 내부에는 격조사가 나타나지 않는다.

(23) 가. 철수는 천재가 정말로 아니다.
　　　[참고] *철수는 천재 정말로이다.
　　나. 철수는 ~~천재가~~ 아니다.
　　　[참고] *철수는 ~~천재~~이다.

　다음으로 KP 'NP에게' 성분의 해석 양상을 살펴보자. 이와 관련하여 살펴볼 것은 후보충 구문(after-thought construction, 이정훈 2009 참고)에서의 의미 해석과 억양 실현이다.

(24) 가. 철수는 순이가 공주라고 말했다. 민수에게.
　　나. 철수는 공주라고 말했다. 순이가 민수에게.

(25) 가. 철수는 민수에게 말했다.
　　나. 순이가 민수에게 공주이다.

　(24가)의 후보충 성분 KP '민수에게'는 (25가)의 '민수에게'로 해석된다. 반면 (24나)의 KP '민수에게'는 중의성(ambiguity)을 띤다. KP '순이가'와 KP '민수에게' 사이에 강한 휴지가 놓여 KP '순이가'와 KP '민수에게'가 서로 다른 억양군(intonation group)에 속하면 (25가)로 해석되지만, KP '순이가'와 KP '민수에게' 사이에 휴지가 놓이지 않아 KP '순이가'와 KP '민수에게'가 같은 억양군에 포함되면 (25나)로 해석된다.[25]
　또한 내포문과 모문의 문장 유형이 다르면 (24나)는 억양에서도 흥미로운 모습을 보인다. 아래에서 '↗'는 의문의 문말 억양을 나타낸다.

(26) 가. 철수는 공주라고 말했니↗ 순이가↗ 민수에게↗
　　나. 철수는 공주라고 말했니↗ 순이가 민수에게↗

---

25) 실제로는 KP '순이가'와 KP '민수에게' 사이에 휴지가 놓여도 (25나)로 해석될 수 있다. 논의의 목적상 해석 양상을 대조하기 위해 자료 해석을 단순화한다.

(26가)는 (24나)의 KP '민수에게'가 (25가)로 해석되는 경우로 KP '순이가'와 KP '민수에게'가 각각 모문 문말 억양의 지배를 받는다. 그런데 (26나)는 사정이 다르다. 이 경우 KP '민수에게'는 (25나)로 해석되며, KP '민수에게' 뒤에 표시된 억양은 모문의 것을 따르지만 KP '순이가' 뒤에 표시된 억양은 내포문의 것을 따른다.

결국 (24나)의 KP '민수에게'는 의미와 억양에서 모문 성분으로 기능할 수도 있고 내포문 성분으로 기능할 수도 있다. 그러면 이 두 가지 해석 가능성은 무엇을 의미하는가? 가장 자연스러운 것은 (24나)에 아래의 두 가지 구조를 상정하는 것이다.

(27) 철수는 공주라고 말했다. 순이가 민수에게. (= 24나)
　가. [$_{CP}$ 철수는 [$_{CP}$ t$_2$ 공주라고] t$_3$ 말했다] [$_{KP}$ 순이가]$_2$ [$_{KP}$ 민수에게]$_3$
　나. [$_{CP}$ 철수는 [$_{CP}$ t$_2$ 공주라고] 말했다] [$_{XP}$ 순이가 민수에게]$_2$

(27가)는 내포문의 KP '순이가'와 모문의 KP '민수에게' 각각이 후보충된 구조이고, (27나)는 내포문의 XP '순이가 민수에게'가 모문으로 후보충된 구조이다. (27가)에서 KP '순이가'는 억양에서, 그리고 KP '민수에게'는 억양과 의미 해석에서 모문에 지배되므로 (25가)의 해석과 (26가)의 억양을 보인다. 반면 (27나)에서는 XP '순이가 민수에게' 전체가 의미는 내포문에 지배되고 억양은 모문에 지배되므로 (25나)의 해석과 (26나)의 억양을 보인다.

그렇다면 (27나)에서 어떻게 내포문의 '순이가 민수에게'가 하나의 성분 XP가 되어 후보충의 대상이 될 수 있는가? 내포문의 구조를 아래 (28가)로만 보는 한 이 문제는 쉽사리 해결되지 않는다.[26] (28가)의 구조에

---

26) 편의상 평서형 어미 '-다'의 이형태 '-라'와 인용의 '-고'로 구성된 '-라고'는 더 이상 분석하지 않고 하나의 핵으로 간주한다.

는 KP '순이가'와 KP '민수에게'를 하나로 묶는 통사적 교점이 없어서 '순이가 민수에게'가 하나의 성분이 될 수 없기 때문이다. 그러나 N '공주'의 V '-이-'로의 핵 이동과 이로 인해 형성된 복합핵 $[v[_N공주]_2-이-]$의 C '-다'로의 핵 이동을 상정하면 문제의 성분 XP $[_{XP}$ 순이가 민수에게]는 (28다)의 VP로 해석된다.

(28) 가. $[_{CP}$ $[_{VP}$ 순이가 민수에게 공주 -이-] -라고]
　　 나. $[_{CP}$ $[_{VP}$ 순이가 민수에게 t_2 공주$_2$-이-] -라고]
　　 다. $[_{CP}$ $[_{VP}$ 순이가 민수에게 t_2 t_3] 공주$_2$-이$_3$-라고]

따라서 (24나)가 (25나)의 의미와 (26나)의 억양과 통하는 것은 (28다)의 VP가 모문으로 후보충되었기 때문이라 할 수 있다.

4. 계사 구문에서의 '-으시-' 일치

이 글을 시작하며 (1)에 제시하였듯이 계사 구문에서의 H '-으시-' 일치 현상은 매우 다양하다. 이렇게 다양한 일치 현상은 어떻게 설명할 수 있는가? 또 3절에서 살핀 계사 구문의 통사론적 특성은 일치 현상에 어떤 영향을 미치는가? 지금부터 이 질문들에 대한 답을 모색하고자 하는데 먼저 주어, 주제어가 H '-으시-'와 일치하는 현상을 해명하고 이어서 보충어와 H '-으시-'가 일치하는 현상 및 보충어를 수식하는 관형절의 주어와 H '-으시-'가 일치하는 현상을 해명한다. 이 과정에서 계사 구문의 통사론적 특성이 일치 현상에 지대한 영향을 미친다는 것을 확인하게 된다.

4.1. 논항 주어 및 비논항 주어와 '-으시-'의 일치

2절에서 논의하였듯이 주어와 H '-으시-'는 [존칭] 자질에서 일치하며, 일치에는 VP의 핵 V의 H '-으시-'로의 핵 이동, 핵 이동에 따른 문장성분 지배력의 확산, 그리고 명시어-핵 관계의 확산 등이 관여한다.

위와 평행하게 계사 구문에서도 V '-이-'는 H '-으시-'로 핵 이동하고, 이 핵 이동으로 V '-이-'의 문장성분 지배력은 H '-으시-'로 확산되며,[27] 주어와 V '-이-' 사이의 명시어 핵 관계는 주어와 H '-으시-' 사이의 명시어-핵 관계로 확산된다. 그 결과 계사 구문의 주어와 H '-으시-'는 일치하게 된다. 이를 나무그림으로 보이면 아래와 같다.

(29) 아버님이 그 일에 적임자이시었다. (= 1가)
　　가.

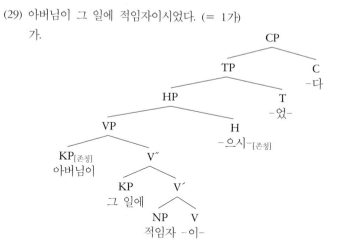

---

27) 계사 구문 'NP₂가 NP₃이다'에서 V '-이-'는 NP₂와 NP₃에 대해 지배력을 발휘하는가? 예를 들어 V '-이-'는 NP₂와 NP₃에 의미역(semantic role)을 부여하는가? 이견이 존재하긴 하지만 여기서는 V '-이-'가 NP₂와 NP₃에 의미역을 부여하는 것으로 본다(양정석 1986, 시정곤 1995 참고).

나.

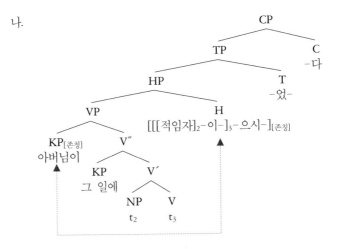

(29가) 단계에서 H '-으시-'는 주어 '아버님이'에 대한 지배력을 결여하며 또한 주어 '아버님이'와 명시어-핵 관계도 맺지 못한다. 하지만 위에서도 언급했듯이 V '-이-'가 H '-으시-'로 핵 이동하면 사정이 전혀 달라진다. (29나)에서처럼 V '-이-'가 H '-으시-'로 핵 이동하면,[28) V '-이-'의 주어 '아버님이'에 대한 지배력이 H '-으시-'로 확산되어 그 결과 H '-으시-'는 주어 '아버님이'에 대한 지배력을 갖게 되고, 주어 '아버님이'와 V '-이-' 사이의 명시어 핵 관계가 주어 '아버님이'와 H '-으시-' 사이의 명시어-핵 관계로 확산된다. 이제 H '-으시-'와 주어 '아버님이'는 (4)에 제시한 일치의 두 조건을 충족한다. 따라서 H '-으시-'와 주어 '아버님이'는 일치하게 된다.

주어에 (29)의 '아버님이' 같은 주어만 있는 것은 아니다. 때로 주어이긴 하지만 (29)의 '아버님이'와 다소 다른 성격을 지니는 주어가 나타나

---

28) 이 핵 이동 전에 N '적임자'가 V '-이-'로 핵 이동하며 이로 인해 복합핵 [ᵥ[ₙ적임자]-이-]가 형성된다. 실제로는 이 복합핵이 H '-으시-'로 핵 이동하는데, 편의상 핵심을 강조하기 위해 V '-이-'가 H '-으시-'로 핵 이동한다고 표현한다.

기도 한다. 이런 주어가 나타나는 사례의 하나가 바로 주격 중출 구문인데 주격 중출 구문에서의 일치 현상을 제시하면 아래와 같다.

(30) 가.　철수가 <u>아버님이</u> 학자이<u>시</u>었다.
　　 가′.　철수의 아버님이 학자이시었다.
　　 나.　<u>선생님이</u> 아이가 유치원생이<u>시</u>다. (= 1나)
　　 나′.　*선생님의 아이가 유치원생이시다.

계사 구문이 주격 중출 구문을 취하는 경우, (30가)에서처럼 후행 주격 성분이 H '-으시-'와 일치할 수도 있고, (30나)에서처럼 선행 주격 성분이 H '-으시-'와 일치할 수도 있다. 그리고 (30나)와 (30나′)의 대조는 V '-이-'로부터 의미역을 부여받지 못하는 성분이어도 주격 중출 구문에 의해 주격 조사를 동반하게 되어서 주어의 통사적 자격을 획득하면 '-으시-'와 일치할 수 있다는 것을 잘 보여준다.[29]

의미역을 지니고 주격 조사를 통합한 성분을 논항 주어(argumental subject)라 하고, 의미역을 지니지 않은 채 주격 중출 구문 등을 통해 주격 조사와 통합하여 주어의 문법적 지위를 획득하게 된 성분을 비논항 주어(non-argumental subject)라 하면,[30] (30가)는 논항 주어 '아버님이'와 H '-으시-'가 일치하는 경우에 속하고 (30나)는 비논항 주어 '선생님이'와 H '-으시-'가 일치하는 경우에 속한다. 비논항 주어와 H '-으시-'가 일치하는 사례를 더 보이면 아래와 같다.

---

29) (30나)와 (30나′)에서 V '-이-'의 의미역은 '아이'와 '유치원생'에 부여된다. '선생님'은 V '-이-'의 의미역 부여와는 무관하며, '아이'와 관계를 맺는다. '선생님'과 '아이' 사이의 관계를 의미역 관계로 보기도 하는데(이선웅 2005 참고), 이렇게 보면 N '아이'가 NP '선생님'에 의미역을 부여하는 것이 된다. 한편 화자에 따라서는 (30가)의 수용성과 (30나)의 수용성이 그 정도가 다르다는 직관을 제시하기도 하는데 이에 대해서는 4.3절의 논의 및 각주 43) 참고.

30) 주격 중출 구문의 비논항 주어는 다른 성분과 일정한 의미관계를 맺는다. 바로 앞의 각주 및 김귀화(1994), 임동훈(1997) 등 참고.

(31) 강교수님이 이 외딴섬까지 웬일이십니까. ≪길 2 : 214≫[31]

논항 주어에 더해 비논항 주어가 H '-으시-'와 일치하는 현상이 계사 구문에만 국한된 것은 아니다. 아래 (32)에서 보듯이 계사 구문 이외의 경우에도 비논항 주어와 H '-으시-' 사이의 일치 현상은 나타난다.

(32) 가. 선생님이 제자가 논문을 발표하시었다.
　　　나. 어느 분이 송전탑이 고향에 건설되시나요?

논항 주어는 물론이고 비논항 주어도 H '-으시-'와 일치하는 현상은 어떻게 설명할 수 있는가? 예를 들어 (30나)에서 비논항 주어 '선생님이'는 어떻게 H '-으시-'와 일치하게 되는가? (30나)의 통사구조를 살피는 데서부터 이 문제의 답을 찾아보자.

(33)

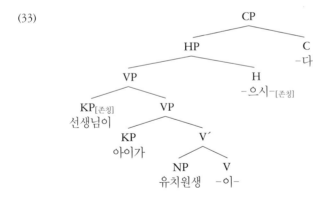

주격 중출 구문에서 논항 주어는 VP의 명시어가 되고 비논항 주어는 VP에 부가된다(이정훈 2005가, 2008나 참고). (30나)에서 보았듯이 비논항 주어 '선생님이'는 H '-으시-'와 일치하는데, 이러한 일치는 (33)에서 비

---

31) ≪길≫은 소설 ≪길 없는 길≫(최인호, 1993, 샘터)에서 가져온 자료를 가리킨다.

논항 주어 '선생님이'가 V '−이−'와 명시어−핵 관계를 맺으면 지극히
당연한 것이 된다. V '−이−'가 H '−으시−'로 핵 이동하면 방금의 명시
어−핵 관계가 비논항 주어 '선생님이'와 H '−으시−' 사이의 명시어−핵
관계로 확산되기 때문이다.

이에 여기서는 논항 주어는 물론이고 비논항 주어도 V와 명시어−핵
관계를 맺는 것으로 보고자 한다. 부가 위치도 명시어로 기능할 수 있다
고 보는 셈인데,32) 명시어 위치가 아니라 부가 위치에 나타난 성분이 부
가어가 아니라 명시어로 역할하려면 명시어 표지, 즉 주격 중출 구문의
경우 주격조사를 동반해야 한다. 부가 위치에 나타나면서 주격조사까지
갖추지 못하면 아래에서 보듯이 H '−으시−' 일치의 대상이 되지 못한다.

---

32) XP 부가어와 핵 X가 일치하는 현상은 다른 언어에서도 볼 수 있다(Kayne 1989 참고). 이
점을 중시하여 Chomsky(1993)은 핵의 점검 영역(checking domain), 즉 핵과 일치할 수 있는
성분이 자리할 수 있는 곳에 XP 부가 위치를 포함시키기도 하였다. 결국 XP의 부가어와
명시어가 한 부류로 묶이는 셈인데 이와 관련하여 다음의 두 가지 사실에 주목할 필요가
있다. 첫째, 명시어 개념은 매우 모호하다. 이동하는 성분의 착륙지가 명시어로 간주되기도
하고, 주어나 직접 목적어가 명시어에 자리하는 것으로 파악되기도 하였으며, 관사, 조동
사, 부사 등이 명시어 자리에 놓이기도 한바(Radford 1981, Chomsky 1986, Larson 1988,
Cinque 1999 등 참고), 이는 명시어 개념이 이질적인 것을 대충 한데 모아 놓은 것에 불과
함을 의미하며, 또한 그만큼 명시어가 이론적 제약성을 결여하고 있음을 의미한다. 보충어
는 의미역 등에 의해 그 출현이 이론적으로 제약되나 명시어는 그렇지 않은 것이다. 따라
서 명시어는 합리적인 개념이라 하기 어렵다. 둘째, 명시어의 이와 같은 불분명한 성격은
명시어의 존재 및 나아가 명시어와 부가어의 구분에 대한 의문으로 이어지게 된다. 특히
부가어가 명시어 자리에 올 수 있고, 다중 의문사 구문의 경우 모든 의문사가 이동하는 언
어에서는 의문사가 CP의 명시어 위치뿐만 아니라 부가 위치로도 이동하는 사실은 부가어
와 명시어의 구분에 의문을 제기한다. 이러한 관점에서 부가어와 명시어 둘 가운데 하나를
제거하거나 둘을 통합하려는 시도가 나타나는 것은 당연한 귀결이라 할 수 있다. 예를 들
어 Kayne(1994)는, 논거와 목적은 다르지만, 명시어를 부정하고 부가어만으로 문법을 구성
할 것을 제안하였고, 반대로 Chomsky(1995)는 Chomsky(1993)의 태도와 달리 부가어를 부
정하고 다중 명시어를 인정하면서 명시어 위치만을 수용하였다. 여기서는 명시어와 부가어
를 구분하는 입장을 취한다(박승혁 1997 : 337, 이정훈 2003 : 166 참고).

(34) [*]선생님한테서 아이들이 산수를 배우셨다.

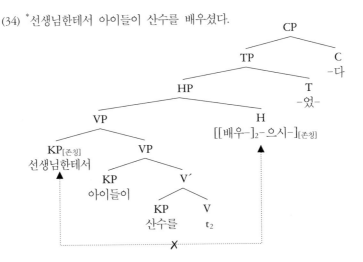

(30나 = 33)이 명시어가 아닌 것이 주격조사를 취함으로써 주어가 되어 H '-으시-'와 일치하는 예라면, 아래 (35)는 주격조사를 동반하지 않은 채 명시어 자리에 위치함으로써 주어가 되어 H '-으시-'와 일치하는 예가 된다.

(35) 아버님한테 이 옷은 크시다.³³⁾

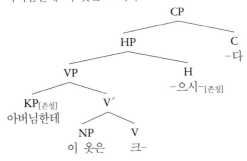

---

33) (35)의 나무그림은 '아버님한테'가 애초부터 주어 자리, 즉 VP의 명시어 자리를 차지하는 것으로 보는 시각을 반영한다. 그런데 '아버님한테'가 보충어 자리에 있다가 문두로 이동한 것으로 파악하는 견해도 있다. 앞서 이정훈(2008나 : 331-337)에서는 후자의 견해를 채택하였었는데, 여기서는 전자의 견해를 채택한다. 어느 견해가 옳은지, 둘 다 성립하는 것은 아닌지에 대한 본격적인 검토는 후고를 기약한다.

앞의 '아버님한테'처럼 여격조사를 동반한 채 주어 자리, 즉 VP의 명사어 자리에 나타난 성분을 흔히 여격 주어라고 한다. 여격 주어는 주격조사를 동반할 수도 있어서 (35)의 '아버님'은, '아버님이 이 옷은 크시다'에서 보듯이, 주격조사와도 어울릴 수 있다.

정리하면 VP의 명사어 위치에 나타나거나(논항 주어), VP의 부가 위치에 나타나도 주격조사를 취하면(비논항 주어), 그 성분은 H '-으시-'와 일치하는 것이 된다. 그러면 아래 현상은 어떻게 이해해야 하는가?

(36) 선생님만 아이가 유치원생이시다.

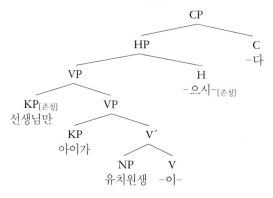

나무그림에서 보듯이 '선생님만'은 명사어가 아니라 부가어이며, 또 주격조사를 동반하고 있지도 않다. 따라서 H '-으시-'와 일치하지 않을 것으로 예측된다. 하지만 사실은 이와 달라서 (36)의 '선생님만'은 H '-으시-'와 일치한다. 이 현상은 어떻게 이해해야 하는가? 이 의문에 답하기 위해 (36)의 '선생님만'이 (30나 = 33)의 '선생님이'와 통한다는 점에 주목해 보자. 그러면 (36)의 '선생님만'은 주격조사를 동반할 수 있지만 동반하지 않은 경우로서 주격조사를 동반할 수 없는 경우, 예를 들어 (34)와 구별된다는 점을 잘 알 수 있다.[34) 이에 (36)의 '선생님만'처럼 주격

조사를 동반해서 비논항 주어가 될 수 있음에도 불구하고 주격조사를 동반하지 않은 성분을 '잠재적 비논항 주어'라고 하자. 그러면 주어와 H '-으시-'의 일치는 논항 주어와 (잠재적) 비논항 주어가 H '-으시-'와 일치하는 것으로 요약된다.

4.2. 주제어와 '-으시-'의 일치

지금까지는 주어와 '-으시-'가 일치하는 경우를 살펴보았다. 이제 살펴볼 것은 비논항이며 주격 조사를 통합하지 않은 성분이 '-으시-'와 일치하는 경우로 소위 주제어(topic)와 '-으시-'가 일치하는 경우이다.[35]

    (37) 가. 선생님은 취미가 그림이시다. (= 1다)
          나. 선생님은 학회 참석이 주요 방미 목적이시다.

주제어는 통사적으로 CP에 부가(adjunction)되는 성분이다(서정목 1999, 이정훈 2003, 2008나 등 참고).[36] 그렇다면 어떻게 CP에 부가된 주제어와 H '-으시-'가 일치할 수 있는가? 이에 대한 해답도 앞서의 경우와 평행하게 베풀어진다. 즉, (37가)에서 N '그림'은 V '-이-'로 핵 이동하며 이로

---

34) (34)의 '선생님한테서'는 '선생님이'가 될 수 없다. 참고로 '선생님이 아이들이 산수를 배우셨다'가 성립하기도 하는데, 이 경우는 '선생님'이 (34)의 '선생님한테서'가 아니라 '선생님의 아이들'의 '선생님'으로 해석되는 경우이다.

35) 전형적인 주제어는 문두(sentence initial)에 위치하며 보조사 '-은/는'을 동반한다. 경우에 따라서는 주제어이면서도 문두에 위치하지 않거나 '-은/는' 이외의 보조사와 어울리기도 하는데 자세한 사항은 이정훈(2008나 : 299-306) 참고.

36) 주제어는 CP 외에 VP에 부가될 수도 있다. VP에 부가되어도 문두라는 분포적 특성이 유지되기 때문이다. 하지만 VP 부가 주제어와 '-으시-'의 일치는 이 절과 앞선 4.1절의 논의로 충분히 설명할 수 있으므로 따로 다루지 않는다. 참고로 주제어가 HP, TP, MP 등 선어말어미가 투사한 구의 명시어 자리에 위치하거나 그러한 구에 부가될 가능성은 고려하지 않는다. 선어말어미가 투사한 구는 명시어도 지니지 않을 뿐더러 부가도 허용하지 않기 때문이다(이정훈 2010/2012나 : 319-322 참고).

인해 형성된 복합핵 [ᵥ[ɴ그림]-이-]는 다시 H '-으시-'로 핵 이동해서 복합핵 [ₕ[ᵥ[ɴ그림]-이-]-으시-]가 형성되고 이 복합핵은 또 다시 C '-다'로 핵 이동해서 결국 C에는 복합핵 [c[ₕ[ᵥ[ɴ그림]-이-]-으시-]-다] 가 오게 되는데, 그 결과 C 자리에 오게 된 H '-으시-'와 CP에 부가되 어 있는 주제어가 명시어－핵 관계에 준하는 부가어－핵 관계를 맺게 되 어 서로 일치하게 된다.[37] 이를 나무그림으로 보이면 아래와 같다.

(38)

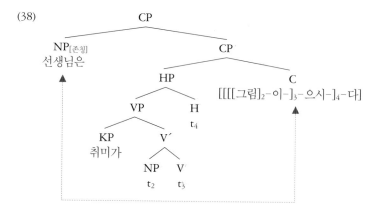

핵 이동과 부가어－핵 관계에 기초한 일치는 (37나)에서도 마찬가지로 나타난다. 다만 핵 이동에 참여하는 N이 (37가)와 다를 뿐이다. 그리고 아 래에서 보듯이 주제어가 H '-으시-'와 일치하는 현상은 계사 구문 이외에 도 관찰되며, 이 경우에도 일치의 과정은 계사 구문의 경우와 평행하다.

(39) 가. 선생님은 제자가 논문을 발표하시었다.
　　 나. 선생님은 날씨가 좋으시었다.
　　　　[참고] 선생님은 날씨가 좋으셨지만, 저희는 폭우를 만났습니다.

---

37) 주제어의 위치를 명시어로 보면(임동훈 1991), 지금 논의 중인 현상은 명시어－핵 관계에 의한 일치로 설명된다.

아래 예들도 주제어와 H '-으시-'가 일치하는 현상에 해당한다. 다만 (37), (39)와 달리 주제어가 겉으로 드러나 있지 않을 따름이다.

> (40) 가. 묵고 계신 곳이 <u>어디십니까</u>? ≪길 1 : 50≫
> 나. 아픈 곳이 어느 <u>곳이십니까</u>. ≪길 2 : 218≫
> 다. 우선 여기에 도장을 찍으시고요. 저 쪽 보시면, 큰 건물 하나 <u>있</u>
> <u>으시죠</u>? 거기 2층으로 가시면 돼요.
> 다´. 우선 여기에 도장을 찍으시고요. 선생님, 저 쪽 보시면, 큰 건물
> 하나 있으시죠? 거기 2층으로 가시면 돼요.

(40가), (40나)는 계사 구문으로 '당신은, 선생님은' 정도의 주제어를 상정할 수 있는데, 이러한 주제어가 대화 참여자를 지시하므로 외현되지 않았다. (40다)에서도 청자로 상정되는 어떤 존귀한 인물, 예를 들어 '선생님은' 정도를 주제어로 상정해 볼 수는 있지만, 실제로 이러한 주제어를 외현시키면 상당히 어색하다. 주제어보다는 독립어, 즉 (40다´)의 '선생님'이 H '-으시-'와 일치하는 듯하다. 독립어도 통사적으로는 CP에 부가된 성분이므로, 주제어와 평행하게 다루어진다.[38]

4.3. 논항 주어 대 비논항 주어, 주제어

지금까지 주어와 주제어가 H '-으시-'와 일치하는 현상을 명시어-핵 관계와 부가어-핵 관계로 일관되게 기술해 왔다. 그리고 이러한 기술에

---

38) 그러나 독립어와 H '-으시-'의 일치는 매우 예외적인 현상이다. 아래 ㉮에서 보듯이 독립어 자리에 H '-으시-'와 일치할 만한 성분이 나타나더라도 주제어가 개입하면 독립어와 H '-으시-' 사이의 일치는 어렵기 때문이다. 한편 ㉮에서 '그 논문'이 '선생님'과 관련된 논문으로 해석되는 경우, 예를 들어 '선생님'이 '그 논문'의 공동저자인 경우에는 ㉯에서 확인하듯이 수용성이 개선된다. 이에 대해서는 이정훈(2004, 2008나 : 381-386) 참고.
  ㉮ *선생님, 그 논문은 철수가 쓰셨습니다.
  ㉯ ?선생님, 그 논문은 (선생님뿐만 아니라) 철수도 쓰셨습니다.

는 핵 이동이 긴요하게 활용되었다.

그러나 통사적인 면만 갖춘다고 해서 무조건 일치가 가능한 것은 아니다. 아래 (41)에서 보듯이 비논항 주어나 주제어는 때로 H '-으시-'와 일치하기 어려운 경우도 있기 때문이다.

(41) 가. 선생님은 얼굴이 크시다.
　　나. 선생님이 아이가 유치원생이시다. (= 1나)
　　다. *선생님은 철수가 만나시었다.
　　라. ⁇선생님이 강아지가 진돗개이시다.

위에서 (41가)와 (41나)의 '선생님은, 선생님이'와 달리 (41다)의 주제어 '선생님은'이 H '-으시-'와 일치하기는 매우 어렵고, (41라)의 비논항 주어 '선생님이'도 (41다)보다는 다소 나은 듯도 하지만 H '-으시-'와의 일치가 원활치 않기는 마찬가지이다. 그렇다면 이러한 차이는 왜 나타날까?

(41)이 보이는 차이를 이해하기 위해 먼저 H '-으시-' 일치 현상에서 보이는 논항 주어와 비논항 주어 사이의 차이, 그리고 논항 주어와 주제어 사이의 차이에 주목해 보자. 즉, 논항 주어는 의미와 무관하게 항상 H '-으시-'와의 일치가 원활하지만, 비논항 주어와 주제어는 (41)에서도 확인했듯이 그렇지 않다는 사실에 주목해 보자.

논항 주어와 논항 주어가 아닌 것 사이의 차이는 쉽게 이해할 수 있다. 2절에서 논의했듯이 의미역 부여 능력을 지닌 V가 H '-으시-'로 핵 이동해서 V와 H '-으시-'가 복합핵을 형성하고, 이를 바탕으로 H '-으시-'는 일치할 성분을 취한다. 이에 따르면 의미역이 부여되는 논항 주어는 통사적인 면만 갖추면 되지만, 의미역 부여와 거리가 먼 비논항 주어나 주제어는 통사적인 면에 더해 결여된 의미역 부여 효과를 상쇄할 수 있

는 동인이 필요하리라 예측된다. 그리고 이 예측은 아래에서 확인하듯이
사실과 부합한다.[39]

> (42) 가. *좋은 향기가 할머님한테서 나시었다.
>   나. ʔ할머님한테서는 좋은 향기가 나시었다.
>   ʔ할머님은 좋은 향기가 나시었다.
>   다. ʔ할머님이 좋은 향기가 나시었다.

(42가)에서 보듯이 논항 주어가 아닐 뿐만 아니라 비논항 주어도 아니
며 주제어도 아닌 성분, 즉 일반적인 부가어는 결코 H '-으시-'와 일치
할 수 없다. (42나)와 (42다)가 (42가)보다 H '-으시-' 일치에 있어서 수
용성이 나은 것은 부가어가 주제화를 통해 주제어가 되었거나 주격 중출
구문을 통해 비논항 주어가 되었기 때문이다.[40] 다시 말해 (42가)와 달리
(42나)와 (42다)는 결여된 의미역 부여 효과를 상쇄할 수 있는 동인, 즉
주제화와 주격 중출 구문이 동원되었기 때문에 H '-으시-' 일치가 가능
해진다.

이제 (41)이 제기하는 문제는 다음과 같이 조정된다. (41다)와 (41라)는
주제화와 주격 중출 구문이 동원되었음에도 불구하고 왜 (42나)나 (42다)
처럼 그 문법성·수용성이 개선되지 않는가?[41]

H '-으시-' 일치의 통사론을 고려하면, (41라)에서는 H '-으시-' 일

---

39) (42)에 제시한 자료의 문법성 판단, 특히 (42가)의 문법성 판단이 어렵다는 직관이 있다. 이
러한 유형의 자료는 출현의 빈도나 자연성으로 문법성 정도를 판단하는 것이 타당하다고
본다. 다시 말해 (42나)와 (42다)는 흔히 접할 수 있지만 (42가)는 좀체 접할 수 없는바, (42)
에 제시한 문법성 판단이 성립한다.
40) 어순 재배치, 즉 초점화에 의해서도 '-으시-' 일치가 가능해질 수 있다. 즉 (42가)에 비해
'할머님한테서 좋은 향기가 나시었다'가 H '-으시-' 일치에 있어 보다 나은 수용성을 보
이는 듯하다. 이 경우 '할머님한테서'는 (42다)에서 보듯이, (34)의 '선생님한테서'와 달리,
'할머님이'가 될 수도 있다.
41) 문법성과 수용성의 개념 및 둘 사이의 관계에 대해서는 신승용 외(2013 : 21-24) 참고.

치의 후보가 '선생님'과 '강아지' 이 둘임을 잘 알 수 있다. 핵 이동이 실행되면 '선생님'뿐만 아니라 '강아지'도 H '-으시-'와 일치할 수 있는 통사구조적 요건을 갖추기 때문이다. 그런데 '선생님'과 H '-으시-'의 일치는 아무런 문제를 일으키지 않지만 '강아지'와 H '-으시-'의 일치는 사정이 다르다. '강아지'가 [존칭] 자질을 지니지 않기 때문이다. 따라서 (41라)에 나타나는 두 번의 일치 관계 중 하나는 정상적이고 다른 하나는 비정상적이라 할 수 있으며, 여기서 (41라)의 문법성·수용성이 (41가)보다는 못하고 (41다)보다는 양호한 까닭을 이해할 수 있다.

(41라)에서는 정상적 일치 관계 한 번과 비정상적 일치 관계 한 번, 이렇게 두 번의 일치 관계가 나타나며, 두 번의 일치 관계가 나타나는 것은 (41가)도 마찬가지이다. 그런데 (41라)와 달리 (41가)에 포함된 두 번의 일치 관계는 모두 정상적이다. (41가)에서 H '-으시-'와 일치 관계를 맺는 '선생님'과 '얼굴'은 [존칭] 자질과 충분히 어울리기 때문이다.42) 따라서 (41가)는 (41라)보다 문법성·수용성이 나을 수밖에 없다.

(41가)와 반대로 (41다)는 (41라)보다 훨씬 문법성·수용성이 낮은데 그 원인은 두 가지이다. 첫째, [존칭] 자질과 어울리지 않는 '철수'가 H '-으시-'와 일치 관계를 형성하므로 문법성·수용성이 훼손된다. 둘째, 주제어 '선생님'의 문법 기능이 H '-으시-'와 어울리지 않아서 다시 문법성·수용성이 또 훼손된다. 즉, 주제어 '선생님'은 목적어의 문법 기능을 지니는데, 목적어는 H '-으시-'와 일치 관계를 맺지 못하므로 문법성·수용성에 문제를 일으킨다.

위와 같은 논의를 따르면 (41나)도 쉽게 이해할 수 있다. 먼저 '선생님'은 주제어이자 주어이므로 H '-으시-'에 아무런 문제를 일으키지 않는

---

42) '선생님'은 본유적으로 [존칭] 자질을 지닌다. '얼굴'은 본유적으로는 [존칭] 자질을 지닌다고 보기 어려우나 맥락에서 '선생님'과 연계되어 [존칭] 자질을 지니게 된다.

다. 나아가 H '-으시-' 일치와 어울리는 두 기능, 즉 주제어로서의 기능과 주어로서의 기능을 겸비하였으므로 H '-으시-'의 모범이 된다. 다음으로 '아이'는 본유적으로는 [존칭] 자질과 어울리지 않지만 '선생님'과 유관하므로 [존칭] 자질과 아예 무관하다고 보기도 어렵다. 그래서 어느정도 H '-으시-' 일치와 어울린다. 간혹 (41가)와 비해 (41나)가 조금 기묘하다는 직관이 보고되곤 하는데, 이는 (41나)의 '아이'가 [존칭] 자질과 어울리기도 하고 그렇지 않기도 하는 애매한 특성을 보이기 때문이다.[43]

4.4. 보충어와 '-으시-'의 일치

주어와 주제어가 H '-으시-'와 일치하는 현상은 계사 구문에 더해 여러 다른 경우에도 성립한다. 하지만 계사 구문은 H '-으시-' 일치 현상과 관련하여 다른 경우와는 구별되는 매우 특징적인 현상을 보이는바, V '-이-'의 보충어(complement)가 H '-으시-'와 일치할 수 있다(임홍빈 1985, 이현희 1994, 유동석 1995, 임동훈 1996 등 참고). 계사 구문 이외의 경우, 보충어는 주제화 등의 통사 절차를 겪지 않으면, H '-으시-'와 일치할 수 없다. 이러한 통사 절차가 적용되지 않고는 보충어가 H '-으시-'와 일치할 수 있는 통사 위치에 놓일 수 없기 때문이다. 그러나 아래에서 보듯이 계사 구문은 주제화와 같은 통사 절차 없이도 보충어와 H '-으시-'가 일치하는 현상을 보인다.

(43) 가. 선과 교의 근원은 <u>부처님이시고</u> 선과 교의 갈래는 가섭존자와 아난존자이다. (= 1라) ≪길 2 : 42≫

---

43) 앞서 각주 29)에서 (30가)와 (30나 = 41나)의 수용성이 다르다는 직관의 존재를 지적하였다. 이러한 직관까지 고려하면 여기서의 설명은 좀 더 섬세히 다듬어져야 하는데 후일로 미룬다. 어느 쪽의 수용성이 더 높은지에 대한 판단이 뚜렷하지 않기 때문이다.

나. 간월도에는 뭣하러 가시는데. 보아하니 인근 간척지에 노동하러
온 인부는 아니구. 어리굴젓 사러 온 도매상도 아닐 터이구. 오
호라, 알겠다. 김양식장을 갖고 있는 <u>어장의 주인이신가</u>. … 그도
아니면 안경을 쓴 것을 보니 어장을 순시하러 나오신 <u>공무원 나</u>
<u>으리신가</u>. ≪길 2 : 188≫

다. 삼촌은 스물 네 살 적에 지금 영재의 <u>어머님이신</u> 선희와 결혼을
하셨다. ≪세종≫

라. 나를 낳은 것은 <u>어머님이셨지만</u>, 기른 것은 <u>할머님이셨다</u>. ≪세종≫

마. 연락을 받는 것은 항상 <u>상무님이셨다</u>. ≪세종≫

바. 열심히 하면 성공한다는 말, 그 말의 증거가 바로 우리 <u>선생님이</u>
<u>시다</u>. ≪세종≫

사. 그 차 소유주는 엄연히 <u>선생님이시니까요</u>. ≪세종≫

(43)에서 H '-으시-'와 일치를 보이는 '부처님, 어장의 주인, 공무원
나으리, 어머님, 할머님, 상무님, 선생님' 등은 모두 주어가 아니라 V
'-이-'의 보충어 성분이다. 특히 (43나)는 주어가 같은데도 불구하고 보
충어 위치에 어떤 표현이 오느냐에 따라 H '-으시-'가 나타나기도 하고
나타나지 않기도 하는 현상을 보여주고 있다. 주어는 생략되긴 하였으나
청자를 나타내는 표현에 해당하므로 차이가 없고, 다만 보충어가 '인부'
나 '도매상'이면 H '-으시-'가 나타나지 않고, 반면에 '어장의 주인'이나
'공무원 나으리'이면 H '-으시-'가 나타나는 것이다. 나아가 아래와 같
은 경우에는 주어를 상정하기조차 어려워서 보충어 이외에는 H '-으시-'
와 일치할 만한 성분이 존재하지 않는다.[44)

(44) 가. <u>선생님이시고</u> <u>선배님이시고</u> 그동안 저 때문에 애 많이 쓰셨습니
다. ≪세종≫

---

44) 아래 제시하는 (44)의 '시'는 어미가 아니라 조사의 일부일 가능성도 있다(채완 1993, 최동
주 1999, 이정훈 2005나 등 참고).

　　나. 관대하신 법왕이시여! 내부의 절정에 계시는 <u>법왕이시여!</u> 《세종》
　　다. <u>선생님이시라도</u> 그 문제의 답은 쉽게 찾지 못하셨다.

　그렇다면 계사 구문에서는 H '-으시-'와 V '-이-'의 보충어가 어떻게 일치할 수 있는가? 이러한 현상이 계사 구문에서 발견된다는 점과 지금까지 논의했듯이 일치가 통사 현상임을 고려하면 이 문제의 답도 계사 구문이 지닌 독특한 통사적 특성, 즉 보충어 핵의 V '-이-'로의 핵 이동에서 구하는 것이 자연스럽다. 이러한 관점에 서면 핵 이동을 통해 형성된 복합핵 내부에서 핵들 사이에 성립하는 핵-핵 관계를 토대로 계사 구문의 보충어와 H '-으시-'가 일치하는 것으로 보게 된다.45) 이를 (43라)의 후행절을 이용하여 구체적으로 나타내면 아래와 같다.

(45) 나를 낳은 것은 어머님이셨지만, 기른 것은 할머님이셨다. (= 43라)
　　가. [CP [TP [HP [VP 기른 것은 할머님 -이-]-으시-]-었-]-다]
　　　　[CP [TP [HP [VP 기른 것은 t₂ 할머님₂-이-]-으시-]-었-]-다]
　　　　[CP [TP [HP [VP 기른 것은 t₂ t₃] 할머님₂-이₃-으시-]-었-]-다]
　　나.

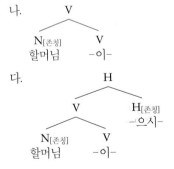

　　다.

―――――――――
45) 핵-핵 관계에 기초한 일치는 의문사-의문어미 일치에서도 볼 수 있다(서정목 1987 : 282-288 참고). 또한 여기서의 논의에 따르면 V '-이-'처럼 보충어의 핵 이동을 유발하는 V는 보충어와 H '-으시-'가 일치할 수 있다는 예측이 가능한데 아래 ㉮, ㉯에서 보듯이 '-답-', '-같-' 등이 이에 해당할 가능성이 크다(이정훈 2006나 참고).
　㉮ 그것은 <u>선생님다우신</u> 행동이 아니었다.
　㉯ <u>선생님같으신</u> 사람을 다시 만날 수 있을까?

위에서 (45가)는 V '-이-'의 보충어 핵 N '할머님'이 V '-이-'로 핵이동하는 과정과 이로 인해 형성된 복합핵 [v[N할머님]2-이-]가 H '-으시-'로 핵 이동해서 복합핵 [H[v[N할머님]2-이-]3-으시-]가 형성되는 과정을 나타낸다. (45나)에서 보듯이 복합핵 [v[N할머님]2-이-]가 형성되면 보충어 핵 N '할머님'과 V '-이-'가 핵—핵 관계를 맺게 되며, (45다)에서 보듯이 복합핵 [H[v[N할머님]2-이-]3-으시-]가 형성되면 복합핵 V [v[N할머님]2-이-]와 H '-으시-'가 핵—핵 관계를 맺게 된다. 물론 핵이동이 적용되기 전, 다시 말해 복합핵이 형성되기 전에는 핵과 핵 사이에 NP, VP 등의 구 범주가 개입하므로 핵—핵 관계가 성립하지 않는다.

핵 이동과 이에 따른 복합핵의 출현에 따라 N '할머님'은 V '-이-'와 핵—핵 관계를 맺고 V '-이-'는 H '-으시-'와 핵—핵 관계를 맺게 된다. 그 결과 N '할머님'과 H '-으시-' 사이에도 핵—핵 관계가 성립하게 되며 이를 바탕으로 보충어 '할머님'과 H '-으시-' 사이의 일치가 성립한다.[46)]

4.5. 관형절 주어와 '-으시-'의 일치

계사 구문의 보충어가 H '-으시-'와 일치하는 현상은 V '-이-'로 핵이동하게 되는 보충어의 핵이 H '-으시-'와 일치할 만한 대상을 지시하는 경우, 즉 보충어 핵이 [존칭] 자질을 지닌 경우 일반적으로 나타난다. 지시대상이 존귀하고 나아가 계사 구문의 특성상 그 존귀한 지시대상을 표현하는 보충어의 핵이 핵 이동에 의해 H '-으시-'와 핵—핵 관계를 형성하므로 사실 이 현상은 그다지 특별한 것이 아니다. 그런데 계사 구

---

46) 정확히 하면 보충어가 아니라 보충어 핵과 핵 H '-으시-'가 일치하는 것이지만 편의상 보충어와 H '-으시-'가 일치하는 것으로 간주한다.

문의 보충어 자리에 의존명사가 나타나면 매우 흥미로운 현상이 나타난다.

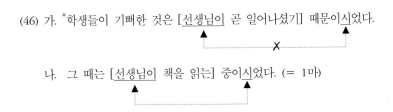

(46) 가. *학생들이 기뻐한 것은 [선생님이 곧 일어나셨기] 때문이시었다.

　　나. 그 때는 [선생님이 책을 읽는] 중이시었다. (= 1마)

　(46가)는 보충어 자리에 의존명사 '때문'이 오고, '때문'이 취한 관형절 주어 자리에 KP '선생님이'가 나타나는 경우, 이 관형절 주어 KP '선생님이'와 모문 H '-으시-' 사이의 일치가 불가능하다는 것을 보여준다. 그리고 관형절 주어 KP '선생님이'와 모문 H '-으시-'가 서로 일치할 수 없음은 지금까지의 논의에 따른 당연한 귀결이다.

　2절에서 논의하였듯이 KP '선생님이'가 H '-으시-'와 일치하기 위해서는 H '-으시-'와 핵 이동에 의해 통합하는 V가 의미역 부여 등을 통해 KP '선생님이'에 지배력을 발휘해야 한다. 그런데 (46가)에서 모문 H '-으시-'와 핵 이동에 의해 통합하는 것은 V '-이-'이고, KP '선생님이'는 V '-이-'가 아니라 내포절 V '일어나-'의 논항이다. 따라서 핵 이동이 적용되어도 관형절 주어 KP '선생님이'와 모문 H '-으시-'는 일치할 수 없는 것이 당연하다.

　문제는 (46나)에서 발생한다. (46나)에서는 관형절 주어 KP '선생님이'와 모문 H '-으시-' 사이의 일치가 가능하기 때문이다.[47] 그렇다면 어

---

47) 이 현상은 남길임(2001 : 173)에서도 지적되었다. 한편 (46나)의 '선생님이'를 모문의 주어로 보려는 시도가 있을 수 있다. 하지만 아래 ㉮와 ㉯ 사이의 대조는 (46나)에서 KP '선생님이'를 모문 성분으로 보기 어렵게 한다. '한 명도'와 같은 부정극어는 자신이 포함된 절에 부정어가 와야 하는데, ㉮와 ㉯의 대조는 '한 명도'가 모문 성분이 아닌 관형절 성분임을 의미하기 때문이다.
　㉮ 그 때는 [한 명도 안 남아있던] 중이었다.
　㉯ *그 때는 [한 명도 남아있던] 중이 아니었다.

떻게 (46나)와 같은 일치가 가능할까? 이와 관련하여 주목할 것은 (46나)에서 V '-이-'의 보충어로 쓰인 '중'이 '관형절이 나타내는 상황이 지속되는 기간'으로 해석된다는 점이다. 이는 '중'이 '-고 있-'과 같은 관점상(viewpoint aspect)의 기능을 하고 있다는 것을 의미하는데,48) V '-이-'의 보충어가 이러한 기능을 수행하는 경우 (47)에서 보듯이 (46나)와 같은 일치 현상은 일반적이다.49) 그리고 전형적인 관점상 형식인 '-고 있-'은 (48)에서 보듯이 '-고'가 이끄는 절의 주어가 H '-으시-' 일치에 참여할 수 있다. 이 경우 '있으시-'는 '계시-'로도 실현된다.50)

> (47) 가. 그 며칠 동안은 [선생님이 논문을 끝마치던] 즈음이시었다.
> 나. 그 때는 [선생님이 논문을 끝마치던] 순간이시었다.
> 다. [할아버지가 고향에 내려가던] 길이시었다.
> 라. 마침 그 때는 [선생님이 논문을 막 끝내기] 전이시었다.
>
> (48) 아버님이 신문을 읽고 {있으시었다, 계시었다}

의미적인 측면, 즉 관점상의 기능을 발휘한다는 측면에서 (46나)와 (47), (48)이 보이는 H '-으시-' 일치 현상은 이해할 수 있다. 관점상이라는 것이 어떤 상황을 전제로 하는 범주이고 관점상이 드러내는 시구간(time span)에서는 그 상황에 참여하는 주체의 행위나 상태가 지속되므로, 그 상황의 주체가 언어화된 주어와 관점상을 나타내는 언어 형식에 통합된 H '-으시-'가 일치한다고 볼 수 있기 때문이다.

---

48) 관점상 개념을 포함하여 상(aspect)에 대해서는 우창현(2003), 조민정(2007), Comrie(1976), Smith(1997), Demirdache & Uribe-Etxebarria(2000) 등 참고.

49) (47라)는 의존명사가 관형절이 아니라 명사절을 취한 경우이다. 의존명사는 어휘적 특성에 따라 보충어의 범주를 선택한다. 한편 따로 논의하지는 않지만 (46나)와 (47)에 제시한 예들은 수용성에서 다소간의 차이를 보이기도 한다.

50) (48)은 보조용언 구문으로서 이 구문에서 본용언과 보조용언은 하나의 핵처럼 기능한다. 자세한 사항은 이정훈(2010) 참고.

그리고 통사적인 측면에서는 재구조화(restructuring. 최현숙 1988, 양정석 1991, 임동훈 1991 등 참고)로 인해 '읽는 중이-', '끝마치던 즈음이-', '끝마치던 순간이-', '내려가던 길이-', '끝내기 전이-', 그리고 '읽고 있-' 등이 각각 하나의 V처럼 행동하기 때문에 (46나)와 (47), (48)의 일치현상이 가능한 것으로 볼 수 있다. 예를 들어 (46나)의 경우, 의미론적으로 빈약한 V '-이-' 또는 관점상 기능을 발휘하는 V [ᵥ[ₙ 중]-이-]는 재구조화에 기대어 자신의 성분지휘 영역 내에 있으면서 자신과 같은 범주인 V '일어나-'와 연계되는데, 그 결과 V '-이-'에 통합한 H '-으시-'는 V '일어나-'의 주어 KP '아버님이'에 대한 지배력에 편승해 관형절 주어 KP '아버님이'와 일치하게 되는 것이다.

나아가 '의존명사-이-'가 양태(modality)의 문법범주처럼 쓰여도 방금과 같은 일치현상이 나타난다.[51]

    (49) 가. 내 첫 발설에 무척 심사가 상하셨던 모양이시구려. ≪세종≫
          나. 송 선주도 왜인들을 꺼리고 배척하는 편이시오? ≪세종≫
          다. 그것으로 선생님은 제자에게 모든 것을 전한 셈이셨다. ≪세종≫
          라. 선생님은 죽을 지경이셨다.
          마. 왜 편찮으시겠어요? 선생님이 무리 하셨기 때문이시죠.
          바. 그 난리에도 선생님은 책만 읽고 계실 뿐이셨다.
          사. 선생님은 그를 잘 알고 지내던 터이시었다.

(49)는 '모양, 편, 셈, 지경, 때문, 뿐, 터' 등의 의존명사가 V '-이-'의 보충어로 쓰여 추측이나 가능성, 확실성, 판단 등의 명제 양태(propositional modality)를 나타내는 경우이다.[52] (49가)에서는 '당신' 정도의 생략된 주

---

51) 양태에 대해서는 장경희(1986), 김지은(1998), 박재연(2006), Palmer(2001) 등 참고. 한편 남길임(2001 : 39-40)은 "[양태적] 구문은 주어가 존대 대상일 때도 상위문의 서술어에 '-시-'가 결합할 수 없"다고 판단하였다. 하지만 (49)에서 보듯이 이러한 판단은 재고를 요한다.

어, (49나)에서는 '송 선주', 그리고 (49다)~(49사)에서는 '선생님'과 H '-으시-'가 일치하는 것으로 해석된다.[53] 그리고 이러한 현상은 아래에서 보듯이 V '-이-'의 보충어가 의존명사가 아닌 경우에도 나타난다.

(50) 가. 중국에 갈 {예정, 작정}이시지요?
나. 도대체 선생님이 어찌된 영문이실까요?
다. 선생님은 잘 해준다는 의도셨겠지만, 학생은 송구스러웠다.
라. 정히 시주를 하실 요량이시면 천도재를 지내실 때 하시지요. ≪길 1 : 245≫

만약 이러한 일치 현상이 양태를 나타내는 계사 구문 전반에 유효한 것이라면 구체적으로 어떠한 양태를 나타내는가는 일치에 별다른 영향을 미치지 않을 것이다. 하지만 아래에서 보듯이 양태를 나타내는 경우라 하더라도 방금과 같은 일치가 어려운 경우가 있다.[54]

(51) *선생님이 학회에 참석할 것이시다.

(51)은 H '-으시-'가 '선생님'과 일치하는 해석으로는 문법적인 것으

---

52) 양태는 명제 양태와 사건 양태로 나뉜다. 전자는 명제에 대한 화자의 판단 태도를 나타내며, 후자는 의무, 가능, 허용 등 상황의 잠재성을 나타낸다(Palmer 2001 : 8 참고).

53) 이들 예 중 일부는 H '-으시-'와 일치하는 성분이 관형절의 주어가 아니라 문장 전체의 주제어일 수도 있다. 양태 구문의 일치 현상을 두루 보이고 논의를 간략히 하기 위해 따로 논의하지 않는다. 주제어가 일치에 참여하는 현상은 앞서 4.2절과 4.3절에서 논의하였다.

54) 김지은(1998)에 따르면 양태 용언들도 H '-으시-' 일치에서 서로 차이를 보인다. 한편 (51) 과 달리 H '-으시-'가 본용언과 어울린 아래 ㉮는 문법적인데, 이와 관련하여 주목할 만한 것은 '-을 것이-'와 통하는 어미 M '-겠-'과 H '-으시-'의 통합순서이다. 즉, 아래 ㉯ 에서 보듯이 M '-겠-'은 H '-으시-'에 후행해야 하는데 여기에 이끌려 ㉮와 (51)의 현상 이 나타나는 것으로 볼 가능성이 있다. 다시 말해 '-을 것이-'가 양태로 문법범주화하면서 기존의 양태 범주에 속하는 M '-겠-'의 형태배열적 특징을 닮게 되어 ㉮와 (51)의 현상이 나타나는 것으로 볼 수 있다.
㉮ 선생님이 학회에 참석하실 것이다.
㉯ 선생님이 학회에 {참석하-으시-겠-다, *참석하-겠-으시-다}.

로 받아들이기 어렵다. '-을 것이-'가 사건 양태(event modality)를 나타내
는 것을 중시하면, (49), (50)과 (51)의 차이는 명제 양태와 사건 양태의
차이로 귀결될 듯도 하다. 하지만 이러한 처리는 그다지 믿음직스럽지 못
하다. 왜냐하면 전형적인 사건 양태 표현인 '-을 수 있-'은 아래 (52)에
서 보듯이 관형절 주어와 모문의 H '-으시-'가 일치할 수 있기 때문이
다.55)

(52) 선생님이 내일 올 수 있으시다.

따라서 (49), (50)과 (51)의 차이는 문법범주적인 차원에서 그 원인을
구하기는 어렵고 어휘적인 제약으로 처리해야 할 것이다.
결국 '의존명사-이-' 구성에서 볼 수 있는 독특한 일치 현상인 관형절
주어와 관형절 밖 H '-으시-'의 일치는 계사 구문의 특징인 핵 이동과
'의존명사-계사' 구성이 지닌 문법범주적인 의미, 그리고 재구조화 때문
이라 할 수 있다.

5. 정리

지금까지 이 글에서는 일치의 통사론과 계사 구문의 통사론을 바탕으
로 계사 구문의 '-으시-' 일치 현상을 가급적 순수 통사론의 시각에서
살펴왔다. 주요 내용을 항목화하여 간추리면 아래와 같다.

---

55) 흥미로운 점은 (52)의 '있-으시-'는 '계시-'로 실현되지 않는다는 점이다. '-고 있-으시-'
의 '있-으시-'는 (48)에서 확인하였듯이 '계시-'로 실현될 수 있었다.

첫째, H '-으시-'는 핵 이동을 통해 V와 복합핵을 형성함으로써 문장 성분에 대한 지배력을 획득하며 이를 바탕으로 특정 성분과 일치하게 된다.

둘째, 계사 구문의 보충어는 계사 V '-이-'로 핵 이동하며, 이를 통해 형성된 복합핵은 다시 어미로 핵 이동한다. 이를 통해 계사 V '-이-'의 의존성 및 어미의 의존성이 해소된다.

셋째, 계사 구문의 H '-으시-'는 논항 주어, (잠재적) 비논항 주어, 주제어뿐만 아니라 보충어와 일치할 수 있다.

넷째, 첫째 사항과 둘째 사항을 바탕으로 하면 위와 같은 다양한 일치 현상을 통사적으로 설명할 수 있다.

다섯째, V '-이-'가 보충어와 더불어 상이나 양태 등의 문법범주로 기능 하면, 보충어가 취한 관형절 주어와 H '-으시-' 사이의 일치도 가능하다.

위에서 정리한 내용은 계사 구문의 '-으시-' 일치 현상에 대한 통사적 설명인 동시에 새로운 문제를 제기하는 성격도 지닌다. 여기서는 직접적 으로 관련된 문제 두 가지만 짚기로 한다.

먼저, 한국어에는 '-으시-' 일치와 더불어 의문사-의문어미 일치 현 상도 존재한다(서정목 1987 참고). 그런데 둘은 사뭇 다른 모습을 보인다. 예를 들어 '-으시-' 일치와 달리 의문사-의문어미 일치에서는 논항-부 가어 비대칭성이 나타나지 않으며, 의문사와 의문어미 사이에 절 경계가 와도 일치가 가능하다. 이에 이러한 차이가 왜 나타나는지 해명할 필요가 있으며, '-으시-' 일치와 의문사-의문어미 일치 사이의 차이까지를 반 영한 일치의 통사론을 마련할 필요가 있다.

다음으로, 이정훈(2004)에서 논의하였듯이 아래 (53)의 일치 현상을 설 명하기 위해서는 (54)의 선호성 조건이 필요하다.

(53) 가. 이것이 아버님의 유품이시다. (임홍빈 1985/1998 : 115)
　　나. ?/*아버님의 유품이 이것이시다. (유동석 1995 : 229)
　　다. 아버님은 유품이 이것이시다. (이정훈 2004 : 240)

(54) 선호성 조건 (이정훈 2004 : 240)
　　가. 주제, 초점, 통제성 등의 의미기능이 통사구조적 조건보다 선호
　　　된다.
　　나. 핵－핵 관계가 명시어－핵 관계나 부가어－핵 관계보다 선호된다.

　그런데 선호성 조건 중에서 (54가)는 의미기능을 언급하는 것에서 알 수 있듯이 통사적 조건이라 보기 어렵다. 따라서 섣불리 의미기능에 기대기보다는 통사적 관점에서 (54가)를 재조명하는 노력이 필요하다. 이러한 관점에서 (53나)와 (53다)의 차이에 주목하면 일치에 동원된 통사관계의 직접성 여부가 대안이 될 수 있을 듯하다. 즉, (53나)의 '아버님'은 '유품'을 통해 '-으시-'와 간접적으로 일치의 통사관계를 맺는 반면 (53다)의 '아버님'은 그 자체가 주제어로서 '-으시-'와 직접적으로 일치의 통사관계를 맺는바, 이러한 차이를 조건화하면 (53나)와 (53다) 사이의 대조를 포착할 수 있게 된다. 여기에 (53가)와 (53나) 사이의 대조까지 염두에 두면 핵－핵 관계를 기반으로 하는 간접적 일치는 가능하지만 명시어－핵 관계 등을 기반으로 하는 간접적 일치는 어렵다는 조건이 설정된다. 지극히 소략하게 논의했으나 통사관계의 직접성에 착안한 조건이 (54)와는 매우 다른 모습이라는 것은 거의 확실하다. 이에 보다 통사적인 입장에서 (54)의 조건을 대체할 수 있는 조건을 본격적으로 모색할 필요가 있다.

　이 문제들을 포함하여 일치 현상 전반에 대한 보다 선명한 이해는 후일을 기약하며 이 정도에서 그친다.

‖ 참고문헌

강명윤(1992), 한국어 통사론의 제문제, 한신문화사.

강명윤(1995), "주격 보어에 관한 소고", 생성문법연구 5, 391-417.

김귀화(1994), 국어의 격 연구, 한국문화사.

김선웅(1998), "한국어 동사 인상과 공백화", 생성문법연구 8, 3-24.

김영희(1997), "한국어의 비우기 현상", 국어학 29, 171-197.

김영희(1998), "부정 극성어의 허가 양상", 한글 240·241, 263-297.

김의수(2006), 한국어의 격과 의미역 : 명사구의 문법기능 획득론, 태학사.

김정대(1997), "한국어 접속구(CONJP)의 구조", 최태영 외, 한국어문학논고, 태학사, 159-191.

김정석[Kim, Jeong-Seok](1998), *Syntactic Focus Movement and Ellipsis : A Minimalist Approach*, 태학사.

김지은(1998), 우리말 양태용언 구문 연구, 한국문화사.

남길임(2001), '이다' 구문 연구, 박사학위논문, 연세대학교.

목정수(2013), "선어말어미 '-시-'의 기능과 주어 존대", 국어학 67, 63-105.

박석준(2002), 현대국어 선어말어미 '-시-'에 대한 연구 : 의미·기능, 관련 구문의 구조를 중심으로, 박사학위논문, 연세대학교.

박승혁(1997), 최소주의 문법론, 한국문화사.

박양규(1975), "존칭체언의 통사론적 특징", 진단학보 40, 81-108.

박재연(2006), 한국어 양태 어미 연구, 태학사.

서정목(1987), 국어 의문문 연구, 탑출판사.

서정목(1993), "계사 구문과 그 부정문의 통사 구조에 대하여", 서울대학교 대학원 국어연구회 엮음, 국어사 자료와 국어학의 연구 : 안병희 선생 회갑 기념 논총, 문학과 지성사, 488-506.

서정목(1998), 문법의 모형과 핵 계층 이론, 태학사.

서정목(1999), "국어의 WH-이동과 주제화, 초점화", 이홍배·이상오·권청자 엮음, 오늘의 문법, 우리를 어디로 : 이홍배 교수 화갑 기념 논총, 한신문화사, 255-289.

성기철(1985), 현대 국어 대우법 연구, 개문사.

송복승(2000), "'이다' 구문의 통사구조에 대하여", 한국언어문학 44, 609-626.

시정곤(1995), "핵 이동과 '-이/답/히/같-'의 형태·통사론", 생성문법연구 5, 419-456.

시정곤(1997), "국어의 부정극어에 대한 연구", 국어국문학 119, 49-78.

신승용(2004), "교체의 유무와 규칙의 공시성·통시성", 어문연구 124, 63-91.

안명철(1995), "'이'의 문법적 성격 재고찰", 국어학 25, 29-49.

양정석(1986), "'이다'의 의미와 통사", 연세어문학 19, 5-29.

양정석(1991), "재구조화를 특징으로 하는 문장들", 동방학지 71·72, 283-320.

양정석(1996), "'이다' 구문과 재구조화", 한글 232, 99-122.

엄정호(1989), "소위 지정사 구문의 통사구조", 국어학 18, 110-130.

오미라[Oh, Mi-Ra](1991), The Korean Copula and Palatalization, *Language Research* 27, 701-724.

우창현(2003), "문장 차원에서의 상 해석과 상 해석 규칙", 국어학 41, 225-247.

유동석(1995), 국어의 매개변인 문법, 신구문화사.

이선웅(2005), 국어 명사의 논항구조 연구, 월인.

이정훈(2003), "선호성(Preference)에 대한 고찰", 생성문법연구 13, 157-169.

이정훈(2004), "'이다' 구문의 '-으시-' 일치 현상", 국어학 43, 209-246.

이정훈(2005가), "국어 조사의 인허조건과 통합관계", 언어 30, 173-193.

이정훈(2005나), "조사와 활용형의 범주통용 : '이'계 형식을 대상으로", 국어학 45, 145-175.

이정훈(2006가), "어미의 형태 분석에 대하여 : 이형태 규칙과 통사구조 형성을 중심으로", 형태론 8, 65-86.

이정훈(2006나), "파생접사 '-답-'의 통사적 파생", 생성문법연구 16, 491-513.

이정훈(2007), "국어 어미의 통합단위", 한국어학 37, 149-179.

이정훈(2008가), "한국어 접속문의 구조", 생성문법연구 18, 115-135.

이정훈(2008나), 조사와 어미 그리고 통사구조, 태학사.

이정훈(2009), "한국어 후보충 구문의 구조", 어문연구 142, 31-54.

이정훈(2010), "보조용언 구문의 구조와 대용 현상", 한국어학 49, 319-344.

이정훈(2012가), "한국어의 동사구 접속과 접속조사", 생성문법연구 22, 185-201.

이정훈(2012나), 발견을 위한 한국어 문법론, 서강대학교 출판부.

이정훈(2013), "'V-기' 반복 구문의 유형과 그 형성 동기 및 과정", 어문학 122, 155-181.

이현희(1994), 중세국어 구문 연구, 신구문화사.

임동훈(1991), 현대국어 형식명사 연구, 석사학위논문, 서울대학교.

임동훈(1996), 현대 국어 경어법 어미 '-시-'에 대한 연구, 박사학위논문, 서울대학교.

임동훈(1997), "이중 주어문의 통사 구조", 한국문화 19, 31-66.

임홍빈(1976), "존대·겸양의 통사 절차에 대하여", 문법연구 3, 237-264.

임홍빈(1985), "{-시-}와 경험주 상정의 시점", 국어학 14, 287-336.

임홍빈(1998), 국어 문법의 심층 1 : 문장 범주와 굴절, 태학사.

장경희(1986), 현대국어의 양태범주 연구, 탑출판사.

조민정(2007), 한국어에서 상의 두 양상에 대한 고찰, 한국문화사.

채 완(1993), "특수조사 목록의 재검토", 국어학 23, 69-92.

최기용[Choi, Ki-Yong](1993), On the so-called Copular Construction in Korean, 언어학 13, 397-414.

최동주(1999), "'이'계 특수조사의 문법화", 형태론 1, 43-60.

최명옥(1993), "어간의 재구조화와 교체형의 단일화 방향", 성곡논총 24, 1599-1642.

최현숙[Choe, Hyon-Sook](1988), *Restructuring Parameters and Complex Predicates : A Transformational Approach*, 한신문화사.

한학성(1993), "한국어의 AgrP와 NegP", 언어 18, 437-461.

Baker, M.(2008). *The Syntax of Agreement and Concord*, Cambridge University Press.

Baker, M.(2013). Agreement and Case, In M. den Dikken ed., *The Cambridge Handbook of Generative Syntax*, Cambridge University Press, 607-654.

Boeckx, C. & F. Niinuma(2004), Conditions on Agreement in Japanese, *Natural Language and Linguistic Theory* 22, 453-480.

Bošković, Ž. & S. Franks(2000), Across-The-Board Movement and LF, *Syntax* 3, 107-128.

Chomksy, N.(1986), *Barriers*, MIT Press.

Chomsky, N.(1993), A Minimalist Program for Linguistic Theory, In K. Hale & S. Keyser eds., *The View from Building 20 : Essays in Linguistics in Honor of Sylbain Bromberger*, MIT Press, 1-52.

Chomksy, N.(1995), *The Minimalist Program*, MIT Press.

Chomsky, N.(2000), Minimalist Inquiries : The Framework, In R. Martin, D. Michaels, & J. Uriagereka, eds., *Step by Step : Essays on Minimalist Syntax in Honor of Howard Lasnik*, MIT Press, 89-155.

Chomsky, N.(2001), Derivation by Phase, In M. Kenstowicz, ed., *Ken Hale : A Life in Language*, MIT Press, 1-52.

Chomsky, N.(2004), Beyond Explanatory Adequacy, In A. Bellitti ed., *Structures and Beyond*, Oxford University Press, 104-131.

Chomsky, N.(2008), On Phases, In R. Freidin, C. P. Otero & M. L. Zubizarreta eds., *Foundational Issues in Linguistic Theory : Essays in Honor of Jean-Roger Vergnaud*, MIT Press, 133-166.

Cinque, G.(1999), *Adverbs and Functional Heads : A Cross-Linguistic Perspective*, Oxford University Press.

Comrie, B.(1976), *Aspect*, Cambridge University Press.

Demirdache, H. & M. Uribe-Etxebarria(2000), The Primitives of Temporal Relations,

In R. Martin, D. Michaels & J. Uriagereka eds., *Step by Step : Essays on Minimalist Syntax in Honor of Howard Lasnik*, MIT Press, 157-186.

Epstein, S., E. Groat, R. Kawashima, & H. Kitahara(1998), *A Derivational Approach to Syntactic Relation*, Oxford University Press.

Hawkins, J.(2004), *Efficiency and Complexity in Grammars*, Oxford University Press.

Kayne(1989), Facets of Romance Past Participle Agreement, In P. Benincà, ed., *Dialect Variation and the Theory of Grammar : Proceedings of the GLOW Workshop in Venice 1987*, Foris, 85-103.

Kayne, R.(1994), *The Antisymmetry of Syntax*, MIT Press.

Larson, R.(1988), On the Double Object Construction, *Linguistic Inquiry* 19, 335-391.

Newmeyer, F.(1998), *Language Form and Language Function*, MIT Press.

Palmer(2001), *Mood and Modality*, 2nd edition, Cambridge University Press.

Radford, A.(1981), *Transformational Syntax*, Cambridge University Press. [서정목·이광호·임홍빈 역(1984), 변형문법이란 무엇인가, 을유문화사]

Smith, C.(1997), *The Parameter of Aspect*, 2nd edition, Kluwer Academic Publishers.

상과 시제*

우창현

1. 도입

상은 일반적으로 시제와 관련하여 논의되어 온 문법 범주이다. 그러나 상과 시제는 그 문법적 특성이 분명하게 구분된다. 즉 시제가 기준시와 상황시 간의 시간적 선후 관계를 나타내는 문법 범주라면 상은 상황이 가지는 시간 구조를 어떻게 해석할 것인가와 관련된 문법 범주라는 점에서 차이가 있다. 다만 이들 문법 범주가 형태적으로 명확하게 구분되는 것은 아니어서 한국어 '-었-'의 경우 과거의 시제 의미와 현재완료의 상 의미를 모두 나타낼 수 있다. 이처럼 하나의 형태가 두 문법 범주의 문법 의미를 나타낼 수 있는 경우가 있다는 이유로 이들 상과 시제를 문법적으로 명확하게 구분하는 것이 필요한지 아니면 이 둘을 아우르는 문법 범주(TA(M) : Tense-Aspect(-Modality))를 따로 설정하는 것이 필요한지와 관련한 논의들이 존재한다.

---

* 이 글은 우창현(1997, 2003가, 2003나)에서 논의된 내용을 일부 다시 구성하는 방식으로 작성되었다.

그러면 상과 시제와 관련한 구체적인 논의에 앞서 먼저 상과 시제의 문법적 정의에 대해 살펴보고 이후 이 두 문법 범주가 가지는 상관성에 대해 논의하기로 한다.

먼저 시제에 대한 정의에 대해 살펴보면 그간의 시제에 대한 연구에서는 Lyons(1977, 1995)와 Comrie(1976)의 논의를 따르는 것이 일반적이었다. Lyons(1995 : 318)는 시제를 '(발화시와의 관련성에 의해 결정되는) 한정된 직시적 시간 지시를 문법화한 것'으로 정의하였으며 Comrie(1976)은 '시제는 직시적 범주로서 시간상에서 상황의 위치를 나타내는 문법 범주'라고 정의하였다. 이에 대해 Smith(1991)에서는 시제를 '시제는 직시적 문법 범주로서 기준점에 대한 시간적 관련성을 표현하는 동사 굴절의 집합 혹은 다른 동사적 형태들'로 정의하고 있다.

시제에 대한 이상의 논의들을 보면 공통적으로 시제를 직시적, 관계적 문법 범주로 다루고 있음을 확인할 수 있다. 이는 이러한 특성(직시적[1], 관계적)이 시제를 정의함에 있어 가장 기본적인 요건이 되기 때문이다. 이러한 시제의 기능을 도식화해 보이면 다음과 같다.

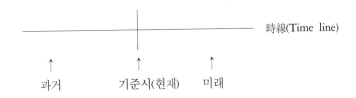

위의 도식처럼 시제는 시간선 상에서 기준시(발화시)로부터 양방향으로 뻗어 나간 직선상에 표시된다.

---

1) 직시적(deictic)은 일반적으로 '화자의 시, 공간적 입장이 기준점이 되어 사물을 직접 가리키는 데 쓰이는 낱말이나 그러한 문법적 자질이 포함된 낱말, 혹은 그러한 기능을 나타내는 경우를 의미한다'로 정의된다.

다음은 상에 대한 정의에 대해 살펴보기로 한다. 상에 대해 Comrie (1976 : 3)에서는 '상은 상황의 내적 시간 구조를 바라보는 상이한 제 방법들'이라고 정의하였다. 그리고 Lyons(1995 : 322)에서는 상을 '상황의(행위, 사건, 상태) 내적 시간 구성의 문법화의 결과'라고 정의하였다. 이에 대해 Smith(1991)에서는 상을 '상황이 포함하는 내부 시간 구조에 관점상이 결합함으로써 해석에 필요한 부분을 제한적으로 가시화하는 문법 범주'라고 정의하였다. 이러한 Smith(1991)의 정의에 따르면 상 의미를 해석하기 위해서는 먼저 상황의 기본적인 내부 시간 구조가 필요하고 이러한 기본적인 내부 시간 구조에서 상 의미 해석에 필요한 부분을 제한적으로 가시화하는 관점상도 필요하게 된다.

이러한 상에 대한 정의의 특성을 보면 Comrie(1976 : 3)과 Lyons(1995 : 322)는 상황이 가지는 시간 구조를 어떻게 보느냐 즉 상황을 보는 관점을 중심으로 한 정의라고 할 수 있고 Smith(1991)은 상황을 보는 관점 못지 않게 상황이 가지는 내부 시간 구조도 중요하다고 본다는 점에서 차이가 있다고 할 수 있다. 즉 상황이 가지는 시간 구조를 상 해석에 명시적으로 포함하느냐 그렇지 않느냐 하는 점에서 차이가 있다는 것이다. 다만 Smith(1991)의 정의에 따르면 한국어에서 왜 '-고 있-'이 동사 '가다' 하고는 결합할 수 있는데 반해 동사 '폭발하다' 하고는 결합할 수 없는지를 설명해줄 수 있다는 점에서 의미가 있다고 판단된다. 즉 한국어에서 '-고 있-'이 결합하기 위해서는 상황의 시간 구조에 '-고 있-'이 가지는 '진행'의 상 의미를 나타낼 수 있는 내부 시간 구조가 반드시 포함되어 있어야 한다는 것을 밝힐 수 있는 장점이 있다는 것이다.

이외에 동작상(動作相)으로 보아야 한다는 견해가 있다. 고영근(2004 : 19-29)에 따르면 동작상은 '동작의 양상'으로 정의되는데 이 경우 동작상은 동작성(aspectuality)과 표리의 관계를 이루는 것으로 볼 수 있다. 즉 동작성은 동사가 가지는 시간적 자질을 가리키는 것이고 동작상은 이들 동사의 활용형에 의해 나타나는 '상(aspect)'이라고 할 수 있다. 예를 들어 '영수는 도서관에 가고 있다.'의 경우 '가다'가 가지는 [+진행성]과 같은 시간적 자질은 동작성이라고 할 수 있고 '가고 있다'가 가지는 '진행의 양상'이 동작상이라고 할 수 있다.

시제는 상보다는 더 문법화된 범주이다. 이러한 사실은 Smith(1991)에서도 언급되었던 것처럼 '시제를 결여한 언어는 있어도 상을 결여한 언어는 없다'라는 사실을 통해서도 확인된다. Smith(1991)의 이러한 주장은 시제가 상보다는 보다 문법화된 문법 범주라는 것을 의미한다. 그리고 시제가 상보다 더 문법화된 범주라는 사실은 한국어의 예를 통해서도 검증된다.[2]

다음으로 시제와 상의 관계를 어떻게 규정할 것인가에 대해 살펴보면 앞서도 언급하였던 것처럼 이에 대해서는 다음과 같이 크게 두 가지 논의로 구분된다. 하나는 시제와 상을 별개의 문법 범주로 구분해야 한다고 보는 경우이고, 다른 하나는 이 둘을 형태적으로 명확히 구별할 수 없다고 보고 이들을 통합해야 한다고 보는 경우이다.

먼저 시제와 상을 별개의 문법 범주로 구별해야 한다는 논의에 대해 살펴보기로 한다. Comrie(1976)과 Lyons(1995)에서는 시제는 직시적(deictic) 범주이고 상은 그렇지 않다는 것이 중요한 차이점이라고 밝히고 있다. 그리고 Ogihara(1996)에서는 시제와 상을 구별해야 하는 문법적인 증거로 다음과 같은 예를 제시하고 있다.

---

2) 이러한 사실은 한국어의 과거 시제 선어말어미 '-었-'을 통해서 확인할 수 있다. '-었-'은 통시적으로 상 의미가 강했던 '-아/어 있-'으로부터 문법화한 것으로 설명된다. 즉 '-아/어 있-' → '-엣-' → '-엇-' → '-었-'의 변화 과정을 통해 '-었-'이 생성되는 것으로 보는 것이 '-었-'의 생성에 대한 일반적인 견해이다.

(1) 가. John lost his ticket last month.

　　나. John graduated from college two years ago.

　　다. *John has lost his ticket last month.

　　라. *John has graduated from college two years ago.

Ogihara(1996)에서는 영어에서 (과거) 시제가 나타나는 경우는 이들과 과거 시간부사어(구)(yesterday, last month, two years ago)와의 결합이 자연스럽지만 상이 나타나는 경우는 이러한 과거 시간부사어(구)와의 결합이 자연스럽지 않다는 것을 증거로 들어 이 둘을 구분해야 한다고 논의하고 있다. 좀 더 구체적으로 설명하면 (1가)와 (1나)에서처럼 문장이 과거 상황을 나타내는 경우는 과거 시간부사어(구)와의 결합이 자연스럽지만, (1다)와 (1라)에서처럼 문장이 종결(완료)된 상황을 나타내는 경우는 과거 시간부사어(구)와의 결합이 자연스럽지 않다는 것이 이 둘을 구분해야 하는 하나의 이유가 된다는 것이다.

이외에도 명령, 청유문에 나타날 수 있는가 여부 등이 시제와 상을 구분하는 또 하나의 기준이 될 수 있다고 본다. 즉 시제는 명령, 청유문에는 나타날 수 없지만 상은 명령이나 청유문에도 자연스럽게 나타날 수 있어 명령, 청유문을 구성할 수 있는지 여부가 시제와 상을 구분할 수 있는 하나의 근거가 된다.3)

다음은 시제와 상을 통합해야 한다는 논의에 대해 살펴보기로 한다. 지금까지의 논의와는 달리 Dahl(1985)에서는 일본어, 터키어, 게르만어, 그리스어, 로만스어 등에서 시제와 상, 그리고 양상이 하나의 형태소에

---

3) (1) 가. *우리 먼저 집에 갔자.

　　나. 우리 먼저 집에 가 있자.

　(1가)는 시제 선어말어미 '-았-'이 청유문에는 나타날 수 없음을 보여준다. 이에 반해 (1나)에서 상 의미를 나타내는 '-아 있-'의 경우는 청유문에도 자연스럽게 나타날 수 있음을 보여준다. 바로 이러한 차이점이 상과 시제를 구분 짓는 하나의 기준이 될 수 있다는 것이다.

중복되어 나타나는 경우가 있어 이들을 명확하게 구분하기가 어렵다고 논의하고 있다.4) 한국어 역시 이들 언어와 유사한 일면을 보인다는 점에서 이들을 하나의 문법 범주로 묶을 수 있는 개연성이 있다고 하겠다.

이상의 논의를 정리하면 시제와 상을 별도의 문법 범주로 구분해야 하느냐 아니면 이 둘을 통합하는 TA(tense-aspect)와 같은 문법 범주를 인정해야 하느냐 하는 것으로 요약할 수 있다.

앞서 언급했던 것처럼 한국어의 경우 현상적으로는 하나의 형태에 시제와 상, 그리고 양상 의미가 복합된 것처럼 보이는 경우가 있다. 하지만 문법적으로는 무엇이 그 형태소의 본질적 의미인가 하는 것을 밝히고, 그 이외에 나타나는 의미는 그 본질적인 의미에서 파생된 것으로 보는 것이 이론적으로 보다 더 큰 설명력을 갖는다고 본다. 그러므로 이 글에서는 기본적으로 상과 시제를 구분해서 이해해야 한다는 입장에서 논의를 진행하도록 한다.

2. 기존 논의

다음은 이러한 입장에서 상을 중심으로 상 해석에 있어 쟁점이 되어왔던 몇 가지 문제를 중심으로 기존의 상 연구들에 대해 살펴보기로 한다. 먼저 상을 어떻게 해석할 것인가 하는 문제이다. 즉 보조동사와 같은 문법 요소 중심으로 상 해석 문제를 다룰 것인가 아니면 동사가 가지는 시간적 특성까지 고려하여 상 해석 문제를 다룰 것인가 하는 것에 대한 논의들이 있다. 두 번째 입장의 경우 상 해석은 보조동사만의 문제가 아니

---

4) 이 논의에 따르면 한국어의 과거 시제 형태소 '-었-'과 같은 경우도 시제 이외에 상과 양상적 의미가 복합적으로 내재해 있다고 볼 수 있게 된다.

고 보조동사와 결합하는 상황이 가지는 시간 구조 역시 상 해석에 있어 중요한 문제라고 본다는 점에서 차이가 있다.

상에 대한 논의에서 다음으로 문제가 되었던 것은 '-고 있-'이 가지는 중의성 문제와 '-어 있-'이 가지는 결합 제약 등과 같이 상 해석과 관련한 개별적인 주제와 관련한 논의들이다.

먼저 상을 어떻게 볼 것인가 즉 상 해석과 관련한 기존의 연구들을 정리하면 다음과 같다. 상에 대한 기존 논의 중 이남순(1981), 김성화(1991) 등에서는 보조동사 구성에 의해 상 의미가 나타나는 것으로 보는 대표적인 견해라고 할 수 있다. 이외에 동사의 상적 특성을 중심으로 상 해석이 이루어져야 한다고 보는 견해로는 油谷幸利(1978), 정문수(1982), 이지양(1982), 옥태권(1988) 등을 들 수 있다.

다만 이전의 상과 관련된 논의들이 이처럼 주로 보조동사 구성과 동사를 중심으로 한 유형 구분 각각에 초점을 맞추었었다면 최근 몇몇 논의들에서는 이들 간의 상관성을 중심으로 한 상 논의가 필요하다는 주장들이 제기되고 있다. 특히 김종도(1993), 박덕유(1997, 1998), 우창현(1997), 조민정(2000), 이호승(2001), 홍윤기(2002) 등에서 한국어의 보조동사 구성을 중심으로 한 관점상과 동사의 유형을 구분하여 이를 체계화한 상황유형 (situation types)과의 관계를 통해 상을 해석하려는 시도가 있었다.

다음은 '-고 있-' 구성의 중의성 및 '-어 있-' 구성이 가지는 결합 제약 등 개별 주제와 관련한 기존 논의에 대해 살펴보기로 한다.

먼저 '-고 있-' 구성이 가지는 중의성의 경우 이러한 중의성이 나타나는 이유와 관련하여 첫째, '-고 있-' 구성이 결합하는 어휘(쓰다, 매다, 입다 등)에 의해 중의성이 나타난다고 보는 견해(옥태권 1988)가 있고 둘째, '-고 있-'에 의해 중의성이 나타난다고 보는 견해가 있다. 이 두 번째 견해는 다시 '-고 있-'의 '-고'를 둘로 구분해야 한다는 논의(서정수 1976,

김홍수 1977, 이남순 1987 등)와 중의성을 모두 포함할 수 있는 또 다른 의미·기능을 '-고 있-'에 부여해야 한다는 논의(이지양 1982)로 구분할 수 있다.

이 주제와 관련해서는 특히 한동완(1999나)를 주목할 수 있다. 한동완 (1999나)에서는 '-고 있-' 구성의 중의성을 '-고 있-' 구성의 특성과 '재귀적 상황'으로 설명하고 있다. 먼저 '-고 있-' 구성의 특성에 대해 한동완(1999나)에서는, '-고 있-' 구성이 '진행'을 나타내는 경우와 '결과 지속'을 나타내는 경우의 통사적 지위가 다르다고 보고 있다. 즉 '-고 있-' 구성이 '진행'의 의미를 나타내는 경우는 이를 조동사로 보아 AUX 내지는 INFL 요소에 해당하는 것으로 보아야 하는 반면에 '결과 지속'을 나타내는 경우는 두 상황이 연결된 것으로 보아 문 접속 구성으로 보아야 한다고 논의하고 있다.

그리고 한동완(1999나)에서는 '-고 있-' 구성과 결합하여 중의성을 나타내는 동사들은 동작의 주체가 행한 행동이 동작의 대상에 변화를 가한 다음에 그 동작 변화가 다시 동작 주체에게로 미치는 '재귀적 상황'을 나타낼 수 있는 경우이어야 한다고 논의하고 있다. 이러한 한동완(1999나)는 '-고 있-'의 중의성에 대한 기존 논의가 가지는 문제점을 극복하고 이에 대한 새로운 해석 방법을 제시하였다는 점에서 의의가 있다고 할 수 있다.

'-어 있-' 구성의 결합 제약에 대한 논의 역시 한동완(2000)을 주목할 수 있다. 한동완(2000)에서는 '-어 있-' 구성의 결합 제약에 대한 기존 논의, 특히 임홍빈(1975)의 '역동성 조건'과 정태구(1994)의 '존재 조건'이 가지는 문제점을 비판하면서 '-어 있-' 구성의 결합 제약은 의미론과 통사론 두 층위에서 모듈적으로 논의되어야 한다는 새로운 접근 방법을 제시하고 있다. 한동완(2000)에서 이렇게 보는 이유는 '-어 있-' 구성이 [-결과상태성]의 상황 유형과 결합하지 못하는 것은 의미론적 결합 제약 때문이고, 타동사 구문과 결합하지 못하는 것은 통사론적 결합 제약 때문이라고 보고 있기 때문이다. 이는 기존에 어느 하나의 문법 층위에서만 이 문제를 해결하려고 했던 시도에서 진일보한 시각이라고 할 수 있다.

이러한 한동완(2000)에 따르면 '-어 있-'은 의미론적으로 '현재의 상태에서 추론할 수 있는 [+결과상태성]'을 가지는 상황과만 결합할 수 있다는 결합 제약을 보이고, 또 통사론적으로는 '-어 있-' 구성에 참여하는 '-어'의 통사적 결합 제약에 따라 결합에 제약을 보이는 것으로 설명될 수 있다. 즉 [[V₁] -어 [V₂]] 접속 구성에서 선·후행 동사의 어휘 의미 및 '-어'가 가지는 통사적 관계 기능의 합성에 작용하는 일반 원리가 있고 이런 일반 원리의 적용에 따라 V₂의 항에 '있-'이 채워진 '-어 있-' 구성의 결합 제약을 산출하고 있다는 것이다. 이에 따르면 [V₁ 어 V₂] 구성에서 후행 V₂는 '-어'의 선행 동작 V₁의 수행 결과 일차적으로 변화를 입은 X와 통사·의미론적인 관계를 가질 것을 요구한다는 것이다. 이러한 한동완(2000) 역시 '-어 있-' 구성의 결합 제약에 대한 기존 논의가 가지는 문제점을 극복하고 새로운 접근 방법을 제시하였다는 점에서 의의가 있다고 판단한다.

이처럼 한국어의 상에 대해서는 그 동안 상을 해석하는 일반론적 방법론에 대한 논의와 개별 주제에 대한 논의 등 다양한 접근이 시도되어 왔다.

다음은 이러한 기존 논의를 바탕으로 상 해석 일반론적 방법론에서 쟁점이 되어 왔던 경우와 상 해석과 관련한 개별 주제에서 쟁점이 되어 왔던 두 경우에 대해 살펴보기로 한다.

다음의 3은 상 해석 일반론적 관점에서 쟁점이 되어왔던 한국어에서의 상 의미를 어떻게 해석할 것인가와 관련한 논의이고 4는 개별 주제에서 쟁점이 되어왔던 상 해석의 중의성 문제와 관련한 논의이다.

3. 문장 차원에서의 상 해석과 상 해석 규칙

3.1. 도입

앞서도 언급했던 것처럼 기존의 상에 대한 논의는 크게 둘로 구분된다. 그 하나는 보조동사 구성에 의해 상 의미가 나타나는 것으로 보는 견해로 이남순(1981), 김성화(1991) 등에서 주로 논의되었다. 다른 하나는 동사의 상적 특성을 중심으로 상 해석이 이루어져야 한다고 보는 견해로, 油谷幸利(1978), 정문수(1982), 이지양(1982), 옥태권(1988) 등에서 주로 논의되었다. 이에 대해 최근 상에 대한 논의들에서는 보조동사와 동사의 상적 특성 간의 상관성을 중심으로 상 해석이 이루어져야 한다고 보고 있다. (김종도(1993), 박덕유(1997, 1998), 우창현(1997), 조민정(2000), 이호승(2001), 홍윤기(2002) 등)

이 절에서는 이러한 기존 논의들을 바탕으로 하여 상 해석에 대한 새로운 접근 방법을 제시하는 것을 목적으로 한다. 특히 상 해석이 문장 차원에서 이루어져야 한다는 사실을 주장하고 이러한 주장이 과연 타당한가하는 것에 대해 중점적으로 논의하도록 한다. 그리고 이에 대한 구체적인 방법론으로 개별 문장에서 상 해석에 의미적으로 관여하는 요소들, 특히 부사어(구)나 논항(argument) 등이 상 해석에 중요한 역할을 한다는 사실에 초점을 맞추어서 논의를 진행하도록 한다.

단편적인 예로 '철수는 한라산을 등산한다'의 경우는 구체적인 보조동사 구성이 나타나지 않아 상 해석에 중립적임에 반해 '철수는 매일 한라산을 등산한다'의 경우는 구체적인 보조동사 구성이 나타나지 않음에도 불구하고 '반복'의 상 의미가 나타난다. 이 경우 '매일'이 결합한 '철수는 매일 한라산을 등산한다'의 경우에만 '반복'의 상 의미가 나타나는 이유를 이해하기 위해서는 문장 차원에서의 상 해석이 필요하다는 것이다. 그리고 이처럼 문장 차원에서의 상 해석에 대해 논의하는 경우, 개별 문장에서 상 의미를 해석해내기 위한 '상 해석 규칙'이 필요하다는 점에 대해서도 논의한다. 특히 '상 해석 규칙'이 문장 차원에서의 다양한 상 현상을 포괄적으로 설명할 수 있도록 정밀화될 필요가 있다는 점에 대해서 구체적으로 논의하도록 한다.

3.2. 문장 차원에서의 상 해석의 필요성

다음은 상 해석이 문장 차원에서 이루어져야 함을 보이는 경우이다.

(2) 가. 철수는 약을 먹고 있다.
　　나. 철수는 매일 약을 먹고 있다.

(2가)에서는 단순하게 '진행'의 상 의미만이 확인된다. 이에 대해 (2나)에서는 '반복'의 상 의미가 확인된다. 이때 (2나)의 상황을 '반복'의 상 의미로 변화시키는 것은 부사어 '매일'에 따른 것이다. 즉 부사어 '매일'이 결합하여 상황이 반복됨을 나타낸다는 것이다.[5] 그러므로 이 경우는 단순하게 동사 '먹다'와 '-고 있-'과의 관계만으로 상 의미를 해석해서는 안 되는 경우이다.

이에 대해 다음 예문도 상 해석이 문장 차원에서 이루어져야 함을 보이는 경우이다.

(3) 가. 철수는 친구를 만나고 있다.
　　나. 철수는 친구들을 만나고 있다.

---

5) 이러한 결합이 '반복'을 나타내는 이유에 대해서는 3.2에서 자세하게 논의하기로 한다.

(3가)에서는 '진행'의 상 의미만 확인된다. 이에 대해 (3나)에서는 '진행' 이외에 '반복'의 상 의미도 확인된다. 예를 들어 철수가 한 장소에서 여러 명의 친구를 동시에 만나는 경우라면 '진행'의 의미로 해석되겠지만 철수가 친구들을 각각 다른 장소에서 만나는 경우라면 '반복'의 의미로도 해석이 된다는 것이다.6) 이때 확인되는 '반복'의 의미는 목적어 '친구들'이 복수라는 특성에 의해 파생된 것이다. 이처럼 경우에 따라서는 주어나 목적어 논항 등이 상 해석에 영향을 주기도 한다. 그렇기 때문에 이 경우 역시 상 해석이 문장 차원에서 이루어져야 함을 보여주는 하나의 예가 될 수 있다.

이처럼 화자가 처음 의도한 대로 청자가 상 의미를 해석해내기 위해서는 전체 문장 구조를 통해 상 의미를 확인하여야만 한다. 동사와 보조동사 구성은 전체 상 의미를 해석하는 데 중요한 역할을 하는 문법 요소인 것만은 확실하지만 그렇다고 해서 이 두 문법 요소만으로 상 해석이 완전히 이루어지는 것은 아니라는 사실을 위 예들을 통해서 확인할 수 있다.

3.3. 개별 문장에서의 상 해석

3.3.1. 기본 상황에서의 상 해석7)

다음은 구체적으로 개별 문장에서의 상 해석 문제에 대해 살펴보기로 한다. 먼저 다른 문장 성분이 상 해석에 관여하지 않는 경우, 즉 부사어(구)나 논항 등이 상 해석에 관여하지 않는 경우는 단순하게 동사와 보조동사 구성의 결합 관계만으로 상 해석이 이루어지게 된다. 그러므로 이

---

6) 그렇기 때문에 정확한 상 의미를 해석해내기 위해서는 담화 상황까지 고려되어야 할 필요가 있다고 판단한다. 다만 이 글의 성격상 이 글에서는 문장 성분들을 중심으로 한 문장 차원에서의 상 해석 문제로 범위를 제한하여 논의하기로 한다.
7) 기본 상황은 동사와 보조동사 구성의 관계에 의해 상이 해석되는 경우를 말한다.

경우는 동사가 본유적으로 포함하고 있는 시간 구조 중에서 해석에 필요
한 부분을 보조동사 구성이 가시화하는 방법으로 상이 해석된다.8)

> (4) 가. 철수와 영이는 사소한 의견차이 때문에 사이가 <u>벌어졌다</u>.
>   나. 철수와 영이는 사소한 의견차이 때문에 사이가 <u>벌어지고 있었다</u>.
>   다. 철수와 영이는 사소한 의견차이 때문에 사이가 <u>벌어져 있었다</u>.

(4)에는 동사와 보조동사 구성 이외에 상 의미에 관여할 수 있는 다른
문장 성분이 포함되어 있지 않다. 그러므로 동사와 보조동사 구성 간의
관계만으로 상 해석이 이루어져야 하는 경우이다. 먼저 (4가)에는 어떠한
보조동사 구성도 결합되어 있지 않다. 다만 시제 선어말어미 '-었-'이
결합하였을 뿐이다. 이에 대해 (4나)와 (4다)에는 각각 보조동사 구성
'-고 있-'과 '-어 있-'이 결합하고 있다. 그런데 이 두 예문에서는 각각
다른 상 의미가 확인된다. 먼저 (4나)에서는 '진행'의 상 의미가 확인되
고, (4다)에서는 '결과 지속'의 상 의미가 확인된다. 이때 두 예문에서 차
이를 보이는 것은 (4나)에는 '-고 있-'이 결합하였고, (4다)에는 '-어 있-'
이 결합하였다는 것뿐이다. 그러므로 이 경우, 이 두 문장과 (4가)의 비교
에서 상에 대한 의미 차이가 확인된다면 그 의미 차이는 결국 이 두 보
조동사 구성에서 비롯되는 것이라고 해야 한다.

그러면 먼저 아무 보조동사 구성도 결합하지 않은 (4가)와 보조동사
구성 '-고 있-'이 결합한 (4나)를 비교하여 '-고 있-'의 의미 특성을 확
인하고, 다음으로 (4가)와 '-어 있-'이 결합한 (4다)를 비교하여 '-어 있-'
의 의미 특성을 확인하기로 한다.

우선 아무런 보조동사 구성도 결합하지 않은 (4가)에서는 구체적인 상

---

8) 이 글에서는 '시작하다', '끝내다', '-는 중이다' 등과 같이 어휘적으로 상 의미를 나타내는
   경우는 논의의 대상에서 제외하기로 한다.

의미가 확인되지 않는다.9) 이에 대해 (4나)에서는 '진행'의 상 의미가 확인된다. 이때 (4나)에서 '진행'의 상 의미를 나타내는 것은 '-고 있-'이다. 이렇게 볼 수 있는 이유는 두 문장을 비교하였을 때 두 문장에서 상 의미에 관여할 수 있으면서 두 문장 간 차이를 보이는 문장 성분이 '-고 있-' 이외에는 없는데 '-고 있-'이 결합하고 있는 (4나)에서만 '진행'의 상 의미가 확인되기 때문이다.10)

다음으로 (4가)와 (4다)의 비교를 통해서는 '-어 있-'이 '결과 지속'의 상 의미를 나타낸다는 사실을 확인할 수 있다. 이 경우 역시 (4가)와 (4다)를 비교하였을 때 두 문장에서 상 의미에 관여할 수 있으면서 두 문장 간 차이를 보이는 형태가 '-어 있-' 이외에는 확인되지 않는데 '-어 있-'

9) 물론 구체적인 보조동사 구성이 나타나지 않는 경우 간접적으로 시제 선어말어미에 의해서 상 의미가 나타나는 경우가 있다. 예를 들어 '영이가 학교로 갔다'와 같은 경우는 그 상 의미가 '종결'로 해석된다. 그러나 이는 절대적이지 않아서 구체적인 보조동사 구성이 나타나게 되면 언제나 그 보조동사 구성에 의해 상 의미가 결정되게 된다. 따라서 '영이가 학교로 가고 있었다'와 같은 경우는 비록 과거 시제 선어말어미가 나타나 있지만 상 의미는 '종결'로 해석되지 않고 보조동사 구성 '-고 있-'에 의해 '진행'으로 해석된다. 결국 이러한 사실은 시제 선어말어미에 의해 나타나는 상 의미는 단지 시제 의미에 의해 파생적으로 나타나는 상 의미일 뿐이지 그 자체가 상 의미를 결정짓는 하나의 완전한 관점상으로서 기능한다고 할 수는 없다는 것을 의미한다.

10) '-고 있-'은 이외에도 '입다'와 같은 동사와 결합하여 '결과 지속'의 의미를 나타내기도 한다. 이러한 '-고 있-'의 중의성에 대해서는 그 동안 많은 논의가 있었다(이지양 1982, 이남순 1987, 박덕유 1997·1998, 옥태권 1988, 한동완 1999나·2000 등). 그 중에서도 특히 한동완(1999나)는 그 동안의 연구 업적들을 토대로 새롭게 이 문제의 해결 방안을 고민하려 했던 주목할 만한 연구 결과라고 할 수 있다.
한동완(1999나)에서는 '-고 있-' 구성의 중의성에 대한 기존 논의가 가지는 문제점을 비판하면서 '-고 있-' 구성이 나타내는 중의성 문제를 다음과 같이 설명하고 있다. 먼저 '-고 있-' 구성이 '진행'의 의미를 나타내는 경우는 '-고 있-'을 조동사로 보아 AUX 혹은 INFL과 같은 구조로 보아야 하고, '-고 있-' 구성이 '결과 지속'을 나타내는 경우는 문 접속으로 보아야 한다고 논의하고 있다. 즉 '-고 있-' 구성이 '결과 지속'을 나타내는 경우는 선행 동작과 그 결과가 지속되는 경우가 전혀 별개의 것으로 구분되어야 한다고 보고 있다. 그리고 중의성을 나타내는 동사는 동작의 주체가 행한 행동이 동작의 대상에 변화를 가한 다음에 그 동작 변화가 다시 동작 주체에게로 미치는 '재귀적 상황'을 나타낼 수 있는 동사이어야 한다고 논의하고 있다. 그러나 이 글은 상 논의가 문장 차원에서 이루어져야 한다는 것만을 주장하기 위한 경우이기 때문에 이에 대해서는 더 이상 구체적으로 논의하지 않도록 한다.

이 결합한 (4다)에서만 '결과 지속'의 의미가 확인되기 때문이다.11)

그러면 다음은 이러한 '-고 있-', '-어 있-'이 나타내는 상 의미가 과연 '-고 있-', '-어 있-'에 의해 부가되는 경우인지 아니면 선행하는 상황 유형이 포함하는 내부 시간 구조 중 '진행' 혹은 '결과 지속'의 상 의미가 '-고 있-', '-어 있-'에 의해 가시화되는 경우인지에 대해 논의하기로 한다.

기존의 상에 관한 이론들은 상을 화자의 입장을 중심으로 해서 해석해야 한다는 논의가 주류를 이루었다. 이는 Comrie(1976)의 상에 대한 정의에서도 확인된다. Comrie(1976)에서는 상을 '상황의 내적 시간 구조를 바라보는 상이한 제 방법들'로 정의하였다. 이는 화자의 관점(viewpoint)을 중시한 해석이다. 그러나 화자가 문장을 발화한다는 것은 독백을 제외하고는 청자를 상정하는 것이 일반적이다. 이는 발화의 목적이 화자와 청자 간의 정보 전달을 비롯한 의사소통에 있다는 것을 통해서도 확인된다. 그러므로 발화를 한다는 것은 화자가 청자에게 필요한 정보를 제공한다는 의미로 이해되어야 하며, 상에 대한 해석 문제도 이와 평행하게 다루어져야 한다. 그리고 이러한 사실은 상 해석을 화자의 시각만으로 설명해서는 안 되며, 화자가 생성하는 상 의미를 청자도 해석할 수 있도록 해야 한다는 것을 의미한다. 이와 같이 화자에 의해 생성된 상 의미를 청자도 정확하게 해석할 수 있도록 하기 위해서는 '상 의미의 가시화(visible)'라는 개념이 필요하다. '가시화'는 '전체 상황이 나타내는 내부 시간 구조에서, 화자가 상 해석에 필요한 부분을 청자도 함께 볼 수 있도록 제한하여 드러내는 것'을 의미한다. 그리고 이처럼 구체적인 상 의미를 가시화하는

---

11) 그러나 '-어 있-'이 모든 동사와 결합하여 '결과 지속'을 나타내는 것은 아니다. 이처럼 '-어 있-'이 동사와의 결합에 제약을 보이는 현상에 대해서는 그 동안 많은 논의가 있었다(임홍빈 1975, 이남순 1987, 정태구 1994, 한동완 2000).

것은 '관점상(viewpoint aspect)'의 기능에 의한 것이다.[12]

그렇지 않고 상 의미를 부가한다고 보는 설명은 '짓다', '보다', '들다' 등 다른 모든 동사에 '-어 있-'이 결합하여 '결과 지속'의 의미를 나타낼 수 있어야 한다는 문제에 봉착하게 된다. 즉 '-어 있-'이 '결과 지속'의 의미를 부가한다고 보면 이들 '짓다', '보다', '들다' 등의 동사들과 결합하여 '결과 지속'의 의미를 나타내지 못할 이유가 없기 때문이다.

이 글에서는 이러한 문법적 부담을 최소화하고 또 현상에 대한 올바른 설명을 제공하기 위하여 보조동사 구성을 상 의미를 선행 상황에 부가하는 것이 아니고 선행 상황이 포함하는 상 의미 중 특정 상 의미를 가시화하는 것이 기본 의미라고 본다.[13] 그리고 이렇게 가시화되는 경우에 상 의미가 해석되는 것으로 본다.

다음의 예를 통해 보조동사 구성에 의해 확인되는 '가시화'의 특성에 대해 알아보기로 한다.

(5) 영이는 한참동안 웃고 있었다.

(5)는 영이가 웃는 동작이 진행 중임을 나타낸다. 필자의 입장에 따라 이 예문에서 이러한 상 해석이 가능한 것을 '가시화'로 설명하면 다음과 같다. 먼저 (5)에서 '웃다'는 기본적으로 동작의 '진행'을 내부 시간 구조

---

12) 중앙어에서는 일반적으로 보조동사 구성이 관점상의 기능을 담당한다. 그러나 중앙어의 경우도 '-어 쌓-'과 같은 보조동사 구성의 경우는 '쌓-'의 어휘 의미가 남아 있는 경우이기 때문에 단순하게 상 의미를 가시화한다고 보기 어렵다. 이 경우는 오히려 '쌓-'의 어휘 의미를 상황에 부가하는 것으로 보아야 한다. 요컨대 중앙어에서 문법적으로 상 의미를 가시화할 수 있는 보조동사 구성은 어느 정도 문법화의 과정을 거친 경우로 제한해야 한다는 것이다.

13) 이러한 논의는 비단 한국어에서만의 논의는 아니다. Smith(1991)에서는 다른 언어의 경우에도 이와 같이 관점상(중앙어의 경우 보조동사 구성)이 상 의미를 가시화하는 경우가 있음에 대해 논의하고 있다.

로 포함하고 있다.14) 이때 웃는 동작의 '진행'은 '웃다'에 결합하고 있는 '-고 있-'에 의해 나타난다. 즉 '-고 있-'이 '웃다'의 내부 시간 구조에서 동작의 '진행' 의미를 가시화한다는 것이다. 좀 더 자세하게 논의하면, 우선 '웃다'의 내부 시간 구조는 다음과 같이 도식화된다.

<표 1>

시작점   진행   (자의적인) 끝점

<표 1>에서 확인되는 것처럼 '웃다'의 내부 시간 구조는 '시작점, 진행, (자의적인) 끝점'으로 구성된다.15) 이때 보조동사 구성 '-고 있-'이 결합하게 되면 '진행'의 상 의미가 가시화되는 것이다.

지금까지 '-고 있-'이 '진행'의 상 의미를 나타내는 것은 상 의미를 부가하기 때문이 아니고 상 의미를 가시화하기 때문이라는 사실에 대해 논의하였다. 그리고 이처럼 '가시화'의 개념으로 보면 다음과 같은 예문이 비문이 되는 것도 쉽게 설명할 수 있게 된다.

   (6) 가. *폭탄이 폭발하고 있다.
      나. *별이 반짝하고 있다.
      다. *철수가 길을 걸어 있다.

---

14) '웃다'와 같은 '행위' 동사들의 시간 구조에 대한 자세한 논의는 우창현(1997)을 참고하기 바란다. 우창현(1997)에서는 이외에도 '달성', '성취', '순간' 동사들의 시간 구조의 특성에 대해서도 자세하게 논의한 바 있다.

15) '완성점'은 상황의 완성(completion)을 의미한다. 이에 반해 '자의적인 끝점(arbitrary final point)'은 단지 상황의 단순한 종료(termination)를 나타낸다. 그렇기 때문에 자의적인 끝점은 어휘가 갖는 본연의 시간 구성이 아니므로 필요에 의해 언제나 나타날 수 있고, 그 의미는 단지 '행위'의 경계(boundary)만을 나타낸다. 또한 자의적인 끝점은 상황에 대한 인위적인 종료를 나타내기 때문에, 완성점이 동작의 완성(completion)을 나타내는 것과는 구별된다.

(6가)는 '폭발하다'의 경우 '-고 있-'이 결합할 수 없음을 보여준다. 그리고 (6나)는 '반짝하다'의 경우 역시 '-고 있-'이 결합할 수 없음을 보여준다. 이 두 예문이 이처럼 비문이 되는 이유는 이 두 예문에 포함되어 있는 동사의 내부 시간 구조에 '진행'이나 '결과 지속'과 같은 시폭이 포함되어 있지 않기 때문이다.

<표 2>

●

시작점
완성점

<표 2>에서 확인되는 것처럼 '폭발하다, 반짝하다'와 같은 동사들은 그 동작의 시작과 끝이 하나의 점으로 이루어져 시폭을 포함할 수 없기 때문에 시폭을 전제로 하는 '-고 있-'이 결합할 수 없게 된다.

이에 대해 (6다)는 '걷다' 동사의 경우 '-어 있-'이 결합할 수 없음을 보여준다. 이처럼 (6다)가 비문이 되는 이유 역시 앞서의 논리로 설명될 수 있다.

<표 3>

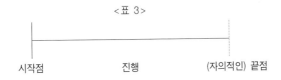

시작점   진행   (자의적인) 끝점

즉 <표 3>과 같이 동사 '걷다'는 그 내부 시간 구조에 '결과 지속'을 시간 구조로 포함하지 못하기 때문에 이에 다시 '-어 있-'이 결합하여 '결과 지속'의 의미를 가시화할 수 없게 된다는 것이다.[16]

---

16) 이 글에서는 동사에 따라 '결과 지속'을 상황의 시간 구조로 포함하는 경우가 있다고 본다.

결국 이러한 지금까지의 논의에 따르면 '-고 있-'은 '진행'을, 그리고 '-어 있-'은 '결과 지속'을 가시화한다고 보는 것이 타당하다는 것을 확인할 수 있다.[17]

지금까지 부사어(구)나 논항 등이 상 해석에 관여하지 않는 경우의 문장에서의 상 해석에 대해 살펴보았다. 논의 과정을 통해 이러한 경우는 동사가 본유적으로 포함하고 있는 시간 구조에 보조동사 구성이 결합함으로써 구체적인 상 의미가 가시화되는 경우에만 상 해석이 이루어진다는 것을 확인할 수 있었다. 지금까지의 논의를 정리하여 규칙으로 제시하면 다음과 같다.

> (7) 상 해석 규칙(가설 1)
> 상은 동사의 본유적인 시간 구조에 보조동사 구성이 결합하여 특정 상 의미가 가시화되는 경우 해석된다.

3.3.2. 파생 상황에서의 상 해석[18]

그러나 다음 예는 '(7) 상 해석 규칙'으로 설명이 되지 않는 경우이다.

> (8) 가. ²철수는 가 있다.[19]

이는 '입다'류 동사의 경우, '영이는 빨간 옷을 5일 동안 입었다./영이는 빨간 옷을 5일 동안 입는다.'에서처럼 '-어 있-'이나 '-고 있-' 없이도 '결과 지속'의 의미가 나타나는데 이러한 예문이 정문이 되는 이유는 '결과 지속'이 '입다'의 시간 구조 속에 포함되어 있기 때문이라고 보기 때문이다.

17) 만일 이러한 보조동사 구성이 상 의미를 부가하는 것이라고 보면 (6)의 예들이 비문이 되는 것을 설명하기 어렵게 된다. 왜냐하면 상 의미를 부가한다는 것은 본유적인 동사의 시간 구조에 포함되어 있지 않은 새로운 상 의미를 부가하는 경우이기 때문에 이들의 결합이 허용되지 못할 이유가 없기 때문이다.

18) 파생 상황은 동사와 보조동사 구성 이외에 시간부사어(구), 부사어, 논항 등이 상 해석에 관여하는 경우를 말한다.

19) 이 경우 화용적 상황이 주어지면 이러한 어색함은 사라진다. 다만 이 글에서는 아무런 화용적 상황이 주어지지 않을 경우, (8가)보다는 (8나)가 상대적으로 더 자연스럽다고 보고 그렇다면 왜 이러한 차이가 나타나는지에 대해 설명하는 것에 초점을 맞추도록 한다.

나. 철수는 공원에 가 있다.

(8)의 예문에서 (8가)가 어색한 표현이 되고 (8나)가 상대적으로 덜 어색한 표현이 되는 것은 지금까지의 논의처럼 '동사'와 '보조동사 구성'의 관계만으로는 설명이 되지 않는다. 이에 대해서는 다른 설명 방법이 필요하다. 그러면 다음은 이 두 예문이 왜 이런 차이를 보이는지 그 이유에 대해 논의하기로 한다.

먼저 (8가)는 (8나)에 비해 상대적으로 어색한 표현이 된다. 이는 '가다'에는 '결과 지속'의 시간 구조가 포함되어 있지 않은데 '결과 지속'의 시간 구조를 필요로 하는 '-아 있-'이 결합하고 있기 때문이다. 이에 반해 (8나)는 (8가)에 비해 상대적으로 자연스러운 표현이 된다. 그런데 (8가)와 (8나)를 비교하면 (8나)에는 (8가)에 없는 부사어 '공원에'가 더 들어가 있다는 것이 확인된다. 이때 부사어 '공원에'는 '가다' 동사의 동작 '대상'이 된다. 이처럼 문장에 구체적인 동작의 대상이 나타나는 경우, 그 동작의 대상은 동작이 완성되는 목표점을 지시하게 된다. 따라서 이 경우는 동작이 목표점에서 완성될 수 있음을 나타내게 되어 동사의 시간 구조에 '완성점'을 포함할 수 있게 된다. 이외에도 동작의 대상은 동작의 결과가 그 동작의 대상에서 지속되고 있는 것까지 나타낼 수 있어 동사의 시간 구조에 '결과 지속'까지 포함할 수 있게 된다.[20] 이러한 이유로 '공원에 가다'는 '완성점'과 '결과 지속'의 시간 구조를 내부 시간 구조로 포함할 수 있게 된다.

---

20) '공원에 가다'에 '결과 지속'의 의미가 포함되어 있다는 것은 공원에 간 동작의 결과가 지속됨을 부정하는 것이 불가능하다는 사실을 통해 확인된다. 즉 '*철수는 공원에 가 있다. 그런데 다 가지는 못했다'와 같은 경우는 비문이 된다. 이는 '결과 지속'을 포함하지 않는 '행위' 동사와는 구별되는 특성이다. 즉 '행위' 동사 '듣다'인 경우는 '영이는 어제 오랜만에 좋아하는 가수의 음악을 들었다. 그런데 갑자기 정전이 되어서 다 듣지는 못했다'와 같이 선행절에 대한 부정적 추론이 가능하다.

이를 도식화하여 설명하면 다음과 같다. 먼저 '가다'의 시간 구조는 다음과 같이 도식화된다.

<표 4>

시작점   진행   (자의적인) 끝점

그런데 이러한 '가다'에 '공원에'가 결합하면 사정이 달라진다. '공원에'가 '가다'의 시간 구조를 다음과 같이 파생시키기 때문이다.

<표 5>

시작점   진행   완성점   결과 지속

결국 '공원에 가다'의 내부 시간 구조는 <표 5>에서 확인되는 것처럼 '시작점, 진행, 완성점, 결과 지속'이 된다. 이처럼 동사의 시간 구조는 동사의 시간 구조에 직접적으로 영향을 주는 부사어(구)의 결합에 의해 새로운 시간 구조로 파생되기도 한다.

그런데 이처럼 시간 구조가 새롭게 파생되는 경우 역시 상 해석은 파생된 시간 구조와 보조동사 구성의 결합 관계를 통해 이루어진다. 따라서 '(7) 상 해석 규칙'은 이러한 경우까지, 즉 파생된 시간 구조에서의 상 해석까지를 포함해서 설명할 수 있도록 보다 정밀화되어야 한다. 이러한 요구에 따라 '(7) 상 해석 규칙'을 수정하면 다음과 같다.

(9) 상 해석 규칙(수정 1)

　　상은 동사의 본유적인 시간 구조 혹은 파생된 시간 구조에 보조동사
　　구성이 결합하여 상 의미가 가시화되는 경우 해석된다.

다음 예를 통해 '(9) 상 해석 규칙'의 타당성을 검토하도록 한다.

(10) 가. 철수가 서울에 와 있다.
　　　나. 철수가 집에 가 있다.

(10가)는 철수가 서울에 온 동작의 결과가 지속되고 있음을 나타낸다.
이에 대해 (10나)는 철수가 집에 간 동작의 결과가 지속되고 있음을 나타
낸다. 이때 상황의 '결과 지속'의 의미는 '-아 있-'에 의해 가시화된다.
즉 (10가)의 '-에 오다'의 경우를 예를 들어 설명하면 먼저 '-에 오다'의
내부 시간 구조는 다음과 같이 도식화된다.

<표 6>

시작점　　　　진행　　　　완성점　　결과 지속

　<표 6>을 통해 '-에 오다'의 내부 시간 구조가 '시작점, 진행, 완성
점, 결과 지속'으로 파생되었음을 확인할 수 있다. 이에 '(9) 상 해석 규
칙'에 의해 '-아 있-'이 결합하게 되면 '결과 지속'의 상 의미가 가시화
되는 것이다. (10나)의 '-에 가다'도 동일한 방법으로 설명할 수 있다. 이
는 '-에 가다' 역시 '-에 오다'와 동일한 시간 구조를 가지는 경우이기
때문이다.
　그런데 이러한 '(9) 상 해석 규칙'으로도 설명하기 어려운 경우가 있다.

이 경우는 오히려 보조동사 구성이 없이도 상 해석이 가능한 경우이다.

   (11) 가. 영이는 한 시간만에야 겨우 웃었다.
        나. 철수는 한 시간만에 장난감 자동차를 만들었다.

  (11가)는 '웃다'와 시간부사구 '한 시간만에'가 결합한 경우이다. 이 경우 상 의미는 '기동(起動)'으로 나타난다. 즉 웃는 동작이 시작되었음을 나타낸다. 이에 반해 (11나)의 '만들다'의 경우는 시간부사구 '한 시간만에'와 결합하여 '종결'의 상 의미를 나타낸다. 상 의미에서 이러한 차이가 나타나는 것은 두 동사의 내부 시간 구조가 다르기 때문이다. 즉 '웃다'의 경우는 상황의 완성을 나타내는 '완성점'을 내부 시간 구조로 포함하지 못하고 언제든지 필요에 의해 동작을 끝낼 수도 있고, 다시 시작할 수도 있는 '자의적인 끝점'이 포함되어 있기 때문에 '한 시간만에'와 같이 일반적으로 상황의 완성을 나타내는 시간부사구가 결합하는 경우 동작의 완성을 지시하지 못하고 동작의 시작을 나타내게 되는 것이다. 그러므로 '완성점'을 내부 시간 구조로 포함하고 있지 않은 '행위' 동사(걷다, 보다, 웃다 등)들인 경우 시간부사구 '한 시간만에'와 결합하면 '시작점'만을 나타내어 '기동(起動)'의 상 의미로 해석되게 된다.

  이에 반해 '만들다'의 경우는 다음 <표 7>과 같이 상황의 완성을 나타내는 '완성점'을 내부 시간 구조로 포함하고 있기 때문에 상황의 완성을 나타내는 시간부사구가 결합하는 경우 그 시간부사구는 상황의 완성점을 지시하게 된다.

<표 7>

시작점   진행   완성점

이처럼 '완성점'을 내부 시간 구조로 포함하고 있는 '달성' 동사(짓다, 만들다 등)들인 경우는 '한 시간만에'와 결합할 경우 '완성점'을 나타내어 '종결'의 상 의미로 해석되게 된다.

다음 예문 역시 '(9) 상 해석 규칙'으로는 설명하기 어려운 경우이다.

> (12) 가. 철수는 매일 체육관에서 운동한다.
> 나. 철수는 아르바이트 때문에 금요일마다 서점에 간다.

(12가)는 반복의 상 의미가 나타나는 경우이다. (12가)에서 '반복'의 상 의미를 나타내는 것은 시간부사어 '매일'이다. 즉 시간부사어 '매일'이 '운동한다'와 결합하여 전체 문장의 상 의미를 '반복'으로 변화시키고 있는 것이다. (12나) 역시 '반복'의 상 의미가 나타나는 경우로, '반복'의 상 의미는 시간부사어 '금요일마다'에 의해 나타난다. 즉 '가다'와 '금요일마다'가 결합하여 전체 문장의 상 의미를 '반복'으로 변화시키고 있는 것이다.

이에 대해 구체적으로 설명하면, (12가)에서 '반복'의 의미가 확인되는 것은 (12가)의 시간부사어 '매일'이 구체적인 관점상은 아니지만 상 해석에 관여적이어서 전체 상 의미를 '반복'으로 파생시키는 특성을 가지기 때문이다. 시간부사어 '매일'이 이처럼 상 해석, 특히 '반복'에 관여적일 수 있는 이유는 '매일'이 '하루, 하루(반복된다)'의 의미 특성을 가지고 있기 때문이다. 즉 '매일'이 '하루 하루 계속해서'의 의미를 나타내서 '반복'의 의미로 해석될 수 있는 가능성을 함의하고 있기 때문이다. 이처럼 부사어가 상 해석에 관여한다는 사실은 (12나)에서도 확인된다. 즉 상 해석에 관여적인 부사어 '금요일마다'가 결합한 (12나)에서 '반복'의 상 의미가 나타나는 것은 '금요일마다'가 '매주 금요일에 반복해서'의 의미를 내포하고 있어 '반복'의 의미로 해석될 수 있는 가능성을 함의하고 있기

때문이다. 그러므로 이 경우 역시 앞서 설정했던 '(9) 상 해석 규칙'으로
는 설명이 어렵게 된다.

다음 예문 역시 '(9) 상 의미 해석 규칙'으로는 설명하기 어려운 경우
가 된다.

(13) 가. 영이는 책을 읽었다.
　　　나. 영이는 여러 권의 책을 읽었다.

(13가)는 구체적인 보조동사 구성없이 단순하게 '읽다'에 '책'이 결합
한 경우이다. 이 경우 상 의미는 단순히 영이가 책을 읽었다는 사실만을
진술하는 경우이기 때문에 상 해석에 중립적이게 된다. 이때 상 해석에
중립적이라는 의미는 상 해석에 관해 열려 있다는 뜻이 된다. 즉 구체적
인 보조동사 구성이 나타나면 언제든지 그 보조동사 구성이 나타내는 상
의미로 해석이 된다는 것이다. 그렇기 때문에 '영이는 책을 읽고 있었다'
와 같이 보조동사 구성 '-고 있-'이 나타나는 경우는 '-고 있-'에 의해
'진행'의 상 의미로 해석되게 된다. 그리고 이 경우는 '책'이 문장의 상
의미에 의미적으로 관여하지 못하기 때문에 다른 상 의미로 해석될 여지
는 없다.

이에 대해 (13나)는 (13가)와 마찬가지로 보조동사 구성 없이 '읽다'에
'여러 권의 책'만이 결합한 경우이다. 그렇기 때문에 이 경우 또한 상 해
석에 중립적이어야 한다. 그런데 문제는 (13나)는 (13가)에서는 확인되지
않는 '반복'의 상 의미가 나타난다는 것이다. 이는 '여러 권의 책'처럼 그
대상이 복수인 경우는 문장의 상 의미에 의미적으로 관여할 수 있기 때
문이다. 즉 '읽다'의 경우 그 대상이 복수로 나타나게 되면 책을 읽는 개
별 동작이 여러 번이라는 해석이 가능하게 되어 '반복'의 상 의미로 해석

이 된다는 것이다.

그러므로 이 경우 역시 앞서 설정했던 '(9) 상 해석 규칙'으로는 설명이 어렵게 된다. 이처럼 예외적으로 상 해석이 이루어지는 경우를 고려하면 한국어에서의 '(9) 상 해석 규칙'은 이러한 현상까지를 설명할 수 있도록 보다 정밀화되어야 한다.

> (14) 상 의미 해석 규칙(수정 2)
> ① 상은 동사의 본유적인 시간 구조 혹은 파생된 시간 구조에 보조동사 구성이 결합하여 상 의미가 가시화되는 경우 해석된다.
> ② 상은 상황과 상 의미에 직접적으로 관여할 수 있는 시간부사어(구)나 논항과의 결합에 의해 상황의 시간 구조가 특정 시간으로 제한되면 해석된다.

'(14) 상 의미 해석 규칙'에 의하면 앞서 3.3.1.에서 논의되었던 상 현상은 물론이거니와 (11), (12), (13) 등의 예문에서 나타나는 상 의미에 대해서도 자연스럽게 설명할 수 있게 된다. 즉 (11), (12), (13)의 경우는 '(14) 상 해석 규칙 ②'에 의해 상 의미가 해석되는 경우라고 할 수 있다.

지금까지 개별 문장에서의 상 해석 문제에 대해 논의하였다. 그리고 문장 차원에서 상이 해석되는 경우 '(14) 상 해석 규칙'이 필요하다는 점도 확인하였다. 지금까지 필자가 제기한 주장이 타당하다면 이 글에서 제시한 '(14) 상 해석 규칙'은 개별 문장 차원에서 확인되는 상 의미를 포괄할 수 있는 설명력 있는 규칙이 될 수 있다고 판단한다.

3.4. 소결

이 절에서는 상 해석이 상 의미에 관여적인 부사어나 논항까지를 고려해야 하기 때문에 문장 차원에서 이루어져야 하다는 사실에 대해 논의하였다. 그리고 이처럼 문장 차원에서 상 해석이 이루어지는 경우를 설명하기 위한 구체적인 방법론으로 '(14) 상 해석 규칙'을 제시하였다.

지금까지의 논의를 보다 구체적으로 정리하면 다음과 같다. 먼저 이 절에서는 문장 차원에서의 상 해석이 필요한 예를 제시하고 이러한 예들을 설명하기 위해서는 상 해석이 문장 차원에서 이루어져야 한다고 논의하였다.

다음으로 기본 상황에서 상 해석이 필요한 경우에 대해 논의하였다. 기본 상황에서의 상 해석은 상황이 포함하는 시간 구조에 보조동사 구성이 결합함으로써 구체적인 상 의미가 가시화되어야만 상 의미가 해석되는 것으로 보았다. 다음으로 파생 상황에서의 상 해석은 구체적인 보조동사 구성이 나타나는 경우와 그렇지 않은 경우를 구분하여 논의하였다. 먼저 보조동사 구성이 나타나는 경우는, 먼저 동사에 부사어(구)가 결합하여 동사의 시간 구조를 새로운 시간 구조로 파생시키고 이에 보조동사 구성이 결합하여 상 의미를 가시화하는 것으로 설명하였다. 이에 반해 구체적인 보조동사 구성이 나타나지 않는 경우는 시간부사어(구)나 복수 의미를 포함하는 논항 등이 동사와 결합하여 상 의미가 구체적으로 제한될 때 해석되는 것으로 논의하였다. 그리고 이를 정리하여 '(14) 상 해석 규칙'으로 제시하였다.

이 절에서 필요한 '(14) 상 해석 규칙'은 다음과 같이 크게 둘로 구분된다. ① '상은 동사의 본유적인 시간 구조 혹은 파생된 시간 구조에 보조동사 구성이 결합하여 상 의미가 가시화되는 경우 해석된다.' ② '상은 상황과 상 의미에 직접적으로 관여할 수 있는 시간부사어(구)나 논항과의 결합에 의해 상황의 시간 구조가 특정 시간으로 제한되면 해석된다.' 이러한 구분에서, 특히 '(14) 상 해석 규칙 ①'에서는 '가시화'의 개념을 중시하였다. 즉 보조동사 구성에 의해 상 해석이 되는 경우, 상 의미는 보조동사 구성에 의해 부가되는 것이 아니라 가시화되는 것으로 보는 것이 타당하다고 보았다. 이 논의에서 필요한 '가시화'는 전체 상황이 나타내는 내부 시간 구조에서 '화자가 상 해석에 필요한 부분을 청자도 함께 볼 수 있도록 제한하여 드러내는 것'을 의미한다.

이러한 논의 과정을 통해 그 동안 주장했던 것과 달리, 즉 상 해석을 동사와 보조동사 구성으로 한정해서 해석하려 해왔던 것과 달리 상 해석은 상 해석에 관여적일 수 있는 부사어(구)나 논항까지를 포함하여 전체 문장 차원에서 논의되어야 한다는 점이 보다 분명하게 밝혀지게 되었다.

4. 상 해석에서의 중의성 문제

4.1. 도입

이 절에서는 상에 대한 개별 논의 중 '-고 있-'을 중심으로 한 상 해석의 중의성 문제에 초점을 두고 논의를 진행하기로 한다. '입고 있다'와 같은 구성에서 나타나는 중의성에 대한 문제는 그 동안 상을 논의하는 과정에서 언제나 문제가 되었던 부분이다. 이에 대한 그 동안의 논의는 크게 둘로 구분된다. 첫째는 중의성이 나타나는 것이 어휘(쓰다, 매다, 입다 등)의 문제라고 보는 경우(옥태권 1988)이고 둘째는 '-고 있-'의 문제라고 보는 경우이다. 이 두 번째 견해는 다시 '-고 있-'의 '-고'를 둘로 구분해야 한다는 논의(서정수 1976, 김흥수 1977, 이남순 1987 등)와 중의성을 모두 포함할 수 있는 또 다른 의미·기능을 '-고 있-'에 부여해야 한다는 논의(이지양 1982)로 구분할 수 있다.[21]

그런데 이러한 설명 모두 문법적으로 부담을 갖는다는 점에서 문제가 된다. 먼저 중의성이 어휘적인 문제라고 보는 경우 '입다₁, 입다₂', '매다₁, 매다₂' 등으로 동사를 세분해야 하는데 이렇게 세분하는 것이 타당한가 하는 것이 문제가 된다. 만약 이러한 세분이 중의성만을 설명하기 위한 세분이라면 문법적으로 너무나 부담이 크다는 것이다. 그리고 '-고 있-'의 문제라고 보는 경우에도 문제는 남는다. 왜냐하면 '-고 있-'을 둘로 쪼개 설명하는 경우 '-고₁ 있-'과 '-고₂ 있-'이 어떻게 다른지, 혹여 지금 문제가 되고 있는 중의성만을 설명하기 위한 세분은 아닌지 하는 것이 또 다른 문제가 되기 때문이다. 만약에 중의성만을 설명하기 위한 세분이라면 이 역시도 문법적으로 부담이 되지 않을 수 없다.

'-고 있-'에 중의성을 포괄할 수 있는 새로운 의미를 부여하는 방법은 이지양(1982)에서 확인되는데 이지양(1982)에서는 '-고 있-'이 결합하여 나타나는 여러 가지 의미는 동사의 부류에 따라 나타나는 의미에 불과하다고 하고 '-고 있-'이 갖는 기본 의미는 '지속'이라고 하고 있다. 즉 '-고 있-'은 '진행', '완결된 상태의 지속', '상태의 지속'을 보이는데, 이러한 의미들은 모두 '지속'의 하위개념으로서 동사에 따라 결정될 수 있는 것이므로 '-고 있-'의 기본 의미를 '지속'이라 할 수 있다는 것이다. 그러나 과연 '지속'이 '-고 있-'의 본질적인 의미인가 하는 것은 다시 한 번 확인할 필요가 있다고 판단된다.[22]

이 절에서는 이러한 그 동안의 논의들을 바탕으로 하여 '입고 있다'류가 갖는 중의성 문제를 문법적 부담 없이 어떻게 설명할 수 있는지에 대

---

21) '-고 있-'의 중의성에 대한 기존 논의는 한동완(1999나)에서 자세하게 논의하고 있기 때문에 이를 참고하고 이 절에서는 다시 이에 대해 더 이상 자세하게 언급하지 않도록 한다. 다만 논의 전개상 필요하다고 판단되면 필요한 부분에 대해서만 간단하게 언급하도록 한다.

22) 이 논의가 갖는 문제점에 대해서는 한동완(1999나)에서 자세하게 논의하고 있다. 이를 참고하기 바란다.

해 논의하기로 한다.

4.2. 중의성 관련 동사의 특성

기존 논의에서는 '입다'류를 '짓다' 등과 동일하게 '달성(accomplishment)' 상황 유형으로 구분해왔다. 그러나 '입다'류 동사와 '달성(accomplishment)' 상황 유형에 포함되는 동사들의 내부 시간 구조를 비교해 보면 '결과 지속'을 본질적으로 내부 시간 구조에 포함할 수 있는지 여부에서 두 유형이 차이를 보임을 확인할 수 있다.[23)]

> (15) 가. 철수는 한 달 동안 집을 짓고 있다.
> 나. 철수는 한 시간 동안 옷을 입고 있다.

(15가)에서 '한 달 동안'은 '집을 짓는 과정의 시폭'만을 지시한다. 즉 '과정'을 지시하는 의미로만 해석된다. 이에 반해 (15나)에서 '한 시간 동안'은 '옷을 입는 과정의 시폭'을 나타내기도 하고 '옷을 입는 동작이 끝난 이후 그 결과가 지속되는 시폭'을 지시하기도 한다.[24)] 만약 이 두 동사가 동일한 상황 유형으로 구분되어야 한다면 이러한 차이를 설명하기

---

23) '달성'은 내부 시간 구조가 시작점과 과정, 그리고 끝점으로 구성되는 유형을 말한다. 예를 들면 '다리를 건설하다', '라디오를 수리하다', '학교로 가다'와 같은 예에서 '건설하다'와 '수리하다', '-로 가다'의 경우가 이에 해당한다. '달성'은 '끝점'을 포함하고 있기 때문에 인위적으로 끝을 맺어야 하는 자의적인 종결점과 구분되는 자연적인 종결점을 갖는다. 그리고 '달성'은 일련의 비균질적인 내적장을 갖는다. 그러나 비균질적인 내적장이 갑작스런 사건의 변화를 의미하는 것은 아니다. 오히려 점차적으로 끝점을 향해 변화하는 것을 말한다. 이러한 '달성'의 시간적 특성을 도식화하면 다음과 같다.

　　　　　시작점 .... (자연적인) 끝점

24) 물론 '과정'의 의미로 해석하기 위해서는 철수가 손이 아프다는 등의 상황이 전제되어야 한다. 그러나 '과정'의 의미가 나타난다는 것만은 분명하게 확인된다.

힘들게 된다.

그러면 다음은 이러한 차이를 고려하면서 '입다'의 내부 시간 구조의 특성에 대해 알아보기로 한다. '입다'류 동사들은 '달성(accomplishment)' 동사의 시간적 특성을 가지면서 동시에 '달성(accomplishment)' 동사에는 포함되지 않은 '결과 지속'을 그 내부 시간 구조로 가지는 독특한 시간 특성을 보인다. 그러므로 '입다'류 동사들은 다른 '달성(accomplishment)' 동사들과 달리 '시작점', '과정', '끝점' 그리고 '결과 지속'을 내부 시간 구조로 가지는 경우가 된다.25) 이를 도식화해 보이면 다음과 같다.

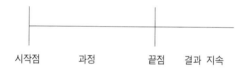

시작점   과정   끝점   결과 지속

일반적으로 동사가 내부 시간 구조에 시작점을 갖는 것은 자연스러운 현상이다. 이는 모든 동작은 그것이 순간적으로 끝나는 상황이라 해도 항상 시작을 전제로 해야 하기 때문이다. 그렇기 때문에 모든 동작이 시작점을 갖는다는 것은 무표적(unmarked)이라 할 수 있다. 그런데 '과정'이나 '끝점'은 동사에 따라 내부 시간 구조에 포함하는 경우가 있고 그렇지 않는 경우가 있다. 이처럼 '과정'이나 '끝점'은 상황 유형에 따라 포함할 수 있는 경우가 있기도 하고 포함할 수 없는 경우가 있기도 하기 때문에 실제적으로 '입다'류 동사가 '과정'이나 '끝점'을 내부 시간 구조로 포함하고 있는가 하는 것은 구체적인 논증을 통해 확인되어야만 한다.

일반적으로 '과정'을 내부 시간 구조로 포함하고 있는 동사인 경우는 '한 시간 동안'과 같은 '과정'을 나타내는 시간부사구와의 결합이 자연스

---

25) 이 절에서는 '동작 진행'과 '상태 지속'을 모두 포함하는 개념으로 '과정'을 쓰기로 한다.

러워야 한다.

(16) 가. 철수는 10분 동안 옷을 입고 있다.
　　　나. *한 시간 동안 폭탄 하나가 폭발하고 있다.

　(16가)에서 확인되는 바와 같이 '입다'의 경우는 '10분 동안'과의 결합이 자연스럽다. 그리고 이 경우 '10분 동안'은 상황이 계속되는 '과정'의 시폭 혹은 동작의 결과가 지속되는 '결과 지속'의 시폭을 지시한다. 이에 반해 (16나)와 같은 문장은 자연스럽지 못하게 된다. 이처럼 (16나)가 비문이 되는 이유는 '폭발하다'와 같은 동사는 순간동사로 동작이 순간적으로 나타나기 때문에 내부 시간 구조에 '과정'을 포함하지 못하는데, '과정' 혹은 '결과 지속'의 시간 구조를 필요로 하는 '한 시간 동안'과 결합하였기 때문이다.26)

　다음은 '입다'의 내부 시간 구조에 '끝점'이 포함되어 있는가 하는 것에 대해 살펴보도록 한다. 일반적으로 동사의 내부 시간 구조에 '끝점'이 포함되어 있는가 하는 것은 '10분만에'와 같은 완성되는 시점을 나타내는 시간부사구와의 결합이 자연스러운가 하는 것을 통해 검증된다.

(17) 가. 영이는 10분만에 웃었다.
　　　나. 영이는 10분만에 옷을 입었다.

　(17가, 나)를 보면 두 예문 모두 정문이 됨을 알 수 있다. 그런데 두 예

---

26) 그러나 '폭탄이 폭발하고 있다'와 같은 문장이 성립하는 경우도 있다. 이 경우는 '폭탄'을 복수로 해석해서, 즉 하나의 폭탄에 작은 여러 폭탄들이 들어 있어서 폭탄들이 수차례 터지는 것으로, 즉 계속해서 연달아 터지는 것으로 해석해야만 한다. 그렇지 않고 하나의 폭탄이 폭발하는 것으로 해석하면 비문이 된다. 이처럼 주어, 목적어와 같은 논항이나 혹은 부사어 등이 상황 유형의 시간 구조에 영향을 줄 수도 있게 된다.

문의 의미를 확인해 보면 예문 간 분명한 차이가 있음을 확인할 수 있다. 즉 (17가)의 경우는 '10분만에'가 '웃는 동작의 끝'을 나타내는 것이 아니고 '웃는 동작이 시작되는 시점'을 나타냄에 반해 (17나)의 경우는 '10분만에'가 '옷을 입는 동작'을 끝마친 시점을 지시한다는 것이다. 일반적으로 '웃다, 걷다'와 같은 동사들의 경우 '10분만에'와 같은 완성 시간부사구가 결합하게 되면 동작의 시작점을 나타내게 되는데 이는 '웃다, 걷다'와 같은 '행위(activity)'동사의 경우는 그 내부 시간 구조에 '끝점'을 포함하고 있지 못하기 때문이다.27) 그렇지 않고 '끝점'이 있는 동사들인 경우는 '10분만에'와 같은 완성 시간부사구가 결합하게 되면 그 완성 시간부사구는 동작의 끝을 지시하게 된다. 다음 예문은 이러한 설명이 타당함을 보여주는 경우이다.

(18) 가. 영수는 한 달만에 집을 지었다.
　　나. 철수는 하루만에 장난감 비행기를 만들었다.

(18가)는 영수가 한 달만에 집짓기를 끝냈음을 나타내고, (18나)는 철수가 하루만에 장난감 비행기 만들기를 끝냈음을 나타낸다. 이처럼 '짓

---

27) 그러므로 행위 동사가 동작의 끝을 나타내는 경우는 자의적인 동작의 끝으로 나타나야 한다. 즉 '동작의 완성(completion)'이 아닌 '동작의 종료(termination)'만을 나타내야 한다. 이를 도식화하면 다음과 같다.

　　시작점 .... (자의적인) 끝점

위 도식은 '행위'가 끝점을 갖는 경우는 자의적인 경우로 제한됨을 보여준다. 그리고 이러한 자의적인 끝점은 어휘가 갖는 본연의 시간 구성이 아니므로 필요에 의해 언제나 나타날 수 있고, 그 의미는 단지 '행위'의 경계(boundary)만을 나타낼 뿐이다. 또한 자의적인 끝점은 상황에 대한 인위적인 종료를 나타내기 때문에, 자연적인 끝점이 완성(completion)을 나타내는 것과는 구별된다. 이러한 이유로 '행위' 동사의 경우 필요한 경우에는 선행 동작을 계속해서 이어갈 수도 있게 된다. 결국 '행위'의 기본적 상황은 '아이가 잠을 잔다'에서 나타나는 '자다'와 같이 비끝점 동사(atelic verb)이면서 비제한적인 지속적 과정을 나타내는 경우라고 할 수 있다.

다', '만들다'와 같은 '달성(accomplishment)' 동사들은 완성 시간부사어와 결합하는 경우 동작의 끝을 나타내게 된다. 이는 '끝점'을 내부 시간 구조로 포함하는 동사들의 특성이라 할 수 있다.

그리고 '입다'류 동사가 '끝점'을 내부 시간 구조로 포함하고 있다는 것은 종결된 사건이 계속될 수 있는가 여부, 그리고 종결된 사건을 포함하고 있는 선행절에 대한 부정적인 추론이 가능한가 여부 등을 통해 재차 확인할 수 있다.[28]

> (19) 가. *영이는 10분만에 그 옷을 입었다. 그리고는 계속해서 입었다.
> 나. *영이는 10분만에 그 옷을 입었다. 그러나 실제는 다 입지 않았다.
> 다. 영이는 어제 한 달만에 좋아하는 가수의 음악을 들었다. 오랜만에 들어서 그런지 조금 듣다 그만두지 않고 계속해서 그 음악을 들었다.
> 라. 영이는 어제 오랜만에 좋아하는 가수의 음악을 들었다. 그런데 갑자기 정전이 되어서 다 듣지는 못했다.[29]

(19가)의 경우 선행절에서는 '영이가 10분만에 옷을 입는 행위'를 끝마쳤음을 나타내고 있는데 후행절에서 다시 선행절의 의미를 부정하는, 즉

---

28) 그리고 이 '선행절에 대한 부정적 추론 가능성'은 개별 상황이 '결과 지속'을 내부 시간 구조로 포함하고 있는지 여부를 판단하는 하나의 기준이 될 수 있다. 왜냐하면 선행절에서 '결과 지속'을 내부 시간 구조에 포함하고 있는 경우 후행절에서 이를 부정하는 것이 불가능하기 때문이다. 예를 들어 '열차가 역을 떠났다'와 같은 경우 다음 문장에서 '그러나 떠나지 않았다' 혹은 '그러나 다 떠나지는 않았다'와 같은 문장을 연결하는 것이 불가능하다. 이는 '떠나다' 동사가 '결과 지속'을 내부 시간 구조로 포함하고 있기 때문이다. 이에 반해 '결과 지속'을 내부 시간 구조로 포함하고 있지 않은 '듣다' 동사와 같은 경우는 '철수가 어제 집에서 좋아하는 가수의 음악을 들었다. 그러나 갑자기 정전이 되는 바람에 다 듣지는 못했다'와 같이 선행절에 대한 상황을 후행절에서 부정하는 것이 가능하다.

29) '듣다' 이외에 '웃다', '걷다' 등도 '끝점'을 내부 시간 구조로 포함하고 있지 않다. 그러나 이 경우는 '영이가 5분만에야 웃었다. 그러나 다 웃지 않았는지 계속해서 웃었다'와 같은 예문에서 확인되는 것처럼 선행절에 대한 부정적 추론이 자연스럽지 못하다. 그러나 이 구성이 자연스럽지 못한 것은 '웃다'에 '끝점'이 포함되어 있기 때문이 아니라 이러한 문장 구성이 우리의 인식에 자연스럽지 못하게 받아들여지기 때문이라고 판단된다.

옷을 입는 동작이 아직 끝나지 않고 계속되고 있음을 나타내고 있기 때문에 선·후행절 간 의미가 충돌하게 되어 비문이 된다. 즉 선행절에서는 이미 동작이 끝났음을 나타내고 있는 데 반해 후행절에서 다시 끝난 동작을 아직 끝나지 않고 계속되는 것으로 보고 있기 때문에 의미가 충돌하게 되어 비문이 되는 것이다.

그리고 (19나)의 경우도 선행절에서는 영이가 10분만에 옷을 입는 행위를 끝냈음을 나타내고 있음에 반해 후행절에서 다시 이러한 선행절의 의미를 부정하고 있어 선·후행절간 의미가 충돌하게 되어 비문이 된다. 이는 (19다, 라)가 정문이 되는 것과 반대되는 특성이라고 할 수 있다. 즉 (19다, 라)는 '끝점'을 가지고 있지 않는 '행위' 동사 '들다'의 경우는 동작의 끝이 '완성(completion)'을 나타내지 않고 자의적인 '종결(termination)'만을 나타내기 때문에 필요에 의해 언제라도 종결된 동작을 다시 이어갈 수도 있고 선행절에 대한 부정적 추론도 가능하다는 것이다. 결국 (19) 예문을 통해서 확인할 수 있는 것은 '입다'류 동사의 경우는 그 내부 시간 구조에 '끝점'이 본연의 시간 구조로 포함되어 있다는 사실이다.

지금까지의 논의를 통해 '입다'류 동사들은 그 내부 시간 구조에 '시작점, 과정, 끝점' 등을 포함하고 있음을 확인할 수 있다.30)

---

30) 물론 지금까지 논의한 이러한 시간 구조는 다른 상황 유형('달성 accomplishment')에서도 확인되는 경우이기 때문에 이러한 시간 구조가 '입다'류 동사에 포함되어 있다는 것만으로 이 동사들을 별도의 상황 유형으로 구분해야 한다고 할 수는 없다. 다만 논의 전개상 '입다'류 동사들이 이러한 시간 구조를 포함하고 있다는 것만을 확인할 필요가 있어 제시하고 있는 것일 뿐이다. 그러므로 '입다'류 동사만의 특성은 '결과 지속'에 대한 논의까지 이루어진 뒤에야 구체적으로 드러나게 된다.
한국어에서는 일반적으로 상황 유형을 '상태(states), 행위(actives), 달성(accomplishment), 순간(semelfactives), 성취(achievements)' 등 다섯 유형으로 구분한다. 이때 '상태(states)' 상황 유형의 내부 시간 구조는 변화하지 않는 단일한 場(undifferentiated stage)의 특성을 보인다. 즉 변화 없는 지속의 시간 구조만을 가진다. 일반적으로 형용사들이 이 유형에 포함된다. 다음으로 '행위(actives)'의 내부 시간 구조는 과정을 포함하지만, 자연적 종결점(natural final point)은 포함하지 않는 시간 구조적 특성을 보인다. 이러한 시간 구조적 특성 때문에 '행위' 동사들인 경우는 동작의 종결을 나타내는 것이 아니고 단지 종료(termination), 즉

그러면 다음은 '입다'의 내부 시간 구조에 '결과 지속'이 포함되어 있는가 하는 것에 대해 알아보기로 한다.

상황의 내부 시간 구조에 '결과 지속'을 포함하고 있는가 여부는 '결과 지속'을 포함하는 문장에 대한 부정적인 추론이 가능한가 하는 것을 통해 확인할 수 있다.

(20) 가. *철수는 아침에 그 옷을 입었다. 그러나 다 입지는 못했다.
　　　나. 철수는 아침에 동생의 옷을 입었다. 저녁에야 그 옷을 벗어 동생에게 돌려주었다.
　　　다. 철수는 그 일로 어머님께 꾸중을 들었다. 그러나 듣다가 화가 났는지 다 듣지 않고 나가버렸다.

(20가)는 '입다'의 경우, 동작이 종결되면 종결된 상황에 대한 부정적 추론이 불가능하다는 것을 보여준다. 이는 '입다'의 경우는 동작이 종결된 이후에도 계속해서 그 동작의 결과가 지속되고 있기 때문이다. 이러한 사실을 통해 '입다' 동사의 내부 시간 구조에 '결과 지속'이 포함되어 있

자의적인 종결점만을 나타낼 수 있을 뿐이다. '웃다, 걷다' 등의 동사들이 이 유형에 포함된다. 다음, '달성(accomplishment)'은 시작과 과정, 그리고 종결로 구성되는 시간적 특성을 갖는다. '짓다, 얼다, 묻다(埋)' 등의 동사들이 이 유형에 포함된다. 이에 대해 '순간(semelfactives)'은 시작과 종결이 동시에 나타나는, 즉 사건이 단일장으로 구성된 단일 사건 유형을 말한다. 그리고 '순간'은 '예비장'과 '결과 지속장'을 시간 구조로 포함할 수 없다. 이는 다음에 논의되는 '성취'와 구별되는 특성이다. '터지다, 폭발하다, 반짝하다' 등의 동사들이 이 유형에 포함된다. 마지막으로 '성취(achievements)'의 내부 시간 구조의 특성은 시작과 종결이 동시에 나타나는 일시적 사건이라는 것이다. 그러나 '성취'는 '순간'과는 달리 경우에 따라 '예비장'과 '결과 지속장'을 시간 구조로 가질 수 있다. 그러나 '성취'가 비록 '예비장'을 시간 구조로 포함할 수 있고 그 '예비장'이 '성취'를 완성하는 준비 과정을 의미한다 해도, 이는 '성취'가 갖는 본연의 시간 구조와는 구별된다. 즉 '예비장'은 동작의 내부 시간 구조에 포함되는 것이 아니고 그 밖에 위치하는 시간 구조라는 것이 특징이다. 그러므로 결국 '성취'가 나타내는 본연의 시간 구조는 사건의 시작과 끝이 동일한 장(stage) 내에서 동시에 일어나는 '단일장'으로 구성되어 있다는 것을 확인할 수 있다. '도착하다, 출발하다, 앉다' 등의 동사들이 이 유형에 해당된다.
이들 각각의 상황 유형의 특성과 이들 상황 유형에 포함되는 동사들의 특성에 대해서는 우창현(1997)을 참고하기 바란다.

다는 것을 확인할 수 있다. 따라서 이 경우 선행절을 부정하기 위해서는 (20나)와 같이 반드시 반대되는 표현('벗다')을 통해야만 한다. 이에 반해 (20다)는 '들다'의 경우, 동작이 종결되었음에도 불구하고 이에 대한 부정적인 추론이 가능하다는 것을 보여준다. 이는 '들다'는 동작이 종결되어도 그 결과가 지속되지 못하기 때문이다.

이처럼 '입다'류 동사의 내부 시간 구조에 '결과 지속'이 포함되어 있다는 것은 결국 다른 '달성' 동사와 달리 '입다'류 동사가 형용사와 같은 '상태성'도 포함하고 있다는 것으로 이해되어야 한다는 것을 의미한다. 왜냐하면 '결과 지속'은 형용사가 나타내는 '상태 지속'과 유사하게 시작과 끝이 없이 변화 없는 '지속성'만을 나타내기 때문이다.

다음 예문을 통해서 '입다'류 동사의 '결과 지속'과 형용사가 나타내는 '상태 지속' 간의 상관성에 대해 살펴보기로 한다.

> (21) 가. 영이는 그 옷을 한 시간 동안 입고 있다. 그러나 다 입지 못했다.
>   (영이가 팔을 다친 상황에서 '과정'의 의미로)
>   나. 영이는 그 옷을 한 시간 동안 입고 있다. 그러나 다 입지 못했다.
>   ('결과 지속'의 의미로)
>   다. *영이는 예뻤다. 그러나 다 예쁘지는 못했다.

(21가)의 선행절은 '입는 동작의 과정'을 나타낸다. 그렇기 때문에 '입는 동작이 끝나지 않았음'을 나타내는 후행절이 연결되어도 어색해지지 않는다. 이에 반해 (21나)의 선행절은 '입는 동작의 결과 지속'을 나타낸다. 이처럼 선행절에서 이미 완료되어 그 결과가 지속되고 있음을 나타내는데 다시 후행절에서 이를 부정하여 동작이 아직 끝나지 않은 것으로 나타내고 있기 때문에 (21나)가 비문이 되는 것이다. 이러한 경우는 형용사가 포함되어 있는 (21다)에서도 동일하게 확인된다. 즉 일반적으로 형

용사는 시작과 끝이 없이 계속해서 지속되는 상황을 지시하기 때문에 이에 대한 부정이 불가능하다. 그럼에도 불구하고 후행절에서 이를 부정하고 있기 때문에 (21다)가 비문이 되는 것이다.

결국 이러한 예들을 통해 '입다'는 '상태성(지속)'을 내부 시간 구조로 포함하고 있다는 것을 확인할 수 있다. 그런데 동사의 경우 '상태성(지속)'은 '동작의 결과 지속'의 의미로 제한되는 것이 일반적이다.

결론적으로 '입다'는 '달성' 상황 유형과 구분해서 '결과 지속'을 별도의 내부 시간 구조로 포함하고 있는 독특한 동사 유형이라는 사실을 확인할 수 있다.[31)]

4.3. '-고 있-'의 특성과 중의성 문제

먼저 '-고 있-'의 특성에 대해 살펴보기로 한다.

> (22) 가. 나는 그 때 서울로 가고 있었다.
> 나. 나는 그 때 서울로 갔다.
> 다. 나 먼저 밥을 먹고 있을게.
> 라. 나 먼저 밥을 먹을게.

(22가)와 (22나)를 비교하면 (22가)에는 '-고 있-'이 실현되어 있지만 (22나)에는 '-고 있-'이 실현되어 있지 않음을 확인할 수 있다. 이러한 차이를 제외하고 두 문장에서 다른 문장 구성 요소의 차이는 없다. 그러므로 (22가)와 (22나)를 비교해서 확인되는 의미 차는 결국 '-고 있-'에

---

31) 지금까지 논의되었던 '입다'류 동사들의 내부 시간 구조를 자질로 정리하여 '입다'류 동사의 특성으로 구분하면 다음과 같다.
 ※ '입다'류 동사의 내부 시간 구조상의 자질 : [+시작점, +과정, +끝점, +결과 지속].

기인한 것이라고 할 수 있다. 그런데 '-고 있-'이 결합하지 않은 (22나)에서는 단순하게 과거 사실에 대한 진술의 의미만이 확인되는 반면에 '-고 있-'이 결합한 (22가)에서는 과거에 상황이 언제 시작했는지는 알수 없지만 그 당시 동작이 '진행' 중이었음을 나타낸다는 사실까지를 확인할 수 있다. 결국 '-고 있-'이 결합한 (22가)에서만 확인되는 '진행' 의미가 '-고 있-'의 의미라고 할 수 있다.

다음으로 (22다)와 (22라)를 비교하면 (22다)는 '-고 있-'에 결합된 '-을게'의 의미 때문에 상황이 아직 일어나지 않았음을 나타내게 된다. 그러나 '-을게'와 결합한 '-고 있-'은 앞으로 화자의 의지에 의해 상황이 일어나게 되면 그 상황은 끝을 맺지 못한 상태로 있게 된다는 것을 의미한다. 이에 대해 (22라) 역시 '-을게' 때문에 상황이 아직 일어나지 않았음을 나타내지만 이에는 '-고 있-'이 포함되어 있지 않아 상황의 상의미가 구체적으로 결정되지 않은 경우가 된다. 이러한 경우, 즉 구체적인 상 의미를 나타내는 관점상이 결합하지 않은 경우는 상 해석에 중립적이게 되어 특정 상 의미로의 해석이 불가능하게 된다. 즉 어떤 상 의미가 나타날 지에 대한 예측이 불가능하게 된다.

이러한 예들을 통해 한국어의 '-고 있-'은 '상황의 진행', 즉 '과정'을 나타내는 것이 기본 의미라는 것을 확인할 수 있다.

그리고 '-고 있-'이 이처럼 '과정'을 나타낸다는 사실은 순간 동사와의 결합 제약을 통해서 확인된다.

(23) 가. *폭탄 하나가 폭발하고 있다.
　　 나. *저 예쁜 별이 반짝하고 있다.

(23가)는 '-고 있-'이 순간 동사 '폭발하다'와 결합할 수 없음을 나타내고, (23나)는 '-고 있-'이 '반짝하다'와도 결합할 수 없음을 나타낸다.

이는 '-고 있-'이 '과정'을 나타낸다는 간접적 증거가 될 수 있다. 왜냐하면 순간적으로 발생하는 상황에 '과정'의 시간 구조를 필요로 하는 '-고 있-'이 결합하면 서로 의미적으로 충돌하게 되기 때문이다.

이에 대해 좀 더 구체적으로 설명하면, '폭발하다'는 순간적으로 발생하는 상황으로 동사의 상황 자체에 시간의 폭을 설정할 수 없기 때문에 의미 해석상 반드시 시폭을 필요로 하는 '-고 있-'과 결합할 수 없다는 것이다. (23나)의 예도 동일한 방법으로 설명할 수 있다. 즉 (23나)의 '반짝하다'는 상황이 순간적으로 이루어지는 경우라서 그 상황 내부에 시간의 폭을 설정할 수 없기 때문에, 해석상 시간의 폭을 필요로 하는 '-고 있-'과 결합할 수 없는 것이다.

'-고 있-'은 이외에도 '동작의 예비 과정'이나 '결과 지속'의 의미가 상황의 내부 시간 구조에 포함되어 있는 경우 이 두 의미를 가시화하기도 한다. '-고 있-'이 결합하여 '결과 지속'이나 '동작의 예비 과정'을 나타내는 경우는 다음과 같다.

> (24) 가. 비행기가 이륙하고 있다.
> 　　　나. 비행기가 착륙하고 있다.
> 　　　다. 배가 항구를 떠나고 있다.
> 　　　라. 기차가 역을 출발하고 있다.

(24가)의 '이륙하다'나 (24나)의 '착륙하다'는 '성취' 동사로 '동작의 예비 과정'을 시간 구조로 가지면서 '과정'은 내부 시간 구조로 포함하지 않는 경우이다. 그러므로 이에 '-고 있-'이 결합하게 되면 '동작의 예비 과정'을 나타내게 된다. 이 논의에 따르면 (24가)는 비행기가 이륙하고 있지만 아직 완전히 이륙하지는 않았다는, 즉 이륙하는 예비 과정에 있음을 보여준다. (24나) 역시도 비행기가 아직 착륙하지는 않았지만 착륙하

는 예비 과정에 있음을 보여준다.

이에 반해 (24다)는 배가 항구를 떠난 이후의 동작이 계속되고 있음을 보여준다. 그리고 (24라)는 '출발하다'의 경우로 이 역시 '결과 지속'을 시간 구조로 포함하고 있어 그 '결과 지속'의 의미, 즉 기차가 역을 출발하고 난 이후의 동작이 계속되고 있음을 보여준다.32) 이러한 경우에 '-고 있-'이 결합하게 되면 떠나고, 출발하는 동작이 계속해서 진행되고 있음을 나타낸다. 즉 '-고 있-'이 '결과 지속'의 의미를 나타내는 경우라 할 수 있다. 이처럼 '-고 있-'은 '동작의 예비 과정'과 '결과 지속' 모두를 나타낼 수 있다.

지금까지 논의를 정리하면 '-고 있-'은 '과정', '동작의 예비 과정', '결과 지속'을 나타내는 관점상(viewpoint)이라고 할 수 있다.

그런데 이러한 의미를 포함하고 있는 '-고 있-'이 결합하여 중의성을 나타내는 경우가 있다. 다음 예문을 통해 이러한 사실을 확인하도록 한다.

(25) 가. 철수는 옷을 입고 있다.
　　　 나. 철수는 하루종일 같은 옷만 입고 있다.
　　　 다. 철수는 옷 하나를 10분동안 입고 있다.

(25가)에서는 '결과 지속'의 의미와 '과정'의 의미가 모두 확인된다. 이에 대해 (25나)에서는 입는 동작의 '결과 지속'만, 그리고 (25다)에서는 입는 동작의 '과정'만이 확인된다. (25나, 다)에서 확인되는 것처럼 '입고 있다'는 '결과 지속'의 의미만, 혹은 '과정'의 의미만을 나타낼 수도 있다. 그러나 별 달리 통사적으로 덧붙여진 것이 없는 (25가)와 같은 경우

---

32) '이륙하다'와 같은 '성취' 상황 유형이 '결과 지속'을 내부 시간 구조로 포함할 수 있다고 해서 '입다'류 동사들과 동일시할 수는 없다. 왜냐하면 '성취' 상황 유형의 동사들은 '입다'류 동사들과 달리 '과정'을 내부 시간 구조로 포함하지 못하기 때문이다(우창현 1997 참고).

는 두 의미로의 해석이 모두 가능하다. 이는 앞서 논의했던 것처럼 '입다'가 '과정'과 '결과 지속'을 모두 내부 시간 구조로 포함하고 있기 때문이다. 즉 이러한 내부 시간 구조를 포함하고 있는 동사 '입다'에 '-고 있-'이 결합하게 되면 결합한 '-고 있-'에 의해 '과정'과 '결과 지속'의 의미가 자연스럽게 해석될 수 있다는 것이다. 결국 (25가)와 같은 예에서 '입고 있다'가 중의성을 갖는 이유는 '입다'류 동사의 시간 구조 때문이라고 할 수 있다.

그런데 이러한 중의성은 (25나, 다)와 같이 다른 통사적인 장치(논항, 부사어, 재귀대명사 등)에 의해 해소될 수도 있다. 다음은 이에 대해 구체적으로 논의하기로 한다.

> (26) 가. 영이는 그 옷을 천천히 입고 있다.
> 나. 영이는 그 옷을 계속해서 입고 있다.

(26가)는 '-고 있-'이 '과정'의 의미만을 나타내는 경우이고, (26나)는 '결과 지속'의 의미만을 나타내는 경우이다. 이 두 예문에서 이처럼 의미 차이가 나타나는 것은 부사어 '천천히', '계속해서' 때문이다. 즉 부사어 '천천히'는 상황이 느리게 진행됨을 나타내고 부사어 '계속해서'는 상황이 계속 이어지고 있음을 나타내기 때문에 상 의미가 한 쪽으로 제한되어 나타나게 되는 것이다. 이처럼 상 해석에 의미적으로 관여할 수 있는 부사어가 상황과 결합하게 되면 이러한 부사어들은 상황의 상 의미에 직접적으로 영향을 주게 된다.

이처럼 통사적인 장치(논항, 부사어, 재귀대명사 등)에 의해 상 의미가 영향을 받는 경우는 다음과 같은 동사에서도 확인된다. 이는 '매다' 동사 역시 '과정'과 '결과 지속'을 내부 시간 구조로 포함하고 있는 경우이기 때문에 '-고 있-'이 결합하게 되면 '과정'과 '결과 지속' 모두를 나타낼 수 있어야 하는데 '과정'의 의미로만 해석되는 것처럼 보이기 때문이다.

   (27) 철수는 신발 끈을 매고 있다.

  일반적으로 '매다'는 '입다'와 동일한 시간 구조를 가진다. 따라서 '신발 끈을 매고 있다'와 같은 경우는 '과정'이나 '결과 지속' 모든 의미 해석이 가능해야 한다. 그런데 매는 대상이 '신발 끈'인 경우는 '과정'의 의미로만 해석되는 것으로 오해하는 경향이 있다. 이는 '끈', '줄' 등과 같이 일반적으로 매는 과정성의 의미를 부각시키는 명사들이 목적어로 나타날 때 나타나는 일반적인 현상이다. 그러나 이 현상은 '끈', '줄'과 '매다'의 의미 관계에서 유추해 내는 의미에 불과하다. 다음과 같은 예문은 '매다'의 경우라 해도 결과 지속의 의미로 얼마든지 해석될 수 있음을 보여준다.

   (28) 그 사람은 그 예쁜 신발 끈을 일주일 내내 매고 있다.

  그렇기 때문에 '신발 끈을 매다'의 경우 '과정'으로만 해석된다고 이해하는 것은 현상에 대한 우리의 피상적인 관찰의 결과라고 할 수 있다.[33]

---

33) 또한 '철수가 자기 목에 끈을 매고 있다'는 '결과 지속'이 가능한데 '철수가 영수 목에 끈을 매고 있다'는 그렇지 않은 것으로 보아서 일단 '결과 지속'의 의미가 '끈'에 영향을 받는 것은 확실하다. 그것도 그 '끈'이 주어에 재귀적인 상황을 야기할 경우에는 더욱 그렇다. 따라서 '결과 지속'의 의미가 나오느냐 그렇지 않느냐 하는 것은 결국 재귀적인 상황이냐 그렇지 않느냐에 달린 것인데 이 역시도 우창현(1997)에서 제안했던 '결합 규칙'으로 설명이 되어야 할 부분인 것으로 판단된다. 즉 '자기'와 같은 재귀 대명사가 문장에 나타나게 되면 모든 동작이 동작주에게로 행해지기 때문에 '과정'의 해석뿐 아니라 '결과 지속'의 의미도 나오는데 동작이 가해지는 대상이 다른 사람인 경우는 '결과 지속'의 의미가 나오지 않게 된다는 것이다. 이는 앞서 논의했던 것처럼 문장의 통사적인 성분(논항, 부사어, 재귀대명사 등)들이 상 해석에 어느 정도 관여한다는 것을 확인할 수 있게 해 주는 예문이 된다. 이러한 '재귀성'에 대해서는 한동완(1999나)에서 자세하게 논의한 바 있다.

(29) 가. 그 사람은 줄을 나무에 매고 있다.

　　나. 그 사람은 예쁜 신발 끈을 매고 있다.

　　다. 그 사람은 하루종일 영이가 선물한 넥타이를 매고 있다.

　(29)의 서술어는 '매다'로 모두 동일하다. 다만 (29가)에는 그 대상이 '줄'로 실현되어 있고 (29나)에는 '신발 끈'이, 그리고 (29다)에는 '넥타이'가 그 대상으로 실현되어 있는 것만이 다를 뿐이다. 그런데 상 의미 해석상 (29가)는 '과정'의 성격이 강조되어 나타나고, (29나)는 '과정'과 '결과 지속'이, (29다)는 '결과 지속'의 의미가 강조되어 나타남을 확인할 수 있다.[34] 이는 '매다'의 시간 구조가 (29가, 나, 다)가 각각 달라서가 아니라 매는 대상에 따라 상 의미 해석이 간섭을 받고 있기 때문이다.[35]

　이러한 점들을 고려하면 결국 다른 통사적인 장치(논항, 부사어, 재귀대명사 등)를 배제한 경우 '입다'류 동사와 '-고 있-'이 결합해서 나타나는 중의성 문제는 '입다'류 동사가 갖는 내부 시간 구조의 특성이 '과정'과 '결과 지속'을 모두 포함할 수 있기 때문인 것으로 정리될 수 있다. 즉 '입다'류 동사가 본질적으로 '과정'과 '결과 지속'을 내부 시간 구조로 포

---

34) (29다)의 경우는 '넥타이' 이외에도 '하루종일'이 상 해석에 관여하는 경우라고 할 수 있다. 따라서 이 경우는 엄밀히 말하면 단순하게 동작의 대상에 의해서만 '결과 지속'의 상 의미가 나타나는 경우라고는 할 수 없다. 그러나 '결과 지속'의 상 의미가 '대상'에 영향을 받는 것만은 분명하다.

35) 상 해석에는 이처럼 시간부사어(구), 빈도부사어 외에 복수 의미를 포함하는 논항 등이 직접적으로 영향을 줄 수 있다는 점을 유의할 필요가 있다.

　　(1) 가. 철수가 사과 하나를 먹고 있다.

　　　　나. 철수가 사과 다섯 개를 먹고 있다.

　　　　다. 나는 자주 사과를 먹는다.

　　(1가)에서는 '과정'의 의미만 확인된다. 그러나 (1나)의 경우는 그 대상이 복수로 나타나고 있어 단순하게 상황의 상 의미를 '과정'이라고 할 수 없다. (1나)의 경우는 오히려 '반복'의 의미가 강조되는 것으로 판단된다. 이에 대해 (1다)의 경우는 특정한 상 의미를 나타내는 관점상은 결합되어 있지 않지만 빈도부사어 '자주'가 결합됨으로 해서 '반복'의 의미가 나타나는 경우이다. 이처럼 부사어나 논항 등이 전체 문장의 상 의미에 직접적으로 관여하는 경우가 있다.

함하고 있기 때문에 '-고 있-'이 결합하게 되면 '과정'이 나타날 수도 있고, '결과 지속'이 나타날 수도 있게 된다는 것이다.

4.4. 소결

이 절에서는 '입고 있다'류에서 확인되는 중의성 문제를 문법적 부담 없이 설명하는 것을 목적으로 하였다. 이를 위하여 먼저 '입다'류 동사의 내부 시간 구조의 특성을 확인하였고 다음으로 '-고 있-'의 의미 특성에 대하여 논의하였다. 이러한 논의 과정을 통해 '입고 있다'류에서 확인되는 중의성은 결국 '입다'류 동사의 내부 시간 구조의 특성에 기인하는 것임을 확인할 수 있었다. 이러한 지금까지의 논의를 정리하면 다음과 같다.

먼저 '입다'류 동사의 내부 시간 구조의 특성은 '시작점, 과정, 끝점, 결과 지속'으로 이루어져 있음을 확인하였다. 그리고 이러한 시간 구조의 특성이 '입다'류 동사에 내재되어 있다는 것을 구체적인 논증 방법을 통해 확인하였다. '입다'류 동사의 내부 시간 구조에 '과정'이 포함되어 있다는 것은 '한 시간 동안'과 같은 '과정'을 나타내는 시간부사구와의 결합이 자연스럽다는 것을 통해 확인하였다. 다음으로 '입다'류 동사의 내부 시간 구조에 '끝점'이 포함되어 있다는 것은 '10분만에'와 같은 완성되는 시점을 나타내는 시간부사구와의 결합이 자연스럽게 동작의 끝을 나타낸다는 것을 통해 검증하였다. 그리고 상황이 '끝점'을 포함하는 경우 한번 종결된 사건이 다시 이어진다는 것이 불가능하다는 것과, 그리고 '끝점'을 포함하고 있는 선행절에 대한 부정적인 추론이 불가능하다는 것을 통해서 재차 확인하였다. 마지막으로 '입다'류 동사가 포함하고 있는 '결과 지속'의 시간 구조는 '결과 지속'에 대한 부정적인 추론이 불가능하다는 것을 통해 확인하였다. 그리고 형용사의 '상태 지속'과 비교하여 그 특성을 분명히 확인하였다.

다음으로 '-고 있-'은 '과정', '동작의 예비 과정' 그리고 '결과 지속'의 의미를 나타내는 것이 그 특성이라는 사실을 확인하였다. 먼저 '-고 있-'이 '과정'을 나타낸다는 사실은 순간 동사와의 결합 제약을 통해서 확인하였다. 그리고 '-고 있-'이 '동작의 예비 과정'과 '결과 지속'의 의미를 나타낼 수 있다는 것은 '이륙하다', '착륙하다', '떠나다', '출발하다' 등과 같은 동사들과의 결합 관계를 통해서 확인하였다.

결론적으로, 이러한 논의를 통해 '입고 있다'류 구성이 나타내는 중의성 문제는 결국 '입고 있다'류 동사들의 특성상 '과정'과 '결과 지속'을 모두 내부 시간 구조로 포함하고 있기 때문이라는 사실이 확인되었다.

5. 정리

이 글은 시제와 상의 상관성을 중심으로 상에 대한 기존 논의 중 쟁점이 되어 왔던 두 주제에 대해 논의하는 것을 목적으로 하였다. 구체적인 논의에 앞서 시제와 상의 정의에 대해 살펴보았다.

시제에 대해서는 여러 학자들이 정의한 바 있으나 공통적으로 시제를 직시적, 관계적 개념으로 이해하고 있다는 특성을 확인하였다. 다음으로 상에 대해서는 Comrie(1976 : 3)에서 '상은 상황의 내적 시간 구조를 바라보는 상이한 제 방법들'이라고 정의하였고 Lyons(1995 : 322)에서 상을 '상황의(행위, 사건, 상태) 내적 시간 구성의 문법화의 결과'라고 정의하였다. 이에 대해 Smith(1991)에서는 상을 '상황이 포함하는 내부 시간 구조에 관점상이 결합함으로써 해석에 필요한 부분을 제한적으로 가시화하는 문법 범주'라고 정의하였다. 이들 논의를 크게 둘로 구분해보면 Comrie

(1976 : 3)과 Lyons(1995 : 322)는 상황이 가지는 시간 구조를 어떻게 보느냐 즉 상황을 보는 관점을 중심으로 한 정의라고 할 수 있고 Smith(1991)은 상황을 보는 관점 못지 않게 상황이 가지는 내부 시간 구조도 중요하다고 본다는 점에서 차이가 있다고 할 수 있다. 즉 상황의 시간 구조를 상 해석에 포함하느냐 하지 않느냐 하는 점에서 차이가 있다는 것이다.

다음으로 시제와 상의 상관성에 대해 살펴보았다. 주로 시제와 상 범주를 구분할 것인지 아니면 이 두 문법 범주가 형태적으로 구분되지 않는 경우가 있어 이 둘을 구분하지 않고 두 문법 범주를 아우르는 문법 범주(TA(M) : Tense-Aspect(-Modality))를 따로 설정하는 것이 필요한지에 대해 논의하였다.

다만 이글에서는 한국어의 경우 현상적으로는 하나의 형태에 시제와 상, 그리고 양상 의미가 복합된 것처럼 보이는 경우가 있지만 문법적으로는 무엇이 그 형태소의 본질적 의미인가 하는 것을 밝히고, 그 이외에 나타나는 의미는 그 본질적인 의미에서 파생되어진 것으로 보는 것이 문법적으로 더 큰 설명력을 갖는다고 보았다.

다음은 이러한 기존 논의를 바탕으로 상 해석 일반론적 방법론에서 쟁점이 되어 왔던 '상 의미를 어떻게 해석할 것인가'에 대한 문제와 상 해석과 관련한 개별 주제에서 쟁점이 되어 왔던 '상 해석의 중의성 문제'에 대해 살펴보았다.

‖ 참고문헌

강기진(1985), "진행형 '-고 있다'의 의미", 홍익어문 4, 39-59.

고영근(1980), "국어 진행상 형태의 처소론적 해석", 어학연구 16-1, 42-56.

고영근(1981), 중세국어의 시상과 서법, 탑출판사.

고영근(2004), 한국어의 시제 서법 동작상, 태학사.

김석득(1974), "한국어의 시간과 시상", 한불연구 1.

김성화(1991), 국어의 상 연구, 한신문화사.

김종도(1993), "우리말의 상 연구", 한글 219, 33-58.

김종도(1996), "도움 움직씨 '오다/가다'의 상적 의미", 한글 233, 137-160.

김차균(1980), "국어 시제의 기본적 의미", 지헌영선생 고희기념논총, 형설출판사, 59-94.

김차균(1990), 우리말 시제와 상 연구, 태학사.

김흥수(1977), "계기의 '-고'에 대하여", 국어학 5, 113-136.

민현식(1989), 중세국어 시간부사 연구, 박사학위논문, 서울대학교.

박덕유(1992), 현대국어 동사상의 연구 : 완료상과 미완료상을 중심으로, 석사학위논문, 인하대학교.

박덕유(1997), 현대국어 동사상 연구, 박사학위논문, 인하대학교.

박덕유(1998), 국어의 동사상 연구, 한국문화사.

박덕유(1999), "相의 본질적 의미와 동사의 자질에 대한 재고찰", 국어학 33, 117-212.

박진호(1994), "중세국어의 피동적 '-어 잇-' 구문", 주시경학보 13, 162-167.

서정수(1976), "국어 시상 형태의 의미분석," 문법연구 3.

성광수(1976), "존재(동)사 '있다'에 대한 재고", 강복수박사 회갑논문집, 형설출판사, 109-134.

옥태권(1988), 국어 상 조동사의 의미 연구, 박사학위논문, 부산대학교.

우창현(1997), 제주 방언의 상 연구, 박사학위논문, 서강대학교.

우창현(2003가), "문장 차원에서의 상 해석과 상 해석 규칙," 국어학 41, 225-247.

우창현(2003나), "국어 상 해석에 있어서의 중의성 문제," 국어국문학 133, 145-165.

이기갑(1981), "씨끝 '-아'와 '-고'의 역사적 교체", 어학연구 17-2, 227-236.

이남순(1981), 현대국어의 시제와 상에 대한 연구, 석사학위논문, 서울대학교.

이남순(1987), "'에', '에서'와 '-어 있(다)', '-고 있(다)'", 국어학 16, 567-596.

이승욱(1996), 국어 형태사 연구, 태학사.

이시형(1990), 한국어의 연결 어미 '-어', '-고'에 관한 연구, 박사학위논문, 서강대학교.

이지양(1982), 현대국어의 시상형태에 대한 연구, 석사학위논문, 서울대학교.

이필영(1989), "상형태와 동사의 상적 특성을 통한 상의 고찰", 주시경학보 3, 127-
    153.

이호승(1997), 현대국어의 상황 유형 연구, 석사학위논문, 서울대학교.

이호승(2001), "국어의 상체계와 보조 용언의 상적 의미", 국어학 38, 209-240.

이효상(1995), "다각적 시각을 통한 국어의 시상 체계 분석, 언어 20-3, 207-250.

임홍빈(1975), "부정법 {어}와 상태 진술의 {고}", 논문집(국민대) 8, 13-36.

장석진(1973), "시상의 양상 : '계속' '완료'의 생성적 고찰, 어학연구 9-2, 58-72.

정문수(1982), 한국어 풀이씨의 상적 속성에 관한 연구, 석사학위논문, 서울대학교.

정태구(1994), "'-어 있다'의 의미와 논항구조", 국어학 24, 203-230.

조민정(2000), 국어의 상에 대한 연구, 박사학위논문, 연세대학교.

최동주(1995), 국어 시상체계의 통시적 변화에 관한 연구, 박사학위논문, 서울대학교.

한동완(1996), 국어의 시제 연구, 태학사.

한동완(1999가), "국어의 시제 범주와 상 범주의 교차 현상", 서강인문논총 10, 165-
    192.

한동완(1999나), "'-고 있-' 구성의 중의성에 대하여", 한국어의미학 5, 215-248.

한동완(2000), "'-어 있-' 구성의 결합 제약에 대하여", 형태론 2-2, 257-288.

홍윤기(2002), "상적 의미의 두 요소, 어문연구 30-2, 59-92.

油谷幸利(1978), "현대 한국어의 동사 분류," 조선학보 87.

Binnick, R.(1991), *Time and the Verb*, Oxford University Press.

Comrie, B.(1976), *Aspect*, Cambridge University Press.

Dahl, Ò.(1985), *Tense and Aspect System*, Basil Blackwell.

Klein, W.(1994), *Time in Language*, Routledge.

Lyons, J.(1977), *Semantics 2*, Cambridge University Press.

Lyons, J.(1995), *Linguistic Semantics*, Cambridge University Press.

Ogihara, T.(1996), *Tense, Attituides, and Scope*, Kluer Academic Publishers.

Smith, C. S.(1991), *The Parameter of Aspect*, Kluwer Academic Publishers.

Vendler, Z.(1967), *Linguistics in Philosophy*, Cornell University Press.

양태 어미의 사적 변화 : '-ㄴ지', '-ㄹ지'*

정혜선

1. 도입

국어 양태 연구는 그간 양태의 정의와 체계, 인접 범주와의 관련성 등의 이론적 논의에서부터 개별 문법 형태소의 양태 의미에 이르기까지 심도 있는 논의들이 이어졌다. 현대국어 양태 논의는 1970-80년대에 '-겠-'과 '-ㄹ 것이다'의 의미 차이, 양태 범주의 자리매김 등을 시작으로 최근에는 전통적 양태의 영역이던 인식 양태와 당위 양태를 다루던 것에서 나아가 증거성(evidentiality)이나 새로움(mirativity)의 영역도 양태에서 다루는 등 논의 대상을 확장해 나가고 있다.

현대국어를 대상으로 한 양태 논의가 활발하게 이루어진 것에 비하면 역사적 측면에서의 양태 연구는 몇 개의 문법 형태나 한정된 문법 범주에 국한되어 있다. '-리-', '-ㄹ 것이다', '-겠-'의 역사적 교체, 의문법 어미의 양태, 시상 체계의 변화와 양태 등이 그것이다. 지금부터라도 중세, 근대국어 문헌 자료에 나타난 양태 형식들에 대한 상세한 기술을 확

---

* 이 글은 정혜선(2013)의 논의를 다듬고 보완한 것이다.

보하고 이를 바탕으로 양태 체계의 사적 변화를 설명해야 한다. 그럼으로써 거시적으로는 중세국어에서 현대국어에 이르는 국어 양태 범주의 전반적 변천 양상을 해석해 낼 수 있고, 미시적으로는 현대국어 양태의 미진한 문제들을 해결할 실마리를 얻을 수 있을 것으로 기대된다.

이 글은 양태의 정의, 관련 범주를 선행 연구를 중심으로 살펴보고 국어의 사적 연구에서 양태 연구가 어떤 방향에서 기술될 수 있을지 인식 양태를 중심으로 논의하고자 한다. 그리고 이를 바탕으로 '-ㄴ지'와 '-ㄹ지'가 현대국어에서 양태 의미를 담당하게 된 역사적 과정을 추적하고자 한다.

현대국어에서 연결어미, 종결어미라는 두 가지 범주를 지니는 '-ㄴ지', '-ㄹ지'는 상사적인 모습도, 상이적인 모습도 지닌 채 현대국어에서 양태 의미를 드러낸다. '-ㄴ지'와 '-ㄹ지'에 대한 <표준국어대사전>의 기술을 살펴보면서 이 두 어미에 대해 이 글이 주목하는 사항들을 확인하기로 하자.

(1) ㄴ지
　　「1」 막연한 의문이 있는 채로 그것을 뒤 절의 사실이나 판단과 관련시키는 데 쓰는 연결 어미.
　　　¶ 얼마나 부지런한지 세 사람 몫의 일을 해낸다.
　　「2」 해할 자리나 간접 인용절에 쓰여, 막연한 의문을 나타내는 종결 어미.
　　　¶ 아버님, 어머님께서도 안녕하신지.

(2) ㄹ지
　　[1] 추측에 대한 막연한 의문이 있는 채로 그것을 뒤 절의 사실이나 판단과 관련시키는 데 쓰는 연결 어미.
　　　¶ 무엇부터 해야 할지 덤벙거리다 시간만 보냈어./내일은 얼마나 날씨가 추울지 바람이 굉장히 매섭게 불어./내가 몇 등일지 마

음엔 걱정이 가득했다.
[2] 해할 자리나 간접 인용절에 쓰여, 추측에 대한 막연한 의문을 나
타내는 종결 어미. 뒤에 보조사 '요17'가 오기도 한다.
¶ 이 그림이 심사 위원들의 마음에 들지?/도서관은 시원할지?/그
분이 혹시 너의 담임 선생님이 아니실지?/그가 뭐라 말할지 궁
금하다./네가 몇 시쯤 도착할지를 미리 알려 다오./이렇게 바람
이 부니 내일은 얼마나 날씨가 추울지 모르겠어./몇 등일지가
궁금하지?

<표준국어대사전>에서 두 어미에 대한 기술은 다음의 시사점을 준다.
첫째는 두 어미는 연결어미와 종결어미의 두 범주로 사용될 때 '-ㄹ지'
에는 '추측에 대한'이라는 기술이 덧붙는다는 것이다. 이는 관형사형 어
미 '-ㄴ'과 '-ㄹ'이 현실성 지위(reality status)의 범주를 나타낼 때 비현실
의 '-ㄹ'이 추측과 관련됨을 시사한다. 주지하다시피 현실성 지위는 "인
식된 현실에 바탕을 둔(grounded in perceived reality)" 사건을 묘사하는 명제
와 "개념적 생각이나 사상, 혹은 가상적 사고로 존재하는(existing only as a
conceptual idea, thought, or hypothetical notion)" 사건을 묘사하는 명제를 구분
한다(Elliott 2000 : 56). 국어에서 전자의 개념은 '-ㄴ'으로 실현되고 후자의
개념은 '-ㄹ'로 실현되는데 '-ㄴ지'와 '-ㄹ지'의 전체 양태 의미에 관형
사형 어미의 의미가 영향을 미쳤다고 보는 것이다.
둘째는 앞서의 문제와 관련하여 과연 '-ㄴ지'에는 추측의 의미가 없는
가이다. (1)에 나타난 연결어미 '-ㄴ지'의 용법은 감탄의 의미를 드러낼
뿐이다. 그러나 연결어미로 쓰일 때는 아래의 예문에서 확인하듯 추측의
의미가 나타난다.

(3) 가. 비가 왔는지 땅이 젖어 있다.
　　 나. 비가 오는지 사람들이 우산을 쓰고 다닌다.

　(3가), (3나)에서 '-ㄴ지'가 결합한 선행절은 각각 '땅이 젖어 있'고 '사람들이 우산을 쓰고 다니'는 사태를 지각한 뒤 그 원인을 추측한 내용인 것이다. 따라서 연결어미 '-ㄴ지'의 추측의 용법이 보다 자세하게 다루어질 필요가 있다.

　이상의 문제와 관련하여, 현대국어 사전 기술에서 '-ㄴ지'와 '-ㄹ지'에 대한 보다 정밀한 기술이 이루어져야 할 것이며 그러한 기술은 두 어미의 사적 변화를 고려할 때 타당성을 확보할 수 있다. 한편 '-ㄴ지'는 현대국어에서 종결 범주에서는 양태 의미가 드러나지 않으며 연결 범주에서만 양태 의미를 드러낸다. 반면 '-ㄹ지'는 연결과 종결 범주 모두에서 양태 의미를 드러낸다. 이러한 범주 차이에 따른 양태 유무의 발생 역시 역사적 변화에 대한 설명이 뒷받침될 때 해명될 수 있다.

　이 글은 중세국어 '-ㄴ디, -ㄹ디+알다/모르다' 구성에서 출발한 두 어미가 현대국어에서 양태 의미를 드러내게 된 사적 과정을 살펴보고 이 과정에서 두 어미의 구성 요소인 '-ㄴ'과 '-ㄹ'이 어떤 역할을 하였는지 논의할 것이다. '-ㄴ지'는 중세국어에서부터 동사구 내포문 어미와 연결어미로 모두 쓰이고 그 예문도 상당수 확인되는 반면, '-ㄹ디'는 동사구 내포문 어미로 쓰이는 한 예가 <청주간찰>에서 발견될 뿐이다. 이러한 사실은, 두 어미가 현대국어에서의 쓰임을 갖게 되기까지 그 양상이 다양하게 전개되었을 것이라는 추측을 가능케 한다. 국어에서 양태 의미를 담당하는 형식을 구분할 때 현실성 지위의 범주에 속하는 '-ㄴ'과 '-ㄹ' 중 무엇이 기원 요소로 관여하는지가 중요한데 '-ㄴ지'와 '-ㄹ지'의 구분에서도 동일한 논리가 적용된다는 것을 밝힐 것이다.

　이 글은 2장에서 양태 범주와 관련한 제 문제들을 살펴보고 '-ㄴ지'와 '-ㄹ지'에 대한 그간의 논의들을 정리하고자 한다. 3장, 4장에서는 '-ㄴ지'와 '-ㄹ지'의 중세, 근대국어에서의 문법 양상과 '-ㄴ지', '-ㄹ지'의 상사적 모습과 상이적 모습을 해석하고자 한다. 두 어미는 동사구 내포문 어미에서 다른 문법 범주로 그 쓰임이 확대되었다는 유사성을 지니지만 기원 요소가 '-ㄴ'과 '-ㄹ'로 다르다는 차별성도 지닌다. 이 두 가지 사실 이 '-ㄴ지'와 '-ㄹ지'의 변천에서 어떻게 작용했는지를 설명하고자 한다.

2. 기본 논의

2.1. 양태에 대한 기본 논의

2.1.1. 양태 정의와 관련 범주

이 절에서는 양태의 정의, 양태와 관련 범주를 논의하며 역사적 측면 에서 양태의 기술 방향을 살펴보기로 한다.

먼저 양태의 정의와 관련 범주를 살펴보자. 양태는 일반적으로 '문장 이 표현하는 명제나 명제가 기술하는 상황에 대해 화자가 의견이나 태도 를 표현하는' 범주를 가리킨다고 보았다(Lyons 1977 : 452).[1) 그러나 기존에 여러 차례 언급되었듯이 이러한 양태 정의는 '화자의 태도'가 의미상 모 호하다는 점에서 문제가 되었다. 따라서 이러한 모호성을 피하기 위해서 는 양태의 정의에는 무엇에 대한 태도인지, 그리고 누구의 태도인지가 분 명히 드러나야 한다.

---

1) 국어 논의에서의 양태 정의도 대체로 이와 다르지 않다. 장경희(1985 : 9)에서는 "양태란 사 건에 대한 화자의 정신적 태도를 나타내는 것", 이선웅(2001 : 327)에서는 "화자가 명제 내 용에 영향을 미치지 않고 한 문장 내에서 표현하는 심리적·정신적 태도", 박재연(2006 : 53) 에서는 "명제에 대한 화/청자의 주관적인 한정을 표현하는 문법 범주", 문병열(2007 : 28)에 서는 "명제와 사건에 대한 화자의 주관적 판단을 나타내는 문법 형식", 임동훈(2008 : 219)에 서는 "명제의 사실성(factuality)과 실현성(actualisation)에 대한 화자의 태도가 표현된 범주"라 고 정의하였다.

먼저 태도의 대상을 논의하자. 전통적으로 양태는 양상 논리의 가능성과 필연성과 관련된 의미 영역으로 인식 양태는 명제의 진리치(the truth of propositions)의 가능성과 필연성과 관련되고 당위 양태는 도덕적으로 책임감 있는 행위주에 의해 수행된 행위의 가능성과 필연성과 관련된다(Lyons 1977 : 793, 823). 여기서 명제가 기술하는 내용의 진리치를 대상으로 하는 것은 인식 양태(epistemic modality)이고 명제가 기술하는 행위의 규범성을 대상으로 하는 것은 당위 양태(deontic modality)이다. 인식 양태와 당위 양태에 대한 이러한 차이는 실세계에 대한 이해에서도 드러난다. 인식 양태는 실세계가 존재하는 방식과 관련되고, 당위 양태는 사람들이 실세계에서 어떻게 행동해야 하는가와 관련되며 따라서 모든 종류의 사회적 지식(도덕성과 합법성에 대한 화자의 믿음 체계나 힘이나 권력에 대한 판단)과 결부될 수밖에 없다(Saeed 2003 : 137).

아래 (4)는 인식 양태, (5)는 당위 양태를 영어 조동사를 가져와서 보인 것이다.

    (4) 가. Alice may be at home.
        나. Alice must be at home.

    (5) 가. Alice may come in now.
        나. Alice must come in now.

(4가, 4나)는 모두 'Alice가 집에 있다'는 명제의 진리치에 대한 태도를 나타내는데, (4가)는 명제의 내용이 참일 가능성이 있다고 판단하는 것이고[가능성 판단], (4나)는 명제의 내용이 참일 가능성이 필연적이라고 판단하는 것이다[개연성 판단]. (5)는 사회적 지식에 기대 (5가)는 'Alice가 지금 온다'는 행위의 발생이 가능하다고 판단하는 것이고[허락], (5나)는 'Alice가

지금 온다'는 행위의 발생이 필연적이어야 한다고 판단하는 것이다[당위].

　그런데 영어 조동사에서 may, must 외에 will과 can 역시 아래 (6)에서처럼 인식 양태와 당위 양태를 나타낼 수 있다. 그런데 will과 can은 (7)에서처럼 주어의 능력이나 의도를 나타내는 데 쓰이기 때문에 능력이나 의도의 의미를 설명하기 위해서 동적 양태를 도입하게 되었다(Palmer 1979/1990 : 36).

(6) 가. Alice may/must/will be at home.
　　나. Alice may/must/can come in now.

(7) 가. Alice can speak French.
　　나. Alice will do it for her.

　결국 양상 논리에 따른 양태의 하위 부류에는 인식 양태와 당위 양태가 속하는데, 여기에 사태의 발생 요인이 주어에게 존재한다는 것을 객관적으로 진술하는, 이질적인 성격의 동적 양태가 들어오게 된 것이다. 동적 양태를 양태 체계 안에서 다룰 때, 인식 양태는 명제 내용의 진리치를 대상으로 하지만 당위 양태와 동적 양태는 명제가 기술하는 행위를 대상으로 한다는 점에서 의무 양태와 동적 양태는 한데 묶을 수 있다. 선행 연구들에서도 대체로 동적 양태와 당위 양태를 묶어 인식 양태에 대응시키는 논의가 많았다.

(8) 인식 양태 vs.
　　(ㄱ) agent oriented modality (Bybee et al. 1994 : 177-181)
　　(ㄴ) event modality (Palmer 2001 : 8-10), 사건 양태 (문병열 2007 :
　　　　23-26)
　　(ㄷ) 행위 양태 (박재연 2006 : 69-71, 86 각주 47)

(ㄱ)은 태도의 주체와 관련하여 인식 양태와 동작주 지향 양태를 구분하였다. 이 논의는 당위 양태를 동작주 지향 양태와 화자 지향 양태로 나누고, 동작주 지향 양태에 동적 양태를 포함시킨 것이다. (ㄴ)은 태도의 대상을 명제와 사건으로 구분하고 당위 양태와 동적 양태는 사건 발생과 관련된다는 점에서 한데 묶었다. (ㄷ)은 태도의 대상인 명제를 정보 내용과 행위 내용으로 구분하고 동적 양태와 당위 양태를 행위 양태로 묶었다.

이상의 논의를 통해 인식 양태는 '정보', '사실성/진리치'가, 당위 양태와 동적 양태는 '사건/사태', '발생'이 그 핵심 개념임을 알 수 있다.2) 이

---

2) 양태의 의미 속성과 관련하여, 양태가 비단언의 의미를 갖는다고 보기도 한다. Palmer (2001)에서는 양태를 유형론적으로 직설법/가정법, 현실법/비현실법의 이항적 체계를 가지는 서법과 양태 동사로 실현되는 양태 체계의 두 유형으로 나누는데, 이 두 유형은 서로 배타적으로 실현되며(영어의 경우 가정법이 사라지고 양태 체계가 발달했음.) 서로 다른 범주로 여겨지지 않는다. Palmer(2001)에서는 양태가 크게 현실법(Realis)과 비현실법(Irrealis)의 이항적 대립을 이룬다고 보고 현실법과 비현실법은 각각 단언과 비단언을 나타낸다고 보았다. 단언과 비단언을 양태의 논의로 가져올 때의 장점은 다음의 두 가지로 설명된다. 첫째, 화행상 비단언으로 분류되는 공손한 명령법(polite imperative), 부탁(jussive), 기원법(optative), 소망(desiderative), 의문법(interrogative)과 같은 양태 개념을 표현하기 위해 가정법과 비현실법이 사용되는 것을 설명할 수 있다(Nordström, J. 2010 : 34). 둘째, 단언과 비단언을 도입하게 된 결정적 이유이기도 한데 전제된 명제가 가정법으로 실현된 예를 설명할 수 있다.

Me alegra   que sepas   la verdad
me it pleases that know+2SG+PRES+SUBJ the truth
'I'm glad that you know the truth'   (Palmer 2001 : 3)

위의 예에서 스페인어의 보문절에 표현된 전제는 가정법으로 나타나고 있다. 그런데 만약 양태가 사실과 비사실의 대립이라면, 전제는 분명하게 사실이기 때문에 가정법으로 나타나는 것을 설명할 수 없다. 그런데 전제는 화·청자가 수용한 정보라는 점에서 정보 가치가 없고 따라서 단언될 필요가 없다. 따라서 양태가 비단언의 속성을 가진다고 하면 가정법이 쓰인 이유를 설명할 수 있다.

그러나 양태를 화행의 개념인 비단언으로 설명하는 데에는 크게 다음의 두 문제가 있다. 첫째, Palmer(2001)에서 양태를 단언과 비단언의 대립으로 설명하게 된 주요한 현상은 전제된 보문절이 가정법으로 실현되는 데 있다. 그러나 스페인 가정법의 사용이 비단언의 관점에서 잘 설명되더라도 이것이 범언어적 범주로서 양태의 정의에 적당하다는 것을 반드시 의미하지 않는다(Narrog 2005 : 186). 그뿐만 아니라 전제된 보문절에 사용된 가정법을 비단언이 아닌 다른 방법으로 설명할 가능성도 있다. 전제된 보문절에 가정법이 쓰이는 것은 화자의 감정적 효과(emotive effect)를 얻기 위한 것으로(Nordström, J. 2010 : 42) 볼 수 있다. 둘째, 기존의 논의들은 단언/비단언이 적용되는 화용론의 층위와, 양태가 적용되는 의미론

를 정리하면 다음과 같다.

(9) 양태에서의 태도의 대상
  (ㄱ) 인식 양태 : 명제가 기술하는 정보의 진리치, 사실성 판단
  (ㄴ) 당위 양태 : 명제가 기술하는 사태 발생의 규범성 판단
  (ㄷ) 동적 양태 : 명제가 기술하는 사태의 발생 요인이 주어에게 존재
    한다는 것을 객관적으로 진술

다음으로 태도의 주체를 논해 보자. 아래 예는 세 가지 양태를 실현시
키는 어미와 우언 구성이다.

(10) 가. 비가 곧 올걸?
    나. 윤재는 비가 곧 올 것 같았다.

(11) 가. 윤재가 공항에 가려고 일찍부터 서둘렀다.
    나. 지겨운데 그냥 갈까 봐.

(12) 가. 군자는 덕을 닦을지니 항상 언행을 조심하라.(박진희 2011 : 124)
    나. 너는 노인에게 자리를 양보해야 한다.

(13) 가. (유교의 도리를 따르면) 군자는 덕을 닦을지니 항상 언행을 조심
      하라.
    나. (한국의 관습상) 너는 노인에게 자리를 양보해야 한다.

(10)은 인식 양태 형식으로 (10가)는 화자의 태도를 나타내지만 (10나)
는 주어의 태도를 나타낸다. (11)은 동적 양태 형식으로, (11가)는 주어의
태도를, (11나)는 화자의 태도를 나타낸다. (12)는 당위 양태 형식으로 화

의 층위를 구분하지 않은 상태에서 양태가 실현된 문장은 비단언의 의미를 갖는다고 기술
하였다(Narrog 2005 : 186).

자의 태도를 나타낸다. 그러나 (12)에서 의무를 지우는 사람은 화자가 아니라 일반적 규범이나 도덕적 가치로도 볼 수 있다(13). 이 경우, 두 가지 의미 차이를 양태의 범주 차이로 기술할 수도 있고 대표 의미를 상정하고 문맥에 따라 다른 의미를 갖는다고 기술할 수도 있다. 전자의 입장에서 (12)는 화자의 태도를 나타내면 화자 지향 양태, 당위를 주어에게 객관적으로 존재하는 조건으로 파악하면 동작주 지향 양태가 된다(Bybee et al. 1994 : 177-181).[3] 반면 후자의 입장에서 국어에서 당위 양태는 주로 우언 구성으로 실현되어 의무가 명제 내의 주어에게 존재한다는 것을 기술하는 것이 기본 의미이고 문맥에 따라 화자의 태도를 나타낸다고 보기도 한다(박재연 2006 : 53-54, 박재연 2009나 : 13).[4] 이 글은 후자의 입장을 따라 국어 당위 양태의 태도의 주체는 주어로 파악한다.

이제 양태와 관련 범주를 살펴보기로 하자. 먼저 현실성 지위를 살펴보기로 한다. 현실성 지위는 realis(현실), irrealis(비현실)을 구분하는 논의와 관련된 문법 범주이다. 서법(mood)은 직설법/가정법, 현실/비현실 외에 명령법, 기원법 등으로도 나타나지만 현실성 지위는 현실과 비현실의 이항적 의미 대립만을 문제 삼는다. 현실성 지위는 "인식된 현실에 바탕을 둔 (grounded in perceived reality)" 사건을 묘사하는 명제와 "개념적 생각이나 사상, 혹은 가상적 사고로 존재하는(existing only as a conceptual idea, thought, or hypothetical notion)" 사건을 묘사하는 명제를 구분한다(Elliott 2000 : 56).

---

3) 박진호(2011 : 196 각주 26)에서는 Bybee et al.(1994)의 처리에 대해 이러한 의미 차이는 수행 발화냐 진술 발화냐의 차이로 보면 될 뿐 양태의 하위 범주가 다르다고 보는 것은 지나친 면이 있다고 하였다.

4) 이 논의에서는 한국어 우언 형식의 주어 지향적 의미와 화자 지향적 의미는 화용론적 현상으로 그 의미 범주가 명확히 구별되기 어렵고 이에 따라 문맥에 따른 중의성 해소도 명백하지 않다고 설명한다. 또한 (12나)를 들은 청자는 그 의무 부과의 주체를 궁금해하지 않을 수도 있다는 것이다.

국어에서는 전성어미와 조건·양보절의 의미가 비현실로 기술되었다.5)

(14) 가. 연구실에 있는 윤재 / 나는 윤재가 연구실에 있음을 잊었다.
　　　나. 연구실에 있을 윤재 / 나는 윤재가 연구실에 있기를 바란다.

(15) 가. 내일 비가 온다면 소풍이 취소된다.
　　　나. 만일 형님이 들었더라면 뺨을 한대 쳤을 거예요. <세종>
　　　다. 그 자가 꾸민 짓을 이 여자한테 따져 물은들 무슨 소용이 있겠는
　　　　　가 싶었다. <세종>

(14가)에서 '윤재가 연구실에 있는' 사건은 실현된 사건, 실제 세계의 사건인 반면 (14나)에서 '윤재가 연구실에 있는' 사건은 상상 속의 사건, 가상 세계의 사건이다. (15)의 조건과 양보의 연결어미가 쓰인 예문의 선행절의 사태는 모두 상상 속의 사건, 가상 세계의 사건으로 비현실로 파악된다.6)7)

비현실과 양태는 분명 접점을 가지고 있다. 이러한 접점은 양태가 비

---

5) 관형사형어미 '-ㄴ/ㄹ'을 현실/비현실의 개념으로 파악한 논의로 이효상(1991 : 77-78), 최동주(1995 : 271), 박재연(2009가 : 157), 문숙영(2009 : 264), 임동훈(2008 : 241, 2009 : 75) 등이 있다. 명사형어미 '-음', '-기'를 현실/비현실의 개념으로 파악한 논의로 임동훈(2008 : 241)이 있다. 조건·양보절의 의미를 현실/비현실로 기술한 논의로는 박재연(2009다 : 129-134)이 있는데 '-은들', '-었더라면', '-었던들', '-었더라도'가 비현실의 속성을 가진다고 보았다. 박재연(2009가 : 169-170)에서는 적극적으로 현실성을 양태의 하위 범주로 인정하는데, 이 논의에서는 비현실을 현실성 양태(reality modality)라 명명하여 인식 양태와 행위 양태로 분화되기 이전 양태의 성격을 띠며, 인식 양태, 행위 양태와 함께 양태의 하위 부문을 형성한다고 보았다.
6) 절 접속의 의미 관계 유형 중에서 양보와 조건은 선행절 명제의 사실성에서 유사한 스펙트럼을 보이기 때문에 하나의 유형을 이룬다고 하였다(박진희 2011 : 90-91).
7) 유형론적으로 조건절은 현실 조건(real conditional)과 비현실 조건(unreal conditional)으로 구분되는데 비현실 조건은 비현실(irrelis)의 의미 영역에 해당한다.
　조건절의 하위 구분 (Thompson, S., R. Longacre & S.. Hwang 2007 : 255-256)
　－현실 조건절
　－비현실 조건절　－상상적 조건절　－가상적 조건절
　　　　　　　　　　　　　　　　　　－반사실적 조건절
　　　　　　　－예측적 조건절

현실을 함의한다는, 즉 양태가 현실성 지위의 표지로서 고려될 수 있다는
사실에서 찾을 수 있으며, 인식적으로 혹은 의무적으로 양상화된 명제는
비현실로 나타난다는 것과 관련된다(Pietrandrea 2005 : 26).

> (16) 가. That meteorite may be from Mar's moon
>
> 나. You must stop telling lies!(이상 Pietrandrea 2005 : 27)

(16가)에서 명제 'be from Mar's moon'은 가상적 사고를 묘사한다. 즉
명제의 진리치에 관해 화자가 의견을 표현하는 것은 명제에 묘사된 사건
이 비현실이라는 화자의 주장을 함의한다는 것이다. 또한 (16나)에서
'stop telling lies'는 미래의 현실 속에서만 일어날 것이므로 발화 순간에
서는 비현실로 고려되어야 한다는 것이다.

이처럼 양태의 개념 영역과 현실성 지위의 개념 영역이 겹친다는 점은
인정하지만 비현실과 양태는 분명 차이가 있다. 첫째, 양태는 비현실을
함의하지만 그 역은 성립하지 않으며 둘째, 두 범주 사이에는 중요한 개
념적 차이가 있기 때문이다(Pietrandrea 2005 : 27). 비현실이 가리키는 의미
영역에는 가능, (반사실을 포함한) 비현실 조건 구성, 양태, 명령, 부정,
습관적 구성, 의문법이 들어가므로(Elliott 2000 : 70-80) 양태는 비현실을 함
의하지만 비현실은 양태를 함의하지 않는다. 또한 양태는 명제에 대한 화
자의 판단을 나타내는 데 반해 현실성 지위는 명제 자체의 성격에 관한
문제이다. 만약 비현실이 양태에 해당한다면 비현실이 관여하는 다른 의
미 영역도 양태에서 다루지 못할 이유가 없다. 만약 부정, 명령, 의문법
등을 양태에서 다루게 된다면 양태 개념은 더 모호해질 수밖에 없다.

다음으로 양태와 서법의 관계를 살펴보자. 전통적으로 양태는 의미 범
주이고 서법은 이에 대응하는 문법 범주로 다루어진다. 즉, 서법은 양태

기능을 가진 동사의 굴절 패러다임을 가리키는 문법 범주로서 직설법 (indicative), 가정법(subjunctive), 기원법(optative), 명령법(imperative), 조건(conditional) 등으로 구분되며 양태는 부탁(jussive), 소망(desiderative), 의도(intentive), 가상 (hypothetical), 가능(potential), 의무(obligative), 의심(dubitative), 권고(hortatory), 감 탄(exclamative) 등을 가리키는 의미 범주이다(Bybee, J. & S. Fleischman 1995 : 2).

그런데 서법을 의미 범주인 양태가 실현되는 수단 가운데 하나로 다루 는 논의를 그대로 받아들이기에는 다음의 문제가 있다. 서법은 명령법의 설정에서 알 수 있듯이 화행과 관련되며 화자가 중요한 관련항이 되기 어려우며, 핵심 의미에 있어서 서법이 실제성과 관련된 상황 자체의 성격 에 초점을 두는 반면 양태는 상황 자체의 성격보다 상황에 대한 화자의 평가나 태도에 초점이 놓여 있다(임동훈 2008 : 213-214). 따라서 양태와 서 법은 별개의 범주로 인정하는 것이 옳을 것이다.8)

2.1.2. 역사적 측면에서의 양태 기술

이 절에서는 인식 양태를 중심으로 역사적 측면에서 양태 기술이 어떤 방향에서 이루어져야 할지 논의할 것이다. 먼저 국어에서 인식 양태를 나 타내는 문법 형식을 살펴보기로 하자. 명제의 사실성 판단을 나타내는 형 식뿐 아니라 증거성, 내면화까지 모두 인식 양태에서 다룬다면, 현대국어 에서 인식 양태를 담당하는 문법 형식은 더욱 늘어난다.

(17) 국어 인식 양태 형식
ㄱ. 어미 : 더, 네, 구나, 지, 겠, 거든, 리, ㄴ지, ㄹ걸, ㄹ까 등
ㄴ. 우언 구성 : 종결어미+보다/싶다/하다, ㄴ/ㄹ 것 같다, ㄴ/ㄹ 모양 이다, ㄹ 것이다, ㄹ 수도 있다, ㄹ 터이다, ㄴ/ㄹ 듯하다 등

---

8) 박재연(2006 : 20-21)에서는 인구어의 서법과 한국어의 양태 관련 현상이 다르고 용어의 혼 란을 피하기 위해 한국어 문법을 기술할 때 서법이라는 용어를 사용하지 않는다고 하였다.

이들을 인식 양태에서 담당하는 영역에 따라 나누면 다음과 같다.

    (18) 국어 인식 양태 형식의 분류 1
        ㄱ. 명제에 대한 사실성 판단 : 리, 겠, ㄴ지, ㄹ걸, ㄹ까, 우언 구성 등
        ㄴ. 증거성 : 더, 네, 구나 등
        ㄷ. 내면화 : 더, 네, 구나, 지, 거든 등

(18)은 인식 양태 영역을 넓게 보았을 때, 각각의 개념을 표현하는 양태 형식이다. (18ㄱ)은 선어말어미와 어말어미, 우언 구성으로 이루어져 있다. 어미가 인식 양태의 문법 의미를 나타낸다는 데는 이견이 없다. 그러나 우언 구성은 어휘 요소와 문법 요소의 양면적 성격을 지니므로 우언 구성이 문법 의미로서 양태 의미를 갖는지에 대해서는 이견이 있을 수 있다. 그러나 후술하겠지만 우언 구성의 양태 의미는 부정문에서도 유지되기 때문에 이들 형식 역시 문법 형식으로 간주할 수 있다. (18ㄱ)의 형식 가운데 '-겠-'은 주지하다시피 '-게 ᄒᆞᆻ-'에서 문법화해서 19세기에 본격적으로 등장하고, 연결어미 '-ㄴ지'는 중세국어에서 '-ㄴ디 알다/모르다' 구문에 나타나다가 17세기부터 본격적으로 후행절 사태의 원인을 추측하는 연결어미로 쓰이기 시작한다. '-ㄹ까' 의문문은 중세국어에서 주로 상위동사에 내포되어 간접 의문에 쓰였다. 중세국어의 여타 의문어미가 쇠퇴한 반면 '-ㄹ까'만은 현대국어에서까지 그 쓰임을 유지하는 것이 특징이다. '-ㄹ걸'은 17세기부터 등장하는 '-ㄹ 것을'의 통사적 구성에서 문법화한 어미로 개화기 자료부터 등장한다. 우언 구성은 중세국어에서 나타나는 '-ㄹ 것이다', '-ㄴ/ㄹ 듯하다'를 제외하고는 주로 19세기부터 쓰인다. (18ㄴ, ㄷ)은 '-더-'를 제외하고는 반말체 어미이다. '-더-'는 중세국어에서 과거 비완망상의 기능을 하다가 '-었-'의 문법화로 인하여 그 시제적 기능을 상실하고 과거 지각의 의미를 가지게 되었

다. '-더-'를 제외하면 (18ㄴ, ㄷ)은 대체로 반말체 어미라는 특징을 지닌다.[9]

이상의 내용을 통대로 (18)의 형식들을 출현 시기를 중심으로 나누면 다음과 같다.

> (19) 국어 인식 양태 형식의 분류 2
> ㄱ. 명제에 대한 사실성 판단을 나타내는 형식의 출현 시기
>   -중세국어 : 리, ㄹ 것이다, ㄹ까, ㄹ까 하다, ㄴ/ㄹ 듯하다, ㄴ가/
>   ㄹ가 싶다
>   -근대국어 -17세기 : ㄴ지(연결어미), ㄹ 것을(>ㄹ걸)
>   -19세기 이후 : 겠, ㄴ/ㄹ 것 같다, ㄴ/ㄹ 모양이다,
>   ㄹ 터이다, ㄴ가/ㄹ가 보다
> ㄴ. 증거성, 내면화를 나타내는 형식의 등장 시기
>   -19세기 이후 : 더, 네, 구나, 지, 거든

결국 국어의 인식론과 관련한 형식들을 사적으로 다룰 때, 그 사적 변화는 증거성이나 내면화의 속성을 지닌 형식들보다는 명제의 사실성을 판단하는 형식들에서 크게 나타나므로 명제의 사실성을 판단하는 요소들에 대한 연구가 선행될 필요가 있다.

명제의 사실성을 판단하는 형식 가운데 우언 구성은 그 목록이 다양하고 근대국어 말에 동시 다발적으로 발달한 것이 특징적이다. 그 형식의 다양성으로 국어의 인식 양태는 다양한 양상으로 나타날 수 있게 되었다.

> (20) 가. 비가 와서 차가 밀리겠어

---

9) 증거성과 내면화를 나타내는 형식의 목록에서 '-더-, -네, -구나'가 겹친다. 선행연구에서 지적되었듯이 '-더-', '-네', '-구나'는 각각 과거 지각, 현재 지각, 현재 지각이라는 직접 지식의 증거성을 지니며 내면화의 속성에서 새로 앎의 의미를 지닌다. 직접 증거의 형식이 내면화의 개념에서 새로 앎의 속성을 가지는 것은, 증거를 명세화하여 표현하는 일은 새로 알게 된 정보의 경우에 일어나기 때문이다(박재연 2013 : 96).

   나. 비가 와서 차가 밀리나 봐.
   다. 비가 와서 차가 밀리는 것 같아.

(21) 가. ^{???}(내 생각에는) 비가 와서 차가 밀리나 봐.
    나. 내 생각에는 비가 와서 차가 밀리는 것 같아.

어디까지나 현대국어의 직관을 바탕으로 한 것이기는 하지만 (20)은 각각 의미 차이를 지닌다. (20가)는 화자가 선행절 사태를 인지하고 후행절 사태를 추측할 때에만 가능하지만 (20나, 다)은 선행절 사태를 인지하고 후행절 사태를 추측할 수도(22나), 후행절 사태를 인지하고 선행절 사태를 추측할 수도 있다(22가).

(22) 가. 왜 차가 밀리지?
    ^{???}비가 와서 차가 밀리겠어. / 비가 와서 차가 밀리나 봐. / 비가 와서 차가 밀리는 것 같아.
   나. (비가 오는 상황에서) 윤재 왜 안 오지?
    비가 와서 차가 밀리겠어. / 비가 와서 차가 밀리나 봐. / 비가 와서 차가 밀리는 것 같아.

또한 (20나), (20다)도 같은 양상으로 추측을 나타내지 않는다. (20다)가 화자의 주체적인 추측을 나타내는 반면, (20나)는 화자가 마치 객체적인 입장에서 추측을 하는 특징을 지닌다(김동욱 2000 : 184). 이는 (21)을 통해서 확인된다. 현대국어에서의 모습을 보면 '-겠-'과 여타의 우언 구성의 성격이 다를 뿐 아니라 우언 구성끼리도 서로 다른 측면에서 추측을 하고 있음을 알 수 있다.

그렇다면 근대국어 말에 우언 구성이 발달하게 된 이유는 무엇일까. 인식 양태의 서로 다른 의미 영역을 담당할 필요에 의해 발달하였거나,

우연히 어휘의 분포 확장 등으로 우언 구성이 등장하였는데 이전의 형식
으로 표현하지 못하던 의미를 담당하면서 문법 형식으로 자리 잡았을 가
능성이 있다. 이 글은 역사적 측면에서는 후자의 가능성이 더 많다고 생
각한다. 가령, '보다', '싶다'는 역사적으로 그 분포를 넓혀간 결과 각각
19세기에 '-ㄴ가/ㄹ가'와, 17세기에 '듯'과 새로 결합하였으며 '같다'도
19세기에 명사형어미 대신 '관형사형어미＋것' 보문을 취하는 역사적 변
화로 '것 같다' 구성이 출현했기 때문이다.

한편 우언 구성이 양태 형식으로서의 문법화 과정에 있는 중이라는 측
면에서 형식별로 문법화가 더 진행된 형식과 문법화가 덜 진행된 형식을
구분하는 문제도 양태의 사적 논의에서 다룰 수 있다.

> (23) ㄱ. 장마가 곧 시작될 거야.
> ㄱ′. *장마가 곧 시작될 것이지 않아.
> ㄴ. 장마가 곧 시작될 터야.
> ㄴ′. *장마가 곧 시작될 터이지 않아.
> ㄷ. 내일부터 장마가 시작되려나 봐.
> ㄷ′. *내일부터 장마가 시작되려나 보지 않아.
> ㄹ. 내일부터 장마가 시작될 모양이야.
> ㄹ′. *내일부터 장마가 시작될 모양이지 않아.
>
> (24) ㄱ. 장마가 곧 시작될 듯해.
> ㄱ′. 장마가 곧 시작될 듯하지 않아.
> ㄴ. 장마가 곧 시작될 것 같아.
> ㄴ′. 장마가 곧 시작될 것 같지 않아.

(23)의 우언 구성은 부정 형식을 취할 수 없는 반면, (24)의 우언 구성
은 부정 형식을 취할 수 있다.[10] 그리고 (24)의 우언 구성은 부정 형식을

---

10) 우언 구성의 의미가 부정의 범위에 드는지에 대한 선행 연구는 김정혜(1997 : 71-74) 박재

취하더라도 추측의 의미는 부정되지 않는다. 이는 국어 우언 구성이 인식 양태를 나타내는 문법 형식의 지위를 갖는다는 사실과 동시에 (23)의 형식들이 문법화가 좀 더 진전된 형식이라는 것을 말해준다.

그런데 (23)과 (24)에서 문법화의 진전도에 따라 우언 구성을 구분하면, 우언 구성을 이루는 요소의 기원상의 분류와 상응하는 부분이 발견된다. (23)에 관여하고 있는 우언 구성의 요소는 '것', '터', '보다', '모양'이고 (24)에 관여하고 있는 우언 구성의 요소는 '듯', '같다'이다. '것'과 '터'는 본래 구체적인 지시물로서 '사물'과 '장소'를 의미하고[11] '보다와' '모양'은 '시각'을 공통 의미로 가진다.[12] '듯'과 '같다'는 '유사'의 어휘 의미를 가진다. 그런데 이러한 기원상의 분류는 관형사형어미의 결합 여부와도 관련된다. '것'과 '터'는 '-ㄹ'과 결합했을 때만 양태 의미를 드러내지만 '보다'와 '모양', '듯'과 '같다'는 '-ㄴ/ㄹ'과 결합하여 양태 의미를 드러낸다. 기원 어휘 의미가 양태 의미에 관여적일 수록 '-ㄴ/ㄹ' 모두가 결합하는 경향이 높다. 결국 '것', '터'를 구성 요소로 가지는 우언 구성이 문법화의 진전도가 가장 높고 '듯', '같다'를 구성 요소로 가지는 우언 구성이 문법화의 진전도가 가장 낮으며, '보다', '모양'을 구성 요소로 가지는 우언 구성이 그 중간의 위치에 있음을 알 수 있다. 이상 살펴

연(2003), 안주호(2004 : 110-111) 참고.

11) '터'는 본래 '장소[基]'를 뜻하던 자립명사였는데 근대국어 이후 의존명사로 쓰이게 되었다. 의존명사 '터'는 <한중록>에서 많이 발견된다. 아래 예는 각각 '간할 곳이', '용납할 경우', '할 일 없으신 처지이고', '노하게 할 일이 아니라' 등으로 해석된다.

ㄱ. 쇼됴흐시논 일을 디됴의 츠마 알외디 못홀 거시니 간홀 터히 어이 이시리오 <한중 224>
ㄴ. 모년 일의야 군신상하의 이러타 말을 어이 용납홀 터히 이시리오 <한중 298>
ㄷ. 경모궁 소조도 홀 일 업스오신 터히시고 <한중 544>
ㄹ. 그쩌 션친 처지의 셩심을 격노흐오시게 흐올 터히 아니라 <한중 560>

12) 김정혜(1997 : 84)에서는 '모양이다' 구성은 '-ㄴ가/ㄹ가 보다' 구성과 비슷한 통사적 특징을 보인다는 사실을 지적하고, 이는 구성 성분 중 '모양'과 '보다'가 시각을 통한 사물이나 사태의 지각이라는 의미상의 공통 영역을 공유하기 때문이라고 지적하였다.

보았듯이 우언 구성의 양태 의미를 연구할 때는 문법화의 진전도나 관형사형어미의 결합 여부에서 기원 요소의 의미가 관여하므로 역사적 연구에서도 이를 고려해야 한다.

마지막으로 사적 측면에서의 양태 기술은 인접 범주인 시상 체계와의 변화와 관련되어 이루어져야 한다. 양태 형식 가운데 기원적으로 '-ㅭ'을 지니는 형식인 중세국어의 '-리-', '-ㄹ 것이다', 의문어미 '-ㄹ가/ㄹ고', '-려/료' 등은 중세국어에서 미래 시제의 역할을 담당하기도 하였다. 국어에서 미래 시제를 담당하는 형식이 별도로 존재하지 않는다는 면에서, 국어에서 미래는 추측과 의도 등의 양태 형식을 빌려 나타날 수 있다.13) 미래 시제를 담당하던 이들 형식의 변화, 즉 '-ㄹ다'의 소멸과 '-려/료', '-리-'의 쇠퇴 등의 변화는 과거 시제 어미인 '-었-', 양태 어미인 '-겠-'의 문법화와 맞물리게 되고 그 결과 국어 시제 체계에는 변화가 생긴다.

2.2. '-ㄴ지', '-ㄹ지'에 대한 선행 연구

이 절에서는 '-ㄴ지', '-ㄹ지'에 대한 기존 연구 검토를 통해 지금까지 밝혀진 사항을 정리하고 쟁점을 확인하며 미진한 문제들을 발견하고자 한다. 국어사의 측면에서 '-ㄴ지'에 대한 논의는 크게 동사구 내포문 어미에서 다른 문법 범주로의 발달을 논의한 것, 간접의문문으로서의 쓰임을 논의한 것, 양태적 기능을 논의한 것으로 나뉜다.

정재영(1996)에서는 '-ㄴ지'의 중세국어 소급형은 '-ㄴ디'로서 형식명사 'ᄃᆞ'를 포함한 구성에서 '[[[-ㄴ]#디]+(조사)]>[-ㄴ디]>ㄴ디'의 과

---

13) 국어에는 미래 시제를 담당하는 형식이 별도로 존재하지 않지만 '-겠-', '-리-', '-ㄹ 것이다'와 같은 문법 형태가 미래를 나타내는 데 쓰였다는 사실은 나진석(1953) 이래 꾸준히 지적되었다.

정을 거쳐 15세기에 하나의 어미로 성립되었다고 설명하였다. 또한 중세국어 '-ㄴ디 알-/모르-' 구문은 화자가 발화 시점에서 주관적으로 인지하고 있는 명제 내용이나 발화 내용을 동사 '알-' 또는 '아디 몯ᄒ-', '모르-' 등의 인지 대상으로 나타낼 때 사용한다고 하였다.

김혜영(2006)에서는 간접의문어미 '-ㄴ지'의 후기 근대국어에서의 세력 확장을 논의하였는데, '-ㄴ지'는 18세기에 '알지 못ᄒ-', '모르-'의 보문에 주로 쓰이다가 19세기에는 '니르-', '말ᄒ-', 'ᄀ르치-' 등의 보문에 쓰이는 등 그 분포가 점차 확대되었음을 지적하였다.

이지영(2008)에서는 '-ㄴ지'와 '-ㄹ지'의 통시적 변화 과정을 면밀히 살폈는데, '-ㄴ지', '-ㄹ지'가 다양한 용법으로 확산되어 가는 과정뿐 아니라 그러한 과정을 가능케 한 의미론적 요인까지 설명하였다는 점에서 주목된다. 중세국어 '-ㄴ디'는 동사구 내포문 어미에서 연결어미로 그 용법이 확대되는 모습을 보이는데 이것은 '-ㄴ디'가 드러내는 비확정적 사태를 지시하는 의미가 구현되는 구문에 대한 제약이 해소되어 가는 방향으로의 변화라고 설명하였다. 반면 중세국어 '-ㄹ디'는 동사구 내포문 어미로서 한 예만 보인다는 점에서 단순한 양상을 보임을 지적하였다. 근대국어에서 '-ㄴ지'는 연결어미로서의 용법이 더 다양하게 나타나고 종결어미로서의 용법이 19세기에 확인되는 반면 '-ㄹ지'는 17세기에 종결성이 강한 연결어미의 용법과 문장성분으로 내포되는 종결어미로서의 용법이 나타남을 지적하였다. 그리고 이로부터 연결어미화는 '-ㄴ지'가, 종결어미화는 '-ㄹ지'가 더 빨랐음을 알 수 있다고 하였다.

이지영(2008)의 논의는 '-ㄴ지', '-ㄹ지'의 용법 확대와 범주 변화를 실제 문헌 자료에 나타난 양상을 바탕으로 치밀하게 논증하였다는 점에서 의의가 있다. 그러나 양태에 집중하여 논의가 이루어지지 않았다는 점에서 전체 양태 체계 안에서 '-ㄴ지'의 기능에 대한 설명이나 양태의 측면에서 '-ㄴ지'와 '-ㄹ지'의 차이에 대한 논의가 후속되어야 할 것이다.

정주연(2011)은 통시적으로 '-ㄴ지'의 통사적, 의미적 변화 양상을 면밀히 살핀 역사적 논의로 주목된다. 특히 내포 의문문에서 상위 동사 결합 양상을 각 시기별로 살펴보고 통시적으로 의문문의 성격이 어떻게 변화했는지 논의하였다. 15-18세기에 '-ㄴ디'계 어미는 주로 '알/모르-'와 결합하고 '-ㄴ디'가 표현하는 의문은 지각이나 경험으로 인식되는 대상의 인지 과정상에서 발생되었다고 보았다. 17세기 이후에는 그러한 의미적 제약이 없어지고 18세기 후반부터는 점차 다양한 상위 동사와 결합된 구문이 발견됨을 지적하였다. '-ㄴ지'는 19세기 후반에 들면 '-ㄴ가'계 어미보다 더 활발하게 내포 의문문으로 쓰이면서 다양한 상위 동사와 결합하며 독립 의문문의 용법도 나타난다고 하였다. 양태적 측면에서 '-ㄴ지'의 기능을 본격적으로 논의하지는 않았지만 '-ㄴ지'의 결합 관계와 '-ㄴ지' 의문문의 의미를 세밀하게 살폈다는 의의가 있다.

졸고(2013)에서는 연결어미 '-ㄴ지'가 17세기부터 본격적으로 쓰여 후행절 사태를 지각한 뒤 그 원인에 대한 추측을 선행절에 제시하거나 대동사가 가리키는 내용으로 제시한다고 설명하였다. 또한 '-ㄴ지' 접속문이 18세기 이후 선·후행절이 도치되어 쓰이는 예가 많음을 지적하였다. 그러나 종결어미 '-ㄴ지'는 선·후행절 도치와 상관없이 동사구 내포문 구성에서 상위문 동사의 생략으로 형성되었음을 논의하였다.

현대국어에서 연결어미 '-ㄴ지'의 양태 의미를 본격적으로 드러낸 것은 박진희(2011)이다. 박진희(2011)은 절 접속의 의미 관계 유형에서 나타나는 문법 특성 중 하나로 양태를 다루었다. 양태 연결어미 '-ㄴ지'가 이끄는 절은 후행절에 접속되어 후행절에 대해 원인·이유의 의미관계를 나타내며 추측과 감탄, 즉 인식 양태와 정감 양태의 다의성을 띤다고 설명하였다. 오승신(1987)에서도 '-ㄴ지 부사절'이 화자의 추측이나 의심을 나타낸다고 지적한 바 있으나 양태 범주를 논의에 적극적으로 도입하지는 않았다.

3. '-ㄴ지'의 사적 변화

이 장에서는 '-ㄴ지'의 중세국어에서 현대국어까지의 변화를 기술하기로 한다. 먼저 중세국어 '-ㄴ지'의 예를 보이면 다음과 같다.

(25) 가. 이 相公익 軍인디 아노니 甲 니븐 ᄆᆞᆫ 구루미 답사혯눈 ᄃᆞᆺ도다
　　　　〈두시 7 : 25a〉
　　나. 光目이 對答호디 내 어미 업슨 나래 福올 보타 救ᄒᆞ야 ᄲᅡ혀디 내
　　　　어미 아모디 냇눈디 몰래이다 〈월석 21 : 53a〉
　　다. 太子ㅣ 이실 쩌긔 샹녜 너와 ᄒᆞ디 잇더니 이제 바ᄅᆞ래 드러가 몯
　　　　도라왜실ᄊᆡ 주근디 산디 내 一定ᄒᆞᆫ 긔벼를 몰라 ᄒᆞ노니 〈월석
　　　　22 : 61b〉
　　라. 阿難이 ᄉᆞᆲ오디 世間衆生온 일로 갓ᄀᆞ다 컨마론 나는 뉘 正ᄒᆞ디
　　　　뉘 갓ᄀᆞ디 아디 몯ᄒᆞ노이다 〈능엄 2 : 11a〉
　　마. 네 보라 가라 네 언멋 공부를 머믈우료 게 가 방이 썸즉ᄒᆞ디 몯
　　　　썸즉ᄒᆞ디 보고ᅀᅡ 내 ᄒᆞᆫ 마를 니ᄅᆞ고져 ᄒᆞ노라 〈번노 상 67b〉
　　바. 그 四依옛 ᄒᆞ나히디 시혹 淨土애 親히 드른디 엇뎨 그 義와 마슬
　　　　다오미 이 ᄀᆞᆮ거뇨 〈원각 서 11a〉
　　사. 사ᄅᆞᆷ이론디 심팀ᄒᆞ고 안정ᄒᆞ며 ᄌᆞ셔ᄒᆞ고 슬펴 미양 나들어 殿門
　　　　에 ᄂᆞ릴 제 나ᄋᆞ며 그침이 던던ᄒᆞᆫ 곧이 잇더니 〈소학 6 : 33b〉
　　아. 내 인싱은 됴히 인눈 이리 귀티 아녀 의셔 죽고져 호디 수미 긴
　　　　디 지그미 사라 이시니 〈청주간찰 12〉
　　자. 주글 ᄠᅢ니 그런디 누에롤사 몯 치니 〈청주간찰 144〉

중세국어 '-ㄴ지'의 가장 전형적인 쓰임은 (25가, 나)의 '-ㄴ지 알다/

모르다' 구문에서 나타난다. '-ㄴ지 알다/모르다' 구문은 (25다, 라)에서
보듯이 반복 구성으로 쓰이기도 하는데 (25다)에서 '-ㄴ지'와 상위문 동
사 사이에 '내 一定혼 긔벼를'에 해당하는 부분이 끼어 들어가 있다. '-ㄴ
지 알다/모르다' 구문은 이런 예에서부터 점차 긴밀성이 약해진 것으로
파악할 수 있다. (25마)는 상위문 동사로 '알다/모르다' 외에 '보다'가 쓰
인 것이다. (25바, 사)는 '-ㄴ지'가 상위문 동사에 내포된 형식이 아니라
절과 절을 연결하는 접속문에 쓰인 예이다. (25아, 자)가 이 글에서 주목
하는 양태 의미의 '-ㄴ지'의 예이다. 각각 '숨이 긴지 지금 살아 있으니',
'죽을 때여서 그런지 누에를 못 치니'의 의미인데 후행절 상태가 발생한
원인에 대해 추측한 내용을 '-ㄴ지'가 결합한 절에서 나타내고 있다.

위의 (25)의 중세국어 예를 통해 알 수 있는 사실은, 중세국어에서 '-ㄴ
지'는 상위문 동사 '알다/모르다'의 보문에 결합하여 쓰이거나 연결어미
로 쓰이는 예가 다양하게 확인된다는 것이다. '-ㄴ지'가 상위문 동사의
보문에 결합할 때 같은 문맥에서 '-ㄴ동 모르다'와 평행하게 쓰이는 예
를 (26)에서 확인할 수 있다.

> (26) 聖女ㅣ 쏘 무로디 내 어미 죽건 디 아니 오라니 넉시 어느 趣에 간
> 동 몰라이다 鬼王이 聖女드려 무로디 菩薩ㅅ 어마니미 사라 이셔 엇
> 던 行業을 니기더니잇고 聖女ㅣ 對答호디 내 어미 邪見호야 三寶를
> 譏弄호야 헐며 비록 잢간 信호야도 도로 쏘 恭敬 아니터니 죽건 디
> 비록 아니 여러 나리라도 아모 고대 간디 모르노이다 <월석 21 :
> 27a-27b>

그렇다면 근대국어 '-ㄴ지'의 쓰임을 살펴보자. 먼저 중세국어에서 확
인되던 후행절 사태의 원인을 추측하는 데 쓰이는 '-ㄴ지'는 17세기부터
그 쓰임이 더욱 확대되어 나타난다.

(27) 가. 하늘이 므슴 허물을 <u>보오신디</u> 이런 셜운 일을 보게 ᄒ시니 <계
    축 상 37b>
  나. 그러나 신냥이 도으시고 잔잉이 <u>너기신디</u> 역질을 슌히 ᄒ시다
    <서궁 63b>
  다. 한셩부 좌긔 어제브터 <u>샹한인디</u> 머리 알파 민망타 <병자 318>

(28) 가. 네 어마님은 […] 어제 밤보터 비롤 알코 명치 알래도 알코 피가
    윤나디 아니ᄒ니 <u>그리흔디</u> 국도 잘 못 먹는 듯ᄒ니 <은진송씨간
    찰_송규렴 121>
  나. 나토 늙고 본디 병 인는 사롬이옵더니 비예 이치여 오오니 <u>그러
    ᄒ온디</u> 밥도 일절 먹디 몯ᄒ고 <첩해 초 2 : 2b-3a>
  다. 오늘은 자너네로 ᄒ여 主人의 도리롤 출혀 권홀 양으로 왓ᄉ오니
    <u>그러흔디</u> 술도 내 ᄆ음을 바다 그러흔가 너기ᄂ이다 <첩해 초
    3 : 17a-17b>
  라. 엇디흔디 日本 사롬은 肉食 톄읫 거슬 먹디 아니ᄒ오니 <u>그러ᄒ온
    디</u> 본디 오래 셔기 잘 못ᄒᄋ와 술왓숩쩌니 自由히 너기옵신가
    민망ᄒ여이다 <첩해 초 3 : 8b-9b>

(27)은 후행절 사태의 원인에 대한 추측이 선행절에 제시되어 있는 반
면, (28)은 후행절 사태의 원인에 대한 추측이 대동사로 나타나며 대동사
는 자신의 선행절 사태를 가리키고 있다. 증거성과 관련하여서는 자신이
나 3인칭 주어와 관련된 후행절 사태를 지각한 뒤에 그 원인이 선행절
사태임을 추측하고 있다. 자신에 관한 추측은 (28다)에서 볼 수 있는데
'함께 술을 마셨지만 주인의 얼굴에 술기운이 업다'는 객의 말을 듣고 자
신의 상태의 원인을 '-ㄴ지'가 결합한 절의 내용으로 추측하고 있다. 17
세기 추측을 나타내는 연결어미 '-ㄴ지'의 이러한 두 유형은 18, 19세기
에도 나타난다.

(29) 가. 이 집 主人이 待客ᄒ기롤 죠하ᄒ는 성졍일너니 개도 손 드러오기

롤 <u>죠하ᄒᆞᆫ지</u> ᄭᅩ리 치고 아론 체ᄒᆞ니 <인어 1 : 18a>

나. 너는 이 어ᄃᆡ로셔 온 <u>나그닌지</u> 이젼에 ᄯᅩ 일즉 서로 아지 못ᄒᆞ니 <중노 상 44a>

다. 판옥이 소ᄅᆡᆼᄒᆞ야 줌 자기 어렵도다 역관들 겻ᄐᆡ 드러 므ᄉᆞᆫ 말 <u>의 논인지</u> 새도록 요란ᄒᆞ니 <일동 128>

라. 오ᄂᆞᆯ 일즉이 내 다ᄅᆞᆫ ᄃᆡ 가 아는 이를 보려 ᄒᆞ여 門 앏ᄒᆡ 기르마 지은 흰 ᄆᆞᆯ을 ᄆᆡ엿더니 아지 못게라 엇지 ᄒᆞ여 <u>ᄃᆞ라난지</u> ᄆᆞᄎᆞᆷ내 去向을 아지 못ᄒᆞ니 <박신 3: 53a-53b>

마. ᄎᆞ보오 손의 들고 ᄯᅳᆯ의 와 조츰홀 제 밋살이 <u>터져넌지</u> 방귀 조곰 ᄲᅱ거고나 <일동 27>

바. 속의 熱이 이셔 <u>이러ᄒᆞᆫ지</u> 물을 ᄎᆞᆫᄉᆞ오니 <인어 9 : 12b>

사. 하 권ᄒᆞ시매 <u>그러ᄒᆞᆫ지</u> ᄀᆞ장 醉ᄒᆞ여ᄉᆞ오ᄃᆡ 계요 계요 氣向을 출혀 안잣ᄉᆞ니이다 <개수첩해 3 : 23b-24a>

(30) 가. 그 듕ᄃᆡ에 일본 샹민들의 샹업에 무슴 방히되는 ᄉᆞ건이 <u>잇셧ᄂᆞᆫ지</u> 부산항에 잇는 일본 령ᄉᆞ가 부산항 감리의게 죠회 ᄒᆞᆫ 고로 <독 립 1899/ 6/20 잡보>

나. 김홍륙씨가 통ᄉᆞ 갈닌 후로 오ᄅᆡ 형젹이 업더니 근일에 무슴 도 리가 <u>잇ᄂᆞᆫ지</u> 죵죵 궐ᄂᆡ에 입시 ᄒᆞᆫ다더라 <매일 1898/6/30 잡보>

다. 무삼 원통ᄒᆞᆫ 일이 <u>잇ᄂᆞᆫ지</u> 일젼에 아편을 먹고 ᄌᆞ쳐 ᄒᆞ엿다더라 <매일 1898/6/30 잡보>

라. 그 모든 녜ㅅ것시 엇더케 <u>긔묘ᄒᆞᆫ지</u> 셰샹 사ᄅᆞᆷ의 지조가 졈졈 공 교ᄒᆞᆯ것마는 이것과 ᄀᆞᆺ치 ᄒᆞ기는 도모지 못ᄒᆞ겟다 닐ᄋᆞᄂᆞ니라 <사민 68>

마. 열다섯 쳡을 지다가 먹이고 오지탕을 ᄒᆞ여 싯고 그리ᄒᆞ니 <u>약효 온지</u> 외인팔에 대단ᄒᆞ던 거시 살아지오니 <의셩김씨간찰 45>

바. 연분 이셔 <u>이러ᄒᆞᆫ지</u> 인연 이셔 <u>이러ᄒᆞᆫ지</u> 너 ᄉᆞ라야 나도 술고 나 술아야 네 술니라 <남원 1 : 25a>

사. 뎌도 더위예 회산을 ᄒᆞᆸ고 됴리을 변〃이 못ᄒᆞ와 <u>그러ᄒᆞ온지</u> 다 리 더 심이 알ᄉᆞᆸ고 <창원황씨간찰 51>

(29), (30)은 18, 19세기에 '-ㄴ지'가 결합한 선행절이 후행절 사태의 원인을 추측한 내용을 나타내거나 후행절 사태의 원인에 대한 추측이 '-ㄴ지'가 결합한 대동사로 나타난 예이다.

근대국어에서 '-ㄴ지'가 추측의 기능을 지니는 연결어미로 쓰일 때는 아래 예에서 보듯이 선·후행절이 도치되어 쓰인 예가 많이 발견된다.

(31) 가. 이곳은 올 겨울은 그전곳치 한속ᄒᄂ 증 업시 셩ᄒ오니 ᄀ을의 먹은 <u>약효온지</u> <의성김씨간찰 29>

　　나. 녜죄 계수ᄒ되 뎡종대왕겨오셔 태종대왕을 봉ᄒ샤 셰ᄌ롤 삼ᄌ 오시니 데왕 가ᄂ 계셔로 ᄡ 듕ᄒ믈 삼고 눈치 도로혀 경ᄒ어 <u>그러ᄒ오신디</u> 그 ᄣᆡ의 태조대왕이 ᄇ야ᄒ로 상왕 위예 겨오시니 지존이 압ᄒ오신 바의 셰ᄌ로 칭ᄒ오미 혐의 업ᄉ와 <u>그러ᄒ오신디</u> 오날날 ᄉ셰일로 더브러 잠간 다ᄅ오니 ᄯ오ᄒ 인거ᄒ여 젼례 롤 삼기 어려온디라 <천의 1 : 5a-5b>

　　다. 이번은 八十六七斤 둘닌 거시 잇ᄉ오니 요ᄉ이 稱子가 샹ᄒ거나 ᄒ여 <u>그러ᄒ지</u> 路中의셔 闒失ᄒ여 <u>그러ᄒ지</u> 觸處의 ᄀ업슨 졍이 만ᄉ와 이 셜은 ᄉ연이나 ᄒ고져 ᄒ여 ᄂ려완습니 <인어 4 : 21b>

　　라. 법부 대신이 이런 일을 모로고 법부에 미인 판ᄉ 검ᄉ들이 불샹ᄒ 죠션 인민을 이러케 악형을 ᄒ야도 모론 톄ᄒ고 잇ᄉ니 몰나 <u>그러ᄒ지</u> 알고도 판검ᄉ들이 무셔워 죄를 못 <u>주ᄂ지</u> <독립 1897/4/27 론셜>

가령 (31가)는 'ᄀ을의 먹은 약효온지 이곳은 올 겨울은 그전곳치 한속 ᄒᄂ 증 업시 셩ᄒ오니'와 같은 문장에서 선·후행절 도치로 형성된 것 으로 파악된다. 연결어미가 종결어미화하는 기제로는 후행절이나 상위문 동사의 생략 혹은 선·후행절의 도치가 있다. 혹시 종결어미 '-ㄴ지'가 (31)과 같은 경우로 발생한 것이 아닌가 의심할 수 있다. 그렇다면 '-ㄴ 지'가 종결어미로 쓰인 예를 먼저 확인해보자.

(32) 가. 쥬인 디답이 그디가 이젼에는 놀고도 잘 살더니 지금은 엇지 못
　　　<u>사는지요</u> 그 사룸 말이 내가 다힝히 상놈되지 안코 샤부의 주식
　　　되여 디테며 인아죡쳑이 남만 못 흥지 안키로 [⋯] <독립 1897/
　　　1/30 잡보>

　　나. 이 스쏘 쇼문 드르니 치민션졍 유명ᄒ여 빅셩드리 만셰불망 션졍
　　　비롤 셰운다 ᄒ니 그러홀시 <u>분명ᄒ지</u> 그 노인 디답ᄒ디 예 이 스
　　　쏘오 공소는 잘ᄒ눈지 못ᄒ눈지 모로거니와 참나무 휘온 듯ᄒ니
　　　엇더타 홀지오 <남원 5 : 17a>

　　다. 셩국이 졔 무숨 심쟝으로 동궁의 그리 흉흔 쯧을 <u>먹엇던지</u> 요악
　　　간흉흔 놈이 아니리오 <한중 176>

　(32가, 나)는 상관적 장면에 쓰인, (32다)는 비상관적 장면(독백)에 쓰인
'-ㄴ지' 종결어미의 예인데 모두 추측의 의미는 나오지 않는다. (32가)에
서는 보조사 '-요'가 붙어 반말체 어미로서의 '-ㄴ지'의 지위를 보여준
다. (32다)는 혜경궁 홍씨의 독백으로 '셩국이 제 무슨 마음으로 동궁에
게 그리 흉한 뜻을 먹었던가' 정도의 의미이다.

　(32)의 종결어미 '-ㄴ지'는 동사구 내포문어미로 쓰이던 '-ㄴ지 알다/
모르다' 구문에서 기원한 것으로 파악된다.[14] '내 모로리로다 너는 어디
로셔 온 나그닌지 <중노 상 43b>'에서처럼 '-ㄴ지'가 결합한 보문과 상
위문 동사가 도치되어 쓰이다가 상위문 동사가 생략되는 과정을 거쳐 종
결어미 '-ㄴ지'가 나타난 것으로 파악하는 것이다. 그 근거는, 첫째 '죽
건 디 비록 아니 여러 나리라도 아모 고대 간디 모르노이다 <월석 21 :
27b>'에서 보듯이 '-ㄴ지 알다/모르다' 구성의 '-ㄴ지'는 종결어미 '-ㄴ

---

14) 한편 '-ㄴ지'와 '-ㄹ지'의 종결어미화와 관련하여 이지영(2008 : 134)에서는 '-ㄴ지'가 19
　　세기 말 이후 더욱 분명한 종결어미로서의 쓰임을 보여준다고 하면서 '-ㄴ디'와 '-ㄹ디'는
　　동사구 내포문의 위치에서 주어 성분의 위치로 간접의문문의 어미로서의 용법이 확대되는
　　과정을 거쳐 직접 의문문이나 평서문과 같은 전형적인 종결어미의 기능을 획득해 간 것으
　　로 파악하였다.

지'처럼 추측의 의미를 전달하지 않으며, 둘째, '봉쥰은 쩌나려 급〃히 인마롤 기드리오나 아니 드러오니 문에 치퍼롤 <u>ᄒ온지</u> 하인이 병이 드러 그런동 모르니 <의성김씨간찰 19>'에서처럼 '-ㄴ지'와 모르다' 사이에 다른 내포문이 끼어 있는 예가 많이 나타나는데 이는 '-ㄴ지'가 결합한 보문과 상위문 동사의 결합이 그리 강하지 않다는 것을 보여주기 때문이다.

근대국어에서 '-ㄴ지'가 겪는 변화 중 하나는 선택, 대략적인 추정을 나타내는 데 쓰인다는 것이다.

> (33) 가. 그 사롬이 참 농ᄉᆞ를 ᄒᆞ랴면 몬져 ᄯᅡ에 거름을 ᄒᆞ야 그 ᄯᅡ이 기름진 후라야 <u>무슴 곡식을 심으던지</u> 곡식이 다 잘아 열ᄆᆡ가 셩ᄒᆞ게 되는 법이요 <독립 1897/4/20 논설>
> 나. <u>누구던지</u> 죠션 사롬이 외국 사롬의게 무리ᄒᆞ게 <u>욕을 보던지</u> 곤경을 당ᄒᆞ던지 ᄒᆞ면 <독립 1896/9/3 논설>
> 다. 신문에 물건 샹관으로 광고ᄒᆞᄂᆞᆫ 거슨 <u>어느 나라 신문이던지</u> 공젼을 밧거니와 <독립 1897/2/4 광고>
> (34) 가. 뉘가 그리ᄒᆞ라드니 글셰올시다 츈향이가 <u>슐잔인지</u> 먹이옵고 ᄯᅩ <u>돈 닷 냥인지</u> 쥬면셔 그리ᄒᆞ리오 <남원 3 : 20a>
> 나. 영감이 훨젹 쒸며 ᄒᆞᄂᆞᆫ 말이 그런 앙급홀 소리 다시 옴기도 맙소 <u>니도령인지</u> ᄒᆞᄂᆞᆫ 년셕이 츈향을 작쳡ᄒᆞ고 한 번 올ᄂᆞ간 후 신관이 츈향의 향명을 듯고 여ᄎᆞ여ᄎᆞᄒᆞ여 엄치엄슈ᄒᆞ되 츈향이 종불쳥ᄒᆞ고 방지옥즁이어ᄂᆞᆯ <춘향전_경판 35장본 28a>
> 다. 비짐은 갓ᄂᆞᆫ가 쓸 것 업셔 졀박히 디니ᄂᆞᆫ 줄 알고 쏭이 ᄒᆞ여 <u>쏠 말인지</u> ᄒᆞ여 보니시고 부여로셔 쏠 쪄허 보니엿다 ᄒᆞ니 <창원황씨간찰 68>

(33)은 선택을 나타내는 '-ㄴ지'의 예인데 주로 선어말어미 '-더-'와 결합하여 쓰이는 것이 특징적이다. 이지영(2008 : 131)에서는 '-더-'와 '-ㄴ지'의 결합이 과거와 무관한 상황, 즉 가능한 상황 중 하나 혹은 그 이상

을 열거하는 맥락에 쓰이기 시작한 원인을 '-ㄴ지'가 가지는 화자 추정의 기능과 선어말어미 '-더-'의 상적 기능에 기대어 설명하였다. '-던지'가 가지는 과거 상황에 대한 화자 추정의 의미가 확대되어 일반적인 추정적 상황, 즉 가능한 것으로 추정되는 상황들에 대한 열거의 의미로 그 용법이 확대된 것으로 본 것이다. (34)는 '-ㄴ지'가 대략적인 추정을 나타내는 예문으로 '-ㄴ지'가 가지는 비확정적 속성을 잘 나타내준다. (34)의 '술잔인가를', '돈 닷 냥인가를', '이 도령인가 하는 녀석이', '쌀 한 말인가를'은 모두 화자의 추정적 태도를 보여준다. 즉 중세국어에서 주로 동사구 내포문 어미로 쓰이던 '-ㄴ지'는 근대국어 들어 더 다양한 환경에서 쓰이게 되는데, 인식 양태적 쓰임을 유지하는 경우와 선택, 대략적인 추정이라는 더 특수한 쓰임으로 나타나는 경우로 나뉜다.

지금까지 중세국어 '-ㄴ지'는 동사구 내포문 어미로도, 연결어미로도 쓰이며 그 예문도 상당수 확인된다는 점을 확인하였다. 그리고 근대국어에서 추측을 나타내는 연결어미로서의 쓰임이 확대되는 양상과 '-ㄴ지'가 쓰인 접속문에서 선·후행절이 도치되어 쓰이는 현상을 살펴보았다. 또한 동사구 내포문 어미로 쓰이던 '-ㄴ지'가 상위문 동사의 생략으로 종결어미 기능을 하게 되었음을 논의하였다.

4. '-ㄹ지'의 사적 변화

중세국어에서 '-ㄴ지'가 주로 동사구 내포문 어미로 쓰이면서 그 예가 많이 나타났던 것과 달리 '-ㄹ지'의 중세국어 예는 한두 예에 그친다.

(35) 이리 오마 터니 <u>올디</u> 모르리로다 <청주간찰 18>

'-ㄹ지'는 17세기부터 종결성이 강하게 드러나는 연결어미의 용법과 종결어미로서의 용법이 나타난다(이지영 2008 : 134).

(36) 가. 쏘 녀 使ㅣ 信使를 위호야 冠帶를 홀 쟉시면 信使도 冠帶를 호셔야 됴쓰올디 다만 冠帶호시미 됴홀가 시프외 <첩해 초 7 : 12a-12b>

　　　 나. 즈셰 아옵거이다 호면 볼쟉시면 그 거조는 엇디호고 잔이나 내는 일이나 이셔야 됴홀디 자네 아라 됴홀 양으로 호소 <첩해 초 7 : 10b-11a>

(37) 가. 구월 초팔일 니 돔 조림 죠곰 가오나 샹치 아니호올지 즙댱도 샹호여 가실 듯호오니 답〃호옵 <의성김씨간찰 24>

　　　 나. 반찬도 아모 것도 못 ㅅ 보내오니 답〃 구졋 훈 항아리 가오니 줍ㅅ오실지 요ㅅ이는 잡ㅅ오시기 죠곰 낫ㅈ오신가 <의성김씨간찰 35>

　　　 다. 여긔 ㅉ개 그릇 어엿부옵기 됴금만 것 그 포 속의 너허 보닉오나 무ㅅ히 가올지 쌔여진다 호옵기 셋 너헛다 도로 닉고 호나만 보닉옵고 <창원황씨간찰 27>

　　　 라. 졔ㅅ를 지닉실 졔 츅문이 잇것기예 이 ㅅ셜 짓는 ㅅ롭 졔 의ㅅ로 지어시니 공명션싱 알으시면 쑤즁이나 안 호실지 유셰츤 딕한 건 안 십이넌 십일월 을ㅅ속 이십일 곱ㅈ <신재효판소리 젹벽가 474-476>

(38) 가. 대원 리씨가 의론호되 오늘은 곳 교젼쇼 뎨 삼회라 오히려 의론 훈 일이 업스니 무슴 일노써 몬져 거론호올지 지금 가쟝 요긴훈 ㅅ건은 벼술 내고 쩨는 규칙이라 <독립 1897/5/1 교젼쇼 뎨삼호 회의일긔>

　　　 나. 세월도 원슈〃 이곳도 두로 닉 병은 업고 디소가 편하나 언제 마음이 안심될지 일각이 여슴츄라 <순흥안씨간찰 22>

(36)은 17세기 <첩해신어> 자료에서 '-ㄹ지'가 종결어미로 쓰인 예이

고 (37)은 19세기에 '-ㄹ지'가 종결어미로 쓰인 예로 모두 추측의 의미를 나타낸다. (36)은 각각 '또 저 사자가 신사를 위하여 관대를 할 것 같으면 신사도 관대를 하셔야 좋을지', '잔이나 내는 일이나 있어야 좋을지'의 의미로 자문에 쓰여 추측의 의미가 파악된다. (37)의 예에서도 '-ㄹ지'는 주로 자문에 쓰였음을 알 수 있다. 이는 19세기 간찰 자료에서 '-ㄹ지'가 많이 쓰인다는 사실에서도 알 수 있다. 그런데 '-ㄹ지'는 자문으로 쓰일 때 결합한 의문문의 종류가 판정의문인지 설명의문인지에 따라 추측 의미의 발생 양상이 다르게 나타난다. (37)은 '-ㄹ지'가 판정의문과, (38)은 설명의문과 쓰인 예인데 전자는 명제의 옳고 그름에 대한 판정의 의미, 즉 추측의 의미가 발생하지만 후자는 추측의 의미가 나오지 않는다. 추측은 미지의 명제에 대해서는 이루어질 수 없기 때문에 설명의문에서는 추측의 의미가 나오지 않는 것이다(박재연 2006 : 212-213). (37가)는 '음식이 상하지 않을지'의 의미이고 (38가)는 '무슨 일을 먼저 거론할지'의 의미이다. (37가)는 음식이 상할 것 같다고, 즉 명제의 옳고 그름에 대해 추측하고 있지만 (38가)는 의문사 '무슨'에 대한 내용이 밝혀져 있지 않기 때문에 명제의 옳고 그름을 판단하는 양태 의미가 애초에 성립할 수 없는 것이다.

　종결어미로 쓰인 '-ㄹ지'는 추측의 의미를 드러내지만 종결어미로 쓰인 '-ㄴ지'는 추측의 의미를 드러내지 않는 것은 관형사형 어미 '-ㄴ'과 '-ㄹ'의 기능 차이에 기인한다. 관형사형 어미 '-ㄴ'과 '-ㄹ'은 현실성 지위의 범주에 속하는데, 현실성 지위는 "인식된 현실에 바탕을 둔 (grounded in perceived reality)" 사건을 묘사하는 명제와 "개념적 생각이나 사상, 혹은 가상적 사고로 존재하는(existing only as a conceptual idea, thought, or hypothetical notion)" 사건을 묘사하는 명제를 구분한다(Elliott 2000 : 56). '-ㄴ'은 현실, '-ㄹ'은 비현실을 나타내는데(최동주 1995 : 271, 박재연 2009

가 : 157, 문숙영 2009 : 264, 임동훈 2008 : 241, 2009 : 75 등) 개념적으로 인식된 현실에 바탕을 둔 '-ㄴ'은 명제의 옳고 그름을 판단해야 하는 인식 양태와는 거리가 있는 것이다.

양태 기능의 '-ㄹ지 모르다' 구성은 신소설 자료에서 본격적으로 쓰이기 시작한다. '-ㄹ지 모르다'는 앞서 보인 청주간찰의 예에서도 나타나고 19세기에도 그 예가 확인되지만[예 : 통천군슈가 셧불니 그 즁들을 건듸리다가 전 간셩 군슈로 증역ᄒᆞᆫ 셔샹대 씨의 모양이 아니 될지 모르깃다고들 ᄒᆞᆫ다더라 <매일 1898/6/14 잡보>] 매우 드물게 나타난다. 그러나 신소설 자료에서는 그 예가 아래 (39)에서 보듯이 많이 확인된다.

>   (39) 가. (송련) 그러면 김진보가 지금 나히 몟치나 되엿니 (김순) 지금 슘
>   십여 셰가 되시엿지요 그런데 무슴 일로 가셰요 지금 가시면 뵈
>   올지도 모름니다 <추천명월 83-84>
>   나. 김진보가 이갓치 위티홀 일를 면ᄒᆞ얏스나 ᄯᅩ 무슴 일리 잇슬지도
>   몰나 영산이까지 다리고 셔울로 회환을 ᄒᆞ야 안돈ᄒᆞ고 합동집으
>   로 오니 <추천명월 128>
>   다. 청주집이 도로 들어가 불을 켜오자 ᄒᆞ니 그 놈들 눈에 쓰이면 무
>   슨 변이 ᄯᅩ 잇쓸지 몰나 셩양 만연희그어 권진ᄉᆞ에 몸을 살펴보
>   니 다ᄒᆡᆼ이 즁ᄒᆞ게 상치는 안이 힛스나 <고목화 70>
>   라. 복이 녀왕의 명령도 업시 태군을 맛나 졍회를 폇스니 셔약을 위
>   반ᄒᆞᆫ 게나 안일지 몰으겟쇼 <비행선 197-198>
>   마. ᄌᆞ식된 도리에 민망치 안인 바는 아니지만은 그러타고 지금 러일
>   모레 도라가실지도 모르ᄂᆞᆫ 로영감을 망연히 알아보지 안은 것은
>   ᄌᆞ녜가 그것이 올흔 쥴로 싱각ᄒᆞ나 <금국화 하 100>
>   바. ᄯᅩᄒᆞᆫ 꿈이라 ᄒᆞᄂᆞᆫ 것은 허스이라 꼭 밋을 슈ᄂᆞᆫ 업지만 스룸이
>   죽지 안코 스라잇스면 혹시 조흔 결과가 잇슬지도 모르ᄂᆞᆫ 것인
>   즉 <금강문 125>

위의 (39)에서 볼 수 있듯이 '-ㄹ지 모르다' 구성은 추측의 의미를 드

러내는데, 가령 (39가), (39나)는 각각 '지금 가면 본다', '무슨 일이 있다'
는 명제의 가부를 판단하는 인식 양태의 쓰임을 보인다.

'-ㄹ지'의 종결어미로서의 쓰임은 신소설 자료에서 여전히 확인된다.
(40가)는 대화 장면에 쓰인 '-ㄹ지'의 예이고 (40나, 다)는 독백문에 쓰인
'-ㄹ지'의 예다.

(40) 가. (신) 아오님이 간다고 흐면 니야 열 일 제치고라도 갓치 갈 터이
　　　　지마는 아오님이 구경을 나섯다가 령감게셔 박아지나 안이 글그
　　　　실지 (강릉집) 박아지는 무슨 박아지 <산천초목 14>
　　　나. 그러코 보면 시눈날 옥중쟉별이 아쥬 영별이 될지 쏘다시 만날
　　　　날이 잇슬지 양인의 창결흔 회포는 셔로 눈물만 흘니고 <한월
　　　　115>
　　　다. 졈순이 목소리를 듯고 침모가 깜쟉 놀나면셔 에그머니 죠년이 여
　　　　긔를 엇지 알고 오나 너가 공교롭게 여긔 왓다가 고년의 눈에 씌
　　　　흐면 쏘 무슨 몹슬 소리를 드를지… <귀의성 상 81>

19세기부터 (41)의 '-ㄹ는지'가 형성되어 쓰이는데, 이 역시 추측의 의
미를 드러낸다. '-ㄹ는지'의 형성에 대해서는 두 가지 견해가 존재한다.
첫째, 중세국어의 '-으리런디'가 16세기 이후 형태 변화를 입어 '-을런
디'를 거쳐 '-을런지, -을넌지, -을눈지' 등으로 다양하게 표기되던 것이
현대국어에서 '-는지', '-었는지', '-겠는지'에 유추되어 '-을는지'의 모
습으로 정착된 것으로 보는 것이다(이현희1994 : 68). 둘째, 선어말어미 '-으
리러-'와 '-은가'의 결합인 '-으리런가'에서 변화된 '-을넌가' 혹은 '-을
런가'에 유추된 것으로 보기도 한다(이지영 2008 : 137).

(41) 가. 대져 법부 비셔 과쟝 리규셕 씨눈 대신의 명령을 쏨여 허젼흐고
　　　　도 그 쟝츠 무스홀눈지 흐고 말이 만터라 <독립 1897/11/30 잡
　　　　보>

　나. 로파가 만일 빅ㄱ지로 그 규슈를 긔유ᄒ다가 필경 위협ᄒ고 압제
　　　ᄒ즉 그 규슈가 시집을 <u>갈논지</u> 그러ᄒ여도 아니 <u>갈논지요</u> <독립
　　　독자투고>

　다. ᄯ또 ᄒ시더 모년 후 누고로 양ᄌ 뎡ᄒ런다 의망ᄒ던 것도 잇더라
　　　ᄒ니 그거시 다 이 흉언으로 조차는 계교니 그거시 군님일국ᄒ
　　　야 엄더 빅뇨롤 <u>할년지</u> 아니 흉ᄒ나 ᄒ시고 싱각ᄒ올ᄉ록 그 놈들
　　　의 역심과 흉언이 몸서리치인다 ᄒ시고 <한중 554>

　라. 엇지ᄒ면 셔간을 면젼ᄒ고 텬대를 아니 <u>밧을논지</u> 아마도 머리에
　　　쓰는 벙거지를 달니 변통ᄒᄂ 거시 못당ᄒ다고 <독립 1897/7/3
　　　잡보>

　마. 우리 올바임은 언지ᄂ 져을 차자 <u>오실는지</u> 보고 십기 그지업고
　　　만너보기 한니로쇼이ᄃ <순흥안씨간찰 4>

(42) 가. 지금도 집에 나아올 겨를이 업것만은 너가 집에를 다시 <u>와볼지</u>
　　　　<u>말논지</u> ᄒ닛가 부인다려도 부탁홀 말이 잇고 내 아오다려도 이
　　　　를 일이 잇셔ᄾ 간신히 몸을 ᄲ쳐 나아왓쇼 <우중행인 9>

　나. 종국의 근심과 인눈의 멸망ᄒ믈 싱각ᄒ야 통곡ᄒ고 시브며 션왕
　　　이 겨실 젹은 효양을 <u>바들지</u> 영화롤 <u>볼년지</u> ᄒᄂ 디로 두엇거니
　　　와 <한중 486>

　(42)는 '-ㄹ지'와 '-ᄂ는지'가 함께 쓰이고 있어 이 두 어미가 형태,
의미상 서로 연관되어 있음을 보여주는 예이다.

　지금까지 중세국어와 근대국어 '-ㄹ지'의 쓰임을 살펴보았다. '-ㄹ지'
는 중세국어에서는 한두 예만 나타나는 등 그 쓰임이 제한되다가 17세기
부터 종결어미로서의 쓰임이 확대되어 나타난다. 종결어미 '-ㄹ지'는 주
로 자문으로 쓰이는 예가 많고 자문으로 쓰일 때 판정의문일 때는 추측
의 의미가 드러나지만 설명의문일 때는 추측의 의미가 드러나지 않음을
확인하였다. 또한 현대국어에서 인식 양태 구성으로 빈번하게 쓰이는
'-ㄹ지 모르다' 구성은 신소설 자료에서 본격적으로 나타난다는 사실을

확인하였다. '-ㄹ지'와 형태, 의미상 연관성을 지니는 '-ㄹ는지'는 19세기부터 나타나 쓰이기 시작한다.

5. 정리

이 글은 양태의 정의와 관련 범주, 역사적 측면에서의 양태 기술의 방향을 살펴보고 '-ㄴ지'와 '-ㄹ지'가 현대국어에서 양태 의미를 담당하게 된 역사적 과정을 논의하였다. 중세국어에서 '-ㄴ지'는 상위문 동사('알다/모르다')에 내포되어 동사구 내포문 어미로도 쓰이고 연결어미로도 쓰인다. 또한 그 예문도 상당수 확인된다. 반면, '-ㄹ지'는 동사구 내포문 어미로 쓰이는 한 예가 <청주간찰>에서 발견될 뿐이다. 근대국어에서 '-ㄴ지'는 추측을 나타내는 연결어미로서의 쓰임이 확대되고 '-ㄹ지'는 주로 자문의 종결어미로 쓰여 추측의 의미를 드러낸다. 그리고 '-ㄹ지'는 신소설자료에서부터 본격적으로 '-ㄹ지 모르다' 구성에서 추측의 의미를 드러낸다. 이러한 사실은, 두 어미가 현대국어에서의 쓰임을 갖게 되기까지 그 양상이 다양하게 전개되었음을 알게 해준다. 이에 이 글은 이들의 변천을 특히 양태에 초점을 두고 살펴보았다. 이 과정에서 두 어미의 구성요소인 '-ㄴ'과 '-ㄹ'이 어떤 역할을 하였는지 논의하였다. 종결어미로 쓰인 '-ㄹ지'는 추측의 의미를 드러낼 수 있지만 종결어미로 쓰인 '-ㄴ지'는 추측의 의미를 드러낼 수 없는데, 이는 '-ㄴ'과 '-ㄹ'의 기능 차이 때문이다. 인식된 현실에 바탕을 둔 '-ㄴ'은 명제의 옳고 그름을 판단해야 하는 인식 양태와는 거리를 둘 수밖에 없다.

∥ 참고문헌

고영근(1986), "서법과 양태의 상관관계", 국어학신연구 : 약천김민수교수 회갑기념, 탑출판사, 383-399.

고은숙(2011), 국어 의문법 어미의 역사적 변천, 한국문화사.

김동욱(2000), "한국어 추측표현의 의미차이에 관한 연구 : 'ㄴ 것 같다', 'ㄴ 듯 하다' 와 'ㄴ가 보다', 'ㄴ 모양이다'의 의미차이를 중심으로", 국어학 35, 171-197.

김정아(1985), "15세기 국어의 '-ㄴ가' 의문문에 대하여", 국어국문학 94, 281-302.

김정혜(1997), 양태표현의 '모양이다' 구문 연구, 석사학위논문, 이화여자대학교.

김혜영(2006), "후기 근대국어 의문법의 변천 연구", 홍종선 외, 후기 근대국어 통사의 연구, 역락, 93-149.

나진석(1953), "미래시상 보간 "리"와 "겠"의 교체", 국어국문학 6, 8-10.

문병열(2007), 한국어의 보문 구성 양태 표현에 대한 연구, 석사학위논문, 서울대학교.

문숙영(2009), 한국어의 시제 범주, 태학사.

박재연(1998), 현대국어 반말체 종결어미 연구, 석사학위논문, 서울대학교.

박재연(2000), "독백과 독백문 종결어미에 대하여", 국어학논집 4, 역락, 25-48.

박재연(2003), "한국어와 영어의 양태 표현에 대한 대조적 고찰 : 부정과 관련한 문법 현상을 중심으로", 이중언어학 22, 199-222.

박재연(2005), "인식 양태와 의문문의 상관관계에 대하여", 어학연구 41-1, 101-118.

박재연(2006), 한국어 양태 어미 연구, 태학사.

박재연(2009가), "한국어 관형사형 어미의 의미 기능과 그 문법 범주", 한국어학 43, 151-177.

박재연(2009나), "'주어 지향적 양태'와 관련한 몇 문제", 한국어학 44, 1-25.

박재연(2009다), "연결어미와 양태 : 이유, 조건, 양보의 연결어미를 중심으로", 한국어의미학 30, 119-141.

박재연(2013), "한국어의 인식론적 범주와 관련한 몇 문제", 국어학 66, 79-107.

박진호(2011), "시제, 상, 양태", 유현경 외, 한국어 통사론의 현상과 이론, 태학사, 171-224.

박진희(2011), 국어 절 접속의 의미관계 유형에 대한 연구, 박사학위논문, 서강대학교.

서정목(1979), "경남방언의 의문법에 대하여 : '해라체'를 중심으로", 언어 4-2, 115-142.

서정목(1987), 국어 의문문 연구, 탑출판사.

서정목(1991), "내포 의문 보문자 '-(으)ㄴ+가'의 확립", 석정 이승욱 선생 회갑 기념 논총, 원일사, 105-133.

안주호(2004), "한국어 추측 표현의 통사·의미 연구", 새국어교육 68, 97-121.

오승신(1987), "'-ㄴ지'의 통사적 기능과 의미연구", 말 12, 93-118.

이선웅(2001), "국어의 양태 체계 확립을 위한 시론", 관악어문연구 26, 317-339.

이지영(2004), 국어의 용언 부정문에 관한 역사적 연구, 박사학위논문, 서울대학교.

이지영(2008), "'-은지'와 '-을지'의 통시적 변화", 국어학 53, 113-140.

이현희(1982), 국어의 의문법에 대한 통시적 연구, 석사학위논문, 서울대학교.

이현희(1994), 19세기 국어의 문법사적 고찰, 한국문화 15, 57-81.

이효상(1991), Tense, Aspect, and Modality : A Discourse-Pragmatic Analysis of Verbal Affixes in Korean from a Typological Perspective, Doctoral Dissertation, UCLA.

임동훈(2003), "국어 양태 체계의 정립을 위하여", 한국어의미학 12, 127-153.

임동훈(2008), "한국어의 서법과 양태 체계", 한국어의미학 26, 211-249.

임동훈(2009), "'-을'의 문법 범주", 한국어학 44, 55-81.

장경희(1985), 현대국어의 양태범주 연구, 탑출판사.

정재영(1996), 의존명사 'ᄃᆞ'의 문법화, 태학사.

정주연(2011), 의문 어미 '-ㄴ가', '-ㄴ지'의 통시적 연구, 석사학위논문, 고려대학교.

정혜선(2010), "종결어미와 통합하는 '보다' 구문에 대하여", 국어학 59, 45-66.

정혜선(2013), 국어 인식 양태 형식의 역사적 연구, 박사학위논문, 서강대학교.

최동주(1995), 국어 시상체계의 통시적 변화에 관한 연구, 박사학위논문, 서울대학교.

Bybee, J. L., Perkins, R. & Pagliuca, W.(1994), *The Evolution of Grammar : Tense, Aspect, and Modality in the Languages of the World*, University of Chicago press.

Bybee, J. L. & S. Fleischman eds.(1995), *Modality in Grammar and Discourse*, John Benjamins Publishing Company.

de Hann, F.(2012), Irrealis: Fact or Fiction?, *Language Sciences* 34, 107-130.

Elliott, J. R.(2000), Realis and Irrealis : Forms and Concepts of the Grammaticalization of Reality, *Linguistic Typology* 4, 55-90.

Lyons, J.(1977), *Semantics* 2, Cambridge University Press.

Mithun, M.(1995), On the Relativity of Irreality, In Bybee, J. L. & S. Fleischman (eds.), *Modality in Grammar and Discourse*, John Benjamins Publishing Company, 367-388.

Narrog, H.(2005), On Defining Modality Again, *Language Sciences* 27, 165-192.

Nordström, J.(2010), *Modality and Subordinators*, John Benjamins Publishing.

Palmer, F. R.(1979/1990), *Modality and the English Modals*, 2nd ed., Longman.

Palmer, F. R.(1986), *Mood and Modality*, Cambridge University Press.

Palmer, F. R.(2001), *Mood and Modality*, 2nd ed., Cambridge University Press.

Pietrandrea, P.(2005), *Epistemic Modality : Functional Properties and the Italian System*, John Benjamins Publishing Company.

Saeed, J. I.(2003), *Semantics*, 2nd ed., Blackwell Publishing.

Thompson, S., Longacre, R. & Hwang, S.(2007), Adverbial Clauses, In T. Shopen (ed.), *Language Typology and Syntactic Description, vol 2 : Complex Constructions*, 2nd ed., Cambridge University Press, 237-300.

화자의 시점으로 본 한국어 양태 표현 형식 교육
'-는 것 같다'와 '-나 보다'를 중심으로

오승은

1. 도입

1.1. 연구 목적 및 문제 제기

이 글은 한국어를 모국어로 하지 않는 제2언어 학습자를 대상으로 한 한국어 교육[1])에서 학습자의 자유로운 언어 사용을 함양하기 위해 추측의 의미를 지닌 양태 표현 형식 '-는 것 같다'와 '-나 보다'의 의미와 기능을 어떻게 교육적으로 이해하고 활용할 수 있는지 살펴보고자 한다. 이를 위해서 먼저, '-는 것 같다'와 '-나 보다'와 같이 추측의 의미를 지니는 양태 표현 형식의 의미 차이를 어떻게 규정할 수 있는지, 통사적 측면에

---

1) 언어 교육에서 제2언어로서의 언어 교육은 엄밀히 말해서 외국어로서의 언어 교육과는 교수, 학습 과정과 언어 사용 양상에서 큰 차이를 보인다. 그러나 이 글에서 지시하는 한국어 교육은 모국어 화자가 양태어미 또는 양태 표현 형식을 문법적으로 학습하지 않고도 자유롭게 사용하는 것과 대립되는 항으로, 한국어를 모국어로 하지 않으며 제2언어 혹은 외국어로서 한국어를 교수, 학습하는 것을 총칭하여 '외국인 학습자를 위한 한국어 교육'이라는 광의의 개념으로 지칭하겠다. 이후로는 한국어 교육이라고 줄여 언급하고자 한다. 또한 모국어 화자와 대립되는 항으로 외국인 학습자라고 줄여 언급하고자 한다.

서의 차이가 의미에 어떤 영향을 미치는지, 그것이 특정 맥락 내에서 어
떤 담화적 의미를 갖는지 알아볼 것이다. 이를 바탕으로 현재 한국어 교
육에서 주로 사용되는 학습용 사전과 교재에서 양태 표현 형식 '-는 것
같다'와 '-나 보다'의 의미와 기능이 어떻게 기술되고 제시되는지 살펴
보고, 학습자의 담화 능력을 향상시키기 위해 어떤 방향으로 교수, 학습
하는 것이 필요한지 알아볼 것이다.

한국어의 문법 체계, 특히 활용하며 형태 변화를 보이는 한국어의 어
미 체계에 낯선 외국인 학습자가 양태어미 혹은 양태 표현 형식의 의미
를 인지하고 그것의 문법적인 제약을 따르면서 그 의미와 기능을 제대로
활용하여 언어를 사용하기란 쉽지 않은 일이다. 학습 목표인 양태 표현
형식이 외국인 학습자의 모국어에 대당하는 의미가 없는 경우, 또는 외국
인 학습자의 모국어에 비슷한 양태 의미가 있더라도 한국어와 같이 다양
한 문법적 형식으로 있지 않은 경우라면 더욱 그러하다. 한국어 교육에서
초급과 중급 초반에 나오는 추측의 의미를 지닌 다음의 예와 같은 양태어
미 및 양태 표현 형식은, 모국어 화자의 직관이 없는 외국인 학습자에게 언
어를 사용하기에 앞서 의미 차이를 이해하는 것조차 쉽지 않음을 보여준다.

(1) 가. 민수가 바빠요.
나. 민수가 바쁠 거예요.
다. 민수가 바쁘겠어요.
라. 민수가 바쁜 것 같아요.
마. 민수가 바쁜가 봐요.

'민수가 바쁘다'라는 명제 (1가)에 추측의 의미를 나타내는 양태적 어
미가 덧붙여져 활용된 것이 (1나-마)이다. 모국어 화자의 직관이 있는 한
국어 모어 화자라면 (1나-마)의 의미 차이를 인지하고 실제로 언어를 사

용할 때 각기 다른 담화 맥락에서 양태어미 혹은 양태 표현 형식을 적절하게 선택, 활용할 수 있다. 그러나 모국어 화자의 직관이 없는 외국인 학습자라면 이를 저절로 습득할 수는 없기 때문에 학습 과정에서 각각의 양태어미나 양태 표현 형식의 의미와 활용형, 다른 문법과의 의미 차이, 문법적 제약과 사용할 수 있는 담화 상황을 하나씩 따져 익히는 것이 요구된다.

하지만 자연스러운 언어 사용을 목표로 학습하는 외국인 학습자가 학습 과정에서 양태어미와 양태 표현 형식이 쓰인 의미와 문법적 제약을 그때마다 전부 외워야 한다면 이는 학습 부담으로 작용할 수도 있다. 다음은 (1가-마)를 의문법의 형식으로 바꾼 것이다.

> (1) 가´. 민수가 바빠요?
> 　　나´. ?민수가 바쁠 거예요?
> 　　다´. 민수가 바쁘겠어요?
> 　　라´. 민수가 바쁜 것 같아요?
> 　　마´. *민수가 바쁜가 봐요?

평서법으로 쓰인 양태어미 및 양태 표현 형식이 결합된 (1나-마)를 의문법(1나´-마´)으로 바꾸기만 해도 (1마´)와 같은 문법적 제약이 있음을 확인할 수 있다. 외국인 학습자가 양태의 의미를 이해하지 못한 채로, 이와 같은 서법 제약에서부터 인칭 제약, 시제 제약, 장형 부정문 형성 제약 등 각종 통사적 제약을 확인하면서 문법 활용 형태까지 외우고 비슷한 양태 의미를 나타내는 문법형식들 간의 의미 차이를 배우는 것은 너무 큰 학습 부담이 될 수 있다.

결국, 외국인 학습자가 양태 의미를 나타내는 문법형식의 의미를 이해하고 적절하게 사용하기 위해서는 문법형식을 무조건 암기하지 말고 양태적 개념, 즉 '명제를 바라보는 화자의 거리 두기'를 이해할 필요가 있

다. 그래야 명제에 대한 화자의 의도에 따라 각기 다른 양태어미 혹은 양
태 표현 형식이 선택될 수 있고, 양태적 의미에 따라 여러 가지 통사적
제약이 생길 수 있으며, 이런 문법적 제약을 따르거나 위반함으로써 그에
따른 담화적 의미도 달라질 수 있다는 점을 이해할 수 있게 된다. 이와
같은 이해가 바탕이 되어야만 외국인 학습자가 담화 내에서 화자가 되어
자신이 표현하고자 하는 의미에 따라 양태어미 혹은 양태 표현 형식을
자유롭게 선택할 수 있게 된다.[2]

　이런 문제의식을 갖고 시작된 이 글의 논의는 다음 장에서 추측이라는
양태 의미를 나타내는 문법형식 중 생산성이 높은 양태 표현 형식 '는
것 같다'와 '나 보다'를 선택하여 각 표현이 보여주는 '화자명제'와의
관계가 어떻게 다르며 이런 관계 차이가 어떤 문법적 제약을 낳고 담화
적 의미에 어떻게 연결될 수 있는지 살펴보겠다. 그 다음에 이렇게 파악
된 양태적 의미가 현재 한국어 교육에서 많이 사용되고 있는 사전과 교
재에서 적절하게 반영되어 기술되어 있는지, 담화 상황으로 제시되고 있
는지 살펴봄으로써 비슷한 의미를 갖고 있는 양태적 의미를 나타내는 문
법형식들 간의 교수, 학습의 방향을 보여주고자 한다.

---

[2] 언어 교육에서 외국인 학습자가 학습한 것을 이해하고 수용(intake)하는 단계를 거쳐 그것을
사용하기까지 학습자는 중간언어(interlanguage) 체계를 적극적으로 활용한다고 보고 있다.
특히 성인 학습자는 중간언어 체계를 형성하는 과정에서 목표언어 체계(학습하고자 하는 언
어의 체계)와 자신의 모국어 체계를 끊임없이 비교, 수정, 재조정하게 된다. 이런 개념적 이
해를 내재화하고 연습을 통해 언어 사용을 자유롭게 조정할 수 있을 정도로 자동화되었을
때 비로소 목표언어를 상황에 맞게 적절하게 사용할 수 있게 된다. 이런 관점에서 볼 때 그
간 한국어 교육에서 양태어미를 교수, 학습할 때 문법적인 활용이나 제약에 신경을 쓰지만
의미를 이해하는 데 상대적으로 소홀히 하는 측면이 있다는 점, 이것이 궁극적으로 학습자의
언어 이해 및 사용에 바람직하지 않다는 경험적인 관찰에서 이 논문은 출발하게 되었다.

1.2. 기존 논의

기존 국어학 논의에서 양태와 관련된 논의는 서법과 어떻게 다르게 인식할 수 있는지, 양태를 상이나 시제와 다른 독자적인 문법 범주로 간주할 수 있는지를 논하는 내용이 많았다.[3] 한국어의 양태소가 다른 언어와 비교해서 어떠한지, 그와 관련하여 한국어 양태의 특징적인 것이 무엇인지, 양태 범주를 어떻게 규정할 수 있는지, 양태에 관한 용어를 어떻게 지칭할 것인지도 연구되었다.[4] 이와 같은 양태에 관련된 많은 논의는 '-겠-, -더-'와 같은 선어말어미, '-어, -지, -네, -구나'와 같은 종결어미처럼 단일한 문법형식이 어떤 양태적 의미를 띠는지 연구되는 경향이 있었다.

'추측'과 같이 하나의 양태적 의미로 묶이는 개별 문법형식들 간의 의미 차이와 기능에 대한 연구는 상대적으로 덜 주목받아 왔는데, 기존 국어학 논의에서 그간 진행된 개별 어미들 간의 비교 연구도 '-겠-', '-(으)ㄹ 것', '-(으)ㄹ 걸'과 같이 하나의 어미 형태로 각기 다른 양태적 의미를 띠는 것을 대상으로 하는 경우가 대부분이었다. 그에 비해 '-는 것 같다, -나 보다, -나 싶다'와 같이 여러 문법형식이 통사적 구성으로 묶여 하나의 표현으로 사용되는 구성, 즉 우언적 구성으로 이루어진 표현형식은, 단일한 형태를 갖는 양태어미와 문법적 층위가 다르며 구성 자체의 복합성으로 인해 순수히 양태적 의미를 추출하기 어렵다는 이유로 논의 대상에서 제외되는 경우가[5] 많았다.

---

3) 이에 관한 논의는 장경희(1985), 임동훈(2003), 박재연(2006), 박진호(2011가)를 참조.
4) 송재목(2007) 논의 참조.
5) 박재연(2006)은 양태어미 체계에서 우언적 구성으로 이루어진 표현형식은 양태 본래의 의미를 찾기 어렵다는 이유로 양태 의미를 나타내는 문법형식의 체계 내에서 제외시켰다. 그러나 우언적 구성으로 이루어진 양태 표현 형식 중에서 주어(동작주) 지향적 양태와 같은 개념으로 양태적 의미를 찾을 수 있음을 지적하면서, 우언적 구성으로 이루어진 양태 표현 형식의 지위를 '준-양태'로 상정하기도 하였다.

하지만 실제 한국어 사용자가 '추측'이라는 양태적 의미를 표현할 때 양태적 의미를 나타내는 문법형식의 사용 양상을 살펴보면, 단일한 형태 인 어미보다 우언적 구성으로 이루어진 표현형식을 더 많이 사용하고 있 음을 알 수 있다. 한국인 모어 화자의 구어 말뭉치 자료와 외국인 학습자 가 발화한 구어 말뭉치 자료에서 추측의 의미를 나타내는 양태 의미를 나타내는 문법형식의 사용 양상을 분석한 자료(김세령 2010)에[6] 따르면 상 위 6개의 양태 표현 형식이 약간의 빈도수의 차이는 있지만 동일하게 많 이 사용되고 있음을 볼 수 있다. 양태적 의미를 나타낼 때 선택된 양태 표현 형식은 한국어 모어 화자와 외국인 학습자가 비슷하게 나타났는데, 그 중에서 우언적 구성으로 이루어진 양태 표현 형식이 훨씬 더 많이 사 용된 것도 일치한다.

의미를 지닌 최소의 문형형식인 문법소 간의 의미 대립을 주로 연구하 는 기존의 국어학 논의와는 달리, 실제 언어 사용자가 문법형식을 대할 때에는 문법적 구성이 다른 것에 개의치 않고 의미에 집중하여 하나의 단일한 덩어리[7]처럼 인식한다. 우언적 구성으로 이루어진 문법형식이 언 뜻 보이기에는 선어말어미와 용언, 종결어미와 용언, 의존명사 결합 구성 과 같이 복잡한 구성으로 보이지만, 언어 사용자의 관점에서는 문법형식

---

6) 김세령(2010)은 추측의 의미를 나타내는 양태 표현 형식(양태어미를 포괄한 양태적 의미를 띠는 문법형식)의 사용 양상을 분석하기 위해 국립국어원에서 만든 '21세기 세종계획 최종 성과물 균형 말뭉치' 중 약 80만 어절 규모의 순 구어 말뭉치 자료 중에서 대본으로 쓰여졌 을 가능성이 큰 자료를 제외한 총 30개의 말뭉치 자료를 분석하여 한국어 모어 화자가 사용 하는 추측의 의미를 나타내는 양태어미 및 양태 표현 형식의 사용 양상을 기술하였다. 외국 인 학습자가 추측의 의미를 지닌 양태어미 및 양태 표현 형식의 사용하는 양상은 구어적 텍 스트인 <KBS2 미녀들의 수다2>와 <KBS1 러브인 아시아>에서 추출한 것인데, 한국어 모 어 화자의 말뭉치 자료에서 외국인 학습자의 말뭉치 자료와 비슷한 주제에 대해 논한 자료 를 뽑아 비교한 것을 다음과 같이 표로 작성하였다. <표 1>은 한국어 모어 화자의 구어 말 뭉치에 나타난 추측의 의미를 띠는 양태 의미를 나타내는 문법형식의 사용 빈도이고 <표 2>는 외국인 학습자의 구어 텍스트에서 추측의 의미를 띠는 양태 의미를 나타내는 문법형 식의 사용 빈도이다.

의 구성 차이보다는 의미 차이를 익혀 적절하게 문법형식을 운용하는 것
이 더 중요한 과제인 것이다. 양태어미 혹은 양태 표현 형식이란 것이 어
떠해야 한다는 정해진 형식이 있는 것이 아니라 실제 언어 사용에 있어
서 어미처럼 기능하는 것 중에서 양태성을 띤 문법형식을 가리킨다는 점
을 염두에 둔다면, 적어도 추측의 의미를 나타내는 양태 표현 형식 범주
에 우언적 구성으로 이루어진 양태 표현 형식이 큰 비중을 차지함을 알
수 있다.

따라서 이 글에서는 문법 형식의 균질성보다는 하나의 양태적 의미로

〈표 1〉

순위	추측표현	빈도	비율
1	-겠-	554	40.59%
2	-(으)ㄴ/는/(으)ㄹ 것 같다	475	34.80%
3	-(으)ㄹ 것(이다)	146	10.70%
4	-나/ㄴ/은가 보다	81	5.93%
5	-(으)ㄴ/는/(으)ㄹ 지(도) 모르다	73	5.35%
6	-(으)ㄹ 걸(요)	21	1.54%
7	-ㄹ/을까 보다	9	0.66%
8	-ㄹ/을까 싶다	2	0.15%
8	-나/는가 하다	2	0.15%
9	-(으)ㄴ/는/(으)ㄹ 듯하다	1	0.07%
9	-(으)ㄴ/는/(으)ㄹ 모양이다	1	0.07%
총계		1365	100.00%

〈표 2〉

순위	추측표현	빈도	비율
1	-(으)ㄴ/는/(으)ㄹ 것 같다	81	45.25%
2	-겠-	47	26.26%
3	-(으)ㄹ 것(이다)	32	17.88%
4	-나/ㄴ/은가 보다	13	7.26%
5	-(으)ㄴ/는/(으)ㄹ 지(도) 모르다	5	2.79%
6	-(으)ㄹ 걸(요)	1	0.56%
총계		179	100/00%

7) 덩어리화된 구는 덩어리(chunk), 문형(grammar pattern)을 뜻하는 것으로, 문법화의 진행 양
상은 조금씩 차이를 보이더라도 실제 언어 사용에서 하나의 의미 덩어리로 쓰이는 것을 의
미한다. 언어 교육에서 학습자에게 어떤 문법형식이 한국어의 문법형식 체계에서 같은 층위
의 것인지, 다른 층위의 것인지는 별로 중요하지 않다. 학습 과정에서 학습자는 우언적 구
성으로 이루어진 표현형식의 구성 요소 하나하나를 분석하지 않고 하나의 덩어리, 즉 하나
의 어미로 인식한다.

묶이는 것에 더 집중하여, 한국어 교육에서 초급과 중급 초반에 제시되는
추측의 의미를 지닌 양태 의미를 나타내는 문법형식들 가운데 기존 논의
에서 상대적으로 주목 받지 못한 우언적 구성으로 이루어진 양태 표현
형식 '-는 것 같다'와 '-나 보다'를[8] 대상으로 한정해서 논의하겠다. 이
두 양태 표현 형식은 위의 <표 1>과 <표 2>에서 본 것과 같이, 문어와
구어 텍스트 모두에서 높은 생산성을 보여주고 있는 표현형식인 동시에,
외국인 학습자가 의미 차이를 정확하게 인지하고 사용하는 데 어려움을
겪고 있는 문법형식이기도 하다.[9]

그러나 단순히 사용 빈도가 높고 외국인 학습자가 의미 차이를 인지하
지 못하기 때문에 이 두 양태 표현 형식이 선택된 것만은 아니다. 양태에
관한 기존 논의에서 우언적 구성으로 이루어진 문법형식 '-는 것 같다'
와 '-나 보다'는 아직 문법화 과정이 끝나지 않아 통사적 제약에서 다른
양상을 보이고 있다는 이유로 양태 의미를 나타내는 문법형식의 논의 대
상에서 제외되었다. 하지만 우언적 구성으로 이루어진 표현형식은 사건
이 행해지는 공간인 명제와 담화가 행해지는 공간인 화자, 이렇게 다른
층위가 겹쳐져 있는 겹구조를 더 잘 보여주어, 명제에 대해 갖는 화자의
태도라는 양태의 의미를 직관적으로 인지할 수 있게 해 주는 데 더 효과
적이다. 우언적 구성으로 이루어진 양태 표현 형식에서 화자의 시선이 일
관되게 관찰되기 어렵다는 점은 오히려 화자가 명제에 대한 거리 조정을
하고 있다고 생각할 수 있는 단서가 될 수 있으며 양태적 의미를 인지하
는 데 효과적이라는 것이다.

---

8) 이 글에서는 양태 표현 형식의 의미에 초점을 두어 다양한 활용형 '-(으)ㄴ/는/(으)ㄹ 것 같다'
   의 대표형으로 '-는 것 같다'를, '-(으)ㄴ가/나/었나 보다'의 대표형으로 '-나 보다'를 쓰겠다.
9) 김건희(2011)은 한국어 교육에서 초급과 중급 학습자가 어려워하는 문법 중에서 '-는 것 같
   다'와 '-나 보다'의 의미 차이가 많이 손꼽히고 있다고 지적하면서, 의미 차이를 분명하게
   인지하지 못한 상태에서는 외국인 학습자가 비적격문을 만들 가능성이 상대적으로 높고 그
   결과 교사가 피드백을 줘도 오류가 수정되지 않을 경우가 많다고 강조한다.

이런 의미에서 이 글에서는 추측의 의미를 지닌 양태 의미를 나타내는 문법형식 중 우언적 구성으로 이루어진 표현형식 '-는 것 같다'와 '-나 보다'를 중심으로, 양태적 의미와 통사적 제약, 담화적 의미가 어떻게 다른지 분석하고자 한다.

2. '화자의 시점'에 의한 양태적 의미

2.1. 화자의 주관적 선택

양태의 정의는 논자마다 약간씩 다르지만 기본적으로 명제에 대한 화자의 태도를 나타낸다는 데에 공통 기반을 두고 있다.10) 그런데 양태의 정의를 살펴보면 양태가 맥락이 배제된 채 문장의 차원에서 파악되기 어렵다는 것을 쉽게 알 수 있다. 양태적 의미를 파악하기 위해서는 사건, 사태가 행해지는 명제뿐만 아니라 명제 바깥의 시점, 즉 명제를 바라보고 있는 화자가 설정되어야 하기 때문이다. 어떤 명제에 대해 화자가 청자와 의사소통을 이루고 있는 담화 상황이라는 또 하나의 바깥 구조가 필요한 것이다. 액자 구조처럼 다층으로 이루어진 구조에서 명제 참여자와 화자의 시점이 각각 상정될 수 있다.

여기에서 중요한 것은 화자의 시점인데, 이것은 명제를 바라보는 고정된 카메라의 시선이 아니라 화자의 의도에 따라 다른 문법적 형식을 선택하여 거리를 조정하며 움직이는 카메라 시선과 같다. 양태적 의미는 화

---

10) 양태 범주를 어떻게 묶을지, 양태 범주를 나타내는 용어는 어떻게 명할지, 양태성을 보이는 문법 현상을 양태 범주에 포함시킬지 말지, 양태어미에는 어떤 어미를 포함시킬 수 있는지에 대한 논의는 논자마다 약간씩 입장을 달리한다. 임동훈(2003), 박재연(2006)의 논의 참조.

자와 청자가 어떤 명제에 대해 의사소통을 하는 과정에서 화자의 의도를 나타내기 위해 문법적인 형식으로 부호화한 것이다. 다시 말해 양태적 의미를 밝히려면 부호화된 문법형식으로부터 화자의 의도를 읽어 내서 그것이 담화적으로 어떤 의미를 갖고 있는지 살피는 과정이 필요하다. 이런 의미에서 양태 표현 형식은 명제에 대한 화자의 태도를 표현하는 문법적 활용형식으로 생각할 수 있다.

양태의 핵심적이고 기본적인 속성으로 '주관적 한정'[11]을 꼽는 것도 문법형식을 부호화하는 화자를 연상시킨다. 양태 표현 형식은 화자의 주관적인 판단에 따라 화자가 양태 표현 형식을 사용할지 여부를 임의로 결정할 수 있다는 점에서, 양태적 의미와 담화적 의미 간의 관계는 더 밀접해진다.

2.2. 주관성과 객관성

명제에 대한 화자의 태도라는 양태의 정의를 받아들인다면 양태의 성격은 기본적으로 주관적인 성격을 띨 수밖에 없다. 그러나 양태 내에서 주관성은 정도의 차이를 보이고 있다. '비가 온다'는 명제/사태에 대한 화자의 판단으로 정의되는 인식 양태(2가)와 증거 양태(2나)의 경우는 화자에 의한 주관성이 두드러진다. 반면, 사건 양태는 의무나 허가를 나타내는 의무 양태(2다)와 능력이나 의지를 나타내는 동적 양태(2라)와 같이, 화자의 흔적이 별로 보이지 않고 명제 참여자가 더 눈에 띈다.[12]

---

11) 박재연(2006)에서 양태의 의미 속성으로 '한정'을 들고 있는데, 여기에서 한정은 화자의 의도, 선택에 따른 '덧붙임'을 의미한다. 다른 문법적인 범주와 달리, 양태는 문장 내에서 꼭 나와야 하는 필수적인 요소가 아니라 화자의 선택에 따라 수의적으로 덧붙여질 수 있는 점이 그 근거로 설명되었다. 특히 다른 양태적 의미를 갖고 있는 문법 표지들이 연쇄적으로 쓰이는 경우(예 : 비가 오겠더라고요)를 보면 양태 의미 담지자인 화자의 주관성이 선택적으로 사용되고 있음을 분명히 알 수 있다고 논하고 있다.

(2) 가. 조금 후에 비가 오<u>겠</u>다.

　　 나. 아까 보니까 비가 오<u>더</u>라.

　　 다. 진수가 아침 일찍 <u>출발해야 해</u>.

　　 라. 진수가 아침 일찍 <u>출발하려고 해</u>.

　(2가, 나)에서 '비가 온다'는 명제와 분리된 화자를 확인할 수 있는 반면, (2다, 라)에서는 화자보다는 '출발하는' 행위의 동작주인 명제 참여자 진수가 더 부각된다. (2다, 2라)와 같은 예가 있어 양태가 꼭 주관적일 필요는 없다[13])고 지적되기도 했는데, 이런 관점에서 인식 양태와 증거 양태를 합친 명제 양태는 화자 지향적(speaker-oriented) 양태로, 의무 양태와 동적 양태를 합친 사건 양태를 주어/행위자 지향적(agent-oriented) 양태로 구분하기도 한다. 더 세부적으로 사건 양태 내에서도 의무 양태는 화자 지향적 양태로, 동적 양태는 주어/행위자 지향적 양태로 구분하기도 한다.[14]) 주어/행위자 지향적 양태가 양태의 주관성을 드러내지 못한 채 객관성을 보이고 있다고 한 논의도 같은 맥락에서 나온 주장이다.

---

12) Palmer(2001)에 따르면, 양태는 다음과 같이 세분화될 수 있다.

　　 명제 양태(Propositional modality) : 명제의 사태에 대한 화자의 판단을 나타냄.

　　 －인식 양태(Epistemic modality) : 명제에 대해 화자가 어느 정도의 확실성을 갖고 판단하는지 정도를 보여줌.

　　 －증거 양태(Evidential modality) : 화자가 경험한 감각적인 증거와 관련됨.

　　 사건 양태(Event modality) : 아직 실현되지 않았으나 잠재적으로 실현 가능성이 있음.

　　 －의무 양태(Deontic modality) : 명제 외부의 요소 필요(의무, 허가 등).

　　 －동적 양태(Dynamic modality) : 명제 내부의 요소 필요(능력, 의지 등).

13) Palmer(2001)에서도 양태가 꼭 주관적일 필요는 없다고 했다.

14) 이와 같은 용어가 쓰인 것은 양태 의미를 담지하는 화자의 주관성 여부에 대한 문제를 제기하는 가운데 비(非)인식양태 중에서 (2다)와 같은 의무 양태를 화자 지향적 양태(speaker-oriented modality), (2라)와 같은 동적 양태를 주어/행위자 지향적 양태(agent-oriented modality)로 구분하면서 나온 것이다. 화자 지향적 양태는 화자가 행위자에게 어떤 조건을 부과하여 발화수반력을 발휘하는 '명령, 금지, 기원'의 의미를 띠는 것이고, 주어/행위자 지향적 양태는 행위자의 객관적인 조건에 대해 말하는 '의도, 소망, 능력'의 의미를 띠는 것이다. 이런 구분은 화자로 인한 주관성을 양태의 필수적인 요소로 볼 것인지에 따라 달라지는 것으로, 화자 지향적 양태를 주관적 양태로, 주어/행위자 지향적 양태를 객관적 양태로 분류한 것이다.

그러나 (2다)와 (2라)에서 양태 표현 형식이 우언적 구성으로 이루어진 문법형식들이라는 점에 주목할 필요가 있다. 우언적 구성에서 더 부각되는 명제의 층위와 화자-청자의 층위를 구분해서 생각해 볼 때, (2다)에서 출발한다는 명제의 행위자에게 의무를 부과하는 주체는 화자로 읽을 수 있는 가능성이 있으며, (2라)에서는 출발한다는 명제를 실현시키려는 의지를 보이는 명제 참여자를 명제 밖에서 보고 있는 화자의 흔적으로 읽을 수도 있다.

양태적 의미에서 주관성, 객관성 논의는 (2다)와 같은 의무 양태에서 보여주는 수행성(performativity)과 (2라)와 같은 동적 양태에서 보여주는 기술성(descriptivity)의 차이로 이해할 수 있다.15) 수행성을 보이는 의무 양태는 인식 양태나 증거 양태에 비해 화자의 목소리는 약하지만 동적 양태에 비해서는 비교적 뚜렷하게 화자의 흔적을 확인할 수 있으며, 기술성을 보이는 동적 양태는 동작주와 거리를 둔 채 동작주를 바라보는 화자의 시선만을 확인할 수 있기에 화자가 관련되지 않은 것처럼 보일 수 있는 것이다.16)

---

15) 우언적 구성으로 이루어진 표현형식에서 보여주는 화자의 흔적은 한국어의 주어 제약과 같은 공주어에서도 확인할 수 있다. 이런 의미에서 필자는 우언적 구성으로 이루어진 표현형식이 양태 의미를 나타내는 문장의 겹구조를 잘 보여주는 문법형식이라고 본다. 실제 언어 사용에서도 우언적 구성으로 이루어진 표현형식을 양태적 의미로 인식하는 데 별다른 문제가 없다는 점을 볼 때 양태 표현 형식을 묶는 범주는 실제 언어 사용에서 양태적 의미를 띠는지 아닌지에 따라 구분할 수 있는 것이지 양태소가 지니는 단일한 문법형식만으로 양태어미를 한정하기는 어렵다고 판단된다.

16) 임동훈(2008)에서 Lyons(1977)를 인용하면서 "주관성은 양태의 일반적인 속성이긴 하나 모든 양태가 주관적이진 않다"고 언급하며, 의무 양태도 조건/의무를 부과하는 주관적 의무 양태와 의무적 필연성만을 나타내 주관성을 포함하지 않는 객관적 의무 양태로 구분하고 주관성이 양태적 의미에 필수적이지 않음을 강조한다. 필자 역시 양태 의미에 따라 객관성 혹은 주관성이 더 부각될 수 있다고 여기지만, 이것은 정도의 차이이며 객관적 의무 양태라고 해서 주관성이 전혀 배제된 것은 아니라고 본다. '명제에 대한 화자의 태도'라는 양태의 정의에 동의한다면 화자의 태도라는 말이 함의하고 있는 주관성은 어떤 양태적 의미를 띠는 문법형식에도 내재된 속성이다. 단지, 화자가 명제에 관여하지 않고 거리 두기를 통해 화자의 흔적이 잘 보이지 않아 객관적으로 보일 뿐이다.

결국, 양태적 의미를 띠는 발화라면 담화 내에서 명제를 청자에게 부호화해서 전달하는 화자를 상정할 수 있다. 다만, 그 발화가 보여주는 수행성과 기술성의 정도에 따라 화자의 존재가 더 강하게 보이기도 하고 약하게 보이기도 하는 것이다. 각각의 양태 의미를 나타내는 문법형식이 드러내는 주관성과 객관성, 수행성과 기술성은 정도의 차이이며 배합의 문제로 볼 수 있다.17)

2.3. 화자와 명제 참여자 간의 거리 조정

추측의 의미를 나타내는 양태는 명제에 대한 화자의 판단을 담고 있는 인식 양태에 속한다. 명제에 대해 판단을 내리고 있는 화자의 존재를 분명히 알 수 있다는 점에서 추측의 의미를 나타내는 양태는 화자의 주관성을 분명히 드러낸다. 그러나 이런 주관성은 (1나·마)에서 본 것과 같이 추측의 의미를 갖고 있는 양태 표현 형식들에서도 각각의 표현형식에 따라 다르게 나타난다. 다음은 추측의 의미를 갖고 있는 양태 표현 형식 중에서 우언적 구성으로 이루어진 문법형식 '-는 것 같다'를 활용한 예이다.

> (3) 가. 철수는 영희가 학교에 안 갈 것 같았지.18)
> 　　가′. 철수는 영희가 학교에 안 갈 것 같았지?

---

17) Herslund(2005)는 주관적 양태(subjective modality)와 객관적 양태(objective modality)는 주관성과 객관성으로 분리될 수 있는 성질이 아니라 어떤 성격이 더 지배적인지(major) 덜 지배적인지(minor)의 차이라고 지적한다. 그는 양태성이 배타적인 것이 아니라 '주관적(subjective)-간(間)주관적(intersubjective)-객관적(objective)'의 스펙트럼으로 볼 수 있음을 제시한다.

18) 박재연(2003)에서는 '-는 것 같다'를 활용한 예를 들면서 화자의 존재가 거의 보이지 않음을 나타냈다. 그러나 필자는 이 예 안에서도 화자의 존재가 명제 참여자에 가려져 잘 보이지 않을 뿐 화자의 존재 자체가 사라진 것이 아님을 강조하고자 한다. (3가)는 박재연(2003 : 272)의 예를 인용했고, (3가′)는 필자가 (3가)를 변형하여 만든 것이다.

(3가)에서 '영희가 학교에 안 간다'는 명제에 대한 판단 주체는 화자가 아니라 철수처럼 보인다. 그러나 이 명제를 부호화하여 발화하는 화자는 철수가 아니다. 철수는 '영희가 학교에 안 간다'는 명제에 대해 판단을 내리는 것처럼 보이는 또 하나의 명제 참여자이다. 화자는 마치 철수 마음속을 전부 알고 있는 전지적 작가 시점과 같이 화자가 명제 참여자와의 거리가 가까워져서 화자의 존재가 가려져 보이는 것이다.

(3가)를 의문법으로 전환한 (3가´)를 보면 양태 의미의 담지자는 청자가 된다. 마치 화자가 청자에게 책을 읽어주는 것 같이 명제를 바라보는 상황에서 화자가 청자에게 발화하는 상황을 생각할 수 있다. 만약 (3가)에서 양태 의미를 담지하는 주체를 철수로 본다면, (3가´)에서 청자로 전환될 수 없다.[19] 철수는 양태 의미를 담지하는 주체가 아니라 명제 내의 참여자인 것이다. 양태 표현 형식이 쓰인 발화를 겹구조로 파악했을 때 화자와 명제 참여자와의 거리가 조정되면서 양태의 주관성이나 객관성이 부각되는 경향을 보일 뿐 양태 의미의 담지자는 화자이다.[20]

이런 관점은 추측의 의미를 나타내는 양태 표현 형식인 '-는 것 같다'와 '-나 보다'의 의미 차이를 이해하는 데도 도움을 준다. 화자가 명제 참여자와의 거리를 조정하는 것이 문법적인 제약과 같은 통사적인 제약으로 드러나고 이것은 담화적 의미에도 영향을 준다. 결국, 양태 의미에서 화자는 항상 있으나 그 존재가 가시적인지 아닌지가 다를 뿐이다. 화

---

19) (3가)가 양태어미 '-지'로 끝나기 때문에 화자의 존재를 느낄 수 있는 것이 아니라는 점을 분명히 해 둔다. 만약 양태어미 '-지'가 제외된 채로 '철수는 영희가 학교에 안 갈 것 같았다'고 발화했을 때에도 화자는 존재를 느끼기 어려울 정도로 명제 참여자인 철수와 거리가 가깝게 있을 뿐 화자가 발화 맥락에서 사라진 것은 아니다. 다만 '-지'를 씀으로써 무표적이었던 화자의 존재가 더 유표적인 것으로 느껴지게 된다.

20) 양태가 또 다른 양태어미 뒤에 붙어 양태 의미를 덧붙일 수 있다는 것은 하나의 양태 표현 형식이 붙은 문장 전체를 화자가 명제로 판단하고 거기에 양태소를 덧붙이는 '액자 속의 액자'와 같은 구조로 양태 표현 형식이 쓰인 구문을 설명할 수 있는 가능성을 보여준다.

자가 명제 참여자와의 거리를 좁히면서 명제 내에 있는지 화자가 명제 참여자와 거리를 두면서 명제 밖에 있는지를 파악하는 것은, 다시 말해서 화자가 명제 내 사태에 참여자로서의 시점을 갖는지 명제 밖에서 명제 관찰자로서의 시점을 갖는지를 파악하는 것과 같다. 명제 참여자로서의 시점과 명제 관찰자로서의 시점은 화자의 명제 관여도를 보여주면서 발화 내에서 양태 표현 형식을 사용할 때 어떤 통사적 제약을 받을 수 있는지, 그것의 담화 맥락에서 갖는 의미는 무엇인지를 규정한다.

다음 장에서 '추측'이라는 양태 의미를 지닌 양태 표현 형식 '-는 것 같다'와 '-나 보다'에서 보이는 세부적인 의미 차이와 화자의 시점 사이에는 어떤 상관성이 있는지, 이와 같은 시점의 차이는 두 양태 표현 형식이 보이는 통사적 조건의 차이에 어떤 영향을 끼치는지, 양태 표현 형식의 담화적 의미가 어떻게 드러날 수 있는지 살펴보기로 하자.

3. 양태 표현 형식의 통사적·담화적 의미

양태 표현 형식 '-는 것 같다'와 '-나 보다'는 모두 명제 사태에 대한 화자의 판단을 나타내는 인식 양태로 추측의 의미를 갖는 것으로 설명된다. 기존 논의에서는 '-는 것 같다'는 감각적 지각 정보에 의한 추측으로, '-나 보다'는 논리적 추론에 의한 추측으로 설명하고 있다.[21] 그러나 이런 의미 구분은 실제 예에서 '-는 것 같다'와 '-나 보다'의 의미 차이를 분명하게 보여주지 못하는 듯하다.

---

21) 전나영(1999), 김동욱(2000), 안주호(2004)에서 '-는 것 같다'와 '-나 보다'에 관련된 기존 논의 분석을 정리한 것을 참조.

(4) 가. 옆집에서 큰 소리가 나요. 싸우는 것 같아요.

　　가´. 옆집에서 큰 소리가 나요. 싸우나 봐요.

　　나. 저 식당 앞에 줄이 길게 서 있어요. 저 식당이 맛있나 봐요.

　　나´. 저 식당 앞에 줄이 길게 서 있어요. 저 식당이 맛있는 것 같아요.

(4가)와 같이 '-는 것 같다'를 감각적 지각 정보에 의한 추측으로 설명하는 것은 문제가 없지만, 감각적 지각 정보에 의한 추측 모두가 '-는 것 같다'로 표현되지 않는다. (4가´)처럼 화자가 직접 어떤 것을 보거나 들은 정보를 토대로 추측할 때에도 '-나 보다'를 쓸 수 있다. 이와 마찬가지로 (4나)와 같이 '-나 보다'를 논리적 추론에 의한 추측으로 설명하는 것은 문제가 없지만, (4나´)처럼 논리적 추론에 의한 추측 모두가 '-나 보다'로 쓸 수 있는 것은 아니다.

한국어 직관이 없는 외국인 학습자가 이해할 수 있을 만한 '-는 것 같다'와 '-나 보다'의 의미 차이는 어떻게 설명되어야 하는가? (4가)와 (4가´), (4나)와 (4나´)가 똑같은 의미라고 말할 수 있는가? 만약 다르다면 어떻게 다르다고 말할 수 있는가? 다음 장에서 '-는 것 같다'와 '-나 보다'의 의미 차이를 설명하기 위해 필요한 조건에 대해 알아보자.

3.1. 명제 참여자로서의 화자와 명제 관찰자로서의 화자

'-는 것 같다'와 '-나 보다'는 모두 여러 가지 문법 형식이 묶여 어떤 의미를 나타내는 우언적 구성으로 이루어진 표현형식이다. 먼저 '-는 것 같다'와 '-나 보다'의 구문 구조를 분석해 보자.

(5) 가. [[[[민수가 바쁘]ㄴ] 것] 같]아.

　　나. [[[민수가 바쁘]ㄴ가] 보]아.

(5가)는 '민수가 바쁘다'는 명제 내용을 형식명사 '것'으로 묶어 만들어진 명사절이 용언 '같다'와 결합하여 앞의 명제 내용과 화자가 인식하는 것이 같다는 것을 나타내며 추측의 의미를 나타낸다. (5나)는 '민수가 바쁘다'는 명제 내용에 의문형 종결어미 '-ㄴ가'가 붙어 명제 내용에 대한 화자의 의문을 나타내고 용언 '보다'(화자 판단의 의미로 확장된 '보다'의 의미)가 결합하여 명제 내용에 대한 화자의 의심을 나타낸다.22) (5가, 나)의 두 양태 표현 형식 모두 '같다'와 '보다'의 주체는 화자이다. 다음은 화자임을 분명히 나타내는 '나'를 넣었을 때의 예이다.

(5) 다. [<u>나는</u>[[[민수가 바쁘]ㄴ] 것] <u>같</u>아.
다´. <u>나는</u>[[[[민수가 바쁘]ㄴ] 것] 같다고 <u>판단해</u>.
라. *[<u>나는</u>[[민수가 바쁘]ㄴ가] <u>보</u>]아.
라´. <u>나는</u>[[[민수가 바쁘]ㄴ가] 보다고 <u>판단해</u>.

(5다)에서 '나'는 '같다'와 호응되면서도 '민수가 바쁘다'는 명제에 대한 판단을 내린 (5다´)의 판단 주체로서의 지위도 갖는다. 반면, (5라)에서 '나'는 '보다'와 호응하지 않으며 '민수가 바쁘다'는 명제에 대한 판단을 내린 (5라´)의 판단 주체로 지위를 갖는다. '-는 것 같다'에서 명제 판단 주체는 (5가)의 구문 안에도 들어갈 수 있는 반면, '-나 보다'에서 명제 판단 주체는 (5나)의 구문 안에는 들어갈 수 없다. '-는 것 같다'에서 화자는 명제와 거리가 가까워지면서 명제 참여자의 시점으로 명제를 볼 수 있는 반면, '-나 보다'에서 화자는 명제와 거리를 두면서 명제 참여자의 시점이 아닌 명제 관찰자의 시점으로만 볼 수 있다. 다음은 명제 참여자를 1인칭으로 바꾼 예를 보자.

---

22) 차현실(1986), 김지은(1997)의 양태적 의미를 나타내는 용언에 대한 구문 분석 참조.

(5) 마. [[[[내가 바쁘]니] 것] 같]아.
　　마′. [나는[[[내가 바쁘]니] 것] 같다]고 판단해.
　　마″. 나는[[[[내가 바쁘]니] 것] 같다]고 생각해.
　　바. *[[[내가 바쁘]ㄴ가] 보]아.
　　바′. *[나는[[[내가 바쁘]ㄴ가] 보다]고 판단해.
　　바″. *나는[[[내가 바쁘]ㄴ가] 보다]고 생각해.

　(5마)의 명제 참여자로서의 '나'와 (5마′)의 명제 판단 주체로서의 '나'
는 동일인처럼 보인다. 단지 (5마″)처럼 판단을 생각으로 바꾸고 '나는'의
위치를 이동시켰을 때도 명제 판단 주체는 동일한 것처럼 느껴진다. 반
면, (5바)의 명제 참여자로서의 '나'는 '-나 보다'와 쓸 수 없으며 (5바′)
와 (5바″)에서도 쓸 수 없게 된다.
　'-는 것 같다'는 명제 내용이 1인칭이든 3인칭이든 상관없이 명제 내
용을 판단할 수 있지만, '-나 보다'는 명제 내용이 3인칭일 때에만 명제
내용을 판단할 수 있고 화자가 명제에 참여하는 것을 허용하지 않는다.
이를 그림으로 표현하면 <표 3>과 같다.

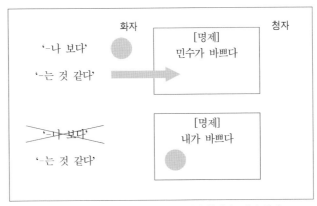

〈표 3〉 명제 관찰자로서의 화자와 명제 참여자로서의 화자

'-나 보다'는 명제 밖의 위치에서만 명제 내용에 대한 판단이 가능하다. 반면, '-는 것 같다'는 명제 밖에서 명제 안으로의 시점 이동이 가능하며 명제 내에서 명제 참여자로서 명제 내용에 대한 판단이 가능하다. 다만, 명제 참여자가 1인칭이 아닌 다른 사람일 경우 판단 주체로서의 화자의 시점을 더 분명히 느낄 수 있는 반면, 명제 참여자가 1인칭 '나'일 경우 판단 주체로서의 화자의 시점은 느끼기 어렵다. '-는 것 같다'는 '-나 보다'에 비해 화자와 명제와의 거리 조정이 자유로우며, 화자가 명제 참여자로서 직접 경험한 것에 대한 판단도 가능하다.

화자와 명제 간의 거리 조정이 된 결과는 명제 내용이 주관적인 평가에 가까운 내용을 포괄할 때 더 큰 차이가 난다. (6가)와 (6나)는 진수와 같은 층위에 속한 명제 참여자로서의 화자가 노래를 직접 들은 경험을 토대로 '진수가 노래를 잘한다'고 판단한 것인데, 이때 (6가)는 가능하지만 (6나)와 같이 명제 관찰자 시점을 갖고 있는 화자가 명제 내용을 경험한 명제 참여자 시점으로 바뀔 수 없다. 반면, (6다)와 (6라)처럼 진수의 노래를 직접 들은 경험 없이 사람들이 진수를 가수라고 말하는 것을 보고 '진수가 노래를 잘한다'고 판단을 내릴 때에는 (6다)처럼 명제 참여자로서 말하는 화자나 (6라)처럼 명제 관찰자로서 말하는 화자 모두 적격문이 된다. 다만 이때 화자와 명제 참여자와의 거리가 다를 뿐이다. 이때 (6나)와 같이 '-나 보다'를 쓰면서 화자의 직접 경험, 즉 화자가 명제에 참여해서 직접 경험한 정보를 근거로 추측한 것은 적격문이 될 수 없다.

(6) 가. 진수 노래를 들어 보니까 진수가 노래를 잘하는 것 같아요.
　　나. *진수 노래를 들어 보니까 진수가 노래를 잘하나 봐요.
　　다. 사람들이 진수를 가수라고 말하는 것을 보니까 진수가 노래를 잘하는 것 같아요.
　　라. 사람들이 진수를 가수라고 말하는 것을 보니까 진수가 노래를 잘

하나 봐요.

(6가-라)의 의미 차이는 '-는 것 같다'와 '-나 보다'의 겹구조에서 화자의 시점 이동의 결과에서 비롯된 것이다. 두 양태 표현 형식 모두 '같다'와 '보다'의 판단 주체는 화자이지만, '-는 것 같다'의 화자의 시점은 명제 내로 가깝게 거리 조정이 가능하며 명제 참여자의 시점과 거의 같은 지위로까지 이동이 자유롭다. 그러나 '-나 보다'의 화자의 시점은 여전히 명제 밖에서 명제 안으로 이동하지 못하며 명제 밖에 머물러 명제 내용을 관찰하고 있다. 그러므로 '-는 것 같다'와 '-나 보다'의 명제 판단의 근거는 화자가 어떤 것을 직접 경험하고 판단을 내린 것인지 아닌지가 더 중요하다. 화자가 명제 참여자가 되어 명제 내용을 직접 경험한 후 판단을 내렸다면 '-는 것 같다'만 쓸 수 있다.

발화 자체에 화자의 경험 여부가 분명하게 제시되지 않더라도 다음과 같이 맥락 정보로 제공된다면 적격문 판단 여부가 달라질 수 있다. 가격 정보를 인지한 상태에서는 '-나 보다'를 쓸 수 없는 반면, '-는 것 같다'는 가격 정보를 인지한 상태에서도 자신의 생각을 단정적이지 않게 완곡하게 말하는 느낌으로 자신의 판단을 말할 수 있다.[23]

(7) [물건의 가격표를 보면서 발화하는 상황]
　가. 여기가 물건이 좀 비싼 것 같아요.
　나. *여기가 물건이 좀 비싼가 봐요.
　다. (제 생각에는/제가 보기에는) 여기가 물건이 좀 비싼 것 같아요.
　라. *(제 생각에는/제가 보기에는) 여기가 물건이 좀 비싼가 봐요.

(7가)와 같이 가격 정보를 인지한 주체가 자신의 경험에 비추어서 자

---

23) '-겠-'에서와 마찬가지로 '-는 것 같다' 역시 화자 자신의 의견을 완곡하게 말하는 화용적 기능이 발견된다.

신의 주관적인 '느낌' 혹은 '의견'을 낼 때 '-는 것 같다'가 사용되며 '-나 보다'는 사용될 수 없다. (7다)와 같이 자신의 의견임을 밝히는 '제 생각에'나 '제가 보기에'와 같은 부사구를 넣어도 '-는 것 같다'는 적격 문이 될 수 있는 데 반해 '-나 보다'는 적격문이 될 수 없다.

> (7) 마. 이 치마 좀 봐. 너한테 어울리는 것 같아. 입어 봐.
> 바. *이 치마 좀 봐. 너한테 어울리나 봐. 입어 봐.24)

(7마)와 (7바)는 화자 바로 눈앞에 있는 치마를 보고 자신이 본 경험을 근거로 청자에게 어울리겠다고 추측하는 상황이다. 여기에서도 (7마)는 적격문이고 (7바)는 비적격문인데 그 이유는 '치마가 너한테 어울린다'는 가치 평가가 더해진 추측이므로 명제 참여자로서 판단 주체가 쓰인 '-는 것 같다'는 적절한데 '-나 보다'는 적절하지 않기 때문이다.

결국, '-는 것 같다'와 '-나 보다'의 의미 차이는 화자-청자의 층위와 명제의 층위와 같이 겹구조로 되어 있는 구조에서 화자가 명제와의 거리 조정을 하면서 명제 관찰자로서의 시점과 명제 참여자로서의 시점 사이를 이동하는 가운데 생기는 의미 차이이다. 화자가 명제 참여자로서의 시점을 유지할 때 '-는 것 같다'를 쓰면서 명제 내용에 대한 직접 체험을 말하는 것이 가능하며 자신이 경험한 정보를 바탕으로 가치 평가를 할수도 있다. 반면, 화자가 명제와의 거리를 둔 채 명제 관찰자로서의 시점을 유지할 때는 '-나 보다'를 쓰면서 자신이 관찰한 정보, 즉 체험하지 않은 겉으로 드러난 정보에 한해서 명제 내용을 추측한다. '-나 보다'에 비해 '-는 것 같다'에서 화자는 명제와의 거리 차를 탄력적으로 조정하면서 '-는 것 같다'의 여러 가지 의미를 만들어 내고 있다.

---

24) (7바)는 외국인 학습자가 실제로 만든 예문으로, '-나 보다'의 의미를 '추측'의 의미로만 가르쳤을 때 나왔던 비적격문이다.

3.2. 판단 근거로서 정보의 성격

화자와 명제 사이의 거리 조정이라는 개념으로 '-는 것 같다'와 '-나 보다'의 의미 차이에 대해 알아보았다. 그렇다면 명제 내용에 대해 '-는 것 같다'와 '-나 보다'를 선택해서 쓸 수 있게 하는 판단 근거로서의 정보의 성격은 어떠한가?

(8) 가. 저 남자가 잘못한 것 같아요.
　　나. 저 남자가 잘못했나 봐요.

(8가)와 (8나)는 모두 적격문이다. 하지만 (8가)와 (8나)는 같은 맥락에서 교체 가능하다고 말할 수 없다. (8가)와 (8나)를 쓸 수 있는 맥락 정보가 달라질 수 있기 때문이다.

(8) 가'. 학　생 : 저 남자가 (잘못한 것 같아요/ $^?$잘못했나 봐요).
　　　선생님 : 왜 그렇게 생각했어?
　　　학　생 : 저 남자가 거짓말을 했어요.
　　나'. 학　생 : 저 남자가 ($^?$잘못한 것 같아요/잘못했나 봐요).
　　　선생님 : 왜 그렇게 생각했어?
　　　학　생 : 모든 사람들이 저 남자를 쳐다봐서요.

(8가')에서 학생은 저 남자가 잘못했다고 판단한 근거로 그 사람이 거짓말했음을 들고 있다. 반면 (8나')에서 학생은 저 남자가 잘못했다는 판단 자체에 대해 잘 모른다는 뉘앙스를 준다. (8나')에서 학생은 (8가')처럼 자기 생각에 따라 가치 판단을 내리지 못하고 그 남자가 잘못했는지 안 했는지 불충분한 정보만으로 짐작만을 할 뿐 화자 자신의 판단이 분명하지 않아 책임 질 수 없음을 암시한다. 화자가 명제에 대해 잘 모름을 나타내고자 할 때 '-나 보다'를 쓸 수 있는 것이다.

다음의 예는 '수업이 없다'는 명제 내용을 '-는 것 같다'와 '-나 보다'
를 사용하여 발화한 것이다.

(9) 가. (저 사람이) 수업이 없는 것 같아요. 한가해 보이네요.
    나. (저 사람이) 수업이 없나 봐요. 한가해 보이네요.
    다. [?][청자에게] 수업이 없는 것 같아요. 한가해 보이네요.
    라. [청자에게] 수업이 없나 봐요. 한가해 보이네요.
    마. (제가) 수업이 없는 것 같아요. 한가해요.
    바. [*](제가) 수업이 없나 봐요. 한가해요.

(9가)와 (9나)와 같이 '저 사람이 수업이 없다'는 명제 내용에 대해 담
화를 나누는 화자와 청자에게 특별한 정보가 없을 때에는 두 양태 표현
형식 모두 사용 가능하다. 그러나 '수업이 없다'고 판단한 주체인 화자가
청자보다 정보량이 적은 경우에는 (9다)보다는 (9라)를 쓰는 게 더 자연
스럽다. 또 '수업이 없'다고 판단한 주체가 자신에 대한 정보는 자신이
잘 알고 있으므로 (9마)는 쓸 수 있지만 (9바)는 쓰임이 어느 정도 제한
된다. 다시 말해서 화자가 청자보다 정보량이 더 많거나 정보에 대해 확
신이 있어 자기 의견을 말하는 경우 '-는 것 같다'를 쓰고, 정보량이 더
적거나 확신할 만한 정보가 없을 경우 '-나 보다'를 쓰는 경향이 있다.
다음 예는 섬유탈취제 텔레비전 광고에 나오는 장면이다.

(10) [각종 냄새가 배어 있는 코트를 입은 여자가 아침 출근 시간에 엘리베이터를
    탔을 때 옆 사람이 그 여자를 피하면서 발화하는 상황, 옆 사람은 그 여자가
    그 전날에 회식했다는 정보를 모른다]
    가. [*]어제 회식하신 것 같아요.
    나. 어제 회식하셨나 봐요.

엘리베이터에서 만난 사람은 여자의 전날 저녁에 회식했는지에 대한

정보가 없다. 단지 안 좋은 냄새를 풍기는 여자의 코트 냄새를 맡고 있을 뿐이다. 이 사람이 여자에게 냄새의 정체에 대해서 확실히 잘 모르겠지만 코트에서 안 좋은 냄새가 나는 것으로 짐작해서 발화한다면 (10가)는 비적격문이 되고 (10나)는 적격문이 된다. 이렇게 화자는 청자, 여기에서는 코트 입은 여자보다 판단 근거에 대한 정보가 부족하다. 다만, 코트에서 안 좋은 냄새가 나니까 회식한 상황을 떠올려 본 것일 뿐이다. (10나)와 같이 발화할 때에는 여자가 전날 저녁에 회식을 했는지 안 했는지 사실 여부는 중요하지 않다. 그 사실 여부에 대해 잘 모른다는 의미로 '-나 보다'를 사용한 것이다.

> (11) 가. 조작을 잘못해서 기계가 고장 난 것 같습니다.
> 나. 조작을 잘못해서 기계가 고장 났나 봅니다.[25]

만약 기계 조작을 잘못해서 기계를 고장 낸 장본인이 한 말이거나 기계 수리 전문가가 기계를 살펴본 후 그 원인에 대한 자신의 생각을 말하는 상황이라면 (11가)와 같이 발화할 것이다. 청자에 비해 화자가 고장 난 원인에 대한 정보를 더 많이 알고 있는 상황이다. 그러나 기계가 왜 고장 났는지 모르는 기계 수리 비전문가가 고장 난 기계를 보고 고장 원인을 청자에게 말하는 상황이라면 (11나)와 같이 발화할 것이다. 고장 난 원인에 대한 정보에 대해 알고 있는 정도가 화자나 청자가 비슷하거나 화자가 청자에 비해 정보가 부족할 때, 또는 고장 원인에 대해 확신할 수

---

25) 이 예는 김동욱(2000)에서 Kamio의 정보 관할권(Territory of Information)의 개념을 차용해서 '-는 것 같다'를 주체 추측(자신의 판단에 주인된 태도를 취함), '-나 보다'를 객체 추측(자신의 판단에 제3자적 태도를 취함)으로 구분하고 '-나 보다'에서 책임 회피의 성격이 있다고 지적할 때 든 예이다. 필자도 주체 추측과 객체 추측의 개념이 맥락 내에서 두 양태 표현 형식의 의미 차이에 도움이 된다고 판단하는데, 특히 (11나)처럼 '-나 보다'를 발화할 때에는 잘못이 자신에게 없음을 함축하는 것으로 책임 회피의 성격이 있다는 데에 동의한다.

없을 경우라면 '-나 보다'를 써서 발화할 것이다. 화자 자신이 정확한 고
장 원인에 대해 잘 모른다거나, 자신이 잘못한 것이 아니라는 맥락으로
자기 발화에 대한 책임 없음을 강조할 때 '-나 보다'를 사용하는 것이다.

   (12) 민정 : 그걸 어떻게 알았어?
      수진 : 여기로 (올 것 같았어/ *오나 봐).26)

  (12)는 화자의 느낌, 예감이나 직감과 같이 지극히 주관적이고 명제의
진위를 알기 어려운 정보에 의해 추측한 것이다. 그 사실을 어떻게 알았
는지 묻는 민정의 물음에 수진이 자신의 예감을 근거로 들어 말한다면
'-는 것 같다'로 써야 적법하게 된다. 화자가 명제 참여자가 되어 자신의
직감을 체험한 것처럼 말한다면 '-는 것 같다'를 쓰는 것이 자연스럽기 때
문이다. 이 역시 청자에 비해 화자가 정보를 더 많이 갖고 있는 경우이다.
  결국, '-는 것 같다'와 '-나 보다'는 둘 다 명제 사태에 대한 화자의
판단으로 확실성이 떨어지는 '추측'의 의미를 띠는 양태 표현 형식이다.
그러나 명제와 관계를 맺고 있는 화자의 시점이 어떠한지에 따라, 추측의
판단 근거인 정보의 성격에 따라 양태 표현 형식의 사용 양상이 달라진
다. '-는 것 같다'는 명제 참여자의 시점으로 화자가 명제에 대해 거리가
좁혀지면서 명제 내용에 화자가 관여하는 정도가 높은 반면, '-나 보다'
는 명제 관찰자의 시점으로 명제에 대한 화자의 거리를 두면서 명제 내

---

26) 이혜용(2003)에서 인용한 예이다. 이혜용(2003)은 김동욱(2000)의 논의를 받아들여 화자의
   느낌과 같이 객관화시키기 어려운 정보를 내재적인 정보로 분류하면서 내재적 정보를 근
   거로 짐작, 추측의 의미로 쓰면 화자 자신의 의견을 단정적이지 않게 완곡하게 표현하는
   의미가 된다고 지적했다. 필자도 기본적으로 이 의견에 동의하나, '객관화시키기 어려운
   정보'를 내재적인 정보로 별도로 구분한 것에 대해서는 동의하지 않는다. 화자의 느낌을
   근거로 발화할 때에는 화자가 명제 참여자로서 자신의 느낌을 경험하여 발화하면서 '-는
   것 같다'를 사용하는 것이고, 느낌이나 예감과 같은 정보는 당연히 화자가 청자보다 더 많
   은 정보를 갖고 있다고 볼 수 있으므로 '-는 것 같다'를 쓰는 것이 더 자연스럽다. 굳이
   내재적 정보와 같이 또 다른 정보의 성격을 분류하는 작업이 필요하지 않다고 본다.

용에 화자가 관여하는 정도가 낮다. 명제 관여도가 높을 때, 명제 내용을
직접 경험하면서 화자가 판단을 내리는데, 이때의 판단 근거인 정보량은
화자가 청자보다 더 많은 정보량을 갖고 있어 정보에 대한 주관적인 의
견을 말하는 것과 관련될 때 '-는 것 같다'가 선택된다. 반면, 명제 관여
도가 낮을 때 명제와의 거리를 유지한 화자가 피상적으로 파악한, 청자보
다 불충분한 정보를 바탕으로 확신 없이 판단하는 것과 관련될 때 '-나
보다'가 선택된다. 이를 정리하면 다음과 같다.

	화자와 명제의 관계		판단 근거인 정보의 성격	
	명제에 대한 화자의 시점	명제에 대한 화자의 거리	정보량	정보에 대한 화자의 확신의 정도
'-는 것 같다'	명제 참여자로서의 시점	거리 좁히기	화자 > 청자	강함
'-나 보다'	명제 관찰자로서의 시점	거리 두기	화자 ≤ 청자	약함

3.3. 문법 제약과 제약 해소 효과

　　문법 제약은 양태의 의미가 미치는 범위를 보여주는 동시에 화자와 명
제 참여자의 경계 또는 층위를 보여준다. '-는 것 같다'와 '-나 보다'는
공통적으로 용언 '같다'와 '보다'에 명령법과 청유법의 서법 제약이 있으
며 주체 존대 선어말어미 '-시-' 결합 제약이 있다.

　　(13) 가. 이번에 우리 팀이 우승하는 것 (*같읍시다/*같으세요).
　　　　　나. 이번에 우리 팀이 우승하나 (*봅시다/*보세요).
　　　　　다. 할아버지께서 우리 집에 (오시는 것 같아요/*오는 것 같으세요).
　　　　　라. 할아버지께서 우리 집에 (오시나 봐요/*오나 보세요).

'-는 것 같다'와 '-나 보다'의 용언 '같다'와 '보다'는 기본적으로 화자와 호응되는 용언이다. 그러므로 (13가)와 (13나)와 같이 다른 사람에게 어떤 행동을 유발하게 하는 청유법과 명령법이 결합되지 않는 것이며, 명제 참여자가 아닌 화자 자신을 높일 수 없기에 용언에 주체 존대 선어말어미 '-시-'도 결합되지 않는 것이다.

그러나 '-는 것 같다'와 '-나 보다'의 문법 제약 양상이 다를 때도 있다. '-나 보다'는 1인칭 주어 제약, 시제 제약, 장형 부정문 형성 제약이 있으며 의문법 제약도 있는 반면, '-는 것 같다'는 이와 같은 문법적 제약에서 자유롭다.

> (14) 가. (철수가/내가) 영희를 도와주는 것 같아요.
> 나. (철수가/*내가) 영희를 도와주나 봐요.
> 다. 철수가 영희를 (도와준 것 같아요/도와주는 것 같았어요).
> 라. 철수가 영희를 (도와줬나 봐요/*도와주나 봤어요).
> 마. 철수가 영희를 (안 도와주는 것 같아요/도와주지 않는 것 같아요/
>   도와주는 것 같지 않아요).
> 바. 철수가 영희를 (안 도와주나 봐요/도와주지 않나 봐요/*도와주나
>   보지 않아요).
> 사. 철수가 영희를 도와주는 것 같아요?
> 아. *철수가 영희를 도와주나 봐요?

앞서 말했듯이 '-나 보다'는 화자의 시점이 명제 밖에서 관찰하는 것에 머물러 있기 때문에 (14나)와 같이 명제 참여자로서 명제 내용의 1인칭 주어가 될 수 없다. 또한 '-나 보다'의 화자의 시점은 명제 밖에서 용언 '보다'에 고정되어 있으므로 (14라)와 같이 명제 내용의 시제가 화자의 시점을 의미하는 '보다'에 결합될 수 없다. 같은 맥락에서 (14바)와 같이 명제 내용의 부정소가 화자의 시점과 호응되는 '보다'에 결합될 수 없

다. 화자의 시점은 명제 밖에 머물러 있으면서 명제 내용에 화자의 의심을 나타내는 의문형 어미 '-나'가 결합된 '-나 보다'의 명제 내용은 (14아)와 같이 의문법으로 쓰여 청자에게 정보를 요구할 수도 없다.

반면, '-는 것 같다'의 화자의 시점은 명제 쪽으로 탄력적으로 이동하는 가운데 명제 참여자로서의 시점과 겹쳐지면서 (14가)와 같이 1인칭 주어와도 결합되고 (14다)와 (14마)와 같이 용언 '같다'에 명제 내용의 시제나 부정소가 결합될 수도 있다. 또한 (14사)와 같이 의문법으로 쓰이면 화자의 판단이 아니라 청자의 판단을 묻는 것이 되므로 적격문이 된다. '-는 것 같다'를 쓰면 화자의 시점이 명제 밖에서 안으로 이동하면서 화자의 층위와 명제의 층위 사이의 경계가 희미해지고 명제 내용의 참여자로서의 행위자성이 강조된다.[27]

통사적으로 볼 때 '-나 보다'가 '-는 것 같다'에 비해 문법화가 더 진행되어 하나의 단위처럼 인식되는 것이며, 의미적으로 볼 때 '-나 보다'의 화자 시점이 명제 밖에서 고정적인 시점으로 명제와의 거리 두기를 통해 명제 관찰자적 태도를 견지하는 것으로 볼 수 있다.

그런데 이와 같은 문법 제약은 간혹 위반되기도 하는데, 이때 의도적으로 문법 제약이 해소되면서 화자가 의도한 다른 의미가 생성된다.

> (15) 가. (철수가/내가) 영희를 사랑하는 것 같아.
> 나. (철수가/내가) 영희를 사랑하나 봐.

특별한 인칭 제약이 없는 '-는 것 같다'에 비해 '-나 보다'는 1인칭 주어 제약이 있다. 일반적인 의미로는 '-나 보다'의 화자가 명제 내용을 경험하지 않은 상태에서 피상적으로 조합된 불충분한 정보로만 추측하는

---

27) 한정한·정희숙(2011)에서 추측의 의미를 나타내는 양태 표현 형식의 문법 제약의 예가 나열되어 있다. 이 글에서 언급하지 않는 문법 제약은 이 논문을 참조하라.

것이니 화자 자신을 가리키는 1인칭 주어와 결합되지 못한다. 그러나 (15
나)에서 '-나 보다'는 1인칭 주어와도 호응이 된다. (15나)는 화자가 명
제 밖에서 명제 내용이 자신의 내용이라고 생각하지 못하면서 있다가 나
중에 자신의 내용이었음을 깨달은 의미로 쓰였을 때 1인칭 주어와 결합
되는 것이다. 바꿔 말하면 1인칭 주어 제약이 해소되면서 '뒤늦은 깨달
음'[28]의 의미를 만들어 낸다. (15나)의 뒤늦은 깨달음은 자신이 미처 몰
랐음을 스스로 깨닫고 되새김할 때 허용되는 것으로, 이는 (15가)에서 1
인칭 주어가 쓰여 자신의 생각을 말하는 '-는 것 같다'와 의미가 다르다.
따라서 화자 자신의 깨달음을 나타내고자 할 때는 '-나 보다'와 1인칭
주어를 함께 사용하면 된다.

3.4. '-는 것 같다'와 '-나 보다'의 담화적 의미

양태 표현 형식이 명제 내용에 대한 화자의 태도를 문법형식으로 나타
낸 것이라고 할 때, 이는 바꿔 말해서 언어 사용자인 화자가 청자에게 명
제 내용에 대해 어떤 의도를 나타내기 위해 양태 표현 형식을 선택적으
로 사용하여 부호화한다고 말할 수 있다.

양태 표현 형식 '-는 것 같다'와 '-나 보다'를 선택한 화자의 의도를
고려하여 특정 문법형식이 선택되는 담화 상황과 담화적 의미를 확인하
면 다음과 같다.[29]

---

28) 박재연(2013)에서 1인칭 주어 제약을 갖고 있는 양태어미 '-더-'가 인칭 제약이 해소되는
경우를 1인칭 효과로 설명하면서 지각과 관련된 의미를 갖는 어미가 1인칭 주어 제약이
해소되면서 나타나는 효과로 '흔적 지각', '뒤늦은 깨달음'의 의미가 있음을 지적하고 있다.
이기갑(2006)도 지각의 의미를 갖는 1인칭 주어 제약을 갖고 있는 양태어미가 1인칭 주어
제약이 해소될 때 '새로 깨달음'의 의미가 나온다고 지적하였다. 특히, 이기갑(2006)에서는
1인칭 주어 제약의 예로 '-나 보다'를 들면서 1인칭 효과가 나타난다고 덧붙이고 있다.
29) 담화적 의미를 논할 때 말뭉치 자료를 통한 실제 담화 분석을 예로 제시해야 하나, 여기에

'-는 것 같다'	'-나 보다'
1. [추측] : 명제 내용을 경험한 명제 참여자로서의 화자의 추측. 　－ 청자보다 많은 정보량을 토대로 화자가 추측할 때 　－ 화자의 직감과 같이 주관적인 느낌이나 화자의 경험을 토대로 추측할 때 　→ 특별한 근거 없이 화자의 개인적인 추측을 나타내는 의미 2. [의견] : 자신이 이전에 했던 경험을 토대로 이미 제공된 정보에 대한 화자의 의견. 　－ 어떤 것에 대한 자신의 생각을 완곡하게 표현할 때 　→ 주장(동의/반대 등), 감정 표현(사과/칭찬/감사 등), 설명(거절, 변명 등), 비난(질책/따짐 등)의 의미	1. [추측] : 명제 내용을 경험하지 못한 명제 관찰자로서의 화자의 추측. 　－ 겉으로 관찰 가능한 정보만으로 하는 추측/짐작에 한정될 때 　－ 청자보다 적은 정보량을 내세워 화자의 모름을 강조할 때 　→ 화자의 책임 회피, 모르는 척, 상대방을 비꼬는 의미 2. [깨달음] : 이전에 몰랐던 새로운 것을 뒤늦게 깨달았을 때 　→ 발견, 후회, 자책하는 의미

4. 한국어 학습용 사전와 교재에서의 문법 기술과 담화 상황

타인과의 의사소통을 성공적으로 이뤄내는 것을 목표로 하는 한국어 교육에서는 외국인 학습자의 언어 사용 능력을 향상시키는 데 중점을 두고 있다. 이때 언어 사용 능력과 관련된 대표적인 척도는 문법 활용 능력이다. 문법의 통사적 의미를 정확히 알고 문법적으로 잘 활용할 뿐만 아니라 담화적 의미까지 익혀 담화 상황에서 적절하게 사용하여 성공적인 의사소통을 이루려면 문법 활용 능력이 요구된다. 이는 외국인 학습자에게 교수할 때 외국인 학습자가 보이는 문법 활용형 오류를 수정하는 것

서는 표현형식의 통사적 구조와 의미 관계를 토대로 화자의 의도가 담화 상황에 발현되는 양상을 확인하는 데 초점을 두므로, 말뭉치 자료를 통한 실제 담화 맥락을 살펴보는 것은 다음 과제로 남긴다.

보다 학습자가 목표 문법의 의미를 제대로 이해하고 사용하고 있는지에 더 중점을 두어야 함을 의미한다. 의사소통에 문제가 되는 것은 의미를 잘못 이해하고 사용하는 경우가 더 많기 때문이다.

외국인 학습자에게 '-더-', '-겠-', '-나 보다'와 같은 양태 표현 형식은 이해하기 어려울 수 있는데, 특히 학습자 자신의 모국어에 이에 대당하는 문법 형태가 없을 경우 더욱 그러하다.30) 양태가 화자의 심리적인 태도를 가리킨다고 했을 때 화자가 담화 상황마다 발화 의도에 따라 양태적 의미를 덧붙여 나타내는데, 의미조차 이해되지 않은 상황에서 화자의 발화 의도에 따라 주관적으로 선택되는 양태 표현 형식을 외국인 학습자가 적절하게 활용하는 것은 쉽지 않은 과제이다. 게다가 동일한 범주의 양태적 의미를 지닌 문법형식들 간의 의미 차이를 이해해야 각각의 어미들을 상황에 맞게 활용하게 되는데, 이런 의미 차이가 간과된다면 외국인 학습자가 양태 표현 형식을 제대로 사용하기를 기대하기 어려울 것이다.31)

이 장에서는 외국인 학습자가 양태 표현 형식 '-는 것 같다'와 '-나 보다'를 학습하는 과정에서 참조할 수 있는 한국어 학습용 문법 사전과 한국어 학습용 교재의 문법 기술을 살펴봄으로써 외국인 학습자가 이 어미를 활용하는 것을 목표로 할 때 양태 표현 형식의 의미, 그리고 비슷한

---

30) 이기갑(2006)에서 언어 유형론적 관점에서 한국어의 양태표현이 영어의 양태표현과 어떻게 다른지 설명하고 있다. 양태라는 기본적인 개념이 언어마다 있긴 하지만 한국어의 어미나 영어의 조동사에 해당하는 대응체는 쉽게 찾기 어렵다. 각 언어 체계 내에서 양태표현이 갖고 있는 의미의 폭과 의미 대립쌍에 의해 설명되는 또 다른 의미 등이 다르기 때문이다.

31) 언어 교육에서 학습자의 중간언어는 학습자의 인지적인 측면과 관련되는데, 어떤 새로운 언어 형식을 학습할 때마다 학습자 개별적으로 가설을 설정하고 그것이 자신의 모국어 혹은 이미 알고 있는 다른 언어와의 변별점을 찾으면서 자신의 가설을 수정, 발전시키는 과정을 통해 발달된다. 이와 같은 중간언어를 염두에 둔다면, 양태 의미를 나타내는 문법형식을 교수, 학습하기 위해 해당 목표 문법형식을 어떤 순서로 제시하고 이전의 학습한 요소와의 의미적인 변별점을 어떻게 주어 자연스러운 담화 맥락을 형성할 수 있게 조직할지 세심하게 준비할 필요가 있다.

의미를 지닌 다른 양태 표현 형식과의 의미 차이를 이해하는 데 문법 기술이 효과적인지 확인하고자 한다. 또한 한국어 학습용 교재에서 제시된 담화 상황을 점검함으로써 목표 문법의 의미와 그것이 사용되는 담화 상황이 적절하게 관련되어 있는지 살펴보고자 한다.

4.1. 한국어 학습용 문법 사전에서의 문법 기술

한국어 교육에서 교사나 학습자 모두 많이 사용하는 한국어 학습용 문법 사전으로 다음과 같이 세 종류를 선별하였다.[32]

> [사전1] 국립국어원(2005), 외국인을 위한 한국어 문법 2(용법 편), 커뮤니케이션북스.
> [사전2] 백봉자(2006), 외국어로서의 한국어 문법 사전, 도서출판 하우.
> [사전3] 이희자 · 이종희(2010), 한국어 학습 전문가용 어미 · 조사 사전, 한국문화사.

위 사전은 모두 학습용 문법 사전으로, 문법 표제어는 의미를 중심으로 나와 있고 각 문법의 통사적 층위의 명칭은 전부 다르다. 세 사전 모두 표제어와 더불어 문법 활용형에 대한 기술이 함께 되어 있으며 의미와 용법을 중심으로 문법이 기술되며 그에 해당되는 예문도 제시되어 있다. 또한 비슷한 의미를 지닌 문법형식이 있을 경우 별도로 표기해 놓고 있으며 목표 문법과 비슷한 의미를 지닌 표현형식이 어떤 차이가 있는지

---

32) 엄밀히 말해서 제시된 문법 사전은 모두 한국어로 쓰여 있어 목표 문법을 배우는 학습자의 학습 수준에서 제대로 이용하기 어렵다. 대부분 한국어 교사가 수업을 준비하면서 이용할 목적으로 많이 쓰이는 것이 현실이다. 다만, 이 문법 사전은 담화 상황을 보여주는 용법 또는 용례 중심으로 되어 있으며 외국인 학습자가 이 문법을 학습할 때 특히 어려워할 만한 것을 제시해 주고 있어 학습용으로 제작되어 있다고 간주할 수 있겠다.

기술되어 있다. 부분적으로 외국인 학습자의 활용형 오류를 표기해 놓기도 하였다.

그러나 각 사전의 문법 기술 방식에는 약간의 차이를 보이고 있는데, 각 사전이 중점을 두고 있는 것에 따라 문법 표제어 제시 방식도 다르고 문법 기술 순서에 약간의 차이를 보이고 있으며 해당 문법 항목의 범주를 표기하는 용어도 각기 다르다. [사전1]과 [사전3]은 의미 중심으로 모든 문법 항목을 가나다순으로 배열한 것과 달리, [사전2]의 경우는 양태 표현 형식 '-는 것 같다'를 '같다'의 하위 범주로, '-나 보다'를 '보다'의 하위 범주로 분류한다는 점, 구체적인 문법 기술에서도 [사전2]에서는 문법 활용형에 따라 문법 기술과 예문을 기술한 것이 특징적이다. [사전3]의 경우, 문법 표제어 바로 옆에 대표 예문을 선정해서 함께 표기한 것이 눈에 띈다.

다음은 '-는 것 같다'와 '-나 보다'를 각 문법 사전에서 어떻게 기술하였는지 살펴보자. 단, 예문은 문법 활용형만 다를 뿐 비슷한 의미로 제시된 경우, 여러 개의 예문 중에서 한두 개만을 선별해서 쓰겠다.

4.1.1. '-는 것 같다'의 문법 기술

	[사전1]	[사전2]	[사전3]
표제어	-는 것 같다	-[는/(으)ㄴ/(으)ㄹ] 것 같다	-는 것 같다
범주	표현 [어미 '-는 + 의존명사 '것' + 형용사 '같다']	통어적 구문 [관형사형 어미 + 의존명사 '것' + 상태동사 '같다']	관용 표현
결합 정보	동사 어간이나 '있다', '없다' 어간에 결합. [관련어] -나 보다, -는가 보다, -는 듯하다, -는 모양이다, -은 것 같다	동작동사, 상태동사, '이다' 동사에 결합	동사, '있다/없다'에 결합. [비슷] -는 듯하다

	[사전1]	[사전2]	[사전3]
의미	1. 여러 상황으로 미루어 현재 그런 일이 일어나거나 상태에 있다고 추측함을 나타낸다. 예) 빗소리가 들려요. 밖에 비가 오는 것 같아요. 예) 책 읽는 것을 좋아하는 것 같아서 선물로 책을 샀어요. 2. 상대방에게 말하는 사람 자신의 생각이나 의견을 말할 때 많이 쓰는데, 강하게 주장하거나 단정적으로 말하지 않고 좀 더 부드럽게 또는 겸손하게 그리고 소극적으로 말하는 느낌이 있다. 예) 이 식당 음식은 참 맛있는 것 같아요. : 추측의 의미를 담고 있지만 음식이 맛있다고 하는 자신의 느낌을 좀더 부드럽게, 덜 단정적으로 말하는 것이다. 외국인이 자신의 생각을 말할 때 많이 쓰는 표현 중의 하나인데, 지나치게 자주 쓰면 별로 자연스럽지 않으므로 유의해야 한다.	동작이나 상태에 대한 화자의 추측 또는 불확실한 단정을 나타낸다. 1. -는 것 같다 : 화자가 문장 주어의 현재 동작이나 상태를 추측하는 말이다. 예) 집 안에 아무도 없는 것 같다. 2. -(으)ㄴ 것 같다 : 동작동사일 때 주어의 과거 행위를 추측하지만 단정지어서 말할 수 없음을 나타내고 상태 동사나 '이다' 동사의 경우에는 화자가 현재의 상태나 사실이 어떠함을 추측하는 것을 나타낸다. 예) 제가 잘못한 것 같습니다. 예) 한국말을 잘 못하는 걸 보니 저 사람은 외국인인 것 같다. 3. -(으)ㄹ 것 같다 : 동작동사일 때는 미래 사실에 대한 추측을 나타내고 상태동사나 '이다' 동사일 때는 현재에 대한 추측도 나타낸다. 예) 하늘을 보니 오후에는 비가 그칠 것 같습니다.	어떤 현재의 사실에 대해 추측함을 나타낸다. 예) 어쩐지 그 소리가 차츰 가까워지는 것 같다. 예) 너는 나를 이해하지 못하는 것 같아. 예) 전화를 안 받는 걸 보니 지금 집에 아무도 없는 것 같네.

	[사전1]	[사전2]	[사전3]
보충 설명	1. 현재 일어나고 있다고 추측되는 일에 대해 '-는 것 같다'(보다 확실하고 직접적인 근거를 바탕으로 한 어느 정도 확신이 있는 생각)와 '-(으)ㄹ 것 같다'(간접적인 근거나 여러 가지 상황으로 미루어 볼 때 추측, 추론할 수 있는 내용)의 비교 2. 과거의 사실에 대한 추측의 의미를 나타낼 때 '-(으)ㄴ 것 같다'(이미 끝나거나 일어났을 거라고 생각되는 사실을 추측하는 경우)와 '-었던 것 같다'(자신의 경험을 다시 떠올려 추측하는 경우)로 써야 한다.		과거사실의 추측은 '-은 것 같다'를 쓴다. 예) 비가 온 것 같다.(O) '-았는 것 같다'는 틀린 말이다. 예) 비가 왔는 것 같다.(X)
다른 문법과 비교	'-는 것 같다/-는 모양이다/-나 보다'는 큰 의미 차이 없이 여러 상황을 종합하여 추측하는 의미를 나타낸다. '-는 것 같다' : 주로 말하는 사람 자신의 주체적이고 주관적인 경험, 지식에 근거하여 추측할 때 쓰임. '-나 보다'와 '-는 모양이다' : 객관적인 사실, 정보 등에 근거하여 추측할 때 쓴다. '제 생각으로는'과 같은 부사구와 '-나 보다/-는 모양이다'는 공기하지 않음.		'-는 것 같다'와 '-나 보다'의 비교 1. '-는 것 같다'와 '-나 보다'는 둘 다 말하는 이의 추측을 나타낸다. 2. '-는 것 같다'는 말하는 사람이 직접 경험한 사실에 대해서도 자신이 없거나 우회적으로 말할 때 사용할 수 있지만, '-나 보다'는 자신이 경험하지 않은 것에 대해서 추측할 때에 사용한다. 예) [존이 한국말 하는 것을 듣고 나서] 한국말을 잘하는 것 같아요.(O) 한국말을 잘하나 봐요.(X)

제시된 문법 항목이 의미로 묶인 것이니만큼 각기 다르게 규정한 범주를 밝히고 구성이 다른 것을 명시하는데, 세 문법 사전 모두 '-는 것 같다'를 어미로 규정하지는 않았다. 용언 '같다'의 하위에 속한 것으로 '-는 것 같다'를 기술한 [사전2]를 제외하고 [사전1]과 [사전3]은 표제어가 다르다.33) [사전1]의 '관련어'와 [사전3]에서는 '비슷'이라는 표기로 유사 의미를 갖는 표현형식을 표기해 주고 있다.

사전별로 제시된 문법 기술을 살펴보면, 세 사전에서 공통적으로 '추측'이라는 용어를 사용하고 있다. 구체적으로 살펴보면, [사전1]은 '추측'과 '생각/의견'으로 의미를 구분해서 제시하고 있고 [사전2]는 의미 차이를 항목으로 구분하지 않았지만 의미 기술에서 '추측'과 '불확실한 단정'이라고 제시하고 있는 반면, [사전3]에서는 '추측'의 의미만 기술되어 있는 것이 다르다.

먼저, 공통적으로 제시한 '추측'의 의미를 어떻게 기술했는지 확인해 보자. '여러 상황으로 미루어 현재 그런 일이 일어나거나 상태에 있다고 추측함'[사전1], '동작이나 상태에 대한 화자의 추측'[사전2], '현재 사실에 대해 추측함'[사전3]이라는 기술은 명제의 확실성에 대한 화자의 판단을 의미하나, 화자와 명제의 관계는 명확하지 않다. 물론 [사전1]과 [사전3]에서 추측하는 주체는 화자임을 당연하게 받아들여 화자라는 명칭 자체를 쓰지 않을 수도 있겠지만, [사전2]와 같이 화자를 명기하고 명

---

33) [사전1]과 [사전3]의 문법 표제어는 여러 활용형 중에 대표형으로 제시되어 있지 않고 각각의 활용형(예를 들어 '-(으)ㄴ 것 같다, -는 것 같다, -(으)ㄹ 것 같다)이 모두 가나다순으로 바뀌어 제시되어 있어 어떤 활용형으로 찾아도 의미를 확인할 수 있게 되어 있다. 이 글에서는 한정된 지면 관계로, 대표형 '-는 것 같다'의 문법 기술만을 비교하기로 한다. 문법 기술에서 동작이나 상태, 현재와 같이 문법 활용형에 영향을 주는 의미 설명은 고려하지 않겠다. 또한 [사전2]에서 '-는 것 같다'에 또 다른 양태소 '-더-'가 결합된 문법 형식 '-던 것 같다'에 대한 문법 기술이 나오는데, '-던 것 같다'와 '-고 있었던 것 같다'의 의미 차이, '-더군요'와 '-었던 것 같다'의 의미 차이는 다른 사전과 동일한 것을 비교해야 하므로 논의 대상에서 제외하겠다.

제에 대한 화자의 태도로서 추측을 밝히는 것이 양태적 의미를 가장 잘 보여주는 것이다.

하지만 여전히 이와 같은 문법 기술은 관련어, 유의어로 제시된 '-나 보다'와의 의미적 차이를 분명하게 보여주지 못하고 있다. 이는 각 사전에서 추측의 의미로 제시되어 있는 예문을 살펴봐도 마찬가지이다. 제시된 예문에서 '-는 것 같다' 대신에 '-나 보다'로 바꿔도 외국인 학습자는 의미 차이를 이해하기 어려울 듯하다.

> (16) 가. 빗소리가 들려요. 밖에 (비가 오는 것 같아요/비가 오나 봐요).
>   [사전1]
> 　　나. 책 읽는 것을 (좋아하는 것 같아서/ *좋아하나 봐서) 선물로 책을
>   샀어요. [사전1]
> 　　다. 이 식당 음식은 참 (맛있는 것 같아요/ *맛있나 봐요). [사전1]
> 　　라. 집 안에 아무도 (없는 것 같아요/없나 봐요). [사전2]
> 　　마. 제가 (잘못한 것 같습니다/잘못했나 봅니다). [사전2]
> 　　바. 너는 나를 (이해하지 못하는 것 같아/ ?이해하지 못하나 봐). [사전3]
> 　　사. 어쩐지 그 소리가 차츰 (가까워지는 것 같아/ *가까워지나 봐).
>   [사전3]
> 　　아. 전화를 안 받는 걸 보니 지금 집에 아무도 (없는 것 같네/없나 보
>   네). [사전3]

위 예문은 세 사전의 '-는 것 같다'의 예문에 '-나 보다'를 병기해서 쓴 것이다. (16나)에서 '-는 것 같다'에서 '-나 보다'로 대체하면 연결어미 제약에 걸려 적격문이 되지 못한다. (16나)에서 어떤 사람이 책을 좋아한다고 인식한 화자('보다'의 주체)와 책을 산 주체(명제 참여자)는 다르기 때문이다. (16다)는 [사전1]의 두 번째 의미로 기술된 '의견'을 보여주는 예로 화자가 먹은 경험을 바탕으로 음식이 맛있다고 평가하는 것이므로, 화자의 경험을 표현하지 못하는 '-나 보다'는 비적격문이 된다. (16사)는

화자의 느낌이나 예감과 같이 지극히 주관적인 추측을 한다는 점에서 '-나 보다'와 함께 쓰지 못한다.[34]

문제는 '-는 것 같다'와 '-나 보다'로 대체할 수 없는 의미가 사전에서 추가로 보충 설명이 되어 있지 않다는 점이다. [사전1]에서만 '추측'과 다른 '의견'을 별도의 의미로 구별했을 뿐, [사전3]은 다양한 담화 상황이 예문으로 제시된 반면 각 상황에 대한 의미 설명이 되어 있지 않고 '-는 것 같다'의 전체적인 의미만이 간단하게 제시되어 있어 학습자가 충분히 이해하는 데 부족하다.

또 하나 주목할 점은 세 사전에서 모두 '-는 것 같다'와 '-나 보다'의 의미가 거의 같다고 기술하고 있는 것이다. (16)의 예에서 확인할 수 있듯이, '-는 것 같다'와 '-나 보다'가 쓰인 예문이 모두 적격문으로 인정될 수 있다고 해서 그 의미가 동일한 것은 아니다. (16가), (16라), (16아)의 경우에도 한국어 모어 화자라면 두 문장의 의미가 똑같다고 말하지는 않을 것이다. 더욱이 (16마)에서 '제가 잘못한 것 같습니다'와 '제가 잘못했나 봅니다'는 의미가 달라진다. 전자는 자신이 잘못했다고 생각하고 있는 화자 자신의 생각을 말하는 것인 반면, 후자는 화자가 자신이 잘못했다고 인정하거나 납득하지 못하더라도 현재 돌아가는 상황으로 미루어 짐작하면 자신이 잘못한 것처럼 보인다는 의미로 말하는 것이다. 그럼에도 (16마)의 예문이 쓰인 [사전2]에서는 '-는 것 같다'의 문법 기술에 '불확실한 단정'이라고 표기하기만 했을 뿐 그 밖의 다른 설명이 덧붙여져 있지 않다. [사전1]의 두 번째로 제시된 의미인 '의견'이 의미로 추가되고 학습자를 위한 더 명시적인 의미 설명이 덧붙여질 필요가 있다.

---

34) (16나), (16다), (16사)에서 '-나 보다'가 적격문이 되지 못하는 것은 이후에 논의될 '-나 보다'의 설명으로 기술되어야 한다. '-는 것 같다'에서는 특별한 문법적 제약이 없는 것이 특징이므로, '같다'에 과거 시제가 온다든지 부정이 온다든지 하는 예문을 보충하여 특별한 문법 제약이 없음을 보여줄 필요가 있다.

세 사전 모두 동일한 명칭으로 마련되지는 않았지만 기본적인 의미 이외의 추가적인 설명 형식으로 의미를 보충하는 자리가 있다. 이런 자리에서는 학습용 사전에서 학습자가 자주 의미 혼동을 일으키는 것을 비교하면서 차이를 밝혀주는데, [사전1]에서도 'A-(으)ㄴ 것 같다'와 'A-(으)ㄹ 것 같다'의 의미 차이, 'V-(으)ㄴ 것 같다'와 'V-었던 것 같다'의 의미 차이를 기술하고 있다. 학습자가 의미적으로 더 상세한 설명을 요구하는 경우가 많으므로, 이에 대한 보충 설명이 되어 있는 것이 외국인 학습자에게 도움이 될 것이다. [사전3]에서는 과거 시제 결합을 'V-었는 것 같다'로 쓰는 외국인 학습자의 오류를 보여줌으로써 활용형을 다시 한번 강조해 주고 있다. 외국인 학습자의 빈번한 오류 중의 하나이므로 명시적으로 예와 함께 기술하는 것은 학습에 도움이 될 것이다.

'-는 것 같다'와 비슷한 의미를 갖는 표현형식을 비교한 설명을 살펴보자. [사전1]에서는 '-는 것 같다'의 관련어로 '-나 보다/는 모양이다'를 들고 있는데, 각각의 의미가 거의 비슷하다고 기술한 부분은 아쉽다. 하지만 이들 사이의 의미 차이를 분명히 하기 위해 공기할 수 있는 부사구를 제시하는 것은 효과적이다. [사전1]에서 '-는 것 같다'의 의미를 화자의 주체적이고 주관적인 경험, 지식에 근거한다고 한정하며, '제 생각으로는'과 같은 부사구가 '-는 것 같다'와는 공기하지만 '-나 보다'와는 공기하지 못한다는 것을 비교하여 명시해 주고 있다. [사전3]에서는 '-는 것 같다'와 '-나 보다'를 비교하면서, '-는 것 같다'가 화자가 직접 경험한 사실에 대해 우회적으로 말할 때 사용하는 반면, '-나 보다'는 경험주 제약을 갖고 있음을 명시하고 있다. 이와 같이 비슷한 의미를 갖는 문법 형식들 간의 비교에서 부사구와의 공기 관계를 밝히거나 경험주 제약과 같이 명확하게 의미를 구별할 수 있는 특징을 예문과 함께 보여주는 것은 학습적으로 유용하다.

4.1.2. '-나 보다'의 문법 기술

	[사전1]	[사전2]	[사전3]
표제어	-나 보다	-나 보다/-(으)ㄴ가 보다	-나 보다
범주	표현 [의문을 나타내는 어미 '-나' + 동사 '보다']	보조동사 [의문형 종결어미 '-나/ -(으)ㄴ가' + 동사 '보다']	관용 표현
결합 정보	동사 어간이나 '있다', '없 다', 어미 '-았-' 뒤에 붙 어. [관련어] -는 것 같다, -는 듯하다, -는 모양이다	주어는 2인칭과 3인칭만 쓴다. 1인칭 주어를 쓰는 경우는 자기를 3인칭화 (객관화)해서 말할 때에 한한다.	동사와 '있다/없다' 뒤에 쓰여. [변이형태] -ㄴ가 보다/-은가 보다 예) 아픈가 보다, 많은가 보다
의미	어떤 사실이나 상황으로 미루어 그런 것 같다고 추 측하는 의미를 나타낸다. 예) 사람들이 우산을 쓰고 가 요. 밖에 비가 오나 봐요. 예) 극장 앞에 사람이 많네. 영화가 재미있나 봐.	어떤 사실을 보고 그것으 로 미루어 다른 동작이나 상태를 짐작함을 나타낸다. 예) 조용한 걸 보니 아이 들이 자나 봐요. 예) 저 사람들은 부부가 아닌가 봐요.	어떤 상황이나 사실에 비 추어 볼 때 그런 것 같다고 짐작하여 말함을 나타낸다. 예) 너무나 충격이 심해서 그랬나 보다. 예) 지금 퇴근하나 보죠? 예) 너 오늘 할 일이 없나 보구나.
보충 설명	'-나 보다'는 주변 상황으 로 미루어 그럴 것이라고 짐작하는 경우에 사용한다. 그러므로 말하는 사람이 직접 경험한 사실에 대해 서는 확신이나 자신감 없 이 말하는 경우에라도 사 용하지 않는다. 예) 영화가 아주 재미있나 봅니다. : 영화를 본 사람들의 반 응이나 극장 앞에 몰려 있는 사람들을 보고 영 화가 재미있을 것 같다 고 추측하는 경우에 사 용할 수 있는 문장으로, 자신이 직접 영화를 본 후에 사용할 수 없다.	상태동사에 시상어미가 붙었을 때는 '-는가 보 다', '-나 보다'를 다 쓸 수 있다. 예) 삼촌은 어제 한가했나 보다. 예) 옛날에는 두 사람이 친 했는가 봅니다.	말하는 사람의 추측을 나 타내므로 '나, 우리'와는 쓰이지 않는다. 예) 나는/우리는 학교에 가 나 봐요.(X)

	[사전1]	[사전2]	[사전3]
비슷한 문법과 비교	'-는 것 같다'도 '-나 보다'와 마찬가지로 추측의 의미를 나타내는 표현이다. 그러나 '-는 것 같다'는 말하는 사람이 직접 경험한 사실에 대해서 확신 없이 이야기할 때도 사용되는 반면, '-나 보다'는 자신이 직접 경험한 사실에 대해서는 사용할 수 없고 간접 경험이나 단서를 가지고 추정해 표현할 때만 사용된다는 점에서 차이가 있다. -진수는 테니스를 잘 치는 것 같아요. (진수가 테니스를 잘 치는 것을 본 후 쓸 수 있음) -진수는 테니스를 잘 치나 봐요. (진수가 테니스를 잘 친다는 이야기를 듣거나 그가 상을 많이 받는다는 이야기를 듣거나 하여 테니스를 잘 친다고 추측하는 경우에 사용하는 표현이다.)	'-는 것 같다', '-는 모양이다', '-나 보다'의 비교 : 의미의 차이는 '같다, 모양, 보다'와 같은 단어들의 본래의 의미에서 비롯된다. '-는 것 같다' : 어떤 사물의 동작이나 상태가 다른 사물의 동작이나 상태를 미루어 짐작한다. '-는 모양이다' : 어떤 사물의 모양으로써 동작이나 상태를 미루어 짐작한다. '-나 보다' : 어떤 사물을 보고 동작이나 상태를 짐작한다.	※'-나 보다'와 '-는 것 같다'의 비교는 '-는 것 같다'의 도움말 쪽수 제시

세 사전 모두 '-나 보다'의 범주를 다르게 규정하고 있는데 [사전1]과 [사전2]에서는 각기 다른 통사적 구성을 보여주고 있다. 결합 정보란에서는 [사전1]에서 '-나 보다'의 [관련어]로 '-는 것 같다', '-는 듯하다', '-는 모양이다'를 제시하고 있어 학습자의 의미 차이에 대한 관심을 상기시킨다. [사전2]에서는 1인칭 주어 제약을 언급하면서 인칭 제약이 해소되는 경우는 화자가 자기를 객관화하는 경우라고 명시한다. 이는 '-나 보다'의 추측의 의미와는 다른 '깨달음'에 해당하는 의미임을 분명히 한

것이다.

하지만 세 사전 모두 결합 정보가 충분하지 못하다는 인상을 준다. 문법적 제약이 많은 '-나 보다'의 경우 외국인 학습자의 비적격문 생성이 많아지는데, [사전1]에서 제시된 것은 결합 정보라기보다는 유사 의미를 지닌 문법형식과의 비교에서 논할 수 있으며, [사전3]에서는 활용형만 제시되어 있어 '-나 보다'가 갖고 있는 많은 문법 제약을 보여주지 못하고 있다. [사전2]에서 제시한 1인칭 주어 제약은 외국인 학습자가 왜 이런 제약이 있는지 설명 받지는 못해도 명시적으로 제약을 밝히고 제약 해소가 될 경우 새로 생성되는 의미를 제시함으로써 '-나 보다'의 의미를 넓혀주는 것이라고 본다. 다만, 앞서 제시되었던 (16나)의 연결어미 제약, (16다)의 경험주 제약뿐만 아니라 시제 제약이나 '보다'에 장형부정문 형성 제약 등 확인해야 할 문법 제약이 폭넓게 제시되지 못한 것이 아쉽다.

의미 기술을 살펴보면, 세 사전에서 공통적으로 '어떤 상황을 미루어 짐작'하거나 '어떤 사실에 비추어 짐작'한다고 기술하고 있다. '-는 것 같다'와 같은 추측의 의미더라도 '어림잡아 헤아린다'는 짐작의 의미를 덧붙임으로써 근거에 대한 화자의 정보가 충분하지 않거나 근거로 여기는 것이 화자의 직접 경험이 아닌 간접경험임을 보여준다.

(17) 가. 사람들이 우산을 쓰고 가요. 밖에 (비가 오나 봐요/비가 오는 것 같아요). [사전1]
나. 극장 앞에 사람이 많네. (영화가 재미있나 봐/영화가 재미있는 것 같아). [사전1]
다. 조용한 걸 보니 아이들이 (자나 봐요/자나 봐요). [사전2]
라. 저 사람들은 부부가 (아닌가 봐요/아닌 것 같아요). [사전2]
마. 너무나 충격이 심해서 (그랬나 보다/그런 것 같아요). [사전3]
바. 너 오늘 할 일이 (없나 보구나/없는 것 같구나). [사전3]
사. 지금 (퇴근하나 보죠/퇴근하는 것 같죠)? [사전3]

'-는 것 같다'에 비해 문법적 제약이 훨씬 많은 '-나 보다'의 예문은 '-는 것 같다'로 대체했을 때 (17가-바)와 같이 비적격문이 나올 가능성이 상대적으로 크게 줄어든다. 하지만 여기에서도 '-는 것 같다'와 '-나 보다'의 의미 차이를 인지할 수 있을 만한 설명이 구체적으로 나와 있지 않다. 특히, 개인적인 의견을 밝히는 '-는 것 같다'와는 달리, '-나 보다'의 의미가 '-는 것 같다'에 비해 겉으로만 보이는 피상적인 근거에 기반하여 짐작한 의미라는 것을 부각하면서 화자가 그것에 대해 잘 모른다는 것을 표현한 것임을 설명해 줄 필요가 있다. 그래야 (17마)와 (17바)가 화자가 잘 모르는 것을 짐작해서 말할 때, 책임성을 회피하면서 발화를 하고자 할 때 '-나 보다'로 표현한 것임을 학습자가 이해할 수 있다. 그런 의미에서 보충 설명에서 '-는 것 같다'와 '-나 보다'를 사용할 때 판단 근거로 사용되는 정보가 경험하지 않은 정보, 짐작에 의한 피상적인 정보임이 추가되는 것이 바람직하다.

(17사)의 경우 다른 예문과 달리 '-는 것 같다'와 '-나 보다'를 결합시켰을 때 의미가 달라지는 것이다. 청자에게 확인하는 의미의 양태어미 '-지'를 덧붙여 의문문으로 제시한 예로, 두 문장은 서로 의미가 다르다. (17사)의 '지금 퇴근하나 보죠?'는 화자의 짐작을 청자에게 확인하는 의미로 쓰인 반면, (17사)의 '지금 퇴근하는 것 같죠?'는 청자의 생각을 확인하는 의도로 쓰인 것이다. (17사)의 전자는 화자의 짐작이 불명확한 정보에 기초하여 확신할 수 없음을 보여주는 반면, (17사)의 후자는 청자가 명제에 대해 어떻게 생각하고 있는지 청자의 의견을 묻고 있는 것이다. [사전3]은 '-나 보다'에서 자주 쓰이는 예문을 수록하기는 했는데 이에 대한 특별한 의미 기술이 제시되지 않아 외국인 학습자가 정확하게 어떤 의미로 써야 할지 판단하기 어려우므로 별도의 설명이 요구된다.

유사한 의미를 갖는 어미와 비교할 때 [사전1]에서는 '-는 것 같다'에서 언급한 것과 같이 화자의 경험에 기반한 판단 근거를 둘 때 '-나 보다'와 결합되지 않는 것을 강조하고 있다. 반복적인 문법 제시가 학습 과정에서 필요하긴 하지만, '-는 것 같다'와 '-나 보다'의 의미 차이를 만들어내는 여러 기준 중에 화자의 경험에 의한 근거만이 제시되는 것은 수정될 필요가 있다고 본다. '-나 보다'의 판단 근거 자체가 피상적이라서 화자가 확신 없이 틀릴 수 있다고 여기며 짐작할 때 쓴다는 것을 외국인 학습자가 알고 있다면, 자신이 모르고 있음을 내세워 다른 사람의 의도를 떠 보거나 모르는 척하는 확장된 의미까지 이해하는 것이 가능하다. 그런 의미에서 [사전2]에서 '-는 것 같다'와 '-는 모양이다', '-나 보다'를 비교할 때 '같다, 모양, 보다'에 기초한 의미 설명을 예문 없이 제시한 것도 외국인 학습자에게 의미 차이를 이해시키는 데는 충분하지 않다.

4.1.3. 한국어 학습용 사전의 문법 기술 정리

지금까지 한국어 학습용 사전에 나와 있는 '-는 것 같다'와 '-나 보다'의 문법 기술에 대해 살펴본 것을 정리하면 다음과 같다.

첫째, 학습용 문법 사전임에도 불구하고 문법의 의미에 대한 설명이 너무 간단하고 지나치게 추상적인 경향이 있다. 특히 동일한 범주 내 다양한 문법형식으로 양태적 의미를 전달하는 문법형식이 많은 경우, 외국인 학습자의 언어 사용을 고려해 볼 때 각 문법형식들 간의 의미 차이에 대한 더 상세한 기술이 요구된다.

둘째, 문법 기술에 사용된 예문이 1차적이고 기본적인 의미에 관련된 것에 한정된 것이 많다. '-는 것 같다'와 '-나 보다'의 1차적인 의미가 추측이라고 할 때 각 사전에 제시된 예문의 80% 이상이 추측의 의미에 해당하는 예문이었다. 부차적인 의미라 해도 그것이 생활에서 많이 쓰이고 있는 담화적 의미가 있다면 사전에서 따로 기술되고 그에 해당하는 예문도 실어야 한다. 반대로 말뭉치 분석을 통해 만들어진 학습용 사전이라면 다양한 예문을 제시하는 것 못지않게 그에 대한 의미 설명도 함께 제시할 필요가 있다.

셋째, 학습용 사전이니만큼 외국인 학습자가 쉽게 인지하고 사용할 수 있을 만한 문법적인 표지를 함께 명시하는 방식을 적극적으로 활용하는 것이 필요하다. '-는 것 같다'를 화자의 의견을 밝히는 데 사용할 때에는 '제 생각에'나 '제가 보기에는'과 같은 공기할 수 있는 부사구를 밝혀주는 것, '-나 보다'에서 1인칭 주어와 결합되지 않는 것과 같은 명시적인 설명과 형식적인 표지를 함께 제시해 주면 외국인 학습자가 더 용이하게 문법을 이해하고 자신의 의도를 표현할 수 있게 될 것이다. 문법적인 제약 또한 아무런 설명 없이 나열하지 않고 추가 설명과 함께 제시된다면 더 효과적일 것이다.

4.2. 한국어 학습용 교재에서의 문법 기술 및 담화 상황

한국어 학습용 교재는 학습자의 담화 능력 향상을 목표로 문법과 어휘를 학습하여 그것이 담화 내에서 어떻게 사용될 수 있는지 보여준다.[35] 학습용 문법 사전에 모든 문법 항목이 배열되어 있는 것과 달리, 학습용 교재에는 문법적 난이도가 고려되어 학습자의 학습 수준(초급, 중급, 고급)에 따라 문법이 제시된다. 또한 학습용 문법 사전은 문법 항목의 의미 기술과 예문이 제시되어 있는 것과 달리, 학습용 교재는 목표 문법의 의미

---

35) 대부분의 한국어 학습용 교재는 말하기, 듣기, 읽기, 쓰기와 같은 언어기능이 별개로 구분되어 있지 않고 각 언어기능을 통합적으로 학습하게끔 구성되어 있다. 하나의 주제로 어휘와 문법을 학습한 후 그것을 말하기, 듣기, 읽기, 쓰기 과정에서 사용할 수 있도록 한 것이다. 여기에서는 담화 상황을 파악하기 위한 것이므로 각 교재에서 말하기 대화 형태로 제시된 것만 한정해서 대상으로 삼는다.

기술과 예문뿐만 아니라 이것이 사용된 맥락을 교실 수업에서 연습할 수 있도록 담화 상황이 함께 제시되어 있다. 그렇기 때문에 교재에 제시된 담화 상황을 보면 앞서 제시된 문법 기술의 담화적 의미까지 확인할 수 있다.

이 장에서는 양태 표현 형식 '-는 것 같다'와 '-나 보다'가 한국어 학습용 교재에 어떻게 기술되어 있는지, 어떤 담화 상황이 대표적으로 제시되어 있는지 확인하고자 한다. 분석 대상으로 삼은 한국어 학습용 교재는 다음에 나와 있는 5종 교재이다. 교재 옆에 제시된 숫자는 학습 수준을 의미하는 것으로 숫자가 높아질수록 난이도가 어려운 단계에 속한다. 외국인 학습자에게 문법적 의미를 제한된 시간 안에 한국어로 이해시키기 어려우므로, 초급과 중급 교재에서는 한국어가 아닌 영어, 일본어, 중국어로 문법이 기술된다. 여기에서는 영어로 문법 기술이 되어 있는 것을 분석 대상으로 삼았다.36) 먼저 각 교재에 나와 있는 '-는 것 같다'와 '-나 보다'의 문법 출현 양상을 확인해 보자.

	-는 것 같다	-나 보다
(1) 서강 한국어 (서강대 교재)	2B권 2과 : A-(으)ㄴ 것 같다 / V-는 것 같다 [추측] 최근 달라진 친구에 대해 그 이유를 추측하기 2B권 3과 : A/V-(으)ㄹ 것 같다 [추측] 주말에 사람이 많을 것 같은 상황을 추측하기	3B권 5과 : A-(으)ㄴ가 보다 / V-나 보다 [추측] 떨어져 있는 물건을 보고 누구의 것인지 추측하기

---

36) 한국어 학습용 교재는 교육기관의 교육과정이 반영되어 있다는 점을 고려하여, 현재 한국어 교육기관 중에서 비교적 오랜 역사를 갖고 있고 교재 출판 시기도 다른 교재에 비해 빠른 교재 5종을 선택했다. 제시된 교재 대부분이 개정판이라서 출판 시기가 최근으로 나와 있지만, 초판은 2000년대 초반 전후로 출판된 것이다. 교재명이 길기 때문에 앞으로는 편의상 교육기관명을 붙여 '서강대 교재'와 같이 쓰겠다. 교재 제시 순서는 교재명을 가나다 순으로 배열한 것이다.

	-는 것 같다	-나 보다
(2) 연세 한국어 (연세대 교재)	1권 9과 : A/V-(으)ㄹ 것 같다 [추측] 내일 날씨 추측하기	2권 8과 : A-(으)ㄴ가 보다 / V-나 보다 [추측] 진료 예약하면서 오래 기다려야 하는 것을 보고 환자가 많은 상황 추측하기
(3) 이화 한국어 (이화여대 교재)	2권 7과 : A-(으)ㄴ 것 같다 / V-는 것 같다 [의견] 물건을 보고 자신의 의견을 말하기	3권 9과 : A-(으)ㄴ가 보다 / V-나 보다 [추측] 지갑이 없는 것을 보고 자신이 지갑을 잃어버렸음을 알게 된 상황 말하기
(4) 재미있는 한국어 (고려대 교재)	2권 3과 : V-(으)ㄹ 것 같다 [추측] 내일 날씨 추측하기 2권 4과 : A-(으)ㄴ 것 같다 / V-는 것 같다 [의견] 물건을 보고 자신의 의견 말하기	3권 7과 : A-(으)ㄴ가 보다 / V-나 보다 [추측], [깨달음] : 한국어 공부에 힘들어하는 친구를 보고 친구의 상황 추측하기
(5) 한국어 (서울대 교재)	2권 4과 : N-인 것 같다 [추측] 얼굴을 보고 외국인으로 추측하기 2권 6과 : A-(으)ㄴ 것 같다 / V-는 것 같다 [의견] 책에 대한 자신의 의견 말하기	3권 7과 : A-(으)ㄴ가 보다 / V-나 보다 [추측] 집들이에 사람들이 늦는 것을 보고 늦는 이유를 추측하기

먼저, 각 교육기간의 한국어 학습용 교재 모두 '-는 것 같다'를 초급 중후반에, '-나 보다'를 중급 초중반에 제시하고 있어, 공통적으로 '-는 것 같다'를 '-나 보다'에 앞서 제시하고 있음을 확인할 수 있다. '-나 보다'에 비해 '-는 것 같다'가 통사적 제약이 적고, 말하기와 듣기와 같은 구어 담화에서 빈도수가 높기 때문인 것으로 보인다.37)

---

37) 한국어 교육 학위논문(이선영 2006)에서 다양한 자료를 대상으로 말뭉치 분석을 통해 빈도 수를 확인한 결과, 구어체와 문어체 모두에서 '-는 것 같다'가 '-나 보다'보다 빈도수가 높은 것으로 나타났다.

교재에서 난이도에 따라 문법 제시 순서가 다른 것은 먼저 나오는 문법을 학습할 때와 나중에 나오는 문법을 학습할 때 문법 기술이 달라질 수 있음을 의미한다. 문법 사전에서는 문법 제시가 난이도에 의한 것이 아니기 때문에 각 문법 항목별로 각각의 문법 기술에서 유사문법과의 의미 차이를 설명해야 하는 반면, 교재에서는 먼저 제시되는 '-는 것 같다'의 문법 기술에서는 비교 설명이 없지만 나중에 제시되는 '-나 보다'의 문법 기술에서 선수 학습된 것과 어떻게 다른지 확인시켜 주는 작업이 반드시 필요하다.

몇몇 한국어 학습용 교재에서 '-는 것 같다'의 경우 활용형을 나눠 제시하는 경우가 있는데, 별다른 문법 제약이 없어 상대적으로 학습 부담이 적은 '-는 것 같다'는 활용형 연습에 중점을 두는 것으로 보인다. 하지만 '-나 보다'의 경우 활용형을 나눠 제시하지 않는 대신에 '-는 것 같다'와 같은 유사 문법형식과의 의미 차이를 기술하는 경우가 많다.38) 특히 '-나 보다'와 같은 문법 제약이 많은 문법을 교수, 학습할 때에는 문법 제약에 대한 명시적인 설명과 연습이 뒷받침되어야 학습자의 오류 생성을 줄일 수 있다.

각 교재별로 보이는 눈에 띄는 점을 살펴보면, 서강대 교재는 해당 문법을 적용한 담화 상황이 듣기 지문을 제외하고도 2-3개씩 제시되어 나와 있는 것이 특징적이다. 외국인 학습자가 여러 가지 담화 상황을 접하고 연습하도록 한 것인데, 다른 교재와의 비교를 위해 여러 담화 상황 중에서 하나만 선택하여 분석하기로 한다. 연세대 교재의 경우 '-는 것 같다'와 '-나 보다'의 문법 제시 순서가 다른 교재에 비해 이른 것을 알 수

---

38) '-는 것 같다'와 '-나 보다'를 학습한 이후 '-더-'나 '-(으)려-'와 같은 양태적 의미를 띠는 선어말어미와 결합한 '-었던 것 같다' 또는 '-(으)려나 보다'가 제시되기도 한다. 하지만 이 글에서는 '-는 것 같다'와 '-나 보다'의 의미 차이에 집중하여 그 밖에 다른 형태가 결합한 것에 대해서는 논하지 않기로 한다.

있다. 연세대 교재에서는 '-는 것 같다'는 1권, '-나 보다'는 2권에서 제시되는데, 이는 다른 교재에서 2권과 3권에 걸쳐 나온 것과 대조된다.

그러나 무엇보다 눈에 띄는 점은 이화여대 교재에서 '-나 보다'에 앞서 2권 후반부에 '-는 모양이다'를 먼저 제시하고 있다는 점이다. 학습용 문법 사전에서 '-는 모양이다'는 '-나 보다'와 유사 의미를 갖고 있는 것으로 간주되어 의미 차이를 비교할 때 함께 많이 쓰는데, 대개의 학습용 교재에서는 '-는 모양이다'가 '-나 보다' 이후에 제시되는 경우가 많다. 말뭉치 자료 분석에서도 구어 담화에서 '-나 보다'가 '-는 모양이다'보다 빈도수가 높은데 이화여대 교재의 문법 제시 순서가 다른 교재와 다른 것이 특징적이다.

이 장에서는 각 교재별로 '-는 것 같다'와 '-나 보다'의 문법 기술과 예문, 담화 상황이 어떠한지 살펴보도록 하겠다. 다만 문법 기술에서 문법 활용에 대한 부분은 교재마다 거의 같으므로 이를 제외한 문법의 의미를 기술한 것에 중점을 두어 제시하고자 한다. 문법 기술은 대개 영어로 되어 있고 그에 해당하는 예문은 1-2개 정도만 선택해서 제시하겠다. 담화 상황은 학습 수준이 높아질수록 제시된 담화 길이가 길어지므로, 여기에서는 목표로 하는 양태 표현 형식이 나와 있는 부분만을 제시한다. 제시된 담화가 학습 수준에 적합한지, 해당 문법 기술을 나타내는 대표적인 상황인지, 생활에 유용한지 따져 보는 것은 이 글의 취지와 맞지 않으므로 여기에서는 논하지 않겠다.

4.2.1. '-는 것 같다'의 문법 기술 및 담화 상황

서강대 교재 2B권 2과 '-(으)ㄴ/는 것 같다'	서강대 교재 2B권 3과 '-(으)ㄹ 것 같다'
• 문법 기술 : '(Adjective)-은 것 같다' and '(Verb)-는 것 같다' are used to express the speaker's presumption about a situation or a person. It has the same meaning as 'It seems that…' 예) 히로미 씨가 오늘 기분이 아주 좋은 것 같아요. 예) 제니 씨가 음악을 듣는 것 같아요. 제니 씨 방에서 음악 소리가 나요.	• 문법 기술 : '-을 것 같다' is used to express the speaker's presumption about a situation or a person in the future. It has the same meaning as 'It seems that (someone/ something) will…' 예) 날씨가 안 좋아요. 비가 올 것 같아요.
• 담화 상황 (최근 달라진 친구에 대해 그 이유를 추측하는 상황) 앤디 : 요즘 이리나 씨가 이상하지요? 좀 우울한 것 같아요. 미나 : 네, 그런 것 같아요. 앤디 : 왜 그럴까요? 미나 : 제 생각에는, 집에 문제가 생긴 것 같아요. 앤디 : 그래요?	• 담화 상황 (대학로에 가서 연극 보자고 하는데 자리가 없을 것 같다고 추측하는 상황) (중략) 민수 : (대학로에 가서) 연극 보는 게 어때? 현우 : 지금 가면 자리가 없을 것 같아. 민수 : 괜찮을 거야. 가자.

서강대 교재에서는 '-는 것 같다'의 의미를 '추측'으로 한정해 문법과 예문을 기술하지만 담화 상황에서는 추측에서 자신의 의견을 말하는 것까지 제시하고 있다. 하지만 문법 기술과 예문에서 '의견'의 의미가 명시적으로 제시되지 않는다. 그러나 담화 상황에서는 '제 생각에는'과 같은 '-는 것 같다'와 공기할 수 있는 부사구가 함께 제시되어 있다. 실제 언어 사용에서 '의견'의 의미로 '-는 것 같다'가 많이 쓰이는 만큼 문법 기술에서 기본적인 의미로 '추측'을 먼저 제시하고 추가로 '의견'의 의미를 덧붙이는 것이 필요해 보인다.

또한 '-는 것 같다'의 문법 기술에서 이에 대당하는 번역을 함께 제시하는 것도 특징적이다. 영어 번역을 주었을 때 학습자가 한국어의 문법 쓰임을 잘못 이해할 가능성이 있으므로 주의해야 하지만, 문법 번역과 예문이 설명과 함께 제시된다면 학습자가 의미를 개념화하는 데에는 도움을 줄 수도 있을 것이다.

연세대 교재 1권 9과 '-(으)ㄹ 것 같다'
• 문법 기술 : It is used with a verb to indicate the assumption of the action or state that will take place in the future. 예) 너무 배가 고파서 많이 먹을 것 같아요. 　　이 음식은 너무 매울 것 같아요.
• 담화 상황 (내일 날씨를 추측하는 상황) 제임스 : 내일은 날씨가 어떨까요? 미　선 : 오늘보다 따뜻할 것 같아요. 　　　　　　(중략)

연세대 교재에서는 '-는 것 같다'의 대표적인 문법 표제어를 '-(으)ㄹ 것 같다'로 하고 그에 대한 예문과 담화 상황도 '-(으)ㄹ 것 같다'에 맞춰 제시하고 있다. 그러나 문법 기술 후에 문법 연습에서 '-(으)ㄴ/는 것 같다'를 함께 연습할 수 있게 되어 있는데, 그에 대한 설명이 따로 제시되지 않아 의미와 문법 활용형에 대한 추가 설명과 예문이 요구된다.

연세대 교재에서도 서강대와 마찬가지로 '-는 것 같다'의 의미를 '추측'으로 한정하여 문법을 기술하고 있는데, 학습자가 '-는 것 같다'를 자신의 주관적인 의견을 말할 때에도 쓰게 하려면 문법 기술에서 이 부분이 추가되는 것이 필요해 보인다.

이화여대 교재 2권 7과 '-(으)ㄴ/는 것 같다'
• 문법 기술 : '-(으)ㄴ/는/(으)ㄹ 것 같다' is used to assume an action in the past, present, or future, or a current situation through various circumstances. '-인 것 같다' is used to assume a current situation.
• 담화 상황 (구두를 사러 간 두 사람이 구두 가게에서 말하고 있는 상황) (중략) 장소이 : 이 구두는 어때요? 요즘 유행하는 디자인이에요. 율리아 : 글쎄요. 그건 너무 높아서 불편하지 않을까요? 저는 높은 구두는 잘 안 신어요. 장소이 : 그럼 이 까만색 구두는 어때요? 별로 높지 않고 디자인도 세련된 것 같아요. 율리아 : 정말 예쁘네요. (중략)

이화여대 교재는 '추측'의 의미로 문법이 기술되어 있는 반면에 담화 상황은 '의견'의 의미로 제시되어 있다. '의견'의 의미로 쓰이는 담화 상황이 생활에서 빈번하게 접할 수 있는 상황이라고 하더라도 문법 기술과 담화 상황이 다른 것은 외국인 학습자가 이해하고 사용하는 데 어려움을 줄 수 있다. 또한 문법 기술 이후에 문법 활용형만 제시되어 있을 뿐 예문이 따로 제시되어 있지 않다. 문법 기술에서 '추측'에 대한 의미 기술 이후에 '의견'의 의미가 추가 설명이 되는 것이 필요하다. 더불어 의미 기술이 세분화되는 만큼 각각의 의미에 해당하는 예문도 추가될 필요가 있다.

고려대 교재 2권 3과 '-(으)ㄹ 것 같다'	고려대 교재 2권 4과 '-(으)ㄴ/는 것 같다'
• 문법 기술 : -(으)ㄹ 것 같다 is attached to a verb, an adjective and 'noun+이다', indicating one's subjective guess or presumption, about the present/future. 가 : 내일 비가 올까요? 나 : 제 생각에는 내일 비가 올 것 같아요. When making predictions about the past, '-았/었/였을 것 같아요' can be used. 가 : 지금 제주도에는 비가 올 것 같아요. 나 : 어제 제주도에는 비가 왔을 것 같아요.	• 문법 기술 : -는/(으)ㄴ 것 같다 is attached to a verb, an adjective, and 'noun+이다' stem, meaning uncertain judgement or assumption about the present situation. 예) 치마가 너무 짧은 것 같아요. When -는/(으)ㄴ 것 같다 is used, it weakens the conclusive tone and gives soft and passive tone. Therefore, this form is frequently used for mild expressions of one's feeling. 예) 가 : 바지가 잘 맞으세요? 　　나 : 아니요, 좀 큰 것 같아요.

고려대 교재 2권 3과 '-(으)ㄹ 것 같다'	고려대 교재 2권 4과 '-(으)ㄴ/는 것 같다'

• 담화 상황 (현재 비가 오는 상황을 보면서 내일 비가 올지 추측하는 상황)
 	
수미 : 어머! 밖에 비가 와요.
         (중략)
         토요일에 친구들하고 놀러 갈 거예요. 내일도 비가 올까요?
사토 : 글쎄요. 소나기 같아요.
수미 : 그럴까요?
사토 : 네, 걱정하지 마세요. 곧 그칠 것 같아요.
	• 담화 상황 (옷을 쇼핑하고 있는데 어떤 옷을 골라 착용해 본 후 대화하는 상황)
	
	         (중략)
	점원 : 아주 잘 어울리시네요.
	손님 : 저에게 좀 작은 것 같아요.
	점원 : 더 큰 사이즈도 있으니까 잠깐 기다리세요.

고려대 교재에서는 다른 교재에 비해 문법 설명에 많은 지면을 할애하고 있는 것이 눈에 띈다. 더욱이 '-는 것 같다'의 활용형을 두 개 과에 걸쳐 '-(으)ㄹ 것 같다'와 '-(으)ㄴ/는 것 같다'로 나눠 제시하면서 의미도 '추측'과 '의견'으로 분리해 제시하고 있다. 담화 상황도 문법에 기술된 의미로 나눠 제시되어 학습자가 의미나 형태를 안정적으로 학습할 수 있을 것으로 기대된다. 특히 '추측' 의미의 문법 기술 이후 나오는 예문에서 '-는 것 같다'와 공기할 수 있는 부사구 '제 생각에는'을 제시해 줌으로써 '추측'과 '의견'의 의미를 동시에 지니는 '-는 것 같다'의 담화적 의미를 잘 보여주고 있다. 다만, '의견'의 의미 기술이나 예문에서도 공기할 수 있는 부사구를 명시적으로 제시하면 더 효과적이 될 것이다.

다른 교재와 다른 점을 꼽자면, '-(으)ㄹ 것 같다'의 문법 기술에서 '-었을 것 같다'와 같은 활용형을 보여주는 것이다. '-었을 것 같다'의 '-었-'이 외국인 학습자에게 과거 시제와 형태가 같아 의미적으로 혼동할 소지가 있어 보인다. 특히 '-는 것 같다'에 과거 시제가 결합된 '-(으)ㄴ 것 같다'를 학습하기 이전에 '-었을 것 같다'와 같은 완료된 상황을 추측하는 것은 의미적으로 더 어려울 수 있다.

서울대 교재 2권 4과 'N인 것 같다'	서울대 교재 2권 6과 '-(으)ㄴ/는 것 같다'
• 문법 기술 : N인 것 같다 to seem to be N 예) 저분은 한국 사람인 것 같습니다. 이것은 아주 좋은 시계인 것 같군요. 저 사람이 철수 씨의 친구인 것 같지요?	• 문법 기술 : A-(으)ㄴ 것 같다 to seem to be A/V V-는 것 같다 예) 영숙 씨의 시계는 참 비싼 것 같아요. 요즘 아이들은 책을 안 읽는 것 같아요.
• 담화 상황 (외국인이 가판대에서 신문을 사는 상황) (중략) 앙 리 : 500원이지요? 여기 천 원 있어요. 아저씨 : 외국 사람인 것 같은데, 한글을 읽을 줄 알아요? 앙 리 : 읽을 줄 알지만 뜻을 잘 모르겠어요. (중략)	• 담화 상황 (읽고 있는 책이 어렵다고 말하는 상황) 수미 : 내가 지난주에 빌려 준 책 다 읽었어요? 윌슨 : 아뇨, 너무 어려워서 아직 다 못 읽었어요. 수미 : 모르는 말이 많이 나와요? 윌슨 : 네, 그 책은 나한테 너무 어려운 것 같아요. (중략)

서울대 교재에서도 고려대 교재에서처럼 활용형을 '-인 것 같다'와 '-(으)ㄴ/는 것 같다'로 나눠 제시하면서 담화 상황도 '추측'과 '의견'으로 분리해 제시하고 있어 외국인 학습자가 '-는 것 같다'의 의미를 잘 이해할 수 있을 것으로 기대된다. 다만, 문법에 대한 기술이 없이 문법 번역만이 제시되어 있어 어떤 의미로 이 문법을 기술했는지는 예문으로 확인할 수 있을 뿐이다. 양태적 의미가 번역으로 정확히 대응되지 않는다면 문법 기술이 추가되는 것이 더 이해하기 쉬울 것이다.

4.2.2. '-나 보다'의 문법 기술 및 담화 상황

서강대 교재 3B권 5과 '-은가/나 보다'
• 문법 기술 : '-은가/나 보다' is used when the speaker presumes something from clues which the speaker saw or heard. It is frequently used in speaking. 예) (친구 옷이 젖은 것을 보고) 지금 밖에 비가 오나 봐요. 　　(친구가 말을 안 하고 가만히 있는 것을 보고) 친구가 피곤한가 봐요. The subject is usually the second or third person. 예) 선생님께서 요즘 아주 바쁘신가 봐요.

서강대 교재 3B권 5과 '-은가/나 보다'
This form is not used when asking a question. 예) 요즘 앤디 씨가 많이 바쁜가 봐요? (X) '안', '못', '-지 않다', or '-지 못하다' can be used in the clause preceding '-은가/나 보다'. They cannot be attached to '보다'. 예) 비가 안 왔나 봐요. 　　비가 오지 않았나 봐요. Both '-은가/나 보다' and '-은/는 것 같다' can be used when expressing presumptions. '-은가/나 보다' is more frequently used than '-은/는 것 같다' when the speaker is making an assumption based on some kind of evidence or information that the speaker saw or heard. 예) 식당에 있는 사람들이 불고기를 많이 먹는 것을 보니까 이 식당에서는 불고기가 제일 맛있나 봐요.
• 담화 상황 (도서관에서 바닥에 떨어진 지갑을 보고 누구의 것인지 추측하는 상황) 모니카 : 어! 지갑이 떨어져 있네요. 앤　디 : 혹시 한스 씨 지갑 아니에요? 　　　　(중략) 모니카 : 아니에요. 한스 씨 거는 까만색 가죽 지갑이에요. 누가 떨어뜨렸나 봐요. 　　　　(중략)

　서강대 교재에서는 '-나 보다'를 학습할 때 자세한 통사적, 의미적 차이를 기술하고 있는 점이 특징적이다. 1인칭 주어 제약이나 장형 부정문 형성 제약, 의문문 형성 제약을 문법 기술에 밝힘으로써 외국인 학습자의 오류를 줄이려는 시도가 보인다. 통사적 제약과 함께 각 제약마다 예문이 함께 제시되어 있어 외국인 학습자가 이해하기 쉬울 것이다.

　그러나 '-는 것 같다'와 '-나 보다'의 의미 차이가 제시되지 않은 점은 아쉽다. 특히 '-나 보다'의 문법 기술에서 판단 근거가 화자의 지각 정보라고 강조했지만, '-는 것 같다'도 화자의 지각 정보에 의한 추측으로 사용될 수 있으므로 이와 같은 문법 기술은 충분하지 않다. 예로 제시된 문장을 선수 학습된 '-는 것 같다'로 대체해도 외국인 학습자가 의미적 차이를 인지하기 어렵다. 담화 상황으로 제시된 것은 화자가 판단 근거인 정보가 거의 없을 때 쓰는 '-나 보다'의 의미로 '-나 보다'의 전형적인 상황으로 보이긴 하나 문법 기술에서 이와 같은 의미 차이에 대한 기술이 추가될 필요가 있다.

또한 앞서 제시된 '-는 것 같다'에서 문법 번역을 제시한 반면 '-나 보다'에서는 제시하지 않았는데, 문법 번역을 제시하는 것이 더 좋은지 여부를 여기에서 논하지는 않겠지만 교재의 통일성을 위해서는 함께 제시하든지 제외시키든지 일관되게 쓰는 게 필요하다. 만약 문법 번역이 제시된다면 '-는 것 같다'와 '-나 보다'의 의미 차이에 대한 궁금증이 외국인 학습자로부터 더 활발하게 제기될 것으로 보인다.

연세대 교재 2권 8과 '-나, 은가/ㄴ가 보다'

• 문법 기술

: It is used with a verb to express prediction. Especially it is used when a speaker makes a supposition from the passive experience or something the speaker interpreted from a fact, without any direct experience.

예) 아이가 새 선생님이 좋은가 봐요. 집에서 와서 선생님 이야기를 많이 해요.

급하게 먹는 걸 보니까 오랫동안 못 먹었나 봐요.

문을 닫는 걸 보니까 이제 연극을 시작할 건가 봐요.

• 담화 상황 (병원 진료를 받기 위해 예약 전화를 하는 상황)

정희   : 김 박사님께 진료를 받으려고 하는데요.

        (중략)

병원 직원 : 김 박사님께 진료를 받으시려면 2주일은 기다리셔야 합니다.

정희   : 2주일요? 김 박사님 환자가 많은가 봐요.

병원 직원 : 네, 요즘 환절기여서 환자가 얼마나 많은지 몰라요.

연세대 교재에서는 문법 기술에서 '-나 보다'가 사실, 상황으로부터 추론된 것임을 밝히고 '-는 것 같다'와 비교하여 언급하지는 않았지만 화자가 직접 경험한 것이 아님을 명시함으로써 '-는 것 같다'와 의미적 차이를 자세히 설명하였다. 담화 상황도 화자가 직접 경험하지 않고 화자가 목격한 정보 이외에는 다른 어떤 정보도 없는 불충분한 정보를 갖고

있는 상태에서 추측·추론한 것으로, 이 담화 상황에서는 '-는 것 같다'
로 대체 가능하지 않다는 점에서 '-나 보다'를 사용한 전형적인 상황이
라고 볼 수 있다.

그러나 문법 기술에서 제시된 예문은 모두 '-는 것 같다'로 대체 가능
한 것이므로 외국인 학습자가 '-는 것 같다'와의 의미 차이를 분명히 인
지하게 하기 위해서는 의미 차이가 분명한 예문과 그에 대한 설명이 필
요하다. 예를 들어 문법 설명에서 화자가 직접 경험한 것을 판단 근거로
쓰지 않는다는 것을 예문으로 보여줄 수 있다. 선수 학습된 '-는 것 같
다'와 통사적, 의미적으로 차이가 나는 것도 분명히 할 필요가 있다. 또,
'-나 보다'가 통사적으로 많은 제약이 있는 것을 염두에 둔다면 문법 기
술에서 이와 같은 설명이 추가되어야 한다고 본다.

이화여대 교재 3권 9과 '-(으)ㄴ가 보다/는가 보다'
• 문법 기술
: '-나 보다'는 어떤 사실이나 상황을 근거로 추측함을 나타낸다.
예) 도서관에서 자주 만나네요. 도서관에 자주 오나 봐요.
제이슨 씨는 사무실에 없네요. 퇴근했나 봐요.
• 담화 상황 (지갑이 없어진 것을 보고 어디에서 분실했는지 얘기하는 상황)
(중략)
유 키 : 어! 이상하다! 지갑이 없어졌네! 하오밍 씨, 저 지갑을 잃어버렸나 봐요.
하오밍 : 한번 잘 찾아봐요. 있겠지요.
(중략)
유 키 : 서점 말고는 간 곳이 없어요. 서점에서 나와서 바로 학교로 왔거든요.
아마 책값을 계산하고 서점 계산대에 지갑을 놓고 왔나 봐요.
하오밍 : 그러면 지금 서점에 전화해서 지갑을 보관하고 있는지 물어보세요.
(중략)

이화여대 교재에서는 3권부터 영어가 아닌 한국어로 문법 기술이 되어
있는 것이 눈에 띈다. 다만, 문법을 '추측'의 의미로 간단히 기술하고 있
을 뿐, '-는 것 같다'와의 통사적, 의미적 차이가 설명되어 있지 않다.

'-는 것 같다'와의 통사적 차이를 밝히면서 문법 제약에 대한 설명이 추가될 수 있고, 의미 차이를 밝히면서 '-나 보다'가 갖는 의미를 더 상세화할 수 있을 것이다. 좀 더 상세한 문법 기술이 요구된다.

　담화 상황에서는 '-나 보다'가 두 번에 걸쳐 사용되는데, 첫 번째로 쓰인 의미가 1인칭 주어가 쓰인 화자의 지각, 뒤늦은 깨달음을 보여주는 것이고 두 번째로 쓰인 의미가 추측의 의미로 쓰인 것이다. '-나 보다'의 담화적 의미를 하나의 담화 상황에서 다양하게 보여줄 수 있다는 점에서 긍정적이나, 문법 기술에서 1인칭 주어 제약과 그것이 해소되었을 때 생길 수 있는 의미에 대해 추가 설명이 될 필요가 있다. 그렇지 않으면 외국인 학습자는 '-나 보다'를 쓸 때 1인칭 주어를 써서 비적격문을 빈번하게 생성할 가능성이 있다.

고려대 교재 3권 7과 '-나 보다, -(으)ㄴ가 보다'

• 문법 기술

: -나 보다 and -(으)ㄴ가 보다 indicate a conjecture after witnessing a certain situation. While -것 같다 can be used to express passively something that a speaker has experienced, -나 보다 and -(으)ㄴ가 보다 are not used to indicate something that the speaker actually experienced.

　예) 가 : 이 영화 봤어요?
　　　나 : 네, 봤어요. 지난주에 봤는데 정말 재미있나 봐요. (X)
　　　가 : 이 영화 봤어요?
　　　나 : 네, 봤어요. 지난주에 봤는데 정말 재미있는 것 같아요. (O)

• 담화 상황 (한국어를 공부하지만 실력이 늘지 않는 것에 대해 걱정하는 상황)

루징 : 나 정말 바보인가 봐. 아무리 공부를 해도 한국어 실력이 늘지를 않아.
위엔 : 안 늘기는. 내가 볼 때는 많이 는 것 같은데.
　　　　　　(중략)
위엔 : 드디어 너한테도 슬럼프가 왔나 봐. 나도 한국에 온지 반 년쯤 됐을 때 너처럼 그랬어. 집에 돌아가고 싶고 그렇지?
루징 : 응. 맞아. 너도 그랬어? 그럼 그때 어떻게 했어?
　　　　　　(중략)
위엔 : 뭔가 변화를 주는 것도 좋을 것 같아. 모든 것에 너무 익숙해져서 그럴 지도 모르니까.
　　　　　　(중략)

고려대 교재에서는 '-나 보다'의 문법이 간단하게 기술되어 있으나 '-는 것 같다'와 비교해서 의미적 차이를 명시적으로 제시한 것이 돋보인다. 다만, 문법 기술에서 '-나 보다'가 갖고 있는 문법 제약인 1인칭 주어 제약, 시제 제약, 의문문 제약, 장형 부정문 제약 등이 기술되어 있지 않아 외국인 학습자의 오류를 막기에는 어려워 보인다. 문법 기술에서 1인칭 주어 제약과 이런 제약이 해소될 때 어떤 의미가 만들어지는지 설명되지 않으면 '-나 보다'가 지닌 의미를 충분히 이해하기 쉽지 않다.

또한, 담화 상황에서 이화여대 교재와 마찬가지로, '-나 보다'가 두 번에 걸쳐 사용되는데 첫 번째 의미는 1인칭 주어와 함께 쓰인 화자의 뒤늦은 깨달음으로, 두 번째 의미는 '-나 보다'의 추측의 의미로 쓰인 것이다. 담화 상황 자체는 적절하지만, 문법 기술에서 '-나 보다'의 의미를 추가적으로 기술하지 않는다면 외국인 학습자가 '-나 보다'를 쓸 때 1인칭 주어를 써서 비적격문을 더 빈번하게 만들어낼 수 있는 가능성이 있으므로 문법 기술에 추가 설명이 필요하다.

서울대 교재의 '-나, 은가/ㄴ가 보다'
• 문법 기술 V-나 보다 A-(으)ㄴ가 보다 N-인가 보다 　예) 엄마가 음식을 하시나 봐요. 맛있는 냄새가 나요. 　　　듣기 시험이 쉬웠나 봐요. 100점 받은 학생이 아주 많네요. 　　　지금이 쉬는 시간인가 봐요. 학생들이 나와 있네요.
• 담화 상황 (집들이에 사람이 안 온 것을 보고 늦는 이유를 추측하는 상황) 다나카 : 지연 씨, 제가 조금 늦었죠? 지　연 : 아니에요. 아직 한 사람도 안 왔어요. 토요일이라서 길이 굉장히 막히나 봐요. 다나카 : 저만 늦는 줄 알고 걱정했어요. 　　　　　　　　(중략)

서울대 교재에서 '-는 것 같다'와 마찬가지로, '-나 보다'도 문법 기술이 되어 있지 않고 문법 활용형과 예문만이 나와 있는데, 외국인 학습자의 이해를 위해 문법에 대한 상세한 기술이 필요하다. 더욱이 '-나 보다'가 선수 학습된 '-는 것 같다'와 어떤 통사적, 의미적 차이가 있는지 설명되지 않아, 외국인 학습자가 각종 문법 제약을 인지하지 못한 채 비적격문을 생성할 가능성이 많으며 의미적으로도 어떤 상황에서 어떤 문법이 선택되어 쓰일 수 있는지 인지하기 어려워 보인다.

담화 상황은 집들이에 늦는 사람들에게서 직접 듣지 않은, 화자가 잘 알지 못하는 정보를 현재 상황을 미루어 보아 '-나 보다'를 사용한 것으로, '-는 것 같다'로 대체되기 어려운 전형적인 상황이다. 문법 기술에서 화자가 경험하지 않은 것, 정확한 근거 없이 상황만으로 짐작할 때 '-나 보다'가 쓰이는 것을 추가 기술할 필요가 있다.

4.2.3. 한국어 학습용 교재에서의 문법 기술 및 담화 상황 정리

한국어 학습용 교재 5종을 분석한 결과는 다음과 같다.

첫째, 교재 5종 모두 공통적으로 문법 기술이 더 상세화될 필요가 있다. 너무 간단하게 문법을 기술하면 학습자가 목표 문법의 의미를 개념화하기도 어렵고 사용하기도 어렵다. 특히 상세한 문법 기술에 예문이 더 많이 보충되어 학습자에게 명시적으로 제시하지 못하는 부분까지도 예문으로 용례를 보여줄 수 있게 고안되어야 한다. 또한, 외국인 학습자가 두 문법 사이의 차이를 분명하게 인지할 수 있도록 문법적인 표지나 공기할 수 있는 부사구와 같은 형식적인 측면을 교수할 필요도 있다.

둘째, 유사 의미를 갖는 문법과 비교하는 설명이 추가적으로 기술되어야 한다. 외국인 학습자가 '-는 것 같다'와 '-나 보다'의 의미 차이를 이해하고 이를 구분해서 실제로 사용하게 하려면, 교재의 문법 기술에서 더 명시적으로 설명이 보충되어야 할 필요가 있다. 특히 제시된 예문 대부분이 '-는 것 같다'와 '-나 보다'가 대체되어 쓰여도 별다른 차이가 없는 예문으로 제시되어 있기 때문에, 외국인 학습자가 '-는 것 같다'와 '-나 보다'의 의미가 동일하다고 간주할 여지가 있다. 외국인 학습자가 한국어 모어 화자와 같은 언어 직관이 없는 상태이므로 의미 차이에 대한 명시적인 상세 설명이 덧붙여져야 각 문법의 개념화가 더 용이해진다. '-는 것 같다'와 '-나 보다'와 같이 비슷한 의미를 지닌 문법을 비교할 때 외국인 학습자의 인지적인 측면이 중요하다는 점을 고려하면 유사 의미를 갖는 문법 형태와의 비교, 설명은 필수적이다.

셋째, 양태어미 '-는 것 같다'와 '-나 보다'의 차이를 기술하는 가운데 의미적 차이를 보여주는 문법형식들 간의 통사적 차이에 대한 설명도 추가되어야 한다. 대부분의 교재에서 문법 제약에 대한 설명이 빠져 있어 외국인 학습자의 비적격문 생성이 많을 것으로 보인다. 또한 문법 제약에 대해 기술하더라도 유사 의미를 갖는 문법끼리의 의미적 차이에 대한 설명 없이 문법적 제약만을 나열하는 것은 학습자가 문법 제약을 이해 없이 외워야 하는 부담이 커질 수 있으므로 의미적 차이와 통사적 차이를 함께 관련지어 보여주는 것이 필요하다. 기본적으로 문법 학습이라면 외국인 학습자의 인지적인 측면을 더 극대화시켜 의미의 개념화를 적극적으로 유도할 만한 설명이 요구된다.

넷째, 학습용 교재에서 문법을 기술할 때 예문이 용례를 기반으로 좀 더 다양하게 제시되어야 할 필요가 있다. 대상으로 한 교재 중에서 몇몇 교재에서 담화 상황에 추측 이외의 용례가 쓰인 것을 제시하고 있지만 문법 기술에서는 대부분 추측의 의미로 쓰인 예문만을 제시하고 있어 매우 보수적인 문법 기술 입장을 보이고 있다. 그러나 외국인 학습자의 언어 활용 능력을 높이고자 하는 교육적 목적에 동의한다면, 실제 언어가 쓰이는 용례를 더 적극적으로 교재에 반영해야 한다. 교재 개발 단계에서 용례를 중심으로 자료를 수집하여 문법을 기술하는 것이 요구된다.

마지막으로, 교재에서 문법 기술과 예문, 담화 상황과의 연결성이 더 밀접하게 되어야 한다. 실제 교실 수업에서 교재에 제시되지 않은 문법 설명과 연습이 보충될 수도 있겠지만, 교재 자체만으로도 문법 기술과 그에 맞는 연습, 적절한 담화 상황으로 자연스럽게 연결되어 제시될 필요가 있다. 대부분의 교재에서 제시된 담화 상황이 목표 문법의 의미가 잘 나타난 전형적인 상황이었음에도 불구하고 문법 기술에서 담화적 의미를 명시하지 않아 외국인 학습자가 문법의 의미와 용법을 연결지어 이해하기 어려울 수도 있다.

5. 정리

이 글은 외국인 학습자가 추측의 의미를 띠는 양태 표현 형식 '-는 것 같다'와 '-나 보다'의 의미 차이를 인지하지 못해 생길 수 있는 학습자 오류를 줄이기 위해서 한국어 교육에서 문법형식들 간의 의미 차이에 대한 교육적 고려가 더 필요하다는 문제 인식에서 시작되었다.

먼저, '-는 것 같다'와 '-나 보다'의 양태적 의미를 설명하기 위해 화자가 명제에 대해 갖는 시점의 차이, 즉 명제와의 거리 두기의 개념을 들어 논의를 진행하였다. 화자가 명제에 대해 거리를 두는 명제 관찰자의 시점을 갖고 있을 때에는 '-나 보다'로, 화자가 명제에 대한 거리를 좁히면서 명제 참여자의 시점을 갖게 될 때에는 '-는 것 같다'로 문법형식을 선택할 수 있다.

이와 같은 양태적 의미 차이가 '-는 것 같다'와 '-나 보다'의 통사적인 의미에도 영향을 끼쳐 문법 제약이 다르게 나타남을 확인할 수 있었는데, 화자와 명제 참여자가 시점이 겹쳐질 정도로 거리가 좁혀지는 '-는 것 같다'의 경우 여타의 문법 제약에서 자유로운 반면, 명제와 거리를 두는 '-나 보다'의 경우 시제, 주어, 부정문 형성, 의문문 형성 등의 많은 문법적 제약을 받는다. 또한 화자의 발화 의도와 관련하여 각기 담화적 의미를 살펴볼 수 있었는데, 크게 보아 '-는 것 같다'는 '추측'과 '의견'으로, '-나 보다'는 '추측(짐작)'과 '깨달음'으로 나뉘어지는 것을 알 수 있었다.

이와 같은 분석을 바탕으로 한국어 학습용 사전과 교재에서 양태 표현 형식 '-는 것 같다'와 '-나 보다'가 어떻게 설명되어 있고 담화 상황에 쓰이고 있는지 살펴봄으로써 두 양태 표현 형식 간의 의미 차이에 대한 명시적인 문법 기술이 필요함을 알 수 있었다. 사전과 교재에서 공통적으로 문법 기술 후 제시되는 예문에서 의미 차이를 분명히 할 수 있도록 용례를 기반으로 한 다양한 예문이 제시되어야 하며 문법 기술에도 반영되어야 함을 확인할 수 있었다. 외국인 학습자를 위한 교수, 학습에서 의미에 대한 학습자의 인지적인 이해가 선행되어야 궁극적으로 학습자의 담화 능력, 즉 문법 활용 능력이 향상될 수 있음을 보여줄 수 있다는 전제 아래 한국어 학습용 사전과 교재에서 보충되어야 할 점을 제안할 수 있었다.

그러나 이번 연구에서 하지 못한 부분도 적지 않다. 먼저, 이번 연구에서 '-는 것 같다'와 '-나 보다'와 유사한 의미와 쓰임을 보이는 '-는 듯하다'와 '-는 모양이다'와의 의미 차이에 대해서 밝히지 못했다. 이런 양태 표현 형식의 의미가 서로 똑같지 않다면 그 의미 차이가 무엇이며, 각각의 의미 관계는 어떤 특성을 보이는지, 그런 의미 차이를 교육적으로 어떻게 적용시킬 수 있는지 연구할 필요가 있다. 더 나아가 추측의 의미를 지닌 양태 의미를 나타내는 문법형식 전반에 대한 연구로 확장하여 명제에 대한 화자의 태도 차이, 판단 정보의 성격 차이, '명제에 대한 화자의 거리 조정'이 일관되게 설명될 수 있는지 밝히는 작업도 필요하다. 이것은 앞으로의 연구 과제로 삼는다.

또한 '-는 것 같다'와 '-나 보다'의 의미 차이가 실제 언어 사용에서 어떻게 다르게 나타날 수 있는지 실제 언어 사용 자료인 말뭉치 자료에 근거한 용례가 뒷받침될 필요가 있다. 각 어미의 용례가 어떻게 나뉘고 어떤 용례가 높은 빈도로 나타나는지 살펴보는 후속 작업이 요구된다. 이와 같은 작업은 학습용 사전과 교재에서 예문을 보충할 수 있을 뿐만 아니라 교육적 목적에서 문법 제시 순서에도 영향을 줄 수 있으므로 더욱 중요하다고 하겠다.

이 연구를 바탕으로 '-는 것 같다'와 '-나 보다'가 보여주는 의미 관계가 실제 한국어 교육 현장에서도 유의미한 결과를 나타낼 수 있는지 실험으로 확인하는 작업도 이후의 과제로 삼는다. 실험을 통해 두 표현형식 간의 양태적 의미 차이를 교수하기 전과 교수한 후를 비교함으로써 의미 차이에 대한 교수, 학습이 외국인 학습자의 언어 사용에 유의미한 결과를 나타낼 수 있는지 알아보는 작업은 매우 중요하다. 이와 같은 실험을 통해 개별 양태 표현 형식의 문법 기술이 어느 정도 명시적으로 제시될 필요가 있는지, 언어권별로 어떤 문법적 기술이 보충될 필요가 있는지 확인할 수 있을 것이다.

마지막으로, 한국어 모어 화자끼리의 대화 분석, 또는 한국어 모어 화자와 외국인 학습자 간의 대화 분석을 통해 두 집단이 양태적 의미를 다르게 사용하는 양상을 연구함으로써 외국인 학습자에게 양태어미 및 양태 표현 형식을 교수, 학습할 때 어떤 점이 중요하게 고려되어야 하는지 제시할 수 있을 것이다. 이와 같은 연구를 통해 언어권별, 문화권별로 상이하게 사용되는 양태 표현 형식과 양태 의미를 확인할 수 있는 단서를 제공할 수도 있을 것이다.

‖ 참고문헌

강현주(2010), "추측과 의지의 양태 표현 '-겠-'과 '-(으)ㄹ 것이다'의 교육 방안 연구", 이중언어학 43, 29-53.

김건희(2011), "시간 관련 범주(시제, 상, 양태)의 문법 교육", 한글 294, 161-198.

김동욱(2000), "한국어 추측 표현의 의미차이에 관한 연구 : 'ㄴ 것 같다', 'ㄴ 듯하다'와 'ㄴ 듯하다', 'ㄴ 모양이다'의 의미차이를 중심으로", 국어학 35, 171-197.

김세령(2010), "한국어 학습자를 위한 추측 표현 교육 방안 연구", 국어교과교육연구 17, 93-118.

김지은(1997), "양태 용언 구문에 대한 통사론적 접근", 한글 236, 161-194.

박재연(2003), "국어 양태의 화·청자 지향성과 주어 지향성", 국어학 41, 249-275.

박재연(2005), "인식 양태와 의문문의 상관관계에 대하여", 어학연구 41-1, 101-118.

박재연(2006), 한국어 양태 어미 연구, 태학사.

박재연(2009), "'주어 지향적 양태'와 관련한 몇 문제", 한국어학 44, 1-25.

박재연(2013), "한국어의 인식론적 범주와 관련한 몇 문제", 국어학 66, 79-107.

박진호(2011가), "시제·상·상태", 국어학 60, 289-322.

박진호(2011나), "한국어에서 증거성이나 의외성의 의미성분을 포함하는 문법요소", 언어와 정보 사회 15, 1-25.

서정목(1987), 국어 의문문 연구, 탑출판사.

송재목(2007), "증거성(evidentiality)과 주어제약의 유형론 : 한국어, 몽골어, 티벳어를 예로 들어", 형태론 9-1, 1-23.

안주호(2004), "한국어 추측 표현의 통사, 의미 연구", 새국어교육 68, 97-121.

이기갑(2006), "한국어의 양태(modality) 표현 : 언어 유형론의 관점에서", 담화·인지 언어학회 학술대회 발표논문집, 67-83.

이선영(2006), 한국어 교육을 위한 [추측] 표현 연구, 석사학위논문. 서울여자대학교.

이윤진·노지니(2003), "한국어교육에서의 양태표현 연구 : '추측'과 '의지'를 중심으로", 한국어교육 14-1, 173-209.

이정훈(2012), 발견을 위한 한국어 문법론, 서강대학교 출판부.

이혜용(2003), [짐작], [추측] 양태 표현의 의미와 화용적 기능, 석사학위논문, 이화여자대학교.

임동훈(2003), "국어 양태 체계의 정립을 위하여", 한국어 의미학 12, 127-153.

임동훈(2008), "한국어의 서법과 양태 체계", 한국어 의미학 26, 211-249.

임채훈(2008), "'감각적 증거' 양태성과 한국어 어미교육-'-네', '-더라', '-더니', '-길래' 등을 중심으로-", 이중언어학 37, 199-234.

장경희(1985), 현대국어의 양태범주 연구, 탑출판사.

장경희(1995), "국어의 양태 범주의 설정과 그 체계", 언어 20-3, 191-205.

장경희(1997), "국어 대화에서의 서법과 양태", 국어교육 93, 255-275.

전나영(1999), "{-나 보다/-ㄹ 모양이다/-ㄹ 것 같다/-ㄹ 것이다/-겠}의 의미 기능", 외국어로서의 한국어교육 23, 169-198.

정유남(2006), 현대 국어 추측의 양태 의미 연구, 석사학위논문, 고려대학교.

조숙환(2009), "국어 인식양태소 구조의 인지언어학적 접근 : 시점 이동과 역동적 심성공간의 융합", 언어 34-1, 113-132.

차현실(1986), "양상 술어의 통사와 의미 : 미확인 양상 술어를 중심으로", 이화어문논집 8, 11-34.

한정한·정희숙(2011), "추측을 나타내는 양태의 문법 제약", 언어 36-4, 1117-1142.

Givón, T.(1993), *English Grammar : A Function-Based Introduction*, John Benjamins Publishing Company. [김은일·박기성·채영희 역(2002), 기능영문법 1, 박이정]

Herslund, M.(2005), Subjective and Objective Modality, In Klinge, A. & Müller, H. ed., *Modality : Studies in Form and Function*, David Brown Book Co., 39-48.

Palmer, F.(2001), *Mood and Modality*, 2nd edition, Cambridge University Press.

[한국어 학습용 사전류]

국립국어원(2005), 외국인을 위한 한국어 문법 2 (용법 편), 커뮤니케이션북스.

백봉자(2006), 외국어로서의 한국어 문법 사전, 도서출판 하우.

이희자·이종희(2010), 한국어 학습 전문가용 어미·조사 사전, 한국문화사.

[한국어 학습용 교재 (가나다순)]

고려대학교 한국어문화교육센터(2009), 재미있는 한국어 2, 교보문고.

고려대학교 한국어문화교육센터(2010), 재미있는 한국어 3, 교보문고.

서강대학교 한국어교육원(2008), 서강 한국어 (New) 2B, 서강대학교 국제문화교육원 출판부.

서강대학교 한국어교육원(2011), 서강 한국어 (New) 3B, 서강대학교 국제문화교육원 출판부.

서울대학교 언어교육원(2005), 한국어 2, 문진미디어.

서울대학교 언어교육원(2005), 한국어 3, 문진미디어.

연세대학교 한국어학당(2007), 연세 한국어 1, 연세대학교 출판부.

연세대학교 한국어학당(2007), 연세 한국어 2, 연세대학교 출판부.

이화여자대학교 언어교육원(2010), 이화 한국어 2, 이화여자대학교 출판부.

이화여자대학교 언어교육원(2011), 이화 한국어 3, 이화여자대학교 출판부.

명령문의 범위와 명령형 어미의 기능 변화
박미영

1. 도입

이 글의 목적은 국어 명령문에 대한 기존의 연구 성과를 바탕으로 명령문의 범위와 명령문 관련 범주들을 재검토한 후 명령형 어미의 변화를 형태적, 통사적, 의미·화용론적 측면에서 고찰해야 할 필요성을 제고하는 데에 있다.

국어의 문장 유형에 대한 연구는 지금까지 상당한 양과 수준의 성과가 축적되어 있으나 명령문을 독자적으로 다룬 연구는 다른 문장 유형에 대한 연구에 비해 많지 않은 편이다. 문장을 종결하고 문장의 유형을 결정한다는 점에서 종결어미 연구의 한 부분으로 다루어지거나, 청자경어법이 실현된다는 점에서 경어법 연구의 일부에 편입되어 다루어진 측면이 없지 않다. 이를 통해 명령형 어미의 여러 특성이 밝혀졌다는 것은 부정할 수 없으나 명령문의 독자적인 특성과 변화 과정에 대해서는 여전히 규명되지 않은 점이 존재하는 듯하다. 이에 이 글에서는 명령문을 논의의 대상으로 한정하여 기존의 논의를 비판적으로 수용하되, 여전히 논의의 쟁점이 되고 있는 사항들과 그간 충분히 고찰되지 못했던 명령문의 특성을 살피고 이에 대한 연구 방향을 제시하고자 하는 것이다.

연구의 대상을 명령문으로 한정하면 지금까지의 명령문 연구는 크게 세 가지 측면에서 이루어졌다고 할 수 있다.

> 형태적 특징에 대한 연구
> 통사적 특징에 대한 연구
> 의미·화용론적 특징에 대한 연구

초기부터 주목을 받아온 것은 형태적 특징에 대한 연구라고 할 수 있다. 명령형 어미의 형태 분석 문제, 각각의 어미가 지닌 문법적 특성을 비롯하여 새로운 명령형 어미의 생성과 기존 어미의 소멸까지, 기존 연구의 가장 많은 부분을 차지하는 것이 형태적 특징에 대한 연구라고 할 수 있을 것이다. 통사적 특징에 대한 연구는 주로 명령문에서 나타나는 제약과 문장 구조상의 특징에 대한 것이다. 주어와 관련된 인칭 제약, 주어와 호격어와의 관련성, 서술어의 제약, '말다'만을 선택하는 부정 명령문에서의 제약을 비롯하여 성분 생략과 다른 선어말어미와의 통합관계 등이 주요 주제로서 다루어져 왔다. 의미·화용론적 연구는 주로 명령문의 범위를 한정하는 한 방편으로도 이용되어 왔다. 명령의 화행을 분석하여 이것이 실현되기 위해 충족해야 할 조건들이 화청자 관계를 중심으로 명시되었고, 조건문, 기원(청원)문, 청유문, 허락문 등 다른 문장 유형이 명령의 의미로 실현된 경우 이것을 명령의 범위 안에서 다루어야 하는지 그렇지 않고 분리하여야 하는지가 거듭 논의되었다.

일견 명령문에 대한 논의는 이미 충분한 것처럼 보인다. 그러나 연구 대상이 되는 자료를 시기별로 구분하여 보면 사정은 전혀 달라진다. 지금까지 명령문의 통사적 특징에 대한 연구는 거의 현대국어를 대상으로 이루어졌다. 현대국어 이전 시기의 자료를 대상으로 다른 선어말어미와의 통합관계 등이 일부 논의에서 다루어진 예가 있으나 이를 제외한 문장 구조상의 특징이나 현대국어의 경우와 같은 각종 제약, 호격어와의 관련성, 생략 현상 등은 거의 언급된 바가 없다. 의미·화용론적 연구 역시 같은 상황이라고 할 수 있다. 반대로 역사 자료를 대상으로 한 연구는 대부분이 형태적 특성에 대한 연구로, 명령형 어미를 나열하고 그들의 쓰임을 예로 제시하는 등 단편적 기술에 그친 감이 없지 않다. 명령형 어미만을 다룬 연구도 존재하나 일부 어미, 특히 새로 생성되거나 소멸한 어미들의 변화 과정을 추적하는 경우가 대다수이다.[1] 이처럼 연구 대상 자료를 시기별로 구분하여 생각하면 현대국어 이전 시기 명령문의 통사적, 의미·화용적 특징은 거의 밝혀진 것이 없다고 하여도 과언이 아닐 것이다.

중세와 근대국어의 명령문의 특징이 현대국어의 특징과 동일하리라 보장할 수 없다는 기초적인 의문은 차치하더라도, 당시 명령문의 특징이 본격적으로 검토된 바 없다는 점은 명령문을 국어사적 관점에서 연구할 필요성을 더해준다. 또한 중세와 근대국어에는 기원, 청원, 원망 등으로 불리는 많은 수의 어미가 있고 화청자 관계를 파악할 수 있는 여지도 존재한다. 이들 어미가 현대국어와 유사하게 명령의 범위 안에 포함될 수 있을지, 당시에 쓰인 어미들의 특징이 현대국어의 특징과 유사한지, 다르다면 어떤 점들에서 차이가 있는지 고찰하는 것은 충분히 의의가 있는 일이라 할 수 있겠다. 이런 이유에서 이 글은 역사적 관점에서 명령문과 명령형 어미의 변화를 살펴야 할 필요성을 제기하고자 하는 것이다.

---

[1] 역사자료의 명령문이나 명령형 어미 연구 역시 종결어미와 경어법 연구의 측면에서 이루어진 경우가 대부분이고 이들만을 본격적으로 다룬 논의는 많지 않은 편인데 김충회(1974, 1977), 양택선(1984), 오영두(1984), 현종애(1991), 박영준(1994), 고은숙(2010), 이승희(2012) 등이 이에 해당한다. 이 밖에 특정 어미를 대상으로 한 논의들은 이승녕(1969), 서정목(1983), 이기종(1990), 고은숙(2005), 김유범(2005), 이승희(2004, 2005) 등을 참고할 수 있다.

이를 위해 2장에서는 먼저 지금까지 진행되어 온 명령문의 범위와 관련 범주에 대한 논의를 검토한다. 기존 연구 중 충분히 타당하다고 판단되는 것은 취하여 논의의 기본 토대로 삼고, 연구자에 따라 견해가 달라지는 경우는 그러한 차이를 유발하는 원인이 무엇인지 파악하여 이에 대한 이 글의 입장을 제시할 것이다. 지금까지 명령문의 범위와 관련된 논의는 대부분 현대국어를 대상으로 하여 이루어졌기 때문에 2.1의 기본적인 논의는 현대국어의 예를 중심으로 진행된다. 그러나 이 글에서 명령문의 범위를 다시 검토하는 것은 결국 중세국어와 근대국어 명령문의 범위를 한정하기 위해서이다. 따라서 역사 자료 연구에 큰 영향을 미치지 않을 것으로 판단되는 점에 대해서는 소략하기로 한다. 2.2에서는 그간의 연구에서 명령문과 관련된 것으로 지적되거나 다루어져 왔던 기원, 청원, 원망, 청유 등의 범주에 속하는 형식들 역시 어떻게 처리하는 것이 옳은지 생각해보도록 한다. 3장에서는 명령형 어미의 대표적인 형식인 '-아/어라, -거라'를 대상으로 중세국어와 현대국어에서의 차이점들을 살펴보도록 한다.2) 명령형 어미의 쓰임을 찾아 실제 문맥을 살펴보면 명령형 어미가 어떠한 변화를 겪어 현대국어에 이르렀는지 설명할 수 있다는 점에 의의가 있을 것이다. 설령 현대국어의 특징과 별반 다를 것이 없다고 하더라도 지금까지 본격적으로 다루어진 바 없는 특징을 실제 자료를 통해 기술하였다는 점에서 의의를 찾을 수 있을 것이다.

---

2) 아직 본격적인 연구가 이루어지지 않았다면 당연히 모든 명령형 어미들의 특징과 변화에 대해 고찰하는 것이 옳은 일일 것이다. 그러나 이 글에서는 우선 역사 자료의 명령문, 명령형 어미가 현대국어의 것과 차이가 있다는 점을 보이고 다양한 관점에서 변화에 대한 연구가 이루어져야 할 필요성을 제시하는 것이 목적이므로 전체 어미에 대한 본격적인 논의는 추후로 미룬다.

2. 명령문의 범위와 관련 범주

2.1. 명령문의 범위

이 절에서는 명령문의 범위에 대한 지금까지의 연구들을 주요 쟁점을 중심으로 정리하면서 명령문의 범위에 대하여 고찰하기로 한다.

명령문과 관련된 논의에서 가장 기본이 될 것으로 기대되지만 활발한 연구가 이루어지지 못했던 것은 명령문의 범위, 즉 무엇이 명령문이고 어디까지를 명령문이라고 할 수 있는가에 대한 것이다. 문장 유형을 분류하는 방법에 연구자마다 차이가 있을 수 있다는 점은 자연스러운 일이다. 그렇지만 명령의 의미는 유독 여러 가지 어미를 통해 실현될 수 있다는 점에서 명령문의 범위에 대한 논의가 시작되었던 것이다. 이를 본격적으로 다루면서 명령문의 성립 조건을 제시한 논의 중, 견해 차이가 두드러진 것은 채영희(1993), 박영준(1994), 고성환(2003) 등이 대표적이다.

(1) 가. 밖에 나가서 놀아라.
　　 나. 바람아, 불어라.
　　 다. 자꾸 장난처라(계속 장난치면 가만 두지 않을 것이다.).

(2) 가. 위의 사람들은 오늘 내로 과사무실에 들를 것.
　　 나. 이곳에는 차를 세울 수 없음.
　　 다. 5시까지 모두 모이도록.
　　 라. 출발!
　　 마. 나는 너에게 문을 열 것을 명령한다.

(3) 가. 모두들 지금 즉시 운동장에 집합한다.
　　 나. 창문 좀 닫아 줄래?
　　 다. 문 좀 닫자.

라. 가고 싶으면 가려무나.

위의 (1)-(3)은 명령이 지닌 요청의 의미를 나타내는 통사 형식들의 예로, 고성환(2003 : 25-26)에서 제시한 것을 일부 발췌·재배열한 것이다. (1)은 형태적으로는 명령형 어미가 쓰인 것으로 보이는 예이고 (2)는 형식명사 구성이나 전성 어미, 특정 어휘 등이 쓰여서 명령의 의미를 나타내는 예, (3)은 평서문, 의문문, 청유문, 허락문 등 다른 문장 유형의 어미가 쓰인 예이다. (1)-(3)이 지닌 명령의 의미는 세 논의 모두 인정하고 있는 것이나 이들을 명령문에 포함시킬지에 대해서는 견해가 다르다. 채영희(1993)에서는 위의 모든 예를 다룬 것은 아니지만 명령문의 범위를 넓게 보고 대체적으로 위의 예들을 명령문에 포함하여 다루고 있다. 다만 유형을 구분하여 (1가, 3라)와 같은 예를 전형적 시킴월, (3다)처럼 청유의 '-자'가 쓰인 예는 권유 시킴월, (3가, 나)와 같이 평서, 의문의 어미가 쓰였으나 명령의 의미를 나타내는 경우는 조건 시킴월, 의향 시킴월 등으로 구분하였다. 이와 달리 박영준(1994)는 종결어미에 의해 명령의 의미가 실현된 것으로 범위를 제한하고 있으므로 이에 따라 (2)와 같은 예는 명령문에서 제외된다. 단 (2가)의 '-ㄹ것'은 '-ㄹ'과 '것'이 융합되어 하나의 형태소로 화석화된 것으로 보고(박영준 1994 : 41) 종결어미에 포함하고 있다. 이렇게 압축된 예들을 다시 통사적 특징에 따라 판별하여 위의 예들 중에서는 (1가, 나), (2가), (3다, 라)만이 명령문에 포함되게 된다. 고성환(2003)에서는 (1가, 나, 다), (2가, 다), (3라)가 각각 명령문에 포함되었다.

이들 논의에서 명령문에서 제외된 예들이 서로 달리 나타난 것은 각 논의에서 제시한 명령문의 성립 조건이 달랐기 때문이다. 어떠한 이유에서 명령문에 포함되거나 혹은 포함될 수 없었는지를 확인하기 위해 각 논의에서 제시한 명령문의 성립 조건을 제시하면 아래와 같다.

(4) 채영희(1993)

　　가. 들을이는 말할이가 요구하는 행동을 실행에 옮길 수행자이어야
　　　　한다.

　　나. 말할이가 요구하는 것은 들을이의 행동이므로 풀이말의 자질은
　　　　[+동작], [+의지 제어] 자질을 가져야 한다.

　　다. 시킴 표지는 [-라]로 실현된다.

(5) 박영준(1994)

　　가. '말' 부정이 가능한가?

　　나. 간접인용법으로 전환시 '-(으)라, -자'가 출현하는가?

　　다. 수행문으로 전환시 '-(으)라, -자'가 출현하는가?

　　라. 시제형태소와 호응하는가?

(6) 고성환(2003)

　　가. 의미 · 화행적 조건

　　　　i) 예비 조건 : 청자가 행위를 수행할 수 있음을 화자가 믿는다. 또
　　　　　한 화자는 청자보다 권위가 있어야 한다.

　　　　ii) 진지성 조건 : 청자의 장차 행위를 화자가 원한다.

　　　　iii) 명제내용적 조건 : 청자의 장차 행위를 화자가 예견한다.

　　　　iv) 기본 조건 : 청자가 행위를 하게끔 화자가 시도한다.

　　나. 형태적 조건

　　　　명령문은 '-아/어라, -아/어, -지, -(으)렴, -(으)려무나, -게, -오,
　　　　-소, -구려, -ㅂ시오, -소서' 등과 '-라'와 같은 형식에 의해 표
　　　　현된다.

　채영희(1993)에서 제시한 (4)는 전형적인 명령문을 판별하기 위한 기준
일 뿐, 이에 어긋난다고 하여 명령문에서 제외되는 것이 아니다. 현 단계
에서는 특정 예들이 명령문에서 제외된 이유를 찾고자 하는 것이므로 (4)

에 대해서는 잠시 미루어 둔다. (6나)의 형태적 기준은 박영준(1994)에서 처음에 제시하였던 '종결어미에 의해 명령의 의미가 실현된 것만으로 범위를 제한한다'는 점과 일맥상통하는 것으로 보인다. 다른 조건은 (5)는 통사적 측면, (6가)는 의미·화행적 측면에 중점을 두고 있다는 것이 가장 큰 특징인데, 이에 따라 두 논의의 처리가 어떻게 다른지 살펴보기로 하자. 두 논의에서 차이가 나는 점은 (1다)의 기원의 의미로 쓰인 '-아/어라', (2다)의 '-도록', (3다)의 '-자'이다.

박영준(1994)에서는 (1다)와 같이 명령형 어미 '-아/어라'가 쓰였으나 기원으로 해석되는 예에 대해 구체적으로 언급하지 않고 있으므로 고성환(2003)의 처리를 살펴보기로 한다. 그 글에서는 '-아/어라'가 쓰였음에도 불구하고 위의 문장이 명령이 아닌 기원으로 해석되는 이유를 (6가-i)의 예비조건을 들어 설명한다. 명령이 성립하려면 화자가 명령 수행의 대상보다 권위가 있어야 하고, 그러기 위해서는 명령 수행의 대상이 화자의 통제권 안에 있어야 하는데 (1다)의 '바람'은 그렇지 못하다는 것이다. 예비조건에 위배되었기 때문에 (1다)는 '-아/어라'가 쓰였어도 '기원'으로 해석될 뿐, 그 글에서는 이러한 예도 명령문에 포함하여 다룬다. '기원'의 의미를 지니는 이유는 명확히 설명이 되었지만, '명령'의 의미를 나타내지 않는 문장을 '명령문'에 포함하는 처리 방식에 대해서는 이견이 존재할 수 있을 듯하다.

다음으로 '-도록'의 경우를 보자. '-도록'이 쓰인 문장은 고성환(2003)에서는 명령문에 포함되었지만 박영준(1994)에서는 명령문에서 제외되었다.3) 그러나 (5)의 기준만으로는 '-도록'이 쓰인 문장을 명령문에서 제외

---

3) 이에 대한 판단이 갈렸던 것은 이 형식을 종결어미로서의 지위를 가진 것으로 보는지 그렇지 않은지의 차이도 영향을 미쳤던 듯하다. 박영준(1994 : 32)에서는 '자, 출발하도록'의 예를 제시하면서 이는 문장이 완전히 종결되지 않은 것이라 언급한 바 있다. 반면에 고성환(2003 : 140)에서는 '-도록'을 종결어미 범주에 포함시키는 것에 문제가 없을 것으로 판단한

하기 어려울 것으로 보인다.

(7) 철수는 집에 가도록.
　가. 철수는 집에 가지 말도록.
　나. 선생님이 철수는 집에 가라고 말했다.
　다. 선생님이 철수는 집에 가라고 명령했다.
　라. 철수는 집에 *갔도록/ *가겠도록.

(7가-라)는 해당 예문에 (5)의 기준을 적용하여 본 것이다. '말-' 부정이 가능하고(7가), 간접 인용문이나 수행문으로 전환했을 때 '-라'가 실현되었으며(7나, 다), 시제, 양태 형태소와도 호응하지 않는다(7라). (5)의 기준으로는 '-도록'이 쓰인 문장을 명령문에서 배제할 수 없는 것이다.

'-도록'의 경우와 반대로 (3다) 청유의 '-자'가 쓰인 문장은 박영준(1994)에서 명령문에 포함되었으나 고성환(2003)에서는 제외되었다. 청자에게 어떤 행위를 요구한다는 측면에서는 명령문과 동일하다고 할 수 있지만, 구조적인 측면에서 완전히 다른 양상을 보이므로 청유문을 독립된 문장 유형으로 설정해왔다는 것이다.4) 그러나 통사적인 공통점을 기준으로 '-자'가 쓰인 문장을 명령문에 포함시킨 박영준(1994)의 처리를 고려하면5) '-자'가 쓰인 문장은 다른 전형적인 명령문과 공통점, 차이점을

다고 하였다.
4) 그 글에서 제시한 명령형 어미와 '-자'의 차이점은 아래와 같다.
　(1) 완전히 다른 형태의 종결어미를 사용하고
　(2) 주어가 항상 2인칭인 명령문과 달리, 주어가 1인칭이거나 2인칭이며
　　예) 가. 나도 한곡 부르자.
　　　 나. 조용히 좀 합시다. <이상 고성환(2003 : 39)에서 인용함.>
　(3) 명령문은 주어와 호격어의 지시대상이 동일하지만 청유문은 주어와 호격어의 지시대상이 다르다.
　　예) 가. 철수야, 나도 좀 먹자.
　　　 나. 학생, 나 좀 내리자. <이상 고성환(2003 : 41)에서 인용함.>
5) 문 좀 닫자.
　가. 문 좀 닫지 말자.

모두 지니고 있다고 할 수 있다. 공통점에 무게를 둔다면 이는 명령문에 포함되어야 한다. 반대로 차이점을 중요시 여긴다면 명령문에서 제외되어야 한다. 과연 이 문장은 명령문에 포함되어야 하는가 제외되어야 하는가?

이상의 세 가지 상황만을 보더라도 명령문의 범위에 대한 견해 차이를 느낄 수 있다. 이러한 차이점은 명령의 범위를 한정할 때 어떠한 점을 기준으로 삼았는지에 따라 나타나게 된 것으로 보인다. 채영희(1993)은 의미적 특징에 중점을 두어 명령형 어미가 쓰이지 않았더라도 문장이 '청자에 대한 화자의 요청'을6) 나타내는 경우에는 명령문의 범위 내에 포함하여 다룬다. 고성환(2003) 역시 의미·화행적 기준을 중심으로 삼고 있으나 '-자'의 경우에서 볼 수 있듯이 필요에 따라 문법적 특징도 고려의 대상이 된다. 반면에 박영준(1994)에서는 어미들이 공유하고 있는 문법적 특징이 가장 중요한 기준으로 작용하고 있다. 그렇다면 '명령문'은 '명령의 의미가 실현된 문장'으로 보아야 하는가 '특정한 문법적 속성을 공유하는 문장'으로 보아야 하는가? 이를 확정하기 위해 위에서 제시한 (3)의 예 일부를 여기에 다시 옮겨 온다.

> (8) 가. 모두들 지금 즉시 운동장에 집합한다.
> 나. 창문 좀 닫아 줄래?

나. 선생님이 문 좀 닫자고 말했다/선생님이 문 좀 닫으라고 말했다.
다. 선생님이 문 좀 닫자고 명령했다/선생님이 문 좀 닫으라고 명령했다.
라. 문 좀 *닫았자/*닫겠자.
6) 명령문에 대한 기존의 정의는 채영희(1993), 고성환(2003) 등을 참고할 수 있다. 해당 부분만을 간략히 제시하면 아래와 같다.
가. 지위가 높은 이가 자신보다 낮은 위치의 사람에게 어떠한 행동을 하게 하는 것(채영희 1993 : 2).
나. 요청을 나타내는 통사적 표현으로서 그 고유 의미는 청자에게 어떤 것을 하도록 요청하는 것(Jespersen 1954 : 468, 고성환 2003 : 25에서 재인용).

(8가)의 예는 평서형 종결어미가 쓰였고, (8나)에서는 의문형 종결어미
가 쓰이고 있다. 그러나 (8가, 나)가 전달하는 의미는 '모두들 지금 즉시
운동장에 집합하라'는 명령이며 '창문 좀 닫아 달라'는 명령이다. 그렇다
면 (8)은 평서문·의문문인가 명령문인가? 의미적인 측면을 고려하면 (8)
의 문장은 청자에게 어떠한 행위를 요청하고 있으므로 명령문에 포함되
어야 한다. 그럼에도 불구하고 지금까지 대부분의 논의에서 (8)과 같은
예를 명령문에 포함하지 않았던 이유는, (8)을 명령문에 포함하여 '-다,
-(으)ㄹ래' 등이 어느 때에는 평서형·의문형 어미로, 또 다른 때에는 명
령형 어미로 기능한다고 처리하기보다는 평서문·의문문에 속하는 것으
로 보고 특정 의미·화용적 조건이 충족되는 경우 명령의 의미로 해석될
수 있는 것으로 보는 것이 문장 유형의 체계를 살피는 데 도움이 되기
때문일 것이다.[7] 문장 유형은 그 문장이 전달하는 의미보다는 문장에 실
현된 형식에 의해 분류하는 편이 바람직하다. 명령문은 명령형 어미가 실
현된 문장이며 그 밖에 명령의 의미를 전달하는 것들은 '명령 표현' 정도
로 구분하여 부르는 것이 혼란을 막는 데 도움을 줄 수 있을 것이다.

이와 같이 용어를 정리하면 이제 명령문 범위를 한정하기 위해서 가장
먼저 해야 할 일은 국어의 명령 표현들을 찾아내는 것이다. 이때 (6가)와
같은 의미·화용적 조건은 명령의 화행이 성립하는가 그렇지 않은가를
판단하는 데 중요한 역할을 할 것이다. 이렇게 찾아낸 명령 표현들 중 명
령형 어미에 의해 명령의 의미가 실현된 것만이 명령문이 된다. 이를 염
두에 두고 (1)-(3)의 예를 다시 가져와 살펴보기로 한다. 편의상 유사한
부류로 묶일 수 있는 것들끼리 재분류하여 제시한다.

---

7) 수사의문문 역시 청자에게 답을 요구하는 것이 아닌 강한 긍정이나 강한 부정 진술을 나타
내지만 의문형 어미가 실현되었다는 점에서 특수한 의문문의 일종으로 처리되는 것과 같다
고 할 수 있다.

(9) 가. 밖에 나가서 놀아라.
　　나. 가고 싶으면 가려무나.

(10) 가. 바람아, 불어라.
　　나. 자꾸 장난쳐라(계속 장난치면 가만 두지 않을 것이다.).

(11) 가. 위의 사람들은 오늘 내로 과사무실에 들를 것.
　　나. 5시까지 모두 모이도록.

(9)에 대해서는 두 논의 모두 명령문에 포함하였으므로 더 이상 언급하지 않는다. (10)의 예들은 의미·화용적 조건에 위배되어 명령의 의미가 성립되지 않는 것들이다. 그럼에도 불구하고 이들을 명령문에 포함하여 다룰 수 있는 데에는 '-아/어라'라는 명령형 어미와 동일한 형식이 쓰이고 있다는 점이 큰 이유가 된다. 형용사 뒤에 결합한 '-아/어라'의 경우도 마찬가지로 처리할 수 있을 것이다. (10가)와 같이 '기원'으로 해석되는 경우를 명령문에 포함하면 중세국어와 근대국어에 쓰인 '기원', '청원' 등을 의미하는 '-고라, -고려, -과뎌, -지라, -지이다' 등도 명령문의 범주 아래에서 다룰 수 있게 된다.[8] 지속적으로 관련성이 제기되었던만큼 하나의 범주 아래에 두고 문법적 특성을 살피며, 그러한 의미가 나타나게 된 이유를 찾는 것이 바람직할 것이다.

　(11)의 '-ㄹ 것'과 '-도록'은 다른 명령형 어미가 보이는 문법적 특성을 동일하게 드러내므로 현대국어 단계에서는 명령형 어미로 인정하고 (11)의 예 역시 명령문에 포함하여야 할 것으로 보인다. 그렇지만 '-ㄹ 것'과 '-도록'이 하나의 종결어미처럼 기능하게 된 것은 현대국어에 들어와서의 일이므로 역사 자료 연구에는 별다른 영향을 미치지 않을 것으

---

8) 구체적인 내용은 2.2에서 후술함.

로 보인다.

    (12) 가. 이곳에는 차를 세울 수 없음.
        나. 모두들 지금 즉시 운동장에 집합한다.
        다. 창문 좀 닫아 줄래?
        라. 문 좀 닫자.

    (13) 가. 출발!
        나. 나는 너에게 문을 열 것을 명령한다.

   (12), (13)은 모두 명령 표현이라고 할 수는 있지만 명령문에 포함하기는 어려운 예들이다. (12)는 모두 전성 어미나 다른 문장 유형을 나타내는 어미들이 특정 맥락에서 간접적으로 명령의 의미를 나타내는 것일 뿐, (12)에 쓰인 어미들이 명령형 어미로 기능한다고 보기 어렵다. (13)은 애초에 명령의 의미가 문법 형식인 어미에 의해 실현되는 것이 아니다. (13)의 예가 제외되므로 '請ᄒ-, 願ᄒ-, 命ᄒ-'와 같이 어휘 형식에 의해 명령의 의미가 나타나는 예들 역시 명령문에 포함하여 다룰 수 없다.

   문장 유형을 형식에 따라 분류하게 되면 어떤 문장이 명령문인지 아닌지는 해당 문장에 쓰인 종결어미를 명령형 어미로 볼 수 있는지 그렇지 않은지에 달려 있게 된다. 결국은 어미의 문법적 속성을 검토하여 다른 명령형 어미들과 공통적인 속성을 지니는지를 살펴야 하는 것이다. 현재까지 명령형 어미의 특징으로 알려진 것들을 간략하게 정리하면 아래와 같다.9)

    (14) 가. 명령문의 주어와, 청자, 호격어가 대부분 명령 수행의 주체로 모
          두 일치한다.

---

9) 구체적인 예문들은 박금자(1987), 박영준(1994), 고성환(2003)을 참고.

나. 명령문의 주어는 대체적으로 2인칭이다.

다. 시제, 인식 양태 형태소와의 통합이 불가능하다.

라. 부정 명령의 경우 '말-'을 취한다.

마. 서술어가 '주-'인 경우 보충법적 형식인 '달-'이 쓰일 수 있다.

바. 간접 인용되는 경우 '-아/어라' 대신 '-라'가 쓰인다.

사. 형용사의 사용이 대체적으로 불가능하다.

아. 특정 조건 아래에서 주어 생략이 가능하다.

위의 여덟 가지 중에서 명령형 어미의 가장 원형적 특징이라고 할 만한 것은 (14가, 나, 다)의 세 가지가 될 것이다. 이는 명령의 개념과 관련된 것으로, 화자가 청자에게 어떠한 행위를 수행하도록 요청하는 명령문은 자연히 명령 수행의 주체인 청자가 주어로 실현될 것이고 그 주어는 2인칭이 된다. 또한 명령은 이미 이루어진 행위나 이루어지고 있는 행위에 대해서는 이루어질 수 없고 화자의 인식과도 관련이 없다. (14라, 마)는 명령의 개념과 관련된 것은 아니나 현대국어에서는 물론 역사 자료에서도 변함없이 나타나는 특징 중 하나이므로 주요 기준에 포함할 만하다. (14바)의 특징은 '-라'와 '-아/어라'의 쓰임이 구분되면서 나타나게 된 것이므로 둘의 구분이 존재하지 않았던 시기의 자료에 적용하기는 어렵다. (14사)의 언급과 같이 명령문의 서술어는 동사가 쓰이는 것이 일반적이다. 그러나 형용사의 사용이 전혀 불가능한 것은 아니고, 이때 명령형 어미의 통합 가능 여부는 형용사의 어휘적 특성에 달려 있는 것으로 보인다. (14아)의 특징은 문헌 자료를 대상으로 하는 논의에서는 적절하지 않을 뿐더러 주어의 생략 문제는 명령문만의 특징이라고 할 수 없다. 따라서 결국 중세국어·근대국어에서 명령형 어미를 판별하기 위해 고려할 만한 문법적 특징은 (14가, 나, 다, 라, 마) 정도가 될 것이다.

2.2. 명령과 청원(기원), 소망(원망)

2.1에서 '-아/어라'가 쓰였지만 명령의 의미가 아닌 기원의 의미로 나타나는 예를 명령문에 포함한 것은 형식적 측면을 중요시한 결과였다. 명령형 종결어미인 '-아/어라'가 쓰였지만 '기원'의 의미로 해석되는 점은 그 이유를 의미·화용적 조건의 위반으로 설명할 수 있었기 때문인 것이다. 이와 관련하여 살펴보아야 할 점이 중세국어와 근대국어 시기에 청원, 기원, 원망 등으로 불려온 '-고라, -고려, -과뎌, -지라, -지이다' 등의 처리 방안이다.[10] 이 형식들이 '명령'의 의미를 전달한다는 점은 대부분의 논의에서 인정하고 있으나 이들을 모두 명령형 종결어미에 포함하여 다루는 견해도 존재하고 청원, 기원 등의 의미를 나타내는 별도의 종결어미로 분리하여 다루는 견해도 존재한다. '-고라, -고려, -과뎌, -지라, -지이다' 등을 명령형 어미에 포함하기 위해서는 이들 어미가 다른 명령형 어미와 동일한 문법적 특징을 보여야 할 것이다. 동시에 이들이 전형적인 '명령'의 의미가 아닌 다른 의미를 나타나게 된 이유 역시 설명할 수 있어야 한다. 이 절에서는 각 형식이 쓰인 자료의 예를 실제로 검토하면서 이들 형식에 대한 처리 방안을 모색하기로 한다.

'-고라'와 '-고려'는 15-16세기에 걸쳐 청자에 대한 화자의 청원이나 기원의 의미로 사용되었으나 17세기 이후 그 출현 빈도가 현저하게 낮아

---

10) 안병희·이광호(1990)에서는 명령법 중, 청원을 나타내는 형식으로 '-고려, -고라, -지라, -지이다'를 제시하며 이들을 명령법의 한 변종으로 처리하였다. 이밖에 이들 형식을 명령형 어미에 포함하여 다룬 논의는 김충회(1974), 박영준(1994) 등이 있다. '-고라'에 대해 본격적으로 다룬 이승희(2005)에서는 '청원'과 '명령'이 별개의 것인지 더 논의할 필요가 있으나 '-고라'는 '명령'보다는 '청원', '기원'의 의미에 가깝다는 점을 언급하였다. '-과뎌'의 통시적 변화를 다룬 고은숙(2005)에서는 종결어미로 기능하는 '-과뎌' 중 명령형 종결어미로 쓰이는 예가 있음을 지적하였다. '-과뎌'를 다루면서 '-고뎌'를 제외한 것은 근대국어 시기에 종결어미로서의 기능을 대체적으로 인정받고 있는 '-과뎌'와 달리 '-고뎌'는 이를 과연 종결어미로 볼 수 있는지에 대한 논란이 있었기 때문이다. '-고뎌'를 종결어미로 처리하여 논의의 대상으로 삼는다면 '-과뎌'의 처리 방향과 유사할 것으로 보인다.

졌고, 이들 중 '-고려'가 현대국어의 '-구려'에 이어지는 것으로 알려져 왔다(이승희 2005 : 92-95). 먼저 '-고라'가 쓰인 예를 보이면 아래와 같다.

> (15) 가. 王이 相師ᄃ려 무로ᄃᆡ 뉘 王ㄱ 相 잇ᄂᆞ뇨 相師ㅣ 닐오ᄃᆡ 이 中에 好乘 ᄐᆞ니ᅀᅡ 王 ᄃᆞ외리로소이다 … 王이 쪼 相師ᄃ려 닐오ᄃᆡ 다시 <u>보고라</u> 相師ㅣ 對答ᄒᆞᄃᆡ 이 中에 第一座애 안ᄌᆞ니ᅀᅡ 王 ᄃᆞ외리로소이다 <월인석보 25 : 70a>
> 나. 네 밧긔 그려도 버디 잇ᄂᆞ녀 ᄒᆞ나히 짐 보ᄂᆞ니 이셔셔 게셔 믈 노하 머기ᄂᆞ니 뎌의 머글 밥ᄋᆞᆫ 쪼 엇디ᄒᆞ려뇨 우리 먹고 뎌 위ᄒᆞ야 뎌기 가져가져 사발 잇거든 ᄒᆞ나 <u>다고라</u> 이 밥애서 ᄒᆞᆫ 사발만 다마 내여 뎌 버들 주져 제대로 두라 너희 다 머그라 지븨 당시론 바비 잇다 머기 ᄆᆞ차든 가져가라 <번역노걸대 상 42a-b>
> 다. 스승이 닐오ᄃᆡ 그뭇 ᄠᅳ디 놉고 微妙ᄒᆞ야 당다이 몬져 道理 得ᄒᆞ리니 ᄂᆞ외야 ᄇᆞ리디 <u>마오라</u> 太子ㅣ 하딕고 가싫 제 스승과 五百 神仙이 울며 太子 보내ᅀᆞᆸ노라 <월인석보 11 : 6b>

(15가)는 '왕'과 '상사' 사이의 대화로, 왕이 상사에게 '다시 보'는 행동을 할 것을 요청하는 문맥이다. 명령문의 주어와 청자, 명령을 수행해야 할 주체는 모두 '상사'로 동일하다. (15나)에서는 밖에 있는 벗에게 밥을 가져다주기 위해 '사발이 있으면 하나 달라'고 요청하는 장면으로 '주고라' 대신 '다고라'가 쓰이고 있다. (15다)는 부정 명령문에서 '아니ᄒᆞ-, 못ᄒᆞ-' 등이 아닌 '말-'이 쓰이고 있는 예로, 이는 모두 명령형 어미들이 보이는 특징들이다. '-고라'와 다른 명령형 어미들 사이의 이와 같은 공통점들을 고려한다면 '-고라' 역시 명령형 어미에 포함할 수 있고, '-고라'가 쓰인 문장은 명령문으로 분류할 수 있게 된다. 그렇지만 '-고라'가 일반적인 명령형 어미와 다른 특징을 나타내는 예 역시 존재하는 것으로 알려진 바 있어 이에 대한 해석이 필요하다.

(16) 가. 妃子 太子ㅣ 願을 니르시니 아기 셔울 <u>가고라</u> 빅골티 <u>말오라</u> 우
　　 리도 샐리 니거지 衆生이 四苦ㅣ <u>업고라</u> 布施롤 너펴지라 父母를
　　 나쇼 보슨바지 <월인석보 20 : 53a-b>
　　 나. 世尊이 吉祥願ᄒᆞ샤 偈 지서 니르샤디 願ᄒᆞᆫ돈 사룸도 便安ᄒᆞ며 ᄆᆞ
　　 쇼도 便安ᄒᆞ야 녀는 길헤 거틸 꺼시 <u>업고라</u> <월인석보 4 : 59b>
　　　　　　　　　　　　　 <이상 이승희(2005 : 89-90)에서 인용함.>

　　(16)은 기존 논의에서 '-고라'가 '기원'의 의미를 나타내는 것으로 처
리된 예이다. (16가)는 이미 떠나간 자식(아기)들을 청자로 상정하여 '셔울
에 가'거나 '배를 곯지 말'라는 행위를 요청하는 것이 아니라 '셔울에 갔
으면, 배를 곯지 않았으면, 중생들이 사고(四苦)가 없었으면' 하는 기원으
로 해석하는 것이 자연스럽고, (16나) 역시 세존이 상인들에게 '가는 길
에 거칠 것이 없'기를 기원하는 것으로 해석하는 편이 자연스럽다는 것
이다(이승희 2005 : 90). 기존 논의에서 지적한 대로 (16)의 예는 명령의 의
미로 해석하기 어렵고 문법적 특징 또한 전형적인 명령형 어미와는 차이
가 있는 것으로 보인다. (16가)의 '衆生이 四苦ㅣ 업고라'의 경우 문장의
주어는 명령 수행의 주체가 되지 못하고 대화 상황의 청자가 될 수도 없
다. 또한 대체적으로 동작 동사와 결합하여 쓰이는 명령형 어미와 달리
(16)에서는 '-고라'가 '없-'에 통합하여 쓰이고 있다. (16)의 예를 고려하
면 '-고라'는 명령형 어미와 다른 속성을 지닌 것처럼 보인다. 이렇게 공
통점과 차이점을 모두 지닌 것처럼 보이는 '-고라'의 성격은 사실 '-아/
어라'의 경우와 크게 다르지 않다. 이미 이 글의 앞 절에서는 명령형 어
미 '-아/어라'가 쓰였으나 기원으로 해석되는 예들이 존재하며, 명령문이
성립하기 위한 의미·화행적 조건에 위배되는 경우 기원의 의미를 나타
낼 수 있다는 점을 살펴보았다. (16)에서 본 '-고라'의 예도 청자가 어떤
행위를 하게끔 화자가 시도하거나, 청자가 행위를 수행할 수 있다고 화자

가 믿고 있는 상황은 아니며 오히려 애초에 청자 자체를 상정하기 어려운 상황에 가깝다. '없-'에 통합한 '-고라'의 예도 '건강해라, 행복해라'와 같이 형용사에 통합하여 '기원'의 의미를 지니는 예와 유사한 것으로 볼 수 있을 것이다. 즉 '-고라'는 명령형 어미로 사용되었으나 의미·화행적 조건에 위배되는 경우에는 기원의 의미로 해석되는 것으로, '-아/어라'와 평행하게 처리하는 것이 바람직할 것으로 보인다.

(17) 가. 의원 형님하 네 이 됴흔 법을 날드려 <u>ᄀᆞᄅ치고려</u> 손짜라고로다가
　　　그 힐므슨 부리 우희 추모로 나져 바며 머므디 말오 ᄇᆞ르라 그리
　　　면 즉재 스더디리라 <번역박통사 13a-b>
　　나. 오직 흔 가짓 눗가온 은으란 날 주디 말오 됴흔 은을 날 <u>다고려</u>
　　　해 눗가온 은이 나도 업다 내해 다 실 ᄀᆞᆫ 구의나깃 은이라
　　　<번역노걸대 하 14a>
　　다. 내 쏘 너드려 말소믈 당부ᄒᆞ노니 그 드레 믈 줍디 아니ᄒᆞᄂᆞ니 네
　　　두의티기옷 모ᄅᆞ거든 드레 우희 흔 무셕 벽을 미라 이ᄂᆞᆫ 나도 아
　　　노니 네 ᄀᆞᄅ치디 <u>마오려</u> 우리 돌어 니러 브즈러니 몰 머기져
　　　<번역노걸대 상 32a>

(17)은 '-고려'의 예를 제시한 것이다. (17가)에서 볼 수 있듯이 명령문의 주어와 명령 수행의 주체('네'), 청자, 호격어('의원 형님')이 모두 일치하며, '주-' 대신 '달(다)-'가 쓰이고 있는 것(17나), 부정문에서 '말-'이 쓰이는 것(17다) 모두 명령형 어미로서의 특징이라고 할 수 있다. 즉 '-고려'는 발견되는 예의 수가 많지는 않지만 문헌 자료에 나타난 예들은 대부분 '-고라'와 동일하게 명령형 어미의 특성을 보이는 것으로 처리할 수 있다.

다음으로 살펴볼 것은 '-과뎌'에 대한 예이다. '-과뎌'는 '-고져'와 함께 이들 형식이 지닌 의미 기능이 무엇인지 살피거나 이들의 문법 범주

를 무엇으로 볼 수 있는지 등에 대해 지속적으로 주목을 받아 왔던 형식
이다. 이들 중 '-과뎌'는 근대국어 시기가 되면 명확하게 종결어미로 판
단할 수 있는 예들이 발견되고, 이때 '-과뎌'가 나타내는 의미 기능은
'명령'으로 볼 수 있다고 판단되어 왔다. 이처럼 명령형 종결어미와 관련
이 있는 것으로 알려진 '-과뎌'의 문법적 특징이 다른 명령형 종결어미
와 동일한지 살펴보고, 만약 그렇지 않은 점들이 발견된다면 이를 어떻게
해석해야 하는지 고찰하기로 한다. 종결어미로 쓰인 '-과뎌'의 예를 제시
하면 아래와 같다.

> (18) 가. 자네네 日本말 흑시믈 드르면 드러 아든 몯흐여도 神妙히 너기읍
> 니 이리 부러호믈 비홀 디 업스니 일뎡 니기시는 비밀흔 묘리도
> 이실 쩌시니 아므려나 <u>フ르치시과쟈</u> 어와 자네 우은 사롬이로
> 쇠 홀리는 籠具도 업시 사롬을 홀리는 사롬이읍쏘쇠 엇디 이리
> 긔롱흐시는고 <첩해신어(초) 9 : 19a>
> 나. 내 죄예 만나믄 관겨티 아니커니와 젼두의 홀시 一 年 二 年은
> 아니오 엇디 부디 홀가 너기시는고 그저 헤아리실 앏피오니 잘
> 혜아려 <u>므츠시과댜</u> 그리 니르시미 그럳든 아니커니와 우리도 흐
> 나 둘히서 되디 못홀 거시니 送使의 談合흐여 아못 됴로나 됴홀
> 양으로 홀 거시니 아직 大廳의 드려 두읍소 <첩해신어(초) 4 :
> 25b-27a>
> 다. 이제야셔 正官의 병이라 니르시니 正官이 나디 아니면 우리의 그
> 르믄 발명 못 홀 거시니 비록 正官이 병 드르실띠라도 茶禮는 卒
> 度之間이오니 나셔 과연 견듸디 못흐거든 몬져 니르실디라도 내
> 迷惑을 <u>프르시과댜</u> 니르시는 배 그러흐읍거니와 正官 昨晚브터
> 병 드럿스오니 자네게 다시 술올 스이도 업스매 그러는 흐거니와
> 이 양병은 아니오 <첩해신어(초) 1 : 28b-30b>

종결어미로 볼 수 있는 '-과뎌'의 예는 17세기에 들어와서야 발견되고
그 수 자체도 많은 편은 아니다. 적은 수의 예만으로 성급하게 판단해서

는 안 될 일이나 발견되는 예에서 '-과뎌'는 모두 화청자가 대면하고 있
는 대화 상황에서 사용되며, 화자가 청자에게 특정 행위를 요청하는 것으
로 해석된다. 또한 실제로 그러한 행위를 수행할 주체는 모두 청자가 되
므로 대체적으로 명령형 종결어미와 동일한 성격을 지닌 것으로 보아도
무방할 듯하다. (18가)는 화자가 청자에게 일본말을 익히는 묘리를 가르
쳐 줄 것을 요청하고 있고 (18나)는 잘 헤아려서 일을 마무리하여 줄 것
을 요청한다. (18다)는 '정관(正官)이 견디지 못하거든 먼저 가더라도 내
어려움을 풀어 달라' 정도로 해석할 수 있는 문장이다. 이때 화자가 '미
혹(迷惑)'을 풀어줄 것을 '정관(正官)'에게 요청하는 것으로 해석할 수도 있
고(고은숙 2005 : 16) 청자가 정관을 설득하여 같이 옴으로써 미혹을 풀어줄
것을 '청자'에게 요청하는 것으로 해석하는 것도 가능해 보인다.

　마지막으로 '-지라'와 '-지이다'의 경우를 살펴보기로 한다. 이들 형식
은 청자경어법 형태소 '-이-'의 통합 여부에 따라 경어법 체계상의 등급
에 차이가 있을 뿐 공통적으로 '원망(願望), 소망'의 의미를 나타내는 것으
로 알려져 왔다.

> (19) 내 後生애 長常 그딋 겨지비 ᄃ외야 뎌ᇰ효 이리여 구즌 이리여 같아
> 　　나디 마라지라 ᄒᆞ거늘 <월인석보 20 : 84a>

> (20) 가. 太子ㅣ 닐오ᄃᆡ 願ᄒᆞᆫ든 衆生이 다 度脫ᄋᆞᆯ 得ᄒᆞ야 ᄂᆞ외야 生老病死
> 　　ㅅ 受苦ㅣ 업게 코져 ᄒᆞ노이다 帝釋이 닐오ᄃᆡ 크실쎠 願이여 노
> 　　파 우 업스샷다 하늘해 나 히 ᄃᆞ리 ᄃ외아지라 커시나 世間애 님
> 　　그미 ᄃ외아지라 커시나 목수미 길아지라 ᄒᆞ시면 내 어로 호려
> 　　니와 太子 니르샨 마론 三界예 特別히 尊ᄒᆞ실쎠 내 미츨 일 아니
> 　　로소이다 <월인석보 20 : 85b-86a>
> 　나. 雍氏 닐오ᄃᆡ 내 그듸두고 몬져 죽가지라 ᄒᆞ야ᄂᆞᆯ 卿發이 웃고 말
> 　　이니라 <삼강행실도(런던)열 20>

다. <u>음식 푸는 뒷 사르마 몬져 흔 사발만 드순 믈 가져오라 내 눗 시</u>
<u>서지라</u> <변역노걸대 상 61a>

(19)와 (20)은 '-지라'가 쓰인 예를 제시한 것이다. (19)의 예에서 볼
수 있듯이 부정문에서 '말-'을 취하는 것은 다른 명령형 어미들과 '-지
라'의 공통점이다. 그러나 '-지라'는 (19)처럼 '말-'을 취하는 것을 제외
하면 다른 명령형 어미와 다른 특징들을 보인다고 할 수 있다. (20가)에
쓰인 '목숨이 길아지라'의 경우 형용사인 '길-'에 '-지라'가 통합되어 있
는 것이 가장 눈에 띈다. 명령형 어미는 동사와 결합하는 예가 대부분인
점을 생각하면 (20가)의 예는 다른 특성을 보인다고 할 수 있지만, 이미
이 글에서는 명령형 어미가 형용사 뒤에 통합되어 '기원'으로 해석되는
예들을 살펴보았으므로 이 자체만으로는 큰 문제가 되지 않는다. 오히려
다른 명령형 어미와 큰 차이를 보이는 점은 문장의 주어가 누구인가 하
는 것이다. (20가)는 제석(帝釋)이 태자(太子)가 '목숨이 길어지는 것을 원한
다'면 할 수 있었을 것이라 말하는 부문이므로 '목수미 길아지라'고 말을
한 것도, 그러한 일을 소망하는 주체도 모두 태자이다. (20나)의 예도 '옹
씨(雍氏)'가 남편인 '묘발(卯發)'에게 내가 그대보다 먼저 죽겠다고 이야기
하는 장면으로, '-지라'가 쓰인 문장의 주어는 옹씨 자신을 가리키는
'나'이다. 보통 명령문의 주어는 청자인 2인칭이거나 적어도 청자를 포함
해야 한다는 사실과 어긋나는 것이다. (20다)에서 '-라'가 통합한 문장과
'-지라'가 통합한 문장을 비교하면 그 차이는 명확히 드러난다. '-라'가
쓰인 문장은 '물을 가져오'는 행위를 수행하는 주체, 즉 명령을 수행할
주체는 청자이며 이는 호격어인 '음식 푸는 뒷 사롭'과 일치한다. 그러나
'-지라'가 통합한 문장에서 낯을 씻기를 원하는 주체는 화자인 '나'이고
실제로 이를 수행할 사람도 화자이다. 명령의 가장 기본적인 의미는 화자

가 청자에게 어떠한 행위를 수행할 것을 요청하는 것이므로 명령문의 주어는 언제나 청자인 2인칭이며 간혹 3인칭으로 실현되었더라도 그는 청자들 중의 일부가 되어야 한다. 따라서 '-지라'가 쓰인 문장과 같이 1인칭인 화자가 문장의 주어가 되거나 행위를 수행하는 주체가 되는 경우는 명령문에 포함할 수 없다. 이는 '-지이다'의 예에서도 동일하게 나타나는 현상이므로 해당하는 예만을 간략히 제시한다.

(21) 가. 願ᄒᆞᆫᄃᆞᆫ 흔쁴 스러 滅ᄒᆞ야 永히 다시 니ᄅᆞ왇디 마라지이다 <육조법보단경언해 중 24b>

(22) 가. 廣熾 깃거 發願호ᄃᆡ 내 後에 부톄 ᄃᆞ외야 일후미며 眷屬이며 時節이며 處所ㅣ며 弟子ㅣ며 다 이젯 世尊 곧가지이다 ᄒᆞ니 그 廣熾ᄂᆞᆫ 우리 世尊이시니라 <월인석보 2: 9b>

나. 그쁴 두 아ᄃᆞ리 이 ᄠᅳ들 다시 펴려 ᄒᆞ야 偈로 어마님ᄭᅴ ᄉᆞᆯ오ᄃᆡ 願ᄒᆞᅀᆞ오ᄃᆡ 어마니미 우릴 노ᄒᆞ샤 出家ᄒᆞ야 沙門 ᄃᆞ외에 ᄒᆞ쇼셔 諸佛이 甚히 맛나ᅀᆞ오미 어려우시니 우리 부텨 좃ᄌᆞ와 빈호ᅀᆞ와지이다 <법화경언해 7: 136b>

다. 一切衆生喜見菩薩이 … 이 偈 다 니ᄅᆞ고 아바넚긔 ᄉᆞᆯ보ᄃᆡ 日月淨明德佛이 이제 순지 現在ᄒᆞ시니 내 아래 부텨 供養ᄒᆞᅀᆞᄫᅡ 解一切衆生語言陁羅尼ᄅᆞᆯ 得ᄒᆞ고 ᄯᅩ 法華經 八百千萬億那由他 甄迦羅頻婆羅 阿閦婆 等 偈ᄅᆞᆯ 듣ᄌᆞᄫᅩ니 大王하 내 이제 이 부텻긔 도로가 供養ᄒᆞᅀᆞᄫᅡ지이다 <월인석보 18: 33b-34b>

애초에 '-지라'와 '-지이다'의 의미를 '소망' 혹은 '원망'으로 파악해 왔던 것은 이러한 특징을 반영했기 때문인 것으로 보인다. '명령'과 '기원', '청원'은 청자에 대한 화자의 태도가 어떠하냐에 차이는 있을 수 있지만, 그 태도가 어떠하든 특정 행위를 청자에게 요청하고 그 요청이 받아들여지는 경우 그 행위를 청자가 수행하게 된다는 점에서는 다르지 않다. 그렇지만 '소망'이나 '원망'은 모두 화자의 입장에서 화자가 자신의 원하는 일을 이야기하는 것이지 청자에게 구체적으로 어떠한 행위를 요청하는 것은 아니다. 그러므로 '-지라'와 '-지이다'는 명령형 어미에 포함될 수 없고 별도의 어미로 다루어져야 할 것이다. '-지라'와 '-지이다'가 명령의 의미로 해석되는 것처럼 보이더라도 이는 화자가 자신의 소망을 이야기하면서 청자가 그 소망을 이루는 데에 기여하고 협조할 것이라 믿고 또 청자에게 그럴 수 있는 권위가 있는 경우, 즉 의미·화행상의 조건을 충족하여 '명령'의 의미로 해석되는 경우일 뿐이다.

3. 명령형 어미의 변화

지금까지는 명령문에 대한 기존 논의를 통해 명령문의 범위 설정과 관련된 문제를 다루었다. 3장에서는 명령형의 대표적인 어미인 '-아/어라, -거라'를 대상으로 중세국어와 현대국어의 차이점을 살펴봄으로써 다른 명령형 어미들에 대해서도 이러한 변화에 대한 고찰이 필요함을 제시하도록 한다.

명령형 어미의 변화에 대한 지금까지의 논의는 대체적으로 형태적 변화에 초점을 두고, 새롭게 생겨나거나 소멸된 명령형 어미들만이 주된 관심의 대상이 되었다. 오히려 명령형 어미로 널리 알려져 있는 '-아/어라, -거라'에 대해서는 현대국어 시기에 이르러 이들이 통합할 수 있는 서술어에 제한이 없어졌다는 점이 지적되었을 뿐, 그 밖의 사항에 대해서는 깊이 다루어진 바 없다고 하여도 과언이 아니다. 따라서 이 글에서는 '-아/어라', '-거라'를 대상으로 중세국어와 현대국어의 쓰임에 차이가 있는 점들을 찾아보고자 하는 것이다.

여러 가지 어미 중, 우선적으로 '-아/어라'와 '-거라'를 선택한 것은 이들이 가장 전형적인 명령형 어미일 뿐더러 형태적, 통사적, 의미·화용적 변화를 모두 나타내는 어미이기 때문이다. 형태적으로는 선어말어미 '-아/어-, -거-'와 명령형 어미 '-라'의 통합형이었던 것이 현대국어에서는 하나의 명령형 어미로 기능하게 되었다는 점이 가장 큰 변화로 꼽힐 수 있을 것이다.

통사적 기능의 변화로는 '-라'의 사용 범위가 축소되고 그것을 '-아/어라'와 '-거라'가 대체한 것을 들 수 있다. 기존에 쓰이던 형식에 다른 형식이 통합하여 유사한 기능을 지닌 하나의 새로운 어미가 형성되었다면, 이로 인해 기존 형식의 문법 기능을 나누어 담당하게 되었으리라는 것은 충분히 생각해볼 수 있는 가정이다.

(23) 가. 臣下ㅣ 王끠 술ᄫᅩ디 엇던 젼ᄎᆞ로 이어긔 布施供養이 다 알ᄑᆡ셔 더으니잇고 王왕이 닐오디 내 말 드르라 <월인석보 25 : 113a>

　　 나. 이 닐굽 가짓 약을 사ᄒᆞ라 블근 깁 쟐이 녀허 十二月 그믐날 낫만 우믈 가온디 믿흙이 다케 돔갓다가 正月ㅅ 초ᄒᆞᄅᆞᆺ날 새배 내여 수우레 녀허 두세소솜 글혀 東녁 문올 向ᄒᆞ야 머고디 몬져 아히브터 얼운 ᄌᆞ히 머그라 <간이벽온방 9b>

　　 다. 그 夫人이 王이 ᄃᆞ외야 勅書 밍ᄀᆞ라 太子끠 보내야 두 눈ᄌᆞᅀᆞᆯ ᄲᅡ혀 보내라 ᄒᆞ고 다른 사ᄅᆞᄆᆞᆯ 갑새 보내니 <석보상절 24 : 51a>

(24) 가. 그ᄢᅴ 釋提桓人이 欲界諸天 더블오 ᄂᆞ려와 獅子ㅣ며 버미며 일히 ᄃᆞ외야 눈 브르ᄠᅳ고 구세 디르고 어르 ᄲᅧ ᄡᆞ로려커늘 須闍提 ᄀᆞ문훈 소리로 닐오디 네 나롤 먹고져 ᄒᆞ거든 ᄆᆞᅀᆞᆷ 조초 머거라 므슴 ᄒᆞ려 저히ᄂᆞᆫ다 <월인석보 20 : 115b>

　　 나. 王이 그제ᅀᅡ 太子ㅣᆫ 고ᄃᆞᆯ 아르시고 값 ᄀᆞ새 아나 안ᄌᆞ샤 오시 ᄌᆞ기 우르시고 니르샤디 네 어마니미 날 여희오 시르므로 사니다가 이제 ᄯᅩ 너를 여희오 더욱 우니ᄂᆞ니 어셔 도라니거라 <월

인석보 8 : 101a>
다. 네 몸 간슈ᄒᆞ여 됴히 <u>잇거라</u> <순천김씨언간 186 : 13>

　중세국어의 '-라'가 쓰인 예인 (23가)는 어째서 여기에는 보시공양을 앞에서 한 것보다 더 하느냐는 신하의 질문에 왕이 답을 하고 있는 상황에서 쓰인 직접 명령문이다. (23나)는 문헌자료 자체가 처방을 안내하는 글로서 약을 먹는 방법에 대하여 안내하고 있는 문맥으로, 구체적인 청자를 상정할 수는 없으나 인용된 문장이 아닌 직접 명령문의 예라고 할 수 있다. (23다)는 '부인(夫人)'의 칙서의 내용을 인용한 것으로 간접인용된 문장에 쓰인 '-라'의 예라고 할 수 있다. 이처럼 '-라'가 직접 명령과 간접 인용된 명령문에 모두 사용되었던 것과는 달리, 선어말어미 '-아/어-, -거-'와 '-라'가 통합된 경우는 (24가, 나)처럼 직접 명령문에서만 쓰인다. 인용동사인 '닐오ᄃᆡ, 니ᄅᆞ샤ᄃᆡ' 등이 쓰여 수도제(須闍提) 태자와 왕의 명령을 직접 인용하여 쓰이고 있는 것이다. 발견되는 예문의 수가 많은 것은 아니나 '-아/어-'와 '-거-'가 '-라'와 통합되어 쓰인 예들은 모두 (24가, 나)와 같이 실제 대화 상황을 묘사한 경우에 쓰이는 직접 명령이고, 실제 대화 상황이 아니라고 하더라도 (24다)처럼 청자를 특정할 수 있는 언간 자료에서 나타난다.

(25) 가. 김요사팟이 … 굿세고 진중ᄒᆞ며 단정ᄒᆞ고 바르며 그 겸손ᄒᆞᆫ 덕은 그 지조와 아올나 쵸월ᄒᆞ니 … 그 부모와 일가 친구들이 요사팟의 비교ᄒᆞᄂᆞᆫ ᄒᆞᆫ 마ᄃᆡ 말 엇어 듯기 위ᄒᆞ야 모든 계교와 힘쓰ᄂᆞᆫ 형샹은 일우 다 측량홀 수 업스나 예수의 용밍ᄒᆞᆫ 군ᄉᆞ가 되여 그 본분을 조츰으로 마ᄎᆞᆷ 나라혜서 <u>잡으라</u> 하고ᄒᆞ시니 대개 삼월이러라 <경향보감 1 : 360>
나. 시골 엇던 진위ᄃᆡ 셜시ᄒᆞᆫ 고을에 예수 밋ᄂᆞᆫ 사ᄅᆞᆷ ᄒᆞᆫ 분이 잇ᄂᆞᆫᄃᆡ 그 교인의 삼촌이 늠의 돈을 가졋더니 병ᄃᆡ쳥 관원이 그 돈을 교

인듯려 <u>갑흐라</u> 흐는지라 <신학월보 1 : 202>

(26) 가. 철수가 대답을 <u>해라</u>.
　　　나. 선생님이 철수가 대답을 <u>하라</u>고 하셨다.

　'-라'의 쓰임이 한정되고 그 자리를 '-아/어라, -거라'가 대체해간 것은 비교적 최근의 일로, 19세기와 20세기 초 자료에서는 직접 명령에 쓰인 '-라'의 예가 크게 줄고 (25)처럼 인용된 명령문으로 보이는 예의 수가 크게 증가한다. 이러한 변화가 지속된 결과 현대국어에서는 알려진 대로 '-라'는 (26나)와 같이 명령형 어미가 쓰인 문장이 간접 인용될 때에만 쓰이고, 직접적인 명령의 상황에서는 쓰이지 않는다.[11]

　형태적, 통사적 특징보다도 '-아/어라'와 '-거라'의 더 큰 변화는 의미·화용적 측면에서 일어난 것으로 보인다. 실제 예문을 통해 두 명령형 어미가 쓰이는 조건화하여 보기로 한다.[12]

　　(27) 가. 阿難이 나와 大愛道의 술봉대 大愛道ㅣ 깃거 닐오디 阿難아 내훈

----

11) 직접 명령에 쓰인다고 하더라도 '-라'는 구체적인 청자를 상정할 수 없는 특수한 환경에서만 쓰이는 것으로 알려져 있다.

　　예) 다음 문제를 읽고 물음에 <u>답하라</u>.

　이와 같은 '-라'를 고영근(1976)에서는 간접 명령, 임홍빈(1983)에서는 절대 명령이라 불렀다. 간접 인용문에서 '-아/어라, -거라'가 중화되어 나타나는 '-라'와, 간접 명령 혹은 절대 명령에 쓰이는 '-라'를 동일한 것으로 보는지(고영근 1976) 그렇지 않은지(임홍빈 1983)에 대해서는 위의 두 견해에 차이가 있다. 그렇지만 간접 명령 혹은 절대 명령의 '-라'가 특정한 청자를 상정할 수 없는 상황에 쓰이는 명령형 어미라는 점에는 이견이 없다. 이와 같은 상황에서 '-라'가 쉽게 쓰일 수 있다는 점은 인정하지만 '-라'가 쓰이는 보다 근원적인 원인은 화자가 청자를 대우 중립적으로 파악하느냐 그렇지 않느냐에 달려 있다는 견해(고성환 2003)도 존재한다.

12) '-아/어라', '-거라'의 의미·화용론적 변화, 특히 현대국어에서 지닌 '-아/어라'와 '-거라'의 의미·화용론적 제약에 대해서는 졸고(2012)의 논의를 기본으로 삼고 이를 수정·보완한 것이다.

말 드러라 <월인석보 10 : 21a>

나. 그쯰 釋提桓人이 欲界諸天 더블오 느려와 獅子ㅣ며 버미며 일히
　두외야 눈 브르뜨고 구세 디르고 어르 뼈 므로려커늘 須闍提 ᄀ
　믄훈 소리로 닐오ᄃᆡ 네 나ᄅᆞᆯ 먹고져 ᄒᆞ거든 ᄆᆞᆷ 조초 머거라
　므슴 ᄒᆞ려 저히ᄂᆞᆫ다 <월인석보 20 : 115b>

다. 難陀ㅣ 부텻긔 절ᄒᆞᅀᆞᆸ고 부텻 바리ᄅᆞᆯ 가져 지븨 드러 밥 다마 나
　가 부텻긔 받ᄌᆞᄫᅡᄂᆞᆯ 부톄 아니 바ᄃᆞ신대 阿難이ᄅᆞᆯ 주어늘 阿難이
　도 아니 받고 닐오ᄃᆡ 네 바리ᄅᆞᆯ 어듸 가 어든다 도로 다가 두어
　라 ᄒᆞ야ᄂᆞᆯ <월인석보 7 : 8a>

(28) 가. 王이 그제ᅀᅡ 太子ㄴ 고ᄃᆞᆯ 아ᄅᆞ시고 깁 ᄀᆞ새 아나 안ᄌᆞ샤 오시 ᄌ
　무기 우르시고 니ᄅᆞ샤ᄃᆡ 네 어마니미 날 여희오 시르므로 사니다
　가 이제 ᅀᅩ 너를 여희오 더욱 우니ᄂᆞ니 어셔 도라니거라 <월인
　석보 8 : 101a>

나. 번둘하 닐어라 둘기 우런 디 세 홰어다 ᄒᆞ마 하ᄂᆞᆯ도 ᄇᆞᆯ가리로다
　<번역노걸대 상 38a>

다. 동뫼야 너ᄂᆞᆫ 뼈디여셔 됴히 안잣거라 내 뎌긔 가 황호 폴오 즉재
　오마 <번역노걸대 하 55b-56a>

(29) 훈 벼스레 미여쇼ᄆᆞᆫ 眞實로 모ᄆᆞᆯ 값가라 ᄒᆞᄂᆞᆫ 디라 <杜諺 21 : 29b>
　(고영근 1980)에서 인용함.)

(30) 큰 형아 우리 가노소라 네 됴히 잇거라 <번역노걸대 하 72b>

　(27)은 '-아/어라'가 쓰인 예이고 (28)은 '-거라'의 예이다. (27)과 (28)
에서 찾을 수 있는 공통점은 우선 화자와 청자를 상정할 수 있는 상황에
서 사용되는 직접 명령문이라는 점이다. 화자와 청자의 관계를 살펴보았
을 때 모두 화자는 청자보다 상위자이거나 적어도 동등한 위계에 있다는
점이 동일하다. 이는 당연한 것으로, 화자보다 청자가 상위자라면 청자경
어법 등급상 애초에 '-아/어라'가 아닌 '-쇼셔'가, 적어도 '-어쎠'가 선

택되었을 것이다. 반대로 (27), (28)의 가장 큰 차이점은 통합한 서술어의 속성이 다르다는 점이 될 것이다. '-아/어라, -거라'의 속성 중 가장 널리 알려진 것은 '-아/어라'는 타동사에, '-거라'는 자동사에 통합한다는 점이다. (27)의 예에서도 '-아/어라'는 예외 없이 '들-, 먹-, 두-'와 같은 타동사 뒤에 통합하여 쓰이고 있다. (28)의 '-거라' 역시 '도라니-, 닐-, 잇-'의 자동사 뒤에 통합하였다. 그렇지만 예외를 거의 찾을 수 없는 '-아/어라'와는 달리 '-거라'는 소수이지만 (29)처럼 타동사 뒤에 쓰인 예도 존재한다는 점이 지적되었다(고영근 1980). (30)의 예도 눈길을 끄는 예 중의 하나이다. 언뜻 보기에는 청자가 '큰 형'으로 화자보다 상위자인 것처럼 느껴지기도 한다. 그러나 후행하는 문장에서 '큰 형'을 대명사 '네'를 이용하여 가리키고 있는 것을 보면, 문장 내에서 화자가 청자를 상위자로 판단하고 있다고 보기는 어렵다. 이상에서 볼 수 있듯이 중세국어 '-아/어라, -거라'는 통합 가능한 서술어가 다르다는 점을 제외하면 거의 차이가 없는 것으로 보인다.

이어서 현대국어의 '-아/어라, -거라'의 상황은 어떠한지 살펴보자. 중세국어에서 거의 유일한 특징이었던 선행 서술어의 차이는 완전히 사라져서 두 형식은 선행 서술어가 자동사이든 타동사이든 상관없이 쓰일 수 있게 되었다.

(31) 가. 밥을 먹어라. / 밥을 먹거라.
　　 나. 집에 가라. / 집에 가거라.

서술어의 차이를 이용하여 둘의 쓰임을 구분하는 것은 불가능해졌다. 이러한 이유에서 '-아/어라'와 '-거라'를 사용 빈도의 차이나 어감의 차이만을 지닌 형식으로 처리하기도 한다.[13] 그러나 현대국어 '-아/어라'와 '-거라'의 차이는 다른 곳에서 나타나는 것으로 보인다.

(32) 가. 이 가방은 네가 <u>들어라</u>.
　　나. 바람아 <u>불어라</u>.
　　나′. (화자의 독백) 당첨<u>돼라</u>, 당첨<u>돼라</u>!
　　다. (엄마가 아들에게) 오늘은 일찍 <u>자라</u>.
　　다′. (친구에게) 오늘은 일찍 <u>자라</u>.
　　다″. (동생이 언니에게) 오늘은 일찍 <u>자라</u>.

　먼저 (32)의 '-아/어라'의 예를 살펴보자. (32가)는 중세국어와 동일한 양상을 보이는, 화청자를 상정할 수 있고 화자가 청자보다 상위자인 예이다. (32나, 나′)은 중세국어의 '-아/어라'에서는 찾아볼 수 없었던 예로, 2장에서 언급하였던 명령의 의미를 실현하게 하는 의미·화행상 조건에 어긋나는 예이다. (32나)는 화자가 통제할 수 없는 대상인 '바람'이 명령 수행의 주체이자 청자가 되어, 명령형 어미가 쓰였음에도 불구하고 명령이 아닌 기원으로 해석되는 예였다. 이와 비슷하게 (32나′)의 독백은 애초에 청자가 존재하지 않으므로 의미·화행상의 조건에 위배된다. 독백의 상황에서는 화자를 곧 청자로 볼 수도 있다. 그렇더라도 청자가 '당첨되-'는 행위를 수행할 수 있는 것은 아니므로 이 역시도 조건에 위배된다. 중세국어와 다른 점은 이뿐만이 아니다. (32다, 다′)은 화자가 청자보다 상위자이거나 둘의 위계가 동등한 경우로 중세국어와 다른 점이 없지만 (32다″)의 경우는 다르다. (32다″)에서 화자는 청자인 '언니'보다 하위자임에도 불구하고 '해라'체 명령형 어미인 '-아/어라'가 쓰이고 있는 것이다. 이러한 쓰임이 가능하게 하고 또 불가능하게도 하는 원인은 화청자

---

13) 7차 교육과정의 학교 문법서에서는 지금까지 '-거라'를 일부 자동사들에만 통합하는 불규칙형으로 처리해온 것과는 달리, 7차 교육과정의 학교 문법서에서는 현재는 이들 자동사도 '-아/어라'를 취할 수 있게 되었으므로 더 이상 '-거라'를 불규칙 활용으로 보지 않고 불규칙 활용에서 제외하였다. 이와 같은 견해가 민현식(1999)에서도 언급된 바 있는데 그 글에서는 '-거라'를 노년·장년층에서 주로 쓰이는 세대 방언형으로 처리하였다.

사이의 친근감에서 찾을 수 있다. 해라체 어미를 하위자가 상위자에게 사용하는 것은 자연스러운 일이 아니지만 친근감이 전제된 경우에는 명령형 어미뿐만이 아니라 다른 문장 유형의 해라체 어미도 충분히 쓰일 수 있는 것으로 보인다.

지금까지 살펴본 것처럼 현대국어의 '-아/어라'는 중세국어에서 출현하던 환경에서는 물론 의미·화행상의 조건에 위배되어 '기원'의 의미로 해석되는 경우에도, 화청자 사이의 친근감만 전제된다면 화자가 청자보다 하위자일 때에도 쓰일 수 있다. 그렇다면 '-거라'의 경우는 어떠한지, (32)에서 제시한 예들에 '-거라'의 통합도 가능한지 보기로 한다.

> (33) 가. 이 가방은 네가 <u>들거라</u>.
> 　　　나. [#]바람아 <u>불거라</u>.
> 　　　나´. [#](화자의 독백) 당첨<u>되거라</u>, 당첨<u>되거라</u>!
> 　　　다. (엄마가 아들에게) 오늘은 일찍 <u>자거라</u>.
> 　　　다´. (친구에게) ^{??}오늘은 일찍 <u>자거라</u>.
> 　　　다˝. (동생이 언니에게) [#]오늘은 일찍 <u>자거라</u>.

(33)에서 알 수 있듯이 '-거라'는 '-아/어라'에 비해 쓰임이 제한되어 있는 듯하다. '-아/어라'에서는 가능했던 (33나, 나´, 다´, 다˝) 모두 '-아/어라'와 동일한 의미로 쓰일 수 없거나 혹시 가능하다고 하더라도 매우 어색하다. '-거라'가 쓰일 수 있는 (33가, 다)는 중세국어에서부터 이어지는 전형적인 명령문의 예이다. 이를 고려한다면 현대국어의 '-거라'가 쓰임이 축소되어 있다고 보기보다는 '-아/어라'의 쓰임이 확장된 것으로 볼 수 있을 것이다.

4. 정리

지금까지 명령문의 범위를 한정하고 명령형 어미 '-아/어라, -거라'를 중심으로 중세국어와 현대국어의 기능 차이를 살펴보았다. 이상의 논의를 정리하고 남은 문제를 제시하는 것으로 결론을 대신한다.

국어에서 명령의 의미는 명령형 어미 외에 여러 가지 다른 형식들을 통해서도 전달되는 것으로 알려져 왔다. 이 때문에 연구자들이 명령형 어미로 처리한 형식들에 저마다 차이가 있었고, 명령문의 하위 부류로 청원, 기원, 소망 등이 설정되기도 하였다. 그러나 문장 유형의 분류는 무엇보다 형식을 기준으로 하여 이루어지는 것이 문법 기술에 도움이 된다. 따라서 명령문의 범위를 한정하기 위해서는 먼저 종결부에 실현된 어미가 명령형 어미에 해당하는지 검토해야 하며, 이때 해당 형식이 명령형 어미인지 아닌지 판단하는 기준은 다른 명령형 어미들과 동질적인 문법 특성을 보이는가 그렇지 않은가가 되어야 한다. 명령형 어미가 쓰이지 않아 명령문에 포함될 수는 없으나 특정한 의미·화행적 조건을 충족하여 명령의 의미를 전달하는 경우는 '명령 표현' 정도로 구분하여 다루어야 할 것이다.

이처럼 형식을 기준으로 명령문의 범위를 결정하게 되면, 기존의 연구에서 명령문과 관련이 있는 것으로 제시되었던 '청원, 기원, 소망, 원망'의 의미를 전달하는 형식들에 대해서도 재검토가 이루어져야 한다. 역사 자료에서 발견되는 '-고라, -고려, -과뎌, -지라, -지이다' 등의 형식들을 검토한 결과, '-고라, -고려, -과뎌'만이 명령형 어미에 포함될 가능성이 있음을 제시하였다.

이어서 명령형 어미의 변화에 대한 연구가 특정 형식의 생성과 소멸 위주로 이루어져 왔던 만큼, '-아/어라', '-거라'와 같이 전형적인 명령형 어미로 여겨졌던 형식들의 변화에 대해서도 그 기능 변화를 섬세하게 검토해야 할 필요성이 있음을 제시하였다. 그리하여 '-아/어라'는 중세국어 시기와 달리 그 사용 범위가 확장되어, 명령이 아닌 기원으로 해석되거나 애초에 청자가 존재하지 않는 화자의 독백에서도 쓰이고 있음을 밝혔다. 또한 상위자인 화자가 하위자인 청자에게 명령하는 경우 외에, 친근감이 전제된 경우 하위자인 화자가 상위자인 화자에게 명령하는 문장에서도 사용되는 것으로 판단하였다. '-아/어라'와 다르게 '-거라'는 중세국어 시기에서부터 나타나던 전형적인 명령의 화맥에서만 사용 가능하였다.

그동안 '당연히' 명령형 어미인 것으로 처리되어 왔으며 큰 기능 변화가 없었던 것으로 알려진 어미들에 대해서도 다시 한 번 검토할 필요가 있다는 점을 제고하고자 '-아/어라'와 '-거라'의 경우를 대표적으로 다루었다. 그러나 결국 그 외의 어미들에 대해서는 전혀 다루지 못하여 여전히 문제는 그대로 남아 있는 셈이다. 이 밖에 본격적으로 다루지 못했으나 명령과 관련된 것으로 알려진 다른 형식들에 대해서도 고찰이 필요할 것으로 판단된다. 또한 이 글에서는 명령문의 범위를 한정하고자 명령형 어미에 의해 명령의 의미가 실현되는 것이 아닌 예들은 모두 제외하였다. 그렇지만 오히려 국어의 '명령'의 특성을 전반적으로 밝히기 위해서는 이러한 명령 표현의 유형은 물론 이들이 어떠한 과정을 거쳐 명령의 의미를 전달하게 되는지 등에 대한 연구도 동반되어야 할 것이다.

‖ 참고문헌

고광모(2002), "명령법 어미 '-게'의 기원과 형성 과정", 한글 257, 129-165.

고성환(1998), "문장의 종류", 문법 연구와 자료, 태학사, 395-434.

고성환(2003), 국어 명령문에 대한 연구, 역락.

고영근(1976), "현대국어 문체법에 대한 연구", 어학연구 12-1, 17-53.

고영근(1980), "중세어의 어미활용에 나타나는 '거/어'의 교체에 대하여", 국어학 9, 55-99.

고영근(1993), 표준중세국어문법론(개정판), 탑출판사.

고영근(1999), 국어형태론연구, 서울대학교 출판부.

고은숙(2005), "연결어미 '-과뎌'의 통시적 고찰," 형태론 7-1, 1-21.

고은숙(2010), "국어의 문장 종류에 관한 역사적 고찰－평서문, 의문문, 명령문을 중심으로－", 한국어학 46, 1-45.

고은숙(2012), "후기 중세국어의 원망 표현에 관한 연구", 한국어학 54, 81-115.

김선호(1988), 한국어의 행위요구월 연구, 박사학위논문, 건국대학교.

김소희(1996), 16세기 국어의 '-거/어-' 연구, 석사학위논문, 서울대학교.

김영욱(1995), 문법형태의 역사적 연구, 박이정.

김유범(2005), "중세국어 '-거지이다', '-거지라'에 대하여", 새얼어문논집 17, 285-298.

김충회(1974), "십오세기 국어 명령법 연구", 한양어문 1, 65-84.

김충회(1977), "십오세기 국어 명령법 재고", 논문집(충북대) 15, 55-69.

김태자(1987), 발화분석의 화행의미론적 연구, 탑출판사.

김한결(2011), {-고져, -과뎌} ㅎ-' 구성에 대한 통시적 연구, 석사학위논문, 서울대학교.

남미정(2000), "'-거-' 통합형어미의 형성 연구 : '-거든, -거늘, -거니'를 중심으로", 어문연구 28-3, 92-113.

민현식(1999), 국어 문법 연구, 역락.

박금자(1987), "국어의 명령표현 연구", 관악어문연구 12, 65-91.

박미영(2012), 명령법 어미 '-아/어라', '-거라'에 대하여, 언어와 정보사회 18, 133-146.

박영순(1992), "국어 요청문의 의미에 대하여", 주시경학보 9, 34-49.

박영준(1987), 현대국어 명령문 연구－사회언어학적 접근－, 석사학위논문, 고려대학교.

박영준(1992), "부정명령문에 대하여", 홍익어문 10·11, 135-150.

박영준(1994), 명령문의 국어사적 연구, 국학자료원.

서울대학교 국어교육연구소(2002가), 고등학교 문법(교사용 지도서), 교육인적자원부.

서울대학교 국어교육연구소(2002나), 고등학교 문법, 교육인적자원부.

서정목(1983), "명령법 어미와 공손법의 등급―근대 국어와 경상도 방언의 경우", 관악어문연구 8-1, 213-246.

서정목(1987), 국어 의문문 연구, 탑출판사.

서정목(1994), 국어 통사 구조 연구 I, 서강대학교 출판부.

서태룡(1985), "국어의 명령형에 대하여", 국어학 14, 437-461.

안병희·이광호(1990), 중세국어문법론, 학연사.

양택선(1984), 국어의 명령법에 대한 사적 고찰, 석사학위논문, 서울대학교.

오영두(1984), 중세국어 명령법의 신고찰―석보상절을 중심으로 하여, 석사학위논문, 국민대학교.

윤석민(1996), 현대국어의 문장종결법에 대한 연구, 박사학위논문, 서울대학교.

이기종(1990), "중세국어 '-고져, -과뎌'의 의미 기능", 한남어문학 16, 153-166.

이숭녕(1969), "어미 '-과디여'류 주석 고", 김재원박사회갑기념논총, 을유문화사, 706-717.

이승희(2004), "명령형 종결어미 '-게'의 형성에 대한 관견", 국어학 44, 109-131.

이승희(2005), "'-고라'의 의미 기능에 대한 고찰", 형태론 7-1, 81-97.

이승희(2012), "명령형 종결어미의 역사적 변화", 국어사연구 14, 7-28.

이영경(1992), 17세기 국어의 종결어미에 대한 연구, 석사학위논문, 서울대학교.

이유기(2001), 중세국어와 근대국어 문장 종결 형식의 연구, 역락.

이정민(1977), "부정명령의 분석", 어학연구 13-2, 105-114.

이창용(1986), "명령문의 발화 조건―연결어미의 배합을 중심으로", 미원 우인섭선생 화갑기념 논문집, 집문당

이현희(1982), "국어 종결어미의 발달에 대한 관견", 국어학 11, 143-163.

이현희(1988), "중세국어의 청원구문과 관련된 몇 문제", 어학연구 24-3, 349-379.

이현희(1994), 중세국어 구문 연구, 신구문화사.

임홍빈(1983), "국어의 절대문에 대하여", 진단학보 56, 97-136.

임홍빈(1985), "청자대우법상의 해체와 해라체", 소당 천시권박사 회갑기념 국어학논총, 형설출판사.

장경희(1977), 17세기 국어의 종결어미 연구, 석사학위논문, 서울대학교.

장요한(2006), "어미 '-과'의 의미 기능에 대한 고찰", 한민족어문학 49, 95-118.

장요한(2007), "'문장의 확장'에 대한 소고", 시학과 언어학 14, 191-220.

장윤희(2002), 중세국어 종결어미 연구, 태학사.

정혜선(2010), "'-고져'의 문법 기능 변화와 해석", 형태론 12-1, 75-90.

조성훈(1989), 현대국어의 명령표현 연구, 석사학위논문, 서울대학교.

채영희(1985), 우리말 명령법 연구, 석사학위논문, 부산대학교.

채영희(1993), "시킴월의 유형에 대하여", 우리말연구 3, 153-188.

최경자(1985), 국어 명령문의 화행 분석, 석사학위논문, 서울대학교.

최현배(1937/1971), 우리말본, 정음문화사.

허 웅(1975), 우리옛말본-형태론, 샘문화사.

현종애(1991), 근대국어 명령형 어미 연구, 석사학위논문, 서강대학교.

현대국어의 통합형 종결어미*
인용구성과 접속어미의 융합 형식을 대상으로

배은나

1. 도입

1.1. 연구 목적

이 연구는 본래 종결어미가 아닌 문법 형식이 종결어미로 기능하게 되는 과정과 그 통사·의미적 특징을 밝히는 데 목적을 둔다. '-고 하-＋접속어미'의 간접 인용구성을 중심으로 통합형 종결어미가 만들어지는 종결어미화 현상을 확인하고, 현대국어의 통합형 종결어미 목록을 재정립함으로써, 국어의 종결어미를 더 체계화시킬 수 있다.[1] 이를 통해 어미 간의 관계를 유기적으로 설명할 수 있다.

---

* 이 글은 배은나(2011)을 수정, 보완한 것이다. 주술호응이 되지 않는 문장을 수정했으며, 논의의 전개 상 생략할 수 있는 부분은 지면의 한계를 고려해 삭제했다. 그에 대한 참고사항은 주석에 달았다. 참고문헌도 보완하였다.
1) 이 글에서 논의하는 '종결어미화'는 본래 종결어미의 기능을 하지 않던 문법 형식이 어떤 기제에 의해 종결어미로서의 기능을 갖게 되고, 종결어미처럼 사용되는 것을 가리킨다. 현대국어에서 종결어미화 현상을 보이는 문법 형식으로는 접속어미, 명사형 전성어미, 명사구 내포화 어미 등이 있으며, 인용구성도 종결어미화 현상을 보인다.

문장종결부는 다른 언어와는 두드러지게 구별되는 국어의 개별 언어적 특수성을 보여준다.[2] 가장 큰 특수성은 문장 종결 과정 속에서 화자와 청자에 대한 정보를 드러낸다는 것이다.[3] 그동안 국어 개별 종결어미에 대한 통사 구성과 의미 기능에 초점을 둔 연구는 꾸준히 있어 왔다. 그러나 이들을 모아 체계를 세우고, 이를 바탕으로 국어 종결어미의 문법적 지위를 규명하는 작업은 여전히 계속되어야 할 것으로 보인다. 다시 말하면, 이 글에서 다루는 목록들이 공통적으로 나타내는 의미 범주인 '증거 양태'가 비종결어미의 문법화를 촉진시킨 기제임을 확인함으로써 국어 양태 범주에서 '증거 양태'를 설명하는 데 보탬이 되고, 선행 연구에서 다루어진 '문법화'를 보다 넓은 범위에서 설명함으로써 변화의 과정도 문법화에 포함시킬 수 있다.

인터넷이 발달하면서 사이버 공간에서 쓰이는 특이한 인터넷 언어가 많이 생겨나고 있고, 화용적 상황에서도 단축과 생략, 함축 등으로 인해 종결어미가 아닌 문법 형식이 종결어미로 쓰이는 일이 많지만 이들 모두를 문법 요소로 인정하는 데는 무리가 있다. 그러나 비종결어미가 종결어미로 쓰이는 현상은 언어 변화의 한 양상으로서 점차 확대되는 추세에 있으며 그 지위의 확립을 위해 보다 깊이 있는 연구가 필요하다는 것을 시사한다.[4]

---

2) 문장은 생각이나 감정을 완결된 내용으로 표현하는 최소의 언어형식이다. 따라서 문장이 아니고서는 머릿속의 생각이나 감정을 완전히 표현할 수 없다. 문장은 주어와 서술어를 갖추는 것을 기본 원칙으로 한다. "불이야!" 혹은 "정말?"과 같은 표현이 문장으로 여겨지기도 하는 것은, 이들이 상황이나 문맥을 통하여 생략되어 있는 주어나 서술어를 추측할 수 있기 때문이다(서울대학교 국어교육연구소 2002 : 148).

3) 이때 '정보'는 발화를 통해 전해지는 메시지라고 볼 수 있다. 화자가 어떠한 종결어미를 선택하여 문장을 종결하느냐 하는 것은 궁극적으로 화자의 청자에 대한 진술 태도나 목적에 의해 결정된다. 따라서 종결어미에서는 화자의 진술 태도, 곧 서법적인 의미를 발견할 수 있다(안병희 1967, 허웅 1975, 고영근 1976).

4) 인터넷과 모바일 기술의 발달은 '종결어미화 현상'을 더욱 가속화하고 있다. 예를 들어, '-남', '-담', '-감' 등 본래 종결어미 형식이 아니었던 형식들이 문장 종결부에 사용되고 있다.

이 글에서 진행할 연구의 방향은 크게 두 가지로 나눌 수 있다. 하나는 명확한 통합형 종결어미의 식별 기준을 제시하는 것이고, 다른 하나는 이를 바탕으로 정립한 목록의 의미적 특징을 살펴봄으로써 다양한 문법 범주를 나타내는 국어 어미들의 상관관계를 고찰하는 것이다. 이를 통해 그동안 청자대우법과 문장종결법을 중심으로 이루어졌던 어미 체계에 대한 연구를 보완함으로써 유기적 관점에서 국어의 종결어미 체계가 어떻게 변화하고 있는지 보이고, 나아가 어미 상호간의 체계적인 관련성과 변화의 방향을 밝히는 데에 보탬이 되었으면 한다.

1.2. 연구사

국어의 종결어미는 개별언어로서 국어가 갖는 특수성이다. 때문에 초기 국어학 연구부터 많은 연구자들의 관심 분야였다. 하지만 그만큼 아직 합의되지 못한 부분도 있다. 예컨대, 종결어미가 실현하는 서법과 종결어미 목록이 이에 해당한다. 이 글은 종결어미화 현상을 통해 종결어미 체계의 유기적 변화를 살펴보고자 하므로, 연구자마다 제시한 목록을 검토해 보는 것으로 연구사를 대신하도록 한다.5)

1.2.1. 언어 변화를 겪은 어미 목록에 대한 연구

반말체 어미를 논의했던 연구를 중심으로 목록을 보이겠다.6)7)

---

5) 각 시기별로 언어 변화의 어떠한 관점에서 어미 목록의 변화가 연구되었는지는 배은나(2011)을 참고할 수 있다.

6) 이 목록에는 반말체 어미를 중심으로 한 연구가 아니더라도 해당 어미가 반말체 등급을 갖는다고 제시한 연구를 포함하였다.

7) 최현배(1937/1971), 성기철(1985), 고영근(1974), 한길(1986/2004)는 서법에 따라 분류한 것이고, 박재연(1998)은 기원 형식으로 분류한 것이다.

최현배(1937/1971)	-어, -지, -ㅁ
고영근(1974)	-어, -지 ; -ㄹ께, -다(라)구 ; -나, -ㄹ까, -게, -다(라)니 ; -라구 ; -자구 ; -(는,로)군, -구면, -네, -ㄴ걸, -ㄴ데, -거든
노용균(1984)	-는데, -다면서, -느냐면서, -라면서, -자면서
성기철(1985)	-어, -지, -걸, -거든, -께, -게, -데₁, -데₂, -고말고, -게 ; -어, -ㄴ지, -게, -을까, -나, -는가, -면서 ; -어 ; -지 ; -구면(-군), -네
서정목(1987)	-아/어, -지
이필영(1995)	-다나, -다면서, -다니까, -다니₁, -다니₂, -단다, -다지
박재연(1998)	-어, -지, -게, -거든, -ㄴ데 ; -다니까, -냐니까, -라니까, -자니까, -다고, -냐고, -라고, -자고, -다면서, -라면서, -자면서, -다나, -냐나, -라나, -자나, -다니, -냐니, -라니, -자니 ; -ㄴ가(-나), -ㄹ까, -ㄴ지, -ㄹ지 ; -네, -데 ; -ㄴ걸, -ㄹ걸, -ㄹ래, -ㄹ게, -어야지, -군, -구면
윤석민(1999)	-어/아, -지
유현경(2003)	-고, -어/어서, -고/고서, -(으)면, -(으)ㄴ데, -지만, -(으)니(까), -(으)려고, -(으)러, -든지, -느라고, -거든, -게, -도록
한길(1986/2004)	-어, -지, -게, -네 ; -는군, -데, -거든, -는데, -고 ; -다나, -자나, -으라나, -는다고, -느냐고, -자고, -으라고, -는다니까, -냐니까, -자니까, -으라니까, -을래, -을게, -는걸, -을걸, -고말고, -다마다 ; -는가, -나, -데, -는데 ; -다니, -냐니, -자니, -으라니, -는다고, -느냐고, -자고, -라고, -는다면서, -자면서, -으라면서, -는대, -는다지, -을까, -을래, -는지

1.2.2. 종결어미화 현상에 대한 연구

기존의 연구에서 '종결어미화 현상'이라고 명시적으로 밝히면서 논의를 진행한 연구는 김태엽(1998) 정도이다.[8] 하지만 '종결어미화 현상'과 맥을 같이 하는 연구들은 다수 존재한다.[9]

서정목(1987)에서는 '-어'와 '-지'가 각각 부사형어미, 접속어미, 종결어미의 세 가지 기능을 하는데, 접속어미와 종결어미의 경우는 동일한 형

---

8) 최근 한국어 교육과 관련하여 접속어미의 종결어미적 쓰임을 논의한 연구가 증가하고 있다. 손옥현·김영주(2009)에서는 종결기능 접속어미가 한국어 구어에 나타나는 양상을 담화·화용론적 측면에서 살펴봄으로써 이들의 특징을 고찰하였다.
9) 이에 대한 연구 내용은 배은나(2011)을 참고할 수 있다.

태소이고, 부사형어미는 이들과 다른 형태소라고 보고 있다. 그러나 서정목(1989)에서는 접속어미 '-지'가 수행-억양에 의해 문장 종결의 기능을 갖게 된다고 지적한다.[10]

이현희(1994)에서는 19세기 국어의 어휘·문법 형태와 문장 표현 등을 살펴보았는데, 절단 현상에 의해 '-아, -지, -거든, -고' 등의 어미가 등장했으며, '-은다, -요' 등의 어미도 이 시기에 등장했음을 지적하였다. 그러나 이들의 논의는 15세기 중세국어 이후에 한정된 자료라는 한계가 있다.

김태엽(1998)에서는 비종결어미의 종결어미화 과정을 추적하였다. 이에 따르면, 접속어미의 경우 후행절이 삭제되거나 보조용언이 삭제된 후, 끊어짐의 수행~억양이 얹히게 되고, 해당 어미는 문장 종결 기능을 획득한다. 명사화 내포어미의 경우에는 상위문이 삭제되고, 끊어짐의 수행~억양이 얹힘으로써 문장 종결 기능을 획득하게 된다. 즉, 비종결어미가 문장 구조가 축소되고, 끊어짐의 수행~억양이 얹힌 후 문장 종결 기능을 획득하여 종결어미가 되는 것이다.[11]

이지양(1998)은 국어의 융합 현상에 대한 논의이다. 이 연구에서는 인용구문에서 융합 현상이 일어나 단순 융합형과 진전된 융합형으로 분류 가능하다고 제안하고 있다. '-단다'와 '-다네'의 경우 단순히 형식의 축소만 일어난 단순 융합형과 기능의 변화가 일어난 진전된 융합형으로 나눈다.

---

10) 박재연(1998)에서는 이 점에 대하여, 어미 층위와 형태소 층위를 구분하는 종래의 태도에서 벗어나, 형태소 중심의 문법을 구축하려 하게 된 연구자의 태도 변화와 관련지어 생각하였다.

11) 김태엽(1998 : 37)에서는 문장을 종결시키는 기능을 하는 '문장종결소'의 개념을 상정하였는데, 문장을 끝맺는 기능을 수행하면서도 형태를 갖추지 않은 수행~억양을 음운론적 문장종결소라고 하였다. 김태엽(2001)에서는 종결어미 가운데 그 기능이 전용된 형태가 모두 비종결어미에서 그 문법 기능이 전용된 것이라고 하였다.

박재연(1998)에서는 접속어미, 인용구성 어미, 간접의문문 어미, 선어말어미의 융합형, 통사적 구성의 융합형, '-구-'계열 어미 등이 '반말체 종결어미'의 지위를 형성하고, 이들이 종결어미로서의 기능을 한다는 점을 포착하였다. 이 논의 역시 기원 형식이 종결어미가 아닌 형식들이 종결어미의 기능을 한다는 점에서 종결어미화 현상에 대한 논의의 일환으로 볼 수 있다. 여기에서 제안한 반말의 1차적 기준은 '일반적인 종결어미 이외의 요소에 의해 종결된 문장'이며 2차적 기준은 '종결된 문장으로서 '요'의 통합이 가능한 문장'이다.

박진완(2000)에서는 종결어미의 변천과정을 통시적으로 살피면서 비종결어미의 종결어미화를 형태적 변천의 두드러진 현상으로 제시하였다. 비종결어미가 종결어미와 기본적인 특성을 공유하면서 분포적 차이를 갖는 경우를 분포적 종결화라고 하고, 분포의 변화로 인하여 완전히 종결어미화 하여 본래 가지고 있던 의미와 유사성을 발견하기 어려울 정도로 차이를 나타내는 경우를 문법적 종결화라고 한다.

정연희(2001)에서는 문법화의 시각으로 접속어미 '-니까', '-거든', '-면서'의 종결어미화 현상에 대해 살펴보고 있다. 이 연구에서도 형태적 변화와 의미적 변화를 겪었다고 보는데, 이러한 문법화 현상이 일어나는 것은 언어 사용자들이 후행절의 내용을 생략함으로써 후행절의 의미를 상대방이 스스로 추정하고 화자의 의도를 해석해 주기를 바라는 언어 사용자의 심리가 투영된 것에서 기인한 것으로 본다.

유현경(2003)에서는 생략과 도치라는 기제에 의해 접속어미가 종결어미처럼 사용되는 현상에 대하여 살펴보았다. 이 과정을 문법화의 원리로 설명하였는데, 이 때 적용된 원리는 '덜 문법적인 것에서 문법적인 것으로' 변화를 겪는 것이다.

종결어미화 현상에 대한 최근 한국어 교육 연구자들의 이목이 집중되면서, 한국어 교육학적 관점에서 다루어진 논의들도 있다. '-니까, -거든, -면서'(정연희 2003), '-거든, -는데, -다고, -다구, -라고, -라구, -다면 서, -자면서, -냐면서, -라면서, -냐고, -자고, -더라고, -더라구, -다니 까, -자니까, -냐니까, -라니까 ; -려고, -는지, -면서'(하지선 2006) 정도 가 있다. 그러나 한국어 교육학의 관점에서 이루어진 논의는 담화·화용 론적 측면에 다소 치우쳐 연구된 경향이 보인다.12)

1.3. 연구 대상

이 연구는 현대국어의 공시적인 문법화 양상을 살펴본다. 이 연구에서 밝히고자 하는 통합형 종결어미는 문법화의 과정을 보여준다.13) 최근 현 대국어 연구에서 문법화와 관련된 연구는, 국어 문법 연구에 새로운 시야 를 제공해 주고 있다. 언어가 시간의 흐름에 따라 변화한다는 것은 당연 한 사실인데, 현대국어 역시 이러한 변화의 흐름 속에 놓여있다고 할 수 있다. 따라서 문법화의 측면에서 현대국어를 바라보는 것은 현대국어의 유동적인 모습을 포착하는 데에 훨씬 효과적이다.14) 실제 종결어미처럼 쓰이는 비종결어미는 접속어미, 명사형 전성어미, 명사구 보문 구성, 인 용구성이 있다.15) 이 글에서는 인용구성이 접속어미와 융합한 형식을 대

---

12) 지나치게 담화·화용적 현상에 치우진 연구의 경향은 자칫하면 국어 종결어미의 목록 수 의 비효율적 증가로 이어질 수 있다.

13) 이에 대해서는 2.4에서 후술.

14) 이지양(1998)에서는 '문법화'에 대한 다양한 개념을 제시하면서, 그 대상은 다양한 구성이 될 수 있음을 보여주고 있다. 즉, 문법화가 일어나는 대상을 단일 형태, 형태적 구성, 통사 적 구성으로 나누어 생각한다면, 이것은 문법화가 형태론의 범위뿐 아니라 통사론의 범위 에 이르는 것이라고 생각해 볼 수 있겠다. 이 연구에서 적용하는 '문법화'의 개념은 2.4에 서 자세히 기술하겠다.

15) 전성어미의 경우 종결어미화한 것은 명사형 전성어미에 한정된다. 관형사형 전성어미는 후 행하는 요소가 반드시 필요하지만, 명사형 전성어미는 통합되어 그 절을 완결시키며 이는 또 하나의 명사적 기능을 수행한다. 원칙적으로는 이것이 상위문에 내포되어 사용되어야

상으로 한다.16)

(1) 가. 밥을 먹고 왔다고 하니까 어머니께서 섭섭해 하시더라.
　　나. 밥을 먹고 왔다니까 어머니께서 섭섭해 하시더라.

(2) 저 사람은 술만 마시면 저렇다니까.

(1)은 인용구성 '-다고 하니까'의 예이다. 이 '-다고 하니까'는 모문에 내포되어 인용구성으로 사용되거나, (1나)처럼 접속어미 '-다니까'로 사용되기도 한다. 그런데 현대국어에서 (2)처럼 종결어미로 사용되기도 하는 현상을 포착할 수 있다. 즉, (2)의 '-다니까'는 후행절을 상정하지 않거나, 모문에 내포되지 않고 단독으로 사용되며 종결어미로서의 기능을 수행한다.

이를 통해 간접 인용절은 다른 동사구 내포절들에 비해서 내포절로서의 지위가 굳지 않았다는 것을 알 수 있다. 그러나 이 형식은 융합하여 통합형 어미가 된 후 접속어미로 기능하다가 후행절 생략에 의해 문장종결부에 위치하게 되었다. 그리고 간접 인용절에 사용되는 형식과 통사적·의미적 차이를 보인다. 간접 인용절은 발화상황에 따라 내포절의 지시어나 시제가 조정된다. 따라서 간접 인용절은 독립된 문장이라기보다

하지만, 단독으로 내포절만 실현될 수 있다.
　가. *숙제 해온.
　나. 숙제 해오기.
（가)는 관형사형 전성어미 뒤에 아무 요소가 오지 않고 그대로 종결되면서 비문이 되는 것을 보여준다. 반면, (나)는 명사형 전성어미가 문장종결부에서 문장을 종결하는 기능을 수행하고 있음을 보여준다.
16) 배은나(2011)에서는 현대국어 '인용' 형식에서 융합한 통합형 종결어미의 목록을 객관적인 식별 기준에 따라 재정립하였다. 통합형 종결어미를 식별하는 기준은 크게 의미적으로 독자성을 갖는지 여부와 원형식의 통사적 구성으로 환원 가능한지 여부이다. 이 글에서 다루는 통합형 종결어미 목록은 배은나(2011)을 바탕으로 했다.

는 상위문에 내포된 하나의 절이며, 상위문 구성요소와 밀접한 통사론적 관계를 맺고 있다. 반면, 이 융합 형식이 종결어미화하여 통합형 어미가 되면 단독적으로 하나의 문장을 이끌 수 있으며, 독자적으로 통사적 기능을 수행한다. 이 연구에서는 간접 인용절을 이끄는 인용구성과 접속어미의 융합 형식을 중심으로 통합형 종결어미에 대하여 살펴볼 것이다.

이 글에서 대상으로 하는 통합형 종결어미는 주로 구어에서 많이 나타난다. 발화 상에서의 잦은 생략과 도치 현상 때문이다. 따라서 현대국어 '인용'의 통합형 종결어미에 대하여 살펴보기 위해서는 연구의 대상이 되는 언어를 구어에 한정하는 것이 바람직하다고 생각된다.[17]

자료는 <21세기 세종계획>의 최종 성과물에 수록된 1,000만 어절 형태 분석 말뭉치를 이용하였다.

2. 통합형 종결어미 연구를 위한 기본 논의

2.1. 도입

이 장에서는 통합형 종결어미를 논의하기 위한 기본 개념에 대해 살펴볼 것이다. 먼저 통합형 종결어미의 개념을 정의하고 선행연구의 통합형 어미에 대한 정의와 이 글의 정의가 어떠한 차이를 갖는지 논의할 것이다. 이를 통하여 여전히 종결어미 목록에 대한 합의점을 찾지 못하는 원인을 살펴볼 것이다. 선행 연구에서는 통시적으로 둘 이상의 형태소가 확

---

17) 모든 어미 형식이 현대국어 시기에 종결어미화 현상이 시작된 것이 아니며, 예를 들어 '-거든', '-아/어', '-지' 등은 이미 현대국어 이전 시기부터 종결어미로서의 쓰임을 보이는 것을 확인할 수 있다. 즉, 이 글에서는 종결어미화한 형식의 통시적 기원을 추적하는 것이 아닌, 공시태 상에서의 종결어미화 현상에 초점을 맞추어 실현 양상을 살펴볼 것이다.

인되는 경우에 통합형 어미로 간주하였던 것과 달리, 이 글에서는 공시태
에서 보이는 어떤 어미 형식에 대하여 그 형식이 통합형 종결어미인지
식별하는 기준을 마련할 것이다. 이렇게 마련한 기준을 적용하는 과정을
도식화하여 이것이 진행되는 문법화에 대하여 논의할 것이다. 끝으로 통
합형 종결어미의 문법적 지위를 고찰할 것이다.

2.2. 문제 제기

인용 형식에서 기원한 종결어미 목록을 제시한 선행 연구와 그 연구에
서 제시한 목록을 정리해보면 다음과 같다. <표 1> 표준국어대사전의
목록은 연구자들의 목록에 따라 포함시킨 것이다.[18]

<표 1>

표준국어 대사전	고영근 (1974)	김흥범 (1987)	이필영 (1995)	박재연 (1998)	한길 (1986/2004)
-다고	-다구	-다고	-다고	-다고	-는다고
-냐고	-	-냐고	-	-냐고	-느냐고
-라고	-라구	-라고	-	-라고	-으라고
-자고	-자구	-자고	-	-자고	-자고
-다나	-	-	-다나	-다나	-다나
-냐나	-	-	-냐나	-냐나	-

18) 표준국어대사전에 제시된 문법 정보는 대체로 다음과 같은 정보를 제시하고 있다.
① 문형정보 제공 ② 굳어진 형식 제시 ③ 문장 성분이 갖는 통사·의미론적 제약 제시 ④
음운이나 형태 결합상의 제약이나 통사 환경 제시 ⑤ 의미 선택 제한 ⑥ 활용상의 제약 제
시 ⑦ 제한된 환경 제시
따라서, '-느-'와 '-ㄴ'이 결합된 형태가 표제어로 등재되어 있다.
한길(1986, 2004)를 제외한 다른 연구에서는 '-느-'와 '-ㄴ'이 결합한 형태, '-으-'가 결합
한 형태를 따로 설정하지 않았으므로 이 글도 이를 따른다. 그리고 표준국어대사전의 어미
목록은 '종결어미'라고 명시된 목록만 포함하였다.

표준국어 대사전	고영근 (1974)	김홍범 (1987)	이필영 (1995)	박재연 (1998)	한길 (1986/2004)
-라나	-	-	-라나	-라나	-으라나
-자나	-	-	-자나	-자나	-자나
-다니	-다니	-	-다니	-다니	-다니
*	-	-	-냐니 *	-냐니	-냐니
-라니	-라니	-	-라니 *	-라니	-으라니
-자니	-	-	-자니 *	-자니	-자니
-다니까	-	-다니까	-다니까	-다니까	-는다니까
-냐니까	-	-냐니까	-냐니까	-냐니까	-냐니까
-라니까	-	-라니까	-라니까	-라니까	-으라니까
-자니까	-	-자니까	-자니까	-자니까	-자니까
-다면서	-	-다면서	-다면서	-다면서	-는다면서
*	-	-냐면서	*	*	-
-라면서	-	-라면서	-라면서	-라면서	-으라면서
-자면서	-	-자면서	-자면서	-자면서	-자면서
-다지	-	-	-다지	-	-는다지
*	-	-	-	-	-
-ㄴ대	-	-	-	-	-
-는대	-	-	-	-	-는대
-ㄹ래	-	-	-	-ㄹ래	-을래
-단다	-	-	-단다	-	-

<표 1>에서 볼 수 있듯이, 인용 형식에서 기원한 종결어미 목록은 연구자마다 조금씩 차이를 보이고 있다.19) 이것은 그동안 '비종결어미의 종결어미화'를 중심으로 한 체계적인 연구가 다소 미흡하였다는 사실을 말해준다. 개별 어미들의 통사·의미 기능에 초점을 맞춘 연구가 대다수였던 것이다. 선행 연구에서 제기할 수 있는 가능한 연구는 두 가지 측면에서 제안할 수 있다. 하나는 종결어미화하여 통합형 종결어미가 된 언어

---

19) '-' 는 아예 대상이 되지 않은 것이고, '*'는 해당 연구자의 판단에 의해 목록에 포함되지 않은 것이다.

형식 목록과 관련한 것이고, 다른 하나는 이러한 현상을 언어 변화의 어떠한 측면에서 살펴볼 것인가와 관련한 것이다.

먼저, 통합형 종결어미 목록과 관련하여, 선행 연구에서 종결어미 목록에 합의를 보지 못한 이유는 형식적 측면과 의미적 측면에서 생각해 볼 수 있다.

형식적 측면에서 살펴보면, 인용형식에 대한 선행 연구는 해당 형식의 분석에서 합의를 도출하지 못하였다. 다시 말해 어미의 형태 분석이 합의되지 않았다. 예를 들어, 고영근(1976)에서는 '-다니'류를 더 이상 분석이 허용되지 않는 단일한 형태소의 종결어미로 보려고 하지만, 한길(2004 : 184)에서는 '-다고 하니'가 축약되어 '-다니'가 된 다음, '-다고 하니'와는 달리 뜻과 쓰임에서 전이되어 쓰이다가 마침내 인연을 끊고 새로운 마침씨끝으로 자리 잡았다고 본다. 김흥범(1987)에서는 '-다면서, -다고, -다니'에 대하여 이들의 형태를 분석하면서 기존의 논의를 '-고 하'가 생략된 축약 형태로 보는 견해와 각 서법의 종결어미 '-다, -냐, -자, -라'에 접속어미 '-면서', '-고', '-니'가 통합된 것으로 보는 견해를 살펴보았지만, 결론을 내지 못한 채 '-고 하'의 축약은 아니지만 서법 형태와 관련이 있으므로 단일 형태는 아니라고 하였다. 이것은 '-다면서, -다고, -다니'의 형태 분석의 시도에 그친 정도이다. '-고 하'의 임의적 생략이 가능하지 못하다는 점과, 서법 종결어미와 긴밀한 관계가 있다는 점은 해당 형식의 중요한 형태론적 특성이다. 따라서 이에 대한 심도 있는 논의가 필요하다.

다음 의미적 측면에서 살펴보면, 종결어미화한 형식의 선행 연구는 해당 형식이 간접 인용절을 이끄는 내포문 어미로서 상위문(혹은 주절)이 발화에서 빈번히 생략됨으로써 종결어미적 쓰임을 보인다고 제시하는 정도였다. 즉, 접속어미의 의미 범주 안에서 다루었던 것이다. 서정목(1987 :

192-193)에서는 다음과 같은 예문을 제시한다.[20)]

> (3) 가. (니가) 순이가 서울에 갓다(고 하)ㅁ서 (와 순이가 서울에 갓다고
> 말하지 않은 척 하노)?
> 나. (니가) 이거는 영이 저거 논이라(고 하)ㅁ서 (와 이거는 영이 저거
> 논이라고 말하지 않은 척 하노)?
> 다. (니가) 이분에는 영이한테 주라(고 하)ㅁ서 (와 이분에는 영이한테
> 주라고 말하지 않은 척 하노)?
> 라. (니가) 내하고 같이 가자(고 하)ㅁ서, (와 내하고 같이 가자고 말하
> 지 않은 척 하노)?

(3)은 종속 접속문의 구조이다. 서정목(1987)에서는 이 구조에서 주절 전체가 생략되고 '-다고 하면서'가 '-다면서'로 축약된 후 종속절의 2인칭 주어가 생략되면 다음과 같은 구조가 된다고 한다.

> (4) 가. 순이가 서울에 갔담서(=갔다면서)?
> 나. 이거는 영이 저거 논이람서(=논이라면서)?
> 다. 이분에는 영이한테 주람서(=주라면서)?
> 라. 내하고 같이 가잠서(=가자면서)?

서정목(1987)에서는 (4)에서 보이는 축약 현상을 통사적 변형이 아닌 담화구조상의 생략 현상으로 설명한다. (4)가 의문문으로 해석되는 것은 '-면서'에 얹히는 올림의 절종결과 주절의 의문 종결어미 때문이라고 한다. 그래서 접속어미는 접속어미의 기능만을 가질 뿐 의문의 서법과는 무관하다는 것이다. (4)의 '-다면서', '-라면서', '-자면서'는 상위문 주어와 동사 '하-'의 복원이 가능하고 접속어미 '-면서'의 의미 기능이 그대

---

20) 이 때 제시하는 형태는 평서법 어미 '-다'에 '-면서'가 통합된 복합문 구성으로 '-다면서'가 아닌 '-면서'의 처리에 대해 논의한 것이다.

로 유지되고 있다. 그러므로 여전히 접속어미의 범주에서 논의되어야 한다. 이를 바탕으로 다음의 예는 보다 구체적인 논의가 필요하다.

    (5) 가. 그 집 형편이 요새 퍽 좋다면서?
        나. *그 집 형편이 요새 퍽 좋다고 하면서?

  (5)의 '-다면서'에 대해서는 상위문 주어를 상정할 수도 없고, 동사 '하-'의 복원도 이루어지지 않는다.21) 즉, '-다면서' 자체가 해당 문장의 서술어의 일부로서 문장을 종결하고 종결어미의 기능을 실현한다. 따라서 이 글에서는 인용구성을 이루는 어미형식이 생략과 융합이라는 과정을 통해 통합형 어미가 되었는데, 이 어미가 인용구성의 문법·의미 기능을 그대로 유지하면서 접속어미의 쓰임을 보이기도 하고, 종결어미의 문법·의미 기능을 실현하게 되면서 종결어미화한 형식이 되기도 한다고 본다. 기존의 연구는 접속어미의 문법·의미 기능을 논의하면서 종결어미적 쓰임을 보이는 현상만을 지적해 왔기 때문에 좀 더 포괄적이고 총체적인 연구의 필요성이 제기된다.

  한편, 종결어미화 현상은 언어의 변화에 의한 것인데, 현상이 지적됨에도 불구하고 선행 연구에서는 언어 변화의 측면에서 심층적으로 다루어지지 않았다. 김태엽(2000/2001)에서는 종속 접속어미 '-거든, -ㄴ데, -니까' 등의 형태와 보조적 접속어미 '-어, -지, -게, -고', 명사화 내포어미 '-(으)ㅁ, -기'가 문법화 되어 종결어미가 되었다고 설명한다. 이 연구에서는 문법화를 Hopper & Traugott(1993)을 따라 '분기화'로 보았는데, 여기에서 분기화는 덜 문법적인 형태가 두 개로 분리되는 현상이다. 유현경(2003)에서도 접속어미의 종결어미적 쓰임을 문법화로 설명하는데, 이

---

21) (5나)가 가능한 경우는 (5가)와 같은 화맥이 아닌 경우이다. 이 글에서는 같은 화맥에서 성립되지 않는 경우에도 *처리를 하도록 할 것이다.

것은 종결어미가 접속어미보다 더 문법적인 것으로 판단하였기 때문이다. 그렇지만 이에 대한 직접적인 근거를 제시하지 않았고, 다만 반대 방향의 변화가 일어나지 않기 때문에 그러할 것으로 추정하였을 뿐이다. 따라서 이 글에서는 이러한 논의를 바탕으로 종결어미화 현상을 언어 변화의 측면에서 살펴볼 것이다.

2.3. 통합형 종결어미의 개념과 식별 기준

2.3.1. 통합형 종결어미의 개념

국어 문법에서 종결어미는 다음과 같이 설명할 수 있다.

> (6) 종결어미 : 어말 어미의 한 부류로 하나의 문장을 마무리하며, 평서문, 의문문, 명령문, 청유문 등의 문형과 해라체, 반말체(해체), 하게체, 하오체, 해요체, 합쇼체 등의 상대경어법을 결정해 준다(임홍빈 외 2001 : 177).

'종결어미'는 국어의 문장이 끝나는 부분에서 그 문장을 형식적·의미적으로 완결시킨다. 형식적으로 완결시킨다는 것은 더 이상 다른 성분이 결합하지 않는다는 것이고, 의미적으로 완결시킨다는 것은 그 문장의 의미를 보다 구체적이고 정확하게 확립시킨다는 것이다.[22]

한편, 선행 연구의 통합형 어미에 대한 연구를 종합하여 다음과 같이 정리할 수 있다.[23][24]

---

22) 이익섭(2005 : 137-138)에서는 어말어미가 그 어미로써 한 문장이 끝나느냐 않느냐에 따라 다시 나뉘는데, 예를 들어 '뛴다, 뛰어라, 뛰게, 뛰세, 뛰자, 뜁니다'의 '-ㄴ다, -어라, -게, -세, -자, -ㅂ니다'처럼 그것으로 한 문장이 끝나는 어미들을 종결어미(終結語尾)라고 하고, '뛰면, 뛰는'처럼 그렇지 않은 어미들은 비종결어미(非終結語尾)라고 하였다. 그러므로 종결어미는 어말어미이면서 동시에 문말어미(文末語尾 sentence final ending)라고도 할 수 있다고 하였다.

(7) 통합형 어미 : 형태소 둘 이상으로 이루어진 언어 형식이 재구조화를
겪어 어미로 굳어진 경우를 통합형 어미라고 한다. 통합형 어미는 공
시적으로 형태 분석이 불가능하고 재분석의 방법으로 그 구성 요소를
확인할 수 있다.

(7)의 개념에 따르면 통합형 어미는 서로 다른 두 형태소로 이루어진
복합 어미라고 볼 수 있다. 그런데 이 복합 어미는 통시적으로 그 구성
성분 분석이 가능한 경우와, 공시적으로 구성 성분 분석이 가능한 경우로
나누어 생각할 수 있다. 통시적으로 구성 성분 분석이 가능한 경우에는
선행 연구에 따라 통합형 어미의 범주에 넣을 수 있지만, 공시적으로 구
성 성분 분석이 가능한 경우에는 일괄적으로 처리할 수 없다.[25] 그러나
이 글에서는 공시적으로 구성 성분 분석이 가능한 경우도 특정한 정보를
요구하는 복합 어미의 경우 통합형 어미로 간주한다.

이렇게 살펴본 통합형 어미 중에는 접속어미로 사용되는 경우도 있고,

---

23) 많은 연구들이 통합형 어미에 대하여 논의를 하였다.
　　서태룡(1988 : 10-11) 통합형어미 : 재구조화된 형태로, 재분석의 방법으로 그 구성 요소를
　　　확인할 수 있는 복합어미
　　장윤희(1991 : 6 각주7) 통합형태소 또는 통합형 : 형태소 둘 이상이 통합한 어형이 재구조
　　　화하여 더 이상 분석될 수 없는 하나의 단위가 된 형태소
　　정재영(1996 : 43, 48) 통합형어미 : 통사적 구성이 특정한 환경에서 인접한 통사적 구성요
　　　소 간의 통합 관계의 긴밀성 등으로 인하여 통합구조체로 인식되고 이 통합구조체
　　　에서 존재했던 단어 및 형태소 경계가 소멸함으로써 하나의 어미로 굳어진 것. 통합
　　　형어미는 공시적으로는 더 이상 분석할 수 없지만 통시적인 또는 역사적인 재분석
　　　방법을 통하여 기원적인 형태 구성을 밝혀 볼 수 있음.
　　정혜선(2005 : 11) 통합형 어미 : 통시적으로 구성 성분이 분석되는 복합 어미와 공시적으
　　　로 구성 성분이 분석되더라도 분포 제약성 등의 특정한 정보를 요구하는 복합 어미
24) 정혜선(2005 : 9-12)에서는 통합형 접속어미를 논의하기 위한 기본 개념으로 통합형 어미에
　　대하여 다루었다. 이 글에서는 선행 연구를 토대로 통합형 어미의 개념을 종합한 정혜선
　　(2005)에 따라 통합형 어미의 기본 개념을 설정하겠다.
25) 정혜선(2005)는 현대국어 '-데'와 '-습니다'를 비교했다. 이 연구에서는 '-데'는 통합형 어
　　미로 보지 않지만 '-습니다'는 통합형 어미로 간주한다. 현대국어의 합쇼체 문말어미 '-습
　　니다'의 경우 계열 관계에 의해 '-습-', '-니-', '-다'의 세 구성 성분으로 분석하는데,
　　'-습니-'가 갖는 분포 제약성을 근거로 별도의 처리를 요구하기 때문에 '-습니다'를 통합
　　형 어미로 간주한다.

종결어미로 사용되는 경우도 있다. 통시적인 변화 과정 속에서 통합형 어미는 기원 형식과 같은 문법 기능을 하기도 하고, 그 기능이 전용되어 다른 문법 기능을 하기도 한다. 이 글에서는 이러한 과정을 '종결어미화' 현상으로 설명하고자 한다.

(8) 종결어미화(化) : 기원적으로 종결어미가 아닌 언어 형식이 종결어미가
    되는 현상.

(8)의 정의는 '종결어미화'에 대하여 일반적으로 내릴 수 있는 정의이다. 그런데 엄밀히 말하면, '종결어미화'라는 용어에서는 이미 종결어미로서의 지위가 확립되었다는 의미가 나타난다. 그래서 이 글에서는 (8)의 정의에 대하여 종결어미화에서의 '-화(化)'의 의미와 범위를 생각해보고자 한다. '-화(化)'는 '어떤 현상이나 상태로 바뀌다' 혹은 '어떤 일에 아주 익숙하게 되다'라는 뜻이다. 다시 말해, 종결어미화한 형식에 대해서는 다음 경우에 대한 고려가 필요하다.26)27)

(9) 가. 원형식으로서의 문법 기능과 의미 기능이 완전히 사라지고, 종결
        어미의 기능만 하는 경우
    나. 원형식으로서의 문법 기능과 의미 기능을 하고, 종결어미의 문법
        기능과 의미 기능도 하는 경우

---

26) 유현경(2003 : 141)에서도 접속어미의 종결어미적 용법을 다루면서 다음과 같은 세 가지
    견해에 대하여 논의하였다. ① 종결어미로 쓰이는 경우를 접속어미의 일반적인 용법으로
    보고 접속어미의 기능 안에서 처리 ② 종결어미로 쓰이는 접속어미를 동형어로 분리 ③
    경우에 따라 접속어미의 하위 의미 항목으로 보기도 하고 독립된 종결어미로 분리시키기
    도 함.
27) (9)에서 원형식이라고 하는 것은 이 글의 연구 내용과 관련이 있다. '기원'이라 하면
    'origin'의 의미가 부각되는 경향이 있는데, 이 글에서는 통시적 과정을 중심으로 논의하는
    것이 아니므로 혼동될 소지가 다소 있어 '원형식'이라고 하겠다.

(8)의 정의는 (9)의 두 가지로 구분할 수 있다. (9가)는 완전히 새로운 문법 형식이 된 경우이다. 국어사에서 이러한 현상은 아직 발견되지 않는다. 하지만, 원형식의 문법·의미 기능을 수행하면서 종결어미의 문법·의미 기능을 하는 (9나)의 경우에 해당하는 문법 형식은 다양하다.

(10) 가. 그분을 만나<u>거든</u> 꼭 제 인사 말씀을 전해 주세요.
　　　나. 철이 : 너는 왜 안 가?
　　　　　영이 : 나는 병원에 가<u>거든</u>.

(11) 가. 선생님께서 내일까지 숙제 해올 <u>것</u>을 강조하셨다.
　　　나. 내일까지 숙제 해올 <u>것</u>.

(10가)의 경우 접속어미 '-거든'을 확인할 수 있고, (10나)에서는 종결어미 '-거든'을 확인할 수 있다. 형태는 똑같지만 (10가)에서는 접속어미로서 선행절과 후행절을 연결하는 기능을 하며, 후행절을 수행하기 위한 '조건'을 의미하고, (10나)에서는 종결어미로서 문장을 종결함과 동시에 문장 유형을 평서문으로 결정짓고, 나아가 '양태' 의미를 실현한다. 다시 말해, 접속어미 '-거든'이 종결어미로도 사용되는 현상을 포착할 수 있다.[28] (11)는 명사구 보문 구성 '-ㄹ 것'이다. (11가)는 '-ㄹ 것'이 명사구로 사용된 것을 확인할 수 있는데, (11나)는 종결어미로 사용된 경우이다. 그런데 (9나)의 경우, 한 가지 더 생각해 볼 문제가 있다. 다음과 같은 경우이다.

---

28) 남미정(1998 : 19)에서는 향찰표기와 석독구결, 고려시대 이두표기를 바탕으로 '-거든'이 형태·통사적으로 어떠한 통시적 변화 과정을 거쳤는지 고찰하고 있다. 이 연구에서는 '-거든'을 '-르든'에서 '르'이 탈락한 후, '-든'이 '-거-'와 결합하면서 형성된 접속어미로 보고 있다.

(12) 가. 철수는 어디 가고, 너만 온 거야?

　　　나. 철수는 어디 가고?

　　　다. 너만 온 거야? 철수는 어디 가고?

(12나, 다)는 종결어미처럼 사용된 접속어미 '-고'이다. 원래대로라면 (12가)의 쓰임을 보이지만, 각각 생략(12나)과 도치(12다)에 의해 종결어미의 위치에서 실현되었고, 실제로 종결어미로서의 기능을 하고 있다. 하지만 (12나, 다)는 후행절의 복원이 가능하기 때문에 명백하게 말하면 종결어미라고 볼 수 없다. 이는 발화의 과정에서 흔히 나타나는 현상이라고 볼 수 있다.[29)30)] 언어의 경제성을 생각할 때, 담화 내에서 혹은 문맥 안에서 화자와 청자가 이미 알고 있는 정보에 대해서 반복 언급을 하지 않는 경우가 종종 있기 때문이다.

(13) 철수 : 눈 오면 안 갈래.

　　　영이 : 비 오면?

---

29) 화자와 청자는 발화 가운데, 이미 알고 있는 정보에 대해서는 생략해 버리는 경향이 있다. 다시 말해, 화자의 발화 의도에 따라 문장 요소를 임의적으로 언표화시키지 않는 현상이다. 정희자(2009)에서는 '생략'을 "문장의 표면 구조에서 누락된 요소가 언어적 또는 비언어적 맥락으로부터 의미 변화를 초래하지 않고 복원되는 경우"라고 정의하였다. 한국어는 담화 가운데 이러한 생략 현상이 빈번히 발생한다.

30) 유현경(2003)에서는 도치와 생략의 과정을 통해 접속어미가 종결어미처럼 쓰이는 현상에 대해 고찰하였다. 이때의 접속어미의 의미는 주로 이유, 나열, 대조 등의 의미를 가질 때로 보았다. 그러나 사실 발화에서 나타나는 도치와 생략은 종결어미화 현상의 기준이 될 수 없다. 대부분의 접속어미는 발화 상에서 선·후행절 도치 혹은 후행절 생략이 가능하기 때문이다. 가령 예를 들어, '문이 닫혔다. 철수가 들어오고.'와 같은 문장은 우리의 발화 상에서 흔히 나타나는 현상이다. 유현경(2003)에서는 다음의 예를 보였다.

　가. 오늘 월급을 받았으니까 점심은 내가 살게.

　가′. 점심은 내가 살게, 오늘 월급을 받았으니까.

　나. 철수는 착하고, 인내심이 강하다.

　나′. *인내심이 강하다. 철수는 착하고.

　나″. 인내심이 강하다. 철수는 (마음이) 착하고.

(가′)는 '후보충' 구문으로 보는 것이 더 합리적일 것 같다(이정훈 2009 참고). (나′)가 비문인 것은 이 예문의 주어가 '철수'이기 때문이다. 즉, 주격 중출문이 접속을 하고 후행절의 앞주어가 도치된 것이다(철수는 마음이 착하고, 철수는 인내심이 강하다.).

(14) 철이 : 배가 아파서 못 가겠어.

　　　영수 : 배가 아파서?

　(13)과 (14)에서 접속어미 '-(으)면'과 '-(아/어)서'가 담화 상에서 종결 형식으로 나타났다. 하지만, 이 경우에는 접속어미의 문법·의미 기능을 그대로 수행하고 있다. 그러나 이들이 단순히 종결위치에 있다고 해서 종결어미라고 할 수는 없다.[31] 즉, 이들처럼 원형식의 통사적·의미적 기능을 수행하면서 종결어미의 위치에 있게 되는 경우에, 해당 형식은 후행절 혹은 후행 성분의 생략이나 도치 등에 의해 종결어미화한 형식으로 보일 수도 있다. 이때, 원형식과 종결어미화한 형식 사이의 문법 지위에 대한 문제가 발생한다. (13)과 (14)의 경우는 엄밀히 말해 원형식의 문법·의미 범주에서 다루어져야 한다. 종결어미로서 온전하게 기능을 하지 않기 때문에, 종결어미의 지위를 부여할 수 없는 것이다.[32]

　이를 통해 종결어미화 현상은 비종결어미가 후행절의 생략, 선·후행절의 도치, 상위문 동사 생략 등으로 인하여 문장 종결부에 위치하게 되면서, 종결어미로서의 문법기능을 수행하는 현상이라고 볼 수 있다. 지금까지의 내용을 정리하여, 이 글에서는 '종결어미화'의 정의를 다음과 같이 수정한다.

---

31) 종결어미는 하나의 문법 범주로서 수행해야 할 문법 기능이 있기 때문에, 단지 후행 성분이 없다고 해서 모두 종결어미로 간주할 수 없다.

32) 장윤희(2002 : 35-37)에 따르면, 문장의 종결은 궁극적으로 화자의 진술 태도, 목적에 의하여 결정되는 것이고 종결어미에 의해 표시되는데, 화자의 진술 태도를 지나치게 강조했을 경우, 동일한 형식의 종결어미가 각각 다른 종결법에 속하게 되는 결과를 초래할 수도 있게 된다고 지적한다. 하지만, 국어와 같이 문장 종결이 특정한 형태소에 의해 이루어질 때에는, 종결 형식을 중시하여 문장 종결법의 유형을 결정할 필요가 있다고 밝히고 있다. 국어의 첨가어적 성격을 고려할 때 다양한 종결어미가 존재한다는 것은 기본적으로 그 종결어미들이 각각 독립적인 의미나 기능을 가지고 있다는 것이다. 따라서 이 글에서는 각 형식의 의미와 기능을 존중하는 입장을 택한다. 예외적인 몇몇의 경우를 제외하고는, 언어 현상이란 충분한 근거를 바탕으로 이루어지기 때문이다.

(15) 종결어미화 : 기원적인 문법·의미 기능을 하지만, 공시적으로 후행
절의 생략, 선·후행절의 도치, 상위문 동사 생략 등으로 인하여 문
장종결부에 위치하게 되면서 종결어미의 문법·의미 기능을 보이는
현상

통시적으로 두 형태소가 종결어미화의 과정을 거쳐 통합형 어미를 형
성하고, 이 통합형 어미가 종결어미의 기능을 하면, 우리의 가정에 따라
통합형 종결어미를 다음과 같이 설명할 수 있다.

(16) 통합형 종결어미 : 비종결어미였던 통합형 어미가 종결어미화의 과정
을 거쳐 종결어미의 문법·의미 기능을 하는 어미

종결어미화 과정에서 해당 통합형 어미가 접속어미로 사용되는 경우도
있고, 접속어미로도 기능하고 종결어미로도 기능하는 경우가 있다. 접속
어미로 사용되면서, 생략이나 도치 등 발화 환경에 의하여 문장 종결부에
위치하게 되는 분포의 특성을 보이는 형식에 준종결어미 정도의 지위를
부여하여 다음과 같이 분류하고자 한다.

(17) 통합형 종결어미의 유형
－통합형 준종결어미
－통합형 종결어미

이 글에서는 (16)의 설명에 따라 현대 국어 인용 형식에서 융합한 통
합형 어미의 종결어미로서의 쓰임을 살펴볼 것이다.

2.3.2. 통합형 종결어미의 식별 기준
그동안 통합형 종결어미의 문장 종결부 쓰임을 보이는 현상에 대한 연

구가 있어왔지만, 그 논의들은 일부 어미들의 현상을 설명하는 데에 그쳤고, 왜 이러한 현상이 나타나는지 규명하는 데는 다소 소홀하였다.[33] 이 글에서는 이러한 관점에서 종결어미화한 형식의 식별 기준을 제시한다. 종결어미화한 형식은 다양한 기제에 의해 문장종결부에 위치하게 되면서 종결어미의 통사적·의미적 기능을 실현하는 현상이므로 식별 기준에 따라 원형식의 통사적·의미적 기능과의 차이가 발생한다.

종결어미화한 형식을 식별하는 기준은 크게 통사적 기준과 의미적 기준으로 나눌 수 있다. 통사적 기준은 '상위문 복원 여부'이고, 의미적 기준은 '의미의 차이'이다.[34] 여기서는 기준의 자세한 내용을 살펴보고, 이 기준을 적용하여 식별하는 작업은 3장에서 하겠다.

2.3.2.1. 의미 차원의 독자성

한 언어 형식이 통사적 구성일 때 가지지 않던 새로운 의미를 획득했다면, 그 언어 형식은 통합형 종결어미로 처리된다. 인용구성에 접속어미가 통합된 구성이 종결어미화한 형식은 양태 의미를 획득한다.

앞서 언급했듯이, '의미'의 변화는 언어 '형식'의 변화와 함께 언어의 변화를 주도한다. 때문에 '의미'는 '형식'과 더불어 언어 현상을 연구할 때 중요한 자료가 된다.[35]

내포문의 종결어미가 모문의 접속어미와 통합한 어미 형식의 의미가 단순히 두 형태의 의미의 합으로만 나타난다고 볼 수는 없다. 종결어미화한 형식을 구성하는 '-고, -니, -니까' 등은 실제로 종결어미화한 형식

---

33) 김태엽(2000), 유현경(2003)에서 비종결어미의 종결어미화, 접속어미의 종결어미적 쓰임을 다루면서 이들을 문법화의 관점에서 설명하려고 하였다. 그러나 이 논문에서 언급하는 문법화의 과정 혹은 관점은 이 글과 차이가 있다.

34) 사실 의미론 연구는 역사-비교언어학이나 구조주의 언어학에서는 음운론, 형태론과 달리 체계화되지 못하였다. 이는 의미의 객관화와 과학화가 어렵기 때문이다.

35) 이에 대한 자세한 내용은 배은나(2011)을 참고할 수 있다.

자체의 의미에 큰 영향을 미치지 않는다. 이들은 종결어미화한 형식으로 사용되면서 실제로 접속어미로서 지니고 있던 의미 기능을 실현하지 않는다.36)

간접 인용절은 내포문이기 때문에 화·청자의 관계, 혹은 화자의 명제에 대한 태도가 드러나지 않는다. 이는 원발화자가 발화한 문장을 인용 화자가 간접 인용문의 내포절로 다시 나타낼 때, 이를 객관화하기 때문이다. 즉, 원발화자의 발화문에는 화자의 심리적 태도가 반영되지만, 간접 인용문에는 인용 화자의 심리적 태도가 반영되지 못한다. 그런데 내포문이 독립된 문장으로 사용되고, 인용형식과 접속어미의 통합형 어미가 종결어미화한 형식으로 사용되면, 이 때 양태 의미를 실현한다.

다시 말해 국어의 문장 종결부에서는 양태 의미가 드러나는데, 국어에서 양태 범주를 구현하는 대표적인 문법형식인 선어말어미와 종결어미 외에 접속어미나 명사형어미, 명사구 보문 형식, 인용구성이 문장 종결에 관여하게 됨으로써 양태 범주를 실현하게 되는 것이다.

화행을 수행하는 서법 어미는 언어를 다른 행위와 관련짓고 언어를 삶과 연결하는 언어적 장치의 역할을 한다.37) 한편, 초기 언어학의 연구에서부터 양태(樣態, modality)는 서법과의 개념 혼동으로 다양한 논의가 진행되었다. 연구자들은 서법과 양태가 각기 다른 문법 범주로서 인정되어야 한다는 공통된 맥락의 주장을 갖고 있지만, 그 세부 논의는 여전히 합의점을 찾고 있지 못하다.38) Lyons(1977 : 452)이 양태를 '문장이 표현하는

---

36) 김홍범(1987)에서 '-다면서', '-다고', '-다니'를 중심으로 이들의 구조와 의미를 살펴보면서 이들 형식과 접속어미의 상관관계를 살펴본 바 있다. 그러나 이 연구에서는 의문의 서법을 나타내는 '-다면서', '-다고', '-다니'의 의미 차이에 집중하였고, 그래서 나타날 수 있는 상관관계의 가능성을 제시하였다.

37) 이에 대한 근거는 배은나(2011) 2.3 참조.

38) 그러나 서법은 형태·통사론적 범주로서 인칭, 수, 시제, 태와 긴밀히 통합되어 있어서 개별 범주로서 독자적으로 실현되지 않는다(Palmer 2001 : 185-186[임동훈(2008 : 216)에서

명제나 명제가 기술하는 상황에 대해서 화자가 자신의 의견이나 태도 (opinion or attitude)를 표현하는 범주'라고 정의한 이후, 연구자들은 '화자의 의견이나 태도'에 대한 연구에 초점을 맞추었다.39)

양태가 서법과 차이를 보이는 것은 명제 내용에 대한 인지적 태도를 나타내는 기능을 통해 정보처리나 의사소통의 차원에서 또 다른 역할을 수행한다는 것이다.40) 화자의 의견이나 태도는 화자의 판단에 의한 것이고, 이는 화자의 인지과정을 통한 주관성이 반영된 것이다. 인지는 기억 속에 있는 정보의 종류와 그러한 정보를 획득하고, 파지(把持)하고, 활용하는 과정으로서 지각하고, 알고, 기억하며, 추리하고 사유하는 모든 활동이 인지를 통해 이루어진다. 인지심리학에서는 인간의 두뇌를 정보 처리 과정(information processing)으로 설명한다.41) 정보는 인간의 사고활동을 유발시키는 요인이 되며, 인간의 두뇌활동은 정보처리의 활동인 것이다. 따라서 양태는 인간의 인지와 직접적으로 관련 있다고 할 수 있다.42) 장경

재인용]).

39) 임동훈(2008 : 217)에서도 그동안의 양태 연구의 쟁점이 화자로 인한 주관성을 양태의 필수 요소로 볼 것인가 하는 문제와 의견이나 태도의 범위를 어떻게 한정할 것인가 하는 문제에 있어왔다고 지적하였다.

40) 장경희(1997)에 따르면 서법 어미가 화행의 실행과 관련되어 각 화행을 성립시키는 명제내용, 예비 조건, 본질 조건, 성실성 조건이 만족된 상황에서 사용되며, 양태 어미는 화자의 인지적 조건이 충족되어 인지적 활동과 그 활동의 결과 얻은 정보를 지니고 있어야 사용된다. 즉, 양태 사용을 결정하는 화자의 인지적 조건, 주관적 관점의 선택 등은 인간이 관여할 수 없는 화자의 정보 체계이자 정보 활동인 것이다. 따라서 언어 산출 과정이나 표현 과정에 작용하는 요인이고, 인간의 의지 혹은 의식적인 조작으로 결정되지 않는다. 즉, 서법 어미가 다른 행위와 직접적인 관계를 지니는 것과 반대로 양태는 인간의 다른 행위와 직접적인 관계를 맺지 않고, 그렇기 때문에 인간이 인지 활동 후에 반드시 인지한 정보를 발화하지 않을 수 있다.

41) 장경희(1985)에서는 정보를 다음의 네 가지로 설명하는데, 이때 정보를 발신하고 수신하고 판단하고 제어하는 중추사령원은 인간의 두뇌라고 한다.
   ① 지식
   ② 인간이나 생물체에게 주는 impulse(자극)
   ③ 인간과 인간 사이에 전달되는 일체의 기호체계
   ④ 불확실성을 소멸

42) 그러므로 '양태'가 현대국어에만 존재하는 것은 아니다. 고영근(1981)에서는 중세국어의 양

희(1997)에서는 인지의 방법과 인지의 시점에 따라 국어의 양태의 체계를 세웠다. 이 연구에서는 양태 어미가 사용된 발화의 명제 내용이 화자 또는 청자의 지각정보와 사유정보, 신정보와 구정보 등으로 특성화된다고 지적하며, 국어는 인지 양태로 특성화 된다고 본다. 그러나 Palmer(1986/2001)은 양태를 화자의 명제에 대한 '인식'의 태도와 '행위'의 태도의 대립 관계로 파악한다. 양태가 화행을 수반하지는 않더라도, 발화 자체가 '정보'에 관련된 것과 '행위'에 관련된 것으로 구별되기 때문에 인지 양태로만 이루어진 장경희(1997)의 양태 체계는 보완될 필요가 있다.[43]

인지는 명제 내용이 정보에 대한 것이지만, 화자가 의사소통을 함에

태성에 대하여 언급하였다. 사실상 '화자의 태도'가 현대국어에서 불현듯 등장하기 시작한 것은 아니므로 이 연구는 중요한 의의를 갖는다. 고영근(1981)에서 설정한 양태체계는 원칙법 '-으(니)-', 확인법 '-거/어/나-', 감동법 '-돗-/-옷-, -ㅅ-' 등이 해당한다. 이와 관련하여 허웅(1975 : 882-91)는 설명법, 의문법의 '니', 의문법어미, 관형사어미 '-(으)ㄴ', 1인칭 표시 선어말어미 '-과-'를 확정법(기정법)으로 처리하였고, 서법의 요소로 파악(어간에 직접 통합될 때)하였다. 그러나 '-(으)ㄴ', '-(으)니'가 다른 선어말어미 '-ㄴ-, -더-, -리-' 아래 쓰일 때는 기능의 변화 가져오는 것으로 해석하였다.

고영근(1981)에서 다루는 양태를 나타내는 형태소는 부차 서법 형태소로서, 기본 서법 형태소에 후행하며 일방적 통보기능이 강한 텍스트에서 나타나며 화자의 사태에 대한 양태적 및 정감적 태도를 나타낸다고 본다. 그리고 원칙법이 객관적 경험을 토대로 하여 상대방에게 그것을 인식시키려는 데 의도가 가해진다면, 확인법은 화자의 주관적 경험에 의지하여 사태를 결정적으로 판단한다. 화자의 지식은 새로운 경험을 통해 변할 수 있는데, 그 때 확인법이 결여된 어형을 씀으로써 자신의 믿음을 취소하는 것이다. 이는 인식 양태에 해당한다(Wunderlich 1974 : 176, Lyons 1977 : 791-792).

가. 비가 오렸다. / 비가 오리라.

원칙법과 확인법에는 양태성이 파악되는데 원칙법은 객관적 믿음, 확인법에는 주관적 믿음이 나타난다. 이는 화용상의 차이로 나타난다. 한편, 중세국어에서는 화자의 정감성이 드러나는데, 감동법으로 표현된다. 이것은 Palmer(1986/2001)의 양태 체계 중 감정 양태로 파악할 수 있다.

다시 말해, 고영근(1981)에서는 양태성을 표시하는 원칙법, 확인법과 정감성을 표시하는 감동법이 있는데, 이들을 합쳐서 강조법이라고 한다. 현대국어에는 원칙/확인만 있지만, 중세국어에서는 정감성까지 있다는 점이 주목할 만하다.

43) Halliday(1985/1994 : 68)에서는 인간의 발화가 '교환(exchange)'의 관점에서 '정보'와 '재화와 용역(good and service)'이 그 대상이 된다고 하였다. 박재연(2006 : 70)은 이를 바탕으로 인간의 발화가 '정보를 제공하는 발화', '정보를 요구하는 발화', '행위를 제공하는 발화', '행위를 요구하는 발화'로 나누어질 수 있다면서, 양태를 인식 양태와 행위 양태로 구분한다.

있어 초점을 두는 것이 정보가 아니라 그 정보를 확인한다거나 추측한다
거나 하는 두뇌 활동의 결과물이 종결어미로 반영되는 것이다.

(18) 국어의 양태 체계
　　　정보 인식의 태도　　인식 양태 (정보의 확실성의 정도)
　　　　　　　　　　　　　증거 양태 (정보의 확실성에 대한 판단 근거)
　　　감각기관→ 경험 → 지각 → 인지
　　　　　　　−인지 시점−[처음 앎]
　　　　　　　−[이미 앎]
　　　　　　　−인지 과정−[사유]
　　　　　　　　　−[인식]([인지])　　　인식 양태
　　　　　　　　　−[판단]−[목격] [추론]
　　　　　　　　　　　　　[보고] [인용]
　　　　　　　　　　　　　[강조] [확인]　증거 양태
　　　　　　　　　−[믿음]
　　　행위의 태도　　　　[의무], [허가]　　의무 양태
　　　　　　　　　　　　[의도]−[의지] [결정]
　　　　　　　　　　　　[능력] [소망]
　　　사건에 대한 평가　　　　　　　　　평가 양태
　　　정보 내용(논리적 사고) −[확실]
　　　　　　　−[불확실]→ 불확실한 정보 [추측]
　　　　　　　　　　　　　　　→ [추단/추정]
　　　　　　　　　어림치의 정보 [짐작]

　국어의 간접 인용절은 내포문이기 때문에 발화자의 태도가 직접적으로
드러나지 않지만, 간접 인용절이 명제의 증거가 될 수 있다. 정보는 화자
가 해당 정보를 다른 누군가에게 들어서 획득하는 것인데, 화자의 직접적
인 지각에 의해 얻어지면 [목격], 다른 누군가에게 들은 것은 [인용], 추
론에 의한 것은 [추론]의 영역에 해당한다. 즉, 이렇게 화자가 갖고 있는

정보의 출처를 표현하는 것이 증거성(evidentiality)이며, 이때 정보의 출처
는 양태의 하위 부문에 속하게 된다.[44]

간접 인용절의 내포문 어미는 모문에 안겨 사용되면서 화자의 태도를
반영하지 못하고, 따라서 양태 범주를 구현하지 못한다. 그러나 문장 종
결부에 위치하고 종결어미처럼 사용되면서 양태 의미를 획득하여 증거성
을 드러낸다. 국어 양태 체계에서 증거성을 포착할 수 있는 중요한 문법
형식인 것이다.

증거성은 인식 양태의 의미를 보이는 것처럼 보일 때가 있다. 그래서
인식양태의 하위 범주에 증거성을 두는 경우, 증거성과 인식 양태를 각각
별개의 양태 범주로 인식하는 경우, 증거성과 인식 양태가 비슷한 경우
이렇게 세 경우를 생각할 수 있다. 인식 양태와 증거성의 차이는 명제에
대한 무엇을 문법적으로 표현하느냐에 있다. 다시 말하면, 인식 양태는
명제에 대한 화자의 확신의 정도(degree of commitment)를 문법적으로 표현
하는 것이고, 증거성은 명제에 대한 정보의 원천(information source)을 문법
적으로 표현하는 것이다(송재목 2009). 그래서 지금까지의 논의에서는 인
식 양태의 중심 개념으로는 가능성(possibility), 개연성(probability), 확실성
(certainty)이 있고, 증거성의 중심 개념으로는 직접 지식(direct/firsthand
knowledge), 간접 지식(indirect/non-firsthand knowledge), 추론(infered), 보고
(reported)가 있다.

따라서 이 글에서는 증거 양태 의미의 획득을 통합형 종결어미 식별
기준의 의미적 기준으로 마련한다.

---

44) Bybee (1985 : 184)와 Palmer(1986 : 51, 66)에서는 증거성이 인식 양태의 하위 범주에 속한
다고 하였지만, 이 글에서는 인식 양태와 별개의 범주에서 다룰 것이다. 이에 대한 자세한
논의는 3장에서 후술.

일반적으로 통합은 축약에 의해 형성된다.[45) 그런데 통사적 구성에서의 축약 과정은 단어 내부에서의 축약과 달리 조건이 까다로우며 기능의 변화를 초래하기도 한다.[46) 이 때 기능은 문법 기능과 의미 기능인데, 원형식이 사용되는 환경과 차이가 있기 때문이다. 따라서 원형식의 통사적 구성으로 환원이 가능한지 여부는 통합형 어미의 중요한 식별 기준이 된다.[47) 특히 이 글에서 다루고자 하는 통합형 종결어미는 원형식의 통사적 구성에서 접속어미로 확인되는 형태소가 되면서 종결어미로 쓰임을 보이는 것들이 다수이다. 이들 중에서는 원형식으로 환원 가능한 형식도 존재하고, 가능하지 않은 형식도 존재한다.

(19) 가. 내일 학교에 간다더라/간다고 하더라.
　　　나. 내일 학교에 간다면/간다고 하면, 철수에게 이것 좀 전해줘.

(20) 내일 학교에 간단다/ ?간다고 한다.

(19가)와 (19나)는 의미의 변화 없이 원형식의 통사적 구성으로 환원 가능하다. 그러나 (20)의 경우 '내일 학교에 간다고 한다.'는 자체로 의미가 통하는 문법적인 예문이지만 '내일 학교에 간단다'와는 의미적으로 차이를 보인다. 따라서 환원되지 않는 경우라고 볼 수 있다.

---

45) 이 글에서는 축약을 탈락을 포함하는 포괄적인 의미로 사용한다. 융합은 일시에 완성되는 것이 아니고 오랜 기간 동안 계속적으로 진행되어 왔으며 지금도 진행되고 있다. 따라서 융합 형식은 융합의 정도에 따라 다양한 형식들이 존재한다. 아주 융합된 형태로 굳어져서 더 이상 융합 이전의 형식과 통사·의미적 특징이 다른 것이 있는가 하면 형태상으로 융합 형식이지만 이전의 기능을 그대로 갖고 있을 수 있다. 융합에 대해서는 이필영(1995), 이지양(1998가)에서 자세히 다루고 있다.

46) 이필영(1995 : 114)에서는 통사론적 구성에서의 축약이 갖는 조건에 대하여, '의존형식을 포함하고 있는 구성 안에서 축약이 잘 이루어진다'고 설명한다.

47) 이 글에서 '환원'은 융합형을 원형식으로 바꿀 수 있을 때 사용한다.

게다가 인용구성과 접속어미의 융합 형식은 내포절의 간접인용으로 나타날 때와 종결어미로 사용될 때 나타나는 문법 환경이 다르다. 특히 현대국어 '인용'의 통합형 어미가 종결어미화하여 통합형 종결어미로 사용되면서 종결어미의 문법 기능을 수행한다.

2.4. 통합형 종결어미의 유형

앞에서 마련한 식별 기준은 이미 언급한 바와 같이 통합형 종결어미 형성 과정과 관련시켜 생각해야 한다. 식별 기준에 따르면 통합형 종결어미에 대하여 의미적 차원의 독자성과 통사적 구성으로의 환원 가능성에 따라 다음과 같이 분류할 수 있다.

(21)	의미 차원의 독자성	통사적 구성으로의 환원 가능성
A	X	O
B	O	O
C	O	X
D	X	X

(21)은 의미 차원의 독자성과 통사적 구성으로의 환원 가능성에 따라 분류한 네 가지 경우이다.

통합형 종결어미는 통시적으로 그 기원을 살펴보면, 먼저 통사적 구성에서 시작한다. 이 통사적 구성은 탈락과 축약의 과정을 거쳐 융합을 하게 된다. 이 때, 그 기능은 원형식과 동일한 경우도 있고, 다른 문법 기능으로 전용되는 경우도 있다.

(21A)는 의미 차원의 독자성이 없고 통사적 구성으로 환원 가능한 경우이다.

(22) 그래서 아저씨가 안 먹겠다고 그랬<u>다는데</u>, 아줌마두, 그걸 굳이 말리 지를 않는 거야.

(22)의 '–다는데'는 '–다고 하는데'의 융합 결과 만들어진 통합형 어미 이다. 이 때 '–다는데'는 단순 축약으로 '–는데'의 접속어미 문법 기능을 갖고 있으며, 의미도 변함이 없다.

(21B)는 원형식의 통사적 구성으로 환원 가능하지만 통합형 어미가 사용되는 환경에서 의미 차원의 독자성을 갖게 되면 이 경우는 통합형 준종결어미에 해당한다.

(23) 가. 내일까지 숙제 다 해 올 <u>것</u>.
　　　나. 이렇게 짬뽕이 돼 있기 때문에 언어 연구 하시는 분께는 정말 좋은 자료가 될 <u>것</u>입니다.

(23가)의 '–ㄹ 것'은 명사구 보문 구성의 '–ㄹ 것'이 문장 종결부에서 종결어미의 기능을 하는 것이다. 이렇게 사용되는 '–ㄹ 것'은 (23나)와 다른 의미를 보여준다. (23가)에서는 (23나)에서 나타나지 않는 '명령'의 의미가 나타난다. '–ㄹ 것'이 문장 종결부에서 새로운 의미를 획득하여 나타내는 것이다. 의미 차원에서 서로 다른 독자성을 갖는 동시에 서로 환원 가능하다.

(21C)는 원형식과 의미적 독자성을 가지면서, 원래의 통사적 구성으로 환원되지 않는 경우이다. 이 경우에 해당하는 어미 형식들을 통합형 종결어미 목록에 포함한다. 이들은 본래의 문법 형식과 통사적·의미적으로 차이를 보이기 때문이다.

(24) 가. 나도 슬프<u>단다</u>.
　　　나. 철수도 우리와 함께 가겠<u>단다</u>.

(25) 철수도 우리와 함께 가겠<u>다고 한다</u>.

(24)의 '-단다'는 '-다고 한다'가 융합하여 형성된 형식이다. 그러나 (24나)와 같이 화자가 이미 알고 있는 정보에 대하여 이를 객관화하고 청자에게 일러주는 의미로 쓰일 때는 '-다고 한다'의 구성으로 환원할 수 없다. 따라서 (24나)의 '-단다'와 (25)의 '-다고 한다'는 구별될 필요가 있다.

한편, 통합형 종결어미는 통합된 어미 형식의 기능이 그대로 사용되는 경우도 있고, 종결어미의 기능으로 전용되는 경우도 있다. 그리고 이 과정에서 변화의 단계에 있기 때문에 두 기능을 모두 수행하는 중간 단계가 존재한다. 예를 들어 '-다면서'의 경우에는 접속어미 '-면서'의 기능을 그대로 수행하는 경우와 '-다면서'가 통합형으로 종결어미의 기능을 하는 경우가 존재한다. B가 바로 이러한 경우이다.

문법화가 더욱 진행되면서 의미차원의 독자성을 갖는 동시에 통사적 구성으로 환원되지 않는 경우가 C이다. 의미 차원의 독자성을 갖게 된 통합형 어미가 원형식의 통사적 구성으로 환원되지 않는 경우에는 새로운 문법 형태소로서의 지위를 부여해 주어야 한다.

이를 통하여 의미 차원에서 독자성을 갖게 된 언어 형식은 통사적으로도 독자성을 가지려고 하며, 그 결과 원형식의 통사적 구성으로 환원되지 않으려는 경향을 확인할 수 있다.

인용구성이 융합한 어미는 접속어미로 기능하지만, 통합형 종결어미로 기능하기도 한다. 종결어미화 현상이란 변화의 과정 중에 있는 것이므로, 해당 형식의 문법적 지위를 논의할 필요가 있다.

서정목(1987 : 109)에서는 동음이의어적인 형태소의 수를 줄여서 문법 기술상의 경제성을 확보하려는 노력이 올바른 것인가의 문제를 지적하였다. 형태소의 수를 줄인다면 어휘부의 어휘 항목 하나는 줄어들 것이나, 두 형태소를 하나로 묶어 놓으면 그 하나의 어휘 항목의 내항은 다시 복잡한 통사, 의미적 정보를 담게 되므로 문법 기술이 오히려 복잡하게 된다는 것이다. 문법 기술의 경제성을 생각할 때 이는 분명 지양해야 할 사항이다. 그런데, 통합형 어미가 문장 종결부에서 사용되는 것은 접속어미와 분명 다른 형태로 인식된다.

최현배(1971 : 265)에서는 문말 서법의 체계를 세우면서, 각 서법을 실현하는 종결어미의 형태가 간접 인용절에서는 청자 대우 등급까지 중화되어 하나의 형태로만 선택되는 것으로 해석하였다. 즉, 종결어미가 간접 인용절을 이끄는 내포문 어미로 기능하면, 그 형태가 중화되고, 그래서 종결어미의 기능을 하지 않는다는 것이다. 그러므로 문법화를 거쳐 원래의 구성으로 복원되지 않는 종결어미화한 형식들에 대하여, 이 글에서는 종결어미의 지위를 부여하고자 한다. 왜냐하면, 이들이 종결어미화 현상을 겪음으로써 본래의 구성과 명확하게 다른 문법·의미 기능을 구현하기 때문이다.

이 글에서 논의하는 종결어미화한 형식은 후행절이 생략되고 '-고 하-' 구성이 생략된 후, 내포문의 종결어미와 모문의 접속어미가 융합하면서 통합형 어미가 된 것이다.[48] 본래 인용 구문은 내포문과 모문으로 이루어진 형식이고, 인용절을 이끄는 종결어미는 '-고 하-'의 결합을 통해 모문과 연결된다. '-고 하-'와 결합한 접속어미는 여전히 통합형 접속어

---

48) 축약은 일반적으로 단어 내부에서 일어난다. 그런데 통사적 구성에서도 축약의 과정이 일어난다. '-다고 한다→-단다, 가야하겠다→가야겠다' 이때 의미 변화가 일어나는 경우가 있기 때문에 '융합'이라는 개념이 도입된다(이지양 1993, 이필영 1995). '융합'은 축약과 달리 음소의 감소나 음절의 감소 이후에 벌어진 통사적, 의미적 변화를 반영하게 된다(안명철 1991). 즉, '융합'은 '다른 종류의 것이 녹아서 서로 구별이 없게 하나로 합하여지거나 그렇게 만든다'는 것이므로 형태의 변화뿐 아니라 내용의 변화까지 반영하는 개념이라고 볼 수 있다. 대부분의 융합 현상은 탈락과 축약 현상 이후에 일어난다.

미로 기능하면서 해당 형식은 선행절과 후행절의 관계를 나타내는 접속
어미의 문법 기능을 유지한다. 그런데, 이들 언어 형식의 후행절(혹은 모
문)이 생략됨으로써 문장 종결위치에 놓이게 되었고, 이러한 현상은 담화
상에서 빈번하게 나타날 수 있다. 생략은 언어활동에서 경제성을 추구하
는 담화자 간의 자유로운 언어 행위이기 때문이다. 근래에 이러한 양상을
과연 문법 기술에 적용해야 하는가에 대한 논의가 활발하다. 이 글에서는
담화 상에서 나타나는 몇몇 형태소의 의미 변화까지 모두 문법적으로 설
명하는 것에 동의하지 않는다. 하지만, 담화 상에서 반복적으로 점차 빈
번하게 일어나는 다양한 변화들이 모여 언어를 변화 시키고, 그 결과 대
다수의 형태에 그 변화가 적용된다면, 이는 문법적 차원에서 논의할 필요
가 있다고 보인다.

언어는 본질적으로 '소리(언어형식)'의 차원과 '의미'의 차원이 밀접한
관련을 맺는다. 그러나 의미는 객관적으로 기술하기 어려워서 언어 형식
의 변화와 의미의 변화가 어떤 관련이 있는지 살피는 데는 다소 무리가
따를 수밖에 없었다. '문법화'는 이러한 측면에서 의미 변화를 설명하고
자 발달한 이론이다. 의미 변화와 문법화를 같은 맥락에서 파악할 수 있
다는 점은 의미 변화의 원리를 고찰하는 과정에서 주목할 만하다.

선행 연구에서는 문법화에 대하여 대게 좁은 범위에서 의미나 문법 기
능의 축소(분포의 축소)가 일어나는 경우를 다루는 경향이 있었다.[49] 그래
서, 보통 문법화는 한 언어 형식이 문법적인 지위가 증가하는 정도, 즉
어휘적인 것에서 문법적인 것이 되거나 문법적인 형식도 더 문법적인 형
식이 되는 현상으로 정의되었다(Kuryłowicz 1968, [Brian, D. Joseph(2003)에서
재인용]). 하지만 넓은 의미에서 보면 새로운 기능을 획득한 형태가 왜 그

---

49) 고영진(1997), 최형용(1997)

런 기능을 가지게 되었는지 추적하는 과정 역시 문법화로 볼 수 있다. 그 기원적인 형식이 어휘적인 것이든, 문법적인 것이든 간에 새로운 기능을 획득했을 때 결과의 산물에만 초점을 두지 않고 변화의 과정 전체에 이르는 개념으로서 말이다. 다시 말해 문법화는 유기적으로 조직화되는 언어 변화 과정 그 자체를 일컫는다고 할 수 있다.[50]

Hopper & Traugott(1993 : 2)에 의하면 문법화는 통시적 문법화(grammaticalization)와 공시적 문법화(grammaticization)의 두 관점에서 연구가 가능한데, 역사적 관점에서의 통시적 문법화는 문법 형식들의 원천과 그들이 겪는 변화의 전형적인 단계들을 조사하는 것이고, 공시적 문법화는 담화·화용적인 현상을 살펴보는 것이다. 이 글에서 논의하는 '종결어미화 현상'은 담화·화용상의 맥락에서 어떤 문법 형식이 종결어미의 기능을 획득함으로써 범주에 변화를 겪은 것이고, 그러므로 이 과정을 추적하는 것을 문법화의 맥락에서 설명할 수 있다.[51] 이것은 덜 문법적인 기능을 하던 것이 더 문법적인 기능을 하는 것으로 바뀌는 것이라고 본 Hopper & Traugott(1993)의 개념을 전제로 하지만, 사실 종결어미가 종결어미화를 겪기 이전의 형식에 비해 더 문법적이라고 할 수 있는 직접적인 증거는 제시하기 어렵다.

한편, 이승욱(2001)에서 문법화의 과정은 음운, 형태, 통사, 의미면의 기존 규칙들이 상호 작용하면서 초래되는 점진적인 과도기의 단계가 필수적이라고 하였고, 문법화는 입력(원형식)과 출력(결과물)은 분명하지만, 제2의 중간 단계는 偶有的 속성을 本有的으로 하여 이루어진다고 하였다. 그

---

50) 이승욱(2001)에서도 문법화는 어느 때 일시에 일어나서 완결되는 현상이 아니라고 하였다.
51) 김태엽(2000)에서는 Hopper(1991)의 문법화 원리 다섯 가지 중 '분화의 원리'에 따라 종결어미화 현상을 설명하려고 했다. 그러나 분화의 원리는 하나의 문법 형태가 둘로 갈라져 한 변이형은 이전의 특성을 유지하고, 다른 한 변이형은 더 문법적으로 되는 현상을 말하는 것으로 국어의 대표적인 예는 '-어 있-'이 완결의 '-었-'과 상태의 '-어 있-'으로 문법화된 것이 있다. 이 예는 종결어미화 현상과는 조금 차이가 있다.

리하여 문법화의 1, 2, 3단계는 각각 원형식의 단계, 중간 단계, 결과 단계로 구성되며, 문법화 과정의 핵심은 바로 2단계(중간 단계)임을 지적하였다. 또한 의미면에서의 의미의 탈색(脫色, bleaching)과 추상화, 형식면에서의 음운, 형태, 통사론적 형식의 변화를 경험하는 것이 문법화인 만큼, "계기적(연쇄적) 점진성"이 문법화의 한 특성임이 일찍이 파악되고 있었다고 하였다(정언학 2006에서 재인용). 종결어미화 현상이 변화의 한 양상을 보여준다는 측면에서는 문법화로 설명이 가능할지도 모른다. 그러나 단순히 문법화의 한 양상으로 설명하기에는 기존의 '문법화'와 관련된 개념과 조금 거리감이 있다. 모든 언어 변화를 '문법화'로 설명할 수 없기 때문이다.

문법화는 변화에 대한 현상을 기술하는 것만이 아니라, 변화 이론들이 외면했던 언어변화의 '동기', 즉 누구의 무슨 의도가 그런 변화를 하도록 하는지 그 '동기'에 대한 설명도 가능하게 한다(이승욱 2001 : 266). 이는 언어변화의 주체가 사람이기 때문이다. 문법화는 동기가 있을 때 비로소 그와 대응하는 형태변화가 뒤따르지, 형태변화의 결과가 문법화로 이어진 것이 아니라는 말이다.

따라서, 이 연구에서는 어떤 문법 형식이 새로운 통사적 구성을 형성하고, 이에 따라 의미기능과 문법 기능이 형성되는 경우를 문법화로 간주한다. 내포문을 이끄는 종결어미와 '-고 하-'의 결합, 그리고 모문 접속어미의 융합으로 인하여 형성되는 통합형 어미는 '문법화'를 겪은 형식이다. 이 통합형 어미가 접속어미로 실현되기도 하고 문법 기능과 의미기능이 전용되어 종결어미로 사용되는 것도 분명한 언어 변화이다.

3. 통합형 종결어미의 증거 양태적 특징

국어의 양태 체계를 다루는 논의 가운데, 양태의 증거성에 대한 논의
가 최근 활발해지고 있다. 증거성(evidentiality)은 화자가 전달하고자 하는
발화 내용에 대한 정보의 출처(source of information)를 문법적으로 표현하는
것이다(Boas 1938 : 133[송재목(2009 : 32)에서 재인용]). 증거성의 문법 범주에
대한 선행 연구에서는 양태의 어떤 범주에 포함시킬 것인지, 혹은 양태의
범주에 포함시키는 것이 타당한지의 연구가 있었다.[52] Palmer(2001)에서
는 기존에 인식 양태의 하위 범주로 다루어지고 있던 증거 양태를 별개
의 범주로 분리시킨다.[53] 인식 양태는 명제 내용에 대하여 화자가 어느
정도의 확신을 갖고 전달하는지 문법적으로 표현하는 것이다.[54] 즉, 인식
양태는 화자가 명제의 사실적인 상태에 대한 판단을 나타내는 것이며 증
거 양태는 명제의 사실적인 상태에 대하여 화자가 가지고 있는 증거를
나타내는 것이다.[55] 증거성은 화자의 진술에 대하여 화자가 갖는 정보의

---

52) 증거성의 문법 범주에 대한 그간의 논의는 송재목(2009)에서 확인할 수 있다.
53) Palmer(1986)의 양태 체계
        −epistemic : judgements, evidentials
        −deontic
  Palmer(2001)의 양태 체계
        −prepositional   −epistemic
                      −evidentials
        −event   −deontic
                      −dynamic
54) Palmer(1986 : 51) "⋯ the term 'epistemic' should apply ⋯ to modal system that indicates
the degree of commitment by the speaker to what he says."
Bybee & Fleischman(1995 : 4) "Accordingly, most linguists understand epistemic modality as
expressing the degree of commitment to the truth of the proposition contained in an
utterance."
55) Palmer(2001 : 8) "⋯ with epistemic modality speakers express their judgements about the
factual status of the proposition, whereas with evidential modality they indicate the evidence
they have for its factual status."

성격에 따라 직접 지식과 간접 지식으로 나눌 수 있는데, 직접 지식은 화자가 직접 목격하거나 획득한 정보이고, 간접 지식은 화자가 관련된 사건 혹은 상황에 대한 간접적 획득을 의미한다. 간접 지식은 보고(reported), 전언(hearsay), 추론(inference)으로 나눌 수 있다.

국어의 간접 인용절은 모문에 내포되어 사용될 때와 달리, 문장 종결부에 위치하게 되면, 명제의 증거성을 나타낸다. 간접 인용절의 통사적 구성이 통합형 종결어미가 되어 문장 종결부에 사용되면서 간접적으로 누군가로부터 들어서 알게 된 것(hearsay) 혹은 어떠한 증거를 토대로 화자 자신의 추론을 통해 얻은 정보(inference)를 전달하게 되면서, [목격], [인용], [추론], [보고], [확인], [강조] 등의 의미를 나타내고, 이는 현대 국어에 증거 양태 범주를 설명하는 근거가 될 수 있다.

3.1. '-다고'

통합형 종결어미 '-다고'류는 문장 종결부에서 [인용], [확인] 그리고 [강조]의 의미기능을 한다.

(26) 가. 안 가냐고 하던데.

(27) 가. 아, 학원을 안 다녔다고.
　　　나. 내가 다 먹었다고?
　　　나´. 내가 다 먹었냐고?
　　　다. 자 이제 그만 마음 풀라고.
　　　라. 먹었으니 이제 시작하자고.

(26)은 '-다고 하고' 구성이고, (27)은 통합형 종결어미 '-다고'이다. 인용구성 '-다고 하고'는 동사 '하-'의 기능으로 인해 [보고]의 의미가

강하다. 상위문 동사 '하-'의 의미 기능은 실질 동사와 형식 동사로 나뉘어져 논의되어왔다.56) 종결어미화한 형식들 중에서는 '하-'가 복원되지 않아도 그 기능이 남아있는 경우가 있는데, 이는 문법화의 정도성 차이로 인식된다.

통합형 종결어미 '-다고'는 상관적 장면에서 사용되며, 제3자 혹은 청자(앞선 발화자)의 발화에 대한 [확인]의 의미기능을 한다. '-다고'는 수행 억양에 의해 전달되는 의미 기능이 달라지는데, 이는 '-다고'가 평서문과 의문문으로 실현되는 것을 반영한다.57) 올림의 수행억양을 수반하게 되면 (27나)와 (27나′)처럼 앞선 발화에 대하여 반복해서 [확인]하는 기능이 강하다. (27가)의 경우에는 평서문인데, 이때 '-다고'는 (27나)와 의미 기능이 다르다. 즉, (27가)는 상대방이 [확인]을 위한 의문에 대하여 자신이 앞서 행한 발화를 되풀이하는 것이고, (27나)는 발화의 반복을 요청하거나 발화를 확인해 줄 것을 요청하는 것이다. 따라서 둘은 각기 다른 서법을 실현한다고 보아야 한다.

(28) 난, 난 이렇게는 못 하겠다고.58)

(29) 그럼 결국 똑같다고.

---

56) 이필영(1995 : 116-117)에서는 '하-'가 포괄동사의 성격을 갖는데, 포괄하는 구체적인 내용은 전후 환경을 통해 알 수 있다고 하였다. 즉, 선행하는 인용절 종결형에 따라 진술, 질문, 명령, 제안 등의 구체적 발화행위를 나타내며, 후행하는 어미에 따라 전언, 가정 등의 의미를 나타내기도 한다고 주장한다.

57) 김홍범(1987)에서는 '-다면서', '-다고', '-다니'가 서법을 실현하지 않고, 단지 절종결에 억양이 얹힌다고 보고 억양에 따라 분류하였다.
-다면서₁, -다면서₂ / -다고₁, -다고₂, -다고₃ / -다니₁, -다니₂

58) 어떤 기자가 … 그래서 그때도 그런 얘기를 했어요.
기자들이.
난 난 이렇게는 못 하겠다고.
아니?
도대체 누가 우리가 시민 단체들을 욕할 수 있고 비판할 수 있겠느냐?

3.2. '-다나', '-다니'

(30) 가. 무슨 살이 쪘다나 하면서 고모는 늘 그랬어요.59)
　　 나. 무슨 살이 쪘댔나 하면서 고모는 늘 그랬어요.

(31) 가. 봄보다 체중이 사 킬로나 빠졌다나.
　　 나. *봄보다 체중이 사 킬로나 빠졌댔나.

(30)은 '-다나'가 간접 인용절을 이끌면서 인용되는 내용에 대하여 불만을 토로하는 것이다. (31)은 남에게 들은 말을 무관심한 태도로 확신성 없이 전달하고 있다. 간접 인용절에서는 단순한 불만을 보이지만, 종결어미화한 형식 '-다나'는 화자가 이미 갖고 있는 정보를 [인용]함으로써 무관심의 태도까지 보이고 있다.

(32) 자신에게 잘해 주었던 이 모든 한국남자들이 보고 싶다나.

(33) 웃는 얼굴이 귀엽다나.

(34) 오늘 오후에 집 근처 아파트 앞에서 연행되었다나 봐요.

'-다니'류는 내포문 종결어미에 따라 주어 통합 관계와 서술어 통합 관계가 달라진다. '-다니'와 '-냐니'는 동사, 형용사, 계사와 통합 가능하지만, '-라니'와 '-자니'는 동사와만 가능하다. 이는 '-라'와 '-자'가 각각 명령형 어미와 청유형 어미의 속성을 유지하고 있기 때문으로 추측된다. 그래서 '-라니'와 '-자니'는 주어 통합 관계에도 제약이 생기는데, 1인칭만이 가능하다.

---

59) 고모를 좋아했던 남자도 있었겠지요. 언뜻 들은 얘기로는, 혼담까지 오가다가도 왠지 막상 결혼은 못하곤 했대요. 무슨 살이 쪘다나 하면서 고모는 늘 그랬어요. 난 혼자 살 팔자란다.

(35) 애들한테 잽히<u>다니</u>?

(36) 그렇게 수입을 하<u>다니</u>.

(37) 저 높은 곳에 어떻게 올라갔<u>다니</u>?

(38) 아니, 이 판에 내기<u>라니</u>?

'-다니'류 역시 (35)의 예와 같이 정보의 출처가 [인용]으로 나타나며, 화자는 동시에 [확인]을 하고 있다. (36)의 '-다니'는 혼잣말에 사용된 '-다니'인데, 화자의 인지 시점이 [처음 앎]이라는 것을 보여준다. (37)와 (38)의 예도 [확인]을 나타내면서 동시에 화자의 [놀람]을 보인다.

3.3. '-다니까', '-다면서', '-다며'

(39) 철이 : 뭐해?
영이 : ······
철이 : 뭐하냐구!
영이 : ······
철이 : 뭐하<u>냐니까</u>?

(39)의 '-냐니까'는 원발화자 '철이'가 본인이 한 발화를 반복할 경우에 사용한다. '-다니까' 어미 역시 다른 종결어미화한 형식과 마찬가지로 상관적 장면에서 사용되며, 자신의 발화를 반복함으로써 청자가 아무런 화행을 하지 않음에 대하여 불만을 [강조]한다. 그래서 화자가 '-다니까' 어미를 사용하는 것은 청자의 화행을 원한다는 의미이다. 한편, 접속어미 '-니까'는 선행절이 후행절의 원인이나 근거, 전제가 됨을 나타내는데,

'-다니까'가 본래의 '-고 하-' 구성으로 복원되지 않아도, 접속어미 '-니까'의 의미 기능을 유지하는 예를 찾을 수 있다.

(40) 저 사람은 술만 마시면 저렇다니까.

(40)은 어떤 사람이 술을 마시고 행패를 부리는 장면을 본 화자가 청자에게 '행패를 부리는 행위'에 대하여 [강조]하는 화맥이다. 화자는 장면을 경험한 뒤 이를 부정적으로 [인지]하였고, 이에 대하여 청자에게 불만스럽게 표현한다. 이때, [술만 마시면 저렇다]는 상황이 명제의 전제가 되는데, 이는 '-니까'의 의미 기능에서 비롯된 것이 아닌가 한다.

한편, '-다면서'는 어간의 내용에도 제약이 따르는데, '-다면서'는 제3자의 발화 내용을 수반해야 한다. 다시 말하면, 제3자의 발화를 [인용]하고, 청자에게 [확인]하여 묻거나 불만을 나타낼 때 사용한다.

(41) 영이도 아들놈이 있<u>다면서</u>?

종결어미화 현상이 언어 변화의 중간 단계를 가리키기 때문에, 각 어미 형식마다 변화의 정도가 조금씩 다른 것이다.

3.4. '-다지'

일찌감치 반말 어미로서 지위를 굳힌 '-지'는 국어의 양태 의미를 구현하는 대표적인 어미이다. '-지'를 통하여 확인할 수 있는 양태 범주는 주로 인식 양태였다. 그런데 간접 인용절 '-다고 하지' 구성에서 융합한 '-다지'는 [인용]과 이에 대한 [확인]의 의미를 나타낸다.

(42) 별일 없지?

(43) 별일 없다지?

(42)의 '-지'는 기존의 양태 연구에서 다루어진 인식 양태의 의미를 나타내지만, (43)의 '-다지'는 증거 양태의 범주에서 다룰 수 있다. 제3의 화자의 발화 혹은 화자의 판단으로 이루어진 추론에 대하여 [인용]과 [확인]을 하는 것이다

4. 정리

이상에서 살펴본 바와 같이 통합형 종결어미는 국어 양태 범주의 증거 양태를 뒷받침하는 근거가 될 수 있다. 이들은 종결어미화 하기 이전의 통사적 구성에서 보이지 않던 증거성을 문장 종결부에서 실현하면서 전언(hearsay)을 통한 [인용], [강조], [확인] 등의 의미를 나타내게 되었다.

그러나 이 글에서 제안한 통합형 종결어미의 식별 기준 중 통사적 기준이 다른 비종결어미에도 그대로 적용되지는 않는다. 이는 해당 형식의 형식적 특징을 바탕으로 한 것이기 때문이다. 예를 들어 접속어미의 경우에는 객관적인 통사적 기준보다는 의미적 기준만이 적용될 수 있다. 이 글이 다른 비종결어미를 연구 대상으로 하지 못했기 때문에 발생한 문제이다. 다른 비종결어미의 형태·통사·의미적 특징을 바탕으로 종결어미화 현상을 살펴본다면, 이는 국어 종결어미 체계 전반의 유기적 변화 과정을 더 명확하게 보여줄 것이라 기대된다. 이에 대해서는 후고를 기약한다.

‖ 참고문헌

고광모(2001), "반말체의 등급과 반말체 어미의 발달에 대하여", 언어학 30, 3-27.

고광모(2002), "'-겠-'의 형성 과정과 그 의미의 발달," 국어학 39, 27-47.

고영근(1974가), "현대국어의 종결어미에 대한 구조적 연구", 어학연구 10-1. [고영근(1989 : 246-299)에 재수록]

고영근(1974나), "현대국어의 존비법에 대한 연구", 어학연구 10-2. [고영근(1989 : 359-397)에 재수록]

고영근(1976), "현대국어의 문체법에 대한 연구", 어학연구 12-1. [고영근(1989 : 302-354)에 재수록]

고영근(1981), 중세국어의 시상과 서법, 탑출판사.

고영근(1986), "서법과 양태의 상관관계", 국어학신연구, 탑출판사, [고영근(1995 : 257-263)에 재수록]

고영근(1989), 국어 형태론 연구, 서울대학교 출판부.

고영근(1995), 단어·문장·텍스트, 한국문화사.

고영근(2004), 한국어의 시제 서법 동작상, 태학사.

고영진(1997), 한국어의 문법화 과정, 국학자료원.

구현정·이성하(2001), "조건 표지에서 문장종결 표지로의 문법화", 담화와 인지 8-1, 1-19.

권재일(2003), "구어 한국어에서 서술문 실현방법의 공시태와 통시태", 언어학 37, 25-46.

김태엽(1997), "국어 종결어미의 형태론적 유형", 어문학 60, 61-82.

김태엽(1998), "국어 비종결어미의 종결어미화", 언어학 22, 171-189.

김태엽(2000), "국어 종결어미화의 문법화 양상", 어문연구 33, 47-68.

김태엽(2001), 국어 종결어미의 문법, 국학자료원.

김흥범(1987), "'-다면서', '-다니', '-다고'의 구조와 의미", 외국어로서의 한국어교육 12, 71-91.

남기심(1982), "국어의 공시적 기술과 형태소 분석", 배달말 7. [이병근·채완·김창섭 편(1993 : 45-58)에 재수록]

남기심·고영근(1985), 표준 국어 문법론, 탑출판사.

남미정(1998), 종결어미 '-거든'의 통시적 연구, 석사학위논문, 서강대학교.

노용균(1984), 국어 의문문의 통사와 의미, 석사학위논문, 서울대학교.

박재연(1998), 현대국어 반말체 종결어미 연구, 석사학위논문, 서울대학교.

박재연(1999), "국어 양태 범주의 확립과 어미의 의미 기술-인식 양태를 중심으로-",

국어학 34, 199-225.

박재연(2000), "'-다고'류 어미에 대한 화용론적 접근", 애산학보 24, 171-194.

박재연(2006), 한국어 양태 어미 연구, 태학사.

박재연(2009가), "한국어 관형사형 어미의 의미 기능과 그 문법 범주", 한국어학 43, 151-177.

박재연(2009나), "연결 어미와 양태", 한국어 의미학 30, 119-141.

박진완(2000), "현대 국어 종결 어미의 변천", 현대 국어의 형성과 변천 1, 박이정, 237-308.

배은나(2011), 현대국어 통합형 종결어미 연구 : 인용구성과 접속어미의 융합 형식을 대상으로, 석사학위논문, 서강대학교.

서울대학교 국어교육연구소(2002), 고등학교 문법, 교육인적자원부.

서정수(1977), "'겠'에 관하여", 외국어로서의 한국어교육 2, 63-87.

서정목(1983), "명령법 어미와 공손법의 등급", 관악어문연구 8. [서정목(1994 : 376-406)에 재수록]

서정목(1987), 국어 의문문 연구, 탑출판사.

서정목(1988), "한국어 청자 대우 등급의 형태론적 해석(1)", 국어학 17. [서정목(1994 : 291-343)에 재수록]

서정목(1989가), "'반말체'형태 '-지'의 형태소 확인", 이혜숙교수 정년기념논문집. [서정목(1994 : 407-434)에 재수록]

서정목(1989나), "중부 방언의 '-(으)려(고)'와 남부 방언의 '-(으)ㄹ라(고)'", 이정 정연찬 선생 회갑 기념 논총. [서정목(1994 : 95-110)에 재수록]

서정목(1991), "내포 의문 보문자 '(으)ㄴ가'의 확립", 석정 이승욱선생 회갑기념논총. [서정목(1994 : 208-237)에 재수록]

서정목(1994), 국어 통사구조 연구 I, 서강대학교 출판부.

서태룡(1988), 국어활용어미의 형태와 의미, 탑출판사.

성기철(1985), 현대 국어 대우법 연구, 개문사.

성기철(1990), "공손법", 국어연구 어디까지 왔나, 동아출판사, 401-408.

손옥현·김영주(2009), "한국어 구어에 나타난 종결어미화된 접속어미 양상 연구", 한국어 의미학 28, 49-71.

송재목(2009), "인식양태와 증거성", 한국어학 44, 27-53.

송창선(2003), "현대국어 '-었-'의 기능 연구-'-었겠-, -었더-, -었었-'을 중심으로-", 언어과학연구 27, 181-196.

심재기(1979), "관형화의 의미 기능", 어학연구 15-2. [심재기(1982 : 333-350)에 재수록]

심재기(1982), 국어어휘론, 집문당.

유현경(2003), "접속어미의 종결어미적 쓰임에 대하여", 한글 261, 123-148.

윤석민(1999), 현대국어의 문장 종결법 연구, 집문당.

이기동(1979), "접속어미 '-는데'의 화용상의 기능", 인문과학 40, 117-144.

이기용(1998), 시제와 양상-가능 세계 의미론, 태학사.

이병근·채완·김창섭 편(1993), 형태, 태학사.

이병기(1997), 미래 시제 형태의 통시적 연구 : '르-리-', '-ㄹ 것이-', '-겠-'을 중심
　　　으로, 석사학위논문, 서울대학교.

이병기(2006), "'-겠-'과 '-었-'의 통합에 대하여", 국어학 47, 179-206.

이선웅(2001), "국어의 양태 체계 확립을 위한 시론", 관악어문연구 26, 317-339.

이승욱(2001), "문법화의 단계와 형태소 생성", 국어학 37, 263-283.

이원표(1999), "인용조사 '-고'의 담화분석 : 간접인용의 주관화와 문법화를 중심으
　　　로", 사회언어학 7-1, 179-220.

이은경(1999), "구어체 텍스트에서 한국어 연결어미의 기능", 국어학 34, 167-198.

이은경(2000), 국어의 연결 어미 연구, 태학사.

이익섭(2005), 국어학개설, 학연사.

이정훈(2007), "국어 어미의 통합단위", 한국어학 37. [이정훈(2008 : 554-589)에 재수록]

이정훈(2008), 조사와 어미 그리고 통사구조, 태학사.

이정훈(2009), "한국어 후보충 구문의 구조", 어문연구 37-2, 31-54.

이창호(2010), "발화 중 휴지시간이 갖는 의미", 한국어학 46, 353-386.

이지양(1993), 국어의 융합현상과 융합 형식, 박사학위논문, 서울대학교.

이지양(1998가), 국어의 융합현상, 태학사.

이지양(1998나), "문법화", 서태룡 외, 문법 연구와 자료 : 이익섭선생 회갑기념논총,
　　　태학사, 801-818 .

이태영(1988), 국어 동사의 문법화 연구, 한신문화사.

이필영(1995), 국어의 인용구문 연구, 탑출판사.

이호영(1996), 국어음성학, 태학사.

이현희(1982가), 국어의 의문법에 대한 통시적 연구, 국어연구 52.

이현희(1982나), "국어 종결어미의 발달에 대한 관견", 국어학 11, 143-163.

이현희(1994), "19세기 국어의 문법사적 고찰", 한국문화 15, 57-81.

임규홍(1997), "쉼의 언어기능에 대한 연구", 한글 235, 93-126.

임동훈(2001), "'-겠-'의 용법과 역사적 해석", 국어학 37, 115-147.

임동훈(2003), "국어 양태 체계의 정립을 위하여", 한국어 의미학 12, 127-153.

임동훈(2008), "한국어의 서법과 양태 체계", 한국어 의미학 26, 211-249.

임동훈(2009), "'-을'의 문법 범주", 한국어학 44, 55-81.

임홍빈(1980), "{-겠-}과 대상성", 한글 170. [임홍빈(1998 : 231-270)에 재수록]

임홍빈(1984), "문종결의 논리와 수행-억양", 말 9. [임홍빈(1998 : 59-96)에 재수록]

임홍빈(1998), 국어 문법의 심층 1 : 문장 범주와 굴절, 태학사.

장경희(1985), 현대국어의 양태범주 연구, 탑출판사.

장경희(1995), "국어의 양태 범주의 설정과 그 체계", 언어 20-3, 191-205.

장경희(1997), "국어 대화에서의 서법과 양태", 국어교육 93, 255-275.

장경희(1998), "서법과 양태", 서태룡 외, 문법연구와 자료 : 이익섭 선생 회갑 기념 논총, 태학사, 261-303.

장요한(2008), 15세기 국어 접속문 연구, 박사학위논문, 서강대학교.

장윤희(2002), 중세국어 종결어미 연구, 태학사.

장소원(1986), 문법 기술에서의 문어체 연구, 석사학위논문, 서울대학교.

전혜영(1996), "'-다고' 반복 질문의 화용적 기능", 언어 21-3, 889-911.

정언학(2006), 상 이론과 보조 용언의 역사적 연구, 태학사.

정연희(2001), 한국어 연결어미의 문법화, 박사학위논문, 한국외국어대학교.

정재영(1996), 의존명사 '드'의 문법화. 태학사.

정혜선(2005), 19세기 국어의 '원인' 통합형 접속어미 연구, 석사학위논문, 서강대학교.

정희자(2009), 담화와 문법 그리고 의미, 한국문화사.

차현실(1991), "반말체의 구성과 반말체 어미의 문법적 기능에 대하여", 이화어문논 집 13, 5-26.

최동주(1995), 국어 시상체계의 통시적 변화에 대한 연구, 박사학위논문, 서울대학교.

최현배(1937/1971), 우리말본, 정음사.

최형용(1997), "문법화의 한 양상에 대하여", 관악어문연구 22, 469-489.

하지선(2006), 한국어 교육을 위한 종결기능 연결어미 연구, 석사학위논문, 한양대학교.

한   길(1982), "반말 종결접미사 '아'와 '지'에 관하여", 외국어로서의 한국어교육 7, 99-121.

한   길(1984), "종결접미사 {-게}에 관하여", 국어국문학 92, 441-458.

한   길(2004), 현대 우리말의 마침씨끝 연구, 역락.

한동완(1988), "청자경어법의 형태 원리-선어말어미 {-이-}의 정립을 통해", 외국 어로서의 한국어교육 13, 219-250.

한동완(1996), 국어의 시제 연구, 태학사.

한동완(2006), "한국어의 時相法에 관한 비판적 고찰-고영근(2004)를 중심으로", 형 태론 8-1, 179-198.

한명주(2006), 현대국어 형식명사 구성의 양태성 연구, 석사학위논문, 서강대학교.

허   웅(1975), 우리 옛말본, 샘문화사.

허   웅(1989), 16세기 우리 옛말본, 샘문화사.

허   웅(1995), 20세기 우리말의 형태론, 샘문화사.

Boas, F.(1938), *General Anthropology*, Boston : D.C.Heath and Company.

Bybee, J., R. Perkins & W. Pagliuca(1994), *The Evolution of Grammar*, University of Chicago Press.

Bybee, J. & S. Fleischman eds.(1995), *Modality in Grammar and Discourse*, John Benjamins.

Hopper, P. J. & E. Traugott(1993), *Grammaticalization*, Cambridge University Press.

Hopper, P. J.(1991), On Some Principles of Grammaticalization, In E. Traugott & B. Heine eds., *Approaches to Grammaticalization 1 : Theoretical and Methodological Issues*, John Benjamins Publishing Company, 17-36.

Langacker, R.(1987), *Foundation of Cognitive Grammar*, Standford University Press.

Lyons, J.(1977), *Semantics II*, Cambridge University Press.

Palmer, F. R.(1986/2001), *Mood and Modality*, 2nd ed., Cambridge University Press.

Searle, J. R.(1969), *Speech Acts : An Essay in the Philosophy of Language*, Cambridge University Press.

Song, Jae-Mog(1997), Tense, Aspect and Modality in Khalkha Mongolian, Doctoral Dissertation, SOAS, University of London.

청자경어법의 형태원리와 체계*
근대국어와 개화기국어를 대상으로

남미정

1. 도입

경어법이란 존비, 상하, 친소와 같이 사람들 사이에서 발생할 수 있는 특정한 관계를 언어화하는 장치를 말한다. 경어법은 다시 주체경어, 객체경어, 청자경어로 세분되며 여기서 청자에 대한 경어를 표현하는 장치인 청자경어법은 화자가 청자와 자신과의 관계를 따져 그에 적합한 대접을 표명하는 언어적 표현 방식이라고 할 수 있다. 그런데 주체경어법이나 객체경어법은 관련 형태소의 결합 유무에 따라 의미가 결정되는 이원적 체계로 구성되는 데 비해 청자경어법은 화자가 청자를 어느 정도로 대우하느냐에 따라 그 존대의 정도성이 단계적으로 구분되는 다원적 체계로 이루어진다는 점에서 두 경어법과는 다소 구별되는 특징을 지니고 있다.[1]

---

* 본 논문은 남미정(2008, 2009)의 논의를 다듬고 수정한 것이다.

[1] 현대국어의 객체경어법은 '뵙다, 여쭙다'와 같이 객체를 존대하는 특정 어휘를 사용하는 것이 일반적이지만 중세국어의 객체경어법은 '-습-'이라는 선어말어미의 결합 여부에 따라 존대의 유무가 결정되었으므로 객체경어법 역시 기원적으로는 이원적 체계를 따랐다고 할 수 있다.

그런데 현대국어 청자경어법의 다원적 체계와 달리 중세국어의 청자경어법은 주체경어, 객체경어와 동일하게 이원적 체계를 기본으로 한다는 점에서 현대국어에서 확인되는 다원적 체계는 통시적 변화의 결과라 할 수 있다. 잘 알려져 있다시피 중세국어에서는 청자경어법 형태소 '-이-'의 결합 유무에 따라 존대와 비존대가 결정되는 이원적 체계였다.[2]

다른 경어법과 달리 청자경어법에서 세밀한 등급의 분화가 진행된 데에는 청자경어법의 사용을 결정하는 두 가지 요인이 작용한 때문으로 여겨진다. 경어법의 사용은 기본적으로 문법적인 절차와 화용론적인 절차가 동시에 적용되는 현상이다. 그런데 주체경어나 객체경어는 문장 내적인 요소인 주체나 객체에 대한 존대 유무를 화자가 결정하는 방식이라면 청자경어는 문장 외적인 요소인 청자를 대상으로 존대 유무를 결정하는 방식이므로 주체경어나 객체경어보다 발화상황에 더 민감하게 영향을 받게 된다. 주체경어 '-시-'나 객체경어 '-습-'은 통사구조 내의 성분이 갖고 있는 존대자질에 호응하여 서술어에 실현되는 것임에 비해 청자경어의 청자는 통사성분으로 실현되지 않으며 따라서 존대자질이 부여될 대상이 없다. 청자경어는 존대자질에 호응하여 실현되는 것이 아니라 화용론적 판단이 바로 문장에 반영되어 실현되는 범주이다(윤용선 2006 : 327). 그리고 이러한 화용론적 판단에는 사회적 상황의 유동적 변화나 사회구조의 복잡성 등이 반영될 수밖에 없으며 화용론적으로 대우 영역이 확장됨에 따라 확장된 영역을 포괄하는 등급의 분화 및 재조정 과정이 자연스럽게 수반된 것으로 보인다.

---

2) 일반적으로 중세국어의 청자경어법은 'ᄒᆞ라체, ᄒᆞ야쎠체, ᄒᆞ쇼셔체'의 3등급 체계로 상정된다는 점에서 중세국어 역시 다등급 체계로 볼 수도 있다. 그러나 중세국어 역시 기본적으로는 '-이-'의 결합 유무에 따라 'ᄒᆞ라체'와 'ᄒᆞ쇼셔체'로 구분되었고 중간등급으로 나타나는 'ᄒᆞ닝다'형은 'ᄒᆞᄂᆞ이다'의 축약형으로, 축약에 따라 존대효과가 감소한 것으로 설명할 수 있다.

한편 청자경어법의 사용과 관련된 화용론적 상황의 다변화와 이를 반영하는 대우 등급의 분화나 재조정이 가능하게 된 데에는 축약이나 절단과 같은 문법적 절차도 관여하고 있다. 청자경어법은 화자가 청자와 자신과의 상하관계를 따져 그에 적합한 대접을 표현하는 문법범주인데 화·청자 간의 상하관계가 불분명한 경우도 있고 발화 상황에 따라 그러한 상하관계를 명시적으로 표현하기 어려운 경우도 있다. 이렇게 청자에 대한 대우 표현을 불분명하게 전달하려는 화자의 의도는 말끝을 흐리거나 종결형식을 분명하게 선택하지 않거나 하는 방식으로 나타날 수 있는데 이러한 상황에서 종결형식의 절단이나 접속문 후행절의 절단 같은 절차가 개입될 수 있다. 그리고 절단된 형식은 화자의 의도를 분명하게 드러내지 않는 것이므로 화자의 대우 의도를 분명히 드러내는 온전한 형식에 비해 존대의 정도성이 떨어지는 것이 당연하다.

절단과 더불어 축약의 과정이나 음운의 소실 등 음운론적 과정 역시 존대의 정도성에 영향을 미칠 수 있다. 중세국어에서 청자경어법을 담당하던 형태소 '-이-'는 'ㅇ'의 소실로 선행 음절의 모음과 축약되면서 그 기능이 약화되는 과정을 겪는다. 중세국어 객체경어의 '-습-' 역시 근대국어에서 '화자겸양'으로 의미변화를 겪으면서 청자경어법에 관여하게 되는데 'ㅸ'이나 'ㅿ'의 소실로 '-소, -오'와 같은 형식의 생성이 가능해졌다.

청자경어법 관련 형태소 '-이-', '-습-'이 겪은 음운론적 변화는 경어 표현의 방식에도 영향을 미친다. 교착어에 속하는 한국어의 특성상 어떤 의미범주를 나타내고자 할 때 그에 해당하는 형태소를 결합하여 의미를 표현하는 것이 일차적인 방식이다. 중세국어에서는 청자경어법도 이러한 방식에 따라 청자에 대한 경어를 표현하기 위해서는 관련 형태소 '-이-'를 결합하고 그렇지 않으면 결합하지 않는 유무대립의 체계를 보였다. 그러나 '-이-'와 '-습-'이 음운론적인 변화를 겪은 이후에는 '-이-'는 후행하는 종결어미와 융합하여 새로운 종결어미를 형성하고 '-습-' 역시 '-오/소'나 '-습'과 같이 종결어미화하게 된다. 이러한 변화로 인해 현대국어에서는 관련 형태소의 유무에 따라 의미를 표현하는 방식이 아니라 종결어미를 통해 청자경어의 의미를 나타나는 방식으로 변화하게 된다.

이상과 같이 국어의 청자경어법은 다른 경어법과 달리 문장 외부의 요소와 관계한다는 특성으로 인해 화용론적 상황의 유동성에 쉽게 노출되는 한편 그러한 유동성이 관련 형태소들의 형태·음운론적인 변화와 맞물리면서 현대국어와 같은 다양한 대우 등급으로 귀결된 것이라 하겠다. 그러나 또 한편으로는 청자경어법이 다른 경어법과는 구별되는 특징을 가지고 있기는 하나 청자경어를 표현하는 방식이 국어의 일반적인 문법 절차를 벗어난다고는 할 수 없다. 청자경어법 역시 주체경어나 객체경어와 같이 기본적으로는 관련 형태소의 결합 유무에 따라 존대와 비존대가 결정되는 유무대립의 이분체계로 봐야 한다. 다만 앞서 검토한 바와 같이 이분체계 내에서 존대의 정도성에 따라 존대의 등급이 세분화되는 방식을 취한다고 할 수 있다. 등급이 세분화되는 방식 역시 관련 형태소가 어느 정도 관여하는가에 따라 결정되는 형태론적 절차를 포함하고 있다.[3]

청자경어법의 또 다른 특징으로 지적될 수 있는 것은 청자경어법에 속하는 각각의 등급형들이 화·청자 간의 관계에 따라 어느 정도 고정적인 쓰임을 갖고 있기는 하나 또 한편으로는 각 등급형들이 혼용되는 유동적인 쓰임도 보인다는 점이다. 청자경어법에서 나타나는 이러한 현상에 대

---

3) 현대국어처럼 종결어미에 의해 청자경어법이 표현되는 경우도 이러한 형태론적 절차가 포함되어 있다고 할 수 있다. 현대국어의 '합니다'는 '-습-'과 '-이-'가 결합된 형식이며 '하오/소'는 '-습-'을, '하네'는 '-이-'를 포함한 형식이다. 이들은 모두 청자경어법과 관련된 형태소들이며 이들의 결합 방식, 절단의 유무 등에 따라 존대의 등급이 구분된다고 할 수 있다.

해 기존의 논의에서는 '종결형 간의 호응', '화계 간의 호응', 또는 '교체 사용', '말단계 변동 현상' 등으로 지칭해 왔다. 그리고 이러한 혼용이 일어나는 원인에 대해서는 격식체와 비격식체 간에 작용하는 등급의 이동이나(성기철 1985) 대화참여자들 간에 작용하는 '힘'과 '유대'의 상호 작용에 의한 것으로 보고 있다(유송영 1996, 이정복 2002). 그러나 청자경어법의 혼용 내지 교체사용이 반드시 격식체와 비격식체 간에만 이루어지는 것이 아니라 격식체와 격식체, 비격식체와 비격식체 사이에서도 일어난다는 점에서 성기철(1985)의 설명은 다소 한계가 있다. 청자경어법의 교체사용이 힘과 유대의 상호 작용에 따라 이루어지는 측면이 있으나 또 한편으로는 화용론적 상황, 화자의 의도에 따라 교체사용을 가능하게 하는 형태론적 토대에 대한 논의도 포함될 필요가 있다.

이상과 같이 본 논의는 청자경어법을 관련 형태소의 결합 유무에 따라 청자에 대한 존대를 표시하는 유무대립의 체계로 보되 일정한 형태론적 절차에 따라 존대성이 세분화되는 방식으로 이해하고자 한다. 청자에 대한 존대를 표시하는 방식은 일차적으로는 청자경어법 관련 형태소를 결합하는 것이다. 국어의 대표적인 청자경어법 관련 형태소는 '-이-'(중세국어 -이-)이다. '-이-'는 중세국어부터 개화기국어까지 청자에 대한 존대를 표시하는 선어말어미로 기능해왔다. 현대국어에서는 융합형 '-습니다'에서 그 존재를 확인할 수 있다. '-이-'와 더불어 청자경어를 담당한 형태소로는 '-습-'이 있다. '-습-'은 근대국어 시기에 화자겸양의 기능을 담당하게 되면서 부차적으로 청자에 대한 존대를 표시하게 되었다. 따라서 청자에 대한 존대 표시는 일차적으로 이 두 형태소의 결합에 따라 이루어지며 이외에 절단이나 축약과 같은 절차가 개입하면서 존대 표시의 등급화가 이루어지게 된다. 본 연구는 이러한 과정을 청자경어법의 형태원리를 통해 설명해보고자 하며 또한 형태원리에 따라 청자경어법의 체계를 구성해보고자 한다.

본 연구는 근대부터 개화기까지의 국어를 대상으로 한다. 현대국어는 재분석의 방법을 통해 '-이-'와 '-습-'을 분석해 낼 수 있는 반면 이 시기는 청자경어법 관련 형태소 '-이-'와 '-습-'이 온전히 제 기능을 하고 있어 형태소의 결합 여부에 따라 존대성이 달라지는 양상을 살피기 쉽다는 이점이 있다. 또한 중세국어에 비해 축약과 절단이 활발히 일어나고 청자경어법과 관련된 새로운 형식들이 출현하면서 현대국어의 다분화된 체계가 형성되는 것도 이 시기이기 때문에 국어 청자경어법의 역사에서 중요한 의미가 있다고 할 수 있겠다. 이 글은 근대·개화기국어를 포괄적으로 살펴 이 시기를 포괄할 수 있는 형태원리를 상정하고 이를 토대로 청자경어법의 체계 변화를 살펴보기로 한다.

2. 청자경어법의 형태원리

청자경어법의 형태원리란 청자에 대한 적절한 대우를 표명하는 데 있어서 그 존대의 정도성을 결정하는 형태적인 근거를 말한다. 지금까지 청자경어법을 형태원리적으로 분석한 논의에는 한동완(1988), 서태룡(1992), 황문환(2002) 등이 있다. 여기서 한동완(1988), 서태룡(1992)는 현대국어의 청자경어법에 대한 연구이고, 황문환(2002)는 한글간찰 자료에 나타난 청자경어법에 대한 연구이다.

한동완(1988)과 서태룡(1992)는 현대국어에서 통합형으로 나타나는 종결어미를 재분석의 방법을 통해 각각의 구성 성분으로 분석하고 여기서 청자경어법의 형태원리를 이끌어 내고 있다. 즉 선어말어미 '-이-'와 '-습-'을 청자경어법 관련 형태소로 분석하고 이들의 결합에 따라 청자경어법 등급이 결정되는 것으로 보았다. 한동완(1988)에서는 원리적 측면에서 청자경어법을 분석하여 '-이-'의 결합으로 1차적으로 청자경어법 등급이 한 단계 높아지고, '-습-'의 결합으로 청자경어법 등급이 한 단계 더 높아지는 것으로 형태원리를 상정하였다. 그리고 문종결어미가 음성적으로 실현되지 않을 경우 청자경어법 등급이 떨어진다는 원리도 포함하고 있다. 서태룡(1992)에서는 '-이-'와 '-습-'의 결합 유형에 따라 각 등급의 성격을 규정짓고 있는데, '합쇼'체는 '-습-'과 '-이-'가 함께 나타나는 등급, '하오'체는 어말의 '-오'에 의한 등급, '하게'체는 어말의 '-이'에 의한 등급, '해라'체는 '-습-'이나 '-이-'가 모두 나타나지 않는 등급으로 규정하고 있다. 또한 선어말어미 '-이-'와 어말의 '-이'는 '청자존대'의 의미를, 선어말어미 '-습-'과 어말의 '-오'는 '화자겸양'의 의미를 갖는다고 하였다. 이들 두 논의는 현대국어에서 '-이-'와 '-습-'이 청자경어법의 존대성을 표시하는 데 어떻게 관여하는지를 밝혔다는 점에서 의의를 찾을 수 있다.

한편 황문환(2002)에서는 한글간찰 자료에 대한 분석을 통해 청자에 대한 존대와 형태 요소 사이의 상관관계를 밝히고자 하였다. 즉 청자경어법은 '-이-'에 의한 유무대립으로 청자경어법의 골간을 이루는 기본적인 등급인 'ᄒᆞ쇼셔'체와 'ᄒᆞ여라'체가 구분되고, 여기서 다시 '생략'이나 '축약'의 절차를 통해 중간 등급이 형성되는 것으로 설명하고 있다. 한글간찰 자료에 나타나는 'ᄒᆞ니', 'ᄒᆞ소'류를 비롯하여 'ᄒᆞ니, ᄒᆞ리', 'ᄒᆞᆸ'류들의 개별 형태들이 '축약'과 '생략'이라는 절차를 통해 형성되었고, 그 형성의 절차가 곧 이들 형태의 형태원리가 된다고 보고 있다. 황문환(2002)의 논의는 개별 종결 형태들의 형성 과정이라는 통시적인 정보를 이용하여 그 자체를 형태원리로 상정하였다는 점에서 의의가 있다.

청자경어법의 형태원리와 관련하여 앞서 살펴본 논의들은 청자경어법과 관련된 기본 형태소를 중심으로 그것의 결합 유무에 따라 청자경어법의 등급을 구분하고 있다는 점에서 공통된 입장을 보이고 있다. 이러한 방법론은 근대·개화기국어를 대상으로 하는 이 글의 논의에도 유용한 것이며 이 글 역시 청자경어법을 표시하는 형태소를 중심으로 형태원리와 체계를 구성하고자 한다는 점에서는 동일하다고 할 수 있다. 그러나 앞선 논의와 달리 이 글을 청자경어법을 다분화된 등급 체계가 아니라 존대와 비존대로 구성되는 이분 체계로 보고자 한다. 이러한 체계에서의 형태원리는 등급 구분을 위한 원리로 작용하는 것이 아니라 존대의 정도성을 표시하는 척도로 작용하게 된다.

청자경어법의 형태원리는 크게 세 가지 차원에서 살펴볼 수 있다. 첫째는 관련 형태소의 결합에 따라 존대성이 어떻게 달라지는가이며 둘째는 종결형식의 절단이나 관련 형태소의 축약이 청자경어법의 존대성에 어떤 영향을 미치는가이다. 셋째는 청자경어법에 중립적인 성격을 갖는 형식이 청자경어법을 담당하게 되었을 때 여기서 산출되는 효과는 무엇인가에 대한 것이다. 이에 대해 별도의 절에서 살펴보기로 한다.

2.1. 관련 형태소의 결합에 따른 형태원리

근대국어에서 청자경어법을 표시하는 형태소는 '-이-'와 '-습-'이다. 중세국어에서 청자경어법을 표시하던 형태소 '-이-'는 근대국어 시기 '-이-'로 형태상의 변화를 겪었지만 그 기능은 완전히 동일하여 근대국어 시기에도 청자경어법을 표시하는 독자적인 형태소로 존재한다. 그런데 중세국어에서 주체–객체 관계에서 존대를 표시하던 형태소 '-습-'이 근대국어 시기 기능상의 변화를 겪으면서 근대국어의 청자경어법에도 변화가 초래된다.

근대국어 '-습-'의 의미변화에 대해서는 '청자경어'로 보는 입장과 '화자겸양'으로 보는 입장으로 구분된다. '청자경어'로 보는 입장은 김정수(1984), 이현규(1985), 주경미(1990) 등이 있는데, 이들 논의에서는 근대국어 '-이-'의 기능이 약화되면서 '-습-'이 새롭게 청자경어의 기능을 담당하게 된 것으로 보고 있다. 반면, 이현희(1985), 박양규(1991), 이영경(1992), 서정목(1993) 등에서는 근대국어의 '-습-'을 '화자겸양'으로 보고 있다. 중세국어에서 '주체-객체'의 관계에서 주체의 겸양을 나타내던 '-습-'의 기능이 근대국어 시기에는 '화자-청자'의 관계에서 화자의 겸양을 나타내는 형태소로 기능상의 변화를 겪었다는 것이다.

이 글은 근대국어의 '-습-'이 '화자겸양'의 기능을 담당하는 것으로 보고자 한다. 청자경어를 담당하는 '-이-'가 여전히 쓰이고 있고, 또한 '-습-'이 종결 위치에 나타나는 경우는 항상 '-이-'의 존재를 전제로 한다는 점에서 '-습-'이 단독으로 청자경어의 기능을 수행하지 못했음을 알 수 있다. 그리고 '-습-'은 연결어미와도 결합할 수 있다는 점을 고려하면 근대국어의 '-습-'은 청자를 직접 존대하는 형태소라기보다는 청자에 대한 화자의 겸양을 나타내는 형태소로 보는 것이 더 타당하다. 그런데 근대국어의 '-습-'을 '화자겸양'으로 보더라도 '화자겸양'과 '청자경어'가 완전히 분리된 기능이 아니므로 '-습-'이 청자경어법에 부분적으로 관여한다고 할 수 있다. 따라서 근대국어 시기에는 '-이-'와 '-습-'이 청자경어법을 결정짓는 주요 형태소라 할 수 있다.

이와 같이 청자경어법에 관여하는 형태소로 '-이-'와 '-습-'을 설정할 때 청자경어법을 표시하는 데 있어 이들이 동등한 가치로 결합되는지에 대한 문제가 제기될 수 있다. '-이-'는 중세국어부터 청자경어법을 표시하는 고유의 형태소이며 '-이-'의 결합 유무에 따라 청자에 대한 존대냐 비존대냐가 결정되기 때문에 청자경어법에 관여하는 일차적이고 절대적인 형태소는 '-이-'가 된다. 이에 비해 '-습-'은 청자에 대한 화자의 겸양을 표시하는 형태소이며 '-습-'의 결합으로 청자에 대한 존대가 표시되기는 하나 이는 '화자겸양'의 의미기능에 따라 부차적으로 산출되는 의미이지 '-습-'이 가진 의미의 핵심은 아니다. 또한 '-습-'은 '-이-'의 존재를 전제로 한다는 결합상의 제약을 갖고 있다. 즉 '-이-'가 결합된 상태에서만 '-습-'이 출현할 수 있는 것이다.4) 물론 '-이-'의 결합이 원천적으로 배제되는 내포절이나 접속문의 선행절과 같은 환경에서는 이러한 제약이 성립하지 않는다. 이러한 '-습-'의 결합제약은 '-이-'가 청자를 존대하는 일차적인 형태소임에 비해 '-습-'은 '-이-'의 기능을 보충하는 부차적인 형태소임을 말해주는 것이다.

근대국어에서 '-이-'와 '-습-'이 결합되어 존대를 표시하는 경우는 아래와 같다.

> (1) 가. 뎍ᄉ오시니 보ᅌᆞ고 친히 뵈ᅌᆞᆫ 둧 ᄃᆞᆫ〃 반갑ᄉ와 ᄒᆞ오며 […] 요ᄉ이ᄂᆞᆫ 퍽 낫ᄌᆞ오신가 시브오니 깃브와 ᄒᆞᅌᆞ느이다 […] 나는 요ᄉ이 한지 극ᄒᆞ오니 일야 쵸젼으로 디내ᅌᆞ느이다 […] 새로이 참측ᄒᆞ오미 ᄀᆞ이 업ᄉᆞᆸ더이다 […] 지졍을 관억ᄒᆞᅌᆞ셔 과히 익샹티 마ᅌᆞ쇼셔 [조카(숙종) → 고모(숙휘공주)] <한글간찰 141>
>
> 나. 젼의ᄂᆞᆫ 격기엣 거시 이러티 못ᄒᆞᅌᆞ더니 ㅿ度ᄂᆞᆫ 膳敷器皿 以下ㅣ 조촐ᄒᆞ고 과즐과 건믈과 머글 거슬 다 머검즉이 쟝만ᄒᆞ엿ᄉ오니 깃거ᄒᆞᅌᆞ느이다 [객(도선주) → 쥬(훈도, 별차)] <원간첩해 2 : 8a>

---

4) '-습-'의 이러한 결합제약에 대해 한동완(1988 : 231)에서는 "선어말어미 '-습-'은 '-이-'의 실현을 전제하여야 실현될 수 있다. 그 역의 관계는 성립하지 않는다. 단, 원천적으로 '-이-'와 배타적인 어미는 이 제약에 면제된다."라고 설명하였다. 한동완(1988)은 현대국어 '-습-'의 결합제약을 밝힌 것이지만 이러한 제약은 근대국어 시기 '-습-'의 의미기능이 화자겸양으로 변화하면서 발생한 것으로 볼 수 있다. 그런데 근대국어 시기에도 "進本 엿ᄂᆞᆫ 글월 드리ᅌᆞ다"<역어유해 상 : 10b>, "享獻 홀 밧줍다"<역어유해 상 : 13b>와 같이 '-습-'이 중세국어의 용법으로 쓰인 경우가 있다. 이와 같이 객체에 대한 존대를 나타내는 '-습-'은 '-이-'와 무관한 범주이므로 이러한 결합제약이 적용되지 않는다.

(2) 가. (내 또 코오디) 이 일을 엇지 처치ᄒ리오

　　　(겸ᄉ셰 코오디) [⋯] 이ᄂ 말ᄒ 쟈와 젼호 쟤 잇ᄉ오니 포쳥의 맛
　　　져 엄히 구문ᄒ야 그 믹낙을 술피미 죠흐니이다 <명의록 상 :
　　　3b>

　　나. 선생 : 老夫人의 見識이 世人에 超出ᄒ시니 진실로 니론 밧 女中君
　　　　　子ㅣ로소이다

　　　부인 : 請컨대 先生은 안즈쇼셔 老身이 下拜ᄒ리이다

　　　선생 : 老夫ㅣ 敢히 당티 못ᄒ리로소이다 <오륜젼 1 : 19b>

　(1)은 '-이-'와 '-습-'이 동시에 결합된 예이고 (2)는 '-이-'만 결합된
예이다. 두 경우 모두 하위자인 화자가 상위자인 청자에게, 또는 화·청자
상호 존대 관계에서 화자가 청자를 존대하고 있다는 점에서는 공통된다.

　그런데 근대국어에서 '-습-'과 '-이-'가 동시에 결합된 경우에 대해
기존의 논의들은 대부분 등급이 구분되지 않는 것으로 보고 있다. '-습-'
의 등급 분화 가능성을 부정한 이기갑(1978 : 36)에서는 청자 존대의 '-이-'
가 여전히 강한 세력을 유지하고 있고 '-습-'은 등급의 변화 없이 약간
높이는 정도의 기능을 지닐 뿐 등급 자체가 높아질 정도는 아니라고 하
였다. 그리고 이영경(1992 : 11-14)에서도 '-습-'은 '-시-' 만큼이나 생산
성이 있는 선어말어미로서 종결형과 접속형에 모두 나타나며 17세기에도
여전히 '-습시-'의 통합예가 자주 발견되고, 또 '-습-'이 대단히 임의적
인 용법을 보인다는 점을 들어 '-습-' 결합형을 독자적인 등급으로 설정
할 수 없다고 하였다.

　이에 비해 김정수(1984)는 'ᄒᆞᆸᄂᆞ이다'류를 별도의 등급으로 설정한
거의 유일한 논의라 할 수 있다. 김정수(1984 : 28)에서는 "높임의 구실을
제 나름으로 지니고 있는 형태소가 어떤 등급의 어형에 보태어질 때, 그
등급에 아무런 보탬도 없는 것처럼 다루는 데는 동의할 수 없다. 다만 그
보탬의 정도가 그다지 큰 것은 아니라는 점을 인정하고, 그 조금 올라가

는 등급을 "덧높임"으로 불러 보려 하는 것이다."라고 하며 '흐옵ᄂ이다'류를 '들을이 아주 덧높임'이라는 등급으로 설정하고 있다.

이상과 같이 '-습-' 결합형에 대한 논의가 일치를 보이지 않는 것은 앞서 살펴본 바와 같이 근대국어 시기 '-습-'의 용법에 대한 견해에 차이가 있기 때문이다. (1)과 (2)를 등급의 차이로 보게 되면 '-이-'와 '-습-'이 청자경어법에서 동일한 기능을 갖는 것으로 봐야 하고 등급의 차이가 없는 것으로 보면 특정 의미를 갖는 형태소가 결합되었음에도 불구하고 그 의미 차이를 설명하지 못한다는 문제가 발생한다. '-습-'이 '화자겸양'의 의미를 담당한다고 할 때 화자가 자신을 겸양함으로써 청자에 대한 존대 효과를 더 극대화할 수 있게 된다. 그렇다면 이러한 차이를 문법적으로 설명해 줄 수 있어야 하는데 (1)과 (2)를 하나의 등급으로 설정하면 '-습-'의 기능을 무시해 버리게 되는 결과가 된다.

이 글은 앞서 밝힌 바와 같이 '-이-'만 결합된 경우와 '-습-'과 '-이-'가 동시에 결합된 경우를 등급의 차이가 아니라 존대성의 차이로 구분하고자 한다. 하위자인 화자가 상위자인 청자를 상대로 '-이-'가 결합된 형식이나 '-이-'와 '-습-'이 동시에 결합된 형식을 사용하여 청자를 높인다는 점에서는 공통되지만 '-이-'와 '-습-'이 동시에 결합된 경우는 '-이-'만 결합된 경우보다 존대성이 더 크다고 할 수 있다. '-습-+-이-' 결합형은 청자에 대한 존대를 표시하는 '-이-'에 화자겸양의 의미가 더해졌다는 점에서 당연한 결과라 하겠다. '-이-' 결합형과 '-습-+-이-' 결합형의 이러한 차이는 '흐옵ᄂ'류와의 교체사용을 통해서도 드러난다. '흐옵ᄂ'류가 활발하게 사용되는 전기 근대국어 시기에 '흐ᄂ이다', '흐옵ᄂ이다'와 교체사용되는 비율을 보면 '흐ᄂ이다'와의 교체사용이 훨씬 더 높은 빈도로 나타난다. 이러한 현상은 '흐ᄂ이다'와 '흐옵ᄂ이다'의 존대성이 일정 정도 구분되었음을 말해주는 것이다. 뒤에서 살펴보겠지만 '흐옵니'는 'ᄒᆞ옵ᄂᆞ이다'에서 종결형 '-다'가 절단된 형식이며 따라서 'ᄒᆞ옵ᄂᆞ이다'보다 존대성이 떨어진다. 결국 'ᄒᆞ옵ᄂᆞ이다'보다 존대성이 낮은 'ᄒᆞ옵니'와 'ᄒᆞᄂᆞ이다'의 교체사용 비율이 높게 나타나는 것이다.

이상의 논의를 토대로 관련 형태소의 결합에 따른 청자경어법의 형태원리를 정리하면 아래와 같다.

> (3) 청자경어법의 형태원리(Ⅰ)
> 　　1. 청자경어법은 '-이-'의 결합으로 존대성이 한 단계 상승한다.
> 　　2. 청자경어법은 '-ᄉᆞᆸ-'의 결합으로 존대성이 한 단계 더 상승한다.
> 　　　(단, '-ᄉᆞᆸ-'은 '-이-'의 존재를 전제로 한다.)

2.2. 절단과 축약에 따른 형태원리

다음은 근대국어 시기에 등장하는 절단형과 관련된 형태원리에 대해 살펴보도록 하겠다. 근대국어에서는 아래 (3)과 (4)처럼 'ᄒᆞ니', 'ᄒᆞ옵니' 류의 쓰임이 매우 활발한데 이들은 종결형의 절단이라는 절차를 거쳐 형성된 부류로, 앞서 (1), (2)와 같이 온전하게 종결어미가 결합된 유형과는 존대성에 차이를 보인다.

> (4) 가. 올ᄉᆞ외 날이 노파셔 브틀 거슬 ᄇᆞ롬의 이치여 이제야 왓ᄉᆞ니 […] 惡風을 만나 큰 비예 격군도 격고 비예 연장도 브딜ᄒᆞ여 ᄲᅥ뎟ᄉᆞ오니 글로 ᄒᆞ여 <u>근심ᄒᆞ옵니</u> [객(도선주)→주(문졍관)] <원간첩해 1 : 12b-13b>
> 　　나. 술 고기 주어늘 아니 먹으니 어이 아니 먹ᄂᆞᆫ다 슬희여 아니 <u>먹ᄉᆞ니</u> […] 긔우로 고기 아니 먹던 거시라 아니 <u>먹ᄉᆞ니</u> [나인→상궁] <계축 하 : 32b>

> (5) 가. 년ᄒᆞ여 유무 보니 반겨ᄒᆞ더 편치 아니ᄒᆞᆫ 일 잇다 ᄒᆞ니 <u>넘녀ᄒᆞ뇌</u>

나는 어제 매바회 가 돈녀오니 분묘애 브리 다 붓고 나믄 거시 업
 스니 아ᄆᆞ려 운둘 쇽졀이 이실가 졈그도록 우다가 밤 들게야 도
 라오매 긔운이 편치 아녀 누워 잇뇌 [남편→아내] <달성간찰
 16>
나. 극한의 뫼오셔 평안ᄒᆞ오신 일 아ᅌᆞᆸ고 든든히 드러오션 디 날포 되
 나 즉시 볼 길 업스니 섭섭 굼굼희 사ᄅᆞᆷ 오와날 덕으니 보고 든든
 반갑기 측량 업닉 ᄉᆞ연 남으나 총총 이만 그치닉 년ᄒᆞ여 뫼오셔
 평안흠 바라닉 [규영부인(김씨) → 질부] <한글간찰 190>

 (4)와 (5)는 'ᄒᆞ닉', 'ᄒᆞᅌᆞᆸ닉'류가 종결형으로 사용된 예인데 이들은 서
로 대등한 위계의 화·청자 사이에, 또는 하위자인 화자가 상위자인 청자
에게 존대를 표시하는 경우에 주로 쓰인다. 'ᄒᆞ닉'류는 상위자인 화자가
하위자인 청자를 상대로 할 때도 쓰인다.

 이와 같이 근대국어 시기에 활발히 쓰이는 'ᄒᆞ닉'류 종결형은 'ᄒᆞᄂᆞ이
다'에서 '-다'가 절단되면서 형성된 것으로 이와 같이 종결 요소가 절단
되는 경우는 온전한 형식에 비해 존대성이 떨어지는 것으로 나타난다.[5]

5) 'ᄒᆞ닉'류의 형성 과정에 대한 기존의 논의를 대략적으로 제시하면 아래와 같다.(장윤희 1997 :
 130 참조).
  허 웅(1975), ᄒᆞᄂᆞ이다 > ᄒᆞ닉이다 > ᄒᆞ닉
  이기갑(1978), ᄒᆞᄂᆞ이다 > ᄒᆞᄂᆞ이다 > ᄒᆞ닉이다 > ᄒᆞ닉다 > ᄒᆞ닉
  이현희(1982), ᄒᆞᄂᆞ이다 > ᄒᆞ닉이다 > ᄒᆞ닝이다 > ᄒᆞ닉
  이영경(1992), ᄒᆞᄂᆞ이다 > ᄒᆞᄂᆞ이다 > ᄒᆞ닉이다 > ᄒᆞ닉
  황문환(2002), ᄒᆞᄂᆞ이다 > ᄒᆞ닝다 > ᄒᆞ닉다 > ᄒᆞ닉
 이 외에 서정목(1993/1994 : 285)에서는 'ᄒᆞᄂᆞ이다'에서 '-다'가 절단되고 '-이-'가 융합되
 어 'ᄒᆞ닉'가 형성된 것으로 추정했다. 위의 논의들은 크게 '-이다'가 절단되었다고 본 견해
 와 '-다'만 절단되었다고 본 견해로 구분해 볼 수 있는데 이 글은 '-다'만 절단되었다고 보
 는 견해에 동의한다. 황문환(2002)에서 지적되었듯이 '-이다'가 생략되었다고 보면 'ᄒᆞ닉'류
 가 존대계열로 쓰이는 현상을 설명할 수 없다. 즉 '-이-'가 선행하는 요소의 형태를 변화시
 키는(i-역행동화) 동화주로만 작용하고 절단된 것이라면 'ᄒᆞ닉'류와 'ᄒᆞᄂᆞ다'류의 존대의 정
 도가 다르게 나타나는 것을 설명할 수 없다는 것이다. 또한 황문환(2002 : 220)에서 지적한
 바와 같이 '-이다'의 절단이 'i-역행동화'가 적용된 형태에 대해서만 일어나고 'i-역행동화'
 가 적용되지 않은 'ᄒᆞᄂᆞ이다'형에서는 왜 일어나지 않는지에 대해서도 설명할 수 없다. 따라
 서 'ᄒᆞ닉'형은 'ᄒᆞᄂᆞ이다'에서 '-다'가 절단되고 '-이-'가 축약된 형태를 표기한 것으로 봐
 야 한다.

결핍된 형식이 온전한 형식에 비해 존대 효과가 떨어진다는 것은 매우 무표적인 원리라 할 수 있다.[6] 그런데 위의 경우는 청자경어법을 담당하는 형태소 '-이-'는 그대로 남아 있고 단지 종결형만 절단되었으므로 존대 효과가 떨어지기는 하나 '-이-'의 존재로 인해 존대계열을 형성할 수 있다.[7] 그리고 (4)의 'ᄒᆞ옵닝'류는 'ᄒᆞ닝'류에 '-습-'이 더 결합된 형식이므로 'ᄒᆞ닝'류보다 더 높은 존대성을 표시한다. 실제 쓰임에서도 'ᄒᆞ닝'류는 서로 대등한 화·청자 사이에도 쓰이나 'ᄒᆞ옵닝'류는 하위자인 화자가 상위자인 청자를 상대로 할 때 주로 쓰인다는 점에서 차이를 보인다. 또한 교체사용의 측면에서도 'ᄒᆞ옵닝'류는 'ᄒᆞᄂᆞ이다'류와 혼용되는 비율이 높게 나타나는데 비해 'ᄒᆞ닝'류는 'ᄒᆞᄂᆞ이다'와 혼용되는 비율이 낮다는 점은 'ᄒᆞ옵닝'류의 존대성이 'ᄒᆞ닝'류보다 더 높다는 것을 말해준다.

다음은 'ᄒᆞ닝', 'ᄒᆞ옵닝'류와 동일한 절단형에 속하지만 '-이'가 아닌 '-오'나 '-습'으로 종결되는 유형의 존대성에 대해 살펴보기로 한다.

(6) 가. 토교룰 익셕ᄒᆞ야 셔긔룰 쳔뎌ᄒᆞ다 인심이 분울ᄒᆞ야 져마다 분긔ᄒᆞ니 […] 그 욕이 <u>오죡ᄒᆞ오</u> […] ᄉ신니 가오실 적 션두의 비별ᄒᆞ고 연회 투비 ᄒᆞ려 ᄒᆞ오 [김인겸 → 종사상] 〈일동 ᄀ : 78-9〉

---

6) 종결어미의 절단으로 청자경어법 등급이 낮아진다는 논의는 한동완(1988), 김태엽(1995), 서정목(1993/1994) 등에서도 찾아볼 수 있다. 한동완(1988 : 236)에서는 청자경어법의 등급 결정에 있어서 형식 실현이 완형이 아니라는 것은 등급 단계를 낮추는 효과를 자연스럽게 가져 올 것이라 하였고, 서정목(1993/1994 : 283)에서도 결핍된 형식은 원래의 형태소가 가졌던 공손의 의미가 줄어들어 그보다 낮은 등급으로 내려오는 특징을 보여준다고 하였다. 김태엽(1995 : 36)에서는 선어말어미 '-이-'가 종결어미 '-이'로 기능변동을 겪으면서 종결어미 '-이'가 수행하는 청자높임의 기능이 선어말어미인 '-이-'에 비해 그 등급이 낮아지게 되는데 이는 하나의 문법형태소가 실현하는 기능부담량의 한계성이 그 원인이라고 하였다.

7) 근대국어에 나타나는 'ᄒᆞ닝'류에 대해 '-닝, -데, -새' 등을 하나의 어미로 볼 것인지, 이들을 형태소 분석하여 '-이'만 어미로 볼 것인지의 문제가 제기된다. 이 글은 '-닝, -데, -새' 등이 하나의 계열을 이루고 있기는 하나 형용사와 통합할 때는 선행하는 선어말어미 없이 '-이'만으로도 나타나고 있으므로 종결어미 '-이'를 설정하고 '-ᄂᆞ-, -더-, -사-' 등이 선접된 것으로 분석한다. 즉 근대국어 시기에 선어말어미 '-이-'가 후행 어미의 절단으로 인해 종결어미 '-이'로 전용된 것으로 본다.

나. 과연 <u>다힝ㅎ오</u> 우리 집의셔 식인 일노 죄명이 지듕ㅎ기 그 집의셔
날을 원망을 오죽히 <u>홀가 보오</u> ㅁ음의 불안ㅎ기 측냥 업더니 복관
작ㅎ야시다 ㅎ니 실노 <u>다힝ㅎ오</u> [혜경궁 → 정조] <한중록 408>

(6)은 후기 근대국어 시기에 새롭게 등장하는 '-오/소' 종결형의 예이
다. 이는 이전 시기의 명령형에 쓰이던 '-오/소'형과는 구별되는 것으로,
평서형과 의문형에 두루 쓰이며 'ㅎ오'류를 형성하게 된다. 'ㅎ오'류 역
시 청자에 대한 존대를 표시하는 부류로 하위자인 화자가 상위자인 청자
를 존대하는 경우에 쓰인다. 그런데 'ㅎ오'류는 앞서 살펴본 다른 부류들
과 달리 '-이-'의 존재가 외현적으로 드러나지 않는다는 점에서 이 부류
가 존대성을 표시하게 되는 형태내적 근거가 무엇인지에 대해 살펴볼 필
요가 있다.

'ㅎ오'류의 형성에 대해서는 세부적인 논의에서 약간씩의 차이는 있지
만 대체로 선어말어미 '-습-'에서 기원한 것으로 보고 있다(최명옥 1976,
임홍빈 1985, 서정목 1993/1994 등).[8] '-오/소'는 음운론적인 환경에 따라 모
음 뒤에서는 '-오', 자음 뒤에서는 '-소'로 교체하는데 이러한 음운론적
인 교체는 선어말어미 '-습-'의 교체와 동일한 것이다.[9] 그리고 '-오/소'
가 음절 말음이 'ㄹ'인 동사와 결합할 때는 '-오'가 선택되고 'ㄹ'이 탈
락하는 양상을 보이는데 이 역시 중세국어 '-습-~-습-'의 교체와 동일
한 것이다. 중세국어에서 음절 말음이 'ㄹ'인 동사는 '아습게<월석 10 :

---

8) 임홍빈(1985)에서는 'ㅎ오'류의 '-오'는 '-습-'으로부터 변화한 형태로 본 반면, '-소'에 대
해서는 중세국어에서 간접화의 기능을 가진 '-소'나 '-스-'에 기원을 둔 것이라 하여 '-오'
와 '-소'를 구별하고 있다.

9) 중세국어의 '-습-'은 어간 말음의 음운 조건에 따라 선행 형태의 말음이 모음 혹은 유성자
음 'ㄴ, ㅁ, ㄹ'이면 '-습-'으로, 'ㄷ, ㅈ, ㅊ'이면 '-좁-'으로, 나머지 환경에서는 '-습-'으로
나타나며, 후행하는 어미의 첫소리가 모음이면 '-ᅀᆞ, -ᅀᆞᆸ-, -ᄌᆞᆸ-'으로 교체된다. 이러한
교체 조건은 근대국어 시기에는 선행 형태의 말음이 자음이면 '-습-', 모음이면 '-옵-' 계
열로 통일되어 가는 경향을 보인다.

85>, 드숩거나<석상 13 : 53>'와 같이 '-숩-'이 결합하고 '르'이 탈락
하는 현상을 관찰할 수 있다.10)

'흐오'류가 선어말어미 '-숩-'으로부터 형성되었다는 것은 대체로 수
용되는 견해인데 그 세부적인 논의에서는 다소 차이가 있다. '흐오'류가
'흐ㄴ이다'로부터 형성된 것인지 '흐니'로부터 형성된 것인지에 대해 견
해차가 있다. '흐오'를 '흐니'로부터 형성되었다고 본 논의는 최명옥
(1976), 이기갑(1978)이 있다. 최명옥(1976 : 166)에서는 '-오이다/스오이다'
에서 어미 '-다'가 탈락되고 '-외/스외'로 축약된 다음 이 형태가 다시
간소화 과정을 거쳐 '-오/소'가 된 것으로 추정하였다. 최명옥(1976)의 논
의를 따르면 '-오/소'에는 '-숩-'과 '-이-'가 모두 결합된 것이 되는데,
'-외/쇠'가 '-오/소'로 간소화되는 음운론적 과정을 설명하는 데에 어려
움이 있다. 이기갑(1978 : 66)에서는 18세기의 '흐오'류에 대해 이전 시기
에 명령형으로 쓰이던 '-오/소'형이 다른 서법으로까지 확대되어 독자적
인 등급으로 확립된 것이라 하였다. 그러나 명령형으로 쓰이던 형태가 어
떻게 평서, 의문형에까지 쓰일 수 있는지 그 원인을 밝히기가 어려워 보
인다. 한편, '흐오'류가 '흐오이다'류의 절단을 통해 형성되었다고 보는
견해로는 서정목(1993/1994), 이승희(2008) 등이 있다. 서정목(1993/1994 :
284)에서는 평서, 의문형의 '-오/소'는 '-오/소이다', '-오/소잇가'와 같은
형식에서 후행 형식들이 절단되어 형성된 것이라 하였다.

이 글은 18세기부터 등장하는 평서, 의문형의 '-오/소'에 대해 서정목
(1993/1994)의 논의와 같이 선어말어미 '-숩-'에 후행하는 요소가 절단되
면서 결과적으로 '-숩-'이 종결형으로 쓰이게 된 것으로 추정한다. '-숩-'

---

10) 이외에 이승희(2008)에서는 '-오/소'에 선어말어미 '-시-'만 선접될 수 있고, '-ㄴ-, -더-,
-리-, -숩-' 등은 결합하지 않는 점 역시 '-오/소'가 선어말어미 '-숩-'과 관련된 형태임
을 보여주는 증거로 들고 있다. 선어말어미 결합 순서에서 '-숩-'은 '-ㄴ-, -더-, -리-'
등보다 앞서는 형태들이기 때문에 '-오/소'에 선접할 수 없다는 것이다.

이 종결형에 쓰이는 경우 그 형태는 '-습, -옵, -오, -소, -스오' 등과 같이 다양하게 나타난다.

> (6)´ 가. 자반 녁 단만 슌개 주쇼셔 아무라나 수이 젼흐옵샴을 하ᄂ님ᄭᅵ
> 비옵노이다 이후의 긔별 알 이리 어려우이다 이 사름이 올라 ᄒ
> 니 답장 ᄌ시 흐요 [딸→어머니] <달성간찰 99>
> 나. 툐 별이 하늘의 종종 허엿스니 맛치 ᄯᅵᆫ ᄯᅥ러진 진쥬 ᄀᆺ스오 <교
> 린(부산도서관본) 1 : 1b>

(6)´의 (가)는 '-옵'으로 문장이 종결된 경우이고 (나)는 '-스오'형이 쓰이고 있다. 이들은 '-습-'의 이형태들로 (6)의 '-오/소'와 같이 '-습-' 의 후행 요소가 절단되면서 형성된 부류들이다. 다만 '-스오'형이 종결형 으로 쓰인 예는 매우 드물게 나타나고 '-습' 종결형은 (가)와 같은 편지 글이나 신문의 광고 형식의 글에서만 쓰일 뿐 상관적인 대화 장면에서 쓰인 예는 발견되지 않는다는 점에서 '-오/소'와 차이가 있다.

이상과 같이 선어말어미 '-습-'이 종결형식으로까지 쓰이는 현상은 근 대국어 시기 '-습-'의 의미기능의 변화와 밀접히 관련된 것으로 여겨진 다. 앞서 언급했듯이 '-습-'은 근대국어 시기에 '화자-청자' 관계에서 청자에 대한 화자의 겸양을 표시하는 형태소로 기능의 변화를 겪게 된다. 이와 같이 선어말어미 가운데 특히 청자와 관련된 기능을 담당하는 어미 들은 문종결 형식으로 기능할 수 있는 어떤 기제를 갖고 있었던 것으로 추정된다. 전형적인 청자경어법 표시 형태소 '-이-'는 '-다'의 절단으로 종결어미화한 대표적인 예이고 현대국어의 '-십사'형 역시 청자에 대한 청유를 표시하는 '-사-' 뒤의 요소가 절단됨으로써 종결형으로 쓰이게 된 예이다. 근대국어의 '흐오', '흐옵'류 역시 '-습-'이 '화자겸양'의 의 미를 획득하여 간접적으로 청자를 존대할 수 있게 되면서 후행요소가 절

단되고 종결형으로 쓰일 수 있게 된 것으로 볼 수 있다.

그렇다면 '호오'류가 존대성을 표시하게 되는 형태적 기제는 무엇인가. '호오'는 '-습-'의 후행요소가 모두 절단된 상태이므로 결과적으로 '호오'류의 청자경어법을 담당하는 형태소는 '-습-'이 된다. 그런데 근대국어에서 '화자겸양'의 의미를 갖는 '-습-'은 항상 '-이-'의 존재를 전제로 하는 결합제약이 있음을 앞서 지적한 바 있다. 즉 '-습-'이 단독으로 청자경어의 기능을 담당하는 것이 아니라 '-이-'가 결합된 상태에 부가되어 그 기능을 수행할 수 있다는 것이다. 따라서 '호오'류가 '-습-····-이-+X'에서 '-이-'를 포함한 '-습-'의 후행요소가 절단되어 형성된 것이라 할 때, 외현적으로는 '-이-'의 존재를 확인할 수 없지만 이 부류의 형태내적 구성으로는 '-이-'를 상정할 수 있다.11) 이렇게 보면 '호오'류는 '호옵니'류와 마찬가지로 '-이-'와 '-습-'이 동시에 결합된 상태에서 종결형이 절단되었으므로 그와 동일한 존대성을 표시하게 된다. 후기 근대국어에서 '호오'류가 등장하면서 '호옵니'류는 그 쓰임이 축소되고 결국 소실되는 것을 확인할 수 있는데, 이러한 현상은 이 두 부류가 동일하게 종결형의 절단이라는 절차를 거치면서 유사한 존대성을 표시했기 때문인 것으로 설명할 수 있다.

한편 '축약'은 절단만큼 두드러지게 존대성의 변화를 초래하는 것으로 나타나지는 않는다. 그러나 개화기 시기의 '홉니다'류나 '호니'류의 존대

---

11) 서정목(1990/1994 : 346)에서는 현대국어의 '하오'류에 청자 대우 형태 '-이-'나 '-잇-'이 들어 있지 않기 때문에 손윗사람에 대하여 대우하여 말하지 않는 경우에 쓰인다고 하였다. 이 형식은 화자겸양의 형태 '-습-'의 후계이거나 높임의 명령법 형태 '-쇼서'에서 유래하는 것이기 때문에 청자인 손윗사람을 대우해 주지 않으면서도 손윗사람에게 사용될 수 있는 것으로 보았다. 그러나 근대국어 시기의 '호오'류는 '호ㄴ이다'류와 혼용되면서 청자에 대한 존대성을 분명히 드러내고 있는 것으로 관찰된다. 이러한 쓰임은 '-이-'가 형태상으로 인식되는 것은 아니지만 화자의 의식 속에는 '-이-'에 대한 인식이 작용하고 있기 때문인 것으로 해석할 수 있다.

성 변화를 보면 축약 역시 존대성에 일정한 영향을 미치는 것을 알 수 있다. 특히 전형적인 청자경어법 형태소 '-이-'의 축약에서 '-이-'가 온전히 실현되었을 때에 비해 그 의미가 축소되는 것은 자연스러운 현상이다. 그런데 절단이 공시적인 현상이라면 축약은 통시적인 현상으로 축약된 형식이 새로운 지위를 획득하는 데에는 일정한 시간성이 개입되는 것으로 보인다. 근대국어 초기에 나타나는 축약형은 청자경어법의 변화에 큰 영향을 미치지 않으며 표기법상의 단순 축약형으로 볼 수 있지만 근대국어 후반에 나타나는 축약형은 이와는 다른 양상을 보인다.

> (7) 가. 우리는 익 업소온 저기 업소와 밧쯰서롤 익 즁흐와 동셧쑬로 느리 무거 쏘 즈식 주그로다 흐니 다믄 두 즈식으로사 쏘 주글라라 흐오니 민망흐여이다 […] 즌 되나 신소오실가 흐옵노이다 가는 무명이 내 쟝옷 ᄀ암이러니 동셩님내 믈 드리는 보라 드럿숩다가 시월의 보내옵쇼셔 미일 젓소오디 내 내디 몯흐여스오니 <u>보내뇌다</u> […] 반히레 고기 바ᄃ라 흐시디 이젹 바회 가셔 몯 바다 와시니 후의 바다 보내오링다 광어 흐나란 아래 할마님끠 보내쇼셔 [딸→어머니] <달성간찰 47>
>
> 나. 문데 샤데 삼장ᄃ려 무로되 이 엇던 샹셔오 디답흐야 ᄀ로디 셔방의 부톄 겨샤디 일후미 아미태시니 황화 업이 노프샤 신령이 녀나라희 <u>나미로쇠다</u> 흐믈며 셩인 ᄀ로치샤미 분명흐니 의심을 닐위미 <u>업스다</u> <권념 : 22b-23a>

(7)은 '-이-'가 축약된 표기를 보여주는데 (7가)는 딸이 어머니에게 보낸 편지의 일부로 축약되지 않은 '흐느이다'형과 의미적인 차이보다는 단지 표기상의 차이를 갖는 것으로 보인다. (7나) 역시 축약된 표기의 예로 방언형의 반영일 수 있으나 《권념요록》에는 이와 같이 '흐느이다'형이 축약된 형태로만 나타난다는 점에서 이 자료의 축약형 표기는 '흐느이다'의 단순 이표기인 것으로 추정된다.

이렇게 근대국어 초기에 나타나는 '-이-' 축약형 표기는 청자경어법에 큰 변화를 초래하지 않지만 개화기국어 자료에 나타나는 축약형은 다소 차이가 있다.

(8) 박참봉 : 너 엇지ᄒ야 여긔 왓느냐
    점 순 : 딕에는 못 올 데이오닛가
    박참봉 : 너 언제 늬 집에 와셔 보앗느냐
    점 순 : 전에는 못 왓습니다마는 이제는 즈쥬즈쥬 오깃습니다
    박참봉 : 오냐 긔특ᄒ다 이담에는 나제 오지 말고 밤에 오너라 기다리
           고 잇스마 (…)
    점 순 : 누가 나리딕 마〃님 뵈우러 왓습닛가 우리딕 마〃님 뵈우러지
    박참봉 : 이이 너의 댁 령감게셔 첩 두셧단 쇼문이 잇스니 참말나냐
    점 순 : 령강마님 심부름ᄒ러 온 졈슌이는 병신으로 ᄋ르시네 어셔
           마〃님 뵙고 가깃습니다 어는 방에 계심닛가 <귀의성 504-
           514>

(9) 노인 : 여보 말 좀 무러 봅시다 저집이 김관일 김초시 집이오
    이웃사람 : 네 그집이오 그러ᄂ 그집에 아무도 업나 보오 <혈의루 22>

(8), (9)는 근대국어 후반부터 나타나기 시작하는 'ᄒᆢᆸᄂ이다'의 축약형 사례이다. 개화기국어 시기에는 이미 'ᄒᆸ닉다/ᄒᆸ니다/ᄒᆸ니다/ᄒᆸ니다' 등 다양한 이표기로 나타나는데 표기상의 변이가 다양할 뿐만 아니라 기능상으로도 축약 이전의 'ᄒᆢᆸᄂ이다'와는 다소 차이가 있다. 근대국어 시기부터 'ᄒᆢᆸᄂ이다'와 'ᄒᄂ이다'는 청자에 대한 존대를 표현하는 서로 다른 형식이었는데 19세기 말엽부터 'ᄒᆢᆸᄂ이다'형이 축약의 과정을 거치는 한편 'ᄒᄂ이다'형은 소실의 단계에 접어드는 변화를 겪게 된다. 결과적으로 축약형 'ᄒᆸ니다'형이 청자경어법상 최상위 존대를 담당하는 것에는 변화가 없으나 'ᄒᆸ니다'형은 축약 이전의 'ᄒᆢᆸᄂ이다'와 동일한

존대성을 표현한다고 보기 어렵다. '호옵느이다'는 '호느이다'와의 대립 관계를 통해 그 상대적 존대성이 부여되던 형식인데 축약형 '홉니다'형 은 '호옵느이다'와 '호느이다'의 대립관계가 무너지고 이 두 형식을 아우르는 용법을 획득하게 된 것이다.

이상의 논의를 통해 청자경어법의 두 번째 형태원리를 정리하면 아래와 같다.

(10) 청자경어법의 형태원리(Ⅱ)
     절단이나 축약의 과정을 거친 형식은 온전한 형식에 비해 그 존대성이 하락한다.

2.3. 문종결형식의 독자성에 따른 형태원리

마지막으로 살펴볼 청자경어법의 형태원리는 '-이-'나 '-습-'의 결합관계에 따른 존대성의 상승이나 축약, 절단으로 인한 존대성의 하락으로는 설명할 수 없는 현상들에 대한 것이다. 아래의 예를 검토하고 추가되는 원리를 밝혀보도록 하겠다.

(11) 가. 나도 당시 편히 잇뇌 졍네는 됴히 잇는가 후에 올 사룸 호여 긔
         별호소 [남편→아내] <달성간찰 19>
     나. 今日 비롤 내올 쩌시니 그 返書롤 수이 가지여 오옵소 성각 밧긔
         수이 오니 大守도 일뎡 깃비 너기시올쇠 [⋯] 셔울은 어닉 끽 쩌
         나셔 여긔는 어닉 끽 브트시리라 니른옵는고 [⋯] 닉일은 信使
         비 투실 苦日이라 니른니 일뎡 그러호온가 [객(대마도주가 보낸
         사자)→주(훈도, 별차)] <원간첩해 5 : 10b-12b>
     다. 자닉네 딕답이 볼셔 겁호는 양이로되 엇디 훈 편만 성각호시는고
         [⋯] 힝여 批判홀 적이면 슈괴 허일이 될가 이러투시 구옵닉 [객
         (대마도주가 보낸 사자)→주(통신사)] <원간첩해 5 : 26b-28a>

　　라. 혹자 : 엇디 친히 드러가 엿줍디 아니 ㅎ옵시ᄂ고

　　　　영창대군 : 날을 그리워 셜워 미양 우ᄋ시니 내 드러가면 더옥

　　　　　　　셜워ㅎ옵실 거시니 아니 드러 가노라 <계축 하 : 16b>

(12) 가. 우리 오늘 이바디에 언멋 술을 <u>먹거뇨</u>

　　　　두 냥 은엣 술을 머거다 <노걸대 하 : 35b>

　　나. 뎡셔방은 초시롤 ㅎ온가 시브오니 어ᄂ만 <u>깃ᄉ오시거뇨</u> 깃브오

　　　미 아ᄆ라타 업스와 ㅎ옵노이다 [질부(인현왕후) → 시고모(숙휘

　　　공주)] <언간 147>

　　(11)은 '-ㄴ가'형 의문어미의 예이고 (12)는 '-거뇨'형 의문어미의 예

이다. '-ㄴ가'와 '-거뇨'는 중세국어에서 간접의문문을 형성하던 부류인

데 근대국어 시기에는 직접의문문 어미로도 쓰이게 되면서 용법의 확장

을 경험한다. 그런데 이들이 직접의문문 어미로 쓰이는 경우 어느 하나의

부류에 속해 고정적으로 쓰이는 것이 아니라 (11), (12)에서와 같이 청자

경어법을 표시하는 데 있어 다소 유동적인 모습을 보여준다. '-ㄴ가'형

의문어미는 (11가)와 같이 주로 'ㅎ니'류와 혼용되는 경우가 많지만 'ㅎ

다'류와 함께 쓰인 예도 종종 발견할 수 있다.[12] '-거뇨'형 의문어미 역

시 (12가)와 같이 'ㅎ다'류와 공존하는 예를 확인할 수 있다. 그런데 (11

나,라)나 (12나)처럼 이들 어미에 '-시-'나 '-ᅀᆞᆸ-', 또는 '-ᅀᆞᆸ시-'가 결

합되면 존대의 정도성이 상승하는 것을 볼 수 있다. (11나, 다)에서는

'-ㄴ가'형 의문어미에 '-시-'와 '-ᅀᆞᆸ-'이 결합하여 'ㅎ옵니'류와 함께

쓰이고 있으며 '-ᅀᆞᆸ시-'가 결합된 (11라)의 경우 역시 신하가 대군을 상

---

12) '-ㄴ가'가 'ㅎ다'류와 혼용되는 경우는 아래와 같은 예에서 확인할 수 있다.

　　가. 덕동이는 <u>보낸가</u> 부듸 츳ᄃ록 ㅎ여라 [아버지(박동선) → 아들]

　　　<한글간찰 34>

　　나. 명디는 <u>밧곤가</u> 엇딘고 장의골 그 초록 든 것 […] 최소니 쉬 보내라

　　　[어머니 → 딸] <청주간찰 128>

대로 하여 사용하였으므로 'ᄒᆞ욥ᄂᆡ'나 그 이상의 존대성을 표시하는 것으로 볼 수 있다. (12나)의 '-거뇨'형 의문어미는 '-ᄉᆞᆸ시-'가 결합하여 'ᄒᆞ욥ᄂᆞ이다'류와 혼용되고 있다.

이와 같이 '-ㄴ가'나 '-거뇨'형 의문어미의 존대성이 유동적으로 나타나는 것은 이들 어미의 기원적인 성격과 관련된다. '-ㄴ가'와 '-거뇨'형 의문어미는 중세국어에서 간접의문문에 쓰였고 간접의문문 어미는 청자 경어법이 중화된 상태로 표시되는 형태이기 때문에 이들이 직접의문문 어미로 쓰이는 경우에도 존대계열과 비존대계열에 아울러 쓰일 수 있었던 것으로 보인다. 그리고 이들이 존대성을 표시하기 위해 '-시-'나 '-ᄉᆞᆸ-', 또는 '-ᄉᆞᆸ시-'를 결합시키는 것도 이들의 기원적인 성격으로부터 비롯된 것이다. 청자경어법을 표시하기 위해서는 '-이-'를 결합시키는 것이 일차적인 방법이나 '-ㄴ가'와 '-거뇨'형 의문어미는 간접의문문에 쓰였고 간접의문문은 '-이-'의 결합이 배제되는 환경이므로 다른 방법이 필요하다. 이러한 제약을 극복하는 방안으로 '-이-' 대신 '-시-'나 '-ᄉᆞᆸ-', 또는 '-ᄉᆞᆸ시-'가 결합하게 된 것으로 해석된다.

결론적으로 '-ㄴ가'와 '-거뇨'형 의문어미를 통해 기원적으로 '-이-'의 결합이 배제되는 환경에 쓰였던 어미들은 '-이-' 대신 '-시-'나 '-ᄉᆞᆸ-', 또는 '-ᄉᆞᆸ시-'가 결합하여 경어도가 상승한다는 원리를 상정해 볼 수 있다.[13]

---

13) 중세국어의 선어말어미 배열 순서를 따르고 있는 '-ᄉᆞᆸ시-'형이 근대국어에서도 많이 나타나는데 이렇게 '-ᄉᆞᆸ-'이 '-시-'에 선접하는 경우는 '-시-' 뒤로 자리를 이동한 '-ᄉᆞᆸ-'과는 다른 의미로 해석된다. 근대국어의 '-ᄉᆞᆸ-'이 청자에 대한 화자의 겸양을 표시하는 형태임에 비해 '-ᄉᆞᆸ시-'형은 거의 하나의 단위로서 단일한 기능을 수행하는 것처럼 보인다. 주경미(1990 : 58-61)에서는 근대국어에 나타나는 '-ᄉᆞᆸ시-'형을 극존칭으로 파악하고 이 형태는 대부분 임금이나 왕세자를 존대하는 경우에, 그리고 상위자인 상대가 담화상황에 존재하는 경우에 쓰인다고 하였다. 이승희(2008)에서는 '-시-'에 앞서는 '-ᄉᆞᆸ-'에 대해 '주체에 대한 화자의 공손함을 표시하는 기능'을 갖는다고 하였다. 그리고 주체에 대한 화자의 공손함이라는 의미는 '-ᄉᆞᆸ-'의 본질적인 의미인 '겸양'에서 발전한 것으로 보았다. 즉, '-ᄉᆞᆸ-

근대국어에서 청자경어법을 표시하는 유형 중 마지막으로 아래 (13)과
같이 청자경어의 기능과 문장종결의 기능이 하나의 형태로 융합되어 나
타나는 경우를 들 수 있다.

(13) 가. 츈날의 오래 안자 계셔 언머 슈고ᄒᆞ옵셔뇨 연향ᄒᆞ실더 날도 져믈
　　　　쩌시니 수이 출혀 **나쇼셔** [객(도선주) → 주(부산검사)] <원간첩해
　　　　2 : 17a-19a>
　　나. 월매 : 셔방님 어듸로 가랴 ᄒᆞ오
　　　　이도령 : 집으로 **가지** <남원고사 4 : 17a>
　　다. ᄉᆞ쏘게셔 디동출방 갓실 졔 관비 ᄒᆞᆫ 년 다리고 즈고 그 년의 빈
　　　　혀가지 쎄앗고 돈 ᄒᆞᆫ푼 아니 **쥬엇지오** ᄯᅩ 운산현감 갓실 졔 […]
　　　　은가락지 취식ᄒᆞ여 쥬마ᄒᆞ고 서울 **보닉엿지오** [이낭쳥 → 사또]
　　　　<남원고사 3 : 29a>

(13가)의 '-쇼셔'는 그 기원에 대해 명확히 밝혀진 바는 없지만 '-시-'
를 포함한 어떤 경어법적 요소가 융합되어 있는 것으로 추정되며 그로
인해 이 형태의 존대성이 결정되었다고 할 수 있다.[14] (13나, 다)는 이른

　　이 '-시-'에 선접하는 경우는 '주체-화자'의 관계에서 주체의 동작에 대한 경어를 좀 더
강화하는 특성을 보이는 것이다. 그런데 '-습시-'형 역시 중세국어에서 일반적인 어형은
아니었다. '-시-'가 매개모음을 취하는 어미이므로 '-ᄉᆞᄫ시-' 또는 '-ᄉᆞ오시-'로 나타나
는 것이 일반적이다. 근대국어 '-습시-'형의 선대형으로 보이는 예가 중세국어에서 발견되
는데, ≪訓民正音解例≫의 "내 ᄒᆞ숩시논 쁘디시니라 <2b>"와 ≪改刊法華經諺解≫의 "안해 眞
金像이 現ᄒᆞ신 둧 ᄒᆞ숩신 世尊 <1 : 34>"의 두 용례가 그것이다. 이때의 '-숩-'은 중세국어
에서 '객체에 대한 주체의 겸양'을 표시하던 '-습-'과는 기능상의 차이가 있는 것으로 보
인다. 이현희(1985 : 15)에서는 이 경우의 '-숩-'에 대해 '화자의 주체에 대한 겸양'으로 해
석될 가능성을 제시한 바 있다. 이 형태가 근대국어의 '-습시-'에 이어진 것으로 추정된다.
근대국어에서 '-숩-'이 '-시-'에 선접하는 경우는 청자에 대한 화자의 겸양으로 해석할
수 없고 주체에 대한 화자의 겸양을 표시함으로써 결과적으로 주체에 대한 존대를 더 극
대화하는 장치로 해석할 수 있다.
14) 중세국어에서 '-쇼셔'에 '-시-'가 통합된 예가 한 번도 나타나지 않는다는 사실은 '-쇼셔'
에 이미 '-시-'가 포함되어 있음을 말해주는 것이다. 한편 정재영(1996)과 장윤희(1997가)
에서는 중세국어 이전 시기, 즉 향가 자료와 구결 자료에서 명령형어미로 '-효', '-효'가
쓰였음을 확인하고 이 형태는 중세국어 '-쇼셔', '-어쎠'의 '-셔'로 이어지는 것이라 하였
다. 박진호(1998 : 161)에서는 석독구결에 나타나는 '-ㅁハᅙ효(고기시셔)'를 중세국어의

바 '반말체' 어미에 해당하는 것으로 '반말체'는 고영근(1974 : 82)에서
"높이지 않고 낮추지도 않는 말씨"라고 언급한 것과 같이 그 성격이 다
소 유동적이다. 반말계열의 이러한 특성은 그 형성의 배경과 무관하지 않
다. (13나)의 '-지'를 포함한 '-어, -거든, -는데' 등의 종결어미들은 기
원적으로는 연결어미였으나 후행절의 절단으로 종결어미화한 것들이다.
즉 근대국어 후기에 나타나는 반말계열 어미들은 기원적으로 청자경어법
과는 무관한 범주에 속했기 때문에 청자경어법에 있어서도 무표적인 특
성을 보인다.15) (13다)는 반말 어미에 '-요'가 결합된 예인데 반말계열
어미의 경우 이와 같이 '-요'가 결합함으로써 청자경어를 표시할 마땅한
방법이 없는 이 어미들의 존대성을 표시하게 된다. '-요'는 'ᄒᆞ오'류의
'-오'로부터 형성된 것으로 보는 견해가 일반적이다.16) 이러한 견해를
수용하면 '-요'의 존대성은 '-오'로부터 계승된 것이라 할 수 있다.

이상과 같이 '-쇼셔'나 '-요'처럼 종결어미 자체에 청자경어법 요소가
포함되어 있거나 반말계열 어미들처럼 청자경어법상 무표적인 특성을 갖

'-쇼셔'에 대응하는 형태로 보았다. 석독구결 자료에서 'ㅅ(기)'의 정체가 무엇인지 아직 확
실히 밝혀지지 않았지만 한 가지 특징적인 현상은 어미구조체에 '기'가 개재하여 선어말어
미의 배열 순서가 뒤집어지는 현상이 있다는 것이다. '기'의 개재 없이 '-고-'와 '-시-'가
통합할 때는 '-시-'가 앞에 오지만 '기'가 개재하면 '-고기시-'와 같이 되는 것이다. '-고
기시셔'에서 '기'가 빠지면 '-시-'와 '-고-'의 통합 순서가 바뀌게 되어 '-시고셔'가 되고
'-고-'의 /ㄱ/이 약화되면 '-시오셔'의 단계를 거쳐서 중세국어의 '-쇼셔'가 된다는 것이다.

15) 이른바 반말체의 청자경어법 등급에 대해 한길(1986 : 553)에서는 '안높임'으로 파악하고
   있다. 그리고 반말에 '-요'를 통합하여 '높임'이 된다고 하였다. 반면 서정목(1989/1994 :
   433)에서는 반말은 청자 대우상으로 '낮춤말'이라 하고, 여기에 '-요'를 통합하여 대우 표
   현이 된다고 하였다. 박재연(1998 : 25)에서는 반말은 청자대우법이 무표적으로 실현되었으
   며 이러한 특성으로 인해 청자 대우 요소 '요'가 붙을 수 있다고 하였다. 이 글 역시 연결
   어미로부터 형성된 반말계열은 '높임'이나 '낮춤'으로 파악하기보다 그 자체는 청자 대우
   에 있어서 중립적이라는 입장이다.

16) '-요'가 'ᄒᆞ오'의 '-오'로부터 변화한 것이라고 본 견해는 최전승(1990), 이기갑(1997)이 있
   고, 계사와 '-오'가 결합된 '-이오'로부터 유래했다고 본 견해로는 김종택(1981), 민현식
   (1984), 고광모(2000나)가 있다. 이에 대해 서정목(1993/1994 : 288)에서는 '-요'가 동남 방
   언에서는 '-예', 서남 방언에서는 '-라우', 중부 방언(충청)에서는 '-유'로 나타나는 점을 고
   려하여 'ᄒᆞ오'의 '-오'에 기원을 둔다는 종래의 견해에 대해 유보적인 입장을 취하고 있다.

고 있는 어미들에 대해서는 형태소의 결합에 따른 특정한 존대성을 산정할 수 없고 이들 나름의 형태원리를 상정해야 한다. 종결어미의 특성 자체가 청자경어법을 표시하는 효과적인 요인으로 작용한다는 내용의 원리화가 필요하다.

이상의 내용을 정리하여 청자경어법의 형태원리를 상정하면 아래와 같다.

> (14) 청자경어법의 형태원리(Ⅲ)
> 1. '-이-'의 결합이 원천적으로 배제되는 환경에서는 '-시-/-습/-습시-'가 결합하여 존대성이 상승한다.
> 2. 청자경어와 문장종결의 기능이 하나의 형태로 융합된 경우 종결어미의 의미 특성은 청자경어법의 존대성을 표시하는 효과적 요인이다.

(14-1)에서 "'-이-'의 결합이 원천적으로 배제되는 환경"이란 종결 위치임에도 '-이-'의 결합이 불가능한 경우를 말하는 것으로 앞서 살펴본 '-ㄴ가', '-거뇨'형 의문어미나, 중세국어에서는 연결어미였는데 근대국어에서 명령형어미로 쓰이는 '-과댜'처럼 기원적으로는 종결어미가 아닌데 종결어미로 쓰이게 된 형태가 포함된다. 이들 어미들은 특정 청자경어법과 무관하며 청자경어법상 중립적인 성격을 띤다는 공통점을 갖고 있다. 또한 이들 어미들에 '-시-/-습-/-습시-'가 결합하여 존대성이 상승하는 경우는 대개 주체와 청자가 일치하는 2인칭 의문문이나 명령문에 한정된다. 주체 존대의 '-시-'나 '-습시-'가 청자를 존대하게 되는 경우는 당연히 주체와 청자가 일치하는 2인칭 의문문이나 명령문이어야 하며 이러한 경우 주체에 대한 존대가 청자에 대한 존대로 이어지는 존대 파급 효과를 얻을 수 있다. 그런데 '화자겸양'의 '-습-' 역시 '-ㄴ가'형 의문어미와 결합하여 존대성이 상승하는 경우는 대개 2인칭 의문문인 것으

로 나타난다. 결론적으로 (14-1)의 형태원리는 청자경어법에 있어 중립적인 어미 부류들이 2인칭 의문문이나 명령문에 쓰이는 경우로 국한된다는 조건을 포함한 내용이다.

앞서 제시한 청자경어법의 형태원리(Ⅰ), (Ⅱ), (Ⅲ)을 종합하여 다시 제시하면 아래와 같다.

(15) 청자경어법의 형태원리
  1. 청자경어법은 '-이-'의 결합으로 존대성이 한 단계 상승한다.
  2. 청자경어법은 '-습-'의 결합으로 존대성이 한 단계 더 상승한다. (단, '-습-'은 '-이-'의 존재를 전제로 한다.)
  3. 절단이나 축약의 과정을 거친 형식은 온전한 형식에 비해 그 존대성이 하락한다.
  4. '-이-'의 결합이 원천적으로 배제되는 환경에서는 '-시-/-습-/-습시-'가 결합하여 존대성이 상승한다.
  5. 청자경어와 문장종결의 기능이 하나의 형태로 융합된 경우 종결어미의 의미 특성은 청자경어법의 존대성을 표시하는 효과적 요인이다.

3. 청자경어법의 체계

근대국어의 청자경어법은 'ᄒᆞ오'류가 등장하기 이전과 이후로 구분되며 개화기국어는 'ᄒᆞ옵ᄂᆞ이다'와 'ᄒᆞᄂᆞ이다'가 'ᄒᆞᆸ니다'류로 합류한다는 점에서 근대국어와 다시 구분된다. 전기 근대국어에서 후기 근대국어로 넘어가는 과정에서 나타난 변화, 그리고 개화기국어에서 새롭게 정착된 청자경어법 체계를 중심으로 근대·개화기국어의 청자경어법을 검토해 보도록 한다.

청자경어법의 특징에 대해 검토한 바 있듯이 청자경어법도 여타 경어법과 마찬가지로 기본적으로는 존대와 비존대의 이분체계를 기본으로 한다.[17] 즉 청자경어법의 체계를 '존대계열'과 '비존대계열'로 구성되는 것으로 보고자 한다. 여기서 존대계열은 다시 청자경어법의 형태원리에 따라 각각의 존대성으로 구분된다. 비존대계열에는 '호다'류와 후기 근대국어에 형성되는 반말의 '히'류 등이 포함된다. 이들은 특정 존대 표시 형태소가 결합되지 않기 때문에 [−존대성]이라 할 수 있다. 비존대계열의 '호다'와 '히'류는 청자에 대한 비존대라는 점에서는 공통적이나 '호다'류가 적극적인 비존대에 속한다면 '히'류는 존대에 대한 적극적인 의사 표현이 없기 때문에 무표적으로 비존대에 속한다는 차이가 있다.

한편 청자경어법 체계가 존대계열과 비존대계열로 구성된다고 할 때, 이들은 각각 '반말'과 '온말'로 다시 구분해 볼 수 있다. '半말'은 문자 그대로 완전한 문장에서 어미의 일부가 절단되어 형성된 말을 지칭하는 것이며 형태상으로 완전하지 못한 어형을 가리키는 말이다(김영욱 1997 : 183). 이러한 '반말'의 정의에 비춰볼 때 근대국어에 나타나는 '호니', '호옵니', '호오' 등의 형태는 종결어미 '−다' 또는 '−이다'가 절단되어 형성된 것이므로 형태상으로 온전하지 못한 '반말'에 포함된다.[18] 현대국어의

---

17) 이러한 견해는 강창석(1987)에서 이미 제시된 바 있다. 국어 경어법의 등급 설정에 있어서 등급수의 설정에 이론이 분분하고 모두가 쉽게 납득할 수 있는 결론이 제시되지 않는 이유는 몇 등급이 옳으냐 이전에 등급 설정 자체가 성립될 수 없는 허구의 논제이기 때문임을 지적하고 있다. 따라서 청자경어법의 경우도 기본 등급은 '상위자/비상위자'의 이분 체계로 보아야 한다는 것이다.

18) 김영욱(1997 : 184-8)에서는 중세국어에 나타나는 '−니, −리, −뇌'형에 대해 종결어미의 '생략'에 의해 형성된 '반말'로 규정한 바 있다. 반면 최명옥(1997 : 20)에서는 16세기 자료에 나타나는 '−니, −데, −새, −소' 등의 형태에 대해 '반말'로 규정한 기존의 논의를 비판하면서 현대 한국어에 존재하는 '반말'이란 '종결어미나 조사 같은 것을 줄이거나 또는 분명히 달지 아니하여, 청자와 화자와의 관계를 분명히 하지 않거나 존대나 하대의 뜻이 없이 어름어름 넘기는 말이라 하겠는데 16세기 문헌자료에서 발견되는 '반말'은 화자와 청자 사이의 관계가 분명할 뿐만 아니라 거기에는 존대나 하대의 뜻이 명확하게 표시되기 때문에 '반말'로 볼 수 없다고 하였다. 그러나 '반말'이라는 용어는 형태적으로 온전한가 그렇지

'반말'은 주로 접속문 구성의 후행절이 절단되면서 형성된 부류들이고 또 이들은 기원적으로 청자경어법과는 무관한 범주이기 때문에 청자에 대한 존대를 표시하기 위해서는 '-요'를 결합시켜야 한다. 이러한 점에서 'ㅎ니', 'ㅎ오'류의 '반말'은 현대국어의 '반말'과는 다소 차이가 있다. 그러나 현대국어의 '반말'이나 근대국어의 '반말'이 모두 후행 요소의 절단에 의해 형성되어 형태적으로는 불완전한 형식이지만 그 자체로 문장 종결의 기능을 수행한다는 점에서는 공통된다.

이 글은 근대국어의 'ㅎ니, ㅎ옵니, ㅎ오'류를 그 당시의 '반말'로 보고자 한다. 현대국어의 '반말'이 청자 존대와 관련된 기능이 없는 반면 근대국어의 '반말'은 청자 존대의 기능도 포함하고 있다는 점에서는 차이가 있다. 이는 상황이나 시대에 따라 사용되는 '반말'의 의미에 차이가 있을 수 있음을 말해주는 것이다(김영욱 1997 : 183). 즉 특정 시기에 '반말'로 쓰이던 형태가 시간이 지나면서 그것의 형성에 대한 인식이 희박해지고 하나의 종결어미로만 인식되면서 단지 의고적인 쓰임으로만 남을 수 있는 통시적 변화 과정이 내포되어 있다는 것이다. 또한 '반말'에 대비되는 개념으로 종결어미를 온전하게 갖춘 형식을 '온말'이라 지칭할 수 있는데 여기에는 'ㅎ옵ㄴ이다, ㅎㄴ이다' 등의 형식들이 포함된다. 근대국어의 '반말'은 청자 존대의 기능을 포함하고 있기 때문에 '온말'과 동일한 존대성을 표현하기도 한다. '온말'인 'ㅎㄴ이다'와 '반말'인 'ㅎ옵니'가 서로 혼용되어 쓰이는 현상을 통해 이를 확인할 수 있다. 현대국어에서 '합니다'류와 '해요'류가 동일하게 존대성을 표시하면서 혼용되는 것과 유사한 경우라 할 수 있겠다.

이상의 논의를 종합하여 근대·개화기국어의 청자경어법 체계를 도식

않은가를 일차적인 기준으로 명명된 것이며, '반말'에 존대 표시의 기능이 있느냐 없느냐와 같은 구체적인 용법은 시대에 따라 차이가 있을 수 있다.

화하면 아래와 같다.

〈표 1〉 근대국어의 청자경어법

	존 대 계 열			비존대계열
	高　←　[+존대성]　→　低			[−존대성]
온말	ᄒᆞᆸᄂᆞ이다	ᄒᆞᄂᆞ이다		ᄒᆞᆫ다
반말	(ᄒᆞ요)	ᄒᆞᆸᄂᆞ, ᄒᆞᆸ, (ᄒᆞ오)	ᄒᆞᄂᆡ	ᄒᆞᄂᆞ, (ᄒᆞ)

〈표 2〉 개화기국어의 청자경어법

	존 대 계 열			비존대계열
	高　←　[+존대성]　→　低			[−존대성]
온말	ᄒᆞᆸ니다			ᄒᆞᆫ다
반말	ᄒᆡ요	ᄒᆞ오	ᄒᆞᄂᆡ	ᄒᆡ

<표 1>은 전기 근대국어의 청자경어법 체계를 기본으로 하고 후기 근대국어에 새롭게 추가되는 부류는 ( )로 표시하여 근대국어 전반의 청자경어법 체계를 제시한 것이고 <표 2>는 개화기국어의 청자경어법 체계를 보인 것이다. 위 표에서 존대성이 동일한 부류가 각각 온말과 반말로 나타나는 경우가 있는데 이는 문체상의 차이를 나타내는 것으로 볼 수 있다. 체계상으로 보면 'ᄒᆞᆸᄂᆞ이다'와 'ᄒᆡ요', 또는 'ᄒᆞᆸ니다'와 'ᄒᆡ요', 'ᄒᆞᄂᆞ이다'와 'ᄒᆞᆸᄂᆞ/ᄒᆞ오', 'ᄒᆞᆫ다'와 'ᄒᆡ'류가 각각 존대의 정도는 동일하면서 온말과 반말로 차이를 보이는데, 이들 각각의 부류는 서로 '문체적 변이형(stylistic variation)'의 관계에 있는 것으로 파악할 수 있다. 화·청자 간의 의사소통에 있어 대화의 주제, 청자의 성격, 담화 상황, 화·청자 간에 공유되는 경험, 대화의 목적 등에 따라 각기 다른 '문체(style)'를 사용하게 되는데, 이러한 문체는 격식성(formality)에 따라 '연설조의 문체, 상담조의 문체, 신중한 문체, 일상적 문체, 친근한 문체' 등으로 구분된

다. 또한 문체의 차이는 통사적 측면에서 축약이나 생략에 의해 나타나기
도 하고 떠듬거리는 발음이나 음운론적 생략에 의해 나타나기도 한다
(Brown 2000 : 260-1). '흐읍ㄴ이다'와 '히요', '흐ㄴ이다'와 '흐읍니/흐오',
'흔다'와 '히'류는 청자에 대한 존대나 비존대를 표시하는 데 있어서는
각기 동일한 값을 갖지만 대화 상황이나 화·청자의 성격, 또는 대화의
목적 등에 따라 반말계열을 선택하기도 하고 온말계열을 선택하기도 하
는 것으로 볼 수 있다.[19]

이상의 체계를 바탕으로 근대국어와 개화기국어 청자경어법의 변화 과
정에서 나타나는 특징적인 현상 몇 가지를 검토해 보기로 한다. 근대국어
청자경어법에서 가장 두드러지는 현상은 '흐오'류와 '히/히요'류 반말계
열의 형성을 들 수 있다. 먼저 '흐오'류는 ≪일동장유가≫(1764)를 시작으
로 그 본격적인 쓰임을 살펴볼 수 있는데,[20] 동사 어간의 말음에 따라
'-오'와 '-소'가 음운론적인 교체를 보이며 평서, 의문, 명령형에 두루
쓰여 '흐오'류가 독자적인 하나의 부류로 자리 잡았음을 확인할 수 있다.
이러한 '흐오'류의 등장은 청자경어법 체계상의 공백을 메우기 위한 것
이라기보다 체계상에 존재하는 기존의 형태로부터 그 특성을 그대로 이
어받아 기존의 형태를 대체한 것으로 추정된다. '흐오'류의 등장으로 야
기되는 커다란 변화 중 하나로 '흐읍니'류의 소멸을 들 수 있는데 '흐오'

---

19) 이러한 해석은 청자경어법 체계를 '격식체'와 '비격식체'로 구분하는 논의와 동일한 것으
   로 보일 수도 있다. 그러나 이 글은 언어적 표현 자체가 '격식체'와 '비격식체'로 구분되는
   것은 아니라고 본다. 반말계열이 비격식적인 상황에 쓰이는 빈도가 높게 나타날 수는 있지
   만 그것은 반말계열의 의미적 특성에 기인한 것이지 반말계열이 '비격식체'이기 때문은 아
   니며 '반말계열'을 획일적으로 '비격식체'에 포함시킬 수도 없다. 대화 상황은 '격식적인
   상황'과 '비격식적인 상황'이 있을 수 있으며 각각의 상황과 화자의 의도에 따라 선택이
   달라질 수 있다.
20) '흐오'류의 최초 출현 시기는 이기갑(1978)에서 확인된 바 있다. 이기갑(1978 : 66-7)에서는
   17세기까지 명령형에서만 쓰이던 형태가 다른 서법에까지 두루 쓰여 독자적인 등급으로
   확립된 것은 18세기 중기 문헌인 ≪일동장유가≫에서부터라고 하여 '흐오'체의 성립을 18
   세기 중엽 이전으로 보고 있다.

류는 '$\dot{\bar{\circ}}$옵닉'류와 동일한 형태원리의 지배를 받고 있으며, 두 부류가 반말계열에 속하면서 동일한 존대성을 표현하기 때문에 기능상 중복되는 면이 있다. 이러한 이유로 18세기 중반에 '$\dot{\bar{\circ}}$오'류가 등장하면서 '$\dot{\bar{\circ}}$옵닉'류는 그 기능이 축소되고 결국 소멸하게 된다. 즉 후기 근대국어의 청자경어법 체계에서 '$\dot{\bar{\circ}}$오'류는 '$\dot{\bar{\circ}}$옵닉'류를 대체하게 되며, 18세기는 이두 부류가 공존하는 과도기적인 시기였다고 할 수 있다.

'$\dot{\bar{\circ}}$오'류의 등장으로 '$\dot{\bar{\circ}}$옵닉'류가 소실되는 한편, 명령형어미의 체계가 재편되는 변화가 일어난다. 전기 근대국어의 명령형어미 '-소'는 '$\dot{\bar{\circ}}$닉'류에 속하면서 선행하는 동사 어간의 말음에 상관없이 대부분 '-소'로 나타나는 특징을 보였다. '-소'는 그 형성의 초기에는 '자쇼, 받조' <번노 상 : 63b>와 같이 선행하는 동사의 어간 말음에 따라 규칙적인 교체를 보이다가 17세기 무렵부터 '-소'로 통일되어 자음과 모음의 구별 없이 대부분 '-소'로만 나타난다. 그런데 후기 근대국어 시기에 '$\dot{\bar{\circ}}$오'류가 형성되면서 평서, 의문형에 쓰이는 '-오/소'와 명령형의 '-소'가 외현적으로 동일한 형태를 갖게 되었다. 명령형어미 '-소'는 '$\dot{\bar{\circ}}$오'류가 형성된 이후 '$\dot{\bar{\circ}}$오'류와 '$\dot{\bar{\circ}}$닉'류를 포괄하는 명령형어미로 쓰이다가 19세기에 새로운 명령형어미 '-게'가 형성되면서 '$\dot{\bar{\circ}}$오'류에 정착하게 된다.

다음으로 후기 근대국어는 비존대계열의 반말계열이 체계상에 자리를 잡는 시기이기도 하다. 후기 근대국어 시기에 등장하는 비존대계열의 반말 어미들은 대부분 연결어미에서 종결어미로 전용된 부류들로, 18세기 말부터 간혹 쓰이긴 하나 19세기에 가서야 본격적인 쓰임을 확인할 수 있다. 이렇게 후기 근대국어에 새롭게 형성되는 반말계열은 기존의 반말계열과는 다소 차이가 있다. 전기 근대국어에 형성된 존대계열의 반말 어미들은 '-이-'이나 '-습-'을 포함하고 있으며, 따라서 그 자체로 청자경어법의 기능까지 담당할 수 있었던 반면, 후기 근대국어에 형성되는 비존대계열의 반말 어미들은 접속문에서 후행절이 절단되면서 연결어미가 종결어미화한 것으로 그 자체가 청자경어법과 어떤 관련을 갖고 있는 것은 아니다. 다만 청자경어법 관련 형태소가 결합하여 청자를 높인다는 적극적인 의사표현이 없는 상태이므로 자동적으로 [-존대]로 해석될 수 있다.

비존대계열의 반말 어미의 등장과 함께 주목되는 것이 '히요'류의 형성이다. 후기 근대국어에 형성된 반말 어미들은 모두 비존대 표현으로 존대성을 갖지 않기 때문에 이들이 존대성을 표시하기 위해서는 '-요'가 결합해야만 한다. 비존대계열의 반말 어미들은 기원적으로 연결어미였기 때문에 청자경어법 형태소 '-이-'의 결합이 불가능하다. 따라서 이들이 존대성을 표현하기 위해서는 다른 장치를 필요로 하게 되는데, 이러한 요구를 충족시켜 주는 형태가 '-요'인 것이다.[21] 즉 '-요'는 비존대계열의 반말 어미들과 결합하여 청자경어법의 존대성을 표시하는 요소로, 비존대 표현을 존대 표현으로 만들어주는 기능을 담당한다고 할 수 있다.

이러한 '-요'의 기능은 그 형성 과정을 통해 어느 정도 짐작할 수 있다. '-요'의 형성에 대해서는 '흐오'의 '-오'가 변한 것이라고 보는 견해(최전승 1990 : 174-175, 이기갑 1997 : 210)와 계사 '이-'와 '흐오'의 '-오'가 결합된 구성인 '-이오'로부터 유래했다고 보는 견해(김종택 1981 : 26, 민현식 1984 : 141, 고광모 2000나 : 263)가 있다.[22] 약간씩의 견해차는 있지만 '-요'

---

21) 비존대계열의 반말 어미의 경우 '-이-'의 결합은 불가능하나 '-습-'은 결합할 수 있다. '-습-'은 연결어미와의 결합에 제약을 받지 않기 때문이다. 실제 후기 근대국어의 자료에서 '-옵지요'와 같이 '-지'에 '-습-'이 선접된 예를 확인할 수 있다. 그러나 '-습-'은 화자의 겸양을 표시하는 형태소로 '-이-' 없이 단독으로 청자경어법을 담당하지는 못했다. 이러한 이유로 '-요'가 결합되어 존대성을 표시하게 된다.

22) '-요'가 '-이오'의 결합체로부터 형성된 것이라는 추정에 대해 아래의 예를 참조할 수 있다(고광모 2000나 : 262).
　　가. 져 당ᄒᆞ 것과 <u>어ᄌᆡ간흔걸이오</u> <빈상설 102>
　　나. 잠시 지톄도 읍시 되집어 <u>ᄶᅥ낫는걸이오</u> <쌍옥적 9>
　　또한 현대국어 '-요'의 분포 환경을 검토한 노마 히데키(2006)에서는 기존의 연구에서 '-요'만을 형태소로 인정하고 정서법에서도 '-요'로 표기해야 한다는 주장에 의문을 제기하며,

가 '-오'와 관련된 형식이라는 점에서는 일치한다. 그리고 '-요'의 존대
성도 '-오'로부터 물려받은 것이라 할 수 있다. '-요'는 주로 비존대계열
의 반말 어미들과 결합하여 '히요'류를 형성하게 되는데, '-요'가 '-오'
로부터 발달한 것이라고는 하나 '-오'와 동일한 형태원리의 지배를 받는
것은 아니다. '-요'는 이미 그 자체의 독자적인 기능을 갖고 '-오'와는
독립된 별개의 형태소로 굳어졌기 때문이다. 따라서 '-요'와 관련해서는
'-이-'나 '-습-'의 결합에 따른 존대성을 표시할 수 없고 그 자체가 존
대 표시의 형태소가 되는 것이다. 후기 근대국어에서 '히요'는 'ᄒᆞ옵ᄂᆞ이
다'나 'ᄒᆞᄂᆞ이다'에 근접한 경어도로 쓰이므로 '히요'의 체계상의 위치도
이들과 동등한 것으로 처리한 것이다.

한편 후기 근대국어에서 개화기국어로 넘어가는 과정에서 나타난 가장
큰 변화는 '홉니다'류의 형성이다. 기존의 논의에서는 후기 근대국어의
'ᄒᆞ옵ᄂᆞ이다'류를 독자적인 등급으로 인정하지 않고 'ᄒᆞᄂᆞ이다'류와 동일
한 등급으로 처리하고 있다. 그러나 현대국어에서 '하나이다'는 의고적인
쓰임으로만 남아 있고 '합니다'류가 청자경어법의 한 부류로 정착한 현
실을 고려하면 후기 근대국어 시기는 오히려 'ᄒᆞ옵ᄂᆞ이다'류의 쓰임이
더 부각될 것으로 추정된다.

19세기 후반부터 'ᄒᆞ옵ᄂᆞ이다'류는 형태적 축약을 겪기 시작하는데,
이러한 축약형이 하나의 단위로 굳어져 현대국어의 '합니다'류로 정착하
게 된다.

실제 언어 사용에 있어 '-요'와 '-이요'가 이형태 관계로 설정되어야 함을 주장한 바 있다.
이러한 견해 역시 '-요'가 계사와 'ᄒᆞ오'류의 '-오'가 결합된 '-이오'로부터 형성되었다는
논의를 지지하는 견해로 볼 수 있다.
한편 정승철(2002 : 214)에서는 청자경어법 형태소 '-이-'와 'ᄒᆞ오'의 '-오'가 결합된 형태
가 첨사화한 데에서 '-요'가 기원한 것으로 보고 있다. 그러나 '-오'는 선어말어미 '-습-'
이 종결어미화한 것이므로 '-이-'와의 결합에는 제약이 따른다. '-이-'는 항상 '-습-'에
후행하는 형태소이기 때문이다. 따라서 이러한 견해는 성립할 수 없다.

(16) 가. 원ᄒᆞᄂᆞ 거시 여호와끠 붓텃스매 쥬의 복이 쥬의 빅셩들의게 잇기
　　　롤 원ᄒᆞ옵ᄂᆞ이다 <시편 제삼편>

　　가'. ᄯᅩ 구젼으로 두 번 알외되 신등이 의관을 거나려 입시홈을 쳔만
　　　옹축ᄒᆞ옵ᄂᆞ이다 <매일신문 제일권 86호>

　　나. 니뤄두 알외디 아니올시다 급히 단녀 드러오옵노라고 등의 쌉이
　　　나서 가렵습기의 긁노라 ᄒᆞ오니 팔노 그놈을 근더려습ᄂᆡ다 <남
　　　원고사 3：20a>

　　다. 자연히 사ᄅᆞᆷ을 좀 사귀려고 남의게 비위 맛츄워 아첨ᄒᆞᄂᆞ 졸업을
　　　ᄒᆞ엿습늬다 <매일신문 제일권 77호>

　　라. 日暈 희가 귀역꼴 드랏습네다 <교린(부산도서관본) 1：2b>

(16)은 19세기 후반의 자료에서 'ᄒᆞ옵ᄂᆞ이다'형의 다양한 이표기를 보
여주는 예이다. (16가, 가')처럼 축약이 되지 않은 온전한 형태로 쓰인 경
우도 있고, (16나, 다, 라)처럼 '-습ᄂᆡ다, -습늬다, -습네다'의 축약형이
쓰인 경우도 있어 동일한 시기에 각각의 표기들이 공존하고 있었음을 알
수 있다.[23]

19세기 후반에 나타나는 이러한 축약형들은 여전히 'ᄒᆞ옵ᄂᆞ이다'나
'ᄒᆞᄂᆞ이다'와 공존하는 상태로 나타나므로 축약형 자체의 존대성이 하락
했다고 보기는 다소 어려움이 있다. 아래의 예들은 축약형과 비축약형이
경어도의 차이 없이 수의적으로 교체하는 것으로 나타난다.

(17) 방　자：쇼인이 십여 디롤 그곳의셔 싱장ᄒᆞ온지라 […] 모르는 일이
　　　　　업소외다
　　변사또：어허 싀훤ᄒᆞ다 […] 네 구실이 일 년의 언마나 먹고 단니ᄂᆞ니

---

23) 정언학(2006：322)에서는 19세기의 자료들에서 '-습ᄂᆡ다', '-습늬다', '-습네다' 표기가 공
존하지만 '-습ᄂᆡ다' 표기가 절대적으로 우세하다고 하였다. '-습ᄂᆡ다'형은 19세기의 판소
리 자료 및 개화기 신문 자료 등에 집중적으로 나타나고, '-습늬다'는 19세기 중반에도 소
수 확인되나 19-20세기의 교체기에 주로 나타난다고 하였다. 그리고 20세기의 10년대 자
료에서는 '-습니다'가 정착된 것으로 보고 있다. 이러한 자료상의 분포 차이를 반영하여
정언학(2006)에서는 '-습ᄂᆞ이다>-습ᄂᆡ다>-습늬다>-습니다'의 과정을 상정하고 있다.

> 방　자 : 알외옵기 황숑ᄒ오디 쇼인의 구실 원웅식이라 ᄒ옵ᄂᆞᆫ 거시
> 　　　　일년의 황됴 넉 셤 분이올시다 […] 환상도 ᄆᆡ양 밧칠 길 업
> 　　　　ᄉ와 볼기ᄅᆞᆯ 흰쩍 맛듯 ᄒ옵니다
> 변사또 : 불상ᄒ다 네 고을에 관속듕 졔일 먹는 방임이 언마나 쓰니
> 방　자 : 슈삼쳔금 쓰ᄂᆞᆫ 방임이 셔너 ᄌᆞ리나 되옵ᄂᆞ이다
> 변사또 : 닉가 도임ᄒ거든 그 방임 셔너 ᄌᆞ리ᄅᆞᆯ 모도 다 너롤 시기리라
> 방　자 : 무어시온지 모양만 하문ᄒ옵시면 아라 밧치오리이다
> 변사또 : 무슨 양이라 ᄒ더고나 므슨 양이 이ᄂᆞ냐 […]
> 방　자 : 양이라 ᄒ옵시니 무슨 <u>양이오닛가</u> <남원고사 3 : 2b-3b>

(18) 가. 비둘기가 부엉이의 移居ᄒ랴는 貌樣을 보고 […] 비둘기 우서 갈
　　　 오디 ᄌᆞ네 우는 쇼리를 곳치지 안코 거처만 옴기면 如舊히 쏘 미
　　　 워홈을 免치 못ᄒ리라 ᄒ얏소 이 이익기는 춤 滋味 잇습ᄂᆞ이다
　　　 여러분 중에도 自家의 악ᄒᆫ 일은 곳치지 안코 다른 디로만 가랴
　　　 고 ᄒᄂᆞ니 잇스면 이는 亦是 이 비들기의게 우슴을 <u>보오리다</u>
　　　 <심상 1 : 11b-12a>

　 나. 여호는 그 形狀이 기와 비스름ᄒ고 쏘 狡ᄒᆫ 才操가 잇는 <u>짐승이</u>
　　　 <u>올시다</u> 그러므로 간교ᄒᆫ 재조 잇는 ᄉᆞ롬을 여호 갓다 <u>ᄒ옵니다</u>
　　　 여호의 귀와 코는 쌔족ᄒ고 […] 밤에는 먹을 거슬 츠지라 <u>나옵</u>
　　　 <u>니다</u> 여호는 닭이며 기구리며 쥐롤 잘 먹으며 쏘 집오리며 木實
　　　 을 <u>먹습니다</u> <심상 2 : 6a-7a>

(17)은 동일한 화자와 동일한 청자 사이의 대화에서 화자가 축약형과
비축약형을 혼용하는 경우이고, (18)은 동일한 청자, 즉 이 교과서를 읽
는 독자를 대상으로 한 경우인데 축약형과 비축약형이 혼용되고 있으며,
축약형이 우세한 쓰임을 보이고 있다.

　이상과 같이 후기 근대국어 'ᄒ옵ᄂᆞ이다'류에 나타나는 축약은 청자경
어법의 존대성에 큰 영향을 미치지 않은 것으로 확인된다. 그런데 현대국
어는 근대국어와 다소 다른 양상을 보인다. 현대국어에 나타나는 '합디

다'나 '합디까', '합시다'는 동일한 유형의 축약형임에도 '합니다'류에 속하지 않고 '하오'류로 쓰인다.[24] 이러한 현상을 고려하면 'ᄒᆞᆸᄂᆞ이다'류의 축약은 동일한 차원에서 일괄적으로 이루어진 것이 아니라 축약의 진행 속도에 다소 차이가 있었음을 알 수 있다.

4. 정리

본 논의는 청자경어법을 형태원리적으로 분석하고 체계화하려는 목적으로 근대·개화기국어를 대상으로 청자경어법을 살펴보았다. 이를 위해 먼저 근대국어에서 청자경어법을 담당하는 형태소를 추출하고, 이들 형태소의 결합관계에 따라 존대의 정도성이 어떻게 달라지는지를 살폈다. 그리고 이를 바탕으로 청자경어법의 형태원리를 상정하고 청자경어법 체계를 구성해 보았다. 청자경어법 체계는 기존의 논의와 같은 다분화된 등급 체계가 아니라 존대와 비존대의 이분 체계로 보았다. 이 글은 근대국어의 청자경어법 체계를 형태원리적으로 고찰하는 데 있어 형태소의 결합 유무와 종결형의 절단과 같은 언어 내적인 요인을 일차적인 기준으로 삼고, 화·청자의 상하 관계와 같은 언어 외적인 요인이나 교체사용의 유무 등은 이차적인 기준으로 삼았다.

기존의 연구에서는 청자경어법을 고정적인 등급 체계로 보면서 국어의 청자경어법이 몇 등급으로 구분되는지, 각 등급에는 어떠한 형태들이 소속되는지를 중심적으로 다루었다면, 이 글에서는 고정적이고 제한된 청자경어법의 쓰임이 아니라 청자경어법의 역동적이고 유동적인 특성을 중

---

24) 현대국어에서 '합디다, 합디까, 합시다'가 '하오'류로 쓰이는 것은 중앙어에서 그러하다는 것이다.

심으로 살피고자 하였다. 이 글은 근대국어를 중심으로 청자경어법을 살핀 연구이므로 다양한 화·청자 간의 관계에서 청자경어법의 실제 쓰임이 어떻게 나타나는지를 살피는 데 있어서는 한계를 가질 수밖에 없었다. 이러한 제약 때문에 청자경어법에 관여하는 화용론적인 요인은 되도록 배제하고자 하였다. 그러나 청자경어법이 일차적으로는 형태론적인 요인을 기준으로 구분되기는 하지만 실제 사용에 있어서는 화·청자의 다양한 사회적 관계 및 심리적 상황을 포함한 화용론적 요인도 개입하는 것이 사실이다. 형태소의 결합 관계에 따른 언어 내적인 요인을 일차적인 기준으로 하여 분석된 근대국어의 청자경어법이 다양한 사회적 관계와 담화 상황에서 어떻게 쓰이는지에 대한 구체적인 연구가 보완되어야 할 것이다.

‖ 참고문헌

姜圭善(1989), 20世紀 初期 國語의 敬語法 研究-「新小說」을 중심으로, 박사학위논문, 성균관대학교.

강창석(1987), "국어 경어법의 본질적 의미", 울산어문논집 3, 31-54.

고광모(2000가), "16세기 국어의 명령법 어미 '-소/쇼/조'의 기원에 대하여", 언어학 27, 3-20.

고광모(2000나), "상대 높임의 조사 '-요'와 '-(이)ㅂ쇼'의 기원과 형성 과정", 국어학 36, 259-282.

고광모(2001가), "중부 방언과 남부 방언의 '-소/오'계 어미들의 역사-명령법을 중심으로-", 한글 253, 135-167.

고광모(2001나), "반말체의 등급과 반말체 어미의 발달에 대하여", 언어학 30, 3-27.

고광모(2003), "상대 높임의 조사 '-요'의 형성에 대한 재론", 형태론 5-2, 379-387.

高永根(1974), "現代國語의 終結語尾에 대한 構造的 研究", 語學研究 10-1, 118-157.

高永根(1987), 표준 중세국어문법론, 塔出版社.

高永根(1989), 國語形態論研究, 서울大學校 出版部.

곽충구(1998), "동북・서북방언", 문법연구와 자료, 태학사, 985-1028.

金永旭(1989), 中世國語의 尊卑法에 대한 研究, 석사학위논문, 서울대학교.

김영욱(1997), 문법형태의 연구 방법, 박이정.

김영욱(2001), "16세기 반말 'X+이'에 관한 형태론적 연구", 국어연구의 이론과 실제(이광호교수 회갑기념논총), 태학사, 405-419.

김영희(1996), "문법론에서 본 상대 높임법의 문제", 한글 233, 161-185.

김용경(1998), "상대높임법에서의 형태 변화와 의미 등급 실현의 상관성 연구 : 특히 높임의 표지 '-이-'를 중심으로", 언어학 23, 21-45.

김용경(1999), "상대높임법에서 [+높임]의 분화 과정에 대한 연구 : 19, 20세기를 중심으로", 겨레어문학 23, 317-339.

김일근(1986/1988), 增訂 諺簡의 研究, 건국대학교 출판부.

김정대(1983), "{요} 청자 존대법(聽者尊待法)에 대하여", 가라문화 2(경남대), 129-167.

김정수(1984), 17세기 한국말의 높임법과 그 15세기로부터의 변천, 정음사.

김정수(1996), "높임법의 등분", 말 21, 1-13.

김종택(1981), "국어 대우법 체계를 재론함-청자대우를 중심으로", 한글 172, 3-28.

김태엽(1995), "청자높임법체계 재검토", 語文學 56, 29-50.

남미정(2008), 근대국어 청자경어법 연구, 박사학위논문, 서강대학교.

남미정(2009), "청자경어법의 체계와 교체사용", 형태론 11-1, 79-98.

노마 히데키(2006), "現代朝鮮語の丁寧化のマーカー"-yo/-iyo" について", 조선학보 199・200, 37-81.

閔賢植(1984), "開化期 國語의 敬語法에 대하여", 冠岳語文研究 9, 125-149.

박양규(1991), "국어 경어법의 변천", 새국어생활 1-3, 338-351.

박양규(1993), "존대와 겸양", 國語史 資料와 國語學의 研究, 文學과知性社, 338-351.

박재연(1998), 현대국어 반말체 종결어미 연구, 석사학위논문, 서울대학교.

박진완(2000가), "捷解新語의 장면성과 상대경어법－격식성과의 관련을 중심으로", 21세기 국어학의 과제(솔미 정광 선생 화갑기념 논문집), 월인, 99-122.

박진완(2000나), "捷解新語 경어법의 대조언어학적 고찰－원간본을 대상으로", 한국어학 12, 119-146.

박진호(1998), "고대국어 문법", 국어의 시대별 변천 연구 3, 국립국어연구원, 121-205.

서정목(1983), "명령법 어미와 공손법의 등급", 관악어문연구 8. [서정목(1994), 국어 통사 구조 연구 I, 376-406에 재수록]

서정목(1987), 국어 의문문 연구, 탑출판사.

서정목(1988), "한국어 청자 대우 등급의 형태론적 해석(1)－'옵니다체'의 해명을 위하여－", 國語學 17. [서정목(1994), 국어 통사 구조 연구 I, 291-343에 재수록]

서정목(1989), "'반말체' 형태 '－지'의 형태소 확인", 이혜숙 교수 정년 기념 논문집. [서정목(1994), 국어 통사 구조 연구 I, 407-434에 재수록]

서정목(1990), "韓國語 聽者 待遇 等級의 形態論的 解釋(2)－'오오체'에 대한 記述과 說明－", 姜信沆敎授 回甲紀念 國語學論文集. [서정목(1994), 국어 통사 구조 연구 I, 344-375에 재수록]

서정목(1993), "國語 敬語法의 變遷", 한국어문 2. [서정목(1994), 국어 통사 구조 연구 I, 253-290에 재수록]

서정목(1994), 국어 통사 구조 연구 I, 서강대학교 출판부.

서정목(2001), "현대국어 '오오체' 어미의 형태론적 해석", 형태론 3-2, 285-311.

서정수(1984), 존대법 연구, 한신문화사.

서태룡(1992), "국어 청자존대법의 형태소", 東岳語文論集 27, 21-42.

서태룡(1995), "국어 담화의 話者나 聽者를 위한 어미", 東岳語文論集 30, 21-42.

성기철(1985), 현대국어 대우법 연구, 개문사.

성기철(1991), "국어 敬語法의 일반적 특징", 새국어생활 1-3, 2-21.

성기철(2000), "19세기 국어의 청자 대우법－화계를 중심으로", 한글 249, 173-195.

안병희(1982가), "中世國語 敬語法의 한두 問題", 國語學研究(白影 鄭炳昱先生 還甲紀念論叢), 新丘文化史, 32-41.

안병희(1982나), "中世國語 謙讓法 研究에 대한 反省", 國語學 11, 1-23.

야스다(安田章)(1985), "已然形終止", 國語國文 53, 30-50.

왕문용(1996), "국어의 통시적 연구에서의 형태 분석", 國語學 27, 135-154.

왕문용(2008), "소설에 나타난 상대높임법의 전환", 선청어문 36, 843-860.

왕한석(1987), "국어 청자 존대어 체계의 기술을 위한 방법론적 검토", 國語學硏究 22-3, 351-373.

禹昌炫(1992), 濟州 方言의 敬語法에 對한 硏究, 석사학위논문, 서강대학교.

유송영(1996), 국어 청자 대우 어미의 교체 사용과 청자대우법 체계, 박사학위논문, 고려대학교.

유 연(2011), 현대 한국어 경어법 전환의 화용론적 연구 : 공손성을 중심으로, 석사학위논문, 서울대학교.

윤용선(2006), "국어 대우법의 통시적 이해", 國語學 47, 321-541.

이경우(1998), 최근세국어 경어법 연구, 태학사.

이기갑(1978), 우리말 상대높임 등급체계의 변천 연구, 석사학위논문, 서울대학교.

이기갑(1997), "한국어 방언들 사이의 상대높임법 비교 연구", 언어학 21, 185-217.

이승희(2008), 국어의 청자높임법에 대한 통시적 연구, 태학사.

이영경(1992), 17세기 국어의 종결어미에 대한 연구, 석사학위논문, 서울대학교.

李翊燮(1974), "國語 敬語法의 體系化 問題", 國語學 2, 39-64.

이정복(2002), 국어 경어법과 사회언어학, 월인.

이태영(1999), "근대국어 '-늬'형 종결어미의 변화과정과 '-이-'의 상관성", 한국언어문학 43, 653-670.

이현규(1985), "객체존대 '-습-'의 변화", 배달말 10, 55-86.

이현희(1982가), 국어의 의문법에 대한 통시적 연구, 석사학위논문, 서울대학교.

이현희(1982나), "國語 終結語尾의 發達에 대한 管見", 國語學 11, 143-163.

이현희(1985), "근대국어 경어법의 몇 문제", 한신어문연구 1, 7-28.

이현희(1994), "19세기 국어의 문법사적 고찰", 韓國文化 15, 57-81.

임동훈(2006), "현대국어 경어법의 체계", 국어학 47, 287-320.

任洪彬(1976), "尊待·謙讓의 統辭節次에 대하여", 문법연구 3, 237-264.

임홍빈(1985), "현대의 {-삽-}과 예사높임의 '-오-'에 대하여-'형태소핵'의 개념정립을 위하여-", 羨鳥堂金炯基先生八耋記念 國語學論叢, 創學社, 403-457.

임홍빈(1986), "청자 대우 등급의 명명법에 대하여", 國語學新硏究, 若泉 金敏洙敎授 華甲紀念, 塔出版社, 534-546.

장요한(2004), "문장 종결형 '-습'에 대하여", 국어국문학 136, 135-161.

장윤희(1997가), "석독구결 자료의 명령문 고찰", 口訣硏究 2, 97-129.

장윤희(1997나), "중세국어 종결어미 '-(으)이'의 분석과 그 문법사적 의의", 國語學 30, 103-140.

정승철(2002), "국어 활용어미의 방언 분화-'-(으)이-'계 설명·의문 종결어미를 중심으로-", 國語學 39, 210-222.

정언학(2006), "통합형 어미 '-습니다'류의 통시적 형성과 형태 분석", 국어교육 121, 317-356.

鄭在永(1996), "終結語尾 '-立'에 대하여", 진단학보 81, 195-214.

정준영(1995), 조선후기의 신분변동과 청자존대법 체계의 변화, 박사학위논문, 서울대학교.

주경미(1990), 近代 國語의 先語末語尾에 대한 研究-18世紀 國語를 中心으로, 석사학위논문, 단국대학교.

崔起鎬(1981), "청자존대법 체계의 변천양상", 紫霞語文論集 1, 25-51.

崔明玉(1976), "現代國語의 疑問法研究", 학술원 논문집 15, 145-174.

최명옥(1997), "16世紀 韓國語의 尊卑法 研究-≪淸州北一面順天金氏墓出土簡札≫ 資料를 중심으로", 朝鮮學報 164, 1-32.

최전승(1990), "판소리 사설에 반영된 19세기 후기 전라 방언의 특질-경어법 체계를 중심으로", 한글 210, 123-177.

한 길(1986), "들일이높임법에서의 반말의 위치에 관하여", 國語學新研究, 탑출판사, 547-559.

한 길(2002), 현대 우리말의 높임법 연구, 역락.

한동완(1988), "청자경어법의 형태 원리-선어말어미 {-이-}의 형태소 정립을 통해", 말 13, 219-250.

韓在永(1998), "16世紀 國語의 待遇 體系 研究", 國語學 31, 121-164.

허 웅(1961), "서기 15세기 국어의 「존대법」과 그 변천", 한글 128, 133-190.

허 웅(1975), 우리 옛말본, 샘 문화사.

허 웅(1989), 16세기 우리 옛말본, 샘 문화사.

허철구(2003), "청자경어법의 '-이-' 형태소 분석 재고찰", 인문학논총 3, 65-82.

홍고 테루오(2002), 이두자료의 경어법에 관한 통시적 연구, 박사학위논문, 고려대학교.

황문환(1998), "'ᄒᆞ니·ᄒᆞ리'류 종결형의 대우 성격에 대한 통시적 고찰", 國語學 32, 77-106.

황문환(1999), "근대국어 문헌 자료의 'ᄒᆞᄋᆞᆸ'류 종결형에 대하여", 배달말 25, 113-129.

황문환(2002), 16, 17世紀 諺簡의 相對敬語法(國語學叢書 35), 太學社.

Brown, H. D.(2000), *Principles of Language Learning and Teaching*, 4th edition, Pearson Education.

절 접속의 의미와 통사

박진희

1. 도입

이 글은 국어의 절 접속을 대상으로 첫째, 절 접속의 통사적 지위와 둘째, 선행절과 후행절의 의미관계 그리고 셋째, 절 접속의 문법적 특성에 대해 살펴보는 것을 목적으로 한다.

> (1) 가. <u>빈방 많으니까</u> 형 집으로 오너라.
> 나. <u>눈을 감으니</u> 그동안의 피로가 산사태처럼 덮쳐왔다.
> 다. [*]<u>빈방 많아서</u> 형 집으로 오너라.

(1가)에는 '빈방 많-'과 '형 집으로 오-'의 두 개의 절이 있다. 절 접속은 이와 같이 둘 이상의 절이 하나의 문장을 이루는 것을 가리키는데, 이렇게 정의할 때, 선행절과 후행절이 어떠한 통사적 관계를 맺고 있느냐의 문제가 절 접속과 관련하여 우선적으로 제기된다. 선·후행절의 통사적 관계에 대해서는 그동안의 연구에서 치열하게 그 논의가 전개되어 온 바, 접속의 통사적 지위와 이와 직접적으로 관련되어 있는 용어 및 개념

의 문제에 대해 2절에서 선행연구를 중심으로 검토하기로 한다.

다음으로 우리는 절 접속과 관련하여 선행절과 후행절의 의미관계에 주목할 필요가 있다. (1가)에서는 선행절의 핵인 접속어미 '-으니(까)'를 통해서 알 수 있듯이 선행절이 후행절의 행위 내용에 대한 이유를 나타내는데, 이와 같이 절 접속은 접속어미가 이끄는 절이 후행절과 특정한 의미관계를 맺고 있음을 특징으로 한다. 선후행절의 의미관계와 더불어, '-으니(까)'가 (1나)에서는 배경의 의미관계를 나타내는 것 즉, 절 접속의 표지인 접속어미 중 상당수가 다의성을 띠는 것도 검토할 필요가 있다. 이에 대해서 3절에서 논의하겠다.

(1가)의 '-으니(까)'를 '-아/어서'로 대치한 (1다)는 비문법성을 띠는데, 이와 같이 절 접속의 선행절이나 후행절에서 발견되는 문법 제약도 국어 절 접속과 관련하여 중요한 논의 주제이다. 이에 이 글은 4절에서 절 접속과 명령, 약속 등의 언표 내적 효력 그리고 양태 및 증거성에 대해 논의한다.

2. 절 접속의 통사적 지위

둘 이상의 절이 하나의 문장을 이루고 있는 복문의 상당수는 주절과 종속절의 주종관계로 이루어져 있다. 아래의 예문 (2)에서 내포절은 주절 서술어의 보충어가 되어 종속적이다.

(2) 가. 농부들은 [비가 오기를] 기다린다.
　　 나. 우리는 [인간은 누구나 존귀하다고] 믿는다.

(2가)의 종속절은 명사형 어미 '-기'가 핵인 명사절이며, 주절의 서술어 '기다리-'에 대해서는 보충어로 주절의 문장 성분 중 하나이다. (2나)의 종속절은 인용의 '-고'가 이끄는 인용절이며, 주절의 서술어 '믿-'에 대해서 보충어로 기능하는 주절의 한 성분이다.

종속절은 주절의 한 성분에 부가되기도 한다. 아래에 그 예를 제시한다.

>   (3) 가. [내가 태어난] 1960년에 6·25가 발발하였다.
>   나. 그러나 그 남자는 [버스가 지나가듯이] 그녀의 곁을 스쳐가 버렸다.

(3가)에서 종속절은 관형사형 어미 '-은'이 핵인 관형사절로 주절의 명사구 '1960년'에 대해서는 부가어로 기능한다. (3나)의 종속절은 부사형 어미 '-듯이'가 핵인 부사절로서 주절의 동사구 '그녀의 곁을 스쳐가 버리-'에 부가된다.

절 접속의 선후행절은 지금까지의 예문과 같은 성격 즉, 종속절과 주절로 이루어진 복문일까. 이 글은 이에 대한 그동안의 연구를 첫째, 절 접속을 보충이나 부가의 주종관계와는 다른 것으로 보는 논의 둘째, 절 접속 중 종속 접속은 예문 (3)과 비슷하여 접속어미가 이끄는 내포절이 주절에 부가된 것으로 볼 수 있으나 대등 접속은 접속된 절 사이에 주종관계가 성립하지 않는다고 보는 논의와 셋째, 종속 접속과 대등 접속 모두 선행절이 후행절에 부가되어 선후행절 사이에 주종관계가 성립한다고 보는 논의로 나누어 살펴보고자 한다. 이들을 각각 분리론, 부분적 분리론과 통합론으로 부르겠다.[1]

---

1) 절 접속에 대한 선행 연구 검토는 이은경(1998), 이익섭(2003)과 유현경(2011)을, 학교 문법에 대한 검토는 이은경(2010)을 참고할 수 있다.

2.1. 분리론

이 글에서 분리론은 절 접속이 핵과 보충어, 핵과 부가어의 관계로 이루어지는 복문과는 다르다고 보는 연구들을 가리킨다. 최현배(1937/1971)을 비롯한 남기심·고영근(1985/1993), 임홍빈·장소원(1995)의 문법서와 권재일(1985), 이은경(2000),[2] 장요한(2010) 그리고 학교 문법이 대표적인 논의인데, 이 논의들에서는 접속을 내포와 대척되는 것으로 보아 어미를 분류하고 문장의 종류를 구분한다.

학교 문법에서는 절 접속을 주절과 종속절이 아닌 선행절과 후행절의 관계로 파악한다.[3] 즉, 내포가 아닌 접속이라는 통사적 작용이 존재한다고 보는 것이다.

> (4) 가. 낮말은 새가 듣고 밤말은 쥐가 듣는다.
>   나. 기업이 없으면, 근로자도 없다.

분리론에서는 (4)의 복문이 선행절과 후행절이 연결되어 이루어지는 것으로 본다. (4)의 두 문장은 의미의 측면에서 선·후행절의 지위가 달라서 (4가)는 선·후행절이 대등하게 연결되었고 (4나)는 선행절이 후행절에 종속적으로 연결된 것으로 파악된다.

분리론에서 접속어미는 명사형 어미, 관형사형 어미, 부사형 어미와는 다른 부류에 속하고 접속어미가 이끄는 접속절은 명사절, 관형사절, 부사절 등의 종속절과는 다른 통사적 지위를 갖는다. 또한 내포를 통해 이루

---

2) 임홍빈·장소원(1995)와 이은경(2000)은 접속절을 문장부사절로 본다는 점에서 2.3의 통합론과 유사하나 절 접속이 내포문과는 다른 접속문을 이루는 것으로 보고 있으므로 분리론에 포함시켰다.

3) 학교 문법에서 종속절은 안긴 문장, 주절은 안은 문장이며 절 접속은 이어진 문장으로 구분되어 있다.

어지는 복문과 접속으로 이루어지는 복문이 구분된다.

(5) 분리론에서의 절 접속 관련 문법 범주

통사 작용	접속
어미의 분류	접속법 어미,[4] 접속어미, 연결어미
문장의 종류	병렬문과 연합문,[5] 접속문, 이어진 문장

분리론에서 내포절은 접속절과는 달리 절의 문법적 성격이 명사, 관형사, 부사로 바뀌어 주절의 한 성분으로 기능하지만, 접속절은 후행절에 이어진 것으로 주절의 한 성분이 아니며 그 문법적 성격에도 변화가 없는 것으로 본다.

(6) 가. [어제 나에게 우산을 빌려준] 사람 이름도 모른다.
　　가´. [그] 사람 이름도 모른다.
　　나. 그 사람이 어제 나에게 우산을 빌려줬지만 이름도 모른다.
　　나´. 그 사람이 어제 나에게 우산을 빌려줬는데 이름도 모른다.

(6가)의 관형사절은 (6가´)와 같이 관형사로 대치가 될 수 있지만, (6나, 나´)의 접속절은 단어로의 대치가 불가능하다. 또한 (6가)의 관형사절은 주절의 한 성분이 '사람'과 연관 해석되므로 종속적이지만, (6나, 나´)의 접속절은 후행절 전체와 연관 해석된다는 점에서 독립적이다.

---

4) 각 용어를 사용하는 분리론의 대표적 연구를 나열하면 다음과 같다. 접속법 어미(최현배 1937/1971), 접속어미(이익섭·임홍빈 1983), 연결어미(남기심·고영근 1985/1993), 병렬문과 연합문(최현배 1937/1971), 접속문(임홍빈·장소원 1995, 권재일 1985), 이어진 문장(남기심·고영근 1985/1993).

5) 최현배(1937/1971)은 접속절과 후행절이 이어져 형성된 복문을 선·후행절의 대등성의 정도에 따라 다시 병렬문과 연합문으로 나눈다. 결과적으로는 삼분체계이나, 주종성을 띠는 포유문과 대등성을 띠는 병렬문 및 연합문을 우선적으로 구분하고 있다.

2.2. 부분적 분리론

분리론에서 가장 모호한 부분은 내포문을 형성하는 부사절과 접속절의 관계에 있다. 부사절을 거의 인정하지 않고 접속어미가 이끄는 절을 모두 접속절로 보게 되면 부사절은 유명무실해지는 체계의 파탄을 맞게 되고, 접속어미가 이끄는 절을 동사구 부가의 부사절과 접속절로 구분한다고 해도 접속절의 상당수가 내포절과 동일한 문법적 특성을 보이는 이유를 설명해야 하기 때문이다. 이와 같은 이유로 절 접속 중 종속적인 것과 대등한 것을 분리해야 한다고 보는 논의가 대두되었는데, 이를 부분적 분리론이라고 부를 수 있다. 남기심(1985), 유현경(1986), 김영희(1988, 1998), 서정수(1996), 이익섭·채완(1999), 이익섭(2000, 2003)은 절 접속 중 선행절과 후행절이 대등하지 않은 종속 접속절이 부사절임을 주장하는 연구들이고, 허철구(2005, 2006), 임동훈(2009)는 대등 접속이 내포절일 수 없음을 주장한 연구이다. 이에 대해서 차례대로 살펴보기로 한다.

남기심(1985)를 비롯한 일련의 연구에서 주목한 것은 종속 접속과 대등 접속이 보이는 통사적 차이이다.

    (7) 어순재배치
        가. 모두가 [비가 오기]를 기다린다.
        나. <u>비가 와서</u> 길이 질다. (남기심 1985)
        나´. 길이, <u>비가 와서</u>, 질다.
        다. <u>산은 높고</u> 물은 깊다.
        다´. *물은, <u>산은 높고</u>, 깊다. (이은경 2000)

(7가)는 명사절이 주절 성분 사이에 위치해 있는데, (7나´)에서도 접속절이 후행절 성분 사이에 위치해 있음을 볼 수 있다. 그러나 (7다´)의 접속절에는 이러한 어순이 허용되지 않는데, 이는 (7다´)의 접속절은 선행

절과 후행절이 대등하게 연결되어 있기 때문이다. 마찬가지로 (8가, 나)의 내포절과 종속 접속절 안에 있는 성분은 주제화될 수 없으나, (8다)의 대등 접속절은 가능하다는 사실은 종속 접속과 대등 접속의 문법적 성격이 다름을 암시한다.

(8) 주제화
　　가. 모두가 비{가, *는} 오기를 기다린다.
　　나. 비{가, *는} 와서 길이 질다.
　　다. 산{이, 은} 높고 물은 깊다.

재귀화와 생략에서 동지시되어 있는 선행사와 재귀사 그리고 선행 명사구와 생략된 명사구 사이에는 일정한 통사 구조적 조건이 전제되는데, 아래의 현상은 종속 접속절이 내포절과 같이 이러한 조건을 만족시키나 대등 접속절은 그렇지 않음을 보여준다.

(9) 재귀화
　　가. 자기ᵢ 동생이 수석 입학을 했다는 소식에 김 씨ᵢ가 기분이 좋더라.
　　나. 자기ᵢ 아들이 수석 입학을 해서 김 씨ᵢ가 기분이 좋더라. (남기심 1985)
　　다. *자기ᵢ 동생은 열심히 일했고 철수ᵢ는 놀기만 했다. (이필영 1994)

(10) 동일 명사구 생략
　　가. 내가 어제 (내가) 좋아했던 사람과 마주쳤다.
　　가′. (내가) 어제 내가 좋아했던 사람과 마주쳤다.
　　나. 내가 너무 피곤해서 (내가) 집에만 있었다.
　　나′. (내가) 너무 피곤해서 내가 집에만 있었다.
　　다. 영희가 예쁘고 (영희가) 슬기롭다. (남기심 1985)
　　다′. *(영희가) 예쁘고 영희가 슬기롭다.

　종속 접속절이 명사절, 관형사절과 동일한 문법적 특성을 보이는 위와
같은 현상은 종속 접속이 대등 접속과는 다른 통사 구조를 가지며, 종속
접속의 선·후행절이 주종관계에 있는 내포절의 하나라는 주장으로 이어
졌다.

　　(11) 가. <u>비가 와서</u> 길이 질다.
　　　　　나.

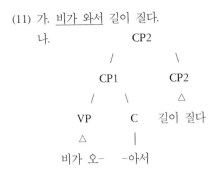

　(11나)에 제시된 통사 구조를 보면 종속 접속의 접속절이 주절에 부가
되어 있다.6) 여기에서 주목할 것은 종속 접속절이 접속어미가 핵인 내심
구조이고 후행절에 부가되어 있으니 내포절이라는 것이다. 분리론에서는
접속절이 내포와는 다른 통사 작용인 접속에 의해 선행절과 후행절이 연
결된 것으로 보지만, 부분적 분리론에서는 이를 오직 대등 접속으로만 한
정하였다. 이러한 시각에서 접속이라는 용어는 한편으로는 내포절(종속 접
속절)을 가리키고 다른 한편으로는 접속절(대등 접속절)을 가리키게 되는데,
종속 접속절은 부사절로 주절에 내포 혹은 종속된 것으로 보고 대등 접속
은 선·후행절이 병렬된 것으로 본다(이익섭 2003, 임동훈 2009). 그러면 부
분적 분리론에서의 대등 접속 혹은 병렬문은 어떠한 구조를 갖고 있을까.

---

6) 유현경(1986 : 25), 최재희(1989 : 12-3), 이관규(1992 : 51), 서정수(1996 : 1019)를 참고하였다.

(12) 가. 산은 높고 물은 깊다.
　　나.　　　　　CP3
　　　　　　／　　　＼
　　　　CP1　　　　CP2
　　　　△　　　　　△
　　　산은 높고　　물은 깊다

대등 접속이 종속 접속과는 다른 통사 구조를 갖고 있다고 보는 부분적 분리론에서 대등 접속은 핵이 없는 외심 구조를 갖고 있다(허철구 2006 : 204, 임동훈 2009 : 124). (12나)에서 최상위 CP의 지표가 선행절이나 후행절 CP의 지표를 공유하지 않는데, 이는 대등 접속이 선행절이나 후행절의 핵이 투사되지 않음을 의미한다.[7] (12가)의 통사 구조는 대등 접속이 후행절과는 독립적인 시제 해석과 언표 내적 효력을 가질 수 있다는 데에 그 근거를 두고 있으며 위에서 살펴본 어순재배치, 주제화, 재귀화와 동일 명사구 생략 등의 문법적 현상이 통사구조에 반영되어 있다.

(13) 가. 딸들은 어제 갔고 우리는 내일 가. (임동훈 2009)
　　나. 여기야 늘 춥지만, 거기는 어떠니? (임동훈 2009)

(13가)에서 선행절은 과거이나 후행절은 미래의 사건을 가리키고 (13나)의 전체 문장은 의문의 언표수반력을 가지나, 질문의 초점은 후행절에만 놓인다. 부분적 분리론에서는 이와 같이 대등 접속이 보이는 선·후행

---

7) 유현경(1986 : 25), 최재희(1989 : 12-3), 이관규(1992 : 51)에서는 대등 접속의 선행절이 접속 어미와 우선적으로 결합하는 것을 통사 구조에 반영하지 않아, 본론에서는 허철구(2006)와 임동훈(2009)를 중심으로 논의하였다. 이들 연구에서 제시한 대등 접속의 통사 구조는 대체로 아래와 같은 형상이다.
　(i)　　　S
　　　／　｜　＼
　　S₁　conj　S₂

절의 독립성에 주목할 뿐 아니라, 범언어적으로 발견되는 병렬(분리론에서의 접속)이 문장을 확장하는 통사 작용으로 국어에도 존재한다고 보는 편이 합리적이라는 입장이다.

(14) 부분적 분리론에서의 절 접속 관련 문법 범주

통사 작용	내포	병렬
어미의 분류	내포 어미 ⊃ 부사형 어미	병렬 어미
문장의 종류	내포문	병렬문

(14)는 부분적 분리론 중 어미의 분류와 문장의 종류를 전면적으로 논의한 이익섭(2003)의 체계에서 절 접속과 관련된 부분만을 제시한 것이다. 위의 표에서 '접속'이라는 용어를 찾아볼 수 없는데, 부분적 분리론에서 접속은 더 이상 절과 절을 연결한다는 의미로 사용하기 어렵기 때문이다.

2.3. 통합론

종속 접속과 대등 접속이 내포와 병렬의 각기 다른 통사적 작용으로 복문을 형성한다고 보는 부분적 분리론에서는 다음과 같이 동일한 접속 어미가 내포와 병렬에 모두 관여하는 것을 어떻게 문법론에 반영할 것인가 하는 문제가 제기될 수 있다.

(15) 가. <u>나는 아침 식사를 하며</u> 남편은 신문을 본다.
　　가′. <u>나는 아침 식사를 하고</u> 남편은 신문을 본다.
　　나. <u>나는 아침 식사를 하며</u> 신문을 본다.
　　나′. <u>나는 아침 식사를 하고</u> 신문을 본다.

(15가, 가′)는 그 의미에 별 차이가 없다. 하지만 선행절과 후행절이

주어를 공유하는 (15나)는 선·후행절의 사태가 동시에 일어나는 것으로만 해석되는 반면 (15나′)는 계기적 해석이 우선한다는 차이를 보인다. 부분적 분리론에서는 (15가, 가′)는 선·후행절의 순서를 바꾸어도 그 의미가 동일한 대등 접속/병렬문이나 (15나′)는 순서를 바꾸면 그 의미가 달라지는 종속 접속/내포문이 된다. 이와 같이 부분적 분리론에서는 하나의 접속어미가 보이는 다의성을 내포문과 병렬문의 통사 구조의 차이로 담아내야 하는 부담이 있다.

　다른 한편으로 부분적 분리론에서 초점을 두었던 대등 접속과 종속 접속의 통사적 차이가 과연 둘의 통사적 구조 혹은 통사 작용이 다름을 증명하는 것인지에 대해서도 의문이 남아있다. 이와 관련하여 대등 접속과 종속 접속의 선·후행절이 독립성과 의존성의 척도에 정도의 차이를 두고 분포해 있다고 보는 분리론의 연구들을 역으로 참고할 수 있다.

　이은경(2000 : 198)은 절 접속의 독립성이 어순재배치, 주제화, 재귀화와 동일 명사구 생략, 대칭성, 시제 해석의 독립성, 언표 내적 효력의 공유 현상 등을 기준으로 할 때 정도의 차이를 보이는 경향이 있다고 지적하였고, 장요한(2010 : 208) 역시 대등 접속과 종속 접속이 이분법적인 것이 아니라 정도성의 측면에서 검토되어야 한다고 보고 있다.

　(16) 어순재배치
　　가. 영희는, <u>철수가 잡았지만</u>, 떠났다. (이은경 2000 : 111)
　　나. ^{??}풍년이, <u>소쩍새가 울면</u>, 든다. (임동훈 2009 : 97)

　(16가)는 대조의 대등 접속절이 후행절 성분 사이에 위치할 수 있음을 보여주며, (16나)는 조건의 종속 접속절이 후행절 성분 사이에 위치할 수 없음을 보여준다. 부분적 분리론에서 주목했던 대등 접속과 종속 접속의 통사적 차이에 대한 반례인 것이다. 마찬가지로 (17가)는 선택의 대등 접

속이 선후행절에 주제의 '-은/는'을 허용하지 않음을, (17나)는 양보의 '-어도'가 주제화를 허용함을 보여준다.

(17) 주제화
　　가. *철수는 가거나 영희는 간다. (이은경 2000 : 121)
　　나. 철수는 커도 영희는 작다. (이은경 2000 : 122)

(18가)는 대등 접속에서 역행 재귀화가 성립 가능한 것을 보여주는 예이며, (18나)는 조건의 종속 접속에서 역행 재귀화가 성립하지 않는 예이다. 그리고 (19)는 시간 관계의 종속 접속에서 동일 명사구 생략에 제약이 있음을 보여준다.

(18) 재귀화
　　가. 자기ᵢ 동생은 대학교에 다니고 철수ᵢ는 정작 공장에 다니고 있다.
　　　　(고광주 1999 : 63)
　　나. ⁇자기ᵢ 동생이 교도소에 있을망정 김 씨ᵢ가 조용히 있을 리가 없다.

(19) 동일 명사구 생략
　　가. 그때 젊은 남자가 지나가다가 (젊은 남자가) 할아버지를 구해냈다.
　　나. *그때 (젊은 남자가) 지나가다가 젊은 남자가 할아버지를 구해냈다.

(20가)는 선택의 대등 접속 중에는 비대칭적인 절 접속이 있음을 보여주며 (20나)는 시간 관계의 종속 접속에도 동시의 의미를 나타낼 때는 대칭적일 수 있음을 보여준다.

(20) 대칭성
　　가. 달걀을 파느니 그걸 먹어 끼니를 때우겠다.
　　가'. 달걀을 먹어 끼니를 때우느니 그걸 팔겠다.
　　나. 철수는 노래를 부르면서 춤을 추었다. (박진호 2009 : 175)

　　나'. 철수는 <u>춤을 추면서</u> 노래를 불렀다.

　(21가)는 대등 접속의 선행절이 후행절의 시제 요소에 의존 해석되는 반면 (21나)는 이유의 종속 접속절이 주절과는 독립적으로 시제 해석되는 것을 보여주고, (22가)는 질문의 언표 내적 효력이 대등 접속절의 선행절에 미치지 못할 수 있으나 (22나)와 같이 종속 접속절에는 미칠 수 있음을 보여준다.

　(21) 시제 해석
　　가. <u>철수가 가든지</u> 영희가 오겠다. (이은경 2000 : 130)
　　나. 걔는 <u>아침 일찍 출발했으니까</u> 지금 서울에 있을걸?

　(22) 언표 내적 효력
　　가. <u>여기야 늘 춥지만</u>, 거기는 어떠니? (임동훈 2009 : 119)
　　나. <u>철수가 가자마자</u> 동생이 왔니? (이은경 2000 : 127)

　지금까지 살펴본 바와 같이 대등 접속과 종속 접속이 보이는 문법적 현상은 이 둘을 깔끔하게 양분하는 데에 기여하지 않고 오히려 대등 접속과 종속 접속의 구분이 의미론적인 차이일 수 있다는 애초의 분리론적 시각으로 문제를 환원시킨다. 이것은 특히 대등 접속과 관련하여 절 접속의 통사 구조와 의미의 대응 문제로 귀결됨을 의미한다(고광주 1999 : 56). 달리 말하면 대등 접속과 종속 접속이 보이는 통사 현상의 경향성을 통사 작용의 차이로 해석할 것인가(부분적 분리론) 아니면 이것을 의미의 문제로 볼 것이냐(분리론과 통합론)의 문제이다.
　분리론에는 내포와 대척적인 접속이라는 통사 작용을 전제하는 전통 문법을 계승하는 연구와 절 부가 부사절이 절과 절이라는 대등한 성분 사이의 관계를 나타내는 것이라서 내포와는 다른 것이라고 보는 임홍빈·장소원(1995)와 이은경(2000)의 논의가 섞여 있지만, 절 접속이 접속문을 형성한다고 보는 점에서는 같다. 반면 서태룡(1979), 김진수(1987), 왕문용·민현식(1993), 고광주(1999), 유현경(2002), 이정훈(2008)의 통합론에서는 절 접속이 관형사절의 부가나 부사절의 부가와 동일한 부가 구조를 갖는다고 본다. 다만 대등 접속과 종속 접속의 통사적 차이를 반영하기 위해 부가 위치를 다르게 보기를 주장하기도 한다(고광주 1999, 이정훈 2008). 통합론에서의 절 접속은 다음과 같은 통사 구조를 갖는다.

(23) 가. <u>철수가 가고</u> 영이가 온다.
　　 나. 영이가 <u>철수가 가면</u> 온다.

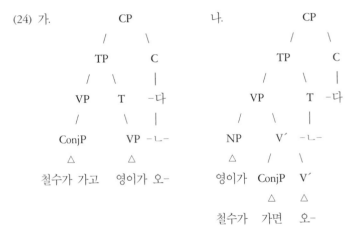

통합론은 첫째, 국어는 형태론적으로 접속어미가 선행절과 우선적으로 통합하고 둘째, 대등적 의미 해석을 통사 구조에 반영하려고 하면 계층성과 이분지의 문법 원리에 예외가 되며 셋째, 영어의 대등 접속과는 달리 국어의 경우 전역 규칙이 적용되지 않는다는 점에서 대등성을 의미의 문제로 남겨두고8) 모든 절 접속은 선행절이 후행절에 부가된 것으로 볼 것

을 제안한다.

통합론은 내포와 대척적인 접속이나 병렬의 통사 작용을 인정하지 않는다는 데서 분리론 및 부분적 분리론과 큰 차이를 보인다. 그러면 이 논의에서 대칭적이고 다항적인 절 접속은 어떻게 설명될 수 있을까?

(25) 가. 넘어질까 봐 [벼 이삭을 보다가 땅을 보다가 앞을 보다가] 했다.
　　　나. [반장 뽑으랴 회장 뽑으랴] 유권자와 출마자인 아이들은 바쁘다.
　　　다. [우리는 움직이기 싫으니까, 짐을 싸는 것도 싫으니까, 차 타는 것도 싫으니까] 여행을 잘 안 간다. (이은경 2000 : 135)
　　　라. 커피 드시겠어요, 차 드시겠어요? (Sohn 2009 : 292)

(25가)에서 표시된 부분은 포괄동사 '하-'의 보충어인 내포절인데, 그 내부를 들여다보면 '-다가'가 이끄는 절들이 대등하게 접속되어 있다는 것을 알 수 있다. (25나)에서 절 접속 구성은 후행절에 부가되어 있으나, 그 내부는 역시 '-으랴'가 이끄는 절이 대등한 의미관계에 있다. (25다)도 후행절에 부가된 이유의 종속절들이 서로 나열되어 있으며, (25라)는 두 개의 의문문이 나열되어 있는 선택 의문문이다. (25가, 나)는 접속어미에 의해 중첩형 접속 구성이 이루어지는 것으로 볼 수 있지만, (25다, 라)는 휴지를 포함한 억양으로써 각 절이 연결되어 있음이 표시되는 병치(juxtaposition)의 예이다. (25)를 통해서 우리는 절 접속에 대한 앞으로의 연구가 전형적인 대등 접속을 비롯하여 (25)에 제시되어 있는 중첩형 접속 구성, 병치까지 대칭적이고 다항적인 의미 해석의 절 접속을 아우를 수 있도록 논의가 확대되어야 함을 알 수 있다.

통합론 중 졸고(2011나)를 바탕으로 절 접속 관련 문법 범주에 대해 살

8) 고광주(1999 : 66-71)에서는 영어의 대등 접속문에서 문법 규칙이 선행절과 후행절에 모두 걸쳐 적용되어야 한다는 전역규칙이 한국어에는 적용되지 않음을 보이며 문법에서의 통사와 의미의 불일치(nonmatching)을 인정할 것을 제안하고 있다.

펴보는 것으로 이 절의 논의를 마무리하고자 한다.

(26) 통합론에서의 절 접속 관련 문법 범주

통사 작용	내포	병치
어미의 분류	내포 어미 ⊃ 부사형 어미 ⊃ 접속어미	휴지, 억양
문장의 종류	복문	복문

분리론의 이은경(2000 : 99)은 접속을 절과 절의 관계로 정의하였는데, 졸고(2011나 : 1)는 절과 절의 관계를 의미의 영역에 속하는 것이라고 보았다. 국어 문법에서 접속 부사가 부사의 한 의미 부류이고 접속 조사가 조사의 한 의미 부류이듯이 접속어미 역시 부사형 어미의 한 의미 부류를 가리키는 것으로 보아야 한다는 것이며, 접속이란 의미 해석 차원에서 선행절과 후행절이 연관 해석되는 것 즉, 절 접속의 의미관계를 가리키는 것으로 보자는 것이다.

3. 절 접속의 의미관계

절 접속에서 선행절이 가리키는 사태와 후행절이 가리키는 사태가 연관 해석되는 것을 의미관계로 부르기로 하자. 절 접속의 의미관계란 접속어미를 중심에 놓는다면 접속어미의 의미 기능이 될 것이다. 절 접속의 의미관계를 논의함에 있어 가장 큰 어려움은 그 의미관계를 논증하기가 쉽지 않다는 것이다.

(27) 논문을 투고하시되 영어로 써 주세요.

(27)에서 선행절이 후행절에 대해 배경이 되는 것을 증명하기란 쉽지 않은 일이다. 이에 우리는 절 접속에 대한 유형론 연구와 그동안의 국어 연구를 검토하여 귀납적으로 국어 절 접속에서 발견되는 의미관계의 총체에 접근하기로 한다.

3.1. 대등한 의미관계와 종속적 의미관계

절 접속을 둘러싸고 치열하게 전개되었던 그동안의 연구에서도 대등 접속과 종속 접속이 그 의미에 있어서 대척적이라는 것은 기본 전제로 받아들여졌다. 그 대척점은 대칭성에 있다고 볼 수 있는데, 대칭성이란 선행절과 후행절이 서로 바뀌어도 전체 문장의 진리치는 바뀌지 않는 것을 의미한다.

> (28) 가. <u>철수는 키가 크나</u> 영희는 키가 작다. (신지연 2004 : 85)
>   나. <u>영희는 키가 작으나</u> 철수는 키가 크다.

(28가)와 (28나)는 그 진리치는 같으나 발화의 초점은 후행절에 놓이는 해석이 자연스러워서 (28가)가 함의하는 것과 (28나)가 함의하는 것은 다르다. 이와 같이 진리치에 있어서는 대칭적인 절 접속도 해당 문장이 놓이는 맥락과 세계에 대한 지식과 같은 화용론적 요소를 고려할 때는 비대칭적일 수 있다.9)

대등 접속은 그 의미관계가 대칭적이기 때문에 다항성을 허용한다고 볼 수도 있지만, (28)과 같은 대조의 의미관계에 있어서는 다항성을 허용

---

9) 후행절에 초점이 놓이는 경우는 선행절에 의해 기대되는 것을 후행절이 부정하는 기대 부정의 의미가 있어 양보의 의미관계를 나타내는 것으로 볼 수 있다. 이에 대해서는 3.2에서 논의한다.

하지 않으며, '-을뿐더러'와 같은 일부 나열의 절 접속 역시 다항적 해석
이 가능하지 않다.

> (29) 가. *[철수는 키가 크나] [영희는 키가 작으나] [민수는 키가 어중간
> 하]다.
> 나. *그는 [재산이 많을뿐더러] [재능도 남에게 뒤지지 않을뿐더러]
> [노력파이]다.

종속 접속은 선행절이 후행절에 부가된 구조가 그 의미해석과 합치하
여 후행절이 전체 문장에서 중심 사태를 나타내나, 대등 접속 중에는 선
행절이 중심 사태를 나타낼 때도 있다.10)

> (30) 가. <u>콩을 심으면 콩이 나지</u>, 팥이 나지 않는다. (최상진·임채훈 2009 :
> 305)
> 가'. 콩을 심으면 콩이 나지.
> 나. <u>불을 좀 줄였으면 좋으련만</u> 지왓골댁은 미처 그런 생각을 못 했다.
> 나'. 불을 좀 줄였으면 좋으련만.

(30가, 나)는 선행절이 중심 사태를 나타내고 후행절은 선행절을 부연
할 뿐이라서, (30가', 나')와 같이 후행절이 생략되어도 중심 사태가 표현
된다. 지금까지 살펴본 바에 따르면, 대칭성과 다항성으로는 대등 접속의
의미관계를 정의할 수 없다. 이에 대등 접속을 계층성을 기본 원리로 하
는 통사 구조와 합치되지 않는 의미관계를 가리키는 것으로 볼 것을 제
안한다.

---

10) 의미 해석의 차원에서 주변 사태와 중심 사태는 종속절과 주절이 통사적 위계의 차이를 반
영하는 것과 평행한 개념이다. 이와 관련하여 Dixon & Aikhenvald(2009 : 3)의 focal clause/
supporting clause와 국어에서 절 접속을 정보 구조로 설명한 박진호(2009)를 참고할 수 있다.

(31) 대등 접속의 의미관계

　　가. 대등 접속은 통사 구조와 그 의미가 불일치하는 의미관계 유형
　　　　이다.

　　나. 대등 접속의 의미관계에는 대칭적인 것과 비대칭적인 것이 있다.

(32) 종속 접속의 의미관계

　　가. 종속 접속은 통사 구조와 그 의미가 일치하는 의미관계 유형이다.

　　나. 종속 접속에는 비대칭적인 의미관계만이 존재한다.

(31가)는 대등 접속이 대칭적이거나 다항적으로 해석되는 경우, 그리고
선행절이 중심 사태가 되는 절 접속을 모두 포함함을 명시한 것이고,[11]
(31나)는 대칭적 혹은 다항적인 것과 후행절이 주변 사태가 되는 절 접속
을 구분하고 있다. (31가)는 2절에서 논의된 바와 같고, (31나)의 구분은
대등 접속의 의미관계인 나열, 대조, 선택에서 모두 발견되어 대등 접속
의 의미관계를 한 단계 더 세분하는 데 이용된다.

(33) 대등 접속의 의미관계

1차 분류	2차 분류	
	대칭	비대칭
나열	순접	첨가
대조	역접	첨가
선택	이접	선호

(33)은 대등 접속의 의미관계인데 1차 분류에서는 나열, 대조, 선택으
로 분류되고 이것들은 다시 대칭적인 순접, 역접, 이접과 비대칭적인 첨
가, 선호로 분류된다. 각 의미관계에 대해서는 3.3에서 논의한다.

---

11) (31)에 제시된 대등 접속의 정의에서 하나의 예외가 있는데, 후행절이 중심 사태가 되는
　　'-느니' 절 접속이다.

3.2. 접속어미의 다의성

접속어미 중에는 둘 이상의 의미관계를 나타낼 수 있는 것들이 있다. 졸고(2011나)에서는 모두 105개의 접속어미 중 27개가 다의적이라고 보았는데, 이들은 다음의 경향성을 보인다. 첫째, 다의성을 띠는 접속어미 중 상당수(15개)는 배경의 의미관계를 나타낼 수 있다. 다음으로, 대등한 의미관계인 나열과 종속적 의미관계인 시간 관계를 나타내는 접속어미들이 있다. '-다가, -으며, -으면서, -자'가 그것이다. 마지막으로, '-으나, -지마는(지만)'은 대조와 양보를 모두 표시할 수 있다.

(34)는 졸고(2011나)를 바탕으로 다의성을 띠는 접속어미를 정리한 것이다. 아래에서 접속어미는 가나다 순으로 제시되어 있고 어미가 표시하는 의미관계 중 어느 것이 주된 것인지는 표시되지 않았다.

(34) 다의적인 접속어미

	나열	대조	선택	시간 관계	배경	양보	조건	원인 · 이유	목적
-거늘					✓			✓	
-거니와		✓			✓				
-거든					✓		✓		
-나니					✓			✓	
-노니					✓			✓	
-느라(고)								✓	✓
-다가	✓			✓					
-도록					✓				✓
-로되					✓	✓			
-어(서)					✓			✓	
-어야						✓	✓		
-어야지	✓						✓		
-으나		✓	✓				✓		

	나열	대조	선택	시간 관계	배경	양보	조건	원인·이유	목적
-으니(까)					✓			✓	
-으되					✓	✓			
-으려(고)				✓					✓
-으려니와		✓			✓				
-으리니					✓			✓	
-으매					✓			✓	
-으며	✓			✓					
-으면서	✓			✓			✓		
-은데/는데		✓			✓				
-은즉					✓			✓	
-은즉슨					✓			✓	
-을진대					✓		✓		
-자	✓			✓					
-지마는 (-지만)		✓				✓			

먼저 위의 표에서 배경의 의미관계를 나타낼 수 있는 접속어미를 살펴보면, 현대 국어 구어체에서는 잘 발견되지 않는 어미가 대부분이며, 형태론적으로도 '-거-, -으니, -으되, -은즉' 등을 공유하고 있어 이에 대한 통시적 설명이 필요한 것으로 보인다.12)

나열과 시간 관계를 나타내는 어미들 중에는 구문 제약을 갖는 것이 많다. '-으며, -으면서'는 동사 구문을 취할 때는 나열과 동시적 시간 관계를 모두 표시할 수 있지만, 형용사 구문을 취할 때는 시간 관계를 나타낼 수 없다.

---

12) 배경의 접속어미 중에는 '-거-'를 포함하는 '-거늘, -거니와, -거든'과 '-으니'를 포함하고 있는 '-나니, -노니, -으니(까), -으려니와, -으리니'가 있으며 '-으되'와 '-로되' 그리고 '-은즉'과 '-은즉슨'이 각각 유사한 형태를 갖고 있다.

(35) 가. 그는 **TV를 보면서** 밥을 먹는다. (박진호 2009 : 184)

가′. 그는 밥을 먹으면서 TV를 본다.

나. 철수가 가세하면서 우리 팀의 전력이 대폭 강화되었다. (박진호 2009 : 175)

다. 그 옷은 거무스름하면서 보랏빛을 띤다.

(35가)는 동사 구문을 취한 '-으면서' 절 접속인데 (35나)와 비교해 보면 (35가′)와 같이 대칭적이라서 나열의 의미관계를 나타낼 수도 있고 동시의 시간 관계를 표시할 수도 있음이 드러난다. 한편, 선행절에 형용사 구문이 나타나 있는 (35다)는 상태를 나타내는 구문의 특성상 시간 관계의 의미관계가 성립할 수 없다. 마찬가지로 '-자'의 경우, 나열의 의미관계를 나타낼 때는 계사 구문이나 '아니-' 형용사 구문만을 허용하고 시간 관계를 나타낼 때는 동사 구문만 가능하다.

(36) 가. 그는 나의 스승이자 아버지이다.

나. 금리가 계속 떨어지자 주로 채권에 몰렸던 보험사들의 자산운용이 담보대출로 집중되었다.

'-다가'는 나열의 의미관계를 나타낼 때는 구문의 제약을 보이지 않으나 시간 관계는 동사 구문일 때만 가능하다.

(37) 가. 고 녀석이 예쁘다가 밉다가 한다.

나. 아빠가 운전하다가 엄마가 운전한다.

(37가)는 '-다가'의 중첩형 절 접속이 포괄동사 '하-'를 보충하는 예인데, 여기에서 선행절과 후행절에는 시간 관계가 성립하지 않으나, (37나)는 선행절이 후행절에 선행하는 선시적 시간 관계를 나타낸다. '-다가'가

표시하는 나열과 시간 관계는 구문뿐 아니라 접속의 형식에 있어서도 중
첩형과 단순형으로 구분되는 특징이 있다.

나열과 시간 관계의 의미관계를 모두 나타내는 접속어미의 경우 그 구
문적 특성을 이용하여 둘을 구분할 수 있지만, 대조와 양보의 경우에는
화자의 기대라는 화용론적 의미의 문제가 걸려있어 대등과 종속의 통사
적 차이를 논의에 포함시키지 않으면 둘을 구분하기가 어렵다.

> (38) 가. 철수는 키가 {크나, 크지만} 목이 짧다. (신지연 2004 : 76)
> 나. 비가 {오나, 오지만} 우리는 소풍을 간다.

여기에서 문제가 되는 것은 (38나)와 같이 선행절에 의해서 화용론적
으로 기대되는 것이 후행절에서 부정되어 있는 경우를 대조의 한 유형으
로 볼 것인지 아니면 양보를 나타내는 것으로 볼 것인지 하는 것이다. 이
와 관련하여 우리는 다음의 현상에 주목할 필요가 있다.

> (39) 가. 포유류는 새끼를 {낳으나, 낳지만} 어류는 알을 낳는다.
> 가′. *어류는, 포유류는 새끼를 {낳으나, 낳지만}, 알을 낳는다.
> 나. 등록금은 {비싸나, 비싸지만} 철수는 아르바이트를 하지 않는다.
> 나′. 철수는, 등록금은 {비싸나, 비싸지만}, 아르바이트를 하지 않는다.

(39가′)와 같이 대조의 의미관계를 나타내는 경우 후행절의 성분 사이
에 위치할 수 없지만 기대의 부정이 나타나 있는 양보의 경우 (39나′)에
서 보이는 바와 같이 가능하다. 또한 '-으나, -지마는(-지만)'의 절 접속
에 진술이 아닌 의문, 명령, 약속 등의 언표 내적 효력이 놓일 때는 기대
부정의 의미해석만이 가능하다는 사실도 대조와 양보의 의미관계를 구분
하는 기준이 될 수 있다.

(40) 가. 비가 {오나, 오지만} 소풍을 {가라, 갈게}.

　　 나. 형은 운동에 {열중하나, 열중하지마는} 너는 공부를 열심히 하
　　　　 지 않니?

　　 나´. 형은 운동에 {열중하나, 열중하지마는} 너는 공부를 열심히 할
　　　　 것!

(40나)는 기대의 부정을 의미 해석에서 배제할 수 있으나, (40나´)에서
는 '형이 운동에 열중하므로 동생인 너도 본받아야 할 것이 기대되지마
는 그것이 아니라 공부를 열심히 한다'와 같은 기대의 부정이 의미 해석
에 포함되어야만 한다.

지금까지 우리는 다의적인 접속어미가 보이는 세 가지 경향성을 살펴
보았는데 첫째, 배경의 의미관계를 표시하는 어미들은 통시적으로 문제
를 살펴보아야 한다고 보았고 둘째, 나열과 시간 관계는 구문 제약을 공
통적으로 갖고 있음을 확인하였으며, 마지막으로 대조와 양보에 대해서
는 기대의 부정이라는 화용론적 요소와 함께 대등 접속과 종속 접속의
문법적 차이를 참고할 때 서로 구분될 수 있음을 지적하였다.

3.3. 대등 접속의 의미관계[13]

3.3.1. 나열 : 순접과 첨가

나열의 의미관계는 대등 접속의 의미관계 중 가장 무표적이라고 할 수
있다. 형태 표지 없이 휴지나 특유의 억양으로 의미관계가 표시되는 병치
가 주로 나열의 의미관계를 표시하는 것이나 선택의 의미관계가 선택항
이 벌여 제시하는 것을 전제한다는 점에서 그러하다.

---

13) 3.3과 3.4의 논의는 졸고(2011나)를 바탕으로 수정한 것임을 밝힌다.

(41) 가. 사실 [교육, 도로, 대중교통, 쓰레기 수거] 등 공공서비스는 주민
　　　의 일상생활에 적지 않은 영향을 미친다.
　　나. 음성도서 콘텐츠 녹음은 [많은 인력이 필요한, 시간이 많이 드는]
　　　작업임에 틀림없다.
　　다. [먹고 사는 일이 바빠서, 타지로 흩어져서] 그동안 만나지 못했
　　　던 어릴 적 동무들이었다.
　　라. [누구는 집에 간다, 누구는 배고프다, 누구는 더 놀자] 하면서 만
　　　들도 많다.

　(41가)는 명사구가, (41나-라)에는 절이 병치되어 있다. (41나)의 관형
사절, (41다)의 원인·이유의 접속절, (41라)와 같이 문장도 모두 병치될
수 있는데, 이들에서 모두 나열의 의미관계를 발견할 수 있다.

　나열의 의미관계에는 다항적인 것과 이항적인 것이 있는데, 이를 각각
순접과 첨가로 부를 수 있다.

(42) 가. [여름에는 비가 내리고] [가을에는 낙엽이 지고] [겨울에는 눈이
　　　내리-]-ㄴ다.
　　나. 그는 <u>재산이 많을뿐더러</u> 재능도 남에게 뒤질 것 없는 사람이다.
　　나′. *그는 <u>재산이 많을뿐더러</u> 재능도 남에게 뒤지지 않을뿐더러 노
　　　력파이다.
　　다. 북한 핵 문제는 <u>건설적인 협의와 협상을 통해서 해결해야지</u> 압력
　　　과 제재를 가해서는 안 된다.
　　다′. *북한 핵 문제는 <u>건설적인 협의와 협상을 통해서 해결해야지 중
　　　국 등의 주변 국가를 통해 접근해야지</u> 압력과 제재를 가해서는
　　　안 된다.

　(42가)는 다항적인 순접의 예이나 (42나, 다)는 (42나′, 다′)를 통해서
볼 수 있듯이 다항적 의미 해석을 허용하지 않는다. 나열의 접속어미 중
이와 같이 다항성을 허용하지 않는 첨가의 접속어미에는 '-을뿐더러, -지,

-어야지'가 있다.

(43) 나열의 의미관계

의미관계	접속어미
순접	-고, -다가, -다거니/라거니, -다느니/라느니, -요, -으니/느니, -으라거니, -으라느니, -으랴, -으며, -으면서, -을지며, -자, -자거니, -자느니
첨가	-을뿐더러, -지, -어야지

(43)에 제시된 접속어미 중 순접의 의미관계를 나타내는 '-으니/느니, -다거니/라거니, -다느니/라느니, -으라거니, -으라느니, -자거니, -자느니'는 중첩형으로만 존재하고 인용절의 선격을 갖는 것이 특징이다.[14]

(44) 가. 항간의 소문은 [전 씨 부부가 속초로 사우나를 갔느니 고기 먹으러 갔느니] 말들이 많지 않았습니까.
나. [1백여명이 사망 실종 됐다느니 2백여 명이 사망 실종 됐다느니] 신문마다 그 숫자가 다르다.

(44가)는 접속절이 항간의 소문을 (44나)는 신문 기사를 인용하고 있다. 한편, 위의 예문에서 주목해야 하는 것은 순접의 의미관계는 중첩되는 접속절 사이에서 발견되는 의미관계라는 것이다. 중첩형 절 접속의 전체 구성과 그것이 부가된 주절이 어떠한 의미관계에 놓여 있는지에 대해서는 논의가 필요하다.

---

14) 남기심 엮음(1994)는 인용 나열이라고 본다. 이와 관련하여 다음의 구성이 흥미롭다. '-네'가 중첩되어 나타나고 인용절의 성격을 띠고 있는데, 이 어미는 사전에 등재되어 있지 않다. 졸고(2011나 : 44)에는 이 외에도 수사 의문문을 포함한 여러 문장이 병치된 예가 제시되어 있다.
(i) 육군 병력이 뭐 있더라구 [부족하네 얼마네] 이런 얘기하잖아.

3.3.2. 대조 : 역접과 첨가

대조의 의미관계는 선행절과 후행절의 명제가 대립되는 것에 한정되지 않고 선·후행절의 상이(相異)를 드러내는 것으로 이해할 수 있다(신지연 2004 : 91-92).

> (45) 가. <u>처음에는 구상화를 그렸으나</u> 1940년경부터는 기호와 형체를 결합시킨 추상화를 그렸다.
> 나. 필구는 <u>과거 석이와는 처남 매부 지간이었지만</u> 친구이기도 했다.
> 나′. 필구는 과거 석이와는 처남 매부 <u>지간이었을뿐더러</u> 친구이기도 했다.

(45가)는 선·후행절의 명제가 대립된다고 볼 수 있지만, (45나)는 후행절의 보조사 '-도'를 통해서 볼 수 있듯이 선행절 명제와는 다른 내용의 후행절이 첨가되는 것으로 해석된다. 이를 반영하면 대조의 의미관계를 역접과 첨가로 구분할 수 있다. 이렇게 하면 (45나)와 (45나′)의 의미관계가 유사함을 포착할 수 있다.

(46) 대조의 의미관계

의미관계	접속어미
역접·첨가	-으나, -은데/는데, -지마는(-지만)
첨가	-거니와, -으려니와, -으련마는(-으련만)

(46)은 대조의 접속어미 중에는 역접과 첨가를 모두 나타낼 수 있는 것과 첨가만을 나타낼 수 있는 것이 있음을 보여준다. 그 중에서 '-으련마는(-으련만)'은 나열의 '-지, -어야지'와 같이 선행절이 중심 사태를 나타내고 후행절이 주변 사태를 나타낸다.

(47) 가. <u>내가 좀 나으면 풀빵장사라도 하련만</u> 이놈의 몸이 영 성치 않으
　　　 니 그럴 수도 없고.
　　 나. <u>정상회담이 필요한 것은 그쪽이지</u> 우리 쪽이 아니다.

　(47)에 제시된 절 접속은 후행절이 선행절을 부연, 한정하여 선행절이
중심 사태가 되는 매우 유표적인 의미관계를 보여준다.

3.3.3. 선택 : 이접과 선호

　선택의 의미관계는 선·후행절 중 어느 하나도 단언되지 않는다는 특
징이 있다.15) 즉 선택의 절 접속은 선·후행절이 가리키는 사태를 비현
실적인 것으로 표현한다고 할 수 있는데, 이를 선택의 의미관계에 양태적
속성이 포함되어 있다고 이해할 수도 있다.

　(48) 가. 이제 아이들은 <u>과외 공부를 하러 가거나</u> 입시 학원으로 자리를
　　　 옮긴다.
　　 나. 수영 실력을 보니까, <u>어렸을 때부터 배웠든지</u> 좋은 코치 밑에서
　　　 배웠음에 틀림없다.

　(48가)는 선행절이나 후행절 중 어느 하나가 참의 값을 갖지 못하고
그렇다고 거짓의 값도 갖지 않는데, 이는 (48나)와 같은 과거 시제의 명
제도 마찬가지이다.
　지금까지 살펴보았던 나열과 대조의 의미관계와 같이 선택의 의미관계
에도 비대칭적인 것이 있다.

---

15) 선행절이나 후행절이 모두 참이 될 수 없고 둘 중 하나만이 참이 된다고 보는 논리학적 접
　 근으로는 선행절과 후행절 모두가 반사실적 사태를 가리키는 다음의 예문을 설명하기 어
　 렵다.
　　(i) [영어를 어렸을 때부터 배웠든지 외국에서 공부했든지] 하면 좋았을 텐데.

(49) 가. <u>달걀을 파느니</u> 그걸 먹어 끼니를 때우겠다.
　　　나. <u>달걀을 먹어 끼니를 때우느니</u> 그걸 팔겠다.

(49가)와 선·후행절의 순서가 역전된 (49나)는 진리치가 서로 다르다. '-느니'는 선행절과 후행절 중 후행절을 선호함을 나타내는데, 이를 선호로, (48)과 같이 대칭적인 것을 이접으로 부르기로 한다.

(50) 선택의 의미관계

의미관계	접속어미
이접	-거나(-건), -든가, -든(지), -으나
첨가	-느니

3.4. 종속 접속의 의미관계

3.4.1. 시간 관계와 배경

시간 관계와 배경의 의미관계는 후행절이 중심 사태가 되고 선행절이 보조적이거나 배경이 되는 주변 사태를 나타낸다는 점에서 종속 접속의 의미관계이지만, 선·후행절 사이에 필연적인 인과관계나 개연적인 추론 관계가 요구되지 않으므로 다른 종속 접속에 비해서 선행절과 후행절이 긴밀하게 관련되어 있지는 않다.

(51) 가. 나는 <u>인사를 하고서</u> 다시 책으로 눈을 돌렸다.
　　　나. <u>이거 떡인데</u> 선생님 갖다 드려라.

(51가)는 시간 관계의 예이고 (51나)는 배경의 절 접속인데 모두 선행절과 후행절 사이에 어떠한 논리적 관계를 찾기 어렵다.

시간 관계의 절 접속은 후행절을 기준으로 할 때 선행절의 시간적 위

치에 따라서 선시적 시간 관계, 동시적 시간 관계, 후시적 시간 관계로
나누어 볼 수 있다.

(52) 가. <u>마지막 차가 떠나고</u> 그분이 역에 도착했다. (남기심 1978가 : 861)
　　 나. <u>여행을 하며</u> 우리 민족이 우수한 민족이라는 걸 느꼈다.
　　 다. <u>한낮에 얼마나 더우려고</u> 아침부터 푹푹 찌나?

(52가)는 선행절의 사태가 일어난 후 후행절의 사태가 발생한 선시적
시간 관계의 예이고, (52나)는 선행절의 사태가 일어나고 있을 때 후행절
의 사태가 발생하는 동시적 시간 관계, (52다)는 선행절의 사태가 후행절
의 시점 이후에 일어날 것으로 기대되는 후시적 시간 관계의 예이다.

　여기에서 (52)의 예를 좀 더 들여다보면, 단순히 두 사태의 시간적 선
후관계를 나타내는 것이라기보다는 선행절이 후행절의 사태가 일어나는
시간적 배경을 나타낸다고 보는 것이 더 자연스러운 해석이라는 것을 알
수 있다. 이와 같이 시간 관계의 절 접속 중에는 시간적 선후관계와 함께
시간적 배경의 의미관계를 나타낼 수 있는 것들이 많다.

(53) <u>대학교를 졸업하고</u> 모피 전문업체의 디자이너로 취직했던 선생이었다.

　위의 예문이 취직한 시점에 대한 대답이라면 접속절은 시간적 배경을
제시하는 해석이 자연스럽고, 선생의 이력에 대한 대답이라면 접속절은
후행절에 대해 시간적 선후관계를 표시하는 것으로 볼 수 있다.

(54) 시간 관계의 의미관계

접속어미	선시	동시	후시
-고(서), -어(서), -다가, -자, -자마자	✓		
-도록, -으려(고)			✓
-으며, -으면서	✓	✓	

(54)는 시간 관계를 나타내는 접속어미를 정리한 표이다. '-으며, -으면서'가 선시적 시간 관계와 동시적 시간 관계를 모두 표시하는 것을 볼수 있는데, 이들 어미가 선시적 시간 관계를 나타낼 때는 시간적 배경으로 해석된다.

> (55) 가. 그러나 [주] 삼미는 <u>이날도 29만주가 거래되며</u> 하한가를 기록했다.
> 나. 그는 **PB 업무를 오래 맡으면서** 부자들에 대한 고정관념이 많이
>   깨졌다고 했다.

위에서 접속절이 가리키는 사태는 후행절의 사태가 일어나기 전에 발생하는 선시적 시간 관계인데, 단순히 시간적 선후관계를 나타내지 않고 후행절에 대해 선행절이 시간적 배경이 되는 것으로 보는 편이 자연스럽다.

배경의 의미관계는 선·후행절의 사태가 배경과 전경의 관계에 놓이면서 선행절이 후행절에 대해 문맥적 환경을 조성하는 역할을 하는 것으로 정의할 수 있다(서정수 1996 : 1192). 배경의 접속어미가 나타내는 문맥적 환경은 후행절에서 설명할 개념이나 후행절 관련 상황을 제시하는 것과 후행절에 나타난 행위 내용이나 판단의 토대가 되는 전제로 구분할 수 있다.

> (56) 가. 정세운은 <u>임진왜란 때에 침산동으로 피난와서 살았는데,</u> 동네 어
>   구에 느티나무 여덟 그루를 심고 구수정이라고 불렀다.
> 나. <u>넉넉한 처가살이도 하기 어렵다 하거늘</u> 하물며 가난한 처가살이
>   야 말할 것도 없다.

(56가)와 (56나)를 비교하면 (56가)의 접속절은 후행절 관련 상황을 제시하는 반면, (56나)의 선행절은 후행절 명제를 추론하기 위한 전제가 되는 것을 볼 수 있다.

(57) 배경의 의미관계

접속어미	전제와 제시
-거늘, -거니, -거니와, -거든, -나니, -노니, -노라니(까), -더니, -었더니, -던데, -던바, -은데/는데, -으니(까), -으되, -로되, -으려니와, -으리니, -으매, -은즉바/는바, -은즉, -은즉슨, -을진대, -자	✓

(57)을 보면 배경의 접속어미가 제시와 전제의 의미관계를 모두 나타냄을 알 수 있다. 이 중에서 '-거늘, -거니, -거니와, -나니, -노니, -던바, -은바/는바, -으려니와, -으매, -은즉, -은즉슨, -을진대'는 주로 전제의 의미관계를 나타내며 현대 국어에서는 잘 쓰이지 않는다.

3.4.2. 양보와 조건

양보와 조건의 의미관계는 양보가 조건을 함축하는, 개념적으로 매우 가까운 의미관계이다.

(58) 가. 비가 와도 소풍을 간다. (이하 박승윤 2007 : 73)
　　　가′. 비가 오면, 일반적으로 소풍을 안 간다.
　　　나. 날씨가 개도 소풍을 안 간다.
　　　나′. 날씨가 개면, 일반적으로 소풍을 간다.

(58가)의 양보의 절 접속은 (58가′)의 조건문을 함축한다. (58가′)가 일반적으로 기대되는 것인데, (58가)에서는 그러한 기대의 부정이 표현되어 있는 것이다.

또한 양보와 조건은 선행절 명제의 사실성에 있어 사실, 비사실, 반사실의 동일한 스펙트럼을 보인다.

(59) 가. 나한테 말만 하고 떠났더라도 내가 이렇게 오지 않았을 거야.

가´. 내가 남자로 태어났더라면 큰오빠처럼 벌써 가출을 해서 혼자
　　신나게 살 텐데.
나. 열심히 설명해야 이해하지 못한다.
나´. 김을 듬뿍 넣어야 맛있어요.

(59가, 가´)는 양보절과 조건절이 반사실성을 띠는 예이며, (59나, 나´)
는 '-어야'가 비사실 명제와 통합하여 양보와 조건의 의미관계를 모두
표시할 수 있음을 보여준다.16)
　　양보는 선행절에 의해 기대되는 것을 부정하는 내용이 후행절에 오는
기대의 부정으로 정의할 수 있는데(서정섭 1991 : 31), 기대 부정의 의미 해
석과 대등·종속의 통사적 차이를 통해 양보와 대조의 의미관계를 구분
할 수 있음은 앞서 논의된 바와 같다.

　　(60) 양보의 의미관계

접속어미	사실	비사실	반사실
-어도, -더라도	✓	✓	✓
-을망정, -을지라도, -을지언정	✓	✓	
-은들		✓	✓
-기로(니), -기로서(니), -지마는(-지만), -은데(도)/는데(도), -으나, -거마는(-건만), -으면서, -고도, -음에도, -으되, -로되	✓		
-어야		✓	

　　위의 표에서 첫째, 상당수의 접속어미들이 사실 명제만을 취하는 것을
볼 수 있는데, 조건의 접속어미 중에는 이러한 부류가 존재하지 않기에
비교하여 논의해 볼 만하다. 둘째, 양보의 접속어미 중에 반사실 명제만

16) 양보가 조건문을 함축하는 것을 근거로 양보를 조건의 한 의미 유형으로 보기도 한다(장경
　　희 1995, 박승윤 2007, 박재연 2011).

을 취하는 형태가 없는데, 이는 양보의 의미관계에서는 과거 시제 형식과
일부 접속어미의 결합이 반사실성을 나타내기 때문이다.

(61) 가. 너희들이 하룻밤이라도 이 동네에 있는 것이 부질없는 일이니,
　　　　날이 저물었더라도 지금 떠나라.
　　나. 쌀수입 개방만은 외국과 약속했더라도 취소해야 한다.
　　다. 넉넉히 착수금을 치르고 변호사에게 맡길 만한 돈지갑만 있었더
　　　　라도 이곳에 나타날 필요는 없었을 것이다.

　(61)은 '-었더라도'가 사실, 비사실, 반사실의 명제와 결합할 수 있음
을 보여준다. 한편, '-었던들'은 반사실만을 나타내는데, '-은들'에 '-었
더-'가 결합한 것으로 분석하면 '-었더라도, -었어도'와 함께 양보의 의
미관계에서 반사실이 과거 시제 형식과 양보 어미의 결합으로 표시된다
고 볼 수 있다.
　조건은 선행절에 후행절 성립의 전제가 나타나 있으면서, 사건시가 한
정되지 않는 특성을 갖고 있다(졸고 2011나 : 103).

(62) 가. (비가 와서 옷이 푹 젖은 경우) *이렇게 비가 퍼부으면 옷이 푹
　　　　젖었구나. (박승윤 1988 : 2)
　　나. 우리 동네는 비가 많이 오면 매번 하수구가 넘쳤다. (최상진·임
　　　　채훈 2008 : 132)
　　다. 내일 비가 퍼부으면 옷이 푹 젖을 텐데.

　(62가)의 비문법성에 대해서는 조건이 개별 사건이 아니라 개별 사건
들을 통해 인지되는 유형 사건과 유형 사건의 상례적이고 총칭적인 관계
를 나타낸다고 본 최상진·임채훈(2008 : 130-133)의 논의를 참고할 수 있
다. 즉 (62가)의 선·후행절은 지금 비가 온 개별 사건과 지금 옷이 젖은

개별 사건을 가리키기 때문에 조건의 접속어미 '–으면'과 양립할 수 없다는 것이다. (62나)는 '–었–'을 통해 사건시가 과거로 한정되어 있지만 과거의 어느 개별 사건을 가리키지 않고 상례성을 띠고 있기에 이러한 논의를 뒷받침한다. 그러나 조건문이 모두 상례적이고 총칭적인 것을 표현하는 데 그치는 것은 아니라서, (62다)와 같이 미래의 일이라 사건시가 아직 한정되지 않은 경우에는 '보통 비가 퍼부으면 옷이 푹 젖는다'와 같은 일반화는 함축되어 있을 뿐이고 (62다)는 내일 일어날 것으로 기대되는 개별 사건을 가리킨다.

(63) 조건의 의미관계

접속어미	사실	비사실	반사실
–으면	✓	✓	✓
–을라치면, –을작시면, –노라면, –느라면, –자면, –고(는), –어서는, –다가는, –을수록	✓	✓	
–거든, –거들랑, –걸랑, –으려거든, –으려면, –어야, –어야지, –을진대		✓	
–다면/라면		✓	✓
–었던들			✓

(63)은 조건의 접속어미가 사실성의 스펙트럼에서 어떻게 분포해 있는지를 보여준다. 우선, 사실 명제를 취할 수 있는 '–으면'과 비사실이나 반사실 명제만을 취할 수 있는 '–다면/라면'을 비교하면 다음과 같다.

(64) 가. (차도 가운데 서 있는 노인에게) 거기 서 계시면 위험합니다. (이하 박승윤 1988 : 9)
　　　나. *(차도 가운데 서 있는 노인에게) 거기 서 계신다면 위험합니다.

(64)는 현재 벌어지고 있는 사태 즉 사실 명제가 '–다면/라면'과는 양

립할 수 없음을 보여준다. 한편, '-으면, -다면/라면'은 '-었-'과 결합했을 때 반사실 명제를 취할 수 있고, '-었던들, 었더라면'은[17] 반사실 명제만을 취한다는 차이가 있다.

> (65) 가. 설리반 선생님이 없었으면 헬렌켈러도 없었을 것이다.
> 나. 기업의 악덕행위는 정부의 단속이 철저했다면 훨씬 개선되었을 것이다.
> 다. 사건 당시 위협 무기는 칼 몇 자루와 노리개 권총인지라 승객이 대들었던들 실패했을 것이라고도 했다.
> 라. 어머니가 살아계셨더라면 저의 결혼 문제는 해결되었을지 모르지요.

(65)에서 조건절은 모두 반사실 명제를 취하고 있는데, 이렇게 반사실 명제가 조건절일 때는 후행절 역시 반사실성을 띠어야 한다.

3.4.3. 원인·이유와 목적

원인·이유와 목적의 의미관계는 목적절이 후행절 사태의 동기를 나타낸다는 점에서 개념적으로 유사하다.

> (66) 가. 공부를 열심히 해서 1등을 했다.
> 나. 1등을 하려고 공부를 열심히 했다.

(66)은 '공부를 열심히 하'는 것과 '일등을 하'는 것의 인과관계가 원인·이유의 절 접속과 목적의 절 접속에 역전적으로 나타날 수 있음을

---

17) '-었던들'은 '-었더-'와 '-은들'로 분석될 수 있으나, 이때의 '-은들'은 양보만을 표시하므로 반사실 조건절을 이끄는 '-었던들'은 그 형태를 분석하지 않았다. 이와는 달리 '-었더라면'은 '-었더-'와 '-다면/라면'이 결합한 것으로 볼 수 있고, '-다면/라면'이 조건의 접속어미이므로 '-었더라면'을 하나의 접속어미 형태로 보지 않는다.

보여준다.

　원인·이유의 의미관계는 결과와 필연적 관계를 가진 시공간 안에 위치하는 개체나 사태인 원인(cause)과 주장이나 추론, 추측 등의 근거로 시공간을 떠난 명제와 명제 사이의 관계적 개념인 이유(reason)를 모두 포함한다. 원인·이유의 절 접속 중에는 후행절에 나타난 추론 혹은 판단의 근거가 선행절에 나타날 수도 없고 또, 후행절의 행위 내용을 현실화시키고자 하는 발화 목적과 양립할 수도 없는 유형이 존재한다.

> (67) 가. 길이 지니까 어제 비가 왔음에 틀림없다. (남기심·루코프 1983 : 4)
> 　　가′. *길이 질어서 어제 비가 왔음에 틀림없다.
> 　　나. 기생충이 있는 것 같으니 병원에 가 보자.
> 　　나′. *기생충이 있는 것 같아서 병원에 가 보자.

　(67가, 가′)는 선행절이 후행절에 나타난 화자의 판단을 뒷받침하는 근거가 될 때, ‘-어(서)’는 비문법적임을 보여주고 (67나, 나′)는 청유문에도 마찬가지의 현상이 발생함을 보인다. 이와 관련하여 이원표(1999 : 129)에서는 접속사 ‘because’를 대상으로 인과관계의 의미 영역을 삼분한 Sweetser(1990)의 논의를 참고하였는데, ‘-으니(까)’의 절 접속은 화자의 판단을 뒷받침하는 근거를 나타내는 인식 영역(epidemic domain)이나 후행절로 나타난 화행의 이유를 제시하는 화행 영역(speech act domain)을 표현하고, ‘-어(서)’의 절 접속은 사태와 사태 사이의 논리적·필연적 귀결에 바탕을 둔 내용영역(content domain)을 표현한다는 것이다.

(68) 원인·이유의 의미관계

접속어미	내용영역	인식영역과 화행영역
-관데, -기로, -기에, -길래, -느라(고), -다고/라고, -답시고/랍시고, -던지, -던지라, -라서, -어(서), -은지/는지, -은지라, -을세라	✓	
-거늘, -나니, -노니, -으니(까), -으니만치/느니만치, -으니만큼/느니만큼, -으리니, -으리니, -으매, -으므로, -은즉, -은즉슨, -을지니	✓	✓

(68)에 제시된 접속어미 중에는 '-은지/는지'와 '-답시고/랍시고, -다고/라고'가 포함되어 있는데, 이들이 이끄는 원인·이유의 절 접속을 제시하면 다음과 같다.

(69) 가. 어린 아이가 어머니를 찾는지 울면서 길거리를 헤매고 있었다.
　　나. 얼굴 예쁘다고 남자들을 우습게 보는구면.
　　다. 문제는 공부한답시고 집을 나와 고시원서 먹고 자고 하면서부터였다.

(69)의 예문을 자세히 들여다보면, 이들 접속어미가 원인·이유의 의미관계뿐 아니라 화자의 태도 즉, 양태적 의미까지 표시하고 있음을 알 수 있는데, 이에 대해서는 4절에서 논의하기로 한다.

목적의 의미관계는 지금까지는 주로 의도로 불려왔는데(서태룡 1982, 이기갑 1987, 서정수 1996 : 1156, 손세모돌 1997 : 103, 이금영 2011), 의도는 의도의 주체가 필요한 양태 의미를 가리키는 데 주로 쓰이므로 선·후행절의 의미관계를 가리키는 술어로는 목적을 사용하기로 한다.

목적의 절 접속을 사태와 사태의 의미관계를 나타내는 것이 아니라 후행절이 가리키는 사태를 수식하거나 한정하는 수식 부사절로 보기도 하는데(임홍빈·장소원 1995 : 308, 이은경 2000 : 57-59), 이와 관련하여 목적절이 문장에 놓이는 언표 내적 효력에 관여적이라는 사실을 주목할 필요가 있다.

(70) 가. 첫째, 출발 시 먼저 나가려고 밀치지 않는다.
　　　가´. *첫째, 출발 시 먼저 나가려고 밀치지 마.
　　　나. 마지막 장면에서 눈물이 흐르게 눈에 안약을 넣었다.
　　　나´. 마지막 장면에서 눈물이 흐르게 눈에 안약을 넣어라.

(70가´)는 '-으려(고)'의 목적절이 명령문과 양립할 수 없음을 보여주는데, 이는 이접을 제외한 모든 절 접속의 의미관계에서 발견되는 현상이다. 이와 더불어 원인·이유의 의미관계와 목적이 개념적으로도 유사하다는 것을 고려하면 목적을 사태와 사태의 의미관계를 나타내는 것으로 볼 수 있다.

(71) 목적의 의미관계

접속어미	주어의 의도
-고자, -느라(고), -으려(고), -으러, -자고, -잡시고	✓
-게, -게끔, -도록, -으라고	

(71)은 목적의 접속어미 중 절반 이상이 주어의 의도를 표현하는 양태적 의미를 표시함을 보여주는데, 이 양태 의미로 말미암아 이들 접속어미는 선행절과 후행절의 주어가 동일해야 하는 제약을 보인다.

(72) 가. 그녀는 돈을 모으고자 고향에 있는 아들 자식을 불러들였다.
　　　나. *그녀가 돈을 모으고자 고향에 있는 아들 자식이 서울에 올라왔다.
　　　다. 그녀가 돈을 모으게 고향에 있는 아들 자식이 서울에 올라왔다.

(72나)는 '-고자' 절 접속의 선행절 주어와 후행절 주어가 같아야 함을 보여주는 예문이다. 의도의 양태 의미가 본질적으로 그 주체가 통제할 수

있는 대상에 놓인다고 볼 때, '-고자'가 나타내는 주어의 의도가 놓이는 선행절이 후행절의 목적이 되기 위해서는 의도라는 심리적 태도의 주체가 후행절의 주체가 되어야 하기 때문에 이러한 제약이 발생하게 된다. 반면 '-게'는 (72다)에서 볼 수 있듯이 의도의 양태 의미를 나타내지 않으므로 선행절과 후행절의 주어가 다를 수 있다.

4. 절 접속의 문법적 특성

우리는 절 접속의 통사적 지위에 대한 2절의 논의에서 대등 접속과 종속 접속이 보이는 문법적 차이를 살펴보았다. 이 논의는 절 접속을 크게 양분한다는 점에서 거시적인데, 절 접속의 의미관계 유형에 따라 대등성과 종속성에서 정도의 차이를 보인다고 보는 일부 분리론의 연구들은(이은경 2000, 장요한 2010) 그보다는 좀 더 가까운 거리에서 절 접속의 문법적 특성에 대해 고찰한 것이라고 할 수 있다. 한편, 절 접속이 보이는 문법적 특성이 절 접속 전체를 관통하고 있어서 각 의미관계 유형 내의 접속어미들을 구분하는 변별적 기능을 한다고 보는 졸고(2011나)와 같은 접근도 있으니 본 절은 절 접속의 문법적 특성을 담고 있는 문법 단위에 대한 것으로 논의를 시작하고자 한다.

4.1. 문법적 특성의 문법 단위

절 접속과 관련한 문법적 특성에 대한 연구는 첫째, 선행절과 후행절의 의미관계가 얼마나 긴밀한가의 문제와 둘째, 절 접속 전체를 관통하는 문법적 특성에는 어떠한 것이 있느냐의 문제로 나누어 검토해 볼 수 있다.

절 접속이 내포문이 아닌 접속문을 구성한다고 보는 분리론은 이은경 (2000)과 장요한(2007, 2010)에 이르러 시제의 해석, 언표 내적 효력의 영향력과 선어말어미 통합관계, 부정의 범위 등을 관찰하여 절 접속이 독립성의 척도에 정도의 차이를 보이며 분포하고 있는 것으로 보고 있다.

(73) 선행절의 대등성 및 종속성[18]

	선후행절의 대칭성	선행절의 이동제약	후행절의 대용제약	선행절의 대조성	선행절의 언표내적효력	선행절의 시제해석
선택	●	●	●	−	●	◐
나열	◐	◐	◐	●	●	●
대조	◐	◐	◐	●	◐	●
배경	◑	◑	◑	◑	◑	◑
양보	− (어도 ◑)	− (어도, 은들 ◑)	− (어도 ◑)	○	◑	◑
선행	−	−	−	○	◑	−
원인	−	−	−	−	◐	◐
조건	−	−	−	−	−	◑
결과	−	−	−	○	−	−

(73)은 이은경(2000 : 137)에 제시된 절 접속의 대등성 및 종속성 표인데, 선·후행절의 대칭성, 이동제약, 대용제약, 대조성, 언표 내적 효력, 시제 해석에 있어 대등성 및 종속성의 정도를 표시하고 있다. 대부분은 2절에서 논의된 것이니 여기에서는 시제 해석에 대해 살펴보겠다.

(74) 가. [철수가 {가고, 가지만, 가거나, 가자, 가는데, 가도, 가면, 가니까, 가도록} 영희가 오]겠다.

　　가'. [철수가 {가고, 가지만, *가거나, *가자, 가는데, 가도, 가면, 가

---

18) '●'는 언제나 대등성을 보인다는 의미이고 '◐'는 주로 대등성을 '◑'는 주로 종속성을 나타낸다는 의미, '○'는 약간의 대등성을 보인다는 의미이고 '−'는 종속성만을 보인다는 의미이다(이은경 2000 : 137).

니까, *가도록} 영희가 오겠다.

나. [철수가 {가고, 가지만, 가거나, 가자, 가는데, 가도, 가면, 가니
까, 가도록} 영희가 오]았다.

나´. [철수가 {가고, 가지만, *가거나, *가자, 가는데, *가도, *가면, *가
니까, *가도록} 영희가 왔다.

(74가, 나)는 후행절의 미래 시제와 과거 시제 요소가 선행절에도 영향
을 미치는 의존적 시제 해석의 예이고 (74가´, 나´)는 선행절의 시제는
현재, 후행절은 각각 과거와 미래인 독립적 시제 해석의 예이다. 위에서
볼 수 있듯이 선택과 시간 관계, 목적의 의미관계는 항상 의존적 시제 해
석을 허용하므로 종속적이고, 양보, 조건과 원인·이유는 미래 시제일 때
는 독립적 시제 해석을 허용하나 과거시제일 때는 의존적이기만 하므로
나열, 역접의 대등한 절 접속에 비해서는 의존적이지만 선택과 시간 관
계, 목적에 비해서는 독립적이라고 볼 수 있다.

지금까지 절 접속의 의미관계 유형을 대상으로 그 대등성 및 종속성에
대한 연구를 살펴보았는데, 각 의미관계 유형을 구성하고 있는 접속어미
를 대상으로 하여 절 접속을 더 가까이 들여다보면, 절 접속 전체를 관통
하는 문법적 특성을 발견할 수 있다.

(75) 가. *순희는 커피를 마시며 철수는 맥주를 마셔라. (나열)
나. *준영이 다가가자 싸움을 멈추고 서로를 노려보자. (시간 관계)
다. *문을 열었더니 아이들이 공부를 하고 있어라. (배경)
라. *비가 오건마는 소풍을 가자. (양보)
마. *책을 많이 읽어야지 좋은 글을 씁시다. (조건)
바. *요즘 흑맥주가 인기라서 대학로에 흑맥주집을 열자. (원인·이유)
사. *건강관리하고자 운동을 시작하라. (목적)

(75)는 대조와 선택을 제외한 의미관계에서 명령이나 청유의 언표 내
적 효력과 공기할 수 없는 접속어미들이 포함되어 있음을 보여준다.19)
(75)의 현상은 절 접속의 서법 제약으로 불려왔던 것인데, 하나의 접속어
미가 어떠한 의미관계를 표시하느냐에 따라 다르게 나타나기도 한다.

(76) 가. 비료가 너무 진하면 도리어 해가 되니까, 이 점에 주의하라.
　　가´. 비료를 많이 뿌리니까 도리어 해가 되었다.
　　가″. *비료를 많이 뿌리니까 해를 입히자.
　　나. 이 장면에서는 기차에 부딪치면서 튕겨나가라.
　　나´. 신부는 한자리에 앉아 있으면서 못 본 체하였다.
　　나″. *신부는 한자리에 앉아 있으면서 못 본 체하라.

(76가)를 통해 원인·이유의 의미관계를 나타내는 '-으니(까)'가 명령
의 언표 내적 효력을 허용하는 것을 알 수 있는데, (76가″)는 동일한 어
미가 배경의 의미를 나타낼 때의 예로 이때는 후행절에 명령이나 청유의
언표 내적 효력을 허용하지 않는다. 마찬가지로 '-으면서'는 (76나)와 같
이 시간 관계를 나타낼 때는 제약을 보이지 않으나 (76나″)와 같이 양보
의 의미관계를 나타낼 때는 명령이나 청유의 언표 내적 효력과 양립할
수 없다.

다음으로, 많은 유형의 의미관계에서 양태 의미를 갖는 접속어미를 발
견할 수 있다.

(77) 가. 소망을 품는 이에게 행복이 있을지며, 신념을 가지고 노력하는
　　　　이에게 영광이 있을지어다. (나열)
　　나. 선비는 전 같으면 이런 것들이 무서우련만 이 순간 그에게 있어

---

19) 앞서 논의한 바와 같이 대조의 의미관계는 이들 언표 내적 효력뿐 아니라 의문의 언표 내
　적 효력이 놓일 때에도 어색하므로 본론의 논의에서는 제외하였다.

서는 아무것도 두려울 것이 없었다. (대조)
다. 내가 이번 일을 맡으려니와 지난 일은 자네가 마무리해 주게.
(배경)
라. 이 말 눈을 볼작시면 왕방울같이도 생겼구나. (조건)
마. 소파는 고급 취향을 냅답시고 숫제 번들번들한 가죽제품이었다.
(원인·이유)
바. 대승은 선거에 나가고자 지역모임에 얼굴을 내밀기 시작했다.
(목적)

(77)은 선택, 시간 관계와 양보를 제외한 의미관계에서 인식 양태, 의무 양태, 정감 양태를 표시하는 접속어미가 발견됨을 보여준다. 이들 중에는 (77가-다)처럼 '-을, -리-'의 양태소를 포함하고 있는 것들이 많으나 (77라-바)와 같이 형태 분석으로는 그 의미를 설명하기 어려운 것들도 있다.

다음으로 배경과 원인·이유의 일부 접속어미에서 증거성의 문법적 특성이 발견된다. 관련 예문을 아래와 같이 제시한다.

(78) 가. *내가 열심히 공부하더니 일등을 했다.
가´. 우리 딸이 열심히 공부하더니 일등을 했다.
나. 산길을 접어드니까 김 씨가 지도를 폈다.
나´. *산길을 접어드니까 내가 지도를 폈다.

(78)은 배경의 절 접속인데 화자의 직접 경험과 화자의 지각이라는 증거성이 선·후행절에 표시되어 있다. (78가)의 선·후행절과 (78나)의 후행절에는 화자가 지각한 내용이 나타나야 하나, (78나)의 선행절은 화자의 직접 경험을 요구한다.

한편, 원인·이유의 '-던지'는 추측과 감탄의 양태 의미를 표시하는데, 추측의 의미일 때는 후행절 주어 과거 지각의 증거성을 요구하고 감탄을 나타낼 때는 화자 과거 지각의 증거성을 요구한다. 그리고 '-길래'는 평서문인 경우에 선행절에 화자가 지각한 내용이 와야 한다.

(79) 가. *<u>내가 밥을 어찌나 빨리 먹던지</u> 소화가 잘 안 된다.
　　가′. 내가 얼마나 밥을 빨리 먹었던지 소화가 잘 안 된다.
　　나. *<u>나는 매일 운동을 하길래</u> 몸이 튼튼하다.
　　나′. 내가 네게 무슨 일을 했길래 이리 화를 내느냐?

(79가)의 '-던지'는 감탄의 정감 양태를 나타낼 때 선행절에 화자의 과거 지각 내용이 와야 하고, (79나)의 '-길래'는 평서문에 한해 선행절에 화자의 지각을 요구한다.

4.2. 본래적 특성과 관계적 특성

절 접속을 대상으로 서법 제약이나 양태 또는 증거성의 문법적 특성을 논의할 때, 선행절이나 후행절이 논의가 되는 문법 범주의 영역이 되기도 하고, 절 접속 전체가 그 영역이 되기도 한다.

(80) 가. <u>이런 일이 터지리라고 나는 예측했기에</u> 자존심이 상해도 참아왔던 것이다.
　　가′. *<u>이런 일이 터지리라고 나는 예측했길래</u> 자존심이 상해도 참아왔던 것이다.
　　나. <u>문을 여니까</u> 이상한 소리가 들렸다.
　　나′. *<u>문을 여니까</u> 내가 공부하고 있었다.

(80가, 가′)는 원인·이유의 의미관계를 나타내는 '-길래'가 선행절에 화자 지각의 증거성을 요구하는 예이고 (80나, 나′)는 배경의 '-으니(까)'

가 후행절에 화자 지각의 증거성을 요구하는 것을 보여준다. 이와 같이 어미에 따라 화자 지각의 증거성이라는 동일한 문법적 특성을 나타내면 서도 그 영역에 있어서는 각각 차이를 보이는 현상을 포착하기 위해 절 접속의 문법적 특성을 본래적인 것과 관계적인 것으로 구분할 필요가 있 다(졸고 2011나 : 29).

> (81) 가. 본래적 특성 : 선행절을 영역으로 하는 문법 특성
> 나. 관계적 특성 : 후행절이나 절 접속 전체를 영역으로 하는 문법 특성

위에서 살펴본 문법적 특성에 (81)에 제시된 도구적 개념을 적용하면 접 속어미가 나타내는 양태 의미는 본래적 특성에 해당하고 서법 제약은 후행 절에 종결어미가 위치하므로 관계적 특성에 속하는 것으로 볼 수 있다.

4.3. 서법 제약과 언표 내적 효력

지금까지 절 접속의 문법적 특성에 대해 살펴보았는데, 이를 서법 제 약에 대한 논의로 마무리하려고 한다. 서법 제약은 절 접속에 대한 연구 에서 가장 많이 다루어진 문법 특성이다. 그런데 여기에서 서법이란 무엇 인지 고민해 볼 필요가 있다. 서법의 개념은 서법을 표시하는 형태와 밀 접한 관련을 맺고 있는데, 종결어미가 나타내는 문장의 종류가 절 접속에 관여적인 서법이라고 보면(최재희 1991 : 196, 윤평현 2005, 이은경 2000 : 265- 269, 장요한 2010 : 188), 다음과 같이 종결어미가 없는 문장이나 문장 유형 으로는 의문문이나 청유의 언표 내적 효력을 갖는 경우의 비문법성은 설 명하기 쉽지 않다.

(82) 가. 시간이 {*촉박해서, 촉박하니까} 3시까지 도착하도록!
　　나. 새 옷을 {*사야, 사면} 같이 외출을 할까?

　(82)와 같은 현상을 설명하기 위해서는 문제의 문법 범주가 주로 종결
어미에 의해서 표시되나, 그것에 의해서만 표현되는 것은 아니라는 관찰
에서 논의를 시작해야 한다. 종결어미는 문장의 종류를 표시하는데, 문장
의 종류는 화자의 태도를 나타낸다는 점에서 화행론에서의 언표 내적 효
력과 밀접하게 관련된다(임홍빈・장소원 1995 : 353-355, 윤석민 2000 : 51). 게
다가 문장의 종류를 표시하지 못하는 반말체 종결어미에서는 수행 억양
을 통해서 언표 내적 효력이 표시된다는 것을 고려하면, 문제의 문법 범
주는 문장의 종류가 아니라 언표 내적 효력임을 알 수 있다.

(83) 가. 무의지 언표 내적 효력 : 진술, 질문, 감탄, 경계
　　나. 의지 언표 내적 효력 : 명령, 청유, 약속

　(83)은 언표 내적 효력에 Jesperson(1924 : 320-321)의 의지적 요소와 무
의지적 요소의 구분을 적용한 것이다. 무의지 언표 내적 효력이 실린 발
화는 문장에 담긴 정보의 소통이 문제가 되지만(윤석민 2000 : 93), 의지 언
표 내적 효력이 실린 발화는 행위 내용으로서의 명제와 그것을 현실화시
키고자 하는 화자의 의지가 나타난다.

5. 정리

　지금까지 절 접속의 통사 구조와 의미관계, 그리고 절 접속의 문법적
특성에 대해서 차례대로 살펴보았다.

이 글은 절 접속의 통사 구조에 대한 그동안의 논의를 접속과 내포의 관계를 어떻게 파악하느냐에 따라 분리론, 부분적 분리론 그리고 통합론으로 나누어 검토하였다. 전통적인 입장의 분리론에서 종속 접속과 대등 접속은 통사적으로 구분된다는 부분적 분리론에 이어, 통합론에 이르러서는 종속 접속과 대등 접속이 깔끔하게 양분되는 것이 아니라 오히려 대등 접속과 종속 접속의 구분이 의미론적인 차이일 수 있다는 애초의 분리론으로 문제가 환원되는 것을 볼 수 있었다. 앞으로 절 접속의 통사 구조에 대한 논의는 접속어미 각각에 대한 세밀한 기술과 더불어 대칭적이고 다항적인 병치를 아우르는 것으로 심화되고 또 확대되어야 할 것이다.

이 글은 절 접속의 의미관계를 접속의 개념적 속성이라고 보았다. 통사 구조와 합치하지 않는 고광주(1999)적 의미관계에 놓인 절 접속을 대등 접속의 의미관계로 보고 이를 다시 대칭적인 의미관계와 비대칭적 의미관계로 나누었다. 종속적 의미관계는 후행절이 중심 사태가 되는 비대칭적 관계로 선행절이 후행절에 부가된 통사 구조가 그 의미관계와 합치하는 것이었다.

> (84) 가. 대등 접속의 의미관계 : 나열(순접, 첨가), 대조(역접, 첨가), 선택
> (이접, 선호)
> 나. 종속 접속의 의미관계 : 시간 관계, 배경, 양보, 조건, 원인·이유,
> 목적

(84)에 제시된 의미관계는 그것이 논증되지 않았다는 점에서 근본적인 한계가 있으며, 의미관계 간의 의미의 멀고 가까움을 가늠할 수 있는 이론적 바탕 및 과학적 도구를 제시하는 것도 연구과제로 남아있다. 한편, 일부 접속어미는 (84)에 제시된 의미관계를 둘 이상 표시할 수도 있는데, 그 중에는 배경의 의미관계를 나타내는 것들이 가장 많았다. 이러한 어미

들은 현대국어 구어체에서는 잘 쓰이지 않는 것들로 통시적인 논의가 필요한 연구 주제라고 볼 수 있다.

마지막으로 그동안 접속어미의 제약이라고 불려왔던 절 접속의 문법적 특성에 대한 논의에서 절 접속의 문법적 특성이 선행절에 나타나는지 후행절에 나타나는지 아니면 절 접속 구성 전체를 그 영역으로 하는 것인지를 구분할 필요가 있음을 보았다. 이 글은 선행절에만 국한되는 문법적 특성을 본래적인 것으로, 후행절이나 절 접속 구성 전체를 대상으로 하는 문법적 특성을 관계적인 것으로 보고 이들을 각각 본래적 특성과 관계적 특성으로 부를 것을 제안했다.

‖ 참고문헌

고광주(1999), "대등 접속문에 대한 재검토", 한국어학 9, 49-80.

권재일(1985), 국어의 복합문 구성 연구, 집문당.

김영희(1988), "등위 접속문의 통사 특성", 한글 201 · 202, 83-117.

김영희(1998), 한국어 통사론을 위한 논의, 한국문화사.

김정대(1999), "한국어 접속문에서의 시제구 구조", 언어학 24, 75-107.

김진수(1987), 국어 접속조사와 어미 연구, 탑출판사.

남기심 · 루코프(1983), "논리적 형식으로서의 '-니까'의 구문과 '-아서'의 구문", 고
　　영근 · 남기심 편, 국어의 통사 의미론, 탑출판사, 2-27.

남기심 · 고영근(1985/1993), 표준국어문법론, 탑출판사.

남기심(1985), "접속어미와 부사형어미", 말 10, 69-77.

남기심 편(1994), 국어 연결어미의 쓰임, 서광학술자료사.

박소영(2002), "한국어 부사절과 접속문 체계 다시 보기", 언어학 34, 49-73.

박승윤(1988), "국어의 조건문에 관하여", 언어학 13, 1-14.

박승윤(2007), "양보와 조건", 담화와 인지 14-1, 63-83.

박재연(2007가), "문법 형식의 전경 의미와 배경 의미―'-으면서, -느라고, -고서, -자
　　마자'의 의미 기술을 위하여―", 한국어 의미학 22, 73-94.

박재연(2007나), "문법 형식의 의미 기술과 통사론 · 의미론 · 화용론", 한국어학 37,
　　181-206.

박재연(2009), "연결어미와 양태 : 이유, 조건, 양보의 연결어미를 중심으로", 한국어
　　의미학 30, 119-141.

박재연(2011), "한국어 연결어미 의미 기술의 메타언어 연구―'양보, 설명, 발견'의
　　연결어미를 중심으로―", 국어학 62, 167-197.

박진호(2009), "동시성을 나타내는 연결어미 '-면서'의 비대칭적 용법", 한국언어문
　　화 38, 173-187.

박진호(2013), "의미지도를 이용한 한국어 어휘요소와 문법요소의 의미 기술", 국어
　　학 63, 459-519.

박진호(2011), "한국어에서 증거성이나 의외성의 의미성분을 포함하는 문법요소", 언
　　어와 정보 사회 15, 1-25.

박진희(2011가), "국어 목적절의 네 가지 유형", 국어학 61, 181-206.

박진희(2011나), 국어 절 접속의 의미관계 유형에 대한 연구, 서강대학교 박사학위논문.

서정목(1985), "접속문의 의문사와 의문 보문자", 국어학 14, 383-416.

서정목(1998), 문법의 모형과 핵 계층 이론, 태학사.

서정섭(1991), 국어 양보문 연구, 한신문화사.

서정수(1996), 국어문법, 한양대학교 출판원.

서태룡(1979), "내포와 접속", 국어학 8, 109-135.

서태룡(1982), "국어의 의도·목적형에 대하여", 관악어문연구 7, 143-173.

손세모돌(1997), "연결어미 "-고자"와 "-려고"에 대하여", 관악어문연구 7, 143-173.

신지연(2004), "대립과 양보 접속어미의 범주화", 어문학 84, 75-98.

왕문용·민현식(1993), 국어 문법론의 이해, 개문사.

유현경(1986), "국어 접속문의 통사적 특질에 대하여", 한글 191, 77-104.

유현경(2002), "부사형 어미와 접속어미", 한국어학 16, 333-352.

유현경(2011), "접속과 내포", 국어학 60, 389-426.

윤석민(2000), 현대국어의 문장종결법 연구, 집문당.

윤평현(2005), 현대국어 접속어미 연구, 박이정.

이관규(1992), 국어 대등 구성 연구, 서광학술자료사.

이금영(2011), "근대국어 의도 관계 연결어미 연구", 한국언어문학 76, 37-62.

이기갑(1987), "의도구문의 인칭 연구", 한글 196, 295-307.

이원표(1999), "인과관계 접속표현 : 세 가지 의미영역과 일관성의 성취", 언어 24-1, 123-158.

이은경(1998), "접속어미의 통사", 문법 연구와 자료(이익섭 선생 회갑 기념 논총), 태학사, 465-489.

이은경(2000), 국어의 연결 어미 연구, 태학사.

이은경(2010), "역대 학교 문법의 연결 어미와 부사형 어미-이어진 문장, 부사절과의 관련성을 중심으로-", 한국어학 46, 285-315.

이익섭·임홍빈(1983), 국어문법론, 학연사.

이익섭·채완(1999), 국어문법론강의, 학연사.

이익섭(2000), 개정판 국어학개설, 학연사.

이익섭(2003), 국어 부사절의 성립, 태학사.

이정훈(2008), "한국어 접속문의 구조", 생성문법연구 18, 115-135.

이필영(1994), "대등절과 종속절에 관하여", 선청어문 22, 645-669.

임동훈(2009), "한국어 병렬문의 문법적 위상", 국어학 56, 87-130.

임채훈(2008), "'감각적 증거' 양태성과 한국어 어미 교육-'-네', '-더라', '-더니', '-길래' 등을 중심으로-", 이중언어학 37, 199-234.

임홍빈·장소원(1995), 국어문법론 I, 한국방송대학교출판부.

장경희(1995), "국어 접속 어미의 의미 구조", 한글 227, 151-174.

장요한(2007), "'문장의 확장'에 대한 소고", 시학과 언어학 4, 191-220.

장요한(2009), "中世國語 接續 構成에서의 事實性", 語文硏究 37-1, 161-181.

장요한(2010), 15세기 국어 접속문의 통사와 의미, 태학사.

최동주(1994), "국어 접속문에서의 시제 현상", 국어학 52, 127-152.

최상진·임채훈(2008), "인과관계 형성의 인지과정과 연결어미의 상관성-'-어서', '-니까', '-면' 등을 중심으로-", 국어학 52, 127-152.

최상진·임채훈(2009), "부연의 연결어미 '-지'의 의미와 용법", 한국어학 42, 291-316.

최재희(1989), 국어 접속문의 구성에 관한 연구, 성균관대학교 박사학위논문.

최재희(1991), 국어의 접속문 구성 연구, 탑출판사.

최현배(1937/1965), 우리말본, 정음문화사.

허철구(2005), "대등접속문의 통사 구조", 배달말 36, 55-87.

허철구(2010), "국어의 '-고' 접속문의 구조와 해석", 한국어학 47, 262-293.

Jesperson, O.(1924), *The Philosophy of Grammar*, Allen and Unisin LTD.

Lyons, J.(1977), *Semantics* vol. 2, Cambridge University Press.

Sohn, Ho-Min(2009), The Semantics of Clause Linking in Korean, In Dixon R. M. W. & Aikhenvald A. Y. eds., *The Semantics of Clause Linking-A Cross-linguistic Typology*, Oxford University Press, 285-317.

Sweetser, E.(1990), *From etymology to pragmatics*, Cambridge University Press.

Enç, M.(1986), Anchoring Conditions for Tense, *Linguistic Inquiry* 18, 633-657.

접속문의 성립과 '더해감' 접속문*
장 요 한

1. 도입

이 글에서는 우선 접속문의 성격과 의미 관계를 검토하고 '더해감' 접속문의 성립에 대하여 살펴본다. 이어서 '더해감' 접속어미가 다양하게 실현되는 중세국어를 중심으로 더해감 접속어미의 형태와 의미 특성에 대해서 살펴보기로 한다.1)

접속문은 선행절과 후행절이 접속되면서 일정한 의미 관계를 가지기 때문에 접속문 연구에서 의미 관계를 제한하여 체계를 세우는 것은 매우 중요한 일이다. 무엇보다 선행절과 후행절을 잇는 접속어미의 수효가 매우 많고 의미 기능 또한 다양하게 나타나기 때문에 접속문 연구를 체계화하기 위해서는 우선적으로 접속문의 의미 관계를 설정하는 일이 필요

---

* 이 글은 장요한(2007, 2011)에 실렸던 논문을 일부 수정하여 보완한 것이다.
1) '더해감'의 의미 관계 용어에 대해서는 본문에서도 언급하겠지만 고영근(1987), 안병희·이광호(1990/2001)을 따른 것이다. 그런데 '더해감'은 최현배(1937)에서 제시한 '더해감꼴'에서 비롯된 것으로 보인다. 한편, 허웅(1975)나 김송원(1988), 리의도(1991) 등에서는 '비례' 접속문으로 명명하고 있다.

한 것이다. 그런데 접속되는 절과 절의 의미 관계를 문맥적 해석에 의존하다보니 연구자들마다 의미 관계를 바라보는 관점이 다르기도 하고, 의미 관계를 규정하는 용어도 매우 다양하게 표현하기 때문에 의미 관계를 체계화하여 합의점을 이끌어내기는 쉬운 일이 아니다.

이 글에서 다루고자 하는 '더해감' 의미 관계는 연구자마다 논의를 달리하는 대표적인 경우이다. 대부분은 '더해감'을 종속 접속문으로 설정하여 다루고 있기는 하지만 연구자들에 따라서 용어를 달리 설정하고 있는가 하면 '더해감' 접속문의 비중을 그리 크게 두지 않고 제외하기도 하며, 어떤 경우에는 접속문 연구에서 '더해감'을 아예 언급조차 하지 않아서 '더해감'의 의미 관계를 설정하지 않는 것으로 보이는 논의도 있다.

'더해감'의 의미 관계는 '비례' 접속문으로 불리기도 하는데, 선행절의 사태가 더해질수록 후행절의 사태가 더해지거나 덜해지는 의미 관계로 해석되는 접속문이다. 현대국어에서는 '-을수록'이 대표적인 접속어미로 사용된다. 그런데 다른 접속문을 염두에 둘 때 해당 범주에 접속어미가 하나인 것이 특징적이고 선행절과 후행절이 [조건-결과] 구성을 취하고 있는 것도 특징적이다. 이 때문에 간혹 조건 접속문으로 오인받기도 한다.

한편, 중세국어에서 '더해감' 접속문에는 접속어미 '-디옷', '-을ㅅ록', '-드록'이 사용된다. 이 세 어미의 사용 빈도에는 차이가 있지만 현대국어를 비추어 볼 때 세 어미가 사용되는 것은 중세국어의 특징이라고 할 수 있다. 또한 '더해감' 접속문의 전형적인 예라고 할 수 있는 경우가 주로 나타나는 것도 특징적이다. 이러한 특징은 '더해감' 접속문이 조건 접속문과 구별되는 의미 관계로서 이해하는 데에 매우 용이하다고 할 수 있다.

그런데 중세국어에서는 '더해감' 접속문에 접속어미 '-디옷'이 주로 사용되기 때문에 '-디옷'의 분포와 통사·의미적 특성을 정밀하게 검토

하는 것이 필요하다. 현대국어 '-을수록'에 해당되는 '-을ㅅ록'은 근대국
어에 와서 점차 빈도가 높아진다. 중세국어에서는 한 두 예만 확인된다.
'-드록'도 예가 많지는 않아서 '-을ㅅ록'과 '-드록'으로 '더해감' 접속문
의 특성을 파악하는 데에는 어려움이 있다. 그러나 '-디옷'과 그 특성을
비교하여 각각 접속어미의 특성도 살펴보도록 하겠다.

이에 우선 2장에서는 접속문의 성격과 의미 관계를 검토하여 접속문의
이해를 도모한다. 이어서 3장에서는 '더해감' 접속문의 성립 문제에 대해
서 살펴보도록 한다. 이 장에서는 '더해감' 접속문의 의미 특성을 검토하
면서 '더해감'의 의미 범주 성립 문제를 다루게 될 것이다. 이어서 4장에
서는 '-디옷'을 중심으로 중세국어 '더해감' 접속문의 특성을 검토하도록
한다. 이와 함께 '-을ㅅ록'과 '-드록'도 함께 살펴보도록 하겠다.

2. 접속문의 성격과 의미 관계

2.1. 접속문의 성격

국어 연구에서 복합문은 일반적으로 내포문과 접속문으로 구분된다.
이 내포문과 접속문은 복합문을 형성하는 방식인 내포와 접속에서 비롯
된 용어이다. 여기에서 내포가 절이 문장의 성분으로 기능하는 방식이라
면 접속은 절과 절을 연결하는 방식을 말한다. 즉, 접속은 통사적으로 내
포 구성이 아니면서 의미적으로 대등하거나 종속적인 연결 구성 방식인
것이다.[2] 이러한 접속 방식에 의하여서 형성된 문장이 바로 접속문이다.

---

2) 접속에 대한 기존 입장을 정리하면 아래와 같다.
　(가) 서태룡(1978) : 두 문장이 지배관계가 아니라, 횡적관계를 맺고 결합하면 그 전체 문장
　　　을 접속문으로 정의할 수 있다. 즉 한 문장이 다른 한 문장의 구성성분이 아니라 그 문

그러므로 접속문은 선행절이 후행절에 부가적, 혹은 필수적 성분으로 기능하는 것이 아니라 선행절과 후행절이 연결되어 새롭게 형성된 문장을 말한다.

선행절과 후행절이 연결된 접속문은 두 가지로 구분되는데, 하나는 두 절이 대등한 관계를 가지는 대등 접속문이고 다른 하나는 한 절이 다른 한 절에 종속적인 관계를 가지는 종속 접속문이다.

> (1) 가. 산은 높고 바다는 넓다.
> 　　나. 산이 높아서 오르기가 힘들다.

(1가)는 대등적 나열 관계를 가지는 대등 접속문의 예이고, (1나)는 종속적 원인 관계를 가지는 종속 접속문의 예이다. 최현배(1937/1971)에 따르면 대등 접속문은 각각 독립적인 문장이 발화의 편의상 절을 단위로 하여 접속된 구성이고, 종속 접속문은 독립적인 문장이 서로 접속되어 더 큰 덩이의 생각을 나타내는 구성이다. 그는 대등 접속문과 종속 접속문의 차이를 대등성의 차이라고 지적하면서 종속 접속문의 선행절이 덜 독립적이라고 제시하였다. 이러한 지적은 언어학사적으로 매우 의미 있는 지적이라 할 수 있다. 최근에 지적되고 있는 접속문의 정도성 문제가 이와 관련되기 때문이다.[3]

　　장 전체와 관계를 맺고 결합한 문장으로 정의한다.
　(나) 권재일(1985) : 상위문이 하위문을 직접 관할하는 복합문 구성
　(다) 최재희(1991) : 두 개 혹은 그 이상의 독립된 문장이 서로의 논리적 관계에 따라, 접속어미에 의하여 복합문을 구성하는 현상을 지칭한다. 그리고 이러한 절차에 의하여 만들어진 문장을 접속문이라고 한다.
　(라) 임홍빈·장소원(1995) : 문장과 문장이 대등적으로나 종속적으로 이어지는 경우만을 '접속'에 포함시키고……
　(마) 이익섭·채완(2006) : 두 문장이 대등한 자격으로 결합하는 방식(대등접속)
3) 접속문의 정도성의 문제는 Kuno(1973)에서, 통사적 현상을 통하여, 논의를 시도하였는데 국어 접속문 연구에서 정도성의 문제를 적극적으로 적용한 것은 이은경(2000)이다. 이 논문은

주지하는 바와 같이 국어 종속 접속문의 선행절과 후행절은 의존적 관계를 가진다. 이러한 의존적 관계는 내포문의 주절과 내포절의 관계와도 유사하다. 때문에 몇몇 연구자들에 의해서 종속 접속문을 내포문의 부사절로 포함시켜야 한다는 논의가 있어 왔다. 부사절 논의를 받아들여 종속 접속문과 부사절을 동일한 구조로 처리할 수도 있겠으나 종속 접속문의 선행절을 내포문의 부사절처럼 수식절로서 기능한다고 보기는 어렵다.4)

이는 종속 접속문의 선행절과 일반적 부사절의 의미적 특성을 보면 알 수 있다. 일반적으로 부사나 부사절은 서술어나 구, 문장의 뜻을 분명히 하는 기능을 하면서, 정도나 양태, 수량, 시간의 의미적 수식관계를 가진다. 그러나 종속 접속문의 선행절은 선행절과 후행절의 의미적 관계에 따라서 이유나 원인, 조건, 계기 등의 의미적 특성을 가진다. 가령, "철수가 집에 가고 영이가 갔다."는 경우에 따라서 나열로 해석될 수도 있고, 계기로 해석될 수도 있다. 또한 "얼굴은 멀쩡해도, 속은 텅 비었어", "비가 오면 소풍은 가지 않는다"에서 선행절의 내용과 후행절의 내용이 서로 밀접하게 관련되어 있기는 하지만 선행절의 내용이 후행절의 내용을 수식한다고는 볼 수 없다. 이는 선행절을 생략했을 때와 그렇지 않을 때 보이는 명제의 차이가 큰 것에서 알 수 있다.

그래서 이 글에서는 종속 접속문의 선행절도 내포절과 같이 후행절에 의미적으로 의존적이긴 하지만 두 담화 혹은 사태가 접속되어 새로운 담화 혹은 사태를 만든다는 점에 주목하여 화제적 의존성이라 지시하기로 한다. 이러한 점에서 종속 접속문과 내포문의 구조를 동일하게 다루더라도 의미적 측면에서는 구분해야 하는 입장을 취하기로 한다.5)

대등성과 독립성을 통사와 의미적 현상을 통하여 접속문의 성격을 파악하고, 이를 통하여 접속문의 정도성을 제시하였다.

4) 이러한 생각은 통사와 의미의 불일치를 의미하는데, 통사와 의미의 불일치는 이미 고광주 (1999)에서 제기된 바 있다.

접속문의 이해를 돕기 위해서 접속문의 언표내적효력 현상을 살펴보도
록 하자. 접속문의 언표내적효력은 접속문의 성격을 파악하는 데에 매우
중요한 통사적 현상으로 지적되어 왔다.

> (2) 가. 철수가 가고 영희가 왔니?
> 나. 철수가 가거나 영희가 갔니?
> 다. 눈이 오면 집에 가니?
> 라. 비가 와도 소풍에 갈 거니?

(2가, 나)는 나열 및 선택의 대등 접속문이고 (2다, 라)는 종속 접속문
으로서 각각 조건과 계기의 의미관계를 가지는 구성이다. 대등 접속문인
(2가, 나)는 이미 알고 있듯이 후행절의 의문법이 선행절의 내용까지 미
친다. 선행절과 후행절이 대등적인 성격을 말해주는 것이다. 그런데 종속
접속문인 (2다, 라)는 후행절의 의문법이 선행절의 내용까지 미치지 못하
고 후행절만 의문문으로 해석된다. 언표내적효력이 선행절과 후행절이
다른 경우인데 이러한 특성은 대등 접속문과 대조되어 두 접속문의 차이
로 기술되어 왔다. 그런데 이은경(2000), 장요한(2010)에 따르면 종속 접속
문 중에서도 선행절에까지 언표내적효력이 미치는 경우도 있는가 하면
문체법에 따라서도 차이를 보이기 때문에 이에 대해서는 보다 면밀한 검
토가 요구된다. 하지만 대등 접속문의 경우에는 후행절의 문체법이 선행
절에까지 미치는 것에는 이견이 없으므로 대등 접속문과 종속 접속문의
차이를 이해하는 데에 중요한 현상이 아닐 수 없다.

이처럼 접속문의 이해를 도모하기 위해서는 의미적 특성뿐 아니라 통
사적 현상에도 주목하여 보다 활발한 연구가 이루어져야 할 것이다. 지금
까지 살펴본 내용을 토대로 접속문의 특성을 정리해 보기로 한다.

---

5) 접속문과 내포문의 차이는 장요한(2007)를 참고하기 바란다.

(3) 접속문(conjoining)의 특성

　가. 접속문은 절을 연결 대상으로 한다.

　나. 접속문은 절과 절이 연결되는 구성이다.

　다. 접속문은 대등문과 종속문로 구분된다.

　라. 종속 접속문은 선행절은 후행절에 화제적 의존성을 갖는다.

　마. 접속문은 접속 구성의 특성에 따라서 통사·의미적 특성이 달리
　　　나타나기도 한다.

2.2. 접속문의 의미 관계

국어 접속문의 의미 관계를 체계적으로 풀어내는 일은 쉬운 일이 아니다. 아마도 접속문 연구에서 가장 어려운 분야가 아닐까 한다. 접속문의 의미 범주 설정부터 각 의미 범주의 용어 문제, 개별 접속어미의 의미 특성까지 이 모든 특성을 염두에 둔 접속문의 의미 관계를 체계적으로 설정하는 일은 거의 불가능한 것처럼 여겨진다.

그래서 최근에는 접속문의 의미 관계를 보다 작은 의미 특성을 통하여 재분류하는 연구가 시도되고 있다. 가령, 이은경(2000), 장요한(2010)은 선행절과 후행절의 관계를 시간이나 양태적 특성을 통하여 재분류하여 접속문의 의미 특성을 파악하려는 연구가 이루어졌다. 이 외에도 개별 접속문을 보다 구체적인 의미 특성으로 나타내려는 연구도 이루어지고 있다. 하지만 다양한 연구가 시되되고 있음에도 불구하고 여전히 만족하지 못하는 것은 접속문의 의미 범주를 어떻게, 어디까지 허용할 수 있는가의 문제가 아직도 난항 중이기 때문일 것이다.

우선, 아래에 의미 범주를 제시한 대표적 논의를 제시하기로 한다.

(4) 가. 현대국어를 대상으로 한 논의

　　　최현배(1971) : 매는꼴, 놓는꼴, 벌림꼴, 풀이꼴, 견줌꼴, 가림꼴,

잇달음꼴, 그침꼴, 더보탬꼴, 더해감꼴, 뜻함꼴, 목
적꼴, 미침꼴, 되풀이꼴

권재일(1985) : 연결, 상대, 선택, 연결, 인과, 조건, 결과, 첨의

최재희(1991) : 병렬, 대립, 선택, 설명, 인과, 조건, 의도, 대조, 양
보, 순차, 설명, 전환, 비례, 비유, 결과

임홍빈·장소원(1995) : 나열, 반의, 선택, 제시, 인과, 조건, 양보,
결과, 시간, 계기, 강화, 비유

윤평현(2005) : 나열, 선택, 대립, 조건, 양보, 인과, 시간, 상황, 부
가, 전환, 목적, 결과

나. 15세기 국어를 대상으로 한 논의

허 웅(1975) : 나열, 가림, 설명, 제약, 불구, 미침, 의도, 전환, 비
례, 비교, 동시, 흡사, 힘줌, 가치, 되풀이, 연결

고영근(1987) : 나열, 상반(양보), 조건(가정), 설명, 이유, 원인, 인
용, 비교, 더해감, 비유, 희망, 의도, 목적, 전환, 선
택, 반복

김송원(1988) : 연결, 선택, 인과, 조건, 상대, 결과, 의도, 전환, 비
례, 비교, 평가, 목적, 반복, 동시, 흡사, 강조, 가치

안병희·이광호(1990, 2001) : 병행, 양태, 원인, 조건, 양보, 목적,
의향, 원망, 한도, 더해감, 연속, 도달, 부정 대상,
긍정 대상

위에 제시한 선행 연구만 보더라도 접속문의 의미 관계가 매우 복잡하
고 다양한 사실을 짐작할 수 있다. 동일한 현상에 대해서 논자마다 다른
의미 범주로 설정하기로 하고 용어를 달리 표현하고 있는 것을 보면 의
미 관계의 문제가 쉽지 않다는 것을 알 수 있다. 이러한 문제는 이 글에
서 본격적으로 다루고자 하는 '더해감' 접속문에도 나타난다. 다음 장에
서 확인하겠지만 '더해감'의 의미 범주 선정과 용어는 논자마다 다르게
기술되고 있다.

그렇다면 일정하게 나타나는 의미 관계를 접속문의 의미 범주로 선정하는 근거는 무엇인가? 이 문제는 접속문의 의미 관계를 체계적으로 기술하는 데에 매우 중요한 문제가 아닐까 한다. 그런데 이 문제를 여기에서 모두 풀어내기에는 지면뿐 아니라 아직은 필자의 역량이 부족하기 때문에 어려움이 있다. 그래서 접속문의 의미 범주 설정을 위한 가설을 세우는 것에 만족하기로 하겠다.

접속문은 앞서 검토했듯이 절과 절의 연결이다. 즉 사태와 사태가 연결될 때 두 절이 일정한 의미 관계를 가지는데, 두 절의 사태가 독립된 사태로 해석되기도 하고 두 사태가 매우 밀접한 관계를 가지면서 어느 한 사태에 의존적이기도 한다. 이때 일정한 의미 관계는 기왕의 논의에서 지적한 바와 같이 나열, 선택, 대조, 조건, 원인과 같은 의미 관계로 나타난다. 이러한 의미 관계는 통사적인 측면에서도 차이를 보인다. 가령, 장요한(2010)에서 지적한 바와 같이, 접속문의 초점 현상에서 확인할 수 있다. 접속문이 설명 의문문을 취할 때 두 절의 사태가 독립된 경우는 의문사가 선행절과 후행절에 모두 나타나는 것이 자연스러운데 의존적인 경우는 의문사가 어느 한 절(초점이 놓이는 절)에만 나타나는 것이 자연스럽다. 요컨대, 접속문은 두 절이 의미적으로 유기적 관계를 가지면서 고유한 통사적 특성을 보일 때 하나의 의미 범주로 선정할 수 있을 것이다. 이를 정리하여 의미 범주의 선정 조건을 아래와 같이 제안해 보기로 한다.

(5) 선정 조건 1 : 접속문의 의미 범주는 선행절과 후행절이 변별된 의미 관계를 가지고 변별된 통사적 특성을 나타낼 때 선정할 할 수 있다.

위 (5)에서 선행절과 후행절이 변별된 의미 관계를 가져야 한다는 것은 다른 의미 관계와 의미적으로 변별되어야 한다는 것을 말한다. 최근 박재연(2011)의 연구에서 의미 변별의 문제를 고려해 볼 수 있는데, "집에

가니까 동생이 울었다."와 같은 예문에서 '-(으)니까'가 발견 혹은 지각
으로 분류된 경우에 발견이나 지각은 이유의 의미와 그 거리가 매우 가
깝기 때문에 굳이 두 범주로 처리할 필요가 없다는 것이다. 나아가 발견
이나 지각으로 해석되는 '-(으)니까'는 인식 영역의 이유로도 해석될 수
있다고 지적하고 있다. 이 관점을 받아들인다면 발견 혹은 지각은 의미적
으로 원인 접속문과 큰 차이를 보이지 않기 때문에 의미적으로 변별되지
않는 것으로 판단할 수 있다.

　한편, '-(으)러'와 '-려고' 접속문을 구분하여 목적 접속문과 의도 접
속문을 구분하는 일도 있는데 이 접속문은 의미도 유사할 뿐 아니라 장
요한(2010)에서 지적한 바와 같이 두 접속문의 통사적 변별을 찾아볼 수
없다. 그러므로 목적과 의도 접속문에 대해서는 각각의 의미 범주를 선정
하여 다룰 필요가 없다. 이와 달리 대조와 양보를 접속문이 선행절과 후
행절이 반대로 해석되는 일을 두고 하나의 의미 범주로 선정하려는 경우
도 있지만 대조와 양보 접속문은 주제표시 '-는'의 통합 양상 및 의문사
통합, 부정범위 등 다양한 통사적 차이를 보이기 때문에 각각의 의미 범
주로 선정하는 것이 바람직해 보인다.

　위의 선정 조건과 함께 다음과 같은 선정 조건을 추가해 볼 수 있다.

　　(6) 선정 조건 2 : 접속문의 의미 범주는 고유한 접속어미를 가지고 있어
　　　야 한다.

앞서 검토한 바와 같이 선행절과 후행절이 연결될 때 의미 관계에 따
라 일정한 접속어미가 통합한다. 아래 예를 살펴보자.

　　(7) 가. 비가 오면 밖에 나가지 않겠다.
　　　　가′. *비가 오고 밖에 나가지 않겠다.

나. 철수도 왔고 영이도 왔다.

나′. *철수도 왔으면 영이도 왔다.

위 (7가)는 조건 접속문으로 '-(으)면'이 통합한 예이다. 그런데 이때 (7가′)과 같이 나열의 '-고'를 통합하면 비문이 된다. (7나)는 나열의 '-고' 가 통합한 나열 접속문이다. 그런데 이때 (7나′)과 같이 조건의 '-(으)면' 을 통합하면 비문이 된다. 이러한 현상을 통해서 각 접속문마다 일정한 접속어미를 지니고 있다는 사실을 확인할 수 있다. 그런데 하나의 접속어 미가 상이한 의미 범주에 나타나는 경우가 있는데 이때는 동음이의어로 처리할 수 있다.

이상으로, 접속문의 의미 관계를 선정할 때 체계적이고 합리적인 방안 을 위해서 몇 가지 선정 조건을 제안하였다. 그런데 선정 조건 1의 경우 에는 의미 관계의 변별과 통사적 변별을 통해서 '의미관계의 변별은 가능 하지만 통사적 변별이 불가능한 경우', '의미관계의 변별은 불가능하지만 통사적 변별은 가능한 경우' 등과 같은 몇 가지 가능성을 타진해 봐야 하 겠지만 이 글에서는 남은 과제로 남기기로 하고 의미 관계의 체계적인 선 정이 접속문 연구에 시급한 과제임을 지적하는 데에 만족하기로 한다.

3. 의미 범주로서 '더해감'의 성립

3.1. '더해감'의 접속문과 용어 정리

'더해감'은 선행절의 사태가 더해질수록 후행절의 사태가 더해지거나 덜해지는 의미 관계를 말한다.

(8) 가. 배가 가까이 올수록 점점 커 보인다.
　　나. 고도가 높아질수록 기온이 떨어진다.

위 (8)에서처럼 선행절의 사태가 더해짐에 따라서 후행절의 사태가 더해지거나 덜해지는 의미 관계는 현대국어에서 접속어미 '-을수록'에 의해서 실현된다. 간혹 선행절을 강조할 때는 '-(으)면 -을수록'으로 실현되기도 하는데 이는 선행절이 조건의 의미를 함의하고 있기 때문에 가능한 구성이라고 판단된다.[6]

'더해감'은 선행절 사태가 더해짐에 따라서 후행절의 사태가 결정되기 때문에 선행절과 후행절이 [조건-결과]의 의미 관계를 함의한다고 볼 수 있다. 하지만 더해짐에 따른 후행절 사태의 증감이 부여된다는 점에서 조건 접속문과 차이를 보인다. 아래 예를 살펴보자.

(9) 가. 먼저 웃으면 게임에 진 것이다.
　　가′. *먼저 웃을수록 게임에 진 것이다.
　　나. 나무를 도끼로 세 번 찍으면 넘어질 것이다.
　　나′. *나무를 도끼로 세 번 찍을수록 넘어질 것이다.

위 (9가, 나)는 조건 접속문으로서 선행절의 사태와 후행절의 사태가 [조건-결과] 구성을 가진다. 그런데 (9가′, 나′)와 같이 '-(으)면'을 '-을수록'으로 교체하면 비문이 된다. (9가, 나)의 경우에 선행절 사태의 수효가 정해져 있어서 증감의 의미는 나타나지 않기 때문에 비문이 된 것이

---

6) 이상태(1986)에서 '더해감'을 '비례적 조건'이라고 한 것과 관련된다. 즉, 선행절의 사태가 조건으로 해석되지만 후행절과 비례 관계를 가지기 때문에 조건의 하위 범주로 지적한 것이다. 본문에서도 언급한 바 있지만 '더해감'이 [조건-결과]의 의미 관계를 가지는 것은 사실이나 조건 접속문과 '더해감'의 차이를 가진다는 점에서는 일반적인 접속문과는 구별된다. 이상태(1986)의 논의를 따라가면 양보 접속문도 조건 접속문의 하위 범주로 볼 수 있는데, 이에 대해서는 장경희(1995), 박승윤(2007), 박재연(2011)에서 지적한 바 있다. 이에 대해서는(더해감 접속문, 조건 접속문, 양보 접속문의 분류) 후고에서 다루도록 하겠다.

다. 즉, 선행절과 후행절의 사태가 [조건-결과] 구성을 가지지만 증감의 의미가 나타나지 않을 때는 '-을수록'이 통합할 수 없는 것이다.

조건과 '더해감'의 의미 차이는 '도착하다'와 같은 동사에서도 드러난다. 아래 예를 살펴보자.

(10) 가. 밥을 먹으면 잠이 온다.
　　 가'. 밥을 먹을수록 잠이 온다.
　　 나. 버스가 도착하면 우리는 떠날 것이다.
　　 나'. *버스가 도착할수록 우리는 떠날 것이다.

위 (10나')과 같이 행위성의 의미보다는 완결성의 의미가 두드러진 '도착하다'의 경우는 '더해감'의 의미와 어울리지 않는다. 행위의 반복은 자연스럽지만 완결의 반복은 자연스럽지 않기 때문이다. 물론 도착하다의 주체가 복수인 경우는 도착의 수가 더해지는 의미로서 문장이 자연스럽게 이루어진다. '도착하다'의 주체가 복수인 경우는 도착하는 주체의 수가 더해지는 것으로 해석되는 것이다.

조건과 접속문은 의미뿐 아니라 통사적으로도 차이를 보이는데 아래 예를 보자.

(11) 가. 영이가 밥을 먹으면 밖에 나가자.
　　 가'. *영이가 밥을 먹을수록 밖에 나가자.
　　 나. 영이가 밥을 먹으면 밖에 나가라.
　　 나'. *영이가 밥을 먹을수록 밖에 나가라.

위 (11가', 나')은 '-을수록'이 청유법과 명령법 종결어미와 호응을 이루지 못하는 것을 보여준다. 이 현상은 위 (10)과도 관련된다. 후행절이 청유법과 명령법일 경우에는 선행절의 어간 '먹다'가 완결성 의미로 해석되기 때문에 '-을수록'과 어울리지 않는 것이다.

이상에서 검토한 바와 같이 '더해감'은 선행절과 후행절이 [조건-결과]의 의미 관계를 취하고 있지만 선행절 사태가 더해감의 의미가 덧붙여지는 의미 범주로서 더해감의 의미가 나타나지 않으면 비문으로 해석되는 접속 구성이다. '더해감'의 의미 특성에 대해서는 다음 절에서 보다 자세히 살펴보도록 하겠다.

아래는 현대국어와 중세국어 연구 성과에서 '더해감' 관련 의미 범주를 제시한 연구 내용을 정리한 것이다.

> (12) 기존의 의미 범주 설정
> 가. 현대국어를 대상으로 한 논의
>   최현배(1971) : 더해감꼴
>   권재일(1985) : 첨의
>   최재희(1991) : 비례
>   임홍빈·장소원(1995) : 강화
>
> 나. 15세기 국어를 대상으로 한 논의
>   허 웅(1975) : 비례
>   고영근(1987) : 더해감
>   김송원(1988) : 비례
>   안병희·이광호(1990, 2001) : 더해감

위 (12)에서 보는 바와 같이 '-을수록'의 의미 범주는 대부분의 논자가 설정하고 있으나 의미 범주의 용어는 '더해감'이나 '비례' 정도로 나뉘고 있다. '비례' 혹은 '비례법'은 허웅(1975), 김송원(1988), 리의도(1991) 등에서 주로 사용하는 용어로서 '앞 일의 되어 가는 정도에 비례해서 뒷 일도 되어 가는' 정도의 의미를 담고 있으며 후행절의 사태 내용에 초점을 둔 명칭이라 할 수 있다. 한편, '더해감'은 안병희·이광호(1990/2001), 고

영근(2005) 등에서 제시한 용어로서 선행절의 사태 내용에 초점을 둔 명칭이라 할 수 있다.

이와 같이 접속문의 의미 범주를 명명하는 방식은 두 가지 논지가 있는데 어떤 경우에는 이를 혼합하여 사용하는 일도 있기 때문에 이를 전공하는 연구자들이 합의점을 찾아서 용어를 일관성 있게 제안할 필요가 있다. 이에 대해서 최근 이은경(2000)에서는 선행절과 후행절의 기능을 아우르는 명칭을 부여하는 것이 바람직하지만 현실적으로 어려우므로 편의상 선행절의 의미를 기준으로 명칭을 부여하는 것이 바람직하다고 제시한 바 있다. 이와 함께 박재연(2011)에서도 종속 접속문은 선행절의 의미 기능을 중심으로 선정하는 것이 의미 관계를 염두에 둘 때 더 적절하다고 제안하기도 하였다.

이 글에서도 이와 유사한 생각을 하고 있다. 대등 접속문의 경우는 선행절과 후행절의 관계가 대등하기 때문에 대등한 절이 어떤 의미 관계를 취하는가가 중요하다. 주지하는 바와 같이 대등 접속문에서 선행절과 후행절은 독립적 성격을 지니기 때문에 두 절의 의미 관계를 나타낼 수 있는 명칭이 필요한 것이다. 그런데 종속 접속문은 '조건－결과', '원인－결과', '양보－결과'에서처럼 선행절과 후행절이 서로 다른 의미 특성을 가지고 있다. 이때 후행절의 사건을 중심으로 의미 범주 명칭을 정한다면 접속문이 분별되지 않는 문제가 발생하므로 선행절을 바탕으로 명칭을 선정하는 것이 더 바람직해 보인다. 이를 고려하면 이 글에서 다루고자 하는 접속문도 '더해감'의 명칭을 부여하는 것이 보다 합리적이라 생각한다.

3.2. '더해감'의 의미 특성

앞서서 '더해감' 접속문이 선행절의 사태가 더해질수록 후행절의 사태
가 더해지거나 덜해지는 의미 관계를 가진다고 언급한 바 있다. 그런데
'더해감'의 의미 특성은 선행하는 어간의 특성에 따라서 의미가 차이를
가진다. 아래 예를 보자.

(13) 가. 나이가 들수록 아버지를 닮아 간다.
　　나. 영이는 문을 두드릴수록 나오지 않을 것이다.
　　다. 교육수준이 높을수록 결혼 시기가 늦어진다.
　　라. 별은 푸를수록 온도가 높다.

위 (13가, 나)는 선행절에 동사가 실현된 예인데, 이때는 선행절의 사
태가 계속해서 진행되거나 반복적으로 이루어지는 사태를 나타낸다. (13
다, 라)는 선행절에 형용사가 실현된 예이다. 이 경우에는 서술어 상태의
정도나 수준이 한층 심화되는 의미로 해석된다. 즉, '더해감'은 선행절
어간의 종류에 따라서 계속 내지 반복, 그리고 정도나 수준이 한층 심화
됨의 의미를 담고 있는 것이다.

그런데 아래는 계사가 선행절에 통합한 예인데 그 해석이 흥미롭다.

(14) 가. 사람 관계는 <u>친한 사이일수록</u> 더 조심해야 한다.
　　나. <u>살이 빠진 남자일수록</u> 살찐 여자를 선호한다.
　　다. <u>회사가 어려운 때일수록</u> 구성원들이 서로 단결해야 한다.

위 (14)의 예들은 선행절이 형용사가 통합한 경우와 같이 정도나 수준
이 한층 심화됨의 의미로 해석되는데, 위 (14)에 밑줄 친 바와 같이 수식
구성을 포함한 의미가 도출되는 점이 특징적이다. 즉, (14가)는 '사이가

친할수록', (14나)는 '남자가 살이 빠질수록', (14다)는 '회사가 어려울수
록' 정도로 해석된다.

이와 관련해서 아래 예문은 '더해감'이 일반 접속문과 다른 의미 특성
을 가지고 있음을 보여준다.

> (15) 가. 남자가 친한 여자일수록 성격이 대범하다.
>   나. ²²철수가 친한 여자일수록 성격이 대범하다.

(15가, 나)는 친한 상대가 '남자'이거나 '철수'일 때의 의미로서 (15가)
는 매우 자연스럽게 느껴지지만 (15나)는 매우 어색하거나 비문에 가깝
게 느껴진다. (15가)와 (15나)의 차이는 여자가 친한 대상이 남자냐 철수
냐의 차이인데 문장 성립의 차이를 보이고 있는 것이다. 이를 통해 볼 때
선행절이 계사일 때는 총칭성 내지 일반성의 의미를 나타내는 것으로 판
단된다. 다음 예는 이를 확연하게 보여준다.

> (16) 가. 사람들은 학생일수록 머리를 단정하게 한다.
>   가′. *철수는 학생일수록 머리를 단정하게 한다.
>   나. 직업이 선생님일수록 행동에 조심해야 한다.
>   나′. *영이는 선생님일수록 행동에 조심해야 한다.

위 (16)은 (15)와 달리 수식 표현이 없는 구성이다. 이때 일반적 의미
를 가진 (16가, 나)는 아주 자연스럽게 문장이 성립되는 것을 알 수 있으
나 (16가′, 나′)과 같이 선행절의 주어가 구체적인 대상으로서 '철수',
'영이'가 실현될 때는 문장 성립이 이루어지지 않는 것을 알 수 있다. 모
두 그러한 것은 아니지만 위 (14)의 경우에도 선행절의 어간이 형용사일
때는 대체로 일반성을 띠는 경향이 있다. 다음 장에서 살펴보겠지만 전형
적인 예가 주로 나타나는 중세국어에서는 대부분 일반성을 띠고 있다.

'더해감' 접속문은 의미적으로 정도의 의미도 가지고 있기 때문에 정도 부사와 주로 호응하면 나타난다.

(17) 가. 민지는 학년이 올라갈수록 공부를 <u>더</u> 잘 한다.
　　나. 밤이 될수록 비가 <u>더욱</u> 세차게 내렸다.
　　다. 자주 웃을수록 <u>더</u> 오래 산다네요.
　　라. 시간이 흐를수록 질문은 <u>점점</u> 줄어들고 있었다.

위 (17)과 같이 '더해감' 접속문이 정도 부사와 호응 관계를 이루는 것은 '더해감' 접속문이 더해지는 정도에 따라서 더해지거나 덜해지는 의미 특성을 가지기 때문이다. 아래 예가 이를 보여준다.

(18) 가. 쇠는 여러 번 때릴수록 단단해지는 법이다.
　　가′. *쇠는 열 번 때릴수록 단단해지는 법이다.
　　나. 오래 살수록 보험금을 더 수령할 수 있다.
　　나′. *90세 살수록 보험금을 더 수령할 수 있다.

위 (18가, 나)는 선행절의 사태가 더해지는 의미가 나타나기 때문에 문장 성립에 전혀 문제가 없지만 (18가′, 나′)은 선행절의 사태가 한정적 의미가 나타나기 때문에 문장이 성립되지 않는다. 이 차이는 (17)에서 제시한 정도 부사와의 호응과 밀접하게 관련된다.

지금까지 '더해감' 접속문의 의미 특성에 대해서 살펴보았다. '더해감' 접속문은 선행절의 사태가 더해지는 정도에 따라서 후행절의 사태가 더해지거나 덜해지는 의미 특성을 가지는데, 여기에서 더해지는 정도는 선행절의 서술어 어간의 특성에 따라서 의미가 다르게 해석된다. 서술어 어간이 동사일 때는 계속 내지 반복의 의미로 해석되지만 서술어 어간이 형용사일 때는 정도나 수준이 한층 심화됨의 의미로 해석된다. 이러한 특성은 '더해감' 접속문이 한정적 수사와 호응하지 않고 주로 정도 부사와 호응 관계를 이루는 것과 관련된다. 마지막으로 '더해감' 접속문이 의미적 으로 일반성을 띠는 경향이 있는 사실을 지적해 둔다. 이는 서술어 어간이 계사일 때 두드러지게 나타나는데 이른바 총칭적으로 해석되는 의미 내용 은 매우 자연스럽게 접속문을 이룰 수 있으나 구체적인 개체에 대한 의미 내용은 매우 부자연스럽거나 문장이 성립되지 않는 것으로 나타난다.

4. 중세국어 '더해감' 접속어미

중세국어에서 '더해감' 접속문은 '-디옷'과 '-ᄃ록', '-을ᄉ록'에 의해 서 실현된다. 그런데 현대국어에서는 '-을수록'만 존재하고 있으나 중세 국어에서는 한 두 예만 확인되는 것이 특징적이다. 중세국어에서는 주로 '-디옷'이 사용되기 때문에 중세국어 '더해감' 접속문의 특성을 파악하기 위해서는 '-디옷' 접속문의 특성을 파악하는 것이 중요하다. '-ᄃ록'은 주로 결과 접속문에 사용되다가 몇 예문에서 '더해감' 접속문으로 사용 된다. 이에 이 글에서는 우선적으로 '-디옷'의 문법적 특성을 살피되 형 태와 구문의 특성을 중심으로 검토하기로 한다. 이후 '-ᄃ록'과 '-을ᄉ 록'의 문법적 특성에 대해서 살펴보기로 한다.

4.1. '-디옷'의 문법적 특성

4.1.1. 접속어미 '-디옷'의 형태 확인

중세국어에서 '더해감' 정도의 의미 관계에 사용된 '-디옷'은 공시적 으로 더 이상 분석하기 어려운 통합체이다. '-건마론', '-거니와', '-어

도' 등과 같이 두 형태 이상이 통합하여 재구조화된 어미인 것이다. 그러
나 접속어미 '-디'나 '-어'에 보조사 '-옷'이 통합한 '-디옷', '-어옷'
등이 존재하고 있어 분석 가능한 '-디옷' 또한 주의해야 할 것이다.

그럼, 우선 부정의 '-디'에 강조 보조사 '-옷'이 통합한 경우로서 분석
가능한 '-디옷'의 경우부터 살펴보기로 하자.

> (19) 가. 이제 ᄒ다가 닷디옷 아니ᄒ면 萬劫을 어긔리니 이제 ᄒ다가 힘뻐
>   닷ᄀ면 어려비 닷골 行이 漸漸 어렵디 아니ᄒ야 <牧牛子 44b>
>   (今若不修ᄒ면 萬劫을 差違ᄒ리니 今若强修ᄒ면 難修之行이 漸得
>   不難ᄒ야)
> 나. 네 漏를 다아ᅀᅡ ᄒ리니 殘結이 업디옷 몯ᄒ면 네 오디 말라 ᄒ고
>   손ᅀᅩ 門 닫고 羅漢ᄃᆞᆯ콰 모다 議論ᄒ더 <月釋25 : 5b>
> 다. 내 難ᄋᆞᆯ 救티옷 아니ᄒ면 이 業 젼ᄎ로 버서나디 몯ᄒ리라 <月釋
>   21 : 56b>

위 (19가, 나, 다)는 '-디 아니ᄒ-', '-디 몯ᄒ-' 구성에 강조의 보조사
'-옷'이 통합한 경우이다. 이 경우에는 '-옷'이 분석되는 통합 구성으로
'-옷'이 강조 보조사로서 문장 구성에 참여하고 있는 것이다. 이처럼
'-옷'이 보조사로서 기능할 때 주로 나타나는 조건문의 분포 환경과도
위의 예가 일치를 보인다.[7]

---

7) 장요한(2010)에 따르면 중세국어에서 강조 보조사 '-옷/곳'은 주로 조건 접속문의 선행절의
   명사구에 통합하는 일이 많다. 아래는 그러한 몇 예를 보인 것이다.

   가. 너 大龍王아 疑心곳 잇거든 무룰 양ᄋᆞ로 무르라 <月釋10 : 68a>
   나. 善友ㅣ 닐오디 소니 오래 이쇼미 몯ᄒ리니 主人곳 나롤 어여삐 너기거시든 날 爲ᄒ야
      ᄒᆞᆫ 鳴箏을 빙ᄀᆞ라 주고 <月釋22 : 53a>
   다. 王곳 업스시면 누를 믿ᄌᆞᄫᅳᆯ리잇고 <月釋7 : 54a>
   라. 아니옷 주시면 히므로 어루ᄒ오리이다 ᄒ더니 <釋詳23 : 55b>
   마. 그 ᄯᅡ리 닐오디 고디옷 아니 듣거시든 ᄒᆞᆫ번 가 보쇼셔 王이 즉재 가 보니 善友太子ㅣ
      ᄃᆞᆯ 알오 두려 닐오디 <月釋22 : 59b>

앞의 (19)에서와 같이 보조사 '-옷'이 접속어미에 통합한 예가 아래에서도 확인되는데 아래는 접속어미 '-어'에 통합한 경우이다.

(20) 너희 幸혀 사라옷 도라 니거든 내 싀어미롤 이대 셤기라 나는 乃終내
이받디 몯ᄒ리로다 <三綱런던烈 19>(若幸生還 善事吾姑 吾不得終養矣)

(20)은 '너희가 행여 살아서 돌아다니거든 나의 시어머니를 잘 섬기어라. 나는 내종에 봉양하지 못할 것이다' 정도로 해석되는 예로서 '-옷'이 접속어미 '-어'에 붙어 선행 요소를 강조하는 것으로 파악된다.

그런데 보조사 '-옷'은 위 (19)와 (20)처럼 접속어미에 통합하는 것보다 주로 명사나 부사에 통합하여 나타나기 때문에 위의 예가 주목되는데, 이에 위 (19)와 (20)의 경우를 예외적으로 처리하여 분석하지 않는 입장이 있을 수 있다. 그러나 '-옷'이 통합하지 않아도 각 예문의 성립에 문제가 되지 않으며 '-옷'이 통합하여 새로운 의미 관계가 도출되지 않고, 보조사 '-옷'이 명사나 부사에 통합한 경우와 그 의미가 크게 다르지 않기 때문에 굳이 위 (19)와 (20)의 '-디옷'과 '-어옷'을 하나의 통합체로 볼 필요는 없을 것이다.

그러나 위 (19)와 (20)에서의 '-옷'과 달리 분석해서는 안 되는 '-디옷' 구성이 확인된다. 이 글에서 주목하는 형태로서 아래 예를 살펴보자.

(21) 가. 이 하ᄂᆞᆯ둘히 놉디옷 목수미 오라ᄂᆞ니 四王天 목수미 人間앳 쉰
히를 ᄒᆞᄅᆞ옴 혜여 五百 히니 <月釋1 : 37b>
나. 金銀은 一百번 불이디옷 더욱 精ᄒᆞ야 變티 아니ᄒᆞ며 <楞嚴7 :
13a>(金銀은 百鍊愈精而不變)
다. 鑽은 비븰씨니 顏淵이 孔子를 기류디 울워디옷 더 노ᄑᆞ시고 비븨
디옷 더 구드시다 ᄒᆞ니라 <法華2 : 173a>
라. ᄯᅩ 소리를 펴 고를 구지저 뫼ᅀᅡ리 짓디 말라 ᄒᆞ면 구짓ᄂᆞᆫ 소리

좃디옷 고리 더욱 들에느니 <圓覺下1-2 : 50a>(聲唯頻谷中轉鬧)

위 (21)의 '-디옷'은 현대국어의 '-을수록' 정도로 해석되는 경우로 앞서 (21)에서 검토한 '-디옷'과는 전혀 다른 의미로 해석된다. (21가)는 '하늘이 높을수록 목숨이 기니' 정도로 해석되고 (21나)는 '금은은 일백 번 불릴수록 더욱 깨끗하여 변하지 아니하며' 정도로 해석된다. (21다, 라)도 마찬가지로 '-을수록' 정도의 의미를 가진다. 이때 '-디옷'은 음성형식상 (19)에서의 '-디'와 보조사 '-옷'이 통합한 구성체로 보이나 더 이상 분석할 수 없는 재구조화된 형태로서 '-디'나 '-옷'의 의미와는 달리 '더해감'의 의미로 사용되는 어미인 것이다.[8] 위 (21)의 '더해감'의 의미를 '-디'나 '-옷'의 의미로서 설명할 수 없으며 (19)나 (20)의 경우와 달리 '-옷'을 생략하였을 경우에 문장 성립에 영향을 주고, '더해감'의 의미 관계에 나타난 '-디옷'의 경우에는 '-디'와 '-옷'이 다른 형태와 통합 관계나 계열 관계가 보이지 않기 때문에 '-디옷'을 분석하는 것은 어려움이 있다. 따라서 '더해감'의 '-디옷'은 단일한 어미 형태로 보는 것이 온당하다.

한편, 위 (21)에서와 같이 '-옷'이 통합하여 하나의 단위로 형성된 접속어미는 '-디옷' 외에 '-고옷'도 존재한다. 아래의 예를 살펴보자.

(22) 가. 그 사루미 먹고 吐ᄒ면 어렷던 다시 먹고옷 ᄒ료 <月釋20 : 90a>
　　　나. 부러 머리셔 오ᅀᆞ봇니 이제 어쯥고옷 ᄒᆞᆫ 거시 이셔이다 王이 닐오디 求ᄒᆞ논 거스란 疑心ᄒᆞ디 말라 <月釋20 : 34b>

위 (22)에서 확인되는 '-고옷'은 김영배(2004)에서 언급한 바 있는데,

---

8) '더해감'의 의미 관계에 쓰인 '-디옷'이 '-디'와 보조사 '-옷'의 통합한 어미라는 사실은 이미 허웅(1975)를 비롯하여 리의도(1991), 박용찬(2006)에서 지적한 바 있다.

김영배(2004)에서 (22)에서의 '-고옷'을 소망(원망)의 '-고자' 정도로 처리하여 하나의 접속어미로 기술하였다. 일종의 통합형 접속어미로 처리한 것이다. 한편, 박용찬(2006)에서는 이때 '-고옷'이 고대국어 석독구결 자료에서 확인되는 '-ㅁㅁㄴ'의 후대형으로 지적하면서 접속어미 '-고'에 '지목'의 의미의 '-옷/곳'이 통합하여 맥락적으로 '원망'의 의미를 나타내는 것으로 본 바 있다. 여기에서 중요한 사실은 '-고옷'에서 확인되는 '-고'가 나열이나 시간 관계의 접속어미로 해석되지 않을뿐더러 '-옷'을 생략했을 때 그 문장의 성립 또한 장담할 수가 없다는 것이다. 또한 이때 '-고'와 '-옷'이 다른 형태와 통합 관계나 계열 관계도 보이지 않는다. 이는 '-고옷'을 기원적으로 '-고'와 '-옷'이 통합한 것으로 재분석한다고 해도 위 (22)에서의 '-고옷'은 이 두 형태가 굳어져 새로운 접속어미의 기능을 가진 어미로 파악해야 함을 말해주는 것이다.

그런데 위 (22)와 관련하여 매우 흥미로운 구성이 확인된다. 다음 예를 보자.

> (23) 너희둘흔 吉흔 사르미 드외옷 ᄒ녀 凶흔 사르미 드외옷 ᄒ녀 <內訓
> 1 : 23a>(汝等은 欲爲吉人乎아 欲爲凶人乎아)

위 (23)은 '너희들은 길한 사람이 되고자 하느냐 흉한 사람이 되고자 하느냐' 정도로 해석되는 경우로서 '-고자 ᄒ-' 구성 내지 '-고옷 ᄒ-' 구성이 쓰일 자리에 '-옷 ᄒ-'가 사용된 경우로 판단된다. 그런데 (23)의 예가 위 (22)와 아주 유사한 모습으로 보이나 '-옷 ᄒ-'로 나타나기 때문에 여기에서 '-옷'을 어미로 처리해야 할지 아니면 '-고옷 ᄒ-'에서 '-고'가 생략된 것으로 처리해야 할지가 의문이다. 현상만 가지고는 위 (23)의 '-옷'은 어미로 보이나 확신할 수가 없다.⁹⁾

지금까지 다룬 내용을 정리하자면, 형태상으로 보조사 '-옷'이 통합한 구성으로 보이는 '-디옷', '-어옷', '-고옷'이 확인되는데, 그 의미 관계와 '-옷'의 생략 여부에 따라서 공시적으로 '-옷'이 분석되는 경우와 그렇지 않은 경우로 구분할 수 있다. 특히 이 글에서 관심을 갖는 후자의 경우, 즉 '더해감'의 의미 관계에 사용되는 '-디옷'은 더 이상 분석할 수 없는 하나의 접속어미이다.10) 이와 함께 원망의 의미 관계에 사용되는 '-고옷'도 분석할 수 없는 접속어미로 판단된다. 그러나 부정의 '-디'와 계기의 '-어'에 '-옷'이 통합한 경우에서는 '-옷'이 분석되는 통합관계로 보인다. 이때는 '-옷'이 강조 보조사의 기능으로서 선행 요소를 강조하는 것으로 해석된다. 한편, '-고옷 ㅎ-'와 관련된 것으로 보이는 '-옷 ㅎ-' 구성이 확인되는데, 이때 '-옷'의 정체가 불분명하다. '-고옷 ㅎ-'에서 '-고'가 생략된 구성인지 아니면 '-옷'이 접속어미로 사용된 것인지가 확실치 않다.

4.1.2. '-디옷' 접속문의 구문적 특성

이 절에서는 접속어미 '-디옷'의 구문적 특성을 살펴보기로 한다. 중세국어에서 '-디옷'이 나타난 경우가 유사한 용례를 제외하고 15개 정도가 확인되기 때문에 이를 통해서 '-디옷'의 구문적 특성을 다양한 관점에서 확인하기란 쉬운 일이 아니다. 주지하는 바와 같이 해당 용례가 적을뿐더러 부정적 자료를 확인할 수 없는 사실은 이를 더더욱 힘들게 한다. 이에 이 글은 주어진 자료 안에서 선행절의 어간 통합 및 선어말어미

---

9) 익명의 심사위원께서 '두외옷 ㅎ-'의 경우에 '두외- + -고옷' 구성으로 보고, 그 과정을 '두외오옷(ㄱ탈락) → 두외옷(동음탈락)'으로 이해할 수 있음을 지적한 바 있다.

10) 한편, 하귀녀(2005)에 따르면 보조사 '-옷'이 17세기에 몇 예문이 확인되기는 하나 16세기 후반부터는 그 쓰임이 많이 줄어든 것으로 파악되는데 접속어미 '-디옷'의 소실도 이 '-옷'의 소실과 관련된 것으로 추정된다.

제약, 문체법 및 호응 양상을 검토하면서 현대국어를 염두에 두며 그 구문적 특성을 기술하기로 하겠다. '-디옷'이 현대국어의 '-을수록'과 관련된다는 점에서 중세국어의 '-디옷'의 구문적 특성은 흥미로운 정보가 될 것이다.

다음 예를 살펴보자.

(24) 가. 이 하늘둘히 놉디옷 목수미 오라ᄂᆞ니 四王天 목수미 人間앳 쉰 ᄒᆡ로 ᄒᆞᄅᆞ옴 혜여 五百 ᄒᆡ니 그 우히 漸漸 하아 四禪天에 가면 ᄆᆞᆺ 져근 목수미ᅀᅡ 一百 스믈 다ᄉᆞᆺ 大劫이오 <月釋1 : 37b>

나. 功 가ᄌᆞᆯ비샤ᄆᆞᆫ 八百萬億 河沙 佛 供養애 너무ᄆᆞᆫ 디니논 行이 더 깁디옷 功 어두미 더 勝ᄒᆞᆫ둘 불기시니라 쟝ᄎᆞ 너비 護持ᄒᆞ오ᄆᆞᆯ 펴 샤ᄃᆡ <法華7 : 109b>(至此比功ᄋᆞᆫ 則勝供八百萬億河沙佛者ᄂᆞᆫ 明持 行이 益深티옷 獲功이 益勝也ᄒᆞ시니라)

(25) 가. ᄒᆞ마 둘 업수ᄆᆞᆯ 아디옷 더욱 거즛 뼈듀미 顯ᄒᆞ야 妄이 브툰 고둘 아디 몯홀ᄊᆡ 이런ᄃᆞ로 그 因을 다 니ᄅᆞ샤ᄆᆞᆯ 請ᄒᆞᅀᆞ오니라 <楞嚴 4 : 56b>(既悟無二ᄒᆞ디옷 益顯妄淪ᄒᆞ야 而不知妄之所由홀ᄊᆡ)

나. 金銀銅木을 뼈 지ᅀᅩᄆᆞᆫ 妙行이 云爲돌 表ᄒᆞ시니 金銀ᄋᆞᆫ 一百번 불 이디옷 더욱 精ᄒᆞ야 變티 아니ᄒᆞ며 銅ᄋᆞᆫ 구두ᄃᆡ 能히 걷ᄂᆞ니 義 의 像이라 남ᄀᆞᆫ 能히 프레 올아 아래롤 둛ᄂᆞ니 <楞嚴7 : 13a>(金 銀ᄋᆞᆫ 百鍊愈精而不變)

다. 鑽ᄋᆞᆫ 비븰씨니 顏淵이 孔子ᄅᆞᆯ 기류ᄃᆡ 울워디옷 더 노프시고 비븨 디옷 더 구드시다 ᄒᆞ니라 <法華2 : 173a>

위 (24)와 (25)는 '-디옷'이 각각 형용사와 동사의 어간에 직접 통합한 경우이다. '-디옷'이 계사에 통합하는 경우는 한 예도 확인되지 않는다.[11] 그런데 '-디옷'이 중세국어 시기에 계사와 통합한 예가 확인되지

---

11) 석주연(2006)에서 '더해감'의 기능을 가진 '-ᄃᆞ록'이 계사 뒤에 통합하는 예가 확인되지 는다고 지적한 바 있는데 '-디옷'의 계사 통합 제약과 같은 현상으로 파악된다.

않는 것이 단순히 자료적 제약으로만 보이지 않는다. 현대국어의 '-을수록'의 경우 '더해감'의 의미 관계에 사용되는 대표적 어미이나 '-디옷'과 달리 동사나 형용사, 계사 모두 통합한 예들을 곳곳에서 확인할 수 있기 때문이다. 또한 이러한 '-디옷'의 계사 통합 문제는 '-드록'도 마찬가지이다. '더해감'으로 쓰이는 '-드록' 또한 동사나 형용사와 통합한 예는 확인되나 계사와 통합한 예는 확인되지 않는다.

한편, 위 (24)와 (25)에서 한 가지 더 확인할 수 있는 것은 '-디옷'과 서술어 사이에는 어떠한 선어말어미도 나타나지 않는다는 점이다. 여느 접속어미의 선어말어미 제약 현상을 고려하면 경어법 선어말어미 정도는 통합할 만도 한데 경어법 선어말어미는 물론 1인칭, 시제, 양태 등의 선어말어미와도 통합한 용례가 확인되지 않기 때문에 '-디옷'의 특징적 현상으로 지적해 두기로 한다. 추정컨대 경어법이나 인칭법 선어말어미의 경우는 '-디옷'이 나타나는 맥락적 특성과 관련된 것이 아닌가 한다. 다음 절에서 '-디옷'의 의미를 논의할 때 언급하겠지만 '-디옷'이 나타나는 문장의 맥락을 보면 주로 보편적 진리나 분명한 미래적 사건에 대해서 나타나는 것을 알 수 있다. 이러한 의미 맥락적 특성이 주로 화·청자가 주어지는 상황에서 나타나는 경어법이나 인칭법 선어말어미의 통합 제약과 관련된 것으로 판단된다.[12]

---

12) 장요한(2010)에 따르면 경어법이나 인칭법 선어말어미는 다른 선어말어미에 비하면 선행절의 서술어에 통합하는 경우가 자유롭다. 그러나 '-디옷' 접속문에는 한 경우도 확인되지 않는데, 이는 '-디옷'이 나타나는 접속문의 특성과 관련된 것으로 판단된다. '-디옷'이 통합한 서술어의 주체가 주로 사물이나 자연의 생물체인 경우가 많은데, 이때는 '-디옷' 접속문이 주로 보편적 진리로 해석된다. 즉, 사물이나 자연의 현상을 통해서 보편적 진리를 말하는 것이기에 경어법 선어말어미가 통합할 여지가 없는 것이다. 그런데 "道ㅣ 큰 바르리 곧흐야 더욱 드디옷 더욱 기프리라"<蒙山49a>처럼 'V-디옷' 구성의 주어가 사람일 때가 있는데 이때도 보편적 진리나 분명한 미래적 사건으로 해석된다. 그런데 이때 선행절 서술어의 주체가 사람이기는 하나 특정인이기보다는 불특정인인 경우가 많다. 이러한 문맥적 상황이 경어법이나 인칭법 선어말어미의 통합에 영향을 끼치는 것으로 해석된다.

다음으로 '-디옷'과 관련하여 확인되는 주지의 사실은 정도 부사 '더'나 '더욱'이 함께 나타나는 일이 많다는 것이다. 아래 예를 확인해 보자.

(26) 가. 眼耳等六根에 ᄆᆞᅀᆞᆷ 내면 ᄆᆞᅀᆞᄆᆞᆯ 조차 種種變化호ᄃᆡ 道이 놉디옷 더옥 盛ᄒᆞᄂᆞ니라 <禪家 18a>(故云道高魔盛也)

나. 咄者ᄂᆞᆫ 애ᄃᆞᄂᆞᆫ 소ᄅᆡ라 네 演若達多이 머리ᄅᆞᆯ 가져 머리ᄅᆞᆯ 얻더니 이제 衆生이 ᄆᆞᅀᆞᄆᆞᆯ 가져 ᄆᆞᅀᆞᄆᆞᆯ 어두미 ᄯᅩ 이 ᄀᆞᆮ도다 읻디옷 더욱 어긔며 ᄃᆞᆮ디옷 더욱 머니 眞實로 미치 다 닐얼디로다 <禪家 6a>

다. ᄯᅩ 소리ᄅᆞᆯ 펴 고ᄅᆞᆯ 구지저 뫼ᅀᆞ리 짓디 말라 ᄒᆞ면 구짓ᄂᆞᆫ 소리 ᄌᆞᆺ디옷 고리 더욱 들에ᄂᆞ니 제 좀좀ᄒᆞ면 고리 괴외홈 ᄀᆞᆮ디 몯ᄒᆞ니라 <圓覺下1-2 : 50a>(亦如揚聲訶叱谷中今勿作聲響訶聲唯頻谷中轉鬧不如自默谷則寂然)

라. 顔淵이 孔子ᄅᆞᆯ 기류ᄃᆡ 울워디옷 더 노ᄑᆞ시고 비븨디옷 더 구드시다 ᄒᆞ니라 <法華2 : 173a>

(27) 가. 雜念이 어즈러비 ᄂᆞ라닐 ᄢᅴ 千萬 뎌와 사호디 마롤 디니라 더욱 사호디옷 더욱 시급ᄒᆞᄂᆞ니 <蒙山송광사 11b>

나. 道ㅣ 큰 바ᄅᆞ리 ᄀᆞᆮᄒᆞ야 더욱 드디옷 더옥 기프리라 <蒙山송광사 39a>(道ㅣ 如大海ᄒᆞ야 轉入ᄒᆞ디옷 轉深ᄒᆞ리라)

다. 몬져 福 어둠 무르샤ᄆᆞᆫ 後世로 디니ᄂᆞᆫ 行이 더 깁디옷 功 어두미 더 勝ᄒᆞᆫᄃᆞᆯ 아라 서르 弘護ㅣ ᄃᆞ외에 ᄒᆞ실 ᄯᆞᄅᆞ미시니라 <法華7 : 110b>(先問得福者ᄂᆞᆫ 使後世로 知其持行이 益深티옷 獲功이 益勝ᄒᆞ야)

위 (26)은 정도 부사 '더'나 '더욱'이 후행절에만 통합한 경우인데, 이처럼 '-디옷' 접속 구성에서 '더'나 '더욱'이 후행절에 통합하는 것이 보다 자연스럽게 느껴진다. 그런데 (27)처럼 '더'나 '더욱'이 선·후행절에 모두 통합하는 경우도 확인된다. 여기에서 선행절과 후행절 사태의 심화가 이 부사와 호응 관계를 이루는 것이다. 이때 선행절에 통합한 '더'나

‘더욱’은 ‘-디옷’이 가지고 있는 사태의 계속 내지 정도의 심화를 더 강화하여 나타내는 것으로 해석된다.

다음 아래는 ‘더’가 선행절에만 통합한 경우로서 한 예가 확인된다.

> (28) 비록 糧食 업서도 足ᄒ리니 님그미 江 건나시며 바ᄅ래 ᄢᅴ우샤 ᄇ라
> 더 그 ᄀᆞ술 보디 몯ᄒ며 더 가디옷 다ᄃᆞᆯ 떠 모ᄅᆞ거든 님금 보내ᅀᆞ
> 올 싸ᄅᆞ믄 ᄀᆞ새셔 도라오리니 님그미 일로브터 머르시리이다 <法華
> 7 : 158a>

위 (28)은 ‘더’가 선행절에만 통합한 경우로 ‘더 갈수록 다다를 때를 모르거든’ 정도로 해석된다. 그런데 여기에서 한 가지 주목을 끄는 것은 ‘더’나 ‘더욱’이 후행절에만 통합하는 경우는 선행절의 서술어가 형용사인 경우가 많지만 (27)이나 (28)처럼 선행절에 통합하는 경우는 선행절의 서술어가 동사인 경우가 많다는 점이다. 하지만 이 빈도 차이만 가지고 두 구성의 특성을 말할 수는 없고 이와 관련하여 현대국어의 예도 검토한다면 특정한 의미적 특성이 포착될 수 있을 것으로 보인다.

다음으로 선·후행절의 주어 명사의 일치와 조사 통합을 함께 살펴보자.

> (29) 가. 이 하ᄂᆞᆯ둘히 놉디옷 목수미 오라ᄂᆞ니 四王天 목수미 人間앳 쉰
> 히룰 ᄒᆞᄅᆞ옴 혜여 五百 히니 <月釋1 : 37b>
> 나. 行이 더 깁디옷 功 어두미 더 勝ᄒᆞᆯ둘 볼기시니라 <法華7 :
> 109b>(明持行이 益深티옷 獲功이 益勝也ᄒᆞ시니라)
> 다. 아논 ᄠᅳ디 오직 하디옷 我見이 오직 길신 아래 니르시니라 <圓
> 覺下3-1 : 66b>(解義ㅣ 唯多ᄒᆞ디옷 我見이 唯長故로 下애 云ᄒᆞ시
> 니라)

위 (29)처럼 ‘-디옷’ 접속문은 선행절과 후행절이 동일 주어인 경우보다는 비동일 주어인 경우가 많다. 종속 접속문의 경우에는 동일 주어인

경우가 많은데 이 사실과는 다른 양상이어서 지적해 둔다. 한편, 선행절이나 후행절의 주어 명사에 '-온/는'이 통합하는 일은 극히 드물다. 선·후행절 모두 주격 조사가 통합하여 나타나는 경우가 대부분이다. 그런데 "金銀은 一百번 불이디옷 더욱 精ㅎ야 變티 아니ㅎ며"<楞嚴7 : 13a>처럼 선·후행절이 동일 주어인 경우가 한 예가 확인되는데 이때 보조사 '-은'이 선행절의 주어에 통합한 사실을 확인할 수 있다.

마지막으로 문체법을 확인하기로 하자.

(30) 가. 道이 놉디옷 더옥 盛ㅎᄂ니라 <禪家 18a>(故云道高魔盛也)
    나. 道ㅣ 큰 바ᄅ리 ᄀᆮㅎ야 더욱 드디옷 더욱 기프리라 <蒙山 49a>
      (道ㅣ 如大海ㅎ야 轉入ㅎ디옷 轉深ㅎ리라)
    다. 顔淵이 孔子ᄅ롤 기류더 울워디옷 더 노ᄑ시고 비븨디옷 더 구드시
      다 하니라 <法華2 : 173a>
    라. 行이 더 깁디옷 功 어두미 더 勝ㅎ둘 불기시니라 쟝ᄎ 너비 護持
      호ᄆ롤 펴샤더 <法華7 : 109b>(至此比功은 則勝供八百萬億河沙佛者
      ᄂ 明持行이 益深티옷 獲功이 益勝也ㅎ시니라)

위 (30)처럼 '-디옷' 접속 구성은 후행절이 종결형이 각각 '-ᄂ니라', '-(으)리라', '-다', '-니라' 구성으로 평서법 종결어미가 통합한 경우만 확인된다. 현대국어나 다른 접속어미에 비추어 볼 때 평서법 종결어미만 확인되는 것은 '-디옷'의 접속 구성의 특성으로 볼 수 있다. 다음 절에서 확인하겠지만 '-디옷' 접속 구성이 주로 보편적 진리나 확실한 미래에 대해서 주로 쓰이는 것과 관련하여 이 평서법 종결어미의 제약을 설명할 수 있다.

4.1.3. 의미적 특성

'-디옷'의 의미적 특성은 앞서 2장에서 검토한 '더해감'의 특성과 함

께 고려하면 된다. 그런데 '-디옷'이 통합한 접속문이 주로 '보편적 사실'이나 '분명한 미래적 사건'으로 해석되는 점을 지적하기로 한다. 이러한 접속문의 특성은 '더해감'의 의미 특성에서 총칭적 사태로 해석되는 것과 관련되기 때문이다. 아래 예를 통해서 살펴보자.

(31) 가. 쏘 소리롤 펴 고롤 구지저 뫼ᅀᅡ리 짓디 말라 ᄒ면 구짓ᄂ 소리
줏디옷 고리 더욱 들에느니 제 줌줌ᄒ면 고리 괴외홈 ᄀᆮ디 몯ᄒ
니라 <圓覺下1-2:50a>(亦如揚聲訶叱谷中今勿作聲響訶聲唯頻谷中
轉鬧)

나. 魔ᄂᆫ 自心 外예 잇디 아니ᄒ니 眼耳等六根에 ᄆᆞᄉᆞᆷ 내면 ᄆᆞᄉᆞ물
조차 種種變化호ᄃᆡ 道이 놉디옷 더욱 盛ᄒᄂᆞ니라 <禪家 18a>(故
云道高魔盛也)

다. 이 하ᄂᆞᆯ돌히 놉디옷 목수미 오라ᄂᆞ니 四王天 목수미 人間앳 쉰
ᄒᆡ롤 ᄒᆞᄅᆞ옴 혜여 五百 ᄒᆡ니 그 우히 漸漸 하아 四禪天에 가면
ᄆᆞᆺ 져근 목수미ᅀᅡ 一百 스믈 다ᄉᆞᆺ 大劫이오 <月釋1:37b>

라. 이에 니르러 功 가줄비샤ᄆᆞᆫ 八百萬億 河沙 佛 供養애 너무믄 디
니ᄂᆞᆫ 行이 더 깁디옷 功 어두미 더 勝ᄒᆯᄃᆞᆯ 붉기시니라 <法華7:
109b>(至此比功ᄋᆞᆫ 則勝供八百萬億河沙佛者ᄂᆞᆫ 明持行이 益深티옷
獲功이 益勝也ᄒ시니라)

마. 道ㅣ 큰 바ᄅᆞ리 ᄀᆮᄒ야 더욱 드디옷 더욱 기프리라 <蒙山 49a>
(道ㅣ 如大海ᄒ야 轉入ᄒ디옷 轉深ᄒ리라)

위 (31)에서 밑줄 친 부분은 일반적 사태로 해석되기보다는 보편적인 사실이나 분명한 미래적 사건으로 해석된다. 예컨대 (31가)의 『원각경언해』는 불교 대승의 참뜻을 표현하는 책으로서 해당 부분은 협주문에 나와 있는 내용이다. 이 협주문의 내용은 자연의 이치를 통해서 본문의 내용을 알기 쉽게 표현하고자 작성한 부분으로 (31가)는 '꾸짖는 소리가 잦을수록 골짜기가 더욱 (시끄럽게) 떠드니' 정도로 해석된다. 이때의 내용은 자연의 이치에 대한 보편적인 사실의 사건으로 해석되는데, 이러한 내

용을 제시함으로써 본문의 내용을 보다 쉽게 설명하고자 한 것이다. (31
나)는 '道가 높을수록 더욱 (魔가) 더욱 성하다'는 뜻으로 해석된다. 이때
'道高魔盛'는『百丈淸規』에 실려 있는 내용을 인용한 것으로 道의 수행과
관련한 종교적 보편적 사실로 이해된다. (31다)는 무색계사천(無色界四天)에
대해 설명으로 불교의 도에서는 보편적 진리이며 객관적 사실인 것이다.
(31라)는 '이에 이르러 공덕을 견주심이 8백만억 항하사와 같이 많은 부
처를 공양함을 넘어서는 것은 지니는 행이 더 깊을수록 공덕 얻음이 더
나은 것을 밝히신 것이다' 정도로 해석되는데 이때도 '-디옷' 구성은 당
위적 사건으로서 보편적 사실을 나타내는 것으로 해석된다. (31마)는 '道
가 큰 바다와 같아서 더욱 디딜수록 더욱 깊을 것이다'로 해석되는데, 이
때도 보편적 사실과 함께 분명한 미래적 사건으로 해석된다. 이처럼 '-디
옷' 접속문이 쓰인 예들을 검토해 보면 주로 불교 언해류에 나타나며 당
위적 사건으로 보편적인 사실이나 분명한 미래적 사건을 담고 있는 것을
알 수 있다.[13)

한편, '-디옷' 접속 구성이 선·후행절 모두 비사실적 사태로 해석되
는 경우가 많은데 이 점은 '조건-결과' 구성을 가진 접속문 중에서 조건
접속문과 아주 유사하며 실제 의미 내용에서도 선행절이 조건적 사태로
해석되는 것은 주지의 사실이다. 이와 관련해서 '-디옷' 접속문의 선행절

---

13) '-디옷' 접속문과 보편적인 사실이나 분명한 미래적 사건을 나타내는 것이 필연적인 관계
라고 보기는 어렵다. 현대국어 '-을수록'의 쓰임을 고려하면 중세국어 '-디옷'의 이 문맥
적 특징을 단정하기가 쉽지 않다. 그러나 '-디옷' 접속문이 중세국어에서만은 일반적인 사
건에 대한 진술 표현이 확인되지 않는 점은 간과할 수 없는 사실이다. '더해감'의 용법으
로 사용되는 '-ᄃᆞ록'의 경우는 해당 예가 몇 안 되지만 "샹녜 스명실이 時享忌日祭ᄒᆞᆯ 제 의
식 울오 孝誠이 늙도록 더욱 지극더라"<續三효 36a>처럼 일반적 진술 장면에서도 확인되
는 예가 존재한다. 이는 '-디옷'의 문맥적 특징으로 보편적 사실이나 분명한 미래적 사건
으로 말할 수 있는 방증이 된다고 본다. 한편, 근대국어에 오면서 세력을 확장한 '-ㄹ스록'
의 경우는 보편적 사실이나 분명한 미래적 사건이 아닌 일반적 사건 진술에도 자주 나타
나는 것이 확인된다.

에 가정적 조건 사태(현실적으로 진리치가 항상 거짓인 사건)가 나타나지 않는
점을 지적해 두기로 한다.14) 앞서 제시한 예문에서와 같이 '-디옷' 접속
문의 선행절은 주로 개연적 사태를 가지고 있음을 알 수 있다.

　이와 함께 마지막으로 한정적 수량사가 나타난 경우를 살펴보기로 하
자. 앞선 2장에서 언급했지만 '더해감' 접속문은 정도 부사와 관계를 이
루는 것이 자연스러운 접속문으로서 한정 수사와는 어울리지 않는다고
지적한 바 있으나 아래 예는 한정 수사가 통합한 경우이기 때문에 주목
을 끈다.

> (32) 金銀銅木올 뼈 지소민 妙行이 云爲롤 表ㅎ시니 金銀은 一百번 불이디
> 옷 더욱 精ㅎ야 變티 아니ㅎ며 銅온 구두더 能히 걷ㄴ니 義의 像이라
> 남ㄱ 能히 프레 올아 아래롤 둡ㄴ니 <楞嚴7 : 13a>(金銀은 百鍊愈精
> 而不變)

　위 (32)는 '-디옷' 접속문에 한정 수사 '一百'이 나타난 예로서, 밑줄
친 부분은 '금과 은은 백번 불릴수록 더욱 정해져서 변치 아니하며' 정도
로 해석된다. '-을수록' 정도로 해석되는 '-디옷'에 한정 수사가 통합하
는 것은 흥미로운 사실이다. '상태의 정도나 수준' 그리고 '동작의 계속
이나 반복'과 관련된 '-디옷'에 한정적 수사가 나타나는 것은 어울리지
않기 때문이다. 그런데 (32)의 '백번'을 단순히 일백 회로 해석하기보다
는 '금과 은은 많이 불리면 불릴수록'처럼 많은 정도의 수를 나타내는 것
으로 해석할 수 있기 때문에 (32)의 경우를 예외적이고 특수한 예로 처리
할 필요는 없다. 즉 (32)의 밑줄 친 부분은 '금과 은은 (불에) 많이 불릴

---

14) 장윤희(1991)에서 "해가 서쪽에 뜨면 내 마음이 변할 것이다."의 조건절이 현실적으로 진
　리치가 항상 거짓인 사건, 곧 현실적으로 불가능한 가정된 또는 가상된 세계 속에서만 있
　을 수 있는 사건으로 해석되기 때문에 이를 '가정적 조건문'으로 분류하였다.

수록 더욱 정련되어 변하지 아니하며'의 뜻으로 해석할 수 있다.

4.2. '-ᄃ록'과 '-을ᄃ록'의 문법적 특성

'-디옷'과 같이 '더해감'의 의미 관계에 사용되는 접속어미는 '-ᄃ록'과 '-ㄹ스록'이 더 존재한다. '-ᄃ록'과 같은 경우는 결과 접속문에 주로 사용되나 '더해감'의 의미 관계에 사용되는 경우도 확인된다. 아래 예를 살펴보자.

> (33) 가. 中下는 만히 듣ᄃ록 어득 信티 아니ᄒᄂ니 오직 집 여흰 희ᄃ리
>   기도다 <南明上 36b>(中下多聞多不信)
>   나. 뭇방하 디투 글힌 즙을 머고디 만히 먹ᄃ록 됴ᄒ니라 <救簡2 :
>   106a>(濃煮雞蘇汁뭇방하 즙 飮之以多爲妙)
>   다. 孝誠이 늙도록 더욱 지극더라 엳ᄌᄫᅡ눌 벼술히시고 紅門 셰니라
>   <續三효 36a>(誠孝至老彌)
>   라. 더욱 細詳토록 더욱 됴ᄒ니라<飜朴16b>(越細詳越好)
>   마. 우흿 聖 ᄀᆞ호ᄆᆞᆯ 스랑ᄒᆞ야 오라ᄃ록 더욱 굳도다 <永嘉上 32b>
>   (思齊上聖ᄒᆞ야 久而彌堅)

위 예에서 확인되는 '-ᄃ록/도록'은 모두 '-디옷'과 같이 '더해감' 정도의 의미로 사용된 경우이다. (33가)는 '中下는 많이 들을수록 더욱 믿지 아니하는데' 정도로 해석되고, (33나)는 '즙을 많이 먹을수록 좋아진다' 정도로 해석된다. (33다)는 '효성이 늙을수록 더욱 지극하더라' 정도로 해석된다. (33라, 마)도 모두 '-을수록' 정도로 해석되어 '-디옷'과 의미 관계 범주로 사용된 접속어미임을 알 수 있다. 또한 동사와 형용사에 모두 통합하는 사실도 확인할 수 있다. 그런데 '-디옷'이 불교 언해류에 주로 나타난 데에 비하여 '-ᄃ록/도록'은 위에 제시한 것처럼 다양한 문헌에서 확인된다는 점이 '-디옷'과의 차이라 할 수 있겠다.

한편, 위 (33)처럼 사용된 '-ᄃ록'은 '-디옷'에 비해 그 출현 빈도수가 높지는 않지만 '-디옷'보다 오래 지속된 사실이 확인된다(석주연 2006). 그러나 '-ᄃ록'도 근대국어를 거치면서 '-을수록' 정도의 기능은 사라지고 결과나 정도의 기능만 가지게 된다. 이러한 '-디옷'과 '-ᄃ록'의 역사적 변천 과정은 각 형태사와 관련된 것도 있지만 근대국어 이후로 현대국어에까지 그 기능을 유지한 '-ㄹ스록'과도 깊이 관련된 것으로 생각된다.15) 그런데 '-ㄹ스록'은 중세국어에서는 아래의 한 예만 확인된다.

(34) 녀가는 비체논 ᄀᆞ술히 將次 느즈니 사괴는 ᄠᅳᆮ 늘글스록 ᄯᅩ 親ᄒᆞ도
다 <杜詩21 : 15b>(行色秋將晚, 交情老更親)

(34)는 '흘러가는 빛에는 가을이 장차 늦으니 사귀는 마음은 늙을수록 또(더욱) 친하도다(익숙하도다)' 정도의 뜻으로 '-ㄹ스록'이 '-디옷'과 같은 의미 기능으로 쓰인 예이다. 그런데 '-ㄹ스록'은 문헌상으로 근대국어에 오면서 그 쓰임이 활발해지는데, 이 '더해감'의 의미 범주는 앞서 언급한 '-디옷'의 소멸, 그리고 '-ᄃ록'의 기능 축소('더해감'의 쓰임이 점차 제약됨)와 관련하여 중세국어의 '-디옷'과 '-ᄃ록'의 분포와 제약 현상과 '-ㄹ스록'의 쓰임 확대 및 분포 양상을 검토하여 '-디옷'과 '-ᄃ록', '-ㄹ스록'의 통시적 변천 과정을 살펴볼 필요가 있다.16)

---

15) '-디옷'은 16세기 중반 이후에 그 모습을 감추어 찾아볼 수 없다. 매우 짧은 시기에 사용된 어미인데 이처럼 후기 중세국어 시기에만 존재하다가 사라진 경우는 주로 '-오-'를 가지고 있는 어미들이다. '-디옷'이 사라지게 된 것도 이와 관련된 것으로 보인다. 그런데 흥미로운 사실은 '-ㄹ스록'이 16세기 이후, 즉 17세기부터 그 해당 예들이 점점 많아지는데 '-디옷'과는 달리 개인적 사건에 대한 진술 내용에도 사용된다는 것이다. '-디옷'의 쓰임이 다소 경직된 상태라면 '-ㄹ스록'은 자유로는 상태라고 볼 수 있다. '-ㄹ스록'은 점차 확장되어 '더해감'의 의미 범주의 자리를 꿰차게 된다. 문제는 '-ᄃ록'과의 관계인데 리의도(1990)에 따르면 19세기까지 '더해감'의 의미로 사용된 예가 확인된다. 이 '-ᄃ록'과 '-ㄹ스록'의 관계에서 '-ㄹ스록'은 '-ᄃ록'까지 흡수하는데, 이 변화 양상을 면밀하게 살펴볼 필요가 있다.

5. 정리

이 글에서는 접속문의 특성과 의미 관계에 대해서 검토하고 이어서 '더해감' 접속문의 성립에 대하여 논의하였다. 나아가 '더해감' 접속어미가 다양하게 실현되는 중세국어를 중심으로 '더해감' 접속어미의 형태와 의미 특성에 대해서 살펴보았다. 논의한 내용을 장별로 요약 정리하는 것으로 결론을 삼기로 한다.

2장에서는 접속문의 특성과 의미 관계에 따른 의미 범주 선정 문제에 대해서 검토하였다. 우선, 접속문의 특성을 아래와 같이 정리하였다.

> * 접속문(conjoining)의 특성
> 가. 접속문은 절을 연결 대상으로 한다.
> 나. 접속문은 절과 절이 연결되는 구성이다.
> 다. 접속문(conjoined clause)은 대등문과 종속문로 구분 된다.
> 라. 종속 접속문은 선행절은 후행절에 화제적 의존성을 갖는다.
> 마. 접속문은 접속 구성의 특성에 따라서 통사·의미적 특성이 달리 나타나기도 한다.

이를 토대로 접속문의 의미 관계에 따라서 의미 범주를 선정할 때 아래와 같은 선정 조건을 제시하여 보다 체계적인 의미 범주 선정의 방향을 제안하였다.

> * 선정 조건 1 : 접속문의 의미 범주는 선행절과 후행절이 변별된 의미 관계를 가지고 변별된 통사적 특성을 나타낼 때 선정할 할 수 있다.

---

16) 리의도(1990)에서 '-디옷'과 '-드록/도록', '-ㄹ스록'의 통시적 변화 양상을 살펴본 바 있다. 그러나 '-디옷'이나 '-드록'의 분포 양상과 '-ㄹ스록'의 분포 양상을 구체적으로 살피지 못하고 그 통시적 사용 양상만 검토되어 아쉬움이 있다.

＊ 선정 조건 2 : 접속문의 의미 범주는 고유한 접속어미를 가지고 있어야
한다.

위의 선정 조건이 의미 범주의 선정 문제에 완전한 대안은 아니지만
체계적이 의미 범주 선정을 위해서는 어느 정도 유효한 조건이라고 생각
한다. 이 외에도 여러 가지 고려해야 할 내용이 있겠지만 이는 추후 과제
로 남기며 더 발전된 논의를 기대한다.

3장에서는 '더해감' 접속문의 성립과 용어에 대한 문제를 정리하였다.
'더해감'은 선행절의 사태가 더해질수록 후행절의 사태가 더해지거나 덜
해지는 의미 관계를 가진 접속문이다. 그런데 이때 선행절과 후행절이
[조건－결과]의 의미 구조를 가지고 있기 때문에 조건 접속문으로 해석
되기도 한다. 그러나 '더해감' 접속문은 선행절 사태의 더해짐에 따라서
후행절 사태의 증감이 부여된다는 점에서 차이를 보이는 접속문이다. 즉,
'더해감' 접속문은 선행절과 후행절이 [조건－결과] 구성을 가지고 있어도
더해짐에 따른 증감의 의미가 도출되지 않으면 성립되지 않는다. '－(으)면'
과 '－을수록'의 쓰임을 통해서 이를 확인할 수 있다.

조건 접속문과 '더해감' 접속문의 의미 차이는 '도착하다'와 같은 동사
에서도 확인할 수 있다. 행위성의 의미보다는 완결성의 의미가 두드러진
'도착하다'의 경우는 '더해감'의 의미와 어울리지 않는다. 행위의 더해감
(반복)은 자연스럽지만 완결의 더해감(반복)은 부자연스럽기 때문이다. '도
착하다'의 주체가 복수일 때는 도착하는 행위의 증가로서 '－을수록'이
사용될 수는 있다. 다음으로 조건 접속문과 더해감 접속문은 문체법에서
도 차이를 보인다. 조건은 후행절의 문체법에 무관하게 모두 통합 가능하
지만 더해감 접속문은 '명령문'과 '청유문'에는 사용되지 않는다.

한편, '더해감'은 여러 연구자들에 의해서 '첨의', '비례', '강화' 등 다양하게 표현되었는데, 종속 접속문은 '조건-결과', '원인-결과', '양보-결과'에서처럼 선행절과 후행절이 두 의미 특성을 가지고 있다. 이때 후행절의 사건을 중심으로 명칭을 정한다면 접속문이 분별되지 않는 문제가 발생하므로 선행절을 바탕으로 명칭을 선정하는 것이 바람직해 보인다. 이를 고려하면 선행절의 사태가 더해짐에 따른 '-을수록' 접속문은 '더해감'의 명칭을 부여하는 것이 보다 합리적이라 생각한다.

'더해감'의 의미 특성을 보다 심도 있게 검토하면서 몇 가지 사실을 발견하였다. '더해감' 접속문은 선행절의 사태가 더해지는 정도에 따라서 후행절의 사태가 더해지거나 덜해지는 의미 특성을 가지는데, 여기에서 더해지는 정도는 선행절의 서술어 어간의 특성에 따라서 의미가 다르게 해석된다. 서술어 어간이 동사일 때는 계속 내지 반복의 의미로 해석되지만 서술어 어간이 형용사일 때는 정도나 수준이 한층 심화됨의 의미로 해석된다. 이러한 특성은 '더해감' 접속문이 한정적 수사와 호응하지 않고 주로 정도 부사와 호응 관계를 이루는 것과 관련된다. 마지막으로 '더해감' 접속문이 의미적으로 일반성을 띠는 경향이 있는 사실을 지적해 둔다. 이는 서술어 어간이 계사일 때 두드러지게 나타나는데 이른바 총칭적으로 해석되는 이 의미 내용은 매우 자연스럽게 접속문을 이룰 수 있으나 구체적인 개체에 대한 의미 내용은 매우 부자연스럽거나 문장이 성립되지 않는 것으로 나타난다.

4장에서는 현대국어에 비해 많은 '더해감' 접속어미가 사용되는 중세국어를 중심으로 접속어미 형태와 쓰임에 대해서 살펴보았다. 4.1에서 '-디옷'의 의미적 특성을 검토하였다. 첫째로, '-디옷' 접속 구성에서 해석되는 '더해감'의 의미가 구체적으로 '조건-결과' 관계에 선행절의 사태가 '계속' 내지 '반복'의 의미를 담고 있는 경우와 '조건-결과' 관계에

'정도나 수준이 한층 심화된' 의미를 담고 있는 경우로 분류될 수 있음을 지적하였다. 둘째로, '-(으)면' 접속문과 비교하여 '-디옷'의 의미 특성을 살펴보았는데, '-디옷'이 '조건－결과'의 사태 구조를 취하지만 단순히 조건이나 가정의 의미를 나타내지 않고 선행절 사태의 동작이 '계속' 내지 '반복'의 의미를 나타내거나 선행절 사태의 '정도나 수준이 한층 심화됨'의 의미를 나타내기 때문에 일회적이고 순간적인 의미의 동사와는 호응 관계를 이루지 않는 사실을 확인하였다. 또한 단순 가정의 '호다가'와 호응 관계를 이루지 않는 것도 확인하였다. 셋째로, '-디옷'의 의미 특성과 함께 중요하게 지적될 수 있는 것으로 '-디옷'이 쓰인 대부분의 접속문이 '보편적 사실' 내지 '분명한 미래적 사건'으로 해석된다는 점을 지적하였다. 마지막 넷째로는 '-디옷' 접속문의 선행절에 가정적 조건 사태(현실적으로 진리치가 항상 거짓인 사건)가 나타나지 않는 점과 주로 개연적 사태를 조건으로 삼는 사실을 지적하였다.

4.2에서는 '-디옷'과 같은 범주에 속하는 '-드록/도록'과 '-ㄹ스록'을 검토하여, '-디옷'과 함께 '-드록/도록', '-ㄹ스록'이 동일한 의미 관계에 나타난 점과 '-디옷'과 '-드록/도록'이 계사 뒤에는 통합하지 않은 점, 그리고 그 통시적 변천 과정에서 '-ㄹ스록'만 남고 '-디옷'과 '-드록/도록'은 더 이상 '더해감'의 의미 범주에 쓰이지 않은 점을 기술하였다.

본 논의에서는 '더해감' 접속문을 공시와 통시를 중심으로 검토하였으나 그 변천 과정은 면밀히 검토하지 못해 아쉬움이 있다. 중세국어와 현대국어를 견주어 보면 접속어미의 변화가 두드러지기 때문에 이를 검토하는 것도 흥미로운 주제가 아닐 수 없다. 앞으로 기회가 된다면 '더해감'의 의미범주에 대한 통시적 변천 양상을 보다 면밀히 관찰하여 역사적 변천 양상을 다루기로 한다.

‖ 참고문헌

고광주(1999), "대등 접속문에 대한 재검토", 한국어학 9, 49-80.

고영근(1987), 표준 중세국어 문법론, 탑출판사.

고영근(2005), 개정판 표준중세국어문법론, 집문당.

권재일(1985), 국어의 복합문 구성 연구, 집문당.

김송원(1988), 15세기 중기 국어의 접속월 연구, 박사학위논문, 건국대학교.

김승곤(1986), "이음씨 '-게'와 '-도록'의 의미와 통어적 기능", 국어학신연구, 약천 김민수선생 회갑 논문집, 탑출판사.

김영배(2004), 역주 월인석보 제20, 세종대왕기념사업회.

남기심·루코프(1996), "논리적 형식으로서의 '-니까'와 '-어서' 구문, 국어문법의 탐구 1, 태학사.

박용찬(2006), 15세기 국어 연결 어미와 보조사의 통합형 연구, 박사학위논문, 서울대학교.

박재연(2011), "한국어 연결어미 의미 기술의 메타언어 연구", 국어학 62, 167-197.

백낙천(1994), "접속어미 '-도록'과 '-을수록'에 대하여", 동국어문학 6, 317-328.

리의도(1990), 우리말 이음씨끝의 통시적 연구, 어문각.

리의도(1991), "비례법 이음씨끝의 역사", 한글 211, 79-98.

서태룡(1978), "내포와 접속", 국어학 8, 109-135.

석주연(2006), "'-도록'의 의미와 문법에 대한 통시적 고찰", 한국어의미학 19, 37-63.

안병희·이광호(2001), 中世國語文法論, 학연사.

윤평현(2005), 현대국어 접속어미 연구, 박이정.

이동혁(2008), "'X-으면 Y-을수록' 구문에 대하여", 국어학 51, 29-56.

이상태(1986), "'-을수록' 구문의 통사와 의미에 관하여", 국어학신연구, 약천 김민수 선생 회갑 논문집, 탑출판사.

이은경(2000), 국어의 연결 어미 연구(국어학총서 31), 태학사.

이현희(1994), 중세국어 구문연구, 신구문화사.

이익섭·채완(2006), 국어 문법론 강의, 학연사.

임홍빈·장소원(1995), 國語文法論·1, 한국방송대학교출판부.

장경희(1995), 국어 접속어미의 의미 구조, 한글 227, 151-174.

장요한(2007), "'문장의 확장'에 대한 소고", 시학과 언어학 14, 191-220.

장요한(2010), 15세기 국어 접속문의 통사와 의미(국어학총서 61), 태학사.

장요한(2011), "중세국어 접속어미 '-디옷'의 문법에 대하여", 국어학 61, 389-415.

장윤희(1991), 중세국어의 조건 접속어미에 대한 연구, 석사학위논문, 서울대학교.

최건·박정희(2001), "'A을수록 B'구문과 '越A越B'구문의 대조", 중국조선어문 116, 10-13.

최재희(1991), 국어 접속문 구성 연구, 탑출판사.

최현배(1937), 우리말본, 정음사.

하귀녀(2005), 국어 보조사의 역사적 연구, 박사학위논문, 서울대학교.

허웅(1975), 우리 옛말본, 샘문화사.

Comrie, B.(1981), *Language Universals and Linguistic Typology*, Basil Blackwell.

Cristofaro, S.(2003), *SUBORDINATION*, Oxford : Oxford University Press.

Kuno, S.(1973), The Structure of the Japanese Language, Cambridge, Mass : the MIT Press.

Foley, W. A & R. D. Van Valin, Jr.(1984), *Functional Syntax and Universal Grammar*, Cambridge : Cambridge University Press.

Haeyeon Kim(1993), *Clause combining in discourse and grammar* : an analysis of some korean clausal connectives in discourse(언어학 총서 13), 태학사.

Haiman, J. & S. A. Thompson(1984), "'Subordination' in universal grammar", in *Proceedings of the Tenth Annual Meeting of Berkeley Linguistic Society*.

Halliday, M. A. K.(1985), *An Introduction to Functional Grammar*, London : Edward Arnold.

Hengeveld, K.(1998), Adverbial clauses in the languages of Europe, in : J. Van der Auwera ed., Adverbial constructions in the languages of Europe, Berlin : Mouton de Gruyter.

한국어 연결어미 교육을 위한 문법 기술*

오경숙

1. 도입

언어 교육이 학습자의 의사소통 능력 향상을 목표로 이루어져야 한다는 인식이 널리 받아들여지면서, 문법이나 어휘를 이용하여 정확한(문법적인) 문장을 만들어 내는 것보다는 여러 가지 다양한 상황에서 적절하게 발화하도록 하는 것이 더 우선시되고 있다. 그리하여 교육 과정을 설계할 때 문법 항목 대신 의사소통 기능이나 과제를 중심으로 교수요목의 큰 줄기를 잡아나가려는 시도가 점차 늘어가고 있다.

이러한 최근의 흐름은 일견 언어 교육에서 더 이상 문법과 문법 교육이 중요하지 않게 되었음을 의미하는 것처럼 보인다. 문법은 오랜 기간 동안 언어 교육에서 가장 일차적이고 직접적인 교수 대상이었으나 20세기에 이르러 그 중심적인 지위를 내 놓게 되었고, 1980년대에 이르러서는 문법을 명시적으로 가르치는 것에 반대하는 입장까지 등장하였다 (Larsen-Freeman 2001, Brown 2001 : 13-53). Krashen(1981)을 대표로 문법 교육

---

* 이 글은 오경숙(2007, 2011)의 논의를 종합하고 보완하여 작성한 것이다.

을 반대하는 의견에 따르면 언어는 자연적인 노출에 의해 습득되어야 하는 것이지 공식적인 교수를 통해서 학습하는 것이 아니다. 형식적인 문법 교육은 문법 구조에 대한 기술적인 지식만 키워줄 수 있을 뿐 여러 언어 형식들을 정확하게 사용하는 능력을 길러주지는 못하는데, 이 둘은 두뇌에서 서로 다른 영역에 속하기 때문에 서로 영향을 주고받을 수 없다고 본다(Nassaji and Fotos 2004 : 127). 이러한 입장을 좇는 교수법에서는 정확한 형태 연습보다는 의미 중심적 의사소통을 위한 의미 중심 접근법(Focus on Meaning)을 추구하게 된다.

그러나 의미 중심 접근법은 학습자의 외국어 의사소통 능력을 향상시키지 못했고 오히려 외국어 교육에서 문법 교육이 꼭 필요하다는 사실을 역설적으로 입증하는 역할을 하였다. 즉, 의사소통 중심적 언어 수업에서 의미에만 초점을 두고 형식은 배제할 경우 학습자들이 목표 언어를 정확하게 구사하는 능력이 현저하게 떨어져 오히려 의사소통을 제대로 할 수가 없는 문제가 발생하였기 때문에 의미에 집중하면서 동시에 형식에도 주의를 기울이도록 하는 일종의 절충안인 의미 중심 형태 교수법(Focus on Form)이 등장하게 되었다.[1][2]

결국, 언어 교육에서 문법과 문법 교육이 중요성을 잃어가게 된 것이 아니라 문법을 바라보는 인식이 달라졌다고 보는 것이 더 타당하다. 즉, 문법은 과거에 언어 교육의 목표 그 자체였다면 이제는 더 본질적인 목표, 곧

---

[1] Nassaji and Fotos(2004 : 127-129)에서는 외국어 교육에서 문법 교육이 반드시 필요하다는 것을 다음의 근거를 들어 주장하였다. 첫째, 제2 언어 습득에 관한 여러 연구에서 목표 형태들에 대한 의식적인 주의 집중이 외국어 학습에 있어서 중요한 역할을 한다는 사실이 밝혀졌다. 둘째, 학습자 문법의 발전 과정에서 문법 교수가 도움을 줄 수 있는 측면이 있다는 사실이 경험적으로 입증되고 있다. 셋째, 의미 중심 의사소통만을 중시하고 문법을 부차적으로 다루었을 때 학습자 언어에서 정확성이 떨어진다. 넷째, 문법 교수의 이점(정확성 향상, 습득 시간 단축 등)이 경험적으로 관찰된다.
[2] 의미 중심 형태 교수법의 정의와 형태중심 접근법(Focus on Forms) 및 의미 중심 접근법과의 차이점에 대한 간명한 설명은 김영규(2010 : 235-238)을 참고하기 바란다.

의사소통 능력 향상을 위한 도구로서 가르쳐야 하는 것으로 달리 이해된다.

문법은 어휘, 발음, 문화와 함께 언어 교육의 4 가지 지식 영역 가운데 하나로, 이들을 위한 교육에는 무엇을, 어떻게 가르칠 것인가라는 두 가지 질문이 항상 뒤따른다. 무엇을 가르칠 것인가는 교육의 내용에 해당하고 어떻게 가르칠 것인가는 교육의 방법을 말한다. 문법에 대해서 말하자면 곧 문법 교육의 내용과 방법이 되는데, 이 두 가지 주제 가운데 이 글에서 다루고자 하는 문제는 문법 교육의 내용에 대한 것이다.

문법 교육의 내용은 어떤 문법 항목을, 어떤 순서로 가르칠 것인가에 대한 물음과 더불어, 하나의 문법 항목을 가르칠 때 무엇을 가르칠 것인가에 대한 물음과 관련된다. 이 글의 논의 주제인 문법 기술은 두 번째 물음과 직결된다.

여기서 말하는 문법 기술은 국어학에서의 문법 기술과는 차이가 있다. 이미혜(2005 : 18-22)에서 지적한 바와 같이 학문으로서의 문법 연구와 교육 현장에서의 문법 교육 사이에 '교육 문법'이 있는데, 우리가 말하는 문법 기술은 바로 이 교육 문법을 기술한다는 것이다. 교육 문법은 한국어 문법 교육 현장에서 활용될 것이기 때문에 그것에 대한 기술은 국어학적 지식뿐만 아니라 한국어 문법 교육과 관련한 제반 사항에 대한 깊은 이해가 동반되어야 한다. 구체적으로 말하자면, 한국어 교육을 위한 문법 항목을 기술하기 위해 한국어 문법 교육의 목표와 문법 기술의 대상(즉, 한국어 문법 항목), 그리고 문법 기술의 내용, 즉 교육 현장에서 요구되는 정보에 대해서 잘 알고 있어야 한다.

2.1절에서 자세히 살펴보겠지만, 한국어 교육을 위한 문법 항목에는 하나의 문법 형태소 외에도 여러 형태소가 결합된 구성이 다수 포함된다. 그런데 한국어 학습자들은 한국어에 대한 직관이 없고 형태소 하나하나의 의미를 조합하여 결합 형식의 의미를 추론할 능력이 없다. 또한 여러

형태소가 결합하여 이루어진 문법 항목의 의미가 반드시 그 구성 성분의 의미의 합인 것도 아니다. 그러나 교육 현장에서 가르치는 모든 문법 항목들에 대해 외국인 학습자들이 쉽게 이해하고 사용할 수 있을 만큼 충분한 기술이 다 이루어지지 않은 것이 사실이다. 국어학에서는 문법 형태소를 기본 단위로 연구하는 것이 일반적이기 때문에 많은 문법 항목들이 연구의 사각지대에 놓여 있었고, 이미 많이 기술된 항목들도 기술의 목적과 방법, 내용이 한국어 문법 교육 현장에서 요구되는 것과 잘 부합되지 않는 경우가 다수인 실정이다.

한국어 문법 기술은 문법 교육의 내용학 가운데 매우 큰 비중을 차지하지만 그 중요성과 시급성에 비하여 아직 가야할 길이 멀다. 이러한 문제 의식에서 출발하여 우리는 문법 항목 가운데 하나인 연결어미 '-다가', 특히 그 과거시제 결합형인 '-었다가'를 중심으로 교육 문법을 기술해 보고자 한다. '-었다가'는 '-다가'에 과거시제 선어말어미 '-었-'이 결합한 형식으로 연결어미의 목록에 포함되기 어렵다. 그러나 한국어 교육에서는 두 절을 연결하기 위한 형식의 하나로서 문법 항목에 포함될 수 있다. 그 이유는 '-다가' 앞에 과거시제 '-었-'이 결합한 것으로 설명하였을 때 외국인 학습자들이 적잖은 오류 문장을 생산하기 때문이다. 다시 말하자면, '-으니까', '-었으니까'와는 다른 어려움이 '-다가', '-었다가'에 있다는 것이다. 국어학적 관점에서는 '-다가'와 분리하여 고찰할 필요가 없어 보이는 형식이나 한국어교육에서는 그렇지 않다는 점에서, 오히려 한국어 교육에서의 문법 기술의 가지는 특수성이 더 잘 드러날 수 있다.

이 글은 다음 순서로 진행된다. 2장에서 우리는 문법 교육의 내용과 관련된 두 문제를 문법 기술의 측면에서 살펴볼 것이다. 그리고 3장에서는 앞 장에서의 논의를 토대로 하여 '-었다가' 교육을 위한 문법을 기술해 보고자 한다. 4장에서는 이 글에서 논의된 내용을 요약하고 논의의 한계, 미처 다루지 못한 사항, 앞으로의 과제를 정리하고자 한다.

2. 문법 기술의 대상과 내용

이 장에서는 문법 항목을 본격적으로 기술하기에 앞서 문법 교육의 내용적 측면에서 중요하게 다루어 온 두 가지 문제에 대하여 살펴보고자 한다. 첫 번째는 어떤 문법 항목을, 어떤 순서로 가르칠 것인가에 대한 것이다. 특히 어떤 문법 항목을 가르칠 것인가는 바로 문법 기술의 대상이 무엇인가에 대한 것이므로 우리의 논의와 깊이 관련된다. 두 번째는 하나의 문법 항목을 가르칠 때에는 무엇을 가르쳐야 하는지에 대한 것이다. 이것을 문법 기술의 관점에서 해석하자면, 한국어 교육을 위한 문법을 기술할 때 어떤 내용이 포함되어야 하는지 살피고 교육 현장에서 요구되는 정보가 무엇인지 생각해 보는 작업이 된다.

2.1. 문법 기술의 대상

어떤 문법 항목을 기술할 것인가는 달리 말하면 외국인에게 한국어 문법을 가르칠 때 어떤 문법 항목을 가르칠 것인가의 문제이다. 문법 항목 선정은 한국어 교육을 위한 문법 항목을 어떻게 설정할 것인가에 직결되는 커다란 논제로서, 교육의 목표와 특징, 언어 교육 접근법, 학습자 등 많은 조건을 두루 고려해야 할 문제이다.

한국어 교육에서 교육 대상이 되는 문법 항목의 형식은 매우 다양하다. 여러 가지 어미나 조사뿐만 아니라 어미에 선어말어미가 결합된 형식들('-었더니', '-었다가', '-었더라면' 등), 어미와 조사의 결합형('-다가도' 등), 용언의 불규칙 활용('ㅂ 불규칙' 등), 보조 용언 구성 및 그 활용형('-고 싶다', '-어 주시겠어요?' 등), 그밖에 '-는 반면에', '-는 바람에', '-어서는 안 되다' 등과 같은 여러 가지 통사적 구성들이 모두 포함된다. 구체화되고 개별화된 이들 언어 형식들은 그 유형이 다양해서 국어학에서 연구 대상으로서 다루지 않는 것들도 많다.

문법 항목에 이처럼 다양한 형식이 포함되는 까닭은 한국어 교육에서의 문법이 '외국인이 한국어 문장을 생성하는 데 사용할 수 있는 여러 가지 언어 형식과 그 용법'으로 정의되기 때문이다. 그리하여 한국어 교육에서의 '문법'은 한국어의 문법적 문장을 생성하는 데 사용할 수 있는 기본적인 언어 형식뿐 아니라, 다양한 발화 상황(즉, 화용적 맥락)에 맞는 문장을 생성하기 위한 언어 형식, 발화 의도를 충분히 표현하는 문장을 생성하기 위한 언어 형식을 모두 포괄하게 된다. 이는 국어학에서 문법을 국어의 문장을 구성하는 성분들의 기능, 성분 간의 결합 관계, 문장의 구조, 문장 간의 결합 관계 등을 설명할 수 있는 규칙이나 원리로 정의하는 것과 대조적이다.

한편, 문법 항목 선정에는 주관적인 방법, 객관적인 방법, 절충적인 방법이 사용된다. 주관적인 방법은 각 교육 기관의 교육 과정 개발자들이나 교재 개발자들이 사용하던 방법으로, 주로 교육 경험에 의지하여 항목을 선정하는 것을 말한다. 객관적인 방법은 말뭉치를 이용한 빈도 조사 결과를 이용하거나 여러 교재들에 나온 문법 항목의 중복도를 고려하거나 여러 전문가의 의견을 수렴하여 선정하는 방법 등이다(국립국어원 2011 : 34-35). 항목의 수는 선정 기준을 어떻게 잡느냐에 따라 큰 차이가 난다. 예컨대, 국립국어원(2005), 「외국인을 위한 한국어 문법 2 용법편」에서는 총 1,400여 개의 문법 항목을 선정하였고 국립국어원(2011 : 33-42), 「국제 통용 한국어 교육 표준 모형 개발 2단계」에서는 1급부터 7급까지 총 628

개의 항목을 선정하였다.3)

선정한 항목을 어떤 순서로 가르칠 것인가는 문법 항목의 등급화와 관련된다. 문법 항목의 등급은 일반적으로 사용 빈도와 형태·통사론적 복잡도, 난이도, 활용도, 교수·학습의 용이성 등을 고려하여 구분한다. 현재까지 말뭉치를 이용한 사용 빈도에 대한 연구를 제외하면 나머지 기준에 대한 본격적인 연구는 거의 이루어지지 않았기 때문에4) 문법 항목의 선정과 마찬가지로 위계화도 전문가의 주관적 판단이 적잖이 반영된다고 하겠다. 참고로 그간에 시행된 한국어 능력 숙달도 평가의 등급에 따르면 문법의 위계가 총 6등급이었는데 2010-2011년에 개발된 국제 통용 한국어 교육 표준 모형에 따르면 총 7개 등급으로 조정되었다.5)

2.2. 문법 기술의 내용

어떤 문법 항목에 대하여 무엇을 기술해야 하는가 하는 질문은 곧 그 항목에 대하여 구체적으로 어떤 내용을 가르칠 것인가에 해당한다. 2.1절에서 한국어 교육에서의 문법 개념과 국어학에서의 문법 개념이 서로 다르다는 사실을 언급하였는데, 그러한 개념의 차이가 문법 기술의 대상뿐 아니라 목적의 차이로 이어진다. 국어학에서는 기본적으로 문법적인 한국어 문장의 구조와 생성 원리를 규명하고자 한다. 반면에 한국어 교육에

---

3) 국립국어원(2006)의 선정 기준은 필자가 아는 한 잘 찾아지지 않는다. 국립국어원(2011)은 국립국어원(2005)와 백봉자(2006)의 항목을 모두 검토하여 중복되는 항목과 이형태 등을 정리하여 600여 개로 최종 선정한 것이다.

4) 이러한 점에서 장채린·강현화(2013)의 연구는 매우 의미 있는 것이다. 이 연구에서는 교육용 문법 항목을 선정하기 위하여 종결어미를 중심으로 그 복잡도를 어떻게 산정할 것인지에 대하여 논의하였다. 복잡도를 산정하는 하위 기준으로 형태적, 통사적, 의미적, 담화화용적 복잡도 등을 나누고 각각의 세부 기준을 작성하였는데 문법 항목의 위계화를 위한 객관적인 논의의 발판을 마련한다는 점에서 큰 의의를 갖는다.

5) 등급별 문법 항목은 국립국어원(2011)의 문형 부록을 참고하기 바란다.

서는 '한국어에 대한 직관이 없는' 외국인으로 하여금 한국어 모어 화자와 비슷하게 한국어를 구사하도록 하기 위하여 가장 긴요한 한국어 형식들, 즉 문법 항목들의 용법을 안내하려는 것이 문법 기술의 주된 목적이다.

그렇다면 문법 항목의 용법을 기술할 때 그 항목과 관련된 어떤 정보가 기술되어야 하는가?[6] 문법 항목을 기술하는 데 있어서 가장 중요한 것은 그 문법을 어떻게 사용할 수 있는지 최대한 구체적이면서도 간명하게 제시하는 것이다. Larsen-Freeman(2001 : 252-255)에 따르면, 학습자가 어떤 문법 항목을 의사소통 상황에서 적절하고 정확하게 사용할 수 있기 위해서는 그 항목이 가진 세 가지 차원, 즉 형식(form), 의미(meaning), 사용(use) 차원의 제 정보를 모두 이해해야 한다. 형식 정보는 형태 통사적, 어휘적, 음소적 패턴을 말하는 것으로 구조적인 결합 관계에 대한 정보를 뜻한다. 의미 정보는 그 문법 항목이 가지는 어휘적, 문법적 의미를 말하고 사용 정보는 그 문법 항목을 사용할 수 있는 언어적, 사회적, 화용론적 맥락을 말한다.

모든 문법 항목은 형식 정보와 의미 정보를 가진다. 그런데 항목에 따라서는 명확한 사용 정보를 찾기 어려운 것도 있다. 2.1절에서 언급한 바와 같이 한국어 교육 문법에는 구조적인 기능을 갖는 언어 형식뿐 아니라 표현적인 기능을 갖는 언어 형식이 다수 포함되는데, 흔히 전자를 '기본 문형', 후자를 '표현 문형'이라고 부른다.[7] 기본 문형은 문장을 형성하는 데 필수적인 기능을 하는 언어 형식으로서 조사(격조사), 어미(일부 종

---

6) 출판되어 있는 한국어 교육·학습용 사전의 기술 항목 비교(백봉자 2006, 외국어로서의 한국어 문법 사전, 이희자·이종희 2010, 한국어 학습 전문가용 어미·조사 사전, 국립국어원 2006, 외국인을 위한 한국어 문법 2 용법편) 및 주요 외국어 교육용 문법서(영어, 일어)의 기술 항목 비교는 국립국어원(2012), 한국어교육 문법·표현 내용 개발 연구 1단계, 46-62 참조

7) 이미혜(2002), 민현식(2004), 석주연(2005) 등. 이미혜(2002)에서는 문법을 '문법 항목'과 '표현 항목', '단순 결합 항목'으로 분류했고 민현식(2004 : 80-83)에서는 '기본 문형(기본 구문)'과 '표현 문형(표현 구문)'으로 분류했다. 석주연(2005)에서도 민현식(2004)과 동일한 용어를 사용했다.

결어미와 선어말어미, 연결어미, 전성어미) 등이 이에 속한다. 한편, 표현 문형은 다양한 상황에서 다양한 의도를 표현하는 데 사용되는 언어 형식으로서 구체적인 표현 의미를 갖는 특수조사, 양태 표현 어미(결합형), 일부 연결어미(결합형) 보조 용언 구성(결합형, 활용형), 보문 구성(활용형), 기타 여러 가지 구 구성 등이 포함된다. 이중에서 기본 문형은 주로 형식과 의미 정보가 주를 이루고 경우에 따라서는 사용 정보가 명시화되지 않을 가능성이 높다. 특히 초중급 단계에서 제시되는 기본 문형의 경우가 그러하다. 이 글이 관심을 두고 있는 '-었다가'의 경우도 특별한 화용적 정보가 찾아지지 않으므로 3장에서는 형식 정보와 의미 정보를 중심으로 문법을 기술하게 될 것이다. 한편 표현 문형은 형식, 의미 정보뿐 아니라 이들이 사용되는 적절한 발화 상황이나 전달하고자 하는 화자의 의도 또는 인식 상태 등에 대한 사용 정보가 상세히 기술되어야 할 것이다.

문법 항목에 대하여 그 항목이 가진 형식, 의미, 사용의 세 차원적 정보를 기술한다고 할 때, 기술하여야 할 세부 내용은 어떠한 것이 있는지 생각할 필요가 있다. 세부 내용은 문법의 범주에 따라 차이가 있을 것인데, 이 글의 연구 대상인 연결어미를 중심으로 정리해 보기로 하겠다.

먼저 형식 정보는 결합 관계에 대한 것으로 음운론적, 형태론적, 통사론적인 정보가 있다. 음운론적 정보는 그 연결어미에 결합하는 어간의 음운론적 특성이 연결어미의 이형태 교체에 관여하는지 여부와 관련된다. 예를 들어, '-으니까', '-으면'과 같이 '으'를 포함하고 있는 연결어미의 경우에는 앞에 결합하는 어간이 모음으로 끝나는지, 자음으로 끝나는지에 따라 '으'가 실현되는지 여부가 결정된다. 또, '-어서'는 어간의 첫 음절의 모음이 'ㅏ, ㅗ'일 때는 '-아서', 나머지 모음일 때는 '-어서'가 되고 어간이 '하다'로 끝나는 경우에는 '-여서'가 된다. 이러한 사실들이 음운론적 정보로서 형식 정보에 기술되어야 하는 것이다. 또, 불규칙 용언이 결합할 때 생기는 형태 변화도 함께 기술한다. 경우에 따라 '-고', '-으려고'와 같이 구어에서 발음이 달라지는 경우(각각 '-구', '-을려구')를 기술할 필요가 있는 것도 있다.

형태론적 정보는 그 연결어미에 결합하는 어간의 품사와 관련된 것으로, 동사, 형용사, '명사+이다' 가운데 어떠한 것과 결합하는지에 대하여 기술한다. 예컨대, '-어서', '-으니까'는 결합 어간의 제약이 없지만 '-으려고', '-고자', '-으러'는 동사 어간만 결합할 수 있다. 한국어 모어 화자라면 직관적으로 알 수 있는 사실이나 외국인은 그러한 직관이 전혀 없기 때문에 모두 하나하나 일러주어야 한다. 또 '-으니까'와 '-으니', '-으면서'와 '-으며', '-다가'와 '-다' 등과 같이 경우에 따라 줄어든 형식을 사용하기도 하는 연결어미들도 있는데, 이런 정보도 함께 기술해 주어야 한다.

통사론적 정보는 주로 연결어미의 선행절과 후행절의 관계에 대한 사항을 말한다. 선행절과 후행절의 주어가 같은지 여부, 선행절 주어의 인칭 제약 여부(예컨대, '-더니'는 1인칭 주어를 잘 쓰지 않지만 '-었더니'는 1인칭 주어만 써야 한다는 것 등), 선행절과 후행절의 서술어가 품사가 같은지 여부, 선행절의 서술어에 '-었-', '-겠-' 등 선어말어미가 결합할 수 있는지 여부, 후행절의 서법에 제약이 있는지 여부(예컨대, '-어서'에서 후행절이 명령문, 청유문이면 안 된다는 사실) 등이다.

또 사용 빈도가 높은 후행절의 서술어가 있을 경우 명시해 주는 것도 필요하다. '-으러' 뒤에 보통 '오다'와 '가다'가 온다는 것이 대표적인 예이다. 이와 반대로 후행절에 오지 않는 서술어가 있다면 이를 밝혀 주어야 한다. 예를 들어 '-으니까'는 뒤에 '감사하다', '미안하다' 등이 오지 않는데, 이는 학습자들이 '-으니까'와 가장 혼동하는 '-어서'와의 가장 큰 차이점 중 하나이다. 선후행절에 빈번하게 함께 쓰는 부사어가 있다면 기술해 주는 것이 좋다. 예를 들어, '-던지'는 보통 선행절에 '어찌나', '얼마나' 등과 같이 쓰이는 것이라든지, '-느니'는 뒤에 '차라리'가 올 때가 많다고 하는 것 등이 대표적이다. 이렇듯 세부적인 사실 하나하나를 다 정리하여 가르쳐야 학습자들의 오류를 방지할 수 있다.

다음으로 의미 정보는 그 문법 항목이 담고 있는 의미적인 내용과 선후행절의 의미론적 제약 등이 해당된다. 예를 들어 '-으려고'는 '의도'를 나타내는 연결어미로서, 선행절에는 의도의 내용이, 후행절에는 그러한 의도를 가지고 한 행동이 나온다. '-는 바람에'는 구성 상 연결어미는 아니나 같은 기능을 하는 연결 형식인데, '갑작스러운 이유'를 나타낸다. 그런데 그 갑작스러운 이유로 인하여 대개 원하지 않은 부정적인 결과가 생겼음을 나타내기 때문에 후행절은 보통 부정적인 내용을 담는 것이어야 한다. 이러한 것도 중요한 의미 정보로서 기술되어야 한다.

어떤 연결어미는 선행절이 사실임을 전제하는 것이 있는데 이는 그 문법 항목을 제대로 사용하는 데 있어서 꼭 필요한 정보가 아닐 수 없다. 예를 들어 '-는데도'는 '매일 공부하는데도 성적이 오르지 않는다.'는 '매일 공부한다'가 참이어야만 성립하는 문장인 것이다. 이러한 정보가 중요한 또 다른 이유는 유사 문법 항목과의 차이를 잘 보여주기 때문이다. 외국인 학습자들은 '-는데도'와 '-어도'를 잘 구별하지 못하는데, 이 두 항목은 사실성을 전제하느냐, 전제하지 않느냐에서 결정적으로 차이를 보인다. 즉, '매일 공부해도 성적이 오르지 않는다.'는 '매일 공부한다'가 반드시 참이라는 것을 전제하지 않기 때문이다.

어간의 상적 정보를 기술해야 하는 경우도 있다. 예컨대, '-다 보면'은 '어떤 일을 꾸준히 계속해서 하면' 앞으로 어떤 결과를 얻을 수 있다는 의미를 갖는데, 이렇게만 의미를 전달하면 학습자들은 '한국 사람과 결혼하다 보면 한국어 실력이 크게 늘 거예요.'라는 문장도 만들어 낸다. 그

러므로 '-다 보면'의 앞에는 하나를 꾸준히 계속해서 할 수 있는 동작이
나 행동을 나타내는 동사가 나와야 한다는 정보를 주어야 하는 것이다.

사용 정보는 그 연결어미를 사용할 수 있는 맥락에 관한 것이다. 문어
체와 구어체의 구별, 공식적인 상황과 비공식적인 상황의 구별이 대표적
이다. 예를 들어 '-고자'는 문어체에서, 그리고 공식적인 상황에서 많이
사용한다. '-으니까'와 '-으므로'의 차이도 부분적으로는 사용 정보와 관
련된 것이다. 연결어미는 두 절을 연결하여 보다 큰 문장을 형성하는 데
일차적인 소임을 하는 형식이기 때문에 다른 문법 항목에 비해 상대적으
로 사용 정보가 많지 않다. 우리가 '-었다가'를 기술할 때 사용 정보를
정리하지 않는 것은 이러한 이유이다.

이상에서 문법 기술의 내용을 살펴보았다. 결합 정보는 기술도 간단하
고 이미 연구된 것도 많다. 그러나 의미 정보는 그 내용을 충분히 이해할
수 있을 만큼 기술하는 것이 쉽지 않고 상대적으로 연구도 많지 않다. 앞
으로 특히 의미 정보 연구가 보다 활발히 이루어져야 하는 까닭이 여기
에 있다.

3. '-었다가'의 문법 기술

이 장에서는 2장에서의 논의를 바탕으로 '-었다가'의 문법을 기술하도
록 한다. '-었다가'는 연결어미 '-다가'에 선어말어미 '-었-'이 결합한
형식이다. '-다가'와 '-었다가'는 순차적으로 발생하는 두 가지 상황을[8]
연결하기 위해 사용되는 형식들로서, '-다가'는 선행 상황이 종결되기 전

---

8) 이 글에서는 한동완(1996 : 7)을 좇아 사건, 과정, 상태 등을 모두 포함하는 개념으로 '상황
(situation)'이라는 용어를 사용하고자 한다.

에 다른 상황이 발생한 경우를 지시하는 반면 '-었다가'는 선행 상황이 종결된 이후에 다른 상황이 발생한 경우를 지시한다(성낙수 1976, 강기진 1987/2005, 송석중 1993, 한동완 1996, 이은경 2000, 이기갑 2004, 윤평현 2005, 황주원 2010 등).9)

그런데 '-었다가'는 '-다가'에 '-었-'이 결합한 형식이라고 하기에는 제약성을 보인다. (1나′, 라′)는 외국인 한국어 학습자들이 만든 문장들로, '-다가'가 사용된 모든 환경에 '-었다가'가 나올 수 있는 것이 아님을 잘 보여준다. 또한 선행 상황이 종결된 후 다른 상황이 발생하였다고 해서 그러한 두 상황을 다 '-었다가'로 연결시킬 수 있는 것이 아니라는 사실도 알려준다.

(1) 가. 창문을 열다가 닫았어요.
　　가′. 창문을 열었다가 닫았어요.
　　나. 스키를 타다가 모자를 잃어버렸어요.
　　나′. *스키를 탔다가 모자를 잃어버렸어요.
　　　　(스키를 다 타고 나서 모자를 잃어버렸다는 의도로)
　　다. 서점에 가다가 친구를 만났어요.
　　다′. 서점에 갔다가 친구를 만났어요.
　　라. 집에 가다가 친구한테 전화를 걸었어요.
　　라′. *집에 갔다가 친구한테 전화를 걸었어요.
　　　　(집에 도착한 후 친구에게 전화를 했다는 의도로)

한국어 학습자들은 대개 '-다가'를 먼저 학습한 후 '-었다가'를 배우

---

9) '-다가'와 '-었다가'의 이러한 차이는 다음 도식으로 나타낼 수 있다(한동완 1996 : 122, 그림 15 참조).

게 되는데 학습자들이 '-다가'와 '-었다가'를 관련지으면서 오게 되는 (1)과 같은 혼란 외에도 '-었다가' 사용에서 많은 오류를 보인다. (2)는 학습자들이 '-었다가'를 사용하면서 만든 오류문들이다.

> (2) 가. *제가 평소에 숙제를 안 했다가 성적이 나빴어요.
>   나. *저는 한국에 왔다가 고민한 날이 많았어요.
>   다. *집안일을 했다가 피곤했어요.
>   라. *며칠 전 우리 반 친구들한테 물어봤다가 대부분 한국어 배우고 한국에 유학하러 가고 싶다고 들었어요.
>   마. *커피를 뽑으러 갔다가 기계가 고장 중이었다.
>   바. *지하철을 탔다가 숙제를 했다.

(2가, 나)는 '-었다가'의 통사론적인 제약을 어겼고 (2다, 라)는 '-었더니'와 혼동한 경우이다. (2마)는 '-었다가'의 통사론적인 제약을 어겼거나 '-었더니'와 혼동한 경우이다. (2바)는 후행절의 의미론적 제약을 지키지 못한 경우이다.

이와 같이 한국어 학습자들이 '-었다가'를 사용하는 데 큰 어려움을 보이는 데 반해, 그러한 현장에서의 어려움을 해소하기 위해 참고할 수 있는 세부적인 용법 기술은 필자가 아는 한 잘 찾아지지 않는다. 국어학에서는 '-었다가'를 '-다가'에 대한 논의 아래에서 부수적으로 다루어 왔고, 한국어 교수·학습용 사전에서도 '-다가'만을 표제어로 등재하여 하나의 뜻풀이 아래에서 '-다가'와 '-었다가'의 용례를 함께 보여주는 경우가 많다. 그러한 이유로 '-었다가'의 세부 용법별 기술이 두드러지지 않은 것이 사실이다. 그러나 앞서 제시한 오류문을 통해서 보았듯이 한국어 문법 교육 현장에서 '-었다가'를 교육할 때에는 선행 상황이 종결된 이후에 다른 상황이 발생한 경우를 나타낸다는 것 이외에도 여러 가지 통사론적, 의미론적 제약을 잘 안내하여야 한다. 이때, 선행 상황이 종결

된 이후에 다른 상황이 발생하였더라도 두 상황의 의미적 관계에 따라
'-었다가'의 하위 용법이 나뉘고, 그러한 하위 용법에 따라 제약이 달라
지는 것이 관찰되므로, 교육 과정 설계 시 '-었다가'의 하위 용법을 세분
화하고 용법별로 의미와 문법적 제약을 제시하는 것이 외국인 학습자의
오류 발생률을 낮출 수 있다.

논의의 순서는 다음과 같다. 먼저 3.1절에서는 현재까지 기술되어 있
는 '-었다가'의 문법을 한국어 교육용 사전과 주요 교재를 통하여 정리
해 보고, 3.2절에서는 용법별로 세부적인 기술을 시도하고자 한다.

3.1. 한국어 교육용 사전과 교재에서의 기술

이 절에서는 한국어 교육용 사전과 교재에서 '-었다가'에 대해 기술하
고 있는 내용을 살펴보고자 한다.

3.1.1. 한국어 교육용 사전에서의 기술

주요 한국어 교육용 사전에서 '-었다가'의 하위 용법을 어떻게 분류하
였는지 살펴보고 각각의 기술 내용을 검토해 보고자 한다. 우리가 분석하
는 사전은 다음과 같다(출판 연도 순).

- 한국인 학습용 어미 조사 사전, 이희자·이종희, 한국문화사, 2001.
- 외국인을 위한 한국어 문법 2, 국립국어원, 커뮤니케이션북스, 2005.
- 외국어로서의 한국어 문법 사전, 백봉자, 도서출판 하우, 2006.
- 외국인을 위한 한국어 학습 사전, 서상규 외, 신원프라임, 2006.

상기 4종의 사전 가운데 '-었다가'를 별도의 표제어로 분리하여 기술
한 것은 백봉자(2006)이 유일하다. 나머지 3종은 '-다가'만을 표제어로 등

재하여 하나의 뜻풀이 아래에 '-다가'와 '-었다가'의 용례를 함께 보여
주거나(이희자·이종희 2001, 국립국어원 2005), '-다가'의 용법을 나열한 후
관련 항목('-다가 못해', '-다가 보니까' 등)을 기술하는 자리에 '-었다가'의
의미와 용례를 간략히 제시하고 있다(서상규 외 2006).

　이렇게 상이한 방식 가운데 한국어 교사와 학습자에게 가장 도움이 되
는 것은 백봉자(2006)에서와 같이 '-다가'와 '-었다가'를 분리하여 별도
로 상세히 기술하는 방식이다. 물론 '-다가'와 '-었다가'는 선후행절의
주어가 같다든지 사건의 전환을 나타낸다고 하는 통사·의미론적 특징을
공유한다. 그러나 이는 개별적인 여러 현상들을 보다 상위 차원으로 추상
화하여 설명하는 것을 지향하는 국어학적 연구 방법론이다.

　외국인 한국어 학습자들은 '-었다가'가 '-다가'의 활용형으로서 가지
는 공통된 특성보다는 '-었다가'의 용법 자체에 주목하며, 오히려 '-다
가'와의 차이를 알고 싶어 한다. 또한 앞에서 여러 번 밝힌 바와 같이
'-다가'를 사용하는 데 있어서는 오류를 그다지 만들어내지 않는 데 반
해 '-었다가'를 사용할 때에는 비문법적인 문장을 만드는 경우가 많다는
점도 간과해서는 안 될 것이다. 이는 학습자들이 '-었다가'를 사용하기
위해 필요한 정보를 충분히 제공받지 못했음을 의미하기 때문이다. 마지
막으로, 한국어 교재에서 '-다가'와 '-었다가'를 별도의 문법 항목으로
다루고 있는 경우가 많다는 점도 참고가 될 것이다(<표 2> 참조).

　'-었다가'의 의미 기술의 측면에서 보았을 때 한국어 교육용 사전 4편은
사전별로 제시하는 정보의 유형과 분량에서 차이를 보인다. 이를 의미 정보
와 결합 정보(형태·통사론적 정보)로 나누어 정리해 보면 다음과 같다.[10]

---

10) '-었다가'를 독립적으로 다루지 않고 '-다가'의 하위 용법으로 다룬 사전의 경우(즉, 백봉
　　자 2006을 제외한 나머지 사전 3종), '-었다가'의 용법으로서 명시하거나 용례를 제시한
　　경우만 골라서 정리하였다. 또한 해당 용법의 분명한 이해를 위하여 용례도 한두 개씩 수
　　록하였다. 결합 정보는 오른쪽의 의미 정보의 세부 사항 중에서 어떤 것과 관련 있는지 표

〈표 1〉 한국어 교육용 사전에서의 '-었다가'의 기술 내용

사전	기술 내용	
	의미 정보	결합 정보
이희자 ·이종희 (2001)	Ⅰ. 상황의 중단, 전환을 나타냄 1. 어떠한 행위가 진행되어 가는 도중에 그 행위를 그치고 다른 행위로 옮겨감을 나타낸다. 〈참고〉 '-었다가'의 꼴로 쓰이면 그 행위를 완료한 후 다른 행위로 옮겨감을 나타낸다. 에 그는 선수였다가 이제는 감독 노릇을 한다. Ⅱ. 행위의 반복을 나타냄 1. [주로 '-다가 -다가 하다'의 꼴로 쓰이어] 두 가지 사실이 번갈아 있음을 나타낸다. 에 듣는 둥 마는 둥 눈을 감았다가 떴다가 했다. Ⅲ. 원인, 조건, 근거 등을 나타냄 1. 이유나 원인을 나타낸다. 에 나는 지난번에 구두를 신고 갔다가 발이 아파서 죽을 뻔했어. 2. 조건을 나타낸다. 앞절의 행위를 계속하게 되면 뒷절의 결과가 생김을 나타낸다. 에 잠들었다가는 깨어나지 못할지도 몰라. 3. ['-았다가'의 꼴로 쓰이어] 뒷말의 근거를 나타낸다. 에 그냥 갔다가 없으면 허탕치니까 전화해 보고 가세요.	〈전체〉 동사, 일부 형용사, '-았-'뒤에 쓰임. 〈Ⅱ-1〉관련 1. 주로 대립되는 동작을 나타내는 동사가 쓰인다. 2. '-다가'보다 '-다' 꼴로 더 자주 쓰인다. 〈Ⅲ-2〉관련 주로 보조사 '는'과 결합한 '-다가는', '-다간'의 꼴로 자주 쓰인다.
백봉자 (2006)	선행 동작이 완료된 이후에 동작이 전환됨을 나타낸다. 1. 후행절의 동작이 부가되어, 선행 동작 이전의 상태로 원상회복시키거나 선행 동작을 취소시키는 경우 에 학교에 갔다가 왔습니다./ 의자에 앉았다가 일어났습니다. 2. 선행 동작이 후행절의 상황이나 이유가 되는 경우 에 시내에 나갔다가 차가 밀려서 혼났어요./ 상한 음식을 먹었다가 배탈이 났어요.	〈1 관련〉 1. 선행절과 후행절의 동사는 의미상 서로 상반되거나 관계가 있는 동사이어야 한다. 2. 의미상의 제약 때문에 결합하는 동사가 많지 않다. 3. 선행절과 후행절의 주어는 동일해야 한다.

시하였다. 아울러 이 표에서 사용한 약물은 정리의 편의를 위한 것으로 각 사전에서 사용한 것과 다름을 밝힌다.

사전	기술 내용	
	의미 정보	결합 정보
서상규 외 (2006)	어떤 일을 끝낸 후에 다른 일을 하였음을 나타낸다. ㉫ 외출을 했다가 한 시간쯤 전에 돌아왔어요./옷을 샀다가 작아서 바꿨습니다.	모음 'ㅏ, ㅑ, ㅗ'로 끝나는 동사의 어간 뒤에는 '-았다가'를 쓰고, 그 외의 모음으로 끝나는 동사의 어간 뒤에는 '-었다가'를 쓴다. '하다'에는 '-였다가'를 쓴다.

<표 1>을 보면 각 사전들이 수록한 정보의 공통점과 차이점이 잘 드러난다. 여기에서는 하위 용법의 분류와 기술에 초점을 두어 살펴보도록 하겠다.

가장 두드러지는 공통점은 '-었다가'가 나타내는 의미의 핵심을 '(어떤 상황 또는 행위, 상태, 동작, 일의11) 완료12)) 후 전환'으로 보았다는 사실이다. 그런데 그러한 의미에 대하여 백봉자(2006)에서 제시한 용례와 나머지 사전에서 제시한 용례가 조금 다르다. 백봉자(2006)에서는 '갔다가 왔다', '앉았다가 일어났다', '열었다가 닫았다' 등 서로 의미상 대립하는 동사가 '-었다가'를 매개로 바로 연결되는 용례를 제시한 반면, 다른 사전들에서는 (3)과 같이 좀 더 확장된 용례를 제시하고 있는 것이다.13)

(3) 가. 계속 분위기가 좋았다가 그 말 한 마디로 분위기가 썰렁해졌다.
(국립국어원 2005 : 279)

---

11) '-었다가'의 선행절이 지시하는 것을 무엇으로 볼 것인지는 매우 중요한 문제이다. 국어학에서는 지시의미론적인 측면에서 명확히 규정되어야 할 문제이나 논자에 따라서 각기 다른 용어를 사용하고 있음이 관찰된다. 한편 한국어 교육에서는 이와 같은 용어들의 혼재와 난이함이 학습자들이 '-었다가'의 용법을 이해하는 데 방해가 될 수 있다는 점에서 문제가 된다. 이 글에서는 '상황'이라는 용어를 사용하기로 하고 이 문제를 일단 넘어가고자 한다.

12) 이희자·이종희(2001)과 국립국어원(2005)에서 '중단'으로 기술하였으나 '-었다가'에 대한 세부 기술에서 '완료'라고 한 바 있다.

13) 국립국어원(2005)와 서상규 외(2006)에서는 확장된 용례만을, 이희자·이종희(2001)에서는 두 용례를 다 수록하고 있다.

나. 그는 선수였다가 이제는 감독 노릇을 한다. (이희자·이종희 2001 : 269)

다. 그 사람은 총각이었다가 결혼해서 이제 아이 아빠가 되었다. (국립국어원 2005 : 279)

라. 내일 아침에 학교에 갔다가 시내에 가려고 해요. (국립국어원 2005 : 279)

백봉자(2006)에서의 용례와 (3)은 근본적으로는 같은 의미 기능을 보이는 것이다. 그러나 외국인 학습자들에게는 다르게 다가갈 수 있다. '앉았다가 일어나다' 등은 사용 빈도가 높은 것을 목록으로 제시하면 어휘처럼 암기하여 사용할 수 있으나 (3)은 가능한 다양한 구문 구조를 제시하여 체계적으로 연습하여야 사용이 가능하다. '-었다가'가 사용된 말뭉치를 검토해 보면 '전환' 용법이 가장 빈도가 높은데 이 용법에서 '앉았다가 일어나다' 류와 (3) 류의 용례가 비슷한 빈도로 출현한다. 그러므로 '-었다가'의 문법을 기술함에 있어서 '전환' 용법에 대하여 두 부류의 하위 용법을 모두 기술하는 것이 타당하다.

다음으로, 3개 사전에서 공통적으로 '-었다가'의 선행절이 후행절의 원인, 이유, 조건, 근거, 상황 등을 나타낸다고 기술하고 있다. 이들 용법은 근본적으로는 '완료 후 전환'이라는 기본 의미를 전제하고 있으나 선행절에서 완료된 상황의 결과가 후행절의 상황에 영향을 미치고 있음을 나타낸다는 점에서 우리가 앞서 살펴본 경우와는 차이를 가진다.[14] 여기

---

14) 다시 말하자면, 두 경우 모두 '-었다가'에 선행하는 사건이 일단 완결된 후 다른 사건이 발생함을 나타내나, 선행 사건의 수행 결과가 후행 사건에까지 지속되는지 여부는 차이를 보이는 것이다. 이와 관련하여 윤평현(2005 : 84)에서는 '완료 중단'과 '완료 지속'이라는 용어로 두 용법을 구별하였다. 즉,

(1) 아이들이 앉았다가 일어섰다.
(2) 나는 거짓말을 했다가 들통이 났다. (윤평현 2005 : 80, (20ㄱ))

(1)은 '아이들이 앉다'라는 사건이 완결된 후 그 사건과 무관한, 더 정확히는 상반되는 '아

서 '원인, 이유, 조건, 근거, 상황' 등은 선행절에서 완료된 상황의 결과가 후행절의 상황에 영향을 미치는 방식이라고 할 수 있다.

> (4) 가. 말대답을 했다가 어머님께 꾸중을 들었어요. (백봉자 2006 : 190)
>   나. 나는 지난번에 구두를 신고 갔다가 발이 아파서 죽을 뻔했어. (이희자·이종희 2001 : 271)
>   다. 이대로 두었다가는 큰 낭패를 보게 될 거야. (이희자·이종희 2001 : 271, 국립국어원 2005 : 279)
>   라. 기계의 내용도 모르고 손을 댔다가 완전히 망가지면 안 돼요. (이희자·이종희 2001 : 271)
>   마. 그냥 갔다가 없으면 허탕치니까 전화해 보고 가세요. (이희자·이종희 2001 : 271)
>   바. 시내에 나갔다가 차가 밀려서 혼났어요. (백봉자 2006 : 190)

해당 사전에서 (4가)는 이유, (4나)는 이유나 원인의 용례로서 제시된 것이다. 두 예에서 뚜렷한 논리적인 차이를 찾을 수 없으므로 이유와 원인은 같은 용법을 지시하는 것으로 볼 수 있다.

(4다)는 이희자·이종희(2001)에서는 조건의 용례로, 국립국어원(2005)에서는 원인이나 근거로 제시된 것이다. (4다)에서 '-었다가'를 전후로 연결된 두 사건이 어떠한 논리적인 관계를 맺는지, 즉 그것이 조건인지, 또는 원인이나 근거인지 본 연구에서 천착하지는 않으나, 적어도 학습자의 입장에서는 (4가, 나)와 (4다)는 서로 다른 것으로 이해될 수 있을 듯하다. 왜냐하면 첫째, (4가, 나)는 '-어서'로 바꾸어 표현할 수 있는 반면 (4다)는 '-으면'으로 바꿀 수 있고, 둘째, (4가, 나)는 '-었다가는'으로 바꿀

이들이 일어서다'라는 사건이 수행됨을 나타낸다. 그러나 (2)는 '내가 거짓말을 하다'라는 사건이 완결된 후 그 사건의 결과가 어떠한 방식으로든 지속이 되어 들통이 나는 사건이 발생하게 됨을 나타낸다. (1)은 선행 사건이 완결된 후 '무효화되나'(이기갑 2004), (2)는 그 결과가 후행 사건에까지 유효한 것이다.

수 없지만 (4다)는 '-었다가는'이 오히려 더 자연스럽다. 셋째로, (4가, 나)는 후행절이 과거의 일을 나타내는 데 반해, (4다)는 앞으로 일어날 가능성이 있는 일에 대해 언급한다는 점이다. 이러한 점을 중시한다면, 그 의미 기능을 무엇으로 규정할 것인가에 대한 문제를 떠나서, 한국어 교육을 위한 문법에서는 (4가, 나)와 (4다)를 '-었다가'의 서로 다른 용법으로 구별하여 제시하는 것이 바람직하다.[15]

(4라, 마)는 근거를 나타내는 용례로 제시된 것인데, 이들 문장을 자세히 살펴보면 근거라는 의미가 '-었다가'와 직접적으로 관련되는 것이 아니라는 사실을 발견할 수 있다. 즉, (4라)에서 '-으면 안 돼요'를 제외하면 '기계의 내용도 모르고 손을 댔다가 완전히 망가지다'가 되는데 이때의 '-었다가'는 후행절의 시제에 따라 이유나 원인을 나타낼 수도 있고 조건을 나타낼 수도 있는 것이다. (4마)에서도 '그냥 갔다가 없으면 허탕친다'만 떼어놓고 보면 '그냥 갔다가'는 근거라기보다는 오히려 (4바)와 비슷한 '상황' 정도의 의미를 나타낸다는 것을 알 수 있다. 요컨대, (4라, 마)에서 근거의 의미는 '-었다가'의 후행절에 다른 절이 결합되면서 형성된 맥락에 의해 일시적으로 도출되는 의미이지, '-었다가' 자체의 의미라고 보기는 어려운 것이다.

마지막으로 (4바)는 백봉자(2006)에서 '상황'을[16] 나타내는 것으로 제시

---

15) 한국어 교육의 관점에서 우리가 (4가, 나)와 (4다)를 구별하는 근거를 보다 확실히 할 필요가 있어 보인다. "안전띠를 매지 않고 운전했다(가) 범칙금을 냈어요."와 "안전띠를 매지 않고 운전했다가(는) 범칙금을 낼 거예요."는 근본적으로 같은 논리적인 관계를 나타낸다. 그러나 이 글에서는 전자를 '원인', 후자를 '조건'으로 분류한다. 여기서 우리가 이 둘을 나누고자 하는 이유는 본문에서 제시한 세 가지에 따른 것 외에도 둘이 서로 다른 의사소통 기능을 갖는다는 점도 간과할 수 없다는 데 있다. 즉, (4가, 나)는 과거에 발생한 일을 서술하는 기능을 갖는 데 반해, (4다)는 앞으로 일어날 가능성이 있는 부정적인 일을 우려하거나 경고하는 기능을 갖는 것이다. 또한 여러 교재에서 '-(었)다가는'이라는 문법 항목을 별도로 설정하고 있음도 참고할 만하다.
16) 이는 이 글에서의 '상황'과는 다른 의미로 사용되었다. 각주 (8) 참조.

되었다. 이 용법은 앞서 나온 (4가-다)와는 달리 선행절에서 완결된 상황이 후행절 상황의 배경으로 작용한다. (4바)는 (4나)와 매우 유사한 구조이지만 (4나)는 구두를 신었기 때문에 발생한 결과에 초점을 두는 반면, (4바)는 시내에 나가서 그곳에서 벌어진 일을 기술하는 데 초점을 둔다는 점에서 차이를 가진다.

이 절에서의 논의를 요약하자면, 한국어 교육용 사전에서 '-었다가'에 대해 기술하고 있는 하위 용법은 모두 4가지라고 할 수 있으며 이는 선행절에서 완료된 상황의 결과가 후행절의 상황에 영향을 미치는지 여부에 따라 다음과 같이 정리된다.

> (5) 가. 선행절에서 완료된 상황의 결과가 후행절의 상황에 영향을 미치지
>   않는 경우 : 전환
>   나. 선행절에서 완료된 상황의 결과가 후행절의 상황에 영향을 미치는
>   경우 : 원인, 조건, 배경

한편, 각 용법에 대해 사전에서 기술하는 내용을 보면 학습자의 오류를 줄이기 위한 세밀한 정보가 충분하지 않은 것이 사실이다. 앞서 (1)과 (2)에서 제시한 것과 같은 오류를 줄이기 위해서는 더 정밀한 정보가 학습자에게 제시되어야 하는 것이다.

3.1.2. 한국어 교육용 교재에서의 기술

이 글에서 분석한 한국어 교육용 교재는 7종이다(출판 연도 순).

- 한국어 3, 서울대학교 어학연구소, 문진미디어, 1999.
- 말이 트이는 한국어 3, 이화여자대학교 언어교육원, 이화여자대학교 출판부, 2000.
- 한국어 초급 2, 경희대학교 국제교육원, 경희대학교 출판부, 2005.

- 서강한국어 4A, 서강대학교 국제문화교육원, 서강대학교 국제문화교육원 출판부, 2006.
- 연세 한국어 2, 연세대학교 한국어학당, 연세대학교 출판부, 2007.
- 외국인을 위한 한국어 2, 한국외대 한국어문화교육원, 한국외국어대학교 출판부, 2007.
- 외국인 유학생을 위한 한국어 초급 Ⅳ, 선문대학교 한국어교육원, 한국문화사, 2008.

먼저 이들 교재에서의 '-었다가'의 문법 항목 설정 현황은 <표 2>와 같으며 '-다가'의 경우도 참고적으로 제시하였다.

<표 2> 한국어 교재에서의 '-다가', '-었다가'의 문법 항목 설정 현황

교재명 (기관)	문법 항목 설정 여부와 수록 책	
	'-다가'	'-었다가'
한국어 (서울대)	2	3
말이 트이는 한국어 (이대)	Ⅲ	Ⅲ
한국어 (경희대)	초급 2	초급 2[17)
서강 한국어 (서강대)	3B	4A
연세 한국어 (연세대)	2	2
외국인을 위한 한국어 (외대)	2	3
외국인 유학생을 위한 한국어 (선문대)	초급 Ⅳ	초급 Ⅳ

<표 2>는 주요 한국어 교재에서 '-었다가'를 목표 문법 항목으로 설정하여 제시하고 있음을 보여준다. 각 교재에서의 기술 내용은 <표 3>과 같이 정리된다.[18)

---

17) 경희대 교재의 경우 교재 본문에는 '-다가'만 다루고 있으나 '-다가'에 대한 문법 상세 기술란에는 '-었-'과 결합하여 쓰일 수 있음을 밝히고 있다. 교재만 보아서는 '-었다가'를 별도의 목표 문법으로 다루는지 정확하게 알 수 없으나 여기에서는 문법 설명에서 '-었다가'를 소개하고 있음에 무게를 두었다.

18) 지면 상 개념 기술 부분만 수록하고 용례별 예문 1개씩만 수록함. 표에 사용된 약물은 필자의 것임.

〈표 3〉 한국어 교육용 교재에서의 '-었다가'의 기술 내용

교재	기술 내용	용법
서울대 (1999)	전환의 표현 ⑩ 지하철을 탔다가 잘못 타서 얼른 내렸어요.	전환
이화여대 (2000)	동작이 완료된 후에 그 행동과 대립되는 행동이 이어짐을 의미한다. ⑩ 도서관에 갔다가 수진의 집에 갔다. 편지를 썼다가 찢어 버렸다.	전환
경희대 (2005)	You can use the past tense marker '-았/었' before '-다가'. It is used when a totally new and different movement is made after finishing the movement of the preceding clause. ⑩ 백화점에 갔다가 급한 일이 생겨서 그냥 왔어요.	전환
서강대 (2006)	'-았/었/였다가' is used to talk about a past situation/state. ⑩ (1) A : 어제 영화 잘 봤어요? 　　B : 네, 잘 봤어요. 그런데 극장에 갔다가 고등학교 동창을 만났어요. 　(2) 공기가 안 좋으니까 문을 잠깐 열었다가 닫을까요?	배경 전환
연세대 (2007)	It is used with an action verb to indicate completion of the action of the preceding verb before the action of the following verb which is opposite to the preceding action. ⑩ 창문을 열었다가 닫았어요. 옷을 입었다가 더워서 벗었어요.	전환
한국외대 (2007)	⑩ (1) 가 : 학교에 안 갔어요? 　　나 : 학교에 갔다가 바로 돌아왔어요. 몸이 안 좋아서요. 　(2) 가 : 친구는 벌써 돌아갔어요? 　　나 : 네, 잠깐 왔다가 돌아갔어요. 　(3) 가 : 저 멋진 친구는 어디에서 만났어요? 　　나 : 음악회에 갔다가 만났어요.	전환 배경
선문대 (2008)	used when a contrasting action arises after the first action is completed. 1) {동}았다가 : when the stem of the verb ends in ㅏ or ㅗ 2) {동}었다가 : when the stem of the verb ends in ㅓ, ㅜ, ㅡ, ㅣ 3) {동}였다가 : when the stem of the verb ends in 하 ⑩ 가 : 왜 그 옷을 샀다가 바꿨어? 　나 : 너무 작아서 샀다가 바꿨어.	전환

　교재에서 제시하고 있는 용법의 측면에서 보자면, 분석 대상 교재 전부 '-었다가'의 '전환' 용법을 수록하고 있으며, 서강대를 제외하면 '앞

앉다가 일어나다' 류의 용법과 확장된 용법을 모두 제시하고 있다. 또, 서강대(2006)와 한국외대(2007)에서는 '배경' 용법을 제시하고 있는데 서강대 교재는 '배경'을 위주로 하면서 추가로 '앉았다가 일어나다' 류의 정보를 제공하였고 한국외대 교재는 '전환'과 '배경' 용법을 모두 제시한 점이 다르다. '-었다가'의 사용례 가운데 '전환' 용법이 가장 빈도가 높으므로 한국어 교재에서 '전환' 용법을 우선적으로 다루고 있다는 점은 긍정적이나 '전환' 용법에만 지나치게 치중하여 '배경'이나 '원인', '조건' 등을 균형 있게 다루지 않은 점이 아쉽다.

한편, 기술 내용을 보면 기본적인 의미 기능을 위주로 제시하고 있음이 관찰되는데 사전에서의 경우와 마찬가지로 '-었다가'를 정확하게 사용하는 데 필요한 보다 자세한 정보를 충분하게 제공하지 않고 있다고 할 수 있다.

3.2. '-었다가'의 하위 용법별 기술

이 절에서는 '-었다가'의 하위 용법에 대해 차례로 기술해 보고자 한다. '-었다가'는 기본적으로 선행 상황이 완료된 이후에 다른 상황이 발생한 경우를 나타내나 앞의 상황이 완료된 후에 뒤의 상황에 영향을 미치는지 여부에 따라 모두 4가지의 하위 용법을 나타내는 것으로 분류할 수 있다. 이를 표로 정리하자면 다음과 같다.

〈표 4〉 '-었다가'의 기본 의미와 하위 용법

기본 의미	상황 1의 완료 후 상황 2 발생	
상황 1의 완료 후 결과	상황 2 발생 시 지속되지 않음	상황 2 발생에 영향 상황 2 발생 후에도 지속
하위 용법	전환	원인, 조건, 배경

이 장에서는 '-었다가'의 네 가지 하위 용법에 대해 자세히 고찰하되, 말뭉치 검색에서의 출현 빈도19) 및 한국어 교재에서의 제시 빈도를 고려하여 '전환', '배경', '조건', '원인'의 순으로 살펴보도록 하겠다. 기본 문형인 '-었다가'의 특성을 고려하여 '형식 정보'과 '의미 정보'를 중심으로 각 용법을 기술해 보고자 한다.

3.2.1. '전환' 용법

'전환' 용법은 '-었다가'의 가장 일반적인 용법으로, 아래에서 형식 정보와 의미 정보를 차례로 살펴보도록 하겠다.

1) 형식 정보

먼저, '-었다가'가 '전환' 용법으로 사용될 때 갖는 형식 정보를 음운론적, 형태론적, 통사론적 측면에서 살펴보자.

음운론적 측면에서는 어간의 첫 번째 음절의 모음에 따라 선어말어미 '-었-'이 이형태를 갖는 사실이 기술될 수 있다. 이미 널리 알려진 바와 같이 어간의 첫 번째 음절의 모음이 'ㅏ, ㅗ'일 때는 '-았다가', 그 외의 모음일 때는 '-었다가', 어간이 '하-'로 끝날 때는 '-였다가'가 된다.

형태론적 측면에서는 '-었다가'에 결합하는 어간에 대한 정보가 기술되어야 한다. '-었다가'가 '전환'의 의미로 사용될 때에는 동사뿐만 아니라 형용사, '명사+계사' 구성도 어간으로 결합할 수 있는데 동사가 결합하는 경우가 많다.20)21)

---

19) 21세기 세종계획 2009년 12월 보급판 문어 말뭉치 검색 자료 및 꼬꼬마를 통한 구어 말뭉치 검색 자료 기준. '전환>배경>조건>원인'의 빈도로 나타남.

20) 그러한 이유로 연세대(2007), 이화여대(2000) 등의 교재에서 동작 동사(action verb)와 함께 쓴다고 기술한 것으로 보인다.

21) 참고로, 꼬꼬마를 이용하여 말뭉치를 검색해 본 결과, '-다가'를 포함하는 용례 4,400개 가운데 '갔다가'가 457개로 출현 빈도 4위, '두었다가'가 161개(9위), '했다가'가 157개(10위),

(6) 가. 친구를 길에서 잠깐 만났다가 바로 헤어졌다.

　　나. 날씨가 흐렸다가 맑아졌다.

　　다. 할머니의 병세가 한때 위중한 상태였다가 고비를 넘겨 회복되셨다.

또 '-었다가'가 구어에서 종종 '-었다'로 사용되는 것도 형태론적 측면에서 제공해야 할 정보이다.

통사론적 측면에서는 먼저 '-었다가'에 의해 연결되는 두 절의 주어가 서로 같아야 하나22) 서술어는 의미상 서로 대립하는 것이어야 한다는 점이 지적되어야 한다. (7가, 나)의 '가다'와 '돌아오다', '나가다'와 '들어오다'와 같이 대립어 관계에 있는 서술어가 나올 수도 있고, (7다)의 '쉬다'와 '시작하다', (7라)의 '(특목고에) 입학하다'와 '(다른 학교로) 전학하다'와 같이 서로 대립어 관계는 아니나 동시에 참일 수 없는 서술어가 나올 수도 있다.

(7) 가. 제비가 강남에 갔다가 돌아왔다.

　　나. 잠시 어디 나갔다가 들어온 사이에 부재중 전화가 3통이나 와 있었다.

　　다. 5분만 쉬었다가 다시 시작하도록 합시다.

　　라. 부모의 강요로 특목고에 입학했다가 적응을 못해 다른 학교로 전학한 학생들이 많다.

그리고 선행절의 서술어는 동사나 형용사, '명사+계사' 구성일 수 있

'나갔다가'가 151개(11위), '왔다가'가 150개(12위)로 나타났다. '-었다가'의 용례만으로 제한한 것이 아니어서 정확하지는 않고 하위 용법별로 구분한 것도 아니나 적어도 '-었다가'와 결합하는 어간의 주된 부류가 무엇인지는 잘 알 수 있다.

22) 주어가 동일하지 않아도 적격한 경우가 있다((8나) 등). 윤평현(2005 : 77)에서는 이를 두고 동일 주체 조건으로 설명하였고 한동완(1996 : 124)에서는 동일한 동작에 대해 주체가 전환되는 경우('어제는 명수가 청소했다가 오늘은 순이가 청소한다')도 있음을 언급하고 있다. 학습자들의 혼란이 우려되므로 이러한 사실을 앞세우지는 않되, 학생들이 그러한 문장을 만들어 냈을 때 보충적으로 설명하는 것이 바람직하다.

으나 후행절의 서술어는 반드시 동사여야 한다.[23] 이는 선행절과 후행절의 서술어가 같은 품사가 아니어도 된다는 사실을 의미하기도 한다. (8)의 경우가 이러한 사실을 잘 보여주는데 학습자들이 (9)와 같은 문장을 흔히 만들어 내는 것을 감안하면 현장 교육 시 강조되어야 할 사항이라고 할 수 있다.

(8) 가. 날씨가 쌀쌀했다가 비가 온 후 포근해졌다.
    나. 날씨가 쌀쌀했다가 비가 온 후 온도가 올라갔다.

(9) 가. *친구가 나쁜 농담을 해서 기분이 좋았다가 나빴어요.
    나. *지난달까지 영어 선생님이었다가 지금은 학생이에요.

또한 상황의 '전환'을 나타내는 구문의 유형이 어떠한 것이 있는지를 잘 보여줄 필요가 있다. 먼저, 가장 단순한 문장으로는 서로 상반되는 두 서술어가 '-었다가'를 사이에 두고 바로 이어지는 경우이고((6나), (7가, 나) 등), 그 다음으로는 '-었다가' 바로 뒤에 후행절의 다른 문장 성분이 나오는 경우((6가), (7다) 등), 그리고 두 절 사이에 부사어절이 개재하기도 하는 경우((6다), (7라), (8)) 등이 그것이다. 특히 부사어절이 개입하는 경우 '-어서'가 이끄는 절이 나오는 경우가 많은데 이러한 정보도 학습자들이 '-었다가'를 정확하면서도 유창하게 사용하는 데 도움을 줄 수 있다.

2) 의미 정보

의미 정보는 (1) 어떤 상황이 종료된 후 다른 상황으로 전환되고, (2) 두 상황은 서로 대립하며, (3) 후행 상황이 일어나면 선행 상황이 더 이

---

[23] 이 사실은 윤평현(2005 : 81)에서 지적되었는데 후행절의 서술어가 반드시 동사여야 한다는 사실만 잘 전달되어도 학습자들의 오류가 상당히 줄 수 있는 만큼, 매우 중요하게 여겨야 할 조건이다.

상 유효하지 않는 것으로 정리될 수 있다. 전환 용법에서 후행 상황은 선행 상황이 발생하기 이전의 상태로 되돌리거나 선행 상황과는 전혀 다른, 선행 상황과 양립할 수 없는 상황으로 바꾸기도 하는 것으로 이해된다.

이상에서 논의한 '-었다가'의 '전환' 용법은 다음과 같이 정리된다.

〈표 5〉 '-었다가'의 '전환' 용법

정보		내용
형식 정보	음운론적	▶ 어간의 첫 번째 모음이 'ㅏ, ㅗ'일 때 '-았다가', 나머지 모음일 때 '-었다가', 어간이 '하-'로 끝날 때 '-였다가'.
	형태론적	▶ 결합 어간 : 동사, 형용사, '명사+계사' 구성. ▶ 구어에서 '-었다'로 사용되기도 함.
	통사론적	▶ 선후행절의 주어가 같아야 함. ▶ 선후행절의 서술어는 의미상 서로 대립하여야 함. ▶ 선행절의 서술어는 동사, 형용사, '명사+계사' 구성이 모두 가능하나 후행절의 서술어는 동사만 나옴(즉, 선후행절 서술어의 품사가 서로 다를 수 있음.). ▶ 선후행절의 서술어가 '-었다가'를 중심으로 바로 이어질 수 있고, '-었다가' 뒤에 후행절의 문장 성분이 이어질 수 있으며, 다른 부사절이 개입할 수 있음.
의미 정보		▶ 상황 1 완료 후 상황 2로 전환됨. ▶ 상황 1과 상황 2는 서로 대립됨. ▶ 상황 2 발생 시 상황 1은 더 이상 유효하지 않음.

3.2.2. '배경' 용법

이 절에서는 '배경' 용법의 형식 정보와 의미 정보를 차례로 살펴보고자 한다.

1) 형식 정보

이 용법의 형식 정보 가운데 음운론적인 것은 '전환' 용법과 같다.

형태론적인 측면에서는 '-었다가'에 결합하는 어간이 동사로 한정되며 그것도 '가다', '오다' 및 이들이 포함된 합성동사가 대부분이라는 사실을 지적할 만하다. 또한 구어에서는 '-었다'가 종종 쓰인다.

> (10) 가. 제주도에 여행 갔다가 우연히 제주시 서문통 떡집에서 보리빵을
> 발견하였다.
> 나. 밤늦게 집에 왔다가 현관문이 열려 있고 방안이 어지러운 것을
> 보고 경찰에 신고했다.
> 다. 친구 생일 파티에 나갔다 첫눈에 반한 사람이 있었다.
> 라. 강연회에 참석했다 전 직장에서 같이 일하던 동료를 만났다.

다음으로 통사론적인 측면을 살펴보자. '배경' 용법은 '전환'과 마찬가지로 선후행절의 주어가 같아야 하나, 두 서술어가 서로 대립하지 않아야하며 만일 대립하는 의미일 경우에는 더 이상 '배경'의 의미가 유지되지못한다.

> (10) 가′. 제주도에 여행 갔다가 지갑을 잃어버려 서울로 돌아왔다.

또한 후행절의 서술어는 동사여야 하는데 주어의 의지에 의한 동작을지시하지 않아야 한다. (2바)에서 제시한 학습자 오류문 '*지하철을 탔다가 숙제를 했다'가 적격하지 않은 까닭이 여기에 있다.

학습자들이 이 용법을 배울 때 자주 만드는 오류문은 다음과 같다.

> (11) 가. *저는 한국에 왔다가 고민한 날이 많았어요. (=(2나))
> 나. *약속 시간에 늦을까 봐 달려왔다가 아무도 없었다.
> 다. *커피를 뽑으러 갔다가 기계가 고장중이었다. (=(2마))

(11가)는 선후행절의 주어가 다르고 후행절의 서술어가 형용사이기 때문에 비문법적인 문장이 되었다. (11나, 다)는 학습자들이 '-었더니'와 혼동하면서 만든 문장으로, '-었다가'를 '-었더니'로 바꾸면 모두 문법적인

문장이 된다. 학습자들은 '-었다가'의 배경, 원인 용법과 '-었더니'를 많이 혼동한다.24) 두 상황이 순차적으로 연결되고 앞의 상황이 뒤의 상황에 영향을 주기 때문인데, 적어도 '-었다가'의 통사적인 규칙을 잘 준수하면 두 문법을 혼동하는 데서 오는 오류를 크게 줄일 수 있다. (11나, 다)에서 후행절이 동사로 끝나게 하고 주어를 선행절과 일치시키면 문법적인 문장이 되기 때문이다.

(11) 나′. 약속 시간에 늦을까 봐 달려왔다가 아무도 없어서 당황했다.
다′. 커피를 뽑으러 갔다가 기계가 고장난 것을 발견했다.

2) 의미 정보

'배경' 용법의 의미 정보를 살펴보도록 하자. 첫째, 어떤 상황이 완료된 후 다른 상황이 발생한 것이다. 둘째, 선행절의 상황은 완료된 후에도 그 결과가 지속되어 그러한 결과를 배경으로 다른 상황이 발생한 것이다. 이 용법에서 '-었다가'가 '가다'와 '오다' 등과 결합하는 빈도가 높은 것은 바로 이 때문인데, 같은 동사라도 쓰임에 따라 후행 상황의 배경이 될 수도 있고 안 될 수도 있다는 사실이 관찰된다. 지하철을 타서 지하철 안에서 동생을 만나는 일이 발생한 경우인 (12가)와 달리, 학습자의 오류문인 (12나=1나′)는 스키를 타고 난 후 그 결과를 배경으로 모자를 잃어버린 일을 상정할 수 없으므로 비문법적이다.

(12) 가. 지하철을 탔다가 동생을 만났어요.
나. *스키를 탔다가 모자를 잃어버렸어요.

---

24) 학습자들은 '-었더니'를 써야 할 환경에 '-었다가'를 쓰기도 하고 반대로 '-었다가'를 써야 할 환경에 '-었더니'를 쓰기도 한다. 예컨대, '*우리 학교의 야구팀이 전국 대회에 나갔더니 예선에서 떨어졌대.' 등.

셋째, 후행절은 주어의 의지에 의해 발생한 상황이 아니다. 그러므로 우연히 발생한 상황일 경우가 많다. 이는 앞서 형식 정보에서 후행절 서술어의 특징을 논의하면서 다룬 내용과 상통한다.

이상에서 논의한 '-었다가'의 '배경' 용법은 다음과 같이 정리된다.

〈표 6〉 '-었다가'의 '배경' 용법

정보		내용
형식 정보	음운론적	▶ 어간의 첫 번째 모음이 'ㅏ, ㅗ'일 때 '-았다가', 나머지 모음일 때 '-었다가', 어간이 '하-'로 끝날 때 '-였다가'.
	형태론적	▶ 결합 어간 : 동사('가다', '오다' 및 이들이 포함된 합성동사가 대부분임.). ▶ 구어에서 '-었다'로 사용되기도 함.
	통사론적	▶ 선후행절의 주어가 같아야 함. ▶ 선후행절의 서술어는 의미상 대립하지 않아야 함. ▶ 선행절과 후행절의 서술어는 모두 동사임. ▶ 후행절의 서술어는 주어의 의지에 의한 동작을 지시하지 않아야 함.
의미 정보		▶ 상황 1 완료 후 상황 2이 발생함. ▶ 상황 1 완료 후 그 결과가 지속되어 상황 2 발생의 배경이 됨. ▶ 상황 2는 주어의 의지에 의해 발생한 상황이 아님.

3.2.3. '조건' 용법

이 절에서는 '조건' 용법의 형식 정보와 의미 정보를 차례로 살펴보고 자 한다.

1) 형식 정보

음운론적인 정보는 앞서와 동일하다.

형태론적으로는 '-었다가'가 '조건'의 용법으로 사용될 때는 동사와 결합하는 것이 대부분이나 간혹 형용사와도 결합할 수 있다는 점이 다른 용법과 구별되는 특징이다(13나).

(13) 가. 아무리 운동을 잘해도 공부를 소홀히 했다가는 졸업하기가 어렵다.
　　나. 이렇게 계속 추웠다가는 사람이 얼어 죽는 일도 생기겠다.

또한 '조건' 용법으로 사용될 때는 '-었다가'보다 '-었다가는'으로 더 많이 쓰이고 구어에서는 '-었다간'도 쓰인다.

통사론적 측면에서 이 용법 역시 선후행절 동일 주어 제약이 있다. 그리고 후행절 서술어에 형용사가 나올 수 있음도 특징이다(13가). 마지막으로 후행절 서술어는 현재 시제로 나오거나 추측의 양태를 나타내는 '-겠-', '-을 수 있다' 등이 결합하는 경우가 많다.

2) 의미 정보

이 용법의 의미 정보는 다음과 같다. 첫째, 어떤 상황이 완료된 후 다른 상황이 발생한 것이고 둘째, 선행 상황이 완료된 후에 그것으로 말미암아 후행 상황이 발생할 것으로 추측되며, 셋째, 후행 상황은 앞으로 발생할 가능성이 있는 상황이다. 넷째, 현재의 부정적인 상황이 계속되면 그 결과 역시 부정적인 상황이 발생할 것임을 나타낸다. '-다가(는)'의 경우 긍정적인 기대에 사용되는 경우도 생각해 볼 수 있으나 '-었다가 (는)'은 부정적인 결과에 대해서만 사용된다(14나). '조건'을 나타내는 문법 항목에 '-으면'이 있는데 '-었다가'는 바로 이러한 부정적인 상황에 대해서만 사용할 수 있다는 점에서 '-으면'과 차이를 보인다.

(14) 가. 이렇게 계속 이기다가는 잘 하면 우승까지 바라볼 수 있겠어.
　　나. *이렇게 계속 이겼다가는 잘 하면 우승까지 바라볼 수 있겠어.

이상에서 논의한 '-었다가'의 '조건' 용법은 다음과 같이 정리된다.

〈표 7〉 '-었다가'의 '조건' 용법

정보		내용
형식 정보	음운론적	▶어간의 첫 번째 모음이 'ㅏ, ㅗ'일 때 '-았다가', 나머지 모음일 때 '-었다가', 어간이 '하-'로 끝날 때 '-었다가'.
	형태론적	▶결합 어간 : 동사, 형용사. ▶주로 '-었다가는'이 사용되며 구어에서는 종종 '-었다간'이 사용됨.
	통사론적	▶선후행절의 주어가 같아야 함. ▶선행절과 후행절의 서술어는 동사, 형용사가 나옴. ▶후행절의 서술어는 현재 시제로 나오거나 '-겠-', '-을 수 있다' 등 추측을 나타내는 형식들과 함께 나옴.
의미 정보		▶상황 1 완료 후 상황 2가 발생함. ▶상황 1 완료 후 그 결과로 말미암아 상황 2가 발생할 것으로 추측됨. ▶상황 1의 결과가 지속되는 한 상황 2가 발생할 가능성이 높음. ▶상황 1과 상황 2가 모두 부정적이거나 바람직하지 않음('-으면'과의 차이).

3.2.4. '원인' 용법

이 절에서는 '원인' 용법의 형식 정보와 의미 정보를 차례로 살펴보고
자 한다.

1) 형식 정보

음운론적인 정보는 앞서와 동일하다.

형태론적으로 '-었다가'가 원인을 나타낼 때에는 동사만 어간으로 취
할 수 있는데 '배경' 용법과는 달리 다양한 동사와 결합할 수 있다. 구어
에서 '-었다'가 사용되기도 한다.

(15) 가. 안전벨트를 매지 않고 운전했다가 범칙금으로 3만원을 냈다.
　　　나. 작은 인터넷 사이트에서 싼 값으로 물건을 구입했다 돈만 떼이
　　　　　는 낭패를 봤다.

통사론적으로는 선후행절 주어가 동일해야 하고 후행절의 서술어가 동

사만 나온다. 또한 후행절의 서술어는 과거 시제 '-었-'이 결합된 형태
로 문장에 나타난다.

2) 의미 정보

'-었다가'가 원인을 나타낼 때는 첫째, 어떤 상황이 완료된 후 다른 상
황이 발생한 것이고 둘째, 선행 상황이 완료된 후에 그것으로 말미암아
후행 상황이 발생한 것이며, 셋째, 후행 상황은 이미 발생한 것이어야 하
고 넷째, 주어는 후행 상황이 발생할 것이라고 미리 예측하지 못한다. 바
로 이 네 번째의 특징 때문에 '-었다가'의 원인 용법이 '-어서', '-으니
까'와 구별된다고 할 수 있다.

한편, 국립국어원(2005)에서는 부정적인 상황이 원인이 되어 부정적인
결과를 불러일으킨 것으로 기술하고 있으나 반드시 부정적인 상황에만
쓸 수 있는 것은 아니다.

(16) 친구를 따라 오디션을 봤다가 드라마의 주인공에 발탁되는 행운을
　　거머쥐었다.

이상에서 논의한 '-었다가'의 '원인' 용법은 다음과 같이 정리된다.

〈표 8〉 '-었다가'의 '원인' 용법

정보		내용
형식 정보	음운론적	▶ 어간의 첫 번째 모음이 'ㅏ, ㅗ'일 때 '-았다가', 나머지 모음일 때 '-었다가', 어간이 '하-'로 끝날 때 '-였다가'.
	형태론적	▶ 결합 어간 : 동사. 결합할 수 있는 동사에 제약이 없음. ▶ 구어에서는 종종 '-었다'가 사용됨.
	통사론적	▶ 선후행절의 주어가 같아야 함. ▶ 선행절과 후행절의 서술어는 동사만 나옴. ▶ 후행절의 서술어는 과거 시제 '-었-'과 함께 나옴.

정보	내용
의미 정보	▶ 상황 1 완료 후 상황 2이 발생함. ▶ 상황 1 완료 후 그 결과로 말미암아 상황 2가 발생함. ▶ 상황 2는 이미 발생한 상황임. ▶ 주어는 상황 2가 발생할 것이라고 미리 예측하지 못함.

4. 정리

이상에서 우리는 한국어 교육을 위한 문법 기술의 목적과 방법, 내용에 대하여 논의하였다. 특히 문법 항목 가운데 연결어미 범주에 속하는 '-었다가'를 대상으로 한국어 교육을 위한 문법을 기술하였다. '-었다가'는 '-다가'의 활용형이나 상대적으로 많은 제약을 갖고 있기 때문에 한국어 문법 교육 현장에서 교수 및 학습에 어려움을 보이는 문법 항목이다. 그러나 '-었다가'에 대한 하위 용법별 상세 기술이 적극적으로 이루어지지 않았다는 점에서 이 글의 논의가 의미를 가질 수 있다.

'-었다가'는 기본적으로 선행 상황이 완료된 이후에 다른 상황이 발생한 경우를 나타내나 앞의 상황이 완료된 후에 뒤의 상황에 영향을 미치는지 여부에 따라 4가지의 하위 용법이 크게 전환과 배경, 조건, 원인으로 나뉠 수 있다. 이중에서 앞의 상황이 완료된 후 그 결과가 뒤의 상황이 발생하는 데 영향을 주는 배경, 조건, 원인 용법은 두 상황이 어떤 관계를 맺는지에 따라 다시 세분화된다. 이러한 네 가지 용법은 기본 의미를 공유하면서도 각각 서로 구별되는 형식적, 의미적 특징을 보인다. 이 글에서는 그러한 사실을 중시하여 각각의 용법이 갖는 특징을 자세하게 기술하고자 하였다.

경험적인 지식을 바탕으로 연구를 진행하다 보니 객관화하여야 할 많은 부분, 즉 문법 교육에서 '-다가'와 '-었다가'를 함께 다루는 것이 효과적인지 아니면 별도로 제시하는 것이 효과적인지 여부와 학습자의 오류 빈도 등을 지나쳤다. 또한 '-었다가' 사용에 직간접적으로 작용하는 유사 문법 항목들인 '-었더니'와 '-는데' 등의 관련성도 명쾌하게 짚지 못했다. 뿐만 아니라 '-었다가'의 용법을 기술하는 데 중점을 두다 보니, 이러한 기술 내용을 이용하여 어떻게 가르치는 것이 효과적인지에 대한 부분을 전혀 언급하지 못했다. 숙달도를 기준으로 하여 어느 시점에 '-었다가'를 도입하여야 하는지, '-었다가'의 네 가지 용법을 함께 제시하는 것은 학습자에게 큰 혼란을 줄 것인데 그렇다면 어떤 용법부터 제시하여야 하는지, 하나의 용법을 가르침에 있어서 어떤 방식으로 이 문법을 도입할 것인지, 이 많은 제약을 어떠한 순서와 방법으로 가르칠 것인지 등등 교육 방안과 관련하여 논의해야 할 사항은 무수히 많다.

이 연구는 한국어 교육을 위한 문법 기술의 체계와 방법 등 많은 부분에 있어서 좀 더 세밀한 검토가 뒷받침되어야 할 것이다. 특히 의미 정보 기술이 시급하다고 지적하였음에도 의미 기술 용어에 대해 치밀하게 논의하지 못하였다. 외국인 학습자가 보고 쉽게 이해하고 정확한 문장을 만드는 데 도움이 될 뿐만 아니라 현장의 교사 및 문법 연구자에게도 폭넓게 받아들여질 수 있는 객관적이고 합리적인 용어의 목록과 체계를 만드는 일이 필요하다. 이 문제를 잘 알고 있음에도 불구하고 집중적으로 다루지 못하였다. 결론의 앞에서 밝힌 여러 가지 문제들과 함께 문법 기술의 용어 정비 및 검증을 앞으로의 과제로 삼고자 한다.

‖ 참고문헌

강기진(1987/2005), 국어학논고 : 유고집 제1권 문법편, 역락.

김영규(2010), "FonF 연구의 최근 동향이 한국어 교육에 시사하는 점", 한국어 문법 교육의 새로운 방향(국제한국어교육학회 제20차 국제학술대회 자료집), 235-243.

민현식(2004), "한국어 표준교육과정 기술 방안", 한국어교육 15-1, 51-92.

석주연(2005), "한국어 교육에서의 문형 교육의 방향에 대한 일고찰", 한국어교육 16-1, 169-194.

성낙수(1976), "접속사 '다가'에 대하여", 연세어문학 7·8, 171-183.

송석중(1993), 한국어 문법의 새 조명, 지식산업사.

오경숙(2007), "한국어 교육을 위한 문법 항목 기술에 대하여", 시학과언어학 13, 143-165.

오경숙(2011), "한국어 교육을 위한 '-었다가'의 文法 記述", 語文研究 39-2, 393-419.

윤평현(2005), "국어의 전환관계 접속어미에 대한 연구", 한국언어문학 55, 73-102.

이기갑(2004), "'-다가'의 의미 확대", 어학연구 40-3, 543-572.

이미혜(2002), "한국어 문법 교육에서 '표현항목' 설정에 대한 연구", 한국어교육 13-2, 207-215.

이미혜(2005), 한국어 문법 항목 교육 연구, 박이정.

이은경(2000), 국어의 연결어미 연구, 太學社.

장채린·강현화(2013), "한국어 교육용 문법 항목 선정 및 복잡도 산정", 한국문법교육학회 제19차 전국학술대회 자료집, 107-125.

최재희(1991), 국어의 접속문 구성 연구, 탑출판사.

韓東完(1996), 國語의 時制 研究, 太學社.

황주원(2010), "{-다가}의 교수-학습 내용 구성 연구", 한국어 문법 교육의 새로운 방향(국제한국어교육학회 제20차 국제학술대회 자료집), 164-174.

Brown, H. D.(2001), *Teaching by Principles*, 2nd edition, Longman.

Krashen, S.(1981), *Second Language Aquisition and Second Language Learning*, Oxford : OUP.

Larsen-Freeman, D.(2001), Teaching grammar, In M. Celce-Murcia ed.(2001), *Teaching English as a Second of Foreign Language*, 3rd edition, Heinle & Heinle, 251-266.

Nassaji H. and S. Fotos(2004), Research on the teaching of grammar, In M. McGroarty ed.(2004), *Annual Review of Applied Linguistics*, Cambridge : CUP, 126-145.

<한국어 교육용 사전>
외국어로서의 한국어 문법 사전, 백봉자, 도서출판 하우, 2006.
외국인을 위한 한국어 문법 2, 국립국어원, 커뮤니케이션북스, 2005.
외국인을 위한 한국어 학습 사전, 서상규 외, 신원프라임, 2006.
한국인 학습용 어미 조사 사전, 이희자·이종희, 한국문화사, 2001.
한국어 학습 전문가용 어미·조사 사전, 이희자·이종희, 2010.

<한국어 교육용 교재>
말이 트이는 한국어 3, 이화여자대학교 언어교육원, 이화여자대학교 출판부, 2000.
서강한국어 4A, 서강대학교 국제문화교육원, 서강대학교 국제문화교육원 출판부, 2006.
연세 한국어 2, 연세대학교 한국어학당, 연세대학교 출판부, 2007.
외국인 유학생을 위한 초급 한국어 Ⅳ, 선문대학교 한국어교육원, 한국문화사, 2008.
외국인을 위한 한국어 2, 한국외대 한국어문화교육원, 한국외국어대학교 출판부, 2007.
한국어 3, 서울대학교 어학연구소, 문진미디어, 1999.
한국어 초급 2, 경희대학교 국제교육원, 경희대학교 출판부, 2005.

<연구 보고서>
국립국어원(2010), 국제 통용 한국어 교육 표준 모형 개발 1단계.
국립국어원(2011), 국제 통용 한국어 교육 표준 모형 개발 2단계.
국립국어원(2012), 한국어교육 문법·표현 내용 개발 연구 1단계.

| 단어의 문법 |

1. 서론

　형태론 분야는 단어의 구조와 그 양상을 밝히는 학문으로 이에는 크게 두 가지 관점이 있다. 그 하나는 개별 단어가 어떤 구조로 이루어져 있는지를 밝히는 분석론적 분야이고 다른 하나는 단어가 어떻게 형성되는지를 밝히는 생성론적 분야이다. 분석을 중시하는 관점은 주로 구조주의 문법 시기에 이루어진 것으로 이미 존재하는 단어를 분석하여 그 결과에 따라 단어를 단일어와 복합어로 나누고, 복합어를 다시 합성어와 파생어로 나누어 그 체계를 살펴보는 것이 주된 논의이다. 생성을 중시하는 관점은 생성주의 또는 인지주의 문법 시기에 이루어진 것으로 단어를 어떻게 만드는가 하는 화자의 조어 능력을 밝히는 것이 주된 논의이다. 곧 화자가 어떤 단위를 가지고 단어를 만드는가 하는 조어 단위에 대한 논의, 해당 단어를 어떠한 절차로 만드는가 하는 단어 형성 과정에 대한 논의, 해당 조어 방법이 생산성이 있는지 아니면 그렇지 않은지에 대한 논의, 그리고 생성된 단어가 화자의 심리 속에 어떻게 등재되는지 하는 저장에 대한 논의 등, 생성을 중시하는 관점은 다분히 예측적인 측면을 밝히는 데 주안점을 둔다.

이 글은 이러한 두 가지 관점 중 조어론적 관점을 바탕으로 논의를 진행하고자 한다. 그러기 위해서는 단어를 둘러싼 몇 가지 기본 개념들에 대하여 먼저 살펴볼 필요가 있다. 이는 학자마다 가지고 있는 학문적 배경과 견해에 따라 그 개념들이 다양하게 쓰이고 있기 때문이다.

2. 단어의 정의

단어라는 용어에 대하여 우리는 매우 일반적으로 사용하고 있지만, 정작 단어가 무엇인가에 대한 정의를 규정하라고 할 때 망설여진다. 단어를 보통 의미적으로 해석하면 "단일한 의미를 가지는 음결합체"라고 거칠게 정의할 수 있다. 그러나 단일한 의미가 무엇이냐 하는 말은 정의를 내리지 않은 것과 마찬가지로 모호한 개념이다. '저자'를 '글을 쓴 사람'처럼 환언하여 말할 수 있는데, 그렇다면 '저자'가 단일한 의미이듯이 '글을 쓴 사람'도 하나의 단어로 볼 수 있느냐하는 문제가 발생한다. 또한 동사의 경우 단일한 의미가 아니라 여러 가지 의미로 분화되는 것들이 있는데 이들 각각을 한 단어로 처리해야 하는 문제도 발생할 수 있는 것이다. 예컨대 '먹-'의 사전적 의미를 살펴보면, [음식 따위를 입을 통하여 배속에 들여보내다](밥을 먹다), [담배나 아편 따위를 피우다](담배를 먹다), [연기나 가스 따위를 들이마시다](탄내를 먹다), [어떤 마음이나 감정을 품다](마음을 먹다), [일정한 나이에 이르거나 나이를 더하다](나이를 먹다), [겁, 충격 따위를 느끼게 되다](겁을 먹다), [욕, 핀잔 따위를 듣거나 당하다](욕을 먹다), [뇌물을 받아 가지다](뇌물을 먹다), [수익이나 이문을 차지하여 가지다(이익을 먹다) 등 최소 15가지 이상의 매우 다양한 의미를 가지고 있다.[1] 따라서 단일한 의미라는 개념에 의거하면 이들 각각이 의미가 다르기 때문에 모두 하나의 단어로 처리할 수밖에 없다. 이렇게 단어를 의미적으로 분류할 경우 그 경계가 모호하기 때문에 많은 학자들이 좀 더 객관적인 방법으로 단어를 판별하는 시도를 하였다. 대표적인 학자에 Bloomfield(1933)이 있다. Bloomfield(1933 : 178)에서는 단어를 스스로 자립할 수 있는 형식 중 최소의 단위(minimum free form)라고 정의하였다. 이러한 정의는 예컨대 '책'은 스스로 독립하여 쓰일 수 있어서 단어이지만, '먹-'은 '-는다'와 같은 어미와 반드시 결합하여야 하는 의존성을 갖기 때문에 단어가 아니라고 판별해 줄 수 있다는 점에서, 의미적 정의보다는 상당히 진일보한 정의이자 객관적 검증 방법으로 보인다. 이에 따라 Bloomfield(1933)의 이러한 정의는 적어도 분석론의 입장에 있는 많은 학자들에게 받아들여졌으며, 국어에서 단어를 정의하는 데 매우 유용하게 사용되었다. 그런데 Bloomfield의 입장을 국어에 그대로 받아들이기에는 몇 가지 해결되지 않은 사항들이 있다. 예를 들어 설명해 보자.

　　(1) 딸과 집사람은 늘 고무신을 신고 다닌다.

　위 '딸, 늘'은 더 이상 분석되지 않으며 자립성을 가지므로 Bloomfield의 견해에 따르면 단어에 해당한다. '신고'나 '다닌다'의 경우 '신+고'와 '다니+ㄴ+다'와 같이 분석은 가능하나, 분석되어 나오는 형식들이 모두 비자립적이어서 각각의 구성 요소들은 단어가 아니다. 즉 각각의 구성 요소들이 결합된 형식 '신고', '다닌다'가 자립 형식이므로 이 형식들이 단어인 것이다. 그러나 '집사람', '고무신' 등의 단어는 다시 최소의 자립

---

[1] <표준국어대사전> 참조.

형식인 '집'과 '사람', 그리고 '고무'와 '신'으로 분석이 되므로 분석된 형식 각각을 단어라고 보아야 한다는 문제가 제기된다. 반면에 위 문장에서 '과, 은, 을' 등과 같은 조사는 의존성을 갖기 때문에, 다른 조건이 부가되지 않는 한 단어로 처리하기가 어렵다. 이러한 문제는 의존성을 가진 불완전 명사 '것, 줄, 수, 바, 데, 리'에도 그대로 적용되는바, Bloomfield의 견해에 따르면 이들 모두 한 단어로 처리할 수가 없다. 더 나아가 불완전 명사가 최소의 자립성을 가지려면 '한 것, 한 줄, 한 수, 한 바, 한 데, 한 리'에서 보듯이 적어도 '한'과 같은 관형형 형식이 부가되어야 하는데, 이는 통사적인 형식도 단어로 포함될 수밖에 없다는 모순을 겪게된다. 곧 이 형식들을 하나의 단어로 처리한다면 내부에 형태 변화 겪게되는('한, 할, 하는' 등), 다른 말로 말하면 활용되는 굴절 접사가 삽입되기 때문에 이른바 '어휘 고도 제약'에 어긋나게 된다. 따라서 "최소의 자립 형식"이라는 개념을 좀 더 명확히 하기 위해 단어에 대한 정의에 "휴지"와 "비분리성"과 같은 단어 판별 기준을 더하게 된다. 곧 "단어 내부에 휴지를 둘 수 없고 그 앞이나 뒤에만 잠재적 휴지를 둘 수 있다(Hockett 1958 : 166-168)"라는 판별법과 "다른 단어를 개입시켜 한 단어 내부를 분리할 수 없다"(Robins 1964 : 195)는 판별법을 더 추가할 수밖에 없다는 것이다. 이 기준은 예를 들어 [아버지의 결혼한 남동생을 이르는 말]로서의 '작은아버지'의 경우 하나의 쉼으로 발음되기 때문에 한 단어로 볼 수 있는 근거를 제공한다. 만약 '작은'과 '아버지'에 휴지를 두 게 될 경우 [아버지가 키가 작음]의 의미를 갖게 되어, 더 이상 [아버지의 결혼한 남동생]의 의미를 갖지 못한다. 또한 다음에서 보듯이,

(2) 가. 저분이 너의 <u>작은아버지</u>이시니?
　　나. *저분이 작은 너의 아버지이시니?

다. 키가 큰 <u>작은아버지</u>
라. <u>굳은살</u>, <u>올해</u>

[아버지의 남동생]의 의미를 갖는 '작은아버지'는 (2가)와 같이 수식어 '너의'가 이 형식의 외부에서 꾸며줄 수 있을 뿐 (2나)와 같이 수식어 '너의'가 '작은'과 '아버지' 내부에서 나타난 후 그 구성 요소 중 하나(아버지)를 꾸며줄 수는 없다. 또한 '분리 불가능'하다고 함은 구성 요소 중 일부가 단어 밖의 다른 요소에 관여할 수 없음을 의미한다. 따라서 (2다)와 같이 '키가 크다'와 '키가 작다'와 같이 의미적 충돌을 일으키는 것들이 "<u>키가 큰 작은아버지</u>"과 같이 연쇄되어 나타날 수 있는 현상을 이해할 수 있게 된다. 이를 달리 말하면 '작은아버지'의 '작은'은 구성 요소 내부의 의미에만 관여할 뿐 외부에는 관여하지 않기 때문이라고 설명할 수 있다는 것이다. (2라)도 역시 마찬가지이다. [손이나 발바닥에 생긴 굳어진 살]이나 [금년]을 뜻하는 '굳은살, 올해'는 내부에 휴지가 없고 다른 요소를 삽입할 수 없다. 따라서 '휴지'와 '분리성'을 기준으로 볼 때 이 형식들은 단어로 파악된다. 한편 '비분리성'이라는 기준은 국어에서 의존성을 가지고 있는 '조사'를 단어로 처리하는 근거로도 작동한다. 비록 조사를 단어로 취급하지 않는 종합적 단어관의 입장에서는 굴절 어미와 같은 지위를 갖는다고 보지만, '비분리성'이라는 기준에 의거 하나의 단어로 볼 수 있다는 것도 그만큼 타당한 근거를 확보하게 된다. 즉 "철수에게와, 철수에게는, 철수만을"에서 보듯이 '철수'와 '와, 는, 을' 사이에 '에게, 만' 등과 같은 다른 요소가 개입될 수 있기 때문에 조사를 하나의 단어로 처리할 수 있다. 하지만 이러한 기준도 다음과 같은 예에 적용이 가능한가 하는 문제가 발생한다.

(3) 가. 그 일을 <u>할 수밖에</u> 없었다.
　　아침부터 <u>먹을 것만</u> 찾는다.
　　그 사람이 <u>그럴 리가</u> 없다.
　　나. 그 사람 <u>어딨지</u>?
　　자, <u>여깄다</u>.
　　다. <u>범</u>민족적, <u>범</u>국민적 궐기대회
　　　초호화판, <u>반</u>민주주의, <u>맹</u>활약상
　　　고농축액, <u>탈</u>민주주의, <u>역</u>차별주의[2]

위 (3가)의 밑줄 친 부분은 형태적으로는 분리되어 있지만, 음성적으로
는 휴지가 없이 발음되는 것이 보통이다. 따라서 '휴지'라는 기준으로 보
면 '할 수밖에, 먹을 것, 그럴 리'는 하나의 단어가 되어야 된다. (3나)의
경우도 마찬가지이다. '어디 있지, 여기 있다'의 준말인 '어딨지, 여깄다'
는 형태적으로는 분리되어 있지만 음성적으로는 휴지가 없이 발음되기
때문이다. 반면에 (3다)의 경우 접두사 '범, 초, 반, 맹, 고, 탈, 역'의 경
우 장음으로 발음되게 되어 후행하는 어기와 음성적으로 휴지가 있는 듯
이 보인다. 따라서 '범, 초, 반, 맹, 고, 탈, 역'을 접사가 아닌 하나의 단
어로 처리해야 되고, 후행하는 '민족적, 국민적, 호화판, 민주주의, 활약
상, 농축액, 차별주의'도 역시 어기가 아닌 단어로 처리할 수밖에 없다.
더욱이 위에서 살펴본 의존 명사의 경우 '휴지'에 대한 기준 뿐만 아니
라, '비분리성'의 기준이 적용되기 어려워서, 의존명사들이 단어인가는
여전히 의문으로 남는다.

(4) [?]할 '그/많은' 것이 있다, [*]할 '그/많은' 줄 안다, [*]할 '그/많은' 수 있다,
　　[*]있는 '그/많은' 바, [*]갈 '그/많은' 데가 없다, [*]할 '그/많은' 리가 없다

---

2) 한정한(2009 : 761-788) 자료 참조.

곧 '것, 줄, 수, 바, 데, 리' 중 '것'을 제외하고는 다른 요소('그/많은'과 같은 관형형 요소)가 개입될 수 없다는 것이다. 아울러 조사의 경우 '비분리 성'의 입장에서 보면 하나의 단어로 처리할 수 있지만, '휴지'의 입장에 서는 선행 명사와 조사가 하나의 덩어리로 발음되기 때문에 이 역시 하 나의 단어로 처리하기는 무리가 있다. 한편 이러한 방법에서 벗어나 통사 론적 환경에서 나타나는 쓰임새를 보고 단어인지 아닌지를 판별하는 기 준도 있을 수 있다(김명광 2004).3)

(5) 가. 관형어 피수식 환경에서 발현된다.
  예 향후 정국 주도권을 둘러싼 <u>힘겨루기</u>
나. 후행 단어와의 수의적 결합 환경에서 발현된다.
  예 두더지잡기 <u>놀이</u>, 여름나기 <u>풍속도</u>, 눈치보기 <u>양상</u>, 허리돌리기
    <u>동작</u>, …
다. 단어 범주를 가진 상위어와 연결에서 발현된다.
  예 두더지잡기, 인형뽑기와 같은 <u>오락</u>
라. '-이다' 결합의 환경에서 발현된다.
  예 이 놀이의 종류는 <u>연날리기이다</u>.
마. 다른 단어와 직접 대응되는 환경에서 발현된다.
  예 쿠페(어깨 찍기)
바. 내포적 의미만을 갖는 다른 단어들과 대등적으로 연결된다.
  예 <u>학연, 지연, 줄서기</u> 등으로 공직 선거에 부정적인 영향을 끼칠
    수 있다.
사. 심리 동사 이외의 다른 일반 동사와의 결합 환경에서 발현된다.
  예 코스닥 지수는 8일 만에 하락세로 돌아서며 <u>숨고르기</u>에 들어
    갔다.
아. 자신의 의미가 제3의 의미로 바뀌는 환경에서 발현된다.

---

3) 김명광(2004)에서보면 위 (5)와 같은 기준은 단어를 판별하기 위한 검증법이 아니라, 접사 '-기, -음'과 결합한 형식들의 문법적 지위를 판별하기 위한 검증 방법이다. 곧 해당 형식이 총칭적 객관화 형식인지 그렇지 않은지를 알아보기 위해 사용한 방법이다. 하지만 전통적인 의미의 단어를 판별하는 기준으로서의 역할도 할 수 있지 않을까 하여 여기에 제시한다.

예 보은에서 이미 <u>표밭갈기</u>에 들어갔다. ('표밭갈기'가 '선거유세'
　　의 의미로 바뀜)
자. '를 하다'와 결합하는 환경에서 발현된다.
　예 나는 <u>색종이접기</u>를 하다 말고 아빠를 바라보았다.
　　(→ 나는 *색종이를 접기를 하다 말고 아빠를 바라보았다.)

　하지만 위와 같은 기준을 바탕으로 하여 단어를 판별하는 것도 문제가
있다. 곧 위와 같은 기준은 통사부에서 X^0의 단위로 역할을 하는 달리
말하면 '총칭적 객관화'가 된 형식을 파악하기 위한 기준으로 활용되었
기 때문에 X^0의 단위가 모두 단어이냐 하는 또 다른 문제를 제기하기 때
문이다.

　(6) 가. 정국을 둘러싼 <u>대치 국면</u>
　　　나. 이 놀이는 <u>잘하는 사람들을 위한 것</u>이다.

　즉 위 (6)의 '대치 국면', '잘하는 사람들을 위한 것'이라는 것은 전통
적인 의미의 단어가 아니라 구의 형식이기 때문이다. 한편 이러한 검증
방법을 탈피하여 언어 부문의 다양한 층위에서 활용되는 측면을 고려하
여 단어를 정의하고자 하는 시도들도 있다. 예컨대, 배주채 역(2008)에서
다음과 같이 단어 유형을 분류한 방법이 그 일례일 것이다.

　(7) 가. 음성학적 단어
　　　나. 음운론적 단어
　　　다. 문법적 단어
　　　라. 의미적 단어
　　　마. 정서법적인 단어

　이 견해는 기존의 기준으로 설명할 수 없는 단위를 단어로 정의하기

보다는, 각 층위에서 기본 단위로 작동하는 형식들을 각각의 해당 층위의 단어로 보자는 입장이다. 즉 음성 층위의 기본 단위를 음성적 단어로 정의하며, 문법 층위에서의 기본 단위를 문법적 단어로 정의하는 식의 개념이 이 입장이다. 이를 좀 더 구체적으로 살펴보기 위하여 위 (3)에서 제시한 예를 다시 가져온다.

(8) 가. 그 일을 할 수밖에 없었다.
　　　 아침부터 먹을 것만 찾는다.
　　　 그 사람이 그럴 리가 없다.
　　 나. 그 사람 어딨지?
　　　 자, 여깄다.
　　 다. 범민족적, 범국민적 궐기대회
　　　 초호화판, 반민주주의, 맹활약상
　　　 고농축액, 탈민주주의, 역차별주의

　층위별 기본 단위를 각 층위의 단어로 정의하는 입장에서는 예컨대 위 (8가, 나)의 예들은 음성적 층위에서 하나의 단어로 처리하고, (8다)는 음성적 층위에서는 구로 보아야 한다는 입장이다. 곧 (8가, 나)는 형태적으로는 분리되어 있지만, 음성적으로는 휴지가 없이 발음되므로 음성학적으로 하나의 단어로 본다는 것이다. 또한 (8다)는 접두사와 어기 간에 음성적인 휴지가 들어가는 것이 자연스러우므로 음성론적 차원에서는 두 단어로 분리해서 보아야 한다는 것이다. 그런데 원래의 음운론적 단어에 대한 정의는 영어의 강세 구조의 특성을 반영한 것이기 때문에 국어에 그대로 적용되기 어렵다. 곧 영어에서 보면 한 단어는 하나의 강세를 받기 때문에, renew, renewable, renewablility와 같이 밑줄 친 부분만이 강세를 받으므로, 이 결합 형식이 영어의 음운론적 단어가 된다는 것이다. 하지만 국어에서는 강세가 없기 때문에 이와 같은 음운론적 단어 견해가 국어에서 그대로 적용되기 어렵기 때문에 '휴지'와 '비휴지'라는 음성적 경계 구분에서만 음성적 단어를 정의할 수밖에 없는 것이다.

한편 문법적 층위에서 기본 단위의 역할을 하는 경우 이 단위를 문법적 단어로 정의할 수 있다. 그리고 그 문법적 단어에 대한 판별 기준으로 문장 안에서의 '내적 안정성'과 '이동성'을 든다. 만약 한 형식이 특정한 문장 위치에서 순서를 바꾸지 못한다면(내적 안정성) 그 단위를 하나의 통사적 단어로 인정하자는 것이다. 또한 복합적인 형식이 한 덩어리가 되어 이동을 한다면(이동성) 그 복합적인 형식을 통사적 단어로 보자는 것이다. 전자는 예를 들어 '날 선 비판'에서 보듯이 모든 단어가 제 자리를 떠날 수 없기 때문에(*선 날 비판, *비판 날 선), '내적 안정성'의 기준을 적용하면 하나의 통사적 단어가 된다. 아울러 '나는 이 사람을 좋아 한다.'의 '이 사람을'은 '이 사람을 나는 좋아한다', '좋아한다. 나는 이 사람을', '좋아 한다 이 사람을 나는'과 같이 하나의 덩어리를 이루어 문장 안에서 다른 자리로 이동하기 때문에 복합 형식 '이 사람을'을 통사적 층위에서 하나의 단어로 처리하자는 것이다. 물론 '나는', '좋아한다'도 '이동성'을 기준으로 볼 때 하나의 덩어리로 쓰이기 때문에 역시 통사적 단어로 볼 수 있다.

정서적 단어란 형식과 형식 사이에 띄어 지는 경계를 기준으로 삼아 각각 하나의 단어로 보는 견해이다. 하지만 한글 맞춤법이 특정 단어의 경우 띄어쓰기를 원칙으로 하되 붙여 쓰기를 허용하므로, 동일한 의미를 가지는 양쪽을 상이한 단어로 처리해야 하는 문제가 발생한다. 예컨대 띄어쓰기가 되어 있지 않은 '삼성물산'은 정서적 단어이지만 만약 이 형식이 '삼성 물산'과 같이 띄어져 나타난다면 '삼성'과 '물산' 각각이 정서적 단어가 되기 때문이다.

단어를 각 층위별로 해체한 견해와 유사한 견해에 최형용(2012)이 있다.

(9) 가. 음운론적 단어는 기식군(breath group)을 중심으로 단어를 정의하
　　 는 것으로 한국어에서는 대체로 어절이 그 단위가 될 수 있다(철
　　 수가, 밥을 빨리, 먹었다).
　 나. 어휘적 단어는 특히 단어 형성의 결과물들에 한하여 단어의 자격
　　 을 제한하는 것이다. 따라서 조사와 어미 등은 배제된다(철수, 밥,
　　 빨리, 먹-).
　 다. 문법적 단어는 통사론적으로 구 이상과 결합하는 것들에 단어 자
　　 격을 부여하는 것으로 조사와 어미 등도 모두 단어의 대접을 받는
　　 다(철수, -가, 밥, -을, 빨리, 먹-, -었-, -다).

여기서 주목할 점은 어휘적 단어를 단어 형성의 결과물에 해당하는 것
이라고 정의하였다는 점이다. 따라서 다음과 같은 결합체들이 내부 구조
에 비록 통사적 어미를 포함하였다고 할지라도, 이 형식들이 어휘적인 단
어 형성 과정을 경험한 것이므로, 각각의 결합체들이 단어로 정의된다.

(10) 가. 공짜로, 꿈에도, 너희들, 동시에, 때로는, 멋대로, 이로부터, 혹시나
　　 나. 갈수록, 곱게곱게, 벼락치듯, 아무러면, 어찌하여, 오래도록

아울러 최형용(2003 : 34)에서는 단어가 각 부분에서의 쓰임새를 고려하
여 다음과 같이 단어를 분류하였다.

(11) 단어

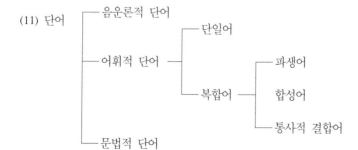

여기에 더 나아가 사전에 저장된 등재소 단위를 단어로 보는 견해나 특정 통사 환경에서 실시간으로 사용 가능할 경우 이 형식들을 단어로 보는 견해(한정한 2009) 등도 있어 단어에 대한 매우 다양한 시각이 존재한다.

이러한 다양한 시각은 반대로 보면 단어에 대한 명확한 판별 기준이 아직까지 마련되지 않았기 때문에 나타난 현상들로 볼 수 있다. 하지만 명확한 판별 기준이 존재하지 않는다고 하여 단어라는 개념 자체를 포기할 수는 없다. 그것은 단어라는 개념이 언중들에게는 분명 의미 있는 단위이며 심리적으로도 실재성이 있는 것으로 생각되고, 언어 습득 과정을 한 단어 시기, 두 단어 시기, 세 단어 시기와 같이 구별하는 데에서 알 수 있듯이 그 개념이 보편적인 실체를 갖고 있기 때문이다.

3. 어근, 어간 그리고 어기

어근·어간·어기에 대한 개념에 대한 구별이 국내에서 시도된 것은 이익섭(1975)에서이다. 이익섭(1975)에서는 이 개념들을 다음과 같이 기술하고 있다.

(12) 이익섭(1975)
　　가. 어근(root) : 굴절접사와 직접 결합될 수 없으며 동시에 자립형식
　　　　도 아닌 단어의 중심부
　　　　예 깨끗-, 소근-, 眼, 鏡, 草, 木 / 나직-, 거무스름-, 분명-, 총명-
　　나. 어간(stem) : 굴절접사(어미)와 직접 결합될 수 있거나 아니면 그
　　　　단독으로 단어가 될 수 있는 단어의 중심 부분
　　　　예 웃-(웃는다, 웃긴다, 웃음, 우습다), 어깨(어깨동무)

다. 어기(base) : 접사의 對가 되는 단어의 중심부. 어근과 어간을 묶
는 이름

  이익섭(1975)의 어근 개념은 크게 세 가지 측면으로 바라볼 수 있다.
즉 '①[-굴절접사 결합], ②[-비자립형식], ③[단어의 중심부]'가 그것이
다. '깨끗-'과 '소근-'은 굴절 접사가 아닌 파생 접사가 결합하기 때문에
('깨끗-'은 파생 접사 '하-'나 '-이', '소근-'은 파생 접사 '-대-'나 '-거리-'가 결합
함) ①의 조건을 충족시킨다. 역시 단독으로 쓰일 수 없기 때문에 ②의
조건을 만족시킨다. 또한 의미적으로 볼 때도 '깨끗하다, 소근대다'에서
중심적인 역할을 하기 때문에 ③의 조건도 만족시킨다. 따라서 이 세 가
지 조건으로 보았을 때 '깨끗-'과 '소근-'은 '어근'에 해당한다.
  '眼, 鏡, 草, 木'은 한자어이다. 이 형식은 국어에서 복합 한자어의 구
성 요소로만 쓰일 뿐 굴절 접사와 결합할 수 없으므로 ①의 조건을 만족
시키며, 단독으로 쓰이지 않기 때문에 역시 ②의 조건을 만족시킨다. 아
울러 단어(복합 한자어)의미에서 어휘적 역할을 하므로③ 어근에 해당한
다. 다만 이 형식들이 단어의 일부이기는 하지만 단어 내부에서 중심부에
해당하느냐는 의문이다. 예컨대 '안경'과 '초목'에서 '안, 초'가 중심적인
의미인지 '경, 목'이 중심적인 의미인지 하는 점은 더 논의해 볼 필요가
있다.
  '나직-, 거무스름-, 분명-, 총명-'도 ①[-굴절접사 결합], ②[-비자립
형식], ③[단어의 중심부]을 만족시킨다. 혹시 복합 한자어인 '분명', '총
명'이 자립적으로 쓰일 수 있느냐라는 의문이 들지만 아래를 보면,

  (13) *분명을, *분명이다, *총명을, *총명이다

비자립적으로 쓰임을 알 수 있다. 따라서 이익섭(1975)의 기준으로 볼

때 이 형식들도 어근에 해당한다. 여기서 두 가지 주목할 점이 있는 데, '나직-, 거무스름-, 분명-, 총명-'이 하나의 형태소로 구성되지 않았다는 것과, '한자어' 어근을 배제하지 않았다는 것이다. 우선 이것이 하나의 형태소가 아니라는 점은 '낮+익-, 검+으스름-, 분+명, 총+명'과 같이 분석되기 때문이다. 곧 이익섭(1975)에서는 '형태소'가 아닌 복합 형식도 이 개념에 의하면 '어근'에 포함될 수 있는 것이다. 또한 '분명'과 '총명' 은 '分明, 聰明'과 같이 한자어 계열이며 앞에서 들었던 '眼, 鏡, 草, 木' 도 한자어이기 때문이다. 송정근(2009)에서는 이러한 점을 고려해 다음과 같은 예들도 어근의 범주에 속한다고 하였다.

(14) 가. <u>새김</u>(질), <u>생김</u>(새) ; <u>걸림</u>(돌), <u>갈림</u>(길), <u>먹음</u>(직하다), <u>듬</u>(직하다)
　　 나. <u>거무스름</u>(하다), <u>둥긋</u>(하다), <u>길쭉</u>(하다), <u>달콤</u>(하다)
　　 다. <u>촛</u>(불), <u>치맛</u>(바람), <u>사흘</u>(날), <u>이튿</u>(날), <u>샛</u>(별)
　　 라. <u>비가올 듯/법/만</u>(하다)
　　 마. <u>猶突</u>, <u>簡便</u>, <u>可能</u>, <u>未知</u>, <u>專門</u>, <u>共通</u>

위 예는 (14가)의 '새김, 생김, 걸림'등은 송철의(1992), 김창섭(1996)에서 임시어 또는 잠재적 파생 명사로 분류된 것이며, (14나)의 '거무스름, 둥긋, 길쭉' 등은 형용사 어간에 접사가 결합된 예이다. (14가, 나)의 내부에 각각 '-ㅁ', '-스름-, -긋-, -쭉-, -콤-'과 같이 파생 접사가 결합되어 있다. 아울러 이들은 단독으로 쓰이지 못하고 '-질, -새, -돌, -길, -직하다'(14가), '하다'에 의존하여 단어를 이루어 단어 내부에서 중심 의미를 차지하고 있기 때문에 위 ①, ②, ③에 비추어보면 어근에 해당한다. (14다)는 이재인(2001)에서 합성어로 제시된 예인데, 사이시옷과 결합된 선행 형식(촛, 치맛, 샛)과 '사흗(사흘), 이튿(이틀)'은 의존 형식에 해당한다. 아울러 비록 후행 형식 '불, 바람, 날, 별'이 파생 접사가 아닌 실질 형식(여기서는 명사)이 결합되었으나, 이익섭(1975)에서는 굴절접사가 결합되지 않는 형식이라고 정의하였을 뿐, 뒤 형식이 굴절접사 이외의 다른 형식을 규정하지 않았기 때문에 어근인 것이다. (14라)는 김창섭(1996)에서 명사구에 해당되는 예이지만 뒤에 굴절형이 결합되지 않기 때문에 어근이 된다. (14마)는 두 개의 형태소가 결합된 2음절 한자어이지만 '-적'(저돌), '-하다'(간편), '-성'(가능) 등과 같은 요소에 의존하며, 이 의존하는 형식이 파생명사가 아니고 단어에서 중심부를 이루기 때문에 이 역시 세 가지 조건을 충족시키므로 어근에 해당한다.[4]

다음에 이익섭(1975)에서 '어간'을 [＋굴절접사(어미) 결합] 또는 [단독형 단어]로 보고 있다. 이 정의에 의하면 '웃-'은 '웃는다, 웃긴다, 웃음, 우습다'의 어디에서 건 어간이 된다. 곧 후행하는 형식을 기준으로 어간을 정의한 것이 아니라 '굴절접사가 결합되는 형식'이라고 하여 선행 형식의 결합 자질 측면을 말하였다. 따라서 '웃-' 자체로만 바라볼 때 굴절접사가 결합할 수 있으므로 후행 형식이 파생 접사이든 그렇지 않든 상관없이 일관적으로 어간으로 볼 수 있다. 이는 이익섭(1975 : 5)에서 말한 바와 같이 '한 형태소가 동시에 어근도 되고 어간도 되는 불명료성을 피할 수 있다'라는 장점을 유지시키기 위함이다. 한편 '어기'는 '접사의 對가 되는 단어의 중심부, 어근과 어간을 묶는 이름'에서 보듯이, '접사'의 짝이라고 하였을 뿐 그것이 굴절 접사인지 파생 접사인지를 말하지 않았기 때문에, 어근과 어간을 모두 포함할 수 있다. 다만 이 이외의 상세한 '어기'에 대한 설명이 나와 있지 않기 때문에 이익섭·채완(1999 : 60-63)에서 기술한 어기 개념을 부연한다.

---

4) 이러한 어근 개념은 Hockett(1958)에 근거한 것이다. Hockett(1958 : 240-242)은 합성 어간을 자립 형식이 포함 되어 있는 2차 복합 어간과 자립 형식이 포함 되어 있지 않은 1차 복합 어간으로 나누고, 1차 복합어간에 'tele-graph, tele-phone'과 같은 어근 합성어(Root compound)가 속하는 것으로 보았다.

(15) 가. …생략… 형태소가 단어를 형성할 때 어떠한 역할을 하느냐에 따라 語基(base)와 接辭(affix)로 나누기도 한다. 語基는 단어의 중심부를 담당하는 데 반해, 接辭는 그 주변부를 형성하는 형태소라는 점에서 구분된다.

나. 자립이냐 의존이냐의 기준으로 보면 접사는 늘 어기와 결합하여야만 쓰일 수 있으므로 의존형태소이지만, 어기는 '울-보, 먹-보'에서처럼 의존형태소일 수도 있으나 '잠-보, 꾀-보'에서처럼 자립형태소일 수도 있다.

다. 여기에서 중요한 것은 자립성이 있느냐 없느냐가 아니고 한 단어의 형성에 있어 그 근간, 그 중심 바탕의 지위를 가지느냐 아니면 곁가지의 구실밖에 못하느냐이다.

라. …생략… '웃는다, 웃어라'의 '웃-'은 '-는다, -어라'와 같은 어미가 바로 연결되므로 어간이며, '깨끗하다, 갑갑하다, 덜커덩거리다'의 '깨끗-, 갑갑-, 덜커덩-'은 단어의 중심부이므로 접사일 수는 없어 어기이긴 한데 '*깨끗고, *깨끗으니'에서 보듯 어미가 직접 연결될 수 없으므로 어근이다.

마. 자립형태소인 어기는 '집', '얼굴' 등의 명사나 '새', '어느', '잘', '벌써' 등의 관형사나 부사 따위로서 접사류와 결합할 때에는 역시 단어의 중심부를 이루지만 그 단독으로도 단어가 되는 것들이다.

바. 체계

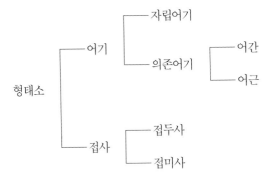

사. …생략… 생성형태론에서는 어떤 단어형성 규칙이 적용되는 대상이 되는 형태를 그 규칙의 어기라 한다.

앞에 미루어 이익섭(1975)에서 말한 '어기'의 개념은 우선 (15가, 다)에
서 보듯이 단어의 중심부를 뜻하며, (15나)에서 보듯이 '의존형태소('울-
보, 먹-보'의 '울-, 먹-')와 자립형태소('잠-보, 꾀-보'의 '잠, 꾀')'를 둘 다 포함
할 수 있다. '접사가 아닌 부분('깨끗-, 갑갑-, 덜커덩-')'인 의존적인 어근도
포함된다. 이는 (15바)의 체계를 보면 좀 더 분명한데, 의존 형식인 '어
간'과 '어근'이 의존 어기의 하위 부분에 속하고, 그 의존 어기는 자립
어기와 짝을 이룬다. 여기에 더 나아가 (15마)에서 보면 단어도 어기일
수 있다('집', '얼굴' 등과 같은 명사나 '새', '어느', '잘', '벌써' 등과 같은 관형사나
부사). 이는 (15사)에서 생성 형태론에서 단어 형성 규칙이 적용되는 대상
이 되는 형태를 그 규칙의 '어기'라고 하였기 때문이다.[5]

한편 어근과 어간에 대한 개념은 남기심·고영근(1985)에서도 기술 되
었는데, 이익섭(1975)의 개념과 차이가 있다.

> (16) 남기심·고영근(1985)
>> 가. 어근(root) : 복합어(파생어와 합성어 포함)의 형성에 나타나는 실
>> 질 형태소.
>> ─규칙적 어근 : 품사가 분명하고 다른 말과 자유롭게 통합됨.
>> 예 신(덧신, 짚신), 높-(드높다)
>> ─불규칙적 어근 : 품사가 명백하지 않음.
>> 예 아름-(아름답다), 따뜻-(따뜻하다)
>> 나. 어간(stem) : 활용어의 중심이 되는 줄기 부분.
>> 예 높-(높다)

이익섭(1975)에서는 어근이 [-굴절접사 결합], [-비자립형식], [단어의
중심부]이고, [복합 형식]과 [한자어]를 배제하지 않는 반면에, 남기심·

---

5) 노명희(2009)에서도 어기를 어간과 어근을 아우르는 개념으로 사용하되 '파생과 복합과 같
   은 형태론적 조작 morphological operation이 적용 되는 대상'으로 정의하였는데 근본적으로
   이익섭·채완(1999)와 같은 개념이다.

고영근(1985)에서는 어근이 자립 형식과 비자립형식(의존형식)을 모두 포함하기 때문에 자립성 여부에 따른 조건이 없으며, 실질 형태소라고 하여 형태소의 자격을 갖는 것만 '어근'이라고 보고 있기 때문이다. 따라서 이익섭(1975)에서 바라보는 어근은 남기심·고영근(1985)에서는 불규칙적인 어근에 해당한다.6) 또한 이익섭(1975)에서 정의된 어간의 개념([+굴절접사(어미) 결합] 또는 [단독형 단어])을 여기에 적용하면 규칙적 어근과 어간을 포괄하는 개념이 된다. 이 두 견해의 차이에 대하여 노명희(2009 : 62)에서는 다음과 같이 부연 설명하고 있다.

> (17) 가. 이 두 견해의 또 다른 차이점은 이익섭(1975)는 결합된 결과에 따라 어근, 어간을 구분한 것이 아니라 '고정된 이름'을 부여한 것임에 비해 남기심·고영근(1985)는 '결합된 결과'에 따라 어근, 어간을 구분한 점이다.
> 　　나. 전자는 '깨끗-, 草, 木'과 같은 단일 형태소 뿐만 아니라 '나직-, 거므스름-, 聰明-'과 같은 複合 形式도 어근에 포함시키고 있다. 즉 어근의 기능을 가지면서 단일 형태소가 아닌 것이 있으므로 어근의 정의를 "어떠 어떠한 형태소"가 아니라 "어떠 어떠한 단

---

6) 국내에서는 이 의미로 대개 '어원적 어근'이라는 개념으로 사용하였다. 이희승 외(1995)의 '한글맞춤법통일안'에서 이와 관련된 내용을 살펴보면 다음과 같다. 예를 들어 보면 다음과 같다.

제21항 '하다'가 붙어서 되는 용언의 어원적 어근에 '히'나 '이'가 붙어서 부사나 명사가 될 적에는 그 어원을 밝히어 적는다. (갑을 취하고 을을 버린다.)
　　예 답답히-답다피, 답답이-답다비, 곰곰이-곰고미, 반듯이-반드시, 반듯반듯이-반듯반드시
　　[부기] '하다'가 붙지 아니하는 어원적 어근에 '히'나 '이'나 또는 다른 소리가 붙어서 부사나 명사로 될 적에는 그 어근의 원형을 밝히어 적지 아니한다. 예 군더더기 오라기
제22항 어원적 어근에 '하다'가 붙어서 용언이 된 말은 그 어근의 원형을 바꾸지 아니한다.
　　예 착하다 딱하다 급하다 속하다
제26항 용언의 어간에 다른 소리가 붙어서 된 것이라도 그 뜻이 아주 딴 말로 변한 것은 그 어간의 원형을 밝히어 적지 아니한다.
　　예 바치다(納) 드리다(獻) 부치다(寄) 이루다(成)

어의 중심부"라고 하였다. 이에 비해 후자는 어근을 "어떠 어떠
한 실질 형태소"로 정의하고 있어 복합 형식을 배제하는 듯이
보인다.

다. 그러나 이러한 규정은 고유어에만 해당되는 것 같다. 명시적으로
언급된 바는 없지만 고영근(1989 : 539-541)에서 불규칙적 어근
으로 든 예 가운데 '分明하다, 繁盛하다'와 같은 한자어어근을 포
함하고 있어 한자어의 경우는 복합 요소도 어근에 포함시키고
있는 것으로 해석된다.

즉 (17가)의 의미는 이익섭(1975)에서는 어근과 어간을 후행하는 통합
자질에 따라 정의한 것이 아니라 마치 품사를 고정 시키듯이 자체적으로
정의(고정된 이름)를 하였다는 것이며, 남기심·고영근(1985)에서는 후행하
는 형식의 자질에 따라 상대적으로 규정된 것이라는 의미이다. 따라서 이
익섭(1975)에 따르면 '웃-'은 굴절 접사가 붙기 때문에, 그것이 나타나는
형식이 어떠하든 ('웃는다'와 같이 굴절 접사가 결합하든 '웃긴다, 웃음,
우습다'와 같이 파생 접사가 결합하든) 어간이 된다. 이는 앞서 말한 바
와 같이 한 '형태소'가 동시에 '어근'도 되고 '어간'도 되는 불명료성을
피할 수 있는 장점이 있다(이익섭 1975 : 5). 그러나 후자의 견해에 따르면
통합되는 자질의 성격에 따라 어간과 어근이 결정되기 때문에 '웃는다'
의 '웃-'은 후행 형식이 굴절 접사이어서 어간이 되지만, '웃긴다, 웃음,
우습다'의 '웃-'은 후행하는 형식이 파생 접사이어서 어근이 된다. 즉 활
용어의 중심이 되는 '웃-는다'의 '웃-'은 어간이 되고, 파생의 중심이 되
는 '웃음'의 '웃-'은 규칙적 어근이 되는 것이다. 그렇다면 '드높다'의
'높-'은 어떠한가? '높-'이 접두사 '드-'와 결합하는 통합 측면을 고려하
면 '어근'이 될 것이요, 활용 어미 '-다'와 결합하는 측면을 고려하면 '어
간'이 된다. 즉 '높-'은 한 형식에서 '어근'과 '어간'이 된다. 다음에 (17
다)는 남기심·고영근(1985)에서는 형태소만 어근으로 한정함을 의미한다

고 하였다. 하지만 어근을 형태소만 한정한 것이 아니라는 내용이 (17다)에 나타난다. 곧 (17다)에서는 고영근(1989)에서 보듯이 복합 한자어도 어근이 될 수 있다는 점을 들어 국어에서는 이 두 견해에서 보듯이 형태소뿐만 아니라 복합 형식도 모두 어근으로 처리한다고 보고 있다.

이에 반해 국외의 경우 Bauer(1983)에서 보듯이 어근의 개념을 형태소에 한정하여 보고 있는 견해도 있다.

> (18) Bauer(1983)[7]
>
> 　가. 어근(root) : 파생 형태론에 의해서나 굴절 형태론에 의해서나 더
> 　　　이상 분석되지 않는 형식으로서 어형(word-form)에서 모든 굴절
> 　　　접사와 파생 접사가 제거된 부분.
> 　　　예 untouchables, wheelchair에서 touch, wheel, chair
> 　나. 어간(stem) : 어형(word-form)에서 모든 굴절접사가 제거된 부분.
> 　　　예 untouchable
> 　다. 어기(base) : 접사가(어떤 종류의 접사든지) 부착될 수 있는 형식.
> 　　　예 touchable

이상 '어근, 어간, 어기'의 개념에 대하여 여러 학자들의 견해를 살펴보았다. '어근'과 '어간'의 경우는 '접사의 성격, 자립성 여부, 그리고 중심부의 범위' 등에 따라 그 개념이 조금씩 차이가 있음을 알 수 있다. 다만 '어기'의 경우는 단어 형성의 중심이 되는 단위라는 점에서는 Bauer(1983)의 견해를 제외하고는 국내의 견해들은 대체로 일치한다고 여겨진다.

---

7) 한편 Kroeger(2005)에서는 어기(base)란 용어 대신에 단어를 어근과 접사로 나눈다. 즉 어근을 관련 되는 여러 단어들에 일정한 기본 의미를 제공하는 단어의 핵심으로, 접사를 이러한 어근에 부가되어 그 의미를 변경하는 요소로 보며, 어기란 개념을 따로 설정하지 않는다.

4. 생산성

조어론에서 생산성이란 일반적으로 단어를 생성하는 능력에 대한 정도
성을 말하는 것이다. 일반적으로 생산성이 높은 접사는 어기와 분리되어
인식될 가능성이 더 많음에 따라 어기의 범주, 의미 그리고 제약이 투명
하게 예측됨으로써, 접사를 중심으로 공시적인 단어 형성 규칙이 구현될
가능성이 높다. 이에 반하여 생산성이 낮은 접사는 결합하는 어기에 더
형태 의존적으로 되어, 그 관계를 투명하게 예측할 수 없음으로 인해 하
나의 단어처럼 여겨지게 되어 이른바 어휘화된 단어가 될 가능성이 높아
진다. 생산성은 의미상의 투명성과 비례하는데, 그 이유는 화자들이 '어
떤 단어가 무엇을 의미하게 될 것인가에 대해 확신이 생기면 생길수록
그 단어는 더욱 더 자주 사용하게 되기' 때문이다.[8] Aronoff(1976)에서 설
명한 이와 같은 개념은 의미의 '명료성'과 '생산성'과는 비례 관계를 가
진다는 것을 말하려는 것으로 추측된다. 의미가 명료하다는 말은 거칠게
말하면 파생어의 내부 구조 즉 '파생 접사와 어기'의 결합 강도가 느슨함
을 의미하며, 반대로 의미가 명료하지 않다는 말은 이들 간의 결합 강도
가 강함을 의미한다.

(19) 가. 무덤, 주검, 지붕, 마중, 바가지, 지팡이, 자주, 귀머거리, 터럭, 끄
트머리, 이파리, 무르팍, 혹부리, 철딱서니, 지푸라기, 울타리, 끄
트러기, 오이지, …
나. 구경꾼, 놀이꾼, 낚시꾼, 사냥꾼, 덮개, 쓰개, 지우개, 끌이개, 걸
음, 도움, 모임, 꿈, 죽음, 고자질, 경쟁질, 망치질, 손뜨개질, 어른
스럽다, 바보스럽다, 고집스럽다, …
다. 방송국께, 무릎께, 허리께, 언덕께, 보름께, 열흘께, 11월 23일께,

---

8) Aronoff는 형태소를 파생어 어기로 설정하지 않았으므로 여기서 말하는 어기란 단어 형성
규칙(Word Formation Rule)의 적용을 받지 않는 단어를 뜻한다(Aronoff 1976 : 39).

1930년께, …

라. 둘씩, 세씩, 네씩, …

마. 나를, 그를, 철희를, 돌이를, 영희를(을/를), 내가, 그가, 철수가, 돌희가, 영희가(이/가), …

(19가)의 예들은 '막+암, 묻+엄, 죽+엄, 집+웅, 맞+웅, 박+아지, 집 +앙이, 잦+우, 털+억, 끝+으머리, 혹+부리, 철+딱서니, 짚+우라기, 울+타리, 끄트러기, 오이+지'와 같이 분석될 수 있는데, 이 파생접미사 들의 의미들은 전적으로 어기에 달려 있다. 즉, 파생접미사 'X'가 대단히 제한된 형태소('딱서니'와 같은 구성 요소는 '철'과만 결합을 하므로, 유일 형태소 로 볼 수 있다)로 앞선 어기가 없으면, 그 존재가 성립하지 않는다. 만약 어 기도 그 생산성이 떨어지게 된다면 상호간의 의존성으로 인하여, 완전히 공시적으로 하나의 형태소로 굳어질 가능성이 많다. 예컨대 '엉터리'의 '엉'은 '엉구다, 엉그름, 엉글거리다, 엉금, 엉기다' 등과 비교하여 분석이 가능할 듯하지만, '엉'이 더 이상 공시적으로 생산적이지 않고 '-터리'도 '귀밑터리', '울타리'들과 같은 몇몇 예밖에 보이지 않음으로 해서(생산성 이 상실됨에 따라), 서로 간에 긴밀한 의존성을 띠게 된다. 그 의미까지도 [대강의 윤곽]에서 [터무니없는 말이나 행동, 또는 그런 말이나 행동을 하는 사람]의 의미로 바뀌게 되어, 하나의 형태소로 완전히 굳어지게 된 것이다. 이는 앞선 어기나 파생접미사 모두가 생산성을 잃어버려, 양쪽 측면에서 단순 형태소를 만드는 조건이 된 것이다. 반면에 (19나)의 예들 은 파생 접사와 어기가 결합하는 것이 매우 자유로워서, 위의 예 이외에 도 '살림꾼', '씨름꾼', '심부름꾼', '노름꾼', '정탐꾼', '염탐꾼', '막일꾼', '마을꾼', '줄꾼', '익살꾼', '장난꾼', '징역꾼', '천석꾼', '만석꾼', '호색 꾼', '날치꾼' 등 많은 단어가 사전에 등재되어 있다. 이는 파생 접사의 의미 [어떤 일을 습관적으로 하거나 직업 삼아 하는 사람]가 비교적 투명

하여, 이 접사를 이용하여 다른 단어를 생성하기가 비교적 쉽기 때문이다. 의미가 투명할 경우 더 나아가 접사가 독립적인 단어로의 기능을 갖게 되는 경우가 있다는 점은 매우 주목할 만하다.

    (20) 꾼이 모이다./꾼이 다됐군.

즉 위의 예는 언어화자가 'X+꾼'에서 '꾼'의 의미와 기능이 뚜렷하여 'X'와 '꾼'이 결합한 결합임을 뚜렷하게 인식하여, 마침내 '꾼'이 독립적으로 어휘적 의미를 갖게 된 것이라 볼 수 있다. (19다, 라)의 파생접미사 '-께'나 '-씩'은 단어 내부 결합의 생산성이 (19마)의 조사와 매우 유사한 정도의 분포를 가지고 있다.9) 접미사 '-께'는 위의 예처럼, 시간상, 공간상 어떠한 범위를 나타내는 명사라는 조건이 주어진다면, 어떤 어기

---

9) 이 '-께'는 그 어기의 범위가 매우 넓기 때문에 파생 접사로 처리하기가 어렵지만 조사로 보기에도 무리가 있다. 그것은 다른 조사 곧 주격조사, 목적격조사가 덧붙을 수 있고 심지어는 처소격조사까지 붙을 수 있어서 여느 조사와는 다른 특징을 가지고 있다. 그렇다고 하나의 단어로 처리하기도 곤란한데 그것은 스스로 독립적으로 쓰이지 않기 때문이다. 이러한 특성 때문에 허웅(1995 : 441)에서는 파생 접사로 처리하고 있다. 허웅(1995)에서의 논지를 살펴보면 아래와 같다.

'께'는 그 밑말의 범위가 꽤 넓기 때문에 뒷가지로 보기가 좀 주저스러운 데가 있다. 파생가지는 그 밑말이 국한되는 것이 원칙이기 때문이다. 이것이 뒷가지가 될 수 없으면 토씨가 될 가능성이 가장 높은데 토씨가 될 수도 없다. 토씨로 본다면 위치자리토가 될 수밖에 없는데 '께'에는 임자자리토나 부림자리토가 붙을 수 있고 또 위치자리토도 붙을 수 있기 때문이다.
- '께가' : 어깨와 엉덩이께가 모두 헤어진 누더기를 몸에 걸친 장정이 나타났다.
- '께를' : 나는 팔을 뻗어 그의 가슴께를 냅다 질러 박았다.
- '께에' : 방송국께에 이르러 나는 걸음을 되돌렸다.
- 께에서 : 그의 다리는 무릎께에서 잘려 있었다.

그렇다고 이것을 매인 이름씨로 보기가 어렵다. 그렇게 되면 독립된 단어의 자격을 주어야 하는데 그것도 어색할 것 같다. 그러므로 여기에서는 역시 파생접미사로 처리해 두기로 하는데 …중략…"

참고로 '-께'는 <표준국어대사전>에 접사로 등재되어 있다.

가 오더라도 결합이 매우 자유롭다. 곧 이들의 분포가 상당히 넓기 때문에, 어기와 '-께'가 결합된 형태가 대부분 사전에 등재되지 않는데, 이는 생산성이 매우 높아서 단어 형성에 활발하게 참여하는 점을 고려된 것으로 추측된다. 이른바 유동 형태의 하나인 '-씩'도 마찬가지이다. 이들은 명사와 '-씩' 사이에 다른 요소를 늘릴 수 없다는 점에서 명사와 구조적 밀착성을 가진다. 또 그것은 수사에만 결합되어, 대치가 제한적이기 때문에 파생접미사의 특성을 보이고 있지만, 거의 모든 수사에 직접 결합할 수 있다는 점에서, 생산성이 (19가, 나)와 비교하여 매우 높다.[10]

위에서 볼 때 생산성이 파생어를 만들어 내는 능력과 매우 밀접한 관련이 있지만 생산성의 개념에 대한 정의 그리고 이를 객관적으로 검증하기란 여간 어려운 것이 아니다. 이에 여기에서는 생산성에 대한 개념에 대한 여러 견해에 대하여 간략하게 살펴보면서, 각 개념들의 장단점에 대하여 기술하고자 한다.

첫째, 전통적인 개념에서의 생산성은 어떤 파생 접사에 의해 형성된 파생어의 수가 많을 때 그 파생어 형성은 생산적이며, 그 파생어의 수가 적을 때 비생산적이라고 본다.[11]

그러나 결합의 수로 생산성을 정의하는 것은 그 경계가 매우 모호해진다. 가령, 파생 접사 '-개'의 경우 '덮개, 쓰개, 가리개, 얼개, 지우개, 깔개, 집게, 지게, 덮개, 끌개, 날개, 조리개, 베개, 싸개, 씌우개, 찌개, 꽂

---

10) 한편 파생 접미사 '-씩'은 그 분포가 넓다는 점에서 조사처럼 볼 수도 있겠지만 앞 어기에 대한 제약이 있다는 점에서 조사보다는 생산적이지 못하여 파생 접미사로 처리하는 것이 타당하다. 또 아래와 같이 '-씩'은 뜻의 확산성이 나타나지 않는다는 점에서 굴곡 접사의 분포와 다르다.
　●두사람씩 모여 앉았다. → 모여 앉음이 [[각각] 두 사람]이다.
　　*두 사람이 각각 모여 앉았다.
　　　　　　　　　　　　　　　　　　　　　　김석득(1992 : 343) 참조.
　참고로 '-씩'은 <표준국어대사전>에서도 접사로 분류되어 있다.
11) 송철의(2002 : 14-17).

개'와 같이 12개 항목이 쓰이고, 파생접미사 '-악서니'와 같은 경우 '꼴악서니', '철딱서니''와 같이 2개의 항목에만 쓰인다고 하여, '-악서니'를 비생산적이라고 본다면, 다음과 같은 문제를 내포한다. 첫째 '악서니'가 결합하는 요소가 과연 이 두 항목밖에 없는가? 없다면 그것을 어떻게 알 수 있는가? 둘째 그렇다면 생산적이지 못하다고 여겨지는 '-엄'과 같은 경우 '주검', '무덤', '마감'과 같이 세 가지가 있으므로 '-악서니'보다 많다고 보아 생산적인 접사로 처리할 것인가?

둘째, 생산성을 '제약'의 기준으로 보는 것이다. 즉 어떤 어기에 대한 제약이 적을수록 생산적이고, 제약이 많을수록 비생산적이라고 보는 것이다. 그러나 이것은 어기의 제약과 생산성이 상호 관련이 없는 경우에는 사용될 수 없다. 예컨대, 국어의 접미사 '-쇠'는 아래에서 보듯이 '어근', '명사', '동사' 범주에 걸쳐 나타나는 까닭에 어기의 통사적 범주 제약이 비교적 자유롭지만(굴렁쇠, 덜렁쇠, 탱쇠(어근+쇠), 마당쇠, 돌쇠(명사+쇠), 모르쇠, 구두쇠(동사+쇠)), 전체 도출어의 개체 수는 극히 한정적이다.

(21) 굴렁쇠, 덜렁쇠, 탱쇠(어근+쇠)
마당쇠, 돌쇠(명사+쇠)
모르쇠, 구두쇠[12](동사+쇠)

이에 반하여 '-새'와 같은 경우는 비록 그 어기의 통사 범주가 명사뿐이라고 하더라도, '머리새, 모양새, 본새, 구멍새, 문새, 잎새, 층새, 꺾임새, 꾸밈새, 생김새, 쓰임새, 짜임새, 모양새, 구멍새, 엿새' 등과 같이 매우 다양한 어휘 항목이 나타난다. 오히려 생산적이지 않은 것이 제약을 예측할 수 없을 정도로 다양하다. 따라서 어기에 대한 제약과 생산성과는

---

12) '구두쇠'는 이와 유사한 의미를 가진 '굳짜', '구두'와 비교하여 '굳+우+쇠'로 분석할 수 있다.

비례 관계가 반드시 성립하지는 않는다.

셋째, 입력 어기의 총 개체 수 대 파생되어 나오는 개체수의 비율을 따진 후 생산성을 검증하는 방법이다.

$$(22) \ \text{생산성} = \frac{\text{도출어의 개체수}}{\text{입력 어기의 개체수}}$$

이 방법을 따르면, 생산성이 높을 경우 그 값은 '1'보다 커질 수 있으며, 그렇지 않을 경우 '0'에 근접한다. 그러나 '단어'의 범주에 따라 입력 어기의 개체수가 달라질 수 있어서, 실제 언어 현상에 반하는 결과가 나올 우려가 있다. 즉 어기가 개방 부류인 동사이나 명사일 경우 분모의 값이 상대적으로 커질 수밖에 없는 바, 자연히 지수의 값이 낮아질 수밖에 없는 반면, 폐쇄부류인 관형사나 감탄사의 경우는 분모의 값이 작은 까닭에 도출어의 개수가 하나만 발견되더라도 지수의 값이 상대적으로 높게 되는 결과를 낳게 된다. 곧 관형사나 감탄사의 생산성 지수가 높고, 대어휘 범주에 속하는 다른 문법 범주는 생산성이 낮아진다는 언어 현실과 동떨어진 결과를 낳게 된다.

넷째, 실재하지 않는 잠재어를 대상으로 생산성을 파악해야 한다는 견해이다.[13] 하지만 이 견해는 언어 현실에 존재하지 않는 가상적인 대상을 찾아낸 후 이를 존재하는 대상과 비교하여야 하는 논리적인 모순을 안고 있다. 그렇기 때문에 이 견해의 현실적인 방안은 특정 사전을 대상으로 하여 해당 사전에 등재되어 있는 경우와 그렇지 않은 경우를 찾아 비교하는 것이다. 그런데 사전에는 인위적으로 만들어진 대상을 의도적

---

13) 김정은(1995), 김성규(1987) 등이 이러한 맥락의 견해이다. 이는 Aronoff(1976)의 개념 곧 실재어(actual word)의 수를 가능어(possible word)의 수로 나누어 생산성을 측정한다는 견해를 따른 것이다.

으로 등재한 경우가 있으며, 반대로 명백히 통시적으로 만들어졌을 법한 단어가 사전 편찬자의 실수에 의하여 등재되지 않은 두 경우가 있어서 정확한 생산성을 측정하기 어렵다.

다섯째, 생산성을 등재부에 등재되어 있는 등재어를 통하여 살필 수 있다. 곧 등재부에 등재된 등재소가 많으면 해당 규칙이 생산적이며 그렇지 않으면 비생산적이라고 판단하는 것이다. 이는 등재부에 파생 접사가 결합하는 어휘의 양이 많으면 많을수록 화자가 그 파생 접사에 대한 의미적 인식이 뚜렷하다는 것이 되고, 그것을 빌어 새로운 조어를 만들 가능성이 많다는 심리적 현상에 기반한다.[14] 하지만 여전히 등재부가 등재된 형식들의 집합이므로 본질적으로 통시성을 갖게 되는 까닭에 해당 규칙의 생산성이 공시적인 사실이 아니라 과거의 사실로 파악된다는 점은 이 견해의 치명적인 약점이 될 수밖에 없다.

여섯째, 특정 기간을 임의적으로 묶어서 그 기간에 만들어진 개체수를 통해 생산성을 파악하는 방법이 있다. 즉 주어진 기간 T1~T2 사이가 공시적인 시간임을 임의적으로 가정한 후, 이 기간 동안 규칙 A에 의하여 형성된 개체의 수가 규칙 B에 의해 형성된 개체의 수보다 많은 경우, 규칙 A는 규칙 B보다 생산적이라고 판단하는 것이다. 예를 들어 해방 이전

---

14) 이는 남기심(1983 : 193-195)의 다음과 같은 견해와 일맥상통한다.

인간의 기억 능력에는 한계가 있는 반면, 우리의 일상생활에 필요한 어휘는 이러한 한계를 벗어나 있다. 이는 우리의 사회가 고정되어 있는 것이 아니라 끊임없이 변하는 관계로 새로운 생각, 세분화되는 지식, 새로 생겨나는 사물의 양이 많아지기 때문에, 계속해서 새로운 어휘를 필요로 하기 때문이다. 그런데 새로운 사물이나 생각을 표현하기 위하여 일일이 하나의 어휘를 만든다는 것은 실제로 불가능할 뿐더러, 만든다고 하더라도 기억을 다 하지 못한다. 그러므로 대개의 새로운 어휘들은 기존에 있던 어휘들을 이용하거나, 또는 기존에 있던 단어 형성의 기본 지식을(다른 말로 말하면 파생어 형성 원리) 이용하여 생성해 낸다. 전혀 새로운 어기나 접사로 단어를 창조하는 것이 없지는 않으나, 이미 있던 접사를 이용하여 파생어를 생성해 내는 것이 그 어휘를 받아들이는 다른 화자에게 더욱더 쉽게 다가갈 수 있기 때문이다. …생략… 국어의 가능 단어(임시어)가 도출될 수 있는 개연성은 규칙적인 접사에 있으며, 불규칙적이고 공시적으로 그 규칙이 사어화가 된 단어는 계획적인 조어에 의하지 않고는 거의 나타나지 않는다.

의 시간을 T1으로 잡고, 해방 이후의 시간에서 지금의 시기를 T2로 잡은 후, T1에서 T2 사이의 시기에 '껌팔이, 구두닦이, 쌕쌕이'와 같이 '-이'를 이용하여 만든 단어들이 존재한다면, 이 시기에 한하여 '-이'는 생산성을 가진 접사라고 판단한다. 반면에 T1이전에 '무덤', '주검', '마감' 따위와 같이 '-암/-엄'을 이용하여 만든 단어가 존재하지만 T1에서 T2에서는 접사 '-암/-엄'을 이용하여 만들어진 단어가 없다면, 이 시기의 '-암/-엄'은 생산성이 낮은 접사라고 판단한다. 그러나 공시적인 시기와 그렇지 않은 시기를 구분할 객관적인 기준이 존재하지 않는다면 이 방법도 생산성을 정밀하게 파악할 수 없다.

일곱째, 광의의 말뭉치를 구축한 후 전체 개체 수(N)와 1회 출현한 어휘들(n1)을 비교하여 유일 출현형(hapax legomena)(데이터베이스에 단 한번만 출현하는 유형)의 비율을 검토하는 것이다.[15]

$$(23) \ 생산성 \ = \ \frac{유일 \ 출현형}{개체들의 \ 수}$$

위의 결과는 생산적인 접사의 경우에 그 값이 낮아지고 비생산적인 접사는 반대로 높아지게 된다.[16] 즉 생산적인 접사는 저빈도 출현이며 비생산적인 접사는 고빈도 출현을 갖기 때문이다.[17] 그러나 이도 역시 개

---

15) Baayen(1989)의 견해이다.
16) 이를 접미사 측면의 생산성을 고려하여 이를 적용하면 다음과 같다. P(생산성) = n1(1회 출현 어휘의 수)/N(접사 형성 파생어 빈도의 총합)
17) 차준경·강범모(1995), 김민국(2009), 차준경(2011) 등에서는 위 생산성의 공식을 약간씩 수정하여 국어 어휘의 생산성을 파악하는 데 활용하였다. 이광호(2007가)에서는 분자에 유일 출현형 대신 신어를 넣고, 분모에는 빈도 50 미만이라는 조건을 적용하여 100을 곱하였다. 이광호(2007나)에서는 분모를 상대 빈도가 1보다 작은 파생어의 총수로 변경하여 '어기와 접사의 결합 과정이 인정되는 파생어의 총수'라고 조건을 정밀화하였다. 김민국(2009)에서는 분자에 n회 출현형의 누적 빈도를 놓고 분모에 유형 빈도를 놓고 유형 빈도 및 토큰 빈도 범위를 고려한 생산성 개념을 도입하였다.

체수가 적더라고 하더라도 유일 출현형(hapax legomenon)이 상대적으로 많다고 할 경우 생산성이 매우 높다고 보아야 하는 문제가 제기된다. 극단적으로 개체들의 수가 2개이며, 유일 출현형이 2라고 하면, 생산성이 1이 되지만, 반대로 개체들의 수가 많고 유일 출현형도 많은 접사들의 경우 생산성이 매우 떨어지는 결과를 도출해 낼 수도 있다. 실제로 김한샘(2013)에서 Baayen(1989)의 공식을 가지고 국어 접미사들을 측정한 결과, 개체수와 유일출현형이 적은 접사 '-머리, -보, -둥이, -뱅이'들이 각각 '1.000, 0.429, 0.333, 0.200'으로 높은 생산성을 보이는 반면, 개체수와 유일출현형들이 모두 높은 '-질, -기, -개, -음'은 각각 '0.110, 0.034, 0.018, 0.017, 0.005'로 생산성이 매우 낮은 것으로 측정되어 화자의 직관과 동떨어지게 되는 결과를 도출하였다.

이상과 같이 많은 학자들이 생산성에 대하여 연구하였지만, 아직까지 화자의 직관을 정확하게 반영할 수 있는 개념과 측정 방법이 정립되지 못하였다. 하지만 개념과 측정 방법이 정립되지 않았다고 하여도 생산성과 관련된 논의 자체들이 무의미하다는 것은 아니다. 그것은 지금 현재도 계속해서 새로운 단어가 만들어지고 있고, 이들이 언중들에게 끊임없이 수용되고 생산되고 있다는 점은 비록 정의나 계량화는 어려울지라도 생산성이라는 개념은 여전히 유효하기 때문이다.

5. 어휘화

단어를 어휘화와 관련시킨 연구는 생성 형태론에서 주로 다루어져 왔다. 그 이유는 규칙어와 어휘화의 개념이 동전의 양면이기 때문이다. 달리 말하면 공시적인 단어 형성 규칙의 도출되는 규칙어의 이면에는, 반대로 공시적으로 멈추어진 통시적인 규칙이 적용되거나 또는 공시적인 규칙의 제약으로 설명할 수 없는 불규칙 단어들이 존재하기 때문이다. 즉 공시적인 규칙으로 설명할 수 없는 형식, 하지만 그 형식들이 단어로 존재하는 경우 생성 형태론에서는 이를 '어휘화'라는 명칭을 도입하여 설명한다.

그런데 '어휘화'에 대하여 생성 형태론에서 중심적으로 다루어져 왔다고 할지라도, 전통 문법에서 어휘화와 관련된 현상을 간과한 것은 아니다. 전통 문법의 시기에 김희상(1909)은 '무게, 치위, 더위'를 무규칙 형용사라 하여 그 특이성을 지적하였고, 안확(1917)은 '남아지, 열매'에서의 '-아지, -매'를 불규칙한 것이라 함으로써 복합어에 나타나는 어휘화에 대한 인식의 일면을 보여 주었다.[18] 최현배(1985)에서도 어휘화란 명칭을 말하지는 않았으나, '바꾸인 움직씨의 본대 움직씨 되기'라는 이름으로 의미론적인 요인에 의한 어휘화를 설명하고 있다.

(24) 가. 세우다(주장, 고집), 맞후다(注文)
　　　　예1 그 사람이 자꾸 세우니까, 어떻게 할 수 없소 그려.
　　　　예2 나는 십원 짜리 신 한 켤레 맞후겠다.
　　나. 붙이다(寄, 接)
　　　　예1 최 씨가 제 돈 이십만 원을 학교에 붙이다.
　　　　예2 저 집에는 놀음군을 붙이다.
　　다. 들이다(納, 入)
　　　　예1 볏섬을 광 안에 들인다.
　　　　예2 여섯 시부터 구경군을 들인다오.
　　　　　　　　　　　　　　　　　　　　　　　(최현배 1985 : 435)

위 (24가, 나, 다)의 예들에 대하여 최현배(1985 : 435)에서는 "도로된 본

---

18) 자세한 것은 김철남(1995 : 3) 참조.

제1장 기본 개념 / 김명광 **563**

대 움직씨는 완전히 본대 움직씨로 된 것을 이름이니, 그 뜻이 거의 전연히 독립적이어서, 그 본대의 움직씨를 예상할 것 없이, 직접적으로 그 뜻을 잡을 수 있는 것이니라"라고 하였다. 곧 그 뜻이 어기와 완전히 달라져 단어 형성 규칙으로 분석될 수 없음을 설명한 것이다. 형태론적 요인에 의한 어휘화도 '홀진 낱말'이라는 용어를 사용하여 어휘화된 단어에 대한 인식의 일면을 보여 준다.19)

> (25) 그 얽이는 분명히 두 낱말로 되었으나, 그 어우름의 까닭을 설명하기
> 어려운 겹친 말은 그 통일성이 가장 굳어, 그것이 홀진 낱말로 인정
> 하게 되는 것이 있다. 그 보기 : 겨집, 감발, 신발.

구조주의 형태론에서는 엄격한 분석 위주의 방법론을 적용하여 단어가 연합관계와 통합 관계의 입장에서 만족시키면 모두 분석의 대상이 될 수 있었다. 이러한 관점에 서면 공시적 분석과 어원적 분석의 구별도 모호해진다. 따라서 어휘화된 복합어에 대한 연구는 구조주의 시기에서는 상대적으로 소홀해 질 수밖에 없었다. 하지만 구조주의 시기에서도 허웅(1985)과 이기문(1972)에서 보듯이 파생어와 관련하여 생성주의의 개념과 유사한 견해를 엿볼 수 있다.

> (26) 가. 노래, 노릇, 노리개, 도리깨, 굽도리, 무녀리, 거란지, 고름, 거름,
> 느림, …
> 나. 쪼개다, 짜개다, 고치다, 무치다, 안치다, …

(26)에 대한 설명을 보면 '밑말과 뜻이 아주 멀어져 서로 인연을 끊고 홀낱말이 된 것'이라 하여 어휘화와 관련된 논의를 하고 있는 것이다. 즉

---

19) 최현배(1985 : 37) 참조.

의미론적인 요인(의미가 투명하지 못하다는 요인)에 의해 그 통합체(어기+접사)들이 어휘화된 것으로 더 이상 분석의 대상이 될 수 없다는 사실을 지적하였다. 더 이상 분석의 대상이 될 수 없다고 한다는 것은 이들을 복합구조가 아닌 하나의 형태소라고 본다는 것이다. 아울러 허웅(1985)에서 인식한 어휘화의 요인은 의미론적 측면에만 한정되어 있는 듯하다. 가령 (26나)와 같은 '쪼개다', '짜개다'는 본래 명사 어기 '쪽-, 짝-'에 접미사 '-애'가 결합한 것이지만 현대 국어에서는 접사 '-애'를 이용한 파생어 형성 규칙이 존재하지 않는다고 본다면 이들이 형태론적인 요인에 의해 어휘화가 되었다고 말할 수 있는 성질임에도 불구하고, 이에 대한 언급이 없다.

이기문(1972 : 145-146)은 어휘화와 관련하여 단어 속에 남겨진 역사적 흔적을 '화석'이라는 이름으로 설명하였다. 이기문(1972)에서는 중세 국어의 특징적인 형태소와 합성 규칙이 현대 국어에 화석으로 남아 있다고 보고 다음과 같은 예를 들었다.

(27) 가. 수톩, 암톩, 안팎, 니뿔, 조뿔, …
나. 빌먹-, 딜먹-, 것곶-, 들보-, 죽살-, 됴쿶-, …
다. 이리, 그리, 뎌리, …
라. 사ᄅ잡, 사ᄅ자피, …

(27가)는 현대 국어의 '수탉, 암탉, 안팎'과 '입쌀, 좁쌀'에 보이는 'ㅎ'과 'ㅂ'이 화석으로 남아서 전승되었다는 것과 (27나)는 동사 어간과 동사 어근을 통합하여 단어를 만드는 방식이 중세 국어에서는 생산적이었으나 현대 국어에서는 생산성을 잃어 화석화한 것, (27다)는 '이', '그', '뎌'에 연결어미 '-리'가 붙은 것이었으나 현대 국어에서 생산적이지 않아 화석으로 남게 된 것, 그리고 (27라)는 중세 국어에서 이미 비생산적

이었던 '-으'에 의한 파생어 중 '이르'는 없어지고 '사르'는 '사르잡-', '사르자피-' 속에 화석으로 남게 된 것이라고 하여, 공시적인 규칙으로 설명될 수 없는 (27)의 예들을 화석화의 개념을 사용하여 설명하고 있다. 그런데 여기서 주목해야 되는 점은 이들 예들이 공시적으로 형태소 분석은 될 수 있다는 점을 암시하고 있다는 것이다. 이러한 견해는 허웅(1985)와 다른 견해인 것이다.

본격적으로 복합어에 대한 어휘화가 논의된 것은 생성 형태론에서였다. 그러나 초기의 변형 문법에서 형태론은 통사론에 밀려 어휘화에 대한 논의가 없었다. 즉 어휘부가 독립된 부문으로 역할을 하지 못하였다는 것이다. 그것은 어휘 항목(lexical item)을 삽입하는 규칙이 어휘부의 맨 마지막에 적용되는 규칙으로서, 형태부가 통사부의 하위 부분으로 다루어져 왔기 때문이다.[20] 그러나 통사부에 어휘부를 설명하려는 데서 나타나는 여러 문제로 인하여 결국 단어 형성에 대한 독자적인 형태론의 필요성이 제기되었다. 단어 형성에 대한 부문을 통사부 부문에 종속시키는 견해에 대한 비판을 통하여 이 두 부문의 독립성을 주장한 논문에는 Halle(1973)이 있다. 이 논문은 어휘론의 테두리 안에서 독자적인 형태부를 제안한 것으로 이때부터 본격적으로 어휘화에 대한 논의가 시작되었다고 볼 수 있다. 이후 다양한 학자들에 의하여 단어 형성 규칙과 어휘화와 관련된 논의를 하였다.

우선 Lyons(1977 : 547)는 '화석화'(fossilization)라는 용어를 사용하여 어휘화의 한 부분을 설명하고 있다. 그는 'Pick-pocket, turn-coat'와 같은 영어의 외심 합성어를 예로 들면서 '단일 어휘소를 구성하여 이루어진 형

---

20) 어휘항목(Lexical item)을 삽입하는 규칙은 범주부의 맨 마지막에 적용되는 규칙이다. 그리하여 범주부는 두 종류의 바꿔 쓰기 규칙(Rewriting rule)을 가지게 되는데 그 하나는 구구 조규칙(Phrase struture rule)이고 나머지는 어휘항목을 삽입하는 규칙이다(전상범 역 1987 : 3).

태로부터 도출된 규칙이 현재의 언어 체계 속에서 더 이상 생산적이지 않으면 그 규칙에 의해 형성된 어형들이 화석화되었다'라고 정의하였다. Bauer(1983 : 48)는 Lyons(1977)의 화석화라는 개념이 합성어에 한정되었음을 지적하면서, '어휘화(fossilization)'라는 개념을 도입하였다. 여기에서는 어휘화를 '언어 체계의 변화 때문에, 어떤 어휘소가 만약 생산적인 규칙의 적용을 받아 생성되었다면 불가능했을 어형을 가지게 되는 것'이라고 하여 그 범위를 넓혔다. Di Sciullo & Williams(1987)에서는 등재소(listeme)라는 개념을 통하여 어휘화의 일면을 기술하였다. 여기에서는 등재소를 '화자에 의해 기억되고 저장된 언어적 표현으로서 어휘부에 등재되는 모든 비규칙적인 단위'를 지칭한다. Di Sciullo & Williams(1987)에서는 등재소들의 집합인 '어휘부'에 대하여 '어휘부는 형무소와 같은 것이어서 그곳에서는 무법자만 들어 있으며, 그 안에 들어 있는 것들의 유일한 공통점은 무법자라는 것뿐이다'라고 하여 등재소의 성격을 비유적으로 표현하였다.

국어 문법에서 생성 형태론적 관점으로 어휘화를 논의하기 시작한 것은 김성규(1987)로 추측된다. 김성규(1987)에서는 Bauer(1983)의 개념 설정과 유형 분류에 따라 어휘화를 '생산력이 없는 결합 방식을 지닌 단어에 대해 붙여지는 이름'이라고 정의하였으며, 그 종류에 '음운론적 어휘화, 형태론적 어휘화, 의미론적 어휘화 그리고 통사론적 어휘화'가 있다고 하였다.

(28) 가. 감돌, 검붉, 튀밥, 울음, 졸음, 노름, 주름, 꿈, 그림, 길이, 높이, 깊이, 넓이, 들이, 먹히, 알리, 감기, …

나. 즐기다, 즐겁다, 이바지, 호랑이, …

다. 칼잡이, 총잡이, 왼손잡이, 줄넘기, 돋보기, 바치다, 반드시, 날개, 구이, 먹이, 떨이, 볶이, 같이, 굳이, 곧이, 길이, 쉬, 고이, 적이,

...

라. 멀리, 두께, 무게, 더위, 추위, ...

김성규(1987)에서는 (28가)의 결합 방식이 통어적으로 비생산적이므로 형태론적으로 어휘화한 것이고, (28나)는 어기가 공시적으로 존재하지 않으므로 형태론적으로 어휘화한 것으로, (28다)는 어기나 접사의 의미가 본 의미와 달라져 의미적으로 어휘화한 것이며, (29라)는 공시적인 음운 규칙으로 설명될 수 없으므로 음운론적으로 어휘화된 것이라 하였다. 여기서 문제가 되는 것은 (28가)를 '공시적으로 분석은 가능하지만 결합 방식이 비생산적이기 때문에 어휘화된 단어'라고 하였다는 점이다. 그러나 '울음, 졸음, 꿈, 그림', '들이-, 먹히-, 알리-, 감기-' 등의 접미사 '-으(ㅁ), -이, -히, -리, -기'는 생산성 있는 접사이고, 의미적으로도 규칙적인 예측할 수 있으며, 음운론적으로도 재구조화 되지 않았으므로 이들을 어휘화된 단어라고 보는 데에는 무리가 있다. 이에 대해 김철남(1995 : 7)에서는 다음과 같은 비판을 한다.

> (29) 규칙의 생산성 상실은 해당 규칙의 역사적 추이를 면밀히 검토한 후 현대 국어에서 완전히 생산력을 잃게 된 것만을 제시해야 할 것이요, 단어의 전승 자체를 어휘화라 볼 수 없다. 비록 앞선 시대로부터 전승된 단어라 할지라도 공시적인 언어 체계 안에서 잘 설명될 수 있다면 그것을 어휘화되었다고 할 이유가 없기 때문이다.[21]

(28다)에서도 '칼잡이, 총잡이, 왼손잡이, 줄넘기'와 같은 말들은 어기가 의미 예측이 불가능하다고 하여 어휘화라고 보았는데, 이들은 제3의 의미로 완전히 바뀐 것이 아닌, 접사의 의미와 어기와의 의미의 합으로

---

21) 김철남(1995 : 7) 참조.

설명이 가능하다. 물론 형태소가 결합할 경우 구성 요소의 의미의 합과 결합된 단어의 의미가 반드시 일치하지는 않는다. 그러나 이러한 파생어 와 합성어의 결합의 속성에 나타나는 일반적인 사실까지 모두 어휘화되 었다고 본다면 국어의 모든 단어 심지어 규칙성이 있는 구 또는 문장까 지도 어휘화된 것으로 보아야 할 위험성이 있다. 국어의 단어, 특히 구나 문장의 경우 화맥이나 문맥에 따라 그 의미가 약간씩 달리 사용되기 때 문이다. 더욱이 이들은 접미사나 접두사가 생산성이 있고 음운적으로도 변화를 입지 않았으므로 어휘화되지 않았다. 따라서 위의 '총잡이', '왼손 잡이', '줄넘기'와 같은 어휘들을 어휘화되었다고 보기는 무리가 있다고 본다.

송철의(1989 : 18-39)에서도 생성 형태론적 관점에 입각하여 국어의 파생 어 형성을 다룬 연구에서 어휘화를 논했는데, 그 틀은 김성규(1987)와 큰 차이가 없으나 더 정밀화되었다. 송철의(1989)에서는 '어기와 파생어가 각 기 다른 통시적인 변화를 겪게 되면 그 파생어는 어기와의 파생 관계가 멀어지게 되어 공시적인 파생어 형성 규칙으로는 생성할 수 없는 상태에 이르게 되는 경우 이것을 어휘화되었다'라고 정의하였다. 역시 '어휘화' 의 하위 범주에 '형태론적 어휘화, 음운론적 어휘화, 의미론적 어휘화'를 설정하였다.

(30) 가. 아프다, 고프다, 추위, 더위
나. 부끄럽다, 기쁘다, 슬프다, 밉다, 두렵다, 그믐, 시름, 설거지, 이 바지, 쉽사리, 어렵사리
다. 새롭다, 맏이
라. 너비, 갈치, 나들이
마. 무덤, 주검, 마감, 지붕, 마중, 지팡이, 올가미, 도로 ,너무, 자주, 바로, 귀머거리, 터럭, 끄트머리, 바가지, 이파리, 무르팍
바. 노름, 키, 고비, 고이, 구비, 어리숙하다

송철의(1989)에서 보면 (30가)는 음운론적으로 어휘화된 예로, (30나)와 (30라)까지는 형태론적 어휘화로, (30바)는 의미론적 어휘화를 예로서 들었다. 그런데 송철의(1989)에서는 제3의 의미로 바뀐 단어들을 어휘화의 범주에 설정하지 않았다. 송철의(1989)에서는 '가위질'을 예를 들어 [삭제]라는 제3의 의미로 바뀐 것은 비유적 의미인데, 만약 비유적 의미까지도 어휘화된 것으로 보면 의미론적 어휘화의 범위가 매우 넓어진다고 하여, 이를 의미론적으로 어휘화된 단어가 아니라고 하였다.[22] 하지만 이는 제3의 의미로 바뀐 예들 모두를 어휘화된 단어가 아니라고 보기는 어렵다.

(31) 가. 손가락질, 삿대질
　　　나. 소매치기

송철의(1989)에서 든 '가위질'의 [삭제], [검열]이라는 어휘적 의미가 얻어진 것은 비교적 최근의 일로서, 사전에는 [가위로 자르거나 오리는 일]만 쓰여져 있을 뿐 [검열]의 의미는 나타나 있지 않다. 그러나 (31가)의 '손가락질'은 [손가락을 가리키는 짓]의 의미뿐만 아니라 비유적 의미[남을 흉보는 짓]가 사전에 실려 있고, '삿대질'도 [삿대를 젓는 행위]와 함께 비유적 의미 [남을 욕하는 행위]가 함께 사전에 실려 있다. 그리고 이제는 어떤 것이 중심 의미인지 모를 정도로 바뀐 것들이다. 더욱이 (31나)의 '소매치기'는 단순히 소매를 친다는 의미가 아니라 '남의 몸에 지닌 금품을 몰래 훔쳐내는 일'로서 비유적 의미로 쓰이고 있지만 사전에는 원의미는 실려 있지 않고 비유적 의미만이 나타나 있다. 더구나 단어 형성 규칙의 제약 부분에 '어기와 접사'의 통합과 관련된 제약 부분이 분명히 설정되어 있어서, 단순히 비유적 의미로 쓰였다고 하여 이들 예들을

---

22) 송철의(1989 : 28-29) 참조.

의미론적으로 어휘화되지 않은 것으로 처리하는 데는 좀 더 신중한 검토
가 필요할 것 같다.

하치근(1992)에서는 어휘화한 단어를 문법에서 어떻게 다루어야 할 것
인가를 논의하였다. 곧 단어의 분석과 결합 과정에서 나타나는 불일치 현
상을 어휘부에 설정된 여과 장치에 의해 설명해야 함을 주장하였다.

(32)	형태소 목록	파생 규칙	여과 장치	어휘소 목록
가.	덮-, -개	<+생산성>	<-어휘화>	덮-, -개
나.	먹-, -이	<+생산성>	<-어휘화>	먹-, -이
			<+사물명>	
다.	넛-, -보	<+생산성>	<+어휘화 : 어기>	넛보, -보
라.	새, -롭-	<+생산성>	<+어휘화 : 어기>	새롭-, -롭-
마.	키	<-생산성>	<+어휘화>	키
바.	묻-, -엄	<-생산성>	<-어휘화>	묻-, -엄
사.	밤, -도와	<-생산성>	<+어휘화 : 접사>	밤도와, 밤

(32)의 내용은 접미사의 생산성 유무를 중심으로 어휘화의 특성을 분
류한 것이다. (32가)의 '덮개'는 생산적인 규칙에 의해 형성된 단어임을
제시한 것이고, (32나)의 '먹이'는 생산적인 규칙에 의해 형성되었으나
단어의 의미에 어떤 차이가 생겼음을 제시한 것이다. 여기에서 <+사물
명>이란 표시가 된 것은 접미사 '-이' 기능을 행위성 명사를 파생시키는
것으로 보았기 때문이다. (32다)에서는 '넛보'를 형성한 규칙이 생산력은
접사나 어기 '넛'이 불투명한 것이어서 어휘화 한 단어로 처리되었다.
(32라)는 어기의 기능이 바뀌어 어휘화 한 것으로서 (32다)와 같은 방법
으로 처리된다. 즉 어휘화 한 단어는 하나의 어휘소로 어휘부에 등재된다
는 것이다. 여기에서 사용되는 어휘소는 공시적으로 실재하는 형태소와
어휘화 한 단어를 묶어 가리키는 말이다. (32마)에서 '키'는 규칙을 상정

하기도 어렵고 분석도 어려운 하나의 형태소로 보았다. (32바)는 규칙은
비생산적이나 말할이의 언어 직관에 의해 분석이 가능하다면 어휘화 한
것이 아니라는 것이다. (32사)에서는 접미사로 간주된 '도와'가 유일 형
태소로 여겨져 '밤도와'가 어휘화된 것으로 보았다. 하지만 여과 장치 안
에 [±어휘화]를 부여한다는 것은 매우 모순된 방법이다. 여기서 말하는
'여과 장치'란 Halle(1973)의 Filter를 의미하는데, '여과 장치'란 원래 생
산적인 파생접사의 어기 선택의 경향성 곧 제약 현상을 말하는 것으로
이 부분에 [±어휘화]를 넣는 것이 아니기 때문이다. 한편 김승호(1992)는
국어 어휘화를 형태소 단계에서의 어휘화, 단어 단계에서의 어휘화, 구
단계에서의 어휘화, 마디 단계에서의 어휘화로 나누었다.

> (33) 가. 솜씨, 함께, 노래, 두꺼비, 걸, 무녀리, 거란지, 코끼리, 아프, 고
> 프, 아내, …
> 나. 목숨, 국물, 들것, 쥘손, 죽을병, 개판, 개팔자, 굴뚝, 글발, 검버
> 섯, 꽃봉오리, 두꺼비집, 두꺼비씨름, 며느리발톱, 모래톱, 갈라서
> 다, 감싸다, 깔보다, 꼬리치다, …
> 다. 하늘의 별따기, 제 눈의 안경, 손을 떼다, 서리를 맞다, 부지런한
> 사람, 아닌게 아니라, 아니나 다를까, 세상 없어도, …
> 라. 낫놓고 기역자도 모른다, 가을 식은 밥이 봄 양식이다, …

(33가)는 형태소 단계에서의 어휘화, (33나)는 단어 단계에서의 어휘화,
(33다)는 구 단계에서의 어휘화, (33라)는 절 단계에서의 어휘화를 의미
한다. 김승호(1992)에서는 어휘화를 '언어형식(절, 구, 단어, 형태소) 단위'가
내적 자율 규칙의 지배를 벗어나 선조적 배합을 이루면서 단일 어휘소와
같이 기능하게 된 것을 '어휘화' 되었다고 하고, 그 결과를 '어휘화' 된
단어라고 보았다.[23] 그러나 어떤 단어가 공시론적 관점에서 구조상으로
더 이상 분석될 수 없는 경우에는 어휘화된 단어로 본다고 하여, (33나)

에서 (33라)의 전체를 분석이 안 되는 형태소라고 한 것은 좀 더 신중해야 된다고 본다. 물론 이들이 비유적 의미로 쓰이고 문장이 관형화되었으나, 이렇게 본다면 문맥에서 하나의 임시적으로 숙어로 쓰인 모든 예들을 형태소로 볼 염려가 있다.

> (34) 가. 날램은 비호요.
> 나. 그의 머리는 불덩이이다.[24]

(34가)와 (34나)의 '비호' 나 '불덩이'는 구조 전체에 힘입어 비유적 의미로 쓰인 것이다. 하지만 이는 '비호'와 '불덩이' 자체가 의미가 바뀐 것이지, 전체가 하나의 형태소로 굳어졌다고 볼 수는 없다. 또 (33라)의 예를 어휘화로 본 근거에 대하여 (35)에서처럼 '삽입'이나 '대치'의 제한성을 들었다.

> (35) 철수는 호미 놓고 기역자도 모른다.
> → 철수는 낫 놓고 첫 기역자도 모른다.

(35)의 문장이 [무식하다]라는 의미를 가질 경우 구성 성분의 '대치'와 '수식어 결합하기' 등의 변형에 제약을 받으므로 더 이상 분석이 될 수 없는 단위라 보았다. 그러나 위의 예는 아래와 같이 대치가 가능하다.

> (36) 가. 철수는 낫 놓고도 기역자도 모르네
> 나. 철수는 낫 놓고도 정말 기역자도 모르네.

(36)에서는 '도'와 '정말'과 같은 말이 삽입되어 대치와 수식이 가능함

---

23) 김승호(1992 : 98) 참조.
24) 김석득(1992 : 258-259) 참조.

을 보여준다. 따라서 위는 어휘화된 단어라고 할지라도 분석이 가능한 단위인 것이다. 또 (33나)의 경우 단어 단계의 어휘화에 대하여서도 마찬가지이다. 곧 (33나)의 예들은 구성요소의 형태를 쉽게 파악할 수 있다는 점에서 구성체 전체를 형태소로 보기에는 무리가 있다. 어떤 구성체가 형태소가 되었다고 말하는 것은 그 구조 성분과 구성체와의 의미적 연관성을 파악하지 못하는 경우이어야 하는데 '목숨[생명], 국물[여지]' 등은 공시적 화자가 '목숨'이 왜 [생명]을 의미하는지, '국물'이 왜 [여지]를 의미하는지를 구성요소들의 의미의 합으로 쉽게 간파할 수 있기 때문에 하나의 형태소로 보기는 어렵다. 이러한 문제가 발생한 것은 결합의 관점인 '어휘화'된 단어를 분석의 관점인 '형태소'와 동일하게 보는데서 발생한 것이다.

김철남(1995)에서는 국어에 나타나는 모든 경우의 어휘화를 '화석되기', '녹아붙기', '익어지기'의 셋으로 분류하였다.

(37) 화석되기 : 언어 체계의 변화로 말미암아 공시적인 규칙의 입력부에
       적용될 밑말이나 가지가 존재하지 않는다든지, 밑말의 음
       운 구조나 기능이 바뀌었다든지, 음운의 변동을 예측케
       해줄 변동 규칙에 변화가 생겼다든지, 아니면 단어를 분
       석하여 결합시켜 줄 규칙 자체가 소멸했다든지 하는 경우
   가. 설거지, 그믐, 그치다, 거꾸로, 시내, 입술, 꼭두각시, 나타나다,
       사로잡다, 자빠지다, …
   나. 더위, 무게, 주먹, 두렁, 까마귀, 뜨더귀, 바가지, 빨래, 이파리, …
   다. 넙치, 너비, 갈치, 지붕, 암탉, 머리카락, 살코기, 안틀다, …
   라. 찹쌀, 냅뛰다, 휩쓸다, 휩싸다, 볍씨, 좁쌀, 접때, …
   마. 따님, 하느님, 차돌, 차조, 차지다, 가으내, 부나비, …
   바. 계집, 신발, 감발, …

(38) 녹아붙기 : 축약형을 원형식과 돌릴 수 없는 경우

가. 하얗다, 가맣다, 파랗다, 발갛다, 노랗다, 동그랗다, …
나. 샌님, 아범, 어멈, 할아범 ,할멈, 한둘, 서넛, …

(39) 익어지기 : 문법적 구조를 지니고 있으나 도출되어 나온 의미가 구성 요소의 의미로써 예측할 수 없는 경우
가. 노름, 노래, 무녀리, 손씻이, 노랭이, 빨갱이, 고치다, 바치다, 안치다, …
나. 너머, 차마, 더러, 미처, 이따가, 가다가, 아서라, …
다. 개차반, 쥐뿔, 구리귀신, 두꺼비집, 감자 바위, 며느리 밑씻개, 손타다, 턱없다, 기차다, 가르친사위, …
라. 귀엣말, 눈엣가시, 몸엣것, 남의나이, 꿩의밥, …

김철남(1995 : 15)에서는 Bauer(1983)의 체계를 이용하여, 음운론적 어휘화, 형태론적 어휘화, 의미론적인 어휘화의 셋으로 구분하는 것은 언어 체계의 변화에만 국한되어 있어, 국어의 어휘화를 다루는 데 적합하지 않다고 하였다. 그리하여 어휘화된 단어를 '화석되기', '녹아붙기', '익어지기'라고 세 부류로 설정하였다. 그러나 Bauer의 개념이 왜 국어에 적합하지 않은지에 대한 근거가 없다. 즉 (37), (38)의 경우는 대부분 형태론적 어휘화로 (39)의 '익어지기'는 의미론적인 어휘화로 각각 가려 넣을 수 있음에도 불구하고, Bauer(1983)의 개념을 없애고 '화석되기, 녹아붙기, 익어지기'라고 하여 나눈 것이다. 더욱이 '녹아붙기'와 '익어지기'는 통시적인 사실로 '화석되기'의 하위 부류임에도 불구하고, 이들을 같은 차원으로 분류한 것은 문제가 있지 않나 추측된다.

김광해(1995 : 41-58)에서는 신형 합성어의 형성 과정을 살피면서, 사전에 등록된 모든 단어를 어휘화로 보았다. 그는 신형 합성어의 형태가 어휘부(lexicon)에 넘어 들어오는 과정을 파악하면서, 화자가 의도하는 의미 내용이 고착되어 내포(Intension)를 형성하게 되는 경우, 다시 말하면 청자

와 화자 간 기호(sign)에 대한 하나의 의미(meaning)를 약정하고 그것이 지속된 경우를 어휘화된 합성어라 하였다. 그러나 김광해(1995)의 '지속'이라는 개념과 그 지속으로 나타난 것이 '사전에 등록된 어휘들이다'라는 말은 서로 양립할 수 없는 개념이다. 그는 화자의 의도적 의미(intended meaning)를 몰라서 '그것이 무슨 뜻인가?'하고 반문하는 청자에게 'X란 이러이러한 뜻이다'라고 설명해 줄 수 있는 단계가 되고, 그리하여 그것으로 청자와의 사이에 하나의 기호(sign)에 대한 의미(meaning)를 약정할 수 있게 된다면, 합성명사로서의 자격을 획득한다고 하였다. 그러나 청자가 'X란 이러이러한 뜻이다'라고 설명해 줄 수 있는 단계란, 사전에 등록되지 않고서도 임시적으로 얼마든지 화자와 청자의 대화상에서 가능한 것이다. 김광해(1995 : 39-40)에서 예를 든 '이빨내기'라는 예를 보더라도 그렇다.[25] 이 의미를 알기 위해서는 대부분의 사람들은 청자가 '그것이 무슨 뜻인가'를 질문해야 될 것이다. 하지만 이를 극중 화자가 풀이한 대로 '부럼을 깨물면서 누구의 이빨이 가장 튼튼한가를 내기한다'라고 한다면 '이빨 내기'란 이 문맥에 참여하는 대화자에게는 서로 의미가 통용이 되고 지속이 되는 것이다. 그러나 이는 사전에 실려 있지 않다. 또 Downing(1977 : 833)이 실험한 '사람문'이라는 단어를 살펴보자. 이것은 문맥이 주어지지 않는다면 도무지 그 의미를 파악하기 어려운 단어이다. 그러나 '새가 들어가는 문'은 '새문', '개가 들어가는 문'은 '개문', '고양이가 들어가는 문'은 '고양이 문'이라는 장면(situation)과 문맥(context)가 주

---

25) 김광해(1995 : 41)에서 '이빨내기'에 대한 의미를 아래와 같이 설명하고 있다.
　　'이빨내기'라는 합성 형태는 1982년 2월 9일 MBC-TV의 주간극 <전원 일기> 중에서 채집한 것이라고 하였다. 정월 대보름날 부럼을 깨물면서 그 풍속의 유래를 설명하는 할머니의 대사 속에 등장하였다. 이 말의 정확한 의미는 할머니의 설명이 있기 전에는 파악되기가 어려워서, 예컨대 [이빨로 하는 어떤 내기], [이빨을 걸고 하는 내기] 등으로 해석이 가능하다. 그러나 이 형태에 대해 화자(극중의 할머니)가 제시한 최종적 의미는 [부럼을 깨물면서 누구의 이빨이 가장 튼튼한가를 내기한다]는 것이다.

어진다면 청자는 그 의미를 쉽게 파악할 수 있다. 더욱이 사전에 등록되어 있는 단어에서조차 '지속'이라는 개념은 그리 명확하지 않다. 예컨대 '이불 활개', '하늘마음', '바리무', '땅그네', '땅자리'라는 말은,[26] 사전에서 그 확인하기 전까지는 청자들로 하여금 일정한 개념을 가질 수 없게 만들므로, 당황케 하기에 충분한 합성어들이다. 곧 '지속'이라는 개념이, 사전에 있는 어휘조차 명쾌하게 적용되지 않는다는 것이다. 달리 말하면 '지속'의 개념은 '언어화자, 발화 상황, 그리고 보는 각도'에 따라 얼마든지 달라질 수 있는 모호한 것이기 때문이다. 결국 김광해(1995)에서 '지속'이라는 뜻과 그 지속으로 나타난 것이 '사전'에 등록된 어휘들이라는 말은 동일선상에 놓여지지 않는 개념이다. 신형 합성어라는 말의 개념도 좀 더 정밀해질 필요가 있다. 김광해(1995 : 41)는 '형님모자', '동생모자'라는 합성 형태에서, '형님의 모자', '동생의 모자'라는 뜻일 때에는 구로 보고, '크니까 형님모자(형님인 모자)', 작으니까 동생모자(동생인 모자)라는 맥락에서는 '신형 합성어'라고 하는 것도 다분히 문맥과 상황 의존적이다.

이상과 같이 여러 학자들의 어휘화에 대한 정의와 분류를 간략하게 살펴보았다. 이들 학자들 간의 공통점은 어휘화를, 첫째 단어 분석의 관점이 아니라 단어 형성의 관점에서 통시적으로 특이한 변화를 겪어 ─ 그것이 음운론적이든, 형태론적이든, 의미론적이든, 아니면 통사론적이든 ─ 공시적인 단어 형성의 규칙으로 설명하기 어려운 단어를 어휘화되었다고 보는 것이고, 둘째로 이러한 단어들은 어휘화됨으로 말미암아 단어 분석

---

26) 이불 활개 : 이불 속에서 활개를 친다는 뜻으로, 남이 보지 않는 곳에서 호기를 부린다는 말
　　하늘마음 : 하늘처럼 맑고 밝고 넓고 고요한 마음, 천심, 불교용어.
　　바리무 : 말이나 소에 싣고 팔러 다니는 무.
　　땅그네 : 땅에 기둥을 세우고 맨 그네.
　　땅자리 : 참외나 호박 같은 것의 거죽이 땅에 닿아 빛이 변한 부분.

과 단어 형성 과정의 불일치를 야기한다는 점이다. 그러나 공통점보다는 차이점이 많이 발견된다. 차이점을 정리해보면, 먼저 어휘화의 범위 문제에서 이견이 나타난다. 어휘화를 하나의 형태소로만 한정하는 것에서부터, 단어가 사전에 등록되는 경우와 그리고 관용화된 구의 경우까지 확대하는 견해들이 그것이다. 다음에 어휘화의 분류가 상이하다는 것이다. 예컨대 '형태론적인 어휘화, 의미론적인 어휘화, 음운론적인 어휘화' 등으로 분류하는 것과 그렇지 않고 '화석되기, 익어지기, 녹아붙기' 등 다른 관점으로 분류한다는 것이다.

한편 '어휘화' 대신에 '문법화'라는 용어도 쓸 수 있다. 하지만 '문법화'란 독립된 하나의 단어가 단어로서의 자격을 잃어버리고 '문법적'인 요소로 되어가는 과정을 뜻한다. 곧 '문법화'란 어휘적 요소가 역사적인 변천을 경험하면서 소위 '접두사', '접미사', '조사'와 같은 '문법적 요소'로 변화하는 것을 뜻한다(고영진 1995 : 1). 즉 과거에 '답다'의 '답'이 실질 동사였던 것이 공시적으로 접미사화 된 것이나, 동사 '지다'가 보조동사가 되고 더 나아가 '접미사'가 되는 현상, 과거의 '삐'(ㅁ+삐)가 '쓰'[사용하다]의 실질 동사에서 연유하였지만 공시적으로 이것이 '시'로 접사화되어서 현대에는 '맵시'를 어기와 접사로 재구조화되는 경우가 이에 해당한다. 반면에 '어휘화'란 어떠한 복합적인 구성(복합어)을 가지는 어휘가, 생산성이 떨어지거나 또는 여러 가지 제약으로 인하여 더 이상 공시적인 단어 형성 규칙으로 제어하거나 도출할 수 없는 경우에 사용되는 것이다.

달리 말하면 공시적인 파생어 형성 규칙이라든가 합성어 형성 규칙 등으로 해당 복합어를 설명할 수 없는 경우를 뜻하므로 '문법화'와는 상관은 있으나 전적으로 동일하다고 볼 수 없다. 하나의 단어로서 기능하는 것은 '형식적 요소'뿐만 아니라 '어휘적 요소'도 나타나기 때문이다. 또한 위에서 살펴본 '화석화'의 개념도 '어휘화'의 개념과 다른 의미를 가지고 있다. 곧 '화석화'란 단어의 내부 요소 간 결합의 규칙성을 고려하지 않은 채 단순히 통시적인 사실의 공시적인 전승이라는 측면을 부각한 용어이다. 곧 '화석화'는 공시태 안에서 형태적으로 질서 정연하게 설명할 수 있는 예들을 포함하고 있을 수 있어 어휘화 개념과 차이가 있다. 예컨대 '좁쌀', '맵쌀', '입쌀', '입때' 등등의 'ㅂ첨가'는 역사적으로 뒤 음절의 첫소리가 /ㅄ/이라는 데에서 연유하고 있다. 따라서 이들은 통시적인 사실의 공시적인 흔적이라는 뜻으로 보면 '화석화'의 개념이 맞다. 하지만 공시적으로 '메-', '이-', '저-', '조-', '차-'와 '-쌀', '-때', '-씨'가 결합하는 형태적 조건이 주어지는 한은 이들 사이에서 'ㅂ'이 결합되는 것은 필연적이고 규칙적인 현상이므로(공시적 합성어 형성 규칙에는 위배되지 않으므로) '어휘화'라는 용어를 쓸 수 없게 된다. 또 '화석화'는 통시적인 사실이 공시적인 단어에 흔적으로 남아 있는 형태 분석이 될 수 있는 예들(수탉, 암탉, 안팎, 빌먹-, 딜먹-, 들보-)을 주로 다루는데, '화석화'란 하나의 형태소라 볼 수 있는 것, 그렇지 않고 분석이 가능한 예들이 함께 있으므로 '화석화'와 '어휘화'는 전적으로 동일한 용어는 아니다.

‖ 참고문헌

고영근(1989), 국어형태론연구, 서울대학교 출판부.

고영진(1995), 국어 풀이씨의 문법화 과정에 관한 연구, 연세 대학교 대학원 박사 학위 논문.

김광해(1982), "복합명사의 신생과 어휘화 과정에 대하여", 국어국문학 88, 5-29.

김광해(1993). 국어 사전에서의 합성어 처리에 관한 연구, 국립국어연구원.

김광해(1995), 어휘 연구의 실제와 응용, 집문당.

김명광(2004), 국어 접사 '-음', '-기'에 의한 단어 형성 연구, 서강대 박사학위논문.

김민국(2009), "통사론적 과정과 형태론적 과정의 생산성", 한국언어문학 70, 103-132.

김민국(2011), "파생접사의 사용 양상과 생산성 : 문어 사용역간의 빈도 비교를 중심으로", 형태론 13-1, 53-84.

김석득(1992), 우리말 형태론, 탑출판사.

김성규(1987), 어휘소 설정과 음운현상, 석사학위논문, 서울대학교.

김성규(1987a), 활용에 있어서의 화석형, 주시경학보3, 159-165.

김승호(1992), 어휘화, 부산한글 11, 한글학회, 97-127.

김정은(1995), "현대 국어의 단어 형성법 연구", 박이정.

김창섭(1996), 국어의 단어형성과 단어구조연구, 태학사.

김철남(1995), "국어 어휘화의 개념과 유형", 부산한글 14, (우전김형주선생회갑기념 논총간행위원회 1996, 323-352, 세종출판사)

김한샘(2013), "교육용 어휘 선정을 위한 접미사의 생산성 연구", 한국어 의미학 40, 521-547.

김흥규·강범모(2000a), 한국어 형태소 및 어휘 사용 빈도의 분석1, 고려대민족문화 연구원.

김흥규·강범모(2000b), 한국어 형태소 및 어휘 사용 빈도의 분석2, 고려대민족문화 연구원.

김희상(1909), 초등국어어전, (김민수·하동호·고영근 편, 한국역대문법대계 1-16).

남기심(1983), 새말의 생성과 사멸, 일지사.

남기심·고영근(1985), 표준국어문법론, 탑출판사.

노명희(2009), "어근 개념의 재검토", 어문연구 37-1, 59-84.

배주채 역(2008), 언어의 중심 : 어휘, 삼경문화원.

서정목(1998), 문법의 모형과 핵 계층 이론, 태학사.

송정근(2009), "고유어 복합어근 범주 설정에 대하여", 어문연구 37-3, 145-167.

송철의(1989), 국어의 파생어 형성 연구, 박사학위논문, 서울대학교.

송철의(2002), 국어의 파생어 형성 연구, 태학사.

안 확(1917), 조선문법, (김민수·하동호·고영근 편, 한국역대문법대계 1-34).

이광호(2006), "파생접미사의 생산성과 파생어 집합의 빈도 특성", 어문연구 34-3, 219-250.

이광호(2007가), 국어 파생 접사의 생산성에 대한 계량적 연구, 박사학위논문, 서울대학교.

이광호(2007나), "상대 빈도를 이용한 생산성 측정에 대한 연구", 국어학 50, 58-76.

이기문 외(1983), 한국 어문의 제문제, 일지사.

이기문(1972), 국어 음운사 연구, 탑출판사.

이익섭(1975), "국어 조어론의 몇 문제", 동양학(단국대) 5, 155-165.

이익섭·채완(1999), 국어문법론강의, 학연사.

이재인(2001), "국어형태론에서 '어근' 개념", 배달말 28, 93-112.

이희승 외(1995), [고친판 한글 맞춤법 강의], 신구문화사.

전상범 역(1987), 생성 형태론(Sergio Scalise 지음), 한신출판사.

차준경·강범모(1995), 파생어의 생산성 측정, 제7회 한글 및 한국어 정보처리 학술대회 자료집.

차준경(2011), "형태적 생산성과 저지 현상", 형태론 13-1, 125-145.

최현배(1985), 우리말본, 정음출판사.

최형용(2003), 국어 단어의 형태와 통사, 태학사.

최형용(2010), "품사의 경계 : 조사, 어미, 어근, 접사를 중심으로", 한국어학 47, 61-92.

최형용(2012), "유형론적 관점에서 본 한국어의 품사 분류 기준에 대하여", 형태론 14-2, 223-263.

하치근(1992), "파생법에서 어휘화한 단어의 처리 문제", 우리말 연구 2, 33-57.

한정한(2009), "단어를 다시 정의해야 하는 시급한 이유들", 언어 34-3, 761-788.

허웅(1983), 우리말의 오늘 어제, 샘 문화사)

허웅(1989), 16세기 우리 옛말본, 샘 문화사

허웅(1991), 15-16세기 우리 옛말본의 역사, 탑출판사.

허웅(1995), 20세기 우리말의 형태론, 태학사.

Aronoff, M.(1976), *Word Formation in Generative Grammar*, The MIT press.

Baayen R. H.(1989), *A Corpus-Based Approach to Morphological Productivity*, Statistical Analysis Psycholinguistic Interpretation, Dissertation. Vrije University, Amsterdam.

Baayen R. H.(1993), *On frequency, transparency and productivity*, In Geert Booij and Jaap van Marle (eds.), Yearbook of Morphology 1992, Kluwer Academic, 191-208.

Bauer, L.(1983), *English Word-formation*, Cambridge University Press.

Bloomfield. L.(1933), *Language*, Holt.

Di Sciullo, A.M & E. Williams(1987), *On the Definition of Word*, The MIT Press, 60-65.

Downing, P. (1977), *On the Creation and Use of English Compound Nouns*, Language 53, 810-842.

Halle, M.(1973), Prolegomena to a theory of word-formation, *Linguistic Inquiry* 4, 3-16.

Hockett, C. F.(1958). *A Course in Modern Linguistics*, MacMillan.

Kroeger, P. R.(2005), *Analyzing Grammar : An Introduction*, Cambridge University Press.

Lyons, J.(1977), *Semantics*, Cambridge University Press.

Robins R. H.(1964), *General Linguistics*, An Introductory Survey, Longmans.

Scalise, S.(1984), *Generative Morphology*, Foris Publications.

Singleton, D. M.(2000), *Language and the Lexicon : An introduction*, Arnold.

제2장 | **파생어**

김 명 광

1. 서론

이 장에서는 파생어의 개념과 유형 체계, 그리고 조어론적 측면에서 바라보는 파생어 형성 과정과 함께, 규칙을 통하여 생성된 단어들이 등재부와 어떠한 역학 관계를 갖는지를 살펴본다.

파생어는 단어를 만들어 내는 하나의 유형이다. 단어는 하나의 형태소로 구성될 수도 있지만 두 개 이상의 형태소를 결합시켜 단어를 만들어 내는 경우도 있다. 전자를 단일어라 하며 후자를 복합어라 한다. 복합어도 만들어 내는 방법에 따라 두 가지로 나뉜다. 곧 어기와 어기를 결합하여 단어를 만들어 내는 방법과 어기와 파생 접사(접두사와 접미사 포함)를 결합 시켜서 단어를 만들어 내는 방법이 그것이다. 어기와 어기를 결합하여 단어를 만들어 낼 때 그 방법을 합성법이라 부르며 그 결과는 합성어라 지칭한다. 어기와 접사를 결합하여 단어를 만들어 낼 때 그 방법은 파생법이라 부르며 그 결과는 파생어라 명명한다.

〈표 1〉 체계 속의 파생어

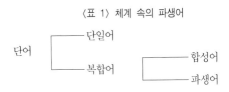

2. 파생어의 개념과 유형

2.1. 파생어 개념

파생어를 형성의 관점으로 볼 수도 있지만, 분석의 관점으로 그 개념을 설명할 수도 있다. 곧 통합된 단어를 분석했을 때 나타나는 직접 구성 요소 중 하나가 파생접사인 경우를 파생어라고 명명할 수 있다. 여기서 직접 구성 요소란 둘 이상의 형태소로 이루어진 구성체를 일차로 나누었을 때 나뉘어 나온 각각의 형식을 말한다. 예를 들어 '다듬이질'은 '다듬＋이＋질'과 같이 3개의 형태소로 분석이 될 수 있지만 이는 일차적으로 도구를 나타내는 '다듬이'와 행위를 나타내는 '-질'로 나눈 후 다음에 이차로 명사인 '다듬이'를 '다듬＋이'로 분석하여 얻어지는 계층적 산물이다. 일차적으로 나누었을 때 나타나는 '다듬이'와 '-질'은 '다듬이질'이라는 통합체의 직접 구성 요소가 된다. 아울러 '다듬이＋질' 중 후자의 '질'이 파생 접사의 기능을 가지므로 이 통합체는 파생어로 볼 수 있다. 이와 같이 보통 통합체(단어)가 파생어냐 아니냐는 그 구성 요소 중 하나가 파생 접사로 구성되어 있느냐 그렇지 않느냐에 따라 판별되는 것이므로 파생어 유형과 그렇지 않은 유형 구분은 비교적 쉬워 보인다. 하지만 일차적 분석에 대한 시각이 다를 경우에 그 통합체가 합성어인지 아니면 파생어인지를 판별하기가 어려운 경우가 적지 않다. 예를 들어 '해돋이',

'감기앓이'의 경우, 견해에 따라 '해돋-+이', '감기앓-+-이' 또는 '해+돋이', '감기+앓이'로 분석될 수 있다. 전자와 같은 태도를 취하면 '해돋이', '감기앓이'는 파생어이지만 후자와 같은 태도를 취하면 합성어가 된다.

2.2. 파생어 유형

어기와 접사 결합을 통해 나타나는 파생어는 그 접사의 위치와 성격에 따라 몇 가지 유형으로 나뉜다. 가장 일반적인 유형은 접사의 위치가 어기 앞에 나타나느냐 그렇지 않으면 뒤에 나타나느냐에 따라 형성되는 접두 파생어와 접미 파생어가 있다. 그런데 접사가 어기와 어기 사이에 나타나는 이른바 접요사와 어기가 결합된 구성도 있을 수 있다. 그러나 논란의 여지는 있지만 보통 국어에서는 존재하지 않는다고 보기 때문에 국어의 접사에 의한 파생에는 접두사에 의한 파생과 접미사에 의한 파생이라는 두 유형만이 존재한다.[1] 다음에 접사의 성격이 실질적인 접사가 관여하지 않은(달리 말하면 가시적이지 않은), 영변화 파생(영파생)과 내적 변화에 의한 파생이 있다. 영변화 파생은 하나의 단어(파생의 입장에서 보면 어기)가 형태상의 변화 없이 품사를 바꾸는 경우를 말한다('신을 신다'의 '신'

---

1) 국어에서 접요사로 볼 수 있는 예에는 다음과 같은 것들이 있다.

줍쌀, 찹쌀, 멥쌀, 입때, 접때, 볍씨(ㅂ), 수벌 암탉, 안팎, 안틀다(ㅎ), 달걀(y)

곧 위의 예에서 보면 어기와 어기 사이에 ㅂ, ㅎ, y이 결합되어 있고 이 결합된 ㅂ, ㅎ, y을 접요사로 볼 수도 있다. 그러나 위의 예들은 음운론적인 특성에 기인한 역사적 정보 지식을 고려할 때, 그리고 접요사라고 하더라도 합성된 두 어기 사이에 끼어 지적 뜻이 감지되어야 하고 그러기 위해서는 그 꼴도 원칙적으로 음절성을 가지고 있어야 한다는 점을 고려할 때 쉽게 접요사로 단정짓기 어렵다(관련 논의는 김석득 1992 : 119-131 참조). 하지만 지적 뜻은 다분히 주관적인 기준이고, 음절성을 가지고 있어야 되는 것도 절대적 기준이 아니기 때문에(예컨대 영파생이 이에 해당한다) 국어에서 접요사 설정에 대한 좀 더 심도 깊은 논의가 있어야 할 것이다.

(명사)과 '신-'(동사), '빗으로 빗다'의 '빗'(명사)과 '빗-'(동사)). 내적 변화에 의한 파생은 어간 내부의 모음교체나 자음교체에 의하여 파생이 이루어지는 경우를 말한다(빨갛다 : 뻘겋다(아/어 교체), 발갛다 : 빨갛다(ㅂ/ㅃ 교체)).

〈표 2〉 파생어 유형

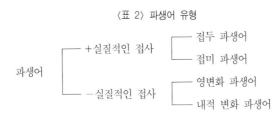

위와 같은 분류 이외에 파생의 유형을 어기의 품사를 전환시키느냐 그렇지 않느냐에 따라서 '통사적 파생'과 '어휘적 파생'으로 분류할 수도 있다. '얼-+-음'→'얼음', '막-+-애'→'마개'는 어기 '얼-, 막-'이 동사에 해당되는데 여기에 '-음, 애'가 결합하여 명사로 품사가 전환된 바, 이를 '통사적 파생'이라 부른다. '어휘적 파생'이란 '새-+하얗다→새하얗다'나, '가위+-질→가위질'처럼 어기가 접사와 결합할 때 의미만이 바뀌며 그 품사를 바꾸지 않는 경우를 뜻한다. 곧 어기 '하얗다', '가위'는 형용사와 명사에 해당하는데 접사 '새, 질'과 결합하여 나온 '새하얗다, 가위질'도 역시 각각 형용사와 명사로서 품사가 바뀌지 않는다는 것이다. 다만 '새하얗다'는 '하얗다'라는 의미를 강조하고, '가위질'은 '가위'를 [도구로 하여 옷감 등을 자르는 행위]라는 의미의 변화를 경험하게 된다.

2.2.1. 접두 파생어

접두사는 일반적으로 어기의 품사를 바꾸지 못하고 어기에 의미만 첨가한다. 생산성도 접미사와 비교했을 때 상대적으로 낮은 양상을 보여준다. 물론 접두사 중에 어기의 품사를 바꾸어 주는 예가 없는 것은 아니다. 아래가 어기의 품사를 바꾸어 주는 예에 해당할 것이다.

(1) 가. 메마르다, 강마르다, 숫되다, 엇되다
　　나. 매일, 매달

위 (1가)의 접두사 '메-, 강-'은 동사인 '마르다'를 형용사로 바꾸어 주고 있으며 '숫-', '엇-'은 동사인 '되다'를 형용사로 바꾸어 주고 있다. 또한 한자어 접두사 (1나)의 '매(毎)-'는 명사를 부사로 바꾸어 주기도 하지만 품사 변환 접사의 수는 접미사에 비해 매우 제한적이다. 이런 이유로 몇몇 예를 제외하고는 품사는 변환시키지 않고 의미만을 바꾸어주기 때문에 접두사를 어기로 처리하자는 견해도 있다. 또한 현대 국어에서 접두사로 여겨지는 형태소들이 기원적으로 명사나 동사의 어기와 같은 실질 형태소로부터 문법화 과정을 겪어 접두사로 변한 것이 대부분인데, 현대 국어의 공시적인 관점에서 그 형식이 어기였을 때의 특성을 부분적으로 유지하는 경우가 많다. 따라서 어기와 접사의 경계를 구분하는 일이 쉽지 않다.[2] 이와 같은 사정으로 인하여 보통 접두사를 설정하기 위해서는 어느 하나의 기준만으로 그 해결이 어려우며, 가능한 여러 기준을 종합적으로 적용하는 것이 필요하다. 보통 접두사 설정 기준에는 형태, 분포, 기능, 의미의 네 가지 측면이 있다.

(2) 가. 기준1 : 형태 면에서 접두사는 형태 변화가 일어나 특정한 조건의
　　　어기와 결합하는 의존성을 띤다.
　　　예 엇- : 엇가다, 엇갈리다, 드- : 드높다, 드세다

---

2) 유창돈(1971 : 362)은 국어에는 원래 접두사란 존재하지 않고 단순히 합성어에서 선행 어기가 어의 약화 내지는 어의 전환으로 접두사적 기능을 하고 있는 것으로 보았다.

나. 기준2 : 분포 면에서 접두사는 분포의 제약을 나타낸다.

　　예 새 책 : 새 옷, 새 집, 새 가방, 새 책상 ↔ 이듬해 : *이듬시간,
　　*이듬집

다. 기준3 : 기능면에서 접두사는 비분리성과 수식의 제한을 보인다.

　　예 외아들 : 외 작은 아들↔뭇 백성 : 뭇 착한 백성, 막내딸과 아
　　들, 옛 집과 대문

라. 기준4 : 의미면에서 접두사는 실질 형태소가 의미 변화를 겪어 추
상화된 단위이다.

　　예 돌감, 돌배 ↔ 겉대중, 겉늙다

위 기준을 예를 통하여 설명하면 다음과 같다. (2가)의 '엇-'은 명사 '어긋'의 융합형으로 형태 변화를 겪어 의존성을 띤다.3) 또한 '드-'는 명 사 어간 '들(다)'에서 연유하였지만 'ㄹ'이 탈락하는 형태 변화를 겪은 것 이다. 달리 말하면 '엇가다'를 '어긋가다'로, '드높다'를 '들높다'로 환언 할 수 없다. 따라서 기준 1에 의거 이 둘은 접두사로 처리할 수 있다. (2 나)의 '새-'는 특별한 의미적인 제약만 없으면 두루 결합할 수 있다. 반 면에 '이듬-'은 '이듬시간, 이듬집'이 허용되지 않고 그 제약을 찾을 수 없으므로(후행 어기(시간, 집)가 시간과 관련되어 있기 때문에 특별히 결합하지 못할 이유가 없으므로), 분포적인 측면에서 접두사로 볼 수 있다. (2다)의 '외-' 는 '외-'와 어기 '아들' 사이에 다른 말을 삽입할 수 없는 비분리성을 가 진다. 반면에 '뭇'은 '뭇'과 후행 어기 '백성' 사이에 다른 말(착한)을 넣을 수 있어서 분리가 가능하다. 이에 전자는 접두사이지만 후자는 그렇지 않 다. 또한 '만-'은 '딸'만을 수식하지 그 수식의 범위가 '아들'에까지 확대 되지 않는다. 반면에 '옛-'은 그 수식의 범위를 '대문'까지 확대할 수 있 기 때문에 접두사가 아니다. (2라)의 '돌-'은 특정 어기와 결합하여 '품질

---

3) 이지양(1993 : 15)에서 '융합'이란 연결형에서 완전한 단어에 음절 수 줄이기가 일어나 의존
요소로 재구조화되는 현상이라고 하였다.

이 낮은, 야생의' 의미의 사용되어 명사 '돌'의 의미가 변화하여 추상화된 경우로 기준4에 의거하여 접두사로 볼 수 있다. 반면에 '겉-'은 '겉으로 보아 대강, 겉으로 보기에만 그러한'의 의미로 쓰여 명사 '겉-'의 의미와 차이를 보이지 않는다. 따라서 접두사가 아니다. 한편 접두사가 결합하는 어기의 품사는 주로 대어휘범주에 해당한다. 여기에는 비교적 생산성이 있는 것과 그렇지 않은 것으로 나눌 수 있다. 비교적 생산성이 있는 접두사 중 명사에 붙는 어기에는 다음과 같은 것들이 있다.

(3) 가. 햇- : 해깍두기, 햅쌀<-밥>, 햇감자, 햇것, 햇곡◁햇곡식, 햇고사리, 햇곡식, 햇과일, 햇나물, 햇나물, 햇누룩, 햇닭, 햇덧, 햇담배, 햇돝, 햅벼, 햇병아리, 햇보리, 햇사과, 햇실과, 햇일, 햇콩, …

　나. 숫- : 수컷, 숫계집애, 숫기<-없다>, 숫구멍, 숫간, 숫눈, 숫눈길, 숫돌, 숫밥, 숫백성, 숫보기, 숫색시, 숫음식, 숫잠, 숫총각, 숫티, 숫사람, 숫색시, 숫처녀, 숫총각, 숫사람, 숫쥐, 숫잔대, 숫염소, ≪숫스럽다≫, ≪숫접다≫, ≪숫지다≫, ≪숫하다≫, ≪숫되다≫, ≪숫두름하다≫, …

　다. 암- : 암거미, 암꽃, 암꿩, 암꽃이삭, 암꿩, 암나무, 암나비, 암나사, 암내, 암놈, 암단추, 암당나귀, 암기와◀암디새, 암막새(내림새를 막새로 일컫는 말), 암말, 암무지개, 사내, 암사돈, 암삼, 암새, 암수, 암수거리, 암술, 암양, 암염소, 암은행나무, 암줄, 암쥐, 암쪽, 암강아지, 암캐, 암컷, 암캐, 암고양이, 암콤, 암쾡이, 암구렁이, 암꿩, 암클, 암키와, 암탉, 암탕나귀, 암토끼, 암톨쩌귀, 암퇘지, 암펄, 암펌, 암평, 암평아리, 암포기, 암비둘기, ≪암띠다≫, …

　라. 풋- : 풋가지, 풋감, 풋감자, 풋개구리(청개구리 : 함남), 풋것1◁풋심(: 경남), 풋거름◁풋걸굼(: 평북), 풋것(학질 : 전라)2◀풋심(: 경남), 풋고욷(불거웃 : 경남), 풋고추<-간장, -누름적, -간장, -볶음, 잡채, -장아찌, -조림, -찌개>◁풋고치, (: 경남)◁풋당추(: 평북)◁풋댕가지(: 평북), 풋곡식◁풋곡, 풋과일◁풋과실◀풋실과, 풋굿, 풋기운, 풋김치, 풋꼴, 풋꽃, 풋나무◁풋댕기(: 평북)◁풋댕이(: 평북), 풋내기◁풋나기◀풋군(풋나기)③, 풋나물, 풋낯◀풋면

목, 풋내, 풋눈, 풋다래, 풋담배<-꾼>◀풋초, 풋대, 풋대님, 풋대추, 풋돈<-냥>, 풋돌(부싯돌 : 경남), 풋둥이, 풋땅개비(메뚜기 : 전남), 풋때죽, 풋마름병, 풋머루, 풋머리, 풋머슴, 풋먹이, 풋바둑, 풋바람, 풋바심<-하다>, 풋밤, 풋밭, 풋배, 풋병아리◁풋뱅아리(: 평북)③, 풋벼<-바심, -하다>, 풋보리, 풋사과, 풋사랑, 풋사위, 풋소, 풋손, 풋솜, 풋솜씨, 풋수, 풋수염, 풋윷, 풋이파리, 풋인사, 풋잎사귀◁풋잎사구, 풋자리, 풋잠, 풋장, 풋장기, 풋절이, 풋정, 풋체님, 풋콩, 풋향기, 《풋구묵다》, 《풋풋하다》, 《풋되다》, …4)

이밖에도 '불-(불망나니, 불여우 등), 맏-(맏아들, 맏딸 등), 밭-(밭다리,밭사돈 등), 민-(민갓머리, 민걷이, 민꽃게 등), 군-(군걱정, 군식구 등), 한-(한강, 한잠 등), 참-(참매미, 참먹 등), 날-(날감, 날것 등), 한-(한시름, 한결 등)'과 같은 접두사도 생산적으로 단어를 만들어 낸다. 이에 반해 몇 개의 명사에 제한적으로 덧붙는 접두사에는 아래와 같은 것들이 있다.

---

4) 이 이하에 나오는 파생어의 기호 표시의 의미는 다음과 같다.
① 가. X<-Y> : X에 다시 Y를 결합한 단어
　　예 풋바심<-하다> → 풋바심하다
　　나. X<Y-> : Y를 X에 결합한 단어
　　예 망구리<올-> → 올망구리
② 《가지X+어기Y》 : 가지 X가 Y와 결합하나 전형적인 X가 요구하는 통사적 자질과 벗어난 단어
　　예 《암띠다》 : '띠다' → VP　　　[비교] 암+NP
③ X◁Y : Y가 X의 음운론적인 이형태
　　예 풋내기◁풋나기
④ X◀Y : Y가 X의 뜻같은 말(또는 뜻 비슷한 말)
　　예 풋내기◀풋군
⑤ (X : Y지방) : X라는 의미를 가지고 있는 Y 지역 방언
　　예 풋땅개비(메뚜기 : 전남)
⑥ X③ : X가 의미론적으로 어휘화된 단어
　　예 풋내기③
⑦ X [Y] : Y라는 의미를 가지고 있는 X
　　예 '덩저리'[뭉쳐서 쌓인 물건의 부피]
⑧ (X) Y : X라는 논항을 가지고 있는 Y
　　예 (속을) 보이다.

(4) 가. 땅- : 땅고집

　　나. 열- : 열무

　　다. 족- : 족집게

　　라. 앙- : 앙가슴

　　마. 이듬- : 이듬해, 이듬날, 이듬달

　　바. 넛- : 넛손자, 넛할머니, 넛할아버지

　　사. 핫1-(짝이 있는) : 핫어미◁핫어머니, 핫아비, 핫어미

　　아. 핫2- : 핫두루마기, 핫바지, 핫이불, 핫저고리, 핫옷, 핫저고리, 핫금5)

　　자. 골- : 골생원, 골선비

　　차. 옹달- : 옹달샘, 옹달솥, 옹달시루, 옹달우물, 옹동이

다음에 비교적 생산성이 있는 접두사와 동사가 결합한 단어에는 다음
과 같은 것들이 있다.

(5) 가. 뒤1[마구,온통, 몹시] : 뒤구르다, 뒤까불다, 뒤까부르다, 뒤꼬다,
　　　　뒤끓다, 뒤놀다,6) 뒤놓다, 뒤늦다, 뒤늦추다, 뒤대다, 뒤덤벙거리
　　　　다, 뒤덮다, 뒤덮치다, 뒤떠들다, 뒤떨치다, 뒤뜨다, 뒤말다, 뒤몰
　　　　다, 뒤몰리다, 뒤뭉개다, 뒤번지다, 뒤범벅되다, 뒤법석거리다, 뒤
　　　　변덕스럽다, 뒤뻗치다, 뒤뿌리치다, 뒤섞다, 뒤설레놓다, 뒤설레
　　　　다, 뒤숭숭스럽다, 뒤숭숭히, 뒤스럭거리다, 뒤스럭대다, 뒤스럭떨
　　　　다, 뒤스럭스럽다, 뒤스르다, 뒤쓰다, 뒤얽히다, 뒤엉키다, 뒤엎다,
　　　　뒤움치다, 뒤잡다, 뒤재주치다, 뒤적, 뒤적이다, 뒤적질, 뒤지다,
　　　　뒤집다, 뒤지르다, 뒤집히다, 뒤쪼다, 뒤쫓기다, 뒤채다, 뒤척거리
　　　　다, 뒤척대다, 뒤틀다, 뒤틀리다, 뒤틀어지다, 뒤흔들다, 뒤몰다,
　　　　뒤틀다, 뒤흔들다, 뒤꼬다

　　가′. 뒤2[반대로] : 뒤엎다, 뒤받다, 뒤바꾸다, 뒤돌리다, 뒤집어씌우다

　　나. 내/냅- : 내갈기다, 내걷다, 내걸다, 내굽다, 내긋다, 내깔기다, 내
　　　　놓다, 내달리다, 내던지다, 내돌리다, 내동댕이치다, 내두드리다,

---

5) [솜이불]의 궁중말] '핫금' → '핫衾'

6) [어떤 물체가 한 곳에 딱 붙어 있지 않고 이리저리 몹시 흔들리다], [정처 없이 마음대로 여
　기저기 돌아다니다]

내두르다, 내들다, 내디디다, 내떨다, 내뚫다, 내뛰우다, 내쏘다, 내씹다, 내지르다, 내팽개치다, 내맡기다, 내몰다, 내매다, 내먹다, 내몰다, 내몰아쉬다, 내밀다, 내밀치다, 내밀하다, 내밀힘, 내박차다, 내발리다, 내발뺌하다, 내밟다, 내방하다, 내뱉다, 내버려두다, 내버티다, 내번지다, 내벋다, 내보내다, 내부딪뜨리다, 내불다, 내붙이다, 내뻗다, 내뽑다, 내뿌리다, 내색하다, 내섬기다, 내세우다, 내키다, 내싸두다, 내쌓다, 내어가다, 내어놓다, 내오다, 내후리다, 내자치다, 내젓다, 내지르다, 내집다, 내쫓다, 내차다, 내치다, 내키다, 내팽개치다, 내퍼붓다, 내휘두루다, 내흔들다, 내후리다, 내꽂히다, 내맺히다, 내받다, 내뿜다, 내어오다, 내닫히다, 내닫다, 내돋치다, 내받다, 냅뛰다

다. 엇- : 엇가게, 엇가다, 엇가리, 엇각, 엇갈다, 엇갈리다, 엇갈림, 엇갈림떼기, 엇갈아짓기, 엇걸다, 엇걸리다, 엇걸어뜨기, 엇걸이, 엇겨놓기, 엇격, 엇곁다, 엇결, 엇결, 엇걸다, 엇결리다, 엇결수, 엇계락, 엇구뜰하다, 엇구수하다, 엇구수히, 엇기다, 엇기대다, 엇깎다, 엇꺾쇠, 엇꼬다, 엇꼴, 엇끼다, 엇나가다, 엇나다, 엇노리, 엇놀리다, 엇눕다, 엇눈, 엇니톱니바뀌, 엇달래다, 엇대다, 엇돌리다, 엇되다, 엇굳다, 엇두루질, 엇두루질하다, 엇디디다, 엇듣다, 엇뜨기, 엇막이, 엇삭다, 엇매기다, 엇먹다, 엇메다, 엇모토막, 엇몰이, 엇장단, 엇물다, 엇물리다, 엇미닫이, 엇밀이, 엇바꾸다, 엇바르다 엇박다, 엇박이, 엇베다, 엇보, 엇부딪치다, 엇붙다, 엇붙임, 엇비끼다, 엇비뚜름하다, 엇비뚜름히, 엇비스듬하다, 엇비슷하다, 엇비탈, 엇빗금, 엇빗내기, 엇빗이, 엇빗이음, 엇뿌리, 엇사설시조, 엇서다, 엇섞다, 엇섞이다, 엇세다, 엇세우다, 엇셈, 엇시조, 엇시침하다, 엇시침, 엇엮음시조, 엇잡다, 엇조, 엇중몰이, 엇지다, 엇지르다, 엇차다, 엇채다, 엇청, 엇치량, 엇텅이, 엇통이, 엇턱이음, 엇길, …

이 밖에도 '들이-(들이갈기다, 들이긋다 등), 설-(설삶다, 설익다 등), 짓-(짓고생, 짓망신 등), 뒤-(뒤범벅되다, 뒤법석거리다 등), 휘/휩-(휘갈기다, 휘감다 등)'도 생산성을 가지고 있다. 다음에 파생어의 내부 구조가 동사 어기와 접사로 분석되는 것 중 몇 개의 한정된 어기에만 나타나는(생산성이 없는) 파생어

중 일부를 적어보면 아래와 같다.

> (6) 가. 구- : 구슬프다
> 나. 시- : 시건방지다, 시건드러지다
> 다. 베- : 베풀다
> 라. 깡- : 깡마르다, 깡물리다, 깡깜하다
> 마. 해- : 해맑다, 해말쑥하다, 해말갛다
> 바. 도- : 도맡다
> 사. 거- : 거세다
> 아. 다- : 다죄다, 다질리다, 다조지다, 다조치다, 다잡다, 다지르다
> 자. 헤- : 헤가르다, 헤뜨리다, 헤묽다 헤먹다, 헤식다, 헷갈리다, 헤무
> 르다
> 차. 엿- : 엿듣다, 엿보다, 엿살피다
> 카. 곰- : 곰씹다, 곰파다, 곰삭다[7]
> 타. 대- : 대지르다, 대차다[거세고 힘차다], 대질리다, 대들다
> 파. 에- : 에두르다, 에굽다, 에돌다
> 하. 악- : 악물다, 악다물다, 악바르다
> 거. 처- : 처걸다, 처내다, 처넣다, 처닫다, 처담다, 처대다, 처맡기다,
> 처먹다, 처밀다, 처박다, 처지르다, 처신다

아울러 접두사가 주로 형용사에 덧붙는 단어에는 아래와 같은 것들이
있다.

> (7) 가. 새/시- : 새빨갛다/시뻘겋다, 새파랗다/시퍼렇다, 새까맣다/시꺼멓다
> 나. 샛/싯- : 샛노랗다/싯누렇다

---

7) '곰파다'[일의 내용을 알려고 꼼꼼하게 따져 보다], '곰삭다'[옷 같은 것이 오래 묵어 약해지
다], '곰살갑다'[성질이 싹싹하고 살갑다]

2.2.2. 접미 파생어

접미사를 이용해 파생어를 만드는 경우는 접두사에 비해 매우 다양하면서 생산적인 모습을 보여 준다. 접미사에는 어기에 의미만 첨가시켜 주는 것도 있고, 의미뿐만 아니라 어기의 품사를 바꾸어 주는 것도 있다. '바느질'(바늘+질)의 '-질'은 어기에 의미만 첨가시켜 주는 예이고, '지우개'의 '-개'는 어기에 [+도구]라는 의미를 첨가시켜 줄 뿐만 아니라 품사를 동사에서 명사로 바꾸어 준다. 접미사에 의한 파생어 형성에는 '명사 파생, 동사 파생, 형용사 파생, 부사 파생'이 있다. 각 파생을 살펴보기 전에 일반적인 접미사에 대한 간략한 정의와 판별 기준을 먼저 밝혀 보면 아래와 같다.

접미사란 파생어를 형성하는 두 구성 성분 가운데 어기의 뒤에 놓이는 형식이다. 이것은 굴절접사와 다음과 같은 차이를 보인다.

첫째, 접미사는 분포에 있어 빈칸이 많이 나타나지만 굴절접사는 불구적인 쓰임의 동사를 제외하면 빈칸이 나타나지 않는다.

둘째, 접미사는 어기의 통사 범주를 바꾸는 기능을 갖는 경우가 있으나, 굴절접사는 그러한 기능을 갖지 못한다.

셋째, 접미사는 어기에 어휘적 의미를 더해 주나, 굴절접사는 문법적인 의미만을 더해 준다.

넷째, 접미사는 새로운 단어를 형성하나 굴절접사는 그렇지 못하다.

다섯째, 접미사는 굴절접사보다 보통 어기에 가까이 위치한다.[8]

이러한 특성을 반영하여 형태, 기능, 분포 의미 측면에서 접미사의 설정 기준을 제시하면 다음과 같다.

---

8) 김정은(1995 : 55) 참조.

(8) 기준1 : 형태면에서 접미사는 의존성을 지닌다.

(9) 가. -이 : 먹이, 길이, 개구리

　　　　-거리- : 중얼거리다

　　　　-스럽- : 바보스럽다

　　나. -히- : 먹히다, 잡히다

　　다. *-당하- : 모욕당하다

　접두사 (9가)의 '-이, -거리-, -스럽-'은 어기에 의미를 첨가시키고 통사 범주를 명사, 동사, 형용사로 변환시킨다. (9나)의 접미사 '-히-'는 타동에서 피동으로 통사 기능을 변화시킨다. (9가, 나) 모두 형태면에서 자립적이지 못하고 의존적이다. 따라서 기준 (8)에 의거 접미사이다. (9다)는 고영근(1974)에서는 접미사로 처리한 예이나 '당하다'는 자립성이 인정되므로 '모욕당하다'는 두 어기의 결합인 합성어로 처리할 수 있다.

(10) 기준2 : 기능면에서 접미사는 통사 범주의 변화를 일으킨다.

(11) 가. -개 : 찌개, 쓰개, 덮개

　　　　-기 : 크기, 밝기

　　나. -히- : 먹히다, -이- : 먹이다

　(11가)의 동사 어기 '찌-, 쓰-, 덮-'과 형용사 어기 '크-, 밝-'은 형용사 어기에 파생 접미사 '-개'와 '-기'가 각각 붙어 통사 범주가 명사로 전환된다. (11나)는 동사 어기 '먹-'에 접미사 '-히-, -이-'가 붙어 각각 능동에서 피동으로, 자동에서 타동으로 통사 기능의 변화를 보여 주고 있다. 따라서 기준2에 근거하여 (11)의 접사들은 파생 접미사이다.

(12) 기준3 : 분포면에서 접미사는 분포의 제약을 갖는다.

(13)

어기	접미사		
	-이	-음	-기
묻-	X	O	X
죽-	X	O	X
달리-	X	X	O
던지-	X	X	O
몰-	O	X	X
먹-	O	X	X

어기 '묻-, 죽-'은 접미사 '-음'과 결합하여 명사 '물음, 죽음'이 되며, 접미사 '-이, -기'와의 결합을 거부한다. 또한 어기 '달리-, 던지-'는 '-기'와만 결합하며 어기 '몰-, 먹-'은 '-이'와의 결합만 보이고 다른 접사와의 결합을 거부함으로써 분포의 제약을 나타내고 있다. 따라서 기준 3에 의거 '-이, -음, -기'는 접미사이다.

(14) 기준4 : 의미면에서 접미사는 어기에 어휘적 의미를 첨가시켜 주기도 하고 어기의 의미에 제약을 가하기도 한다.
(15) 가. -다랗- : 높다랗다, 좁다랗다, 짤따랗다, 커다랗다
　　　나. -개 : 덮개
(16) '덮-'의 의미
　　　가. 위로부터 얹어 씌우다.　예 이불을 덮다.
　　　나. 드러난 것을 가리워 숨기다.　예 허물을 덮어 주다.
　　　다. 펼쳐진 책 따위를 닫다.　예 책을 덮고 명상에 잠기다.
　　　라. 한정된 범위나 공간, 지역을 휩싸다.　예 구름이 하늘을 덮다.

접미사 (15가) '-다랗-'은 어기 '높-, 좁-, 짧-, 크-'와 결합하여 어기의 의미를 강조한다. (15나)의 어기 '덮-'은 접미사 '-개'와 결합하면 '특정 사물이나 물체를 덮는' [도구]의 의미가 덧붙는다. 더불어 접미사 '-개'는 어기의 의미를 제약시키는데 (16가)의 '덮-' 의미 중 ①로 제약

시킨다.9) 따라서 기준 (4)에 근거하여 '-다랗-, -개'는 접미사이다. 그런데 이 기준들은 어느 하나만 적용된다고 하여 '접사'로 처리되는 것이 아니다. 기준1, 2, 3, 4가 종합적으로 적용되어야 완전한 접사로 설정된다. 여기서 예를 든 접사는 (9), (11), (13), (15)는 해당 기준을 설명하기 위하여 편의상 묶은 것으로 이들 예들은 이 네 기준이 종합적으로 적용되는 것들이다. 이제 범주 변환을 중심으로 파생어의 유형을 나누어 살펴본다.

2.2.2.1. 명사 파생어

어기와 접미사가 결합하여 명사라는 통사 범주를 만들어 내는 것 중에, 접미사의 의미와 기능이 비교적 투명하여 일반적인 규칙을 세울 수 있는 파생어와, 이와 달리 특정 어기에만 결합하여 그 규칙을 파악하기 어려운 단어들이 있다. 전자의 대표적인 것은 접미사 '-질, -개, -장이, -이, -음, -기' 등과 결합한 파생어를 들 수 있다. 접미사 '-질'은 어기 X를 도구 명사로 하여 [-하는 짓]이라는 의미를 더하면서 단어 형성에 참여하고,

---

9) 구본관(1999 : 1-23)에서는 접미사 설정 기준을 위와 같이 보지 않고, 공시성과 생산성 곧 단어를 만들어내는 조어력을 기준 삼는다. 논의의 일부를 가져 오면 다음과 같다.

① 음운론적인 기준 : 파생접미사는 (공시적으로) 음운론적으로 의존적인 요소이다.
② 통사론적인 기준 : 파생접미사는 (공시적으로) 어기로 단어를 가지며(구를 가지지 않으며) 단어 밖의 요소와 통사적인 관계를 맺지 않는다.
③ 조어론적인 기준 : 파생접미사는 (공시적으로) 어기와 결합하여 새로운 단어를 만드는 요소이다.
④ 의미론적인 기준 : 파생접미사는 (공시적으로) 굴절접사에 비해 어휘적인 의미를 가지며, 실질 어휘에 비해 문법적인 의미를 갖는다.

음운론적인 기준, 통사론적인 기준, 의미론적인 기준은 기존의 기준과 유사하나, 형태론적인 기준인 조어론적인 기준에 새로운 단어를 만들어내는 조어력을 접미사 기준으로 삼았다. 이 글에서도 구본관(1999)에서 보는 조어론적 기준이 매우 타당하다고 보나, 생산성이 있느냐 없느냐에 대하여는 학자들에 따라 많은 차이를 보이며, 이 글에서 제시하는 접미사들에 대한 생산성 검증을 세부적으로 살펴보는 데 한계가 있음으로 해서 기존에 받아들여지는 기준으로 접미사를 살펴보고자 한다.

접미사 '-개'는 '(X)+V' 구조를 갖는 어기와 결합하여 해당 형식을 명사로 만든다. 접미사 '-음'도 '(X)+V' 구조를 갖는 어기와 결합하여 해당 형식을 명사로 만든다(의미는 [대상성]).[10] 아울러 접미사 '-기'도 형용사 어기나 동사 어기에 결합하여 [규식성]의 의미[11]를 나타내는 등 이 부류의 접사들은 그 규칙을 비교적 쉽게 파악할 수 있다. 따라서 이들은 공시적으로 생산성이 매우 활발한 접사이다.[12] 예를 들어 신조어에 '펌프질', '뽀샵질', '차치기', '표밭갈이', '불펌이', '엉뚱이' 등이 있는 것을 보면, 새로운 단어들이 이들 접미사들을 중심으로 활발하게 이루어지고 있다고 추측된다. 일반 화자들이 기존에 있던 어떠한 접사를 가지고 새로운 단어를 만들기 위해선 그것으로 이루어진 파생어를 쉽게 분석할 수 있어야 하는데, 그러려면 언어화자의 머릿속에 해당 접사로 이루어진 단어들이 많이 있어야 하고, 그 의미나 기능도 쉽게 파악할 수 있어야 한다. 위의 접사들은 이러한 화자의 욕구에 전형적으로 부합한다. 물론 파생 접사를 가지고 단어를 만들 때에는 우연한 빈칸이 굴절 접사보다 많이 있다. 그러나 이들로 이루어진 어휘 항목의 수가 사전에 실려 있는 것만도 '-질'은 약 800개, '-이'는 약 2,000개 이상의 단어가 존재하는 것을 볼 때 그 생산성을 부인할 수가 없다. 한편 이들 접미사 중 의미가 유사한 '-음, -기, -이'는 상호 배타적인 관계를 가진다. 즉 어떤 동사나 형용사로부터 명사를 파생시킬 때, 이 세 접미사 중 하나로부터만 명사를 파생시키는 것이다. 이러한 현상을 저지 현상이라 부른다.

---

10) 이재인(1991)은 '-음'의 의미를 인식의 목표와 사물 자체를 포괄하는 개념으로 [대상성]이라 보았고 김창섭(1996 : 152)도 이와 유사하게 보고 있다. 또 김창섭(1996)에서는 '-음'의 주변적 의미로 [주체, 때, 수단] 이외에 [결과물, 모양 방식]도 있다고 보았다.

11) '-기'의 의미를 김창섭(1996 : 145)은 '규식성' 즉 행위 자체의 문제와 대조되는 과정과 방법상의 문제에서 [과정과 방법]의 의미로서 규식성으로 보았다.

12) 김한샘(2013)에서는 '-질, -개, -장이, -이, -음, -기' 등의 생산성을 계량화하였는데, 이 접사들이 상대적으로 높은 생산성을 가지고 있음을 밝히고 있다.

(17) 동사 어기 + '-이', '-음', '-기'

	'-이'	'-음'	'-기'
굽-	구이	*	*
놀-	놀이	*	*
떨-	떨이	*	*
몰-	몰이	*	*
먹-	먹이	*	*
벌-	벌이	*	*
풀-	풀이	*	*

	'-이'	'-음'	'-기'
걷-(步)	*	걸음	*
묻-(問)	*	물음	*
믿-	*	믿음	*
죽-	*	죽음	*
울-	*	울음	*
싸우-	*	싸움	*
웃-	*	웃음	*

	'-이'	'-음'	'-기'
달리-	*	*	달리기
던지-	*	*	던지기
읽-	*	*	읽기
더하-	*	*	더하기
빼-	*	*	빼기
나누-	*	*	나누기
곱하-	*	*	곱하기

'-이', '-음', '-기'가 실제로 완전히 동일한 의미를 가지고 있느냐는 회의적이지만,[13] 일단 이들이 '행위성' 명사를 공통적으로 도출한다는 점과, '-이, -음, -기' 결합체 가운데 한 쪽이 존재할 때 다른 두 형식은 그렇지 않은 상보적 관계를 가진다는 점을 고려하여 이들의 관계를 저지 현상으로 보는 견해가 일반적이다(시정곤 1993, 김창섭 1996, 송철의 1989 등). 아울러 '-음'과 '-기'는 명사형 어미와 그 형태가 같아서, 이들이 결합된 어떤 언어형식이 파생명사인지 동사의 명사형인지를 외형상으로는 구별하기 어려운 경우가 있다는 특징도 가진다. 따라서 파생명사인지 명사형인지는 수식관계나 전후 문맥을 참고하여 판단할 수밖에 없다. 아래 예문에서 (가)의 '웃음'은 관형어(표정의)의 수식을 받으므로 파생명사이고, (나)의 '웃음'은 부사(자주)의 수식을 받으므로 동사의 명사형이다.

---

13) '-이, -음, -기'의 이러한 배타적인 분포가 파생어 형성 규칙들 간의 일종의 저지 현상을 의미하는 것인지 아니면 각 접미사들의 의미 특성이 달라서 필요에 따라 배타적으로 선택되는 것인지는 분명하게 판단되지 않는다. '-이, -음, -기'는 한편으로는 의미상의 공통성을 가지기도 하면서 세부적으로는 차이점도 없지 않은 듯하다. 의미상의 공통성을 중시한다면 위와 같은 현상을 저지로 볼 수 있겠으나, 차이점을 중시한다면 저지로 볼 수 없게된다. 그러나 '-이, -음, -기'의 선택 조건이 분명하게 드러나지 않는다는 점에서 본다면 위에서 보여지는 현상을 저지로 보아도 큰 문제는 없을 듯하다(송철의 1989 : 116-182 참고).

(18) 가. 그와 같은 표정의 웃음이 많은 사람들을 기쁘게 한다.

　　　나. 철수가 자주 웃음은 다 너 덕분이다.

다음에 몇 개의 단어에만 활용되는 명사 파생 접미사에는 아래와 같은 것들이 있다.

(19) 명사 파생 접미사

　　　-가마리14) : 걱정가마리, 맷가마리, 욕가마리, 구경가마리

　　　-가퀴 : (낮은 담) 성가퀴15)

　　　-갈 : 젓갈

　　　-공치 : 낫공치16)

　　　-괄량이 : 말괄량이

　　　-깔 : 성깔, 빛깔, 때깔, 맛깔, 態깔

　　　-깔2 : (낮은 말) 눈깔

　　　-깡 : (줄기) 수수깡

　　　-깨비 : 허깨비

　　　-꼬17) : (물 길) 논꼬, 물꼬

　　　-꼬2 : (잠금) 차꼬

　　　-곱 : 눈곱

　　　-꼽 : 배꼽

　　　-꾸머리 : (낮은 말) 뒤꾸머리, 팔꾸머리

　　　-꿈치 : (관절의 바깥쪽) 팔꿈치, 발꿈치, 뒷꿈치<발뒤꿈치>

　　　-끌 : (많음) 티끌

---

14) '가마리'를 사전에서 불완전 명사로 표시하고 '욕먹기나 매맞기나 걱정 따위를 항상 당하는 사람'의 뜻으로 풀이하였다. 그러나 '가마리'를 굳이 하나의 형태소로 다루어야 할 근거를 잡을 수 없다.

15) [몸을 숨겨 적을 공격할 수 있도록 하기 위해 성 위에 덧쌓은 낮은 담. 성첩] '가퀴'→'담'

16) [낫의 슴베로 휘어넘어가는 덜미의 두꺼운 곳]

17) '논꼬'의 의미는 [논의 물꼬]를 의미하고 '물꼬'의 의미는 [논배미에 물이 넘어 흐르게 만들어 놓은 어귀]의 의미를 가지고 있어서 '-꼬'가 같은 형태소임을 알 수 있다. 그에 반하여 형태가 동일한 '차꼬'[지난날, 중죄인을 가두어 둘 때 쓰던 형구의 한 가지로써 긴 두개의 나무토막으로 두 발목을 고정시켜 자물쇠로 채우게 되어 있음]의 '-꼬'는 [막음]의 의미를 가지고 있다. 따라서 형태는 동일하나 의미는 서로 다른 이형태로 보아야 한다.

　　－나미 : 정나미

　　－느정이 : (꽃) 밤느정이[18]

　　－노리 : 관자노리, 콧등노리

　　－다구니 : (뻐죽하게 내민 부분) 뿌다구니, 악다구니

　　－다귀[19] : 뺨따귀, 뿌다귀<뿔따귀, 악다귀

　　－다지 : (열매) 꽃다지

　　－닥다리 : (낮은 말) 노(老)닥다리, 구(舊)닥다리

　　－데기[20] : 소박데기, 부엌데기, 세침데기[21], 양심데기

　　－따라기[22] : 배따라기

　　－따리 : 보따리

　　－딱부리 : 눈딱부리

　　－딱서니 : 철딱서니

　　－뚱이1 : (낮은 말) 몸뚱이<알-, 맨->

　　－뚱이2[23] : (상자) 인뚱이

---

18) [밤나무의 꽃, 밤꽃]

19) '각다귀', '가다귀'의 '다귀'도 접미사 '-다귀'와 형태적 동일성을 보이나 '다귀'를 제외한 '각'과 '가'는 분석될 수 없는 것이다. 그것은 '각다귀'는 [각다귀과의 곤충을 통틀어 이르는 말]이고 '가다귀'는 [참나무 따위의 땔나무로 쓰이는 잔가지]의 의미로써, '각'과 '가'가 독립하여 하나의 형태소의 자격을 가지고 있지 않다. 한편 [서로 욕하며 싸우는 짓]이라는 '악다귀'는 '아가리', '악쓰다', '악머구리', '악물다'와 형태와 의미적 동일성을 보이므로 충분히 분석이 가능하다.

20) 이 밖에 같은 형태소로 보이는 것에는 '검은데기'의 '-데기'가 있다. '검은데기'의 뜻은 [수염이 짧고 줄기가 붉으며 낟알이 검은 조의 한 가지]로 '검은'과 '데기'가 나누어질 수 있을 것 같으나, 위의 '데기'로써 파생된 파생어는 그 의미 자질이 [사람]이지만, '검은데기'의 '-데기'는 [식물]이어서 서로 다른 별개의 형태소로 보아야 한다.

21) '새침데기'를 김계곤(1996 : 176)에서는 '새침하다'의 '새침'임은 분명하나 '새침-'은 독립성이 없는 어근이라고 하였다. 그러나 '새침을 떠다'가 쓰이는 것을 보면 이도 불완전하게나마 독립성을 띤다. 따라서 이를 명사 어기 유형에 분류하였다.

22) [수로로 중국에 가는 사신의 배, 떠나는 것을 보이는 춤과 노래]의미로서 의미적으로도 어휘화된 단어이다.

23) '몸뚱이'의 '뚱이'와 '인뚱이'의 '뚱이'는 서로 같은 형태소가 아니다. 그것은 '몸뚱이'의 '뚱이'는 '몸'을 단순히 속되게 이르게 해 주는 접사인 반면, [지난날, 관아에서 쓰는 도장을 넣어 두던 궤]라는 의미를 가지고 있는 '인뚱이'의 '뚱이'는 [盒]의 뚜렷한 의미를 가지고 있기 때문이다. 또 '인뚱이'의 동의어로 '인뒤웅이'가 있고, '몸뚱이'는 또 '몸뚱아리'와 동의어라 사전에 처리되어 있다. 만약 이들이 같은 형태소라면 '뒤웅이'와 '아리'를 서로 바꾸어 쓸 수 있어야 하는데, '몸뒤웅이', '인뚱아리'라는 말은 사전에 나타나지 않는다. 더욱이 파생되어 나오는 의미자질이 '몸뚱이'는 [+사람]이고 '인뚱이'는 [+사물]이기 때문

　－대강이24) : (머리) 맛대강이, 쑥대강이, 기대강이◁깃대강이

　－또개 : (떨어진 것) 감또개25)

　－맹이/멩이1 : 돌맹이, 알맹이<핵알맹이>, 외맹이

　－맹이/멩이226) : 촌맹이, 꼬맹이

　－마리 : 실마리

　－매127) : (모양새) 눈매, 몸매, 입매, 허릿매

에 이 둘의 '-뚱이'는 확연히 구별되는 다른 형태소이다. 한편 접미사 '-뚱이'처럼 보이는 것에는 이밖에 '왕뚱이', '깡뚱이', '불뚱이'가 더 있다. 그러나 '왕뚱이'는 '꼽등이'와 동의 어로서 [굼등잇과에 딸린 벌레를 두루 일컫는 말]을 일컫는 말이다. 각각을 살펴보면 먼저 '왕뚱이'라는 이름이 붙여진 것은 이 벌레가 등이 꼽추처럼 몹시 꼬부라진 모습 때문에 연유된 것이다. 그러므로 '왕뚱이'는 그 형태소 분석이 '왕+뚱이'가 아니라 '왕뚱+이'와 같이 접미사 '-이'가 붙은 것으로 보아야 한다. 다음에 '깡뚱이'[깡뚱어]도 마찬가지이다. 이는 '깡뚱 깡뚱', '깡뚱거리다', '깡뚱대다'와 비교하면 쉽게 '깡뚱+이'라고 분석 처리가 된다. 마지막으로 [걸핏하면 무뚝뚝하게 불끈불끈 성을 잘 내는 성질]의 의미를 가지고 있는 '불뚱이'도 역시 '불뚱불뚱', '불뚱거리다', '불뚱빨', '불뚱대다', '불뚝하다'와 비교하여 '불뚱+이'로 분석해야 한다.

24) '맛대강이'의 '대강어'와 '기대강이', '쑥대강이'이 '대강이'를 같은 형태소로 보는 이유는 다음과 같다. '맛대강이'가 비록 '맛'이라는 어기가 붙어 [頭]라는 의미가 희석되어 나타나기는 하지만, 그와 동의어로 '맛대가리'가 보임으로서, [깃대 꼭대기의 꾸밈새]라는 의미를 가지고 있는 '기대강이'나 [머리털이 흐트러져 어지럽게 된 대가리]라는 의미를 가지고 있는 '쑥대강이'와 공통된 의미 [대가리, 또는 윗쪽 끝]을 보이기 때문이다. 또 '쑥대강이'는 '쑥대가리'라는 말이 있어서 '맛대강이'의 '-대강이'와 공통된 형태소임을 더욱 확신이 가게 한다.

25) [꽃과 함께 떨어진 감]

26) '-맹이'를 '-맹이1'과 '-맹이2'로 나눈 것은 '-맹이'로 파생되어 나오는 의미자질이 서로 다르기 때문이다. 곧 '돌맹이', '알맹이', '외맹이'는 [+사물]을 나타내지만 '촌맹이, 꼬맹이'는 [+사람]을 나타낸다. 참고로 '외맹이'의 뜻은 [광산에서 돌에 구멍을 뚫을 때, 망치를 한 손으로 쥐고 정을 때리는 일, 또는 그 망치]의 의미를 가지고 있다. 그런데 '-맹이'로 파생되는 것 중에서 이와 유사한 의미를 가지고 있는 것이 있다. '안아맹이'가 그것이다. '안아맹이'는 [정을 어깨 너머로 대고 망치를 안아서 뚫는 남폿구멍]의 의미이고, 파생되어 나오는 의미자질이 [+사물]의 성격(구체적으로는 [+도구])을 가지고 있어서, '외맹이'의 '-맹이'와 같은 형태소이다. 그러나 이는 어기가 '안다'라는 동사 범주이므로 여기에서 제외하였다. '꼬맹이'를 '꼬'+'맹이'로 분석할 수 있는 것은 '꼬마'라는 비교 형태가 있기 때문이다. 한편 '-맹이'로 분석될 수 있을 것 같은 예에 [똘똘한 기운]의 의미를 가지고 있는 '개맹이'가 있다. 그러나 이때의 '개'가 어떤 형태와 의미적 동일성을 보이는지 알 수가 없어서 제외하였다.

27) '눈매', '몸매', '입매', '허릿매'의 '매'는 [모양새]라는 공통된 의미로 묶을 수 있다. 더욱이 사전에 '눈맵시', '몸맵시', '입맵시', '허릿맵시'와 동의어라고 나와 있는 것을 보면 '매'가 공통된 형태임을 더욱 확신이 가게 한다. 그런데 [옷의 모양새]라는 의미를 가지고 있는 '옷맵시'은 '옷매무시'라는 어휘가 사전에 나와 있지만 '옷매'는 나와 있지 않다. 그리하여

-매[28]) : 팔매<돌팔매>

-바리/빠리[29]) : 꾀바리, 약빠리, 새암바리, 약빠리, 악바리

-바리2 : 벗바리

-바리3 : 대갈빠리, 꼬바리, 하바리◁햇바리

-바지 : 막바지

-바치 : (가죽) 갖바치, 장인바치, 호사바치

-뱅이[30]) : 가난뱅이, 주정뱅이, 게으름뱅이, 안달뱅이, 거렁뱅이, 비렁뱅이

-빤지 : 널빤지

-빨[31]) : 이빨

'옷매'를 이 동아리에 함께 묶을 수 없었다. '옷맵시'라는 말은 쓰이지만 '옷매'라는 말이 쓰이지 않는 이유를 정확히는 알 수 없으나 위의 '눈매', '몸매', '입매', '허릿매'의 어기는 신체의 한 부분을 나타내는 반면, '옷맵시'의 '옷'은 신체의 한 부분이 아니라 신체에 걸친 간접적인 것이므로 '옷매'의 사용을 저지하지 않았나 추측될 뿐이다.

28) '물매'도 있으나 이는 '매'의 어휘적 의미가 변한 것이 아니다. 따라서 이는 합성어로 보아야 한다.

29) 접미사 '-바리'는 세 가지 종류의 동음 이형태가 있다. 첫째는 '바르다'[많다]에서 나온 '꾀바리, 약빠리, 새암바리, 악바리'의 '-바리1'이 있고, 둘째는 [무리]의 의미를 가지고 있는 '벗바리'의 '-바리2'요, 셋째는 [낮은 말]을 의미하는 '대갈빠리, 햇바리, 꼬바리'의 '-바리3'이 있다. '바리1'이 쓰인 어휘항목은 각각 '꾀바르다, 약바르다, 새암바르다, 약바르다'가 사전에 그 쓰임이 보인다. 이때 '바르다'라는 동사가 사어가 됨으로써 접미사화된 것이므로 한 동아리로 묶을 수 있다. 그에 반해 '벗바리'는 '벗바르다'라는 말이 없고 어기도 어떤 성질을 나타낸 것이 아니므로 '바리1'과는 다른 형태소이다. '바리3'이 쓰인 '대갈빠리'는 '대가리', '대갈빡', '대갈빼기'의 동의 형태 '대갈'이 보이므로 해서 분석은 할 수 있으되 어떤 의미를 가지고 있다고 보기는 어렵다. 또 '하바리'는 [품위나 지위가 낮은 사람]으로 '하치'라는 말과 동의 형태가 보이고, [꼴찌]의 의미를 가지고 있는 '꼬바리'는 '꼬리'와 비교하여 분석될 수는 있으나 특별히 어떤 의미를 가지고 있는 것은 아니다. 더욱이 '하바르다', '꼬바르다', '대갈바르다'라는 어휘가 없으므로 '-바리1'의 의미도 아니다. 참고로 '새암바리'란 [새암이 많아서 몹시 안달하는 성질이 있는 사람]의 의미이며, '벗바리'란 [뒷배보아 주는 무리]이며 '감리가 벗바리 세력이 어찌 좋은 지 아무도 내칠 수가 없었다'라는 문장이 사전에 예로 제시가 되어 있다. 또 '꼬바리'는 '꼬바리대', '꼬바리사위'의 합성어의 쓰임이 있다.

30) 이 밖에 '짤라뱅이', '앉은뱅이', '떠들뱅이', '배뱅이'가 있으나 어기가 동사이거나 부사인 것이어서 여기서 제외하였다.

31) '끝빨'의 '-빨'도 같은 형태로 볼 수 있으나 필자의 주관적 생각이므로 여기서 제외하였다. '말빨'도 '이빨'의 '빨'에서 나왔다고 여겨질 수도 있다. 그것은 '말빨'은 '말빨이 선다', '말빨이 세다'와 같이 '서다', '세다'라는 특정 동사의 논항으로밖에 안 쓰이는데, 이 '서다', '세다'는 전형적으로 '이빨'이 쓰이는 동사이기 때문이다.

－빼기1 : (낮은 말) 대갈빼기, 코빼기, 이마빼기

－빼기2[32] : (꼭대기) 그루빼기, 머리빼기, 언덕배기, 재빼기[33]

－사귀 : (낱개) 잎사귀

－서리 : 모서리

－쇠 : 상쇠, 돌쇠, 마당쇠, 탱쇠, 구두쇠, 밥쇠[34]

－술 : (살) 입술

－스랑 : 쇠스랑

－썰미 : 눈썰미

－썹 : (털) 눈썹

－아구니 : (낮은말) 사타구니[35]

－아치 : (직업적으로 종사하는 사람) 장사아치, 동냥아치, 구실아치, 벼슬아치, 시정아치, 빗아치, 반빗아치, 재주아치, 동자아치

－엉귀 : 푸성귀

－앗 : 씨앗

－앝 : 바깥

－얼 : (대략 절반) 나절[36]

－엄/암 : 마감, 무덤, 사람[37], 가람, 바람[38]

---

32) '고들빼기'의 '빼기'도 형태적 동일성을 보이나 이 어휘항목의 의미는 [국화과의 이년초]로 '고들'의 의미를 유추할 수 없다. '고들고들'이 '고들빼기'의 '고들'과 형태적 동일성을 보이나 이 식물이 '고들고들하다' 즉 [오돌오돌하게 마르다]의 의미에서 나왔는지는 확실치 않는 이상 이를 형태 분석이 되는 것으로 볼 수는 없지 않을까 생각된다.

33) [잿마루]

34) '먹쇠, 모르쇠'의 어기는 각각 동사이므로 여기에 속하지는 않으나 '돌쇠'의 '쇠'와 의미가 다르지 않다고 보아 같은 '쇠'로 처리한다.

35) '사타구니'의 '삳-'은 '삳바'에서 '삳'과 비교가 될 수 있어서 명사 어기 항목에 넣었다.

36) '낮+얼' : [하루 낮의 대략 절반 되는 동안]의 의미에서 '얼'의 의미가 [대략 반 동안]의 의미가 아닐까 생각된다.

37) '사람'이 '살+옴'에서 통시적으로 나왔고 '살다'의 '살-'과 의미적인 연관성이 있다고 보아 접미사 '-암'이 붙은 형태로 보았다.

38) '바람'의 옛날 말은 'ᄇᆞᄅᆞᆷ'이다.

풍은 ᄇᆞᄅᆞ미라 <월인석보> / 壁 : ᄇᆞᄅᆞᆷ 벽 <훈몽자회>

'ᄇᆞᄅᆞᆷ'은 '불+옴'으로 분석될 수 있다. 곧 '불다'는 공시적으로 '바람이 불다'할 때 '불다'의 /ㅜ/가 / ㆍ/의 변화된 형태이기 때문이다. 안옥규(1994 : 139)에서처럼 '가람'('갈+옴')의 '갈-'이 '가르다'[갈래]와 의미적 공통성이 있다면 이는 엄밀한 형태소 분석을 할 수 있다.

-으러기 : *끄트러기*

-으머리 : *끄트머리*

-우라기 : 지푸라기

-어기[39] : 검부러기, 꺼끄러기

-웅1 : 지붕, 기둥<베틀-, 수장-, 상-, 툇-, 회침-, 불-, 높은-, 원-, 직원-, 산-, 직각, 두리-, 상투-, 모-, 세모-, 네모->[40] 꾸중, 뒤웅, 마중

-웅2[41] : 배웅

-자기 : 꾀자기[42]

-자기2 : (낮은말) 눈곱자기[43]

-장[44] : (넓적한 것) 구들장, 구름장[45], 떳장[46], 먹장[47]

그러나 이들은 어원을 알아야지만 분석이 가능하다.

39) 이밖에 집미사에 '어기'가 붙은 것처럼 보이는 예에는 '어스러기'[옷의 솔기 따위가 어스러진 것], '부스러기<지스러기', '두드러기'가 있다. '어슬+어기', '부슬+어기', '두드리+어기'로 분석할 수 있을 것 같으나, '어슬-'은 공시적으로 같은 형태를 찾을 수 없고, '부스러기'의 '부수'가 과연 [~을 깨다]의 '부수-'인지 확신이 안 선다. 또 '두드러기'의 '두드리-'도 [도드라지다]의 의미이면 분석을 할 수 있으나 '두드리-'는 [치다]의 의미를 갖고 있어서 그 의미적 유연성을 찾기 어려워 제외하였다.

40) '기둥'의 '긷'은 통시적으로 [柱]를 의미하고 있다. 따라서 이 예에 넣었는데 '긷'은 공시적으로 그 쓰임이 없으므로 어기 측면에서도 사어가 된 것이라 볼 수 있다.

41) '배웅'의 '-웅'과 '지붕', '기둥'의 '-웅'을 다른 형태소로 본 것은 먼저 '배웅'의 어기 '배'는 '陪'라는 한자어인 반면, '지붕'이나 '기둥'의 '집'과 '긷'은 순우리말이라는 점이다. 그리고 '-웅1'로 파생되어 나오는 파생어 '지붕', '기둥'은 그 의미 자질이 [+사물]인 반면, '배웅'은 [+사물]이 아니라 [+행위]의 의미자질을 가지고 있다. 그리하여 '배웅'은 '배웅하다'와 같이 '-하다'라는 동사를 붙여 '동작동사'를 만들 수 있는 반면, '지붕'이나 '기둥'은 '지붕하다', '기둥하다'라는 '동작동사'를 만들지 못한다. 이때의 '-웅2'는 오히려 '동작어기'를 가지는 '마중', '꾸중'과 같은 부류에 속한다. 그것은 '마중'과 '꾸중'도 [+행위]의 의미자질을 가지고 있어서 '마중하다', '꾸중하다'와 같이 '-하다'를 붙여 동사를 만드는 속성을 가지고 있기 때문이다.

42) [꾀보, 꾀돌이, 꾀바리]

43) ['눈꼽'의 낮은 말]

44) 이밖에 '주먹장'과 '속장'이 명사 어기를 취하는 '-장'이 있을 것 같이 보이나 '주먹장'의 의미는 [붓못에 들어가는 도리 끝을 물러나지 않게 도리 대강이를 안팎은 좁고 끝은 조금 넓게 에어 깎은 부분]이어서 [欌]의 한자말에서 온 듯하고 '속장'의 '장'은 [腸]의 한자말에 온 듯하다. 따라서 접미사 '-지'에서 제외하였다.

45) [넓게 퍼진 두꺼운 구름 덩어리]

46) [널을 붙여 대기 위하여 가로 대는 나무]

47) [먹이 넓게 퍼진 모양]

　　－장2 : 끝장, 앞장

　　－짜기 : 골짜기<산골짜기>

　　－짜 : (덩어리) 알짜, 통짜, 대짜, 소짜[48]

　　－짱1 : (두른 것) 울짱, 팔짱, 활짱

　　－짱2[49] : (버티는 것) 배짱, 보짱

　　－짝 : (둘레의 크기) 궤짝, 돈짝

　　－찌검 : (때림) 손찌검

　　－태기 : (묶음) 병태기,[50] 상태기,[51] 감태기,[52] 망태기, 삼태기[53]

　　－투리[54] : (조각, 부분) 짜투리,[55] 꼬투리[56]

2.2.2.2. 동사 파생어

　어떠한 어기와 접미사가 결합하여 동사를 만들어 내는 것 중에서도 그 규칙을 쉽게 예상할 수 있는 경우가 있으며, 그렇지 않고 어기와 접미사

---

48) 이 밖에 '진짜', '가짜', '공짜', '뺑짜', '퇴짜'와 같이 위의 '-짜'와 동일한 형태를 보이는 것들이 있다. 그러나 이들의 의미는 '덩어리'의 의미가 아니다.

49) 접미사 '-짱'을 '짱1'과 '짱2'로 나누어 서로 다른 형태소라고 본 이유는 '짱1'은 [묶는 것]의 의미를 가지고 있으나 '짱2'는 [버티는 태도]의 추상적 의미가 서로 다르기 때문이다. '울짱'이란 [말뚝 같은 것을 죽 벌여 묶어 박은 '울'(木柵)이고 '팔짱'는 [나란히 있는 두 사람이 서로 상대편의 팔에 자기의 팔을 엇걸치어 끼는 것], '활짱'이란 [활의 묶음]의 의미로 '짱'의 공통된 의미는 [서로 묶는 것]이라는 공통된 의미를 추상할 수 있다. 하지만 '짱2'의 '보짱'은 [꿋꿋하게 가지는 속마음, 속으로 품은 요량]이고, '배짱'는 [조금도 굽히지 않고 배를 내밀며 버티려는 태도]로 종시 '묶음'의 의미가 나오지 않았다. 반면에 '보짱'과 '배짱'은 사전에 보면 서로 유의어로 나와 있으므로 '배짱'과 '보짱'은 서로 묶어서 한 형태소의 '-짱'에서 나왔다고 볼 수 있겠다. 따라서 '짱1'과 '짱2'로 나누어야 타당하다고 본다.

50) ['벙거지'의 낮은 말]

51) [상투]

52) [감투]

53) [흙이나 쓰레기 따위를 담아 나르는 데 쓰는 그릇. 대오리나 싸리로 앞은 벌어지고 뒤는 우슥하며 세면이 울이 지게 엮어서 만든다.]

54) [흔히 날을 여섯 개로 하여 삼 껍질을 짚신처럼 삼은 신]의 의미를 가지고 있는 '미투리'로 '미+투리'로 분석될 수 있을 것처럼 보이나 분석되어 나오는 '미'라는 형태의 의미와 연관을 지을 수 있는 형태가 존재하지 않는다. 또 '미투리'의 의미에서 [부분], [조각]의 의미를 추출해 낼 수 없다. 따라서 이는 분석할 수 없는 하나의 형태소이다.

55) [팔거나 쓰거나 하다가 남은 피륙의 조각 따위]

56) [콩이나 팥 따위의 콩과 식물의 씨가 들어 있는 깍지, 사건이나 이야기 따위의 실마리]

의 결합이 형태적으로 매우 제한되어 쓰이어 규칙을 세울 수 없는 경우가 있다. 전자의 대표적인 예로 피동법과 사동법을 만드는 '-이-/-히-/-리-/-기-' 파생 접미사(먹이다/먹히다, 죽이다, 쓰이다, 잡히다, 놀리다, 남기다 등)와 의성의태어와 붙어서 동사를 만드는 '-거리-'(건들거리다, 비틀거리다, 끄덕거리다, 기웃거리다, 들락거리다, 덜컹거리다 등), '-대-'(건들대다, 비틀대다, 으스대다, 비비대다, 중얼대다, 덜컹대다, 나대다 등), '-이-'(글썽이다, 끄덕이다, 깜박이다, 뒤척이다, 속삭이다, 울먹이다, 움직이다)가 있다. 이들은 생산성이 높고 형태론적, 의미론적, 의미론적 제약이 투명하여 규칙을 세우기가 쉽다. 물론 활용과는 달리 우연한 빈칸이 상대적으로 많이 나타나지만, 이들은 일반적인 화자가 단어 형성에서 어떠한 기능을 하고 의미를 가지고 있는가 하는 것을 비교적 투명하게 알 수 있다는 점에서, 공시적 단어 형성에서 늘 이용되어 왔다는 것은 부인할 수 없다. 반면에 몇 몇 제한된 어기에만 쓰이는 생산성이 낮은 파생어도 있다. 이들은 대부분 접미사가 공시적인 생산력을 잃어버려, 매우 형태적으로 제한되어 쓰인 나머지 그 규칙을 세우기가 어려운 것들이 있다. 아래의 예들이 여기에 해당한다.

(20) 가. -그- : 담그다, 다그다
　　 나. -드리- : 엎드리다, 깊드리다, 높드리다
　　 다. -조리- : 읊조리다
　　 라. -음- : 머금다
　　 마. -퀴- : 할퀴다
　　 바. -애- : 짜개다 쪼개다
　　 사. -치- : 겹치다, 동치다, 망치다, 합수치다, 해치다, 합치다, 두치다, 곱치다, 삭치다

한편 동사 파생 접미사 결합형들이 저지 현상을 일으키는 것은 잘 나타나지 않는다. 다만 다음과 같은 몇 가지는 견해에 따라서 '저지 현상'

으로도 여겨질 수 있지 않나 추측된다.

첫째, 사동사 파생 접미사 '이, 히, 리, 기, 우, 구, 추' 등의 경우 기능이 동일하지만 각각의 접미사를 동사에 따라 상호 배타적으로 사용한다.

(21) 저지 현상

어기	이	히	우	추
높-	높이다	*	*	*
넓-	*	넓히다	*	*
크-	*	*	키우다	*
낮-	*	*	*	낮추다

둘째, 사동사를 만드는 접미사에 위와 같은 접미사를 이용하는 것 이외에 '하-'를 사용하는 경우도 있는데 이 두 부류는 한쪽은 척도 형용사('높다, 넓다'류)와 다른 한쪽은 감정 형용사('기쁘다, 즐겁다'류)에 쓰여 상호 배타적으로 나타난다(송철의 1989 참조).

(22) 저지 현상

어기	사동사	-하-
높다	높이다	*
넓다	넓히다	*
기쁘다	*	기뻐하다
즐겁다	*	즐거워하다

2.2.2.3. 형용사 파생어

형용사를 파생시키는 접미사로는 '-하-, -스럽-, -답1-/-답2-, -롭-, -다랗-' 등이 있다.

(23) 가. -하- : 깨끗하다, 고요하다, 씩씩하다, 조용하다, 깊숙하다, 다정

하다

나. -스럽- : 바보스럽다, 걱정스럽다, 창피스럽다, 촌스럽다, 어른스
럽다, 자랑스럽다

다. -답1- : 정답다, 꽃답다, 아름답다, 아리땁다

라. -답2- : 남자답다, 여자답다, 어른답다, 학생답다

마. -롭- : 이롭다, 해롭다, 지혜롭다, 향기롭다, 명예롭다

바. -다랗- : 굵다랗다, 가느다랗다, 기다랗다, 높다랗다, 널따랗다,
얕따랗다

'-답1-'과 '-답2-'는 동일한 접미사인 듯이 보이나 아래와 같은 차이가 있다. 첫째, '-답1-'은 자음으로 끝나는 어기에만 결합되지만, '-답2-'는 그러한 제약을 받지 않는다. 둘째, 답1-'은 명사와 어기에 다 결합될 수 있으나 '-답2-'는 명사에만 결합된다. 셋째, '-답1-'은 명사구에 결합되지 못하나(*남녀가 따뜻한 정답게 앉아 있다), '-답2-'는 명사구에도 결합될 수 있다(영이는 언제나 배운 여자답게 행동한다). 이와 같이 '-답2-'는 명사구에도 결합되기 때문에 '-답2-'는 파생접미사라고 할 수 없다는 견해도 있다(송철의 1992). 위 접사들은 비교적 공시적으로도 활발한 단어를 형성해 낸다. 예컨대 '-롭-'의 경우 '괴이롭다, 온화롭다, 의아롭다, 인자롭다' 등은 비교적 최근에 형성된 신조어로 볼 수 있다.57) 반면에 아래와 같은 접미사들은 현재 공시적으로 생산성이 없는 접미사로 보인다.

(24) 가. -닐- : 거닐다, 굼닐다, 나닐다, 노닐다, 도닐다, 부닐다

나. -닫- : 깨닫다

다. -디 : 엎디다

라. -달- : 잔달다58)

---

57) 이때의 신조어 기준은 사전에 실려 있느냐 아니냐를 의미한다. '온화롭다, 의아롭다' 등은
<표준국어대사전>에 실려 있지 않다.

58) [하는 짓이 잘고 다랍다]

    마. -구- : 망구다

    바. -궂- : 청승궂다, 엉성궂다, 앙상궂다, 암상궂다, 얄망궂다, 진망
          궂다, 짓궂다, 감궂다, 시설궂다, 데설궂다, 얄궂다, 해찰궂다, 곰
          살궂다, 새살궂다, 몽니궂다, 주체궂다

    사. -바르- : 꾀바르다 샘바르다, 애바르다, 양지바르다

    아. -협- : 흉협다

    자. -나 : 별나다

    차. -딸- : 외딸다

    한편 형용사 파생 접미사도 저지 현상이 잘 나타나지 않으나, 부정 접
두사('비-, 불-, 무-, 몰-, 미-' 등)와 결합한 형에 '-적'이 결합한 어형은 상
태 동사 '-하다'를 저지하는 양상을 보인다(시정곤 1993 참조).

    (25) 저지 현상

명사어근	적	형용사
몰지각	*몰지각적	몰지각하다
무능력	*무능력적	무능력하다
미숙	*미숙적	미숙하다
불완전	*불완전적	불완전하다
몰인격	몰인격적	*몰인격하다
무혈	무혈적	*무혈하다
부동	부동적	*부동하다
비합법	비합법적	*비합법하다

    다만 엄밀히 따지면 이 둘은 '적'과 '하다'가 저지 현상을 일으키는 것
이 아니라, '-적이다', '-하다'와 같이 동일한 범주로 비교될 때 저지되
지 않는가 여겨진다. 곧 '몰지각적'과 '*몰지각하다'가 저지 현상을 일으
키는 것이 아니라 '몰지각적이다'와 '*몰지각적하다'와 같이 동일한 범주
차원으로 놓고 설명해야만 '저지 현상'이라고 할 수 있다고 추측된다.

결합형을 부사로 파생시키는 접미사로 대표적인 예로 '-이'와 '-히'가
있다.

> (26) 가. -이 : 가벼이, 높이, 많이, 반가이 ; 집집이, 틈틈이 ; 깨끗이, 반듯
>   이, 높직이 ; 일찍이
>   나. -히 : 가만히, 순수히, 조용히, 철저히, 급히

부사 파생어에서 명사, 동사 등과 '-이'가 결합하여 만들어진 단어는
그 수가 약 2,000개가 넘는다.[59] 세부적으로는 어기의 의미와 접사 결합
형의 의미가 다른 단어도 있다(예 넌지시, 반드시, 슬며시 등). 아울러 나타나
지 않는 어기에 대한 이유를 설명할 수 있는 이른바 체계적 빈칸으로 설
명되는 예들도 많이 있다. 즉 필터 부분(걸러내기 장치)에 형태론적 의미론
적, 통사론적, 제약에 설명되는 것이 많이 있다는 뜻이다.[60] 그에 반하여
아래의 것들은 통시적으로 접미사가 매우 형태 제약적으로 쓰여서, 아무
런 규칙도 세울 수 없다. 그것은 우연한 빈칸이 너무도 많이 나타난다는
뜻도 된다.

> (27) 가. -소 : 몸소, 손수
>   나. -우[61] : ① 너무, 도로, 두루, 도두, 마주

---

59) 유재원(1985)의 <우리말 역순사전>에서 조사하였다.
60) 예컨대 공간 형용사에는 '이'가 붙으나 빛 형용사나 미각 형용사, 후각 형용사에는 붙지 않
  는다는 제약이 있다.
    공간 형용사 : 길이, 높이 멀리, 깊이 널리
    시각 형용사 : 붉이, *프르이, *누르이, *검이, *밝이, *어둡이, *맑이, *희이, *흐리이
    미각 형용사 : *달이, *떫이, *맵이, *시이, *싱겁이, *쓰이, *짜이
    후각 형용사 : *구리이, *고리이, *냅이, *노리이, *비리이, *지리이
    이는 우연한 빈칸이 아니라 체계적 빈칸인 것이다.
61) '매우'도 이에 해당할 것 같으나 '-우'를 제외한 나머지 '매'가 무엇을 의미하는 지 알 수
  가 없다. 따라서 이 글에서는 '매우'를 제외한다.

       ② 되우, 바투, 바로, 자주, 고루

       ③ 꺼꾸로, 휘뚜루, 허투루, 비로소

다. -애 : 몰래

라. -어 : 미처

마. -것 : 실컷, 기껏

바. -추 : 갖추, 곧추, 낮추, 얕추, 늦추, 얼추, 곧추, 조추, 맞추, 얼추

사. -낱 : 한낱

위 (가)의 접미사 '-소'에 붙는 것은 어기가 명사이고, (나)의 '-우-'에 붙는 어기는 ①은 동사 어기(넘-, 두르-, 돈-, 맞-, 돌-)고, ②는 형용사 어기 (되-, 밭-, 바르-, 잦-, 고르-)요, ③은 특수 어근(꺼꿀, 휘뚤, 허툴, 비롯)이다. 또 나머지 '-애', '-어', '-음', '-것', '-추' 등이 붙는 어기의 통사적 범주 는 대개가 동사이다. 그러나 이들은 파생 접미사 '-이'에 비하여 하나 또 는 몇몇 어기에만 붙어서 나타나는 형태 의존적 접미사이다.

부사 파생에도 상호 배타적으로 나타나서 저지 현상으로 볼 만한 경우 가 거의 없다. 다만 '-거리-' 파생과 '-이' 부사파생의 경우 상호 배타적 으로 나타나지만, 이 둘은 상호 범주적 차이를 가지고 있기 때문에(-거리- 는 동사 파생이며, '-이-'는 부사 파생) 배타적일 뿐 저지 현상이라고 보기가 어렵다.

(28) 저지 현상

머뭇거리-	*머뭇이
반작거리-	*반짝이
가물거리-	*가물이
*구붓거리-	구붓이
*가뜩거리-	가뜩이
*깜짝거리-	깜짝이

2.2.3. 영변화 파생

앞에서도 말한 바와 같이 영변화 파생이란 어떤 단어(어기)가 형태상의 변화 없이 품사를 달리하여 쓰이는 경우를 말한다. 이는 결국 동일한 형태의 한 단어가 두 가지 품사로 기능을 수행하기 때문에 '품사의 통용'이라 부르기도 하였다. 아래와 같은 예가 대표적이다.

> (29) 가. 아무래도 음식을 <u>잘못</u> 먹은 것 같아. (부사)
> 　　 나. 너는 무슨 <u>잘못</u>을 저질렀니? (명사)
> (30) 가. <u>오늘</u>이 다 가기 전에만 와 다오. (명사)
> 　　 나. <u>오늘</u> 해야 할 일을 다음날로 미루어서는 안 된다. (부사)
> (31) 가. 이 시는 너무 <u>길어서</u> 인용할 수가 없다. (형용사)
> 　　 나. 짧게 깎았던 머리가 그 사이에 꽤 많이 <u>길었다</u>. (동사)
> (32) 가. 우리는 날이 <u>밝는</u> 대로 떠나기로 했다. (동사)
> 　　 나. 표정이 <u>밝은</u> 사람이 보기에도 좋다. (형용사)
> (33) 가. 키가 <u>크다</u>.
> 　　 나. 꽃이 잘 <u>큰다</u>.

동사(어기)/명사의 예에는 이 이외에도 '되-/되, 띠-/띠, 빗-/빗, 신-/신, 품-/품' 등이 있다. 그런데 영변화 파생은 형태가 동일하고 품사가 달라지는 경우이지만, 형태가 동일하면서 품사가 달라지는 형식에 동음이의어도 있다. 이에 따라 영변화 파생의 짝을 인정하기 위해서는 의미상의 관련성이 있을 것이라는 기준이 하나 더 추가되어야 한다. 위에 제시된 예들은 모두 이 기준에 맞는 것들이다. 하지만 '다리'(교량), '다리다'(옷을 '다리다'의 다리), '쓰다'(苦, 형용사)와 '쓰다'(書, 동사)는 형태가 동일하고 품사가 다르긴 하지만 의미상의 관련성이 없음으로 해서 영변화 파생의 짝이 되지 못한다. 아울러 또 하나의 문제는 어떤 품사에서 다른 품사로 파생되었는지를 판별하기 어려운 경우가 많다는 것이다. 특히 '동사(어간)/명사'의 경우, 현재로서는 어느 쪽에서 어느 쪽이 파생되었는지를 판별할 분명한 근거를 찾을 수 없다.

2.2.4. 내적 변화에 의한 파생

내적 변화에 의한 파생이란 어간 내부의 형태가 바뀜으로써 다른 단어가 되는 경우를 뜻한다. 여기에는 '노랗다'와 '누렇다', '보글보글'과 '부글부글'과 같이 어간 내부의 모음이 교체되는 파생과, '뚱뚱'과 '퉁퉁', '반질반질', '빤질빤질'과 같이 어간 내부의 자음이 교체되어 다른 단어가 되는 두 가지 경우가 있다. 주로 색채를 나타내는 형용사나, 의성 의태어와 같은 어기의 경우가 이러한 파생의 모습을 보인다. 색채어의 경우 모음 교체는 색채의 명암 차이를 드러내 주고, 자음 교체는 색채의 농도 차이를 드러내 준다. 예컨대 '노랗다/누렇다'의 '노랗다'는 색채가 밝음을, '누렇다'는 색채가 어두움을 나타낸다. '발갛다/빨갛다'의 경우, '발갛다'는 색채가 옅음을, '빨갛다'는 색채가 짙음을 나타내 준다. 하지만 의성 의태어의 경우 이러한 어감 이외에 통사적 문맥에서 차이를 나타내기도 한다.[62]

> (34) 가. 배가 {살살/*설설} 아파온다.
> 나. 한움큼 쥔 눈이 손안에서 {살살/*설설} 녹아 물로 되었다.
> 다. 그는 동생을 불러 {살살/*설설} 달래 보았으나, 동생은 끝까지
> 고개를 가로 저었다.

---

62) 좀 더 자세한 내용은 김홍범(1993)을 참조하기 바란다.

3. 파생어 형성 규칙

3.1. 파생어 형성 규칙 모형

파생어 형성 규칙이란, 파생어를 분석의 관점으로 바라보는 것이 아니라 생성의 측면으로 바라보는 관점이다. 넓은 의미로 보면 형태소들(또는 단어와 형태소, 단어와 단어)이 결합하여 새로운 단어를 형성하고 이것이 등재부(사전)에 등재되기까지의 전 과정을 말하며, 좁게는 파생어를 만드는 규칙 곧 파생어 형성 규칙만을 지칭한다. 파생어 형성규칙을 먼저 제시한 Halle(1973 : 8)의 모형을 통하여 이를 구체적으로 설명하면 다음과 같다.[63]

〈표 3〉 Halle(1973)의 파생어 형성 규칙의 모형

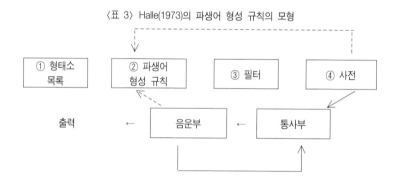

<표 3>의 주요 개념을 설명하면 다음과 같다. 우선 어휘부의 기본 단위는 형태소 목록(①) 속에 등재된 단위이기 때문에 형태소이다. 각 형태소 목록에 있는 형태소들은 여러 문법적 특성들에 관한 표시가 부착되어 있다. 그 표시는 먼저 대어휘 범주를 표시하는 괄호 매김(labelled bracketing)

---

63) 이 규칙은 파생 형태론과 굴절 형태론에 똑같이 작용한다. 즉 형태소 목록은 파생접사와 굴절접사 등을 포함한다. 한편 단어형성 규칙은 새로운 단어를 만들어 내는 규칙이지만 Halle(1973)에서는 이미 있는 단어도 분석한다고 주장한다.

이다. 곧 형태소 목록 속의 '동사'는 'V', '명사'는 'N' 등의 표찰(Label)들
이 결합되어 있다. 예를 들면 '가위'에는 명사 N이 '-질'에는 접미사라
는 대어휘 범주 표찰이 되어 있다는 것이다. 형태소에는 이와는 또 다른
특성이 표시되어야 하는데, 예를 들어 '덜컹거리다'의 '덜컹-'은 '어근'이
고, '-었-'은 굴절접사이며, '풋-'은 접두사라는 특성이 표시되어야 한다.
또한 형태소들이 그 언어의 실제 단어를 이루기 위해 어떻게 배열되는가
하는 것을 규정해야 한다.64) ③의 필터는 의미론적으로 특이한 결합, 음
운론적인 특이한 결합 등을 걸러내기 위하여 설정한 것이다. 예를 들면
'*컴퓨터질'[컴퓨터로 어떠한 일을 하는 행위]나 '*먹개'[먹게 하는 물건] 등은
가능하나(possible) 존재하지 않는(non existent) 단어들인데, 이 단어들에
[-어휘 삽입](-lexical insertion)의 자질을 부여하는 것은 필터가 하는 일이
다. 아울러 '해'+'쌀'과 같은 형태소들이 결합할 경우 'ㅂ'이 음운론적으
로 아무런 이유 없이 나타나는 경우(실제로는 이 어형이 허용됨에도 불구하고),
그리고 '토악질'과 같은 의미론적 특이성 즉 [먹는 것을 게워 냄]의 의미
가 아닌 [옳지 못한 재물을 받았다가 도로 돌려줌]과 같은 결합형을 이
부분에서 처리한다. 하지만 Halle(1973)의 모형은 이후의 강어휘론자들에
게 많은 비판을 받게 된다.65) 그 이유는 첫째 이 체계의 기본 단위가 형
태소라는 점으로 다분히 영어 지향적이라는 점이다. 영어는 대부분 단어
와 형태소가 일치하기 때문이다. 강어휘론자에게는 단어형성 과정의 기
본단위가 형태소가 아니라 단어이므로 발생하는 문제이다. 둘째 Halle
(1973)의 모형은 파생 형태와 굴절 형태 모두를 설명하려고 시도하였기
때문에 형태소 목록에 파생접사뿐만 아니라 굴절접사까지 포함되며 결과

---

64) 예를 들어 '날꾼치기'는 제외하고 '날치기꾼'은 허용하는 규칙이 그것이다.
65) 강어휘론자 중 단어 어기 가설을 배격하는 학자들은 대표적으로 Siegel(1974), Allen(1978),
　　Lieber(1980), Di Sciullo, A.M & E. Williams(1987), Kiparsky(1982), Selkirk(1982) 등을 들 수
　　있다.

적으로 형태소 목록 안에 들어 있어서 단어 형성과 통사 구성 간의 구분이 모호해진다는 점이다. 셋째는 단어형성규칙이 입력부와 출력부에 대해 일종의 전국 조건(global condition)이어서 이 조건이 통제되지 않는다는 점이다. 예컨대 '연필깎기'와 같은 파생어를 만들기 위해서는 '-기'를 결합시키는 단어형성규칙이 위 ④의 사전을 참조해야만 한다. 그 이유는 접미사 '-기'가 결합되는 '연필 깎다'는 형태소 목록에서는 발견되지 않고 사전 즉 어휘부에 기대야 하기 때문이다. 하지만 전국 조건을 문법 전반에 활용하면 문법의 부담을 지나치게 증가시키게 되어 설명력의 약화를 가져 온다. 넷째 필터가 유한하지 않다는 점이다. 즉 파생어를 제한할 원칙이 없으므로 가능하지만 존재하지 않는 단어의 수는 유한하지 않게 되는데, 이는 필터의 제약의 효용성을 떨어뜨린다. 강어휘론자인 Aronoff (1976)에서는 형태소를 단어형성규칙의 어기로 삼지 않고 단어로 보았으며, 이 단어들은 실재하는 것이어야 하고 가능하지만 존재하지 않는 단어는 단어형성규칙의 어기가 될 수 없다고 하였다. 그는 두 가지 종류의 파생어 즉 단어로서 형성되는 파생어와, 그렇지 않고 파생 접사를 분리할 수는 있어서 내적 경계를 가질 수 있지만 단어 형성에 관여하지 않는 파생어를 구분하였다. 후자의 예를 국어에서 찾아보면 '써래', '노래', '무덤', '주검' 등과 같이 비생산적인 접사 '-애'나 '엄'이 덧붙은 경우를 말한다. 다음에 그는 단어형성규칙의 기본적인 가정으로 우선 단어형성규칙이 어휘 규칙, 다시 말해 어휘부의 규칙이라고 정의하였다. 그리고 그 단어형성규칙은 단어의 통사론적, 의미론적, 형태론적, 음운론적 특성에 대해 언급할 수는 있으나 통사, 의미, 음운 규칙에 대해서는 언급할 수 없다고 하였다. 또한 단어형성규칙은 수의적인 규칙이며 1회에 한해서만 적용되는 규칙(once-only rule)이어서 단어형성 규칙이 도입되지 않고 막 바로 어휘부에 출력되는 예들이 있다고 보았다.[66] 그리고 단어형성규칙이 새로운 단어들을 설명할 뿐만 아니라 이미 존재하는 단어의 내부 구조도 설명한다고 하였다. 마지막으로 단어형성 규칙에서 단계에 관하여 '단어'와 '접사'라는 개념의 구별을 가한다. 곧 단어는 어휘 목록에 들어 있으며, 접사는 한 단계 '낮은' 단어형성규칙부 안에 들어가게 조작하였다. 이 둘의 차이는 단어는 '범주적' 정보를 가지고 있는 것에 비해, 접사는 "상관적" 정보를 가진다.67) Aronoff(1976)와 Halle(1973)의 가장 큰 차이점은 단어를 단어형성의 기본 단위로 보느냐 형태소를 단어형성의 기본단위로 보느냐이다. Aronoff(1976)의 단어 형성 과정에서는 Halle(1973)과 달리 형태부를 두지 않고, 사전과 단어형성규칙의 상호 작용과 재조정 규칙이라는 수의적 규칙 현상으로 설명 한다.68) Aronoff(1976)의 모형을 제시하면 아래와 같다.

〈표 4〉 Aronoff(1976)의 단어 형성 규칙 모형

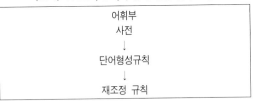

어휘부
사전
↓
단어형성규칙
↓
재조정 규칙

---

66) 국어의 예를 들면 '써래', '무덤', '주검' 등과 같은 경우와 하나의 단 형태소로 이루어진 단어 '땅, 바다, 사랑, 노래' 등과 같은 예가 이에 해당한다.

67) 예컨대 국어에서 '사람'은 명사 범주라는 범주적 정보를 접미사 '-음'은 동사로부터 명사를 파생시키는 결합적 정보(상관적 정보)를 가진다.

68) '재조정 규칙'이란 형태소 목록을 삭제했기 때문에 나온 것이다. 예컨대 'invert+ion'은 '+' 경계를 갖는 제1유형으로서 어휘부에 등재하기 위해서는 'inversion'과 같은 내적 과정을 겪어야 하므로 이를 설명하기 위하여 특별히 재조정 규칙을 설정한다. 또 '재조정 규칙'이란 특정한 형태소에 한정되고, 특정한 형태소의 환경에서만 적용되는 규칙이다(Aronoff 1976 : 87). 여기에는 절단 규칙과 이형태규칙의 둘로 구분된다. 절단 규칙은 지정된 접미사(designated suffix) 앞에서 지정된 어간 말 형태소(designated stem-final morpheme)를 삭제한다. 이형태규칙은 지정된 형태소나 형태소의 부류를 다른 지정된 형태소나 형태소의 부류와 인접한 환경에서 그 모양을 조정한다(Aronoff 1976 : 88).

그러나 Aronoff(1976)의 논리도 다분히 영어 중심적이어서, 국어 파생어와 합성어 형성에서는 맞지 않다. 먼저 국어에서는 파생접사와 결합하는 어기가 불구적인 것이 매우 많다. 즉 '덤벙거리다, 꺼벙이, 아름답다' 등의 접미사 '-거리-'나 '-이' '-답-' 등은 공시적으로 매우 생산적으로 쓰여서 어기와 분리가 가능하지만, 어기 '덤벙', '꺼벙', '아름' 등은 특수 어근으로 단독적으로 쓰이지 않는다. 따라서 이들은 하나의 형태소일망정 단어는 아니다.[69] 다음에 국어에서는 영어에서처럼 특정한 접사와 결합하는 어기가 일정한 범주를 나타내고 있지 않다. 영어에서는 예컨대 '-able'과 같은 접미사는 '*wash+able', '*book+able', '*black+able'처럼 명사나 형용사 범주에 붙지 않는데, 국어에서는 이러한 일정한 범주가 없는 예가 많다. 예를 들어 접미사 '-이'와 결합하는 단어는 매우 다양한 범주에 붙는다.

(35) 가. 풀이(동사+이)
　　 나. 넓이(형용사+이)
　　 다. 절름발이(명사+이)
　　 라. 지은이(동사의 관형형+이)[70]
　　 마. 못난이(형용사의 관형형+이)

(35)의 '-이'는 동사 어간, 형용사 어간, 명사 그리고 동사와 형용사의 관형형에도 붙어서 거의 모든 범주에 다 붙을 수 있다. Aronoff(1976)의 논리대로라면 '-이'가 공시적으로 많은 어기와 붙는 생산적인 접사임에

---

69) '-답-'과 같은 경우는 심지어 하나의 단어가 아닌 구적인 결합처럼 보이는 것에도 쓰인다.
　　가. 그는 [[[우리가 믿는 정치인] 답]다]
　　나. 영희는 [[[책에 나오는 공주] 답]다] (임홍빈 1989 : 24)
70) 국어의 명사 파생접사 중에서 가장 다양한 파생 기능을 보이는 것은 아마도 이 '-이'일 것이다. 이들은 다 같이 명사를 파생한다는 점에서 통사적 기능에는 동일한 면을 가지고 있다. 이 글에서는 이 점을 중시하여 하나로 묶어 보았다(송철의 1989 : 92 참조).

도 불구하고 이들을 모두 단어 형성에 참여하지 않는 파생어로 보아야
하는 모순이 생긴다.

　마지막으로 '형태소'를 최소의 유의미적 단위가 아니라고 하여 어기로
서의 자격을 갖지 못한다면, '단어'도 역시 같은 논리로 어기로서의 자격
을 상실하게 된다. 그것은 단어 단위의 어기를 접사와 결합하여 파생어를
형성할 경우도, 형성된 파생어의 의미와, 파생접사와 어기의 의미 합과는
반드시 일치하지 않기 때문이다. 파생된 단어도 화용적인 상황에 따라 얼
마든지 변할 수 있고 그러한 상황이 주어지지 않는다고 하더라도, 어떤
형태와 형태가 결합하면 거기에는 반드시 얼마간의 의미적 변화를 일으
키게 마련이다. 예를 들어 '칼'의 의미와 '-질'[-을 하는 행위 또는 짓]의 비
교적 투명한 의미의 합으로 '칼질'이 도출된다고 하더라도, '칼'이 어떠
한 것을 의미하느냐에 따라 구성체의 의미의 합과 일치하지 않을 수 있
다. 곧 그 '칼'이 '식칼'을 의미한다면 '칼질'은 [부엌에서 음식을 만들기
위하여 칼을 사용하는 행위]라는 의미가 될 것이요, 강도가 쓰는 '칼'이
라면 '칼질'의 의미는 [물건을 훔치기 위해서 칼을 휘두르는 행위]의 의
미로 변한다. 더욱이 '마당질'과 같은 예는 화맥에서 그 의미가 바뀐 경
우가 아니라 아예 본래의 의미가 제 3의 의미 즉 [곡식의 이삭을 떨어
낱알을 거두는 일]과 같이, 의미를 예측할 수 없을 정도로 변한 경우가
있다. 이는 단어 어기 이론에서조차 단어를 단어형성규칙으로 상정할 수
없다는 논리가 나온다. 결국 Aronoff(1976)에서 형태소가 모호한 개념이라
고 단어 형성 단위에서 폐기한 논리와 마찬가지로 역시 단어를 어기로
볼 수 없다는 결론에 도달하는 모순성을 낳게 된다. 그러므로 단어 형성
의 근간 단위는 역시 형태소로 보아야 하는데, 문제는 Halle(1973)의 단어
형성 개념의 약점 즉 단어 형성 시, 형태소 정보에도 기댈 수 있고 사전
의 정보에도 기댈 수 있는 전국 규칙이라는 점과 필터가 유한하지 않다

는 점을 어떻게 극복해야 하는가가 관건이다.

3.2. 파생어 형성 어기

이 절에서는 파생어 형성 규칙의 대상 중 접사와 결합하는 어기 범주에 대한 논의를 하고자 한다. 기존 견해는 단어 또는 형태소 단위를 파생어 형성 규칙의 대상으로 보는 경우와 단어 초과 어기도 단어 형성 규칙의 대상이 된다는 두 견해로 양분된다. 이에 두 견해를 소절로 나누어 살펴본다.

3.2.1 단어 이하 어기

전통적인 분석론의 대상은 자립적이고 유의미적인 형식인 '단어'와 최소의 유의미적인 단위인 '형태소'였다(Nida 1946 : 1, Matthews 1974 : 11). 초기의 조어론도 이러한 분석론의 단위를 그대로 받아들여 단어 형성의 단위에 '단어 어기' 뿐만 아니라 '형태소 어기'도 인정하였다(Halle 1973, Lieber 1980, Selkirk 1982).

초기의 국내 조어론의 입장도 단어 형성 어기에 형태소를 배제하지 않았다. 곧 공시적으로 단어를 만들어 내는 생산성 있는 어휘부 접사나 어기의 개념을 포괄할 수 있는 용어로 파생어 형성소를 제안한 고영근(1992 : 11-23)의 견해나,71) '자립할 수 없는 동작성 어근'을 어기로 인정한 송철

---

71) 고영근(1992)에서 보면, "덮개를 시렁에 얹는다."라는 문장의 형성소를 모두 7개로 설정한다('덮, 개, 를, 시렁, 에, 얹, 는다'). 이 때 주목해야 할 것은 '덮개'와 '시렁'이다. 전자의 '-개'는 '손톱깍개'처럼 공시적으로 생산성을 가지는 접사이므로, 이를 파생어 형성소라 보고, '시렁'의 '-엉'은 분석은 되나 파생어를 형성하는 데 참여하지 않으므로, 형성의 관점으로 볼 때 '시렁'이 하나의 단위가 된다. 따라서 '덮개'가 다른 어형성의 어기가 아니며, 공시적으로 더 나누어지는 '-개'를 파생어 형성소라 보았으므로, 적어도 단어 형성 어기 가설을 주장하는 것이 아니다(고영근 1992 : 21-22 참조).

의(1989 : 141-145)의 견해를 볼 때, 단어 형성의 기본 단위에 형태소 어기를 배제하지 않았다. 그러나 Aronoff(1976 : 8-17)의 견해 곧 조어론에서의 대상이 형태소가 아니라 단어라는 주장을 국내에서 받아들이게 됨으로써,72) 국내의 조어론에서도 점차 형태소를 포기하고 '단어'만을 단어 형성의 대상으로 삼는 경향이 일반적인 추세로 바뀌었다.73)

이러한 조어론의 기본 단위가 단어라고 주장하는 이면에는 전통 문법 이래 끊임없이 문제로 제기된 형태소 개념에 대한 소모적인 논쟁을 피하고자 하는 의도가 담겨 있다. 즉 그간의 논의는 형태론이라는 말 자체가 의미하듯이, 분석의 궁극적 단위인 '형태소'를 밝히는 것이 최종적인 임무였다. 그러나 통시와 공시의 경계가 모호한 분석 단위, 구성체와 구성 요소의 합이 일치하지 않는 단위, 그리고 구조 분석이 이중적으로 되는 단위들이 상당수 존재함에 따라 형태론의 종결점인 형태소 개념 자체가 흔들릴 지경에 이르게 되었다. 그런데 형태소를 둘러싼 이와 같은 문제는 단어를 조어의 입장에서 설명하는 쪽에서는 매우 난감한 사항이었다. 왜냐하면 분석론에서는 형태소가 단어 분석의 '최종적인 안착점'인 반면, 조어론에서는 단어 형성의 '최초의 출발점'이기 때문이다. 곧 조어론의 원래의 목표를 달성하기도 전에(화자의 조어 능력의 기제를 밝히기도 전에), 다

---

72) '형태소가 유의미적인 최소 단위'라는 견해에 대한 Aronoff(1976)의 비판은 잘 알다시피 형태적으로는 동일하나, 구성체와 구성 요소간의 의미를 파악할 수 없다는 점이다. 예컨대 'strawberry, blueberry, blackberry, gooseberry' 따위에서 공통적으로 추출되는 '-berry'를 전체 형식에서 나타나는 의미와 연관 지을 수 없다는 점, 'X=fer, X=mit, X=sume, X=ceive, X=duce와 re=X, con=X, in=X, de=X' 등의 접두사와 접미사들에서 동일한 의미를 추출할 수 없다는 점, 그럼에도 불구하고 형태가 동일한 문법적 특징을 보인다는 점을 들어 ('stand'와 'understand'의 'stand'가 과거에서 'stood'와 'understood'와 같이 'stood'로 굴절되는 현상), 형태소의 개념을 조어론의 단위로 삼는다는 견해를 부정하였다. 곧 Aronoff는 형태소가 아니라 단어가 최소 기호이고, 따라서 자의적이지 않은 복합 기호를 얻기 위한 단어 형성 규칙은 단어에만 적용되어야 한다고 주장한다.
73) 유추론도 실제어를 기반으로 단어 형성을 논하므로 역시 그 근간 단위는 단어이다(구본관 외 2002 : 162-169 참조).

시 형태소를 정의하는 데 온 힘을 쏟아야 했기 때문이다. 그러므로 형태소를 부정한 후 '의미 있는 단위'만이 다시 '의미 있는 단위'를 생성한다는 Aronoff(1976)의 견해는, 조어론의 입장에서 봤을 때, 그 논의의 힘을 본래의 목적에 집중하게 해 줄 수 있는 아주 좋은 이론적 근거가 된 것이다. 하지만 영어와 달리 국어는 단어로 볼 수 없는 비자립적인 단위가 결합하여 단어를 만드는 현상이 흔하며, 단어 개념 자체도 아직까지 해결되지 못한 상태이다. 따라서 국어의 실제 언어 현상에 이 이론에 대한 검증 없이 그대로 이 논의를 받아들인다는 것은 좀 더 신중을 기할 필요가 있다. 그러므로 여기에서는 단어 어기를 국어 조어론에서 수용할 때, 얻어지는 이점이 무엇인지, 그리고 이로 발생하는 문제가 없는지를 살펴보고자 한다. 또한 이를 통해, 국어의 언어 현실에 부합하는 단어 형성의 기본 단위가 과연 무엇인가를 알아본다.

Aronoff(1976)의 단어 어기를 국어에 적용하면 어떠한 이점이 있는가? Aronoff의 '-fer, mit'와 유사한 예인 'X+-아리(-어리)' 결합체들을 통하여 이를 살피면 다음과 같다.

(36) 경아리, 고라리, 무거리, 희아리, 노라리, 마가리, 귀머거리, 코머거리, 닭의어리, 불어리, 덩어리, 숭어리, 우러리, 몸뚱아리, 터거리, 매가리, 쪼가리, 이파리, 우너리, 아가리, …

우선 위 (36) 각각의 예들에 대한 분리 가능성을 살펴보자. 먼저 '경아리'[서울 사람을 약고 간사하다 하여 욕으로 이르던 말]는 '상경(上京), 경성(京城)'의 '경(京)'의 비교를 통하여, '고라리'[아주 어리석은 시골 사람]는 '냇골, 산골, 골짜기'의 '골'과 대조함으로써 '경', '골'과 '-아리'가 분석되어 나온다. 아울러 '경아리'나 '고라리' 자체의 대조에 의해서, '경', '골'과 '-아리'가 분석됨은 의심의 여지가 없다. 또한 '무거리'[가루를 내고 남은 찌끼]

는 '묵-, 무겁-', '희아리'[조금 상한 채 말라서 희끗희끗하게 얼룩이 진 고추]는
'희-', '노라리'[건들건들 놀며 세월을 보내는 일]는 '놀-', '마가리'[비바람이나
막을 수 있게 자그마하게 꾸린 집-오막살이]는 '막-'이라는 동사와 형태·의미
적 유사성으로 인해 선행 어기와 '-아리'가 추출된다. '귀머거리'는 '귀
먹다'라는 통사적 형식과 비교하여, '코머거리'는 '귀머거리'와 대비하여,
어기에서 '-어리'를 떼어 낼 수 있다.

'닭의 어리'74)는 '닭의'라는 통사적 형식과, [울타리]의 뜻을 가지고
있는 '어리'가 독립적으로 쓰이는 것과 비교하여 분석이 가능하다. '불어
리'[바람에 불티가 날리는 것을 막기 위하여 화로에 들 씌우는 것]는 '불[火]'과의
형태·의미적 유사성을 통하여 내부적으로 쪼개어질 수 있다. 아울러 '덩
어리', '숭어리', '우러리'[가죽신의 운두]와 '몸뚱아리'도 상호 분리가 가능
하다. 비록 '덩-', '숭-', '울-', '몸뚱-'이 홀로 독립적으로 존재할 수는
없지만, '덩치, 덩저리, 쇳덩이, 바윗덩이'의 '-덩-'과 '-숭이'('송이'), '옹
숭그리다'의 '-숭-', '울타리'의 '울-' 그리고 '몸뚱이'의 '몸뚱-'과 대조
하여 'X+어리'로 분리가 가능하기 때문이다.

더불어 '터거리', '매가리', '쪼가리', '이파리', '우너리'75)는 각각, '턱',
'맥(맥이 빠지다, 맥을 못추다)', '쪽', '잎', '운'('운두'의 '운') 따위와 같은 독

---

74) '닭의 어리'의 '어리'는 어기이다. '어리'가 사전에 풀이된 것을 보면 [① 아래위 문지방과
양쪽 문설주를 통틀어 이르는 말, ② 병아리 따위를 가두어 기르기 위하여 덮어놓는, 싸리
같은 것으로 둥글게 엮어 만든 것 ③ 닭을 넣어 팔러 다니도록 만든 닭장 비슷한 것]이므
로, '어리'는 '우리'의 이형태로 보인다.

[1] 어리 권 : 圈(訓蒙下8)

이는 '닭의 어리 [나무 가지나 싸리 같은 것으로 엮어 만든, 닭을 가두거나 넣어 두는 물
건]와 '불어리'[바람에 불티가 날리는 것을 막기 위하여 화로에 들씌우는 것]에서 보듯이,
[가두어 놓는 것], [덮어두는 물건]의 '어리'와 아무런 차이를 보이지 않는다. 다만 '우리'
라는 말이 '어리'로 대체됐기 때문에 우리가 인식하는 데 어려움을 느낄 따름이다.

75) [가죽신의 운두]

립된 단어와의 의미적 유사성을 통하여, '-아리'를 추출할 수 있다. '아가리'는 공시적으로 '악머구리', '아가미', '아궁', '악지가리'의 '악-'과의 의미가 유사하므로 '악+아리'로 분석하여 '-아리'가 분리된다.[76]

이처럼 'X+어리(아리)'는 선행 어기 혹은 그 자체가 독립적인 쓰임을 가진 예가 나타남으로 해서 분석이 가능하지만, 도출되어 나오는 파생어의 의미는 다 같지 않다. 위 (36)을 의미적인 유사성으로 구분하면 아래와 같이 [+사람](37가), [+신체의 일부분](37나), [테두리](37다), [-사람](37라) 등으로 구분될 수 있는 듯하지만, 세부적으로 들여다보면 더 나뉠 가능성이 크다.

(37) 가. 경아리, 고라리, 귀머거리, 코머거리, 노라리
      나. 몸뚱아리, 터거리, 아가리
      다. 닭의어리, 불어리
      라. 무거리, 희아리, 마가리, 덩어리, 숭어리, 우너리, 우러리, 매가리,
          쪼가리, 이파리

예컨대, (37라)의 경우는 [찌끼](무거리), [고추](희아리), [집의 일종](마가리), [뭉쳐진 것](덩어리), [다발](숭어리), [앞머리](우너리), [뚜껑](우러리), [ø] (매가리, 쪼가리, 이파리) 등으로 세부적으로 나누어질 수 있으므로, 견해에 따라선 이러한 '-아리'들을 서로 다른 형태소로 파악할 수 있다. 만약 상이한 범주의 어기를 별개의 형태소라고 본다면, (37가)도 어기가 N('경+아리, 골+아리')과 V('귀먹+어리, 코먹+어리, 놀+아리')로 구분되므로, 서로 다른 형태소로 구분된다. 그러나 구조 분석에서 형태소는 그것을 분석하는 분석자의 주관적 직관에 치우칠 위험성이 클 뿐만 아니라, 설령 여러 가

---

76) '악마구리'란 '입개구리'란 뜻으로 [입으로 시끄럽게 울어대는 개구리]를 이르는 말이고 '아가미'는 [고기의 입 부분]이고 '아궁'은 [불을 피우는 입구]이다. 이 셋은 모두 [입]을 공통 의미로 갖고 있다.

지 기준을 도입하여 '-아리'를 '-아리1', '-아리2', '-아리3' … '-아리α'
로 구분할 수 있다고 할지라도, 단어 형성에 대하여 논할 때에서는 이
'-아리'는 아무런 가치를 지니고 있지 않다. 달리 말하면 다양한 '-아리'
를 언중들이 인식하고 각각에 대하여 모두 단어 형성의 기제로 사용하지
는 않기 때문이다. 차라리 Aronoff(1976)와 같이 형태소를 부정하고 더 큰
단위인 단어가 어형성의 기본 단위라고 보는 것이 많은 이점을 준다.

> (38) 걱정덩어리, 핏덩어리, 주책덩어리, 불덩어리, 덩어리, …
> (39) 충항아리, 똥항아리, 전동항아리, 쌍항아리, 질항아리, 알항아리,
>   분항아리, 터주항아리, 모항아리, 귀때항아리, …

곧 (38)과 (39)에서 보듯이, '걱정, 피, 주책, 불, 흙'이라든가 '충-, 똥,
전동-, 쌍-, 질-, 알-, 분, 터주-, 모-, 귀때-' 따위가 내부 구조 분석
없이(항+아리, 덩+어리) 바로 '항아리', '덩어리'에 결합되어 단어가 형성이
된다고 하는 것이, 형태소 어기 가설보다 설명에 있어서 더 나은 처리이
다. 이는 조어론의 차원에서 볼 때 (38), (39)와 같은 '덩어리', '항아리'
는 단어 형성 어기의 역할만 하지, 구성 요소 '-아리'가 단어 형성에 참
여하지 않기 때문이다.[77] 그러나 문제는 형태소 부정 논의와 분석의 어
려움이 곧 단어가 조어론의 기반 단위라는 연결이다. 구체적으로 말하여
Aronoff(1976)가 주장한 동일한 형식의 다양한 의미나, 역시 '-아리'의 다

---

77) 이러한 개념은 고영근(1992 : 13-23)에서 단어 형성소와 같은 맥락이다.
　　가. 필자는 '지붕'(집웅)과 같은 단어를 명사어근 '집'과 접미사 '웅'이 결합된 것으로 보아
　　　분석하는 태도를 취한다. 그러나 이 경우의 '웅'은 그 쓰임이 퍽 고립적·불구적이어서
　　　다른 명사에 붙어서 새로운 명사를 형성하는 일이 없다. 고립적·불구적이라고 함은
　　　매우 불규칙적이고 비생산적이라는 뜻이다. 이런 불규칙적 접사를 "단어구성소"라 부
　　　르기로 한다. … 중략 ….
　　나. '지우개, 손톱깎개' 등 … 중략 … 이런 요소는 새로운 단어의 형성에 참여한다는 점에
　　　서 "단어 형성소"라고 부를 수 있다.

양한 의미를 통하여 과연 형태소를 부정하고 더 나아가 단어를 조어론의
단위로 삼는 논의로 연결될 수 있느냐하는 타당성에 대한 의문이다.78)
우선 Aronoff(1976)의 논의처럼 구성체의 합과 그 구성 요소의 합이 별개
이어서 이보다 더 큰 의미를 가지고 있는 단위인 단어를 형성 어기로 설
정한다면, 단어도 역시 아래와 같은 예에서 동일한 문제를 발생시킨다는
점에서 논쟁의 여지를 남긴다.79)

> (40) 가. 가위질, 채찍질, 부채질, 저울질, 손가락질, 삿대질, …
> 나. 시장질, 헛젓가락질, 도배질, 주사질, 헛방망이질, 헛방질, 삽질, …

잘 알다시피 위 (40가)에서 어기 '가위', '채찍', '부채', '저울', '손가
락', '삿대'는 단어이며 여기에 접사 '-질'이 결합한 예이다. 그리고 접사
'-질'은 (40)과 같이 전형적으로 단어 어기와 결합하며, [-하는 행위]라
는 투명한 의미를 나타낸다. 하지만 위 (40가)는 그 의미가 구성 요소의
합과 비교해 볼 때 투명하지 못하다. 곧 [언론 기사나 영화 작품 따위를
검열하여 그 일부분을 삭제하는 일을 비유적으로 이르는 말], [몹시 재촉
하면서 다그치거나 일깨워 힘차게 북돋아 주는 일을 비유적으로 이르는
말], [어떤 감정이나 싸움, 상태의 변화 따위를 더욱 부추기는 일을 비유
적으로 이르는 말], [속내를 알아보거나 서로 비교하여 이리저리 헤아려
보는 일], [얕보거나 흉보는 짓], [말다툼을 할 때에, 주먹이나 손가락 따

---

78) Thus, rejecting the morphemes as a basis for a theory of derivational morphology, at least in
its definition as a minimally meaningful unit, is not the radical step one might think it to be.
As a basis for accounting for inflectional phenomena, it has long been under attack. We must
now develop a theory of morphology which does not crucially depend on the morpheme as a
basic meaning-bearing element(Aronoff 1976 : 15 참조).

79) There I took pains to show that exactly these classes of prefixes and stems have no meaning.
They are not signs. Since the parts have no independent meaning, the meaning of the whole
is unclear(Aronoff 1976 : 20 참조).

위를 상대편 얼굴 쪽으로 내지름. 또는 그런 짓]에서 보듯이 모두 어기의
의미를 내포하고 있지 않다. 그렇다면, Aronoff(1976)식으로 볼 때 단어보
다 더 큰 단위를 어형성의 기본 단위로 삼아야 한다. 그러나 더 큰 단위
인 문장조차 관용어, 연어와 같은 형식이 있어서 그렇게도 볼 수도 없다.
따라서 의미를 파악할 수 없다고 하여 형태소가 아닌 단어를 어형성의
기본 단위로 설정할 수는 없다. 이와 함께 국어에서 매우 생산성이 있다
고 여겨지는 접사 '-기, -음'으로 도출되는 의미도 '행위, 물건, 사람, 규
칙, 규식' 등 매우 다양하고, 각각의 경우도 매우 개별적인 의미를 갖고
있어서(예컨대, '행위'도 '운동, 놀이, 풍속, 굿' 등 매우 다양한 변이 의미를 가지고
있다.), 'X기, X음'(X= V, NV, …) 전체만을 어형성의 기본 단위로 놓아야
하는 모순을 안게 된다. 둘째, 이보다 더 본질적인 문제는 과연 국어에서
어기가 단어로만 이루어졌는가 하는 것이다. 예를 들어 생산성이 활발한
접사 '-거리-', '-스럽-', '-하-' 따위는 어기가 N인 경우뿐만 아니라,
홀로 독립하여 쓰일 수 없는 예들과 결합하는 형태들도 많다는 점이다.

(41) 다독거리다, 중얼거리다, 조잘거리다, 꿈틀거리다, 울렁거리다, …
(42) 때깔스럽다, 상냥스럽다, 끔찍스럽다, 투박스럽다, 퉁명스럽다, 먹음
    직스럽다, 뻔뻔스럽다, 시원스럽다, …
(43) 깨끗하다, 뚜렷하다, 조용하다, 높직하다, 굵직하다, 불그스름하다,
    노르스름하다, …

예컨대, 위의 '다독, 중얼, 조잘, 꿈틀, 울렁', '상냥, 끔찍, 투박, 퉁명,
먹음직, 뻔뻔, 시원', '깨끗, 뚜렷, 조용, 높직, 굵직, 불그스름, 노르스름'
등은 단어 미만의 불구 어기에 해당한다. 이러한 예들에 대하여 신중진
(1998 : 30)의 견해와 같이 절단 규칙을 이용하여 설명할 수도 있다.[80] 왜

---

80) 신중진(1998 : 30)은 '더듬거리다, 삐뚤거리다, 바삭거리다, 덜그럭거리다'의 '더듬, 삐뚤,

냐하면, (41)의 경우 (44)와 같이 불구 어기가 중첩형을 이루어 단어를 이루기 때문이다.

    (44) 다독다독, 중얼중얼, 조잘조잘, 꿈틀꿈틀, 울렁울렁, 끙끙, …

그러나 문제는 (41)과 달리 (42)와 (43)의 경우 대응하는 중첩형이 없다는 점이다.

    (45) 가. *때깔때깔, *상냥상냥, *끔찍끔찍, *시원시원, *투박투박, *퉁명퉁
         명, *먹음직먹음직, …
       나. *깨끗깨끗, *뚜렷뚜렷, *높직높직, *불그름불그스름, *노르스름노
         르스름, …

그러므로 생산성이 활발한 접사 '-거리-', '-스럽-', '-하-' 따위의 접미사와 결합하는 (42)와 (43)의 예들은 단어가 아니다. 물론 (42)와 (43)의 어기는('불구 어기'이면서, '중첩형'이 나타나지 않는 어기) 생산성이 없다고 처리하여, 결합형 전체가 등재된 단위라고 처리하면 쉽게 해결될 문제처럼 여겨진다. 그러나 다음의 예를 보면 생산성이 없는 형식이 아니다.

    (46) 가. 버벅거리다, 쑤왈거리다, 잘브락거리다, 벙벙거리다, …
       나. 쌈박하다, 썰렁하다, 깔쌈하다, 쌔끈하다, 야시시하다, 쪼잔하다,

바삭, 덜그럭'에 대하여 아래와 같은 논의를 통해 '더듬더듬, 비뚤비뚤'과 '바삭바삭, 덜그
럭덜그럭'의 중첩형에서 나왔다고 전제한다. 곧 중첩형의 일부가 절단되어 어기가 되었음
을 말하고 있다.

가. 의성의태어의 중첩형이 학습단계에서 단독형보다 먼저 습득된다.
나. 단독형은 예외 없이 중첩형을 갖는 데 반해, 중첩형 중에는 그에 대응하는 단독형이
   없는 경우도 적지 않다.
다. 의태어 어기와 의성어 어기를 화자가 다른 방식으로 취급하리라고 생각하기 어렵다(신
   중진 1998 : 30).

　　째째하다, 어리버리하다, 쌉싸름하다, 야리꾸리하다, 아리까리하
　　다, 후줄그레하다, 뽀시시하다, …
　다. 때깔스럽다, 버벅대다, 껄떡이다, …81)

　위 (47가, 나, 다)는 비교적 최근에 나타난 신조어로, (47)에서 보듯이
어기가 단독으로 나타나지 않으며('불구 어기'이면서) (48)에서처럼 '중첩형'
도 가지지 않는다.

　(47) 가. *버벅, *쑤왈, *잘브락, *벙벙, …
　　　　나. *쌈박, *썰렁, *깔쌈, *쌔끈, *야시시, *쪼잔, *째째, *어리버리, *쌉
　　　　　　싸름, *야리꾸리, *아리까리, *후줄그레, *뽀시시, …
　　　　다. *때깔, *버벅, *껄떡, …

　(48) 가. *버벅버벅, *쑤왈쑤왈, *잘브락잘브락, *벙벙벙벙, …
　　　　나. *쌈박쌈박, *썰렁썰렁, *깔쌈깔쌈, *쌔끈쌔끈, *야시시야시시, *쪼
　　　　　　잔쪼잔, *째째째째, *어리버리어리버리, *쌉싸름쌉싸름, *야리꾸리

81) • 버벅거리다(국립국어원 <표준국어대사전> 참조)
　　• 쑤왈거리다 : 메이비 부분 미군들이 쑤왈거리다가 …중략…(중앙일보 2002.12.02).
　　• 잘브락거리다(국립국어원 2000 : 459).
　　• 벙벙거리다 : 우퍼의 경우는 좀 벙벙거린다고 하셔서 …중략….
　　　(http://www.digitaltheater.co.kr/comm_customer_install_list8.html)
　　• 쌈박하다 : 구수하면서도 쌈박하다(한겨레 2003.10.01).
　　• 썰렁하다(국립국어원 2000 : 460) : 객장 분위기는 썰렁하다(중앙일보 2003.11.04 '경제').
　　• 깔삼하다 : 현장 분위기 깔쌈한 곳(일간스포츠 2002.06.05)
　　• 쌔끈하다 : 쌔끈한 그녀가…생략…(문화일보 2003.06.03)
　　• 야시시하다, 쪼잔하다, 어리버리하다(국립국어원 2002 : 421).
　　• 째째하다 : 남들 보기에 째째하지 않은 그런 사람 말이다(파이낸셜뉴스 2003.04.17).
　　• 쌉싸름하다 : 쌉싸름하면서 알싸하게 톡 쏘는 맛이 독특하다(오마이뉴스 2002.08.28).
　　• 야리꾸리하다 : 화장을 한 다음에 야리꾸리한 가운 차림으로 남편을 기다린다(문화일보
　　　2003.07.03).
　　• 아리까리하다 : 아리까리해서 이랬다저랬다하면 애매하다(오마이뉴스 2003.01.14).
　　• 후줄그레하다 : 후줄그레한 레인 코트…중략…(중앙일보 2002.10.09).
　　• 뽀시시하다 : 안춘영은 '뽀시시'하다고 우기며 행운의 '7'을 붙였다(일간스포츠 2003.05.15).
　　• 버벅대다(국립국어원 2002 : 421)
　　• 껄떡이다(국립국어원 2000 : 459)

야리꾸리, *아리까리아리까리, *후줄그레후줄그레, *뽀시시뽀시
시, …

다. *때깔때깔, *껄떡껄떡, *때깔때깔, …

따라서 (47)의 예들은 (41) 부류와 같이 절단 규칙을 설정할 성질의 어
기가 아니다. 달리 말하면 '불구 어기'이면서 '중첩형'이 아닌 어기와, 생
산성이 높은 '-거리-', '-하-', '-스럽-'이 결합한 예이다.

셋째, 국어에서 단어 어기만을 한정할 경우, 아래의 활성적인 접사
'-짜'의 규칙은 설명할 수 없다.

(49) 가. 진짜, 가짜, 날짜, …

나. 대짜, 중짜, 소짜, 말짜, 민짜, 생짜, 정짜, 조짜, 통짜, 퇴짜, 초짜
(생초-), 생짜, 별짜, 민짜, 타짜, 졸짜, 몽짜, 괴짜, 원짜, 갱짜, …

다. 은근짜, 강짜, 앙짜, 공짜, 응짜, 왈짜, 겉짜, 뻥짜, 얼짜, 알짜, …82)

위 (49)에서 보듯이 한자어 字에서 연유되었다고 여겨지는 '-짜'는 여
러 단계를 가지고 있다. (49가)와 같이 '-짜'가 견인할 수 있는 ― 본래의
의미와 아직 연관되어 있는― 한자 어기와, (49나)처럼 본래의 의미와
관련이 없는 한자어 어기로 그 규칙이 확대되었다. 이러한 확대는 (49다)
처럼 우리말 어기와 결합하여 좀더 일반적인 규칙으로 확대되었다. 이
때, (49가, 나)의 한자어 어기를 의미적 측면에서 억지로 단어로 볼 수 있
을지 몰라도 (49다)는 그렇게 처리할 수 없다. (49다)의 '은근-, 강-, 앙-,
공-' 따위는 단어가 아니며 *은근은근, *강강, *앙앙, *공공(한겨레 2003.
01.09)'이라는 중첩형도 존재하지 않는다. 따라서 우리는 이를 최소한 단
어 미만의 어기로 처리할 수밖에 없다. 이와 같은 논의는 비교적 근래에

---

82) 생초짜(국립국어원 2002 : 431), 왈짜(송철의 1992 : 241), 알짜(국립국어원 2000 : 486)

생성되었다고 여겨지는 (50)의 어기들에서도 문제로 제기된다. (50)은 어기 내부에 공시적으로 완전한 접사로 굳어진 '-이'가 포함되어 있음에도 불구하고 '뿜이, 털이, 붓말이, 접이, 말이, 걸이'가 단어가 아니기 때문이다.

(50) 뿜이개, 털이개, 붓말이개, 접이식, 말이식, 걸이식, …83)

즉 위 (50)의 접사 '-개'나 '-식'과 연결된 형식은 최소한 단어 미만 어기라고 처리할 수밖에 없다. 더욱이 김영석 외(1993 : 72)에서 제시한 색채 명사 '빨강, 파랑, 노랑, 하양, 까망' 따위의 단어 어기를 정하기 어렵다면('노랑'을 '노르-다-앙'에서 도출해야 할 것인지 '노랗-다-앙'에서 도출할 것인지 분명치 않다는 점과 여기에 덧붙여 국어 동사는 단독으로 쓰일 수 없다는 점으로 볼 때), 국어에서 단어 형성의 단위를 굳이 단어 어기로 고정시킬 필요가 없다.

영어의 경우 하나의 단어가 문법 기능을 나타내는 경우가 흔하다. 예컨대, 양태의 기능 범주를 나타내는 형식은 대개 'could'나 'would', 'should' 따위와 같이 하나의 단어로 표현하는 것이 일반적이다. 이러한 방식은 어휘부에서도 일반적이어서 단어를 기반으로 단어를 생성하는 규칙을 먼저 설정한 후, 예외가 되는 것은 절단 규칙으로 처리하는 것이 영

---

83) • 뿜이개(송철의 1992 : 71), '털이개(송철의 1992 : 71)
 • 자주 손가락이나 털이개(拂子), 주장자 등으로 허공이나 땅에 일원상을 그린다(한국일보 2003.07.28).
 • 붓말이개는 붓을 휴대할 때 붓의 털을 보호하기 위한 말이개야.
 (http://211.251.231.70/study2/3학년/1학기/미술/웹자료/붓글씨/기타용구.htm)
 • 최근에는 접어서 차에 넣고 다닐 수 있는 접이식 자전거의 비중이 높아지고 있다(한국경제신문 2003.10.09).
 • PDA 키보드는 3단으로 접을 수 있는 '접이식'과 고무재질로 만들어 둘둘말아 휴대할 수 있는 '말이식'으로 나뉜다(디지털타임스 2002.05.28).
 • 또 구매 금액에 따라 패밀리 3단 찬합, 걸이식 비닐봉투 보관함, 인테리어 시계 …중략… (한국경제신문 2000.03.31).

어에서는 매우 합리적인 처리 방법이다. 그러나 국어는 교착어적인 속성을 가지고 있고, (42), (43), (46)에서와 같이 절단 규칙으로 다룰 수 없는 예가 생산성이 활발한 접사를 빌어 도출되는 형이 분명히 존재한다. 따라서 적어도 국어에서는 섣불리 단어 어기만이 공시적인 단어 형성 규칙의 기반 단위라고 단정할 수 없다. 그렇다고 하여 이 글에서 국어 어기를 다시 형태소로 회기한다는 주장을 하는 것은 아니다. 형태소라는 개념은 분명히 분석의 개념에서 나온 것이고 위 '-아리'에서 살펴본 바와 같이 단어 형성에 참여하지 않는 것이 대부분의 속성이기 때문이다. 그러나 조어력이 활발한 접사와, 단어로 볼 수 없는 불구 어기가 결합하여 신조어를 만드는 예들이 상당수 존재하는 만큼, 국어 조어법에서 이러한 어기들이 참여할 수 있는 방안을 마련해야 한다. 그러기 위해서는 어기가 '단어'라고 단정 짓기보다는 '단어 미만의 어기'라든가 또는 '비자립 형식 어기'이라는 개념을 도입함으로써, 단어 어기와 함께 이들을 포괄할 수 있는 조어법을 시도해야 완전한 국어 조어 체계를 구축할 수 있게 된다.

3.2.2. 단어 초과 어기

단어 초과 어기라 함은 어휘부(규칙과 등재부) 이외의 문법 부문에 속하는 형식이 단어 형성에 참여하는 경우를 뜻한다. 보통 '관용어구, 연어 형식 영화 제목, 놀이 문장 등은 통사구가 등재부에 등재된 것으로 본다. 이러한 단위들은 등재되지 않을 당시에는 적격과 부적격을 판단할 수 있는 단위이지만(명백히 통사적 구에 해당하지만) 다양한 등재 요인에 의하여 어휘부의 단위로 귀속된 것이다. 그런데 이러한 형식들은 단어 형성 규칙을 이용하지 않고 통시적으로 그 의미가 바뀌어 어휘부에 들어온 예들이다. 이에 반해 어떤 형식은 어휘부 규칙의 적용을 받아, 어휘부로 귀속되는 형식이 존재한다. 이러한 예의 대표적인 경우가 '-음, -기' 결합 형식이다.

> (51) 가. 'V아/어V' 어기 : <u>얽어짜임</u>, <u>딸려묻음</u>, <u>뚫어새김</u>, <u>모아맞춤</u>, <u>이어</u>
> <u>바꾸임</u>(이어바뀜), …
> 나. 'V아/어V' 어기 : <u>감아서기</u>, <u>거슬러태우기</u>, <u>걸쳐막기</u>, <u>고쳐짜기</u>,
> <u>엇걸어뜨기</u>, <u>굽혀묻기</u>, …
> 다. 'V고V' 어기 : <u>놓고치기</u>, <u>다리걸고돌기</u>, <u>다리걸고오르기</u>, <u>들고놓</u>
> <u>기</u>, <u>들고부르기</u>, <u>받고차기</u>, <u>보고부르기</u>, <u>보고놓기</u>, …
> 라. 'V며V' 어기 : <u>돌며뿌리치기</u>, <u>모로누며메치기</u>, …

> (52) 가. 명사구 어기 : <u>살것몰림</u>, <u>팔것몰림</u>, …
> 나. 관형사구 어기 : <u>돋을새기음</u>(돋을새김), …[84]
> 다. 부사구 어기 : (가) <u>마당에들이기</u>, <u>볕에말리기</u>, …
> (나) <u>두번가기</u>, <u>두번짓기</u>, <u>같이가기</u>, <u>같이살기</u>, <u>거</u>
> <u>저먹기</u>, …

위 (51가)와 (51나)는 종속적 연결어미 '-아-/-어-'가 선행 동사와 후
행 동사를 연결시킨 후(이러한 단위를 이중 동사 어기라 명명한다.) 하나의 어
기를 이룬 다음, 다시 그 문법적 정체가 모호한 '-음', '-기'가 연결되어
도출된 형식이다. (51다, 라)도 선·후행 동사들이 연결어미 '-고'와 '-며'
로 결합된 후, 그 결합된 이중 동사 어기에 '-기'가 통합된 형식이다. 우
리가 이 어기를 어휘부 소속의 단위로 볼 수 없는데, 그 이유는 아래
(53)에서 보듯이 '-음/-기'를 제외한 형식이 단순한 연결 형식일 뿐 그
자체가 단어가 아니기 때문이다.

> (53) 가. 얽어 짜이-, 딸려 묻-, 뚫어 새기-, 모아 맞추-, 이어 바뀌-, …

---

84) • 살것몰림 : 증권 시장에서 매수(買收) 주문이 많이 쏟아지는 상태. (참고) 팔것몰림.
 • 돋을새김 : 조각에서, 형상이 도드라지게 새기는 일. 부각. 양각. = 돋새김 ↔ 오목새김.

나. 감아 서-, 거슬러 태우-, 걸어 차-, 걸쳐 막-, 고쳐 짜-, 엇걸어
  뜨-, 굽혀 묻-, …
다. 놓고 치-, 다리걸고 돌-, 다리걸고 오르-, 듣고 놓-, 듣고 부르-,
  받고 차-, 보고 부르-, 보고 놓-, …
라. 돌며 뿌리치-, 모로누며 메치-, …

이와 같은 형식이 단어가 아니라는 것은 아래의 어기와 본질적으로 그 성격이 다르기 때문이다.

(54) 봐주기, 덮어씌우기, 갈라서기, 갈라먹기, …
(55) 봐주-, 덮어씌우-, 갈라서-, 갈라먹-, …

곧 (54)의 '봐주기'의 의미 곧 단순히 [보는 행위]가 아닌 [남의 입장에서 배려를 하는 행위]에서 '행위'를 제외한 의미([남의 입장에서 배려를 하다])는 하나의 단어의 자격 즉 X^0의 자격을 갖는 '봐주-' 때문에 기인하지만, (51)의 '얽어 짜-', '감아 서-' '놓고 치-', '돌며 뿌리치-'는 그렇지 않다. 왜냐하면 '얽어 짜기'의 의미([창이나 문 따위의 문살을 가로 세로 이어 짜는 일이나 모양새])에서 '일이나 모양새'의 의미('-기'가 가지고 있는 의미)를 제외한 나머지의 의미가 전체 '얽어짜-'에 걸린다고 할 수 없다. 그렇다고 하여 '얽어짜임'의 '얽어짜-'가 통사적 구 '얽어 짜-'와 그 의미가 완전히 다르다고는 말할 수 없다. 구체적으로 말하여 통사적 구 '얽어 짜-'의 의미가 '얽어 짜임'의 '얽어 짜-'와 그 의미 부분에 있어서 상당 부분 공통되기는 하나, '얽어 짜-'가 단어로 굳어진 후에 나오는 의미가 아니라는 뜻이다. 보다 객관적인 증거로 연결 어미 '-서'의 삽입 여부를 통해 (51)과 (54)의 차이를 알 수 있다. 곧 연결 어미 '서'가 '봐주-'에서는 허용되지 않는 반면(*봐서 주다) '얽어 짜-'의 경우 '얽어서 짜-'로 대치가 가능하다는 점을 볼 때,[85] (51)의 어기는 통사적 구임을 확실히 알 수 있다.

(52가, 나, 다)도 '-음, -기'에 선행하는 어기가 명사구, 관형사구, 부사구이지, 명사, 관형사, 부사는 아니다. 물론 이 전체 도출 형식에 대한 구조가 이중적으로 분석될 수 있으나, 어느 쪽으로 바라보든 구 형식이 어기가 되었다고 해야지만 합리적인 처리가 된다. 예컨대, (52가)의 '살것 몰림', '팔것몰림'의 '몰림'을 어기로 처리할 경우, [[살 것]+[몰림]]과 [[팔 것]+[몰림]]으로 분석될 수 있으며, 만약 통사적 대응체 '살 것이 몰리다', '팔 것이 몰리다'를 존중하면 [[[살 것]+몰리]]음]과 [[[팔 것]+몰리]]음]이다. 하지만 이 두 가지 구조 모두 선행 어기가 명사가 아닌 명사구임은 명백하다. (52나)의 '새김'은 홀로 자립할 수 있는 까닭에, 구조 분석이 [[돋을]+[새김]]의 분석만이 가능하지만, 이때의 선행 요소도 역시 통사부 접사로 볼 수 있는 '-ㄹ'(미래 관형형 어미)이 포함되어 있다. 그러므로 '돋을' 자체는 관형사구로 해석될 수밖에 없다. (52다(가))도 처격 조사 '-에'가 선행 형식과 결합하여 부사구를 형성한 예에 해당하며, (52다(나))도 역시, '두번'과 '같이' 자체는 부사가 아니라 부사구에 해당하므로 (52가, 나)와 본질적으로 동일한 성격을 가지고 있다. 더욱이 (52다)는 (56)과 같이 통사적 대응체가 존재하는 것으로 볼 때,

(56) 가. 마당에 들이다, 볕에 말리다, …
　　　나. 두 번 가다, 두 번 짓다, 같이 가다, 같이 살다, 거저 먹다, …

'-음, -기' 앞의 선행 어기는 단어 초과 어기에 해당하며, 이때의 '-기'도 통사부 접사(통사적 어미)의 범주에 속할 가능성이 농후하다. 다만 '-음,

---

85) 이에 대한 방증으로 -음, -기'를 제외한 어기가 기존 사전에 단어로 등재되어 있지 않다는 사실을 들 수 있다. 물론 이러한 방증은 귀납적인 사실로 절대적 근거는 될 수 없지만, 기존 사전들의 편찬자들의 의도 속에는 분명히 '봐주-'류는 하나의 단어의 자격을 갖는 반면 '얽어 짜-'는 그렇지 않다는 의식이 개재 되어 있음은 부인할 수 없다.

−기'가 어휘부 접사의 쓰임도 가지고 있음으로 해서 위 형식들이 통사부 접사가 아닌 어휘부 접사의 쓰임이라고 말할 수 있다는 점이다. 또한 도출되어 나온 형이 단어임을 중시하여 내부의 어기들을 통사적 구가 아닌 단어(X^0)(이 때는 잠재어로)로 결론지을 수 있다는 데 있다. 그렇다면 이들은 어휘부 외부의 소관이 아닌 어휘부 내부에 속하는 단위로 파악된다. 그러나 이와 같은 논리는 어기 내부의 '−아/−어, −고, −며, −에' 따위와 같은 형식들도 역시 어휘부 접사로 처리해야하는 잘못된 논리가 나온다. 곧 어휘부 접사의 본질은 내부의 형식이 X^0 이하의 단위만이 들어 올 수 있음으로 해서, '−아/−어, −고, −며, −에' 따위를 이보다 상위 범주에 속하는 단위라고 볼 수 없기 때문이다. 따라서 '−아/−어, −고, −며, −에' 따위를 어휘부 접사라고 본다면, 예컨대, '감아서기'가 도출되는 과정은 '감−'에 어휘부 접사 '−아'가 결합하고 난 후 동사 '서−'에 역시 어휘부 접사 '−기'가 붙은 후 다시 '감아서기'가 된다. 그러나 이런 식의 처리는 기능 범주 및 어휘 범주를 모두 어휘부 접사로 처리하는 모순에 직면한다. 예컨대, '무궁화꽃이 피었습니다'도 어휘부 소속이기 때문에 이 구조의 내적 요소 '−었−, −습, −니−, −다' 따위의 기능 범주들도 어휘부 접사로 처리해야 하고, '노트르담의 꼽추'에서도 역시 내부의 기능 범주 '−의'를 어휘부 접사로 처리해야 한다. 이러한 견해를 극단적으로 계속 밀고 나가다 보면, 다음과 같은 자료의 '−로, −에, −하니, −어, −도록, −게, −라' 따위도 선행 요소와 필연적으로 함께 나타나므로 '어휘부 접사'로 처리해야 한다.[86]

---

86) 이는 구조주의의 일반적인 견해이기도 하며 조어론의 입장에서 선 견해에서도 이러한 시각을 유지하는 견해가 있다. 예컨대 조어론의 입장에서 단어 형성을 논한 이양혜(2000 : 209-219)에서 보면 '−로, −에, −하니, −어, −도록, −게, −라'가 선행 요소와 불가분의 관계를 가지는 분포를 중시하여 이를 접사로 처리하고 있다.

(57) 가. 주로, 절대로, 억지로, 고의로, 단숨에, 엉겁결에, 단박에, …
　　나. 설마하니, 다투어, 어찌하여, 연달아, 번갈아, 줄잡아, 죽도록, …
　　다. 아닌게 아니라, 두말없이, 밤새도록, 온종일, …

위와 같은 식의 전개는 결국 통사부 접사(통사 어미) 모두를 어휘부 접사로 처리하는 자의적인 남용을 피할 수 없다. 더욱이 이보다 더 큰 문제는 설령 '-로, -하니, -게'를 어휘부 접사로 설령 인정한다고 하더라도, '-로, -하니, -게'가 결합된 형식 모두가 단어로 귀결되는 것이 아니라는 점이다. 그 이유는 다음과 같은 통시적인 실질 형식의 접사화된 '-내'와 비교하면 잘 알 수 있다.

(58) 비린내, 구린내, 누린내, 고린내, 전내, …

위 (58)의 '내'의 경우 통시적으로 단어 '내음'이 축약된 것으로 원래는 명사이나, 통시적인 변화 과정을 겪어 접사화된 형식이다. 이때 우리가 이 '-내'를 어휘부 접사로 볼 수 있는 이유는, '-내'가 붙은 형식이 모두 그리고 어김없이 단어를 만들어 내기 때문이다. 그에 반하여 '-로, -하니, -게'는 비록 (57)에서 보면 단어를 만들어 내는 경우도 있지만, 다른 어기들과 결합한 경우는 대부분 통사적 구이기 때문에 '-로, -하니, -게' 자체를 보고는 어휘부 접사라고 판단할 수 없다. 더욱이 이와 같은 종류의 통사부 접사(통사적 어미)들을 모두 어휘부에서 설명한다고 한다면, 궁극적으로 어휘부에 통사부를 종속시키는 오류에 빠지게 된다. 반대로 이러한 통사부 접사 부류의 문법적 지위를 중시하여 (57)(주로류)의 예나 앞서 살펴본 (51)(얽어짜임류), (52)(살것몰림류)의 단어를 통사부에서 설명한다면, 통사부에 어휘부를 종속시키는 일대 혼란에 빠지게 된다. 그러므로 '-아/-어, -고, -며, -에'를 포함하는 어기나, '-음, -기'와 결합한 형식,

그리고 (57)의 '-로, -에, -하니, -도록, -게, -라'와 같은 통사부 접사 (통사적 어미)와 결합한 어기에 대한 성격에 대한 일관적인 처리가 필요하 다. 곧 이 접사를 통사부 접사로 놓고, 또한 이와 선행하는 어기를 통사 적 구의 자격을 그대로 유지하면서, 동시에 이 전체형을 공시적으로 단어 를 만들어 주는 새로운 원리와 조건을 밝히는 것이 합리적인 처리 방법 이다.

다음에 아래와 같은 형식들의 어기도 본질적으로 단어 초과 어기에 해 당한다.

> (59) 가. 가려움증, 밝힘증, 가림판, 갈림길, 구김살, 노림수, 닦음새, 닮음
> 꼴, 돌림병(-빵), 되새김질, 말줄임표, 맞춤말(-옷), 매김말, 맺음
> 말, 박음질, 볶음밥(-짜장), 붙임성, 비빔(-국수, -냉면, -면, -밥),
> 속임수, 쉼표, 올림말, 지름시조, 차림표(-새), 이음새, 흘림체, …
> 나. 버티기 작전, 떠넘기기 수법, 몸풀기 운동, 잘살기 운동, 다리꺾
> 기 기술, 뒤집기 한판, 숨쉬기 운동, 끝내기 안타, 끝내기 묘수,
> 힘겨루기 싸움, 널뛰기 장세, …
>
> (60) 가. 몸낮춤, 입맞춤, 겉꾸밈, 눈속임, 끝막음, 자리다툼, …
> 나. 보물찾기, 고무줄넘기, 동전던지기, 구슬치기, 수읽기, …

(59가)는 김창섭(1996 : 19-27, 117-130, 199)에서 언급하였듯이, 이른바 단 어 형성 전용 요소 또는 잠재어에 해당한다. 그러나 지금은 현재 없지만, 앞으로 나타날 가능성이 있는 단어라는 말을 뒤집어 생각하면, 그 성격이 통사적 구와 다름 아니다. 즉 '가림, 갈림, 구김, 노림, 닦음, 닮음, 돌림, 되새김, 말줄임, 맞춤, 매김, 맺음, 박음, 밝힘, 볶음, 붙임, 비빔, 속임, 쉼, 올림, 이음, 지름, 차림, 흘림' 따위는 단독으로 쓰이지 못하는데, 이러한 현상은 통사적 구의 '-음, -기' 결합형이 보충어나 주어 없이 쓰일 경우

에 나타나는 불완전한 현상과 동일하기 때문이다. (60나)의 '버티기, 떠넘기기, 몸풀기, 잘살기, 다리꺾기, 뒤집기, 숨쉬기' 따위도 역시 통사적 형식의 불구적 쓰임일 뿐 단어는 아닌 것이다. 다만 (60가, 나)의 어기는 (51)과 (52)(얽어짜임, 마당에들이기)와 달리 내부에 '-아/-어, -고, -며, -에'가 없음으로 해서 N 범주로도 볼 수 있다는 점이다. 즉 이러한 어기는 독립해서 쓰일 수 없다는 점을 중시하면 (53)(얽어 짜이-), (56)(마당에 들이-)과 같이 통사적 구로 처리할 수 있으며(이 때의 '-음, -기'는 통사부 접사로 처리), 반대로 내부에 어미적 요소가 없다는 점을 중시하고 접사 '-음, -기'를 염두해 두면, 단어 형성 전용 요소 또는 잠재어로 처리할 수 있는 이중성을 띤다. (60가)(몸낮춤류), (60나)(보물찾기류)도 역시 마찬가지이다. 이들은 '-하다'와 모두 결합할 수 있다는 점을 볼 때((60가) : 몸낮춤하다, 입맞춤하다, 겉꾸밈하다, 눈속임하다, 끝막음하다, 자리다툼하다, (60나) : 보물찾기하다, 고무줄넘기하다, 동전던지기하다, 구슬치기하다, 수읽기하다), 하나의 단어로 파악될 듯하다. 하지만 이 형식들은 아래 (61)과 같이 어기가 통사적 대응체만 존재할 뿐이며, (62)처럼 어기 내부의 관계가 응집된 단어로 파악할 수는 없다.[87]

(61) 가. 몸을 낮추다, 입을 맞추다, 겉을 꾸미다, 눈을 속이다, 끝을 막다, 자리를 다투다, …
　　　나. 보물을 찾다, 고무줄을 넘다, 동전 던지다, 구슬을 치다, 수를 읽다, …

(62) 가. 몸낮추다, 입맞추다, 겉꾸미다, 눈속이다, 끝막다, 자리다투다, …
　　　나. 보물찾다, 고무줄넘다, 동전던지다, 구슬치다, 수읽다, …

---

87) '낯가림'은 '낯가리다'가 사전에 등재되어 있으므로 단어(낯가리-)와 '-음'이 결합한 예로 볼 수 있지만, 이들은 그러한 성격의 예가 아니다.

결국 (60)의 예도 어기를 '통사적 구'로 볼 수 있는 형식이다.

3.3. 파생어 형성 접사

접사에 대한 견해는 구 금지 제약을 엄밀히 지키는 어휘부 접사만을 인정하느냐 아니면 통사적인 구도 허용하는 통사부 접사도 인정하느냐 하는 두 가지 견해가 양분되어 있다. 이 논란의 중심에 서 있는 접사에 대표적인 것에 접사 '-음, -기'와 어기가 결합한 단위가 그것이다. '-음, -기'를 어휘부 접사 견해로 보자면, '-음, -기' 결합형의 내부 구조가 어떠한 것이든 상관없이, 그 결합의 결과가 단어이므로 '-음, -기'의 문법 범주를 '어휘부 접사'로 파악한 후, 역시 선행 어기도 단어로 규정하는 방향으로 기술한다. 반면에 통사부 접사 견해를 가지고 있는 학자들의 경우 어휘화의 개념을 도입한다. 즉 어기의 통사적 특성을 중시하여 '-음, -기'를 통사부 접사(통사적 어미)로 인정한 후 그 전체 도출형을 이른바 '통사부 구성의 어휘화'로 다루는 입장이다. 전자의 견해는 독립적인 어휘부 접사 고유의 객관적 기준이 우선적으로 마련된 후 해당 문법 형태소가 이러한 기준을 통과하여야만 그 타당성을 인정받을 수 있다. 후자의 견해는 어휘화를 통시적 사실이 아닌 공시적인 단어 형성 과정 속에서 설명해야지만, 공시적이며 생산적인 '-음, -기' 도출형들에 대한 문법 현상의 본질을 제대로 밝힐 수 있다.[88]

---

88) 아울러 내부 구조에 따라 파생어 형성 규칙이나 통사부 구성의 어휘화로 양분하여 설명하는 방법도 있다. 예컨대, '배고픔', '널뛰기'의 경우 '-음, -기' 선행 어기에 통사적 연결 어미가 없음으로 해서 이 결합형을 접사 '-음, -기'를 이용한 파생어 형성 규칙으로 다루고, '먹어침'이나 '이어달리기'의 내부 구조에 연결 어미 '-어/-아'가 있기 때문에 통사부 구성의 어휘화로 설명하는 방법이다. 그러나 이는 어휘부 접사의 판별 기준에 대한 문제와 통사부 접사 구성의 통시성에 대한 문제를 동시적으로 안을 뿐만 아니라, 서론에서 제기한 바 있듯이 통사적 환경에 따른 통사부와 어휘부 단위의 상호 관련성에 대하여는 아무런 언급도 하지 못한다.

3.3.1. 어휘부 접사

이 견해는 '-음, -기'를 어휘부 접사로 규정하여 선행하는 어기를 단어로 파악하고자 하는 시도이다. 이 견해의 밑바탕에는 "어휘부 단위는 통사적 구가 올 수 없다"라는 구 금지 제약이 있다. 이 견해를 구체적으로 설명하기 위하여 앞 절에서 든 단어 초과 어기 중 일부를 아래에 다시 제시한다.

(63) 가. 얽어짜임, 딸려묻음, 뚫어새김, 모아맞춤, 이어바뀜, …
　　　나. 감아서기, 거슬러태우기, 걸쳐막기, 고쳐짜기, 엇걸어뜨기, 굽혀
　　　　　묻기, …
　　　다. 놓고치기, 다리걸고돌기, 다리걸고오르기, 듣고놓기, 듣고부르기,
　　　　　받고차기, 보고부르기, 보고놓기, …
　　　라. 돌며뿌리치기, 모로누우며메치기, …

(64) 가. 가려움증, 밝힘증, 가림판, 갈림길, 구김살, 노림수, 닦음새, 닮음
　　　　　꼴, 돌림병(-빵), 되새김질, 말줄임표, 맞춤말(-옷), 매김말, 맺음
　　　　　말, 박음질, 볶음밥(-짜장), 붙임성, 비빔(-국수, -냉면, -면, -밥),
　　　　　속임수, 쉼표, 올림말, 지름시조, 차림표(-새), 이음새, 흘림체, …
　　　나. 버티기 작전, 떠넘기기 수법, 몸풀기 운동, 잘살기 운동, 다리꺾
　　　　　기 기술, 뒤집기 한판, 숨쉬기 운동, 끝내기 안타, 끝내기 묘수,
　　　　　힘겨루기 싸움, 널뛰기 장세, …

위 (63가~라)의 어기 내부에는 연결 어미 '-어/-아, -고, -며' 따위가 삽입되어 있다. 그러므로 '-음'과 '-기'를 제외한 형식은 단어로 볼 수 없음을 앞 절에서 살펴보았다. (64가, 나)의 '-음, -기'를 포함하는 형식(가려움, 밝힘, 가림, 갈림, …)도 단독형으로 쓰이지 못함으로 해서 선행 어기는 단어일 수가 없다. 그렇지만, '-음, -기'가 객관적인 접사 판별 기준에 통과한다면, 이 근거를 토대로 선행하는 어기를 '잠재어', 또는 '단어

형성 전용 요소'라고 볼 수 있는 근거가 마련된다. 이러한 견해가 바로 어휘부 접사 견해이다. 이 견해는 도출어의 성격을 기반으로 내부 구조의 어기와 접사의 성격을 규정함으로써, 어휘부 후 통사부라는 순서적 개념 (엄밀 순환 조건)을 갖는 문법 부문 모형을 기반으로 한다.[89] 예컨대 Siegel (1974)의 유순 가설, Allen(1978)의 확대 유순 가설, Kiparsky(1983)의 어휘 형태론, Botha(1981)의 구 금지 제약 조건,[90] Emonds(2002)의 영역 크기 제한 등의 개념에 담겨져 있는 주장과 일맥상통한다.[91]

---

[89] 순서 개념을 도입한 과정을 다른 말로 하면 'linear model'이다. 이는 Di Sciullo & Williams (1987 : 49)의 원자 이론(Atomicity Thesis)의 견해와 밀접한 관련을 가지고 있다. 이 개념을 아래에 써보면 다음과 같다.

The Atomicity Thesis : Words are 'atomic' at the level of phrasal syntax and phrasal semantics. The words have 'features', or properties, but these features have no structure, and the relation of these features to the internal composition of the word cannot be relevant in syntax. (원자성 이론: 단어들은 구절통사론과 구절 의미론 층위에서 원자(통사 원자)이다. 단어들은 자질과 특성(속성)들을 가지고 있지만 이러한 자질들은 구조를 가지지 않으며 단어의 내적 짜임새와 이러한 자질들 간의 관계가 통사부와 관련이 없다.)

[90] 가. 유순 가설 : I 종 접사 첨가 → 강세 규칙 → II종 접사 첨가(Siegel 1974 : 153)
  나. 확대 유순 가설 : : 1단계 접사 첨가 → 2단계 접사첨가 → 3단계 합성어 형성 → (통사부) 굴절접사 첨가(Allen 1978)
  다. 어휘 형태론

비도출 어휘항목	비도출 어휘항목
1단계 형태부 1단계 음운부	+경계 굴절과 파생 강세, 단모음화 규칙
2단계 형태부 2단계 음운부	#경계 파생과 합성 합성어 강세규칙
n 단계 형태부 n 단계 음운부	#경계 굴절 이완모음화 규칙
통사부 후 어휘음운부	통사부−후어휘 음운부

(Kiparsky 1983 : 3-29)

  라. 구 금지 제약 조건 : 모든 범주는 자기와 같거나 낮은 범주로 바꿔 쓸 수는 있어도 자기보다 상위에 있는 범주로 바꿔 쓸 수는 없다. … (중략) … 즉 단어 안에 구가 나타난다든지, 혹은 어근 안에 단어가 나타나는 일이 없다(Botha 1981).

[91] 이 견해들을 지지하면 WF 부문과 통사부는 오직 한 고정된 점에서만 상호 교류한다. 이러한 순서성은 한 체계의 출력이 다른 체계의 입력이다. 아울러 이 견해는 두 가지 세부 모듈로 나뉜다.

(1) 구조 형성 단어 만들기
  단어 형성 부문 : 몇 가지 종류의 어휘부와, 굴곡 구조(논항 변환을 포함한 구조) 및 파생 구조의 전 범위에 걸치는 규칙 부문으로 구성되어 있다.
  ↓

Emonds(2002 : 2)의 영역 크기 제한을 통하여 이를 구체적으로 설명하면 아래와 같다.

> (65) 가. 어떤 기본적 통사 단위들 예컨대 구 Y^1은, 단어들(X^0)보다 크다. 이는 Y^1이 'X^0 외부'에 나타날 수 있지만, 이들(단어들) 내에서는 일어날 수 없기 때문이다. 이 제한은 '나'와 같이 표현된다.
> 나. 영역 크기 제한 : 어떠한 구 Y^1도 X^0 내에서 나타날 수 없다.[92]

위 (65가, 나)가 의미하는 바는 "단어 이상의 단위 즉 통사적 구가 접사와 결합한다면, 도출되어 나오는 결합형이 이보다 낮은 층위 X^0와 상충되므로 허용되지 않는다."라는 점을 지적한 것이다. 곧 입력형의 단위는 상위 층위의 통사적 구이며 출력형의 단위는 하위 층위라는 상충을 막기 위하여 (63가~라)의 핵(-음, -기)을 어휘부 접사로 본 것이다. 아울러 어기에 대한 잠재어 규정의 의미도 '단어로서 적격한 형태론적 구성이라는 제한이 더해진다.'라는 맥락임을 볼 때(김창섭 1996 : 199, 124-125), 역시 '-음, -기'를 어휘부 접사임을 전제하므로 (65)의 논의와 같은 맥락

통사 층위 1 |
↓ | 최소 사상 작용(가능한 한 오직 Wh-이동만 포함한다)
통사 층위 |

(2) 자질 다발 형성 단어 만들기
단어 형성 부문 : 몇 가지 종류의 어휘부, 그리고 범주 자질 다발들을 생성하는 규칙 부문으로 구성되어 있다.

↓
통사 층위 1 |
↓ | 최소 사상 작용(가능한 한 오직 Wh--이동만 포함한다)
통사 층위 |
↓
형태음소론   형태음소적 가치를 어휘부에 의해 생성된 자질 다발에 할당

(Borer, H 1998 : 153)

92) [1] Certain basic syntactic units, namely phrases Y^1, are "larger" than words(X^0) in that Y^1 occur outside X^0 but cannot occur within them. The restriction can be expressed as in [2].
[2] Domain Size Restriction. No phrase Y^1 occurs within an X^0(word).

이다.[93] 만약 우리가 이렇게 '-음, -기'를 어휘부 접사로 규정할 수만 있다면 구 금지 제약을 피할 수 있는 매우 세밀한 논의가 가능하다. 왜냐하면 선행 어기(밝히-, 버티기)와 어휘부 접사 '-음, -기'가 결합하였으므로 전체형은 단어의 자격을 갖추었기 때문에(밝힘, 버티기<잠재어> : X^0), 이와 다른 핵(-증, 작전)이 결합하는데 아무런 걸림돌이 되지 못한다. 곧 구 금지 제약을 어기지 않으므로, 도출형 X^0(밝힘증, 버티기 작전)를 이루는 데 논리적으로 하자가 없게 된다. 하지만 이러한 설명은 순환론적인 근거를 갖는다는 약점을 필연적으로 안는다. 즉 잠재어를 설정한 이유가 구 구조 금지 제약을 위반하기 때문이요, 구 구조 금지 제약을 위반하지 않는 이유가 잠재어이기 때문이라는 순환론적인 근거를 낳는다. 이러한 연결 고리를 깨뜨릴 수 있는 방법은 '-음, -기'가 어휘부 접사라는 이 이외의 기준을 통하여 객관적인 증거를 제시해야 한다.

그렇다면 과연 이 이외의 기존 접사 판별 기준이 무엇이며 그 기준이 타당한지, 그리고 해당 판별 기준이 '-음, -기' 형식을 논하는 데 적합한지를 면밀하게 검토할 필요가 있다. 논의를 위해 기존의 접사 판별 기준을 종합하여 제시하면 설명하면 아래와 같다.[94]

    (66) 접사 판별 기준
        [1] 논항 결합 기준   [2] 선어말 어미 결합 기준
        [3] '-의' 결합 기준   [4] 조어력 기준

---

93) '단어 형성은 구 이상의 형식을 어기로 삼을 수 없다는 비어구제약(전상범 역 1987 : 202-205)에 대한 분명한 반증이 될 것이기 때문이다. … 중략… 비어구제약 가설에 대한 반증례를 삼을 수 없다.' (김창섭 1996)
    즉 김창섭(1996)에서는 (64)(가려움증류, 버티기류)와 같은 예에 대하여 비어구 제약의 반증례가 아님을 주장하였는데, 그 근거로 삼은 것이 '-음, -기'를 어휘부 접사로 규정하였기 때문이다.

94) 자세한 것은 전상범(1995 : 38-43), 김석득(1992 : 182-183, 296), 하치근(1996 : 96-110), 허웅(1988 : 252), Bauer(1983 : 28-29), Scalise(1984 : 109-112), 김영석 외(1992 : 31) 참고.

[5] 어기 범주 변환 기능 　 [6] 자질 스며들기 기준
[7] 어휘부 관련성 기준 　 [8] 접사의 한정성과 무한성 기준
[9] 위치 기준 　 [10] 분리성 기준
[11] 어휘 고도 제약 기준 　 [12] 생산성 기준
[13] 분포의 제약성 기준 　 [14] 적용의 수의성과 의무성 기준
[15] 접사 의미 기준 　 [16] 의미적 대응성 기준
[17] 동일 범주 대치성 기준 　 [18] 통사적 호응 관계 기준
[19] 음운론적 기준 　 [20] 의존성 기준

우선 위 (63), (64)의 대표적인 예(밝힘(증), 버티기 (작전), 얽어짜임, 막고차기, 입맞춤, 보물찾기)들을 통하여 이 기준의 의미와 적용의 타당성을 살펴보기로 한다.

[1]의 논항 결합 기준이란 논항에 대한 선택 제약과 관련된 기준으로 동명사는 동사에 따라 선택 제약을 요구하지만, 파생 명사는 그렇지 못하다는 점을 근거로 하여 어휘부 접사와 통사부 접사(또는 파생 접사와 통사적 어미)를 구별하려는 기준이다. 이 기준을 적용해 보면 '입맞춤, 보물찾기'의 예들을 제외한 나머지 형식들은 논항 없이 바로 어기와 결합하였으므로(밝히-, 버티-, 얽어짜-, 막고차-) 이 때의 '-음, -기'는 어휘부 접사로 볼 수 있다. 반면에 '입맞춤, 보물찾기'는 의미의 미묘한 차이를 고려하지 않으면, '입을 맞추다, 보물을 찾다'와 같이 통사적 대응 형식이 있고, 이 때 '입'과 '보물'은 동사와 논항 관계(대격의 내부 논항 관계)를 유지하므로 이 두 예에 한하여 '-음, -기'는 어휘부 접사가 아니다.

[2]의 선어말 어미 결합 여부란 동명사는 '선어말 어미'가 덧붙을 수 있는 반면 파생 명사는 그렇지 못함을 통하여, 이 두 형태소의 문법적 지위를 가름하려는 기제이다. 위 6가지 부류 모두, 내부에 '선어말 어미'와 결합할 경우 *밝혔음길, *버텼기 작전, *얽어짜이었음, *막고찼기, *입맞

추었음, *보물찾었기'와 같이, 불가능한 형식을 도출하므로, 이 기준에 의하면 '-음, -기'를 어휘부 접사로 규정할 수 있다.

　[3]의 '의' 결합 기준이란 파생 명사는 수식을 받을 경우, 이른바 속격 형태 '-의'로 밖에 올 수 없으나, 동명사는 동사를 수식할 수 있는 부사형 어미나 부사가 오는 사실을 바탕으로 이 두 형식의 문법성을 판단하려는 기제이다. 이 때 위의 6가지 부류는 '철수의 밝힘증, 그 야당의 버티기작전, 이 글의 얽어짜임, 태권도의 막고차기, 철수의 입맞춤, 철수의 보물찾기'와 같이 속격 '-의' 형태만 가능하고, 통사 형식(*철수가 밝힘증, 그 야당이 버티기 작전, *태권도가 받고차기, *이 글이 얽어짜기, *태권도가 막고차기, …)이 불가능하므로 이 기준에 의하면, 위 6가지 부류의 '-음, -기'는 '어휘부 접사'로 파악된다.

　[4]의 '조어력'이란 단어를 만드느냐 그렇지 않느냐에 따라서 어휘부 접사와 통사부 접사를 구분하려는 기제이다. 얼핏 보기에 이 기준은 두 문법 형태소의 문법적 기능을 판별할 수 있는 절대적 기제인 것처럼 보인다. 왜냐하면 이 기준이 의미하는 바는 새로운 단어를 만들어 내면 어휘부 접사(파생 접사)이며, 그렇지 않으면 통사부 접사(굴절 어미)이기 때문에, 도출형이 단어이냐 그렇지 않느냐라는 사실만 안다면 내재된 문법 형태소를 어휘부 접사로 확실히 말할 수 있기 때문이다. 그러나 앞서 살펴본 바와 같이, 명백히 어미가 내포되어 있는 결합형들(관용어구, 영화 제목 등)도 단어가 되는 경우가 있음으로 해서 이 기준은 타당한 기준이 될 수 없다. 구체적으로 말하면 단어를 만들어 내는 능력, 즉 조어력을 기준으로 삼게 된다면, 어미와 결합하여 이루어진 형식들이 단어로 굳어진 경우에 그 내포되어 있는 어미는 모두 어휘부 접사로 규정해야 하는 오류에 빠지게 된다. 더욱이 이 기준은 만들어진 개별적 결과물을 보고 난 후 내부의 문법 형태소를 규정하는 전국성을 지니게 될 수밖에 없다. 이러한

의미는 우리가 명백히 어휘부 접사로 규정할 수 있는 '-질'을 보면 잘 알 수 있다. 어휘부 접사 '-질'은 자신의 의미 자질에 [+N], [행위]를 우선적으로 가지고 있기 때문에 도출형이 단어가 된 것으로 단정할 수 있다. 왜냐하면 우리는 이 '-질'을 통하여 개별적 결과물(N1, N2, N3 …… Nα)이 아닌 전체 집합(Nt={N1, N2, N3 …… Nα})에 대한 자격을 예측할 수 있기 때문이다. 이에 반해 '-음, -기'는 도출되어 나오는 형이, 단어일 수도 있고 그렇지 않을 수도 있음(통사적 句)으로 해서, 전체 집합의 자질을 가늠할 수 없게 되고, 따라서 그 집합의 개별 원소들 속에서 단어형을 찾은 후 그 예들에 한하여 '-음, -기'를 어휘부 접사로 규정해야 하기 때문이다. 곧 부분적인 결과물들을 고려하지 않고서는 '-음, -기'를 어휘부 접사로 설정할 만한 근거를 찾을 수 없게 되므로 이러한 기준은 필연적으로 전국성을 지니게 될 수밖에 없다. 곧 조어력의 기준은 그 도출형을 만드는 접사 자체가 본유적으로 강한 조어 자질을 가지고 있다면 상당한 객관적인 증거가 되나, 그렇지 않고 그 접사가 부분적인 조어 자질을 가지고 있다면 더 이상 이 기준은 이러한 접사(-음, -기)에는 적용 될 수 없는 기제이다.

[5]의 '어기 범주 변환 기능'이란 해당 문법 형태소가 자신의 범주로 어기의 범주를 바꾸는 역할을 하면 어휘부 접사이며, 그렇지 않으면 통사부 접사(통사적 어미)라고 보는 기준이다. 그러나 이 기준도 위 [4]와 마찬가지로 '-음, -기'의 문법적 지위를 판단할 기준으로 적당치 않다. 왜냐하면 '-음, -기'의 도출형이 단어인 경우에 한하여 명사로 변환시키는 기능을 언급할 수 있지만, 그렇지 않은 경우에는, 해당 형식이 자신의 범주 기능(동사 기능)을 상실하지 않기 때문이다.

[6]의 '자질 스며들기 기준'은 범주 변환 기준의 확대 개념으로 접사의 특정 자질을 어기에 스며들게 하여(삼투시켜) 이로 말미암아 도출어의 자

질이 변환되면 어휘부 접사, 그렇지 않을 경우 통사부 접사(통사적 어미)로 판단하는 기준이다. 구체적으로 핵의 범주 자질이 명사일 때 도출어가 명사로 되며, 핵의 의미 자질이 '행위성'일 때 도출어도 '행위성'을 나타낼 경우 그 핵은 자신의 자질을 도출어에 삼투시켰으므로 어휘부 접사에 해당하며, 그렇지 않고 핵의 자질이 도출어의 자질에 관여하지 않는다면 통사부 접사라고 보는 기준이다. 그러나 이 기준은 어기의 자질과 핵의 자질이 다를 경우에만 적용되는 기준이다. 만약 어기와 핵의 자질이 동일하다면 이 기준은 그 효과를 발휘하지 못한다. 예컨대 명사 범주 '가위'와, 역시 명사 자질을 가지고 있는 어휘부 접사 '-질'이 결합할 경우, 도출되어 나오는 형식도 역시 명사('가위질')이므로, 어휘부 접사의 자질이 도출어의 자질에 스며들었는지 그렇지 않은지는 판단할 수 없다. 더욱이 해당 핵이 어휘적인 의미를 담당하지 않고 문법적 의미에만 관여할 경우, 그 도출형의 의미는 선행 어기에 달려 있게 되므로 자질 스며들기 기준은 역으로 진행되게 된다. 즉 선행 어기의 의미 자질이 오히려 핵에 삼투하게 되므로 이 '자질 스며들기 기준'은 무의미하다. 달리 말하면 접사 '-음, -기'가 어휘부 접사이든 그렇지 않든 이 두 범주의 기능이 모두 문법적 의미가 중심이 되는 바, 의미 자질의 삼투는 반대로 진행되게 된다는 것이다. 반면에 통사 자질은 통사부 접사이든 어휘부 접사이든 상관없이 둘 다 핵이 담당하게 되지만, 둘 다 명사적 기능을 수행하므로, 도출어 편에서 보면 양자 모두 자신의 핵의 자질을 스며들게 한다. 다만 어미의 경우 '-음, -기'와 결합하는 선행 어기의 '동사적 기능'을 여전히 보유하는 관계를 가질 뿐이다. 그렇다면 자질 스며들기 기준 자체가 다른 개념 예컨대 '자질 막기' 기준으로 수정하면 어떠한가? 즉 어휘부 접사나 통사부 접사 둘 다 자신의 자질을 어기에 삼투시킨다는 점에서는 동일하지만, 어휘부 접사의 경우 이 삼투의 기능 이외에 선행 어기의 자질(여기서는 '동사적 기능')을 막게 되므로, '자질 스며들기'라기보다는 '자질 막기'라는 개념이 더 타당하다는 것이다. 그러나 '자질 막기'라는 개념을 도입하더라도, 그 기능은 '어휘부 접사'가 자신의 내포적 자질을 삼투시키는 경우뿐만 아니라, 어휘부 접사의 도움 없이 도출형 외부에서 작동되는 경우도 있을 가능성도 있음으로 해서, 이도 역시 '-음, -기'의 문법적 지위를 판별할 절대적 기제가 되지 못한다. 예컨대, '막고차기, 얽어짜임'류가 단어가 되는 까닭이 '-음, -기'에 있는 것이 아니라, 그 전체 단위가 통사부로 투사되는 중간 과정에 화자의 공시적인 단어화 의도가 개입될 수도 있다는 뜻이다.

[7]의 어휘부 관련성이란 파생은 형태론 고유의 과정으로서 어휘부에서 일어나며, 한편 굴절은 굴절을 필요로 하는 통사부에서 일어나는 과정을 말하는 것이다. 하지만 이와 같은 기준은 실제 분류의 기제라기보다는 원론적인 설명일 뿐이다. 즉 '어휘부 접사'가 결합하는 것은 단어 형성 규칙이며, '통사부 접사'(통사적 어미)가 결합하는 것은 통사부 규칙이라는 말은 어휘부와 통사부의 차별성만을 언급할 뿐이지, 왜 그러한 차별성을 띠게 되는지에 대한 이유가 없다. 더구나, 이 기준은 각각의 세부적인 어휘부 관련성에 대한 특징을 언급하지 않은 관계로, 개별적인 접사 판별 기준으로의 역할을 하지 않는다. 예를 들어 이 기준은 개별적인 단위인 '밝힘증, 버티기 작전, 얽어짜임, 막고차기, 입맞춤, 보물찾기'가 어휘부 소속이며 이와 유사한 다른 유형들은 통사부 소속이라는 원론적인 설명만을 할 뿐이다. 그러나 도출어가 왜 어휘부 또는 통사부 소속이 되는가 하는 이유, 아울러 도출어 내부의 '-음, -기'와 해당 문법 부문과의 연관성을 말해 주지 않는다. 결국 어휘부 관련성 기준도 여타의 기준처럼 접사의 성격을 판별할 수 있는 실제적인 기제가 아니다.

[8]의 한정성과 무한성도 개별적인 접사에 대한 판별 기준이라기보다

는, 통사부 접사와 어휘부 접사의 거시적인 특징을 기술한 것일 뿐이다. 즉 통사부 접사(굴절 어미)는 한정(closedness)되고 정해진 무리인 반면 어휘부 접사(파생 접사)는 무한(openness)한 무리라는 특징만을 기술한 것일 뿐이다. 그러므로 이 기준은 두 형식의 문법 범주를 구별하는 실제적인 기제가 아니다. 한편 통사부 접사(굴절 어미)의 무리가 한정적이며, 어휘부 접사는 그렇지 않다는 점은 기능적인 측면에서 설명할 수 있다. 곧 굴절 어미의 주된 기능이 무한한 명제에 대한 문법적 의미를 더해 주는 것이기 때문에, 만약 해당 언어 체계가 가지고 있는 어미의 개체수가 무한해진다면, 화자의 문장 생성 능력은 그만큼 떨어질 수밖에 없다. 따라서 그 해당 언어 체계는 가능한 한 자신의 패러다임 내에서 구성원을 한정시키게 된다. 이에 반해 어휘부의 본질은 다양한 개념에 대한 지시가 목적이기 때문에 통사부 접사보다 상대적으로 개체수가 많을 수밖에 없다. 더욱이 개념이 변화하면 그 구성원도 변할 수밖에 없는 특성을 지니고 있음으로 해서 그 어휘부 구성원에 해당하는 어휘적 파생 접사도 이러한 변화에 따라 생성과 사멸을 반복할 수밖에 없게 된다. 그 결과 해당 구성원의 개체 수는 무한해질 수밖에 없다. 하지만 이러한 한정성과 무한성의 특징은 어휘부 접사(파생 접사)와 통사부 접사(굴절 어미)에 대한 집합적 측면에서 바라본 것일 뿐 각각의 내부를 구성하는 원소들 자체에 대해서는 아무런 의미를 부여하지 못한다. 즉 이 글에서 중점적으로 살펴보는 '-음, -기'도 두 집합의 구성원에 해당하므로, 역시 이 기준은 이 두 문법 형태소에 대한 문법적 지위를 판별해 주는 기제가 아니다.

[9]의 위치 기준95)도 두 가지로 나뉜다. 우선 어휘부 접사로 보는 견

---

95) 일반적으로 파생 접사는 어기에 가까운 자리를 차지함으로써 조어 구조의 '안차지성'(내적 층위성, inner layer of constructions of word-formation)을 가지며, 굴절 어미는 굴곡 구조의 '바깥차지성'(외적 층위성, outer layer of inflectional construction)을 가진다.

해에서는 잠재어로 규정하므로 아무런 문제가 없다. '밝힘, 버티기'가 X^0 이기 때문에 '증'과 '작전'과 결합하는 데에는 논리적인 문제가 없다. 또한 '입맞춤, 보물찾기'도 역시 마찬가지이다. 반면에 '얽어짜임, 막고차기'는 연결어미 '-아/-어'와 '-고'가 결합되어 있음으로 해서 어휘부 접사 견해는 문제로 대두된다. 또한 이들을 통사적 구의 단어화로 파악한다면, 앞서 말한 바와 같이 이들 모두 단계 유순 가설을 위반한다.

[10] 분리성 기준이란 파생어의 경우 어기와 파생 접사 사이에 분리성이 없고 동명사의 경우 분리가 자유로운 특징을 통하여 어휘부 접사와 통사부 접사를 구분하려는 기제이다. 이 기준으로 보면 '*밝힘 그 증, *버티기 그 작전, *얽어서 짜임, *막고서 차기, *입을 맞춤, *보물을 찾음'와 같이 모두 분리 및 확대가 불가능하므로, 내부의 '-음, -기'는 어휘부 접사에 해당한다.

[11]의 어휘 고도 제약이란 어휘부 접사에 대한 정의로, 진정한 어휘부 접사라면 자신의 어기들과 상호 긴밀하게 연결되어 분리될 수 없고, 그 어기와 관계없는 다른 형식의 침투를 허용하지 않는다는 의미를 내포한다. 그런데 '-음, -기'에 한정해서 보면 이 문법 형태소의 선행 어기가 동사에 해당하므로 내부 구조에 침투할 수 있는 형태소는 '선어말 어미'에 해당하는 바, [2]의 '선어말 어미 결합 기준'이 이 기제에 종속된다. 아울러 내부 구조가 긴밀하므로 전체 결합형만을 관형적으로 수식할 수밖에 없으므로 [3]의 속격 '-의' 결합 기준도 여기에 포함된다. 역시 선어말 어미 이외의 다른 요소가 존재한다면 그 형식도 삽입될 수 없으므로 [10]의 분리 기준도 이 개념에 종속된다. 따라서 이 기준은 '선어말 어미 결합 기준, -의 결합 기준, 분리 기준'을 포괄하는 상위적 개념이다. 그러므로 이 세 기준의 적용과 동일한 결과를 낳는다.

[12]의 생산성 기준이란 파생 과정은 생산성이 낮은 데 비해 굴절 과

정은 생산성이 높다는 특징을 통하여 이 둘을 구분하려는 의도이다. 이 기준으로 볼 때 비록 '-음'과 '-기'가 '푸르름, 그리움, 입가심, 지겨움증, 입음가지, 하임가지' 등과 '솎아내기 돌려막기, 내려받기, 즐겨찾기, 아이 기르기, 새판짜기, 흠집내기, 편가르기, 군살빼기, 뺵치기, 불우이웃돕기' 과 같은 공시적인 도출형이 존재하므로 생산성이 있지만, '어미'류의 무한적인 문장의 생산성에 비하여는 상대적으로 그 생산성에 한계를 가진다. 따라서 '-음', '-기'는 위 6가지 부류에 한하여 어휘부 접사로 볼 수 있다.

[13]의 분포의 제약성이란 해당 문법 형태소와 결합하는 어기의 개체 수를 통하여 어휘부 접사와 통사부 접사를 구분하려는 기준이다. 이는 접사의 입장에서 생산성을 말하므로 그 결과는 [12]와 동일하다.

[14]의 수의성과 의무성이란 굴절어미는 일단 적용 환경이 주어지면, 의무적인 결합을 요구하지만, 파생접사는 접사 첨가의 개연적 환경이 주어지더라도 적용이 필연적이지 않다는 사실을 기반으로 접사의 기능을 밝히려는 기준이다. 예컨대, 통사부에서 화자가 해당 명제에 대하여 과거 인식을 나타내는 사건임을 명시하려면, 과거 인식 형태소 '-었-'이 의무적으로 투사되어야 한다. 그렇지 않을 경우 합리적인 근거가 반드시 존재한다.

(67) 그때 당시에도 영희는 키가 <u>크고</u> 예뻤다.

예컨대 위 복합문의 선행절 동사 '크-'가 과거의 사실임에도 불구하고 '-었-'이 결합되지 않는 이유에 대하여, 우리는 후행절에 '-었-'이 나타났기 때문이라고 하는 합리적 근거를 댈 수 있다. 반면에 어휘부 접사의 '-음, -기'가 결합된 '*작음', '*받음', '*날기, *쥐기' 따위와 같은 결합형이 존재하지 않는 이유에 대하여는 예측이 불가능하다는 것이다. 즉 '-음, -기'의 의미론적 제약에 이를 모두 기술할 수 있는 일관성이 없다는 것이다. 이러한 측면으로 볼 때 위의 6가지 부류의 '-음, -기'는 어휘부 접사로 파악할 수 있다.

[15]의 접사 의미 기준이란 굴절 어미의 의미는 비교적 일정한 문법적 의미가 있는 반면, 파생 접사는 특이성과 다양성을 가지고 있음을 통해, 이 둘을 변별하려는 기제이다. 예컨대, '-음'의 경우 '튀김, 얼음, 그림, 부침, 짐' 따위의 '결과물'(구체 명사)과 '그리움, 푸르름, 아름다움' 등의 '추상물', 그리고 '눈속임', '가르침', '몸부림', '도움', '걸음'과 같은 '행위'의 의미를 가지므로 그 의미는 '결과물, 추상물, 행위' 등과 같은 하위적 특이 의미를 다양하게 내포한다. '-기'도 역시 마찬가지이다. '행위'나 '규식성'(달리기, 던지기), '사람'(면산바라기), '구체물'(해바라기), '규칙'(앞차기, 옆차기) 등 매우 다양한 의미를 가지고 있다. 이에 반해, '-었-', '-느-' 따위는 그러한 의미 변화의 격차가 상대적으로 매우 작다. 따라서 이 기준을 통해 '-음, -기'를 어휘부 접사로 규정할 수 있는 듯이 보인다. 그러나, 앞에서 살펴본 '무궁화꽃이 피었습니다'류와 '눈깜짝할 사이에'류와 같은 통사적구를 보면, 굴절 어미도 일단 등재된다면 그 의미가 완전히 달라지는 것이 있으며, 반대로 전형적인 어휘부 접사(의미를 가진 접사)도 접사 자체의 의미 변화의 폭이 적은 경우가 있기 때문에, 이 기제는 절대적 접사 판별 기준이 되지 못한다. 예컨대 어휘 접사 '-질'을 보면 구성 요소와 구성체가 서로 의미가 다른 예가 있더라도(가위+질≠가위질), '-질' 자체가 가지고 있는 [행위]는 변하지 않는다. '-음, -기'가 다양한 의미도 역시 이 형식이 어휘적 의미를 담당하기보다는 문법적 의미만을 가지고 있음으로 해서, 등재된 후 변화된 의미일 가능성이 크기 때문이다.

[16]의 의미적 대응성 기준은 두 가지 의미로 해석할 수 있다. 첫째는

'-음', '-기'에 대하여 다른 말로 교체할 수 있다는 의미와, 둘째는 결합된 도출어 전체를 다른 말로 교체할 수 있다는 의미가 그것이다. 곧 후자는 '읽어짜임, 막고차기, 입맞춤, 보물찾기'는 '읽어짜는 행위, 막고 차는 기술, 입을 맞추는 행위, 보물을 찾는 놀이'에서 보듯이 결합형 전체를 다른 형식(통사적구)으로 대응시킬 수 있다는 뜻으로 해석된다. 전자는 '-음, -기' 자체를 '행위, 기술, 놀이'로 대응시킬 수 있다는 뜻으로 해석할 수 있다. 하지만 통사적 구도 다른 통사적 구로 대치시킬 수 있고("영희가 철수에게 밥을 먹인다." → "영희가 철수에게 밥을 먹게 한다."), 문법 형태소도 역시 다른 형식으로 교체가 가능하다. 그런데 엄밀하게 보면 대응되는 형식과 원 형식과는 그 개념이 상호 다를 수밖에 없다. 이와 마찬가지로 위의 단어를 다른 형식으로 대치시키는 것이 가능하더라도 엄밀한 의미에서 이 두 형식은 그 의미가 서로 다를 수밖에 없다.

다음에 '-음, -기'가 '행위, 기술, 놀이'가 대응된다고 하였으나, 예컨대, '소매치기'의 '-기'를 보면 '소매를 치는 행위'가 아닌 제3의 의미[사람]의 의미로 대응되므로 이때의 '-기'는 교체가 불가능하다. 이와 함께 '밝힘증, 버티기 작전'의 '-음'과 '-기'는 어휘적 의미보다는 문법적 기능('명사로 변환시켜주는 기능')만을 가지고 있으므로, 대응 형식을 파악할 수 없다. 따라서 의미적 대응성 기준은 어휘부 접사의 절대적 기준이 아니다.

[17]의 동일 범주 대치성96)이란 동일한 범주는 체계에 의해서 서로 대치가 가능하다는 뜻이다. 예를 들어 아래 (68)과 같은 선문말 형태소 '-었-', '-겠-'은 동일 범주에 해당하므로 상호 대치가 가능하다.

---

96) 굴절 어미는 문장 속에서 비교적 대치(substitution)가 자유로우나 파생접사는 '대치가 되지 않는 것', '되는 것의 두 부류'가 있다. 그러나 대치가 가능한 파생 접사도 굴절 어미에 비해서는 제약성이 있다.

(68) 가. 아이가 문을 열-{-었-/-겠-}다.

이에 반해 '밝힘증, 입맞춤, 얽어짜임'의 '-음'과 '버티기 작전, 막고차기, 보물찾기'의 '-기'가 상호 대치된 형식은 *'밝히기증, *입맞추기, *얽어짜기, *버팀 작전, *막고참, *보물찾음'에서 보듯이 불가능하다. 그런데 개별적인 몇 가지 예에 있어서 대치가 가능한 경우도 있다. 예컨대 '힘겨룸'과 '갈라치기'는 '힘겨루기, 갈라침'과 같이 '-음, -기'가 상호 대치가 가능한 형식이 존재하고, '-음, -기' 이외의 다른 문법 형태소의 결합의 예('갈림길'↔'갈래길')도 다 존재하는바, 동일 범주 대치성 기준은 개별적 자료에 모두 적용되는 것은 아니다. 하지만 후자의 '갈래길'의 '-애'는 명백히 어휘부 접사에 해당하고 '힘겨룸, 갈라치기'류가 결합형 전체 중 극히 소수에 지나지 않기 때문에(대치가 불가능 한 형식이 보편적이기 때문에) 예외로 파악된다. 따라서 동일 범주 대치성 기준을 적용하여 위 6가지 부류의 '-음, -기'의 문법적 지위를 어휘부 접사로 추정할 수 있다.

[18]의 통사적 호응 관계란 접사가 문장의 다른 성분과 호응이나 지배 관계를 맺으면 굴절 어미이고(내일 철수가 오겠다. → 호응 관계, 선생님께서 오+시+었+다 → 지배 관계), 수식이나 변환 관계를 맺으면 파생 접사로 본다는 것이다. 위의 6가지 부류가 단어이므로 통사적 호응 관계를 보이지 않는다. 따라서 이 기준으로 볼 때는 '-음, -기'를 어휘부 접사로 볼 만하다.

[19]의 음운론적 기준이란 통사 단위의 음운론적 현상과 형태 단위의 음운론적 현상이 다름을 말함으로써, 어휘부 접사와 통사부 접사를 구별하려는 기제이다. 그러나 이러한 기준은 어휘부의 단위의 음운 현상과 통사 단위의 음운 현상이 공통되는 것이 없고, 각 부문의 고유한 음운론적 특성이 일관되게 나타나야 한다는 가정이 전제되어야 한다. 잘 알다시피 두 가지 기능의 '-음'에 대한 음운론적인 미묘한 차이는 송철의(1989 :

110-112)에서 밝혀졌다.

(69)　　파생 명사　　　　　　　　동명사형

　　가. 울-+-음 → 울음([*]욺)　　　울-+-음 → 울음(욺)

　　나. 얼-+-음 → 얼음([*]엶)　　　얼-+-음 → 얼음(엶)

　　다. 싸우-+-음 → 싸움(쌈)　　　싸우-+-음 → 싸움([*]쌈)

　　라. 미끄럽-+-음 → [*]미끄러움　　미끄럽-+-음 → 미끄러움

　　　　　　　　　(미끄럼)　　　　　　　　　([*]미끄럼)

　위 (69가, 나)에서 보듯이 파생명사는 대개 축약형이 불가능하고 동명
사형 어미는 그렇지 않다([*]욺↔욺, [*]엶↔엶). 그런데 (69다)의 파생 명사
'싸움'은 축약형과 원형이 둘 다 사용되는반면 동명사 형은 축약형이 없
는 '싸움'만이 가능하다.97) 아울러 (69라)는 (69가, 나)와 반대의 현상을
보인다. 즉 축약형이 파생 명사이며(미끄럼), 그렇지 않은 것은 동명사형이
다(미끄러움). 필자가 조사한 바로 위 예 이외에도 개별적인 단어의 음운론
적 현상은 각각 다르다.

(70)　　파생 명사　　　　　　동명사형

　　가. 외로움([*]외롬)　　　　　외로움([*]외롬)

　　　　괴로움([*]괴롬)　　　　　괴로움([*]괴롬)

　　　　무서움([*]무섬)　　　　　무서움([*]무섬)

　　나. 밤새움(밤샘)　　　　　밤새움(밤샘)

　　　　어두움(어둠)　　　　　어두움(어둠)

---

97) 이러한 음운론적 구별은 '갈림길', '박음새'류의 'X길/새'의 X가 무엇인지를 파악하는 데에
　　도 유용한 기제일 것이다. 예컨대 '싸움질'이 '쌈질' 둘 다 가능하다면, 이때의 '싸움'은 N
　　으로서의 범주 자격을 가졌음을 증거 하는 것이 될 것이다. 마찬가지로, '[*]밤새움질'이 아
　　닌 '밤샘질'만이 가능하다면 이들 NP의 구성이 아닌 N의 구성을 가짐을 간접적으로 증거
　　할 수 있다. 즉 '밤새움'과 '밤샘'은 둘 다 어휘부에 등재되어 있으나(사전) '새움' 자체는
　　김창섭(1996)에서 말하는 잠재어의 성격을 가지고 있기 때문이다.

다. 썰음질(*썲질)　　　썰음(썲)

　　쏠음질(*쏢질)　　　쏠음(쏢)

라. 싸움질(쌈질)　　　　싸움(*쌂)

마. 싸움꾼(*쌈꾼)　　　싸움(*쌂)

　(70가)의 파생 명사의 음운 현상은 (69가, 나)의 파생 명사의 음운 현상과 동일하나(외로움 : *외롬=울음 : *욺), 동명사적 측면에서도 '*철수가 외롬, *철수가 괴롬, *철수가 무섬'이 되지 않는다는 점에서 (69가, 나)의 음운 현상과 다르다(울음 : 욺≠외로움 : *외롬). 아울러 (70나)는 파생 명사의 경우 축약형과 그렇지 않은 형이 모두 허용되므로(69다)의 예처럼 보이나, 동명사 측면에서는 축약형도 허용하므로(철수가 밤샘, 이 방이 어둠), 음운 현상이 상호 다르다. (70다)는 어휘부 접사 '-질'의 어기로 '썰음'이 사용되면 축약형이 허용되지 않으나, 동명사의 쓰임에서는 '채를 썲, 방을 쏢'과 같이 축약형을 허용하는 것으로 보아, (69가, 나)와 음운 현상이 동일하다. 반면에 (70라)는 (69다)의 음운 현상과 동일하다. 하지만 (70마)에서는 동일한 '싸움'임에도 불구하고 파생 명사 '쌈꾼'은 허용되지 않는다는 점으로 보아, 동명사냐 파생 명사이냐에 따라, 그리고 특정 어기와 결합하는 접사에 따라서 음운 현상이 다르게 나타난다.

　이처럼 음운론적 기준은 개별적인 형식에 대한 기준은 될 수 있지만 전체를 일관되게 설명할 수 있는 방식은 아닌 것이다. 즉 한 쪽은 축약 형식이 불가하므로 어휘부 접사이며, 다른 한 쪽은 축약 형식이 가능하므로 어휘부 접사라는 것은, 엄밀히 말하여 결과를 고려하고 난 후(단어임을 말하고 난 후), 그 음운론적 특성에 대한 차이점을 든 것에 불과하다. 구체적으로 말하면 예컨대 우리가 파생 명사에서는 축약형이 허용된다는 음운론적 조건을 상정함으로써, (69다)와 (70나, 라)를 설명할 수는 있다.

그러나 (69가, 나) (70가, 다, 마)는 반대의 음운론적 현상을 보이게 되므로 그 조건이 일반화되지 않는다. 역시 그 조건을 반대로 하더라도 부분적인 설명만 할 수 있는 매우 한정적인 제약성을 가지고 있을 뿐이다. 결국 '-음'의 축약과 원형의 대립 현상을 '어휘부 접사'이냐 '통사부 접사'이냐를 가름할 수 있는 음운론적 기준으로까지 확대할 수는 없다.

다음에 '-음'의 기능을 파악할 수 있는 또 다른 음운론적 현상은, 'XY음'의 X와 'Y음'의 사이시옷 개입 여부이다. 사이시옷 개입 환경은 'X'의 말음이 유성음이고 'Y'가 무성음일 경우에 해당되고, 만약 이와 같은 환경에서 X와 Y사이에 사이시옷이 개입되는 예가 있다면, 우리는 'Y음'이 명사이며, 명사의 내적 구성 요소 '-음'이 접사임을 가정할 수 있게 된다. 그러나 그 구조가 어떠하든지 간에 ([X[Y음]], [XY]음) 사이시옷이 죄다 개입하지 못하여서, '-음'의 경계를 나누는 음운론적 기준이 되지 못한다.

'X+기'도 마찬가지이다. 'X+Y+기'의 '-기'는 '-음'과 달리 변칙 활용을 허용하지 않고, ─ 무성음 /ㄱ/의 개입으로 변칙 활용을 허용하지 않는다 ─ 'X+Y기'의 X와 Y에 사이시옷이 개입하는 예가 없다.

반면에 '밝힘증'류는 사이시옷을 허용하는 예들이 많다(김창섭 1983 : 94-95).

> (71) 가. 무섬 ㅅ증, 갈림 ㅅ길, 구김 ㅅ살, 누름 ㅅ돌, 따름 ㅅ數, 비빔 ㅅ
>   밥, 비김 ㅅ手, 알림 ㅅ狀, 오름 ㅅ길, 울림 ㅅ소리, 붙임 ㅅ性, 어
>   렴 ㅅ性, 질림 ㅅ調 흐림 ㅅ手, 추림 ㅅ불
>   나. 밝힘 ㅅ증, 떨림 ㅅ증, 어지럼 ㅅ증

위 (71가, 나)에서 보는 바와 같이 'X음+Y'류 사이에 사이시옷이 개재되었다. 그렇다면 이 음운론적 증거는 [X+음]의 '-음'을 접사로 볼 수

있게 해 주는 비교적 확실한 기준이 된다.98) 그러나 위의 사이시옷이 개입되는 환경이 '(X)Y음' 내부의 X와 Y의 관계가 아니라, '(X)Y음' 전체와 후행하는 어기(-증, -길, -살, -돌, …)간의 관계이다. 달리 말하면 이 사이시옷의 개입 이유가 '-음' 때문이 아니라, '무섬, 갈림, 누름' 따위와 같은 전체 형식 때문이라고도 주장할 수 있다는 점이다. 더욱이 후행 어기 결합에서 나타나는 사이시옷 현상은 '-기' 결합형에는 적용되지 않는다.

> (72) 듣보기 장사[짱사X → 장사○], *버티기 작전[짝전X → 짝전○], *떠넘기기 수법[쑤법X → 수법○], *다리꺾기 기술[끼술X → 기술○], *널뛰기 장세[짱세X→장세○], …

위와 같은 예들의 결합을 혹시 구적인 관계로 파악할 수도 있다. 하지만 '듣보기 장사'는 결합형 전체가 사전에 등재되어 있는 예이며, '버티기, 떠넘기기, 다리꺾기' 따위는 단독형이 단어처럼 쓰이는 환경에서도 나타난다. 아울러 '널뛰기'의 경우는 단독형이 단어임을 볼 때, '(X)Y기'와 후행 어기와의 관계가 무엇이든 상관없이 사이시옷이 개입하지 않는다. 따라서 사이시옷 개입 여부는 '-음'에만 적용되지만 그 적용도 후행 어기가 나타날 경우에만 한정되어서, 접사를 판별해 주는 일반적 기제로 확대하기 어렵다.

[20]의 의존성 기준이란 파생접사는 어휘성을 전제로 한 곧 독립된 뜻을 가지고 있으면서도 의존성을 띠는 반면에 통사부 접사는 독립된 어휘적인 뜻을 가지지 못하면서 자립성도 없다는 특징을 들어, 이 두 접사에 대한 판단 기준으로 삼고자 하는 의도이다. 그런데 모든 형식이 대응하는 의미를 가지고 있는 까닭에 어휘성이 무엇이냐 하는 점은 다분히 자의적

---

98) 그런데 사이시옷을 개입하게 하는 주체가 혹시 후행 어기 '-증, -길, -살, -돌, -밥, -소리, -성, -수, -불'이라면, 이 기제도 절대적 기제가 되지는 못한다.

인 기준일 수밖에 없을 뿐만 아니라, 의존성 자체만 놓고 본다면 이른바 비자립 명사 '것, 줄, 수, 바, 데, 리'도 선행 통사적 구에 의존한다는 점에서 '갈림길, 닦음새, 갈라치기, 막고차기, 껴붙임, 떠맡기, 소매치기, 두발차기'의 '-음, -기'의 의존성과 다를 바 없음으로 해서, 의존성 기준으로 어휘부 접사를 나누는 절대적인 기준으로 삼을 수 없다.

이상을 종합하여 표로 나타내면 다음과 같다.

(73) 기존 접사 판별 검증법에 대응

기준 \ 예	밝힘증	버티기작전	얽어짜임	막고차기	입맞춤	보물찾기
[1] 논항결합여부	접사	접사	접사	접사	어미	어미
[2] 선어말 어미 결합 여부	접사	접사	접사	접사	접사	접사
[3] '의' 결합 여부	접사	접사	접사	접사	접사	접사
[4] 조어력	△	△	△	△	△	△
[5] 어기 범주 변환 기능	△	△	△	△	△	△
[6] 자질스며들기	△	△	△	△	△	△
[7] 어휘부의 관련성	△	△	△	△	△	△
[8] 한정성과 무한성	─	─	─	─	─	─
[9] 위치	△	△	어미	어미	△	△
[10] 분리성	접사	접사	접사	접사	접사	접사
[11] 어휘 고도 제약	접사	접사	접사	접사	접사	접사
[12] 생산성	접사	접사	접사	접사	접사	접사
[13] 분포의 제약성	접사	접사	접사	접사	접사	접사
[14] 적용의 수의성과 의무성	접사	접사	접사	접사	접사	접사
[15] 접사 의미	─	─	─	─	─	─
[16] 의미적 대응성	─	─	─	─	─	─
[17] 동일 범주 대치성 기준	─	─	─	─	─	─
[18] 통사적 호응 관계 기준	접사	접사	접사	접사	접사	접사
[19] 음운론적 기준	△	─	─	─	─	─
[20] 의존성 기준	─	─	─	─	─	─

앞의 표를 볼 때, 접사 판별 기준으로 보기 어려운 [8], [15], [16], [17], [19], [20]은 '-음, -기'에 대하여 아무런 언급을 하지 못하므로 제외되며, [4], [5], [6], [7], [9], [10]과 같이 견해에 따라 접사 판별 기제로도 파악할 수 있고 그렇지 않을 수도 있는 이중성을 띠기 때문에 접사 기준으로서의 효력이 없다. 그렇다면 남는 기준은 [1], [2], [3], [10]-[14], [18]로서, 이 기준을 통하여 보면 어기의 내부 구조와 관계없이 '-음, -기'가 접사의 자격을 가졌음을 판별해 주는 듯이 보인다(이 때 [1]의 경우 '입맞춤, 보물찾기'류에 한해서 어미로 파악해야 된다.).

그러나 이러한 결과는 위 (73)의 접사 판별 기준이 옳다는 전제하에서만 성립한다. 하지만 실제로 위 기준을 자세히 보면 두 가지 부류로 나뉜다. 그 하나는 접사 자체에 대한 검증이요, 다른 하나는 도출형에 대한 검증이다. 후자는 엄밀히 말하여 접사 판별 기준이 아니라, 단어 판별 기준인 셈이다. 후자에 속하는 기제는 [11]의 어휘 고도 제약이다. 즉 이 용어 자체가 의미하듯이 단어에 대한 특성(고도)만을 언급할 뿐 접사를 의미하지 않는다. 그런데 어휘 고도 제약을 판별할 수 있는 사실상의 기제가 [2] 선어말 어미 결합 여부, [3] '-의' 결합 여부, [10] 분리성 그리고 [18] 통사적 호응 관계이므로, 결국 [2], [3], [10], [18]도 단어가 되었느냐 그렇지 않느냐를 판가름해 줄 뿐이다. 여기에 [4]의 조어력, [7] 어휘부의 관련성, [17] 동일 범주 대치성, [19] 음운론적 기준도 역시 결합체에 대한 기준에 해당한다. 더욱이 접사의 [12] '생산성', [13] '분포의 제약성', [14] '적용의 수의성과 의무성'도 바꾸어 말하면 도출형이 한정되어 있다는 말과 별반 다를 게 없다. 또한 [5] 어기 범주 변환 기능, [6] 자질 스며들기 그리고 [9]는 견해에 따라서 '어미'로도 '접사'로도 파악될 수 있는 만큼, 그 타당성에 의문이 제기된다. 결국 확실한 것은 [1] 논항 결합 여부뿐이지만, 이도 통사적 성격의 어미가 투사되기 전에 단어로 굳어졌다고 보면, 역시 절대적인 기준이 될 수 없다. 결국 위와 같은 모든 접사 판별 기제는 해당 도출어가 단어인지 그렇지 않은지만을 판별할 수 있을 뿐 접사 자체를 검증하는 기준으로는 매우 무리가 있다. 그렇다면 우리는 공시적으로 확실한 접사로 여겨지는 형식과의 비교를 통해서 '-음, -기'의 성격을 파악할 수는 없는가? 그러기 위한 전제로는 '-음, -기'와 문법적 기능 뿐만 아니라 의미적으로 동일하거나 적어도 공통점이 발견되어야 한다. 이 때, 그 비교 대상이 될 수 있는 가장 강력한 후보에 접사 '-이'가 있다. 무엇보다도 접사 '-이'가 결합한 예는 예외 없이 어휘부 대상이기 때문이다. 더불어 이 세 형식은 의미적으로도 매우 유사하다. 그렇기 때문에 앞 절에서 살펴보았듯이 '-이, -음, -기'를 상호 저지 현상으로 파악하는 견해도 나온 것이다. 아울러 이들은 '-하다'에 대해서 공통성을 보여준다는 점에서 비교의 대상이 될 만하다. 다음을 보면 이를 잘 알 수 있다.

(74) 가. 철수가 그 학원에서 <u>문제풀이</u>(를) 하였다.
    나. 철수가 이 숲에서 <u>보물찾기</u>(를) 하였다.
    다. 철수가 그 책을 <u>대물림</u>(을) 하였다.

이로 미루어 볼 때, '-이, -음, -기' 내부의 형태론적 자질과 관련하여 상호 공유하는 부분이 존재한다. 더욱이 이 세 출력형의 다양한 의미 가운데 공통점이 발견된다.

(75)	-이	-음	-기
- 하는 행위 또는 사건 :	봄맞이	가르침	환치기
- 하는 물건, 도구 :	재떨이	그림	손톱깎기
- 하는 사람 :	구두닦이	해골지킴	모듬뜨기

위와 같은 세 가지 공통점에 주목한다면 적어도 문법 범주 기능에 있어서 이들이 동일한 역할을 가진다고 보아야 할 것이다. 따라서 다음과 같은 논리가 성립할 듯도 하다.

> (76) '-이'가 공시적으로 접사의 역할을 할 뿐 통사적 구성체를 만들어
> 내지 않으므로, 접사적 기능의 '-이'와 '-음, -기'의 문법 범주를 동
> 일 선상에 놓을 수 있다.

하지만 (75)의 각 유형별에 해당하는 도출형의 생산성의 정도는 매우 다르다. 곧 '-이'가 상대적으로 '-하는 사람'의 의미를 나타내는 단어가 많으며, '-음'은 하는 '행위 또는 사건' '물건, 또는 도구'의 역할이 '-기' 는 '행위 또는 사건'을 의미하는 출력형이 우세하다. 그러므로 이들의 문법 범주를 동일한 맥락으로 파악하기보다는 차이점에 더 큰 비중을 두는 것이 오히려 더 타당하다. 더욱이 확실한 접사라고 여겨지는 '-이'도 통시적 사실을 고려해 보았을 때, '어미'적 기능이라고 여겨지는 몇 가지 사례가 있어서 그 기준을 삼기에는 매우 조심스럽다.

> (77) 가. 믈읫 말스믈 모로매 튱후코 믿비ᄒ며 힝뎍을 모로매 독실코 공경
> ᄒ며 음식을 모로매 삼가고 존졀ᄒ며 글ᄌ곳 그싀롤 모매 반둑반
> 둑이 졍히ᄒ며 <飜譯小學 8 : 16>
> 나. 이젼에 비혼 사ᄒ 닷쇗 ᄢᆯ롤 니싀 ᄢᅢ 쉰닐흔 번을 닐거 모로매
> 외오게 ᄒ고 혼 ᄌᆞ도 ᄆᆞᆷ 노하 디내요미 올티 아니ᄒ니라. <飜
> 譯小學 8 : 34-35>[99]

---

99) 혹시 '니싀'가 '이어(連)'의 의미를 가지고 있어서, '-이'가 연결어미 '-어'라고 볼 수도 있다. 그러나 중세 국어에서나 현대 국어에서 모두 연결어미에 해당하는 '-이'는 없다. 아울러 형태적 측면으로 보아서 '-이'를 부사형 어미로 처리할 수도 있다. 그러나 부사형 어미로 볼 경우, 다음에 동사가 나와야 하나, 'ᄢᅢ'는 동사가 아니라, '철저히'라는 부사이며, 그 뒤의 경우에도 '-이'와 연결 관계를 갖는 동사가 나오지 않는다. 이에 대한 실마리는 번역한 한문을 살펴보는 것이다. 한문을 보면, 토와 함께 다음과 같은 글귀가 나온다.

(78) 상ᄉ애 이우지 서르 도오며 <u>녀름지싀롤</u> 게을이 말며 도ᄌ굴 ᄒᄃᆞ 말
며 <u>나기 쟝긔 샹륙을 빗호ᄃᆞ</u> 말며 ᄃ토아 숑ᄉ롤 즐기ᄃᆞ 말며 모
〈飜譯小學 6 : 36-37〉

(77가)는 대격과 'V이' 구조 사이에 강세 첨사 '곳'이 결합된 예이다.
(77나)도 역시 마찬가지로 'NP'(사ᄒᆞᆯ 닷쇗 ᄠᆞᆯ)와 'V이'(니싀) 구조 사이에
대격표지 '-롤'이 오는 예이다.100) (78)도 연결 어미 '-며'에 의하여 대
등적으로 연결된 복합문으로 '녀름지싀'는 '도ᄌ굴 ᄒᄃᆞ', '쟝기 샹륙을
빗호ᄃᆞ', '숑ᄉ롤 즐기ᄃᆞ'와 대등적으로 연결되어 있다. 이 때 '도ᄌ굴 ᄒ
ᄃᆞ', '쟝기 샹륙을 빗호ᄃᆞ', '숑ᄉ롤 즐기ᄃᆞ'의 '-ᄃᆞ'는 어미로 밖에 처리
할 수밖에 없는데, 그렇다면 '녀름지싀'의 '-이'도 역시 절의 자격 즉 C
인 것이고 그 전체 결합형이 단어로 굳어진 것으로 파악해야 한다.101)

須連前三五授ᄒᆞ야 通讀五十遍ᄒᆞ야 須令成誦이오

여기서 '닛-'에 해당하는 의미는 連이며, 'ᄒᄃᆞ'가 이에 호응한다. 그렇다면 번역된 (77가)
의 경우 '니싀' 다음에 원래는 'ᄒᄃᆞ'가 생략된 것으로 볼 수 있다. 혹시 한문에 나타나는
'ᄒᄃᆞ'가 授에 호응한다고 말할 수 있다. 그러나 그 한문에 충실할려면 "사ᄒᆞᆯ 닷쇗 ᄠᆞᆯ릐 니
싀 빗욤ᄒᆞ야"라는 식으로 번역되어야 할 것이나 그렇지 않다. 따라서 '니싀' 뒤에 'ᄒᄃᆞ'가
생략된 것이다. 그렇다면 이는 동명사적 쓰임의 '-이'이다.
100) 김완진(1976)은 〈老乞大諺解〉에서 동명사형 어미 '-기'로 나타난 예들이 〈飜譯老乞大〉에
서는 '-이'로 나타나는 것으로 볼 때, 동명사적인 기능이라 보고 있다. 아울러 그 음운론
적 제약으로 '-이'는 선행요소의 말음이 자음이라는 제약을 가지고 반대로 '-기'는 선행
요소의 말음이 자음이라는 상보적 제약을 가졌다고 말하였다. 또한 이 제약은 매우 보편
적이어서 김완진(1976 : 128)에 따르면 〈飜譯老乞大〉나 〈老乞大諺解〉에 이러한 제약에서
벗어나는 예는 "이 버다 네 콩 슮기 아디 몯ᄒᄂᆞᆫ 둣ᄒᆞ고나 〈번박 상 19b : 8〉"밖에 없음
을 말하였다.
101) 한 가지 주의할 점은 '-이'에 대한 동명사적 쓰임이 있다는 이 글의 주장이 '-이'가 파생
접사의 의미를 가지고 있었다는 사실을 부정하지는 않는다는 것이다. 다음의 예에서 나타
나듯이 〈飜譯老乞大〉에서 '-이'로 나타나는 예가 〈老乞大諺解〉에서도 '-기'가 아닌 '-이'
로 보이는 경우가 있기 때문이다.
[1] 가. 바구레 밋마기 다ᄒᆞᆫ혁 쥬리울 ᄌ가미 마함 〈老乞下 : 27a〉
    가′. 바굴에 믿마기 다ᄒᆞᆫ 셕 쥬리울 ᄌ가미 마함 〈飜老下 : 30a〉
[2] 나. 돌마기 돌온 갓애 양지오딩ᄌ 브텨시니 〈老乞下 : 47a〉
    나′. 돌마기 ᄃ론 갑애 양지옥 딩ᄌ 브텨시니 〈飜老下 : 52a〉

이와 함께 시정곤(1993 : 89-100)의 논의에서 중세 국어에서 어휘부 접사 '-음'보다는 어미 '-옴, -움'이 결합한 형이 그대로 단어화를 만드는 조어 방법이 활발했고, 그 조어법이 공시적으로도 여전히 활발하다는 가정을 받아들인다면, 사실상 '-음, -기'가 공시적으로 접사 기능을 가졌다고 판단할 객관적인 공시적 기제가 없는 셈이다. 결국 '-음, -기'가 어휘부 접사이기 때문에 위 6가지 예들이 구 금지 제약을 어기지 않는다는 논리는 성립하지 않는다.

3.3.2. 통사부 접사

통사부 접사 견해는 어기에 대한 구 금지 제약이 없다는 입장이다. 그러나 구 금지 조건을 없앤다면, 위와 같은 '-음, -기'에 대하여 설명은 할 수 있으나, 통사부 접사를 모두 어휘부에서 설명해야할 위험성을 안게 된다. 이와 관련하여 접사가 통사적 구를 취할 수 있다는 기존의 '통사부 접사'를 살펴볼 필요가 있다. 이에 대한 대표적인 견해는 김창섭(1993 : 151-181)으로, 여기에서 기존에 형태론적 파생 접미사로만으로 인식되어 왔던 형용사 파생 접미사 '-답2-'가, 명사구(NP) 어기를 취하여 형용사구를 형성하는 통사적 기능이 있음을 밝혔다.

(79) 가. *그는 [따뜻한 정]답2다.
　　 나. 그 여자는 [예쁜 꽃]다운2 나이에 고향을 떠났다.

(80) 가. 그는 [한때 세계 챔피언을 지낸 선수]답1게 기량이 뛰어났다.
　　 나. 그 학교의 교육은 [전통있는 명문 사학의 교육]답1게 체계적으로
　　　　 운영된다.
　　 다. 그 학교의 발전은 [김교장이 이끈 발전]답1게 내실이 있다. …중
　　　　 략…

즉 순수한 파생 접사는 (79나)의 '꽃답다'('참답다'도 이에 해당)의 '-답다'이며, 그 이외의 '답다'는 (80)와 같이 통사적 구를 취할 수 있으므로 이를 통사적 접사로 보아야 함을 주장하였다. 이러한 시각은 어휘부 접사가 통사적 구를 취할 수 있음을 말하는 것으로 달리 말하면, 입력형의 어기에 구가 올 수 있음을 뜻한다. 그러나 이러한 '-답1-'은 잘 보면 위 (80)에서 수식을 해 주는 요소를 생략해 버리면 아래 (81)과 같이 부적격하다.

    (81) 가. *<u>그는 선수답게</u> 기량이 뛰어났다.
        나. *<u>그 학교의 교육은 교육답게</u> 운영된다.
        다. *<u>그 학교의 발전은 발전답게</u> 내실이 있다.

  혹시 이것은 '-답-'이 연결 어미 '-게'를 취하는 형식에서만 적격과 부적격을 이룬다고 주장할지 모르나, 아래 (82)와 같은 분포에서도 역시 부적격한 쓰임을 갖는다.[102]

    (82) 가. *그가 선수답다.
        나. *이것은 교육답다.
        다. *이것이 발전답다.

  따라서 이는 '통사적 범주를 취하는 어휘부 소관 접사'가 아니라, '통사적 범주를 취하는 통사 핵'으로 다루어야 한다. 즉 관형형 범주를 필수적으로 요구하는 불완전 명사 '것, 줄, 수, 바, 데, 리' 따위와 평행하게 선행 논항을 반드시 요구하는 핵으로서 다루어야 한다. 이에 대한 논의를 명확하게 하기 위하여 기존에 접사로 다루어진 '-음직'을 하나 더 들어

---

102) 혹시 '그가 선수답다'라는 문장이 적격하다고 판단할지도 모르나, 선수가 본질적인 의미 즉 [운동을 직업으로 하는 사람]이라면, [속성]을 내포하고 있지 못하므로 가능하지 않은 문장이다.

설명해 보면 아래와 같다.[103)

> (83) 가. 먹음직하다, 줌직하다, 막음직하다, 감직하다, …
> 　　　 나. 그림직하다, 큼직하다, 좋음직하다, …
> 　　　 다. 있음직하다, 없음직하다, …
> 　　　 라. 먹었음직하다, 막았음직하다, 갔었음직하다, 그렸음직하다, 좋았
> 　　　　　 음직하다, …
> 　　　 마. 잡수심직하다, 드림직하다, …

위 (83)에서 보듯이 '-음'은 동사, 형용사, 계사 등 모든 범주에 다 붙을 수 있고, 또한 한정된 어기에만 결합하는 것도 아니다. 더욱이 (83라)를 보면 시제 형태소 '-었-'과 결합할 수 있으며, (83마)와 같이 어기(-X음-)가 존대의 자질을 가진 채 '존대 형태소' '-시-'와 덧붙는다. 또한 도출되어 나오는 형이 무한함으로써, '-직하다'의 'X' 대하여 우리는 적격·부적격을 판별할 수 있다. 예컨대, '마중직하다, 꾸물꾸물직하다'처럼 명사 범주에 덧붙는 것은 부적격하다라고 '확신'을 가질 수 있다는 것이다. 즉 어기의 범주가 용언인 한 완전히 개방되어 있다. 따라서 우리는 이러한 '-음직'은 비록 그것이 어휘적인 접사라 할지라도 이를 다루어야 하는 영역은 통사부인 것이다.

다음에 동일한 통사적 접사라는 용어를 쓰지만 개념이 약간 다른 시정곤(1993 : 13-24)의 견해가 있다. 여기에서도 접사를 단어 형성에 참여하는 접사와 통사부에서 구와 결합하여 새로운 구를 형성하는 접사로 양분하여, 전자를 '어휘부 접사', 후자를 '통사적 접사'로 규정하였다는 점은 위와 동일하나,

---

103) 송철의(1989 : 113-114)에서는 이를 파생 접사로 다루고 있다. 아울러 시정곤(1993 : 97-98)에서는 이러한 파생 접사 견해에 대하여 비판하고 있다.

(84) 가. 어휘부 접사

$$(\text{Affix})+X^0+(\text{Affix}) \rightarrow Y^0 \quad (X, \ Y \ = \ N, \ V)$$

나. 통사적 접사

$$XP=\text{Affix} \rightarrow YP \quad (X, \ Y \ = \ N, \ V, \ T, \ M, \ C)$$

통사적 접사를 어휘 접사와 기능 접사로 분리했다는 점에서 그 의미가 좀 더 확대 해석되었다.

(85) 가. 통사적 어휘 접사 : '-이-', '-같-', '-답-', '-되-', '-거리(다)',
　　　　'-대(다)', '-지(다)' 등과 피사동 접사, '-이-', '-히-', '-리-',
　　　　'-기-', …

나. 통사적 기능 접사(A) 1부류 접사 : -에게, -부터, -만, …
　　2부류 접사 : -이/가, -을/를, -의, …

다. 통사적 기능 접사(B) 1부류 접사 : -시-, -었-, -겠-, …
　　2부류 접사 : -다, -라, -니, …

라. 통사적 기능 접사(C) : -기, -음, -게, -ㄴ, -ㄹ, …

즉 위 (85가~라)는 XP와 결합하는 예이다. (85가)는 논항을 배당할 수 있는 접사로 기존의 통사적 접사의 개념에 속하지만,[104] (85나)에는 특수 (어휘)조사 및 구조격 조사, (85다)는 선문말 어미 및 문말 어미 (85라)는 전성 어미와 같이 전형적인 통사적 단위로 이들도 역시 통사적 접사의 범주에 포함시켰다. 그런데 여기서 주목할 만한 사실은 (85라)의 '-음, -기'이다. 여기에는 통사적인 어미로 쓰이는 '-음, -기' 뿐만 아니라, 기존에 접사로 파악되었던 '-음, -기'도 포함되기 때문이다. 이러한 맥락은 다음과 같은 주장에서도 엿볼 수 있다.

---

[104] 피사동 접사가 속해 있는 것으로 볼 때, 적격과 부적격의 판단을 할 수 있는 대상이 아닌 것도 포함되어 있다.

(86) 그리고 이러한 고찰을 통해 'X+기'의 '-기'는 앞서 고찰한 '-음'과
　　　같이 모두 통사적 접사이며, 통사부에서 형성된 후에 단어화될 수 있
　　　다고 가정하고자 한다.

　즉 시정곤(1993)에서는 기존에 접사로 분류한 '-음, -기'도 실은 그 기
능은 어미이고 단어화가 된 사실은 다른 과정임을 주장하면서 이들을
(86라)의 부류에 귀속시킨 것이다. 예컨대, '가르침, 걸음, 놀림, 뉘우침,
도움, 모임, 물음, 믿음, 보탬, 싸움, 울음, 흐름, 그림, 춤, 삶, 웃음, 노름
고름 주름, 기쁨'105) 이나, '달리기, 던지기, 쓰기, 읽기, 더하기 곱하기
나누기'를 통사부 접사의 '-기'와 동일하게 파악하였다(시정곤 1993 : 100-
101). 그러나 이러한 논의의 문제는 첫째, 통사부 접사 자체가 어휘부에
어떻게 들어오는지에 대한 구체적인 과정을 밝히지 않았다는 점과, 둘째
역사적으로 전형적인 접사와 결합한 예(거름, 느낌, 다짐, 어름, 잠)가 한정적
인 반면 어미와 결합한 형이 더 우세하다고 하여 공시적으로도 '-음, -기'
의 정체가 어미라고 단정 지을 수 있는가 하는 문제가 제기된다. 다음에
어미 결합형이 이와 다른 단어화라는 과정을 거쳤다고 한다면, 이것은 통
사부 후 어휘부라는 순서를 어떻게 극복할 수 있는지 아울러, 단어화 과
정은 통시적인 사실로 파악할 수밖에 없는데, 앞에서 살펴본 '얽어짜임,
볕에 말리기, 밝힘증'류의 '-음, -기' 형식이나, 다양한 내부 구조를 가진
형식들은 공시적으로도 생산성이 있는 형으로 이에 대한 처리를 과연 어
떻게 할 수 있는지에 대한 의문이 제기된다. 보다 근본적으로 이러한 통
사적인 어미와 어휘부 접사를 동일하게 파악했을 때, 이들 전체를 어휘부
로 다루거나, 혹은 통사부로 다루어야 하는데, 이 둘의 경계를 허무는 것
이 과연 언어 사실을 처리하는 데 어떤 도움을 주는지에 대한 재고가 필

---

105) 시정곤(1993 : 91-100) 참조. 그런데 '거름 느낌, 다짐, 어름, 잠' 따위는 통시적으로 '-옴
　　/-움'이 결합한 예이므로 위와 같은 부류에 속하지 않는다.

요할 것이다. 통사부와 어휘부의 경계는 쉽게 규정 지워질 수는 없지만, 한 가지 명백한 사실은 통사부는 적격과 부적격을 말할 수 있지만, 어휘부는 그렇지 않다는 점이다.

정리하면 단어 초과 어기와 '-음, -기'가 결합할 경우 기존 견해는 어기 내부의 통사적 요소를 어휘부 접사로 규정하거나, 그 도출형을 잠재어로 파악할 수밖에 없었다. 왜냐하면 상위 차원의 통사적 구가 접사와 결합하여 낮은 층위의 단어로 되는 결과를 막는 구 금지 제약을 위반하기 때문이다. 그러나 구 금지 제약을 지키기 위하여 '-음, -기'를 어휘부 접사로 선행 어기를 잠재어로 규정할 경우, 접사나 잠재어의 근거를 구 금지 제약으로, 구 금지 제약에 대한 근거로 접사나 잠재어를 드는 순환론적인 설명을 할 위험성이 있다. 이러한 연결 고리를 깨뜨릴 수 있는 방법은 '-음, -기'가 접사라는 객관적인 기준을 제시하여야 하는데 기존 접사 기제는 해당 도출어가 단어인지 그렇지 않은지만을 판별할 수 있을 뿐, 접사 자체를 검증하는 방법으로는 무리가 있다. 따라서 이런 점을 볼 때 단어 초과 어기에 대한 어휘부 접사 처리는 크나큰 문제로 제기된다. 반면에 통사적 구가 올 수 있다는 통사부 접사 견해는 통사부의 여러 단위를 어휘부에서 설명할 위험성과 함께, 통사부 구성으로 이루어진 단어를 통시적인 사실로 설명할 위험성을 갖게 된다.

4. 어휘부 규칙과 등재부의 관계

이 절에서는 파생어 형성 규칙으로 도출된 형식이 사전에 등재되는 방식에 대하여 살펴본다. 논의를 명확히 하기 위하여 명백히 등재와 관련이 없는 통사부 규칙과 등재의 관계를 우선적으로 살펴보고자 한다.

(87) 가. 있<u>더</u><u>시</u>니, 가<u>더</u><u>시</u>니, 먹<u>더</u><u>시</u>니
     나. 있<u>으</u><u>시</u><u>더</u>니, 가<u>시</u><u>더</u>니, 먹<u>으</u><u>시</u><u>더</u>니

국어에 대한 공시적·통시적 직관을 모르는 화자가 위와 같은 자료들을 동시에 접했다고 가정해 보자. 아울러 화자가 국어에 대한 문장 체계를 배우고자 할 필요를 느끼고 있다고 가정해 보면, 그 화자는 국어에 대한 언어적 직관이 없으므로('있-, 가, 먹-'에만 '-더-/-시-'나 '-시-/-더-'가 결합하는지 아니면 이 이외의 다른 형식에도 결합할 수도 있는지, 또한 '-더-/-시-'나 '-시-/-더-'의 순서 결합이 어느 것이 통시적이며 어느 것이 공시적 사실인지를 알지 못하므로) 이들을 한 덩어리로 자신의 사전에 등재할 것이다. 그리고 한정된 자료를 바탕으로, (87가)를 통하여 '-더-'+'-시-'(규칙 A)와 (87나)를 통하여 '-시-'+'-더-'(규칙 B)라는 '통사부 접사 결합 순서 규칙'을 임의로 상정할 것이다.

덧붙여 (87가)와 (87나) 자료가 동시에 공존하므로 화자는 '존경법 형태소'와 '과거 인식 형태소'(서정목 1998) 간의 순서 결합이 국어 문법에서 무규칙적일 것임을 예측할 수밖에 없다. 이 때 (87)의 자료 이외에 '규칙 A'에 관련된 자료('-더-'+'-시-')들이 더 제시된다면 이를 기반으로 화자는 규칙 A가 국어 체계에서 '활성화'된 규칙이며, 규칙 B는 이보다는 덜 '활성화'된 규칙이라고 예측한다. 물론 '규칙 B'와 관련된 자료가 더 많다면 반대로 예측할 수 있다. 이러한 임시적인 틀에 대하여 화자가 국어의 언어 현실에서 생성되는 새로운 발화체(통사적 구)를 접함으로서 '규칙 A'가 아닌 '규칙 B'가 공시적임을 알게 된다. 그 결과, 화자는 '규칙 B'를 공시적으로 '활성화'된 규칙이라는 조정을 한다. 또한 조정된 규칙을 기반으로 화자 자신이 새로운 발화체를 생성하고 그 새로운 발화체가 해당 언어 사회에서 공시적으로 수용을 인정받으면, 이 조정된 규칙은 해당

화자가 공시적으로 이용할 수 있는 '완전한 통사 규칙'으로 자리 잡게 된다. 그렇다면 규칙 형성의 원초적 자료들은 어떻게 되는가? 애초에 그 규칙을 만들기 위하여 화자의 머릿속에 (87가)와 (87나)를 등재시켰기 때문에 구축된 규칙과는 상관없이 그대로 남아 있게 된다. 물론 (87가) 자료는 이미 구축된 통사 규칙에 위배되므로 망각, 즉 '인출'에는 실패할 수는 있으나, 그러한 망각은 등재와 또 다른 차원이다.[106]

이 때 우리는 위 (87가, 나) 자료의 등재가 통사부 규칙과 관련되기는 하나, 통사부 규칙이 곧 등재의 기제라고 말하지 않는다. 달리 말하면 위의 (87가)와 같은 자료가 등재부에 등재된다면, 그 이유가 통사부 규칙 형성 때문이지, 통사부 규칙을 적용시켰기 때문이라고 말할 수 없다. 요컨대 등재와 규칙은 동일한 차원이 아닌 것이다.

그런데 이는 언어 발달상에 국한된 문제이며, 규칙이 완전히 구축되면 그 이외의 다른 이유로 등재되는 증거가 없다는 주장을 할 수 있다. 그러나 다음과 같은 자료를 볼 때, 이와 같은 주장은 명백히 잘못된 것이다.

(88) 가. 첫째, 둘째, 셋째, 넷째, 다섯째, 여섯째, 일곱째, 여덟째, 아홉째, 열째, …
    나. 열한 번째, 열두 번째, 열세 번째, …

(89) 가. 어린이, 늙은이, 젊은이, 글쓴이, …
    나. 밝은 이, 잡은 이, 숨긴 이, 옮긴 이, 펴낸 이, 박은 이, …
    다. 맑음, 흐림, …
    라. 무궁화꽃이 피었습니다, 꼭꼭 숨어라 머리카락 보인다, 못찾겠다 꾀꼬리, …

---

106) 그렇기 때문에 화자가 이러한 예외적인 원초적 자료들을 나름대로의 등재 체계를 구축하여 필요할 때 인출을 가능한 한 쉽게 하고자 한다. 이는 마치 불규칙한 단어들을 형태론적, 음운론적, 통사론적, 의미론적 요인이나, 상위어, 하위어, 반의어 따위와 같이 나름대로의 체계를 만들어 등재부에 등재하는 의도와 유사한 맥락이다.

(90) 가. 민욱님, 유정님, 유미님, 홍길동님, 철수님, 영희님, …

　　　나. 선생님, 사장님, 회장님, 검사님, 판사님, 선배님, 형수님, 고객님,
　　　　 대통령님, …107)

　　　다. *책님, *복사기님, *컴님, *사전님, …

　　　라. 햇님, 달님, 별님, …

(91) 가. 골치가 아프다, 눈 깜짝 할 사이에, 마음이 쓰이다, 깜짝 놀라다, …

　　　나. 사람은 키 큰 덕을 입어도 나무는 키 큰 덕을 못 입는다, 바다는
　　　　 메워도 사람의 욕심은 못 채운다, 마음 한 번 잘 먹으면 북두칠
　　　　 성이 굽어보신다, 나는 바담풍(風) 해도 너는 바람풍 해라, …

　　　다. 노트르담의 꼽추, 달마가 동쪽으로 간 까닭은, 바람과 함께 사라
　　　　 지다, 달마야 놀자, 메리에겐 뭔가 특별한 것이 있다, …

---

107) '-님'은 <표준국어대사전>에 의미는 유사하나 기능은 다른 형식으로 보고 있다. 곧 아래
　　와 같이 사람과 결합하는 '-님'은 명사로 보고, 직위나 신분과 결합하는 '-님'은 접사로
　　보고 있다.

　가. 님01 : (사람의 성이나 이름 다음에 쓰여) 그 사람을 높여 이르는 말. '씨'보다 높임의
　　　뜻을 나타낸다. 예 홍길동 님/길동 님/홍 님.
　나. -님04 : 접사
　　　1. (직위나 신분을 나타내는 일부 명사 뒤에 붙어) '높임'의 뜻을 더하는 접미사.
　　　　예1 사장님/총장님
　　　2. 사람이 아닌 일부 명사 뒤에 붙어) '그 대상을 인격화하여 높임'의 뜻을 더하는 접
　　　　미사'.
　　　　예2 달님/별님/토끼님/해님

　그러나 이 두 형식이 다같이 '높임'의 뜻을 가지고 있기 때문에 의미적으로 공통적이며,
특히 '나'의 두 번째 예는 대상을 인격화하였기 때문에 '가'와 의미가 밀접한 연관성을
가지고 있다. 따라서 이 둘을 상이한 기능이 아닌 변이 의미의 차이를 갖고 있다고 하겠
다. 더욱이 이 두 가지 형식의 어기가 모두 개방 부류이기 때문에 사실상 그 의미 차이는
없겠다고 보겠다. 혹시 전자는 모든 명사 어기와 결합할 수 있는 반면, 후자는 그렇지 않
다고 보아 이 둘을 동음이의어 즉 상이한 형태로도 볼 수 있을 수도 있겠다. 그것은 후자
의 경우 '거지님', '조폭님'과 같은 결합체가 어색하기 때문이다. 그러나 전자의 경우도
예컨대 '개똥님', '바둑이님'과 같은 결합체도 어색하다는 점으로 볼 때 이 두 형식은 변
이 의미로 밖에 볼 수 없다. 곧 전자의 '거지, 조폭'이나 후자의 '개똥, 바둑이'의 내부 의
미 자질에 본유적으로 [-높임]의 자질을 갖고 있기 때문에 [+높임]의 자질을 갖고 있는
'-님'과의 상충을 일으키기 때문에 양자의 결합체가 모두 어색한 것일 뿐이다.

(88가)는 (88나)와 통사부 구성이 동일하다. 명사와 '-째'가 결합하여 순서의 개념을 나타낸다. 비록 '-째'가 어떤 범주에 속하는지는 — 접사인지 불완전 명사인지 아니면 그 이외의 범주에 속하는지 — 확실하지 않지만, '-째' 앞의 선행 형식이 서수이면 '적격'이요, 그렇지 않으면 '부적격'이라는 판단(*사과째, *가다째)을 명확하게 할 수 있다는 점을 중시하면, 이 결합 형식이 통사적 구성임은 확실하다. 그런데 이렇게 동일한 구성을 가지고 있는 (88가)와 (88나)의 형식에 대하여 우리는 직관적으로 서로 다른 부문의 소속임을 알 수 있다. 그 직관의 실마리로 '첫째'-'열째'의 항목들이 <표준국어대사전>에 등재되어 있지만, (88나)는 그렇지 않다는 점을 들 수 있겠다. 물론 사전에 등재되어 있다고 하여 곧 '첫째'-'열째'가 실재 화자에게 등재되어 있음을 증거하는 데는 논리적으로 지나친 감이 없지 않다. 왜냐하면 '첫째-열째'를 사전에 등재하고 그 이외의 형식을 등재하지 않는 이유가 그 사전을 편찬한 사람의 주관에 치우친 것일 수도 있기 때문이다. 그러나 '첫째-열째'의 사용 빈도를 보면, 빈도 순위 3000 이내에 '첫째'(1223)와 '둘째'(1270) 그리고 '셋째'(2804)가 포함되어 있고(문화관광부 한국어 세계화 추진 위원회 1998), 국립국어원(2002)의 학습용 어휘 사전을 보면, '첫째(1728), 둘째(2679), 셋째(2834), 넷째(6198), 다섯째(15360), 여섯째(34854)'가 고빈도 사용례로 조사된 바가 있음을 볼 때, 빈도의 요인에 의해 (88가)와 (88나)의 등재 여부가 결정되었음을 보다 더 객관적으로 알 수 있다. 더욱이 '첫째~여섯째'까지의 빈도 순위가 '1728>2679>2834>6198>15360>34854'와 같이 차례로 낮아진다는 사실을 고려한다면 개별적 화자의 '등재의 정도성'(대체로 열째 이하는 단어로, 열한 번째 이상은 통사적 구라는 정도성)이 사용 빈도와 상당한 연관성을 가지고 있음을 알 수 있다.

(89가)와 (89나)의 통사부 구성도 위와 같은 맥락이다. 즉 '어린이'류나

'밝은 이'류의 내부 구조는 다 같이 동사나 형용사가 관형적으로 명사 '이'를 꾸며주는 전형적인 통사적 형식이다. 역시 똑같은 통사적 구성임에도 불구하고 (89가)는 사전에 등재되어 있는 반면 (89나)는 그렇지 않다. 빈도 사전에서 볼 때도 '어린이류'는 '802(어린이), 1255(젊은이), 11676(늙은이), 20168(글쓴이)'라는 고빈도 사용례인 반면 '밝은 이, 잡은 이, 숨긴 이, 옮긴 이, 펴낸 이, 박은 이'는 빈도 순위에 빠져있다. 물론 빈도 순위에서 없다는 사실이 이 형식들이 언어 현실에서 단어로 사용되지 않았다는 직접적인 증거가 될 수 없다. 왜냐하면 '밝은 이, 잡은 이, 숨긴 이'를 조사자가 통사적 구로 파악하여 조사 대상에서 제외했을 가능성이 높기 때문이다.108) 그러나 이와 같은 인식을 그대로 받아들이더라도 역시 한쪽이 어휘부 소속의 단위이며 다른 한 쪽은 통사부 소속의 단위라는 직관이 개재된 사실 자체는 부인할 수 없다.

(89다)도 역시 통사부 단위이다. 즉 '날씨가 맑다, 날씨가 흐리다'처럼 '맑음'과 '흐림'의 선행 주어를 연상할 수 있기 때문이다. 비록 빈도 조사의 대상에서 일기문을 제외하였다는 점과 이들이 통사적 구라는 인식 때문에 빈도 순위에서는 지적되지 않았지만, 필자가 조사한 바로 초등학생 일기문에는 '맑음', '흐림'이 매우 고빈도로 사용된 사실을 바탕으로 하면(김명광 2003), '맑음, 흐림'도 역시 빈도의 요인으로 인해 화자의 등재부에 등재된 단위임을 알 수 있다.

(89라)의 '무궁화꽃이 피었습니다'는 특정 놀이에서 사용되는 문장에 해당하며, '꼭꼭 숨어라 머리카락 보인다', '못찾겠다 꾀꼬리'도 역시 정체는 통사적 구이지만, 놀이 환경에서는 고빈도적인 쓰임을 갖게 됨으로

---

108) 그런데 '옮긴 이, 펴낸 이, 박은 이'는 '역자', '편찬자', '인쇄인'과 같은 단어로 대치 가능하다는 점에서 저빈도의 요인 때문에 빈도 순위에서 제외된 것이라는 심증도 갖지만, 이에 대한 확실한 통계 자료가 없는 바 그 판단을 유보한다.

써, 화자의 머릿속에 이 단위 전체가 등재된 형식임은 매우 자명하다.

결국 (88가, 나)나 (89가, 나, 다, 라)의 결과로부터 얻을 수 있는 사실은 동일한 내부 구조의 모양을 갖고 있는 통사부 단위라고 하더라도 빈도에 의하여 화자에게 얼마든지 등재부에 등재될 수 있다는 것이다.

(90)의 '-님'은 (88)과 (89)의 예와는 약간 다른 성격을 가지고 있다. '-님'의 문법 범주가 무엇인지는 (88가, 나)와 (89가, 나)처럼 확실하지는 않지만, 적어도 개별 사람이나 높임의 자질을 가지고 있는 신분이 '-님' 앞에 결합되면, 그 결합체에 대해 적격과 부적격을 판단할 수 있다는 점에서 (90가, 나)를 통사적 구로 볼 수 있다고 여겨진다. 예컨대, '민욱님', '유정님', '유미님'의 '민욱, 유정, 유미'와 같이 개별적 사람이 '님'과 결합될 때, 적격인 판단을 할 수 있는 반면 높임의 자질이 없는 (90다)의 '책님, 컵님, 복사기님, 사전님'의 경우는 부적격이라는 판단을 할 수 있다는 점에서 통사적 구로 파악된다. 언 듯 보기에 (90라)의 '해, 별, 달'이 높임의 자질을 가지고 있는 사람이나 신분이 아님에도 불구하고 '해님, 별님, 달님'이 가능한 결합체가 존재함으로 해서, 위 (90가)에 대한 반증 예처럼 보이나, '해, 별, 달'이 동화책 속에서 자주 '의인화'된다는 점을 이해하면 근본적으로는 (90가)의 맥락과 유사한 유형에 속한다. 이 때 우리가 여기서 주목할 점은 (90가)의 경우는 등재될 가능성이 적지만 (90나)는 그렇지 않다는 사실이다. 그 이유는 (90가)의 '님'과 결합되는 사람(민욱, 유정, …)은 특정 화자와 청자에게만 관여하는 극히 특칭적인 명칭에 해당하지만, (90나)는 그러한 특칭성에서 벗어나 모든 사람이 공유할 수 있는 신분[+높임의 자질]과 관련된 명칭으로 이른바 총칭성(generic noun)에 해당하기 때문이다. 곧 (90가)와 (90나)는 동일한 내부 구성을 가지는 통사부 단위임에도 불구하고, (90나)에 대하여 화자가 어휘부 대상의 직관을 가질 수 있는 이유가 바로 어휘부 대상의 본질이 특칭적인 사태나 사

물에 관여적이지 않는다는 대원칙과 합치되기 때문이다.[109]

(91)의 통사부 구성이 등재부에 등재된 이유는 또 다른 요인이 작동한 것이다. 예컨대 (91가)의 '골치를 썩히다'는 명사(골치)와 동사(썩히-)가 상호 긴밀한 연상 관계를 갖는 연어 형식으로 한 쪽을 연상하면 다른 한 쪽이 연상되게(등재된 단어가 인출되게) 됨으로써, 두 형식이 인출되는 데 있어 상호 긴밀하게 도움을 줄 수밖에 없다. 그 결과 명사와 동사('골치가 아프다') 전체가 등재부에 하나의 등재소처럼 등재되게 된 나머지, 사용 맥락에서 동시적으로 인출되게 된다. 곧 통사부 구성 단위 간의 긴밀한 연상 관계에 의하여 등재부에 동시적으로 등재된다는 것이다. 한편 (91나)의 속담의 경우에도 이러한 상호 연상 관계의 요인이 그대로 적용되지만, 여기에 더불어 통사부 구성의 의미의 합과 다른 개념이 연결되었다는 사실도 크게 작동된다. 물론 통사부 구성의 의미와 다른 개념이 어떻게 연결되었느냐의 문제는 통시적인 사실에 해당한다. 그러나 속담 형식이 특정 화자나 특정 청자에게 일회적으로 사용되는 것이 아니라, 모든 사람에게 두루 관여할 수 있는 '대상'으로서의 명제 역할을 한다는 점에서, 총칭적인(generic) 의미를 요구하는 등재부의 속성에 부합한다.

(91다)는 통사적 개별 구성의 합이 의미하는 문자적 개념으로부터 전체 개념을 함의할 수 없음에도 불구하고, 만든 사람의 의도가 강하게 개입되어 해당 영화의 사태나 사건을 대표하는 형식에 해당한다. 역시 통사적 구성의 의미와 다른 의미를 내포한다는 점에서 (91나)와 동일하다.

종합하여 보면 통사부 규칙으로 만들어진 형식도 '사용 빈도', '총칭성', '연상 관계', '제3의 의미', '화자의 의도성' 등 다양한 요인에 의하여 얼마든지 등재부에 등재되어 하나의 등재소가 될 수 있다. 하지만 우

---

109) 물론 (90나)도 위에서 살펴본 빈도의 요인도 복합적으로 작동한 예이기도 하다.

리는 (87~91)과 같은 등재된 예를 통하여 '통사부 규칙'을 '등재'의 기제라고 말하지 않는다. 왜냐하면 '통사부 규칙'은 화자가 해당 형식의 문장을 만드는 데까지 관여하는 기제일 뿐, 이것이 등재소의 단위가 되었느냐 그렇지 않느냐, 곧 (87~91)과 같은 형식이 등재부에 등재되느냐 그렇지 않느냐는 이와 같은 독립적인 별개의 요인들이 적용된 것이기 때문이다.

4.1. 어휘부 규칙과 등재의 관계

어휘부의 규칙과 등재의 관계도 위에서 살펴본 통사부의 규칙과 등재의 관계와 본질적으로 유사하다. 논의를 구체화하기 위하여 '-구이'류의 자료를 바탕으로 파생어 형성 규칙 형성 과정을 먼저 살펴보면 다음과 같다.110)

> (92) 가. 생선-구이, 조개-구이, 대구-구이, 갈치-구이, …
> 나. 초벌-구이, 애벌-구이, 간접-구이, 직접-구이, …

화자가 (92)와 같은 예들만을 알고 있다면, 그 화자는 (92가)의 자료를 통해 어기가 '먹을 수 있는 생선'류라는 규칙 A를 구축할 것이다. 또한 (92나)의 자료를 통해 '굽는 횟수'(초벌-구이)나 '굽는 방법'(간접-구이)이라는 규칙 B를 임의로 상정할 것이다. 이 때 (92가)와 (92나)의 자료가 동시에 공존하므로 화자는 규칙 A와 규칙 B 중에 어떤 것이 더 활성적인 규칙인지 알 수 없다. 이 때 (92나)의 어휘 항목이 (92가)보다 더 많다고

---

110) 논의를 분명하게 하기 위하여 어기가 [생선 이외에 구울 수 있고 먹을 수 있는 유정물]의 의미를 갖고 있는 예(통닭구이류, 붙임2 : ①)와 'X으로 굽다'의 X에 들어 갈 수 있는 예(전기구이류, 붙임2 : ②), 그리고 그 밖의 어기 (칭기스칸 구이류 2-③)은 (2)의 예에서 생략하였다. 그러나 (붙임2)의 예들은 모두 생산적인 쓰임을 갖고 있는 예이다.

한다면 해당 화자는 규칙 A가 국어 체계에서 '활성화'된 규칙이며, 규칙 B는 이보다는 덜 '활성화'된 규칙이라고 예측할 것이다. 그러나 이러한 임시적인 틀은 국어의 언어 현실에서 생성되는 새로운 단어(신조어) '은어 -구이', '황태-구이', '뱅어포-구이', '연어-구이'들을 통해 (92나)가 아닌 (92가)('먹을 수 있는 생선'류)의 규칙이 더 활성적임을 화자가 깨닫게 된다. 그 결과 '규칙 A'가 아닌 '규칙 B'가 공시적으로 '활성화'된 규칙이라는 조정을 한다. 또한 이 조정된 규칙을 기반으로 화자 자신이 새로운 단어, 예를 들어 '멸치구이, 붕장어구이'를 생성하고 이것들이 해당 언어 사회에서 공시적으로 수용 가능하다고 인정받게 되면 이 조정된 규칙은 완전한 파생어 규칙'으로 화자에게 자리 잡게 된다. 한편 '등재'되어 있는 (92나)의 자료 즉, 비활성 자료는 어떻게 되는가? 이는 통사 규칙과 달리 '적격', '부적격'의 판정을 받는 대상이 아니고 사회적으로 사용되는 단어이기 때문에 여전히 '등재'된 상태로 남아 있다. 물론 이 자료 사용의 빈도수가 거의 없다면, 망각되어 '사용 어휘'(화자 자신이 사용할 수 있는 적극적인 단어)가 아닌 '이해 어휘'로서만의 자격을 갖게 되는 것이다. 즉 통사부 규칙의 부적격 자료와 유사하게 인출에 어려움을 겪는다. 그러나 이러한 어휘들이 나름대로의 체계를 가지고 있다면 이도 역시 인출이 쉽게 가능하다.

결국 통사부 규칙과 마찬가지로 위 (92)의 자료들이 등재부에 등재되는 이유가 파생어 형성 규칙 형성 때문이지, 규칙이 적용되었기 때문에 등재부에 등재된 것이 아님을 알 수 있다. 곧 (92)과 같은 자료를 통하여 파생어 형성이 이루어짐을 볼 때, 파생어 형성 규칙과 등재가 상관은 있지만 규칙이 바로 등재의 기제는 아니라는 점이다. 역시 파생어 형성 규칙도 통사부 규칙과 마찬가지로 규칙과 등재는 다른 차원의 문제이다.

물론 통사부 규칙과 어휘부 규칙이 모든 면에서 동일하다고 주장하는

것은 결코 아니다. 분명히 이 둘은 성격이 다르다. 가장 큰 특징 중 하나
가 어휘부 규칙은 통사부 규칙과 달리 동일 접사에 대한 복수의 규칙이
동시에 공존할 수 있다는 점이다. 'X-스럽'류를 통하여 설명하면 다음과
같다.

> (93) 가. 자랑-스럽다, 바보-스럽다, 의문-스럽다, 염려-스럽다, …
>   나. 조심성-스럽다, 병신성-스럽다, 고풍-스럽다, …

위 (93가)의 어기가 'X 자체와 관련된 속성'(규칙A)이며, (93나)는 'X로
부터 연상될 수 있는 속성'(규칙B)이다. 이 때 화자는 (93)과 같은 개별자
료를 통하여 분석 예측 가능한 규칙A와 규칙 B라는 두 개의 임시적인
규칙을 설정한다. 이러한 임시적인 두 개의 규칙 중 '규칙 A'(93가)는 '엽
기스럽다, 저질스럽다, 과장스럽다, 허풍스럽다, 고급스럽다, 성스럽다'
따위를 통하여 활성화되지만, '규칙 B'(93나)는 이로부터 생성되는 단어가
없음으로 해서 비활성화된 채로 남아있게 된다. 그런데 접사 '-스럽-'을
이용한 규칙이 다시 수정 분화되는데, 그것은 '속성이 연상될 수 없는 어
기'들과 결합한 예, 예컨대 '오노스럽다, 한국스럽다' 따위가 새로이 등장
하였기 때문이다. 하지만 이는 (93가)와 (93나)의 어기와는 그 성격이 판
이하게 다르다. 즉 고유 명사는 원칙적으로 특정한 단일 대상(개체)에 대
한 명칭의 성격을 지닌 것으로 개별 대상만을 특칭하여 직접 지시하게
된다. 따라서 '-스럽-'이 요구하는 '어기로부터 연상되는 속성'을 내포하
지 못한다.[111] 이에 반해 (93가)와 (93나)의 어기들은 본질적으로 '속성'
을 가진 명사류이다.[112] 그러므로 '오노'나 '한국'은 그것이 보통 명사의

---

111) 명사의 의미에 관한 자세한 논의는 김인균(2002 : 45-49) 참조.
112) 이러한 전형적인 범주가 보통 명사이다. 대개의 명사들은 다른 형식과 결합할 때 보통 그
   것들의 내현적 의미 중 '일부분' 또는 '전체 의미 집합'과, 다른 형식의 의미와 결합하거

속성이 아니기 때문에 원칙적으로 '-스럽-'과 붙을 수 없다. 그러던 것이 이 단어들의 속성이 해당 언어를 사용하는 대중들의 언어 외적인 공인을 받게 되어 '-스럽-'과 결합할 수 있게 된 것이다. 즉 '오노'는 2002 동계올림픽에서 벌어진 상황에 대하여 많은 사람들에 의하여 그 속성이 수용된 것이며, '한국'도 역시 한국 사람이라면 그 연상적인 속성에 대하여 사회적으로 공인을 받기 쉬운 단어인 것이다. 우리는 이러한 단어에 대한 규칙을 잠정적으로 '고유 명사'+'-스럽-'이라고 부르기로 하자. 그러나 규칙이 활성화되었느냐 그렇지 않느냐는 이 단어만을 놓고는 알 수 없다. 곧 이 규칙을 통하여 새롭게 형성되는 단어들이 있어야 비로소 활성화된 규칙이라 부를 수 있는 정당성이 확보되기 때문이다. 이러한 신조어에는 '한국스럽다', '부시스럽다', '검사스럽다' 등이 있다. 물론 이들이 모든 화자에게 공인받지 못한 임시어로서의 자격을 가진다. 구체적으로 말하면 특정한 개별 화자에게만 그 규칙을 적용하고 역시 동일한 규칙 또는 동일한 스키마를 가진 개별 청자에게만 통용될 뿐이다. 그러나 그 활성화가 사회적 공인을 아직까지 받지 못한 단계이지만, 적어도 이를 부려 쓰는 특정 화자에게는 새로운 규칙이 공식적으로 대두한 것이다. 그렇다면 이러한 규칙이 복수로 공존하는 이유가, 차원이 다른 규칙어(사회 통용)와 임시어(그렇지 않음)이기 때문이어서, 대등한 차원의 활성 규칙이 복수로 존재하지 않는다고 주장할 수 있다. 그러나, 결코 그렇지 않다. '-구이'류를 다시 한번 살펴보자. 위 (92)(생선구이류)는 논의를 명확하게 위하여 단순화하였지만, 좀 더 정밀하게 하면 (94)와 같은 '-구이'류도 역시 존재한다.

(94) 철판구이류 : 소금구이, 철판구이, 기름구이, …

나 또는 해당 명사들의 외현적 의미(통칭 지시)와 다른 형식의 의미와 결합한다.

만약 단어에서도 절대적 격이 인정된다면 (92가)는 아래의 (95가)에서 보듯이 격(대격)이 무표적으로 실현된 예이지만, (94)는 (95나)와 같이 대당하는 통사적 논항이 '-을/-를'이 실현된 것이 아니다. 오히려 (95다)에서 보듯이 대응하는 문장의 수의적 논항 '-에'또는 '-(으)로'라는 유표적 격이 실현된 것이다.

(95) 가. 생선을 굽다, 조개를 굽다, 대구를 굽다, …
    나. *철판을 굽다, *소금을 굽다, *기름을 굽다, …
    다. 그가 고기를 철판에 굽다, 그가 고기를 소금에 굽다, 그가 고기를 기름으로 굽다, …

우리는 위 (92가)가 (95가)에서 보듯이 '-구이'의 선행 요소 X가 무표적일 경우 그 규칙이 활성화됨을 말하였다. 하지만 (95가)의 규칙만이 어휘부에 단일하게 존재한다면 (95다)와 같이 수의적 논항 '-에'또는 '-(으)로'로 대응되는 (94)류의 예를 설명할 수 있는 어휘부 규칙은 비활성적이라고 볼 수밖에 없다. 그러나 (96)을 보면 사정은 사뭇 다르다.

(96) 전기구이, 연탄구이, 숯불구이, 장작구이, 진흙구이, 석쇠구이, 돌구이, 화로구이, 황토구이, 황토숯직화구이, 맥반석구이, 회전구이, 가스구이, …

곧 (96)의 예들은 (94)와 같이 어기가 구울 수 있는 도구나 물질인 N과 '-이'가 결합된 형식들이며, 상당수가 사회적으로 수용된 예들이다. 결과적으로 볼 때, (92)와 같이 어기가 '생선류'라는 규칙과 마찬가지로 어기가 '도구나 물질'류라는 규칙이 동일 형태소 '-이'를 중심으로 복수로 공존하게 되며, 이것이 통사부와 다른 어휘부 규칙의 고유한 본질 중 하나인 것이다.

4.2. 등재부의 독자성

파생어 형성 규칙은 단어를 형성하는 데에만 관여한다. 이러한 규칙을 통하여 단어(X^0)가 등재되느냐 그렇지 않느냐는 다른 요인이 작동하는 것이다.

우선 파생어 형성 규칙을 구성하는 과정에서 부수적으로 발생되는 등재의 문제는 '-스럽-'을 예로 들어 설명할 수 있다. '-스럽-'은 어기의 속성을 견인하는 접사이므로 '속성을 견인할 수 없는 어기'와 이 접사와 결합할 수 없다는 의미론적 입력 제약이 있다. 그런데 '오노'처럼 '특정 사람'과 '-스럽-'이 결합되어 '오노스럽다'의 형식이 사용된 예가 존재한다. 그렇다면 이러한 형식은 '속성을 견인할 수 없는 어기'라는 기존의 의미론적 제약을 위반할 수밖에 없는 까닭에, 이 규칙의 테두리 내에서는 '오노스럽다'는 어휘화된 단어의 자격, 곧 등재의 자격을 가질 수밖에 없다. 그러던 것이 화자가 '오노스럽다'의 내부 구조 인식을 통하여, 이를 기반으로 임시적으로나마 신조어를 형성하고(홍길동스럽다, 철수스럽다, 만수스럽다, 영희스럽다), 공시적으로 언중들에게 새로운 단어를 만드는 사용 규칙으로 자리잡게 된다. 이 때, 원초적인 단어 '오노스럽다'는 이 활성화된 규칙 내에서는 어휘화된 단어가 아닌 규칙어로서 그 문법적 지위를 바꾸게 된다. 곧 이 단어는 '고유명사 결합 규칙'에서는 규칙어이지만, 규칙이 분화되기 전에는 이미 등재된 상태인 자료일 수밖에 없다. '-구이'류도 마찬가지이다. '철판구이'는 '생선구이'에서 보면, 규칙을 위반한 (통사론적인 어휘화) 예로 화자의 사전에 등재되지만, '전기구이, 숯불구이, 돌구이, 화로구이, 진흙구이, 석쇠구이, 황토구이, 황토숯직화구이, 장작구이, 맥반석구이, 회전구이, 가스구이, …'를 생성하는 원초적 자료의 시각으로 볼 때는 규칙어일 수밖에 없다. 그러므로 규칙으로서의 '규칙어'라는 말과 '등재'는 필연적인 상관이 없다. 물론 이렇게 제약을 위반한 자료가 등재되고 다시 새로운 자료를 통하여 그 제약이 활성적인 규칙으로 탈바꿈하는 상호 밀접한 관련성은 가지지만, '등재'가 곧 '규칙'이며 '규칙'이 '등재'이라는 의미는 되지 못한다. 이러한 예들은 규칙을 활성화하기 위하여 등재가 이루어진 것일 뿐이다. 아울러 규칙을 위와 같은 시각으로 본다면, 등재부에 규칙어와 불규칙어가 함께 등재될 수밖에 없다는 사실에 대한 근본적인 이해를 하게 된다. 곧 규칙을 형성하고 그 규칙을 강화하기 위한 규칙어의 자료가 등재부에 등재될 수 있기 때문에 규칙에 어긋나는 불규칙어와 함께 등재부의 구성원을 이룰 수 있다. 더불어 이러한 시각은 규칙론의 입장이 곧 최소 등재 가설을 주장한다는 이론이 성립할 수 없음을 말해준다. 곧 규칙어도 함께 등재되기 때문에 불규칙어만이 등재부에 등재된다는 최소 등재 가설보다, 그 등재의 구성원이 많을 수밖에 없기 때문이다. 그런데 통사부 규칙과 마찬가지로 이것도 언어 발달상에 국한된 문제이며, 따라서 규칙 이외의 다른 요인으로 등재되는 증거가 없다고 주장할 수 있다. 그러나 다음과 같은 자료를 볼 때, 이러한 주장은 명백히 잘못된 것이다.

(97) 오노스럽다, 검사스럽다, …
(98) 보기, 듣기, 쓰기, 읽기, …
(99) 끝내기-묘수, 볶음-짜장, 맞춤-아기, 비빔-면, 돌림-병, 맺음-말, …
(100) 뺑튀기, 입가심, 가위질, 소매치기, 벼락치기, 알까기,[113] …
(101) 가. 앉을깨, 젖을깨, …
　　　나. 몰래 카메라, 몰래 녹음, 반짝 세일, 반짝 추위, 깜짝 파티, 묻지마 투자(-관광, -청약……), 우쭐-심리, …
　　　다. 마음적, …
　　　라. 지푸라기, 무덤, 마중, 바가지, 이파리, …

---

113) 알까기 : 바둑판 위에 바둑돌을 놓고 손으로 튕겨서 상대방의 바둑돌을 떨어뜨리는 놀이
　[예] 알까기 놀이, 공기 대회 등 그날 해 본 놀이의 풍경을 자세히 묘사해 보기도 하고 소풍, 견학을 다녀온 소감, 책을 읽고 난 뒤의 느낌도 기록했다(경향신문 1999).

　마. 더위, 추위, …

　바. 형님부대 아줌마부대, 미시부대, …

(102) 가. 노비어천가, 발밑이, …

　나. 숫발, 칼발, 말발, 끝발, …

(103) 손수건돌리기, 보물찾기, 가지치기, …

　(97)-(103)에 대한 논의에 앞서 먼저 Lieber(1992)의 다음과 같은 견해를
살펴보자.

(104) Schultink의 정의에는 두 가지 중요한 요소들이 있다. 즉 진정한 생
　　산적인 파생어 형성 과정에 의하여 형성된 단어는 [1] 비의도적
　　(unintentional)이라는 개념과 셈 불가능성(uncountability) 개념이 바
　　로 그것이다. 비의도적으로 형성된 단어가 의미하는 바는 창조
　　(creation)가 비인지적으로 진행된다는 것을 뜻한다. 어떠한 영어 화
　　자도 -able 어기로부터 -ity의 새로운 명사를 창조하는 것을 알지 못
　　할 뿐더러 아무도 -ness로 생성된 새로운 명사를 주목하지 않는다.
　　…중략… 비생산적인 과정임에도 불구하고 신조어가 때때로 만들어
　　질 수 있지만, 이러한 만듦성(coinages)은 항상 주목을 끈다. 이들은
　　모국어 화자에게 [2] 이상하다거나(odd), 우습다거나(amusing), 혐오
　　스럽다거나(repulsive) 또는 주목할 만하다거나(remarkable)하는 인식
　　을 갖게 한다. 이러한 단어 생산법은 자신의 생산물에 대하여 [3]
　　주목을 끌기 위한 광고자들이 자주 만들어내는 수법이다 … (중략)
　　… (Lieber 1992 : 3 번역).

　비록 위 문맥의 흐름이 생산성과 관련되어 나온 것이지만, 여기서 의
미하는 두 가지 주장에 주목할 필요가 있다. 첫째, 진정한 파생어 형성은
'비의도적'이라는 점이다(→[1]). 예컨대 전형적인 접사 '-질'로 형성되는
형식 중 '망치질'을 보자. 여기 '망치'는 '도구'이므로 '도구'를 요구하는
접사 '-질'과 자연스럽게 결합할 수 있다. 그리고 '망치'의 의미 [단단한

물건이나 불에 달군 쇠를 두드리는 데 쓰는, 쇠로 만든 연장]와 '-질'의 의미 [-로 하는 행위]의 의미가 결합하여, [망치로 물건을 두드리는 행위]라는 투명한 의미만을 도출할 때, 이를 '비의도적'이라고 한다.114)

둘째, 신조어를 만드는 것은 그것을 만드는 창조자의 '주목의 의도'라는 점이다(→[2], [3]). 주목성이란, 다른 화자에게 각인(刻印)시킨다는 의미로 달리 말하면 '등재와 환기'가 주목적임을 뜻한다.115) 이 글의 맥락과 같이, 생산적인 파생어 형성은 비인지적이며 이것이 화자에게 각인되기 위해서는 이른바 '주목성'을 끌어야 됨을 지적한 것이다. 이러한 전형적인 예는 위 (97) '오노스럽다', '검사스럽다' 따위가 대표적이다. 즉 등재의 이유가 바로 위 문맥 [3]의 '이상함, 우스움, 혐오성'(odd, amusing, repulsive)에 해당한다. 그런데 '주목'에 해당하는 요인은 이러한 의미적인 각인 이외에도 여러 가지가 있다.

먼저 (98)과 같이 빈도의 요인이 있을 수 있다. '외국인을 위한 한국어 교육 기초 조사'의 순위를 보면 '보기'는 빈도 순위가 '5152'이며 '듣기'는 '4840'이라는 점은 등재의 요인이 빈도와 밀접한 관련이 있음을 뜻한다. 이는 해당 단어가 자주 쓰임으로서, 그 단어가 등재되는 것이다.

(99)는 이른바 '갈림길'류에 해당하는 것으로 어순 뒤바꿈의 효과를 통하여 — 더 정확히는 통사적 대응 형식과 순서를 뒤바꿈으로써 — 등재부에 이 형식이 등재된 것이다. 이는 아래 (105)와 같은 통사적 구와 비교해 보면 잘 알 수 있다.

(105) 묘수로 끝내다, 짜장을 볶다, 면을 비비다, 아기를 맞추다, …

즉 (105)의 단어 형식은 '끝내기'와 '묘수', '볶음'과 '짜장', '비빔'과

---

114) 물론 '망치질'은 hapax 지수에서 등재와 관련된 다른 행위가 있을 경우 지수가 1인 단어이다.
115) '각인'(imprinting)이란 심리학 용어이다(김원수 외 1992 : 74).

'면' 그리고 '맞춤'과 '아기'와 같이 대응하는 통사적 구 (105)와 어순이 반대로 되어 있다. 이 때 이러한 예들은 '짜장볶음'과 같이 어순을 뒤바꾸지 않고도 충분히 그 의미의 효과를 얻을 수 있음에도 불구하고, 굳이 어순을 뒤바꾼 것은, '어순바꾸기'를 통한 등재의 각인성에 기인한다 하겠다.116) 물론 '묘수끝내기', '짜장볶음', '면비빔', '아기맞춤'과 '끝내기 묘수', '볶음짜장', '비빔면', '맞춤아기'가 개념의 차이에 의하여 독립적으로 등재된 형식으로도 볼 수 있다. 전자는 [묘수로 끝내는 행위], [짜장을 볶은 행위], [면을 비비는 행위], [아기를 맞추는 행위]와 같은 사태를 지칭하는 의미가 그 사태를 유발시키는 결과물의 잦은 출현으로 인하여 '사태에서 결과물'을 연상하는 환유의 기법으로 등재된 예로 볼 수 있으며, 후자는 합성어 형성 규칙 곧 어기와 어기가 결합한 후에 공시적인 언중들의 잦은 사용이나(끝내기 묘수, 볶음짜장) '맞추다'의 내부 논항에 보통 [물건]이 와야 함에도 불구하고 인성 명사가 옴으로써 화자에게 등재의 각인성을 유발한 것으로도 해석할 수 있다. 곧 '어순 뒤바꾸기'의 요인이 아닐 지라도 등재가 이루어진다면 규칙이 아닌 이러한 '환유, 빈도성, 특이한 내부 논항의 결합'이라는 별개의 요인이 작동하였음은 부인할 수 없다.

(100)의 예들은 원래의 의미와 다른 의미가 '환유'의 기법을 통하여 등재가 된 예이다. '뻥튀기'는 [뻥 하는 소리를 내며 튀는 것]에서 [쌀, 감자, 옥수수 따위를 불에 단 틀에 넣어 밀폐하고 가열하여 튀겨 낸 막과자]의 의미로, '가위질'은 [가위로 자르거나 오리는 일]의 '가위'를 매개로 하여 [언론 기사나 영화 작품 따위를 검열하여 그 일부분을 삭제하는

---

116) '짜장볶음' 이외에 통사적 형식과 대응된 형식 즉 '묘수끝내기, 면비빔, 아기맞춤'은 행위의 의미를 나타내므로 '짜장 볶음', '볶음 짜장'과 약간 다르다. 그러나 이러한 개념을 수식과 피수식의 통사적 형식 즉 '끝내는 묘수', '비빈 면', '맞춘 아기'로 나타낼 수 있음에도 불구하고 (99)와 같이 나타냈다는 점은, 바로 Lieber(1992)의 각인성 효과를 드러내기 위한 의도인 것이다.

일을 비유적으로 이르는 말]로 바뀐 것이다. '소매치기'는 [소매를 치는 행위]에서 환유되어 [남의 몸이나 가방을 슬쩍 뒤져 금품을 훔치는 짓, 또는 그런 사람]으로, '벼락치기'는 [벼락이 치는 모습]이라는 빠름의 양태에서 연유하여 [임박하여 급히 서둘러 일을 하는 방식]으로 그 의미가 바뀐 것이다. '입가심'은 [입을 가시는 행위]에서 [더 중요한 일에 앞서 가볍고 산뜻하게 할 수 있는 일]로 바뀐 것이다. 이러한 즉 (100)의 예들은 특정 개념을 기존에 있던 해당 형식을 이용하여 등재한 예로, 그 개념과 특정 형식의 의미 간에는 격차가 있으며 이러한 환기성이 바로 화자가 이를 등재하려는 등재의 의도인 것이다.

(101가~바)는 이른바 기존 논의에서 어휘화된 단어로 불려왔던 예들이다.[117) 어휘화된 단어는 잘 알다시피 규칙의 제약 부분에서 걸러지는 예들로, 이를 통해 화자의 주목을 일으키는 환기성을 일으킨다. (101가, 나)는 통사적으로 어휘화된 예이다. 즉 (101가)의 '앉을깨', '젖을깨'는 '-개'가 동사 범주가 와야 한다는 제약(덮개, 쓰개, 지우개⋯⋯)을 위반한 것이며, (101나) '몰래 카메라, 몰래 녹음, 반짝 세일, 묻지마 투자(-관광, -청약⋯⋯), 우쭐심리⋯⋯'는 'N' 어기 이외의 형식 '몰래, 반짝, 묻지마, 우쭐' 따위가 결합함으로서 어휘화된 예이다. (101다, 라)는 형태론적 어휘화에 해당한다. 먼저 (101다)는 한자 어기 결합 접미사 '-적'에 고유어 '마음'이 온 예에 해당하며, (101라)는 '-아기', '-엄', '-웅', '-아지', '-아리' 따위와 같이 생산성이 없는 접사와 결합한 예이다. (101마)는 음운론적으로 어휘화된 예이며, (101바)는 선행 어기가 '군인'과 관련된 어기가 와야 함에도 불구하고 그렇지 않은 단어 '형님 아줌마, 오빠'와 같

---

117) 이 글에서 말하는 어휘화된 형식이란 전통적인 단어의 개념의 다르다. 곧 파생어 형성 규칙(WFR)의 하위 부문인 음운론적·형태론적·의미론적·통사론적 제약으로 설명할 수 없지만 존재하는 형식을 포괄하여 어휘화라 규정한다.

은 어기가 옴으로써 의미론적으로 어휘화된 예이다. 즉 (101가~바)는 모두 규칙이 화자에게 등재에 대한 각인성을 요구하는 형식들이다.

다음에 (102가)의 예는 '용비어천가 → 노비어천가', '때밀이 → 발밀이'118)와 같이 전형적인 '유추'에 해당하는 예이다. 이는 유추 근간 단위와 유추된 단위가 상호 환기를 일으킨다는 점에서 화자에게 등재에 대한 의식을 일으킨다. 또한 (102가)와 같은 단어는 인출의 관점에 있어서도 유추된 단위와 체계 관계망을 형성하기 때문에 쉽게 도출된다. (102나)도 그 유추의 근간이 무엇인지는 확실하지 않더라도 '숫, 칼, 말, 끝' 등이 서로 체계를 이루어 등재된다. 따라서 유추의 기제는 이렇게 실재어와의 밀접한 관계성을 본유적으로 요구하기 때문에, 전형적인 유추는 본질적으로 등재의 기제가 될 수밖에 없다. (103)의 예들은 그 등재의 기제가 '보물찾기 놀이, 손수건 돌리기 놀이, 가지치기 기술, 알까기 놀이' 등 '놀이', '기술' 따위와 같은 상위어의 개념과 밀접하게 관련을 맺음으로써, 해당 단어가 등재된 것이다. 이 밖에도 등재의 기제는 매우 다양하다. 심지어 화자가 해당 단어를 등재시키려는 의도성도 여기에 포함되는데, 우리가 등재를 목적으로 소리 내어 읽거나, 반복하거나, 연상의 작용을 일으키는 경우도 이에 속한다.119)

이상의 논의를 볼 때 우리는 규칙으로 만들어지는 형식은 엄밀하게 등재와 관련이 없음을 알 수 있으며, 이 형식들이 등재되려면 화자의 의도적인 각인(주목)의 행위 곧, 빈도의 요인, 어순 뒤바꾸기, 어휘화, 환유, 유추, 상위어 관련 등 규칙과는 별개로 수많은 독립적인 등재 요인이 작동해야 함을 알 수 있다.

---

118) <표준국어대사전> 참조.

119) 의도적인 등재의 기법은 다양하다. 가장 보편적인 방법은 흔히 '유의어, 반의어, 동의어, 상위어, 하위어와 같은 단어의 환기성 및, 시공간적으로 그 단어를 연결시키는 연상법도 이에 해당한다. 자세한 것은 김원수 외(1992 : 21-37) 참고.

‖ 참고문헌

고영근(1992), "형태소란 도대체 무엇인가?", 형태, 태학사, 13-23.

고영근(1974), 국어 접미사의 연구, 백합출판사.

고영근(1989), 국어형태론연구, 서울대학교 출판부.

고영진(1996), 국어 풀이씨의 문법화 과정에 관한 연구, 박사학위논문, 연세대학교.

구본관(1992), "생성문법과 국어 조어법 연구 방법론", 주시경학보9, 탑출판사, 50-77.

구본관(1999), "파생접미사의 범위", 형태론 1-1, 1-23.

구본관 외(2002), 언어의 이론과 분석(1), 태학사.

국립국어원(2000), 2000년 신어, 국립 국어원 편.

국립국어원(2001), 2001년 신어, 국립 국어원 편.

국립국어원(2002), 학습용 어휘 사전, 국립 국어원 편.

김계곤(1996), 현대 국어의 조어법 연구, 박이정.

김명광(2004), 국어 접사 '-음', '-기'에 의한 단어 형성 연구, 서강대 박사학위논문.

김석득(1992), 우리말 형태론, 탑출판사.

김영석 외(1993), 현대형태론, 학연사.

김영석(1985), Aspects of Korean Morphology, Ph. D. Dissertation, The Univ of Texas at Austin.

김완진(1976), 노걸대의 언해에 대한 비교연구, 한국연구총서 31.

김원수 외(1992), 심리학 : 인간의 이해, 민음사.

김인균(2002), 국어의 명사 연결 구성 연구, 박사학위논문, 서강대학교.

김정은(1995), 현대 국어의 단어 형성법 연구, 박이정.

김창섭(1983), "'줄넘기'와 '갈림길' 형 합성명사에 대하여", 국어학 12, 73-98.

김창섭(1993), "형용사 파생 접미사들의 기능과 의미", 형태, 태학사, 151-181.

김창섭(1996), 국어의 단어형성과 단어구조 연구, 태학사.

김창섭(1997), "'하다' 동사 형성의 몇 문제', 관악어문 연구", 서울대학교 국어국문학과, 247-267.

김창섭(1998), 국어 어휘 자료 처리를 위한 단어와 구의 형태・통사론적 연구, 연구보고서, 국립 국어 연구원.

김한샘(2013), "교육용 어휘 선정을 위한 접미사의 생산성 연구", 한국어 의미학 40, 521-547.

김홍범(1993), "상징어의 형태와 의미구조 분석", 연세어문학 25, 209-239.

문화관광부 한국어 세계화 추진 위원회(1998), 한국어 교육을 위한 기초 어휘 선정 1 -기초 어휘 빈도 조사 결과-.

서정목(1998), 문법의 모형과 핵 계층 이론, 태학사.

송철의(1989), 국어의 파생어형성 연구, 박사학위논문, 서울대학교.

송철의(1992), 국어 사전에서의 파생어 처리에 관한 연구, 국립국어연구원.

시정곤(1993), 국어의 단어형성 원리, 박사학위논문, 고려대학교.

신중진(1998), 현대국어 의성의태어 연구, 석사학위논문, 서울대학교.

신중진(1999), 의성어의 조어원리와 단어형성 참여 양상, 형태론 1-1, 61-73.

안옥규(1994), 우리 말의 뿌리, 학민사.

유재원(1985), 우리말 역순 사전, 정음사.

유창돈(1971), 어휘사 연구, 선명문화사.

이양혜(2000), 국어의 파생 접사화 연구, 박이정.

이재인(1991), 국어 복합 명사 구성의 이해, 민음사.

이재인(1993), "국어 파생어에 대한 의미론적 해석", 서강어문 9, 31-44.

이재인(2001), "국어형태론에서 '어근' 개념", 배달말 28, 93-112.

이지양(1993), 국어의 융합현상과 융합형식, 박사학위논문, 서울대학교.

임홍빈(1989/1998), "통사적 파생에 대하여", 어학연구 25-1, 33-64.

전상범 역(1987), 생성 형태론(Sergio Scalise 지음), 한신출판사.

하치근(1985), "조어론의 연구 경향에 대하여", 부산한글 4, 207-236.

하치근(1993), 국어 파생 형태론, 남명문화사.

하치근(1996), "국어 통사적 접사의 수용 범위 설정에 관한 연구", 한글 231, 43-103.

하치근(1999), "'-음' 접사의 본질을 찾아서", 형태론 1-2, 359-369.

허웅(1988), 국어학, 샘출판사.

Allen, M.R.(1978), *Morphological Investigations*, PhD diss. Univ. of Connecticut.

Aronoff, M.(1976), *Word Formation in Generative Grammar*, The MIT Press.

Aronoff, M. & F. Anshen(1998), Morphology and the lexicon : lexicalization and productivity, In A. Spencer & A.M. Zwicky (eds), *The Handbook of Morphology*, Blackwell, 237-247.

Botha, R.(1983), *Morphological mechanisms*, Pergamon Press, Oxford.

Di Sciullo, A.M & E. Williams(1987), *On the Definition of Word*, The MIT Press.

Emonds, J.(2002), *Common Basis for Syntax and Morphology : Tri-level Lexical Insertion*. many morphologies, ed. by Paul Boucher. Somerville MA: Cascadilla Press, 235-262.

Borer H.(1998). Morphology and syntax, In Andrew Spencer and Arnold Zwicky (eds.), *The Handbook of Morphology*, Basil Blackwell, 151-190.

Borer, H. (1988), *On the Parallelism between Compounds and Constructs*, Yearbook Morphology 1, pp. 45-66

Halle, M.(1973), Prolegomena to a theory of word-formation, *Linguistic Inquiry* 4, 3-16.

Kiparsky, P.(1983), *Word formation and the lexicon*, in : Ingemann, F. (ed.), Proceedings of the 1982 Mid-America Linguistics Conference, University of Kansas, pp. 3-32.

Lieber, R.(1980), *On the Organization of the Lexicon*, PhD diss. Univ. of New Hampshire, reproduced by the IULC.

Lieber, R.(1981), *Morphological Conversion within a Restricted Theory of the Lexicon*, in : Moortgat et al. (eds.) The Scope of Lexical Rules, Foris, Dordrecht.

Lieber, R.(1983), Argument linking and compounds in English, *Linguistic Inquiry* 14, 251-286.

Lieber, R.(1989), On Percolation, In G. Booij & J.van Marle(eds.), *Yearbook of Morphology* 2, Foris Publications, 95-138.

Lieber, R.(1992), *Deconstructing Morphology*, Chicago University Press.

Matthews(1974), *Morphology*, An Introduction to the Theory of Word-sturcture.

Nida, E.A(1946), *Morphology*, The Descriptive Analysis of Words.

Selkirk, E. O.(1982) *The Syntax of Words*, MIT Press, Cambridge, Mass.

Siegel, D.(1974), *Topics in English Morphology*, PhD diss. MIT, Cambridge, Mass.

Siegel, D. (1978), *The Adjacency Condition and the Theory of Morphology*, NELS VIII, 189-197.

제3장

합성어

허 철 구

1. 서론

국어 형태론 분야에서 합성어에 대한 연구는 구조주의의 이른 시기부터 그 개념, 유형, 의미, 내부 구조 등에 대하여 깊은 연구와 분석이 이루어졌다. 특히 단어의 형성 문제에 대하여 생성문법 등에 기반한 심도 깊은 연구들이 진행되면서, 그 범주, 형성 기제 등에 관하여 집중적인 조명을 받아 왔고, 발전적인 논의들이 전개되어 왔다.

그러나 이와 같은 일련의 논의들은 선행 논의들을 차례로 극복하고 새로운 이해로 나아갔다기보다는 여전히 여러 생각과 이론들이 대립하면서 혼재되어 있는 상황으로 판단된다. 이는 그만큼 합성어가 복잡하고 민감한 특성을 내재하고 있다는 점을 방증하는 것이라고 할 수 있다.

이 글은 국어 합성어에 관한 쟁점 사항들을 중심으로 그 논의의 대강을 살펴보는 데 목적을 둔다. 합성어의 개념, 범주, 그리고 그 형성 기제에 대한 논의가 주 내용을 이루며, 그 과정에서 일부 세부 주제는 상대적으로 소략하게 다루기도 하였다. 대상 자료도 현대국어에 한정하였으며,

특히 합성어의 의미, 해석 등 일부 주제는 논의에서 제외하였다.

2. 합성어의 개념과 유형

2.1. 합성어의 개념

합성어(compound word)가 무엇인지는 그 내부 구조를 분석하는 관점에서 이해될 수도 있고 그 구조를 형성하는 관점에서 이해될 수도 있다. 어떤 관점인가에 따라 단어의 분류 체계가 달라질 수 있고 그에 따라 합성어의 개념 역시 달리 이해될 수 있다.

2.1.1. 분석의 관점에서 본 합성어

전통적으로 합성어는 다음과 같은 단어의 분류 체계를 바탕으로 이해되어 왔다.

(1) 남기심·고영근(2011)

이 비교적 단순한 체계는 분석의 관점을 바탕으로 한다. 단어[1]의 구성 요소가 어기(base)와 접사(affix)로 양분된다면, 단일어 이외의 단어는 접사

---

1) 이는 조어법의 영역으로서 굴절어미를 제외한 부분을 가리킨다. 이익섭(1975/1993)은 이 부분을 가리켜 '어간'이라고 표현한 바 있고 이익섭·채완(1999)에서는 '단어(어미를 뺀 부분)'과 같이 표현한 바 있다.

를 포함하거나(파생어) 포함하지 않은(합성어) 단어 중 하나일 수밖에 없다.[2]

이 분석의 관점에서는 단어를 이루는 요소들의 문법 단위가 무엇인가가 합성어의 개념을 규정하는 데 중요하다. 이를테면 다음과 같은 정의들은 그 구성 요소를 '단어'로 국한하여 규정하는 태도이다(밑줄 필자).

> (2) 가. "독립성이 있는 2개 이상의 <u>단어</u>를 재료로 삼아서 성립된 말"(이희승 1955)
>   나. "직접구성성분이 둘 또는 그 이상의 <u>자립형식</u>으로 이루어진 단어" (Bloomfield 1935)
>   다. "보다 작은 <u>단어</u>들로 이루어진 새 단어" (Bloch & Trager 1942)
>   라. "복합어는 둘 또는 그 이상의 <u>자립형태소</u>가 결합하여 생긴 단어" (조성식 1990)

이 관점들에서 '단어, 자립형식, 자립형태소' 등은 의존형태소를 제외하는 것으로서 합성어를 '단어'로 구성된 것이라고 규정한 것이다. 영어와 같은 언어는 어근이 결합한 경우가 상대적으로 매우 적어 흔히 합성어를 '단어'의 결합으로 기술한다. 그러나 서구 언어학에서도 이에 대한 반성이 있었듯이[3] 국어의 경우는 특히 '부슬비, 너털웃음, 끈끈막, 너럭

---

2) 최현배(1937/1971)의 단어 분류 체계는 파생어가 단일어의 하위 개념이라는 점에서 (1)과 다르다. 이 분류 체계에서 합성어는 곧 '겹씨'라고 할 수 있는데, 구성 요소 중 하나가 씨가지 (접사)인가 아닌가에 따라서 합성어 여부가 결정된다는 점에서는 (1)과 다를 바 없다.

```
              ┌ 순전히 하나로 된 것
    ┌ 홑씨 ──┘ 으뜸 조각에 붙음 조각 씨가지를 더한 것
씨 ─┤
    └ 겹씨
```

3) 예를 들어 영어의 'nitwit, hobnob, biocrat, homophile' 등은 두 접사끼리 결합할 수는 없으므로 두 개의 어근으로 된 합성어이다(Bauer 1983 : 213-214). 이와 같이 합성어의 구성 요소가 자립 형태가 아닐 수도 있음이 일찍이 Hockett(1958), Gleason(1965) 등에서 지적되었고, 이에 Katamba(1993/1995 : 356)에서는 "서로 결합하여 합성어를 만드는 어기들이 보통의 경우 자립적인 단어이지만, 그들의 독립 가능성이 합성어를 이루는 모든 어기가 반드시 충족

바위, 삽살개, 뾰족구두, 알뜰주부’ 등 단어가 아닌 어근이 결합한 단어들
이 많이 있어 문제가 된다.[4)]

이러한 문제를 고려하면 국어 합성어의 개념에는 단어 이외에 ‘어근’
까지 포함되어야 한다. 다음은 그러한 시각에서 합성어를 정의한 경우이
다(밑줄 필자).

> (3) 가. “뜻과 꼴이 둘 더 되는 낱말이 서로 겹하여서, 말본에서 한 낱말로
> 서의 다룸을 받는 한 덩어리의 말” (최현배 1937/1971)
>
> 나. “한 낱말 안에는 뿌리가 둘(또는 둘 이상)이 있는 것” (허웅 1979)
>
> 다. “그 단어(어미를 뺀 부분)의 직접구성요소가 모두 어기이거나 그
> 보다 큰 언어 단위인 단어” (이익섭·채완 2000)
>
> 라. “직접구성성분이 모두 어간(stem)이거나 어근(root)인 단어” (Hockett
> 1958)
>
> 마. “둘 이상의 실질 형태소가 결합하여 하나의 단어가 된 말” (<표준
> 국어대사전>)

이들에서 ‘낱말,[5)] 뿌리, 어기,[6)] 어근,[7)] 실질 형태소’ 등은 단어보다 작

시켜야 할 필수 요건은 아니다.”라고 하면서 ‘전형적인’ 합성어는 각각이 독립된 단어로 나
타날 수 있는 어기가 적어도 두 개 이상 모여 이루어지는 단어이지만, 의존어기로만 이루어
진 합성어도 있다고 말한다.

4) 이 점에서 서구 언어학의 개념을 그대로 국어에 적용하기 어렵다는 점은 일찍이 이익섭
(1975/1993 : 38)에서 지적된 바 있다.

5) 최현배(1937/1971)의 ‘낱말’은 보다 넓은 개념으로서, ‘곱슬머리’의 ‘곱슬’처럼 오늘날 어근
으로 분류되는 것도 포함한다. 즉 낱말의 자격이 없는 것은 ‘씨가지(접사)’일 뿐이고, ‘세,
월, 부슬, 너털’ 등의 어근은 낱말의 자격을 갖는다고 한다. 이에 따라 ‘어근’이 구성 요소인
단어들, 예를 들어 ‘세월, 광음, 풍수, 장단’ 등 한자어, ‘부슬비, 너털웃음’ 등도 합성어로 분
류된다.

6) (3다)의 ‘어기’는 단어의 중심부를 담당하는 형태소로서, ‘꾀, 얼굴’과 같은 자립어기와 ‘웃-,
뛰-, 깨끗-’과 같은 의존어기를 가리킨다. 한편 이 정의에서 ‘그보다 큰 언어 단위’는 ‘금팔
찌’의 ‘팔찌’, ‘도둑놈의갈고리’의 ‘도둑놈의’처럼 합성어 형성에 참여하는, 어기보다 큰 단
위를 포괄하기 위한 것이다. 이 ‘어기보다 큰 단위’는 최규수(2007)에서 각각 어간과 어절로
규정된다. 여기에서의 어간은 Gleason(1955) 등에 따라 하나의 형태소이거나 형태소들이 결
합한 더 큰 단위이고 ‘어절’은 굴곡접사가 결합한 단위이다. 즉 ‘팔찌’는 ‘금’과 동일하게 어
간이며 ‘도둑놈의’는 어절이다.

은 단위의 개념을 포함하고자 한 표현들이다. 이러한 관점에서는 애초에 합성어로 포함되기 어려웠던 '부슬비, 너털웃음' 등도 합성어가 된다.

합성어의 분석은 직접구성요소(Immediate Constituent) 분석 방식에 따르는지 아닌지에 따라 그 태도가 달라진다. 이를테면 'abc'의 구성체를 단순히 그 최종 구성요소가 무언인지에 중점을 두어 'a, b, c'의 관점에서 볼 수도 있고, 직접구성요소 분석 방식에 따라 '[a, b], c' 또는 'a, [b, c]'와 같은 관점에서 볼 수도 있다. 아래는 적어도 그 정의만으로 볼 때 전자의 관점에서 합성어를 규정하는 예들이다.

(4) 가. "두 개나 그보다 많은 어근이 결합하여 새로운 한 낱말로서의 의미 기능을 드러내는 것" (서정수 1996)
　　나. "한 단어 안에 단어 노릇을 할 수 있는 요소가 둘 이상 들어 있을 때에, 우리는 그 단어를 복합어라 부른다." (김완진·이병근 1979)
　　다. "최종구성성분이 둘 또는 그 이상의 어근(root)만으로 구성된 단어" (이주행 1981)

위 정의들은 '둘 이상'과 같은 표현에서 보듯이 합성어를 구성하고 있는 각 요소들이 무엇인지에만 따라서 합성어를 정의하고 있다.

이와 달리 앞서 살펴본 (2다), (3다, 라) 등은 직접구성요소 분석 태도에서 합성어를 규정하는 관점들이다.[8] 합성어의 개념 정의에서 직접구성요소 분석의 개념을 도입하지 않을 경우 합성어를 규정하는 데 어려움을 겪게 된다. 다음 예를 보자.

---

7) Hockett(1958)의 어근(root)은 늘 의존형식인 형태소만 가리키는 좁은 의미이다. 이 점에서 단어보다 더 작은 단위도 합성어의 요소로 포함한 정의이다. '어근(root)'이 자립성과 무관하게 접사를 제외한 형태소를 모두 가리키는 광의의 개념과 의존형식의 형태소만 가리키는 협의의 개념으로 나뉘는 데 대해서는 이익섭(1975/1993) 참조.
8) 이미 Bloomfield(1935)에서 합성어의 개념에 IC분석을 도입했지만, 이것이 국어학에 도입된 것은 이익섭(1965)에서이다.

(5) 가. 삯일꾼
　　나. 삯, 일, 꾼
　　다. 삯일, 꾼

'삯일꾼'은 '삯, 일'의 어근, '-꾼'의 접사로 구성된 것이다. 단순히 단어를 구성하고 있는 요소들이 무엇인지만 본다면 (5나)와 같이 나열할 수 있다. 이와 같이 단순히 구성 요소들을 나열한 '삯, 일, 꾼'을 대상으로 할 경우, 위 (4가, 나)의 정의로는 어근 또는 단어 노릇을 할 수 있는 '삯, 일'이 있다는 점에서 합성어이고, (4다)의 정의로는 최종구성성분9)에 접사 '-꾼'이 있다는 점에서 합성어가 아니다.

단순히 합성어의 최종 구성 요소들을 평면적으로 나열해 놓을 경우에는 이와 같이 합성어를 정의하는 데 어려움이 생긴다. 또 이는 단어 내부의 계층적 구조를 반영하지 않음으로써 화자의 언어 지식도 정확히 반영하지 못한다는 문제도 지닌다.10) 화자는 '진선미'는 '진, 선, 미'가 대등한 자격으로 결합한 것이고, '시부모'는 '시, 부모'가 결합한 것이라는 언어적 차이를 인식한다. '금목걸이'는 '금+목걸이' 즉 '명사+명사'로 이루어졌고, 따라서 문법적 성질이 '팔찌'(명사+접사)보다는 '손목'(명사+명사)에 더 가깝다는 언어적 사실을 보이기 위해서는 직접구성요소 분석에 따라 단어의 계층적 구조를 반영할 필요가 있다.

분석의 관점에서 볼 때 합성어는 그 직접구성요소 중 어느 것도 접사가 아닌 것이요, 파생어는 그 중 하나가 접사인 것이라고 할 수 있다. '삯일꾼'이 '삯일-꾼'의 직접구성요소로 분석된다면, '-꾼'이 접사이므로 이 단어는 파생어가 된다. 반면에 '흙일꾼'의 경우 '흙-일꾼'으로 분석된

---

9) 어떤 단위를 형태소 단위로 최종적으로 분석한 성분(ultimate constituent).
10) (4가, 나)의 경우는 단순히 기술의 미비점이라고 할 수 있겠지만, (4다)의 경우는 정의 자체가 계층적 구조와 무관하게 구성요소들을 평면적으로 분석하여 정의한 것이다.

다면,11) 직접구성요소 중 어느 것도 접사가 아니므로 이 단어는 합성어가 된다. 평면적인 분석 태도에서는 '삯일꾼, 흙일꾼'은 같은 종류의 단어일 수밖에 없지만 직접구성요소 분석 태도에 따름으로써 두 단어의 차이점을 기술할 수 있다.

2.1.2. 형성의 관점에서 본 합성어

형태론에서 단어의 내부 구조에 대한 접근하는 방식에는 분석과 형성의 두 가지 관점이 있다. 단어는 형성된 이후 재구조화 등이 일어날 수 있으므로 분석과 형성의 구조가 꼭 동일한 것은 아니다.

(6) 가. 고기잡이   나. 고기잡이   다. 고기잡이

예를 들어 분석의 관점에서 '고기잡이'는 위 (6가)와 같이 분석될 수 있다. '고래잡이, 멸치잡이, 새우잡이, 꽃게잡이' 등과 같이 'X-잡이'의 단어들이 많아지면서 공시적으로 '-잡이'가 한 단위로 분석되는 것이다.12) 그러나 형성의 관점에서 '고기잡이'는 (6나) 또는 (6다)의 구조로 분석될 수 있다.

이와 같이 분석의 관점에서는 비교적 단순해 보이는 단어들이 형성의 관점에서는 다양하고 복잡한 면모를 지닐 수 있다. 형성의 관점에서 보면 합성어의 범주는 크게 달라질 수 있다.

---

11) 이는 <표준국어대사전>의 분석 태도를 따른 것이다.
12) <표준국어대사전>은 '-잡이'를 접사로 기술한다.

(7) 이렇게, 갈수록, 어찌하여, 멋대로, 진실로, 동시에

분석의 관점에서는 위와 같이 조사, 어미가 결합한 단어들을 기술하는 데 어려움이 생긴다. 이 단어들은 '이렇-게', '진실-로'와 같이 분석되며, 분석 결과에 따라 (합성어라고 하기는 어려우므로) 파생어라고 할 경우 '-게, -로'를 접미사로 기술하게 되는 문제가 생긴다. 이와 같이 형식과 의미가 동일한 대상을 두고 한쪽에서는 조사나 어미로, 다른 쪽에서는 접미사로 처리하는 것은 둘 사이의 제약을 구별적으로 제시하는 것이 쉽지 않은 등 여러 가지 문제를 낳을 수 있다(최형용 2003 : 33).

이 단어들이 어간과 어미, 체언과 조사가 결합한 것이 굳어져 단어가된 것, 즉 합성법도 파생법도 아닌 기제를 통해 만들어졌다는 '형성'의 관점을 중시한다면, 단어 가운데는 합성어도 파생어도 아닌 유형의 단어들이 있게 된다. 다음은 형성의 관점에서 단어를 분류한 경우들이다.

(8) 가. 고영근·구본관(2008)

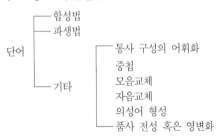

나. 최형용(2003)

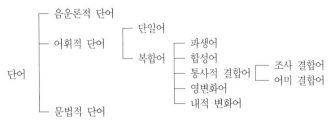

(8가, 나)의 '통사 구성의 어휘화', '통사적 결합어(syntactically combined word)'는 내용적으로 거의 유사한 것으로서 이들은 통사적 구성이 단어화한 경우를 가리킨다. 이와 같이 형성의 관점에서 본 단어 분류 체계는 이들이 어휘부에서 규칙(또는 유추)에[13] 의해서 형성된 합성어(또는 파생어)와 다르다는 점을 잘 포착해 내고 있다.

다만 이와 같이 형성의 관점에서만 단어의 체계를 분류하는 것이 국어의 공시태를 충분히 기술하는지는 의문이다. 단어 형성법의 분류와 단어의 분류가 일대일로 일치한다고 보기 어려운 점이 있기 때문이다. 이를 구체적으로 살펴보자.

(9)

    단어 ┬ 합성법 : ┬ 만화ㅅ가게, 맥주ㅅ집, 안경ㅅ다리
              └ 쌀밥, 고추잠자리, 구름다리
         └ 통사 구성의 어휘화 : ┬ 나뭇닢, 횟빛
                                    └ 개다리, 봄가을

(9)는 (8가)에 따라 일부 단어의 예를 제시해 본 것이다. 형성의 관점에서 볼 때, '만화ㅅ가게, 맥주ㅅ집, 안경ㅅ다리'는 'ㅅ'이 관형격 조사로서의 기능을 잃어버린 현대국어에서 형성된 것이므로 통사부가 아닌 어휘부에서 형성된 것이다. 반면에 '나뭇닢, 횟빛'은 'ㅅ'이 관형격 조사로서의 기능을 발휘하던 시기에 형성된 것이므로 통사적 구성에서 어휘화한 것(고영근·구본관 2008 : 255 덧붙임 4)이라고 할 수 있다.[14]

'쌀밥, 고추잠자리, 구름다리'는 통사적 구성이 불가능하므로 어휘부에서 형성된 것인 반면 '개다리, 봄가을'을 '개의 다리, 봄과 다리'라는 명

---

13) '유추'에 대해서는 3.4. 참조.
14) 최형용(2003 : 184-187)은 중세국어의 'ㅅ'이 통사적 지위뿐만 아니라 형태적 지위도 지녔을 가능성을 언급하고 있다. 이 글에서는 중세국어의 'ㅅ'이 통사적 지위를 지닌 것이라는 보편적인 관점에서 단어 분류 체계의 문제점을 기술하고자 하는 것이다.

사구가 가능하므로 통사부에서 형성된 것이라는 주장(채현식 2003나)이 있
는데(4.6. 참조), 만일 이 주장을 따른다면 같은 유형의 'N+N' 명사라도
합성어와 통사 구성의 어휘화(또는 통사적 결합어)로 나뉘게 된다.

　결론적으로 이런 식의 분류는 현대국어의 공시적인 체계에 대하여 '만
홧가게, 구름다리'는 합성어로, '나뭇잎, 개다리'는 통사적 결합어로 달리
기술하게 된다.[15] 형성의 관점에서 보면 이는 당연한 결과지만, 현대국어
의 공시태에서 이들이 각각 다른 부류를 형성하고 있는지는 의문이다. 화
자는 '만홧가게'와 '나뭇잎', '구름다리'와 '개다리'를 각각 동일한 내적
구조를 지니는 것으로 인식할 가능성이 크다. 현대국어의 공시태를 기술
하는 데는 이러한 화자의 인식 태도를 반영할 필요가 있을 것이다.

　결국 합성어를 규정함에 있어서 형성의 관점보다는 분석의 관점이 중
시되어야 하리라 본다. 형성의 관점에서 '나뭇잎'이 '만홧가게'가 아니라
'갈수록, 정말로'와 한 부류를 이룬다고 하는 것보다, 분석의 관점에서
'만홧가게, 나뭇잎'이 한 부류를 이루고 '갈수록, 정말로'가 별개의 부류
를 이룬다고 하는 것이 공시태 기술에서 더 유의미해 보이는 것이다. 조
사, 어미가 구성요소인 단어를 합성어와 파생어 어디에도 귀속하기 어렵
다면, 그래서 새로운 단어 부류로 규정한다면 그 구성요소의 성격에 기반
해야지 형성 과정이 무엇인지에 기반하는 것은 바람직하지 않다. 앞에서
보았듯이 내부 구조가 동일한 많은 합성어들이 서로 다른 부류로 규정되
는 또 다른 문제를 낳기 때문이다. 합성어의 형성 과정이 다양할 수 있다
고 본다면, 서로 다른 기제에 의하여 만들어진 단어라도 내부 구조가 같
다면 모두 합성어로 보는 것이 문제될 게 없다.[16]

---

15) 물론 각 단어들이 형성된 기제는 관점에 따라 다를 수 있다. 예를 들어 '개다리'는 어휘부
　　에서 '개'와 '다리'가 직접 결합한 것일 수도 있다(4.6. 참조). 여기에서는 그와 같은 문제를
　　떠나 유사한 유형의 단어들이 서로 다른 부류로 나뉠 가능성을 의미한 것이다.
16) 이는 전혀 새로울 것이 없는 생각으로, 김창섭(1996 : 40-41)에서도 합성어를 통사적 합성

조사, 어미가 개재된 단어를 무엇으로 규정할지 등 문제가 남아 있지만, 이와 같이 보면 '개다리, 봄가을, 쌀밥, 고추잠자리' 등 'N+N' 명사들, '나뭇잎, 만홧가게' 등 'N+ㅅ+N' 명사들은 어떤 과정을 거쳐 형성되었든 간에 모두 합성어로 분류될 수 있다. 이것이 현대국어에 대한 화자의 인식을 반영하는 더 의의 있는 기술 태도라고 생각된다.17)

2.2. 합성어의 유형

2.2.1. 의미적 기준에 따른 분류

합성어는 둘 이상의 성분이 모여 다양하면서도 특이한 의미의 결과를 만들어낸다는 점에서 의미는 중요한 분류 기준이 되어 왔다. 합성어의 의미는 내적으로 구성 성분 간의 의미 관계와 외적으로 도출된 의미 결과의 두 측면에서 바라볼 수 있다. 각 기준에서는 이러한 의미의 관점이 혼재되어 있다.

합성어를 의미 관계에 따라 분류한 가장 대표적인 예는 최현배(1937)에서 이루어진 '융합 합성어, 종속 합성어, 병렬 합성어'의 분류이다.18)

어(이를 '구의 단어화'로 명명한다)와 형태적 합성어로 나누면서, 'ㅅ'이 통사적인 속격 표지의 기능을 지니고 있던 시기에 만들어진 단어('나뭇낲', '횃빛' 등)들은 원래 통사적 합성명사였지만 현대국어에서는 형태적 합성명사로 분류될 수 있음을 언급하고 있다.

17) 이 점에서 앞서 '고기잡이'는 [[고기]+[잡이]]로 단어 내부 구조를 분석하는 화자의 인식을 바탕으로 단어의 부류가 결정된다. 형성의 관점에서 보면 이 단어는 [고기+[잡+이]]의 합성어이거나 [[고기+잡]+이]의 파생어일 가능성이 있다. 그러나 [[고기]+[잡이]]의 구조에서는 '잡이'의 범주가 무엇이냐(예를 들어 '접사' 등)에 따라서 합성어인지 파생어인지가 결정된다.

18) 최현배(1937/1971)에서의 용어는 각각 '융합복사(녹은 겹씨), 유속복사(가진 겹씨), 병렬복사(벌린 겹씨)'이다. 이러한 분류는 이희승(1955)에서도 동일하게 보인다. 이희승(1955)는 '병립(竝立), 주종(主從), 혼일(混一)'의 관계로 나누는데, 각각 병렬, 유속, 융합에 대응한다.

(10) 최현배(1937/1971)

```
         ┌─ 종속 합성어 : 국물, 시냇물, 걸어가다
  합성어 ├─ 병렬 합성어 : 마소, 봄가을, 듣보다
         └─ 융합 합성어 : 세월, 밤낮, 돌아가다[死]
```

'국물, 시냇물, 걸어가다' 등은 의미적으로 두 요소가 주종의 관계인 종속 합성어이며, '마소, 봄가을, 듣보다' 등은 두 요소가 각각 독립적으로 대등한 의미를 지닌 병렬 합성어이며, '세월, 밤낮, 돌아가다[死]' 등은 구성 요소가 각각의 의미를 잃어버리고 새로운 뜻으로 된 융합 합성어이다. 이는 구성 요소의 의미 관계에 따라 분류한 것이다.

그런데 이미 지적되어 왔듯이[19] 이 분류는 기준이 일관되지 못하다는 문제가 있다. 즉 융합 합성어는 두 요소가 합성된 결과물(즉 합성어)의 의미를 기준으로 삼는 반면, 종속 합성어와 병렬 합성어는 합성어를 구성하는 두 요소 간의 의미 관계를 기준으로 삼고 있다. 이 점에서 적어도 이들은 같은 층위에서 분류될 수 있는 성질의 것이 아니다.

'종속 합성어, 대등 합성어'의 분류는 이러한 기준의 문제를 수정하여 분류하는 체계이다. 종속 합성어는 '손가락, 쌀밥, 할미꽃' 등 앞 성분이 뒤 성분을 수식하는 관계이고, 대등 합성어는 '강산, 논밭, 마소' 등 그러한 수식 관계가 없는 경우이다. 고영근·구본관(2008 : 235)은 이 경우 '세월, 산수, 갈등' 등 이른바 '융합 합성어'는 구성 요소들 간의 의미상 수식 여부를 따지기 어렵기 때문에 종속 합성어나 대등 합성어와 함께 다루기 어렵다고 한다. 이는 곧 '융합'의 의미를 지니는 합성어는 종속, 대등 합성어 어디에도 포함되지 않는다는 것으로 이해된다.

---

19) 김창섭(1996 : 56 각주 61)도 녹은겹씨(융합 합성어)가 다른 두 겹씨와 다른 차원에서 설정된 것임을 지적하고 있고, 고영근·구본관(2008 : 262)에도 같은 지적이 있다. 서정수(1981/1993 : 263)에서도 녹은겹씨는 의미론적 기준, 가진겹씨와 벌린겹씨는 구문론적 기준에 따른 것으로 기준 혼란의 문제가 있다고 지적한다.

(11) 고영근·구본관(2008)

　　合성어 ┬ 종속 합성어 : 손가락, 쌀밥, 할미꽃
　　　　　　└ 대등 합성어 : 강산, 논밭, 마소
　　　　　　　　　　　　　 (세월, 산수, 갈등)

　그러나 이른바 융합 합성어들이 배정되지 못하는 분류 체계는 바람직해 보이지 않는다. 융합 합성어도 그 구성 요소들은 대등('밤낮'), 주종('꽃물')의 관계를 갖는다. 전체 단어가 융합하였다고 해서 수식 관계를 따지기 어렵다면 '강산, 논밭, 마소' 등 대등 합성어도 단순히 두 구성 요소의 합성적 의미만은 아니라는[20] 점에서 수식 관계를 따질 수 없어야 할 것이다. 따라서 합성어는 구성 성분 간의 의미 관계에 따라 분류하고 다시 합성의 결과적 의미에 따라 분류하여 융합 합성어도 체계 안에 포함하는 것이 바람직하다. 이와 같이 층위를 달리하여 합성어를 분류한다면, 최현배(1937/1971)에서 융합 합성어라는 공통점만 지니는 '세월'과 '물개'는 각각 대등 합성어와 종속 합성어라는 차이점도 지니게 된다.

(12) 계층적 분류 체계[21]

　　합성어 ┬ 대등 합성어 ┬ 융합 (세월, 산수, 갈등)
　　　　　　│　　　　　　 └ 비융합 (강산, 논밭, 마소)
　　　　　　└ 종속 합성어 ┬ 융합 (꽃물, 돌옷)
　　　　　　　　　　　　　 └ 비융합 (손가락, 쌀밥, 장미꽃)

---

20) 이를테면 '강산'은 단순히 '강, 산'의 의미가 아니라 '자연 경치' 또는 '국토'의 의미를 지닌다. 합성어는 단어로서 단일한 의미를 지닌다는 점에서 '논밭, 마소'도 단순히 '논, 밭' 또는 '말, 소'의 의미와는 같다고 할 수 없다. 서정수(1996)에서는 기본적으로 모든 합성어는 '융합'된 의미를 갖는다고까지 한다.

21) 이와 같은 계층적인 분류 체계는 나은미(2007)에서도 볼 수 있다. 이 논문에서는 합성어를 의미 관계에 따라 '융합관계형, 결합관계형'으로, 통어 관계에 따라 '등위구조형, 부체구조형'으로 분류하는데, 이 글의 분류 체계와 거의 대동소이하다. 한편 서구 언어학의 '규칙적 합성어'(regular compounds) '숙어적 합성어'(idiomatic compounds) 역시 이와 다를 바 없는 분류이다. 규칙적 합성어는 '촛불, 장미꽃' 등 구성 요소의 의미를 바탕으로 그 둘 간의 관계의 의미가 더해진 합성어이고, 숙어적 합성어는 '무당벌레, 돌옷' 등 두 구성 요소 중 하나의 의미만 투명하거나 둘 모두의 의미가 불투명한 합성어이다(Marchand 1969).

의미 기준에 따른 합성어의 분류는 다양하게 이루어졌다. 양영희(1994)
는 문맥을 고려해야만 합성어임을 알 수 있는 문맥 의존 합성어와, 문맥
을 고려하지 않고도 그 의미를 알 수 있는 문맥 자립 합성어로 분류하였
으며,22) 시정곤(1998)은 구성 요소인 두 어근의 분할된 의미 자질을 많이
포함하는 상보관계('미닫-, 높낮-, 오가-'), 두 어근이 고유의 의미를 지니면
서 상보관계에 비하여 의미 호응이 있는 근접관계('금부처, 은돈, 실개천'),
두 어근 가운데 어느 하나가 의미의 본래성을 잃어버려 어느 하나의 의
미에 귀속되는 포섭관계('눈송이, 붓집, 밤거리')로 나누기도 하였다. 서구 언
어학의 '내심(endocentric) 합성어, 외심(exocentric) 합성어, 동격(appositional)
합성어, 연계(copulative) 합성어'의 분류도 의미 관계에 따른 대표적인 분
류이다.23)

어떤 경우이든 합성어의 문법 기술에 의의를 지니는 것이 바람직하다
고 할 수 있다. 한 예로 시정곤(1998 : 179-199)은 자신의 분류를 바탕으로
합성어, 파생어의 형성 순서에 대한 의미있는 설명을 시도하고 있다. 또
영어의 'VN' 합성명사는 동사(V)가 직접 목적어인 명사(N)와 결합한 유
형(cut-throat, kill-joy, pickpocket)과 직접 목적어가 아닌 명사와 결합한 유형
(dangle-dolly, drownproofing, goggle-box)으로 나뉘는데 전자는 모두 외심 합성
어이고 후자는 모두 내심 합성어로서(Bauer 1983 : 204-205) 의미론적 기준
의 분류가 합성어의 문법 기술에 보다 큰 의의를 더해 주게 된다.

그러나 이러한 의미적 분류 체계가 합성어의 형성 문제와 관련하여 지
니는 의의는 충분하다고 하기는 어렵다. 합성어의 형성은 형태적 기준이

---

22) '물불, 큰집'은 단어인지 '물, 불', '큰 집'의 구인지는 문맥을 보아야 알 수 있는 문맥 의존
합성어, '황소바람, 벼락부자'는 문맥 없이도 그 변화된 의미를 인지할 수 있는 문맥 자립
합성어이다. 다만 후자도 '황소, 바람', '벼락, 부자'의 구성이 있을 수 있다는 점에서 합성
어가 완전히 문맥으로부터 자유로울지는 의문이 남는다.
23) 이에 대해서는 Bauer(1983 : 30-31) 참조.

나 통사적 기준에 따른 분류를 통해 더 구체적으로 이해될 수 있다.

2.2.2. 형태적 기준에 따른 분류

'어근 합성어(root compound)'와 '종합 합성어(synthetic compound)'24)는 합성어를 구성하고 있는 형태에 따라 분류한 것이다. 어근 합성어는 '손발, 덮밥, 오르내리다'와 같이 단일어 어근이 결합하여 만들어진 것이다. 반면에 종합 합성어는 아래와 같이 구성 요소의 하나가 어미나 접사인 경우이다.

> (13) 가. 고기잡이, 구두닦이, 손톱깎이, 해돋이, 귀걸이
>   나. 눈가림, 입가심, 무릎맞춤, 끝맺음
>   다. 줄넘기, 글짓기, 김매기, 널뛰기
>   라. 이쑤시개, 발싸개, 오줌싸개

이러한 종합 합성어는 분석 자체가 어려운 것으로 잘 알려져 있는데, 크게 [해[돋이]]처럼 분석하여 합성어로 보는 논의(이익섭 1965, 유목상 1974, 연재훈 1986, 2001, 채현식 1999, 김인균 2004 등)와, [[해돋]이]와 같이 분석하여 파생어로 보는 논의(김계곤 1969, 허웅 1975, 김진형 1995, 김창섭 1996, 송철의 1992, 시정곤 1998 등)으로 나뉜다.

전자는 다시 '유추'인지 '규칙'인지 그리고 명사와 동사의 문법 관계는 어떠한지 등에 따라 입장이 나뉘고,25) 후자는 '고기＋잡-', '해＋돋-' 등

---

24) 'synthetic compound'는 '통합 합성어', '동사 합성어' 등으로 번역되기도 한다. 이 글에서는 전상범(1995)에 따라 '종합 합성어'로 쓰기로 한다.
25) 한 예로 [고기＋잡이]에 있어서 '고기'와 '잡-'의 논항 관계를 포착하기 위하여 채현식(1999)는 '잡이'에 '잡-'의 논항구조가 전수되었다고 한다. 이와 달리, 이러한 구조에서는 단순히 N1＋N2의 구조이므로 선행 명사와 동사 간의 논항 관계는 존재하지 않는다고 보는 견해도 있다(연재훈 2001, 김인균 2005). 연재훈(1986, 2001)은 '잡이'가 동사성 명사(verbal noun)라고 한다.

처럼 명사와 동사가 논항과 서술어 관계를 이룬다는 점을 바탕으로 그 형성 부문이 어휘부인지 통사부인지와 관련한 논의로까지 나아가게 된다 (3.2.2. 참조).

2.2.3. 통사적 기준에 따른 분류

합성어를 구성하는 요소들은 다양한 문법적(통사적) 관계를 이룬다. 이들이 보이는 문법 관계는 통사부의 질서와 공통점을 보이기도 하고 차이점을 보이기도 하여 '단어'가 지니는 고유의 문법을 보여 준다. 따라서 구성 요소들 간의 통사적 관계에 따라 유형화하는 것은 합성어의 문법 기술에 도움이 될 수 있다.

통사적 기준에 따른 분류라고 해도 무엇을 기준으로 삼느냐에 따라 분류의 결과는 다르다. 서정수(1996)은 합성어의 구성 요소들이 이루는 구문론적 관계에 따라 '딸림 관계의 합성어, 맞섬 관계의 합성어, 기타 구문론적 관계의 합성어'로 분류한다.

> (14) 가. 콩나물, 얕보다
> 　　 나. 밤낮, 오르내리다
> 　　 다. 덧없다, 뒤따르다

딸림 관계 합성어는 구성 요소들이 (14가)처럼 수식－피수식의 관계, 맞섬 관계의 합성어는 (14나)와 같이 접속 관계, 기타 구문론적 관계의 합성어는 (14다)와 같이 주술 및 목술 등 그 외의 관계를 갖는 것들이다.

이러한 분류는 합성어 구성 요소들이 지니는 다양한 문법 관계를 보여 주는 장점은 있지만 다음과 같은 예들이 지니는 차이점을 포착하지 못하는 결점도 있다.

(15) 가. 돌보다, 꺾자
　　나. 돌아보다, 꺾는소리

즉 (15가)는 용언 어간이 직접 다른 용언, 명사와 결합한 것인 반면, (15나)는 '-아, -는'의 어미가 결합한 다음 뒷말과 합성어를 이룬 것이다. 서정수(1996)의 기준으로 본다면 이들은 모두 딸림 합성어일 뿐이다. 그러나 어미의 결합 여부에 따른 차이가 합성어의 문법 기술에 필요하다면 이를 포착할 수 있는 분류 체계가 필요하다.

'통사적 합성어, 비통사적 합성어'는 이와 같이 합성어의 구성 요소들이 지니는 통사적 관계의 차이에 따라 분류한 것이다. 통사적 합성어는 '구(句)에서도 나타나는' 결합 방식으로 된 합성어이고,26) 비통사적 합성어는 합성어를 이룰 때만 나타나고 '구에서는 안 나타나는' 결합 방식으로 된 합성어이다(이익섭·임홍빈 1983 : 123).

(16) 가. 어깨동무, 고무신　　　가′. 서울 친구, 고무 제품
　　나. 새서방, 첫사랑　　　　나′. 새 친구, 첫 방학
　　다. 볼일, 찬밥　　　　　　다′. 볼 사람, 찬 기운
　　라. 귀먹다, 겉늙다　　　　라′. 책 읽다, 허리 아프다
　　마. 뛰어나다, 돌아보다　　마′. 베껴 가다, 심어 놓다
　　바. 콧물, 냇가　　　　　　바′. *차ㅅ 성능, *영희ㅅ 책
　　사. 귀엣말, 소금엣밥　　　사′. *귀엣 점, *소금엣 값
　　아. 접칼, 덮밥　　　　　　아′. *날카롭 칼, *먹 밥

---

26) '통사적'은 '통사적 구성과 구조가 같은'과 '통사부에서 만들어진'의 두 가지 의미로 해석될 수 있다(채현식 2003나 : 127). '통사적 합성어, 비통사적 합성어'의 분류에서 '통사적 합성어'는 보편적으로 전자 즉 '통사적 구성과 구조가 같은'의 의미로 쓰이고, 이 글도 이 기준에 따른다. 채현식(2003나)에서는 후자의 의미로서 즉 통사부에서 만들어진 명사를 '통사적 합성명사'로, 어휘부의 조어 기제에 의해 만들어진 명사를 '형태적 합성명사'로 부르고 있다. 이 글에서는 이와 같이 형성 기제(부문)에 따른 분류로서는 '통사부 합성어', '형태부 합성어'라는 용어를 사용한다(3.3.1. 참조). 따라서 통사적 합성어, 비통사적 합성어는 형성 기제와는 무관하게 그 내적 질서가 통사적인가 아닌가에 따른 분류일 뿐이다.

자. 굶주리다, 검붉다	자´. *읽 쓰다, *업 가다
차. 알뜰주부, 뾰족구두	차´. *알뜰 동생, *뾰족 모양
카. 뻐꾹새, 살짝곰보	카´. *뻐꾹 울음, *살짝 바보
타. 싱글벙글, 줄줄	타´. *싱글 웃다, *줄 새다

(16가)는 명사＋명사 구성, (16나)는 관형사＋명사 구성, (16다)는 용언의 관형형＋명사 구성, (16라)는 명사＋동사 구성, (16마)는 용언 어간-아/어＋용언 구성이 각각 구에서도 나타나므로 통사적 합성어이다.

반면에 (16바, 사)의 '콧물, 귀엣말' 등은 현대국어의 통사적 구성에 나타나지 않는 사이시옷 개재 구성,27) (16아)의 '접칼, 덮밥'은 용언 어간＋명사 구성, (16자)의 '굶주리다, 검붉다'는 용언 어간＋어간 구성, (16차)의 '알뜰주부, 뾰족구두'는 어근＋명사 구성, (16카)의 '뻐꾹새, 살짝곰보'는 부사＋명사 구성, (16타)의 '싱글벙글, 줄줄'은 어근＋어근 구성으로, 모두 구에서는 나타날 수 없는 결합 방식이다. 따라서 이 단어들은 비통사적 합성어이다.

합성어들은 통사부에서 통사적 구성으로 형성되어 잦은 사용을 통하여 단어화되기도 한다(3.3.1. 참조). 그 결합 방식이 구에도 나타나는지 여부에 따른, 이와 같은 통사적 합성어와 비통사적 합성어 분류는 합성어 가운데 통사적 구성과 같은 것이 있다는 점을 부각시킨 것으로서, 통사부에서 형성되는 단어의 존재에 대하여 보다 체계적으로 생각할 수 있는 길을 열어 주었다는 의의를 지닌다.28)

---

27) 사이시옷이 현대국어의 통사적 구성에 전혀 나타날 수 없는 것은 아니다. 그 예로 김창섭(1996 : 60-61)은 "[철수가 도착한 날]ㅅ 밤, [이 동네]ㅅ 사람, [2년]ㅅ 동안" 등을 들고 있다. 김창섭(1996)은 기원적으로 이들의 사이시옷이 명사구에 붙던 속격 '-ㅅ'이 '밤, 사람, 동안' 등 앞에서 화석화한 것으로서 '밤, 사람, 동안'은 'ㅅ' 전치의 명사라고 설명한다. 이와 같은 경우를 제외하면 현대국어에서 사이시옷은 통사적 구성에 나타날 수 없다.

28) 송원용(2005 : 89)는 합성어를 통사론적 관점에서 바라본 이러한 분류 기준이 형태론 논의에서 가지는 의미가 상당한 기간 동안 깊이 있게 탐구되지 못했다고 평가한다.

통사적 합성어와 비통사적 합성어의 분류 방식이 모두 같지는 않다. 이에는 통사적 합성어의 개념을 더 넓게 보는 관점과 더 좁게 보는 관점이 있다. 김동식(1994)에서 언급하였듯이 통사적 합성어의 개념을 가장 넓게 본 것은 허웅(1975)이다. 여기에서는 '굶주리다, 검붉다'처럼 용언 어간끼리 바로 결합한 것만 비통사적 합성어로 보고 그 외는 통사적 합성어로 분류한다. 이 기준에 따르면 앞에서 비통사적 합성어로 분류하였던 '콧물, 냇가, 접칼, 덮밥, 알뜰주부, 뾰족구두, 싱글벙글, 줄줄'은 모두 통사적 합성어가 된다.

그러나 이러한 분류는 문법적 사실을 체계적으로 기술하지 못하는 문제가 있다. 즉 용언의 경우에는 '굶주리다, 검붉다' 등이 '뛰어나다, 돌아보다' 등과 달리 통사적인 규칙을 벗어나 있다는 점은 기술해 주면서도, 명사의 경우에는 '접칼, 덮밥' 등이 '볼일, 찬밥'과 달리 통사적 규칙을 벗어나 있다는 점을 동일하게 기술해 주지 못하는 것이다.

통사적 합성어의 개념을 보다 좁게 보는 관점으로는 김동식(1994)를 들 수 있다. 김동식(1994 : 387)에서는 통사적 합성어를 "음운 현상이나 성분 성격, 그리고 그 결합 관계가 일반적인 통사 구조에서 나타나는" 것으로 본다.[29] 적어도 '음운 현상'이 새로운 기준으로 더해지면서 통사적 합성어의 개념은 더 좁아지게 되었다. 이 기준에 따르면 다음 단어들은 비통사적 합성어이다.

(17) 좁쌀, 안팎, 부나비, 소나무, 사흘날, 쇠고기

이 단어들에서 보이는 음의 첨가, 탈락, 대치 등의 음운 현상은 통사적 구조에서는 나타날 수 없다. 이들을 통사적 합성어로 볼 경우에는 각 음

---

[29] 김일병(2000)에서도 이러한 기준은 거의 그대로 수용되고 있다.

운 현상을 예외로 처리할 수밖에 없는데, 비통사적 합성어로 볼 경우에는 이를 예외적으로 처리하지 않을 수 있는 장점이 있다(김동식 1994).

그러나 이와 같은 장점에도 불구하고 음운 현상으로까지 기준을 확대하는 것은 오히려 또 다른 문법 기술의 의의를 놓치는 결과를 낳는다. 예를 들어,

(18) 발목, 소나무, 냇가

음운 현상을 기준으로 한다면 '르'이 탈락한 '소나무'는 '냇가'와 더불어 비통사적 합성어가 되고, '발목'은 통사적 합성어가 된다. 그러나 이 결과는 형태적으로 '냇가'는 사이시옷이 개재된 반면, '발목, 소나무'는 개재되지 않았다는 문법적 사실은 놓치게 된다. 형태소 배열 기준에서는 '냇가'는 비통사적 합성어요, '발목, 소나무'는 통사적 합성어인 것이다. 이처럼 음운 현상과 형태소 배열을 기준으로 한 분류 결과가 모순될 수 있으므로 보다 문법적 의의가 큰 하나만 분류 기준으로 삼을 필요가 있다.

3. 합성어의 형성 원리

3.1. 규칙

생성형태론에서는 단어의 형성 원리에 관심을 갖고서 그 형성 기제가 무엇인가를 제시한다. 즉 문장을 생성해 내는 인간의 능력으로 문장 생성 규칙이 있듯이, 단어를 만들어내는 능력으로 단어 형성 규칙이 있다고 본다.

(19) 가. 철수가 영희를 사랑한다.

S → NP VP

NP → N

VP → NP V

N → 철수, 영희, …

V → 사랑하다, …

나. 돌다리

① N → N N (Selkirk 1984)

② $[X]_N$, $[Y]_N$ → $[[X]_N [Y]_N]_N$ (김창섭 1996 : 29)

③ N → N+N

(19나)의 규칙들의 모습은 통사 규칙의 다시쓰기 규칙을 닮아 있듯이 변항에 구체적인 어휘 항목이 입력되면 자동적으로 새로운 단어를 생산해 내는 특성을 지니고 있다. 화자가 새로운 개념을 표현하기 위하여 적절한 입력 요소(돌, 다리)를 선택하고, 이를 규칙에 입력하면 결과물(돌다리)이 생산된다. 통사 규칙이 인간의 심리에 실재한 것이듯이 당연히 이 단어 형성 규칙 역시 인간의 심리적 실재물이라고 할 수 있다.

이와 같은 규칙에 대하여 그 존재에 대한 의문이 심각하게 제기되었다. 주로 유추론자들에 의해 주장된 것인데(3.4. 참조) 기본적으로 단어 형성 규칙이 진정한 '규칙'인지 의문이라는 것이다. 규칙이라면 화자의 심리 속에 존재하는 기호적 실재이자 연산 과정으로서의 기능을 지녀야 하는데, 진정한 규칙이라고 할 통사 규칙이 논리적 형식과 변항을 사용함으로써 문장을 무한히 생성해 낼 수 있는 자동적인 연산 과정인 것과 달리, 단어 형성 규칙은 다음에서 보듯이 적격한 단어 외에 부적격한 단어도 만들어낸다는 점에서 즉 과잉 생성을 한다는 점에서 규칙으로서의 자격이 없다는 것이다(채현식 2003나 : 77-87).

(20) 가. N→N-장이
　　 나. 간판장이, 그림장이, 석수장이, 옹기장이, 점장이, 욕심장이, …
　　 다. *고기장이, *유리장이, *채소장이, *눈물장이, *웃음장이, …

　이러한 과잉 생성을 막기 위해서는 다양한 제약이 설정되는데, 이와 같이 제약이 결부되는 것은 규칙으로서의 본질도 아니고, 아무리 제약을 정밀화한다고 하더라도 성공하기는 어렵다는 것이다. 또 이러한 제약은 기존의 적격한 단어들에 대한 정보를 바탕으로 만들어질 수밖에 없고, 결국 단어 형성의 규칙이란 것은 기존 단어들에 대한 정보가 깊이 관여되어 있고(채현식 2003나 : 79, 83), 따라서 이는 진정한 '형성' 규칙이 아니라 '분석'의 결과일 뿐(최형용 2003 : 189)이라는 것이다.

　단어 형성 규칙이 일회적(once only) 규칙이라는 특성 역시 규칙으로서의 문제점으로 지적된다. 예를 들어 통사 규칙은 동일한 문장을 생성해 낼 때마다 반복해서 적용된다. 즉 화자가 '철수가 영이를 사랑한다'는 문장을 다시 발화할 때는 기억한 문장을 꺼내는 것이 아니라 규칙을 적용하여 새롭게 생성해 낸다. 이와 달리 '돌다리'는 한번 생성하면 다시 규칙을 거치지 않으니까 규칙으로서의 속성이 결여되어 있다는 것이다.

　그러나 이러한 단어 형성 규칙의 특성은 기본적으로 단어가 기억의 대상이라는 데 기인하는 것이다. 언어는 개념을 표현하는 형태소, 단어들을 바탕으로 문장이라는 최종 단위로 실현된다. 이 형태소, 단어들은 문장을 구성하는 데 필수적인 재료들로서, 유한하고, 기억의 대상이다.[30] 그러나 문장은 그 수와 길이가 무한하다는 속성을 지니고 있어서 인간의 기억 용량으로 감당할 수가 없다. 따라서 통사 규칙에 의하여 반복적으로 생성해 내는 방법을 택하게 된다.[31]

---

30) 언어 사전에 표제어들이 이러한 단위들을 명시적으로 보여 주는 전형이라고 할 수 있다.
31) 생성 문법의 지향점은 유한한 규칙으로써 무한한 문장의 생성을 설명해 내는 것이다. 즉

이와 같이 보면 단어 형성 규칙과 통사 규칙은 적용의 필요성 문제로 귀결된다. 즉 단어 형성 규칙은 이미 단어가 기억되어 있으므로 '다시 적용할 필요가 없고', 통사 규칙은 기억된 문장이 없으므로 '다시 적용되어야 한다'. 이 점에서 단어의 등재를 둘러싼 논의를 음미할 필요가 있다. 단어의 등재에 대하여는 만들어진 모든 단어는 등재(곧 기억)된다는 주장, 일부만 등재된다는 주장이 대립하는데,32) 다음과 같이 극히 생산적인 단어들은 등재되지 않는다는 입장(김성규 1987, 정원수 1992 등)을 가정해 보자.

(21) 가. 갸웃거리다, 건들거리다, 나풀거리다, 덜렁거리다, 만지작거리다, 출렁거리다, 팔랑거리다, 흐느적거리다 등

나. 가탈스럽다, 고통스럽다, 남사스럽다, 미련스럽다, 변덕스럽다, 의심스럽다, 혼란스럽다 등

이 경우 단어를 형성하는 원리를 '규칙'이라고 해야 한다. 왜냐하면 통사 규칙과 마찬가지로 반복적인 연산(computation)이기 때문이다. 문제는 생산성에서만 차이가 날 뿐 동일하게 '어간'과 '접사'로 구성된 '먹이, 덮개' 류 역시 동일한 원리 즉 규칙에 의하여 만들어진다고 보아야 한다는 점이다. 적어도 최소 등재의 관점에 따른다면 일회적이라는 속성이 규칙의 존재를 부정하는 근거가 되기 어려운 것이다.

과잉 생성, 그리고 이에 따른 과도한 제약 등의 문제에 대하여는 동일한 특성이 통사부 규칙에도 잠재되어 있다는 점을 인식할 필요가 있다.

(22) 가. 나는 철수가 가는 줄을/*수를 몰랐다.

나. 철수가 가는 수가/*줄이 있다.

규칙은 유한하기(그리고 적기) 때문에 인간의 기억에 부담을 주지 않는다.

32) 김명광(2004), 정한데로(2010), 이 책 4장 참조.

일반적으로 통사론에서 문장은 서술어의 하위범주화 정보가 투사되어 형성된다고 한다. '모르다'가 다음과 같은 하위범주화 틀을 지니고 있다면, 이 정보가 투사되어 'VP→NP V', 'S→NP VP'의 연산 작용에 의하여 동사구(VP), 문장(S)을 형성한다.

 (23) 모르- : NP ＿＿＿＿

그런데 이 자동적인 연산 과정만으로는 '*나는 철수가 가는 수를 모른다'의 부적격한 문장이 생성되는 것을 막을 수 없다. 이러한 과잉 생성을 막기 위해서는 '모르다'는 이른바 '주어성 의존명사'를 목적어 논항으로 선택할 수 없다는 제약을 가해야 한다. 반면에 '있다'는 '줄'과 같은 비주어성 의존명사를 선택할 수 없다는 제약을 가해야 한다. 이는 과잉 생성을 막아 주는 통사 규칙의 여러 가지 이론들, 즉 격이론, 의미역이론, 결속이론, 통제이론 등과는 달리 어휘 개별적 속성에 기반한 제약이다. 이러한 제약은 단어 형성 규칙에서 흔히 보이는 제약만큼이나 모호하며, 적격한 문장을 기반으로 설정되는 제약으로서 역시 '분석'의 결과라는 속성을 지닌다.

 과잉 생성의 문제에 대하여 황화상(2010)에서 단어 형성 규칙은 필요할 때만 적용되는 것이므로 과잉 생성의 문제가 없게 된다고 한 것이 올바른 지적일 것이다. 앞에서도 말했듯이 단어는 기억을 전제로 하는 것이므로 불필요한 요소를 무한히 생성해 낼 필요가 없다. 새로운 개념을 나타낼 말이 필요하고, 만들겠다는 욕구에 의하여 규칙이 선택되는 것이라면 과잉 생성의 문제는 없다고 할 수 있다.

 근본적으로 단어와 문장이 지니는 속성의 차이로 인하여 규칙의 적용 양상은 다른 점이 있지만 단어 형성 규칙은 통사 규칙과 규칙으로서의 본질적 속성에서는 다르다고 할 수 없다. 즉 단어 형성 규칙은 존재한다.

3.2. 공시성과 통시성

합성어(또는 단어)는 통사적 구성으로부터 시간의 흐름을 거쳐 형성될 수 있다. 즉 반복적인 사용을 통하여 구성 내부의 경계가 없어지고 단어화하는 것이다. 이는 근본적으로 대상 구성을 하나의 단위로 여기게 되는 화자의 인식 작용에 따른 결과이다.

이는 '-ㄹ지라도, -다마는, -라면서' 등 둘 이상의 요소가 결합한 통사적 구성이 시간이 지나면서 각각 어미와 조사가 된 문법화의 예들,[33] '부터, 에서부터, 한테로' 등 체언에 조사가 결합하거나 용언 어간에 어미가 결합한 통사적 구성이 단어화한 예들, '저리로, 그러다가' 등 체언이나 용언 어간에 조사, 어미가 결합한 통사적 구성이 단어화한 예들, '눈엣가시, 우스갯말, 몸엣것' 등 통사적 구성에 사이시옷이 결합한 것이 단어화한 예들 등 다양한 유형에서 찾아볼 수 있다. '아가방'은 '아가 방'의 통사적 구성이 그대로 상호로서 단어가 된 것으로(김창섭 1996) 역시 같은 유형의 예라고 할 수 있다.

물론 이와 같이 형성된 단어들이 모두 합성어인 것은 아니다. 최형용(2003)에서는 이와 같은 과정을 통하여 형성된 단어를 '통사적 결합어'로 부른 바 있다(2.1.2. 참조). 이와 같이 통사적 구성으로부터 단어화를 겪은 단어 모두를 최형용(2003)처럼 합성어와 별개로 분류할지는 또 다른 문제지만, 만일 2.1.2에서의 논의대로 분석의 관점을 중시하여 단어를 분류한다면 'N+N'의 내부구조를 지니는 '아가방'은 합성어라고 할 수 있다.

---

33) 이 어미들이 분석되지 않는 하나의 어미라는 점은 최형용(2003)에서 검증되고 있다.

이 예만으로도 합성어는 통시적인 형성 과정을 거쳐 만들어질 수 있다고
말할 수 있다.

　그러나 규칙에 의한 단어 형성은 공시성을 지닌다. 다음 예를 보자.

　　(24) 가. 덧버선, 시누이, 덮개, 마름질
　　　　 나. 갈림길, 디딤발, 뜯이것34)
　　　　 다. 값표, 똑똑전화, 맵시청바지, 눈길덧신
　　　　 라. 요금판, 집드라이

　(24가, 나)의 구성 요소인 '덧-, 시-, -개, -질' 등 파생접사, '갈림, 디
딤, 뜯이' 등 실재하지 않는 잠재어들은 다른 요소와 결합하여 통사적 구
성을 만들 수 없다.35) 즉 통사적 구성으로부터의 단어화가 불가능하므로
이들은 '덧-＋버선, 갈림＋길'과 같이 구성 요소들 간의 공시적 결합으로
만들어졌다고 해야 한다. (24다, 라)는 순화어이거나 화자가 특정한 발화
상황에서 즉시적으로 만들어낸 단어들이다.36) 이와 같이 신어를 만드는
것은 즉시적인 과정이므로 역시 공시적으로 형성된 것이다.

　언어학자가 규명하는 단어 형성 규칙이라는 것이 기존의 단어를 분석
하여 알게 되는 것이라는 점에서 규칙은 언어의 공시태를 반영할 수 없
다거나(시정곤 1998), 현재에 사용되는 모든 파생어와 합성어는 과거에 형
성된 것이며 새롭게 만들어지는 단어는 그것이 만들어지는 순간에 역사
적 산물이 된다는 점에서 단어의 형성은 모두 통시적인 것이라는 견해(최
명옥 2007 : 36-37)도 있다. 최명옥(2007)에서 논증하는 바와 같이 현재의 단

---

34) 헌 옷을 빨아서 뜯어 새로 만든 옷.
35) 기저에서 '갈림, 디딤'이 명사절로서 [[e 갈림]NP [길]NP]NP와 같은 통사적 구성일 가능성도
　　생각해 볼 수 있겠으나 여기에서는 잠재어로 보는 보편적인 견해에 따르기로 한다.
36) '값표, 똑똑전화, 맵시청바지, 눈길덧신'은 '가격표, 스마트폰, 스키니진, 아이젠'을 순화한
　　말이고, '요금판, 집드라이'는 '미터기, 집에서 하는 드라이클리닝'을 가리켜 개인 화자에
　　의해 일시적으로 쓰인 말이다.

어들 중 공시적인 단어 형성 규칙으로 분석될 수 없는 예들이 다수 있다는 점에서 이는 진지하게 숙고될 만하다.[37]

그러나 '공시적'의 의미를 '현재'로 해석하지 않는다면 문제는 다를 수 있을 것이다. 오늘날의 국어(공시태)에는 그 형성 시기 면에서 다양한 지층을 보이는 단어들이 있다. 물론 이들은 모두 과거에 형성된 것이지만, 각각의 단어는 만들어진 '당시'를 고려하면 공시적인 규칙에 따라 만들어졌다고 할 수 있다.[38] 규칙은 새로 만들어지기도 하고 없어지기도 한다. 따라서 특정한 시기의 일부 단어들은 그 시기의 규칙으로 설명할 수 없는 경우가 있을 수밖에 없다. 그러나 그 단어들도 그 이전 시기의 단어 형성 규칙에 의하여 만들어졌다면 공시적으로 형성된 것이다.

물론 단어 형성을 등재의 단계까지 고려하면 통시적인 속성을 지닌다(박진호 1994, 1999, 송원용 2005). 단어가 만들어진 다음 이것이 어휘부에 등재되는 과정은 어휘부 체계에 변화를 가져오므로 통시적인 성격을 지닌다는 것이다.

> (25) (어떤 화자가) 이전에는 알지 못했던 '졸업복'이라는 단어를 만들었다면, 그 화자의 심리적 어휘부에 새로운 어휘 항목이 추가되며 그 결과 다양한 측면에서 어휘 연결망에 변화가 생긴다. 이것은 화자의 공시적 언어 지식에 변화가 일어났음을 의미한다. 요컨대 단어 형성 과정의 결과물은 필연적으로 화자의 언어 지식에 변화를 일으키므로 화자의 언어 능력을 연구 대상으로 삼는 형태론 연구의 관점에서 단어 형성은 본질적으로 통시적 과정인 것이다(송원용 2005 : 63).

---

37) 예를 들어 동남방언의 동해안 지역어에서 '끓-(沸)'는 '(물이) 끓{가, 거}도'에서 보듯이 '끓-'으로 변하였는데, 그 사동사는 '(물을) {끌, 낄}리고'이다. 사동사가 공시적으로 파생되는 것이라면 어간말 자음소군 /려/을 가지는 어간에 접미사 '-리-'가 통합되는 것을 설명할 수 없다. 그 경우에는 '끌킨다'(긁힌다)처럼 '-히-'가 결합하기 때문이다(최명옥 2007 : 34).

38) 최명옥(2007)에서 논증하듯이 현재의 국어 단어에는 분석될 수 없는 것들이 많다. 이 점에서 이 글 역시 특정한 시기에 만들어지는 대다수의 단어들은 어휘부에 등재된다고 본다. 즉 대부분의 단어가 그때그때 반복적으로 규칙에 의하여 만들어진다고 보는 것은 아니다.

예를 들어 '외출복, 작업복, 운동복'의 어휘를 알고 있는 화자가 '졸업복'이라는 새 단어를 만들어 자신의 어휘부에 등재하는 순간 '외출복, 작업복, 운동복, 졸업복'과 같이 어휘 연결망에 변화가 일어나므로 단어 형성은 통시적이라는 것이다.

공시태, 통시태에 대한 이러한 인식은 심리언어학적 관점에서 개인 화자의 언어 능력을 대상으로 삼은 것이다. 이 점에서 어떤 새 단어가 화자의 어휘부에 저장되는 '통시적' 과정과 그렇지 않은 '공시적' 과정[39]을 구별하여 기술하는 것은 분명 의의가 있다. 이와 같은 관점에서 본다면, 앞서 공시적인 단어 형성이라고 한 (24가~라)의 예들 중 (24가, 나)는 통시적, (24다, 라)는 공시적인 단어 형성으로 구분할 수 있을 것이다.

그러나 새 단어의 사회적 승인, 곧 등재를 떼놓고 보면, 그 형성 과정에서 보이는 단어들 간의 차이점을 놓치는 문제점이 있다. 적어도 '단어'로서의 통사적 범주(즉 x^0)를 갖추는 데 있어서 (24가~라)의 예들은 모두 즉시적이라는 점에서 같지만, '눈엣가시, 귀엣말' 등은 시간의 흐름을 동반하는 차이가 있다.

등재까지 고려하면 (24가, 나)는 통시적, (24다, 라)는 공시적인 형성으로 나뉜다. 그러나 '단어 형성'의 핵심은 어휘부의 '등재' 여부가 아니라, '등재 자격'의 여부에 있다고 생각된다. 단어 '가'는 다소 비생산적인 기제로, 단어 '나'는 매우 생산적인 기제로 만들어졌다고 할 때, XP가 아니라 x^0라는 점에서 등재의 자격을 갖춘 점은 동일할 것이다. '가'는 등재되고 '나'는 등재되지 않는다고 해도, 이는 단어의 형성과는 또 다른 문제라고 볼 수 있다. 이 점에서 단어의 자격을 갖추는 과정이 공시적인가, 통시적인가가 더 유의미한 기준이 될 것이다.

---

39) 송원용(2000)에서는 이를 '임시어'라고 한다.

이호승(2001, 2003)에서도 단어 형성 기제는 어휘부 등재 여부와 동일한 과정이 아니므로 어휘 체계의 변화 자체를 단어 형성 과정의 일부분으로 볼 수 없다고 비판하고 단어 형성은 공시적인 과정이라고 주장하는 것도 이와 같은 맥락에서 이해할 수 있다. 결국 단어의 형성을 등재의 단계에서 분리하여 해당 단어가 만들어지는 과정까지만으로 국한한다면 단어 형성은 공시적인 속성을 지니게 된다(이호승 2001, 2003, 양정호 2008, 황화상 2010).

이와 같이 단어의 형성을 등재 여부와 무관하게 도출 과정까지를 의미한다면, 실재어이든 임시어이든 형성된 단어라는 점에서는 차이가 없다. 만들어지는 그 순간 단어로서의 자격을 얻는다. 따라서 임시어도 등재되지 않았더라도(그래서 자립적인 기능을 갖지는 못하지만) 그것이 출현하는 환경에서는 단어로서의 자격과 기능을 갖는다고 볼 수 있다.[40]

따라서 이 글에서는 단어의 형성은 등재와 무관하게 단어로서의 자격을 얻는 과정을 가리키고자 한다. 그리고 규칙 등 즉시적인 과정으로 단어가 되는 것은 공시적인 단어 형성으로, 일정한 시간의 흐름을 동반하여 단어가 되는 것은 통시적인 단어 형성으로 구분하고자 한다.

3.3. 어휘부와 통사부

3.3.1. 형태부 합성어와 통사부 합성어

합성어는 통사부와 어휘부의 특성을 공유한다.[41] 합성어가 공유하는

---

40) 이 점에서 최형용(2003)에서 '임시어'를 합성어(또는 파생어)와 분리하여 별도 부류로 규정한 것은 재고의 여지가 있다. 이 임시어들도 단어라는 점에서 합성어의 자격을 갖는다고 보아야 한다. 단지 이들은 등재되지 못한 합성어이다.

41) 예를 들어 '늙은이'는 '늙은 이'와 같은 통사구 구성과 유사하다는 점에서 통사부의 특성이 있으면서도 '*매우 늙은이'처럼 구성 요소 중 일부만 수식할 수 없다는(즉 형태적 완전성

이러한 통사론적, 형태론적 특성은 합성어의 형성과 관련하여 그 형성 부문이 어디인가 하는 의문을 갖게 한다. 기본적으로 단어 형성 규칙은 어휘부에서 적용되는 것으로 간주되어 왔다. 이러한 관점은 어휘부가 단어의 저장 장소로서뿐만 아니라 단어 형성 장소로서의 기능도 지니고 있음을 의미한다.

초기의 생성문법에서는 어휘부의 기능이 매우 작았고, 단어도 문장을 통해서 형성되는 것으로 보기도 하였다(Lees 1960).[42] 그러나 Chomsky (1970)에서 어휘부의 단어 형성 기능이 확인되면서 어휘부의 기능이 새롭게 조명되기 시작하였다. Chomsky(1970)은 다음과 같은 예를 통하여 파생명사의 경우 통사부에서 변형을 통해 도출될 수 없음을 논증한다.

(25) 가. John amused the children with his story.

나. John's amusing the children with his story.

다. *John's amusement of the children with his story.

동명사 'amusing'은 (25가)의 문장으로부터 변형을 통해 (25나)와 같이 형성되었다고 할 수 있다. 그러나 파생명사 'amusement'는 (25다)가 성립하지 않는 데서 보듯이 변형의 결과로 형성되었다고 보기 어렵다. 또 문장 등 통사부에서 형성되는 결과물은 그 의미가 규칙적인데 반해 파생

---

morphological integrity을 지닌다) 점에서 형태론적 특성을 보여 준다. 합성어가 지닌 이러한 통사론적 특성과 형태론적 특성은 Spencer(1991 : 8.1.1.)이 참조된다.

42) Lees(1960)는 합성어들이 동일한 형식인데도 다양한 의미를 갖는 점을 통사적 구성으로부터 설명할 수 있다고 주장하였다.

가. man-servant (서술어 + 주어) ⇐ The servant is a man.

나. windmill (주어 + 목적어) ⇐ Wind powers the mill.

다. flour mill (목적어 + 주어) ⇐ The mill grinds the flour.

즉 Lees(1960)의 생각은 (가, 나, 다)의 합성어들이 지니는 의미 관계의 다양성은 단순히 'N+N'의 결합으로 형성되었다고 해서는 설명할 수 없으므로 화살표 오른쪽의 문장으로부터 변형을 통하여 형성되었다고 보아야 한다는 것이다.

명사는 매우 불규칙하고 예측할 수 없는 점43)도 파생명사가 통사부에서 형성되는 것이 아님을 보여 준다. 따라서 파생명사가 형성되는 곳, 즉 단어 형성 기능을 지닌 어휘부가 제안된다.

이러한 어휘부의 단어 형성의 기능은 합성어에도 적용된다. 즉 어휘부에서 규칙에 따라 합성어를 형성하고 이를 저장하는 것이다. 국어에는 '접칼, 묵밭, 꺾쇠, 알뜰주부' 등과 같이 어휘부에서 형성되었다고 볼 수밖에 없는 단어들도 있지만, '빛나다, 묵은밭, 밤낮, 해돋이, 연날리기, 주고받다, 뛰어가다' 등 통사적 대응 구조를 지녀 그 형성 부문이 어휘부인지 통사부인지 논란거리가 되는 예들도 있다.

'형태부 합성어'와 '통사부 합성어'는 이와 같이 형성 부문을 기준으로 분류한 개념이다. 형태부 합성어는 어휘부에서 만들어진 단어이다.44) 이를테면 다음 예들은 형태부 합성어이다.

(26) 가. 뾰족구두, 나란히꼴, 접칼, 꺾쇠, 검붉다, 여닫다
　　　나. 고추잠자리, 금가락지, 칼국수, 불장난

(26가)는 이른바 비통사적 합성어로서, 각각 어근＋명사(뾰족구두), 부사＋명사(나란히꼴), 어간＋명사(접칼, 꺾쇠), 어간＋어간(검붉다, 여닫다)의 구성이 통사부에서는 나타날 수 없으므로 어휘부에서 형성되었음이 분명하다. (26나)는 통사적 합성어이기는 하지만, 이를테면 '고추잠자리'의 경우 '*고추의 잠자리, *고추인 잠자리'와 같이 통사적 구성과 관련지을 수 없

---

43) 'carriage(마차), trial(재판)' 등은 'carry＋-age', 'try＋-al'의 요소만으로 그 의미를 예측할 수 없고, '노름, 날개' 등은 '놀-＋-음', '날-＋-개'의 요소만으로 그 의미를 예측할 수 없다.
44) 단어를 주관하는 포괄적인 개념으로서의 '어휘부'는 단어를 만들기도 하고 저장하기도 하는 기능이 구체적으로 조명되면서, 생산 부문은 '단어 형성부'로, 저장 부문은 '어휘부'로 세분하고, 그 둘을 아우르는 전체 부문을 '형태부'로 부르기도 한다(어휘부의 기능과 모형은 이 책 4장 참조). '형태부 합성어'는 이 체계에서의 명칭으로, 이때 '형태부'는 이 글의 '어휘부'와 거의 대등한 용어이다.

으므로 어휘부에서 형성된 형태부 합성어이다.[45)

통사부 합성어는 통사부에서 형성된 합성어이다. 이와 같이 통사적 구성이 통사부에서 단어화하는 데는 세 가지 정도의 형성 기제가 있다.

> (27) 가. 통시적 단어화
> 나. 공시적 규약에 의한 단어화
> 다. 통사 규칙에 의한 단어화

(27가)는 통사적 구성이 시간의 흐름에 따라 단어화한 것이다. 김창섭(1996)의 '구의 단어화', 구본관(1998 : 37)의 '통사구성의 어휘화'에 해당하는 경우이다. '눈엣가시, 닭의똥, 벼락같이, 제멋대로, 도와주다, 잃어버리다' 등 이에 해당한다.[46)

(27나)는 통사적 구성이 공시적으로 단어화하는 것이다. 이는 곧 화자가 이를 단어로 받아들이겠다는 의도 곧 심리적인 규약에 의한 것이라고 할 수 있다.[47) '스승의 날'과 같은 단어는 규칙에 의해 만들어진 것으로 보기 어려운데, 이는 곧 통사적 구성이 이 공시적인 단어화의 규약에 의하여 형성된 것이다. 이에는 작품명, 인명, 동작명, 단체명 등 다양한 예가 있다.[48)

---

45) 이와 같이 통사적 속격 구성이 불가능한 'N+N' 유형의 명사들은 어휘부의 단어 형성 규칙에 따라 만들어진다는 관점에 대하여는 김창섭(1996 : 27-29) 참조.

46) 이들이 모두 합성어인지는 분류 기준에 따라 달라질 수 있다(2.1.1. 참조).

47) 이와 같이 통사적 구성이 공시적으로 단어화하는 규약은 Di Sciullo & Williams(1987)에서 'N→XP'로 요약되는 '단어 창조 규칙'(Word-Creating Rule)으로 설명하였다. 이에 대한 설명은 정한데로(2011 : 216-217) 참조.

48) 이 단어 형성 기제는 규칙에 의한 합성어의 형성과는 분명히 구별된다. 이 기제에 의한 예들은 N으로서 문장의 핵 범주를 계승한 것이 아니라는 점, 동사, 형용사, 부사, 관형사 등 다른 품사의 경우에는 이와 유사한 경우를 찾아볼 수 없다는 점, 휴지가 개입될 수 없다는 단어의 보편적 속성조차도 이들에서는 발견하기 어렵다는 점 등에서 단어 형성 규칙과는 별개의 과정임을 알 수 있다.

(28) 바람과 함께 사라지다, 누구를 위하여 종은 울리나, 그 많던 싱아는 누가 다 먹었을까, 박차고나온놈이샘이나, 나오는발치기, 나무시집보내기, 권영길과 나아지는 살림살이, 이순신장군배

이 (28)처럼 통사적 구성이 그 자체로 재분석되어 단어의 자격을 갖는 것은 이미 김창섭(1996 : 25-29)에서 '구의 단어화'로 기술된 바 있다.

(29) '구의 단어화'란 명사구에 어떤 변형규칙을 적용하여 합성어를 유도해 낸다는 뜻이 아니라, 주어진 구 자체가 단어로 재분석되어 단어의 자격을 가지게 되는 것을 뜻한다.

구의 단어화에는 '구의 통시적 단어화'와 '구의 공시적 단어화'가 모두 있다. 통사적 구성인 '이 빼'가 통시적으로 단어 '입때'가 되는 것은 전자, 역시 통사적 구성인 '스승의 날'이 공시적인 재분석에 의하여 단어가 되는 것은 후자의 경우이다.

(27다)는 통사적 구성을 기반으로 통사 규칙이 적용되어 단어로 형성되는 기제이다. 앞의 두 기제가 다소 예외적이고 개별적인 기제라면, 이는 보다 체계적인 단어 형성 기제라고 할 수 있다. 앞에서 언급하였듯이 이 관점은 합성어의 구성 방식이 통사적 구성과 유사하다는 점을 바탕으로 아예 통사부의 단어(합성어와 파생어) 형성 기능을 인정하는 관점이다. 여기에서 이 관점에 대하여 집중적으로 검토해 보고자 한다.

3.3.2. 통사부의 단어 형성

통사적 구성으로부터 통사 규칙을 적용받아 단어가 형성되는 기제는 단어의 구성 요소들이 지니는 통사적, 의미적 관계를 잘 설명해 낼 수 있다(시정곤 1998, 고재설 1994 등).

가. 핵이동의 관점

합성어 등 단어가 통사부의 구성에서 명사포합(Noun Incorporation)[49] 혹은 핵이동을 통하여 형성된다고 보는 관점이 있다. 대표적으로 시정곤 (1998)의 어휘부 모형을 보자.

(30) 국어의 단어형성 모델(시정곤 1998 : 64)

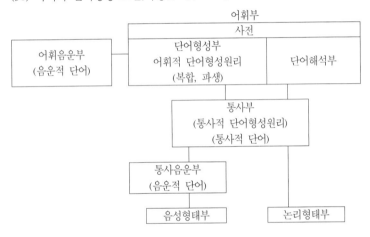

이 모델에 따르면, 어휘부는 단어를 만들고, 저장하고, 해석하는 전형적인 기능을 모두 갖고 있다. 그러나 기존의 관점과 다른 점은 통사부가 단어를 만드는 기능을 지닌다는 점이다. 즉 통사적 구성을 바탕으로 핵이동을 통하여 단어가 만들어지고(고창수 1992, 시정곤 1998 등 참조),[50] 이렇게 형성된 단어는 어휘부로 보내져 어휘부 단어 형성의 요소가 되거나 개별적인 단어로서 저장되고[51] 해석된다. 통사부 형성론에서는 다음 부

---

49) 명사포합은 목적어, 주어 등이 동사로 이동하여 하나의 단어처럼 기능하는 현상이다. 구체적인 내용은 Mithun(1984), 고재설(1987), Baker(1988) 등 참조.

50) 조사, 어미로의 핵이동은 통사부에서 단어가 만들어지는 전형적인 예이다. 즉 '[[[노루$_N$]$_{NP}$ 가] 죽$_V$]$_{VP}$ 었]$_{IP}$ 다]$_{CP}$'에서 '노루$_N$'가 핵이동하여 '노루가', '죽'이 '었', '다'로 차례로 이동하여 '죽었다'를 형성한다. 이 '노루가, 죽었다'는 통사부에서 형성된 단어이다.

류의 단어들도 통사부에서 형성된다고 한다.

　(31) 해돋이, 물받이, 감옥살이, 구두닦이, 고기잡이

　이 유형은 [해[돋-이]]인지 [[해-돋]이]인지 IC 분석부터 이견이 있지만 후자의 분석을 바탕으로 이를 통사부 단어 형성으로 보는 관점52)을 살펴보기로 한다. 통사부 형성론에서는 '해돋-'류의 합성어는 어휘부가 아니라 통사부에서 형성된다고 주장한다. 그 근거는 첫째, '해가 돋다, 물을 받다, 감옥을 살다, 고기를 잡다' 등 그 통사적 대응물이 존재한다거나(시정곤 1998 : 348), 동사의 하위범주화 요건을 선행명사가 충족시켜야 하는데 이는 통사부에서의 요건(고재설 1994 : 66)이라는 점, 둘째, 어휘부에서 형성된 '말먹이, 자갈길' 등은 그 의미 예측이 어려운 반면 '해돋이, 젖먹이' 등은 의미 예측이 거의 가능한데, 이러한 의미 예측성은 통사부의 특징이라는 점(고재설 1994 : 84) 등이다. 다음은 그 단어 형성 기제의 한 예를 보인 것이다.

---

51) 통사부 단어는 통사 규칙에 의하여 생산적으로 만들어지므로 기본적으로 저장되지 않는다. 만들어진 구조가 단어로 굳어지면 어휘부의 사전에 등재된다(시정곤 1998 : 373)고 한다.
52) 시정곤(1998 : 340-347)의 경우 '해돋이, 물받이, 하루살이, 고기잡이, 꽃꽂이' 등의 경우, '돋이, 받이, 살이, 잡이, 꽂이'가 존재하지 않고, [해+[돋+이]]와 같이 합성어로 볼 경우 사이시옷이 나타나지 않는 이유를 설명하기 어렵고, '살이, 잡이' 등이 '몰이꾼, 풀이란' 같은 새로운 파생어나 합성어를 형성할 수 없으며, 그 의미도 매우 다양하게 해석된다는 점 등을 근거로 이들은 [[해+돋]+이]의 구조로 분석되어야 한다고 주장한다.

(32) 고재설(1994 : 89)

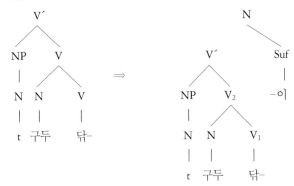

여기에서 특히 주목하는 과정은 [구두 닭-]$_V$ 의 통사적 구성이 [구두닭-]$_V$ 으로 단어화하는 과정이다.53) 이는 '구두'가 통사부에서 '닭-'으로 핵이 동하여 '구두닭-'이 형성된다는 것인데, 통사적 구성에서 선행 명사가 동사로 핵이동하는 것은 일반적이지 않다는 점에서 왜 핵이동이 일어나는지가 문제 된다.54) 시정곤(1998)은 이에 대하여 다음과 같이 그 명사가 대상역(Theme)을 지닐 경우에만 이동한다고 설명한다.

(33) 핵이동의 의미론적 조건
핵인 인접 명사의 의미역이 '대상(theme)'이면, 그 명사는 의미결합을 위해 인접 핵인 동사로 이동할 수 있다(시정곤 1998 : 354).

그러나 최형용(2003 : 62)에서 언급하였듯이 이 조건은 '앞서다, 뒤서다, 거울삼다' 등 의미상 부사어+동사로 해석될 수 있는 예들에서 대상역이

---

53) 접사 '-이'에 대한 견해는 논자마다 차이가 있다. 이를테면 고재설(1994)는 '-이' 역시 통사부에서 V′ 단위에 결합하는 것으로 보는 반면, 시정곤(1998)은 '먹이' 등을 근거로 '-이'는 (어휘부에서 결합하는) 어휘적 접사로 본다. 따라서 시정곤(1998)의 경우 통사부에서 형성된 합성어 '고기잡-'은 다시 어휘부로 들어가 '-이'와 결합하게 된다.

54) 예를 들어 "도둑이 <u>순경에게 잡히다</u>.", "영이는 <u>밤에 온다</u>." 등에서 '*순경잡히다, *밤온다'가 형성되지 않는다.

아닌 명사가 후행 동사와 결합하는 예가 있다는 점에서 비판을 받아 왔
다. 연재훈(2001 : 341)에서도 '개구멍받이, 여름낳이, 벽걸이, 집들이' 등
'N+V+접사'의 예로 동일한 의문을 제기한 바 있다. 이 예들에서 명사
는 대상 의미역을 지니지 않는 것이다.

또 '이동한다'가 아니라 '이동할 수 있다'라는 다소 모호한 표현에서
보듯이 대상역을 지니는 명사면 의무적으로 이동하는지가 의문이다.

> (34) 가. 철수가 책(을) 읽는다, 영희가 트럭(을) 몬다, 목수가 의자(를) 만
> 든다, …
> 나. 달(이) 떴다, 바람(이) 분다, 대문(이) 열렸다, …

대상역의 위 명사들이 핵이동을 하여 '책읽는다, 트럭몬다, 의자만든
다, 달떴다, 바람분다, 대문열렸다, …' 등 단어를 형성한다고 해야 하지
만 이는 의문이다. 다음과 같은 발화에서 상황에 따라 명사와 동사 사이
에 휴지가 게재되는 것이 충분히 가능한데, 이 경우 단어가 아니며, 따라
서 의무적인 핵이동은 없다는 의미가 된다.

> (35) 가. 책#읽는다, 트럭#몬다, 의자#만든다
> 나. 달#떴다, 바람#분다, 대문#열렸다

그렇다면 통사적 구성에서 대상역을 갖는 명사라도 동사로 이동하는
것은 수의적이라는 것이다. 그러면 핵이동은 왜 일어나는가?

이 문제에 답하기 위하여 고재설(1994)를 자료로 'N+V+이' 구성의
단어 형성 기제를 다시 한 번 고찰해 보자. 고재설(1994)에서 (핵이동의
이유에 대해서는 구체적으로 명시하지 않는 반면) '-이'도 통사부에서 결
합하는 접사로 본다. 이와 같이 '구두닦이'류가 통사 구조에서 출발한다

면 이는 곧 다음 (36가)와 같은 명사구 표현에 대응하는 표현으로서 [[NP V]$_{V'}$ -이]의 통사 구조가 있다는 뜻으로 해석해 보자.

> (36) 가. 그는 [구두를 닦는 사람]이다.
> 나. 그는 [구두 닦 이]이다. → 그는 [t_1 t_2 구두닦이]이다.

(36나)에서 핵이동이 일어나면 '구두닦이'라는 단어가 형성되는데, 문제는 통사 구성이라는 점에서 동일한데도 (36가)는 '책을 읽는 사람, 쇠를 먹는 사람, 고기를 낚는 사람, …' 등이 자유롭게 생산될 수 있지만, (36나)는 '*책읽이, *쇠먹이, *고기낚이, …'에서 보듯이 그 수용성이 매우 낮다는 점이다.

동일한 조건을 갖는 환경에서도 명사가 동사로 이동하는 것이 일부 예에서만 일어나고(시정곤 1998), 기본적으로 매우 개방적인 생산성을 갖는 '통사 구성'인데도 실제로는 생성되는 표현이 매우 제약된다는 점, 이는 곧 이러한 통사부 단어 형성의 기제가 과잉 생성의 문제를 지닌다는 점을 보여 준다.

이러한 문제점을 피하는 한 가지 방안은 단어 형성의 '의도'에 따라 '해돋이'와 같은 단어가 형성된다고 가정해 보는 것이다. 즉 화자는 특정한 개념 구조를 지니는 단어를 만들기 위하여 '해, 돋, 이'의 요소들을 선택하고, 통사부에서 이들을 결합하여 단어를 만든다고 보자. 그러면 '*달뜨다, *대문열리다, *밤먹다, *책읽이, *쇠먹이, *고기낚이'가 만들어지지 않는 것은 이 개념의 단어를 만들려는 의도도, 과정도, 결과도 없었기 때문이라고 할 수 있다.

이는 곧 어휘부에 단어 형성부가 있듯이, 통사부에도 단어 형성부가 있다고 인정하는 것을 의미한다. 즉 (30)의 단어 형성 모델에서 통사부 내에 단순히 단어 형성의 '원리'가 아니라 '단어 형성부'가 별도의 부문으로 존재해야 한다는 뜻이다. 이와 같이 통사부 내 단어 형성부를 가정하면 앞에서 제기된 과잉 생성의 문제는 사라지게 된다.

그러나 이는 문제의 해결이 아니다. 왜냐하면 이와 같이 통사부에 단어 형성의 기제를 인정할 경우에도 여전히 명사의 핵이동은 문제가 되기 때문이다. 앞에서 제기한 문제, 즉 '핵이동은 왜 일어나는가'의 물음을 상기해 보자. (36)에서 보았듯이 자동적 연산 과정인 통사 규칙으로는 핵이동이 일어나야 할 까닭이 없으므로 이에 대한 답은 '단어를 만들기 위해서'라고 할 수 있다. X^0 층위의 요소들로 구성되는 단어를 형성하기 위해서는 NP 내의 핵명사 N이 V로 이동하여 $[NV]_V$와 같은 영범주가 되어야 한다. 결론적으로 화자가 단어를 만들기 위하여 핵이동을 하는 심리적 기제가 있다면 이것이 N과 V를 직접 결합하는 과정과 무엇이 다른지 의문이 들 수밖에 없다.

이 통사부 형성론의 기제가 명사포합과 개념적으로 같은지도 의문이다. 이를테면 영어의 경우 N-V의 합성은 'money-loser, tabacco-buying, basket-giver' 등처럼 단어의 일부일 뿐 그 자체가 동사로 기능하지 못하는데[55] Onondaga어 등 명사포합을 보이는 언어에서는 규칙적인 동사를 형성한다. Baker(1988 : 78)은 이 점에서 영어의 N-V 합성(compounding)과 명사포합은 다르다고 하였다. 이는 국어에서 'N-V-접사' 유형의 종합 합성어에서 '*NV'가 실재하지 않는 많은 경우와 비교된다.

더욱이 Baker(1988 : 78-79)에서 Mithun(1984)를 인용하여 언급하듯이 진정한 명사포합은 해당 명사가 특칭적(speciic) 의미를 나타낼 수 있다는 점에서 늘 비지시적(nonreferential) 의미를 나타내는 영어의 NV 합성어와 다

---

55) 즉 *money-lose, *tabacco-buy, *basket-give와 같은 동사는 없다.

르다.56) 국어도 'N-V' 또는 'N-V-접사'의 단어에서 명사는 비지시적 의미만을 나타낸다(즉 '구두닦이, 고기잡이'가 특정한 구두, 고기를 나타내는 것은 아니다)는 점에서 역시 그 단어 형성 기제가 명사포합의 기제인지 의문이다. Baker(1988)은 영어의 N-V 합성이 명사포합과 달리 어휘부에서 이루어진다고 하는데 국어 역시 그럴 가능성이 있어 보인다.

이상과 같은 문제를 고려하여 이 글은 논항-술어의 관계를 갖는 'NV' 합성명사라도 통사부가 아닌 어휘부에서 'N→N+V'의 규칙에 의해 형성되었다는 관점을 유지하고자 한다.

나. 분산형태론적 관점

어휘부에서의 단어 형성론과 통사부에서의 핵이동을 통한 단어 형성론이 지니는 문제점을 극복하기 위한 것으로 박소영(2011), 김혜미(2011), 박소영·김혜미(2012) 등의 분산형태론적 접근이 있다.

박소영(2011)은 기본적으로 종합 합성어를 [N+[V+Suf]]의 구조로 분석하는 어휘부 형성론을 부정한다. 즉 이 구조는 '젖먹이/*아기먹이, 고기잡이/*어부잡이'57) 등처럼 외부논항은 참여하지 못하는 논항구조 관계를 제대로 설명하지 못하고, '여러해살이, 양손잡이, 뒤로차기' 등 선행 성분이 통사적 구성을 이루는 경우도 설명할 수 없다58)는 것이다.

이와 함께 [[N+V]+Suf]의 구조 분석을 바탕으로 하는 통사부 형성론

---

56) 예를 들어 아래 Mohawk어 구문에서 후행절의 명사포합의 nvhst('corn')는 선행절의 명사 nvhst을 가리키는 지시적 즉 특칭적 의미를 지닌다(Mithun 1984).
No:nv akwe: yo-stathv no-:**nvhst**-e sok nu:wa v-tsaka-**nvhst**-aru:ko.
when all 3ₙ-dry PRE-**corn**-SUF then now FUT-1PS-**corn**-takeoff.
'When the corn was completely dry, it was time to shell it(the corn).'
57) '아기가 먹다, 어부가 잡다' 등처럼 명사 성분이 주어(외부논항)의 의미를 지니는 경우임.
58) 통사적 구성은 어휘부의 단위가 아니라는 점, 통사부에서 형성된 구가 다시 어휘부의 입력 형으로 회귀되는 것은 어휘부의 연산이 통사부의 연산에 후행할 수 없다는 어휘론자 가설에 어긋난다는 점 등을 가리킨다.

도 부정한다. 시정곤(1998) 등에서 보았듯이 통사부 형성론은 통사적 구성
을 기저구조로 하여 핵이동을 통하여 단어가 형성된다.[59] 그런데 박소영
(2011)은 종합 합성어는 부사어 수식 가능성, 선행 명사 성분의 수식, 접
속, 대명사 대치 가능성, 의미 해석의 합성성 준수 여부 등에서 통사적
구성과 대조적인 특성을 보이므로 동일한 기저구조로부터 도출될 수 없
다고 주장한다.

> (37) 가. *조심스럽게 양치기 - 조심스럽게 양을 치기 <부사어 수식>
> 나. *순한 양치기 - 순한 양을 치기 <선행 명사 수식>
> 다. *양과 소치기 - 양과 소를 치기 <접속>
> 라. *양치기와 그것의 지킴이 개 - 양을 치기와 그것의 지킴이 개
> <대명사 지시>
> 마. 소매치기 (도둑질) - 소매를 치기 (*도둑질) <의미의 합성성 준수>

(37가~마)에서 보듯이 왼쪽 항의 종합 합성어는 오른쪽 항의 통사적
구성과는 여러 가지 통사적 작용에서 다른 양상을 보인다. 이는 동일한
기저구조를 가진다면 있을 수 없는 현상이다. 따라서 핵이동에 의한 종합
합성어 형성론은 그 기저구조를 통사적 구성과 동일하게 설정하기 어렵
다는 점에서 문제가 된다는 것이다.

박소영(2011)이 제시하는 대안은 분산형태론(distributed morphology)에 기
반한 단어 형성론이다.[60] 이는 통사부에서 단어 형성이 이루어진다는 것
인데, 핵이동이 없다는 점에서 통사부 형성론과는 구별된다.

분산형태론은 어휘부의 연산 작용을 부정하고 단어 형성의 연산적 기

---

59) 이와 같은 관점으로 이선희·조은(1994), 강진식(2000) 등이 있다.
60) '분산형태론'은 어휘부의 단어 형성 등의 기능이 문법 전반에 걸쳐 분산되어 있다는 의미
의 용어이다. 이 용어는 '분산형태론'(정인기 2009, 박소영 2011), '배분형태론'(안희돈 1994),
'분포형태론'(김용하 2007) 등으로 쓰인다.

능도 통사부에서 이루어진다고 본다. 즉 통사부의 기본 단위는 단어가 아니라 어휘범주인 l-형태소(lexical morpheme)[61]와 기능범주인 f-형태소 (funtional morpheme)의 형태통사의미 자질들이다. 단어는 이러한 자질들이 통사부에 입력되어 연산 작용을 거쳐 만들어진다.[62]

이를테면 단어 'cat'은 그 자체로 통사부의 입력 단위가 아니라 어근 (Root) √CAT과 기능범주 n이 통사부에 입력되어 연산을 통해 결합한 복합체이다.[63] 이 경우 어근은 품사가 전혀 결정되어 있지 않은 무표적인 존재이며 통사부에서 기능범주가 병합(merge)함으로써[64] 그 품사가 결정된다. 이러한 모형을 바탕으로 박소영(2011), 박소영·김혜미(2012)에서 제시하는 통사적 구성과 종합 합성어의 구조는 다음과 같다.

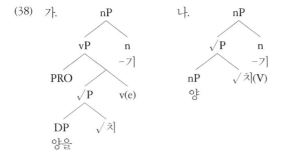

(38) 가. 나.

즉 '양치기'의 구조는 핵이동에 의한 통사부 형성론과 달리 (38가)의 통사적 구성이 아닌 어근구가 직접 명사화 기능핵(n)과 병합되는 (38나)

---

61) 이를 '어근(Root)'이라고 한다.

62) 분산형태론의 문법 모형은 Harley & Noyer(1998), 박소영(2011) 등 참조.

63) 즉 기존의 '[cat]ₙ'의 한 단위가 '√CAT+n'처럼 두 단위로 분해되어 이해된다.

64) 기능범주에는 n, v, a 등이 있으며, 각 기능범주가 결합하면 어근은 명사, 동사, 형용사 등의 품사를 갖는다. 기능범주는 영형태(∅) 혹은 해당 접사로 실현된다(박소영 2011 참조). 즉 '책'은 영형태의 n 기능범주가 결합한 것이고, '먹이'는 접사 '-이'의 n 기능범주가 결합한 것으로 이해된다.

의 구조이다. 둘의 핵심적 차이는 v의 유무에 있다. (38가)는 기능핵 v가 있어 행동주의 외부논항을 투사하고 실제적인 사건구조를 가져 지시적 논항 '양'이 목적어 즉 대상(theme)으로서의 해석이 고정된다. 그러나 (38 나)는 v가 없어 외부논항을 투사하지 못하고 문법적인 사건구조가 없어 '양'의 해석이 고정되지 않고 보다 자유롭다는 것이다(박소영 2011).

이와 같은 분산형태론적 설명은 박소영(2011) 등에서 주장하듯이 확실히 명사—동사의 논항구조를 잘 설명하고, 핵이동의 문제점을 제거하고 있으며, 그 의미적 특성을 설명해 내고 있다는 점에서 기존의 어휘부 형성론, 통사부 형성론의 단점을 극복하고 있다고 할 수 있다.

그러나 분산형태론적 설명이 어휘부 형성론에 대한 비판, 그리고 그 대안으로 제시된 것과 달리 명사 성분과 동사 간의 논항구조에 대한 설명에 장점을 갖는지는 의문이다. 즉 명사 성분이 동사의 대상(내부논항)으로 이해되거나 부가어로 이해되거나 구조적으로는 동일하다.

(39) 박소영·김혜미(2012)

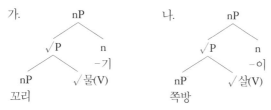

어근 술어와 관련한 명사의 의미역 해석이 통사구조적으로 고정되지 않고, 두 성분 간의 의미론적 관계 맺기에 의하여 자유롭게 해석된다면 (박소영 2012 : 699), 즉 통사적 구조에 기반한 해석이 이루어질 수 없다면 어휘부 형성론에 비하여 장점이 없고, 통사부 형성론에 비하여는 설명력이 뒤떨어진다.

분산형태론에서는 기존 이론의 문제로 제기하는 '여러해살이, 뒤로차기, 새판짜기'와 같이 명사 성분이 최대투사인 경우도 핵이동으로 설명할 수 없다는 점에서 통사부 형성론을 비판하는데, 이 역시 전혀 불가해한 경우도 아니다. 이들이 최대투사가 아니라, '새판짜기'의 경우 '새판'이 시간적으로 더 앞서 단어가 된 다음[65] 그 단어 '새판'이 단어 형성에 참여한 것으로 볼 수도 있고, '뒤로차기'는 구의 단어화라는 기제로써 설명될 수 있으며, '여러해살이'의 경우 '여러해'가 임시어로 형성되는 어휘부의 규칙($N \rightarrow ADN+N$)의 존재도 생각해 볼 여지가 있다. 이는 단어가 형성되는 다양한 기제가 있음을 고려하는 태도이다.

나아가 이러한 존재는 통사부 형성론에서 핵이동의 기제로 설명하기 어렵지만, 그렇다고 분산형태론에서 핵이동을 배제하는 설명 방법으로도 충분히 해결되었다고 보기 어렵다. 이를테면 '*[?]새로운판짜기, *[?]매우큰상차림, *[?]여행지로떠나기, *[?]친구와걷기'와 같은 단어는 체계적인 공백으로 여겨지는데, 통사적 구성을 기저구조로 하는 분산형태론에서는 이들의 형성을 제약할 방법이 없어 보인다.

분산형태론은 어휘부의 단어 형성 기능을 전면적으로 부정함으로써 기존의 단어 형성 기제에 대한 설명틀에 큰 변화를 가져온다. 분산형태론의 관점에 대한 진지한 관심은 계속 이어져야 한다고 보지만 이 글에서는 기존의 생성형태론적 관점을 기반으로 합성어의 형성 기제를 기술하고자 한다.[66]

---

65) <표준국어대사전>은 '새판'이 표제어로 등재되어 있다. '한상차림'은 '한상'이 사전에 단어로 등재된 것은 아니지만 단어를 만드는 화자에게는 일상의 빈번한 쓰임으로부터 이를 단어로 판정하였을 가능성이 높다.

66) 본질적으로 어휘부의 연산을 부정하는 분산형태론의 제안이 국어 자료를 모두 적절하게 설명할 수 있는지 고민할 필요가 있다. 예를 들어 한자어처럼 기본적으로 '어근'을 자료로 형성되는 단어들이 통사부의 연산에 의하여 이루어진다는 것이 얼마나 설득력이 있을지 의문이다.

3.4. 유추

유추는 기본적으로 어휘부의 단어 형성 이론이다. 그러나 이는 '규칙'
처럼 어휘부 내의 형태소(혹은 단어)를 '결합'하여 단어를 만드는 것이 아
니라 어휘부에 저장된 '단어'들의 연결망을 바탕으로 일부 요소를 '대치'
하여 새 단어를 만든다는 이론이다.[67] 채현식(2003가 : 10)는 규칙과 유추
를 다음과 같이 도식화하고 있다.

(40) 가. 단어 형성 규칙 : X + Y → XY
    나. 유추 : XY → ZY

만일 어휘부에 단어를 만들어내는 규칙이 없다면, 화자는 새로운 단어
를 만들기 위해서 기존의 단어들을 참고하여 그와 유사한 형태의 단어를
만들 것이다. 즉 규칙이 구성 요소들 간의 통합관계에 기반한 개념이라
면[68] 유추는 계열관계에 기반한 개념이다.

규칙의 존재를 부정하는 유추론자들의 주장에 따르면 오랜 기간 단어
형성의 주변적인 기제로 이해되었던 유추가 중심적인 단어 형성의 기제
가 된다. 당연히 대부분의 합성어는 규칙이 아닌 유추에 의해 만들어지는
것으로 설명된다(구본관 1998, 채현식 2003가, 2003나, 2012, 최형용 2003, 송원
용 2005, 이광호 2005, 양정호 2008 등).

유추론에 따르면, 새로운 단어를 만들 때(예를 들어, '보리를 넣어 만든 빵'
의 단어) 모형이 되는 단어들이 활성화되고(예를 들어, '계란빵, 단팥빵, 옥수수
빵, …'), 이를 바탕으로 다음과 같은 방식으로 단어가 형성된다.

---

[67] 이 점에서 흔히 규칙을 형태소-기반 모형(morpheme-based model), 유추를 단어-기반 모
형(word-based model)로 구분한다.
[68] 규칙은 '돌+다리'와 같이 두 성분의 통합관계를 바탕으로 기술된다.

(41) 가. 계란 : 계란빵 = 보리 : X (X는 '보리빵')

나. [[X]$_N$(X=재료)-빵]$_N$

즉 (41가)처럼 개별 단어에 유추하여 새 단어가 형성되기도 하고, (41나)처럼 유추의 틀에 의하여 형성되기도 한다(채현식 2003나). '계란빵, 단팥빵, 옥수수빵, …'처럼 활성화되는 단어들이 많아지면, 일정한 유추의 틀이 형성되고, 이 틀에 의하여 새 단어가 만들어진다는 것이다.

그러나 규칙의 존재가 부정되고 유추가 중심적인 단어 형성 기제인지는 의문이 든다. 이른바 '최초의 단어'는 가장 손쉽게 떠올리면서도 매우 답하기 어려운 문제일 것이다. 최초의 단어는 그것이 만들어질 유추의 기반이 없다는 점에서 그 형성 과정을 설명하기 어려운 예가 된다.

(42) 즉 이론적으로 유추의 기반이 되는 단어들을 유추로 설명하려 해도 결국 마지막 최초의 단어는 남게 되며, 이 경우 유추는 더 이상 적용할 수 없기 때문이다(시정곤 1999 : 274).

유추론에서 이러한 문제 제기에 충분히 답했다고 볼 수는 없지만 채현식(2003가)에서 이에 대한 생각을 어느 정도 엿볼 수 있다. 앞서 통사부 형성론의 기제가 문제되었던 종합 합성어에 대하여 채현식(2003가)는 이 단어들이 '편지꽂이, 책꽂이, 연필꽂이, 꽃꽂이' 등 계열관계의 단어망을 통하여 'N-V-이' 단어들이 화자의 어휘부 안에 [N-[V-이]]의 구조로 분석되어 있다고 한다.

(43) 가. 고기잡이, 구두닦이, 옷걸이, 해돋이

나. 개구멍받이, 귀걸이, 벽걸이, 집들이

다. 꽁치구이, 참새구이, 소금구이, 안경잡이, 북잡이, 돌잡이

(43가~다)는 기존의 논의에서 다양하게 분석되던 것으로, 이를테면 고
재설(1992)는 대격-서술어 구조의 (43가)는 [[구두닦]-이]와 같이, 그렇지
않은 (43나)는 [개구멍-[받이]]와 같이 분석하고, 김창섭(1996)에서는 대
체로 [[N+V]-이]와 같이 분석하면서도, (43다)는 [꽁치]-구이]와 같이
분석하면서 '구이, 잡이' 등이 단어형성 전용요소[69]로 재분석되었다고 한
다. 그런데 유추론의 채현식(2003나)에서는 이들은 모두 [N-[V-이]]의 구
조일 뿐이다.

공시적인 단어 형성의 기제는 곧 이러한 구조의 단어들을 계열 관계를
기반으로 유추에 의하여 형성되는 것이지, [N+[V+이]]이든 [[N+V]+
이]이든 규칙에 의하여 단어를 형성하는 것이 아니라는 것이다. 현대국어
의 [N-[V-이]] 단어들이 과거에는 다른 방식에 의하여 만들어졌다고 해
도 공시적으로는 모두 위와 같이 분석되고, 새로운 단어 역시 이 단어들
의 연결망을 기반으로 형성된다는 것이다. 이 단어들이 과거에 어떻게 만
들어졌는지는 유추론자들의 관심사가 아니다.

이러한 유추론적 관점과 관련하여 두 가지 문제를 생각해 보자. 하나
는 이러한 유추의 기제와 별도로 규칙이 전혀 작용하지 않는가 하는 점
이다. 둘째는 유추가 온전한 단어 형성의 기제가 될 수 있는가 하는 보다
본질적인 문제이다.

첫 번째 문제와 관련하여 황화상(2010)이 참고된다. 황화상(2010)은 '보
리빵'을 만드는 데 '단팥빵'과 같은 계열 관계의 단어들을 떠올릴 수도
있지만, '보리로 만든 빵'이라는 의미에서 '보리, 빵'을 선택하여 결합하

---

69) 김창섭(1996)은 자립적인 기능은 없으면서 본래의 의미에서 멀어진 채 단어 형성에 생산적
으로 참여하는 성분을 '단어형성 전용요소'라고 한다. '대패ㅅ집, 안경ㅅ집' 등의 '집'
<匣>, '서울ㅅ집, 전주ㅅ집' 등의 '집'<妻>, '김ㅅ집, 이ㅅ집' 등의 '집'<시집간 여자>은
그 본래의 의미에서 멀어지고 독립적인 명사로 거의 못 쓰이면서 단어 형성에 생산척으로
참여하는 단어형성 전용요소이다. 다소 범위는 다르지만 송원용(2005)는 이들을 '의사접사'
로 불렀다.

는 심리 과정도 있을 수 있다고[70] 하면서 유추와 규칙의 가능성을 모두 인정하고 있다.

'해돋이'류 경우에도 계열 관계의 단어를 떠올리는 대신 각 요소들을 결합하는 규칙이 전혀 부정된다고 할 수 없다. 아래는 '-이'형과 더불어 '-음', '-기'형을 함께 보인 것이다('(북)'은 북한어).

> (44) 가. 쇠끌이,[71] 귀밝이, 입비뚤이, 눈짓물이
>
> 　　나. 개미핥기, 가슴쓰리기(북)
>
> 　　다. 가새틀음,[72] 관례보임,[73] 단골섬김,[74] 관절굳음, 상품알림[75]
>
> 　　라. 갈꺾이,[76] 풀꺾이 ; 꽉집이,[77] 부집이[78] ; 구두닦이, 때닦이 ; 끝덮
> 　　　　이, 매덮이 ; 못뽑이, 속뽑이 ; 넝마주이, 이삭주이(북) ; 구멍뚫이,
> 　　　　대뚫이,[79] 땅뚫이[80])
>
> 　　마. 길닦음, 낯닦음,[81] 인사닦음[82] ; 관디벗김,[83] 길복벗김

(44가, 나, 다)는 'V-이/기/음'의 어형이 유일하게 존재하여 유추가 작용할 수 없는 예들이고, (44라, 마)는 같은 계열의 단어가 존재한다고 해

---

70) 황화상(2010 : 68)은 "스님짜장카는기 쫌 부담시럽네예. 우리 부부가 불자아입니꺼. 스님짜장말고 사찰짜장, 버섯짜장카는기 안좋겠습니꺼."와 같은 예를 들면서, 기자와의 대화중이라는 짧은 순간에 다른 단어를 떠올리고 이에 유추하는 어렵고 복잡한 과정을 거쳐 '버섯짜장'과 같은 단어를 만들었을 가능성은 거의 없다고 본다.

71) 자기(磁氣)의 물리 용어.

72) 남사당패 놀이에서 부리는 재주의 하나. 앉았다 일어났다 하다가 뛰어서 돌아앉는다.

73) 관례를 치를 때 하는 옷차림.

74) 무당이 단골집을 위하여 치성 드리는 일.

75) '견본책'의 북한어.

76) 모낼 논에 거름할 갈참나무 잎을 베는 일. 늑풀꺾이.

77) 문방구의 하나로서, 종이 따위를 꽉 집어 놓을 때 쓰는 물건.

78) 부지깽이 또는 부집게.

79) 막힌 담뱃대를 뚫는 데 쓰는 물건.

80) 시추기.

81) 면치레.

82) 인사치레.

83) 전통 혼례에서 신랑이 초례(醮禮)를 마치고 관디를 벗을 때에 갈아입도록 신부 집에서 마련한 옷. 늑길복벗김.

도 그 수가 한두 개에 그치거나, 의미상 멀기도 하여[84] 역시 유추가 작용한다고 보기 어려운 예들이다. 이를테면, '꽉집이'를 만드는 과정에서 '부집이'와 같은 저빈도의 단어를 연상해 냈다고 보기는 힘들다.

이 단어들은 그 형성 시기가 다양한 시기에 걸쳐 있다고 보인다. 그런데 각 시기마다 'N-V-이/기/음'의 단어들이 존재하고, 인간의 심리가 보편적이라면 이 단어들도 각 시기마다 유추의 기반이 될 단어망을 형성하였을 것이다. 그럼에도 위와 같이 유추로 설명되기 어려운 예들이 존재하는 것은 유추의 기제와 별개로 단어 형성 규칙 역시 지속되어 왔다는 점을 말해 준다.[85]

두 번째 문제를 보자. 유추는 대치(substitution)의 과정이지 부가(addition)의 과정이 아니다(송원용 2005, 채현식 2003가). 만일 대치가 아닌 부가의 과정만이 가능한 경우에는 유추의 본질이 의문시될 것이다.

이와 관련하여 단어의 비핵 성분이 유추의 틀이 되는 경우를 보자. 송원용(2005 : 146)는 '흰담비'의 경우, '흰가오리, 흰개미, 흰곰, 흰기러기, 흰꼬리하루살이, 흰꼬마명충나방' 등과 같은 동물명의 선행 성분 '흰'을 유추의 추축으로 삼아 상위의 동물명 자리를 '담비'가 대치함으로써 형성되었다고 한다.

그러나 인간의 인식 체계를 생각해 본다면 이러한 유추 기제는 성립하기 어렵다. 위 개념에 대한 명명 과정에서 어떤 의미 요소를 선택할 것인

---

84) '끝덮이'는 죽도의 끝부분을 싸서 덮는 물건이지만 '매덮이'는 매를 산 채로 잡는 사냥 도구로서 둘 간의 계열 관계를 인지하기 어렵다. '못뽑이'는 공구의 일종이지만 '속뽑이'는 '남의 마음속을 알아내기 위하여 여러 가지 수단으로 넌지시 드러내어 놓게 하는 일'로서 역시 서로 관련짓기 어렵다.

85) 물론 '-이'는 현대국어에서 생산성이 극히 낮아지고, 이에 따라 그 형성 규칙 자체가 거의 폐쇄되었을 수는 있지만, 그것이 개별 규칙의 문제이지, 본질적으로 규칙이 존재하지 않는다고 볼 근거는 아니다. '-이'가 지닌 단어 형성의 기능은 '-기', '-음' 등에서 담당할 수 있고, 또 그러하기 때문이다.

지는 종개념의 명사가 먼저 결정되어 있어야 한다. 이를테면 무당벌레의 한 종류에 대하여 명명한다고 하면 유개념의 요소로 [색깔]은 선택될 수 없다. 왜냐하면 무당벌레는 모두 '붉은' 색이기 때문이다. 즉 유개념의 의미 요소로서 어떤 것이 선택될지는 종개념의 명사(즉 '무당벌레')가 무엇이냐에 따라 결정된다. '무당벌레'가 먼저 고정되고 변별적 요소로 [무늬]의 의미 요소가 더해지는 것이다('거북무당벌레, 십이흰점무당벌레, 이십팔점박이무당벌레, 일곱점무당벌레, 칠성무당벌레, 큰이십팔점박이무당벌레' 등). '흰담비' 역시 다른 '흰X'의 단어들로부터 '흰'이 추출되었다고 해도 그 형성 과정은 '담비'에 '흰'이 결합하는 방식이 될 것이다. 이는 성분 부가라는 점에서 유추의 본질에 의문을 제기한다.

다음도 같은 예이다.

> (45) 가. 물빛긴꼬리부전나비
>   나. 귤빛부전나비, 불빛부전나비, 쇳빛부전나비

'물빛긴꼬리부전나비'는 '물빛X'의 단어도 없고 'X긴꼬리부전나비'의 단어도 없어 유추의 틀이 존재하지 않는 예이다. 그렇다면 이는 '긴꼬리부전나비'에 '물빛'이 결합하는 규칙을 따른 것이라고 할 수 있다.

여기에서 주목할 점은 (45나)와 같은 예가 존재한다는 점이다. 곧 부전나비의 하의어를 생산하는 데 '귤빛, 불빛, 쇳빛, 물빛'과 같은 동궤의 단어들이 부가되는 특성이 있다. '긴꼬리부전나비'에 '물빛'이 결합하는 데는 이로부터의 유추적 심리가 작용했을 가능성이 높다.

그러나 이 경우에도 유추의 틀을 형성하는 데 필요한 고정된 어휘 요소가 없다는 점에서 유추가 직접적인 형성 기제라고 할 수는 없다. 단어의 분석, 형성 등과 관련하여, 인간의 어휘 지식이 단어들 사이의 계열관계에 기반해 있을(채현식 2012) 가능성은 충분히 인정되지만, 이러한 지식

이 통합관계를 바탕으로 하는 규칙으로 이어지지 않는다고 단언하기는 어렵다. 즉 유추가 심리 작용으로서 단어 형성에 관여되기는 하지만 궁극적인 단어 형성의 기제인지는 불확실하다.

이는 다음과 같은 통사적 구성과 관련지어 생각될 수 있다. 관형사는 다음과 같이 반복적 패턴의 통사적 구를 생산적으로 만들어낸다.

(46) 가. 전 장관, 전 국장, 전 대통령, 전 총리
나. 귀 회사, 귀 연구소, 귀 학회, 귀 대학교

전임의 원장을 뜻하는 표현을 만든다고 할 때 화자는 '원장'을 선택한 다음 이에 전임의 뜻을 더할 수 있는 방안을 찾게 된다. 이 경우 화자가 '전'을 선택하는 데는 '전'이 그러한 의미를 지닌 관형 표현이라는 언어 지식에만 의존할 수도 있지만, (46가)의 표현들이 활성화되어 유추의 기반을 제공할 수도 있다. 이러한 유사한 표현들을 떠올리는 것은 새 표현을 만드는 동기가 될 수도 있고, 만든 표현의 타당성을 확인하는 과정이 될 수도 있다.

그러나 이러한 유추의 심리가 있는 것과 무관하게, '전 원장'이 '[전 [X]]'와 같은 유추의 틀에 의해 형성되었다고 할 수는 없다. 통사 구성은 통사 규칙에 의하여 형성되기 때문이다.

이는 통사적 구성의 표현 전반에 걸쳐 적용될 수 있다. 이를테면 '퐁뎅이 연구'는 '역사 연구, 식물 연구, 미술사 연구, 자동차 연구, …' 등으로부터 유추될 수 있고, '카드와 함께 사라지다, 나는 언어 정복의 역사적 사명을 띠고 이 땅에 태어났다' 등은 기존의 문장 표현(책 제목, 국민교육헌장의 첫 구절)으로부터 유추된 것이고, '불도저 앞에서 삽질 하기, 안내양 앞에서 동전 세기' 등은 '번데기 앞에서 주름 잡기'와 같은 표현으로부터 유추된 것이라고 할 수 있다. 그러나 이 표현들의 생성이 단순히 특정한

표현을 기반으로 단어를 대치하는 방식으로 형성되었다고 할 수는 없다.
송원용(2005 : 152-153)에서는 '남의 문화 유산 답사기(전유성), 못 말리는
람보' 등의 제목명(이를 단어로 본다)의 형성 역시 유추의 기제로 형성되었
을 가능성을 주장하지만, 이들은 모두 유추의 심리 작용과는 별도로 구,
문장을 형성하는 통사 규칙이 실질적인 형성 기제가 되었다고 보아야 한
다. 이를테면 '행복의 문을 두드리십시오. 그러면 열릴 것입니다.'와 같은
표현은 '두드리라, 그러면 열릴 것이다.'로부터 유추된 것이지만, 새로운
수식어, 어미의 결합은 별도의 문장 형성의 통사적 규칙이 작용하고 있음
을 보여 준다. 따라서 유추의 심리가 작용한다고 해서 그것이 곧 단어 형
성의 궁극적인 기제라고 단정하기는 어려운 것이다.

　　물론 단어 형성의 기제로서 '유추'를 부정할 수는 없다. 다음과 같은
다양한 예들은 기존 단어를 바탕으로 한 유추 이외에는 그 형성 과정을
설명할 길이 없다.

> (47) 가. 선풍기를 틀어놓고 자다가 죽게 되는 일까지 생기니까 '殺風機'
> 　　　　라고까지 한다.
> 　　나. 느린 '꼰터넷' 못 참아.
> 　　다. 우리의 스포츠 저널리즘은 '너절리즘'을 넘어 '거덜리즘'에 이르
> 　　　　렀다. (이상 이재인 2003)
> 　　라. 세벌이, 등처가, 농다리, 쉰세대, 텔레르기, 귀찌, 외끌이, 귀설다.
> 　　　　(이상 채현식 2003)[86]

그러나 이와 같이 유추의 틀로만 형성되는 단어들도 있지만, 유추의
기반이 없어 규칙으로 생성되는 단어들도 있고, 유추와 규칙이 모두 가능
하나 화자에 의해 선택되는 경우도 있을 수 있다. 곧 유추가 규칙의 존재

---

86) 각각 '맞벌이, 공처가, 롱다리, 신세대, 알레르기, 팔찌, 쌍끌이, 낯설다'에서 유추한 단어들
　　이다.

를 온전히 부정할 수 있는 것은 아니다.[87]

　유추의 틀이 결국 단어 형성 규칙의 일면에 해당한다면(김인균 2005 : 56) 근본적으로 유추의 틀이 규칙과 본질적으로 다른 것인가 하는 의문이 제기될 수도 있다. 결론적으로 단어 형성의 규칙은 그 존재를 부정하기 어렵다고 본다. 물론 유추 역시 단어 형성의 기제로서 충분히 받아들여질 부분이 있다.[88] 그러나 유추가 모든 합성어의 형성을 설명할 수 있는 것은 아니라는 점에서 규칙을 통하여 단어 형성이 설명될 가능성은 여전히 존재한다고 할 수 있다.

4. 합성명사

4.1. 통사적 합성명사와 비통사적 합성명사

　합성명사는 각 단어의 유형에 따라 그 형성 기제가 다양할 수도 있고 내부적으로 복잡한 양상을 지닐 수도 있다. 이 장에서는 다음과 같은 주제를 중심으로 합성명사의 형성 문제를 고찰해 보기로 한다.

　　－그 형성 부문은 어휘부인가 통사부인가?
　　－그 형성 과정은 공시적인가 통시적인가?

　합성명사가 어휘부에서 형성되는지(그리고 그 기제가 규칙인지 유추인지) 통

---

87) 이재인(2003 : 199)에서도 유추적 형성에도 구성적 통합 관계가 관여한다고 본 점도 이와 같은 맥락이라고 생각된다.

88) 근래 단어 형성 기제로서 규칙과 유추를 모두 인정하면서 둘 간의 조화를 모색하는 논의들이 이어지고 있다. 황화상(2010), 채현식(2012) 등 참조. 채현식(2012 : 217)에서는 'X-거리다, X-대다'처럼 매우 생산적인 패턴을 보이는 단어 형성의 경우, 유추의 적극적 증거를 댈 수 없다는 점에서 규칙에 의한 형성 가능성을 인정하는 태도를 보이고 있다.

사부에서 형성되는지에 관하여 다양한 견해가 있어 왔다. 이를테면 '현대 음악'과 같은 'N+N' 유형에 대해서도 의견이 갈리는 등 복잡한 양상을 보인다.

합성명사의 형성 과정이 공시적인지 통시적인지도 간단하지 않다. 예를 들어 사이시옷 개재 명사라도 '나뭇ㅅ잎'처럼 중세에 이미 존재하던 것이 있고 '피자ㅅ집'처럼 현대에 생겨난 것도 있다. 중세국어 시기에는 'ㅅ'이 속격 표지로서 통사적 단위였다는 점을 고려하면 '나뭇ㅅ잎'은 통사적 구성이 시간의 흐름에 따라 단어화하였을 가능성을 배제할 수 없다. 반면에 현대국어에서 'ㅅ'이 통사적 단위가 아니므로 '피자ㅅ집'은 공시적으로 형성된 것이다. 이와 같이 현대국어의 공시태에서는 동일하게 분석되는 단어라고 해도 형성 과정의 시간적 모습은 다를 수 있다.

합성명사의 형성 부문과 관련하여 통사적 합성명사와 비통사적 합성명사의 분류가 주목된다. 그런데 이러한 분류가 합성명사의 형성 부문과 직접적으로 관련되는 것은 아니다. 이를테면 비통사적 합성명사라고 해도 어휘부에서 형성된 것이 있을 수도 있고 통사부에서 형성된 것이 있을 수도 있기 때문이다. 이에 더하여 이 두 부류가 명쾌하게 잘 분류되지 않는다는 점도 문제이다. 다음 분류 예를 보자.[89]

> (48) 가. 덮밥, 곱돌, 접칼, 잔주름, 늦바탕, 옥니, 굳뼈
> 나. 곱슬머리, 삽살개, 물렁뼈, 알뜰주부, 흔들의자
> 다. 뻐꾹새, 살짝곰보
> 라. 냇가, 나뭇잎, 김칫국, 국숫집, 나뭇가지

---

89) 2.1에서 보았듯이 단어 분류의 기준에 따라 합성어의 범주도 달라지므로 이 예들이 모두 합성어인지는 불확실하다. 예를 들어 (48마)의 '귀엣말'류처럼 통사적 구성이 단어화한 것은 형성의 관점에서 보면 합성어가 아니라 통사적 결합어이며(2.1.2. 참조) (49나)의 '늙은이'류 역시 통사적 구성이 단어화한 것이라면 합성어에서 제외될 수도 있다. 그러나 여기에서는 이 문제와는 별개로 일반적으로 합성어로 다루어진 유형을 모두 대상으로 삼고자 한다.

　　마. 귀엣말, 눈엣가시, 수지엣말, 몸엣것
　　바. 비켜덩이, 살아생전, 을러방망이, 싸구려판, 묻지마관광
(49) 가. 가마솥, 손발, 할미꽃, 예닐곱
　　나. 늙은이, 선무당, 지난해, 쥘부채, 들것
　　다. 지름길, 데림사람, 숨이고기, 듣보기장사, 걸개그림
　　라. 닭의장, 남의달, 남의나이, 꿩의다리, 도둑놈의갈고리
　　마. 첫눈, 왼씨름, 갖은떡
　　바. 해돋이, 연필깎이, 줄넘기, 입막음, 무릎맞춤

위 (48가~바)는 비통사적 합성명사, (49가~바)는 통사적 합성명사로 분류되는 예들이다. 그러나 대응하는 통사적 구성의 존재 여부에 대한 관점의 차이나 언어의 변화가 있을 수 있어 이들의 분류가 꼭 명료한 것은 아니다. 예를 들어 김유범(2011)에서도 지적했듯이 (48다)의 '뻐꾹새'는 부사+명사의 구성이지만 통사적 구성에서도 '바로 옆집'처럼 부사가 명사를 수식하는 것이 가능하기도 하다는 점에서 통사적 합성어로 분류될 수도 있다. (48라, 마)처럼 사이시옷이 게재한 유형도 고어에서는 통사적 구성이 가능했다는 점에서 형성 당시를 기준으로 하면 통사적 합성어로 분류될 수도 있다.[90)]

(48라)는 용언의 종결형 혹은 부사형이 명사와 결합한 형식이 통사적 구성으로는 없다는 점에서 비통사적 합성어로 분류된 것이다. 그런데 '비켜, 살아, 을러, 싸구려, 묻지마, 나몰라라' 등이 어근이나 단어로 영범주화하여[91)] 후행 요소와 결합한 것으로 이해된다면(4.5. 참조) 문제는 복잡해

---

90) 이 점에서 김유범(2011)은 '콧물, 귀엣말, 뻐꾹새'의 세 유형에 대하여 통사적 합성어일 가능성 여부를 검토하면서, 근본적으로 통사적 합성어와 비통사적 합성어의 구분은 단순히 통사적 틀만을 기준으로 해서는 안 되며 참여한 형태소의 특성과 시간의 흐름을 고려해야 한다는 점을 강조한다.

91) 이 경우 그 요소는 명사(또는 명사성 어근)로 해석된다고 본다. 곧 '비켜덩이' 등은 'N → N(/R)+N'의 규칙을 바탕으로 만들어지는 합성명사이다. 이 용언의 활용형이 명사(또는 명사성 어근)라는 것은 명사 뒤에 결합하는 접사 '-뱅이'와 결합한 '잘라뱅이, 얻어뱅이'와

진다. 이 선행 성분이 어근이라면 비통사적 합성어이겠지만 단어(즉 명사)라면 통사적 합성어로 이해될 수도 있는 것이다. 특히 '싸구려판'의 경우는 '싸구려'가 명사라는 점에서 통사적 합성어일 수 있다.

(49다)는 명사+명사 구성이라는 점에서 통사적 합성어로 분류된 것이지만 선행 성분이 실재어가 아니라는 점이 문제가 될 수 있다. 즉 이것에 직접적으로 대응하는 통사적 구성이 없다는 점에서 진정한 통사적 합성어인지 의문이 제기되며 만일 선행 성분의 범주가 어근이라면 더욱 통사적 합성어일 수 없게 된다.

(49바)는 비록 종합 합성어로 불리지만 합성어인지 아닌지부터 불확실하다. [[해+돋]+이]의 구조라면 파생어이고 [해+[돋+이]]의 구조라면 합성어이다. 후자의 경우 '돋이'가 실재어가 아니므로 이것이 통사적 합성명사인지에 있어서 '지름길'류와 유사한 문제가 생긴다.92)

이와 같이 통사적 합성명사와 비통사적 합성명사는 그 분류 자체가 불확실한 면이 있다. 통사적 합성명사와 비통사적 합성명사를 분류했다고 해도 각각의 합성명사가 어떤 기제에 따라 형성되었는지는 또 다른 문제이다. 예를 들어 위 (49마)의 예들만 해도 [첫 눈]$_{NP}$과 같은 통사적 구성이 잦은 사용을 통하여 단어화하였을 가능성이 높지만, '첫, 왼, 갖은' 등 관형사가 결합한 명사의 생산성이 높다는 점은 어휘부에 'N → 관형사(첫/왼/갖은)+N'의 규칙이 있을 가능성도 보여 주고, 나아가 이 관형사들이 접사화해 가는 단계까지도 고려해 볼 수 있다.

이와 같이 합성명사의 형성 부문과 과정은 그 유형 또는 개별 단어에 따라 매우 복잡하고 어려운 문제를 내포하고 있다. 여기에서는 그동안 논

같은 단어로부터 확인된다.

92) 이 유형은 '-이'를 접사, '-기, -음'를 어미라고 본다면 단어의 범주, 형성 기제 등과 관련하여 문제가 더 복잡해진다. 이에 대한 더 이상의 언급은 생략한다.

쟁의 주요 대상이 되었던 유형을 중심으로 합성명사의 형성 기제에 대하여 살펴보고자 한다.

4.2. 사이시옷 개재 합성명사

사이시옷 개재 합성명사들은 사이시옷이 지닌 특이성 자체만으로도 매우 다양하고 복잡한 논쟁을 불러일으킨 유형이다.

> (50) 가. 봄ㅅ비, 가을ㅅ바람 <시간>
> 나. 산ㅅ돼지, 물ㅅ고기 <장소>
> 다. 햇빛, 고기ㅅ기름 <(무정체언)소유주/기원>
> 라. 잠ㅅ자리, 술ㅅ잔 <용도>

합성명사에서 사이시옷은 대체로 위 예처럼 한정—피한정의 관형 구성에서 선행 체언이 시간, 장소, 기원, 용도 등을 나타낼 때 개재한다.[93] 사이시옷의 개재 조건[94]은 합성어의 중요한 주제이겠으나 여기에서는 이 비통사적 합성어들의 형성 부문에만 관심을 두고자 한다.

이 사이시옷 명사의 형성과 관련하여 그것이 어휘부의 절차가 아니라 통사론적 절차라는 논의가 있다. 'ㅅ'이 본래 통사적 구성에 출현하던 것

---

93) '손발, 논밭' 등 병렬 구성, 그리고 관형 구성 중에도 선행 체언이 형상(고추잠자리, 무당벌레), 재료(쌀밥, 보리밥), 수단/방법(불고기, 칼국수), 동격(누이동생), 소유주/기원(노루발, 개고기)을 나타낼 경우는 대체로 사이시옷이 개재하지 않는다. 한편 김창섭(1996)은 사이시옷의 출현이 중세국어의 'ㅅ'의 통사적 속격 구성과 직접적으로 관련된다고 한다. 즉 중세국어에서 속격 구성은 존칭체언과 무정체언은 'ㅅ'으로, 유정체언은 '이/의', 또는 Ø로 구분되어 쓰였는데, 사이시옷은 이러한 문법에 바탕을 둔다는 것이다.

94) 사이시옷의 개재는 특정 명사의 속성에 따라 결정되기도 한다. 예를 들어 '구멍ㅅ가게'는 선행 체언이 형상을 나타내므로 사이시옷을 가질 수 없는 환경인데 '만홧가게, 쌀ㅅ가게, 반찬ㅅ가게' 등처럼 '가게'가 'ㅅ' 전치의 명사로 고착되었기 때문이다. '고깃국, 북엇국, 김칫국' 등도 선행 체언이 <재료>인데 어떤 환경에서 '국'이 'ㅅ' 전치 명사로서의 속성을 갖게 된 것이라고 할 수 있다. 구체적인 내용은 김창섭(1996) 참조.

이라는 점에서 이와 같이 명사구(NP)에 결합하는 가능성은 충분히 고려해 볼 수 있을 것이다. 대표적으로 이남순(1988)은 '길눈'처럼 체언 어간끼리 결합하는 '합성'의 경우 선행 체언이 격을 가질 수 없으나 '어머니의 손길, 어머니 손길'과 같은 연속된 체언으로 구성이 된 '연접'에서는 선행 체언이 격을 가질 수 있다고 한다. 따라서 'ㅅ'이 속격 표지라는 관점에서 '나뭇가지'의 경우는 합성이 아니라 연접이고, 따라서 '나뭇 가지'와 같은 통사적 구성에서 단어화한 것이라는 것이다. 그리고 통사론적 요소인 'ㅅ'의 기능은 후행 체언의 내포를 확대하는 것이라고 한다.

이는 곧 내포를 확대하는 경우에 그리고 그 경우에만 선행 체언에 'ㅅ'을 결합하는 통사론적 절차가 이루어질 것을 기대하게 한다.

> (51) 가. 모래Ø집, 벽돌Ø집, 통나무Ø집, 흙담Ø집, 흙벽돌Ø집
> 나. 널ㅅ집, 판자ㅅ집, 돌ㅅ집, 돌담ㅅ집, 토담ㅅ집

그런데 위 (51가)와 마찬가지로 (51나)도 후행 체언의 내포에 아무런 변화가 없는데도 'ㅅ'이 결합하고 있다. 이러한 불규칙한 현상은 통사론적 절차로는 이해하기 어렵다. 따라서 'ㅅ'의 개재를 형태론적 현상으로 이해하고자 한다. 현대국어에서 'ㅅ'이 명사구에 결합할 경우 대부분 비문법적이라는 점도 이를 지지해 준다. 또 'ㅅ'이 비통사적 구성, 즉 한자어 등 어근에 결합하는 경우(이 경우는 'ㅅ'이 격 표지일 수 없다)와 일관되게 설명할 수 있는 장점이 있다.

물론 형태론적 절차라고 해도 사이시옷이 보이는 불규칙성은 여전히 문제로 남는다. 그러나 통사론적 과정에서 'ㅅ'이 불규칙하게 나타나는 것은 설명하기 어렵지만 형태론적 과정에서는 단어 형성 규칙의 변화에 따라 '수의성'을 얻는 결과로 해석할 여지가 생긴다. 단어 형성 규칙은

'빌먹다', '빌어먹다'가 혼재하는 시기가 있었던 것처럼, 규칙의 변화, 혼재가 가능하다고 볼 수 있다.

이와 같이 사이시옷의 개재를 형태론적 절차로 보는 것이 일반적이지만 그 합성명사의 구체적인 형성 원리는 크게 규칙과 유추로 나뉜다.

> (52) 가. $[X]_{N/R}$, $[Y]_N \rightarrow [[[X]_{N/R} (-ㅅ)]_{ADN?} [Y]_N]_N$ (김창섭 1996)[95]
> 　　나. 사이시옷이 개재된 명사들은 대부분 단어가 선행 직접성분이나 후행 직접성분이 상수(常數)로 표현된 유추의 틀을 통해 형성된다(송원용 2005 : 139).

(52가)는 사이시옷 개재 명사의 형성 규칙이다. (52나)는 유추의 기제로서, 예를 들어, '양념을 담을 병'을 표현할 어휘의 필요성이 생기면, '간장ㅅ병, 기름ㅅ병, 물ㅅ병, …'과 같은 단어들로부터 'X-ㅅ-병'의 유추 기반이 형성되고, '양념'을 선택함으로써 '양념ㅅ병'이 만들어진다는 것이다.

이 (52나)의 설명과 관련하여 주목할 점은 상수가 존재한다는 것이다. 규칙에 의한 단어 형성을 주장하는 김창섭(1996 : 71)에서도 합성명사에서의 사이시옷의 출현은 어떤 유형을 이루는 기존 합성명사들을 모형으로 하여 유추에 의해 결정된다고 하면서, 그 가운데 의미론적 유형으로 '전체-부분, 장소-존재, 시간-존재' 등에서 같은 유형의 것들이 모형을 이룰 가능성을 언급하고 있다.

(52나)의 기제와 관련하여 왜 '간장ㅅ병, 기름ㅅ병, 물ㅅ병, …'류가 활성화되고 '유리병, 사기병, 플라스틱병, …' 등은 활성화되지 않는지 생각해 볼 필요가 있다. 화자가 전자를 유추의 기반으로 선택하는 데는 이들이 [X를 담는]이라는 의미 자질을 지니고 있어서이다. 곧 '재료'가 아닌

---

95) 'ADN?'은 김창섭(1996)에서 그 범주가 불확실함을 나타낸 것이다.

'용도'의 의미적 특성을 지닌 단어들이 활성화되는 것이다.

이와 관련하여 '머릿기름'의 형성 과정을 생각해 보자.

> (53) 가. 고기ㅅ기름, 코ㅅ기름
> 나. 머리ㅅ비누, 머리ㅅ수건

'X-ㅅ-기름'의 유추의 틀을 제공할 만한 형식의 합성어는 (53가) 정도이다. 그러나 이들은 형태적으로는 유추의 기반을 제공할 수 있겠지만 의미적으로는 '기원' 또는 '장소'를 나타낸다는 점에서 '용도'를 지니는 '머릿기름'의 유추의 기반이 되기 어렵다. 이 점에서 '머리-ㅅ-X'의 유추의 틀을 제공하는 (53나)의 예들이 유추의 기반이 될 가능성이 있으나 유추의 기반이 될 집합이 지나치게 작다는 문제가 있다.

물론 유추는 단 하나의 단어를 기반으로도 이루어질 수 있지만 심리 기제라는 특성상 관련 단어 집합의 크기가 작을수록 그리고 저빈도의 단어일수록 유추의 기반이 될 가능성은 낮아질 것은 당연하다. 즉 화자가 '머릿기름'을 만들기 위해 이 소수의 단어로부터 유추한다기보다 '간장ㅅ병, 잠ㅅ자리, 고기ㅅ배, 술ㅅ잔, 물ㅅ그릇, 세수ㅅ비누, 손ㅅ수건, 모기ㅅ불' 등 선행 체언이 [용도]의 의미를 지니는 단어들에 기댄다는 것이 더 합리적인 논리로 보인다.96) 이러한 유추의 모델에서는 상수가 존재할 수 없으므로 유추가 아니다. 이는 곧 의미 기능에 기반한 'N→N+ㅅ+N'의 단어 형성 규칙이 있을 가능성을 보여 주는 것으로 생각된다.

---

96) '머리ㅅ결, 머리ㅅ그림, 머리ㅅ내, 머리ㅅ돌, 머리ㅅ말, 머리ㅅ수, 머리ㅅ줄' 등 '머리ㅅ'을 공유하는 단어들이 활성화된다고 보기도 어렵다. 선행 체언의 의미가 다르고 '머리그물, 머리기사, 머리댕기, 머리등, 머리말' 등 '머리ㅅ'이 선택되지 않는 단어들도 있기 때문이다.

4.3. 조사 결합 합성명사

합성명사 가운데 조사가 개재된 합성명사들은 조사가 통사적 단위라는 점을 고려하면 통사부에서 형성되었을 가능성이 높다. 실제로 조사는 단어 형성 규칙의 요소가 될 수 없는 것으로 보인다.

> (54) 가. 스승의 날, 국군의 날, 주(主)의 날, 죽음의 글, 사자의 서, 철학자의 돌, 불의 날
>   나. 꿩의다리, 꿩의밥, 꿩의비름, 범의귀, 도둑놈의갈고리
>   다. 닭의장, 닭의똥, 업의항, 남의눈, 봉의눈, 힘의장, 쇠고기
>   라. 귀엣말, 웃음엣말, 몸엣것, 소금엣밥, 배안엣짓, 한솥엣밥

(54가, 나)처럼 제한된 범위(특히 기념일, 식물명 등) 내에서 현대국어에서도 생산적이지만 어휘부의 단어 형성 규칙이 된 것으로는 보이지 않는다. '죽음의 글, 사자의 서, 철학자의 돌' 등과 같은 예들도 굳어진 표현이기는 하지만 완전한 단어로 여겨지지 않는 것은 이들이 통사적 구성에서 단어화하는 경우들이기 때문일 것이다.

(54다)와 같이 고어에서 상대적으로 활발하던 단어들도 현대국어에서는 생산적인 단어 형성을 보이지 않는 것으로 이해된다. (54라)는 의심할 여지없이 구의 단어화라고 할 수 있다. 현대국어에서는 이러한 통사적 구가 성립할 수 없다. 형성 단계(중세국어)에서도 이는 통사부에서 통사적 단위에 조사 'ㅅ'이 결합함으로써 형성된 것일 뿐이다.[97]

---

97) 김유범(2011 : 138-139)에서는 '귀엣말'류의 단어들은 대개 현대국어에 들어와서 만들어졌다고 하면서, 국어사 자료에서 이 단어들의 구 구성을 찾을 수 없다는 점에서 '명사+엣+명사'라는 이전 시대의 통사 구성을 바탕으로 어휘부의 형성 규칙이 생겨났을 가능성을 조심스럽게 언급하고 있다. 이 경우라면 조사가 어휘부의 단어 형성에 참여한다고도 할 수 있겠으나 분명히 확언하기는 어렵다. 한편 오규환(2008)에서 조사가 결합한 'X+조사' 구성이 온전한 단어의 자격을 갖는 '조사 결합어'를 제시하고 있는 점도 참조된다.

이 점에서 현대국어에서 조사는 단어 형성의 요소가 될 수 없으며 따라서 'N→N+의+N'과 같이 조사가 단어 형성의 요소가 되는 단어 형성 규칙은 상정되기 어렵다. 물론 통사적 단위라도 어휘부에서 형태적 단위로 쓰일 가능성을 전혀 부정할 수 없지만(아래 용언의 관형형 어미 참조) 'N+의+N' 구성의 합성어가 매우 적고, 속격 관계를 갖는 합성어의 경우 'N+N', 'N+ㅅ+N' 구성이 대다수인 점으로 미루어 'N→N+의+N'의 단어 형성 규칙은 없는 것으로 보고자 한다.[98]

4.4. [[V-음/기/이/개]+N] 합성명사

이 유형의 단어들('지름길, 데림사람, 숨이고기, 듣보기장사, 깎기끌, 걸개그림' 등)은 선행 요소인 'V-음/이/기/개'가 실재하지 않는다는 특징을 지닌다. 대표적으로 'V-음'형을 중심으로 보면 '지름길'과 같은 유형은 [[V-음]+N]의 구조로 분석된다.

이와 같은 유형의 단어들은 어휘부에서 형성되는 것으로 보인다. 우선 선행 성분인 [V-음]은 실재하는 단어가 아니므로 [[V-음]+N]와 같은 구성은 통사부에서 나타날 수 없다. 또 '갈림ㅅ길, 지름ㅅ길, 지름ㅅ대, 누름ㅅ돌, 디딤ㅅ돌, 디딤ㅅ발, 디딤ㅅ쇠, 부름ㅅ자리' 등 일부 단어의 경우 사이시옷이 개재되는 것도 그 형성이 어휘부의 소관임을 보여 준다.

그리고 '박음질, 새김질, 쓰임새, 생김새'와 같은 단어는 'V-음'이 다시 파생의 어기가 되고 있음을 보여 준다. 이는 'V-음'이 어휘부의 단어 형성 단위일 가능성을 높여 준다. 또 '갈림길'과 형식상 유사한 'V-음'의

---

98) 일부 'N의'가 굳어져 단어형성 전용요소가 되는 경우는 있을 수 있다. '꿩의다리, 꿩의밥, 꿩의비름' 등에 보이는 '꿩의'는 그럴 가능성이 있어 보인다. 그러나 이 경우에도 단어형성 전용요소 전체가 단어 형성 규칙의 요소가 된다는 점에서 조사가 독립적인 단어 형성 규칙의 요소가 되는 경우와 다르다. 즉 '꿩의'와 같은 개별 상수가 단어 형성 규칙을 이룬다.

통사구와 '명사'의 결합은 통사 구성에서는 나타나기 어려운 유형이다.

> (55) 가. [우리 학교] 교가, [어떤 아저씨] 도움
> 나. *돈(이) 없음 문제, *답(을) 모름 결론, *어제 읽었음 책

(55가)와 같이 명사구와 명사의 결합은 통사부의 전형적인 구성인데 (55나)처럼 '-음' 명사절과 명사의 결합은 잘 허용되지 않는다. 이 점에서 '갈림길'이 통사부의 구조를 바탕으로 형성되었을 가능성은 적다. 이러한 논의가 '-이/기/개'까지 동일하게 적용되는 것은 아니지만 이들이 지닌 유사성을 고려할 때 [[V-음/기/이/개]+N] 합성명사는 어휘부에서 형성된 단어라고 할 수 있다.

이 명사를 생성하는 어휘부의 규칙은 'V-음'의 범주에 따라 결정된다. 만일 'V-음'이 명사라면 그 형성 규칙은 'N→N+N'의 형성 규칙이 될 것이다. 이 경우 해당 명사는 실재하지 않는(그리고 장차 단어가 될 자격이 있는) 것이므로 임시어 또는 잠재어가 된다.

'V-음'이 어근이라는 주장도 있는데 이 경우 '-음'은 어근형성 전용요소이다(채현식 2003나 : 167-168). 그러나 이 'V-음'은 어근이 아닌 단어(즉 명사)로서의 자격에 더 가까워 보인다. 어근이 명사와 결합하는 경우('흔들의자', '부슬비', '물렁살', '비틀걸음', '알뜰주부', '더펄개' 등)는 대체로 사이시옷의 개재 현상이 없는데[99] 이 'V-음'은 명사와 결합할 때 '지름ㅅ길, 누름ㅅ돌, 디딤ㅅ발' 등에서 보았듯이 사이시옷 개재 현상이 활발한 편이고, 어근은 합성명사의 후행 요소가 되는 경우가 없는데 이 요소들은 후행 요소가 되기도 한다('토끼뜀', '무릎맞춤' 등).

'V-음'이 명사라면 '-음'은 명사 파생 접미사이거나(송철의 1992 : 173-

---

99) 사이시옷이 명사에 후치하는 것이라면 품사 자격이 없는 어근의 경우 사이시옷이 후치할 수 없다.

174, 김창섭 1996 : 28) 명사형 어미(시정곤 1998 : 124)가 그 후보가 된다. 후
자의 경우에는 '-음'이 통사적 단위이므로 [V-음]은 통사부에서 만들어
진 임시어일 수 있다. 그러나 어미가 형태론적 단위로서 단어 형성에 참
여하는 것이 배제된다고 하기 어려우므로(4.5. 참조) 'V-음'이 어휘부에서
형성될 가능성도 여전히 존재한다.

'[V-음]N'의 '-음'이 어미일 가능성은 아래 예들에서 찾아볼 수 있다.
즉 '-음'은 다음과 같이 '~ 현상'의 표현을 생산적으로 만들어내는데,

> (56) 가. 글자 깨짐 현상, 마우스 포인트 어긋남 현상, 필름지의 비침이나
>   어긋남 현상, 바다 갈라짐 현상, 자동차 도색 갈라짐 현상
>   나. ??글자 깨졌음 현상, ??글자 크게 깨짐 현상, ??글자가 뒤틀리거
>   나 깨짐 현상

(56가)의 '-음'이 결합한 동사가 선행하는 명사구와 호응한다는 점에
서 (그리고 매우 생산적이라는 점에서) 어미이다. 그러면서도 (56나)에서
보듯이 시제, 부사어, 문장 접속 구성 등의 '-음' 구성은 명사와 잘 결합
하지 못하는 특성을 보인다. 곧 '~ 현상'은 (56가)와 같이 통사적 구성이
면서 명사+명사 단어의 유형에 매우 가까운 경우에 생산적으로 만들어
진다는 것을 뜻한다. 즉 '-음'의 어미로서의 기능이 명사절 형성에서 단
어 형성의 영역으로까지 이어지고 있는 것으로 여겨진다.

이 점에서 '갈림길'류의 'V-음'은 명사형의 어미가 결합한 명사로 이
해될 여지가 있다. '갈림길, 돌봄이/돌봄자, 디딤발' 등과 함께 '셔터막
갈림 현상, 디딤 센터, 돌봄 노동자100)' 등 구 구성의 요소로 참여하는

---

100) "여러 갈림 물들이 모여서 큰 강을 이루어 나가듯이"(http://news.naver.com/main/, 2013. 6.
    11.), "디딤센터는 정서·행동 장애 청소년의 치료와 재활을 지원하는 거주형 시설이다."
    (내일신문, 2013. 3. 8. 17면).

점은 이들이 명사일 때 이해될 수 있다. 곧 임시어에서 점차 실재어로서의 자격을 획득해 나가는 것이다.

이 글에서는 '-음'이 어미로서 단어(임시어) 형성에 참여한 것으로 보고자 한다. 즉 'V+-음'은 어휘부에서 동사 어간과 어미가 결합한 것으로 명사(N)의 자격을 지닌다. 이것이 'N→N+N'의 규칙에 입력이 되어 '갈림길' 류가 형성된다고 보는 것이다.

4.5. '용언의 관형형+명사' 합성명사

국어에서 용언의 어간 또는 활용형이 명사 앞에 놓여 합성명사를 만드는 유형은 다음과 같다.

> (57) 가. 용언 어간 + 명사 (덮밥, 접자, 닿소리, 붉돔, 꺾쇠, …)
>   나. 용언의 종결형/부사형 + 명사 (비켜덩이, 섞어찌개, 살아생전, 을러방망이, 떴다방, 먹자골목, 신기료장수, 야타족, …)
>   다. 용언의 명사형 + 명사 (갈림길, 깎기끌, 누름틀, 울림소리)
>   라. 용언의 관형형 + 명사 (어린이, 앉은저울, 길짐승, 날짐승, 열쇠, 자물쇠, 먹을거리, 밀대, 쥘손, 질통, 디딜방아, 거센소리)

이 가운데 (57가, 나)는 비통사적 합성어이므로 어휘부에서 생성된다. 이 가운데 (57나)의 경우, 선행하는 용언의 활용형은 문장형으로서, 이들은 '어근화' 또는 '단어화'를 겪은 것으로 이해된다(주지연 2008, 오민석 2011).[101] 이는 '얼어뱅이,[102] 잘라뱅이,[103] 꺾어쟁이,[104] 따라쟁이' 등과

---

101) 어근화는 '야타, 신기료, 묻지마'처럼 단독으로 쓰이지 않는 것, 단어화는 '부랴부랴(<-불이야불이야), 싸구려, 와따(<-왔다)' 등 단독적 쓰임을 보이는 것이다(주지연 2008). 주지연(2008), 오민석(2011)에서는 이런 유형의 단어로 '몰라박수, 안다박수, 보이네안경, 카더라통신, 막가파, 나가요걸, 하자센터, 묻지마투기, 일하기싫어병, 긁어주(酒), 배째라식, 보라장기, 사자주, 팔자주, 매죄료장수' 등 다양한 예를 제시하고 있다.

같이 파생의 어기가 되기도 하는 점에서 지지된다. (57가)와 같이 단어 형성에 참여하는 '덮-, 접-' 등을 '어근'으로 분석하는 관점(최형용 2006, 강진식 2000 등)을 따른다면 (57나)의 어근화 예는 (57가)와 동일한 규칙으로, 단어화 예는 'N→N+N'의 규칙에 따르는 것으로 이해될 수 있을 것이다. (57다) 역시 잠재어가 직접 성분이라는 점에서 어휘부에서 형성된 단어들로 볼 수 있다(앞의 4.4. 참조).

이 절의 기술 대상은 (57라)이다. 이 '용언의 관형형+명사' 합성어의 형성은 어미가 결합되어 있다는 점에서 주로 통사부의 소관으로 설명되어 왔다. 이에는 3.3.1에서 기술한 바와 같이 세 가지 관점이 존재한다. 첫째는 통사부에서의 통사 규칙에 의한 공시적 단어 형성이고, 둘째는 통사적 구성의 통시적인 단어화이며, 셋째는 통사적 구성의 공시적인 단어화이다.

그런데 첫 번째 관점은 이미 3.3.1에서 그 문제점을 기술하였지만 이 유형의 단어에서도 역시 받아들이기 어렵다. 이 과정은 필연적으로 다음과 같은 핵이동을 요구하게 되는데,

(58) '길짐승'의 형성 : [$_{NP}$[$_{CP}$[$_{VP}$ Ø 기-$_V$] -르$_C$] 짐승$_N$]

어휘적 요소('기-')가 굴절 요소('-르')로 이동하는 것은 굴절 요소의 의존적인 속성이 견인한다고 하겠지만 '짐승'과 같은 어휘적 요소가 왜 다른 요소('기-르')를 이끄는지가 분명하지 않다는 문제가 남는다. 결국 이 '기-르'의 '짐승'으로의 핵이동은 '단어이니까' 그래야 한다는 결과적인

---

102) '거지'의 충청방언.
103) 짧게 된 물건.
104) 호미로 파낸 흙을 먼저 파낸 자리에 엎어 덮는 애벌 김매기.

논리일 뿐이다.

두 번째 관점은 통사적 구성인 '용언의 관형형+명사'의 구성이 통시적인 과정을 거쳐 단어화하는 것으로 요약된다.[105] 이는 아래 (59가)와 같이 용언 어간이 시제성을 갖는 경우 통사적 구성일 수밖에 없다는 데서 입증되고(송원용 2005) 보다 일반화되어 '용언의 관형형+명사'는 통사적 구성으로부터 단어화한 것으로 이해되는 것이다.

> (59) 가. 산낙지, 산울타리, 늙은이, 젊은이, 묵은밭
> 　　　나. 갓난이, 예쁜이, 못난이, 잘난이

그러나 통사적 구성의 단어화는 분명히 존재하지만 이 유형의 모든 단어들이 이와 같이 형성되는지는 의문이 남는다. 당장 시제성을 갖는다고 한 (59가)의 예들조차 불확실하다. '묵은밭'과 '묵밭'이 의미 차이가 없다는 점에서 '묵밭' 역시 시제적 의미를 지닌다고 하면 '묵은밭'의 시제적 의미가 반드시 통사적 구성으로부터 기인한 것이라고 할 수는 없다. 또 '못난이' 역시 '늙은이'와 마찬가지로 시제성을 갖는다고 해야 하는데 이 '못난이'의 '-이'는 의존명사가 아니라 접사일 가능성도 있다. 시정곤 (1998 : 106-108)에 의하면 [+동물명] 접사 '-이'는 호격 조사와의 결합에서 탈락하는 반면 의존명사 '이'는 그렇지 못하다. 그런데 '예쁜이, 못난이' 등은 '예쁜아, 못난아'와 같이 호격 조사와의 결합에서 '이' 탈락 현상을 보인다. 이는 곧 '못난이'가 '못난'에 파생접사 '-이'가 결합한 것임을 보여 준다. '-이'가 어휘부 접사라면 '못난이'는 어휘부에서 형성된 것이고, 따라서 시제성을 갖는다는 것이 곧 통사부의 어형성을 입증하는

---

105) 송원용(2005)에서는 '-ㄹ' 관형형어미가 단어 형성에 참여한 경우 '미완료'의 상적 의미가 유지된다는 점에서 통사부 형성을 주장하였다. 그러나 '멜가방(북), 멜대' 등에서 미완료의 상적 의미가 있는지는 불확실해 보인다.

것은 아니다.

모든 '용언의 관형형+명사' 구성이 통시적인 단어화로 설명될 수 없다는 점은 이른바 임시어에서 확인된다(아래 자료의 출처는 국립국어원 '말터'(www.malteo.net)로 정한데로(2011)에서 재인용). 아래 예들은 세 번째 관점인 통사적 구성의 공시적인 단어화를 보여 준다.

> (60) 가. 가는길, 편한바닥, 흐르는길(무빙 워크), 늘찬배달(퀵서비스), 공들인이(엔딩크레디트), 열린집(오픈하우스), 버린글, 빈편지(스팸메일), 든정보(콘텐츠), 이쁜꼴(이모티콘)
> 나. 갖출거리, 챙길거리(머스트 해브), 누빌망(로밍), 쓸거리(콘텐츠)

이 임시어들은 그 속성상 통사적 구성이 단어화하는 시간적 흐름을 상정하기 어렵다. 이들은 특정 개념이나 대상에 대한 명명의 욕구에 의해 화자의 언어 능력을 바탕으로 공시적으로 형성된 단어이다(정한데로 2011 : 218).

위에서 든 세 가지 관점과 달리 '용언의 관형형+명사' 구성의 단어가 어휘부에서 형성될 가능성을 생각해 보자. 논자에 따라 일부 단어에 대해서 어휘부의 유추로 설명하기도 하고,[106] '큰형, 작은아버지'에서처럼 일부 관형형이 접사화한 경우 파생으로 설명하기도 하지만, 이들은 모두 'V-은/는'을 한 단위로 한다는 점에서 관형형 어미가 단어 형성에 직접 참여하는 요소로 보는 것은 아니다. 여기에서는 관형형 어미도 어휘부의 단어 형성 단위가 된다는 점에 주목하고자 한다.

> (61) 가. 노는꾼,[107] 늙은데기, 어린둥이, 얼근배기,[108] 얼근보,[109] 앉은뱅

---

106) 송원용(2005 : 146)는 '흰담비, 흰피톨'은 통사 구성인 '흰 담비, 흰 피톨'보다 외연이 좁으므로(즉 의미가 같지 않으므로) 통사적 구성의 단어화가 아니라 유추에 의하여 형성되었다고 한다.

이, 젊은네, 허튼뱅이,110) 갓난쟁이, 흰둥이
  나. 멜꾼111), 앉일뱅이, 견딜성, 참을성

  (61가, 나)는 용언의 '-ㄴ, -ㄹ' 관형형, '-아/어' 부사형이 '-꾼, -네, -데기, -둥이, -배기, -보, -뱅이, -쟁이' 등의 접사와 결합한 예이다. 이들 접사가 통사적 접사가 아닌 이상 이러한 결합은 어휘부에서 이루어 진다고 보아야 한다. 이는 용언의 활용형이 어휘부의 단어 형성 단위가 될 수 있다는 것을 보여 준다. 이들이 다른 성분과 통사적 구성을 이루는 것이 아니므로 그 활용형 자체가 통사부에서 별도로 형성된다고 보아야 할 까닭은 없을 것이다. 이를테면, 접사 '-뱅이'는 어근(절름뱅이, 절뚝뱅이), 용언 어간(떠돌뱅이, 더듬뱅이), '-음' 명사형(느림뱅이, 돌림뱅이), '-ㄴ' 관형 사형(앉은뱅이, 허튼뱅이), '-ㄹ' 관형사형(앉일뱅이) 등 다양한 어형과 결합하 는데, 이는 어휘부에서 접사 '-뱅이'가 단어를 형성하는 방법이 다양하다 는 것을 보인다.112)

  (62) 가. 떠살이[浮遊], 붙어살이[着生], 함께살이[共棲]
  나. 마른살이[乾生], 짠살이113)

  (62가, 나)는 북한어에서 말다듬기의 과정에서 새로 만든 말이다. 순화

---

107) 이웃으로 자주 놀러 다니는 사람(제주방언).
108) '얼금뱅이'의 경남방언.
109) '곰보'의 경북방언.
110) 허랑하고 실속이 없는 사람을 낮잡아 이르는 말.
111) 고싸움놀이에서 고를 메고 싸우는 사람.
112) 이와 유사한 예로서 '솟을문, 갈참'를 더할 수 있을 것이다. '솟을문'은 '문(紋)이 의존적 어근으로서 통사적 구성을 형성할 수 없다는 점에서 '솟을'이 어휘부의 단위로 결합한 것 이 된다. '갈참'은 '고참'에 유추하여 생겨난 단어인데, 단어 내부의 자리를 '가-ㄹ'이라 고 하는 용언의 관형형이 채우고 있음을 볼 수 있다. 역시 어미가 어휘부의 단어 형성에 참여하는 예라고 할 수 있다.
113) 소금기가 많은 땅에서 삶.

어는 본질적으로 공시적인 단어 형성의 과정을 갖는다. 위 단어들은 살아 가는 방식이나 그런 특성을 지닌 동식물을 가리키는 'X살이'의 단어들과 연결망을 이룬다고 할 수 있다. 즉 순화의 과정에서 화자는 '하루살이, 겨우살이'(동식물명) 등이나 '감옥살이, 시집살이'(생활 방식) 등을 떠올리고 이와 같은 유형으로 단어를 만든 것이다. 그러나 이것이 '유추'와 같지는 않다. 관련 단어들이 활성화된다는 점에서는 유추와 같으나 실제 단어가 만들어지는 것은 재분석을 바탕으로 한다는 것을 알 수 있다.114) 즉 (62 가)는 선행 요소가 용언의 부사형 또는 부사라는 점에서 '살이'의 동사 '살-'이 따로 분석되어 'X+살-'과 같은 형성 과정을 새롭게 거친다는 점을 보여 준다.115) (62나)는 이와 달리 '살이'가 명사에 준하는 한 단위 로 고정되고 이에 용언의 관형형이 결합한 것이다.

그런데 어미가 개재되어 있다고 해서 이와 같은 단어 형성 과정이 통 사부에서 이루어진다고 하기 어렵다. 만일 '떠살-, 붙어살-'이 통사적인 구를 형성한다면 접사 '-이'는 이른바 통사적 접사로 규정해야 하는 부 담이 따른다. 또 '마른살이, 짠살이'의 경우 '마른, 짠'이 역시 통사적 구 (관형절)을 형성한다면 '살이'는 관형어를 취하는 명사로서의 자격을 지니 고 있어야 하는데 이 '살이'가 명사로서의 용법을 갖는다고 하기는 어렵 다. <표준국어대사전>에서도 접미사로 처리하고 있는 것은 '살이'가 독 립적인 통사원자가 될 수 없다는 특성을 반영된 결과라고 할 수 있다.

따라서 위의 (62가)는 부사형 어미 '-아/어', (62나)는 관형사형 어미 '-은'이 어휘부의 단어 형성에 참여한다는 점을 보여 준다. 이는 본질적

---

114) 이를테면 '사장실' 대신 '사장님실'이라고 하는 것은 '사장-실'로 분석한 다음, '사장' 대 신 '사장님'을 '-실'과 결합한 것이라고 할 수 있다.
115) 이러한 단어 형성의 방식은 다른 경우에도 확인된다. 예를 들어 '안울림소리'는 '울림소 리'가 단어 형성의 기반이 되었다고 할 수 있다. 그런데 부정소 '안'은 용언과 결합하기 때문에 '울림소리' 또는 '울림'은 결합 단위가 될 수 없다. 이는 '울림'으로부터 '울리-'가 분석된 후 '안+울리-'가 형성되는 과정이 있다고 해야 한다.

으로 어미가 통사부의 단위이기만 한 것이 아니라 단어 형성과 관련하여
어휘부의 단위일 수도 있음을 뜻한다.

따라서 용언이 핵 명사를 수식하는 형식의 단어는 '닿소리'처럼 어간+
명사의 방식으로도, '울림소리, 고룸소리, 이음소리, 갈이소리'처럼 용언
명사형+명사의 방식으로도, '거센소리, 된소리, 맑은소리, 이은소리'처럼
용언 관형형+명사의 방식으로도 만들어질 수 있다.116) 이 가운데 특히
용언 관형사형+명사의 경우를 두고 통사부에서 형성된다고 보는 데는
이것이 통사부의 출현 형태와 동일하기 때문이다.117)

물론 이와 같은 통사적 구성으로부터 단어화를 겪는 통시적인 단어화
과정, 통사적 구성의 공시적 단어화가 있는 것은 사실이다.118) 그러나 모
든 용언의 관형형+명사가 통사적 구성 즉 통사부로터 형성되는 것은 아
닐 수 있다. 지금까지의 설명은 어떤 하나의 기제로 설명하려고만 한 느
낌이 없지 않다. 그러나 단어 형성이 다양한 기제를 통하여 이루어질 수
있다는 것이 언어의 현실에 가까울 것이다. 물론 각 단어의 형성 기제가
무엇인지는 판별하기가 쉽지 않지만 개별 단어에 따라서는 어휘부에서
'N→V+-은/을+N'과 같은 단어 형성 규칙에 의하여 형성되는 것도 존
재하는 것으로 본다.

---

116) 물론 이 방법들 간에는 생산성의 차이가 있다.

117) 국어순화 분야에서 이와 같이 관형형+명사의 순화어에 대하여 '단어'로서의 자격이 부족
하다는 지적이 자주 있어 왔다. 이러한 비판 역시 그 형식이 통사적 구성과 동일한 데에
심리적으로 끌렸기 때문이라고 할 것이다.

118) 예를 들어 '갈꺾는소리, 배끄는소리, 풀써는소리' 등은 통사적 구성의 단어화로 여겨진다.
그러나 많은 경우 이를 가려내기는 어렵다. 통사적 구성의 단어화와 어휘부의 단어 형성
규칙이 동시에 존재하는 이상 어느 쪽으로도 단어가 만들어질 가능성이 있는데 그 실제
를 확인하기는 매우 어렵다.

4.6. '명사+명사' 합성명사

'명사-명사'로 구성된 합성명사 역시 어휘부에서의 형성되었다는 주장과 통사적 구성이 단어화한 결과라는 주장이 대립한다.

> (63) 가. 소나기밥, 금반지, 쌀밥, 칼국수
> 나. 현대음악, 프랑스음식, 개다리
> 다. 논밭, 마소, 봄가을
> 라. 교장 선생님, 담임 교사

(63가)와 (63나~라)는 대응하는 통사적 구가 있는지 여부에 따라 분류되는 것이다. 이러한 합성명사들이 어떻게 형성되었는지에 대하여, 이들이 이루는 '명사+명사'의 구조가 통사부에서 허용되는 구조라는 점에 근거하여 이들이 모두 통사부에서 형성되는 것이라는 주장이 있을 수 있다. 그러나 김창섭(1996)에서 논증하듯이 (63가)는 *소나기의 밥, *금의 반지, *쌀의 밥, *칼의 국수'처럼 속격 조사 '의'의 삽입이 허용되지 않는, 즉 대응하는 통사적 구가 존재하지 않는다는[119] 점을 근거로 이들이 어휘부의 단어 형성 규칙에 따라 형성된 것이라고 할 수 있다. 이에 대해서는 대부분 일치된 견해를 보인다(김창섭 1996, 채현식 2003나, 송원용 2005, 김인균 2005 등).

(63가)와 달리 (63나~라)는 대응하는 통사적 구가 존재한다. (63나)는 '현대의 음악'처럼 속격조사 '의', (63다)는 '논과 밭'처럼 접속조사 '와', (63라)는 '교장인 선생님'처럼 서술격조사의 활용형 '인'이 결합한 통사적 구가 가능하다. 채현식(2003나)는 이들이 통사적 결합임을 다음과 같이

---

119) 이 합성명사들은 선행 요소가 후행 요소의 '형상', '재료', '수단·방법'의 의미이다. 김창섭(1996 : 28)은 이러한 의미 관계를 표현할 통사적 속격 구성이 국어 문법에서 불가능하다고 한다.

공백화, 대용화를 통해서도 보이고 있다.

(64) 가. [현대ᵢ 음악]과 ∅ᵢ 미술 (등)
    나. [현대ᵢ 음악]과 그ᵢ 미술 (등)

즉 '현대음악'의 일부 요소인 '현대'가 (64가)처럼 공백화되거나 (64나)
처럼 대용화되는 것은 '현대음악'이 통사적 구성에 기반하기 때문이라는
것이다. 이러한 점에 근거하여 채현식(2003나), 송원용(2005), 김인균(2005)
등은 이 합성명사들이 통사부에서 형성된 것이라고 한다. 즉 이 합성명사
들은 [현대+음악]ₙₚ, [논+밭]ₙₚ, [교장+선생님]ₙₚ 등처럼 통사적 구성
이던 것이 빈번한 사용 등을 통하여 단어화한, 이른바 '통사구성의 단어
화'(송원용 2005 : 75)라는 것이다.[120][121] 즉 'N+N' 구성의 합성명사가 'N
의 N', 'N과 N', 'N인 N' 등의 통사적 구에 대응될 수 있다면 그 합성
명사는 통사부의 명사구([N+N]NP)가 자주 사용되다가 점차적으로(즉 통시
적으로) 단어가 되었다는 생각이다.

이와는 다소 다르게, 어휘부의 합성명사 형성 규칙과 통사적 구성이
단어화되는 기제('구의 단어화')를 모두 인정하는 김창섭(1996)에서는, 대응
하는 통사적 구가 가능한 '오리걸음, 들국화, 콩기름' 등은 어느 쪽으로
든 형성될 가능성이 있지만 구의 단어화로 설명되어야 할 특별한 이유가
인정되지 않는다면 합성명사 형성 규칙에 의한 것으로 보아야 한다고 한
다. 합성명사 형성 규칙이 N_1과 N_2의 의미 관계와 무관하게 일반화되었

---

120) 송원용(2005 : 75)는 '통사구성의 단어화'란 "실재로 가능한 통사적 구성이 높은 사용 빈
   도 등으로 인하여 하나의 단어로 어휘부에 등재되는 현상"이라고 정의한다. 즉 단어화는
   단어가 아니던 것이 단어가 되는 현상이며, 임시어 등처럼 등재되지 않던 '단어'가 통시
   적인 과정을 거쳐 단어로 등재되는 현상과는 구별된다(송원용 2005 : 74).
121) 채현식(2003나 : 135)에서 "통사적 구성 N_1+N_2가 화자에 의해 내포(intension)를 형성하거
   나(김광해 1982 : 25) 높은 사용빈도를 보이면 통사적 합성명사의 자격을 획득한다"고 한
   것도 이와 같은 맥락이다.

기 때문이라는 것이다.

이와 같이 보면, 통사적 구성이 존재하는 [N+N] 합성명사의 경우, 어휘부에서 형성될 가능성이 높다는 견해에서, 대부분 통사부에서 형성된다는 견해로 바뀌어간 셈이다.

사실 통사부에서 형성된 문법 단위가 통시적으로 형태화의 길을 걷는 것이 보편적인 현상이라고 해도 송원용(2005) 등의 견해는 지나치게 강력하다는 느낌이 있다. 먼저 다음 (65가)와 같이 통사적 구가 가능한 경우에도 (65나)와 같이 어휘부의 단어 형성이 가능하다는 점을 고려할 필요가 있다.

(65) 가. 피아노의 소리, 남포의 불, 조선의 글
     나. 피아노ㅅ소리, 남포ㅅ불, 조선ㅅ글

이는 적어도 '현대음악, 프랑스요리' 등이 대응하는 통사적 구가 가능한 것과 별개로, 어휘부의 합성명사 형성규칙에 따라 형성되었을 가능성을 열어놓고 있는 것이다.

또 단어 형성 규칙이 아닌 유추를 주장하는 입장에서 볼 경우에도 일괄적인 통사 구성의 단어화는 문제가 제기된다.

(66) 가. 그리스미술, 농민미술, 기독교미술, 원시미술, 민중미술, 서양미
         술, 한국미술, …
     나. 고딕미술, 광고미술, 추상미술, 미개미술, 분장미술, 생활미술, 석
         조미술, 실용미술, 설치미술, 전위미술, 응용미술, …

(66가)는 '의'가 삽입된 통사적 구성이 가능하고 (66나)는 불가능한 예들이다. 그런데 (66가)의 합성명사들이 통사적 구의 단어화에 의하여 만

들어졌다면 (66나)의 예들과는 전혀 다른 기제에 의하여 단어가 형성되었다는 이야기가 된다. 그런데 이는 어떤 새로운 개념의 합성명사를 만들고자 할 때 'X미술'의 단어들이 활성화되고 이를 유추의 틀로 삼아 만든다는 유추의 기본 정신과 부합하지 않는 것으로 보인다. 중국의 미술을 뜻하는 단어를 만들고자 할 때 '그리스미술, 서양미술, 한국미술, …'을 유추의 틀로 삼지 않고 '중국(의) 미술'이라는 통사적 구성으로부터 (그것도 통시적으로) 만들어진다고 보아야 할 이유를 이해하기 어렵다.

결국 대응하는 통사적 구가 있다고 해서 '현대음악'류가 반드시 이 통사적 구로부터 생성되었다고 말할 수는 없다. 물론 대응하는 통사적 구가 존재한다면(예를 들어 '현대의 음악', '현대 음악'), 합성명사(즉 '현대음악')가 그 통사적 구로부터 형성되었을 가능성이 있는 것은 사실이지만 그것이 모든 단어가 그렇다는 것을 함의한다고는 할 수 없다.

'N+N'형의 합성명사는 명사+명사의 직접적인 결합으로 만들어질 수 있고, 한편으로 그 명사는 얼마든지 'N의 N, N과 N, N인 N' 유형의 통사적 대응형을 가질 수 있다. 즉 '평일부부, 장롱모피, 바텐더 로봇, 주차장 대학'과 같은 신어(2005년)들은 '평일의 부부, 장롱의 모피, 바텐더인 로봇, 주차장인 대학'과 같은 통사적 구성이 대응되지만 이 구로부터 만들어졌다고는 단언할 수 없다. 대응하는 통사적 구성이 존재하는 경우에도 'N+N' 합성명사는 그와 별개로 'N→N+N'의 단어 형성 규칙에 의해 생성될 수도 있다.

5. 합성동사

5.1. 통사적 합성동사와 비통사적 합성동사

합성동사 역시 통사적 합성동사와 비통사적 합성동사로 나눌 수 있다. 이들의 형성 기제와 관련하여, 우선 '비통사적 합성동사'는 어휘부에서 형성된다고 할 수 있다.

> (67) 가. 감돌다, 감싸다, 걸놓다, 걸메다, 걸앉다, 굶주리다, 내쫓다, 늘줄
> 다, 덮싸다, 돌보다, 듣보다, 들나다, 뛰놀다, 무뜯다, 밀몰다, 받
> 들다, 붙박다, 빌붙다, 뻗디디다, 씻부시다, 어눅다, 얼마르다, 얽
> 매다, 여닫다, 오가다, 오르내리다, 잇달다 (동사+동사)
> 나. 낮보다, 밉보다, 설익다, 얕보다, 잗다듬다, 무르녹다 (형용사+동사)
> 다. 검붉다, 검누르다, 넓둥글다, 높푸르다, 크넓다 (형용사+형용사)
> 라. 짜드락나다, 비롯하다 (불완전어기+동사)
> 마. 부질없다, 웅숭깊다 (불완전어기+형용사)

즉 (67가~마)의 각 예들에서 보듯이, 합성동사의 한 구성 요소인 용언 어간, 불완전어기는 통사부의 단위일 수 없으므로 이들의 결합은 당연히 어휘부에서 이루어질 수밖에 없다.[122] 이 점에서 적어도 비통사적 합성 동사의 형성 부문에 대하여는 큰 논란의 여지가 없다.

이와 달리 '통사적 합성동사'는 그 형성 기제와 관련하여 훨씬 복잡한 문제를 지니고 있다. 우선 이들은 단어인지부터 의심받는다.

---

122) 다만, 이 경우에도 '유추'가 형성 기제로 제시될 수 있는데, (65가~다)의 예들은, 특히 '씻부시다, 듣보다, 크넓다'처럼 대등한 요소로 결합한 예들은 그 유추의 틀이 무엇인지 의문이 제기될 수 있다. 이러한 예로는 '깁누비다, 죽살다, 나들다, 굵빗다(이상 동사), 감 푸르다, 검붉다, 검프르다, 굳세다, 됴쿳다, 굳브르다, 질긔굳다, 흑뎍다(이상 형용사)' 등 다양한 중세어의 예(이선영 2006 참조)를 더할 수 있다.

(68) 가. 겁나다, 정들다, 물오르다, 눈맞다, 애타다 / 맛보다, 장난치다, 억
　　　 지부리다, 힘주다 / 마을가다, 앞서다 (명사+동사)

　　 나. 갈아입다, 돌아가다, 뛰어넘다, 보내오다, 빌어먹다, 노려보다, 돌
　　　 려주다, 드러나다, 날아가다, 뜯어내다, 쏟아지다, 퍼붓다, (나타
　　　 나다, 쓰러지다,) 파묻다, 굶어죽다, 벗어나다, 피워물다 / 타고나
　　　 다, 넘고처지다, 놀고먹다, 들고나다, 들고볶다, 먹고살다, 밀고나
　　　 가다, 밀고당기다, 사고팔다, 싸고돌다, 안고나서다, 안고지다, 오
　　　 고가다, 울고웃다, 울고짜다, 치고받다, 타고내리다, 주고받다 /
　　　 건너다보다, 메다꽂다, 쳐다보다, 떠다밀다, 올려다보다, 내려다
　　　 보다, 갖다주다, 돌아다보다 (동사+어미+동사)

　　 다. 좋아하다, 예뻐하다, 높아지다, 추워지다 (형용사+어미+동사)

　　 라. 그만두다, 잘살다, 비틀하다 (부사+동사)

(69) 가. 맛없다, 버릇없다, 꼴사납다, 눈밝다 (명사+형용사)

　　 나. 맛나다, 줄기차다, 동안뜨다, 풀죽다, 힘들다 (명사+동사)

　　 다. 하고많다, 쓰디쓰다, 자디잘다, 머나멀다 (형용사+어미+형용사)

　　 라. 게을러빠지다, 게을러터지다, 좁아터지다 (형용사+어미+동사)

　　 마. 깎아지르다, 뛰어나다, 빼어나다 (동사+어미+동사)

　　 바. 가만있다, 다시없다, 더하다, 불쑥하다, 어질어질하다 (부사+형
　　　 용사)

　　 사. 잘나다, 막되다, 덜되다, 못나다 (부사+동사)

　즉 위 예들에서 보듯이, 통사적 합성동사의 주된 형식인 '동사+아/어
+동사' 구성, '명사+동사' 구성, '부사+동사' 구성 등은 이미 통사적
구성과 투명하게 대응될 뿐더러, '내적 확장 여부'라는 합성어 판별 기준
에 비추어 볼 때도[123] 조사, 부정소 등이 개입하는 현상으로 인해 단어

---

123) 합성어(단어)와 구의 구별을 위하여 휴지와 연접, 강세, 음운 변화, 구성 성분의 내적 확
　　 장, 외적 분포류, 구성 성분의 배열 순서, 의미적 융합 관계 등 음운론적, 통사론적, 의미
　　 론적으로 다양한 판별 기준이 제시되었다(이익섭 1967, 김규선 1970, 서정수 1981/1993,
　　 1990, 이석주 1987, 1989 등). 다른 기준과 마찬가지로 완전한 기준이라고 할 수는 없으
　　 나 '내적 확장 여부' 기준에 따르면 이와 같이 다른 성분에 의하여 분리되는 현상은 그것

로서의 자격을 의심받아 온 유형들이다. 따라서 이들이 단어인지부터 확인될 필요가 있다. 또 단어라고 할 경우, 그 대응하는 통사적 구성으로 미루어 볼 때 통사부에서 형성되었을 가능성을 배제할 수 없으므로 이에 대한 논의가 필요하다. 여기에서는 이 통사적 합성동사를 대상으로 두 문제에 대하여 논의하고자 한다.

5.2. '용언+어미+용언' 결합형

5.2.1. 개요

'동사+-아/어+동사', '동사+-고+동사' 구성(이하 'V-어 V' 구성)은 무엇보다도 그 형식이 문장의 접속 구성과 유사하다. 그래서 그 문법 단위에 대하여 '문 구성'이라는 주장부터, '중간범주(V′) 구성'(김기혁 1994), '연속동사 구성'(Lee 1992), '단어'에 이르기까지 다양한 의견이 제기됐다.

'문 구성'으로 보는 견해는 그 형식적 동일성 때문이다. '-아/어, -고' 등이 결합한 'V-어 V'의 형식은 아래 (70가)와 같은 접속문 구성과 다를 바 없으며, 특히 합성동사라면 단어로서 비분리성을 보여야 하는데 (70나)와 같이 복수 접미사, 조사 등에 의하여 분리되는 것은 이들이 단어가 아니라는 점을 보여 준다는 것이다.

> (70) 가. 그가 뛰어, (집으로) 갔다.
> 나. 왜 그렇게 뛰어들(/를/만/도)가느냐?

그러나 접속문 구성은 '뛰어, 가다'의 분리적 동작을 나타내지만 합성동사는 '단일한 움직임'을 나타내듯이(최현배 1975 : 282) 양자의 의미적 차

이 단어(합성어)가 아닐 가능성은 강하게 보인다.

이가 분명하고, 조사 등에 의한 분리 현상도 쉽게 단정할 수 있는 문제가 아니어서(5.3.3. 참조) 문 구성이라는 견해는 인정받기 어렵다.

'중간범주'로 보는 견해는 이들이 문 구성은 아니지만 완전히 단어에 이른 것도 아니라는 것이다. 김기혁(1994)의 요점은 두 동사의 결합에서 '돌아가다[死]'처럼 예측할 수 없는 의미를 지닌 것은 단어이지만, '돌아가다[廻]'처럼 의미를 예측할 수 있는 것은 형태적, 통사적 특성을 모두 지닌 구성 즉 중간범주라는 것이다. 그러나 예측할 수 없는 의미를 지닌 것만 합성어라고 한다면 '오가다, 씻가시다, 듣보다' 등처럼 합성어가 분명한데도 그 의미가 예측되는 것을 설명하기 어렵다는 문제가 있다.124)

'연속동사'(serial verb)로 보는 관점은 Lee(1992), 남미혜(1996) 등에서 보인다. 연속동사는 두 개의 동사가 목적어 등 논항을 공유하는 연결체이다.125) 중간범주가 두 동사가 한 단위가 되어 논항을 갖는 것이라면, 연속동사는 'V-어 V'의 동사들이 각각 독립한 채로 주어, 목적어 등 논항을 공유하는 구성이다. '깎아먹다'를 예로 들면 다음과 같다.

---

124) 또 '얻어먹다'의 경우 '남에게 음식을 빌어서 먹다'는 그 의미가 거의 예측되고, '남에게 좋지 아니한 말을 듣다'는 예측되기 어려운데, 이와 같이 같은 형태이면서 의미의 예측성에서 다른 경우에 후자의 경우에만 단어라고 할 것인지도 의문이다.

125) Baker(1988)은 'Kofi naki Amba kiri'(Kofi hit Amba kill)과 같은 Sranan어의 예를 제시한다. 이 문장에서 'naki(때리다)'와 'kiri(죽이다)'는 각각 별개의 동사이면서 하나의 목적어 'Amba'를 공유하고 있다는 것이다. Baker(1988)은 이와 같이 두 개의 동사가 하나의 목적어를 공유하는 것은 두 개의 핵을 가진 하나의 최대투사로서 이러한 동사들의 연결체를 연속동사라고 부른다.

(71) 가.

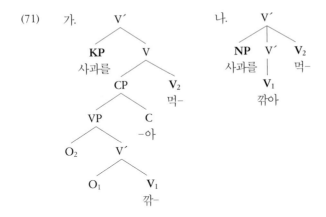

(71가)는 남미혜(1996)에서 제시된 것으로 '깎아'가 부사절을 형성한 경우이다. 일종의 문 구성이라고 할 수 있다. 그러면서도 이 부사절과 동사 '먹-'이 결합하여 V 범주를 이루어 목적어 논항을 취한다는 점에서 '동사'(즉 연속동사) 구성으로 본 것이다. 그러나 이는 다음과 같은 경험적 사실에서 받아들이기 어렵다. 즉 아래 (72나)에서 보듯이 일반적인 부사절은 내부의 부사어가 문장 끝으로 올 수 없는데 (73나)에서 보듯이 '깎아먹다' 구성은 그렇지 않은 것이다. 이 점에서 부사절 분석은 성립할 수 없다(이정훈 2006 : 136-137).

(72) 가. 철수가 사과를 천천히 깎아먹었다.
　　　나. 철수가 사과를 깎아먹었다, 천천히.

(73) 가. 철수는 [$_{CP}$ 영이가 천천히 사과를 깎아] 답답했다.
　　　나. *철수는 [$_{CP}$ 영이가 사과를 깎아] 답답했다, 천천히.

(71나)는 Lee(1992)에서 제시된 것으로, '깎아'를 절이 아니라 동사 범주로만 본 것이다. 그러나 이 경우도 '두들겨맞다'와 같이 두 동사의 논

항(즉 주어)이 다른 경우를 설명하지 못하는 문제가 있다. '두들기-'의 주어와 '맞-'의 주어는 동일하지 않으므로 '주어를 공유하는' 연속동사의 개념을 적용할 수 없는 것이다(허철구 1998).[126] 이 점에서 'V-어 V'를 연속동사라고 하기에는 어려움이 있다.

이들이 '단어'라는 점은 여러 가지로 확인된다. 무엇보다도 이들은 아래 예처럼 접사 파생의 어기가 될 수 있다.

> (74) 가. 되들어가다, 되일어서다, 되받아넘기다, 되살아나다, 되잡아넣다,
>   되젊어가다(북), 덧드러나다, 덧얽어매다(북), 맞바라보다
>   나. 갈아들이다, 굽어보이다, 달아매이다(북), 둘러싸이다, 맞바라보
>   이다, 모아들이다, 바라보이다, 번갈아들이다, 가라앉히다, 갈아
>   입히다, 걸어앉히다, 구어박히다, 꿇어앉히다, 늘어앉히다, 둘러
>   막히다, 들어맞히다, 들어앉히다, 따라잡히다, 잡아먹히다, 쥐어
>   박히다, 틀어박히다, 휘어박히다, 그러안기다, 뜯어맡기다(북), 쥐
>   어뜯기다, 잡아끌리다, 젊어지우다

(74가)는 접두사가 결합한 예이다. 접두사의 목록은 '되-'에 편중되는 등 분포가 매우 제약되기는 하지만, 이들은 [*]되들다, [*]되일다, [*]되받다, [*]되살다, [*]되잡다, [*]되젊다, [*]덧들다, [*]덧얽다, [*]맞바라다'가 없으므로 'V-어 V' 전체에 접사가 결합한 것으로 보아야 한다. '되-, 맞-, 덧-'에 의한 파생은 단어 이하를 어기로 하므로 '들어가다, 일어서다, 받아넘기다, 살아나다, 잡아넣다, 드러나다, 얽어매다, 바라보다'는 단어가 된다.

(74나)는 피사동의 접미사가 결합한 예이다. 이 파생은 두 가지의 가능성이 있다. 하나는 '걸어앉다, 들어맞다, 뜯어맡다, 젊어지다, 갈아입다,

---

126) 이 점은 Baker(1989)에서 드는 'Fémi tì Akin subú.'(Fémi push Akin fall)과 같은 Yoruba어에서도 나타난다. 이 예문에서 'tì'(밀다)의 주어는 Fémi, 'subú'(떨어지다)의 주어는 Akin이다. 즉 두 동사는 주어를 공유하는 것이 아니다.

모아들다' 등이 실재하므로 그 전체가 파생의 어기가 된다는 입장이다. 이 경우 'V-어 V'는 단어가 된다. 둘째는 이들이 단어라는 것은 입증된 것이 아니므로 '앉히다, 맞히다, 맡기다, 지우다, 입히다, 들이다' 등 단일어를 어기로 한 파생어가 각각 '걸어-, 들어-, 뜯어맡-, 짊어-, 갈아-, 모아-'와 결합하였다는 입장이다. 그러나 '맞바라보이다'와 같이 접두사와 접미사가 모두 결합한 예는 전자의 입장에 무게를 실어 준다. 이 단어는 '맞-바라보이다' 또는 '맞바라보-이다'로 분석될 수 있는데[127] 어느 경우이든 '바라보다'가 단어임을 보여 준다. 즉 전자와 같이 분석하는 것은 '바라보이다'가 '맞-' 파생의 어기이므로 단어이며(따라서 '바라보다'도 단어가 되며), 후자와 같이 분석하는 것 역시 '바라보다'가 '맞-'의 어기이므로 단어가 된다.

두 번째로 이들은 전체가 부사어의 수식을 받는다는 점이다.

> (75) 가. 그가 다시 살아났다.
> 　　나. 사람들이 부지런히 오고간다.
> 　　다. *노루가 오랫동안 굶어죽었다.
>
> (76) 가. 그가 공을 꽉 잡아, 던졌다.
> 　　나. 색이 앵두처럼 붉고, 희다.
> 　　다. 노루가 오랫동안 굶어, 죽었다.

(75가, 나)의 부사어 '다시, 부지런히'는 '살아나-, 오고가-' 전체를 꾸미지, '살아-, 오고-'만을 수식하는 것으로 해석되지 않는다. (75다)가 비문인 것은 '오랫동안'이 '굶어죽-' 전체를 수식하는데, 그 경우 의미 충돌이 일어나기 때문이다. 이러한 수식 관계는 '굶어죽-'이 한 단위로서

---

127) <표준국어대사전>에서는 '맞바라보-이다'로 분석하여 '맞바라보다'의 피동형으로 풀이한다. 북한의 <조선말대사전>도 마찬가지다.

피수식어가 된다는 점을 잘 보여 준다. 이와 달리 접속문 구성은 선행 성분만 수식이 가능하다. (76가, 나)는 부사어 '꽉, 앵두처럼'이 '잡아, 붉고'만 수식하며, (76다)가 성립하는 것도 '오랫동안'이 '굵어'만 수식하기 때문이다.

세 번째로 이들이 다양한 의미 분화 또는 전이를 겪는 현상 역시 이들이 단어임을 지지해 준다. 다음 예를 보자.

> (77) 들어서다
> ① 밖에서 안쪽으로 옮겨 서다.
> ② 어떤 상태나 시기가 시작되다.
> ③ 어떤 곳에 자리 잡고 서다.
> ④ 정부나 왕조, 기관 따위가 처음으로 세워지다.
> ⑤ 아이가 배 속에 생기다.
> ⑥ 대들어서 버티고 서다.

통사적 구성도 '손을 잡다, 배가 아프다' 등처럼 합성적인 의미와 더불어 관용적인 의미가 있을 수도 있지만, '들어서다'와 같이 다양하게 의미가 분화되는 경우는 생각하기 어렵다. 또 ①, ②의 의미로는 주어 외 '에', '으로', '을'의 논항을, ③은 '에' 논항을, ④는 주어만, ⑤, ⑥은 '에/에게' 논항을 취하는 등 다양한 문형을 형성하는 점도 통사적 구성이라면 생각하기 어렵다. 이상의 근거를 통해 이들이 합성어임이 확인된다.

5.2.2. 통사부 형성론

앞에서 보았듯이 'V-어 V' 동사는 통사적 구성과 유사하다. 따라서 이 합성동사의 형성을 접속 또는 내포의 통사적 구성으로부터 변형을 통하여 설명하는 관점이 있다(남기심 1970, 김기혁 1981, 1994). 이는 'V → V+-아/어+V'와 같은 어휘부의 단어 형성 규칙을 부정하는 입장이라고 할 수 있다.

이 유형의 합성동사들이 문장 구성으로부터 형성되었다고 보는 전통적
인 관점에는 크게 두 가지 정도의 배경이 있어 보인다. 하나는 합성동사
의 형태가 문장 구성과 동일하다는 것이고, 하나는 어미가 통사적 단위라
는 것이다.

'V-어 V' 합성동사가 문장 구성으로부터 형성되었다고 보는 관점도
공시적 과정과 통시적 과정으로 나뉜다. 다음은 공시적으로 통사 구조로
부터 합성동사를 도출해 내는 설명이다.

> (78) 남기심(1970)
>   가. [나는 고기를 잡았다] [나는 고기를 먹었다] (문장의 접속)
>   나. 나는 [[고기를 잡았다] [고기를 먹었다]] (임자말 합일)
>   다. 나는 고기를 [[잡아] [먹었다]] (부림말 합일)
>   라. 나는 고기를 잡아먹었다. (합성동사 형성)

> (79) 김기혁(1981)
>   가. 순경이 도둑을 잡아 순경이 부산에 갔다. (문장의 접속)
>   나. 순경이 부산에 [순경이 도둑을 잡아] 갔다. (절 삽입)
>   다. 순경이 부산에 [도둑을 잡아] 갔다. (동일 명사구 생략)
>   라. 순경이 부산에 도둑을 잡아 갔다. (동사 합성어 형성)
>   마. 순경이 부산에 도둑을 잡아갔다. (합성동사 형성)

김기혁(1994)은 이와 같이 문 접속으로부터 합성동사가 형성되는 기제
에 더하여 새로운 의미의 합성동사로 발달하는 과정까지 제시한다. 그 견
해를 요약하면 다음과 같다.

> (80) 떼어(서)먹다 → 떼어먹다1 → 떼어먹다2 → 속여먹다

‘떼어먹다’는 ‘떼어(서) 먹다’의 문장 접속에서 형성되는데, 형태적 합성동사(떼어먹다1 : 과자를 ~)와 의미적 합성동사(떼어먹다2 : 돈을 ~)로 나뉜다. 형태적 합성동사는 그 의미가 통사적 구성과 잘 구별되지 않지만 의미적 합성동사는 통사적 구성과 구별되는 새로운 의미를 지닌다. 그리고 통사적 구조로 환원될 수 없는 ‘속여먹다’는 문장 접속이 아니라 ‘떼어먹다’와 같은 다른 동사로부터 유추하여 생성되었다는 것이다. 이러한 관점에서는 ‘V-어 V’ 동사는 문장 접속의 통사적 구조에서 만들어지거나 이미 만들어진 동사에 유추하여 만들어진다.

어휘부에서 규칙에 의하여 합성동사가 형성된다는 것을 부정하는 관점은 최형용(2003)에서도 이어진다.[128] 최형용(2003 : 34)에서는 조사나 어미는 문법적 단어로서 구 이상을 적용 영역으로 삼는 존재이므로 이들이 결합하여 형성된 단어는 파생어나 합성어일 수 없으며 ‘통사적 결합어’라고 한다. 이는 ‘공짜로, 갈수록’처럼 체언과 용언에 조사, 어미가 결합된 유형뿐만 아니라 ‘갈고닦다, 살펴보다’ 등 ‘V-어 V’류도 포함한다.

그러나 어미의 경우는 앞에서 ‘용언 관형형+N’ 유형을 통해 보았듯이 통사부에서도 단어 층위에 결합하는 것도 가능하므로 어휘부에서 단어 형성의 단위로 쓰이는 것이 본질적으로 금지되는 것은 아니다. 즉 어미가 통사 단위라는 점에 근거하여 ‘V-어 V’를 통사적 결합어로 단정짓는 데는 보다 신중할 필요가 있다(자세한 내용은 5.2.3. 참조).

이정훈(2006)은 ‘V-어 V’가 통사적 구성으로서의 속성과 단어 형성 규칙으로서의 속성을 동시에 지닌다는 점을 포착하고자 한 논의이다.

---

128) 다만 이 관점은 통사부의 공시적 규칙(변형)이 아니라 통사적 구성으로부터 통시적인 흐름에 따라 단어 형성을 설명한다는 차이점이 있다.

(81)　가.

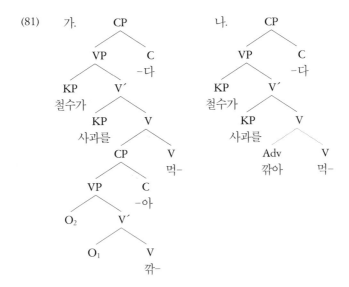

즉 (81가)와 같은 기저구조에서 화자가 '먹-'의 부사절 CP를 X^0 범주로 어휘화하는 범주통용[129]의 통사적 기제를 통하여 '깎아'는 (81나)와 같이 부사(Adv)로 범주가 바뀌어 '깎아먹-'의 동사를 형성한다는 것이다. 이는 이들이 단어로 기능하면서도 다음과 같이 '-기' 반복구문에서 일부만 나타나는 특성을 설명할 수 있다는 장점을 지닌다.

(82) 철수가 사과를 깎아먹었다.
　　가. 철수가 사과를 깎아먹기는 깎아 먹었다.
　　나. 철수가 사과를 깎아먹기는　　　먹었다. (이정훈 2006 : 134)

(81나)에서 점선으로 표시하였듯이 통사부에서 범주통용으로 형성된 합성동사는 그 내부구조가 통사부에서 투명하여 이와 같이 일부만 반복

---

129) 이정훈(2006)의 '범주통용'은 다음과 같다. "서로 모순되는 요구나 어휘화의 요구가 있을 때 'CP→X'를 적용한다. X의 범주는 CP의 분포에 적합하게 결정한다."

되는 현상이 나타날 수 있다는 것이다.

그런데 이 경우 한두 가지 의문이 남는다. 통사적 규칙 연산에 의한 것이라면 '-어서'가 결합한 경우에도 범주통용이 가능할 것으로 예측되는데 ˚깎아서먹다, *뛰어서넘다, ˚잡아서먹다' 등 예측과 달리 왜 'V-어서 V' 합성동사가 없는지에 대한 설명이 필요하다. '-어서'는 합성동사 형성에 참여할 수 없다는 제약이 작용한다면 이것이 순수히 통사부 규칙이 아니라 (규칙이든 유추든) 어휘부의 작용일 가능성이 높아 보인다.

아래와 같이 선행 동사가 필수적 논항을 갖는 경우는 범주통용에 의한 합성동사 형성이 불가능하다는 점도 주목할 필요가 있다.

(83) 벽에 기대앉다, 나무에 기대서다, 언덕에 올라가다

이러한 구성에서 '˚벽에기대(어), *나무에기대(어), ˚언덕에올라'와 같은 부사(Adv)는 생각하기 어려우므로 범주통용이 일어날 수 없고 따라서 이들은 통사적 구성을 유지한다고 해야 한다. 그러나 '벽에 잠깐 기대앉다, 나무에 오래 기대서다, 언덕에 안 올라가다' 등에서 부사어의 수식 영역이 후행 성분('앉다', '서다', '가다')까지 미치는 데서 '기대앉다, 기대서다, 올라가다' 등이 한 단위 즉 합성동사라는 점이 확인된다. 따라서 적어도 범주통용의 기제를 바탕으로 'V-아 V'의 형성을 설명하는 것은 재고의 여지가 있어 보인다.

그러나 범주통용은 통시적인 과정으로는 이해될 수 있다. 화자가 (81 가)와 같은 통사 구조에서 '깎아'와 '먹다'를 한 단위로 인식하는 단계를 거쳐 '깎아먹다'를 하나의 단어로 수용하는 과정을 거칠 수 있다. 이 점에서 범주통용은 공시적인 통사 규칙이라기보다는 통시적인 재분석의 과정으로 재해석될 수 있을 것이다. 이 경우에는 애초의 'V1'의 논항이 합

성동사의 논항으로 남아 있는 이유를 설명하는 것이 어렵지 않다. 그러한 논항의 존재 여부와 무관하게 재분석에 의하여 'V1'과 'V2'의 결합이 가능하기 때문이고, V1의 논항은 [V1-어 V2]ᵥ 전체의 논항으로 이어질 수 있기 때문이다.130)

'V-어 V' 합성동사가 문장으로부터 통시적 과정을 거쳐 생성되는 점은 부인하기 어렵다. 그러나 그렇다고 해서 모두 문장으로부터 만들어지는 것은 아니다. 접속 구조를 상정하기 어려운 합성동사들도 존재하는데131) 이들은 어휘부에서의 형성 과정을 설명해야 할 문제가 남는다. 통사부 형성론과 어휘부 형성론은 이 점에서 대립하게 된다.

5.2.3. 어휘부 형성론

가. 규칙의 존재

합성동사 가운데는 어휘부에서 형성된다고 보아야 할 것들이 있다. 예를 들어 김창섭(1996)은 '내려가다, 내려꽂다, 내려디디다, 내려보내다' 등은 단어형성 전용요소인 '내려'가 결합하여, '껴안다, 껴입다' 등은 '*끼어안다, *끼어입다'에서 음운이 축약되어 형성되었다고 한다.

또 '빌어먹다, 들어붓다, 퍼붓다' 등은 타동사에서 자동사로의 변화에 의하여, '넘겨받다, 물려받다' 등은 '넘겨주다, 물려주다'로부터 유추하여

---

130) '-기' 반복 구문의 생략 현상이 다음과 같이 이른바 어근분리(또는 어기분리)의 현상과 일치하는 점을 주목할 필요가 있다. 1음절 어기인 경우 아래 (가)처럼 '-기' 반복 구문에서 생략 현상이 나타나기 어려운데, 이는 (나)에서 어기가 분리되지 못하는 현상과 평행한 것이다. 이 점에서 '-기' 반복 구문에서 일부분만 나타나는 것은 어근분리와 관련된 현상일 가능성도 있다.
   가. ᵀᵀ떠오르기는 올랐다, ᵀᵀ깨물기는 물었다, ᵀᵀ나가기는 갔다.
   나. *떠{들/는/도}올랐다, *깨{들/는/도}물었다, *나{들/는/도}갔다.
131) '갈겨먹다, 놀아먹다, 부려먹다' 등. 김기혁(1981, 1994)는 이를 '유추'를 통하여, 김창섭(1996)은 '규칙'을 통하여 형성 과정을 설명한다. 이들은 모두 어휘부의 기제이며, 따라서 통사부의 접속 구조를 상정하는 것은 아니다.

'주다' 대신 '받다'를 대체하는132) 방식으로 형성되었다고 한다.133)

이 단어들은 'V-어'가 한 단위로 고정되어 있거나, 기존의 단어를 기반으로 형성된다는 점에서 'V-어 V'류 단어의 본질적인 예는 아니다. 근본적인 질문은 'V, -어, V'가 각각 참여하는 합성동사 형성 규칙이 있는가 하는 점이다.

이 규칙의 존재를 적극적으로 주장한 것은 김창섭(1981, 1996, 1997나)의 일련의 논저이다. 여기에서는 모든 합성동사들을 통사부에서 형성된 것으로 보는 관점의 문제점이자, 어휘부에 합성동사 형성 규칙이 있다는 주장의 근거로 네 가지를 제시하고 있는데, 여전히 이를 대신할 만한 논거를 찾기 어려우므로 여기에서 다시 한 번 이를 환기해 보고자 한다.

첫째, 실제 동작의 순서와는 반대 어순의 'V1-어 V2'가 있다. '깨(어)물다, 캐(어)묻다, 달아매다, 건너뛰다, 차오르다, 떠오르다' 등은 시간적으로 뒤에 오는 동작이 V1로 표현되어 있다. 통사적 구성이라면 동작의 시간에 따라 '물어서 깨다, 뛰어서 건너다, …' 등으로 나타나야 한다.134)

둘째, 신어나 임시어가 새로운 개념이 생겨남과 동시에 만들어진다면 구로부터 잦은 사용에 의한 단어화를 생각하기 어렵다는 점이다. 예를 들

---

132) 즉 '넘겨, 물려'의 주체와 '받다'의 주체는 다르기 때문에 두 동사의 직접적인 결합에 의하여 형성되었다고 할 수 없다. 그래서 이들은 '넘겨주다, 물려주다'를 기반으로 성분을 대체하는 방식으로 이루어졌다고 설명된다. 이와 같이 형성되는 단어들은 종종 보인다. 예를 들어 개화기의 '잡혀보내다'라는 동사(설혹 잘못흔 칙망이 잇더리도 관찰스의 죄칙이지 죄업는 서긔와 슌검은 못 <u>잡혀보닉겟노라고</u> ᄒ엿다니…<독립신문, 1898.7.8. 3면>)는 피동사+타동사의 구성으로 일반적으로 국어 합성동사에서 허용되지 않는다(*잡혀먹다' 등). 따라서 이 예 역시 '잡혀가다/잡혀오다'에서 '가다/오다'를 '보내다'로 대체함으로써 형성된 것으로 설명해야 한다. 자동사+타동사의 결합인 '떠나보내다'도 같은 예이다.

133) '놓아먹다'(보살피는 사람이 없이 제멋대로 자라다)와 같은 예는 그 의미로 볼 때 '놓아먹이다'가 먼저 생성되었을 가능성이 높다. 따라서 이는 '놓아먹이다'로부터 역형성에 의해 형성되었다고 할 수도 있고, '넘겨받다'처럼 성분 대체에 의하여 형성되었다고 할 수도 있다.

134) 동사 어간과 어간이 결합한 형태로 중세국어의 '긋누르다'도 이와 같이 시간적 계기로 이루어져 있지 않다. 적어도 이는 어휘부에서는 시간적 계기와 다른 순서의 단어 형성이 이루어질 수 있음을 보인다.

어 신어 '쳐넣다'의 경우 '쳐(서) 넣다'와 같은 구성이 합성어보다 먼저 생겼다고 보기 어렵고, '밀어깎다'와 같은 임시어는 즉시적으로 사용되고 사라진다는 점에서 구로부터 단어화한 것이라고 할 수 없다. 나아가 통사 적 구성이라면 '쳐서 넣다, 밀어서 깎다'와 같이 '-서'가 결합한 구성이 훨씬 많이 쓰인다는 점에서도 '쳐 넣다, 밀어 깎다'의 구로부터 만들어졌 다고 보기 어렵다.

> (84) 가. 철수가 컴퓨터에 원고를 쳐넣는다.
> 나. 우리 대패는 밀어깎는 대패였단다.

셋째, 일반적으로 '하다' 동사는 합성동사에 참여하지 못하는데(걸어가 다/*보행해가다, 날아가다/*비행해가다 등), '가다/오다' 등 일부 단어형성 전 용요소135)와는 매우 생산적으로 단어를 만들어낸다(부탁해오다, 제안해오다 등). 이는 '가다/오다'가 생산적으로 합성동사를 만들어내는 어휘부 규칙 이 있다고 할 때 잘 설명된다.

넷째, 격자질의 계승과 관련하여 통사적 구성으로 환원되기 어려운 합 성동사들이 있다. 예를 들어 '파묻다'가 접속구성에서 발달한 것이라면 아래 (85가, 나)의 문장을 거쳐 유도되어야 하는데, '파다'의 목적어가 생 략된 (85나)가 비문이므로 이러한 유도 과정이 성립할 수 없고, 따라서 접속구성으로부터 형성되었다고 볼 수 없다.

> (85) 가. 김칫독을, 땅을 파(서), 묻었다.
> 나. *김칫독을, 파(서), 묻었다.
> 다. 김칫독을 파묻었다.

---

135) 이 '가다/오다'는 주어를 가지는 기본적인 의미를 잃고 화자에 대한 방향성만을 나타낸다. '그 책은 철수가 통신판매를 통해 샀다.'에서 철수가 장소 이동을 한 것은 아니다(김창 섭 1996 : 96).

김창섭(1996)의 이러한 근거가 어휘부의 단어 형성 규칙을 확증해 준다고는 말하기 어렵다. 이를테면 최형용(2006)에서는 첫 번째 근거에 대하여 '비가 들이치지 않게 문을 닫고(서) 나가거라'와 같이 통사적 구성도 계기적 시간과 어긋나는 구성이 있다는 점을 지적하고 있다. 또 합성동사에 대응하는 통사적 구성이 접속이 아니라 내포 구성으로서 '물이 [e 차] 오르다', '아이가 사탕을 [e e 깨어] 물다'와 같다면, 선행 동사는 후행 동사의 '방식'으로 이해될 수도 있을 것이다.136) 둘째 근거에 있어서도 구로부터의 통시적 과정이 아니라 이정훈(2006)처럼 공시적인 통사 규칙을 통해 설명될 가능성 역시 여전히 존재한다. 셋째 근거의 경우도 '제안해오다' 류가 합성동사가 아니라 '본용언+보조용언'일 가능성이 높다는 점에서도 문제가 될 수 있다.

그러나 이러한 의문에도 불구하고 김창섭(1981, 1996)이 어휘부의 단어 형성 규칙의 개연성을 강하게 보여 주는 것을 부인하기도 어렵다. 이 글에서는 다양한 접속어미가 있는데도 '-어', '-고' 등 제한적인 어미의 경우에만 합성동사 형성에 참여한다는 점, 거의 동일한 의미적 기능을 지니는 '-어'아 '-어서'의 구성에서 후자의 경우가 통사적 구성에서 더 높은 빈도로 쓰이는데도 '*V-어서 V' 합성동사는 존재하지 않는 점, 김창섭(1981, 1996)의 격자질 계승의 문제에서 보듯이 통사부 형성의 관점에서는 합성동사의 논항 관계를 설명하는 데 어려움이 생기기도 한다는 점, 'V-어 V' 동사들의 분석을 통해 규칙이 생겨날 수 있다는 개연성 등을 고려하여 'V→V+어+V'의 단어 형성 규칙이 어휘부에 존재하는 것으로 보기로 한다.

---

136) "철수가 [e 물건을 찾아서] 헤매다."에서 '물건을 찾아서'는 헤맨 결과가 아니라 방식을 뜻한다. 통사적 구성에서도 이와 같이 방식의 의미로는 계기적 시간과는 달라 보이는 구성이 성립할 수 있다.

나. 규칙과 어미

'V → V+어+V' 규칙이 존재한다면 이 규칙 내의 '-어'가 무엇인지가 문제될 수 있다. 일반적으로 어미는 통사부의 단위로 이해되기 때문이다. 그래서 분석의 관점에서 이와 같이 문장에서는 어미로 기능하면서도 단어 내부에 존재하는 요소에 대하여 접사로 규정하는 관점이 있어 왔다. 이를테면 김인택(2003)에서는 '고린내, 단감, 뜬눈, 볼품, 쥘손, 참을성' 등 'V+{은, 는, 을}+N', 'V+{아/어, 고}+V'에 대하여 어휘부137)에서 형성된다고 보면서도, 이들은 어미가 아니라 접사(관형사화 접사 및 부사화 접사)라고 한다.138)

그러나 '-은, -는, -을' 등을 관형사화 접사라고 할 경우, 이들 간의 기능 차이가 무엇인지, '-을'의 경우 왜 후행명사에 된소리 현상이 일어나는지, 시제적 의미 차이는 왜 나타나는지 등 어미와 기본적으로 동일한 형태·음운·의미적 속성을 보이는 이유를 설명하기 어렵다. 어미와 형태·음운·의미적 속성을 공유한다는 점을 중시한다면 이들은 어미일 뿐이다.

김인택(2003 : 7)에서는 어미는 통사적 단위이므로 단어에 나타나는 '-은, -는, -을', '-아/어, -고' 등이 어미일 수 없다고 하지만, 어미가 통사 단위라고 해도 X^0 성분에도 결합할 수 있다는 점을 주목할 필요가 있다.

---

137) 김인택(2003)의 용어로는 '형태부'이다. 김인택(2003)에서는 단어의 저장소인 어휘부와 생성 장소로서의 형태부를 분리하였다.

138) 김인택(2003)에서 제시하는 근거는 어미는 통사부 단위라는 점, 'V+{은, 는, 을}+명사' 구성에서 'V+{은, 는, 을}'이 통사적 구성과 달리 서술성이 없다는 점, 'V+{아/어, 고}+V' 구성은 통사적 구성에서는 일반적으로 병렬 관계를 갖는 점과 차이가 난다는 점 등이다. 한편 최규수·서민정(2008)에서도 '춤, 젊은이, 잡아가다' 등을 통시적 형성으로 보면서도 공시적 관점에서 '-음, -은, -아/어' 등은 어휘부의 요소로서 굴곡접사의 파생접사화로 설명될 수 있다고 한다.

(86) 가. 철수가 신문과 밥을 읽고 먹었다.

　　　나.

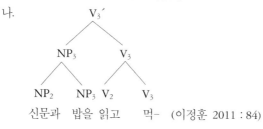

　　　신문과　밥을　읽고　먹-　(이정훈 2011 : 84)

(87) 가. 착하디 착하다, 답답하디 답답한, 깨끗하디 깨끗했음 등.
　　　나. 그는 매우 착하디 착하다.
　　　다. *그는 착하디 매우 착하다.

　(86가)의 문장에서 '읽고 먹-'은 (86나)에서 보듯이 통사부에서 $[V\ V]_V$를 이루고 NP '신문과 밥을'은 부가된 구조를 이룬다.[139] 이는 '-고'가 통사부에서 핵 단위와 결합하는 양상을 잘 보여 준다.

　(87가)에서 보듯이 '-디'는 형용사와 형용사를 연결해 주는 기능을 하면서 통사적 구성을 이룬다.[140] 이는 어미이며 용언과 용언을 직접 결합해 주는 기능이 있다. 즉 $[V\text{-디}\ V]_V$의 통사 구조를 지닌다. 이 점은 (87나)와 같이 부사어의 수식이 후행 용언을 포괄하는 데서 확인된다.[141] 만일 이것이 절 혹은 동사구(VP)의 접속이라면 (87다)와 같이 부사가 후행 용언만 수식하는 구조가 가능해야 할 것이나 그렇지 않다. '-디'를 파생 접사로 볼 수도 없다. '착하다, 깨끗하다' 등 현대국어의 'X하다' 즉 '하

139) 이정훈(2011)에서는 핵과 핵(NP₃, V₃)이 술어-논항 관계를 이루고, 같은 관계가 부가어와 부가어(NP₂, V₂) 사이에도 성립한다고 한다. 이는 구조적 관계로써 문장의 의미 해석을 포착하는 의의를 지닌다.
140) 유사한 기능의 어미로 '-나'가 있다. 그런데 이 어미는 '-디'와 달리 '머나멀다, 크나크다, 기나길다, 하나하다(옛)' 등 일부에 보일 뿐 현대국어에서 생산성이 매우 약화된 것으로 보인다.
141) '매우 [착하디 착하다]'는 성립하는 반면 *'[매우 착하디] 착하다'는 성립하지 않는 것으로 보인다.

다' 동사는 접미 파생의 어기가 되는 일이 거의 없다.[142] 따라서 '-디'의 경우에만 'X하-'를 어기로 하는 파생이 이루어진다고 보기는 어렵다.

이와 같은 논의를 통하여 알 수 있는 것은 우선 어미가 통사부에서도 핵 범주와 결합할 수 있다는 점이다.[143] '-고', '-디'의 일부 어미의 예일지라도 어미가 통사부 단위라고 해도 반드시 XP와만 결합해야 하는 것은 아니라는 점을 확인해 준다. 두 번째로 이와 같이 어미가 X^0 범주를 선택하는 속성이 있다면 어휘부의 단위가 될 가능성도 있다는 점이다.

이는 곧 'V→V+{-아/어, -고}+V'와 같은 단어 형성 규칙이 있다고 할 때, 이 규칙의 '-아/어, -고'가 어미가 아니어야 할 이유는 없다는 것이다.[144] 이러한 논의는 'N→V+{-은, -는, -을}+N'의 규칙에도 적용될 수 있다. 이 규칙에서도 '-은, -는, -을'은 어미이다. 규칙이 통사적 구성의 분석으로부터 도출, 발전된다고 가정한다면, 어휘부 내의 요소로서 통사부의 단위와 동일한(또는 매우 가까운) 형태・통사・의미적 특성을 보이는 것은 역시 동일하게 어미로 파악하는 것이 문법 기술에 타당하다.

이 점은 언어 유형론의 관점에서도 지지받을 수 있을 것으로 보인다. 인구어의 경우 굴절은 파생에 후행한다는 분리형태론(split morphology)의 가정과 달리 굴절 형태가 파생의 어기가 되는 경우가 흔히 나타난다(Booij 1994, 2002 / 유시택 2006 재인용).[145][146] 유시택(2006 : 278)에서는 이러한 인

---

142) '-기'의 경우 '말하기', '곱하기, 제곱하기' 등 일부 학술 용어에서 보인다. 더욱이 이 경우 '-기'가 접사인지도 불분명하며 '-음'과 더불어 어미일 가능성이 높아 보인다.

143) 최형용(2003나, 2007, 2009)에서는 '통사적 결합어'('공짜로, 갈수록' 등)의 개념을 바탕으로, 조사와 어미도 단어의 내부 요소가 되는, 즉 단어 형성에 참여하는 경우가 있다고 한다. 이 글에서 어미가 단어 형성의 요소가 된다고 하는 것은 이와는 다르다. 최형용(2003나 등은 통사적 구성이 조사, 어미가 개재된 채 단어화한 경우를 뜻하지만 이 글의 내용은 이와는 별개로 일부 어미가 어휘부의 공시적인 단어 형성 규칙의 요소로 작용한다는 것이다.

144) '-디'도 규칙의 요소인지는 불분명하다. '차디차다, 쓰디쓰다, 짜디짜다, 다디달다' 등 합성동사가 어휘부의 형성 규칙에 의한 것인지, 구의 단어화인지는 단언하기 어렵다.

145) 다음은 네덜란드 어와 독일어의 예들이다.

구어 현상과 마찬가지로, 언어 유형이 전혀 다른 국어의 경우도 '탈것, 들것, 앉은키, 늙으신네, 어린이, 지은이' 등의 예는 합성어 내부에 굴절 형태를 허락하는 언어임을 주장하고 있다. 이는 적어도 국어의 굴절 접사, 곧 어미가 어휘부에서 합성어 내부에 참여하는 요소일 수 있다는 점을 보여 준다.147)

5.3. '체언+동사' 결합형

5.3.1. 개요

'체언+동사' 유형의 동사는 다음과 같은 것이 있다.

(88) 가. 목적어—타동사 관계

겁내다, 공들이다, 노래부르다 눈뜨다, 눈물짓다, 더위먹다, 등지

가. 과거 분사 : gesloten '닫힌'　　　gesloten-heit '닫힘'

befugt '권한 있는'　　　un-geachtet '권한 없는'

나. 비교급 : beter '더 좋은'　　　ver-beter '개선하다'

besser '더 좋은'　　　ver-besser+(n) '개선하다'

다. 복수 명사 : boeken '책들'　　　boeken-achtig '책 같은'

Soldaten '군인들'　　　Soldaten-tum '군대 조직'

146) 굴절형이 합성이나 파생의 내부에 나타나는지에 대해서는 인구어 문법론에서도 의견이 같지 않다. 일례로 Haspelmath(2002)는 합성명사에 참여하는 요소들이 굴절 요소를 갖지 않는 어간(stem)이라고 한다. 예를 들어 독일어 합성명사의 선행 요소에 나타나는 복수형의 '-s, -en' 등을 문장에 나타나는 굴절 요소가 아니라 의미론적 공 접미사(즉 단순한 연결소)로 간주한다. 이와 달리 이 독일어의 복수형 요소를 굴절 요소로 보는 견해들에 대해서는 Booij(2002), 유시택(2006)을 참조할 수 있다.

147) 시정곤(2008)은 단어 형성의 차원과 분석/등재의 차원을 구분하자는 제안을 하고 있다. 즉 어근/접사는 분석과 등재 차원의 개념이며, 단어형성 차원에서는 단어 형성에 참여하는 요소인 '참여소'와 그 가운데 고정적으로 참여하는 '고정소'의 개념이 필요하다고 한다. 이는 어휘부에 '어근'으로 등재되어 있는 '거품'이 '거품목욕'과 같은 단어 형성에서 '참여소'가 되고, 나아가 '거품비누, 거품치약, 거품샤워, …' 등 '고정소'로 발전하고, 분석/등재 차원에서 '접사'로 분석될 수 있다는 의미이다. 이러한 관점에서 보면 단어 형성에 참여하는 '어미'가 '접사'인지는 논외의 문제가 될 것이다. 이는 단지 분석/등재의 문제가 된다.

    다 맛들이다, 맛보다, 매맞다, 머리얹다, 목매다, 본받다, 불때다,
    빛내다, 손떼다, 액떼우다, 오줌싸다, 이름짓다, 입맞추다, 주름잡
    다, 춤추다, 코골다, 편짜다, 헤엄치다, 흠잡다 등
  나. 주어-능격동사 관계
    ㄱ. 값싸다, 귀아프다, 낯익다, 눈부시다, 뜻있다, 멋없다, 배다르
      다, 손부끄럽다, 손크다, 입바르다, 힘세다 등
    ㄴ. 겁나다, 공들다, 금가다, 기막히다, 눈맞다, 눈물지다, 동트다,
      목마르다, 살찌다, 샘솟다, 얼빠지다, 정들다, 풀죽다 등
  다. 부사어-동사 관계
    거울삼다, 남다르다, 눈설다, 번개같다 등 (고광주 2002 참조)

(89) 가. 타동사
    공부하다, 자랑하다, 생각하다, 존경하다, 정리하다 등
  나. 자동사
    가담하다, 감동하다, 여행하다, 참석하다, 등교하다 등

  '하다' 동사의 경우 '하다'가 접미사라면 파생어이므로 'NV' 형 동사
와 다른 부류겠으나 이것이 합성어이든 파생어인지를 떠나 그 단어가 보
이는 문법적 양상이 'NV' 동사와 유사하여 그 형성 기제와 관련하여 함
께 논의될 필요가 있다.

  이들 단어의 형성에 대하여 어휘부 형성의 관점과 통사부 형성의 관점
으로 나누어 볼 수 있다. 어휘부 형성의 관점은 이 단어들이 어휘부에서
결합하여 형성되었다는 것이다. 이 관점은 대체로 다음과 같은 근거로 부
정되어 왔다.

(90) 가. '주어-타동사' 관계나 '주어-행위자성 자동사(비능격동사)' 관
    계의 합성동사가 존재하지 않는 이유를 설명할 수 없다. 즉 이들
    이 제약되는 것은 통사적 원리에 따르는 것이므로 어휘부의 형
    성 이론으로는 설명할 수 없다(고광주 2002, 함희진 2008).

나. 특히 'X하다'의 경우 '을/를' 등으로 분리되는 현상을 보이는데, 이는 어휘 통합성 가설(Lexical Integrity Hypothesis)[148]에 어긋난다. 즉 어휘부에서 형성된 단어는 통사부에서 분리될 수 없다(김의수 2006, 박소영 2012).

즉 (89가~다)에서 보듯이 NV 합성동사는 특정한 통사적 관계의 단어들이 없다. (90가)에서 말하듯이 주어-타동사, 주어-행위자성 자동사의 결합이 없다면 이는 우연의 결과가 아니다. 통사적 관계에 따른 결과이며 따라서 이 단어들이 어휘부에서 형성되었다고 할 수 없다는 것이다.

(90나)는 단어라면 통사부에서 분리될 수 없다는 것이다. 그런데 '하다' 동사들은 아래에서 보듯이 다른 요소에 의한 분리 현상을 보인다.[149]

(91) 가. 철수가 수학을 공부{를}하였다.
    나. 그는 사태를 관망{만}한다.
    다. 사람들이 교통 사고를 구경{들}한다.
    라. 영희는 책상을 정리{안}한다.

임홍빈(1979나)에서는 이러한 현상에 대하여 '공부하다'의 단어에서 어근 '공부'가 분리된 것으로 이해한다. 그런데 (90나)의 견해는 단어가 비분리성을 지니므로 이러한 설명은 받아들일 수 없다는 논리이다.

통사부의 형성 관점은 이러한 점을 바탕으로 논항과 동사가 맺는 문법 관계, 분리 현상 등은 통사부에서 잘 포착할 수 있다는 데 근거한 주장이다. 이들은 통사적 구성에서 명사포합(Noun Incorporation) 또는 핵이동의

---

148) 어휘 통합성 가설은 "통사 규칙들은 단어의 내부 성분에 대하여 언급할 수 없다." (Chomsky 1970)는 규칙이다. 이를테면 '먼 [학굣길]'에서 '먼'이 단어의 내부 성분인 '학교'를 수식할 수는 없다.

149) 이는 '하다' 동사가 아닌 다른 NV 동사들도 마찬가지다. '정{들/안}들다, 힘{들/안}내다'와 같이 다른 요소가 개재되는(즉 분리되는) 현상을 보이기도 하기 때문이다.

기제를 통하여 동사로 형성된다는 것이다. 이러한 논의는 (89)의 '하다' 동사에서 더 분명하게 이루어질 수 있으므로 이를 중심으로 고찰해 보기로 한다.150)

'하다' 동사는 그 어기('공부', '연구')가 [+서술성]을 지니기도 하여 문제가 더 복잡하다. 그동안 'X하다'의 범주에 대하여 단어가 아닌 통사적 구성이라는 논의들이 다양하게 전개되어 왔다.

> (92) 가. [철수가 [철수가 [국어NP 공부V]VP]S 하-]
> 　　 나. [철수가 [수학NP [공부NP 하-]VP(V')]VP]
> 　　 다. [철수가 [[수학NP 공부N]NP 하-]VP]

(92가)처럼 '공부'가 동사 범주로서 내포문을 구성하거나(김영희 1986, Ahn 1991),151) (92나)처럼 '공부 하-'가 동사구152)로서 이중목적어 구성을 만들거나(박병수 1981, 고재설 1987, 고광주 2002, 김의수 2006), (92다)처럼 '수학 공부'가 명사구 범주를 형성하는(김귀화 1988/1994, Choi 1991, 시정곤 1994) 구조들은 'X하다'가 단어가 아니라 통사적 구성이라는 관점에서 나온 것이다.153)

고영근 · 구본관(2008 : 290)에서 이들을 둘 이상의 어절이 모여 하나의

---

150) 'X하다' 등 '하다'의 형태론적 특성에 대하여는 김창섭(2008)의 III부 "'하다'의 형태론과 그 너머"에 수록된 다양한 논문들을 참고할 수 있다.
151) '공부'의 범주가 V일 수 없다는 점에 대해서는 김의수(2006) 등 참조.
152) 논자에 따라서는 차이가 있다. 고재설(1987)의 경우 이 범주는 VP가 아니라 V'이다. 여기에서는 개략적인 통사 구조면에서 '공부NP 하-'가 다시 목적어를 취하는 이중목적어 구조임을 보인 것이다.
153) 시정곤(1994)에서 주장하듯이 'X하-'가 통사부에서 형성된 증거의 하나로 높은 생산성을 지닌다는 점에서 이러한 통사 구조는 제약 없이 수용될 수 있어야 한다. 참고로, '하다' 동사는 '*명연기하-, *호기록하-, *대성공하-' 등에서 보듯이 접두사가 결합한 X와는 단어가 잘 형성되지 않고, '嗔心, 혐의 *嗔心하다, "혐의하다'처럼 이전에 활발하게 쓰이던 'X흐-'에서 X만 현대국어에 남고 'X하-'는 더 이상 생성되지 않는 경우 등은 'X하다'가 생산성에 제약이 있음을 보여 준다. X가 존재함에도 '하다' 동사가 만들어지지 않는 것은 이것이 통사적 구성이 아님을 방증한다.

서술어를 이룸('공부하다'는 조사 '을/를'이 삭제된 것이라고 한다) '합성 서술어' 라고 하는 것이나, 남기심(2001 : 167)에서 서술성 명사와 기능동사가 결합 한 '연합 서술어'라고 하는 것 역시 (92나)처럼 통사적 구성으로 보는 입 장이다. 대체로 이 논의들은 '수학 공부를 하다', '수학을 공부하다', '수 학을 공부를 하다'를 하나의 기저구조로부터 도출하고자 한다.

어휘부 형성론과 통사부 형성론의 두 가지 관점은 각각 장점도 있지만 아직 그 어느 쪽도 충분히 입증되었다고 보기는 어렵다. 이 글에서는 통 사부 형성론이 위 단어들이 지니는 여러 가지 문법적 특성에 대한 설명 력을 지니지만 어휘부 형성론 역시 그 의의를 배제할 수 없다는 관점에 서 기술한다.

5.3.2. 통사부 형성론

먼저 통사론 형성론이 지니는 설명력의 한계에 대하여 주목하기로 한 다. 통사부 형성론에서는 (91가~라)와 같은 분리 현상과 관련하여 '하다' 동사를 두 가지 관점에서 바라볼 수 있다.

(93) 가. '명사-하다'는 어휘부에 등재되지 않는다.
　　　 나. '명사-하다'는 어휘부에 등재된다. 그러나 통사부에서 형성된 것
　　　　　 은 그 경계가 보이고 따라서 분리될 수 있다.

첫 번째 관점은 규칙적인 단어 형성 기제이므로 어휘부에 등재될 필요 없이 매번 통사부에서 생성된다는 것이다. 이선희·조은(1994)처럼 아예 통사부의 연산 결과도 단어가 아니라 단어의 연속체일 뿐이라고 하는 것 은 더 강한 입장이라고 할 수 있다. 그러나 이러한 관점은 '하다' 동사가 파생의 어기가 되는 것을 먼저 설명해 내야 한다. 적은 예이기는 하지만 다음과 같이 '하다' 동사가 파생의 어기가 되는 일이 주목된다.

(94) 가. ᄉᆞ랑홉다, 感動홉다, 怒홉다, 愛樂홉다, 恭敬홉다

     나. 되생각하다, 되차지하다

(94가)처럼 '하다' 동사가 형용사 파생을 겪는 중세어의 예들(이기문 1972 : 151)은 이것이 단어임을 보여 준다(김창섭 1997가 : 252, 허철구 1998 : 11).[154] (94나)의 경우 '되-'는 용언에 붙는 접사이므로 '생각하-, 차지하-'에 결합한 것으로 보아야 한다.[155] '되-'를 통사적 접사로 보지 않는 한 역시 '생각하-, 차지하-'는 어휘부의 단위 즉 단어이어야 한다(허철구 2000).[156]

또 'X+하다'가 통사적 연산을 통해 형성된다면 통사부의 특성상 'X'가 적절한 자격(동사성 명사)을 갖추면 매우 생산적으로 형성될 것으로 예측된다. 그러나 이는 '*전염하다'에서 보듯이 사실과 다르다. 이러한 점은 '하다' 동사가 어휘부에 등재되지 않고 매번 통사적 연산을 통해 형성되는지 의문을 갖게 한다.

둘째 관점은 다음과 같이 N-V-Suf의 경우도 동일하게 통사부에서 형성되었다고 해야 하는데(즉 N과 V 사이의 제약이 NV 합성동사와 동일하므로) 이들은 분리될 수 없다.

(95) *해가돋이, *구두를닦이

---

154) '降服히다' 등 사동접사가 결합한 경우 그 구조가 [[降服ᄒ]이]라면 동일한 증거가 된다.
155) 실제 '*되생각, *되차지'와 같은 명사는 존재하지 않는다. <표준국어대사전>은 '되생각, 되차지'를 '되생각하다, 되차지하다'의 어근으로 풀이하고 있으나, '되-'의 결합 특성을 고려할 때 이는 의문스럽다.
156) 이러한 예들은 그 수가 적다고 하여 소홀히 다루어질 수 없다. '하다' 동사를 통사적 구성으로 보는 데는 이들이 분리성을 갖는다는 것이 크게 작용하는데, (85가, 나)와 같이 단어로서의 특성을 강하게 보이는 '하다' 동사 역시 '영희를 사랑{을/들/안}하다, 친절함에 감동{을/들/안}하다, 친구를 생각{을/들/안}하다, 상금을 차지{를/들/안}하다'와 같이 분리 현상을 보이는 것이다. 이는 곧 조사, 복수 접미사, 부정소 등에 의한 분리 현상이 단어로서의 자격을 부정하는 검증 기준이 되기 어렵다는 본질적인 의문을 제기한다.

이 점에서 통사부에서 형성된 단어는 통사적 연산에서 분리될 수 있다는 것은 근거가 모호한 주장일 뿐이다. 특히 이 관점은 '깨끗을 하다, 깨끗 안 하다, 출랑도 거리다/대다, 출랑들 거리니?/대니?, 출랑만 거려/대 봐라, 다정도 스럽다, 별쭝도 스럽다' 등 전형적인 어근분리 현상으로 인식되어 온[157] 예들을 설명해야 하는 부담이 남는다. 이 경우 '-하다, -거리다/대다, -스럽다'가 통사적 접사가 아닌 이상 어휘부에서 형성되어야 하는데 '왜 이들이 분리되는가'는 이 관점, 나아가 통사부 형성론 전체의 과제로 남는다.

이 '-거리다/대다'의 문제를 좀 더 고찰해 보자. 시정곤(1998 : 319)는 '꿈틀{만/도/들}거린다, 더듬{만/도/들}거린다, 헐떡{만/도/들}거린다' 등 분리되는 현상을 설명하기 위하여 '그들은 $[_{NP}[말]_{NP}[더듬]_N]_{NP}$ 거리$_V]_{VP}$ ㄴ다'와 같은 기저구조를 상정하고 핵이동을 통하여 '더듬거리다'의 형성을 설명한다. 그리고 '그는 말을 {자꾸} 더듬거린다'와 같이 부사의 수식이 가능한 이유는 '더듬'이 [+N, +V] 자질을 갖기 때문이라고 한다.

이는 곧 '꿈틀거리다, 더듬거리다, 헐떡거리다' 등 'X거리다(대다)'류는 어휘부에 등재되지 않고 '꿈틀, 더듬, 헐떡'이 등재된다는 것을 의미한다. 즉 'X거리다'는 높은 규칙성으로 인하여 단어로서 기억되지 않는다는 것이다.[158] 그러나 이들이 어휘부에 등재되지 않고 발화 때마다 새로 (통사

---

157) 이병근(1986 : 400), 송철의(1992 : 191-192 재인용) 참조.

158) 복합어의 어휘부 등재와 관련하여, 음운·형태·의미론적으로 불투명하거나 생산성을 잃은 단어들을 제외하고는 모두 등재된다는 최소 등재 입장(김성규 1987, 정원수 1992 등), 임시어를 제외한 모든 실재어는 저장된다는 완전 등재 입장(구본관 1990, 송철의 1992, 채현식 1994, 박진호 1994, 송원용 1998 등), 단일어화된 단어들과 약간 생산적인 패턴을 보이는 단어들은 저장되지만 생산성이 높은 단어들은 저장되지 않는다는 절충적 입장(조남호 1988, Aronoff 1976)으로 나뉜다(채현식 2003나 : 13, 이 책 4장). 최소 등재 입장, 절충적 입장에 따르면 'X거리다/대다'류는 등재되지 않아야 한다. 여기에서는 각 입장의 타당성 여부를 떠나 'X거리다/대다'류의 경우 어휘부에 등재되어 있지 않고, 즉 연산에 따라 그때그때 생성된다고 해서는 설명될 수 없다는 점을 강조하고자 한다.

부에서) 만들어진다고 보기는 어렵다.

(96) 가. *부스거리다/부스대다, *비비거리다/비비대다, *어기거리다/어기대
다, *으스거리다/으스대다(이상 채현식 2003나 : 36), *울룽거리다/
울룽대다, 거듬거리다/*거듬대다, 깡거리다159)/*깡대다

나. ① *개굴대다/*개굴거리다, *맹꽁대다/*맹꽁거리다, *맴맴대다/*맴
맴거리다(이상 채현식 2003나 : 44), *뻐꾹대다/*뻐꾹거리다,
*히힝대다/*히힝거리다, *어흥대다/*어흥거리다, *기럭대다/*기
럭거리다, *깟깟대다/*깟깟거리다

② *아하하대다/*아하하거리다, *어허허대다/*어허허거리다, *이
히히대다/*이히히거리다

③ *비거걱대다/*비거걱거리다, *챙챙대다/*챙챙거리다, *따릉대
다/*따릉거리다

다. *펄펄대다/*펄펄거리다, *조르르대다/*조르르거리다

라. *모락대다/*모락거리다, 쫄깃대다/*쫄깃거리다, *곱슬대다/*곱슬
거리다(이상 시정곤 1998 : 232)

즉 (96가)에서 보듯이 '-대다'와 '-거리다' 중 어느 하나만 존재하는
경우는 통사부의 규칙적인 연산(나아가 어휘부라고 해도 즉시적인 연산)에 의
하여 만들어진다고 해서는 설명될 수 없다. 또 (96나)는 소리를 나타내는
말들이다. 동물이 내는 소리의 (96나①)은 '깍깍대다/거리다, 꿀꿀대다/거
리다, 멍멍대다/거리다, 삐악대다/거리다, 야옹대다/거리다, 으르렁대다/거
리다' 등에, 웃음소리의 (96나②)는 '허허대다/거리다, 깔깔대다/거리다,
까르르대다/거리다' 등에, 사물의 소리 (96나③)은 '버거덕대다/거리다,
보도독대다/거리다,160) 땅땅대다/거리다, 빵빵대다/거리다' 등에 비추어

---

159) '싸우다'의 은어.
160) '비거걱'은 나무나 딱딱한 물건이 서로 닿으면서 쓸릴 때 거칠고 조금 느리게 나는 소리,
'비거덕'은 크고 단단한 물건이 서로 닿아서 갈릴 때 나는 소리, '보도독'은 단단하고 질
기거나 반드러운 물건을 야무지게 비비거나 문지르는 소리.

볼 때 모두 성립할 듯하나, 실제로는 존재하지 않는 단어들이다. 이는 'X 대다/거리다'가 어휘부에 등재되지 않는다는 통사부 형성론으로는 설명할 수 없다. 특히 '*따릉대다/ *따릉거리다'는 북한어에는 존재하는 단어인데, 이와 같이 남북한 언어의 차이 역시 통사부 형성론으로는 설명하기 어렵다.

사물의 움직임 따위를 나타내는 (96다)의 경우에도, 통사부 형성이라면 '펑펑대다/거리다, 주르륵대다/거리다'에 비추어 성립해야 할 것인데[161] 역시 존재하지 않는다. (96라)는 상태성만을 띠는 의태어로서, 이 유형은 '-대다/거리다'가 결합하지 않는다(시정곤 1998 : 232). 그런데도 '곱슬대다/거리다'처럼 실제로 쓰는 예가 있어[162] 이러한 규칙적인 제약으로 설명할 수 없는 문제점도 보인다. 이상의 예들은 모두 'X거리다(대다)'가 어휘부에 등재되지 않고서는 설명될 수 없는 경우들이다.

한편 '꿈틀, 더듬, 헐떡'이 [+N, +V] 자질이어서 (즉 +V에 견인되어) 부사의 수식이 가능하다면 (+N 자질에 견인되어) 관형어의 수식 역시 가능할 것으로 예측된다. 그런데 실제로는 '*그는 말을 심한 더듬거린다'에서 보듯 그렇지 않다. 이는 곧 통사부에서는 'X거리다(대다)'의 형성을 설명하기 어려우며 이들이 어휘부 등재 단위라고 할 경우에만 설명될 수 있음을 보여 준다. 이것은 'X대다/스럽다'가 'X{만/도/들}대다/스럽다'로 나타나는 것이 어휘부 등재 단위 'X대다/스럽다'가 통사부에서 분리되는 현상임을 말해 준다.

---

161) 눈이 펄펄/펑펑 내리다, 물이 조르르/주르륵 흘렀다. '조르르'는 가는 물줄기 따위가 빠르게 흘러내리는 소리 또는 그 모양.
162) '곱슬대다/거리다'는 사전에 등재되어 있지 않지만, 실제로 자주 쓰이는 단어이다. 다음은 인터넷 게시판의 예들이다.
  가. 워낙 털이 <u>곱슬거리다</u> 보니 서로 엉킬 수 있답니다.
  나. 머리가 <u>곱슬거리다</u>를 영어로 어떻게 하나요?
  다. 파마를 한 것같이 <u>곱슬거리다</u> 쫙 펴져요.

통사부 형성론은 이 접미사 결합형과 마찬가지로 근본적으로 통사적 구성의 대응형이 없는 경우를 설명하기 어렵다.

(97) 가. 골몰{을/를/은/도}하다, 이룩{을/를/은/도}하다, 몰두{를/들/은/도} 하다
　　 나. 깨끗{들/은/도}하다, 행복{들/은/도}하다
　　 다. 안 행복하다, *행복 안 하다, 행복은 안 하다 (함희진 2008)

(97가)는 X 성분이 어근이라는 점에서 [NP 하-]vp의 동사구를 형성할 수 없다. (97나) 역시 '*깨끗을 하다, *행복을 하다'와 같이 'NP을' 명사구를 실현하지 못한다는 점에서 동사구를 형성할 수 없다고 보아야 한다. 그럼에도 (97가, 나)는 모두 분리 현상을 보인다.

이들이 분리 현상을 보인다는 점에 근거하여 통사부 형성으로 볼 수 있을 것인가? 이 구성이 통사적 구성이라면 [행복 하-]vp 구조에서 '행복'은 '하다'의 논항이라고 해야 한다. 앞에서 언급했듯이 이 논항이 대격을 받는 논항일 수는 없으므로(*행복을 하다) 그 자격이 모호해지는데, 논항으로서의 성격을 규정할 수 없다면 동사구 구성을 이룬다고 볼 수 없다. 이 점에서 '하다' 동사를 통사부 형성으로 보는 대다수의 견해에서도 '을/를'에 의해 분리되지 않는 형용사 'X하다'는 어휘부에서 형성된 것으로 본다(고광주 2002 등).

그런데 함희진(2006)에서는 (97나, 다)와 같은 예를 바탕으로 '행복하다'는 보조사에 의해서는 분리되므로 어휘부에서 형성되었다고 볼 수 없다고 주장한다. 즉 '행복하다, 불행하다, 허무하다, 부족하다, 고독하다, 용맹하다' 등은 통사부에서 형성되었는데, '*행복을 하다, *행복 안 하다' 처럼 격조사 '을/를'과 부정어 '안'에 의하여 분리되지 않는 것은 선행어가 상태성 술어명사(행복, 불행, 허무 등)로서 '하다'로부터의 자립격(dafault

case) 할당을 거부하는 속성을 지녔기 때문이라고 한다.163) 그러나 다음과
같이 구조격은 받아들이면서 자립격은 받아들이지 않는다는 것이 이론내
적으로 어떻게 입증될 수 있을지 의문이다.

　(98) 행복을 찾다, 불행을 겪다, 고독을 즐기다, 용맹을 과시하다

　결국 '-스럽다'류, (97가, 나)의 '행복하다'류처럼 통사적 구성을 상정
할 수 없는데도 분리 현상을 보이는 예들은 통사부 형성론에서 설명할
수 없다. 이것은 분리 현상이 통사적 구성과 직결되어 설명될 문제가 아
니라는 점을 뜻한다.
　통사부 형성론자들은 일정한 환경이 주어지면 통사부에서 일정한 통사
규칙에 의하여 '명사+동사' 합성동사가 생산적으로 만들어질 수 있다고
한다(고광주 2002 : 265). 이는 '눈물짓다, 한숨짓다, 반대하다, 찬성하다'류
의 동사들이 '밥 먹다'가 보이는 것과 동일한 통사 구조로부터 도출된다
는 주장이다.

　(99) 가. 밥먹고 학교가야지. (고광주 2002)
　　　　나. 비오니까 철수는 우산가지고 학교가라. (함희진 2006)

　그러나 이 동사들이 통사적 구성과 동일한 형식의 기저구조를 갖는다
면 통사 현상에서 동일한 양상을 보일 것이 예측되지만, 아래에서 보듯이
이는 사실이 아니다.

　(100) 가. 놀지 말고 [학교나 도서관]가거라.

---

163) 이는 김의수(2006)에서 'X하다' 즉 '하다' 동사의 경우 '하다'는 경동사로서, 이 경우 명
　　사구 'X'에는 자립격(default case)이 주어진다는 이론을 수용한 결과이다. '자립격'(혹은
　　내재격, 본유격)은 특정한 격 허가자 없이 주어지는 격이다.

나. 우리 [드라마나 영화]보자.
다. *그 사연을 듣고 [눈물과 한숨]지었다.
라. *그 안건에 [반대나 찬성]해라

즉 '눈물짓다, 한숨짓다, 반대하다, 찬성하다' 등은 접속 구성에서 [NP
V]의 통사 구성과는 전혀 다른 결과를 보인다.164) 이는 이 단어들이 단
순히 통사적 구성으로 설명될 수 있는 존재가 아님을 뜻한다.

통사부 형성론에서는 다음과 같이 X 성분이 부가어이거나 어근인 경
우를 설명할 수 없다(아래 예는 최형용 2006 인용).

(101) 가. 가위눌리다, 거울삼다, 겹깔다, 겹놓다, 겉묻다, 겉붙이다, 곱놓
       다, 곱먹다, 공얻다, 귀담다, 남부끄럽다, 눈살피다, 목석같다,
       벌쐬다, 불타다, 손더듬다, 손쉽다, 앞나서다, 자랑삼다, 힘겹다
     나. 가뭇없다, 거추없다, 귀성없다, 느닷없다, 드리없다, 뜬금없다,
       부질없다, 사날없다, 상없다, 서슴없다, 속절없다, 어주리없다,
       여들없다, 연득없다, 오줄없다, 쩍말없다, 하염없다

이와 같이 선행 명사 성분이 부가어인 경우는 명사포합이나 핵이동으
로 설명할 수 없으므로165) 통사부 형성론의 문제가 된다. 최형용(2006)에
서도 이러한 경우를 문제삼아 어휘부 형성론을 주장했고, 통사부 형성론
을 주장하는 함희진(2008)에서도 이들에 대해서는 어휘부 형성을 인정한
다. 이와 같이 통사부 형성론의 각 견해는 나름대로의 문제점을 안고 있
다고 생각된다.166)

---

164) 이에 대하여 접속어 중 선행 요소인 '눈물, 찬성'의 핵이동이 금지되어 그렇다고 설명할
   수는 없다. '학교, 드라마'도 마찬가지이기 때문이다.
165) 이를테면 핵이동은 그 흔적이 고유지배(ECP : Chomsky 1986 : 17)되어야 하는데 동사로부
   터 고유지배되는 유일한 위치는 보충어 자리이다. 따라서 부가어 위치는 ECP(공범주 원
   리)를 어기므로 핵이동이 일어날 수 없다. 그러므로 NV 합성동사의 통사부 형성은 N이
   부가어 위치에 있는 경우에는 일어날 수 없다(고광주 2002).

5.3.3. 어휘부 형성론

'하다' 동사의 형성과 관련하여 통사부 형성론은 다음과 같은 통사적 구성 예를 근거로 어휘부 형성론을 부정한다.

(102) 가. 그 가수는 팬들의 열렬한 박수 속에 화려한 등장을 했다. (고재
설 1987)
나. 기차가 도착을 빨리 했다. (고광주 2002)

그러나 [등장을 하다], [도착을 하다]의 통사 구성이 있다고 해서 '등장하다', '도착하다'가 단어가 아니라고 단정할 수는 없다. 통사 구성과 별개로 단어가 존재할 가능성도 얼마든지 있기 때문이다. 오히려 '*철학자는 상식을 깊은 연구를 한다.'(임홍빈 1979나)에서와 같이 둘 이상의 '을/를' 성분이 올 경우에는 관형어의 수식이 불가능하고, 박소영(2012)에서 보이듯 다음과 같이 수식 양상에서 통사적 구성과 다른 양상을 보이는 점을 주목할 필요가 있다.

(103) 가. *철수가 그 일에 (*지나친/지나치게) 반대하였다.
나. 철수가 (*그 일에의/그 일에) 반대하였다. (이상 박소영 2012)

그러나 박소영(2012)는 통사부 형성론, 어휘부 형성론을 모두 부정하는 입장인데, 어휘부 형성론의 반증으로 제시한 다음 예문 (104가)는 문제가 있다.

---

166) 박소영(2012)는 분산형태론의 관점에서 '[TP 철수가 [vP 철수 그 제안을 찬성]하-였다]'와 같은 통사적 분석을 제시한다. 즉 행위성 명사 '찬성'은 통사부에서 동사구(vP)를 투사하는데 이로써 목적어를 허가하는 온전한 술어가 될 수 있다. 그러면 '하-'는 단지 음성형 식부에서 시제-굴절 요소를 지지하기 위하여 삽입되는 허사적 요소라는 것이다. 이 개별적인 현상에 대한 구체적인 논의를 떠나 3.3.2에서 논의한 분산형태론의 설명력이라는 본질적이 문제와 관련된다고 보아 구체적인 논의는 생략한다. 박소영(2012)에 대한 반론적 논의는 최기용(2012) 참조.

(104) 가. 그 버스는 7시에 출발 그리고 9시에 도착한다. (박소영 2012)
　　　나. 날씨는 화창, (그리고) 바람은 시원하다.
　　　다. 그녀는 깨끗, 단정한 모습이다.

이는 '하다'의 생략으로 볼 수 있다. (104나, 다)에서 보듯이 어휘부에서 생성되었다고 해야 할 '화창하다, 깨끗하다'의 경우도 마찬가지 양상을 보이기 때문이다.

이러한 점은 '하다' 동사가 통사적 구성으로 환원되는 것이 아니라, 어휘부에 등재된 단어일 가능성을 보여 준다. 만일 어휘부에 단어로 등재되어 있다면, 앞서 (91가~라)와 같은 문법 현상으로부터 '하다' 동사를 설명하는 것이 아니라, '하다' 동사로부터 (91가~라)의 문법 현상을 설명해야 한다. 그것은 어근 분리(임홍빈 1979, 2007 : 698-759)의 현상일 수도 있고, 더 나아가 통사 구조로의 재구조화(임홍빈 2007 : 746)일 수도 있다. 예를 들어, 남기심(2001 : 167)에서 제시하는 다음과 같이 다양한 부사가 개재하는 예문은,

(106) 가. 민주당도 선거대책위원회를 구성을 아직 안 했다.
　　　나. 신입생은 기숙사에 입사를 내일 합니다.
　　　다. 그 사람이 과장으로 승진을 언제 했어?

'구성하다, 입사하다, 승진하다'의 단어를 화자가 '[구성을 하다]$_{VP}$, [입사를 하다]$_{VP}$, [승진을 하다]$_{VP}$'의 통사적 구성으로 재구조화한 결과로 볼 수 있다. 단어 형성 규칙이 단어를 분석할 수 있는 선험적인 능력이 인간에게 있음으로써 가능하다(송철의 1992 : 89-90)고 본다면 그 능력은 단어의 내부 경계가 화자에게 인식될 수 있음을 뜻한다. 특히 화자가 통사적 대응형을 기반으로 단어의 내부 경계를 분명하게 인식하고 그 결과가 어기

의 분리로 나타난다면(허철구 2001) 이는 통사적 구성으로 재구조화되는 데까지 나아갈 수 있을 것이다.[167] 이는 곧 'X를 하다' 등의 통사적 구성과는 별개로 단어 '하다' 동사가 존재할 수 있음을 뜻한다.

이러한 경계 인식은 해당 단어가 통사부에서 형성되었기 때문이라고 할 수는 없을 것이다. 앞에서도 언급했듯이 '깨끗을 하다, 깨끗 안 하다, 촐랑도 거리다/대다, 촐랑들 거리니?/대니?, 촐랑만 거려/대 봐라, 다정도 스럽다, 별쭝도 스럽다' 등 어휘부에서 형성되었다고 보아야 할 단어들도 동일한 분리 현상을 보이기 때문이다.

따라서 '정들다, 겁내다, 맛보다, 앞서다' 등의 'N+V'의 예들도 분리 현상이 나타난다는[168] 점만을 근거로 통사적 구성이라고 하기 어렵다. 특히 '하다' 동사의 경우 앞서 (92가~다)와 같은 통사적 구성을 상정하는 것은 (그 범주를 V로 모든 N으로 보든) X가 [+서술성]이라는 점을 기반으로 하는 것인데, '정, 겁, 맛, 앞' 등은 그러한 의미 자질을 내포하고 있지 않다. 무엇보다도 다음과 같은 예문에서,

(106) 가. 우리는 그 아이와 정들었다/정{이}들었다.
　　　나. 그는 개를 겁낸다/겁{을}낸다.
　　　다. 나는 음식을 맛보았다/맛{을}보았다.
　　　라. 그는 철수를 앞섰다.

'정들다, 겁내다, 맛보다, 앞서다'가 '들다, 내다, 보다, 서다'가 독립적인 서술어인 경우 지니지 않던 새로운 논항, 즉 '그 아이와, 개를, 음식을, 철수를'를 갖고 있다는 점이 주목되어야 할 것이다. (106가, 나, 다)의

---

167) 이 경우 분리된 각 성분이 문장의 다른 성분과 새로운 통사적 관계를 형성하지는 않는다. 이 점에서 어근 분리의 현상이 어휘 통합성 가설을 어긴다고 말하기 어렵다.
168) 예를 들어, "어머니가 음식을 맛을 보신다, 그는 실패를 겁 안 낸다" 등.

경우 조사, 부정소 등이 개재될 수 있는데, 이러한 새로운 논항의 존재는 그러한 분리 현상과 무관하게 이들이 본질적으로 단어임을 입증하는 것이다.

이 유형의 합성동사에 대하여 통사적 구성에서 조사가 생략되어 형성된 것으로 보는 보편적인 관점이 있다. 다음 인용 예를 보자.

> (107) ('힘들다, 빛나다, 겁나다, 동트다, 멍들다'는) '힘이 들다, 빛이 나다, 겁이 나다, 동이 트다, 멍이 들다'란 절에서 <u>주격조사가 소거되어 형성된</u> 것이다. 이런 유형의 합성동사에는 이 밖에도 '정들다, 길들다, 끝나다' 등 많은 예를 들 수 있다. … ('본받다, 힘쓰다, 등지다, 선보다, 자리잡다'는) '목적어＋서술어'의 구성으로 된 형성법이다. '본을 받다, 힘을 쓰다, 등을 지다, 선을 보다, 자리를 잡다'란 구에서 <u>목적격조사가 소거되어 만들어졌다</u>. 이 밖에도 '욕보다, 힘입다, 배곯다' 등 수많은 예가 있다. … ('앞서다, 뒤서다, 마을가다, 거울삼다, 벗삼다'는) '부사어＋서술어'의 구성 형태인데 <u>부사격조사의 소거를 거쳐 형성된</u> 것으로 생각된다. ('앞서다, 뒤서다, 마을가다'는) '앞에 서다, 뒤에 서다, 마을에 가다'란 구에서 처소의 부사격조사 '에'가 소거되었다. '거울삼다'는 '거울로 삼다'에서 도구의 부사격조사 '로'가, '벗삼다'는 '벗으로 삼다'에서 자격의 부사격조사 '으로'가 각각 떨어졌다(이상 남기심·고영근 2011 : 219, 밑줄 필자).

이러한 설명에서 "'체언＋조사＋동사'의 통사적 대응형을 지니는 '체언＋동사' 유형의 동사는 조사의 생략을 거쳐 만들어졌다"는 기본 관점을 확인할 수 있다. 이런 견해에 대하여 다음의 물음을 제기할 수 있다.

> (108) 가. 조사의 생략이라고 할 때 그 절차는 공시적인가 통시적인가?
> 나. 모든 '체언＋동사'의 합성어에 그러한 형성 절차가 유효한가?

이 두 가지 의문으로부터 논의를 풀어가 보기로 하자. 결론적으로, '체언+동사' 합성동사의 형성 기제는 이와 같이 단순하지도, 모든 단어가 획일적이지도 않다는 것이다. 우선 (108가)의 물음과 관련하여, 조사의 생략은 공시적일 수 없다. 조사 생략이 공시적 절차라면 이는 통사부에서 통사 규칙에 의하여 단어가 형성되는 것인데, 아래 (109) 구조의 '빛이 나다'에서 조사 '이'의 생략, N '빛'의 핵이동을 통한 통사부에서의 단어 형성으로 보기는 어렵다는 것이다.

(109)

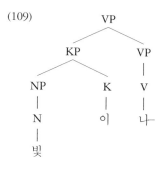

이런 통사적 절차는 과잉 생성의 문제, '부사어+동사'(앞서다, 뒤서다, 거울삼다)에 대하여 형성 기제를 밝힐 수 없다는 문제, 격조사가 핵인데도 생략된다는 문제, '두말없다, 어림없다, 턱없다' 등 'X도 없다'로 대응하는 경우처럼 보조사가 생략된다고 해야 하는 문제 등에 대하여 제대로 설명할 수 없다(최형용 2003, 2006). 이 점에서 조사의 생략을 통해 '체언+동사'의 합성동사가 형성되는 경우가 있다고 해도 그 과정은 통시적인 것이어야 한다.

(108나)의 물음과 관련하여, 통시적인 형성 과정과는 별개로 '체언+동사'를 형성하는 단어 형성 규칙이 존재한다고 답할 수 있다. 최형용(2003나)는 (109)의 구조로부터의 단어 형성 즉 조사의 생략과 핵이동에 따른

단어 형성의 견해를 부정하고 체언과 용언의 직접적인 결합을 주장한 것
이다. 즉 '빛나다'라면 '빛이 나다'에서 조사 '이'의 생략이 아니라 '빛'
과 '나다'의 직접적인 결합으로 보는 것이다. 앞에서 언급했듯이 이 견해
에는 조사가 핵이며 따라서 핵인 조사가 삭제될 수 없다는 이론적 배경
이 깔려 있다. 이에 따라 NV 합성동사는 통사부가 아니라 어휘부에서
형성된다.169)

이 점은 '하다' 동사류도 마찬가지라고 할 수 있다. 이 유형의 동사도
어휘부의 단어 형성 규칙 역시 존재한다.

> (110) 골몰하다, 이룩하다, 자처(自處)하다, 필적하다, 몰두하다, 엄습하다
> (이상 현대국어), 限死ᄒ다, 自得ᄒ다, 接主人ᄒ다(이상 한불ᄌᆞ뎐), 一
> 定ᄒ다(15세기), …

즉 위 예들처럼 어근과 결합하는 경우는 통사적 구성이 불가능하므로
어휘부에서 'N→N+하-'와 같은 규칙으로 형성되었다고 해야 한다. 물
론 '정하다, 당하다, 망하다, …' 등은 이러한 규칙의 존재를 분명히 보여
주지만, 위 (110)과 같이 'X{를}하다, X{안}하다' 등과 같은 분리 현상
을 보이는 경우도 동일한 단어 형성 규칙에 따른다는 것이다.170) 이상과
같은 논의를 통하여 'NV'형 합성동사를 형성하는 'V→N+V'의 어휘부
규칙을 가정할 수 있다.171)

---

169) 다만 어휘부 형성이라고 해도 최형용(2003)에서 주장하는 단어 형성의 기제는 규칙이 아
니라 유추이다. 우리의 관점으로는 'V→N+V'의 규칙이다.

170) 이와 같이 보면 '정하다, 당하다, 망하다' 등이 분리되지 않는 것은 단어 형성 원리의 차
이가 아니라 '당, 정, 망' 등이 1음절 어근이라는 특성에 기인한 결과일 수 있다. 2음절
이상 어근은 명사로서 인식될 가능성이 크고 이러한 인식이 어근의 분리 현상으로 이어
졌을 것이다.

171) 이러한 규칙의 존재와 별개로 'N→N+조사+V'와 같이 조사가 참여하는 단어 형성 규
칙이 있는지 물을 수 있다. 결론적으로 그러한 규칙은 없다고 판단된다. 그러한 유형의
단어는 '간살부리다, 영이돌다, 알로까다' 등 세 단어에 불과하며(김계곤 1971/1996 : 460,

이러한 'NV'동사의 형성 규칙과 관련하여 통사부 형성론에서 제기한 문제, 즉 어휘부 형성론은 (91가) '주어-타동사' 관계나 '주어-행위자성 자동사(비능격동사)' 관계의 합성동사가 존재하지 않는 이유를 설명할 수 없다는 점을 재고할 필요가 있다. 먼저 인식해야 할 점은 통사부 형성론에서 기술하는 N과 V의 통사 관계, 즉 '주어-타동사' 관계나 '주어-행위자성 자동사(비능격동사)' 관계가 없다는 통사적 제약성이 있다고 해서 그것이 곧 통사부에서 형성되었다는 증거가 될 수는 없다는 점이다. 즉 통사부 형성론에서 지적한 사실은 그러한 통사 관계를 '기술'한 것일 뿐, 왜 그러한 결합이 허용되지 않는가 대하여 '설명'한 것은 아니라는 점을 분명히 할 필요가 있다.

이러한 제약은 의미론적인 면에서 찾아야 할 것으로 보인다. 그 시도는 최형용(2006)에서 볼 수 있다. 이 논문에서는 Tomlin(1986)의 '동사-목적어 결합성의 원리'(The Principle of Verb-Object Bonding), 즉 타동사와 목적어는 주어와의 응집력보다는 동사와의 응집력이 통사적, 의미론적으로 더 크다는 원리에 따라, 주어가 아닌 목적어가 동사의 의미상의 빈칸을 채우는[172] 데 우선순위를 받는다고 설명한다.

조민정(2013)은 'N1사냥', 'N1낚시'류 합성어의 논항 선택 관계를 논의하면서, '매사냥'의 경우 언어 사용자들이 '매'를 도구보다는 대상으로 먼저 인식하는데, 이 역시 서술어의 논항 구조에서 도구가 대상보다 응집

---

486), '가이없다' 정도를 더 추가하더라도 지극히 미미한 수준이다. 따라서 적어도 합성용언의 경우 조사가 개재된 단어 형성 규칙의 존재를 인정하기 어렵다. 특히 '귀설다, 남부끄럽다, 성화같다, 거울삼다, 곁들여물다'와 같이 '에, 에게, 와, 로, 만' 등 다양한 문법적 격 관계나 의미적 관계를 갖는 경우에도 조사의 개재를 볼 수 없다는 점에서 조사가 개재되는 단어 형성 규칙은 형성되지 못한 것으로 보인다.

172) 최형용(2003, 2006)은 NV 동사가 어휘부에서 직접적인 결합을 통해서 형성된다고 보는데, 그 기제는 용언 핵이 함수자(functor)로서 자신의 의미상의 빈자리를 논항(argument)으로 채워 단일한 의미를 나타낸다고 한다.

력이 낮다는 (그 결과 서술어의 논항 구조에서 대상보다 위계성이 낮다
는) Tomlin(1986)이 주장을 바탕으로 설명한다.173) 이는 곧 '매사냥'은 ①
'매를 사냥' > ②'매로 사냥' > ③'매가 사냥'의 순으로 의미 해석의 가능
성이 낮아질 것이다.

이러한 논의를 바탕으로 한다면, 예를 들어 가상의 NV 동사 '*딸보내-'
는 ①'딸을 보내다' > ②'딸에게 보내다' > ③'딸이 보내다'의 순으로 의
미 해석의 가능성이 낮아진다. 이와 같이 행위주-동사의 의미는 우선순
위에서 밀리기 때문에 합성어로 형성될 가능성이 매우 낮아지게 된다.
'N-V-Suf' 명사의 경우에도, 예를 들어 '토끼가 먹을 음식'이라는 의미
의 명사를 형성하는 것을 가정하면, '[[토끼-먹]이]'의 구조로는 만들어
질 수 없게 된다. 우선순위에서 낮은 '토끼가 먹-'의 의미 해석은 거의
고려될 수 없기 때문이다. 따라서 이 경우에는 명사 '토끼'와 '먹이'를 결
합하는 규칙(N→N+N)에 의해 '[[토끼][먹이]]'가 만들어지게 된다. NV
동사에서 보이는 논항 관계의 제약 양상이 이와 같이 의미론적으로 설명
될 가능성이 있다면 어휘부 형성론의 입장 역시 유지될 수 있다.

5.3.4. 통사적 구성으로부터의 단어화

어휘부의 단어 형성 기제와 별도로 통사적 구성으로부터 통시적으로
단어화하는 과정 역시 인정된다. 우선 '가이없다'처럼 조사가 개재되어
있는 경우는 당연히 통사부로부터 형성된 경우이다.174)

최형용(2003, 2006)은 '체언+동사' 유형에 대하여 조사의 생략에 따른

---

173) 조민정(2013)은 따라서 투명한 의미 구조를 지니는 'N1(대상)사냥'은 구구조로 실현되고
(고래사냥, 곰사냥, 노루사냥, 맷돼지사냥 등), 구구조에서 의미 해석이 불가능한 'N1(도
구)사냥'은 합성어로 처리된다(매사냥, 노루사냥, 덫사냥 등)고 한다.

174) 명사 '가(<ᄀᆞᆺ)'의 주격조사로 '가'가 아닌 '이'가 결합된 것은 과거 어형이 굳어진 것임을
보여 준다.

형성 기제를 부정하고 체언과 용언의 직접적인 결합을 강조하였지만, 모든 '체언+동사'의 합성동사가 그러한 것은 아니다.

공시적 절차로서 조사의 생략은 허용될 수 없지만 통시적인 과정에서는 통사적 구성에서 조사의 생략 표현이 가능하고 그 생략된 표현이 빈번한 쓰임을 통해 단어화한 것이라고 볼 여지가 있다. 이러한 형성 과정을 보여 주는 다음과 같은 예를 살펴보자.

(111) 힘들다, 힘차다, 숨차다, 알차다

(112) 가. 손잡다, 꽃피우다, 애타다
　　　 나. 미역국을 먹다, 손이 크다
　　　 다. 나비치다, 비루먹다, 물먹다, 값싸다,

(111)의 '힘들다'류는 'V→N+V'의 규칙으로는 형용사가 된 결과를 설명할 수 없다. 이는 '힘이 들다'의 통사적 구성이 형용사적 의미 특성을 얻게 되는 단계가 있고, 이로부터 단어화가 진행되면서 형용사로서의 소성을 확보했다고 보아야 한다.

이러한 설명의 가능성은 다음과 같은 구성에서 엿볼 수 있다. '흥겨워 하다, 안타까워 하다, 더워 하다, *놀아 하다, *찡그려 하다, *얼어 하다' 등에서 보듯이 '[X-어] 하다' 구성에서, X 자리에 형용사는 올 수 있지만 동사는 오지 못한다. 그런데 다음과 같이 동사구가 오는 경우가 있다.

(113) 가. 시부모가 며느리를 [마음에 들어] 한다.
　　　 나. 그가 무척 [힘이 들어] 한다.
　　　 나. 말이 매우 [숨이 차] 한다.

'마음에 들다, 힘이 들다, 숨이 차다' 등은 주어의 '상태'를 나타내는,

즉 형식적으로는 동사적이나 의미적으로 형용사적인 구성들이다. 이는 곧 '[-어] 하다' 구성에서 괄호 자리에 상태적 의미를 지닌 성분이 온다는 뜻이다.175) '힘들다'가 동사가 아닌 형용사로 단어화하는 것은 이와 같이 상태적 의미 속성을 지닌 통사 구성 '힘이 들다'를 전제로 할 때 설명될 수 있다.

두 번째 근거는 관용구에서 찾아볼 수 있다. 관용구 가운데 'NP V'176)의 유형에서 NP에 조사가 결합하는 양상을 보면 다음과 같다.

(114) 가. 조사가 반드시 결합하는　예 감투를 벗다
　　　나. 조사가 결합되지 않는　　예 거름발 나다
　　　다. 조사 결합이 수의적인　　예 감투(를) 쓰다

(114가)처럼 조사가 반드시 결합하는 관용구는 (114나)처럼 조사가 결합하지 않은 경우에 비하여 절대 다수를 차지한다.177) 이를 비추어 본다면 조사 결합이 수의적인 관용구들은 조사가 없던 어형에 조사가 새로 개입된 것이 아니라, 조사가 결합한 통사구에서 수의적으로 조사가 생략된 것으로 보아야 한다. 이는 곧 '손잡다'와 같이 관용적 의미를 지니는 합성어는 '손을 잡다'와 같은 통사적 구성에서 조사의 생략을 거쳐 통시적으로 형성되었음을 뜻한다. 이것이 '손을 잡다'처럼 통사적 구성일 때도 그 관용적 의미를 유지하는 것은 이 합성어가 통사적 구성으로부터 조사의 생략을 거쳐 단어화했기 때문이다.

---

175) 가와사키(2011)에서는 중세국어의 '-어 ᄒ-' 구문에 있어 '-ᄒ-'는 일종의 존재사와 같은 역할을 하며, '어떤 상태/마음으로 존재함'을 나타낸다고 한다.

176) NP는 수식어 없이 단일한 N이 그대로 NP로 확장된 경우, V는 '-다'형을 취하는 경우만 한정하였다.

177) <표준국어대사전> 등재 관용구 중 'ㄱ'항을 대상으로 할 때, 조사(보조사는 제외)가 결합한 예는 160항, 결합하지 않은 항은 10개이다. 조사가 수의적으로 결합하는 항목은 314개이다.

'하다' 동사 역시 동일한 면을 보인다. '하다' 동사의 형성 기제에 대
하여 '[NP 하-]$_{VP}$' 통사 구성이 빈번한 사용을 통해 단어화하였다는 주
장이 있는데(정원수 1992[178], 박진호 1994), 이것이 전적으로 수용되기는 어
려워도 다음과 같이 X가 [-서술성]을 지니는 경우에는 유력해 보인다.

(115) 나무하다, 밥하다, 벗하다, 사이하다, 이웃하다, 양치하다 등

이처럼 'X를 하-'와 같은 통사적 구성이 역사적 쓰임을 통해 점점 긴
밀한 관계로 변하여 마침내 형태화하는 과정은 언어보편적인 현상일 뿐
더러 국어의 다양한 유형에서 발견되는 현상이다(이지양 1993 참조).

다만 '체언+조사+동사'의 통사구 대응형이 있다고 해도 합성어 가운
데는 조사의 생략을 통해서 형성되었다고 보기 어려운 경우도 있다. 다음
예는 최형용(2003)에서 제시한 것이다.

(116) 앞서다, 뒤서다, 거울삼다, 모기물리다, 눈살피다 등.

위 예는 최형용(2003)에서 통사부에서 핵이동에 의하여 단어를 형성하
는 이론에 대하여 문제점을 제기하였던 것이다. 이는 통사부에서 공시적
인 핵이동에 의한 단어 형성뿐만 아니라 통시적인 단어 형성의 기제에
대해서도 의문을 제기한다. 통시적으로 '명사-동사'의 관계가 긴밀해져
서 단어가 되기 위해서는 조사의 비실현(생략)이 필수적인데 이 '에, 으로'
등은 부정격 조사가 아니라서 통사적 구성에서 생략될 수 없다.[179] 최형

---

178) 정원수(1992)에서는 '공부를 하다'(구 구조)→'공부(를) 하다'(구와 단어의 중간 구조)→
  '공부하다'(단어 구조)로 발전한다고 한다. 특히 부정격의 실현으로 '공부 하다'가 부정격
  의 개념이 약해지면서 단어로 인식된다고 함으로써 그 동기를 설명하고 있다.
179) 이른바 부정격이라고 하는 주격, 목적격, 속격조사를 제외하고는 정격조사인 부사격 조사
  ('으로', '에' 등) 등은 생략되기 어렵다.

용(2003 : 59)에서는 이 단어들에 대하여 동사의 의미론적 논항만이 실현되어 새로운 단어를 형성한 것으로 본다.

이상과 같은 논의는 '체언+동사' 합성어가 어휘부의 단어 형성 규칙에 의해서도, 통사적 구성으로부터 단어화되는 방식에 의해서도 만들어진다는 것을 의미한다.180) '하다' 동사도 마찬가지여서 '공부하다'는 'N→N+V'의 규칙에 의해서, 또는 '[NP공부를] 하다'와 같은 구성에서 단어화하여 형성되었을 수 있다. 이 점에서 앞서 (107)을 다음과 같이 재기술할 수 있을 것이다.

> (117) 가. '빛나다' 등 주어+서술어 구성은 '빛이 나다'에서 통시적으로 주격조사가 소거되어 형성되었을 수도 있고, 공시적으로 '빛'과 '나다'의 직접적인 결합으로 형성되었을 수도 있다.
> 나. '본받다' 등 목적어+서술어 구성은 '본을 받다'에서 통시적으로 목적격조사가 소거되어 형성되었을 수도 있고, '본'과 '받다'의 직접적인 결합으로 형성되었을 수도 있다.
> 다. '앞서다' 등 부사어+서술어 구성은 '앞'과 '서다'의 직접적인 결합에 의하여 형성되었다.

물론 단어에 따라서 형성 과정이 보다 분명한 경우도 있지만, 적지 않은 합성동사들은 이를 구별해 내기는 어렵다고 본다. 그러나 합성동사를 형성해 내는 이와 같이 다양한 기제를 확인하는 것 역시 문법 기술에서 의의를 지닐 것이다.

---

180) 예를 들어 '금가다, 목숨걸다, 발끊다, 손놓다, 농사짓다, 맛있다, 힘들다, 재미나다' 등은 단어 형성 규칙에 의해서도, 통사적 구성으로부터 단어화하였을 가능성이 공존한다.

6. 결론

이 글은 합성어에 대한 개괄적인 이해를 목표로 하면서도 특히 그 형성 기제에 중점을 두어 기술한 것이다. 그래서 합성어의 개념, 유형 등 기본적 사항부터 기존 논의를 소개하는 한편, 단어 형성의 여러 관점들을 합성어의 유형에 따라 살펴보았다.

2장에서는 합성어의 개념과 유형을 고찰하면서, 분석과 형성의 관점에 따른 개념 설정의 차이점과 문제점을 살펴보았으며, 합성어의 유형 역시 의미적, 형태적, 통사적 기준에 따라 분류해 보고 그 문제점과 일부 대안을 제시해 보았다.

3장에서는 합성어의 형성 원리를 기술하였다. 이는 합성어에 국한되는 것이 아니라 단어 전반에 걸치는 것이지만, 특히 합성어가 통사부와 밀접한 관련성을 보인다는 점에서 다양한 단어 형성의 이론을 소개할 수 있도록 집중하였다. 생성형태론, 심리언어학, 분산형태론 등의 관점을 살펴보는 한편 기본적으로 어휘부의 규칙이 존재한다는 입장에서 각 이론을 비판적으로 고찰하는 태도를 취하였다. 그러나 각 이론이 지닌 강점과 설명력은 유효하므로 지속적인 논의가 필요할 것이다.

4장과 5장에서는 합성명사와 합성동사를 중심으로 그 형성 기제에 대하여 기술하였다. 각각의 경우 '하다' 동사를 비롯한 'NV' 동사, 'V-어 V' 동사들이 단어임을 확인하고, 이들이 통사부에서 형성된다는 관점, 그리고 어휘부에서 유추에 의하여 형성된다는 관점 등을 비판적인 시각에서 고찰하였다. 그 과정에서 이 글은 기본적으로 이 합성어들이 어휘부의 규칙에 의하여 형성될 가능성이 부정될 수 없다는 점을 강조하는 태도를 견지하였다. 그리고 이로부터 '-은, -는, -을' 등 관형형 어미, '-아/어, -고' 등 연결어미 등 일부 어미는 어휘부의 단어 형성 단위로서 참여한다는 점을 제안해 보았다.

그러나 결과적으로 이 글은 합성어에 대한 객관적이며 포괄적인 소개
도, 관련 주제에 대한 의미 있는 논의도 제대로 이루어내지 못하였다. 더
욱이 합성어에 관련된 폭넓은 주제를 제대로 아우르지 못했다는 한계도
지니게 되었다. 합성어의 해석, 구성 성분 간의 의미 관계 등에 대한 논
의도 이루어지지 못했으며,181) 이른바 첩어에 대하여도 특별한 언급을
하지 못했고, 어원면에서도 한자어 합성어, 외래어 합성어 등에 대해서도
별다른 기술을 하지 못하였다.182)

또 이 글에서는 단어의 주요 유형의 하나인 이른바 절단어(혹은 절단형),
혼효어 등에 대하여도 전혀 언급하지 못하였다. 전형적인 합성어로 분류
되는 단어들을 대상으로 살펴보다 보니 이 유형에 관심을 돌리지 못했으
나, 오늘날 국어의 사용 양상을 고려하면 이들 역시 중요하게 다루어져야
할 것이다.183) 이러한 논의가 진행되는 과정에 따라 합성어의 범주는 더
커지고 논의의 폭도 넓어지리라 본다.

---

181) 단어의 해석과 관련하여 의미 관계로부터 단어 형성의 과정을 설명하는 황화상(2001)이
참고된다. 박철주(2006)은 먹을거리 합성어를 자료로 하여 합성명사의 구성 요소들이 맺
는 다양한 의미 관계를, 최형강(2012)는 '때'가 합성어들에서 선후행의 결합관계에 따라
보이는 여러 의미기능을 제시하고 있어 참고된다. 합성어의 구성 요소들이 형성, 해석 등
에서 보이는 의미 관계에 대한 연구로 신희삼(2007), 송현주(2010) 등이 있고, 합성어 내
부 성분들의 의미 대립 관계에 대하여 고재설(1996)이 참고된다.

182) 한자어 조어법에 대해서는 김규철(1997), 노명희(2005) 등이, 외래어의 조어법에 대해서는
노명희(2009)를 참조할 수 있다.

183) 이은섭(2007)에서는 '얼짱, 겨털, 노른자, 즐킴, 비번, 썩소, 민증'과 같은 단어들에 나타나
는 '얼, 겨, 자, 즐, 킴, 비, 번, 썩, 소, 민, 증' 등을 의사 어근(단어 형성 과정에서 어근이
라고 보기 힘든 형식들이 어근의 기능을 수행하는 단위)으로 규정하고, 해당 단어들을 합
성어로 분류한 바 있다.

‖ 참고문헌

가와사키(2011), ““어기설”과 중세한국어 동사활용”, 형태론 13-2, 245-265.

강진식(2000), “한국어의 단어형성 연구 : 'X＋동사＋접사'의 3항 구조를 중심으로”, 한국언어문학 44, 503-519.

고광주(2002), “'명사＋동사'형 합성동사의 형성 원리”, 우리어문연구 19, 253-278.

고영근(1989), 국어 형태론 연구, 서울대학교 출판부.

고영근ㆍ구본관(2008), 우리말 문법론, 집문당.

고재설(1987), 국어의 합성동사에 대한 연구, 석사학위논문, 서강대학교.

고재설(1992), “'구두닦이'형 합성명사에 대하여”, 서강어문 8, 17-46.

고재설(1994), 국어 단어 형성에서의 형태ㆍ통사 원리에 대한 연구, 박사학위논문, 서강대학교.

고재설(1996), “합성어의 내부 구성과 의미 대립 관계 : 형태론의 입장에서 본 의미 대립”, 국어학 28, 187-218.

고창수(1992), “국어의 통사적 어형성”, 국어학 22, 259-269.

구본관(1998), 15세기 국어 파생법에 대한 연구, 태학사.

국립국어원(2013), 표준국어대사전(http://stdweb2.korean.go.kr/main.jsp).

김계곤(1971), “풀이씨의 합성법”, 논문집(인천교대) 5, 73-100, [김계곤(1996), 현대 국어의 조어법 연구, 박이정.]에 재수록.

김계곤(1996), 현대 국어의 조어법 연구, 박이정.

김광해(1982), “복합명사의 신생과 어휘화 과정에 대하여”, 국어국문학 88, 5-29.

김귀화(1994), 국어의 격 연구, 한국문화사.

김규선(1970), “국어 복합어에 대한 연구 : 구와 복합어 구분의 기준 설정을 위한”, 어문학 23, 93-123.

김규철(1997), “한자어 단어 형성에 대하여”, 국어학 29, 261-308.

김기혁(1981), 국어 동사합성어의 생성적 연구, 석사학위논문, 연세대학교.

김기혁(1994), “문장 접속의 통어적 구성과 합성동사의 생성”, 국어학 24, 403-465.

김동식(1994), “복합명사를 찾아서”, 국어학 24, 385-401.

김명광(2004), 국어 접사 '-음', '-기'에 의한 단어 형성 연구, 박사학위논문, 서강대학교.

김영희(1986), “복합명사구, 복합동사구, 그리고 겹목적어”, 한글 193, 47-78.

김완진ㆍ이병근(1979), 문법, 박영사.

김용하(2007), ““에”, “에게”, “께”의 교체와 분포 형태론”, 언어과학연구 43, 71-112.

김유범(2011), “통사성과 합성어의 유형 변화”, 한국어학 53, 119-143.

김의수(2006), 한국어의 격과 의미역, 태학사.

김인균(1995), 국어 파생어에 대한 형태·통사론적 연구, 석사학위논문, 서강대학교.

김인균(2003), "관형 명사구의 구조와 의미 관계", 국어학 41, 197-223.

김인균(2005), 국어의 명사 문법 I, 역락.

김인택(2003), "동사 어근 구성 합성어 형성의 특징 : V+{은, 는, 을}+N, V+아+V 형을 중심으로", 한민족어문학 43, 1-18.

김일병(2000), 국어 합성어 연구, 역락.

김진형(1995), "우리말의 동사성 합성어", 음성음운형태론연구 1, 79-89.

김창섭(1981), "현대국어의 복합동사 연구", 석사학위논문, 서울대학교.

김창섭(1996), 국어의 단어형성과 단어구조 연구, 태학사.

김창섭(1997가), "'하다' 동사 형성의 몇 문제", 관악어문연구 22, 247-267.

김창섭(1997나), "합성법의 변화", 국어사 연구(국어사연구회 편), 태학사, 815-840, [김창섭(2008), 한국어 형태론 연구, 태학사.]에 재수록.

김창섭(2005), "소구(小句)의 설정을 위하여", 우리말 연구 서른아홉 마당(임홍빈 외 38인 공저), 태학사, 109-127, [김창섭(2008), 한국어 형태론 연구, 태학사.]에 재수록.

김창섭(2008), 한국어 형태론 연구, 태학사.

김혜미(2011), "국어 종합 합성어 형성 원리 연구 : 신어 분석을 기반으로", 문창어문논집 48, 81-111.

나은미(2007), "합성어 구성 성분의 의미 결합 양상 : 합성명사를 중심으로", 한성어문학 26, 19-43.

남기심(1970), "이음씨끝 "-아"를 매개로 한 겹씨의 움직씨 형성에 대하여", 한글 146, 311-318.

남기심(2001), 현대국어 통사론, 태학사.

남기심·고영근(2011), 표준국어문법론(제3판), 탑출판사.

남미혜(1996), 국어의 연속 동사 구성 연구, 박사학위논문, 서울대학교.

노명희(2005), 현대국어 한자어의 단어구조 연구, 태학사.

노명희(2009), "외래어 단어형성", 국어국문학 153, 5-29.

박병수(1981), "On the Double Object Construction in Korean", 언어 6-1, 91-113.

박소영(2011), "한국어 종합 합성어의 통사구조와 형태-통사론의 접면", 생성문법연구 21, 685-706.

박소영(2012), "'행위성 명사+이다' 구문의 통사론적 분석", 생성문법연구 22-2, 391-416.

박소영·김혜미(2012), "한국어 통합합성어 형성 원리 재고 : 신어 통합합성어 분석을 중심으로", 언어학 64, 77-108.

박양규(1987), "'보내오다'류의 유표적 복합동사들", 국어학 16, 459-486.

박진호(1994), 통사적 결합 관계와 논항 구조, 석사학위논문, 서울대학교.

박진호(1999), "형태론의 제자리 찾기 : 인접학문과의 관계를 중심으로", 형태론 1-2, 319-340.

박철주(2006), "먹을거리 합성어의 내면 의미에 대한 연구", 우리말글 36, 21-49.

사회과학출판사 편집부(1992), 조선말대사전(1, 2), 사회과학출판사.

서정목(1984), "의문사와 WH-보문자의 호응", 국어학 13, 33-64.

서정목(1993), "한국어의 구절 구조와 엑스-바 이론", 언어 18-2, 395-435.

서정수(1975), 동사 '하-'의 문법, 형설출판사.

서정수(1981/1993), "합성어에 관한 문제", 한글 173 · 174, 367-400, [이병근 외 2인 편(1993), 형태, 태학사.]에 수정보완 재수록.

서정수(1996), 국어 문법(수정 증보판), 한양대학교 출판원.

성광수(1974), "국어 주어 및 목적어의 중출현상에 대하여", 문법연구 1, 209-235.

성광수(1981), "타동성 목적어와 중목적어", 어문논집(고려대) 22, 115-127.

성광수(2001), 국어의 단어형성과 의미해석, 월인.

송원용(2000), "현대국어 임시어의 형태론", 형태론 2-1, 1-16.

송원용(2005), 국어 어휘부와 단어 형성, 태학사.

송원용(2007), "국어의 단어형성체계 재론", 진단학보 104, 105-126.

송철의(1992), 국어의 파생어 형성 연구, 탑출판사.

송철의(2001), "국어의 형태론적 특질", 배달말 28, 1-28.

송현주(2010), "한국어 합성어에 나타난 동기화 양상", 한글 289, 125-150.

시정곤(1992), "통사론의 형태 정보와 핵 이동", 국어학 22, 299-324.

시정곤(1994), "'X를 하다'와 'X하다'의 상관성", 국어학 24, 231-258.

시정곤(1998), 국어의 단어 형성 원리(수정판), 한국문화사.

시정곤(1999). "규칙은 과연 필요 없는가?", 형태론 1-2, 261-283.

시정곤(2008), "국어 형태론에서 단어형성 전용요소의 설정에 대한 타당성 연구", 한국어학 38, 83-107.

신희삼(2007), "합성어 기능에 따른 합성명사의 형성 원리", 한국어 의미학 22, 141-163.

심재기(1982), 국어 어휘론, 집문당.

안희돈(1994), "배분 형태론과 결합현상", 학술지(건국대) 38, 9-23.

양명희(1998), 현대국어 대용어에 대한 연구, 태학사.

양영희(1994), "합성어의 하위 분류", 한국언어문학 33, 47-65.

양정석(1995), 국어 동사의 의미 분석과 연결이론, 박이정.

양정호(2008), "단어 형성 과정 기술의 몇 문제 : 구본관(1998)을 중심으로", 형태론

10-2, 421-435.

연재훈(1986), 한국어 '동사성명사 합성어'(verbal noun compound)의 조어법과 의미 연구, 석사학위논문, 서울대학교.

연재훈(2001), "이른바 '고기잡이'류 종합 합성어의 단어형성에 대한 문제", 형태론 3-2, 333-343.

연재훈(2003), "종합 합성어에서 접미사 처리 문제와 논항 분석 문제 재론", 형태론 5-1, 123-131.

오규환(2008), 현대 국어 조사 결합형의 단어화에 대한 연구, 석사학위논문, 서울대학교.

오민석(2011), "문장형 단어형성요소의 형성과 특성 : 용언 어간과 종결어미 결합형을 대상으로", 민족문화논총 48, 239-264.

유시택(2006), "합성어와 파생어 내부에 나타나는 굴절형태 : 독일어의 경우", 독일문학 99, 271-288.

이광호(2005), "연결망과 단어형성", 국어학 46, 125-145.

이기문(1972/1998), 국어사개설(신정판), 태학사.

이남순(1988), 국어의 부정격과 격표지 생략, 탑출판사.

이병근(1986), "국어사전과 파생어", 어학연구 22-3, 389-408.

이석주(1987), "의미론적 접근에 의한 국어 복합어와 구의 변별기준", 논문집(한성대) 11, 1-28.

이석주(1989), 국어 형태론, 한샘출판사.

이선영(2006), 국어 어간복합어 연구, 태학사.

이선희·조은(1994), "통사부의 핵이동에 대하여", 우리말글연구 1, 237-263.

이양혜(2003), "'-X기/이'류 형태소의 접사 기능 연구", 한글 261, 67-95.

이영길(2000), "합성어 통사상 연구", 현대영미어문학 18-1, 69-90.

이은섭(2007), "형식이 삭감된 단위의 형태론적 정체성", 형태론 9-1, 93-113.

이익섭(1965), "국어 복합명사의 IC분석", 국어국문학 30, 121-129.

이익섭(1967), "복합명사의 엑센트 고찰", 학술원 논문집 6, 131-146.

이익섭(1975), "국어 조어론의 몇 문제", 동양학(단국대) 5, 155-165, [이병근 외 2인 편(1993), 형태, 태학사.]에 재수록.

이익섭·임홍빈(1983), 국어문법론, 학연사.

이익섭·채완(1999), 국어문법론강의, 학연사.

이재인(1993), 국어 파생접미사에 대한 연구, 박사학위논문, 서강대학교.

이재인(2003), "임시어에 나타나는 형태론적 특성", 시학과언어학 6, 191-206.

이정훈(2006), "'V-어V' 합성동사 형성 규칙과 범주통용", 어문학 91, 129-161.

이정훈(2011), "접속의 순서와 구조 그리고 의미 해석", 어문학 113, 73-99.

이주행(1981), "국어의 복합어에 대한 고찰", 국어국문학 86, 391-425.

이지양(1993), 국어의 융합현상과 융합형식, 박사학위논문, 서울대학교.

이현희(1994), 中世國語 構文硏究, 신구문화사.

이호승(2001), "단어형성과정의 공시성과 통시성", 형태론 3-1, 113-119.

이호승(2003), "단어형성법의 분류기준에 대하여", 어문학 85, 85-110.

이희승(1955), 국어학개설, 민중서관.

임동훈(1991), "격조사는 핵인가", 주시경학보 8, 119-129.

임홍빈(1979가), "을/를 조사의 의미와 기능", 한국학논총(국민대) 2, 91-130.

임홍빈(1979나), "용언의 어근분리 현상에 대하여", 언어 4-2, 55-76.

임홍빈(1982), "기술보다는 설명을 중시하는 형태론의 기능 정립을 위하여", 한국학
     보 26, 일지사, 168-192.

임홍빈(1989), "통사적 파생에 대하여", 어학연구 25-1, 167-196.

임홍빈(1998), 국어문법의 심층(2) : 명사구와 조사구의 문법, 태학사.

임홍빈(2007), 한국어의 주제와 통사 분석, 서울대학교출판부.

전상범(1995), 형태론, 한신문화사.

정원수(1992), 국어의 단어 형성론, 한신문화사.

정인기(2009), "분산형태론과 영어", 영어학 9-2, 303-326.

정한데로(2010), "문법 차원의 등재에 대한 연구", 형태론 12-1, 1-22.

정한데로(2011), "임시어의 형성과 등재 : '통사론적 구성의 단어화'를 중심으로", 한
     국어학 52, 211-241.

조민정(2013), "핵 명사의 논항 선택과 생산성 결정 요인", 한국어 의미학 40, 111-
     139.

조성식(1990), 영어학 사전, 신아사.

주시경(1910), 국어문법, [김민수·하동호·고영근(공편)(1986), 역대한국문법대계 ①
     11, 탑출판사, 1-47.]에 재수록.

주지연(2008), "발화문의 어휘화와 사전 기술", 한국사전학 11, 175-195.

채완(1986/1993), "국어 반복어의 구성방식", 형태, 태학사, 305-327, [채완(1986), 국
     어 어순의 연구, 탑출판사.]에서 발췌.

채현식(2003가), "대치에 의한 단어형성", 형태론 5-1, 1-21.

채현식(2003나), 유추에 의한 복합명사 형성 연구, 태학사.

채현식(2012), "계열관계에 기반한 단어 분석과 단어 형성", 형태론 14-2, 208-232.

최규수(2007), "복합어의 어기와 조어법 체계에 대하여", 한글 277, 133-156.

최규수·서민정(2008), "조어법과 통사론의 관계에 대하여", 한글 279, 61-87.

최기용(2012), ""행위성 명사+이다" 구문에 대한 반 분산형태론적 분석", 생성문법
     연구 22-3, 579-593.

최명옥(2007), "한국어 형태론의 문제점과 그 대안", 서강인문논총 22, 19-52.

최현배(1937/1971), 우리말본, 정음사.

최형강(2012), "'떼' 합성어의 의미기능과 결합관계", 한국어 의미학 37, 267-289.

최형용(2003), 국어 단어의 형태와 통사, 태학사.

최형용(2006), "합성어 형성과 어순", 국어국문학 143, 235-272.

최형용(2007), "한국어 형태론의 유형론 : 하스펠마트(2002), Understanding Morphology 를 중심으로", 형태론 9-2, 375-401.

최형용(2009), "한국어 형태론의 유형론적 보편성과 특수성", 형태론 11-2, 425-438.

한정한(1993), "'하-'의 조응적 특성과 통사 정보", 국어학 23, 215-238.

한정한(2011), "통사 단위 단어", 유현경 외 6인(2011), 한국어 통사론의 현상과 이론, 태학사, 13-69.

함희진(2008), "'N+V'형 합성동사의 형성 원리를 다시 생각함", 한말연구학회 학술 발표논문집, 113-125.

허웅(1975), 우리 옛말본 : 15세기 국어 형태론, 샘문화사.

허철구(1998), 국어의 합성동사 형성과 어기분리, 박사학위논문, 서강대학교.

허철구(2000), "'하-'의 형태론적 성격에 대한 토론", 형태론 2-2, 323-332.

허철구(2001), "국어의 어기분리 현상과 경계 인식", 배달말 28, 57-91.

황화상(2001), 국어 형태 단위의 의미와 단어 형성, 월인.

황화상(2002), "국어 합성 동사의 의미", 한국어학 15, 307-324.

황화상(2010), "단어형성 기제로서의 규칙에 대하여", 국어학 58, 61-91.

Ahn, H. D.(1991), *Light Verbs, VP-Movement, Negation and Clausal Architecture in Korean and English*, University of Wisconsin-Madison.

Aronoff, M.(1976), *Word Formation in Generative Grammar*, MIT Press.

Baker, M.(1988), *Incorporatin*, The University of Chicago Press.

Bauer, L.(1983), *English Word-formation*, Cambridge University Press.

Block, B. & G. L. Trager(1942), *Outline of Linguistic Analysis*, Linguistic Society of America.

Bloomfield, L.(1935), *Language*, George Allen & Unwin.

Booij, G.(1994), "Against Split Morphology", *Yearbook of Morphology* 1993, 27-50.

Booij, G.(2002), *The Morphology of Dutch*, Oxford University Press.

Choi, K. Y.(1991), *A Theory of Syntactic X0-Subcategorization*, University of Washington.

Chomsky, N.(1970), "Remarks on nominalization", In Jacobs, R. & P. Rosenbaum (eds.), *Reading in English Transformational Grammar*, Blaisdell, 184-221.

Chomsky, N.(1981), *Lectures on Government and Binding*, Foris. [이홍배 역(1987), 지배결속 이론, 한신문화사.]

Chomsky, N.(1986), *Barriers*, The MIT Press.

Di Sciullo, A. & E. Williams(1987), *On the Definition of Word*, The MIT Press.

Gleason, H. A.(1955), *An Introduction to Desciption Linguistics*, Holt, Linehart and Winston.

Halle, M.(1973), "Prolegomena to a Theory of Word Formation", *Linguistic Inquiry* 4-1, 3-16.

Harley, H. & R. Noyer(1998), "Lisensing in the non-lexicalist lexicon : nominalization, Vocabulary Items and the Encyclopedia", *MIT Working Papers in Linguistics* 32, 119-137.

Haspelmath, M.(2002), *Understanding Morphology*, Arnold.

Hockett, C. F.(1958), *A Course in Modern Linguistics*, Macmillan.

Jensen, J. T.(1989), *Morphology-Word Structure in the Generative Grammar*, Benjamin. [한영목·정원수·류현미 역(1994), 형태론, 태학사.]

Katamba, F.(1993), *Morphology*, Macmillan Press Limited. [김경란·김진형 역(1995), 형태론, 한신문화사.]

Lee, S. H.(1992), *The Syntax and Semantics of Serial Verb Constructions*, Ph. D. Dissertation, University of Washington.

Lees, R. B.(1960), *The Grammar of English Nominalization*, Mouton.

Marantz, A.(1997), "No escape from syntax", *Upenn Working Papers in Linguistics* 4-2, 201-225.

Marchand, H.(1969), *The Categories and Types of Present-day English Word-formation : A Synchronic-Diachronic Approach*, 2nd ed, Beck.

Mithun, M.(1984), "The Evolution of Noun Incorporation", *Language* 60, 847-895.

Nida, E. A.(1946), *Morphology : The Descriptive Analyis of Words*, The University of Michigan Press.

Scalise, S.(1984), *Generative Grammar*, Foris.

Selkirk, E. O.(1982), *The Syntax of Words*, MIT Press.

Spencer, N. J.(1991), *Morphological Theory*, Cambridge University Press.

Tomlin, R. S.(1986), *Basic Word Order : Functional principles*, Croom Helm.

제4장 | 어휘부와 등재*

정한데로

1. 서론

문법 연구에서 어휘부에 관한 관심이 본격화된 것은 언어 연구의 유구한 역사를 고려할 때 비교적 최근의 일이다. 화자가 머릿속에 기억하는 단위가 무엇인지, 또 이들이 어떠한 기준에 따라 선택되어 저장되는지에 관한 문제는 단어나 문장의 형성 원리에 대한 탐구 못지않게 최근 언어학 연구에서 중요하게 다루어져야 할 주제로 주목받고 있다.[1]

그러나 어휘부의 역할과 해당 범위 등에 관한 입장은 여전히 연구자마다 상이한 양상을 보이고 있기에, 어휘부의 개념과 그 외연을 간명하고 통일된 방식으로 기술하는 일은 쉽지 않아 보인다. 그럼에도 불구하고 다

---

* 이 글은 '어휘부'와 '등재'에 관한 기본 개념과 기존의 다양한 입장들을 개괄적으로 소개하는 데에 목적이 있다. 이에 관해서는 정한데로(2014 : 제2장, 제3장)에서 정리된 바 있는데, 이 글의 성격과 취지를 고려하여 정한데로(2014)를 토대로 내용을 구성하고 부분적으로 추가 사항을 덧붙이기로 한다.

1) '2012년 국어학회 겨울학술대회'의 공동토론회가 '어휘부'를 주제로 한 점도 이러한 최근의 분위기를 보여준다. <국어학> 66집에 관련 논문이 수록되어 있어 이를 참고할 수 있다. 발표한 글의 제목과 필자는 다음과 같다. '어휘부란 무엇인가(채현식), 어휘부와 국어음운론(김현), 어휘부와 형태론(최형용), 어휘부와 통사론(김의수), 어휘부와 의미론(박철우)'

양한 접근을 활용하여 어휘부의 '실체'에 접근하고자 하는 시도가 지속적으로 진행되고 있다. 최근에는 심리언어학적인 방법을 활용한 심리 어휘부(mental lexicon) 연구가 부상하면서, 일찍이 생성 문법을 중심으로 본격화되었던 이론 어휘부(theorical lexicon)의 의의와 한계를 조명하는 논의가 이어지고 있다(채현식 2003, 2007, 송원용 2002, 2005가, 안소진 2011, 2012 등 참고). 이러한 흐름 속에서 두 어휘부 모형 간의 상관관계를 바탕으로 이론 어휘부와 심리 어휘부의 간격을 좁혀 보고자 하는 연구자들의 노력은 어휘부의 실체를 밝혀 나가는 데 큰 역할을 하고 있다.

이 장에서는 문법 연구에서 어휘부와 등재가 차지하는 위치를 조명하는 데 목적을 두고, 어휘부의 역할과 범위, 그리고 등재의 개념과 단위 등을 세부적으로 살펴본다. 특히, 어휘부 모형에 관한 종래의 연구를 검토하면서 연구자 간의 차이점을 확인하고 어휘부의 개념과 등재 단위에 관해 정리하고자 한다.

이에 어휘부 및 등재 연구에서 중점적으로 논쟁이 되었던 사항을 토대로 논의를 진행한다. 첫째는 어휘부 모형에 관한 탐색이다. 문법 모형 내에 어휘부를 어떻게 배치할 것인지, 어휘부가 다른 문법 부문과 어떠한 관계를 지니는지 도식화한 선행 연구를 검토한다. 국외 생성형태론의 대표적인 논의를 기점으로 국내 단어형성론 연구에서 어휘부 모형이 어떠한 흐름으로 연구되어 왔는지 정리하고, 이때 각 모형의 어휘부가 지니는 외연에 관해서도 유형별로 분류하고자 한다. 둘째, 등재 단위와 기준에 관해 살펴본다. 어휘부 등재 단위와 관련하여서는 그간 단어를 중심으로 한 논의가 주를 이루었다. 특히 규칙적으로 결합하는 복합어가 과연 어휘부에 등재되어 있는가에 대한 상이한 입장 차이가 주목을 받았는데, 이 역시 이 글에서 관심 있게 논의할 사항이다.

이상의 두 가지 논점에 초점을 맞추어 제2절에서는 어휘부의 범위와 각 모형을, 제3절에서는 등재의 개념과 단위 등에 관한 논의를 진행한다. 이 글의 목적과 성격에 걸맞게 선행 연구를 전반적으로 개괄하면서 각 입장의 주요 특징들을 밝히는 방식으로 소개하고자 한다. 한국어 형태론에서 어휘부와 등재에 관한 연구는 여전히 여러 지점에서 활발한 논쟁의 무대 위에 있다. 따라서 이 글 안에서 여러 물음에 관한 명쾌한 답을 찾기는 어려울 것이다. 다만 종래의 연구 업적을 돌이켜 보고 새로운 질문을 던져보는 일만으로도 후배 학자로서 얻은 소중한 배움의 기회가 아닐까 한다.

2. 어휘부

2.1. 어휘부의 역할과 범위

문법이라는 체계적 원리가 화자의 언어로 실현되기 위해 우선적으로 필요한 대상은 무엇일까? 다소 거칠게나마 이에 대한 답을 헤아려 본다면, 실제 인간이 사용하는 구체적인 언어 단위가 아닐까 한다. 인간이 내재한 문법이 아무리 고도화되고 세련된 방식으로 질서 정연하게 구성되어 있다고 하더라도, 실제 단어나 문장을 통해 그것이 발현되지 않는다면 원리는 불필요하고 공허한 도식에 불과할 것이다. 따라서 문법에 적용될 실제 언어 단위의 존재는 필수 불가결한 요소이다. 그렇다면 자연스레 제기되는 궁금증은 과연 이들 언어 단위가 어디에 분포하는가 하는 점이다.

의심의 여지없이 우리는 언어 단위를 기억한다. 특히 일련의 규칙적인 패턴으로 설명할 수 없는 대상은 연산 없이 '통째로' 기억해 버린다. 그리고 언어 연구에서 이러한 기억의 절차는 보통 어휘부에서 담당하는 것으로 논의된다. 어휘부에 목록화된 단위들이 규칙과 같은 형성 원리에 적용됨으로써 실제 우리가 쓰는 다수의 단어와 문장을 형성해 내는 것이다. 이렇게 볼 때, 어휘부의 가장 핵심적인 역할은 단연 '저장'의 기능이라 할 수 있다. 그렇다면 종래의 연구에서는 어휘부의 역할이 어떠한 방식으로 논의되어 왔을까?

어휘부(lexicon)에 관한 언급은 일찍이 Bloomfield(1933)에서 관찰된다. 하지만 이때의 어휘부는 문법의 한 부속물(appendix)로서 형태소와 불규칙한 대상의 목록 정도로 파악되었다는 점에서 그 외연이 넓지 않다.2) 이후, 어휘부가 언어 연구의 주변에서 중심부로 인정받기 시작한 것은 생성 문법 연구가 본격화되면서이다. 그러나 생성 문법 내에서도 초기의 어휘부는 무질서한 어휘 형식소(lexical formative)의 목록에 불과하였다(Chomsky 1965). 음운론적 변별 자질과 명세된 통사론적 자질의 쌍으로 형성된 어휘 항목(lexical entry)과 잉여 규칙 등으로 구성된 초기 어휘부는 문법의 기저부(base) 내에 포함되어 있으면서 변형을 통해 단어를 형성하는 식으로 이해되었다. 가령 음성적 형식을 결정하는 자질이 명세된 'destroy', 'refuse'가 어휘부에 들어있어 명사화 변형(nominalization transformation)을 통해 해당 파생어, 'destruction', 'refusal'이 형성된다는 시각이다.

이후, Chomsky(1970)을 계기로 문법 내 어휘부의 위치와 그 기능은 대폭 조정된다. 주지하듯이 Chomsky(1970)은 초기 변형생성문법에서 배제되었던 독자적인 형태부(morphological component)를 위한 이론적 자리를 마련한 연구로서 큰 의의를 지닌다(Scalise 1984 : 20). 어휘 규칙(lexical rule)과 같은 변형을 통해 단어 형성을 설명하고자 한 시도(Lees 1960 등)와 달리, 변형을 통해 다루어졌던 파생명사의 형성까지도 모두 'lexicon'에서 처리

---

2) 성광수(1993 : 127-132)에 따르면, 보다 앞선 시기의 Sweet(1891, 1955)에서는 문법과는 무관하게 독립 단어들의 집합을 사전(dictionary or lexicon)으로 이해하였다. 이때의 'lexicon'은 'dictionary'와 동일시되었다. 하지만 Bloomfield(1933)은 'lexicon'과 'dictionary'를 구분하고 있는 점에서 차이가 있다.

하게 됨으로써 어휘부가 단어 형성을 위한 부문으로서의 지위를 명확히
하게 되었다. 불규칙한 대상의 저장소 정도로 인식되었던 이전 시기의 어
휘부 개념과 비교한다면 이는 커다란 변화가 아닐 수 없다.

　단어 형성에 관한 '생성형태론(generative morphology)' 연구의 시작은 Halle
(1973)에서 본격화된다. 이후에 제시될 몇 가지 문법 모형을 살피면서 이들
모형 내에서 어휘부가 차지하는 역할을 중점적으로 살펴보기로 한다.

　(1) Halle(1973 : 8)

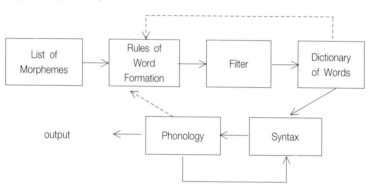

　주지하듯이 Halle(1973)은 통사부로부터 독립된 단어 형성의 절차, 즉
형태부의 위상이 강조된 초기 연구이다. Halle(1973 : 8)은 위 모형에서 형
태소 목록(a list of morphemes), 단어 형성 규칙(rules of word formation), 여과
장치(filter)의 세 부문(component)을 가리켜 형태부(morphology)로 명명한다.
주목할 사항은 단어 형성을 담당하는 '형태부'와 문장 형성을 담당하는
'통사부'(syntax) 사이에 '사전(dictionary of words)'을 배치함으로써 어휘 삽
입 과정을 도식화하였다는 점이다. 이때의 사전은 앞서 언급한 어휘부에
대응된다. 단어 형성을 위한 '형태부'라는 부문이 독자적으로 존재하며, 사
전은 통사부와도 직접적으로 연결되어 저장의 역할만을 담당하는 것이다.[3]

그렇다면 Halle(1973)과 달리 단어 기반 형태론의 입장에 있는 Aronoff (1976)은 어떠한 단어 형성 모형을 제시하였을까? Aronoff(1976)에서 직접적으로 어휘부 모형을 표현한 도식은 확인할 수 없지만 Scalise(1984)에서 제시된 아래 그림들을 통해 간접적으로 Aronoff(1976)의 입장을 확인해 볼 수 있다.

(2) The organisation of the lexical component (I) - Scalise(1984 : 43)

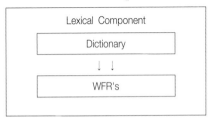

Aronoff(1976 : 22)은 단어형성규칙(WFR)으로 형성된 단어가 일회용규칙 (once-only rule)을 통해 사전(dictionary)에 저장될 수 있다고 보았다. (2)는 사전의 단위가 단어형성규칙으로 입력되는 양상을 도식화한 것이다. 여기서 주목되는 사항은 (2)의 모형이 'lexical component'로 명명되었다는 점이다. 사실상 Aronoff(1976)에서는 (2)에 쓰인 'lexical component'의 용어를 별도로 사용하고 있지 않다는 점에서 이는 Aronoff(1976)의 관점을 정리하면서 Scalise(1984)에서 도입된 것으로 볼 수 있는데, 이때 'lexical component'는 형성 부문인 WFR's에 더하여 저장 부문인 'dictionary'까지 포함한다. 이러한 점에서 본다면, (2)의 'lexical component'는 (1)의

---

3) 따라서 Halle(1973)의 어휘부 모형 내에는 2개의 저장 부문이 있다. 형태소를 저장하는 '형태소 목록'과 규칙의 출력물인 단어를 저장하는 '사전'이 그것이다. 두 개의 저장 부문을 배치한 Halle(1973)의 모형은, 이후 연구자들의 입장에 따라 저장 공간의 수를 줄이는 방향으로 전개된다(Carstairs-McCarthy 1992 : 25-26 참고). Lieber(1981)은 형태소 목록을, Aronoff (1976)은 사전만을 취한 대표적인 입장이다. Di Sciullo & Williams(1987)은 혼합된(mixed) 입장에서 형태소와 단어의 저장을 모두 인정한다.

Halle(1973) 모형 내 형태부와 그 외연이 같지 않으며, Halle(1973)의 형태부와 사전을 합한 구성과 동일한 것으로 볼 수 있다.

여기서 용어 사용과 관련하여 다소 혼란스러운 문제가 발생한다. Scalise (1984)의 번역서인 전상범 역(1987 : 57)에서 (2)의 'lexical component'가 '어휘부'로 번역된 것인데, 이러한 번역의 결과가 이후 국내 형태론 연구에 미친 영향이 적지 않다고 판단된다.4) 사전(dictionary)에 대응되는 수준에서 저장만을 담당하는 '좁은 의미의 어휘부'에 더하여, 사전과 단어 형성 규칙을 모두 포함한 '넓은 의미의 어휘부'가 '어휘부'라는 하나의 용어로 혼재되어 쓰이기 시작한 것이다. 특히 국내 형태론 연구에서의 초기 어휘부 연구는 후자의 관점에서 '어휘 부문(lexical component)'으로서의 '넓은 의미의 어휘부'가 중점적으로 쓰이기 시작하였다(구본관 1990, 시정곤 1998, 황화상 2001 등).

분명한 것은 Aronoff(1976) 내에서 쓰고 있는 'lexicon'의 개념이 단어 형성 규칙을 포함한 (2)의 'lexical component'가 아니며, 'lexicon'은 저장 공간인 'dictionary'에 대응하는 의미로 쓰이고 있다는 사실이다. Aronoff (1976 : 18)에서 기술한 바와 같이 Halle(1973)과 같은 모형이 2개의 'lexicon' (a list of morphemes와 word lexicon)을 지니고 있다고 본 점이 이를 뒷받침한다.

요컨대, Scalise(1984)의 단어 형성은 저장 부문인 'dictionary(사전)'와 형성 부문인 'morphological component(형태 부문)'로 구성된 'lexical component (어휘 부문)'에서 진행된다. 이때 'dictionary'는 Halle(1973)의 'dictionary'와 Aronoff(1976)의 'lexicon'에 대응하며, 'morphological component'는 Halle (1973)의 'morphology', Aronoff(1976)의 'Word Formation Rule(단어형성규

---

4) 이는 최형용(2013가)에서 주목된 것으로, 어휘부의 외연을 어떻게 설정할 것인가 하는 문제와 관련하여 다소 혼란스럽게 전개되어온 그간의 연구 흐름을 고려할 때 우리에게 시사하는 바가 적지 않다.

칙)'과 일치한다. 이상의 논의를 다음의 표와 같이 정리할 수 있다.

(3) 단어의 형성 부문과 저장 부문에 관한 입장

	단어 형성 부문	단어 저장 부문
Halle(1973)	morphology	dictionary
Aronoff(1976)	Word Formation Rule	dictionary, lexicon
Scalise(1984)	morphological component	dictionary

연구자에 따라서 단어 저장 부문을 지시하는 용어로 'dictionary'와 'lexicon'을 함께 쓰고 있다는 사실이 관찰된다. 특히, 'dictionary'와 'lexicon'이 단어 형성과 관련한 'morphology, Word Formation Rule'을 포함하지 않는다는 점을 강조하고자 한다. 즉, 단어의 저장만이 관여하는 공간으로 한정하여 'lexicon'을 쓰고 있는 것이다. 반면, 마지막 Scalise(1984)는 'morphological component'와 'dictionary'를 더하여 'lexical component(어휘 부문)'로 파악하였다.

일단 이 글에서는 Halle(1973), Aronoff(1976)과 유사한 입장에서, 단어 형성 부문으로서 '형태부(morphology)'를, 단어 저장 부문으로서 '어휘부(lexicon)'을 활용하고자 한다. 특히 '어휘부' 개념의 외연과 관련하여 '어휘 부문(lexical component)'과의 차이를 분명하게 인식할 필요가 있다. 다음 절에서는 그간 한국어 형태론의 대표적인 문법 모형을 검토하면서 이들 논의의 어휘부를 비교해 보기로 한다.

2.2. 문법 모형과 어휘부

앞서 언급한 바와 같이, 최형용(2013가)에서는 국내 단어형성론 내 '어휘부' 개념의 외연을 검토하면서 '어휘 부문'으로서의 어휘부와 '저장 장소'로서의 어휘부를 구분하고 두 입장의 관련성을 조명하였다. 이 글도 최형용(2013가)의 구분을 시작점으로 삼아 논의를 진행하고자 한다. (4가) 와 (4나)의 구분이 이에 해당한다.

　(4) 가. '어휘 부문'으로서의 어휘부
　　　나. '저장 부문'으로서의 어휘부
　　　다. '형성 부문'으로서의 형태부, '저장 부문'으로서의 어휘부

　(4가)와 (4나)에 더하여, 우리는 '저장 부문'으로서의 어휘부와 함께 '형성 부문'으로서의 형태부를 주장한 국내 연구를 추가적으로 검토할 것이다. 이러한 (4다)의 시각은 앞서 제시한 Halle(1973)의 입장에 가장 근접해 있는 것으로 판단되지만, 국내 연구에서는 (4다)의 입장이 크게 주목받지 못한 듯하다.5)

　한편, 어휘부에 저장된 언어 단위가 무엇인가 하는 점 역시 이전 논의들을 검토하면서 주목해야 할 문제이다. 몇몇 선행 연구를 살펴볼 때, 기억의 대상이라고 판단되는 언어 단위는 보통 어휘부 등재 단위로 흔히 받아들여져 왔다. 가령 단어보다 큰 단위라 할지라도 '미역국을 먹다'와 같은 숙어 표현(idiomatic expression)이나, '백지장도 맞들면 낫다'와 같은 속담, 나아가 '질문을 던지다'와 같은 언어 구성(collocation)도 화자의 머릿속에 저장된 대상으로 분류된다(구본관 1990, 박진호 1994, 채현식 1994, 시정곤 1998 등). 그러나 어휘부와 관련한 종래의 연구는 주로 단어를 중심으로 전개되어 오다 보니, 단어보다 큰 이들 구성이 어떠한 방식으로 어휘부에 분포할 것인가에 대한 물음에 대해서는 구체적으로 논의하지 못한 한계가 있다. 기억의 대상인 등재소이면서 동시에 여전히 통사적 속성을 지니

---

5) 정한데로(2014)는 (4다)의 입장에서 어휘부 모형을 제안하였다. 후술할 (16)의 모형 참고.

고 있는 이들 단위의 이중적인 특성을 밝혀야 하는 어려움으로 인해, 연어 구성이나 숙어 표현의 등재 방식에 관해서는 간단한 언급만이 확인될 뿐이다. 물론 이 글 안에서 그 대안을 제시하기는 어렵다. 다만 통사론적 구성의 등재 단위와 관련하여 기존 논의에서 보완되어야 할 부분에 대해 논점 위주로 살펴 보고자 한다.

2.2.1. '어휘 부문'으로서의 어휘부

어휘부 모형에 관한 국내 단어형성론의 초기 연구로는 구본관(1990)이 대표적이다. 구본관(1990)의 어휘부는 형성과 저장을 모두 관장한다는 점에서 '어휘 부문'을 지시한다. 이는 (3)에서 제시한 논의 가운데 Scalise (1984)에서만 확인되는 'morphological component+dictionary'로서의 'lexical component'를 '어휘부(lexicon)'로 이해한 것이다.

(5) 구본관(1990 : 38)의 어휘부

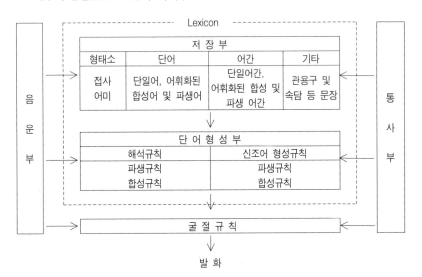

위 어휘부는 크게 저장부와 단어형성부로 구성되는데 저장부에는 형태소와 단어 등이 포함되며, 단어형성부는 새로운 단어 형성을 위한 형성규칙과 단어의 의미해석에 관여하는 해석규칙으로 구성된다. 그리고 약어휘론가설의 입장에서 굴절은 어휘부 밖에서 처리한다. 어휘부(lexicon)를 둘러싼 음운부, 통사부와의 관계도 확인되는데, 이들 부문으로부터의 화살표 방향을 볼 때 이들 부문도 어휘부와 직접적인 관계에 있는 것으로 해석할 수 있다.6)

구본관(1990)은 이른바 규칙적인 복합어도 어휘부에 등재하는 완전 등재의 입장에 있다. 그러나 위 모형에 이러한 입장이 반영되어 있지는 않다. 이를 위해서는 Halle(1973)식의 회송 장치를 마련하여 단어형성부의 결과가 어떠한 방식으로 다시 저장부에 등재되는지에 대해 보완될 필요가 있다.

주목할 사항은 관용구 및 속담 등의 문장도 어휘부 내 저장부에 형태소, 단어와 함께 등재된다는 점이다. 통사부로부터의 화살표가 통사론적 단위도 저장부로 입력될 수 있음을 의미하는 것이라면 이는 어휘부 내 저장부와 통사부의 관계가 포착되는 지점이 될 것이다.7) 그러나 위 모형을 수용한다면 몇 가지 문제를 고려하지 않을 수 없다. 첫째, 이들 관용구와 속담 등이 화살표의 방향대로 다시 단어형성부의 입력 대상이 되는 것인지 의문이다. 관용구를 포함해 형태소, 단어 등이 모두 단어형성부로 이동되고 있기 때문이다. 둘째, 어휘 부문으로서의 어휘부 내에서 이들 통사론적 단위를 다루는 것이 적절한 것인지 등에 대한 고려도 필요하다. 위 모형에서 통사론적 구성의 대상이 직접 '발화'로 이어지는 통로가 제

---

6) 실제 구본관(1990)에서 이와 관련한 구체적인 기술이 확인되지 않는다. 이에 각각의 화살표가 의미하는 바에 대해서는 명확히 알기 어렵다.

7) 그러나 아래 부분의 화살표 즉, '통사부→단어형성부', '통사부→굴절규칙'까지 그 방향의 의미를 부여한다면 설명되어야 할 사항이 추가적으로 발생한다. 따라서 첫 번째 화살표가 '통사부→저장부'의 과정을 의미하는 것인지는 확실하지 않다.

시되어 있지 않은 점은 저장 부문이 굳이 어휘 부문 내에 한정될 필요가
있는가 하는 근본적인 물음을 남긴다. 이러한 양상은 구본관(1990)뿐만 아
니라 종래의 어휘부 모형 다수가 안고 있는 문제점으로 보인다. 이를 극
복하기 위해서는 결국 통사론적 구성을 한 등재 단위의 입력과 출력에
관한 독립적인 방안이 마련되어야 한다.[8]

(6) 구본관(1998 : 34)의 어휘부

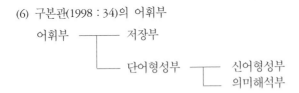

구본관(1998) 모형은 구본관(1990)의 기본 틀을 그대로 유지한다. 각 하
위 구성 요소의 기능 역시 이전과 크게 다르지 않은데, 어휘 부문으로서
의 어휘부 내에 저장을 담당할 저장부와 형성을 담당할 단어형성부가 공
존한다. 새로운 단어를 만드는 신어형성부와 이미 만들어진 단어의 구조
를 분석하는 의미해석부로 구성된 단어형성부는 새로운 단어를 만들고,
어휘의 구조를 분석하는 두 가지 역할을 동시에 담당한다.[9] 파생어를 중
심으로 한 연구라는 점에서 통사 단위의 저장부 등재에 관한 직접적인
언급은 확인되지 않는다. 구본관(1990)과 같은 방식으로 관용구 및 속담
등을 어휘부 내 저장부에 등재한다면 이들이 단어형성부와 어떠한 관계
에 있는지에 대해 논의되어야 할 것이다.

---

8) 단어형성부로부터 출력된 대상의 등재 방향도 모형에서 확인되지는 않는다. 어휘부의 잉여
   적 속성과 규칙적인 파생어의 등재를 주장하는 구본관(1990)의 입장을 고려한다면 단어형성
   부의 결과물도 저장부로 다시 등재될 것이다.

9) 형성 기제로서의 규칙과 분석 기제로서의 규칙, 이 두 가지 속성은 단어 형성에 관한 선행
   연구에서 지속적으로 언급되어 왔다. Aronoff(1976 : 31)은 이를 잉여 규칙(redundancy rule)으
   로 파악하였으며, Haspelmath(2002 : 41)에서는 이를 형태론적 규칙(morphological rule)의 기
   술적 역할(descriptive role)로 소개한 바 있다.

(7) 시정곤(1998 : 64)의 어휘부

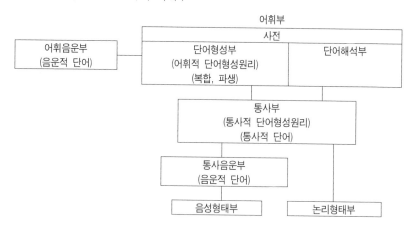

시정곤(1998)의 모형은 몇 가지 면에서 구본관(1990, 1998)과 유사한 특징을 보인다. 일단 형성과 저장의 기능을 하는 어휘 부문으로서의 어휘부를 상정하며, 그 내부에 저장을 담당하는 사전, 새로운 단어를 만드는 단어형성부, 이미 존재하는 단어의 의미해석과 구조를 검색하는 단어해석부로 구성되어 있다는 점에서 유사하다. 다만, 통사부에서 형성된 통사적 단어, 어휘음운부 및 통사음운부에서 처리되는 음운적 단어에 관한 논의가 추가된 점은 구본관(1990, 1998)과 상이하다.

(7)의 사전은 단어형성부나 단어해석부에 입력되는 어휘항목의 집합으로, 어근, 접사, 단어, 관용어, 관용구, 속담이 저장된다. 시정곤(1998)도 관용구와 속담 등이 사전에 등재된다고 보면서, 저장 공간을 어휘부 내에 배치한 점이 확인된다. 그러나 이 역시 어휘 부문 내에 통사론적 구성의 저장을 동시에 처리하고 있다는 점에서 재고의 여지가 있다. 이러한 점에서 구본관(1990)과 마찬가지로 이들 단위의 통사부로부터의 입력이나 통사부로의 출력에 관한 설명이 필요할 것이다.

(8) 시정곤(2001 : 170)의 '어휘부의 기본 구조'

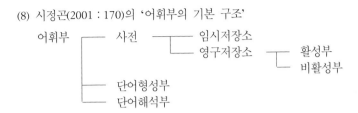

시정곤(2001)은 시정곤(1998)의 어휘부 기본 틀을 유지하되, 사전 내에 임시저장소와 영구저장소를 구성하고 영구저장소 내에는 활성부와 비활 성부를 배치함으로써 사전의 구조를 보다 세밀화하였다. 영구저장소의 등재 단위로는 어근, 접사, 단일어, 파생어, 합성어,10) 연어, 관용어, 속담 등이 포함되는데, 시정곤(2001)도 시정곤(1998)과 마찬가지로 어휘부 내에 서 연어, 관용어, 속담 등이 처리되고 있음이 관찰된다.

한편, 황화상(2001)의 어휘부도 어휘 부문의 개념으로 쓰이고 있다는 점에서 구본관(1990), 시정곤(1998) 등과 함께 묶일 수 있다.

(9) 황화상(2001 : 70)의 '어휘부의 구성과 문법적 위치'

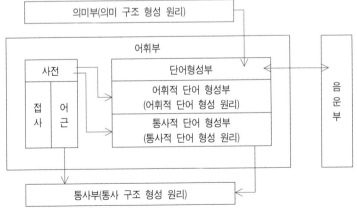

---

10) 시정곤(2001)에서는 '복합어'로 기술하고 있으나, 이 글의 용어에 맞게 '합성어'로 수정한 것이다.

황화상(2001)은 의미 구조에서 형태 구조로의 방향을 띤 단어 형성 연구라는 점에서 주목된다. 이에 따라 그 모형도 의미부의 의미 구조 형성 원리에서 시작한다. 어휘부는 사전과 단어형성부로 구성되는데, 단어형성부 내에 해석을 위한 장치를 따로 마련하지 않았다는 점에서는 구본관(1990), 시정곤(1998) 등과 차이가 있다. 사전은 접사와 어근으로 구성되며, 어휘적 단어 형성부로부터의 회송 장치(loop)를 통해 복합어도 사전에 등재한다.

특징적인 점은 단어형성부 내에서 어휘적 단어와 통사적 단어를 모두 형성한다는 점인데, 전자는 형성 이후 사전에 입력되어 표제어로 등재되는 반면, 통사적 단어는 통사부에 입력된다는 차이가 있다. 사전에 등재된 단위로 관용어, 속담 등을 다룬 기술은 확인되지 않는다는 점에서 어휘부 내에서 이들 통사론적 단위를 처리한 구본관(1990), 시정곤(1998)과 차이가 있다. 단어 형성과 직접적으로 관련된 단위가 아니므로 논의에서 배제한 것으로 판단되지만, 만약 관용어와 속담 등도 등재 단위로 인정한다면 이들을 어휘부 내 사전에 저장할 것인지 아니면 어휘부 밖에 따로 저장 부문을 설정할 것인지에 대한 논의도 필요할 것이다.11)

지금까지 살펴본 구본관(1990, 1998), 시정곤(1998, 2001), 황화상(2001)에서는 Scalise(1984)와 같은 방식으로 어휘 부문(lexical component)으로서의 어휘부 내에 사전과 단어형성부를 두고 저장과 형성의 두 과정을 어휘부 안에서 모두 처리하였다. 그러나 구본관(1990), 시정곤(1998) 등처럼 관용어, 속담 등을 어휘부 내 사전에서 처리할 것이라면 이들 단위와 통사부의 관계, 단위의 입력과 출력 과정 등을 위한 설명이나 장치가 마련되어

---

11) 황화상(2011)에서는 관용어를 어휘부 등재 단위로 처리한 바 있다. 모형에 대한 구체적인 설명은 없으나, 이들을 어휘부 등재 단위로 파악한다면 관용어를 사전에 등재하는 것인지 등 추가적인 설명이 필요하다.

야 한다.

2.2.2. '저장 부문'으로서의 어휘부

지금까지의 '어휘 부문'으로서의 어휘부와 달리, '저장 부문'으로서의
어휘부에 접근한 논의도 차례로 검토해 보자. 대표적인 연구로 박진호
(1994)를 들 수 있는데, 아래와 같이 어휘부 내에 두 개의 목록을 설정한
점이 특징적이다. 하나는 통사원자들의 목록으로 (10)의 표층어휘부에 해
당하는 것이며, 다른 하나는 통사원자가 아닌 형태소들의 목록으로서 심
층어휘부에 대응한다.

> (10) 박진호(1994 : 18-19)
>
>   어휘부 ┬── 표층어휘부
>   └── 심층어휘부

박진호(1994)는 통사부에 가시적인 대상(통사원자)을 표층어휘부에, 통사
부에서 직접적으로 참조할 수 없는 대상(접사, 어근)을 심층어휘부에 배치
함으로써 이들을 구분한다. 심층어휘부의 형태소는 다수의 통사원자 사
이의 연결을 통해 인식되는 단위로 보아 혼자서 독립적인 존재 근거를
갖지 못한다고 보았다. 통사원자나 형태소 외의 관용어나 속담의 등재에
관한 본격적인 입장은 확인되지 않는다.

통사원자보다 큰 단위에 대한 언급은 박진호(1999 : 333-334)에서 살펴볼
수 있다. 숙어는 일반적인 통사 구성과 다를 바 없지만, 의미론적 합성성
이 충족되지 못한다는 점에서 그 전체 의미가 어휘부에서 명시되어야 한
다고 보았다. 즉, 이들은 통사원자는 아니나 어휘부 등재 단위에는 포함
된다는 입장이다. 그렇다면 이들은 어디에 등재되는 것일까? 통사원자를

위한 표층어휘부, 통사원자가 아닌 형태소를 위한 심층어휘부 외에 또 다른 공간이 필요한 것인지 설명되어야 한다. 이와 관련하여 박진호(2003 : 375-376)에서는 단어와 관용표현은 어휘부에 저장하지만, 속담이나 격언은 어휘부에 저장되는 것이 아니라 백과사전적 지식을 저장하는 다른 곳에 저장된다고 언급해 주목을 끈다. 전자는 사용(use)되는 것이 일반적인 용법이지만, 후자는 언급(mention) 내지 인용(quotation)되는 것이 일반적이기 때문에 이를 구분해야 한다는 입장이다. 이에 더하여, 관용표현이 통사원자와 함께 표층어휘부에 저장되는 것인지 등에 대한 설명도 필요할 것이다.

(11) 채현식(1994 : 84)의 어휘부

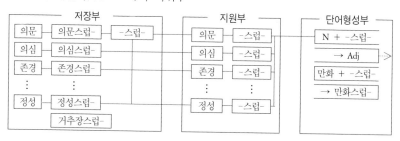

채현식(1994)의 어휘부(lexicon)는 저장부(main lexicon), 지원부(back-up information), 단어형성부(lexical tool-kit)의 셋으로 구성된다. 이는 일견 구본관(1990, 1998)의 구성과 유사해 보인다.12) 하지만 채현식(1994)에서 저장부를 '좁은 의미에서의 어휘부'(2, 6쪽), 'main lexicon'(83쪽)으로 기술하고 있는 점이 주목된다. 단어를 기억하고 저장하는 부문인 저장부에 어휘부

---

12) 실제로 송원용(2005가 : 37 각주 6)는 채현식(1994)의 지원부와 단어형성부가 어휘부 내에 배치된 것을 구본관(1990)의 영향인 것으로 파악하였으며, 최형용(2013가)에서도 채현식(1994)의 어휘부를 '어휘 부문으로서의 lexicon'으로 분류하여 구본관(1990, 1998)과 함께 묶어 제시한 바 있다.

전체의 초점이 맞춰져 있기 때문이다. 본론 기술에 있어서도 어휘부를 저장 공간인 저장부의 개념으로 쓰며(3쪽 각주 3 참조), 머리 속의 사전(mental lexicon)으로 파악(4쪽)하고 있다는 점은 채현식(1994)를 구본관(1990) 등과 함께 묶어 논의하기 어렵게 한다.13)

등재 단위에 있어서는 앞서 제시한 다수의 연구와 마찬가지로 단어보다 큰 단위인 특정한 구나 문장도 포함한다(채현식 1994 : 10). 여기에 더하여, 용언의 활용형까지도 어휘부 내 등재소로 제시한 점이 특징적이다.14) 특정한 구나 문장의 저장 위치에 관한 구체적인 언급은 없으나 만약 이들을 저장부에 등재한다면 이들 통사론적 구성 역시 어휘부 내에서 처리되어야 하며, 통사부로부터 어휘부 내 저장부로 입력된 과정에 관한 설명도 필요할 듯하다. 또한 만약 활용형의 형성을 통사부의 작용으로 파악한다면, 등재된 용언의 활용형이 통사부로부터 어휘부로 향하는 과정도 고민해 볼 수 있다.

이후, 채현식(2003 : 63)에서의 어휘부 내 단어 연결망은 아래와 같이 제시된다.

---

13) 채현식(1994)의 제5장에서는 앞부분과 달리 다시 넓은 의미로서의 어휘부 개념을 쓰고 있어, 논의 전반적으로 용어 사용에 혼란의 여지가 있다.

14) 한편, 정한데로(2012)는 규칙적인 굴절형(조사·어미 복합형태)의 경우도 빈도와 같은 언어 수행 차원에서 충분히 등재의 대상이 될 수 있다고 파악한 논의이다. 불규칙 굴절형을 중심으로 논의한 채현식(1994)와 비교할 때, 보다 등재의 역할을 강조한 태도로 볼 수 있다.

(12) 채현식(2003 : 63)의 '접미사 '-보'에 의한 파생어들의 연결망 조직'

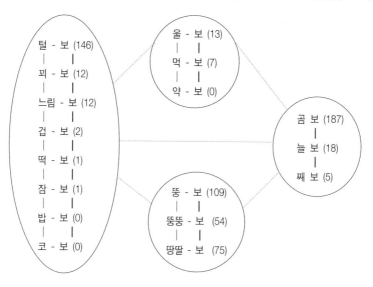

채현식(2003)은 박진호(1994)와 같이 단어 형성을 위한 장치를 어휘부 내에 따로 마련하지 않았다는 점에서 표면적으로 채현식(1994)와 큰 차이가 있다. 어휘부의 본질이 저장(storage)에 있지만, 저장된 단어들이 새로운 단어를 형성하는 바탕을 이룬다고 본다(채현식 2003 : 28-29). (12)와 같이 어휘부를 구성하는 등재소 간의 연결망 조직을 통해 추상화된 유추적 틀(analogical schema)로 단어를 형성한다는 입장이다. 특히 출현 빈도(token frequency)에 따라 활성화된 단위 간에 연결이 강화될 수 있으며, 유형 빈도(type frequency)를 통해 묶음을 이루는 계열체가 강화된다(채현식 2003 : 65).

(12)의 [X-보] 파생어 예가 이러한 연결망과 강화 작용을 보여준다. 형태적 층위에서 어기(명사, 동사 어간, 어근)의 유형에 따라 계열체를 형성하고, 굵은 실선의 계열체 중심축(-보) 사이의 강도 높은 연결이 확인된

다. 비교적 강도가 약한 계열체와 계열체는 점선으로 표시된다. 관용 표현이나 연어도 어휘부 등재 단위로 파악하고 있으나(채현식 2003 : 49-51), 어휘부 내 이들 조직과 연결망에 관한 별개의 논의는 확인되지 않는다.

한편, 채현식(2007)에 이르면 어휘부를 하나의 복잡계(complex system)로 보아 '창발(emergence)'과 '자기조직화(self-organization)'의 개념을 바탕으로 단어의 형성과 저장을 설명하고자 하는 시도가 전개된다. 용례를 기반으로 하여 어휘부의 규칙성이 '틀(schema)'로 포착되고 틀로부터 단어가 형성되는데, 이때의 틀은 저장된 단어들로부터 창발된다고 보는 것이다. 따라서 채현식(2007)의 어휘부 내에는 틀을 창발하기 위한 단어만이 실재할 뿐이다.

(13) 송원용(1998 : 19)의 '어휘부 모형'

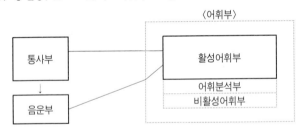

송원용(1998)의 어휘부 역시 저장 부문으로서의 주된 역할을 담당한다. 전체 구성은 박진호(1994)와 마찬가지로 이중 구조를 지닌다. '활성어휘부'는 음운부·통사부와 직접 연결되는 단어가 저장되는 반면, '비활성어휘부'에는 단어들 사이에서 분석되어 인식되는 접사가 저장된다. 이 둘 사이에서 매개 역할을 하는 '어휘분석부'는 접사를 확인하고 형태론적 복합 구성의 내적 구조를 확인하는 기능을 담당한다. 구나 문장도 등재소로 인정하고 있으나(20쪽 각주 20), 이들의 어휘부 내 분포에 대한 언급은 없다.

송원용(2005가)에서는 송원용(1998)에서의 '어휘분석부'를 없애고, 표층어휘부와 심층어휘부로만 구성된 어휘부-유추 모형이 제안된다. 이에 전반적으로 박진호(1994)의 어휘부와 상당히 유사해진 결과를 보여준다. 송원용(1998)의 '활성어휘부'와 '비활성어휘부'는 각각 '표층어휘부'와 '심층어휘부'에 대응된다.

(14) 송원용(2005가 : 44)의 '어휘부-유추 모형의 어휘부'

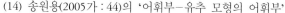
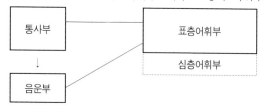

특히 주목할 만한 부분은 어휘부 등재 단어(단일어, 모든 복합어, 통사구성 고유명사)뿐만 아니라, 어휘부 등재 통사 구성(관용 표현, 연어 등)도 표층어휘부에 저장되어 있음을 명시적으로 밝히고 있다는 점이다.15) 후자의 경우도 통사부에 가시적이라는 판단에 따라 표층어휘부에 배치한 것으로 보이는데, 이들 통사론적 구성이 어떠한 방식으로 어휘부 체계 내에 저장되는지, 또 이들 구성과 통사부의 관계가 단어와 통사부의 관계와 동일한 것인지 등 추가적인 설명도 필요할 듯하다.

지금까지 살펴본 박진호(1994), 채현식(1994, 2003, 2007), 송원용(1998, 2005가)는 저장 부문으로서의 어휘부 역할에 초점을 둔 연구라는 공통점이 있다. 단어 형성을 위한 독자적인 공간을 따로 마련하지 않고, 어휘부

---

15) 송원용(2005가 : 44)의 "표층 어휘부에는 모든 등재소가 저장된다."라는 기술은 심층 어휘부에 저장된다고 한 접사는 등재소로 보지 않는다는 것인지 독자로 하여금 혼란을 줄 여지가 있다.

내 등재소 간의 어휘적 관련성을 바탕으로 한 연결망을 활용하여 단어를 형성한다는 점 역시 유사하다.16) 특히, 채현식(1999, 2003가, 2003나), 송원용(1998, 2002, 2005가)의 주요 단어 형성 기제는 계열 관계를 활용한 유추적 틀이다.

2.2.3. '형성 부문'으로서의 형태부, '저장 부문'으로서의 어휘부

저장 부문으로서의 어휘부를 인정(박진호 1994 등)하면서도, 그와 동시에 단어 형성을 위한 공간을 상정(구본관 1990 등)하고 있는 모형이 있어 주목된다.17)

(15) 김인균(1999 : 43)의 '사전(lexicon) 및 형태부(morphology) 모델'

사전(lexicon)			
어사군(X^0)	접사군(X^{-1}/X^0)		어사(소)구(X^1)
명사 [+N, −V]	파생접사(X^{-1})	교착접사(X^0)	
동사 [−N, +V]	접두사	체언구접사	
관형사 [+N, +V]	접미사	용언구접사	
부사 [−N, −V]			

형태부(morphology) − 어사형성부

김인균(1999)는 'lexicon'을 '사전'으로 번역하고 있으나 이는 시정곤(1998) 등의 어휘 부문으로서의 어휘부 내 '사전'과는 또 다른 것으로, 형성을 위한 형태부와 독립된 위치에 사전이 분포한다는 점에서 구본관(1990) 등과 큰 차이가 있다.18) 저장 부문인 사전에는 어사군(X^0)(=단어),

---

16) 채현식(1994)만은 단어형성부가 모형 내에서 포착되므로 제외된다.
17) 어휘부의 기본적인 역할을 '저장'으로 파악하고 있다는 점에서 채현식(2003), 송원용(2005가)와 동일한 입장이다. 한편, 단어 형성을 위한 부문을 적극적으로 설정한 점에서 구본관(1990) 등과 동일하다.
18) 김인균(1999 : 29 각주 1)에서 밝히고 있듯이 'lexicon'을 '사전(辭典)'으로 번역한 것은 그

접사군(X^{-1}/X^0), 어사(소)구(X^1)(=관용구 등)가 포함되며, 형태부는 사전과 별개로 '어사+어사', '어사+파생접사' 결합과 같은 형성 부문의 기능을 한다. 두 부문 사이의 빗금은 사전과 형태부가 상호의존적임을 의미한다. 그리고 이러한 입장은 김인균(2005)로 이어진다.

앞에서 제시한 (3)을 참고한다면, (15)의 모형은 형성 및 저장 부문을 완벽히 분리하고 'lexicon' 내에서 형성을 다루지 않는다는 점에서 Scalise (1984)의 'lexical component'로서의 어휘부보다는 Halle(1973), Aronoff (1976)의 모형에 더 가까운 것으로 판단된다.

단어보다 큰 단위(어사(소)구)가 사전에 포함되어 있는 점은 이미 많은 논의에서도 언급된 바 있다. 하지만 단어 형성을 담당하는 형태부 밖에 사전이 분리된 부문으로 존재한다는 점은, 등재 가능한 통사론적 단위의 형성과 저장이 형태부와 별개의 경로로 전개될 수 있음을 보여준다는 점에서 의미가 있다고 판단된다. 이는 구본관(1990), 시정곤(1998) 등과의 차이가 발견되는 지점이다. 다만 빗금으로 표시된 형태부와의 상호보완성은 보다 구체화될 수 있을 것이다. 위 모형에 통사부도 추가된다면 어사(소)구는 통사부와 상호보완성을 지니게 될 것이다.

등재 가능성의 여부로 단순히 형태론과 통사론을 이분화하는 접근이 아니라 형태론적 단위와 통사론적 단위가 모두 등재 대상이 될 수 있다고 보는 시각에 선다면, 결국 등재를 위한 저장 부문의 위치는 형태부뿐만 아니라 통사부와의 상호작용까지 고려해야 할 것이다. 이러한 관점에 선 대표적인 입장이 바로 정한데로(2014)이다.

구성 단위들의 용어와의 통일성을 고려한 것이다. 김인균(1999)는 'lexeme'을 '어사(語辭)'로, 'affix'를 '접사(接辭)'로, 'idiom'을 '어사(소)구(語辭(小)句)'로 번역함으로써 구성 단위와 구성 부문에 관한 용어에 있어서 '辭'의 개념을 연결하고 있다.

(16) 정한데로(2014 : 60)의 ''어휘부 – 형태부/통사부' 모형'

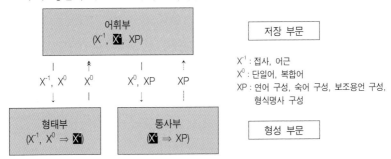

(16)의 모형은 크게 형성 부문인 형태부와 통사부, 저장 부문인 어휘부로 구성된다. 형성 부문으로서의 형태부와 저장 부문으로서의 어휘부가 독립된 상태를 유지한다는 점에서 이는 (1)의 Halle(1973), (15)의 김인균(1999)와 가까운 입장이다. 형태부는 단어 형성(X^{-1}, $X^0 \Rightarrow X^0$)을, 통사부는 문장 형성($X^0 \Rightarrow XP$)을 관장한다. 형태부의 목표가 X^{-1}, X^0를 사용하여 X^0를 도출(⇒)하는 것이라면, 통사부의 목표는 X^0를 사용하여 XP를 도출(⇒)하는 것으로 평행하다. 그리고 단어와 문장 형성에 필요한 입력 단위(X^{-1}, X^0, XP)는 어휘부로부터 각각 제공된다. 어휘부, 형태부, 통사부 내의 각 단위가 그 과정을 보여준다.

한편, 형태부와 통사부의 결과는 다시 어휘부로 입력될 수도 있다. 형태부의 결과물(X^0)이 적극적으로(↑) 어휘부에 등재되는 반면, 통사부의 결과물(XP)은 등재에 소극적이다(↑). (16)의 서로 다른 화살표는 이러한 단위 간의 상이한 양상을 보여준다.

이러한 모형에서는 단어 형성의 결과와 문장 형성의 결과를 모두 어휘부에서 처리할 수 있다는 장점이 있다.[19] 그리고 어휘부 내에 저장된 단

---

19) 김의수(2013)의 입장처럼 저장을 담당하는 부분을 '저장부'로 명명하는 것이 더 명시적일 수 있으나, 일단 이 글에서는 기존 표현 방식에 따라 저장 부문을 위한 용어로 '어휘부'를 쓰기로 한다.

위별로 각각 형태부와 통사부라는 형성 부문에 입력되어 새로운 결과물을 도출해 낼 수 있게 될 것이다. 기본적으로 단어와 문장의 두 형성 과정을 평행하게 파악할 때 설명 가능한 모형이다.

2.3. 어휘부 조직

어휘부 내부의 조직은 어떻게 구성될 것인가? 이에 대해서는 어휘부 등재소들이 음운론·형태론·의미론 등 다양한 정보를 바탕으로 어휘적 관련성(lexical relatedness)을 지니며 연결망(network)을 이룬 채 저장되어 있다고 보는 것이 일반적이다. 어휘적 관련성의 문제는 Jackendoff(1975), Bybee(1985, 1988) 등을 통해 논의되기 시작하였으며, 특히 이러한 접근은 인간의 인지적 언어 능력에 관심을 둔 심리언어학 연구를 중심으로 활발히 이루어졌다.

이러한 흐름은 국내 형태론 연구에도 적지 않은 영향을 가져왔다. 박진호(1994, 1999)를 시작으로 한 구본관(1998), 송원용(1998, 2002, 2005가), 채현식(1999, 2003, 2007), 이광호(2005), 나은미(2009), 안소진(2011) 등은 어휘부 내 연결망을 중심으로 단어 형성을 논의하면서 어휘부 연구의 중요성을 강조하였는데, 이는 인지적 접근을 활용한 한국어 단어형성론을 본격화하였다는 점에서 그 의의를 찾을 수 있다. 이들 연구의 영향으로 한국어 형태론의 연구 영역과 접근 방식도 다양한 가능성을 모색하게 되었으며, 특히 어휘부는 형태론의 주요한 연구 분야의 하나로 주목받게 되었다.[20] 저장 부문으로서의 수동적인 역할만을 어휘부(또는 사전)에 부여함으로써 어휘부 조직이나 등재 단위의 연결 문제에 대한 관심보다는 단어

---

20) 이에 박진호(1999)에서는 "어휘부(lexicon)에 대한 연구"라는 뜻으로 '어휘부학(lexiconoloy)'의 용어를 제안하기도 하였다.

형성 원리에 천착했던 종래의 (생성형태론 방식의) 접근과 비교할 때, 이른바 '인지형태론'(송원용 2002 참고)에 이르러서는 단어 형성의 문제까지도 어휘부가 주도적인 위치에서 영향력을 행사하게 되었기 때문이다. 가령 채현식(2003, 2007), 송원용(1998, 2005가) 등에서는 단어 형성을 위한 공간이 따로 설정되지 않으며, 어휘부가 저장과 동시에 형성의 기능까지 함께 담당한다.

그렇다면 단어 형성을 위한 부문을 별도로 설정한 연구에서는 어휘부 조직에 관해 어떠한 입장을 보여 왔는가? Aronoff(1976)의 잉여 규칙(redundancy rule)이나 Jackendoff(1975)의 완전명시항목이론(full entry hypothesis)은 단어(등재소) 내적 구조 및 외적 관계에 대한 당시의 관심을 간접적으로 보여 준다. 그러나 '생성'이라는 당시의 연구 분위기에 따라 형성 원리에 관심이 집중됨으로써 이들의 배열 및 관련성에 대한 연구는 본격화되지 못하였다.

국내 연구로는 시정곤(1999, 2001) 등이 참고되는데, '단어 형성 규칙'을 상정하는 관점에서도 단어들이 어휘적 관련성을 맺고 어휘부에 저장되어 있다고 가정한다는 점에서는 인지형태론의 시각과 크게 다르지 않다. 어휘부 내 등재소 간의 연결망을 인정하는 것이다. 본 연구도 어휘부 내 단위들 간의 어휘적 관련성을 바탕으로 한 긴밀한 연결망이 실재한다고 보는 입장에 있다. 다만 단어 형성과 저장의 문제를 구분하여, 등재소의 연결망 조직은 저장의 차원에서 수용하고자 한다.

어휘부 연결망과 관련한 기존 연구를 살펴보자. 채현식(2003 : 51-65)은 (12)의 어휘부 내 단어 연결망을 통해 이들이 고립적으로 분포하는 것이 아니며, 음운론·형태론·통사론·의미론의 다양한 층위에서 연결되어 어휘적 관련성을 바탕으로 조직된다는 점을 강조하였다. 시정곤(2001)의 입장도 이와 크게 다르지 않다.[21]

(17) 시정곤(2001: 178)의 '등재소의 연결망'

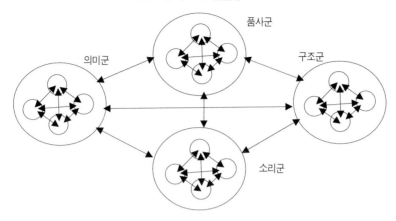

시정곤(2001)은 등재소가 정돈된 체계 속에 배치되며, 서로 비슷한 것들끼리 모여 하나의 무리를 형성한다고 가정한다. 크게 4가지 무리(의미군, 품사군, 소리군, 구조군)로 (17)처럼 이들이 긴밀하게 연결되어 있다고 보았다. 각각의 무리는 그 내부에 하위범주를 지니며, 한 등재소는 하나의 무리에만 속하는 것이 아니라 다양한 무리에 동시에 속하게 된다.

등재소 연결과 관련하여 우리가 주목하는 사항은 시정곤(2001)이 의미적 유사성에 초점을 맞추고 있다는 점이다. (12)에서 채현식(2003)의 [X-보] 파생어는 형태론적 기준으로 어기의 속성에 따라 배열된 반면, 시정곤(2001)은 의미적 유사성이 형태적 유사성에 우선하여 등재소 연결을 이룬다고 파악한다. 가령 채현식(2003)에 따르면 '먹보'가 동일한 계열체에 속해 있는 '울보, 약보'와 긴밀하게 연결되어 있을 것이나, 시정곤(2001)의 의미적 유사성에 기초하면 '먹보'는 '밥보, 떡보'와 함께 연상되기 쉽다는 입장이다.

21) 편의상 채현식(2003)으로 기술하였지만, 채현식(2003)은 채현식(2000)의 출판물이므로 시정곤(2001)은 채현식(2003=2000) 이후의 논의이다.

[X-보] 파생어의 연결 관계를 논의한 나은미(2009)의 (18)도 주목된다.

(18) 나은미(2009 : 62)의 '파생어 'X-보'의 연결 관계'

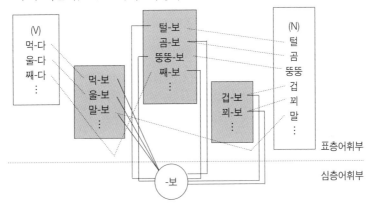

나은미(2009)는 단어 연결 방식에 의해 만들어진 추상물인 '패턴 (pattern)' 개념을 중심으로, 품사 패턴과 의미 패턴을 통해 어휘부 등재소 의 관계를 논의한다.22) 품사 패턴은 채현식(2003)의 형태적 유사성에 기 반한 연결 관계에, 의미 패턴은 시정곤(2001)의 의미적 유사성에 기반한 연결 관계에 대응될 수 있을 듯하다. (18)에서 확인되는 사항은 나은미 (2009)도 [X-보] 파생어 연결 관계를 의미 패턴을 중심으로 논의하고 있 어 결국 시정곤(2001)과 유사한 접근을 하고 있다는 점이다.

---

22) 나은미(2009 : 50 각주 26)는 Bybee(1988)의 틀(Schema) 개념이 '의미적 속성'에 기반하고 있다는 점에 주목하여 '틀'이 아닌, '패턴'이라는 용어를 쓰고 있다. '품사 패턴', '의미 패 턴'과 같이 '패턴'을 중립적인 차원의 용어로 쓰기 때문이다.

(19) 정한데로(2014 : 42)의 '[X-꾼] 복합어의 연결망'

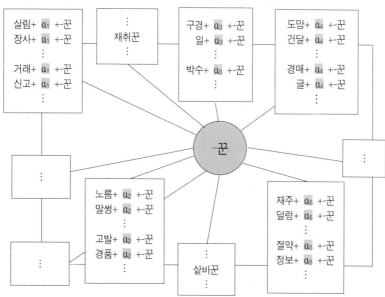

정한데로(2014)는 위와 같이 [X-꾼] 복합어의 어휘부 내 조직을 상정한다. 이때 주목되는 것은 이들 복합어의 긴밀한 관계가 계열체 내의 의미적 연결, 즉 α (α1 ~ α5)를 중심으로 구성되어 있다는 점이다.[23] 이는 의미 구조 또는 의미 패턴을 중심으로 [X-보] 복합어의 연결 관계를 강조한 시정곤(2001), 나은미(2009)와 유사한 접근에서 [X-꾼] 복합어의 어휘부 조직을 상정한 것이다. 기존의 사전 등재어뿐만 아니라 새롭게 만들어진 신어(거래꾼, 고발꾼, 박수꾼, 경매꾼, 절약꾼)도 기존 단어와 동일한 유형의 α 를 중심으로 구성될 수 있다. 한편, '채취꾼, 삯바꾼'처럼 새로운 패턴의 시작이 창조될 수도 있는데, 이는 어휘부 내 단어들의 어휘적 관련성만으로는 설명되기 어려운 예라는 점에서 통합관계에 기반한 '결합'에 의해 형성된 단어로 보아야 한다.

---

23) α 에 대한 구체적인 논의는 3.1.2에서 후술할 것이다.

3. 등재

3.1. 등재의 개념과 유형

3.1.1. 등재의 개념과 조건

앞서 언급한 바와 같이 등재는 기억되는 언어 단위에 관한 탐구라는 점에서 명확한 판별 기준을 설정하는 일이 쉽지 않다. 이에 따라 최근에는 심리언어학적 실험 방법을 활용하여 피실험자의 반응 속도를 통한 등재 연구가 다양한 연구 성과를 보이고 있으며, 한국어 형태론 연구에서도 이러한 업적을 확인할 수 있다(송원용 2005나, 2005다, 2009, 2011가, 2011나, 안소진 2011). 그러나 정한데로(2014)에서 논의한 바와 같이, 이상의 실험적인 방법으로 등재에 관한 연구가 심화될수록 "과연 등재가 문법의 연구 대상인가?"와 같은 근본적인 물음에 직면하게 된다. 일찍이 Di Sciullo & Williams(1987)에서 언급된 것처럼 등재를 문법의 영역 밖의 대상으로 처리해 버리는 결과에 도달하게 되는 것이다. 일단 이 글은 심리언어학적 방법론이 지닌 가치를 충분히 인정하면서도, 최대한 문법적 차원에서, 즉 언어 내적인 차원에서 등재에 접근하고자 한다. 따라서 화자의 기억에 관한 문제보다는 언어 대상이 지닌 등재의 조건을 밝히는 차원에서 그 개념에 관해 천착해 보고자 한다.

한국어 형태론에서 1990년대 이후 어휘부에 관한 연구가 활기를 띠기 시작하면서 언어 단위의 등재에 관한 관심이 높아진 것은 사실이지만, 정작 등재소 설정 기준에 관한 본격적인 연구는 그리 많지 않은 듯하다. 이 글에서는 그중 채현식(2003), 시정곤(2004), 정한데로(2009, 2010가, 2014)를 중점적으로 살펴보고자 한다.[24]

---

24) 심리언어학적 차원에서 인지 실험을 통해 어휘부를 연구한 논의는 송원용(2005나, 2005다,

채현식(2003 : 31-45)에서는 복합어 등재와 관련한 아래의 두 가지 조건
이 제시되었다.

> (20) 가. 어떤 복합어가 단일어화되거나 생산성을 잃으면 등재되기에 충
>   분하다. <등재의 충분조건(1)>
>   나. 저지 현상을 보이는 유형의 단어들은 등재되기에 충분하다. <등
>   재의 충분조건(2)>

(20가)에서 보듯이, 통시적인 변화를 이유로 구성성분 간의 공시적인
결합을 인정하기 어려운 어휘화(lexicalization, 채현식(2003)의 '단일어화')의 예
는 의심의 여지없이 어휘부에 등재되어야 하는 대상이다. 가령 '더위, 마
중, 노름'은 각각 음운론적·형태론적·의미론적 어휘화를 겪은 단어들로
서(송철의 1992 참고) 등재 단위임이 분명하다.

한편, (20나)의 조건과 관련하여 '바람막이/*바람막개, 옷걸이/*옷걸개,
재떨이/*재떨개', '*등긁이/등긁개, *밑씻이/밑씻개, *실감이/실감개' 등 동
일한 의미의 파생어가 저지(blocking)되는 현상이 근거로 제시된다. 이러한
예를 볼 때, 복합어가 어휘부에 완전등재되어 있다고 보아야 한다는 것이
다. 그러나 시정곤(2004 : 190)에서 비판적으로 논의한 바와 같이 '꿈지럭
거리-/꿈지럭대-, 머뭇거리-/머뭇대-, 빌빌거리-/빌빌대-' 등의 단어는
그 의미가 동일함에도 불구하고 저지되지 않는다. 물론 채현식(2003)의 저
지 현상이 등재를 위한 필요조건은 아니므로 [X-거리-/-대-] 파생어가
(20나)를 거스르는 것은 아니지만, 그렇다면 접사 '-이'와 '-개'의 관계

2009, 2011가, 2011나), 안소진(2011) 등 참고. 안소진(2012)는 이론적 접근에 치우쳤던 종
래의 어휘부 연구를 비판적으로 검토하며 실제적 차원의 실험 연구가 어휘부 연구에서 필
수적임을 강조한다. 이는 등재라는 연구 대상이 지닌 속성을 고려할 때 어휘부 연구에 있
어서 시사하는 바가 적지 않다. 다만 이 글에서 이들을 모두 다루는 것은 필자의 능력 밖
이며, 또 이 글의 목적과도 어긋난다고 판단하여 여기에서는 실험적 방법을 활용한 논의는
다루지 않는다. 문법적 차원에서 접근한 연구를 중심으로 논의를 진행할 것이다.

가 접사 '-거리-'와 '-대-'의 관계와는 또 어떠한 점에서 차이를 보이는 지에 대해서도 추가적인 설명이 필요할 것이다.[25]

이에 비해 시정곤(2004)는 보다 체계적인 등재소 설정 기준을 제시하고 자 하였다. 시정곤(2004 : 204-210)는 형태 결합의 유표/무표 기준 4가지를 제시하고, 유표적 결과를 보이는 형태 결합의 제약을 통해 등재소의 기준 을 논의하였다.

> (21) 형태 결합의 제약
> 형태 결합의 투명성과 예측성을 방해하는 모든 행위는 제약이다.

> (22) 제약의 종류
> 가. 분포적 제약 : 자유로운 결합을 방해한다.
> 나. 형태적 제약 : 결합시에 형태가 달라진다.
> 다. 의미적 제약 : 결합후에 전체 의미가 달라진다.
> 라. 음운적 제약 : 결합후에 원래 형태의 소리가 달라진다.

시정곤(2004)에 따르면, (22)의 제약에 대해 형태 결합의 투명성과 예측 성이 방해되면 그 단위는 유표성을 띠므로 등재의 대상이 된다. 채현식 (2003)의 충분조건과는 달리, 제약 유형에 따라 필수적으로 적용되어야 하 는 필요조건으로서의 속성을 띤다고 할 수 있다.

이때 (22나, 다, 라)는 일견 채현식(2003)의 (20가) 조건과도 동일하게 판단될 수 있을지 모른다. 다시 말해, 어휘화한 결과는 반드시 등재소이

---

25) 정한데로(2009, 2010가)는 접미사 '-거리-, -대-'를 파생과정에 α 가 부가되지 않는 유형 으로 파악한 바 있다. 이들 접사와 선행 어기의 의미만으로 투명하게 의미가 해석되기 때 문에 이들 접미사가 참여한 파생어는 등재할 필요가 없다고 본 것이다. Aronoff(1976)에서 제시된 [X-ness] 구성과 같다. 다만 이들 접미사가 참여한 구성도 높은 빈도로 쓰이면 수행 차원에서 등재될 가능성이 열려 있다. 이에 대해서는 따로 후술할 것이다. 이러한 시각에 서 접미사 '-거리-, -대-'는 일반적인 파생접미사 '-이, -개'와 다른 유형의 접사로 구분 하였다.

어야 한다는 것과 동일하게 해석될 수 있는 것이다. 그러나 (22나, 다, 라)는 공시적 형성 직후의 변이까지도 포함한 논의라는 점에서 분명 (20가)와는 차이가 있다. 오히려 시정곤(2004)에서는 '결합시'와 '결합후'의 표현에서도 확인되듯이, 결합 과정에서의 '공시적 변이'와 결합 과정 이후의 '통시적 변화'가 명확히 구분되지 않았다는 점에서 그 한계가 확인된다. 이에 비하면, 정한데로(2009, 2010가)는 공시적 수준의 변이와 통시적 수준의 변화가 지니는 차이를 보다 세밀화하여 등재 문제를 논의하고자 하였다.

정한데로(2009, 2010가, 2014)는 '정합성'과 '합성성'의 두 가지 속성을 기준으로 삼아, 공시적 결합 과정상의 특이성을 '정합성의 결여', 통시적 변화로 인한 특이성을 '합성성의 결여'의 측면에서 접근하였다. 특히 다음과 같은 함수로 등재 여부의 차이를 명시화하고자 하였다.[26]

(23) 함수 관계와 정합성 · 합성성 양상

	함수 관계	합성성	정합성	등재 여부
가	$f(A,\ B) = A + B$	+	+	비등재
나	$f(A,\ B) = A + B + \alpha$		−	등재
다	$f(A,\ B) \neq A + B\ (+\ \alpha\ )$	−		등재

구성성분 A와 B의 결합을 통해 복합어 f(A, B)가 형성된다고 볼 때에 함수 관계가 성립하지 않는 (23다)는 공시적인 설명이 어려운, 즉 불투명한 구성에 해당하는 어휘화의 예로 판단된다. 이는 [−합성성]의 속성으로 분류된다. 반면, (23가, 나)는 함수 관계가 성립하는, 즉 합성성(compositionality)을 지니는 복합어의 위상을 지닌다.[27] 이들은 α라는 결합상의 특이

---

26) (23)에 제시된 α에 관한 구체적인 설명은 3.1.2에서 마련될 것이다.
27) Cruse(2000)에서 제시한 합성성의 원리(principle of compositionality)는 다음과 같다(밑줄 필자).

성 여부에 따라 다시 둘로 나뉠 수 있다. A와 B의 두 구성성분만으로 해당 의미가 투명하게 해석된다면 [+정합성]의 투명한 구성이지만, 구성성분의 의미가 관여하기는 하나 이들만으로 완전한 의미 해석이 불가능한 경우는 반투명한 구성으로 보아 [−정합성]으로 분류하는 것이다.[28]

이때 [−합성성]의 구성은 물론 [−정합성]의 구성도 등재의 대상이 된다. 일단 채현식(2003)이 제시한 (20가)의 충분조건은 [−합성성]과 관련할 것이다. 한편, 시정곤(2004)가 제시한 (22나, 다, 라)의 제약은 미묘하게 공시적 기준과 통시적 기준이 섞여 있는 듯한데, 이를 (23)과 같은 기준에 따라 보다 세분화한다면 그 속성이 더 명확히 드러날 것이다.

한편, 정한데로(2014)는 정한데로(2009, 2010가)에서 주장한 α 정보를 중심으로 아래와 같이 언어 내적 차원의 등재 개념을 정리하였다.

  (24) 등재의 개념
   등재는 언어 단위(linguistic unit)의 어휘부 내 고정화(fixation) 작용, 또는 그 작용의 결과이다.

초기 단어 형성 과정에 부가된 추가적인 정보로서, 아울러 화자의 발화와 청자의 이해 과정에 필요한 정보로서 α 는 개별 언어 단위의 어휘 내항(lexical entry)에 필수 정보로 저장되어 있어야 한다고 본 것이다. 언어 단위의 어휘부 내 고정화 과정을 등재로 파악함으로써 비단 복합어뿐만

문법적으로 복합적인 형태의 의미는 그것의 문법적 구성성분들이 지닌 의미들의 합성적 함수(compositional function)이다.

Cruse(2000)에서 밑줄 친 '합성적 함수'로 합성성을 파악하고 있는 것과 마찬가지로 우리도 '함수 관계의 성립 여부'를 기준으로 합성성을 판단할 것이다. 따라서 'α'의 여부는 '함수 내에 상수가 존재하는가'의 차이일 뿐, 합성성을 판단하는 기준은 아니다. 결국 (23가, 나) 모두 등호가 성립하므로 합성적인 구성에 해당하는 것이며, 반면 (23다)는 비합성적인 예에 해당한다.

28) (23)의 각 예에 관한 설명은 3.2.2에서 후술할 것이다.

아니라, 연어 구성이나 숙어 구성 및 보조용언 구성 등처럼 화자가 기억하여 발화할 법한 통사론적 구성까지도 (24)의 단일한 기준을 통해 설명하고자 한 시도이다. 이에 더하여, 정한데로(2014)에서는 형성 차원의 접근과 함께 변화 차원에서도 등재라는 과정의 의의를 포착하고자 하였다.

> (25) 등재의 문법적 위치
> 　가. 형성의 '도착점'
> 　나. 변화의 '출발점'

등재의 과정이 형성의 끝 지점에, 그리고 변화의 시작 지점에 위치한다고 봄으로써 '형성 → 등재 → 변화'의 3단계를 제시하고, 언어에 관한 형성 연구와 변화 연구의 중간 지점에 고정화 단계로서의 '등재'를 주장하였다. 특히 변화 현상은 반드시 과정 이전의 고정적 단위를 전제해야 한다는 점에서 등재가 필수적이라고 보았다.

단어 형성이 애초의 명명 동기에서 시작하여 이를 형성한 개인의 어휘부를 거쳐 사회적 승인에 이르기까지의 전체 과정을 밟는다고 본다면, 초기 화자의 어휘부 및 언어 공동체의 공인어 집합은 대다수의 임시어가 지향하는 지점이다.[29) "단어의 삶" 속에서 단어가 지닌 1차 목표는 언어 공동체 내에서 각자 고정화된 단위(등재소)로서의 지위를 확보함으로써 인간의 언어생활 내에서 지속적으로 쓰이는 것이다. 이렇게 본다면, 등재는 단어 형성이 도달하고자 하는 목표의 '도착점'이라 할 수 있다.

한편, 변화의 측면에서 등재는 '출발점'이다. 주지하는 바와 같이, 변화라는 현상은 과정 전후의 양상을 대조함으로써 둘 간의 차이가 체계적으로 확인될 때 그 존재가 인정된다. 예컨대, 'A에서 B로의 변화'를 상정하

---

29) '공인어(institutionalized word)'는 특정 언어 공동체 내 다른 화자들로부터 승인을 획득한 단어를 가리킨다(Bauer 1983 : 48).

기 위해서는 당연히 A 상태에 관한 정확한 관찰과 함께 A와 B 간의 차이를 분석함으로써 변화의 결과를 도출해 낼 수 있다. 만약 A가 존재하지 않거나 고정된 상태에 놓여 있지 않다면 아무리 B를 관찰한들 해당 현상을 변화로 해석해 내기 어렵다. 이를 언어 변화에 대입한다면, 곧 언어 단위의 변화에도 A와 같은 고정화된 상태가 반드시 필요하다는 사실이 확인된다. 즉, 등재라는 고정화 작용은 단어 변화의 바탕이 되는 '출발점'에 위치해 있다.

3.1.2. 등재의 유형

정한데로(2010가 : 4)에서는 종래의 어휘부 및 등재에 관한 연구를 검토하면서 '형성 차원'과 '수행 차원'적 접근이라는 두 가지 큰 흐름을 분류하여 제시한 바 있다. 전자는 언어 내적 등재, 후자는 언어 외적 등재에 해당한다.[30]

> (26) 정한데로(2010가)의 '등재 개념에 따른 입장 구분'[31]
> 가. 형성 차원의 등재 : 김성규(1987), 정원수(1990), 하치근(1992) ;
>   송철의(1992), 시정곤(1998)
> 나. 수행 차원의 등재 : 구본관(1990, 1998) ; 박진호(1994, 1999), 송
>   원용(1998, 2005가) ; 채현식(1994, 2003)
> 다. 형성 차원의 등재와 수행 차원의 등재 : 시정곤(2001, 2004)

(26가)는 구성성분의 공시적인 생산성을 기준으로 등재소를 분류하거나, 일회용규칙과 유사한 접근에서 형성 직후의 복합어 등재를 인정한

---

30) 정한데로(2009, 2010가)는 이 두 가지 유형의 등재 가운데, '형성 차원의 등재, 언어 내적 차원의 등재'를 '문법 차원의 등재'로 파악하였다.
31) 이 3가지 유형은 그 입장에 따라서 세부적으로 하위분류가 가능하다. 구체적인 사항은 정한데로(2010가)를 참고하라.

다.32) 한편 (26나)는 어휘부의 잉여적 속성 및 화자의 심리적 실재성에 보다 초점을 두어 복합어 등재를 주장한다. 이상의 두 입장과 달리 (26 다)는 형성 차원과 수행 차원을 모두 고려한 입장이다. 시정곤(2001)은 임시저장소와 영구저장소를 구분하고 일단 형성된 단어는 임시어의 지위에 있지만 그것이 '화자, 시간적 흐름, 빈도'에 따라 영구저장소에 등재된다고 파악한다. 첫 번째 과정이 형성 차원에서 임시저장소에 저장된 것이라면, 임시저장소에서 영구저장소로의 과정은 수행 차원의 접근과 관련된다. 시간적 흐름을 전제하고 높은 빈도의 영향을 고려한 것은 분명 언어 외적인 접근이라 할 수 있다.

(21), (22)에서 제시한 시정곤(2004)의 형태 결합의 제약 등은 형성 차원의 등재와 관련한 것으로 볼 수 있을 것이다. 그러나 형성과 수행의 두 차원을 놓고 구체적인 자료를 바탕으로 한 통합적인 설명까지는 확장되지 못한 아쉬움이 있다. 정한데로(2009, 2010가)에서는 시정곤(2001, 2004)와 마찬가지로 형성과 수행의 두 가지 측면을 모두 고려하여 등재의 유형을 살피고 두 측면을 모두 등재 조건으로 인정하여 이를 형식화하고자 하였다. 여기에서 관련 자료를 일부 소개해 보고자 한다.

(24)처럼 특정 언어 단위의 어휘부 내 고정화 작용을 등재로 이해한다면, 그 과정에 항상 α 와 같은 정보가 전제되는 것일까?

(27) 가. 달관(達觀)스럽-(1), 신성(神聖)스럽-(1), 혼동(混同)스럽-(1), 천박 (淺薄)스럽-(1)
　　　 나. 소녀(少女)스럽-(0), 남성(男性)스럽-(0), 시골스럽-(0), 짐승스럽-(1)

(27가, 나)의 [X+-스럽-] 파생형용사는 각각 [추상명사+-스럽-], [구

---

32) 일단 형성된 복합어는 화자의 어휘부에 등재된다고 파악하는 것이다.

체명사+-스럽-] 구성의 예로서, 모두 국립국어연구원(2002)에서 비교적 낮은 빈도로 측정된 것들이다. 정한데로(2009 : 4)는 (27가, 나)의 파생어가 각 어기의 속성에 따라 등재에 있어서 서로 다른 지위를 갖는다고 보았는데, 전자의 [추상명사(x)+-스럽-] 파생어는 접사 '-스럽-'에 의해 'X한 데가 있-'으로 비교적 의미가 투명하게 해석(송철의 1992 : 204 참고)되는데 반해, 후자의 [구체명사(x)+-스럽-] 파생어는 어기와 관련하여 연상되는 어떤 속성이나 특징 혹은 비유적 의미가 전체 파생어의 의미를 결정(송철의 1992 : 202-203 참고)한다고 파악한 것이다. 예컨대, (27가)의 '달관스럽-'은 '달관한(=사소한 사물이나 일에 얽매이지 않고 세속을 벗어나 활달한 식견이나 인생관에 이른) 데가 있-' 정도의 의미를 지니지만, 이와 달리 (27나)의 '시골스럽-'은 '시골의 풋풋한 느낌이 있-', '시골의 세련됨이 없이 어수룩한 데가 있-', '시골의 마음 편안하고 포근한 데가 있-'처럼 속성에 따라 다양한 의미 해석이 가능하다는 관점이다. 따라서 '시골스럽-'은 화자가 어떠한 명명 동기와 발화 맥락에서 단어를 형성하였느냐에 따라서 다양한 의미 가운데 하나로 결정되어 쓰일 수 있다.

(27가)와 (27나)의 이러한 상이한 의미론적 특징은 (28)과 같은 함수 결과로 형식화될 수 있다. 여기서 α로 표시한 성분은 직접적으로 복합어를 구성하는 성분 외에, 단어 형성 과정에 부가된 추가적인 속성((27)의 경우는 '의미론적 정보')이다.

(28) 가. (27가) : f(A, B) = A + B
　　　 나. (27나) : f(A, B) = A + B + α

(28)의 두 함수에서 확인되는 α의 유무는 곧 (27가)와 (27나)의 파생어가 등재의 측면에서 상이하게 해석될 가능성이 있다는 것을 의미한다.

즉, (28나)는 단어 형성 현장에서 어기의 다양한 속성 가운데 특정한 하나의 의미가 α 로 도입되어 복합어 전체의 의미를 결정하는 반면, (28가)는 그러한 추가적인 정보의 부가 없이 비교적 투명하게 복합어 전체의 의미가 구성되는 것이다. 그렇다면 일단 (27나)는 특정한 의미로 고정된 하나의 언어 단위로 어휘부 내에 등재될 것이다. 이는 '언어 내적 등재' 또는 '형성 차원의 등재'에 해당한다.

그렇다면 (28가)처럼 α 없이 투명하게 해석 가능한 복합어는 등재되지 않는다고 보아야 하는가? 이와 관련하여 우리는 아래의 예도 함께 검토하고자 한다.

(29) 가. 자랑스럽-(83), 조심(操心)스럽-(70), 고통(苦痛)스럽-(54), 혼란(混亂)스럽-(14)
나. 촌(村)스럽-(16), 여성(女性)스럽-(8), 신령(神靈)스럽-(6), 바보스럽-(4)

(29)는 (27)과 비교할 때 상대적으로 높은 빈도를 보이는 [X+-스럽-] 파생형용사의 예로서, (29가, 나)는 (27가, 나)와 마찬가지로 각각 추상명사와 구체명사를 어기로 취한 것이다. 따라서 (29)의 복합어도 (28)과 같은 방식의 함수로 나타낼 수 있다.

(30) 가. (29가) : f(A, B) = A + B
나. (29나) : f(A, B) = A + B + α

(29나)는 구체명사 어기의 특정한 속성을 복합어 의미의 일부로 포함함으로써 고정화된 의미로 쓰일 가능성이 높다. 하지만 추상명사 어기의 (29가)는 (30가)에서 보듯 α 가 부가되지 않으므로 언어 내적 차원에서 등재될 필요는 없다. 그렇다면 (29가)의 '자랑스럽-, 조심스럽-' 등의 단

어가 화자의 어휘부에 등재될 필요 없이 발화 순간마다 공시적인 단어 형성 과정을 거친다는 것일까? 우리는 실제 언어 현실과 화자의 언어 사용을 고려할 때, (29가)의 복합어도 하나의 단위로 어휘부에 저장되어 있다고 본다. (30나)처럼 α를 포함한 구성은 아니더라도 특정 구성이 실제 수행 과정에서 높은 빈도로 쓰이거나, 언어 외적 이유로 높은 어휘 강도(lexical strength)를 확보하면 이 역시 어휘부에 고정될 수 있다고 보는 것이다(Bybee 1985, 1988 ; 채현식 1994, 2003 등 참고). 정한데로(2009, 2010가)는 이러한 등재를 가리켜 '언어 외적 등재', '수행 차원의 등재'라 부른 바 있다.

정리하자면, 1차적으로는 α에 근거한 언어 내적 기준(형성 차원의 등재 기준)에 따라 등재 대상을 분류할 수 있으며, 2차적으로는 빈도 등의 어휘 강도에 근거한 언어 외적 기준(수행 차원의 등재 기준)을 통해 등재 대상이 분류된다. 등재에 관한 체계 분류는 Hohenhaus(2005 : 353)에서도 확인된다. 전자가 언어 능력(linguistic competence), 이상화(idealization)된 등재와, 후자가 언어 수행(linguistic performance), 사회학적(sociological), 심리학적(psychological) 등재와 관련한다고 본 Hohenhaus(2005)의 입장은 정한데로(2009, 2010가)의 두 가지 등재 기준과 동일한 관점으로 해석된다.

3.2. 등재의 단위

3.2.1. 복합어 등재 단위에 관한 입장들

주지하듯이 단어 형성의 기본 단위가 무엇인가에 대한 입장에 따라서 형태론은 크게 형태소 기반 형태론(morpheme-based morphology)과 단어 기반 형태론(word-based morphology)으로 구분된다. 형성 단위에 관한 입장만큼이나 어휘부에 어떠한 단위를 등재할 것인가에 대한 시각 역시 연구자마다 상이한 양상을 보인다. 여기에서 우리가 관심 갖는 것은 등재 단위에 관한 문제이지만 이들 단위가 형성 단위와 어떠한 상관관계를 지니는지 함께 살피기 위하여 형성 단위에 관한 논의부터 먼저 간략히 살피기로 한다.

대표적인 국외 연구를 중심으로 형성 단위에 관한 입장을 정리해 보자. 형성 단위 기준으로는 아래 세 가지 모형이 있다. 종래의 대표적인 두 입장에 더하여 형태소와 단어를 모두 형성의 기본 단위로 인정하는 절충적 모형이 가능하다.

(31) 형성 단위에 관한 세 입장
　가. 형태소 기반 모형 : 단어 형성 원리에 적용되는 기본 단위는 형태소이다.
　나. 절충적 모형 : 단어 형성 원리에 적용되는 기본 단위는 형태소와 단어이다.
　다. 단어 기반 모형 : 단어 형성 원리에 적용되는 기본 단위는 단어이다.

Halle(1973)은 단어 형성 규칙의 입력 단위로 형태소뿐 아니라 단어도 포함한다. 앞에서 강조하였듯이 Halle(1973)에서는 모형 내 점선으로 표시된 'Dictionary of Words ⟶ Rules of Word Formation'의 회송 장치(loop)에 따라 이미 사전에 저장된 단어도 다시 규칙의 적용을 받을 수 있었다. 따라서 Halle(1973)의 형성 단위로는 형태소와 단어가 모두 해당된다. 이에 우리는 형성 원리에 도입되는 입력 단위를 기준으로 Halle(1973)을 '절충적 모형'으로 분류하고자 한다. 물론 Halle(1973)에서 형태소는 형태소 목록으로부터, 단어는 사전으로부터 도출된다는 점에서 입력 양상에 있어서는 차이가 있다.

대표적인 단어 기반 형태론 연구인 Aronoff(1976)은 각 접사를 해당 규

칙에 포함하므로 형성의 입력 단위와 어휘부 입력 단위는 단어로만 한정
된다. 아울러 Jackendoff(1975 : 655)에서는 어휘부 내 단어와 단어 사이의
어휘적 관련성을 바탕으로 한 잉여 규칙으로 생산적인 접사가 파악되므
로 형태소를 독자적인 형성 단위로 보기 어렵다. Booij(2010)도 형성 단위
와 등재 단위로 단어만을 인정하는데, 형성 방식에 있어서 틀(schema)을
활용한다는 점은 일견 Jackendoff(1975)의 잉여 규칙과 유사하다. 따라서
이들 세 연구는 '단어 기반 모형'으로 분류할 수 있을 것이다.

비교적 최근 연구인 Haspelmath & Sims(2010)은 어휘부 등재 단위로
단어뿐 아니라 형태소도 인정하며, 형성 단위에 있어서도 단어와 함께 형
태소를 포함한다. 다만, 형태소를 어근이나 접사로 제한하지 않고 형태소
로 인식 가능한 형태론적 패턴(morphological pattern)으로 접근한 점은 특징
적이다(Haspelmath & Sims 2010 : 70-71). 단어가 중심이 되기는 하지만, 결국
형성 과정의 형태소와 단어를 모두 인정하는 '절충적 모형'에 해당한다.

한편, Lieber(1981 : 35-38, 47-48)은 영구 어휘부(permanent lexicon) 내 어휘
항목으로서 자립 형태소(어간)와 의존 형태소(접사)만을 인정하고, 문맥자
유 다시쓰기 규칙(context-free rewriting rule)인 2분지(binary branching) 어휘 구
조 규칙(lexical structure rule)을 통해 단어를 형성한다. 구조의 종단 교점
(terminal node)에 형태소를 삽입하는 이 방식은 문장 형성과 유사한 방식
으로 단어를 형성하는 것이다. 이와 비슷한 시기의 Selkirk(1982 : 3-9)도
문맥자유 규칙인 단어 구조 규칙(word structure rule)을 통해 단어를 형성한
다는 점에서 유사한 입장에 있다.[33] 이들은 형태소 기반 모형으로 분류
될 것이다.

---

33) Selkirk(1982)에서는 어휘 부문(lexical component, 넓은 의미의 lexicon) 내에 단어의 목록인
　사전(dictionary, 좁은 의미의 lexicon), 의존 형태소의 목록, 문맥 자유 규칙인 단어 구조 규
　칙(word structure rule)을 상정한다. 이른바 확장된 사전(extended dictionary)에는 단어와 의
　존 형태소가 등재된다.

(32) 국외 단어형성론의 형성 단위와 모형

		형성 단위	모형
가	Lieber(1981), Selkirk(1982)	형태소	형태소 기반
	Halle(1973)	형태소, 단어	절충적
	Aronoff(1976)	단어	단어 기반
나	Jackendoff(1975)	단어	단어 기반
	Haspelmath & Sims(2010)	(형태소)34) 단어	절충적
	Booij(2010)	단어	단어 기반

지금까지 논의한 국외 단어형성론의 형성 단위를 정리하며 이 글의 기
준에 맞춰 유형을 분류해 보자. 일단 크게 두 부류로 구분이 가능하다.
(32가)는 형성 과정 내의 도출을 인정하는 입장인 반면 (32나)는 도출 과
정을 인정하지 않는다. 먼저, Lieber(1981)과 Selkirk(1982)는 단어 형성 과
정에 어간, 접사 등의 형태소가 직접 구조 규칙에 참여하므로 형태소 기
반 모형으로 분류된다.35) 한편, Halle(1973)은 형태소 목록 내 형태소뿐
아니라 사전에 등재된 복합어도 단어 형성 규칙의 입력물이 될 수 있다
는 점에서 절충적 모형으로 분류한다. Haspelmath & Sims(2010)도 절충
적 모형으로 분류되었는데, 단어틀을 중심으로 하면서도 형태소 결합 패
턴을 수용하는 입장에 있다. 끝으로, 단어 기반 모형으로는 Jackendoff
(1975), Aronoff(1976), Booij(2010)이 해당된다. 물론 세부적인 단어 형성

---

34) Haspelmath & Sims(2010 : 70-73)은 단어 형성 과정에 단어와 형태소(형태론적 패턴)가 모
   두 참여한다고 보는 입장에 있으므로 이 글의 기준에 따라 절충적 모형으로 분류하였다.
   다만 '절충적 단어형 어휘부(moderate word-form lexicon)'의 입장에서 형태소(형태론적 패
   턴)보다는 단어에 더 무게가 있기에 형태소는 괄호 안에 표기하였다. 이는 후술할 정원수
   (1992)와는 반대되는 양상의 입장이다.

35) Lieber(1981)은 어휘 구조의 종단 교점에 형태소가 직접 삽입되므로 형태소 기반 모형이 분
   명해 보이나, Selkirk(1982 : 49-50)는 단일어와 합성어를 함께 X⁰ 층위에 두고 [[pickpocket]-
   hood], [[runaway]-hood] 등의 복합어 형성을 상정하고 있다는 점에서 다시 검토될 필요도
   있다. 그러나 만약 Lieber(1981)과 동일한 방식으로 먼저 마련된 구조의 종단 교점에 각 형
   태소가 삽입되는 방식이라면 형태소 기반 모형으로 보는 데에 큰 무리가 없다.

방식에 있어서는 '잉여 규칙', '1접사 1규칙', '틀'로 각기 다른 모습이다.

(32)에서 어떠한 단위가 단어 형성 원리의 입력 또는 적용 대상이 되느냐에 따라서 세 유형이 모두 관찰된다. 특히 그중에서도 절충적 입장으로 분류된 Halle(1973)과 Haspelmath & Sims(2010)이 관심을 끈다. 형태소 기반과 단어 기반의 엄밀한 두 입장이 아닌, 절충적 위치에서 형태소와 단어를 모두 형성의 적용 단위로 파악하는 것이다.

이와 동일한 방식으로 등재 단위에 관한 국외 논의를 살펴보자. 형성 단위를 기준으로 3가지 모형을 정리한 (31)과 같이 등재 단위에 관한 기준도 설정해 볼 수 있다.

> (33) 등재 단위에 관한 세 입장
> 　　가. 최소 등재 입장 : 기본 단위만 저장한다. 공시적으로 형성 가능한 단위는 연산을 통해 필요할 때마다 형성한다.
> 　　나. 절충적 입장 : 기본 단위를 저장하며, 기본 단위로부터 형성된 단위도 저장할 수 있다. 형성된 단위 가운데 저장되지 않는 것도 있다.
> 　　다. 완전 등재 입장 : 기본 단위 및 형성된 모든 언어 단위를 저장한다. 저장 단위의 잉여성을 인정한다.

(33)의 세 입장은 결국 단어 형성 원리가 적용된 결과물을 등재하는지의 여부에 따라 결정된다. 가령 형태소 기반 모형에서도 형성의 결과물인 복합어를 모두 어휘부에 등재한다면 완전 등재 입장이 가능하며, 단어 기반 모형에서도 공시적으로 형성된 복합어를 어휘부에 등재하지 않는다면 최소 등재의 입장에 해당될 것이다. 위 기준에 따라 몇 가지 논의를 검토해 보자.36)

---

36) 단어보다 큰 단위인 관용표현이나 속담의 등재 여부는 논외로 한다. 그리고 어휘화 (lexicalization)를 거쳐 공시적인 형성을 설명할 수 없는 '불규칙한 복합어'도 논의의 편의

앞서 언급한 대로 Halle(1973)은 형태소를 단어 형성 규칙에 도입한 후 그 결과물인 복합어를 사전에 저장한다는 점에서 복합어의 등재를 인정한다. 실재하지 않는 단어는 여과장치를 통해 제약을 두기는 하였으나,[37] 이미 형성되어 쓰이고 있는 복합어에 대해서는 사전에 모두 등재된 것으로 파악한 점에서 볼 때 (33다)의 기준에 따라 '완전 등재 입장'으로 분류한다. Jackendoff(1975)와 Booij(2010)은 단어 기반 모형이라는 점에서는 Halle(1973)과 차이가 있으나, 복합어를 등재 단위로 파악한다는 점에서 역시 완전 등재 입장에 있다고 판단된다.

Aronoff(1976)은 형성의 기본 단위로 단어만을 인정한다는 점에서 Halle (1973)과 차이가 있지만 복합어를 어휘부에 등재한다는 점에서는 Halle (1973)과 유사하다. Aronoff(1976 : 22)은 일회용규칙을 통해 한번 만들어진 복합어는 등재된다고 보았다. 다만 '-ness'와 같이 매우 생산적인 접미사가 결합한 단어는 등재되지 않는다고 하여 예외를 두었다. 그렇다면 Aronoff(1976)은 (33나)의 '절충적 입장'에 해당할 것이다. Haspelmath & Sims(2010)도 '절충적 입장'에 포함된다. 'in-, sane, -ly'의 세 형태소로 구성된 'insanely'에 대하여 'insane', '-ly'를 등재소로 보기 때문이다 (Haspelmath & Sims 2010 : 74). 복합어 'insane'과 형태소 '-ly'가 어휘부에 저장되어 있으며, 공시적인 결합을 통해서 'insanely'가 형성된다고 보는데, 이러한 시각은 'insanely'의 저빈도 양상, 'sane'과 'insane'의 상대 빈

상 따로 언급하지 않는다. '불규칙한 복합어'는 일반적으로 이견의 여지없이 등재 단위로 인정되는 듯하다. 한편, 경우에 따라서는 단일어를 별도로 표시하지 않고, 형태소 내에 포함하는 방식으로 정리할 것이다. 만약 단어보다 작은 단위의 형태소 '접사, 어근'만을 지시하고자 할 경우에는 추가적으로 언급할 것이다.

37) 이때 '실재하지 않는 단어'는 사회적으로 승인된 단어가 아닌 것을 의미한다. 그러나 이는 미시적 층위(단어 형성)와 거시적 층위(사회적 승인)의 혼란으로 인한 잘못된 접근일 수 있다. 종래의 '랑그로서의 실재어'에 대한 반성과 함께 '파롤로서의 실재어'인 임시어의 단어 형성론적 중요성을 강조한 이상욱(2007)을 참고할 수 있다. 정한데로(2013가)도 참고된다.

도 결과 등에 따른 것이다.

Lieber(1981)은 영구 어휘부에 자립 형태소(어간)와 의존 형태소(접사)만을 저장하므로 (33가)의 '최소 등재 입장'에 해당된다. 복합어는 따로 등재하지 않으며 어휘 구조 규칙을 통해 형성한다. 한편, Selkirk(1982)는 형성 단위를 기준으로 Lieber(1981)과 같은 부류에 포함되었지만 등재 단위에 따른 유형 분류에 있어서는 차이가 확인된다. 둘 이상의 형태소로 형성된 단어(multimorphemic word)도 사전에 등재하고, 잉여 규칙과 적형성 조건(well-formedness condition)을 통해 이들 단어의 내적 구조를 확인한다는 점에서 복합어의 사전 등재도 인정하는 것으로 판단되기 때문이다(Selkirk 1982 : 11). 그렇다면 등재 단위에 있어서 Selkirk(1982)는 Halle(1973)과 유사한 입장에 있는 것이다.[38]

(34) 국외 단어형성론의 등재 단위와 입장

		등재 단위	등재 입장
가	Lieber(1981)	형태소	최소 등재
	Halle(1973), Selkirk(1982)	형태소, 복합어	완전 등재
	Aronoff(1976)	단일어, 복합어 일부	절충적
나	Jackendoff(1975)	단일어, 복합어	완전 등재
	Haspelmath & Sims(2010)	(형태소) 단일어, 복합어 일부	절충적
	Booij(2010)	단일어, 복합어	완전 등재

지금까지의 논의를 (33)의 기준에 따라 (34)로 정리하였다. 이 역시 형성 과정 내 도출의 인정 여부에 따라 (34가)와 (34나)로 구분하였다. Lieber(1981)은 최소 등재 입장, Aronoff(1976), Haspelmath & Sims(2010)은

---

38) Selkirk(1982)의 확장된 사전(extended dictionary)에는 단어와 의존 형태소가 함께 등재된다. 형태소와 단어의 저장 공간을 따로 구분한 Halle(1973)과는 차이가 있다.

절충적 입장, Halle(1973), Jackendoff(1975), Selkirk(1982), Booij(2010)은 완전 등재 입장으로 분류된다. 이 중에서 Halle(1973)과 Selkirk(1982)를 완전 등재 입장으로 분류한 것은 다소 생소한 처리일 수 있다. 하지만 [X-ness] 복합어와 같이 특정한 형식은 어휘부에 등재하지 않는다고 본 Aronoff(1976)와 달리, 등재에 관한 특정한 제약이 설정되지 않았다는 점에서 일단 Halle(1973)과 Selkirk(1982)를 완전 등재로 분류하였다.

형성 단위와 등재 단위를 살피면서, 몇 가지 경우를 통해 (31)의 기준에 따른 부류 설정과 (33) 기준에 따른 부류 설정에 차이가 있을 수 있다는 점이 드러났다. 이는 '형성에 참여하는 단위가 무엇인가?'의 물음과 '어휘부에 등재되는 대상이 무엇인가?'하는 물음이 서로 다른 차원의 문제임을 시사하는 듯하다.

(35) 단어 형성·등재의 층위

(가)			(나)	
형성 단위	모형		등재 단위	등재 입장
형태소 단어	형태소 기반 모형 절충적 모형 단어 기반 모형		형태소(단일어 포함) 복합어	최소 등재 절충적 등재 완전 등재

(35가)의 세 가지 모형과 (35나)의 세 가지 등재 입장이 가능하다. 만약 (35가)와 (35나)를 분리된 절차로 파악한다면 총 9가지의 가능성이 존재한다. 가령 단어를 형성의 기본 단위로 삼더라도 등재 차원에서는 논리적으로 최소 등재, 절충적 등재, 완전 등재가 모두 가능한 것이다. 예컨대, 우리가 절충적 모형으로 분류한 대표적인 단어 기반 형태론의 Aronoff(1976)도 만약 일회용규칙의 속성을 인정하지 않는다면 복합어 등재를 인정하지 않는 최소 등재의 입장에 속할 것이다. 한편, Aronoff(1976)이 '-ness'와 같이 생산적인 구성의 접사도 일회용규칙을 적용받는다고 하였

다면 이는 완전 등재 입장에 해당할 것이다. 즉, 형성 단위와 등재 단위
는 분리된 별개의 과정임을 보여준다.

앞서 살펴본 형성 단위와 등재 단위, 그리고 각 모형과 입장을 아래와
같이 정리해 보자.

(36) 국외 단어형성론의 형성 단위와 등재 단위 비교

		형성 단위	형태론 모형	등재 단위	등재 입장
가	Lieber(1981)	형태소	형태소 기반	형태소	최소 등재
	Selkirk(1982)	형태소	형태소 기반	형태소, 복합어	완전 등재
	Halle(1973)	형태소, 단어	절충적	형태소, 복합어	완전 등재
	Aronoff(1976)	단어	단어 기반	단일어, 복합어 일부	절충적
나	Jackendoff(1975)	단어	단어 기반	단일어, 복합어	완전 등재
	H&S(2010)	(형태소) 단어	절충적	(형태소) 단일어, 복합어 일부	절충적
	Booij(2010)	단어	단어 기반	단일어, 복합어	완전 등재

위 표를 통해서 우리는 두 가지 중요한 사실을 확인할 수 있다. 첫째,
형성의 기본 단위라면 반드시 등재 단위에 포함된다는 사실이다. 즉, 형
태소와 복합어를 모두 등재 단위로 인정하면서 단어 형성 과정에 형태소
를 배제하거나, 반대로 단어(단일어, 복합어)만 어휘부에 등재하고 형성 과
정에 형태소와 단어를 모두 입력하는 방식은 확인되지 않는다. 전자의 경
우는 형태소 등재의 필요성을 의심하게 하고, 후자의 경우에는 형성 과정
에 참여하는 형태소가 저장 공간에 실재하지 않으므로 실현 불가능하다.
이렇듯 형성의 단위와 등재의 단위를 함께 고려하는 것은 지극히 당연한
결과이다.

둘째, 형태론 모형과 등재 입장이 일정하게 대응되지는 않는다. 즉, 단
어 기반 모형 중에서도 절충적 입장과 완전 등재 입장이 상존하며, 형성

의 절충적 모형 중에서도 등재에 있어서는 절충적 입장과 완전 등재가
가능하다. 이는 형성과 등재의 두 과정이 구분 가능한 연구 대상이며, 각
각의 기준에 의거해 그 유형이 설정될 수 있다는 것을 의미한다. 이렇게
볼 때, 형성에 참여할 기본 단위가 무엇인가의 문제와 형성의 결과물을
어떠한 방식으로 저장할 것인가의 문제는 별개의 차원에서 접근되어야
할 것이다.

그렇다면 단어의 등재 단위와 관련하여 국내 단어형성론 연구는 어떻
게 진행되어 왔을까? 이와 관련해서는 채현식(2003)의 분류가 가장 널리
받아들여져 온 듯하다. 다음에 제시된 채현식(2003 : 31)의 분류를 검토하
면서 앞서 살핀 기준들과의 관계를 확인해 보기로 하자(밑줄은 필자 추가).

> (37) 가. 최소 등재 입장 : 내적 구조가 음운·형태·의미론적으로 불투명
>   한 단어들(단일어화39)된 단어들)과 생산성을 잃은 단어들을 제외
>   하고는, 모든 복합어는 연산(computation)에 의해 필요할 때마다
>   생성된다(김성규 1987 : 13, 정원수 1992 : 14).
>   나. 완전 등재 입장 : 임시어를 제외한 모든 실재어는 저장되어 있다
>   (구본관 1990: 40, 송철의 1992 : 90-91, 채현식 1994 : 48, 박진
>   호 1994 : 17, 송원용 1998 : 17-19).
>   다. 절충적 입장 : 단일어화된 단어들과, 약간 생산적인 패턴을 보이
>   는 단어들은 저장된다. 그러나 생산성이 높은 패턴을 보이는 단
>   어들은 연산에 의해 그때그때 생성된다(조남호 1998 : 14, Aronoff
>   1976).

등재와 관련한 유형 분류는 '어휘부에 등재되는 단위가 무엇인가?'에
관한 물음을 기준으로 한다. 그중에서도 등재 단위와 관련하여 주목할 지

---

39) 이때의 '단일어화'는 Bauer(1983)의 '어휘화(lexicalization)' 개념에 해당한다. 둘 이상의 구
  성성분이 결합하였으나 통시상의 이유로 그 내부 경계가 불분명해져 공시적인 형성을 인
  정하기 어려운 경우에 해당한다.

점은 '형성 원리의 결과물이 등재되는가?' 하는 것이다. 다시 말해, 공시적으로 형성 가능한 복합어의 등재 여부가 유형 분류의 판단 기준이다. 가령 Haspelmath & Sims(2010)에서 소개된 '형태소 어휘부'는 형태소나 이른바 불규칙한 복합어만 어휘부에 최소한으로 등재하고, '단어형 어휘부'는 단일어와 함께 공시적으로 형성 가능한 복합어까지 잉여적으로 등재한다.[40]

채현식(2003 : 29-30), 송원용(2005가 : 15-16)에서는 (37가)를 형태소 기반 모형으로, (37나)와 (37다)를 단어 기반 모형과 관련지어 설명한다. 이에 대하여 정한데로(2014)에서는 다음의 두 가지 사항에 대하여 의문을 제기한 바 있다.

첫째, (37나), (37다)를 단어 기반 형태론의 한 부류로 보는 것이 적절한지 검토되어야 한다. 형성 단위와 등재 단위의 문제를 구분해야 한다고 보는 시각에서는 단어 기반 형태론도 최소 등재의 입장이 가능하다. 단어 형성의 기본 단위가 단어라고 하더라도, 형성 과정의 결과물인 복합어를 등재하지 않는다면 이 역시 최소 등재의 입장으로 분류되어야 하기 때문이다. 앞서 언급한 대로 대표적인 단어 기반 형태론 모형을 취하는 Aronoff(1976)이 일회용규칙을 인정하지 않았다면, 이는 최소 등재의 입장에 해당할 것이다.

둘째, (37나)의 완전 등재 입장에서 임시어를 제외하는 것이 타당한지에 대한 검토가 필요하다. 만약 특정한 복합 구성은 등재되지 않는다는 부가 조건이 붙는다면, 이는 높은 생산성을 보이는 [X-ness] 파생어를 등재 대상에서 제외하였던 Aronoff(1976)과 마찬가지로 절충적 입장으로 분

---

40) Haspelmath & Sims(2010 : 48)에서는 형태소 기반 모형의 한계로 역형성 등의 문제를 제시하고 있으나 사실상 이는 형태소 기반 모형이 아닌, 최소 등재 입장이 지닌 문제점으로 보아야 할 것이다. 단어 기반 모형의 입장에서도 최소 등재의 입장에 서면 역형성의 문제는 동일하게 발생한다. 형성 단위와 등재 단위 구분의 필요성을 실감하게 하는 대목이다.

류하는 것이 바람직할 것이다.

> (38) 가. The most productive classes never have to be listed(Aronoff 1976 : 45).
> 나. '反엘친'은 통사원자이긴 하되 어휘부에 등재되지는 않는 통사원자라고 할 수 있다. 이들을 임시 통사원자라고 부르기로 하자(박진호 1994 : 11).
> 다. 임시어란 통사적 원리를 지키지 않는 형태론적 구성이나, 그 결합이 매우 생산적이어서 어휘부에 저장되지는 않는 단어를 말한다(송원용 2005가 : 227).

(38가)에 해당하는 예로 Aronoff(1976)이 제시한 [X-ness] 구성의 단어는 매우 생산적으로 형성되며, [X-ity] 구성의 단어와 비교할 때 음운론적·형태론적·의미론적 정합성이 완벽하게 유지되므로 어휘부에 등재할 필요가 없다. 이때 정합성이 유지되는 양상은 (38나)의 임시 통사원자(反엘친, 親러시아)에서도 그대로 관찰된다. 그리고 생산성이 높아 등재될 필요가 없다는 점은 (38다)의 임시어(홍길동님)와 상통하는 지점이다.[41][42]

채현식(2003)을 검토하면서 제기된 이상의 문제의식을 바탕으로, 이 글에서는 (33)의 설정 기준을 바탕으로 국내 형태론 연구를 새로이 분류해 보고자 한다.

---

41) (23)에서 살펴본 바와 같이, 정한데로(2009, 2010가)에서는 단어 형성 과정에 부가되는 α 를 중심으로 단어의 유형을 구분하였다. 정한데로(2009, 2010가)는 그 가운데 (23가)처럼 α 가 포함되지 않은 구성을 Aronoff(1976)의 [X-ness] 구성, 박진호(1994)의 임시 통사원자, 송원용(2005가)의 임시어와 동일한 대상으로 이해하였다.

42) 박진호(1994)의 임시 통사원자와 송원용(2005가)의 임시어에 대한 보다 구체적인 논의는 3.2.2에서 후술될 것이다.

(39) 국내 단어형성론의 등재 단위 비교[43]

		등재 단위	등재 입장
가	김성규(1987)	형태소	최소 등재
	정원수(1992)	형태소	최소 등재
	구본관(1990, 1998)	형태소, 복합어	완전 등재
	송철의(1992)	형태소, 복합어	완전 등재
	시정곤(2001)	형태소, 복합어 일부	절충적
	황화상(2001)	형태소, 복합어	완전 등재
	정한데로(2009, 2010가)	형태소, 복합어 일부	절충적
나	박진호(1994)	형태소(접사, 어근) / 단일어, 복합어 일부	절충적
	송원용(1998, 2005가)	형태소(접사, 어근) / 단일어, 복합어 일부	절충적
	채현식(1994, 2003)	형태소, 복합어	완전 등재
	채현식(2007)	단일어, 복합어	완전 등재

위의 각 입장은 크게 단어 형성을 위한 입력 단위를 활용해 결과물을 도출해 내는 시각의 부류와 도출 과정을 전제하지 않고 어휘부 내 단어들 간의 어휘적 관련성을 중심에 둔 부류로 나뉠 수 있다. 전자의 입장은 (39가)로, 후자는 (39나)로 먼저 구분되었다.

일단 김성규(1987)에서는 형태소가 등재의 기본 단위이다. 규칙적으로 형성 가능한 복합어는 어휘부에 등재하지 않는다는 기본 입장에 있기 때문이다. 정원수(1992)도 등재에 있어서 단일어, 어근, 접사, 어휘화한 복합어 등만을 사전에 저장한다는 점에서 김성규(1987)과 동일하다. 이 두 입장은 최소 등재로 분류한다.[44]

---

43) 박진호(1994)와 송원용(1998, 2005가)의 '빗금(/)'은 심층 어휘부와 표층 어휘부를 구분한 것이다.

44) "국어의 파생어 형성은 '형태소 어기 가설'을 원칙으로 하면서 '단어 어기 가설'이 성립된다고 하겠다." (정원수 1992 : 25)

"어휘부(lexicon)의 이른바 사전(dictionary)을 구성하는 요소로 지칭되는 형식소들은 ① 단일

절충적 입장으로는 박진호(1994), 송원용(1998, 2005가), 시정곤(2001), 정한데로(2009, 2010가)가 확인된다. 앞서 언급한 바와 같이 박진호(1994)의 임시 통사원자, 송원용(1998, 2005가)의 임시어는 분명 어휘부에 등재되지 않는 단위로 분류되었으므로 완전 등재의 입장에 맞지 않은 대상으로 판단된다. 따라서 이 글에서 세운 (33)의 기준에 따르면 박진호(1994), 송원용(1998, 2005가)는 절충적 입장으로 분류된다. 시정곤(2001 : 172)에서는 새로 형성된 파생어가 '대체로' 사전에 등재된다고 보았는데, 생산성이 아주 높거나 음운론적·형태론적·의미론적 투명성이 분명한 것은 그때그때 형성될 가능성을 배제할 수 없기 때문으로 보았다. 이에 우리의 기준에서는 일단 절충적 입장으로 판단하였다.[45] 끝으로, 복합어 형성 과정상의 α 를 기준으로 단어의 등재 여부를 분류한 정한데로(2009, 2010가)는 α 에 따른 절충적인 입장에 해당한다.

선행 연구 가운데 완전 등재로 분류된 예도 적지 않다. 송철의(1992 : 90-91)는 일단 규칙에 의해 형성된 파생어가 문장과 달리 어휘부에 저장된다고 보았다는 점에서 Aronoff(1976)과 유사하다. 한편, 구본관(1990), 채현식(1994, 2003) 등에서는 어휘부의 잉여적 속성 강조하며 어휘부 내 연결망을 통해 등재소 간의 관련성을 포착하고자 하였다. 송원용(2005가 : 16)는 채현식(2003)이 제시한 (37)의 분류를 기초로 "국어에 대한 단어형성론 논의가 대부분 단어 어기 가설을 채택하고 있을 뿐 아니라 완전 등재의 입장에 속한다."라고 보았지만, 우리의 기준에 따르면 절충적 입장으로 분류해야 할 논의도 적지 않았다.

어(simple word), ② 어간(stem), ③ 어근(root), ④ 접사(affix) — 파생 접두사, 파생접미사, 굴절접미사 — 들이라 할 수 있으며 이외에 어휘화된 복합어와 파생어들이 포함된다." (정원수 1992 : 14)

45) 박진호(1994), 송원용(1998, 2005가) 등 절충적 입장과 관련한 사항은 3.2.2에서 따로 후술할 것이다.

3.2.2. 등재 단어와 비등재 단어

복합어 등재와 관련하여 제시된 (33)의 세 가지 입장을 대상으로, 가장 우선적으로 해결해야 할 과제는 등재되는 단어와 그렇지 않은 단어의 경계를 분명히 하는 것이다. 이러한 물음을 해소하기 위한 방안은 절충적 입장의 논의에서부터 시작될 수 있으리라 판단된다. 절충적 입장이 어떠한 근거를 바탕으로 일부 단어만을 등재 단위로 삼았는지 그 기준을 명확히 한다면, 해당 기준을 기점으로 최소 등재와 완전 등재에서 고려하지 않았던 부분들이 보다 명시적으로 드러날 수 있을 것이다.

여기에서는 비등재 단어에 관해 언급한 박진호(1994), 송원용(2000, 2005가)를 중심으로 몇 가지 사항을 검토하면서 등재 단위와 비등재 단위의 기준 마련을 위한 기초적인 논의를 시작하고자 한다.

(40) 反엘친, 親러시아, 對보스니아

(40)은 박진호(1994 : 11-12)에서 등재되지 않는 '임시 통사원자'로 제시된 예이다. 새로운 단어의 형성은 곧 문법의 변화를 이끄는 통시적 과정이라는 기본 입장에 있음에도 불구하고, (40)의 단어는 등재되지 않는 공시적 문법의 일부로 보고 있어 일반적인 단어 형성 과정과 구분되는 점이 특징적이다. 그러나 이들 임시 통사원자가 일반적인 단어 형성 과정과 어떠한 점에서 구분되는지 명확한 기준이 제시되지 않은 것은 아쉬움으로 남는다. '한문적인 결합 원리'에 따라 생산적으로 만들어진다는 간략한 언급만 있을 뿐이다.

한편, 송원용(2000 : 4, 2005가 : 227)에서는 박진호(1994)의 임시 통사원자에 상당하는 '임시어' 설정 기준이 비교적 자세하게 마련된다.

(41) 임시어의 세 가지 조건

　가. 그 결합이 통사적 원리를 따르지 않아야 한다.

　나. 매우 생산적으로 만들어질 수 있어야 한다.

　다. 형성과 동시에 어휘부에 저장되지 않는다.

송원용(2005가) 역시 임시어 형성은 화자의 심리적 어휘부에 새로운 단위를 등재하는 과정이 아니므로 본질적으로 공시적인 것으로 판단한다. 이상의 기준에 따라 송원용(2000, 2005가)에서 제시한 임시어의 예는 다음과 같다.

(42) 가. 사람들(-들), 홍길동님(-님), 길동이(-이)

　　나. 對북한, 脫코소보, 親밀로셰비치, …

　　다. 미국領, 김소월流, 서울行, …

(42가)의 고유어 접미사 '-들, -님, -이'뿐만 아니라, (42나)의 한자어 접두사 '對-, 脫-, 親-'과 (42다)의 한자어 접미사 '-領, -流, -行'도 임시어를 형성하는 접사로 분류된다. (42)의 복합어는 어휘부에 등재될 필요 없는 공시태상의 단어 형성의 결과이다.

그러나 박진호(1994), 송원용(2000, 2005가)에서 등재되지 않는 대상으로 분류한 복합어 구성과 비교할 때, 아래 예들은 임시 통사원자 또는 임시어의 형태를 하고 있음에도 불구하고 어휘부에 충분히 등재될 수 있을 것으로 판단된다.

(43) 가. 반민주(反民主), 반정부(反政府)

　　나. 친서민(親庶民) 親나치

　　다. 대국민(對國民), 對테러

(44) 가. 우리들,[46] 태지님,[47] 인순이

나. 對북한,48) 脫냉전, 親나치

다. 교황領, 서양流, 감옥行

　(43), (44)는 종이 사전에 등재되어 있는 단어, 또는 비교적 높은 빈도로 쓰이고 있는 단어들이다. 이들은 빈도와 같은 언어 외적 측면에서 어느 정도 등재어의 지위에 있는 것으로 볼 수 있지 않은가 한다. (43)은 박진호(1994)의 (40) 예에 대응하는 단어를 제시한 것인데, '반민주 정권, 반정부 시위, 친서민 정책, 친나치 세력, 대국민 약속, 대테러 훈련' 등의 구 구성에서 볼 수 있듯이 이들 복합어는 비교적 높은 쓰임을 보인다.49)

　한편, (44)는 송원용(2000, 2005가)의 (42)와 관련하여 상대적으로 높은 출현빈도를 보이는 예이다. 일부 단어는 <표준국어대사전>(이하 <표준>)

---

46) '우리들'은 <고려대>에 등재된 표제어이다. (뜻풀이 : 말하는 이가 자기와 자기의 주위에 있는 사람들이나 자기가 속한 단체의 사람들을 아울러 가리키는 말)

47) 서태지 팬 카페(http://cafe.daum.net/seo)에서 '태지님'을 검색해 보면, 1000건 이상의 게시글이 확인된다. 적어도 이들 언어 공동체 내에서는 '태지+님' 복합어가 하나의 등재어로 쓰이고 있는 것으로 해석할 수 있을 것이다. 인명의 경우도 [N+-님] 구성이 어휘부에 등재될 수 있음을 보여주는 예이다.

48) '대북한'은 <고려대>에 등재된 표제어이다. (뜻풀이 : 일부 명사 앞에서 관형어로 쓰여, '북한에 대한' 또는 '북한을 상대로 하는'의 뜻을 나타내는 말)

49) '반민주', '반정부', '친서민', '친나치', '대국민', '대테러' 관련 예를 제시하면 아래와 같다.

① 반민주	반민주 테러 <동아일보 2009.3.2.>, 반민주 정권 <미디어오늘 2008.9.24.>, 반민주 정당 <국민일보 2007.1.11.>, 반민주 독재 <MBN 2007.1.11.> 등
② 반정부	반정부 시위 <SBS 2013.12.5.>, 반정부 투쟁 <OBS 2013.12.4.>, 반정부 선동 <KBS 2013.11.28.>, 반정부 지도자 <한국일보 2013.11.27.> 등
③ 친서민	친서민 정책 <한겨레 2013.11.21.>, 친서민 공약 <시사인 2013.11.18.>, 친서민 체제 <연합뉴스 2011.7.13.>, 친서민 행보 <경인일보 2011.5.24.> 등
④ 친나치	친나치 세력 <주간경향 2013.10.23.>, 친나치 논란 <머니투데이 2013.5.21.>, 친나치 인사 <한겨레 21 2012.8.20.>, 친나치 발언 <연합뉴스 2007.1.9.> 등
⑤ 대국민	대국민 약속 <서울경제 2013.12.4.>, 대국민 캠페인 <쿠키뉴스 2013.12.2.>, 대국민 사과문 <연합뉴스 2013.11.27.>, 대국민 슬로건 <파이낸셜뉴스 2013.11.21.> 등
⑥ 대테러	대테러 분야 <아시아경제 2013.12.5.>, 대테러 업무 <연합뉴스 2013.11.30.>, 대테러 훈련 <연합뉴스 2013.11.16.>, 대테러 대비 <데일리안 2013.11.5.> 등

과 <고려대한국어대사전>(이하 <고려대>)의 표제어이기도 하다. 특히, <고려대>는 실제 말뭉치 자료 내 출현빈도를 근거로 표제어를 선정하였다는 점이 주목되는데, '우리들, 대북한'은 <표준>에는 없지만 <고려대>에 등재되어 있어 이는 이들 단어의 출현빈도를 간접적으로 드러내는 결과가 아닌가 한다. 한편, '탈냉전, 교황령, 감옥행'은 <표준> 등재어이기도 하다. 이렇듯 박진호(1994)의 임시 통사원자, 송원용(2000, 2005가)의 임시어 구성의 형식도 출현빈도의 영향으로 충분히 심리 어휘부에 저장될 가능성이 있다.

  (45) 親日, 反美

  이러한 측면에서 박진호(1994 : 12)에서는 (45)의 단어가 언중의 동의를 얻어(즉, 규약화되어) 어휘부에 등재되는 현상이 존재한다고 보았다. 어휘부 등재의 문제를 '언중의 승인'과 연결하여 설명한 점이 주목되는데, 이는 (43), (44)의 복합어가 출현빈도에 따라 '개별 화자'의 어휘부 등재될 수 있다고 파악한 이 글의 입장과 다소 차이가 있다. 송원용(1998, 2002, 2005가)에서 논의한 바와 같이 개별 단어의 어휘부 등재는 사회적 수준의 승인과는 별개의 문제로 처리되어야 하기 때문이다. 이러한 점에 주목한다면 규약화보다는 출현빈도에 의한 수행 차원의 요건이 (43), (44) 복합어의 등재 가능성을 논의하는 데 보다 중요한 기준이 될 것이다. 또한 (45)의 '日', '美'는 자립적인 수준의 단어가 아니기 때문에 이를 (40)의 예와 직접적으로 대조하는 것은 적절하지 않은 듯하다.

  한편, 송원용(2005가 : 277 각주 285)에서도 (43), (44) 유형의 단어가 표층어휘부에 등재될 가능성에 대해서 언급하고는 있으나, 이들이 본격적으로 다루지지는 않았다. 송원용(2005가)에서의 임시어가 '공시적으로 형

성되지만 등재되지 않는 단위'이라는 점에서, 이들이 어디에 분포해 있다
가 높은 출현빈도를 통해 표층어휘부에 자리 잡게 되는지에 관한 보충
설명이 필요할 것으로 보인다.

앞서 3.1.2에서 언급한 등재의 두 유형을 활용하여 이상의 등재 단위
에 관한 설명을 뒷받침해 보고자 한다.

(46) '언어 내적 등재 기준'과 '언어 외적 등재 기준'의 체계

		언어 내적 등재 기준	
		① f(A, B) = A + B	② f(A, B) = A + B + α
언어 외적 등재 기준	가. 저빈도	비등재	등재
	나. 고빈도	등재	등재

(46)의 표는 정한데로(2010가 : 6)에서 제시된 것으로서 앞서 분류한 언
어 내적 등재와 언어 외적 등재의 두 측면에서 총 4가지 가능성을 보인
것이다(3.1.1의 (23) 참고). 1차적으로, α 를 포함한 비정합적인 구성((46)의
②)은 언어 내적 등재 기준에 따라 등재되어야 하는 대상으로 분류된다.
특정 단어가 α 정보를 포함하여 어휘부에 저장되어 있을 때에 비로소
그 단어의 의미가 제대로 해석될 수 있기 때문이다. 단어를 안다는 것은
단지 그것의 의미와 발음만을 아는 것이 아니라, 그 단어가 쓰인 맥락을
아는 것이기 때문이다(Taylor 2012 : 281).

다음으로, α 를 포함하지 않은 정합적인 구성(①)의 일부도 등재의 대
상이 될 수 있다. 이는 빈도 등 어휘 강도에 따른 언어 외적 등재에 해당
한다. (46①나)와 같이 고빈도로 쓰이는 단어는 정합적인 구성이라 하더
라도 등재의 대상이 된다.

종래의 연구와 비교해 본다면, '최소 등재' 입장은 α 에 대한 주목 없
이 (46②)의 등재성을 고려하지 않고 (46)의 ①과 ②를 모두 비등재로 파

악하였다. 그러나 단어 내 α 는 실제 그 쓰임을 위해 필수적으로 기억되어야 하는 정보이다. 반면, '완전 등재' 입장은 저빈도의 경우일지라도 모두 등재로 파악하므로 (46①가)의 비등재성을 고려하지 않고, (46)의 ①과 ②가 모두 등재된 것으로 이해하였다.

우리가 절충적 입장으로 분류한 박진호(1994), 송원용(2005가)의 임시 통사원자와 임시어는 일단 (46①)에 해당하는 대상으로 판단된다. 다만 이들 논의에서는 등재 단위와 비등재 단위가 언어 내적으로 어떠한 속성적 차이를 지니는지에 대해서는 구체화되지 못하였다.

끝으로 정한데로(2009, 2010가)에서 제시한 (23)과 (46)의 기준을 바탕으로 하여, (33)의 등재에 관한 3가지 입장 차이를 비교하면서 논의를 마무리하고자 한다. 고유어 복합어 '잔소리꾼'과 한자어 복합어 '비합리성'의 자료를 대상으로 그 차이를 확인할 수 있다. (47)은 세 입장에 따른 등재 단위를 정리한 것이다.

(47) '잔소리꾼'과 '비합리성'의 등재

	[[잔-소리]-꾼] 등재	[[비-합리]-성] 등재
최소 등재	잔-, -꾼, 소리	비-, -성, 합리
절충적	잔-, -꾼, 소리, 잔소리, 잔소리꾼	비-, -성, 합리
완전 등재	잔-, -꾼, 소리, 잔소리, 잔소리꾼	비-, -성, 합리, 비합리, 비합리성

(47)의 표에서 '최소 등재'와 '완전 등재'는 '잔소리꾼'과 '비합리성'의 상황이 다르지 않다. 최소 등재는 공시적으로 분리 가능한 형태소를 최대한 분석한 후에 공시적인 연산을 거쳐 복합어를 형성하는 한편, 완전 등재는 이들의 잉여적 속성을 인정하고 최대 단위까지 무조건적으로 어휘부에 등재한다는 점에서 '잔소리꾼'과 '비합리성'이 동일한 모습이다. 그

러나 절충적 입장은 두 대상이 상이한 모습을 보인다. '잔소리꾼'의 경우 복합어 '잔소리'와 '잔소리꾼'이 모두 등재된다고 보는 반면, '비합리성' 은 복합어의 등재를 상정하지 않았다. 즉, '잔소리꾼'은 완전 등재와 같은 입장에, '비합리성'은 최소 등재와 같은 입장에 서 있는 것이다. 이러한 차이는 무엇을 근거로 하는 것일까?

'잔소리꾼'과 '비합리성'은 겉보기에 유사한 복합어일지 모르나, (23)의 [정합성] 기준을 놓고 본다면 그 내부 속성에서는 차이가 있다. 고유어인 '잔소리꾼'은 일단 '잔소리'와 '잔소리꾼'의 형성 과정에 각각 상황 맥락이 부가되어야 할 것으로 보인다.[50] '쓸데없이 자질구레한 말을 늘어놓다'의 '잔소리' 의미는 '가늘고 작은' 또는 '자질구레한'의 '잔–'과 '소리'의 결합만으로 전체 의미가 충실하게 드러나지 않는다. '소리'가 지시하는 의미는 사람의 말뿐만 아니라 동물의 소리나 물체가 부딪히는 소리모두에 해당할 것인데, '잔소리'는 '말'과 같은 한정된 범위만을 지시하는바 초기 형성 현장의 맥락이 α 로서 반드시 부가되어야 한다. 또한 동일한 맥락에서, '잔소리꾼'에서도 구성성분 '잔소리'와 '–꾼'의 의미 외에포착되는 α 의 의미를 발견할 수 있다. '~이 많은', '~을 대신 해주는', '~을 직업으로 하는' 등의 다양한 가능성 가운데 '잔소리를 많이 하는 사람'의 의미가 초기 형성 현장에서 고정화되었기 때문이다.[51]

반면 한자어 '비합리성'은 박진호(1994)의 (40)의 예, 송원용(2005가)의 (42)의 예와 마찬가지로 그 등재성을 의심하게 한다. 구성 전체의 의미가 구성성분 외의 요소를 필요로 하지 않는 투명한 구성이라는 점에서 (출현빈도가 높지 않은 경우,) '비합리성'은 등재될 필요 없는 구성에 해당

---

50) 형성의 측면에서 보면 사실상 '잔소리'는 현시점에 공시적으로 형성된 단어는 아니므로 [잔+소리]의 도식은 정확한 표현이 아닐 수 있다. 그러나 일단 여기에서는 접사 '잔–'을 인정하고 공시적 결합 과정상의 맥락 부여 과정을 상정한다.

51) '잔소리꾼'의 <표준> 뜻풀이는 '필요 이상으로 듣기 싫게 꾸짖거나 참견하는 사람'이다.

한다. (46①가)의 해당 유형인 것이다. 따라서 '비합리성'은 언어 내적 수준에서는 등재의 대상이 되지 않는다. 다만 수행 차원에서 높은 출현빈도에 따라 하나의 단위로 화자의 어휘부에 저장될 가능성은 열려 있다. (46①가) 수준에 있던 언어 단위가 어휘 강도의 영향을 입어 (46①나)의 위상에 진입할 수 있는 것이다.

4. 결론

지금까지 '어휘부'와 '등재'의 두 주제에 관해 논의하였다. 구체적으로는 먼저 어휘부의 역할과 범위를 밝히고, 종래의 문법 연구에서 어휘부가 어떠한 방식에서 연구되어 왔는지를 기술하면서 '어휘부', '형태부' 등 관련 용어의 개념을 정리하였다. 아울러 어휘부를 구성하는 성분들, 즉 등재소의 연결 관계를 고려한 어휘부 조직도 함께 언급하였다.

이에 더하여, '등재'의 개념과 유형을 체계화하는 작업도 이루어졌다. 1차적으로 문법적 차원에서 등재가 어떻게 접근되어야 할지를 밝히고, 형성 차원의 등재와 수행 차원의 등재의 두 유형을 분리함으로써 종래의 등재 연구를 종합적으로 정리하고자 하였다. 이는 문법적 대상으로서의 등재 연구와 심리적 대상으로서의 등재 연구의 균형적 태도를 취하는 이 글의 기본 입장을 보여주는 것이다. 한편, 복합어를 중심으로 등재 단위에 관한 기존 연구를 정리하면서 채현식(2003)을 중심으로 논의되어 온 등재 단위에 관한 선행 연구를 비판적으로 검토하였다. 우리는 정한데로(2014)와 같이, 형성 단위와 등재 단위가 독립적인 기준에 따라 체계화되어야 한다는 입장을 취하였다. 끝으로 박진호(1994), 송원용(2000, 2005가)에서 언급된 비등재 단위(임시 통사원자, 임시어)에 관해서도 살펴보았다.

앞서 언급한 바와 같이 어휘부와 등재에 관한 연구는 그 대상을 어떻게 한정할 것인지, 또 어떠한 방법론을 기초로 접근할 것인지에 따라서 역동적인 방식으로 진행될 수 있다. 이러한 이유로, 연구자의 기본 태도와 신념에 지나치게 기대어 '이론'과 '실제'의 두 측면이 서로 소통하지 못하는 한계가 나타날 가능성도 배제하기 어렵다. 그러나 한편으로는 폭넓은 관점에 기반한 연구 방법을 통해 어휘부와 등재에 관한 탐구가 지속적으로 전개될 수 있다는 가능성을 보여준다고도 할 수 있다. 특히 심리언어학, 사회언어학 등 인접 학문 분야와의 협력을 활용한 어휘부 연구의 가능성을 보여준 박진호(1999), 시정곤(2001), 송원용(2002, 2005나, 2005다, 2009, 2011가, 2011나), 안소진(2011, 2012) 등은 어휘부와 등재 연구의 방향에 시사하는 바가 크다.

‖ 참고문헌

구본관(1990), 경주방언 피동형에 대한 연구, 석사학위논문, 서울대학교.

구본관(1998), 15세기 국어 파생법에 대한 연구, 태학사.

국립국어연구원(2002), 현대 국어 사용 빈도 조사, 국립국어연구원.

김명광(2004), 국어 접사 '-음', '-기'에 의한 단어 형성 연구, 박사학위논문, 서강대학교.

김민국(2009), 접미사에 의한 공시적 단어형성 연구 : 통사적 구성과 형태적 구성의 경계를 중심으로, 석사학위논문, 연세대학교.

김성규(1987), 어휘소 설정과 음운현상, 석사학위논문, 서울대학교.

김인균(1999), "국어의 사전(LEXICON)과 형태부(MORPHOLOGY)", 서강어문 15, 29-56.

김인균(2005), 국어의 명사 문법 I, 역락.

김의수(2013), "어휘부와 통사론", 국어학 66, 415-443.

나은미(2009), 연결주의 관점에서 본 어휘부와 단어 형성, 박이정.

박진호(1994), 통사적 결합 관계와 논항구조, 석사학위논문, 서울대학교.

박진호(1999), "형태론의 제자리 찾기", 형태론 1-2, 319-340.

박진호(2003), "관용표현의 통사론과 의미론", 국어학 41, 361-379.

성광수(1993), "어휘부의 형태 통사론적 접근", 어문논집(안암어문학회) 32-1, 127-153.

송원용(1998), 활용형의 단어 형성 참여 방식에 대한 연구, 석사학위논문, 서울대학교.

송원용(2000), "현대국어 임시어의 형태론", 형태론 2-1, 1-16.

송원용(2002), "인지 형태론의 과제와 전망", 한국어학 16, 65-87.

송원용(2005가), 국어 어휘부와 단어 형성, 태학사.

송원용(2005나), "다중 어휘부 구조 가설의 실험심리학적 검증", 형태론 7-2, 257-276.

송원용(2005다), "신어(新語)의 어휘부 등재(登載) 시점 연구 : 어휘 지식 유무 검사를 통한 검증", 국어학 46, 97-123.

송원용(2009), "국어 선어말어미의 심리적 실재성 검증", 어문학 104, 83-102.

송원용(2010), "형태론 연구의 쟁점과 전망", 한국어학 48, 1-44.

송원용(2011가), "한자계 어근 분류 방식의 심리적 실재성", 형태론 13-2, 225-244.

송원용(2011나), "불규칙적 고유어 어근의 심리적 실재성", 국어국문학 159, 5-30.

송철의(1985), "파생어형성에 있어서 어기의 의미와 파생어의 의미", 진단학보 60, 193-211.

송철의(1992), 국어의 파생어형성 연구, 태학사.

시정곤(1998), 국어의 단어형성 원리(수정판), 한국문화사.

시정곤(1999), "규칙은 과연 필요 없는가", 형태론 1-2, 261-283.

시정곤(2001), "국어의 어휘부 사전에 대한 연구", 언어연구 17-1, 163-184.

시정곤(2004), "등재소 설정 기준에 대한 연구", 한국어학 22, 185-214.

안소진(2011), 심리어휘부에 기반한 한자어 연구, 박사학위논문, 서울대학교.

안소진(2012), "어휘부 등재 논의의 경향과 쟁점", 형태론 14-1, 1-23.

이광호(2005), "연결망과 단어형성", 국어학 46, 125-145.

이상욱(2004), '-음', '-기' 명사형의 단어화에 대한 연구, 석사학위논문, 서울대학교.

이상욱(2007), "임시어의 위상 정립을 위한 소고", 형태론 9-1, 47-67.

전상범(1995), 형태론, 한신문화사.

정원수(1990), "국어 어휘부와 통사론의 통시적 상관성", 어문연구(충남대) 20, 366-
    387.

정원수(1992), 국어의 단어 형성론, 한신문화사.

정한데로(2009), 국어 복합어의 등재와 어휘화 연구, 석사학위논문, 서강대학교.

정한데로(2010가), "문법 차원의 등재에 대한 연구", 형태론 12-1, 1-22.

정한데로(2010나), "복합어 분석에 의한 단어의 변화", 어문연구 147, 101-131.

정한데로(2012), "조사 어미 복합형태의 등재와 변화", 언어와 정보 사회 18, 101-
    131.

정한데로(2013가), "임시어의 실재성 확립을 위하여", 어문연구 157, 119-149.

정한데로(2013나), "명명 과제(naming task)를 기반으로 한 임시어의 형태론 : 도구 명
    사를 중심으로", 국어학 68, 367-404.

정한데로(2014), 국어 등재소의 형성과 변화 연구, 박사학위논문, 서강대학교.

조남호(1998), 현대국어의 파생접미사 연구 : 생산력이 높은 접미사를 중심으로, 석사
    학위논문, 서울대학교.

채현식(1994), 국어 어휘부의 등재소에 관한 연구, 석사학위논문, 서울대학교.

채현식(1999), 조어론의 규칙과 표시, ≪형태론≫ 1-1, 25-42.

채현식(2000), 유추에 의한 복합명사 형성 연구, 박사학위논문, 서울대학교.

채현식(2003), 유추에 의한 복합명사 형성 연구, 태학사.

채현식(2007), "어휘부의 자기조직화", 한국언어문학 63, 129-145.

채현식(2013), "어휘부란 무엇인가", 국어학 66, 307-333.

최형용(2003), 국어 단어의 형태와 통사, 태학사.

최형용(2013가), "어휘부와 형태론", 국어학 66, 361-413.

최형용(2013나), "구성 형태론은 가능한가", 형태론 15-1, 82-114.

하치근(1992), "파생법에서 어휘화한 단어의 처리 문제", 우리말연구 2, 33-57.

황화상(2001), 국어 형태 단위의 의미와 단어 형성, 월인.

황화상(2011), "관용어의 문법 범주와 범주 특성", 언어와 정보 사회 15, 27-51.

Aronoff, M.(1976), *Word formation in Generative Grammar*, The MIT Press.

Bauer, L.(1983), *English Word-formation*, Cambridge University Press.

Bloomfield, L.(1933), *Language*, Holt.

Booij, G. E.(2010), *Construction Morphology*, Oxford University Press.

Bybee, J. L.(1985), *Morphology : a Study of the relation between Meaning and Form*, Benjamins.

Bybee, J. L.(1988), "Morphology as lexical organization", In Hammond, M. & Noonan, M.(eds.), *Theoretical Morphology*, Academic Press, 119-141.

Bybee, J.(1995), "Regular morphology and the lexicon", *Language and Cognitive Processes* 10, 425-455.

Carstairs-McCarthy, A.(1992), *Current Morphology*, Routledge.

Chomsky, N.(1965), *Aspects of the Theory of Syntax*, MIT Press.

Chomsky, N.(1970), "Remarks on nominalization", In Jacobs, R. & P. Rosenbaum (eds.), *Reading in English Transformational Grammar*, Blaisdell, 184-221.

Cruse, D. A.(2000), Meaning in Language, Oxford University Press. [임지룡 · 김동환 역(2002), 언어의 의미, 태학사.]

Di Sciullo, A-M. & Williams, E.(1987), *On the Definition of Word*, The MIT Press.

Halle, M.(1973), "Prolegomena to a theory of word-formation", *Linguistic Inquiry* 4-1, 3-16.

Haspelmath, M.(2002), *Understanding Morphology*, Oxford University Press.

Haspelmath, M. & Sims, A. D.(2010), *Understanding Morphology*, 2nd edition, Oxford University Press.

Jackendoff, R.(1975), "Morphological and semantic regularities in the lexicon", *Language* 51, 639-671.

Lees, R.(1960), *The Grammar of English Nominalizations*, Mouton.

Lieber, R.(1981), *On the Organization of the lexicon*, Indiana University Linguistics Club.

Scalise, S.(1984), *Generative Morphology*, Foris, Dordrecht. [전상범 역(1987), 생성형태론, 한신문화사.]

Selkirk, E. O.(1982), *The Syntax of Words*, The MIT Press.

Spencer, A.(1991), *Morphology Theory : an Introduction to Morphology in Generative Grammar*, Blackwell. [전상범 외 역(1994), 형태론, 한신문화사.]

Sweet, H.(1891), *A New English Grammar*, 2 vols, Oxford University Press.

Sweet, H.(1955), *English Grammar*, Clarendon Press.

Taylor John, R.(2012), *The Mental Corpus*, Oxford University Press.

'연결어미+하다' 구성의 문법범주와 등재*

한 명 주

1. 서론

이 글은 '연결어미+하다' 구성을 대상으로 구성 전체가 '한 단위'임을 보여주고 그 문법적 특징들을 밝히는 것을 목적으로 한다. 나아가 국어의 문법을 기술하는 문법 단위로서 '구성'을 제시하고 그것의 어휘부 등재 가능성을 검토해 볼 것이다. 이 글에서 논의하려는 대상은 연결어미와 형식용언 '하다'의 결합형으로 개별 구성성분에 대한 이해만으로는 그 구성의 전체 모습을 포착하기 어려운 면이 있다.

    (1) 가. 비가 오면 소풍을 가지 않는다.
        나. 소풍을 갔으면 한다.

(1가)에서 '-(으)면'은 종속접속절에서 '조건'이나 '가정'의 의미를 부과하게 된다. 한편 (1나)의 '-(으)면 하다'에서 '하다'는 그 실질 의미가

---

* 이 글은 한명주(2014)의 내용을 다듬고 이를 토대로 '연결어미+하다' 구성의 어휘부 등재와 관련된 내용을 추가하였다.

없고 선행동사 '가다'와 결합하여 서술어의 구실을 하게 하는 기능을 담당한다고 볼 수 있다. 이러한 양자에 대한 개별적인 논의만으로는 (1나)의 '-(으)면 하다'가 '주어 또는 화자'의 '희망'을 나타낸다는 것을 포착할 수 없다.[1]

(1나)와 같은 현상에 대하여 지금까지의 논의에서는 주로 '하다'의 본질을 밝히려는 관점에서 연구된 논의와 의존구문의 관점에서 연구로 나뉜다. 전자는 최현배(1937)에서는 구성에 참여하는 '하다'를 보조용언으로 파악한 논의와, 동일한 대상에 대하여 서정수(1975)에서는 '하다'를 선행요소에 실질적인 서술 의미가 없을 경우에 특정한 의미의 추상적 서술어

---

1) 이 글에서 제시한 '연결어미+하다' 구성에 대한 <표준국어대사전>의 기술은 획일적이지 않다. '하다'와의 결합을 아예 고려하지 않고 기술하거나 '하다'와 함께 쓰이는 예문을 제시하지만 그에 대한 명시적 기술 없이 연결어미가 단독으로의 쓰임과 '하다'가 결합한 구성으로의 쓰임을 혼용하여 기술하기도 한다. 이러한 상황은 국어에서 '구성'에 대한 이해의 부족에서 온 결과가 아닐까 한다. <표준국어대사전>의 '-으면' 항목에 대한 기술을 제시하면 다음과 같다.

'-(으)면'
「어미」
(('ㄹ'을 제외한 받침 있는 용언의 어간이나 어미 '-었-', '-겠-' 뒤에 붙어))
「1」 불확실하거나 아직 이루어지지 아니한 사실을 가정하여 말할 때 쓰는 연결 어미.
　　예 내일 날씨가 좋으면 소풍을 가겠다./정원에 사과나무를 심으면 잘 자랄까?
「2」 일반적으로 분명한 사실을 어떤 일에 대한 조건으로 말할 때 쓰는 연결 어미.
　　예 상한 음식을 먹으면 배탈이 난다./산이 높으면 골이 깊다.
「3」 ((주로 '-었-' 뒤에 붙어))현실과 다른 사실을 가정하여 나타내는 연결 어미. 현실이 그렇게 되기를 희망하거나 그렇지 않음을 애석해하는 뜻을 나타낸다.
　　예 이제 집에 갔으면 좋겠다./돈이 많으면 너를 도와줄 텐데./기차가 제시간에 왔으면 우리가 지각하지 않았을 텐데./음식이 많았으면 배불리 먹었을 텐데.
「4」 뒤의 사실이 실현되기 위한 단순한 근거 따위를 나타내거나 수시로 반복되는 상황에서 그 조건을 말할 때 쓰는 연결 어미.
　　예 책만 읽으면 존다.
<표준국어대사전>

<표준국어대사전>의 '-(으)면' 항목에서 이 글의 관심은 3번 항목으로 '희망'하거나 '애석해하는' 뜻으로 풀이된다. 그러나 이와 같은 해석은 문장 전체의 의미이거나 후행 서술어 '좋다'와 함께 쓰일 때의 의미일 뿐 연결어미 '-(으)면'의 의미라고 파악하기에는 무리가 따른다. 이러한 점은 국어 문법에서 '구성' 전체에 대한 인식의 부족에서 나온 결과라고 본다.

를 대신하는 기능을 갖는다 하여 대동사로 본 논의가 있다. 후자의 논의
에서는 이들 대상에 대하여 의존구문의 관점에서 구성이 쓰인 문장의 구
조를 밝히려는 연구가 진행되었다(권재일 1985, 김영희 1993, 최재희 1996, 김
기혁 1995, 최웅환 1998 등).[2] 기존의 연구는 공통적으로 연결어미와 '하다'
를 분리하여 설명하거나 '선행용언+연결어미+하다'를 한 데 묶어 설명
하는 결과를 가져왔다.[3] 그러나 (1나)와 같은 예문을 설명하기 위해서는
연결어미와 '하다'를 한 단위로 보고 연구해야 한다. 뿐만 아니라 선행용
언과 '연결어미+하다' 구성은 별개의 단위로 문법 안에서 독립적으로 설
명해야 한다고 판단한다. 왜냐하면 전자는 명제의 서술어로 쓰인 어휘요
소이고 후자는 문장 안에서 양태를 나타내는 문법요소이기 때문이다. 즉
(1나)에서 '가다'와 '-(으)면 하다'가 문장 전체에서 비록 의존 관계를 맺
으면서 하나의 서술어를 담당한다 할지라도 각각 실현되는 문법이 다르
기 때문에 이들은 각각 독립된 단위로 설명되어야 한다.

이 글에서는 '연결어미+하다' 구성의 구조를 단문 구조와 내포문을
갖는 복합문 구조를 모두 상정할 수 있다고 본다. 전자의 경우 문장에서
양태의 의미를 나타내는 문법범주로서의 기능을 문장 구조에서 더 여실
히 보여주고 후자의 경우 동일한 기능을 하나 구조를 기술하는 관점에서
는 확연히 드러나지 않는 흥미로운 대상이다.

이러한 이유로 이 글은 '연결어미+하다'를 보다 면밀히 고찰하기 위
해 '구성'이라는 단위를 설정하고 국어에서 그것이 문법 단위로서 기능
함을 살펴볼 것이다. 자세한 논의는 2.1절에서 다루도록 한다.

개별 목록은 이은경(2000 : 16)에서 제시한 연결어미 목록 중에서 형식
용언 '하다'가 결합하여 서술어 기능을 하는 경우이다.[4] 목록 선정의 첫

---

2) 자세한 내용은 2.2절에서 다루도록 한다.
3) '연결어미+하다' 구성과 관련된 기존 논의는 대한 2.2절 참조.

째 기준이 '하다'의 후행 여부인 것은 연결어미에 형식용언 '하다'가 결합하는 경우에만 특별히 그 문법적 지위가 달라지기 때문이다.

목록 선정의 두 번째 기준은 의미적 차원이다. 일반적인 언어 현상에서 여러 요소가 결합된 덩어리의 의미는 그 구성성분들의 의미와 관련이 있기 마련이다.5) 그러나 '연결어미+하다' 구성의 경우 개별 구성성분들이 갖지 않는 새로운 의미를 나타낸다.6)

이상의 논의를 통하여 이 글에서 다루는 목록과 대표적인 예문을 보이면 다음과 같다.

> (2) '연결어미+하다' 구성의 목록
> -(으)면 하다, -(으)려고 하다, -어야 하다, -고자 하다, -게 하다, -도록 하다

> (2)´ 가. 철수는 집에 갔<u>으면</u> <u>한</u>다.
> 나. 철수는 집에 가<u>려고</u> <u>한</u>다.
> 다. 너는 10까지 집에 가<u>야</u> <u>한</u>다.
> 라. 철수는 영희를 아내로 삼<u>고자</u> <u>한</u>다.
> 마. 건강을 위해 운동을 하<u>게</u> <u>하</u>다.
> 바. 10까지 모이<u>도록</u> <u>한</u>다.

이 글은 '연결어미+하다'의 구성적 특징에 초점을 두고, 2장에서는 '연결어미+하다'와 관련된 논의를 다루는데, 먼저 구성의 이론적 배경과

---

4) 이은경(2000 : 16)의 연결어미 목록을 제시하면 다음과 같다.
'-고, -어서, -고서, -(으)면, -(으)ㄴ데, -지만, -(으)니(까), -(으)면서, -다가, -어도, -(으)려고, -(으)러, -어야, -든지, -거나, -(으)며, -자, -자마자, -느라고, -기에, -(으)나, -거든, -고자, -게, -도록, -(으)므로, -더라도, -(으)ㄴ들, -(으)되 (이상 29개)
5) Cruse(2000 : 3장)의 의미의 합성성과 관용표현의 의미해석 참고.
6) 정한데로(2014)에서는 일부 형식명사 구성, 보조용언 구성 등의 어휘부 등재 여부에 대해 논의하면서 구성의 의미 특성을 등재의 중요한 요인으로 들고 있다.

이들 구성과의 관련성을 포착한다. 그리고 '연결어미+하다'를 구성의 측
면에서 다룬 기존 논의를 살펴보도록 할 것이다. 다음으로 '연결어미+하
다' 구성의 비분리적 특징을 점검함으로써 이들 구성의 단위성을 확인해
볼 것이다. 3장에서는 이들 구성과 국어의 다른 문법범주와의 비교를 통
해 문법적 지위를 확인할 것이다. 4장에서는 어휘부의 등재 단위로서 '연
결어미+하다'의 가능성을 탐색해 볼 것이다. 이러한 연구는 국어에서 둘
이상의 단위가 결합한 구조가 한 단위를 이루어 기능하는 형식명사 구성,
연결어미 구성, 보조용언 구성 반복 어미 구성 등을 설명하는 데 합리적
인 기술 방법을 제시할 수 있을 것이다.

2. '연결어미+하다' 구성(construction)에 대한 기본 논의

2.1. 국어에서 '구성(construction)'이란?

'연결어미+하다' 구성을 온전히 이해하기 위해서는 먼저 '구성'에 대
한 이해가 선행되어야 한다. 국어 연구에서 구성이라 명명해 온 것의 가
장 대표적인 대상은 형식명사 구성, 연결어미 구성, 반복 구성, 보조용언
구성 등이 그것이다.

> (3) 가. 집안분위기를…한번 바꿔보는 것도 기분전환상 좋을 듯하다. <세종>
>   나. 원칙은 고수되어야 한다 <세종>
>   다. 나이는 스물이 되거나 말았거나 하였는데 … <세종>
>   라. 그럭 저럭 하루 해는 저물어 간다 <세종>

(3)은 공통적으로 둘 이상의 요소가 결합하여 한 단위로 기능하는 대

상들이다. (3가)는 '관형형 어미(-ㄹ)+형식명사(듯)+형식용언(하다)'의 구성으로 '추측'을 (3나)는 '연결어미(-어야)+하다' 구성으로 '당위'의 양태 의미를 나타낸다. 그리고 (3다)는 '연결어미 반복(-거나~-거나)+하다'의 구성에서 연결어미의 '-거나'의 '나열'의미를 상실하고 전체 구성이 '불확실성(추측)'이라는 새로운 의미를 나타낸다. 또한 (3라)는 '연결어미(-어)+보조용언(가다)'가 '상(aspect)'의 기능을 담당한다.

위의 예들은 공통적으로 형식과 의미가 하나의 쌍을 이루고 문법적 기능을 담당한다는 특징을 가진다. 이러한 점에서 위의 현상은 구성(construction)의 관점에서 다뤄야 하는 필요성이 제기된다. 구성(construction)에 대한 이론적 배경은 구문문법(Construction Gramma) 이론의 전반에서 찾을 수 있는데 구문문법은 1970년대 후반 인지의미론의 발달과 함께 급속도로 발전하였다. Lakoff(1987)에서는 전체 구성의 의미는 부분의 의미의 합이라는 생각을 부정하고, 구문 그 자체가 스스로 의미를 가지고 있다고 주장하였다. 이러한 생각은 "There 구문"에서 전체의 의미가 부분의 의미의 합으로 도출되지 않는다는 것을 지적하고, There 구문의 독특한 문법적 속성은 구문의 화용적 기능 때문에 나타나는 것이라고 주장하였다. 또한 주요 구문의 변이형들은 주요 구문의 형식-의미 쌍의 확장으로 이해될 수 있다고 하였다. 이와 관련하여 Goldberg(1995 : 4)에서 구문의 정의를 다음과 같이 내리고 있음을 주목할 필요가 있다.

  (4) Goldberg(1995 : 4) 구문의 정의
    : C가 형식과 의미의 짝(F₁, S₁)이고 그 F₁의 어떠한 양상과 또는 S₁의 어 떤 양상이 C의 성분이나 이미 확립된 어떤 다른 구문으로부터 엄밀하 게 예측할 수 없는 경우, C를 구문이라고 한다(손영숙·정주리 역 2004 : 24).[7]

---

7) C is CONSTRUCTION iff C is a form-meaning pair <Fi, Si> such that some aspect of F or

공통적으로 구문문법의 이러한 관점에서는 내부 구조의 복잡성과는 상관없이 형식과 의미의 짝은 모두 구문으로 간주된다. 그렇기 때문에 구, 관용어, 단어, 형태소 등이 모두 구문으로 볼 수 있다.

그러나 이 글에서 바라보는 구성의 외연은 구문문법가들이 언급한 것보다 더 좁은 의미로 사용한다. '구성'이 형식과 의미의 짝이 예측되지 않는 경우, 즉 비합성적인 경우라는 점은 일치하지만 두 개 이상의 구성성분으로 이루어졌으며, 그 구성성분들 사이의 공기관계가 매우 제한적이라는 점에서는 구별된다. 이러한 맥락에서 구성에 형태소나 단일어, 일반적인 통사적 구 등은 제외된다. 또한 구성이 가지는 의미의 비합성성은 구문문법가들의 형식(F_i)과 의미(S_i)의 짝이 갖는 비합성성뿐 아니라 구성 내부에 존재하는 구성성분들 간에도 그대로 적용된다. 결과적으로 구성이란 형식과 의미의 짝(F_i, S_i)인데 이때의 형식(F_i)은 두 개 이상의 구성성분으로 이루어져 있으며(F_i(A, B...)), 각 구성성분들의 의미의 합은 전체 구성의 의미와 비합성적 관계를 가진다. 나아가 그 F_i의 어떠한 양상과 또는 S_i의 어떤 양상이 구성(construction)의 성분이나 이미 확립된 어떤 다른 구성으로부터 엄밀하게 예측할 수 없다.[8]

지금까지 살펴본 국어의 구성의 정의를 위의 예문 (3)을 통해 확인해 보자. 첫째, 구성성분이 '연결어미'와 '형식용언'으로 둘 이상이라는 것이 확인된다. 둘째, 해당 연결어미 목록 이외의 다른 연결어미가 올 수 없다

---

some aspect of S is strictly predictable from C's component parts or from other previously established construction. /Goldberg(1995 : 4)

8) 한편 국어에서는 'construction'을 구문과 구성으로 혼재하여 부른 것 같다. 전자는 이들 단위가 쓰인 문장을 중심으로 하여 사용되었으며 후자는 구성 그 자체에 관심을 갖는 입장에서 사용된 듯하다. 이 글에서는 후자의 입장을 취한다. 한편 최형용(2013나 : 83)에서는 'construction'을 '구문'으로 번역하는 것은 단어보다 더 큰 문장 단위에 붙였던 것과 관련이 된다고 하면서 단어도 'construction'이라고 간주하는 입장에서 구성이라는 용어를 사용한다고 밝히고 있다.

든지 또는 제시한 목록 안에서 연결어미들 간의 교체가 불가능하다. 즉 구성성분들 간의 공기관계는 매우 제한적인 양상을 보인다.[9] 셋째, 전체 구성은 개별 구성성분의 의미의 합으로 예측되지 않는 새로운 양태의미 를 나타낸다. 이러한 현상을 바탕으로 국어에서 구성을 정의하면 다음과 같다.

(5) 구성(Construction)의 정의
  가. 둘 이상의 구성성분이 결합한다.
  나. 구성성분 간의 공기 관계가 매우 제한적이다.
  다. 전체 구성의 의미는 구성성분의 의미로 예측되지 않는 새로운 의
     미를 창출한다.

한편 (3)의 예문에서 보이는 구성들이 둘 이상의 구성성분이 결합하여 한 단위로 기능한다는 것은 이들이 국어 화자에게 이미 하나의 문법요소 로 인식된다고 보는 것이 타당할 것이다. 이러한 점은 '연결어미+하다' 구성을 등재의 관점에서도 살펴볼 수 있게 한다. Di Sciullo & Williams (1987 : 14)는 등재성의 위계를 설정하면서 "특정한 일부의 구가 등재된다" 고 언급하였으며, 정한데로(2014)에서도 구성이 특정의미(문맥의미 ω)를 획 득한 경우 등재의 대상이 되는데 일부 통사적 구성이 여기에 속한다고 보았다. 이러한 관점은 (3)의 예문에서 보이는 구성들이 단위성을 획득하 였으며 곧 등재의 단위로 볼 수 있음을 시사한다. 자세한 내용은 4장에

---

9) 구성성분 간의 공기 관계가 매우 제한적이라는 측면에서 이들은 연어와도 관련이 있을 듯하 다. 임근석(2005가 : 290~295)에서는 연어를 어휘적 연어와 문법적 연어로 분류한 후 후자 의 특징을 구체적으로 언급하고 있다. 첫째, 어휘소의 특성을 많이 상실한 구성성분은 연어 핵이 되며 연어변은 문법소가 오거나 어휘소의 특성을 많이 상실한 요소가 온다. 둘째, 구성 요소 간의 강한 인접성을 갖는다. 셋째, 연어핵이 연어변을 어휘소 차원에서 선택한다고 할 때 선택가능한 후보의 집합은 닫혀있다. 넷째, 구성 전체가 하나의 문법소적 기능을 하는데 이때 연어변에 의해 연어핵의 문법적 기능이 제한되는 경우도 있다 등이다. 이러한 문법적 연어는 이 글의 '구성'의 관점에서도 해석할 수 있는 가능성을 시사한다.

서 논의한다.

위와 같은 내용을 토대로 '구성'은 문법 체계 안에서 어떻게 기술되어야 하는가? 이 현상에 대해 기술하는 방법은 두 가지가 될 것이다. 첫째, 조건의 연결어미 '-(으)면'의 특수한 경우로 형식용언 '하다'와 결합할 경우 '희망'의 양태 의미를 갖는다고 기술하는 방법이다. 둘째, 연결어미에 형식용언 '하다'가 결합하는 경우 '구성'이라는 지위를 부여하고 구성 전체가 한 단위로서 문법적으로 서술기능을 보완하며 이때 새로운 양태 의미를 나타내는 문법 단위가 된다고 기술하는 방법이다.10)

우리는 후자의 방법을 택하는 것이 문법 기술에 있어서 효율적이라고 판단한다. 왜냐하면 이러한 현상은 연결어미 구성뿐 아니라 형식명사 구성, 반복어미 구성, 보조용언 구성 등 속하는 부류가 다양하기 때문이다. 이들의 공통점을 포착하면 분석적 접근보다는 한 단위로 설정하고 종합적으로 문법을 기술하는 것이 더 효과적이라고 판단한다. (3)의 구성들을 해석하기 위해 그때마다 '듯', '-거나', '하다', '가다' 항목에 대한 예외적인 현상으로 기술한다면 문법 기술은 번잡함을 피할 수 없게 될 뿐만 아니라 구성 전체의 문법적·의미적 기능을 포착하기 어렵게 된다.

2.2. '연결어미+하다' 구성 기존 논의 검토

우리가 관심을 가지는 '연결어미+하다' 구성과 관련한 기존 논의는 '하다'의 본질을 밝히려는 관점에서 연구된 논의와 의존 구성의 관점에서 이들 구성이 쓰인 문장의 구조를 밝히려는 연구로 크게 분류된다.

---

10) 이 글에서 제시한 목록의 공통적인 현상은 연결어미에 형식용언 '하다'가 결합했을 때 연결어미는 더 이상 연결어미 본유의 기능과 의미를 상실하고 전체 단위가 새로운 문법적 기능과 의미를 나타내는 것이 특징이다.

먼저 최현배(1937)에서는 구성에 참여하는 '하다'를 보조용언으로 파악한다.11) 동일한 대상에 대하여 서정수(1975)에서는 '하다'를 선행 요소에 실질적인 서술 의미가 없을 경우에 특정한 의미의 추상적 서술어를 대신하는 기능을 갖는다 하여 대동사로 본다. 그리고 '동사(형용사)+연결어미+하다'의 특수한 의미는 구문론적 문맥에서 예견되는 것으로 구문구조에서 '하다'가 대신하는 의미라고 파악하였다. 먼저 최현배(1937)에서의 보조동사라는 용어는 '하다'가 선행하는 동사를 의미적으로 보조한다는 개념으로 사용되었을 뿐 선행하는 연결어미와 함께 전체 구조체가 한 덩어리로 문법적 역할을 한다는 의미는 아니며, 서정수(1975)에서 지적하듯이 '하다'라는 하나의 형태가 이질적인 다양한 의미를 나타낸다는 사실에서 일반적이지 않다. 또한 서정수(1975)에서 '너는 이 책을 읽어야 한다'의 '하다'가 '된다, 마땅하다, 좋다' 등의 추상적 의미를 대신한다고 하였는데 '하다'를 제외한 '너는 이 책을 읽어야'와 언급한 추상적 의미와의 관련성을 찾기 어렵다는 점에서 문제가 된다.

다음으로 의존 구성을 대상으로 그 구조를 밝힌 논의는 권재일(1985), 김영희(1993), 김기혁(1995), 최재희(1996), 최웅환(1998) 등을 들 수 있다.12) 권재일(1985)는 상위문이 하위문을 관할하는 방식에 따라 복합문의 유형을 체계화하는데 '연결어미+하다'에 대해 상위문이 하위문을 직접 관할하는 복합문 구성, 즉 '내포문 구성'으로 본 바 있다. '연결어미+하다'

---

11) 최현배(1937)에서는 '하다'가 부정 보조 동사, 부정 보조 형용사, 추측 보조 형용사, 가식 보조 동사, 가치 보조 형용사, 과기 보조 동사, 시인적 대용조동사, 시인 보조 형용사, 당위 보조 동사, 사동 보조 동사로 세분화하고 있다.

12) '연결어미+하다'를 우언적 구성으로 다루기도 하는데 우언적 구성이란 명칭은 통사적 구성이라는 측면에서 '연결어미+하다' 구성과 범주적으로 동일할지는 모르겠으나 '구성'을 문법적인 한 단위로 정의하는 데는 미진한 면이 있다. 우언적 구성(또는 통사적 구성)은 융합의 정도가 가장 약하며 의미적 상관성이 매우 약한 것을 특징으로 하며(Bybee 1985), 고영근(1988, 2004)에서 우설적 표현(periphrastic, 迂說的)이 보조적 연결어미와 보조 동사의 결합을 일컫는 용어이며 국어의 동작상은 우설적인 표현이 지배적이라고 본 바 있다.

구성은 동사구 내포문 구조에 해당되는데 형식용언 '하다'가 하위문 동사에 의존적이기 때문에 통사론적 구성으로 보기보다는 형태론적 구성의 특별한 것으로 보고 그 구성을 하나의 성분으로 볼 수 있다고 주장한다 (권재일 1985 : 29).[13]

　김기혁(1995 : 295)는 (3라)와 같은 보조용언 구성에 대해 중간 범주의 존재에 대한 설정의 필요성을 언급하면서 이를 나타내는 X′를 세우는 것이 문법 설명에 합리적임을 주장하였다.[14][15] 김기혁(1995)의 논의는 구성의 존재에 대한 필요성을 제시했다는 점에서 주목할 만하다. 그러나 용어 선택에 있어서는 "문법 단위의 측면에서 어휘인 단어와 '구'의 중간 단위를 나타내는 '단어구'(?), 또는 '낱말 이은말'(?)이나 또는 새로운 용어에 대한 문법 단위의 규정이 필요하다."라고 언급할 뿐 정확한 용어를 제시

---

13) 권재일(1985)에서는 '연결어미+하다'에 대하여 단문으로 해석하면서도 복합문 전체 체계의 기술을 유지하기 위해 복합문 구성으로 처리하고 있다. 그 예로 '-(으)면'을 내포문 어미와 접속문 어미로 구분하고 비록하고 그것이 통사 구조는 구분되지만 그 의미 특성을 같은 것으로 본 것(1985 : 38) 역시 동일한 관점으로 해석할 수 있다. 한편 권재일(1985)는 '이다'와 함께 '하다'를 의존동사로 처리하고 자립동사와 같은 범주에 두면서 다음의 이유를 든다. 첫째, 서술어를 형성하고, 둘째, 활용의 기능을 가지며, 셋째, 어미 결합의 제약이 같다는 것이다. 즉 자립동사나 의존동사가 동일한 문법 기능을 수행한다는 점에서 하나의 범주, '동사'로 통합하여 일관된 설명을 하고 있다. 이러한 태도는 논의의 목적이 복합문 전체 체계의 기술에 있다는 사실에서 비롯된다.

14) 중간범주로서 X′설정에 대한 논의는 김기혁(1985)를 참고하였으며 김기혁(1995)에서 재확인할 수 있다.

15) 김기혁(1995 : 294)에서 부사어가 수식하는 보조용언 구성 '빨리 꺼내 보아라'를 제시하면서 부사어가 본동사만을 수식하는 구조는 국어에 존재하지 않으며 (?)범주가 VP라면 VP아래에는 수의적이지만 부사어의 범주 Adv가 실현될 자리가 있어야 하므로 VP와는 다른 범주로서 V′를 세우는 것이 문법 설명에 합리적임을 논하였다. 그 구조를 아래에 제시한다.

하지 않고 있다. 또한 보조 용언 구성에서 보조용언과 선행용언을 자매항으로 본다는 점에서 그 구조를 납득하기 어렵다. 더욱이 '연결어미+하다' 구성이 문법범주를 실현하는 단위라는 우리의 관점은 김기혁(1995)의 논의를 받아들이기 어렵게 만든다.

김영희(1993)에서는 의존동사 구문이 복합동사 구문과는 달리 주체존대의 선어말어미 '-시-'가 상위문 동사나 하위문 동사에 올 수 있다는 사실이나, 상위문이나 하위문의 동사가 개별적으로 대용사 되기 등의 통사론적 양상을 보이는 것을 증거로 의존동사 구문을 하위문이 상위문에 내포된 복합문구조로 파악하고 있다.16)17) 그 결과 하위문의 목적어나 명사구 보충어는 하위문 동사에 의해 투사된 명사항이라고 보고 아울러 하위문 동사가 그 앞의 성분들과 일차적으로 직접구성을 한다고 본다.18) 이러한 구조는 김기혁(1995)에서 제시한 X´(V´)설이 안고 있는 문제점을 해결할 수 있게 된다. '연결어미+하다' 구성도 이와 같은 관점에서 내포문 구조를 갖는 복합문으로 보는 견해는 일견 타당한 부분이 인정된다. 최재희(1996)에서도 이러한 구성을 내포화 구문으로 보고 의존 동사 '하다'를 상위문의 동사로 파악한다. 그리고 이러한 의존동사는 하위문 명제에 대해 양상(mood) 표시 기능을 수행한다고 보았다.

마지막으로 최웅환(1998)에서는 보조용언 구성에 대해 한 단위로서의

---

16) '의존동사 구문'은 김영희(1993)의 용어를 그대로 살려 적은 것이다.
17) 김영희(1993)에서 의존동사 구문이 통사적 구성이라고 보는 증거에 대한 예문은 다음과 같다.
    (1) 가. 어머님께서 그 걸 드셔 버리셨어. (김영희 1993 : (67ㄱ))
       나. 할아버지께서도 연애를 하셔 보셨나? (67ㄷ)
    (2) 가. 맏이도 불을 꺼 버렸고 막내도 그래 버렸다. (71ㄱ)
       나. *선수도 뛰어가고 코치도 그래간다. (75ㄱ)

    (1)의 예문은 의존동사 구문에서 '-시-'의 결합이 상위절 동사와 하위절 동사 모두 올 수 있다는 것을 보여주고 (2)의 예문은 (가)는 의존동사 구문에서 일부 대용현상을 보이지만 (나)에서 복합동사 구문에서는 그것이 불가능함을 보인다.
18) 고양이가 생선을 먹어 버렸다 (김영희 1993 : 185)

가능성을 제시한 바 있다. 특히 용언이 둘 이상 실현된 문장이라면 당연히 복합문구조로 보아야 하나 그렇게 보기 어려운 예로 보조용언 구성을 들고 있다. 더불어 '하다'를 서술어의 확장으로 보고 단문으로 해석을 시도하고 있다. 이러한 관점은 최웅환(1998 : 102-103 각주 5, 6)에서도 밝히고 있듯이 보조용언 구성에 대한 분석이 양립하는 것은 이들의 복합적 성격에 기인하며 결국 기능중심 시각이냐, 구조기술 중심 시각이냐에 따라 나뉜다고 언급하고 있다.

이상의 논의를 종합하자면 공통적으로 주목한 현상은 '연결어미+하다' 구성이 첫째, 단문인가 복합문인가로 귀결된다. 물론 국어에서 이들 구성이 참여한 문장의 구조를 파악하는 것은 중요한 문제임이 분명하다. 그러나 '연결어미+하다' 구성에 초점을 맞추었을 때 단문이냐 복합문이냐의 문제를 밝히는 것은 '연결어미+하다' 구성의 문법범주로서의 기능을 제대로 이해하지 못하는 결과를 가져오게 된다.19)

그렇기 때문에 이 글에서는 전체 문장에서 이들의 구조가 단문인가 복합문인가에 대한 질문의 답으로 둘 다의 가능성을 모두 열어둘 것이다.

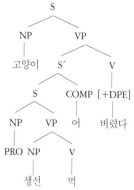

---

19) 물론 임홍빈(1995)의 논의대로 '연결어미+하다' 구성에 대해 일괄적으로 복합문으로 설정하고 동일주어 삭제로 설명할 수도 있을 것이다. 그러나 이러한 관점은 결국 다시 연결어미와 형식용언 '하다'를 분리하여 바라볼 수밖에 없게 된다.

이 글에서는 '연결어미+하다' 구성이 단문과 복합문으로 실현되는데 전자는 한 단위로 양태를 실현하는 문법범주로서의 기능이 더 확연히 드러나는 반면, 후자는 그 구조를 가시적으로 보여주기는 어렵지만 일단은 단문과 동일하게 양태를 나타내는 문법적 기능을 하는 것으로 간주한다.[20] 앞서 언급했던 최웅환(1998)의 논의대로 기능주의적 관점에서 '연결어미+하다' 구성을 한 단위의 문법요소로 보고자 한다.

2.3. '연결어미+하다' 구성의 비분리성

구성은 문법 기술의 한 단위이며 이러한 특징은 구성의 문법적 특징을 통해 입증된다. 이 절에서는 문장 성분의 첨가, 대용의 대상, 부사어의 수식이나 부정의 범위, 분열문 구성 확인 등의 방법을 통해 구성의 비분리적 특징을 살펴보겠다. 이러한 검증법은 보조용언 구성의 판별을 논하는 검증법으로 유의미하게 다뤄진 바 있다(김기혁 1995, 김영희 1993, 손세모돌 1996 등).

2.3.1. 문장 성분의 첨가

이 절에서는 '연결어미+하다' 구성 내부에 다른 문장성분을 삽입하여 구성 전체가 분리되지 않는 한 단위임을 보일 것이다. 연결어미가 단독으로 쓰였을 때와 비교하여 보이도록 한다.[21]

---

20) 이러한 처리는 한편으로 '연결어미+하다' 구성이 형태론적인 특성과 통사론적인 특성을 모두 가지는 데서 기인하는 것이므로 단문과 복합문적 특징을 모두 포괄하는 구조를 마련하는 것은 앞으로의 연구가 더 필요함을 여실히 보여준다.

21) 임홍빈·장소원(1995 : 301)에서는 보조용언 구성에서 보조사 '서'나 기타의 다른 어휘 요소가 나타날 수 없다는 점에 대해 '비개재성 조건'이라는 이름을 붙이고 있다. 이 검증법은 보조동사 구성과 동사 연속 구성을 구별하는 데 유의미하다.

(6) 가. 철수는 집에 가면 진짜 손부터 씻는다.

　　가´. *철수는 집에 갔으면 진짜 한다.

　　나. 철수는 집에 가려고 진짜 책가방을 챙겼다.

　　나´. *철수는 집에 가려고 진짜 한다.

　　다. 물이 깊어야 진짜 고기가 산다.

　　다´. *너는 10까지 집에 와야 진짜 한다.

　　라. 철수는 영희를 아내로 삼고자 진짜 혼신의 힘을 다했다.

　　라´. *철수는 영희를 아내로 삼고자 진짜 한다.

　　마. 밖을 내다보게 진짜 창문을 열어라.

　　마´. *건강을 위해 운동을 하게 진짜 해라.

　　바. 나무가 잘 자라도록 진짜 거름을 주었다.

　　바´. *10시까지 모이도록 진짜 한다.

　(6)의 예문은 (가~바)는 접속문에, (가´~바´)는 '연결어미+하다' 구성의 내부에 '진짜'를 결합한 문장이다. 국어에서 부사는 비교적 문장의 자유로운 위치에 올 수 있는데, (가~바)에서 연결어미 다음에 양태부사가 오는 것은 이러한 현상을 잘 보여준다. 이와 달리 위의 예문 (가´~바´)가 공통적으로 구성의 내부에 양태부사가 삽입되었을 경우 비문이 된다. 왜냐하면 '-(으)면 하다, -(으)려고 하다, -어야 하다, -고자 하다, -게 하다, -도록 하다'가 문장에서 하나의 구조로 인식되어 문법적 기능을 하며 하나의 의미를 나타내는바 양태부사가 이들 구성의 내부에 들어올 수 없기 때문이다. 만약 (가´~바´)의 예문이 정문으로 받아들여진다면 그때의 '하-'는 형식용언이 아닌 동작성 의존동사로 파악되며 이 글의 논의와는 관련되지 않는다(최재희 1996).22)

---

22) 양태부사가 구성의 내부에 삽입되었을 경우 '하다'의 의미가 형식용언의 쓰임과 다른 것은 양태부사에 의해 문장 내부에 휴지(pause)가 만들어지는 것을 의미한다. 구성 내부에 부사 수식의 범위와 관련하여 김기혁(1995 : 426-430)에서는 보조용언의 경우 양태부사의 수식 범위가 구성 전체에 올 수도 있고 선행동사에만 올 수도 있는데 이 경우 문장은 중의성을 띄게 된다. 한편 전자의 경우 형태적 구성으로 볼 수 있고 반면 후자는 통사적 구성으로

한편 부사 삽입은 수식 범위를 결정하게 되는데 (6)에서 개별 구성성
분만은 부사 수식의 범위에 들 수 없고 '연결어미+하다' 구성 전체가 부
사의 수식 범위 안에 있음을 확인할 수 있다. 이러한 현상은 이 글의 대
상이 한 단위이며 나아가 문법 단위의 하나임을 확인하게 한다.

2.3.2. 부정의 범위

다음 (7)은 '연결어미+하다' 구성이 쓰인 문장에서 부정표현 '안'과
'-지 않다'의 분포 양상을 보여준다.

(7) 가. 밥을 안 먹었으면 한다./먹지 않았으면 한다./먹었으면 하지 않는다.
　　가′. *밥을 먹었으면 안 한다.
　　나. 밥을 안 먹으려 한다./먹지 않으려 한다./먹으려 하지 않는다.
　　나′. ?밥을 먹으려 안 한다.
　　다. 밥을 안 먹어야 한다./먹지 않아야 한다./먹어야 하지 않는다.
　　다′. *밥을 먹어야 안 한다.
　　라. 밥을 안 먹고자 한다./먹지 않고자 한다./먹고자 하지 않는다.
　　라′. ?밥을 먹고자 안 한다.
　　마. 밥을 안 먹게 한다./먹지 않게 한다./먹게 하지 않는다.
　　마′. ?밥을 먹게 안 한다.
　　바. 밥을 안 먹도록 한다./먹지 않도록 한다./먹도록 하지 않는다.
　　바′. ?밥을 먹도록 안 한다.

(7)에서 (가~바)는 단형부정과 장형부정의 예문들인데 전체 문장은 자
연스럽다. 즉 단형부정이든 장형부정이든 '연결어미+하다' 구성 전체는
분리되지 않는다.[23] 그러나 각각 (가′~바′)의 예문들은 단형부정 표현

처리한 바 있다.

23) (7가)의 예에서 '부정의 영역에 대한 해석은 '먹-'을 포함하여 '먹었으면 하-'까지도 가능
　　하다고 본다. 또한 장형 부정 표현 '-지 않다'가 구성에 후행하는 경우, 1차적으로 '연결어
　　미+하다' 구성의 양태 의미에 대한 부정으로 해석되고 이 역시도 해석에 따라 부정의 영

'안'이 구성의 내부에 분포하는데 그 해석에 있어서 흥미로운 차이를 보여준다. (가´)의 '-(으)면 하다'와 (다´)의 '-어야 하다'는 그 부정표현이 부자연스러운 반면 (나´, 라´, 마´, 바´)의 구성들은 의미해석이 어느 정도 가능해 보인다. 이에 대해 최재희(1996)에서는 부정사 '안'이 형식용언 '하다'만을 부정의 영역으로 가질 수 있다고 보고 이때의 '하다'는 동작성 의존동사라고 언급하였다. 이 글에서는 이러한 현상이 '하다'를 형식용언으로 파악하지 않고 선행하는 동사의 의미를 받는 대용의 의미(동작성 의존동사)로 해석했기 때문으로 본다. 결과적으로 (나´, 라´, 마´, 바´)의 예들은 부정의 '안'이 구성 내부에 오면서 부정의 범위가 '하다'만을 그 영역으로 하기 때문에 구성이 지닌 양태의 의미는 실질적으로 나타낼 수 없다.

2.3.3. 대용 현상

이 절에서는 구성 전체 대용과 구성성분 개별 대용을 통해서 구성이 비분리적 단위임을 보여줄 것이다. (8)에서 보듯이 일반적으로 통사적 구성은 두 동사의 개별 대용과 전체 대용이 모두 가능하다.

(8) 철수가 지갑을 두고 떠났다.
→ 영희도 지갑을 그러고 떠났다.
→ 영희도 지갑을 두고 그랬다.
→ 영희도 그랬다.

그러나 '연결어미+하다' 구성은 아래 (9)에서 보듯이 전체 대용만 가능할 뿐 개별 대용은 불가능하다.24) 이러한 점은 '연결어미+하다' 구성

역은 고정적이지 않다고 본다. 더불어 '먹-'만이 부정의 영역이라고 하더라도 그것이 구성의 비분리성을 훼손하는 것은 아니다.

의 비분리적인 측면, 즉 문장에서 전체가 한 단위로 기능한다는 점을 시
사한다. 3장에서 각각의 개별 의미를 고려하겠지만 이들 구성은 공통적
으로 문장에서 양태 범주로 해석된다.

(9) 가. 바나나를 먹었으면 한다.
　　→*물도 먹었으면 그래.
　　→*물도 그래 해.
　　→물도 그래.
　나. 김밥을 먹으려고 한다.
　　→*라면도 먹으려고 그래.
　　→*라면도 그래 해.
　　→라면도 그래.
　다. 공부를 해야 한다.
　　→*연애도 해야 그래.
　　→*연애도 그래 해.
　　→연애도 그래.
　라. 영희를 친구로 삼고자 한다.
　　→*순희도 삼고자 그래.
　　→*순희도 그래 해.
　　→순희도 그래.
　마. 밥을 먹게 한다.
　　→*약도 먹게 그래.
　　→*약도 그래 해.
　　→약도 그래.
　바. 약을 먹도록 한다.
　　→*밥도 먹도록 그래.

---

24) 이 글에서 대용의 대상은 내포동사를 제외한 연결어미와 형식용언이다. "물도 그랬으면
해"의 경우 '연결어미+하다' 구성의 전체가 유지된 채 내포문 동사 '먹-'에 대한 대용 표
현으로 이 글의 논의 대상이 아니다. 보조용언 구성의 경우 본용언과 보조용언의 개별 대
용 현상에 대해 다루지만(예문 8) 이 글은 연결어미와 형식용언의 개별 대용 여부 검증을
통해 구성의 비분리성을 보이는 것이 목적이다.

→*밥도 그래 해.

→ 밥도 그래.

2.3.4. 분열문 구성

'연결어미+하다' 구성에서 '연결어미'와 '하다'는 비분리적인 의존 관계를 맺고 있기 때문에 분열문 구성에 있어서 각 구성성분은 개별적으로 일부가 그 초점의 자리에 올 수 없다.

(10) 가. 철수가 약을 먹었으면 한다.

     →*철수가 하는 것은 약을 먹었으면이다.

나. 철수가 약을 먹으려고 한다.

     →*철수가 하는 것은 약을 먹으려고이다.

다. 철수가 약을 먹어야 한다.

     →*철수가 하는 것은 약을 먹어야이다.

라. 철수가 약을 먹고자 한다.

     →*철수가 하는 것은 약을 먹고자이다.

마. 철수가 약을 먹게 한다.

     →*철수가 하는 것은 약을 먹게이다.

바. 철수가 약을 먹도록 한다.

     →*철수가 하는 것은 약을 먹도록이다.

지금까지 살펴본 바에 의하면 '연결어미+하다' 구성은 문장에서 비분리적인 단위로 기능한다. 구성성분 간에 비분리적 특성은 구성의 한 특징이라고 할 수 있다. 이를 통해 '연결어미+하다'는 구성으로서 문법 실현의 단위가 됨을 보여준다. 국어에서 문법 실현 단위를 자립적 요소와 비자립적 요소로 구분하면 구성은 후자에 속한다.25) (10)은 문법 단위의 체계 안에서 구성의 위치를 확인하기 위한 개괄적인 표이다.

---

25) 문법 실현단위의 다양성에 대해서는 Bybee(1985), 권재일(1994 : 4장) 등을 참고할 수 있다.

(11) 문법 단위 체계 (어미 중심)
　┌ 형태소 층위
　└ 구성 층위　　　　　 － 연결어미 구성
　　　　　　　　　　　　 － 형식명사 구성
　　　　　　　　　　　　 － 반복 구성
　　　　　　　　　　　　 － 보조용언 구성

3. '연결어미+하다' 구성의 문법적 특징

국어의 문법 형태소는 접사와 조사, 그리고 어미로 나뉘는데 어미는 문말에 위치하느냐 그렇지 않느냐에 따라 어말어미, 선어말어미로 분류된다. 구성을 문법범주로 인정하는 관점에서 우리가 관심을 갖고 있는 것은 선어말어미와 구성과의 관련성이다. 문장에서 구성의 실현 양상이 시제, 높임, 양태 등의 문법형태소와 동일하고 둘 이상의 형태소의 결합이라는 외현만 다르다면 전자를 형태소, 후자를 구성이라는 명칭으로 구분하고 선어말어미와 구성을 동시에 문법단위로 볼 수 있다. 이러한 기술을 통해 효과적인 국어 문법의 체계를 확립할 수 있게 된다.

이에 대한 논의는 권재일(1985)에서 이미 언급하고 있는데 국어의 문법 범주를 설정할 때 어미의 특성에 대한 정밀한 분석을 토대로 이루어져야 하며 이어 복합문 구성을 통해 어미가 문법범주의 실현에 관여하고 있음을 밝히고 있다. 논의에 따르면 어미의 문법 체계는 복합문 구성 관여 여부를 기준으로 복합문 구성에 관여하는 어미와 문법범주를 실현하는 어미로 나뉘며 전자를 문장 구성론, 후자를 문법 범주론으로 체계화하고 있다. 권재일(1994)에서는 전통적인 문법범주와 포괄적인 문법범주를 구분하고 후자는 문법관념을 실현하는 모든 범주는 문법범주에 포함된다고 하였다. 그 예로 사동표현의 파생의 방법('-히-')과 통사론적 구성에 의한 방법('-게 하-') 둘 다 가능한데 이들을 문법범주로 보고 있다. 이러한 관점은 이 글의 구성을 문법범주로 포함시키는 관점과 일치한다.

이 장에서는 먼저 '연결어미＋하다' 구성의 의미를 개별 연결어미와의 비교를 통해 살펴볼 것이다. 이를 바탕으로 '연결어미＋하다' 구성과 국어의 문법범주를 실현하는 시제, 높임, 양태 등의 선어말어미와의 관련성을 중심으로 논의가 진행된다. 이와 관련하여 최웅환(1998)의 용언범주로 실현되는 서술어가 참여항실현역할과 기능범주교착역할을 한다는 언급을 주목할 필요가 있다. 우리가 관심을 갖는 것은 후자로 '연결어미＋하다' 구성 또한 기능범주교착역할을 한다고 판단한다. 최웅환(1998)에서 언급하는 기능범주들은 고정화된 배열을 가지며 각각의 정보실현은 그 배열 순서에 매여 있다고 언급한 바 있다. 또한 각각의 기능범주교착에서 보이는 정보의 총합은 일관되며 잉여적이지 않다. 이러한 점은 '연결어미＋하다' 구성이 다른 문법적 형태소와의 통합관계에서 보이는 특징과 일치한다. 즉 '연결어미＋하다' 구성과 다른 문법 형태소들은 고정화된 배열을 통해서 나타나며 그것들의 통합관계에 있어서도 상충되거나 잉여적이지 못하다. 이러한 점은 '연결어미＋하다' 구성에 시제나 높임, 양태와 동등한 문법적 지위를 부여할 수 있음에 대한 방증이 될 것이다.

국어의 문장을 해석하는 측면에서 '연결어미＋하다'와 다른 문법소와의 상호관련성은 이들의 통합관계 확인을 통해 포착할 수 있다. 이러한 사실은 우리의 구성이 국어의 선어말어미 통합의 원리에도 그대로 적용되고 있다는 사실을 보여준다.

(12) 가. [[화자 [철수는 [아버지께서 학교에 가지 않으셨]으면 하였]겠]다.]
　　　나. [[화자 [[할아버지는 [손녀가 학교에 가지 않았]으면 하시]었]겠]다.]

다른 문법소와의 관계를 고려하는 것은 '연결어미＋하다' 구성과 다른 문법범주의 비교를 통해 상호관련성을 확인하고 더불어 문법적 지위를 확인할 수 있기 때문이다.

3.1. 시제 '-었-'

국어의 선어말어미 '-었-'은 문장의 서술어와 결합하여 사건이나 사태의 시제가 과거임을 나타내는데 접속문의 경우 연결어미에 선행하는 용언과 후행용언의 시제 결합은 자유롭게 나타난다. '연결어미＋하다' 구성의 경우 시제 선어말어미 '-었-의 실현 양상을 살펴보자. 먼저 '의도'를 나타내는 '연결어미＋하다' 구성과 시제의 관련성을 살펴보도록 하자.

(13) 철수는 집에 {가려고 한다, *갔으려고 한다, 가려고 했다, *갔으려고 했다}.
(14) 철수는 집에 {가고자 한다, *갔고자 한다, 가고자 했다, *갔고자 했다}.

(13)과 (14)는 '-(으)려고 하다'와 '-고자 하다'의 현재시제와 과거시제를 보여준다. '-(으)려고 하다'는 하위문의 시제가 현재일 때 상위문의 시제가 현재와 과거 모두 가능하지만, 하위문의 시제가 과거일 경우는 불가능하다. '-(으)려고 하다' 역시 동일한 양상이다. 이러한 현상은 '-(으)려고 하다'와 '-고자 하다' 구성의 전체 의미와 직접적인 관련이 있다.

(15) 가. 철수는 집에 가려고 책가방을 챙겼다.
    나. 철수는 집에 가려고 한다.
(16) 가. 철수는 영희를 아내로 삼고자 혼신의 힘을 다했다.
    나. 철수는 영희를 아내로 삼고자 한다.

(15가, 16가)의 예문은 연결어미의 의미를, (15나, 16나)는 '연결어미＋하다'의 의미를 보여준다.26) (가)의 예문은 연결어미에서 하위문이 상위문의 '목적'이 됨을 보여주는 반면 (나)의 예문에서는 '-(으)려고 하다'와 '-고자 하다'는 '목적'의 의미와 다른 '의도'의 의미가 나타난다.27) '의도'는 일어나지 않은 상황에 대하여 화자 또는 주어가 어떠한 계획이나 목적을 갖고 있음을 뜻하므로 비과거와 관련된다. 그렇기 때문에 (13), (14)에서 하위문의 시제가 과거가 될 수 없다.28) 형식용언 '하다'의 시제는 현재나 과거 모두 가능한 이유 역시 화자나 주어가 '의도'하는 시제는 과거든 현재든 무관하기 때문이다.29)

다음은 '희망'과 '당위'를 나타내는 '연결어미＋하다' 구성의 시제와의 관련을 보여주는 예문이다.

(17) 철수는 집에 {*가면 한다, 갔으면 한다. *가면 했다, 갔으면 했다}.

(18) 철수는 집에 {가야 한다, 갔어야 한다, 가야 했다, 갔어야 했다}.

---

26) 이 글은 이은경(2000)에서 연결어미 '-(으)려고'와 '-고자'의 의미를 목적으로 본 것을 따른다. 한편 그동안의 논의에서 '-(으)려, -(으)려고, -고자, -으로'를 하나로 묶어 의도관계(최재희 1991, 박진희 2011가), 의도/목적(서정수 1996), 목적관계(윤평현 2005)로 설명한 논의를 참고할 수 있는데 이 글의 관점에서는 양태 의미는 구성 전체의 의미로 보고, 연결어미는 '목적' 의미를 갖는다.

27) 4장에서 개별 연결어미의 의미가 구성의 의미를 산출할 때 영향을 미친다는 것을 논의하겠지만 여기서는 일단 '목적'과 '의도'의 의미가 다르다는 것에 주목한다.

28) 의도 : 무엇을 하고자 하는 생각이나 계획. 또는 무엇을 하려고 꾀함. <표준국어대사전>

29) 이와 관련하여 연결어미에 붙는 '-었-의 제약과 관련하여 권재일(1985 : 59)에서는 시제어미의 제약을 다음과 같이 제안하고 있다.

(10) 시제어미 결합 제약의 원리(Ⅰ)
다음의 조건으로, 문법 기능이 중복 수행되면 시제어미의 결합이 제약된다.
<조건> ① 구성성분이 긴밀한 통합 관계에 있을 때(의존동사 구문일 경우)
② 어미의 의미 특성에 시제의 특성이 포함되어 있을 때

이러한 원리는 이 글에서 '-었-'의 시제 결합 제약이 '연결어미＋하다' 구성의 의미에 기인한다는 사실과 일치한다.

(17)과 (18)은 '-(으)면 하다'와 '어야 하다'의 현재시제와 과거시제를 보여준다. (17)에서 '-(으)면 하다'는 하위문의 시제로 현재가 올 수 없으며 상위문의 시제는 현재와 과거 모두 가능하다. 반면 '-어야 하다'는 시제에 제약이 없다. 이러한 현상은 전체 구성의 의미와 직접적으로 관련된다. 구성의 의미를 연결어미와 비교하여 살펴보자.

    (19) 가. 너를 보면 기분이 좋아진다.
         나. 너를 봤으면 한다.
    (20) 가. 물이 깊어야 고기가 산다.
         나. 10까지 집에 들어와야 한다.

(19가, 20가)는 연결어미 '-(으)면'과 '-어야'의 '조건'의 의미를 보여준다.[30] 반면 (19나, 20나)는 '조건'의 의미는 보이지 않고 '희망'과 '당위'의 의미를 각각 나타낸다. '희망'과 '당위'의 의미는 전자는 일어나지 않은 사태와, 후자는 이미 이루어졌거나 앞으로 이루어져야 할 사태와 관련된다. 한편으로는 화자나 주어의 행위를 강제적으로 요구하느냐 그렇지 않느냐에 의해 구별된다. 어쨌든 '희망'과 '당위'는 주어나 화자에게 어떠한 행위를 (강제성을 띠고) 요구한다는 의미를 가진다.

(17)에서 '-(으)면 하다'에서 하위문의 시제는 과거시제 '-었-'과 결합이 가능하지만 현재시제는 불가능하다. '희망'은 현재에 이루어지지 않았으나 앞으로 이루어지기를 바라는 것이므로 비사실에 해당된다. 일반적으로 과거시제 '-었-'이 반사실적 명제와 관련된다고 할 때(철수가 밥을 먹

---

30) 연결어미 '-(으)면'과 '-어야'가 조건을 의미한다는 사실에 대해서는 권재일(1985), 최재희(1991), 이은경(2000), 박진희(2011나) 등에서 일치를 보인다. 한편 표준국어대사전 '-(으)면'에 가정과 조건, '-어야'는 조건 의미를 나타내는 연결어미로 기술되어 있다. 특히 '-어야'가 후행절에 부정어와 함께 쓰여 아무리 가정해도 소용없음을 나타낸다고 기술하고 있다(예 : 네가 아무리 울어야 소용이 없다).

었더라면 좋았겠다) 위의 현상은 특수한 경우라고 할 것이다.31) 즉 논리적
으로는 '-(으)면 하다' 구성은 비사실 명제와 관련되므로 하위문의 시제
는 현재시제만 가능해야 하는데 오히려 그것은 불가능하고 과거시제를
필수적으로 요구하는 현상은 '-었-'의 해석을 시제로 해석할 수 없게 한
다. 이에 대해 고영근(2004 : 253)에서는 과거시제 '-었-'이 연결어미 '-(으)
면'과 결합하면 시제와는 거리가 먼 양태성을 표시한다고 언급하고 있다.
이러한 사실에 기대면 '-(으)면 하다' 구성에 선행하는 '-었-'은 시제로
해석되지 않으므로 앞서 언급한 논리적 모순에서 벗어나게 된다.32) 그러
나 상위문의 시제는 현재와 과거가 모두 가능하다. 왜냐하면 주어나 화자
의 희망하는 시점은 현재와 과거 모두 가능하기 때문이다. 한편 (18)의
'-어야 하다'는 하위문과 상위문에 시제의 제약이 없다. '당위'의 의미는
'마땅히 했어야 하는데 그러지 못한 사태'에 부과할 수도 있고 '앞으로
일어날 일'에 부과할 수도 있기 때문이다.

다음은 '사동'의 '연결어미+하다'와 시제와의 관련성을 살펴보자.

(21) 아침밥을 {먹게 한다, *먹었게 한다, 먹게 했다, *먹었게 했다}.
(22) 아침밥을 {먹도록 한다, *먹었도록 한다, 먹도록 했다, *먹었도록 했다}.

(21)과 (22)는 '-게 하다'와 '-도록 하다'의 현재시제와 과거시제를 보

---

31) 언어보편적으로 반사실적 가정이 과거시제를 필요로 한다는 사실은 이지영(2002 : 41)과
    정혜선(2011)에서 언급됨.
32) 가. 네가 집에 가면 좋겠다.
    나. 네가 집에 갔으면 좋겠다.

    (가)와 (나)의 문장을 다른 점은 '-었-'의 유무이다. 만약 위의 문장에서 '-었-'을 시제로
    해석한다면 두 문장의 의미가 시제의 차원에서 변별력을 가져야 한다. 그런데 위의 예문의
    차이는 시제로 해석되기보다는 양태성의 차이로 해석된다. 고영근(2004 : 253)의 논의대로
    (가)와 (나)의 차이는 '-었-'에 의해 화자의 희망하는 정도의 차이를 보여주는 것이 아닌가
    한다. '-었-'의 양태성에 대한 자세한 논의는 후고를 기약한다.

여준다. '-게 하다'는 하위문의 시제가 현재일 때 상위문의 시제가 현재
와 과거 모두 가능하지만 하위문의 시제가 과거일 경우는 불가능하다.
'-도록 하다' 역시 동일한 양상이다. 이러한 현상은 '-게 하다'와 '-도록
하다' 구성의 전체 의미와 직접적인 관련이 있다.

> (23) 가. 겨울에는 따뜻하게 옷을 입는다.
> 나. 겨울에는 몸을 따뜻하게 한다.
> (24) 가. 나무가 자라도록 거름을 주었다.
> 나. 10시까지 모이도록 한다.

(23가, 24가)의 예문은 연결어미의 의미를, (23나, 24나)는 '연결어미+
하다'의 의미를 보여준다. (가)의 예문은 연결어미 '-게', '-도록'이 결과
를 나타내는 반면 (나)에서 '-게 하다'와 '-도록 하다'는 '결과'라는 의미
와는 다른 '사동'의 의미가 나타난다.[33] '이미 과거에 완료된 행위'에 대
해서 시키는 것은 불가능하므로 '-고자 하다', '-려고 하다'와 마찬가지
로 비사실과 관련된다. 이러한 이유로 (21), (22)에서 하위문의 시제가 과
거가 될 수 없다. '-게 하다'와 '-도록 하다'에서 형식용언 '하다'의 시
제는 현재나 과거 모두 가능한 것은 화자나 주어가 시키는 시제는 과거
든 현재든 무관하게 기술할 수 있기 때문이다.

한편 위의 예문을 얼핏 보면 시제 선어말어미 '-었-'이 '연결어미+하
다' 구성의 선·후에 자유롭게 통합되며 심지어 양쪽 모두에 통합될 수
있는 것으로 보이기도 한다. 그러나 이러한 현상은 하위문의 서술어에 통
합한 과거시제 '-었-'은 명제가 과거인 것으로, 상위문에 통합한 '-었-'

---

33) 연결어미 '-게'의 의미를 '결과'로 파악하는 논의는 최재희(1991), 서정수(1996), 이은경
(2000) 등을 참고할 수 있다. 한편 박진희(2011나)은 '결과'와 '목적'의 관계 의미를 모두
표시할 수 있다고 보았다.

은 '양태'의 시점을 과거로 해석해야 한다. 즉, (18나)에서 '철수는 집에 갔어야 한다'는 문장은 명제의 내용에 대한 과거이며, '철수는 집에 가야 했다'는 당위를 부여한 시점이 과거라는 것을 의미한다. 마지막으로 '철수는 집에 갔어야 했다'의 경우에는 각각 명제내용이 과거이고, 양태의 시점이 과거임을 보여준다. 그러므로 '-었-'와 '연결어미＋하다' 구성은 고정화된 배열을 통해 나타난다고 볼 수 있다. 만약 그렇지 않고 '연결어미＋하다' 구성과 다른 문법 형태소들은 고정화된 배열을 통해서 나타나는데 특별히 '연결어미＋하다' 구성이 '-었-'과의 관계에서만 그 배열이 자유롭다고 한다면 예외 현상에 대한 설명력을 부여하지 못하게 된다.

3.2. 높임 '-시-'

국어에서 주체높임의 '-시-'는 높임의 주체와 일치를 보이는데 일반적으로 '-시-'와의 일치에 따라 높임의 대상을 확인할 수 있다. '-(으)려고 하다(25), -고자 하다(26), -(으)면 하다(27), -어야 하다(28), -게 하다(29), -도록 하다(30)'의 경우가 모두 동일한 양상을 보이므로 여기서는 '-게 하다'와 '-도록 하다'의 경우만 살피고 나머지는 실현 양상을 예를 통해 보여준다.

(25) 아버지께서 집에 {가시려고 한다, 가려고 하신다, 가시려고 하신다}.
(26) 아버지께서 집에 {가시고자 한다 가고자 하신다, 가시고자 하신다}.
(27) 아버지께서 집에 {가셨으면 한다, 갔으면 하셨다, 가셨으면 하셨다}.
(28) 아버지께서 집에 {가셔야 한다, 가야 하신다, 가셔야 하신다}.
(29) 가. 철수는 영희를 학교에 가게 한다.
　　 나. 철수는 할아버지를 학교에 가시게 한다.
　　 다. 할머니는 영희를 학교에 가게 하신다.

(30) 가. 철수는 친구들을 운동장에 모이도록 했다.

　　나. 회장은 선생님들을 운동장에 모이시도록 했다.

　　다. 교장은 선생님들을 운동장에 모이시도록 하셨다.

　　라. *나는 아버지를 학교에 오시게 하셨다.

　(29)는 높임의 '-시-'와 '-게 하다'의 관계를 보여준다. (29가)는 '-시-' 가 실현되지 않음으로써 (29나, 다)와 비교된다. (29가)에서 보통의 경우 '-게 하다'에 의한 피사동주는 '영희'이고 사동주는 '철수'로 해석하는 게 일반적이다. 한편 (29나, 다)는 '-시-'의 위치에 의해 사동주와 피사 동주가 결정된다. (29나)에서 '-시-'가 동사 '가다'를 높임으로써 피사동 주는 '할아버지'이고 사동주는 '철수'임을 보여준다. 반면 (29다)는 '-시-' 가 '-게 하다'의 대상을 높임으로써 사동주는 '할머니'이고 피사동주는 '영희'임을 보여준다. (30)은 '-도록 하다'의 예인데 '-게 하다'와 동일하 게 설명된다.

　한편 이들 구성에서 높임 선어말어미 '-시-'의 결합은 '-었-'과 마찬 가지로 '연결어미＋하다' 구성에 선행하기도 하고, 후행하기도 하며, 경 우에 따라서는 모두 올 수도 있다(30다). 이에 대해서는 '-었-'과 동일한 해석이 가능하다. 화자가 학생이고 그날 있었던 일을 객관적으로 기술한 다고 할 때 하위문에 통합한 '-시-'는 선생님에 대한 높임이며 상위문에 통합한 '-시-'는 교장선생님에 대한 높임이다. 이러한 현상을 구성이 다 른 문법 요소와 통합에 있어서 그 위치가 자유롭다고 해석해서는 안 되 는 것이다. 이에 대해 김영희(1993 : 177)에서는 '-시-'가 상위문과 하위문 동사에 통합되는 것이 통사적 구성에 대한 증거라고 보고 있으나 이 글 에서는 구성이 문법범주로 기능하느냐 마느냐와 그것이 구조가 어떻게 실현되는가와는 직접적으로 관련되지 않는다.34) 우리의 해석은 (25~27) 의 현상은 명제의 서술어에 대한 주체와 양태의 주체가 동일한 높임의 대상이기 때문이라는 것이다. 반면 (28)에서 '-시-'는 주어 '아버지'를 높이는 것이고 '-어야 하다'는 화자의 양태표현이라고 해석하는 것이 자연스럽다. 그럼에도 '-어야 하다'에 '-시-'가 결합할 수 있는 것은 '당위'를 받아 행위하는 대상이 '아버지'이기 때문으로 해석할 수 있다. 어쨌든 (25~27)의 현상은 (30라)에서 보듯이 명제의 서술어가 높임의 대상이 '아버지'이고 양태의 주체가 '나'로 높이지 않아야 할 경우에는 '-시-'가 결합되면 비문이 된다. 이를 통해 '-시-'와 '연결어미+하다' 구성은 고정화된 배열을 통해 나타난다고 볼 수 있다. 결국 높임 '-시-'의 실현 위치를 통해 양태의 주체와 대상을 확인할 수 있게 된다.

3.3. 양태 '-겠-'

국어에서 선어말어미 '-겠-'이 의지와 추측이라는 양태 의미를 나타낸다는 것은 주지의 사실이다. '추측'을 나타내는 경우에는 주어제약을 가지지 않지만 '의지'를 나타낼 경우 평서문에서 주어가 1인칭을 경우, 의문문에서는 주어가 2인칭일 경우에 해당된다.[35] 다음의 예는 이러한 사실을 확인시켜 준다.

　(31) 아마도 {나는, 너는, 철수는} 지각을 하겠다.
　(32) 나는 무슨 일이 있어도 영희와 결혼하겠다. (박재연(2005 : 111))
　(33) {*나는, 너는, *철수는} 기어이 그 여자와 결혼을 하겠니?

　　　　　　　　　　　　　　　　　　　　　　　　　　　(박재연(2006 : 113))

---

34) 우리는 2.2에서 '연결어미+하다' 구성의 단문의 가능성과 복합문의 가능성을 모두 열어두었으며 우리는 기능주의적 관점에서 '연결어미+하다' 구성에 대해 접근함을 언급하였다.

35) 박재연(2006)에서는 인식양태와 행위양태로 구분하여 '-겠-'의 양태의미를 구체적으로 논의하고 있다. 자세한 논의는 박재연(2006:3장)을 참고할 수 있다.

한편 이러한 '-겠-'이 연결어미 구성과 결합할 경우 그 결합의 위치는 '하다' 뒤로 제약된다. 즉 '-겠-'은 형식용언 '하다'에 실현되는 것만 가능한데 이러한 현상은 '-겠-'이 '연결어미+하다' 구성의 의미와 관련된다는 것을 보여준다.

(34) 철수가 밥을 {*먹겠으려고 한다, *먹겠으려고 하겠다, 먹으려고 하겠다}.
(35) 철수가 밥을 {*먹겠고자 한다, *먹겠고자 하겠다, 먹고자 하겠다}.
(36) 철수가 밥을 {*먹겠으면 한다, *먹겠으면 하겠다, *먹으면 하겠다}.
(37) 철수가 밥을 {*먹겠어야 한다, *먹겠어야 하겠다, 먹어야 하겠다}.
(38) 철수가 밥을 {*먹겠게 한다, *먹겠게 하겠다, 먹게 하겠다}.
(39) 철수는 밥을 {*먹겠도록 한다, *먹겠도록 하겠다, 먹도록 하겠다}.

(34~39)의 예문에서 '-겠-'이 '먹다' 동사에 바로 후행하여 결합할 수 없는 것은 1차적으로는 '연결어미+하다' 구성의 의미와 직접적으로 상충되기 때문이다. 즉 위의 예문에서 이들 구성의 의미는 하위문의 명제가 이미 전제된 상태에서 상위문의 주어, 또는 화자가 '의도', '희망', '당위', '사동'을 나타내는 것이 논리적으로 자연스럽다. 하위문의 명제 내용 '철수가 밥을 먹겠-'으로 '추측'을 나타낼 경우 구성의 의미와 상충하게 된다.

결과적으로 (34~39)는 '-겠-'과 '연결어미+하다' 구성이 모두 상위문의 주어나 화자의 양태를 나타낸다고 할 때 '연결어미+하다' 구성이 먼저 실현된 후에 '-겠-'에 의한 양태가 실현됨을 보여준다.

지금까지 살펴본 '연결어미+하다' 구성과 시제, 높임, 양태 표현의 통합관계는 국어의 대표적인 문법범주와 '연결어미+하다' 구성이 서로 대등하게 문법적 관련이 있음을 보였다.

4. '연결어미＋하다' 구성의 등재

이 장은 '연결어미＋하다' 구성이 과연 어휘부에 등재되는 대상인가 아니면 통사부의 규칙에 의해 형성되는 대상인가와 관련된다. 문법 연구의 관점에서 이들 대상은 형태론적으로 인식되기도 하고 통사론적으로 해석되기도 하는 양면을 모두 갖고 있기 때문에 이러한 문제는 자연스러운 현상이다. 그럼에도 불구하고 지금까지의 국어 연구에서는 구성에 대해서 형태·통사적인 양면성이 존재한다는 사실을 바탕으로 단문으로 보느냐 복문으로 보느냐와 문법화의 관점에서 통사적 구성의 형태적 구성화 등을 중점적으로 다루었을 뿐 등재에 대해서는 소홀했던 것이 사실이다.[36] 이 장에서는 '연결어미＋하다' 구성이 국어 화자에게 한 단위로 인식된다면 어휘부의 등재 단위가 된다고 전제한다. '연결어미＋하다' 구성의 단위성에 대해서는 2.2의 비분리적 특징을 통해 확인되며 3장의 여타 다른 문법 형태소와 통합관계를 통해 '구성'으로서 '양태'를 나타내는 문법소로 기능하고 있음을 밝혔다.

'연결어미＋하다'가 어휘부의 등재 대상이 되느냐 마느냐의 여부는 다음의 몇 가지 문제를 함축한다. 이 장에서는 이러한 질문들에 답하는 과정에서 구성의 등재 문제를 논의해 보고자 한다.[37]

---

36) 관용표현이나 속담, 그리고 문법화 과정상의 재구조화된 통사론적 구성 등 단어보다 큰 단위의 등재 가능성에 대한 논의는 선행 연구에서 이미 꾸준히 언급되어 왔다(권재일 1986, 1987, 구본관 1990, 채현식 1994 등). 다만 등재소 설정 기준과 방식에 관한 구체적인 접근은 복합어 연구에만 머물러 있었을 뿐 통사론적 대상에까지는 충분히 적용되지 못하였다. 또한 관용 표현이나 문법화 연구의 경우에, 의미론적 비합성적 속성이나 문법 기능의 획득 등 등재 이후의 '변화' 단계에 관한 논의에 치중한 결과로 등재 자체에 관한 관심은 전면에서 다루어지지 않았다(정한데로 2014 : 2 재인용).

37) 국어의 어휘부 등재 단위와 모형 전반에 관한 논의는 안소진(2012), 최형용(2013ㄱ), 정한데로(2014)를 참고할 수 있다. 이 글은 국어의 등재 단위에 대한 전체적인 논의가 주된 관심이 아니므로 기존에 연구된 어휘부 모델 중에서 구성의 등재와 관련하여 가장 적절한 모델을 상정할 것이다.

첫째, '구성'을 등재하기 위한 어휘부 모형이 존재하는가?

둘째, 만약 어휘부의 등재 대상이라고 한다면 기존에 이미 등재된 요소들과 구성성분들과의 관계 설정은 어떻게 이루어져야 하는가?

셋째 '연결어미＋하다' 구성의 의미는 구성소로서 어떠한 특징을 가지는가?

이들 질문에 대하여 각 절을 달리하여 답하도록 하겠다.

4.1. '구성' 어휘부 모형

어휘부의 등재 단위는 크게 형태소, 단어, 단어보다 큰 단위로 나뉜다.[38] 우리가 관심을 가지는 대상은 단어보다 큰 단위로 첫 번째 질문에 답하기 위해 단어보다 큰 단위를 등재하기 위한 어휘부 모형에 대해 살펴볼 필요가 있다. 아래의 (40)은 최형용(2013가 : 394)에서 이론어휘부(가)와 심리어휘부(나)를 구분하여 어휘부의 등재단위를 일괄적으로 제시한 표이다. 우리가 관심을 가지는 부분은 음영 표시한 부분으로 단어보다 큰 단위의 등재 여부와 관련된다(음영표시는 필자).

(40) 가. 채현식(1994) : 무의미한 철자, 형태소, 형태소 복합체, 단어, 특정
한 구나 문장, 용언의 활용형
구본관(1998) : 형태소, 단어, 어간, 기타(관용구 및 속담 등 문장)
시정곤(2001) : 어근, 접사, 단일어, 파생어, 복합어, 연어, 관용어,
속담, 불규칙한 굴절형
황화상(2001) : 어근, 접사(굴절 접사 포함), 어휘적 단어
나. 박진호(1994) : 통사원자가 아닌 형태소들의 목록, 통사원자
송원용(1998) : 접사, 통사원자

---

38) 정한데로(2014 : 60)에서는 이들 단위에 대하여 X^{-1}, X^{0}, XP로 구분하고 저장과 형성의 관점에서 어휘부 모형을 상정한다.

채현식(1993) : 어근, 접사, 단어, 관용표현, 연어
송원용(2005가) : 접사, 어근, 단일어, 복합어, 통사구성형 고유명
사, 관용표현, 연어
채현식(2007) : 단어(틀 포함)

(40)에서 보이는 음영 표시한 단위들은 분명 단어보다 큰 구조체를 가진다. 그러나 이들에 대한 논의에서조차 복합어나 연어구성 또는 관용구에 집중했을 뿐 '연결어미+하다'에 대한 언급은 다루어지지 않았다.[39] 그럼에도 불구하고 (40)과 '연결어미+하다' 구성의 공통점은 국어 화자에게 이들 단위가 한 단위로 인식되고 있음과 더불어 하나의 문법적 기능을 하고 있다는 사실이다. 한편 정한데로(2014 : 58)는 형태론적 단위의 등재소와 함께 통사론적 단위의 등재소를 구분하고 후자에 연어 구성, 숙어 구성, 속담, 격언 등과 함께 보조용언 구성과 형식명사 구성을 포함시키고 있다. 보조용언 구성이나 형식명사 구성이 상이나 양태를 드러내는 문법적 기능과 더불어 특정한 어휘적 의미를 나타내고 있기 때문에 그 전체가 기억의 대상이 되어야 한다고 언급하고 있다. '연결어미+하다' 구성 역시 3장에서 살펴본 바에 의하면 문법적으로 양태를 나타내며 개별 연결어미와 형식용언 '하다'의 의미만으로 산출되지 않는 의미를 그

---

39) 임근석(2006 : 34)에서는 문법적 연어에 대하여 다음과 같이 정의한다.

(5) 문법적 연어
문법적 연어는 어휘요소와 문법요소 상호간의 긴밀한 통사적 결합 구성으로, 선택의 주체가 되는 어휘요소(연어핵)가 선택의 대상이 되는 문법요소(연어변)을 선호하여 이룬 구성이다.

이와 같은 정의에 따라 일부 형식명사 구성과 보조용언 구성을 문법적 연어에 포함시키고 있다. 한편 국어의 문법적 연어에 대해서는 이희자(1995)에서 형태적 연어/통사적 연어를 구분하여 논의하였고, 김진해(2000)은 형태·통사적 연어로 부사에 의한 연어, 의존명사에 의한 연어, 불구 동사 및 동사의 굳은형에 의한 연어, 보문 동사에 의한 연어 등 4가지 유형을 보여준다(임근석 2005 : 282, 정한데로 2014 : 175 참고). 그러나 이들 문법적 연어를 연구 대상으로 본 논의에서도 '연결어미+하다' 구성은 그 항목에서 찾아보기 어렵다.

전체가 나타내고 있는 현상은 동일하게 나타난다.

이와 관련하여 등재성의 위계를 설정한 Di Sciullo & Williams(1987)의 논의는 주목할 만한 부분이다. Di Sciullo & Williams(1987 : 14)는 등재성의 위계를 다음과 같이 설정한다.

(41) 모든 형태소가 등재된다.
"대다수"의 단어가 등재된다.
많은 수의 합성어가 등재된다.
일부의 구가 등재된다.
4~5개의 문장이 등재된다.

'연결어미+하다' 구성의 등재와 관련 있는 부분은 "일부의 구가 등재된다"는 항목이다. 일반적으로 국어의 구는 통사적 절차에 의해 만들어질 뿐 등재되지 않는 반면 '연결어미+하다'는 그 문법적·의미적 특이성으로 인하여 전체를 등재의 대상으로 보는 것이 합리적이다. 구성이 어휘부의 등재 단위로 보고 어휘부 모형을 제시하면 정한데로(2014 : 60)와 동일하다.

(42) '연결어미+하다' 구성의 등재 어휘부 모형

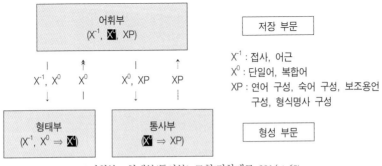

'어휘부-형태부/통사부' 모형(정한데로 2014 : 60)

지금까지 '연결어미+하다' 구성의 등재 여부를 탐색했다면 이들 대상이 등재 양상을 살펴보도록 하겠다. 이는 앞서 제기한 두 번째 질문의 답과 관련된다. 구성 전체가 어휘부에 등재될 때 기존에 이미 등재된 각각의 구성성분들과의 관계 설정은 어떻게 이루어져야 하는가? 먼저 개별 연결어미 목록과 '하다'는 각각 형태론적 단위로서 어휘부에 등재되어 있을 것이다. 동시에 (42)의 어휘부 모형에서 '연결어미+하다' 구성 전체는 통사부에서 형성된다. 통사부의 형성 결과물인 '연결어미+하다'는 다시 어휘부로 입력되는 과정이 존재할 것이다. 예를 들어 '당위'를 나타내는 '-어야 하다'의 경우 위의 모형에서 저장부인 어휘부에는 연결어미 '-어야', 형식용언 '하-', 당위를 나타내는 구성 '-어야 하-'가 모두 등재되어 있다. 그 중에 '-어야 하-'는 형성 부문 중 통사부에서 입력되어 '당위'라는 의미를 갖고 이는 다시 어휘부에 등재될 것이다. 국어 화자는 '당위'를 나타내는 표현의 욕구가 있을 때 자연스럽게 어휘부에 등재된 '-어야 하-' 구성을 사용하는 것이다.

4.2. '연결어미+하다'의 등재 단위로서의 의미 특징

이 절에서는 앞서 세 질문 중 마지막 질문에 답하기 위해 어휘부에 등재되는 단위로서 '연결어미+하다' 구성의 의미 특징을 중심으로 기술할 것이다. 이를 위해서는 국어의 다른 구성들 즉 보조용언 구성, 형식명사 구성과 '연결어미+하다' 구성을 비교하여 그 차이점을 확인하도록 하겠다.

(43) 가. 영수가 책을 다 읽어 간다.
　　　나. 영수가 책을 다 읽을 법하다.
　　　다. 영수가 책을 다 읽어야 한다.

(43)은 보조용언 구성(가), 형식명사 구성(나), '연결어미+하다' 구성(다)
의 대표적인 예이다. 이들의 의미는 '진행', '추측', '당위'로 나타내는데
의미산출의 과정을 각기 다르게 설명해야 할 필요가 있다. 왜냐하면 (43)
에서 각 구성의 의미는 구성성분의 합만으로 설명되지 않는 특징이 있기
때문이다.

구성의 의미와 관련하여 정한데로(2014)는 의미의 정합성과 합성성을
전제로 보조용언 구성과 형식명사 구성을 '추가 a'와 '선택 a'로 설명한
바 있다.[40] 이에 따르면 (43가)에서 '-어 가-'의 경우 추가 a가 적용되는
데 '진행' 의미는 주어진 상황에 따라 a가 전체 구성의 의미를 완성하는
데 관여하게 된다. 한편 (43나)에서 '-ㄹ 법하-'는 '-ㄹ'의 '미실현'과
'법'의 '가능성' 의미가 복합하여 구성된 것으로 파악하고 있다. 이 글 역
시 구성의 의미 산출 과정을 위의 논의를 따르도록 하겠다.

(43)의 예문에서 보이는 구성들은 어휘적 단어와 문법적 단어가 모두
참여한 구성이라는 점, 구성성분의 합만으로는 전체 의미를 설명할 수 없
다는 점 등을 공통점을 가지는데 이로 인해 '상황맥락 정보 a'에 의해 전
체 구성의 의미 형성을 유형화할 수 있게 된다.

그렇다면 우리가 관찰하고 있는 (43다)의 경우에는 '추가 a'와 '선택
a' 중 어느 기제가 작용한 결과일까? 연결어미 '-어야'는 일반적으로 '조
건'의 의미를 가지는데 '-어야 하다'에서 보이는 '당위'의 의미는 어디서
오는 것일까? '조건'과 '당위'의 의미적 관련성이 적다는 측면에서 일단
은 '선택 a'보다는 '추가 a'가 관여하여 전체 구성의 의미를 나타낸다고
본다. 그렇다면 '연결어미+하다' 구성을 일관되게 '추가 a'가 관여한다
고 볼 수 있을까? 질문에 답을 위해서는 이 글에서 제시한 '연결어미+하

---

40) '추가 a'는 함수 $f(A, B)=A+B+a$로 '선택 a'는 $f(A, B)=A+B$, $f(A, B)=A+B$, $f(A, B)=A+B$의 유형화를 보여준다(정한데로 2014 : 189).

다' 구성의 목록 전체를 점검해 볼 필요가 있다. 먼저 '희망'과 '당위'를 나타내는 '-(으)면 하다'와 '-어야 하다'를 살펴보자. 이들을 한데 묶는 것은 '-(으)면'과 '-어야'가 공통적으로 '조건'을 나타내는 연결어미이기 때문이다.

(44) 가. 비가 오면 소풍을 가지 않는다.
　　　나. 내일은 비가 왔으면 한다.
　　　다. 내일은 비가 왔으면 좋겠다.
(45) 가. 비가 <u>와야</u> 소풍을 가지 않는다.
　　　나. 내일은 비가 <u>와야</u> 한다.
　　　다. 내일은 비가 <u>와야</u> 된다.

(44가)에서 '-(으)면'은 불확실성 조건을, (45가)는 '-어야'가 필수적 조건을 나타낸다. 한편 (44나)에서 '-(으)면 하다' 구성은 (44다)의 '-(으)면 좋다'와 교체되는 것이 의미적으로 자연스럽고 (45나)의 '-어야 하다' 구성은 (45다)의 '-어야 되다'로 교체하는 것이 그러하다.[41] 이러한 점은 '좋-'과 '되-'가 나타내는 강제성의 정도와 전체 구성의 의미와 직접적으로 관련된다고 할 수 있다(안주호 2005). 결국 '-(으)면 하다'는 연결어미 '-(으)면'이 가지는 불확실성 조건이라는 의미가 영향을 미쳐서 '희망'을 나타내고 '-어야 하다'는 연결어미 '-어야'의 '필수적 조건'이라는 의미에 영향을 받아 '당위'를 나타내는 것이다. 이를 통해 개별 연결어미 '-(으)면'과 '-어야'는 '선택 α'로서 전체 구성의 의미에 영향을 미친다고 할 수 있다.[42][43] 결론적으로 '-(으)면 하다'와 '-어야 하다' 구성은 '선

---

41) 박재연(2004 : 57)는 '-어야 하다', '-어야 되다'가 주어에게 행위의 성립에 대한 강제적 조건이 있다는 '의무'를 표현하고 '-어도 되다', '-(으)면 되다' 등은 문장의 주어가 행위를 수행할 수 있는 외적 가능성이 열려 있음을 의미하는 '허가'의 의미 영역을 표현한다고 한 바 있다. 이러한 의미 차이는 결국 연결어미 '-(으)면'과 '-어야'의 의미가 전체 구성의 의미를 구분하는 데 영향을 미친다는 것을 보여준다.

택 **a**'와 '추가 **a**'가 동시에 의미에 관여하는 요소라고 볼 수 있다.

다음으로는 연결어미 '-(으)려고'와 '-고자'의 경우와 '-게'와 '-도록'을 살펴보자.

> (46) 가. 철수는 집에 {가려고, 가고자} 책가방을 챙겼다.
> 나. 철수는 집에 {가려고 한다, 가고자 한다}.
> (47) 가. 나무가 잘 {자라게, 자라도록} 물을 주었다.
> 나. 어머니는 아이에게 밥을 {먹게 했다, 먹도록 했다}.

(46가)에서 보면 '-(으)려고'와 '-고자'는 '목적'으로 동일한 의미를 나타내며 (47나)에서 보듯이 '-(으)려고 하다'와 '-고자 하다'는 동일하게 '의도'를 나타낸다. 이러한 점은 구성에 참여하는 개별 연결어미의 의미가 같고 그 결과 전체 구성의 의미가 일치한다는 점에서 앞서 살펴본 (44), (45)와 구별된다. 이는 (46나)에 나타나는 구성의 의미 '의도'가 개별 연결어미와 구성의 의미 간에 직접적으로 의미적 상관관계를 찾기 어렵다는 점에서 '추가 **a**'로 설명된다. 마찬가지로 (47가)에서 연결어미 '-게'와 '-도록'은 공통적으로 '결과', '목적'의 의미를 가진다. (47나)는

---

42) 개별연결어미는 구성의 의미에 영향을 미칠 뿐이다. 그것이 곧 구성의 의미 합성성을 의미하는 것은 아니다.

43) (1) 가. (차도에 있는 노인에게) 거기 서 계시면 위험합니다.
    나. *(차도에 있는 노인에게) 거기 서 계셔야 위험합니다.
(2) 가. 아버지가 돌아오시면 밥을 {먹어라, 먹자}.
    나. *아버지가 돌아오셔야 밥을 {먹어라, 먹자}.

(1)에서 '-(으)면'은 선행문의 명제 내용으로 사실, 반사실, 비사실을 모두 포괄하는 반면 '-어야'는 비사실만을 나타내고(박진희 2011), (2)에서 '-(으)면'은 명령형, 청유형, 의문형을 취할 수 있지만 '-어야'는 불가능하다. 이러한 현상은 개별 연결어미와 전체 구성의 의미의 관련성을 포착할 가능성을 시사한다. '-(으)면'과 '-어야'가 동일하게 전제를 나타내기는 하지만 전자의 경우 결합하는 선행문의 '다양한 (사실, 반사실, 비사실) 전제'의 의미가 '하다'와 결합할 경우 '희망'의 의미로 반면 후자의 경우 '제한된 (비사실) 전제'의 의미가 '당위'를 나타내는 현상 간의 관련성은 흥미롭다.

기존에 '사동'으로 해석되는 경우인데 정도성만의 차이가 있을 뿐 행위의 결과를 요구된다는 점에서 '추가 α'로 설명이 가능하다.

이상의 논의를 통해서 우리는 '연결어미+하다' 구성의 의미 형성은 각기 다른 유형으로 나타남을 확인할 수 있었다. 이를 간략하게 표로 정리하면 다음과 같다.

(48) '연결어미+하다' 구성의 의미 형성 유형

	함수	'연결어미+하다' 구성의 목록
추가 α	f(A, B)=A+B+α	'-(으)려고 하다' (의도) '-고자 하다' (의도) '-게 하다' (사동) '-도록 하다' (명령)
선택 α	f(A, B)=A+B	(없음)
추가 α, 선택 α	f(A, B)=A+B+α, f(A, B)=A+B	'-(으)면 하다' (희망) '-어야 하다' (당위)

5. 결론

이 글은 '연결어미+하다' 구성을 보다 면밀히 고찰하기 위해 '구성'이라는 단위를 설정하고 국어에서 그것이 문법 단위로서 기능함을 살펴보았다.

2장에서는 구성(construction)의 개념과 정의를 확인하였다. 또한 기존 논의를 검토하면서 '연결어미+하다' 구성을 기능주의적 관점에서 바라보고, 한 단위의 문법요소로 파악하였다. '연결어미+하다' 구성은 문장 성분의 첨가, 대용의 범위, 부사어의 수식이나 부정의 범위, 분열문 구성 확인 등을 통해 비분리적 특징을 보여준다. 이는 구성이 한 단위라는 사실을 시사한다.

3장에서는 '연결어미＋하다' 구성과 국어의 문법범주를 실현하는 시제, 높임, 양태 등의 선어말어미의 상관관계를 토대로 '연결어미＋하다' 구성의 문법 실현 양상을 살펴보았다. '연결어미＋하다' 구성과 다른 문법 형태소들은 고정화된 배열을 통해서 나타나며 그것들의 통합관계에 있어서도 상충되거나 잉여적이지 못하다. 이러한 점은 '연결어미＋하다' 구성이 시제나 높임, 양태와 마찬가지로 동등한 문법적 지위를 부여할 수 있음을 시사한다.

4장에서는 '연결어미＋하다' 구성이 국어 화자에게 한 단위로 인식되며 어휘부의 등재 단위가 된다는 사실을 바탕으로 구성이 등재 가능한 어휘부 모형을 제시해 보았다.

그러나 이 글에서 제시한 구성(construction) 개념이 국어의 구성을 설명하는 데 일반성을 포착할 수 있는지에 대해서는 더 많은 연구가 필요하다. 또한 '연결어미＋하다' 구성의 등재와 관련해서도 선행 연구에 기댄 채 독자적인 어휘부 모형을 새롭게 제시하지 못하였다. 미진한 점은 앞으로의 과제로 남겨두고자 한다.

‖ 참고문헌

고영근・남기심(1985), 표준국어문법론, 탑출판사.

고영근(1974), 국어접미사의 연구, 백합출판사.

고영근(1988), 중세국어의 시상과 서법(보정판), 탑출판사.

고영근(1989), 국어 형태론 연구, 서울대학교 출판부.

고영근(2004), 한국어의 시제 서법 동작상, 태학사.

고재설(1987), 국어 합성동사에 대한 연구, 석사학위논문, 서강대학교.

구본관(1990), 경주 방언 피동형에 대한 연구, 석사학위논문, 서울대학교.

구본관(1998), 15세기 국어 파생법에 대한 연구, 태학사.

권재일(1985), 국어의 복합문 구성 연구, 집문당.

권재일(1986가), "형태론적으로 인식되는 복합문 구성에 대하여", 국어학 15, 195-215.

권재일(1986나) "의존동사의 문법적 성격", 한글 194, 97-120.

권재일(1987), "의존 구문의 역사성 : 통사론에서 형태론으로", 말 12, 5-24.

권재일(1992), 한국어 통사론, 민음사.

권재일(1994), 한국어 문법의 연구, 박이정.

김기혁(1985), "문장 구성에서 단위의 문제", 연세어문학 18, 5-32.

김기혁(1991), 형태・통어적 구성과 중간 범주, 동방학지 71・72, 233-258.

김기혁(1995), 국어 문법 연구, 박이정.

김영희(1981), "간접명사 보문과 [하]의 의미 기능", 한글 173・174, 153-192.

김영희(1984), ""하다" : 그 대동사설의 허실", 배달말 9, 31-63.

김영희(1993), "의존 동사 구문의 통사 표상", 국어학 23, 159-190.

김영희(1998), 한국어 통사론을 위한 논의, 한국문화사.

김진해(2000), 연어(連語) 연구, 한국문화사.

김창섭(1981), 현대국어 복합동사 연구, 석사학위논문, 서울대학교.

남기심(1973), 국어완형 보문법 연구, 계명대학교 출판부.

류시종(1995), 한국어 보조용언 범주 연구, 박사학위논문, 서울대학교.

박소영(2003), "연결어미의 관점상 기능", 형태론 5-2, 297-326.

박승빈(1935), 조선어학, [김민수・하동호・고영근(공편)(1986), 역대한국문법대계 ① 20, 탑출판사, 1-50.]에 재수록.

박재연(1999), "국어 양태 범주의 확립과 어미의 의미 기술", 국어학 34, 199-226.

박재연(2003), "한국어와 영어의 양태표현에 대한 대조적 고찰", 이중언어학 22, 199-223.

박재연(2004), 한국어 양태 어미 연구, 박사학위논문, 서울대학교.

박재연(2006), 한국어 양태 어미 연구, 태학사.

박재연(2011), "한국어 연결어미 의미기술의 메타언어 연구", 국어학 62, 167-197.

박진호(1994), 통사적 결합관계와 논항 구조, 석사학위논문, 서울대학교.

박진희(2011가), "국어 목적절의 네 가지 유형", 국어학 61, 181-206.

박진희(2011나), 국어 절 접속의 의미관계 유형에 대한 연구, 박사학위논문, 서강대학교.

서정목(1987), 국어 의문문 연구, 탑출판사.

서정목(1991), "내포 의문 보문자 '-(으)ㄴ+가'의 확립", 석정 이승욱 선생 회갑 기념 논총, 월인사, 105-133.

서정목(1994), 국어 통사 구조 연구 I, 서강대학교 출판부.

서정목(1998), 국어의 모형과 핵 계층 이론, 태학사.

서정수(1975), 동사 '하-'의 문법, 형설출판사.

서정수(1996), 현대 한국어 문법 연구의 개관, 한국문화사.

손세모돌(1996), 국어 보조 용언 연구, 한국문화사.

송원용(1998), 활용형의 단어 형성 참여 방식에 대한 연구, 석사학위논문, 서울대학교.

송원용(2004), 국어 어휘부와 단어형성, 태학사.

송원용(2005가), 국어 어휘부와 단어 형성, 태학사.

시정곤(2001), "국어 어휘부 사전에 대한 연구", 연어연구 17-1, 163-184.

안소진(2012), "어휘부 등재 논의의 경향과 쟁점", 형태론 14-1, 1-23.

안주호(2005), "'-어야 하-'류 구성의 문법적 특성과 의미", 국어교육 118, 363-393.

유현경(2003), "연결어미의 종결어미적 쓰임에 대하여", 한글 261, 123-148.

이은경(2000), 국어 연결어미 연구, 태학사.

이상복(1975), "하다" 동사에 대하여, 연세어문학 6, 131-141.

이선웅(1995), 국어 보조동사 연구, 석사학위논문, 서울대학교.

이선웅(2012), 한국어 문법론의 개념어 연구, 월인.

이정훈(2008), 조사와 어미 그리고 통사구조, 태학사.

이지영(2002), "근대국어 반사실적 가정 표현의 발달 : '-더면', '-던들'을 중심으로", 한국문화 30, 33-59.

이희자(1995), 현대 국어 관용구의 결합 관계 고찰, 대동문화연구 30, 411-444.

임근석(2005가), 문법적 연어의 개념 정립을 위하여, 형태론 7-2, 277-302.

임근석(2006), 한국어 연어 연구, 박사학위논문, 서울대학교.

임근석(2008), 문법적 연어와 문법화의 관계, 국어학 51, 115-147.

임홍빈·장소원(1995), 국어문법론1, 방송통신대출판부.

임홍빈(1989), "통사적 파생에 대하여", 어학연구 25-1, 167-196.

윤평현(2005), 현대국어 접속어미 연구, 집문당.

임동훈(1991), 현대국어 형식명사 연구, 석사학위논문, 서울대학교.

정한데로(2010), "문법 차원의 등재에 대한 연구", 형태론 12-1, 1-22.

정한데로(2014), 국어 등재소의 형성과 변화 연구, 박사학위논문, 서강대학교.

정혜선(2010나), "'싶다' 구문의 역사적 변화", 어문연구 146, 169-191.

정혜선(2012), 국어 인식 양태 형식의 역사적 연구, 박사학위논문, 서강대학교.

주시경(1910), 국어문법, [김민수·하동호·고영근(공편)(1986), 역대한국문법대계 ① 11, 탑출판사, 1-47.]에 재수록.

채현식(1994), 국어 어휘부의 등재소에 관한 연구, 석사학위논문, 서울대학교.

채현식(2007), "어휘부의 자기조직화", 한국언어문학 63, 129-145.

최상진·임채훈(2008), "인과관계 형성의 인지과정과 연결어미 상관성", 국어학 52, 127-152.

최웅환(1995), "보조용언 구성의 형성적 원리", 문학과 언어 15, 65-82.

최웅환(1998), "서술어의 확장적 배합", 어문학 62, 101-123.

최재희(1991), 국어의 접속문 구성 연구, 탑출판사.

최재희(1996), "의존동사 구문의 통사론", 한글 232, 183-210.

최현배(1937/1965), 우리말본, 정음문화사.

최형용(1997), 형식명사·보조사·접미사의 상관관계, 석사학위논문, 서울대학교.

최형용(2003), 국어 단어의 형태와 통사, 태학사.

최형용(2013가), "어휘부와 형태론", 국어학 66, 361-413.

최형용(2013나), "구성 형태론은 가능한가", 형태론 15-1, 82-114.

하치근(1989), 국어 파생형태론, 남명문화사.

한명주(2014), '연결어미＋하다' 구성의 문법적 특징, 언어와 정보 사회 21, 189-224.

허철구(1998), 국어의 합성동사 형성과 어기분리, 박사학위논문, 서강대학교.

황화상(2001), 국어 형태 단위의 의미와 단어 형성, 월인.

Booij, G. E.(2010), *Construction Morphology*, Oxford University Press.

Bybee, J. L.(1985), *Morphology : a study of the relation between Meaning and Form*, Benjamins.

Cruse, D. A.(2000), *Meaning in Language*, Oxford University Press. [임지룡·김동환 역(2002), 언어의 의미, 태학사.]

Di Sciullo, A-M. & Williams, E.(1987), *On the Definition of Word*, The MIT Press.

Goldberg, Adele. (1995) *Constructions : A Construction Grammar Approach to Argument Structure*, Chicago: University of Chicago Press. [손영숙·정주리 역(2004), 구문문법, 한국문화사.]

Jackendoff, R.(1975), "Morphological and semantic regularities in the lexicon", *Language* 51, 639-671.

Jackendoff, R.(2008), "Consrtruction after construction and its theoretical challenges", *Language* 84-1, 8-23.

Lakoff, George (1987). *Women, Fire, and Dangerous Things : What Categories Reveal about the Mind,* Chicago : University of Chicago Press.

Taylor John, R.(2012), *The Mental Corpus*, Oxford University Press.

제5-2장 | **보조용언 구성의 통사적 특징과 단위성**
'-어 가-'를 중심으로
조지연

1. 보조용언 구성의 정의와 특징

현대 국어의 보조용언 구성에 대한 연구 업적은 상당량 축적되어 있다. 그러나 그것의 통사적 지위, 범주의 성격과 대상, 의미 기능 등에서 아직 해결되지 못한 부분이 여전히 존재한다는 것을 확인할 수 있다. 그간의 보조용언 또는 보조용언 구성, 보조용언 구문[1])에 대한 논의로는 정의, 판별 기준과 목록 제시, 통사적 특징과 의미적 특징에 대한 논의, 어휘부 등재에 대한 논의, 문법화에 대한 논의 등이 있다. 이 글에서는 앞선 연구들의 결과를 쟁점별로 소개하면서 우리의 생각을 덧붙이기로 한다.

먼저, 보조용언의 정의에 대한 논의들을 살펴보자. 국어의 보조용언, 보조용언 구성에 대한 논의는 이른 시기부터 있어 왔다.[2]) 그러나 국어

---

1) 이 글에서는 국어 문법론에서 보편화되어 사용되고 있다는 점에서 '보조동사'와 '보조형용사', 그리고 이들을 포괄하는 '보조용언'이라는 용어를 사용하기로 한다. 그리고 '보조동사', '보조형용사', '보조용언'이 연결어미와 또는 종결어미와 함께 사용된 구성을 '보조동사 구성', '보조형용사 구성', '보조용언 구성'이라 하고, 해당 구성이 사용된 문장을 '구문'이라 칭한다.

문법서에 용언 형태의 보조용언, 즉 'V₁+V₂' 구성에서 'V₂'가 보조용언
으로 정립되기 시작한 것은 최현배(1937)에서부터이다. 다음은 최현배
(1937)에서 제시한 정의와 형태(목록)이다.

(1) 명칭 : 도움풀이씨
    정의 : 으뜸되는 풀이씨 아래에서 그것을 도와서 월의 풀이씨를 완전
          하게 하는 움직씨.
    형태 : 아니되다/못하다/말다, 게하다/만들다, 지다/되다, 가다/오다, 나
          다/내다/버리다, 주다/드리다/바치다, 보다, 쌓다/대다, 어야 하
          다/기는 하다, 체하다/척하다/양하다, 번하다, 놓다/두다, 싶다/
          지다, 아니하다/못하다, 듯하다/듯싶다/법하다, 나 보다/가 보다,
          가 싶다, 하다, 만하다/직하다, 아 있다, 고 있다

이러한 전통문법의 견해는 이후 이희승(1949), 이숭녕(1956/1962), 김민
수(1960), 허웅(1975), 남기심·고영근(1985/1993) 등에 이어진다.

(2) 보조용언의 명칭과 정의
    이희승(1949), 조동사 : 본뜻을 거의 잃어버렸거나 그렇지 않으면 본래
                        부터 약한 뜻을 가지고 있어서 제 스스로는 이
                        렇다 할 두드러진 뜻을 나타내지 못하고 다만
                        그 위에 있는 동사의 뜻을 도와주는 말.
    이숭녕(1956/1962), 보조동사 : 주동사에 붙어 주동사의 뜻을 도울 정
                        도의 구실밖에 못하는 것.
    김민수(1960), 의존동사, 의존형용사 : 자립동사와 자립형용사의 대립
                        되는 개념.
    허웅(1975), 매인(도움)풀이씨 : 끝바꿈의 모습이 으뜸풀이씨와 같으면
                        서, 풀이씨와는 다른 뜻을 가지고 있는 것. 반

---

2) 유길준(1909)을 시작으로 한 초기 전통 문법서에 나타난 '조용사', '조동사'의 개념은 현대
   문법에서 일컫는 보조용언의 개념에 가까운 것이다. 초기 전통 문법서들에서 사용된 명칭과
   개념, 그에 속하는 형태는 손세모돌(1996 : 18-21) 참고.

드시 다른 말에 붙어서 쓰이는 것을 도움풀이
씨 또는 매인풀이씨라 한다.3)
남기심 · 고영근(1985/1993), 보조용언, 보조동사, 보조형용사 : 다른
말에 기대어 쓰이면서 그 말에 문법적인 의미를
더해 주는 용언. 자립성이 결여되어 있거나 희
박하다는 점에서 준자립형식으로 규정하였다.

이러한 논의들에 따르면, 보조용언을 '의존성이 강하며 선행 성분에
어떠한 의미를 더해 주는 용언'이라고 받아들일 수 있다. 그러나 이에는
두 가지 문제가 지적되었다. 하나는 보조용언과 본용언의 수식 관계에 대
한 것이고, 다른 하나는 보조용언의 목록에 대한 것이다. 먼저, 보조용언
이 본용언을 보조한다는 설명은 수식어가 피수식어 앞에 놓이는 국어의
일반적인 어순에 어긋난다는 것이다(이선웅 1995 : 5, 2012 : 190-191, 손세모돌
1996 : 26). 다음으로, 보조용언의 목록에 있어서도 그 정의와는 다른, 이
질적인 것들이 섞여 있어 비판의 대상이 되었다. 특히 서정수(1980)에서는
최현배(1937)에서 제시된 보조용언 중 '비합성적 보조용언'은 보조용언 범
주에서 제외되어야 함을 논하였다.4)

이처럼 특정한 대상을 지칭하는 데에 여러 용어들이 사용되었고 그에
따른 정의도 다양하게 제시되었다. 이러한 '용어'와 '정의'의 문제는 해
당 대상의 판별 기준과 그에 따른 목록의 문제와도 연결되었는데,5) 보조

---

3) 허웅(1975 : 417 각주6)에서는 "'도움'이라 하는 것은 앞에 오는 말의 뜻을 어느 정도 돕는
다는 뜻에서 붙인 이름이고, '매인'은 반드시 앞의 말에 매여서 쓰이며, 단독으로는 쓰이지
않는다는 뜻에서 붙인 이름이다. 이것은, 매인이름씨가 형식상으로는 이름씨이나 반드시 다
른 말에 의지해야 하는 것과 비슷하므로 '매인풀이씨'라 부르는 것이 더 적절할 것 같다."라
고 언급하였다. 이는 보조용언의 특징인 비자립성 또는 의존성을 중시한 것이라 할 수 있다.
4) "비합성적 보조용언"은 주동사와 어울리는 경우에나 단독으로 쓰일 경우에나 의미적으로
변화가 일어나지 않는 보조용언을, "합성적 보조용언"은 주동사와 어울리는 경우에 일종의
복합적 결합을 보임으로써 의미적 변화가 수반되어 단독으로 쓰이는 경우와 의미 차이가
있는 보조용언을 가리킨다(서정수 1980 : 65-67).
5) 이러한 측면에서, 박진호(1998 : 139)에서는 보조용언 구성에 대해 '식별(identify)하기는 쉬워

용언의 특성과 그에 따른 구별은 통사적 구 및 합성어와의 구별에서 주로 이루어졌다. 그간의 논의들에서 제시된 보조용언의 판별 기준들 중에서 '내적 비분리성'6), '공백화(gapping)'와 '도치(inversion)', 그리고 '대용화(anaphora)'와 '의사분열문(pseudo-cleft) 형성' 등과 같이 공통적으로 언급된 기준들부터 살펴보자.

먼저, '내적 비분리성'은 보조용언과 본용언 사이에 독립된 다른 성분이 개입될 수 없다는 기준이다. 이러한 내적 비분리성은 보조용언과 본용언의 관계가 매우 밀접하다는 것을 나타내는 것으로, 이를 검증하기 위해 주로 사용되는 방법은 선행 용언과 후행 용언 사이에 '-서'를 삽입해 보는 것이다.7)

    (3) 가. 민희는 귤을 까 먹었다.
        나. 민희는 귤을 까서 먹었다.
        다. 민희는 귤을 까(서) 빨리 먹었다.

    (4) 가. 윤희는 책을 읽어 보았다.
        나. *윤희는 책을 읽어서 보았다.
        다. *윤희는 책을 읽어(서) 빨리 보았다.

    (5) 가. 윤희는 동생 민희를 알아보았다.
        나. *윤희는 동생 민희를 알아서 보았다.

   도 정의(define)하기는 어려운 범주'라고 언급하였다.
6) '분리 가능성'이라는 표현도 이와 동일한 내용의 기준이다. 그러나 이 글에서는 보조용언이 본용언과 분리가 불가능하다는 특성을 더 잘 드러내는 표현이라는 생각에 '내적 비분리성'이라 칭한다.
7) 최현배(1937 : 373/1980 : 301)에서는 감목법의 "-아"는 다시 "-서"를 더하여서 쓰이는 일이 없으되 이음법의 "-아"는 "서"를 더하여서 "-아서"로도 쓰이므로 둘을 구별하는데 "서"를 더하여 보라고 하였다. 내적 비분리성은 이후 서정수(1971 : 395-398), 김명희(1984 : 3-6), 김기혁(1987 : 14-16), 안명철(1990 : 322-323) 등의 보조용언 연구에서 복합어와의 구별 기준으로 받아들여졌다(손세모돌 1996 : 54 각주 19).

다. *윤희는 동생 민희를 알아(서) 금방 보았다.

(3)은 통사적 구, (4)는 보조용언 구성, (5)는 합성동사의 예이다. 이를 확인하면, (3)과는 달리 (4)와 (5)에서는 '-서'의 통합이 불가능하고 부사가 후행 용언만을 수식하는 일 역시 불가능하다는 것을 알 수 있다.[8] 이러한 방법은 보조용언 구성과 통사적인 구를 변별하는 데에는 유용할 수 있으나 보조용언 구성과 합성동사를 변별하는 데에는 유용하지 않음을 보이는 것이다. 그러나 보조용언 구성과 합성용언을 같은 것으로 보기는 어렵다. 합성용언은 여타 다른 보조용언 구성의 특성과 현저하게 다른 양상을 나타내기 때문이다.[9]

다음으로, '후행 용언의 공백화'와 '선·후행 용언의 도치'이다. 보조용언은 선행 문장 형식에 강한 통사론적 의존성을 갖기 때문에 후행 용언의 공백화와 선·후행 용언의 도치가 불가능하다.

(6) 가. 윤희는 계란을 삶아(서) 먹었다. 민희는 계란을 구워(서) 먹었다.
    나. 윤희는 계란을 삶아(서), 민희는 계란을 구워(서) 먹었다.
    다. 윤희는 삶아서 먹었다, 계란을.

(7) 가. 윤희가 그 메모를 읽어 버렸다. 민희는 그 메모를 버려 버렸다.
    나. *윤희는 그 메모를 읽어, 민희는 버려 버렸다.
    나′. *윤희는 그 메모를 읽고, 민희는 버려 버렸다.
    다. *윤희는 그 메모를 버렸다, 읽어.

---

8) 이선웅(1995 : 21)에서는 "나는 밥이 먹고를 싶다."나 "먹돌이는 밥을 먹어는 보았다."와 같은 문장을 볼 때, 보조용언 구문에서 선행 용언과 후행 용언이 분리가 되지 않는다는 사실은 적어도 주제 표지의 조사 혹은 보조사의 통합에서는 '내적 비분리성'이 성립이 되지 않음을 알 수 있다고 하였다. 그러나 특수조사는 많은 경우에 삽입이 가능하기 때문에 구태여 보조용언 구성의 특성으로 제시할 필요가 없다는 내용도 언급되었다.
9) 내적 비분리성은 낱말과 문법 요소의 결합에서도 나타나므로 내적 비분리성을 가진 모든 것이 합성어는 아니다.

(8) 가. 할아버지께서는 작년에 돌아가셨다. 할머니께서는 올해 돌아가셨다.
　　 나. *할아버지께서는 작년에 돌아, 할머니께서는 올해 돌아가셨다.
　　 나′. *할아버지께서는 작년에 돌고, 할머니께서는 올해 돌아가셨다.
　　 다. *할아버지께서는 작년에 가셨다, 돌아.

　앞의 예문에서 확인할 수 있듯이 (6)과 같은 통사적 구에서는 후행 용언의 공백화와 선·후행 용언의 도치가 가능하다. 그러나 (7)의 보조용언 구성과 (8)의 합성동사는 후행 용언의 공백화와 선·후행 용언의 도치가 불가능하다. 김창섭(1981 : 24)과 이선웅(1995 : 23-24)에서는, 다음의 예문을 통해 보조용언 구성에서 보조용언의 공백화 가능 여부를 설명하였다.

(9) 가. 모차르트가 그 악보를 찢어 버렸다. 베토벤도 그 악보를 찢어 버렸다.
　　 나. *모차르트는 그 악보를 찢어, 베토벤은 태워 버렸다.
　　 다. *모차르트는 그 악보를 찢고, 베토벤은 태워 버렸다.

　김창섭(1981 : 24)에서는 (9다)를 '찢어 버렸고'에서 '-어 버렸-'이 공백화된 것으로 보아 정문으로 이해해야 한다고 하였고, 이선웅(1995 : 23-24)에서는 (9다)를 시제 선어말어미 '-었-'만이 생략된 것으로 이해하고 비문으로 파악하였다. 이 글에서는 (7나′)을 비문으로 파악하였는데, (7나′)의 선행절에서는 보조용언 구성 '-어 버리-'의 '앞 동사의 동작이 완료됨과 동시에 그 일이 어찌할 수 없는 상태로 바뀌었음.'이라는 의미가 확인되지 않기 때문이다.
　(6)~(9)를 통하여 확인한 후행 용언의 공백화와 선·후행 용언의 도치 불가능은 앞에서 (3)~(5)를 통해 제시한 선·후행 용언의 내적 비분리와 동일한 문제를 보인다. 이러한 특성들은 보조용언 구성과 통사적인 구를 변별하는 데에는 유용할 수 있으나 보조용언 구성과 합성동사의 변별에

는 유용한 기준이 될 수 없기 때문이다. 그러나 선·후행 용언의 내적 분리가 불가능하다는 점, 후행 용언의 공백화와 선·후행 용언의 도치가 불가능하다는 점은 모두 선행 용언과 후행 용언의 강한 의존성에 기인한 것으로 보조용언 구성과 합성동사를 통사적 구와 변별하는 데에 있어 통사적 기준으로 삼을 수 있다.

세 번째, '대용화'이다. 통사적 구, 보조용언 구성, 합성동사는 모두 전체 대용이 가능하다. 그러나 선행 용언 대용과 후행 용언 대용에서는 각각 다른 모습을 보인다.

> (10) 가. 언니가 김치를 담가서 보냈다.
>   나. 동생도 {그렇게 해(서), ?그래(서)} 보냈다.
>   다. 동생도 김치를 담가서 {그렇게 했다, 그리했다, 그랬다}.

> (11) 가. 윤희가 과자를 다 먹어 버렸다.
>   나. 민희도 {그렇게 해, 그래} 버렸다.
>   다. *민희도 과자를 다 먹어 {그렇게 했다, 그리했다, 그랬다}.

> (12) 가. 윤희가 집으로 뛰어갔다.
>   나. *민희도 {그렇게 해, 그래}갔다.
>   다. *민희도 집으로 뛰어{그렇게 했다, 그리했다, 그랬다}.

(10)의 통사적 구는 선행 용언과 후행 용언만을 각각 대용하는 것이 가능하다. 그러나 (11)의 보조용언 구성은 본용언만의 대용은 가능하지만 보조용언만의 대용은 불가능하다. (12)와 같은 합성동사는 선행 용언과 후행 용언만을 각각 대용하는 것은 불가능하다. 합성동사의 경우는 하나의 단어이므로 선·후행 요소가 함께 대용형으로 대치되는 것으로 설명할 수 있다. 그러나 (11)과 같은 보조용언 구성의 경우에는 통사적 구와

합성동사의 경우와는 다른 모습을 보인다. 이에 대한 원인을 이선웅(1995 : 41-52)에서는 보조용언 구성이 문법화 과정에 있기 때문이라 주장하였다. 보조용언이 어휘 범주에서 기능 범주화하는 문법화의 1단계에 있기 때문이라는 것이다.10) 우리도 이와 유사한 시각에서, 보조용언은 문법화 과정에서 초기 단계에 있는 요소에서부터 비교적 높은 단계에 있는 요소까지 그 단계의 어느 지점에 해당될 수 있다고 생각한다.11)

마지막으로, '의사분열문 형성'이다. 의사분열문은 'V₁+V₂' 구성에서 서술의 주변부와 본질부를 서로 분리하는 통사 규칙이다. 'V₁+V₂' 구성이 어느 한 쪽이 어느 한 쪽을 의미적으로 보조하는 구문이라면 의사분열문 형성이 가능하고 그 의미 구성이 대등한 경우에는 의사분열문 형성이 불가능하다. 이러한 이유로 보조용언 구성을 통사적 구, 합성동사와 구별하는 데에 기준으로 제시되었다.

(13) 가. 그가 공을 <u>집어서 던졌다</u>.
　　　나. *그가 해서 던진 것은 공을 집은 것이다.

(14) 가. 내가 윤희네 집으로 전화를 <u>걸어 보았다</u>.
　　　나. 내가 해 본 것은 윤희네 집에 전화를 건 것이다.

---

10) '문법화(grammaticalization)' 개념에서 쟁점이 되는 것은 문법화가 과연 '과정' 전반을 가리키는 개념인지, 문법형태소라는 최종 결과물이 주어져야 성립되는 개념인지이다. 후자의 입장은 남미정(2010)에서 주장된 것으로, 이 논의에 의하면 보조용언은 문법화의 예가 될 수 없다. 문법화의 결과물은 항상 '문법적인 형식'이어야 함을 강조하고 '조사화', '어미화'만이 문법화의 예가 될 수 있다고 주장하고 있기 때문이다. 이 글에서는 '문법화'를 실질형태소이던 것이 문법형태소로 변하거나 덜 문법적인 형식이 더 문법적인 형식으로 변하는 모든 통시적 과정을 가리키는 것이라는 입장에서 문법화를 기술하였다.
11) 보조용언은 통시적 관점에서 볼 때 대개 본래는 본용언이었던 것이 문법화 과정을 거치면서 의미가 추상화되어 만들어진 것이다. 따라서 각 보조용언의 의미와 결합상의 제약, 통사적 특성 등을 정밀히 탐구하는 것이 선행되어야 할 것이라 생각한다. 그 일환으로 2장과 3장에서는 보조용언 구성 '-어 가-'를 대상으로 하여 논의할 것이다.

(15) 가. 새가 <u>날아갔다</u>.

　　나. *새가 해 간 것은 날은 것이다. (이상 손세모돌 1996 : 66-67)

(13)과 같이 통사적 구가 쓰인 접속문과 (15)와 같이 합성동사가 쓰인 문장은 분열문 형성이 불가능하지만 (14)의 보조용언 구문에서는 분열문 형성이 가능하다.

지금까지 '내적 비분리성', '공백화'와 '도치'의 가능 여부, '대용화'와 '의사분열문 형성'의 가능 여부를 통해 통사적 구, 보조용언 구성, 합성 용언이 변별되는 특성을 살펴보았다. '선행 용언과 후행 용언의 내적 비분리성', '선행 용언과 후행 용언의 도치 불가능', '후행 용언만의 공백화 불가능'은 보조용언 구성과 합성용언이 통사적 구와 변별되는 특성이다. 다시 말하면 보조용언 구성과 합성용언이 변별되는 특징은 아니라는 것이다. 그러나 대용화와 의사분열문 형성 가능성을 통하여 통사적 구, 보조용언 구성, 합성용언의 각각 다른 모습을 확인하였다. 정리하면, 보조용언 구성은 본용언과 보조용언의 내적 분리와 도치가 불가능하며, 보조용언만의 공백화 역시 불가능하다. 또한 보조용언 구문은 의사분열문 구성이 가능하다.

이 밖에 개별 논의들에서 '높임 선어말어미 '-시-'의 결합', '동일 형태의 선행 용언 사용 가능성', '보조용언의 연속 사용 가능성', '논항과의 관련성' 등이 보조용언을 통사적 구, 합성어와 구분하는 기준으로 제시되었다.

높임의 선어말어미 '-시-' 결합은 통사적 구와 합성동사의 경우와는 다르게 보조용언 구문에서 선행 용언에는 결합이 불가능하고 후행 용언에만 결합이 가능하여 보조용언의 판별 기준으로 제시되었다.

(16) 가. 어머니께서 김치를 담가(서) 보내셨다.
　　　나. 어머니께서 김치를 담그셔서 {보냈다, 보내셨다}.

(17) 가. 어머니께서는 새로 지은 한복을 입어 보셨다.
　　　나. *어머니께서는 새로 지은 한복을 입으셔 {보았다, 보셨다}.

(18) 가. 김 선생님께서는 나를 알아보셨다.
　　　나. *김 선생님께서는 나를 {아셔보셨다, 아셔보았다}.

　(16)과 같은 통사적 구에서는 선행 용언과 후행 용언 각각에 '-시-'의 결합이 가능하고 선행 용언과 후행 용언에 동시에 '-시-'의 결합이 가능하다. 그러나 (17)의 보조용언 구성과 (18)의 합성동사는 높임의 선어말어미 '-시-'가 결합될 때, '-시-'가 후행 용언에 결합되면 자연스러운 문장이 되고 선행 용언에 결합되거나 선·후행 용언 모두에 결합되면 상당히 부자연스러운 문장이 된다. 그러나 높임 선어말어미 '-시-'의 선행 용언과 후행 용언의 결합 문제는 예문의 적격성 여부 판단에 차이가 존재할 수 있을 것으로 판단된다. 이러한 이유로 높임의 선어말어미 '-시-' 결합을 통한 보조용언 구성의 판별은 무리가 있을 것으로 생각한다.12)

　참고로, 보조용언 구성에서 후행 용언에만 '-시-'의 결합이 자연스러운 것은 [연결어미+보조용언] 구성이다. 보문자를 갖추고 있는 다음 (19)의 예와 같은 경우는 선행 용언과 후행 용언에 모두에 '-시-'가 동시에 결합되는 것이 자연스럽다.

(19) 가. 김 선생님께서 집에 간다고 말씀하셨다.
　　　나. 김 선생님께서는 집에 가신다고 말씀하셨다.

---

12) 손세모돌(1996 : 67-69)에서도 이와 동일한 태도를 확인할 수 있다.

이선웅(1995 : 27)에 따르면 후행 보조용언에 '-시-'가 통합될 수 있다는 사실은 보조용언이 높임 자질을 가지고 있는 주어 혹은 주체와 호응한다는 뜻으로 모문의 서술어라는 사실을 뒷받침한다고 하였다. 즉, '-아/어'형 보조용언 구문은 '모문-내포문'의 복문이고 보조용언은 모문의 서술어라는 것이다. 이에 대한 이 글의 입장은 뒤에서 자세히 논의하기로 한다.

후행 용언과 동일한 형태의 선행 용언 사용 가능성은 보조용언 구성에 두루 적용되는 특성은 아니다. 일부 보조용언의 경우에만 이러한 특성이 나타나기 때문이다. 그럼에도 보조용언의 판별 기준으로 제시된 이유는 합성용언의 경우, 후행 용언과 동일한 형태의 선행 용언의 사용된 예가 없기 때문이다.

(20) 가. 나도 고시나 한 번 <u>봐 볼까</u> 하는 생각이 들었다.
　　 나. 그 사람이 미숙이를 완전히 <u>버려 버렸어</u>.
　　 다. 한 가지 의혹은 … 안락사를 법률이 금하고 있다는 이유로 무작정 그런 상태로 <u>둬 두었을까</u> 하는 문제다.
　　 라. 이제 거의 다 <u>가 간다</u>.
　　 마. 거기다가 일단 <u>봐 봐</u>.

(21) 가. *새가 <u>날아날다</u>.
　　 나. *엄마가 시장에 <u>들러들었다</u>.
　　 다. *화살을 <u>쏴쏘다</u>.

(22) 가. 그가 뒤돌아봐서 (나도) 뒤돌아봤다.
　　 나. 사람들이 몰려가서 (우리도) 몰려갔다.

(23) 가. 나도 동찬이가/네가 그렇게 <u>생각한다고 생각해</u>.
　　 나. 나도 네가 그렇게 <u>믿는다고 믿었어</u>.

다. 나도 네가 그렇게 <u>추측하리라고</u> <u>추측했어.</u>

(이상 손세모돌 1996 : 59-60)

(20)은 후행 용언과 동일한 형태의 선행 용언 사용이 가능한 보조용언 구성이다. 이러한 특성을 가지는 보조용언은 제시된 '보-', '버리-', '두-', '가-', '놓-'이다. (21)은 합성동사가 동일한 형태의 용언이 연속하여 나타나는 유형이 불가능함을 보이는 예이다. (22)는 접속문의 경우를 보인 것으로 선행문의 주어와 후행문의 주어가 다르게 상정되는 경우이다. (23)은 복합문의 경우를 보인 것으로 선행 용언과 후행 용언이 각기 다른 주어를 문장 안에 가지고 있으면서 '생각'을 표현하는 몇 개 어휘가 쓰인 경우뿐이다.13)

마지막으로, 보조용언은 독립적으로 서술어 역할을 할 수 없고 논항구조나 격과 무관하다는 주장과 함께 이는 복합문과 구별되는 보조용언의 특성으로 제시될 수 있다는 주장이 손세모돌(1996 : 48-52)에서 제기되었다. 이는 보조용언이 주어나 목적어 같은 문장성분들과 직접적 관계를 맺지 못한다는 점을 중시한 것이다.

(24) 가. 밥을 거의 다 먹어 간다.
나. 지금까지는 정치자금을 줘 왔지만 앞으로는 주지 않겠다.
다. 신경질 나는데 그 선물 도로 줘 버려.
라. 나도 그곳에 한 번 가 봤어. (이상 손세모돌 1996 : 52)

'가-'와 '오-'는 하나의 논항을 요구하는 자동사이지만 (24가, 나)에서 확인할 수 있듯이 본동사가 타동사이면 두 개의 논항이 나타날 수 있고,

---

13) 손세모돌(1996 : 61, 각주 24)에서는, 이에 대한 이유를 동사들의 의미와 관련이 있는 것으로 보았다. 구체적인 행위가 아니라 사고의 단계이기 때문이라는 언급이 있었으나 자세히 살펴지는 않았다.

본동사로서의 '버리-'와 '보-'는 타동사이지만 (24다, 라)에서 확인할 수 있듯이 이들이 보조동사로 쓰일 때는 자신의 목적어를 취하지 않고도 쓰일 수 있다는 것이다.

그러나 보조용언이 문장의 논항구조에 영향을 미치는 경우가 존재한다는 주장이 박진호(1998 : 140-143)에서 제기되었다.

(25) 가. 형이 동생에게 책을 읽어 주었다.
　　　나. 행인이 나에게 길을 비켜 주었다. (이상 남미혜 1996 : 121)
　　　다. 철수는 영희에게 문을 열어 주었다.

(26) 가. 이 비누는 바닷물에 잘 풀어진다. (이기동 1978ㄴ : 41)
　　　나. 그 분의 신분이 밝혀졌다. (이기동 1989ㄴ : 46)

(이상 박진호 1998 : 141)

(25)에서 확인할 수 있듯이 '읽-', '비키-', '열-'은 타동사로 여격 논항을 취할 수 없으나 보조동사 '주-'가 결합되면 여격어가 나타난다. (26가)의 '이 비누'와 (26나)의 '그 분의 신분'은 각각 '풀-'과 '밝히-'의 의미상 목적어이나 보조동사 '지-'가 결합되면 이들이 주어로 실현된다.

이러한 논의들을 바탕으로 우리는 문장의 논항구조에 영향을 미치는 보조용언과 그렇지 않은 보조용언이 존재함을 확인할 수 있다. 결국, 논항과의 관련성은 개별 보조용언의 특성으로 언급될 수 있는 것이고 보조용언의 판별 기준으로는 적절하지 않음을 알 수 있다.

이와 더불어, 시제·양태 선어말어미 '-았/었-', '-더-', '-겠-'의 결합, '부정'과 '부사'의 수식 범위와 후치사 통합 가능성14) 등도 보조용언의 기준으로 제시되었다. 그러나 이선웅(1995 : 25, 28-30)에서는 시제 선어

---

14) '부정'과 '부사'의 수식 범위와 후치사 통합 가능성이 보조용언 판별 기준으로 제시된 논의는 김기혁(1987)이다. 자세한 논의는 해당 글 참고.

말어미 '-았/었-', '-더-', '-겠-'이 통합될 때 후행 용언에만 해당 형태소가 표시되는데 이는 통사적 구와 보조용언 구성, 합성동사에 모두 공통되는 특징이며, '부정'과 '부사'의 수식 범위에서 보이는 통사적 현상은 보조용언 판별의 기준이 될 수 없음을 지적하였다.[15] 그리고 손세모돌(1996 : 68)에서는 합성동사 중에서도 후치사가 결합될 수 있는 부류들이 있어 후치사 개입 여부가 합성동사와 보조용언 구문의 구별에 별 도움이 되지 못함을 보여 준다고 하였다. 이 글도 이러한 논의들에 동의한다. 한 가지 덧붙일 것은, 우리는 보조용언의 연속 사용 가능성[16] 역시 보조용언을 판별하는 기준으로 제시될 수 없다고 본다. (다른 형태이거나 동일한 형태이거나) 보조용언의 연속 사용, 보조용언이 연속될 때 그 사용이 몇 개까지 가능한가, 그리고 결합 순서 등은 보조용언의 특성으로 언급될 수는 있어도 판별 기준으로 제시되는 것은 무리가 있다는 판단이다.

지금까지 그간의 보조용언의 정의와 그에 따른 판별 기준들을 확인하였다. 우리는 '내적 비분리성', '공백화', '도치', '대용화', '의사분열문 구성'이 보조용언 판별 기준으로 제시될 수 있다고 생각한다. 앞에서 확인한 바와 같이 이들 기준은 통사적인 구, 보조용언, 합성용언을 구분하는 데에 일괄적 적용이 가능하기 때문이다. 이외에 언급된 '논항구조와의 관련성', '시제 선어말어미와의 결합', ''부정'과 '부사'의 수식 범위', '후치사 통합 가능성', '보조용언의 연속 사용' 등은 개별 보조용언의 특성을 파악하는 데에 이용될 수 있다고 생각한다.

보조용언 구성과 관련된 그동안의 통사론적인 논의와 의미론적인 논의에 대해 간략히 살펴보자. 통사론적 연구는 보조용언의 범주 지위, 본용

---

15) 그러나 "먹돌이가 지각했어나 보다."와 같은 예문을 통해 종결어미로 끝나는 보조용언 구문은 선행 용언에 시제 선어말어미가 결합이 가능함을 보였다.
16) 손세모돌(1996 : 62-66)에서는 보조용언의 연속 사용은 합성동사와 구별되는 보조용언만의 특성으로 보조용언을 구별하는 데에 기준으로 제시되었다.

언과 보조용언 사이의 통사적 관계 등이 중심이 되었고, 의미론적 연구는 보조용언의 상적 의미와 양태적 의미 기능을 파악하는 것이 초점이었다.

먼저, 'V$_1$+V$_2$' 구성에서 'V$_2$'의 통사적 범주와 지위에 대한 견해들을 살펴보자. 최현배(1937)에서는 해당 구성이 '본용언+보조용언'으로 제시되었고 이때 보조용언은 본용언에 의미를 보충하는 기능을 가진 것으로 파악되었다. 이후 남기심·고영근(1986 : 116)에서는 보조용언을 다른 말에 기대어 쓰이면서 그 말에 문법적 의미를 더해 주는 용언으로 규정하면서 어휘적 의미가 상당히 약하다는 것을 강조하였다. 이들 글에서의 보조용언 설정의 통사적 기준은 의존성으로 파악된다.

일반적으로, 1970년대 변형문법이 도입된 이후 보조용언을 모문의 본동사로 보는 견해들이 대두되었다.[17] 그러나 내포문의 범주 지위에 대해서는 논의마다 의견을 달리한다. 내포문의 범주 지위를 CP로 보는 입장(엄정호 1990, 허철구 1991, 김지홍 1993 등)과 VP로 보는 입장(김미경 1990), 그리고 NP로 보는 입장(홍종선 1990) 등이다. 이러한 논의들은 보조용언 전체를 하나의 문법적 지위로 동일하게 설명하기 위해 제시된 것으로 파악된다. 그러나 우리는 보조용언의 범주에 해당되더라도 그 지위는 보조용언이 사용된 구문의 환경마다 차이가 있을 것으로 생각한다. 보조용언 구문은 단문인 것과 복문인 것으로 구분될 수 있는데, 단문인 경우에는 본용언과 보조용언이 하나의 서술어로서 기능하고, 복문인 경우에는 보조용언이 내포문을 취하는 모문의 본동사라고 보는 것이다.[18][19]

최현숙(1988가, 나)과 이숙희(1992)에서는 보조용언 구문의 구조를 파악

---

17) 보조용언이 상위문의 본용언이라는 견해에 대한 장점과 단점은 김기혁(1986), 류시종(1995), 손세모돌(1996) 참고.
18) 이에 대해서는 2장에서 논의.
19) 내포문의 통사적 지위는 각각의 보조용언에 따라 다를 것으로 생각하나 현재로서는 그 판단을 유보하기로 한다. 추후 다른 논의들을 통해 확인하겠다.

하는 데에 '재구조화(restructuring)'를 상정한 논의들이다. 이들 논의에서는 D-구조는 다르게 설정하고 있으나 S-구조에서는 본용언과 보조용언이 하나의 복합서술어를 형성한다는 점이 동일하다.[20]

한편, 본용언과 보조용언이 형태·통사론적 구성을 하고 있다는 측면에서 접근하여(김석득 1986, 김기혁 1986), V_1과 V_2가 결합된 구성체를 VP와 V의 중간 층위인 V'로 결정하자는 견해(김기혁 1986)와 보조용언은 문장에서의 기능이 문법 형태소들과 유사하기 때문에 시제나 상, 서법 등과 같은 자리에 위치해야 한다는 견해(손세모돌 1996)가 있다.

보조용언 구문의 구문론적인 연구는 손세모돌(1996), 김지은(1998), 구종남(2013) 등에서 확인할 수 있다.

지금까지 보조용언과 보조용언 구성에 대한 논의들을 살펴보았다. 다음 장에서는 앞에서 펼쳤던 그간의 논의들을 바탕으로, '-어 가' 보조용언 구성의 통사적 특징과 단위성 획득에 대해 살피기로 한다.

2. '-어 가' 구성의 통사적 특징

앞 장에서 언급하였듯이 국어의 보조용언은 모문의 본동사로 보는 견해가 일반적이다. 그러나 내포문의 범주 지위에 대해서는 CP로 보는 입장, VP로 보는 입장, NP로 보는 입장 등으로 논의마다 의견을 달리한다. 이는 보조용언 구문을 복문으로 파악한 견해이다. 그러나 보조용언 구문을 단문으로 파악하려는 견해도 확인할 수 있다. 이는 대체로 재구조화를 통해 본용언과 보조용언이 하나의 복합서술어를 형성한다는 입장이다.

---

20) 유동석(1993)에서도 '-고 싶-' 구문을 논의하는 과정에서 수의적인 재구조화 규칙을 설정하고 있다. 또한 박진호(1998)에서도 유사한 입장을 확인할 수 있다.

최근에는 이 두 견해를 모두 인정하려는 논의들이 엿보이는데, 우리 역시 이에 의견을 같이한다. 보조용언의 지위는 보조용언이 사용된 구문의 환경마다 차이가 있을 것으로 생각되기 때문이다.21)

이 장에서는 '-어 가-' 보조용언 구문을 대상으로, 해당 구문을 단문으로 파악할 가능성에 대해 확인할 것이다.22) 아울러 해당 구성에 선행어로 결합이 가능한 용언의 특징도 함께 살필 것이다.

2.1. 통사 구조

이 절에서는 보조용언 구문의 통사 구조에 대해 살필 것이다. 현대 국어의 보조용언 구문을 복문으로 파악하려는 입장에서는 보조용언을 내포문을 포함하고 있는 모문 서술어로 보는 것이 일반적이다. 이에 해당하는 몇몇 논의들을 확인해 보자. 먼저, 권재일(1985 : 20-24)에서는 보조용언 구문이 '서술 기능의 보완'(Complement)이라는 통사 기능을 가진다는 점을 중시하여, 다음의 보조용언 구문들을 동사구 내포문 구성으로 보았다.

> (28) 가. 나는 철수가 학교에 가게 했다.
> 나. 나는 학교에 가고 싶다.
> 다. 나는 학교에 가아 있다.

---

21) 보조용언 구문은 단문인 것과 복문인 것으로 구분될 수 있다는 입장을 견지하며, 단문인 경우에는 본용언과 보조용언이 하나의 서술어로서 기능하고 복문인 경우에는 보조용언이 내포문을 취하는 보문의 본동사라고 보는 것이다. 내포문의 지위에 대한 판단은 현재로서는 유보한다.
22) 복문 구조로 파악할 수 있는 보조용언 구문에 대해서는 다른 글에서 다루기로 하겠다.

(29) 가.´

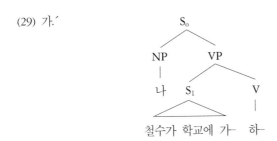

그 글에 따르면, (29)의 나무그림은 (28가)의 '철수가 학교에 가-'가 동사 '하-'를 보완하는 기능을 하는 보조용언 구문의 통사 구조를 보이는 것이다.

다음으로, 허철구(1991)에서는 '사실 명제 보조동사'(버리다, 주다, 치우다, 내다, 보다, 쌓다, 말다, 놓다, 두다)[23] 구문에 대해, 내포문의 주어로 pro를 취하고 보조동사를 상위문 동사로 하는 보문 구조로 제시하였다.

(30) 철수가 [pro 밥을 먹어] 버렸다. (허철구 1991 : 59)

대명사의 비음성적 실현인 pro는 비대용적 대명사(nonanaphoric pronominal)로 지배받는 위치에 올 수 있으며, 또한 국어가 pro-탈락 언어라는 점에서 이러한 가정이 성립한다는 것이다. 내포문의 주어가 pro가 되면 이는 단지 음성적 실체가 없을 뿐, 선행 명사구와 동일한 기능을 지니고 있어 주어와 호응하는 선어말어미 '-시-'의 실현이 내포문 서술어에 실현되는 것이 가능하게 된다는 설명이다.

또한, 서정목(1998 : 255-257)에서는 보조용언 구문의 통사적 관계를 더욱 명시적으로 드러내기 위해 내포문 또는 보문이라는 용어 대신에 내포

---

23) '사실 명제 보조동사'는 해당 보조동사가 취하는 내포문의 명제가 이미 화자에게 사실로 인식되어 있다는 의미론적 특성과 다양한 통사적 특성에 의해 분류된 동사군이다. 자세한 내용은 허철구(1991) 참고.

절 및 보충어절이라는 용어를 사용하여 '동사구 내포절' 또는 '동사구 보충어절'이라는 용어를 사용하였다.[24]

> (31) 가. 영수는 [e 주먹을 쥐-어] 보았다.
> 나. 나는 [e 순이{가, 를} 보-고] 싶다.
> 다. e [비가 오-고] 있다.
> 라. 아버지께서 [철수{를, 가} 가-게] 하셨다.

(31)′

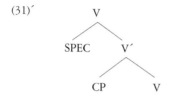

(31)의 구문에는 각각 절이 내포되어 있는데, 이들 문장에서 내포된 절 ([ ])을 제외한 모문만으로는 완전한 문장이 되지 못하기 때문에 빠져 있는 성분들을 보충해야 완전한 문장이 된다는 것이다. 이렇게 보충어절을 요구하는 것은 모문의 동사들이 지니는 통사·의미적 특성에 기인하는 것으로 '보-', '싶-', '하-' 등은 그 자체로서는 VP를 이룰 수 없는 불충분한 동사이기 때문이라고 하였다. 이를 통사 구조로 나타낸 것이 (32)′으로 내포절 CP는 V와 자매 관계를 이루면서 V′를 이루는 구조이다.

한편, 김기혁(1995 : 102-107)에서는 보조동사 구성이 형태적 구성의 특징과 통어적 구성의 특징을 함께 가지고 있어 단어와 구의 중간 범주를 이루는 것으로 보고, 이를 동사구 VP와 동사 V 사이의 중간 범주인 V′로

---

24) (31)의 예문에서 e는 공범주(empty category)를 나타낸다. 공범주는 어떤 성분이 있어야 할 자리에 교점은 있지만 아무런 음성 실현이 없을 때, 그 자리에 들리지 않는 어떤 성분이 있다고 보고 그것을 나타낸 것이다. (31가)와 (31나)의 공범주는 모문의 주어와 동지표되는 것으로 PRO으로 성격을 지닌다. (31다)의 공범주는 날씨 표현과 관련되는 상황 공범주라 할 수 있다(서정목 1998 : 255 각주3).

설정하였다. 보조동사 구성의 형태적 특징으로는 구성의 분리가 불가능
하여 다른 성분의 첨가가 불가능하고, 구성 성분의 생략도 불가능하며,
보조동사만의 대용이 안 되고, 부사어의 수식은 구성 전체에만 이루어지
고, 구성 의미는 단순 의미를 갖는다는 점을 들었다. 이에 비해 통어적
특징으로 주체높임이 두 동사에 가능하고, 본동사만의 대용이 가능하며,
보조동사의 연속이나 자리바꿈이 가능하고, 구성이 생산성이 있음을 들
었다.

(32) 김기혁(1995 : 148-163)

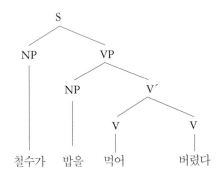

이러한 입장은 보조동사가 선행 동사와 긴밀히 결합하여 하나의 성분
처럼 인식되는 점을 반영한 것으로 생각할 수 있다. 권재일(1985 : 21)에서
도 언어 감정상 하나의 서술 기능으로 인식되는 다음의 구문들이 제시되
었다.25)

(33) 가. 빨리 가 보아라.
나. 나는 가지 못했다.

_____

25) 그러나 보조동사 구성이 하나의 성분으로 느껴진다고 해도 이것이 곧 통사적 성분을 결정
하는 객관적인 증거가 될 수 없다는 언급도 있었다.

　　다. 나는 떡이 먹고 싶다.

　이에 한 걸음 더 나아가, 현대 국어 보조용언 구문을 단문으로 파악한 논의로 정태구(1994)를 확인할 수 있다. 그 글에서는 '-어 있-' 구문을 대상으로 하여 해당 구문의 논항 구조는 복문 구조이지만 통사 구조는 단문 구조인 것으로 보았다. 이는 보조용언 구문을 단문 구조로 볼 가능성을 제시한 것으로 판단된다.26)

　　(34) 정태구(1994 : 229)

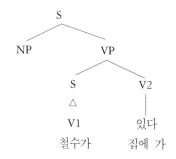

　지금까지 보조용언 구문을 복문으로 파악하려는 견해와 단문으로 파악하려는 견해, 그리고 동사구 VP와 동사 V 사이의 중간 범주인 V′로 설정하려는 견해들을 간략히 살폈다.27) 이러한 논의들은 보조용언 구문을 하나의 모델로 설명하려는 입장이라 할 수 있다. 그러나 보조용언 구성은 '연결어미+보조용언'과 '종결어미+보조용언'의 구성으로 구분될 수 있다.28) 이들 구성은 각 구성별로 다르게 인식될 가능성이 있고, 그렇다면 문장 구조의 측면에서도 다르게 파악될 수 있다는 것이 우리의 생각이다.

---

26) 정언학(2006)에서도 정태구(1994)의 논의를 따르고 있다.
27) 손세모돌(1996 : 105-114)에서는 보조용언을 동사구의 관할을 받지 않는 독자적인 범주로
　　인정하여 문장 전체를 지배하는 상위 범주(AUX)로 설정하였다.

이처럼 각 구성의 구조를 다르게 파악할 수 있는 가능성까지 포함한다면 보조용언 구성의 구조는 다음의 세 가지 정도로 생각해 볼 수 있을 것이다.

(35) 가. '연결어미+보조용언' 구성과 '종결어미+보조용언' 구성의 구조를 다르게 파악하는 방안
    나. 보조용언 구성의 구조를 일괄적으로 단문으로 파악하는 방안
    다. 보조용언 구성의 구조를 일괄적으로 복문으로 파악하는 방안

앞에서 언급한 논의들이 (35나)와 (35다)의 기술 방안으로 구분되는 것이라면, (35가)와 맥이 닿아 있는 논의들도 확인이 가능하다. 이선웅(1995), 호광수(2003), 이정훈(2010)의 논의를 살펴보자.

먼저, 이선웅(1995 : 41-58)에서는 '연결어미+보조용언' 구문과 '종결어미+보조용언' 구문의 통사 구조를 다르게 설정하였다. 다음의 (34)는 '연결어미+보조용언' 구문의 통사 구조를 제시한 것으로, 보조용언 구문에서 보조용언의 선행 보문을 상정하는 것이다.[29]

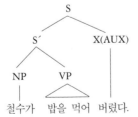

28) 엄정호(1990), 이선웅(1996), 박재연(1999), 호광수(2003) 등 참고.
29) 종결어미와 통합되는 보조용언 구문의 통사 구조는 공명사구를 주어로 가지는 구성임을 주장하였다. 자세한 논의는 이선웅(1996 : 52-58) 참고.

(36)

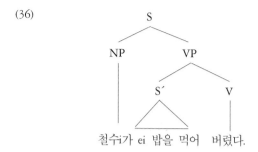

철수ᵢ가 eᵢ 밥을 먹어 버렸다.

그리고, 호광수(2003)에서는 연결어미 계열의 연결소와 결합한 보조용언 구성과 종결어미 계열의 연결소와 결합한 보조용언 구성을 각각 전자는 '단문', 후자는 '복문'으로 구분하여 논의하였다.

이정훈(2010)은 최근의 논의로, 복문 가설에서 제시한 구조와 본용언－보조용언 성분 가설에서 제시한 구조 모두를 보조용언이 취할 수 있는 구조로 보았다.

> (37) 술어－논항 관계는 아래의 두 가지 구조에서 실현된다.
>   가. 술어 X의 논항이 술어 X의 투사 내에 위치하는 경우
>   나. 술어 X의 논항이 술어 X와 핵－핵 관계를 맺는 또 다른 술어 Y
>   의 투사 내에 위치하는 경우 (이정훈 2010 : 185)

(37가)는 복문 가설에서 제기하는 다음의 (38)과 같은 구조에 해당한다. 이 견해에서는 보조용언과 무관하게 논항 '철수가'와 '책을'은 본용언 '읽－'이 형성하는 내포문 내에서 투사되기 때문에 별다른 문제가 발생하지 않는다고 하였다.

(38) 철수가 책을 읽어 두었다.

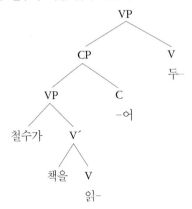

이정훈(2010 : 178)

(37나)는 본용언-보조용언 성분 가설에서 제안하는 구조에서 '읽-'과 '철수가, 책을'의 술어-논항 관계를 보장하기 위한 것으로, 술어 X의 술어-논항 관계가 핵-핵 관계에 기대어 술어 Y의 술어-논항 관계로 확장되는 경우라고 하였다.

(39) 철수가 책을 읽어 두었다.

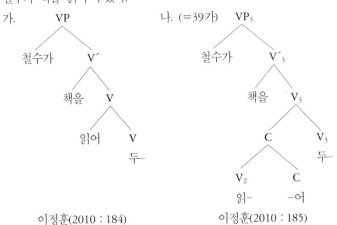

이정훈(2010 : 184) 　　　이정훈(2010 : 185)

(39가)의 구조는 '철수가'와 '책을'은 본용언 V '읽-'이 아니라 보조용언 V '두-'의 투사에 기대어 실현되고 있어 V '읽-'과 논항 '철수가, 책을' 사이의 투사 관계가 명시적으로 나타나지 않는다는 문제가 있음을 확인하고 이를 명시적으로 나타내기 위한 방법으로 (39나)를 새롭게 제시하였다. (39나)는 술어 V_2 '읽-'의 논항 '철수가, 책을'이 술어 V_2 '읽-'과 핵-핵 관계를 맺는 또 다른 술어 V_3 '두-'의 명시어 자리와 보충어 자리에 위치하므로 V_2 '읽-'과 '철수가, 책을' 사이의 술어-논항 관계가 성립함을 보인 것이다.

여기서 간과하지 말아야 할 것은, 이정훈(2010, 각주 6)에서 밝혔듯이 모든 보조용언 구문이 항상 이의 두 가지 구조를 취한다는 것은 아니라는 것이다. 원칙적으로는 두 가지 구조를 취할 수 있으며, 개별 보조용언 구문에 따라서는 본용언-보조용언 성분 가설에서 제시한 구조만을 허용하는 것도 있고, 복문 가설에서 제시하는 구조만을 허용하는 것도 있으며, 두 가지 구조를 모두 허용하는 것도 있다는 것이다.[30) 결국, 보조용언 구문의 구조는 다음과 같이 정리해 볼 수 있다.

  (40) 가. 복문 가설에서 제기하는 구조만 허용
      나. 본용언-보조용언 성분 가설에서 제안하는 구조와 복문 가설에서 제기하는 구조를 모두 허용
      다. 본용언-보조용언 성분 가설에서 제안하는 구조만 허용

보조용언 구문이 (40)과 같이 다층적인 성격을 보인다는 것은 보조용언 부류에 속하는 대상들이 일률적인 모습을 보이지 않는다는 것이고, 현재 문법화가 진행 중이라는 것을 재확인하게 한다. 우리는 하나의 용언이

---

30) 이는 문법화(grammaticalization)에 의해 본용언, 보조용언, 접사가 서로 관련될 수 있음을 고려하면 별반 특이할 것이 없는 사실이라고 하였다.

'본용언에서 보조용언'로의, 미세하지만 단계적 변화가 포착될 수 있다는 점에서 보조용언 구문의 통사 구조가 다양할 수 있다는 가능성을 열어 두기로 한다.

2.2. 결합 가능한 선행 용언

이 절에서는 '-어 가-' 구성과 결합이 가능한 선행 용언에 대해 살필 것이다. 현대국어의 '-어 가-' 구성의 선행 요소로 동사가 결합된다는 점에 대해서는 별다른 이견이 없다.[31][32] 다음의 (41가)와 (41나)는 '-어

---

31) 보조용언의 갈래와 형태(서정수 1996 : 331)

범주	종류	선행 용언	문법 형태	형태
완결	보조동사	동사	어	버리다, 나다, 내다
수혜	〃	〃	〃	주다, 드리다
시행	〃	〃	〃	보다
반복	〃	〃	〃	쌓다, 내다
보유	〃	〃	〃	두다, 놓다, 가지다
기동	〃	동사/형용사	〃	지다
사동	〃	동사	게	만들다(/하다)
지속	〃	〃	어	가다, 오다
	보조용언	〃	고	있다
결과상	〃	〃	어/고	있다
희망	보조형용사	〃	고	싶다
추정/의도	〃	동사 형용사	는가, 나, ㄹ까, ㄴ가, 나	보다, 싶다

32) 덧붙여, 보조동사 '가-'는 '진행, 진행의 과정'이라는 의미를 가지고 있어서, 본동사가 순간적인 동작을 보이는 것일 때에는 보조동사 구성이 부자연스럽다.

(1) 가. [?]나는 버스를 타 간다.
　　나. [?]나는 방에 불을 켜 간다.
　　다. [?]나는 그녀를 만나 간다.
　　라. [?]나는 그녀와 결혼해 간다. (이상 김기혁 1995 : 439)

그러나 순간적 동작이 반복적으로 계속되면 결과적으로 '지속'의 의미를 나타내게 되므로 보조동사 구성이 자연스럽게 되는 경우도 있다.

가-' 구성에 선행 요소로 각각 타동사와 자동사가 결합한 모습 보인 것
이다.

> (41) 가. 책을 다 읽어 간다.
>   나. 날이 더워서 꽃이 시들어 간다. (이상 <표준국어대사전>)

그러나 '-어 가-' 구성과 형용사의 결합에 대해서는 결합이 가능하다
는 견해와 결합이 불가능하다는 견해로 의견이 양분된다.

> (42) 가. 김치 맛이 시어 간다. (이선웅 1995 : 82)
>   나. 건물이 차츰 낡아 간다. (구종남 2011 : 9)
>   다. 나날이 커 가는 것이 눈에 보였다. (손세모돌 1996 : 144)

(42)는 '-어 가-' 구성의 선행어로 형용사가 결합이 가능하다는 견해
들에서 제시된 예들이다. (42가)와 (42나)는 '-어 가-' 구성의 선행어로
각각 형용사 '시-'와 '낡-'이 결합되어 있다. 그러나 (42다)의 경우는 형
용사가 결합되었다고 판단하기가 어렵다. '크-'는 형용사 용법이 아니라
자동사 용법으로 쓰인 것이기 때문이다. '크-'는 형용사 용법과 동사 용
법 모두의 의미를 가지고 있는 단어인데, 형용사 용법일 때의 의미는 '사
람이나 사물의 외형적 길이, 넓이, 높이, 부피 따위가 보통 정도를 넘
다.(<표준>)'이고 자동사 용법일 때의 의미는 '①동식물이 몸의 길이가 자
라다. ②어른이 되다.(<표준>)'이다.

> (43) 가. 날씨가 더워(져) 간다. / 경제가 점점 어려워(져) 간다.
>   (김기혁 1995 : 440 각주 23)

---

(2) 가. 우리 반 학생들이 버스를 다 타 간다.
    나. 촛불 백 개를 다 켜 간다. (이상 김기혁 1995 : 440)

나. *예뻐 가다 / *멀어 가다 (정언학 2006 : 198)

(43)은 '-어 가-' 구성의 선행어로 형용사의 결합이 불가능하다는 견해들에서 제시된 예들이다. 김기혁(1995 : 440 각주 23)에서는 (43가)의 '더워 간다'와 '어려워 간다'를 '더워져 간다'와 '어려워져 간다'에서 '지-'가 생략된 것으로 보아 '-어 가-' 구성의 선행어로 형용사가 결합될 수 없음을 언급하였고, 정언학(2006 : 198)에서는 의미론적으로 형용사의 상태 표현에 '-어 가-' 구성의 [동적]인 추상적 의미가 합성된다는 것이 어려움이 있어, 일부 확인되는 예들에 대해 해당 형용사가 자동사로 전용되어 쓰이는 것이라고 보았다.

우리는 '-어 가-' 구성의 선행어로 일부 형용사가 결합이 가능하다는 입장에 있다.[33] (43가)에 대한 앞의 언급이 타당성을 얻기 위해서는 (43나)와 같은 경우에서도 동일하게 '예뻐져 가다'와 '멀어져 가다'에서 '지다'가 생략된 것으로 보고 '예뻐 가다'와 '멀어 가다'가 정문으로 판단되어야 할 것인데 실제로는 그렇지 않기 때문이다.[34] 그리고 'V₁ -어 V₂' 구성에서 'V₁'이 '-어 V₂' 구성의 '진행(progressive)' 또는 '지속(continuous

---

[33] 손세모돌(1996 : 140)에서는 '-어 가-' 구성의 선행어로 결합 가능한 형용사 목록을 제시하였다.

    가. 검다, 희다, 푸르다, 붉다, 밝다, 어둡다, 시끄럽다, 고요하다, 거칠다, 차다, 덥다, 높다,
       낮다, 작다, 많다, 적다, 흐리다, 맑다, …
    나. 새롭다, 낡다, 젊다, 늙다, 헐다, …

    그 글에 따르면, (가)와 (나)에서 제시된 어휘들은 [+변화]의 자질이 나타날 수 있는 정도성을 가지는 형용사이다. 형용사는 속성이나 상태를 표현하는데, 이런 것들은 일반적으로 고정되어 있지만 정도성을 가지는 상태나 속성은 정도에 따라 차이가 나타날 수 있으므로 변화 가능성이 있다는 것이다. 그러나 필자가 위의 목록들을 '-어 가-' 구성의 선행어로 결합시킨 구문들에 대한 언중의 판단은 비문과 정문의 의견이 상당히 엇갈렸다. 이에 대해서는 추후 다른 글에서 자세히 언급하기로 한다.

[34] 이에 대해서는 '지-'가 생략이 가능한 것과 그렇지 못한 것의 차이에 대해 설명이 제시되어야 할 것이다.

or durative)'이라는 상적 의미35)와 합성이 되기 위해서는 'V₁' 역시 [동적]인 의미를 지니고 있어야 한다는 앞의 생각에 동의하고, '김치 맛이 시어 간다.'와 '건물이 차츰 낡아 간다.'의 '시-'와 '낡-'이 형용사로서 [동적]인 의미에 상당하는 '상태 변화'의 성격을 지닌 것으로 판단되기 때문이다. '시-'와 '낡-' 외에 '-어 가-' 구성의 선행어로 결합이 가능한 형용사로는 '푸르-'를 들 수 있다.

> (44) 가. 여름이 되니 숲이 (점점) {푸르러 간다 / 푸르러 갔다}.
>   나. 여름이 되면서 숲이 (점점) {푸르러 간다 / 푸르러 갔다}.

(44가)는 선행절의 사태를 '원인', 후행절의 사태를 '결과'로 제시하고 각각 '진행'과 '지속'의 상적 의미의 통합이 가능함을 보이는 것이다. (44나)는 선행절과 후행절의 사태가 동일한 시간의 폭에서 발생하는 것으로 제시하고 역시 각각 '진행'과 '지속'의 상적 의미의 통합이 가능함을 보이는 것이다. 부사 '점점'을 결합시킨 것은 '정도성'의 확인을 위해서이다.

앞의 (42가)와 (42나), 그리고 (44)와 같이 '-어 가-' 구성의 선행어로 '시-', '낡-', '푸르-'가 결합이 가능한 이유는 무엇인가? 즉 이들 어휘의

---

35) '-어 가-' 보조용언 구성은 '-어 오-', '-고 있-' 구성과 함께 '진행(progressive)' 또는 '지속(continuous or durative)' 등의 상적 의미를 표현하는 것으로 논의되어 왔다. 아래 (1)은 '-어 가-' 구성이 '행동이나 상태의 지속'을 표현하는 예이다.

(1) 가. 책을 다 읽어 간다.
    나. 꽃이 시들어 간다. (이상 <표준>)

이 외에 서정수(1996 : 340-341)에서는 '-어 가-' 구성의 사용 환경에 따라 문맥에서 나타나는 구체적인 의미도 제시되었다.

(2) 가. 나는 앞으로도 한 시간 동안 이 책을 읽어 가겠다.
    나. 우리는 악마와 계속 싸워 갈 것이다.

(2가)는 '-어 가-' 구성이 일정 기간 동안 읽는 동작이 단일하게 계속되는 '진행'을 나타낸 것이고 (2나)는 진행의 한계를 넘어서 끝없이 반복되어 이어지는 '지속'을 나타내는 것이다.

공통적 속성은 무엇인가? 이를 확인하기 위해 도원영(2008)에서 제시한 형용사의 세 가지 의미 특성에 대해 살펴보자.

도원영(2008 : 49-77)에서는, 김정남(2001 : 174)에서 제시한 형용사의 "상태' [＋지속성]' 의미 자질과 Grimshaw(1990 : 26)에서 제시한 사건의 상적 구조36)를 통해 현실 세계의 상태가 시간적 흐름 속에서 파악될 수 있다는 견해를 제시하면서 현실 세계에 존재하는 상태적 상황을 지속적 상태, 가변적 상태, 장면적 상태로 세분하였다. 이해를 돕기 위해 해당 글에서 제시된 부분을 인용한다.

형용사는 의미 면에서 '상태'를 나타내는데37) 이때 외적 세계의 상태와 언어로 표현되는 상태가 반드시 일치하지 않는다.

(45) 가. 지속적 상태

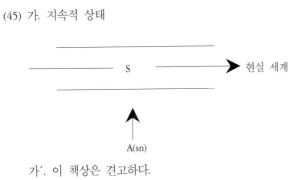

가´. 이 책상은 견고하다.

---

36) 사건(event) ── 동작성(activity)
　　　　　　　　╲── 상태(변화)성(state/change of state)
　　Grimshaw(1990)에서는 문장이 나타내는 일반적인 상적 특성을 사건(event)으로 보았다. 이는 동작이나 자연 작용, 존재, 상태 등을 아우르는 상위 범주로 사건을 설정한 것이다. 도원영(2008 : 63)에서는 이를 통해, '사건이 시간의 흐름 속에서 벌어지며, 상태도 그러한 흐름 속에 존재하는 사건의 한 양식'이라는 점을 확인하였다.

37) '형용사'라는 명칭 역시 의미적 특성에 기인한 것이다. 최현배(1937)에서는 '사물의 성질과 상태와 존재의 어떠함을 그려내는 낱말'이라고 하면서 상태성을 거론하고 있다. 이러한 상태성은 '[＋stative]'라는 의미 자질로 표현되어 다른 용언과 구분하는 중요한 기준이 되고 있다. 국어의 용언을 분류하는 여러 체계에서도 상태성의 위상을 확인할 수 있다(도원영 2008 : 61 각주 34).

나. 가변적 상태

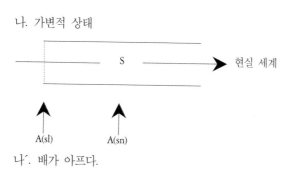

나´. 배가 아프다.

다. 장면적 상태

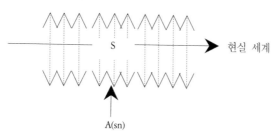

다´. 그는 바쁘다.   (이상 도원영 2008 : 67)

(45가)의 지속적 상태는 어떤 사물이 본질적으로 나타내는 성질이므로 지속적이다. 시간의 외연이 한정되지 않아 어느 지점을 포착하든 상태의 내용은 동일하다. 그래서 형용사 'A'가 표현하는 상태는 세로 화살표가 가리키는 시점 'n'에서의 상태이다. (45나)의 가변적 상태는 상태의 시작 지점이 감지된다. 그래서 최초의 시점(n=l)부터 시작되는 시간적 폭을 상정할 수 있다. 하지만 폭의 끝은 상정할 수 없기 때문에 열려 있는 모습을 띤다. (45다)의 장면적 상태는 여러 상황이 연결된 시간적 폭을 가지고 있다. 그러나 언어적으로 포착될 때에는 그 외연이 마치 하나의 장면처럼 압축되어 표현되는 상태라고 할 수 있다. 이들을 각각 속성적·지속적 상태(지속적 상태성)로, 일시적이고 가변적인 상태(가변적 상태성)로, 압축

적이고 장면적인 상태(장면적 상태성)로 표현하는 것이 해당 형용사의 의미 특성이라는 것이다.

이제 앞에서 제기한 질문으로 돌아와, 형용사 '시-', '낡-', '푸르-'가 '-어 가-' 구성의 선행어로 결합이 가능한 이유를 살펴보자. 이 세 어휘는 '어떤 사물의 성질이나 상태를 나타낸다.'라는 형용사의 일반적인 의미 속성과는 조금 다른 특성을 보인다. 이들은 시간의 흐름에서 어느 지점을 포착하든 동일한 '신 상태', '낡은 상태', '푸르른 상태'를 포착하는 것이 불가능하다. 이들 형용사의 상태는 시간의 흐름에서 변화의 정도가 미미(微微)하든 급진적이든 꾸준하게 변화해 가고 있는 상태이기 때문이다. 즉, 자연물을 대상으로 한 것은 시간적 변화의 과정이 물리적으로 전제되어 있기 때문에 '진행'이라는 의미의 포착이 가능한 것이다.[38] 이러한 '가변적 상태성'이 바로 Grimshaw(1990)에서 제시한 '사건성'과 맞닿아 있는 부분이다. 결국, '시-', '낡-', '푸르-'의 의미 특성인 '가변적 상태성'이 '-어 가-' 구성의 상적 의미인 '진행, 지속'과 호응하여 결합이 가능하게 되는 것이다.

참고로, '지속적 상태'를 의미 특성으로 가지는 '견고하-'와 '장면적 상태'를 의미 특성으로 가지는 '바쁘-'가 '-어 가-' 구성의 선행어로 결합될 수 없는 이유는 이들 어휘에서 '사건성'이 포착되지 않기 때문이라고 할 수 있다. 어떤 사물의 '견고한 상태'는 그 사물이 본질적으로 나타내는 성질이므로 '사건성'이 포착되지 않는다. '바쁘-'의 경우 여러 상황이 연결된 시간적 폭을 가지고 있으나 언어적으로 포착될 때에는 여러 상황이 개별적으로 포착되는 것이 아니라 마치 하나의 장면처럼 압축되어 표현되기 때문에 역시 '사건성'이 포착되지 않는다.

---

38) 특히 '푸르다'의 경우, '*옷이 푸르러 간다.'가 비문인 것에서 확인이 가능하듯이 가공물을 대상으로 한 것에는 자연물에서 확인 가능했던 '진행'의 의미가 확인되지 않는다.

지금까지의 내용은 다음과 같이 정리될 수 있다.

(46) '-어 가-' 구성과 결합이 가능한 선행 용언
　　가. 동사의 결합이 가능하다.
　　나. '사건성'과 연계가 가능한 '가변적 상태성'을 띤 일부 형용사의
　　　　결합이 가능하다.

3. '-어 가-' 구성의 단위성과 등재

이 장에서는 '-어 가-' 보조용언 구성이 하나의 단위(unit)로서 처리되어야 할 가능성과 등재소(listeme)로서 어휘부(lexicon)의 등재 단위가 될 수 있다는 견해에 대해 살펴볼 것이다.

구성 전체가 하나의 단위로 인식된다는 것은 구성을 이루는 요소들이 형태론적 구성(구성 요소 사이의 긴밀한 통합 관계)[39]이면서 구성 전체가 하나의 문법소적 기능을 수행함을 의미한다. '-어 가-' 보조용언 구성은 '과정 지속(진행)'이라는 미완료적 상을 표현하는 구성으로, 하나의 문법소적 기능을 수행한다는 것은 앞에서도 이미 여러 번 언급되었다. 다음으로, '-어 가-' 보조용언 구성이 형태론적 구성이라는 점을 확인하자. 이는 내적 비분리성, 대용화(anaphora), 공백화(gapping), 도치(inversion)를 통해 확인할 수 있다.[40]

---

39) 언어사적인 측면에서 통사론적 구성은 형태론적 구성으로 변화할 수 있다.
40) 이 기준은 보조용언 구성의 판별 기준과 동일한 것이다. 그러나 보조용언 구성의 판별 기준 모두가 통사적 구성의 단위성 획득 판별 기준이 되는 것은 아니다. 보조용언 구성은 '연결어미+보조용언' 구성과 '종결어미+보조용언' 구성으로 구분되는데, 이 글에서는 '연결어미+보조용언' 구성만이 단위성을 획득하여 형태론적 구성이 된 것으로 보기 때문이다.

(47) 가. 윤희는 그 책을 다 읽어 간다.

　　　나. *윤희는 그 책을 다 읽어서 간다.

　　　다. *윤희는 그 책을 읽어(서) 다 간다.

(47)은 보조용언 구성의 내적 비분리성을 보인 것이다. '-서'의 통합이 불가능함과 부사가 후행 용언만을 수식하는 일이 불가능함을 확인할 수 있다. 선행 용언과 후행 용언이 분리되지 않는 것은 합성동사와는 변별이 되지 않는 특성이지만, '-어 가' 구성이 형태론적 구성이 될 수 없음을 보이는 것은 아니다.[41]

(48) 가. 윤희는 책을 다 읽어 간다.

　　　나. 민희도 그런다.

　　　다. 민희도 {그래} 간다.

　　　라. *민희도 책을 다 읽어 {그렇게 한다, 그리한다, 그런다}.

(48)은 보조용언 구성의 대용화를 보인 것이다. 보조용언 구성과 통사적 구, 합성동사는 모두 전체 대용이 가능하다. 그러나 분리 대용에 있어서는 보조용언 구성과 통사적 구만이 선행 용언만을 대용할 수 있다. 물론, 통사적 구와 변별되는 특성은 아니지만 이 역시 '-어 가' 구성이 형태론적 구성이 될 수 없음을 보이는 것은 아니다.[42]

(49) 가. 윤희가 그 책을 다 읽어 간다. 민희가 그 책을 다 써 간다.

　　　나. *윤희는 그 책을 읽어, 민희는 써 간다.

---

41) 합성어와 보조용언 구성은 의사분열문 형성 가능성에 의해 구분될 수 있다. 의사분열문은 'V₁+V₂'의 구성에서 서술의 주변부와 본질부를 분리하는 통사 규칙이다. 의사 분열문이 가능한 것은 보조용언 구성, 그렇지 않은 것은 합성어이다. 이 글 1장 참고.

42) (48라)와 같은 대용이 불가능한 것은 보조용언이 문법화 과정에 있기 때문으로 해석할 수 있다. 보조용언이 기능 범주는 아니더라도 기능 범주화하는 문법화 단계에 있기 때문이다. 이선웅(1995 : 41-52) 참고.

(50) 가. 윤희는 그 책을 다 읽어 간다.
　　　나. *윤희는 간다, 그 책을 다 읽어.

(49)는 보조용언 구성에서 후행 용언의 공백화가 성립되지 않음을 보인 것이고, (50)은 보조용언 구성에서 선행 용언과 분리하여 강조를 위한 도치를 할 수 없음을 보인 것이다. (49), (50)과 같은 특성은 합성동사와 변별되는 특성은 아니지만 이러한 현상은 보조용언의 강한 통사론적 의존성, 즉 형태론적 구성임을 보이는 것이다.43)

지금까지 '-어 가-' 보조용언 구성 전체가 하나의 단위를 이루어 특정한 문법소적 기능을 수행하는 단위임을 살폈다. 이렇게 하나의 단위로 기능하는 보조용언 구성은 하나의 단위로 어휘부에 등재될 가능성도 있을 것으로 생각된다.

주지하듯이 '어휘부(lexicon)'는 그간 문법의 모형과 그 단위마다에 따른 상이한 접근에 기인하여 다양하게 해석되어 왔다. 변형생성문법의 초기 이론에서의 '어휘부'는 통사부의 최종 단계에서 어휘 범주에 관계되는 어휘 항목을 넣어 주는 역할을 하는 정도의 지위였으나, 최근에는 어휘부가 형태부, 통사부와 유기적인 관계에 있는 모형을 제안하여 형성 부문과 저장 부문을 이원화한 모형이 제시되고 있다.44) 아울러 저장 부문과 관련하여 언어의 어떤 단위가 기억의 대상인지에 대한 논의에서 단어는 물론이고 보다 큰 단위인 관용 표현, 속담 등까지 인정되고 있다.45) 이에 더 나아가 정한데로(2014)에서는 보조용언 구성과 형식명사 구성을 어휘부의 등재소로 인정하는 입장을 보였다. 그 글에서는 단어 형성을 담당하

---

43) 이선웅(1995 : 23-25)에서는 이러한 현상이 의미 특수화를 동반한 통사론적 의존성에서 기인한 것으로 보았다.
44) 정한데로(2011, 2014), 김의수(2013), Taylor(2012) 등 참고.
45) 구본관(1990), 최경봉(1993), 박진호(1994), 채현식(1994, 2003), 시정곤(1998, 2001), 송원용(2005), 황화상(2011) 등 참고.

는 '형태부'와 문장 형성을 담당하는 '통사부'를 형성 부문으로 설정하고, 각각에서 형성된 단어와 문장의 저장을 담당하는 '어휘부'를 설정하여 각각 독립적인 부문으로서 기능하고 상호 보완적인 관계를 상정한 문법 모형을 제시하였다.46) 이때 저장 부문인 '어휘부'에는 형태론적 단위인 접사, 어근, 단일어, 복합어와 통사론적 단위인 연어 구성, 숙어 구성, 보조용언 구성, 형식명사 구성이 등재소로서 저장된다고 보았다. 우리는 정한데로(2014)의 논의에 기대어 '-어 가-' 보조용언 구성이 통사론적 구성의 형식을 통해 '진행' 또는 '지속'의 상적 의미를 드러내기 때문에 그 구성 전체가 기억의 대상이 될 수 있다는 가능성을 견지한다.

4. 마무리

국어의 보조용언 구성은 이른 시기부터 '명칭'과 '정의'의 문제, 그리고 해당 대상의 '판별 기준'과 그에 따른 '목록'의 문제를 비롯하여, 통사적 특성과 의미적 특성에 대한 논의, 그리고 어휘부로의 등재까지 다양한 시각에서 논의되고 있는 대상이다.

이 글은 보조용언 구성에 대한 그간의 연구 업적들을 바탕으로 하여 그 결과를 쟁점별로 소개하고 '-어 가-' 구성의 통사 구조와 단위성에 대한 우리의 생각을 덧붙였다.

1장에서는 보조용언의 '명칭'과 '정의'에 대한 기존의 입장들을 확인하고, 그와 더불어 논의된 '판별 기준'과 '목록'에 대한 견해들을 살폈다. 보조용언의 특성과 그에 따른 구별은 주로 통사적 구 및 합성어의 구별

---

46) 정한데로(2014 : 60) 참고.

에서 이루어졌다. 이 글에서는 그간의 논의들에서 제시된 다양한 보조용언의 판별 기준들을 살펴 통사적 구, 합성용언과 변별되는 보조용언 구성의 특징을 확인하였다. 보조용언 구성은 본용언과 보조용언의 내적 분리와 도치가 불가능하며, 보조용언만의 공백화 역시 불가능하다. 또한 보조용언 구문은 의사분열문 구성이 가능하다. 물론, 이러한 특징은 전형적인 보조용언의 특성에 해당하는 것으로 국한된다.

1장에서 보조용언 전반에 대한 논의의 시각들을 살폈다면, 2장과 3장에서는 '-어 가-' 구성에 한정하여 통사적 특징과 어휘부로의 등재 가능성에 대하여 살폈다.

2.1.에서는 보조용언 구문의 통사 구조에 대한 그간의 논의들이 일률적인(단문으로든 복문으로든) 구조를 상정하는 입장에 있었다면, 최근의 논의들에서는 보조용언 구문의 통사 구조가 일률적인 모습이 아닌 다양한 구조를 지닐 수 있다는 시각을 확인하였다. 보조용언 구문이 다층적인 성격을 보인다는 것은 보조용언 부류에 속하는 대상들이 일률적인 모습을 보이지 않는 것이고, 현재 문법화가 진행 중이라는 것을 재확인하게 한다는 입장에서 보조용언 구문의 통사 구조가 다양할 수 있다는 가능성을 열어 두었다. 2.2.에서는 '-어 가-' 구성과 결합이 가능한 선행어로 동사의 결합이 가능함을 재확인하고 '사건성'과 연계가 가능한 '가변적 상태성'을 띤 일부 형용사의 결합이 가능함을 확인하였다.

3장에서는 먼저, '-어 가-' 보조용언 구성 전체가 하나의 단위를 이루어 특정한 문법소적 기능을 수행하는 단위임을 살폈다. 다음으로, 보조용언 구성이 등재소로서 어휘부의 등재 단위가 될 수 있다는 견해를 살피고 '-어 가-' 보조용언 구성이 통사론적 구성의 형식을 통해 '진행' 또는 '지속'의 상적 의미를 드러낸다는 점을 중시하여 그 구성 전체가 기억의 대상이 될 수 있다는 가능성을 확인하였다.

이 글은 보조용언 구성에 대한 다양한 논의들을 쟁점별로 살펴보고 쟁점의 한가운데에 있는 것에서부터 크게 주목받지 못한 부분들을 살피는 것으로 목적으로 하였다. 그러나 모든 논의들을 담아내지 못한 점이 아쉬움으로 남음과 동시에 보조용언 개별 목록의 특징을 살펴 다양한 층위에 있는 보조용언 구성에 대한 거시적, 미시적 논의의 필요성도 재확인하였다.

‖ 참고문헌

강기진(1982), "국어 보조동사의 통사적 특성", 한국문학연구 5, 47-63.

고영근·구본관(2008), 우리말 문법론, 집문당.

구본관(1990), 경주 방언 피동형에 대한 연구, 석사학위논문, 서울대학교.

구종남(2011), "'-어 오다/가다'의 직시적 의미와 상적 기능", 한국언어문학 76, 5-35.

구종남(2013), 보조용언의 의미와 문법, 경진.

권재일(1985), 국어의 복합문 구성 연구, 집문당.

김기혁(1987), 국어 보조동사 연구, 박사학위논문, 연세대학교.

김기혁(1995), 국어 문법 연구 : 형태·통어론, 박이정.

김명희(1984), 국어 동사구 구성에 나타나는 의미 관계 연구 : V1+어+V2 구조를 중심으로, 박사학위논문, 이화여자대학교.

김미경(1990), "국어 보조동사 구문의 구조", 언어 21-4, 31-48.

김민수(1960), 국어문법론연구, [김민수·하동호·고영근(공편)(1986), 역대한국문법대계, 탑출판사, 1-98.]에 재수록.

김민수(1971/1984), 국어문법론, 일조각.

김석득(1986), "도움풀이씨의 형태·통어론적 차원 : 도움그림씨의 체계 재설립을 위하여", 외국어로서의 한국어교육 11-1, 33-64.

김성화(1990), 현대국어의 상 연구, 한신문화사.

김영희(1993), "의존 동사 구문의 통사 표상", 국어학 23, 159-190.

김윤신(2007), "사건 함수로서의 상 보조 용언에 대한 연구", 한국어학 35, 17-47.

김의수(2013), "어휘부와 통사론", 국어학 66, 415-443.

김정남(2001), "국어 형용사의 의미 구조", 한국어 의미학 8, 171-199.

김지은(1998), 우리말 양태용언 구문 연구, 한국문화사.

김지홍(1993), 국어 부사형 어미 구문과 논항구조에 대한 연구, 박사학위논문, 서강대학교.

김창섭(1981), 현대 국어의 복합동사 연구, 석사학위논문, 서울대학교.

남기심(1973), 국어완형보문법연구, 계명대학교 출판부.

남기심·고영근(1985/1993), 표준 국어문법론(개정판), 탑출판사.

남미정(2010), "국어 문법화에 대한 재고", 한국어학 49, 209-233.

도원영(2008), 국어 형용성동사 연구, 태학사.

류시종(1995), 한국어 보조용언 범주 연구 : 원형이론적 접근, 박사학위논문, 서울대학교.

민현식(1993), "현대 국어 보조용언 처리의 재검토", 어문논집 3-1, 53-98.

민현식(1999), 국어 문법 연구, 역락.

박재연(1999), "종결어미와 보조용언의 통합 구문에 대한 재검토", 관악어문연구 24-1, 155-182.

박진호(1994), 통사적 결합 관계와 논항구조, 석사학위논문, 서울대학교.

박진호(1998), "보조용언", 문법 연구와 자료(이익섭 선생 회갑 기념 논총), 태학사, 139-164.

서정목(1998), 문법의 모형과 핵 계층 이론, 태학사.

서정수(1971), "국어의 용언 어미 {-어(서)} : 변형 생성 문법적 분석", 한글학회 50 돌 기념논문집, 201-228.

서정수(1980), 보조용언에 관한 연구(1), 한국학논집(한양대) 1, 63-87.

서정수(1991), 현대 한국어 문법연구의 개관, 한국문화사.

서정수(1994), 국어 문법, 뿌리깊은나무.

서정수(1996), 현대국어문법론, 한양대학교 출판원.

서태룡(1979), "내포와 접속", 국어학 8, 109-135.

손세모돌(1993), 국어 보조용언에 대한 연구, 박사학위논문, 한양대학교.

손세모돌(1996), 국어 보조용언 연구, 한국문화사.

손호민(1976), "Semantics of compound verbs in Korean", 언어 1-1, 142-150.

송상목(1985), 현대국어의 조동사 연구, 석사학위논문, 한국정신문화연구원.

송원용(2005), 국어 어휘부와 단어 형성, 태학사.

시정곤(1998), "규칙은 과연 필요 없는가", 형태론 1-2, 261-283.

시정곤(2001), "국어의 어휘부 사전에 대한 연구", 언어연구 17-1, 163-184.

안명철(1990), "보조동사", 국어연구 어디까지 왔나, 동아출판사, 319-330.

양동휘(1978), "국어 보조동사의 관용성", 영어영문학논총(김영희 박사 송수 기념 논총), 형설출판사, 155-164.

양인석(1972), Korean Syntax, 서울출판사.

양인석(1977), Progressive and Perfective Aspects in Korean, 언어 2-1, 25-40.

엄정호(1990), 종결어미와 보조동사의 통합 구문에 대한 연구, 박사학위논문, 성균관대학교.

유길준(1909), 대한문전, [김민수 · 하동호 · 고영근(공편)(1986), 역대한국문법대계, 탑출판사, 1-06.]에 재수록.

유동석(1993), 국어의 매개변인 문법, 박사학위 논문, 서울대학교.

이관규(1987), "보조동사의 특성과 문법적 범주", 한국어문교육 2, 53-60.

이관규(1996), "보조동사의 생성과 논항 구조", 한국어학 3-1, 333-352.

이관규(1998), "보조동사의 논항 구조", 국어교육 96, 273-296.

이선웅(1995), 현대국어의 보조용언 연구, 석사학위논문, 서울대학교.

이선웅(2012), 한국어 문법론의 개념어 연구, 월인.

이숙희(1992), "Verb Serialization : A Comparative Analysis of SVO and SOV Language", SICOL 92 Proceeding.

이숭녕(1956), 새 문법 체계의 태도론, [김민수 · 하동호 · 고영근(공편)(1986), 역대한 국문법대계, 탑출판사, 2-41.]에 재수록.

이정훈(2010), "보조용언 구문의 논항 실현과 술어-논항 관계", 어문논집(중앙대) 45, 175-192.

이해영(1992), "보조동사구문의 통사적 특성 연구", 국어국문학 108, 187-208.

이홍배(1970), A Study of Korean Syntax, 범한출판사.

이희승(1949), 초급 국어문법, [김민수 · 하동호 · 고영근(공편)(1986), 역대한국문법대 계, 탑출판사, 1-85.]에 재수록.

정언학(2006), 상 이론과 보조 용언의 역사적 연구, 태학사.

정태구(1994), "'-어 있다'의 의미와 논항구조", 국어학 24, 203-230.

정한데로(2011), "임시어의 형성과 등재 : '통사론적 구성의 단어화'를 중심으로", 한 국어학 52, 161-184.

정한데로(2012), "어휘 변화의 세 방향 : '보-'를 중심으로", 형태론 14-1, 25-52.

정한데로(2014), 국어 등재소의 형성과 변화 연구, 박사학위논문, 서강대학교.

정혜선(2012), 국어 인식 양태 형식의 역사적 연구, 박사학위논문, 서강대학교.

차현실(1983), "보조용언의 인식양상 Ⅰ : '보다'의 통사와 의미에 대하여", 논문집(경 기대) 13, 39-61.

차현실(1984), "'싶다'의 의미와 통사구조", 언어 9-2, 305-326.

차현실(1986), "양상술어(modal predicate)의 통사와 의미 : 미확인 양상술어를 중심으 로, 이화어문논문집 8, 11-34.

채현식(1994), 국어 어휘부의 등재소에 관한 연구, 석사학위논문, 서울대학교.

채현식(2003), 유추에 의한 복합명사 형성 연구, 태학사.

최경봉(1993), 국어 관용어 연구, 석사학위논문, 고려대학교.

최현배(1937), 우리말본, [김민수 · 하동호 · 고영근(공편)(1986), 역대한국문법대계, 탑 출판사, 1-47.]에 재수록.

최현배(1961), 우리말본, 네 번째 고침, 정음사.

최현숙(1998가), Restructuring Parameters and Complex Predicates : A Transformational Approach, 박사학위논문, MIT.

최현숙(1998나), "'Restructuring' in Korean", 어학연구 24-4, 505-538.

최형용(2013), "어휘부와 형태론", 국어학 66, 361-413.

한동완(1999), "국어의 시제 범주와 상 범주의 교차 현상", 서강인문논총 10, 165-192.

한정한(2010가), "관용구의 문법범주", 어문논집(민족어문학회) 61, 315-329.

한정한(2010나), "용언형 연어의 문법범주", 한국어학 49, 405-440.

허웅(1975), 우리 옛말본, 샘문화사.

허철구(1991), 국어의 보조동사 연구, 석사학위논문, 서강대학교.

호광수(2003), 국어 보조용언 구성 연구, 역락.

홍종선(1990), 국어체언화 구문의 연구, 고려대학교 민족문화연구소 출판부.

황병순(1987), 국어의 상표시 복합동사연구, 박사학위논문, 영남대학교.

황화상(2011), "관용어의 문법 범주와 범주 특성 : 용언형 관용어의 의미와 통사", 언어와 정보 사회 15, 27-51.

Grimshaw, J.(1990), *Argument Structure*, The MIT Press.

Fillmore, Charles J., Paul Kay, & Catherine O'Connor(1988), "Regularity and idiomaticity in grammatical construction : The case of *Let Alone*", *Language* 64, 501-538.

Taylor, J. R.(2012), *The Mental Corpus : How Language is Represented in the Mind*, Oxford University Press.

제6장

국어사전의 현황과 과제*

이승재

1. 들어가기

　국어사전은 새로운 말을 비롯하여 각종 전문 분야에서 쓰이는 전문 용어, 각 지역에서 쓰이는 방언, 그리고 옛말, 외래어, 고유명사 등 다양한 말들을 하나의 그릇 안에 차곡차곡 채워 넣은 우리말의 보고라 할 수 있다. 국어사전은 각 분야에서 조사, 분석된 자료들이 한 군데로 모이는 접점이 될 뿐만 아니라 그간 학계에서 연구한 연구 성과들이 집대성되는 큰 그릇의 역할을 한다. 국어사전은 새로운 것을 발굴, 기술하기보다는 지금까지 알려진 사실들을 체계적, 효과적으로 검토·정리하여 제시한다. 이처럼 사전을 편찬하는 일은 방대한 양의 자료와 연구 성과를 체계적, 효과적으로 주어진 시간 내에 검토, 정리하는 것이기 때문에 어떤 방법으로 사전 편찬을 진행하느냐에 따라 사전의 편찬 기간이 많은 영향을 받게 된다. 단어마다 한 장의 카드에 관련 정보를 담아 사전을 만들던 때에는 사전 편찬 작업이 세대를 바꾸어 가면서 이어졌으나 그러한 방식으로

---

* 이 글은 이승재(2011, 2012가, 2012나, 2013) 등의 논의를 다듬고 보완한 것이다.

는 오늘날과 같은 정보 홍수 시대에 그러한 방식으로는 빠르게 변하는 언어 현실을 사전에 담을 수 없어 사전 편찬 기간을 장기화하기는 힘든 것이 사실이다.

21세기로 넘어오면서 국어사전을 중심으로 한 사전 편찬 방법은 많은 변화를 맞게 되었다. 국어정보학이 탄생하고 이와 맞물려 사전편찬학이 빠르게 발전하면서 컴퓨터와 말뭉치(corpus)의 보급으로 크게 영향을 받은 사전 편찬 방법은 급격한 변화를 맞이하기 시작하였다. 말뭉치의 보급과 활용은 다양한 문헌 자료에서 보다 좋은 용례를 빠르게 뽑아내기 위하여 시작된 것이었지만, 이로 인한 사전 편찬 방식은 빠르게 전자화되기 시작하여 종이사전이 많이 위축되고 온라인 전자 사전이 보편적인 사전으로 자리매김하는 결과를 가져오게 되었다.

1980년대 우리나라에 도입되었던 개인용 컴퓨터는 사전 편찬에 말뭉치 구축이라는 새로운 방법을 제시하는 중요한 도구로 작용하였는데, 그 후 국어 정보화라는 분야가 비약적으로 발전하게 되었고 1998년 21세기 세종계획의 시작과 함께 국가적 규모의 대규모 세종 말뭉치[1]가 만들어지게 되었다.

말뭉치가 등장하면서 국어사전을 중심으로 한 사전 편찬 방법에는 새로운 길이 열리게 되었다. 말뭉치로 만들어진 다양한 문헌 자료를 활용하면 여기에서 보다 좋은 용례를 빠르게 뽑아낼 수 있었기 때문에 1990년대 초 많은 국어사전 편찬자들이 대량의 말뭉치 구축에 관심을 가지게 되었다. 말뭉치로 촉발된 사전 편찬 방식의 변화는 사전 편찬 방식 자체를 빠르게 전자화하기 시작하여 21세기로 들어오면서 종이사전이 많이 위축되고 온라인 전자사전이 보편적인 사전으로 자리매김하는 결과를 가

---

1) 2007년에 마무리된 세종 말뭉치 구축 작업에서는 현대 국어, 국어사, 구어 등을 망라하여 약 2억 어절 정도의 대규모 말뭉치를 만들어 내었다.

져오게 되었다.

이처럼 컴퓨터와 말뭉치를 많이 활용하게 되고 많은 사전이 전자화되어 서비스를 시작하게 되었지만 사전의 내용 자체는 종이사전과 거의 다를 바 없었고 대부분의 서비스는 종이사전의 내용을 거의 그대로 전자사전으로 만든 것이었다. 그러나 21세기 들어오면서 정보화 환경은 비약적인 발전을 거듭하였고 예전에는 불가능했던 많은 것들이 인터넷상에서 가능하게 되었다. 즉, 우리들이 언어를 만들어내고 소통할 수 있는 주변 환경은 많은 변화를 겪었는데 언어 정보를 집대성해야 하는 사전은 근본적인 변화 없이 제자리걸음을 하고 있었던 셈이다. 사람도 능률적으로 활동하기 위해서는 사무실에서는 사무 복장을, 산에 갈 때에는 등산 복장을 해야 하는데 사전은 주변 환경이 급격하게 산악 지형으로 바뀌었음에도 불구하고 여전히 사무 복장을 하고 등산 모자만 쓰고 있었던 것이다.

아직도 많은 사전들은 사전의 구조나 기술 체계 등에 있어서 종이사전과 다를 바 없는 내용을 컴퓨터나 인터넷에서 쉽게 검색할 수 있는 정도로 바꾸어서 '전자사전'이라는 이름으로 제공하고 있다. 그러다보니 우리는 국어사전에 담기는 우리의 언어 지식을 구조화하고 체계화하여 이를 21세기 정보화 시대에 걸맞게 전자화하는 과정에서 만들어낼 수 있는 파괴력을 거의 활용하지 못하고 그 중에서 인쇄된 활자를 컴퓨터 자료로 바꾸어서 얻을 수 있는 극히 제한된 효과만을 누리고 있다. 또한 종이사전이 가지고 있던 근본적인 지면의 제약이라는 한계로 인해 생겨난 사전 편찬상의 많은 원칙들은 이러한 제한이 없어진 지금의 환경에서는 많은 부분 수정이 불가피한 상황이다.

최근 정보화 기술의 발달은 SNS라 불리는 새로운 소통 문화를 만들어내었다. 이러한 소통 체계의 변화는 정치 등 많은 분야에도 굉장한 파괴력을 발휘하며 그 맹위를 떨치고 있는 상황이다. 인터넷을 통한 새로운 소통 문화의 등장은 사람들이 정보를 만들어내고 소통하는 방식에 큰 변화를 가져온 것이기 때문에 끊임없이 변화하는 언어 현실을 적절히 반영해야 하는 국어사전의 편찬 방법과 서비스 방식도 이러한 변화를 효율적으로 반영할 수 있어야 할 것이다. 최근 위키백과 사전이나 네이버 사전 등이 나타난 것도 이러한 사용자의 요구를 적절하게 반영한 결과라고 할 수 있다.

이 글에서는 그동안의 사전 편찬 현황을 살펴보고 이를 토대로 앞으로 21세기 정보화 시대에 우리 사전이 나가야 할 새로운 방향을 제시할 것이다. 이를 위하여 이 글에서는 지금까지 만들어졌던 사전의 문제점과 한계를 지적하고 이를 통하여 변화된 환경에 맞추어 사전이 새롭게 담당해야 할 역할을 제시하면서 현재 진행되고 있는 국립국어원의 '개방형 한국어 지식 대사전 구축' 사업의 내용도 함께 살펴볼 것이다.

2. 국어사전과 정보화 시대

2.1. 종이사전과 환경 변화

1992년 국립국어연구원(현 국립국어원)에서는 50만 어휘를 아우르는 '종합국어대사전' 편찬 계획을 발표하였다.[2] 국가사업으로는 처음으로 국어사전 편찬 사업을 시작하게 된 것이다. 이 사전은 국가가 만드는 사전이니만큼 언어 규범의 해설서 성격을 가지는 규범 사전의 성격을 많이 가

---

2) 이 사전의 이름은 후에 '표준국어대사전'으로 바뀌었으며 이와 비슷한 시기에 연세대, 고려대 등에서도 대규모 국어사전을 만들겠다는 발표를 하기 시작하였고 그 결과 연세대에서는 1998년에 '연세한국어사전'을, 고려대에서는 2009년에 '고려대 한국어대사전'을 출간하게 되었다. 이 시기에 만들기 시작한 사전들은 모두 대규모 말뭉치의 구축과 활용 등을 그 특징으로 하였다.

질 수밖에 없었지만 기존의 국어사전에서 다루고 있던 방언, 옛말, 전문 용어와 함께 조선말대사전에 수록되어 있던 북한어도 폭넓게 수록하게 되었다.[3]

이 사전이 만들어지기 시작한 시기는 대한민국에 개인용 컴퓨터가 처음 보급[4]되어 컴퓨터를 활용한 언어 자료 처리 기법이 싹트기 시작할 때였다. 당시에 만들고자 했던 국어사전의 목표는 50만 항목이었기 때문에 개인용 컴퓨터로 사전 편찬 작업을 하려면 기본적으로 50만 항목 이상의 데이터베이스를 개인용 컴퓨터가 처리해 줄 수 있어야 했고, 50만 항목에 담을 용례를 찾아낼 수 있는 규모의 말뭉치도 개인용 컴퓨터가 무리 없이 검색해 줄 수 있어야만 했다.[5] 이를 위하여 국립국어원에서는 기존에 구축된 국어사전 중 금성판국어대사전, 국어대사전(민중서림), 새우리말 큰사전(삼성출판사), 우리말큰사전(한글학회), 조선말대사전, 조선말사전의 6개 사전을 선택하여 이들 사전 중 같은 항목들을 비교할 수 있도록 해당 부분을 오려내어 하나의 카드에 붙이는 작업을 진행하였고 이 자료를 기초로 하여 6개 국어사전 자료 중 일부 항목들을 컴퓨터 데이터베이스로 만들면서[6] 비교, 분석하는 작업을 시작하게 되었다.

---

3) '표준국어대사전'은 규범 사전을 지향하면서도 방언, 전문용어, 북한어, 옛말 등을 두루 포함하는 종합 사전의 성격을 지니고 있었기 때문에 한영균(2007)에서 지적되었듯이 규범 사전이되 규범 사전만은 아닌 모호한 성격을 지니고 있었다. 또한 북한어도 남북 교류를 통해서 확인할 수 있는 상황이 아니었기 때문에 조선말대사전(1992)에 실려 있는 단어 중에서 남쪽 사전에 실려 있는 단어를 제외하고 북한어로 수록하게 되었다.

4) 당시에는 IBM 호환 기종인 XT, AT(286), 386 등이 개인용 컴퓨터로 우리나라에 소개되었는데 초기 모델은 20MB~50MB 하드디스크를 내장하고 있어 대규모 말뭉치를 저장하는 데 한계가 있을 수밖에 없었다. 국립국어원의 경우 1990년대에 들어와서야 600MB급 규모의 대형 하드디스크를 개인용 컴퓨터에 장착하여 사용할 수 있게 되었고, 이를 이용하여 비로소 6개 사전 표제어 DB 작업과 각종 말뭉치의 저장이 원활하게 이루어지게 되었다.

5) 사전 편찬 작업을 위하여 국립국어원에서 개인용 컴퓨터를 활용한 작업도 많이 하였지만 기본적인 구축, 정비 작업은 중형 컴퓨터와 워크스테이션급 장비에서 사전 편찬 시스템을 개발하여 진행하였다. 그러나 개인용 컴퓨터에서는 바로 구축된 말뭉치를 검색할 수 있었던 반면, 중형 컴퓨터 등에서는 시스템 개발 기간이 필요하여 용례를 활용하기 위한 작업은 초반에 개인용 컴퓨터를 활용하여 이루어진 것이 많았다.

'종합국어대사전' 편찬 사업은 시간이 지나면서 규범 사전의 성격이 강할 수밖에 없다는 판단에 따라 '표준국어대사전' 편찬 사업으로 이름이 정해지게 되었으며 이에 따라 그동안 구축했던 '6개 사전 데이터베이스'를 토대로 한 기본 지침 작성과 표제어 선정 작업이 진행되었다.

그런데 국어사전은 전문용어, 방언, 옛말, 북한어, 외래어 등 다양한 말을 담아 넣는 그릇의 역할을 해야 하기 때문에 다루어야 하는 문자의 종류 또한 매우 다양하다. 옛말을 위해서는 예전에 쓰이던 옛 한글과 같은 문자가 필요하고 표제항의 원어를 명시하기 위해서는 한자를 비롯하여 외래어 원어 표시에 필요한 로마자, 가나 문자, 러시아 문자 등 세계 여러 나라의 온갖 문자가 다양하게 등장하게 된다. 따라서 국어사전을 만들게 되면 가장 먼저 고민할 수밖에 없는 것이 세계 여러 나라의 문자를 어떻게 온전하게 표시할 방법을 찾을 수 있을까 하는 것이다.

'표준국어대사전' 편찬 사업에서도 '표준국어대사전'이 종이사전이기는 했지만 많은 부분 전산화의 도움을 받아 컴퓨터로 작업을 했던 사전이기 때문에 다양한 문자를 컴퓨터에서 입출력할 수 있는 방법을 찾는 것이 중요한 문제가 되었다. 특히 사전 편찬 작업은 '훈글'과 같은 특정 소프트웨어 환경에서만 작업할 수 있는 것이 아니라 윈도 운영체계와 같은 범용적인 환경에서 다양한 문자를 입출력해야 하는 것이어서 사전 편찬 작업이 어느 정도 마무리된 후에는 출판사와 함께 작업을 하면서 매킨토시 운영 체계에서 다양한 문자를 입출력하고 이를 다시 윈도 컴퓨터 환경에서 사용할 수 있는 자료로 변환하는 방법을 고민해야만 하였다.

표준국어대사전 편찬 초기 만들어진 표준국어대사전 편찬 지원 시스템은 이러한 고민을 바탕으로 4바이트를 한 글자로 가지는 독자적인 컴퓨

---

6) 당시 6개 사전 비교를 위한 카드는 총 63만장이 만들어졌고 이 카드에 수록된 정보 중 표제어에 관련되는 정보들을 추출, 입력하여 '6개 사전 데이터베이스'(63만 건)를 만들게 되었다.

터 문자 코드 체계를 설계한 후 이를 바탕으로 여러 시스템이 만들어지게 되었다.[7] 왜냐하면 당시 컴퓨터에서 표준으로 사용하던 KS 규격[8]은 옛 한글과 확장 한자는 물론 외국의 여러 문자들을 자유롭게 표현할 수 없었기 때문이다.

그러나 표준국어대사전 편찬 지원 시스템은 인터넷을 기반으로 한 시스템이 아니라 표준국어대사전 편찬 작업을 하는 사람들이 특정 서버와 접속하여 작업할 수 있는 서버 기반의 프로그램이어서 4바이트를 기본 단위로 하는 문자 입출력 체계를 지원하는 해당 프로그램을 개인용 컴퓨터에 설치한 후 사용하면 그 환경 내에서는 자유로운 문자의 입출력이 가능한 시스템이었다. 하지만 이를 별도의 프로그램 설치 없이 이용해야 하는 인터넷 환경 등에서는 4바이트 문자 코드 체계에서 지원하는 다양한 문자의 입출력을 할 수가 없었다. 이후 편찬 작업이 진행되고 1997년부터 출판을 위한 작업이 진행되면서 국립국어원에서는 표준국어대사전의 웹 서비스를 추진하게 되었다. 웹 서비스는 인터넷이라는 범용적인 환경에서 이루어지는 것이기 때문에 편찬 지원 시스템에서 독자적으로 만들었던 4바이트 문자 입출력 시스템은 사용할 수 없었고 대신 당시 코드 규격이 확정되어 쓰이기 시작하고 있던 유니코드를 채택하여 웹 서비스를 위한 시스템을 개발하게 되었다.[9]

---

7) 한자의 경우 당시 나와 있던 자전 중 가장 많은 글자(약 6만여 자)를 포함하고 있었던 명문 당 자전을 기준으로 하여 한자의 글자체 개발과 독음 반영 작업이 이루어졌다.

8) 최근 보편화되기 시작한 유니코드는 1995년이 되어서야 KS 규격으로 확정되었고 그 이전에는 완성형 한글을 기반으로 하는 KS C 5601(현재 KS X 1001) 코드가 보편적으로 사용되고 있어 한자의 경우 4,888자만을 입출력할 수 있었다.

9) 1995년에 KS C 5700(현재 KS X 1005)으로 확정되었던 유니코드 규격에는 옛 한글 자모만 들어있었고 한자의 경우에도 지금의 유니코드보다 훨씬 적게 들어 있어 4바이트에서 표현하였던 모든 문자를 표현할 수 있었던 것은 아니지만 2000년 이후 마이크로소프트 워드에서 지원하기 시작한 옛 한글과 확장 한자 지원 입출력 프로그램과 글자체를 개인용 컴퓨터에 설치하면 인터넷상에서 유니코드를 사용하여 비교적 자유롭게 다양한 문자를 사용할 수 있었다.

'표준국어대사전'은 편찬 과정에서 많은 부분 컴퓨터의 도움을 받았으며 2008년부터는 종이사전을 내지 않고 인터넷 웹 사전으로 개정판을 내기는 했지만 기본적으로 종이사전 출간을 1차 목표로 삼았던 사전이었기 때문에 종이사전을 기본으로 한 구조와 지침을 계속 유지하고 있을 수밖에 없어 정보화의 이점을 살리는 데에는 한계가 있을 수밖에 없었다. 왜냐하면 종이사전은 무엇보다도 지면의 제약이라는 가장 큰 한계가 존재하기 때문에 모든 내용이 이 한계를 벗어나지 않는 선에서 정해질 수밖에 없었기 때문이다. 이는 '표준국어대사전' 뿐만이 아니라 지금까지도 종이사전으로 출간되는 모든 사전에 공통적으로 해당되는 내용인데 지금의 변화된 환경을 활용한다면 대부분 극복할 수 있는 한계들이다. 종이사전의 한계로 지적할 수 있는 부분을 살펴보면 아래와 같다.

우선 표제어 선정과 배열에 있어 명확한 제약이 존재한다. 중복되는 표현이나 무분별한 표제어 등록은 지면의 낭비를 가져오기 때문에 엄격하게 통제된다. '탕'으로 끝나는 단어의 경우 '설렁탕, 곰탕, 도가니탕, ……' 등 많은 종류의 탕이 존재하지만 종이사전에서는 많이 쓰이는 몇 종으로 한정하여 등록한다. 고유명사인 학교 이름 등의 경우 선별적으로 반영할 수가 없어 되도록 반영하지 않는다. 생산적인 접사와 결합하는 어휘는 강력한 생산성을 고려하여 가급적 수록하지 않는다. 또한 합성어의 경우에도 빈도가 높은 어휘에 한하여 사전에 등록한다. 예를 들어 '만화'가 붙는 말의 경우 '시사만화, 공상만화, 연재만화, ……' 등 많은 종류의 만화가 존재하지만 이 중에서 자주 쓰인다고 생각하는 것만을 사전에 등록하게 되는 것이다. 그러나 인터넷으로 서비스하고자 하는 사전의 경우 온라인상의 가상공간을 활용하기 때문에 지면의 제약 문제가 전혀 발생하지 않는다. 그래서 물리적으로는 모든 형태의 어휘나 표현을 제한 없이 표제항으로 올릴 수 있다.[10]

또한 표제어 배열에 있어서도 보는 사람이 쉽게 관련어를 인식할 수 있어야 하기 때문에 주표제어와 부표제어를 설정하여 배열하는 경우가 많다.11) 표준국어대사전의 경우 '-하다, -되다, -이다, -이/히, -적(的), -거리다, -대다'가 결합한 파생어는 부표제어로 처리하여 주표제어 바로 아래에 배열하고 있다. 그러나 우리말큰사전 등은 부표제어를 별도로 설정하지 않고 모두 주표제어로 처리하여 가나다순으로 배열을 하고 있다. 그러나 두 사전 모두 뜻풀이는 기준이 되는 한 쪽에서만 하고 있는데 이는 중복되는 표현을 최대한 통제해야 하는 종이사전의 제약 때문이다.12)

둘째는 동형어 구분의 모호성이 존재한다는 것이다. 사전에서 동형어와 다의어 구분에 있어 명확한 기준을 제시하기 어렵다는 것은 이미 잘 알려진 사실이다. 이것은 사전에 등록되는 항목의 최소 단위를 의미가 아닌 비슷한 의미군을 이루는 어휘로 규정했기 때문이다. 의미군을 묶는 기준은 사람마다 다를 수 있기 때문에 편찬자의 주관에 따라 동형어가 정해질 수밖에 없고 이러다보니 사전마다 동형어 번호의 구분이 달라져 있다.13) 상황이 이렇다 보니 어휘를 지칭하기 위한 절대적인 기준이 존재

---

10) 생산적인 접사가 붙는 말, 고유 명사, 다양한 합성어 등을 제한 없이 올릴 수 있고 중복되고 잉여적인 표현이라 하더라도 화살표나 축약 기호 등을 거의 사용하지 않고 큰 부담 없이 처리할 수 있어 사용자가 좀 더 사용하기 편리한 모습으로 사전을 만들 수 있다.

11) 이렇게 배열하는 것이 관련어를 한 군데 모아서 보여줄 수 있다는 장점 때문에 종이사전에서 취하고 있는 방식이지만 이러한 개념에 충실하여 잘 만들어졌다고 평가받는 조선말사전(1962)처럼 관련되는 합성어들도 부표제어 처리를 할 경우 오히려 가나다순으로 찾는 것에 익숙해진 사용자들에게는 해당 단어를 찾기가 어려워지며 특히 검색이 보편화된 전자사전이나 인터넷 사전에서는 부표제어 방식으로 보여주는 장점이 효력을 발휘하기 어렵다.

12) 기존 사전에 수록되어 있는 '공부하다'의 경우 '공부'에서만 풀이를 하고 '공부하다'의 풀이 부분에서는 '→공부'와 같은 표시만 해 주고 있다. 표준국어대사전의 경우 2008년 개정판 이후 종이사전을 만들지 않고 온라인 사전으로만 서비스를 하고 있기 때문에 사용자 편의를 위해 주표제어나 부표제어에서 모두 풀이를 해 주고 있다.

13) 표준국어대사전의 동형어 번호도 사람이 보기 편하도록 1번부터 번호를 매겨 나가기 때문에 중간에 표제어가 삭제될 경우 그 이후 동형어 번호는 모두 달라지게 되어 있다. 그래서 1999년 표준국어대사전이 처음 출간된 이후 현재 서비스되고 있는 자료의 동형어 번호는 처음의 번호와 많이 달라져 있는 상태이다.

하지 않아 어휘 빈도 조사를 위하여 기준이 되는 어휘를 제시해야 할 때
나 형태 분석 말뭉치 등을 만들기 위하여 각 단위에 품사나 의미 주석을
붙일 때 힘들여 분석한 자료에 붙여 놓은 어휘 번호나 의미 번호 등이
다른 사전을 활용하는 환경에서도 폭넓게 쓰이기는 힘들다. 왜냐하면 분
석할 때 사용했던 기준 사전이 다르면 제시한 어휘 번호나 의미 번호도
달라질 수밖에 없기 때문이다.14)

　동형어와 다의어 구분의 모호성은 이미 여러 논의들에서 지적이 되어
온 현상이지만 사람이 종이에서 찾아보는 것을 최우선적으로 고려하는
사전에서의 처리 방식과 사전 자료를 정보 자료로 다루는 사전에서의 처
리 방식에는 차이가 있을 수밖에 없어 예전의 종이사전 자료를 정보화
시대에 맞는 자료로 만들기 위해서는 구조적인 대수술이 불가피한 상황
이다. 현재 만들어져 있는 종이사전의 자료는 구조적으로 동형어나 다의
어를 나누는 절대적인 기준을 제시하고 있지 않기 때문에 사전 항목 간
의 연계를 맺는다거나 사전 표제어를 기준으로 분석 표지를 만들어 말뭉
치 분석 작업이나 의미 분석 작업을 한다는 것이 사실상 불가능하다. 이
러한 작업이 불가능하게 되면 사전은 그 자체로서만 존재 의미를 가지게
되고 그 사전이 가질 수 있는 연계, 파급 효과는 전혀 발휘하지 못하게
된다.

　이러한 문제점을 해결하기 위해서는 워드넷이나 시소러스처럼 등록되
는 항목의 최소 단위를 낱낱의 뜻풀이(의미) 단위로 해야 한다.15) 그런가

---

14) 이러한 문제 때문에 21세기 세종계획에서 구축한 세종 말뭉치의 경우 '표준국어대사전'의
　　동형어 번호를 기준으로 하여 형태의미분석 말뭉치를 구축하였으나 표준국어대사전에 없
　　는 어휘의 경우 별도의 번호를 만들어야 했고 표준국어대사전의 동형어 번호도 조금씩 수
　　정이 되어 현재는 표준국어대사전 동형어 번호와 세종 말뭉치 분석 표지에서 사용한 번호
　　가 부분적으로 일치하지 않게 되었다.
15) 종이사전에서는 편집상 동형어 단위로 모아서 보여주는 것이 보기가 좋은데 뜻풀이 단위
　　로 사전을 만들 경우 그 내용을 인쇄된 형태로는 사용자에게 보기 좋게 보여주기 힘들 수

하면 동형어 번호를 좀 더 사람이 인식하기 쉽게 하여 사용자에게 보다 효과적인 정보를 전달할 수 있도록 길잡이말(Guide Words)을 도입하여 항목을 구분하는 표지로 사용하자는 제안이 나오기도 하였다.16) 이 방법은 기존 사전에 '배01, 배02, 배03, …' 등과 같이 표시되어 있는 표제어를 '배(몸), 배(탈것), 배(과일), …'과 같이 '몸, 탈것, 과일'과 같은 길잡이말을 사용하여 표시하는 것이다. 이러한 길잡이말을 잘 다듬어 규격화하여 사용하면 사전마다 동형어 번호가 달라 연계가 안 되는 문제도 해결할 수 있고 사용자에게 동형어 번호 대신 실제 의미를 효율적으로 전달할 수 있는 표지도 사용할 수 있어 매우 큰 효과를 얻을 수 있을 것이다. 다만, 학습사전이나 초등사전 등 한정된 사전에서는 길잡이말을 만들기가 쉬울 수 있겠지만 대사전 등으로 확장할 경우 길잡이말을 만드는 것이 또 하나의 사전을 만드는 것만큼 방대한 작업이 될 수 있어 현실적인 어려움이 따를 수 있다. 그러나 종이사전에서는 현재의 항목 단위를 바꾸기 어렵기 때문에 사용자에게 정보를 최적화하여 전달하기 위해서는 동형어 번호 부분만이라도 개선할 수 있으면 좋을 것이다.

셋째는 새로운 정보를 쉽게 추가할 수 없다는 것이다. 종이사전은 출판하기 전 내용을 고정하고 난 후 관련어 등에 대한 교차 검토와 십여 회에 걸친 교정을 보게 되는데 대사전의 경우 이러한 과정을 거치려면 최소 2년 내외가 걸린다. 따라서 사전이 발간될 때까지 2년 동안은 신어와 같은 새로운 정보를 추가하거나 표제항을 추가, 삭제하기가 매우 어렵다. 뿐만 아니라 사전 출판 후 수정, 보완해야 할 사항이 발견되더라도

있다. 그러나 앞으로 종이사전을 만든다는 것은 특수한 용도로 만든다는 것을 의미하기 때문에 그에 맞는 2차 가공 작업이 뒤따라야 할 것으로 보인다. 워드넷 등은 종이사전을 전제로 하지 않고 사전의 구축 목적도 일반 국어사전 등과 다소 차이가 있어 절대적인 기준을 설정하고 뜻풀이 단위로 사전 구축을 하고 있다.
16) 유현경(2000), 이희자(2001) 참조.

다음 판(版)이나 다음 쇄(刷)가 나오기 전까지는 수정 사항을 반영할 방법
이 없다.17) 이렇게 되면 실생활의 언어 변화가 바로바로 사전에 반영되
지 못하여 요즘처럼 새로운 표현들이 연이어 나타나는 시대에 사전이 언
어 지침서로서의 역할을 제대로 수행하기 힘들게 된다.

이처럼 종이사전이 출판과 동시에 내용이 고정되기 때문에 생기는 문
제는 이뿐만이 아니다. 국어사전에서는 통상적으로 표제어를 가나다순으
로 정렬하여 배열하고 있다. 그런데 표제어를 뒤쪽부터 역방향으로 정렬
하여 보려면 새로운 사전을 하나 더 만들어야 한다. 그런가 하면 동형어
배열을 할 때 어떤 순서로 할 것인가는 미리 지침으로 정하여 그 순서에
따라 어깨번호가 매겨지고 그 순서로만 사전을 찾아보게 되어 있다. 사용
자가 원하는 기준에 따라 동형어나 표제항 배열을 바꾸어 보기가 어려운
것이다.18)

또한 속담이나 관용구의 경우 어느 표제어에 속하는 것인지를 찾기가
쉽지 않아 '호랑이'와 같은 특정 단어가 들어 있는 속담을 등록하거나 찾
아보려면 속담 문장 중에서 적절한 핵심어를 하나 선택하여 그 표제항
밑에서 찾아보아야 하는데 무조건 앞에 나오는 어휘를 핵심어로 선택하
여 배열하면 모르되, 핵심어를 별도로 선정하여 그 밑에 속담을 배열하게
되면 사전 사용자 입장에서는 그 속담을 찾기가 어려워질 수밖에 없다.
이를 개선하려면 하나의 속담에 등장하는 여러 개의 어휘 밑에 해당 속

---

17) 표준국어대사전의 경우 문제가 되는 내용이 발견되었을 때 웹 서비스 내용은 즉시 수정하
였지만 책 내용은 수정하지 못하여 책의 내용과 웹 서비스 내용이 서로 일치하지 않게 되
었다.
18) 표제항을 정렬하는 방법은 정순 순방향 정렬(기존 사전 방식), 역순 순방향 정렬(ㅎ부터 ㄱ
순서로 내림차순 정렬), 정순 역방향 정렬(역순 사전 방식), 역순 역방향 정렬(역순 사전을
ㅎ부터 ㄱ까지 내림차순 정렬)의 네 가지가 있 수 있다. 역순(descending)과 역방향
(backward)는 서로 반대로 번역을 하기도 하나 이 글에서는 위에서 괄호 안에 제시한 원어
의 의미로 사용하였다.

담을 모두 올려놓아야 하나 이 역시 중복을 최대한 피한다는 종이사전의 대전제를 거스르게 된다. 이 모두 내용이 고정될 수밖에 없는 종이사전의 한계로 보아야 할 것이다.

마지막으로 지적할 수 있는 종이사전의 한계는 사전 편찬 체제가 폐쇄적일 수밖에 없다는 점이다. 사전 편찬은 예로부터 숙련된 전문가들의 작품이었기 때문에 사전 편찬 체제가 폐쇄적인 것은 너무나 당연한 것으로 여겨져 왔다. 그러다 보니 사전 편찬자의 주관이 구조적으로 강하게 작용할 수밖에 없게 되고, 이에 따라 한계가 있을 수밖에 없는 사전 편찬자의 지식으로 방대한 분야의 지식을 만들어내야 하는 어려움에 직면하게 된다.[19] 특히 전문 용어의 경우 해당 분야 전문가가 아니면 해당 내용의 진위를 정확하게 가릴 수 없어 해당 분야 전문가의 도움이 필수적인데 해당 분야 전문가는 국어사전에 익숙해 있지 않아 적절한 사전 작업을 하는 데 어려움이 따르게 된다.[20]

컴퓨터와 인터넷의 발달, 그리고 소통 체계의 개선으로 지식의 생산자가 소수 전문가에서 일반 대중으로 옮겨가고 있는 현재의 상황을 고려할 때 한정된 소수 전문가에 의한 사전 편찬은 보완해야 할 여지가 있으나 정보 공유가 어려운 종이사전 편찬 체제에서는 어려운 일이었다.

2.2. 표준국어대사전과 개방형 한국어 지식 대사전

지금까지 살펴보았던 종이사전의 한계를 안고 있는 표준국어대사전은

---

19) 표준국어대사전의 경우에도 사전 등재 여부나 규범 처리 등에 있어 어느 정도 사전 편찬자의 주관이 작용할 수밖에 없었다.

20) 전문 용어를 등록, 구축하기 위해서는 국어사전 편찬자와 해당 전문 분야 전문가가 함께 작업을 해야 하는데 어느 쪽이 기초 원고를 작성하든 해당 분야 전문가를 모두 찾아서 꼼꼼하게 검토를 받기는 어렵기 때문에 국어사전에 익숙한 해당 분야 전문가가 있는 분야를 제외하면 나머지 분야는 제대로 된 작업을 하기가 힘들다.

1999년 첫 발간 이후 지금까지 규범사전으로서의 역할을 충실히 하고 있으나 첫 발간 후 10년 이상의 세월이 흘렀고 그동안 사전을 생산하고 소비하는 환경에 많은 변화가 생겨 이에 따른 새로운 접근이 필요하였다. 이에 따라 국립국어원에서는 2010년부터 '개방형 한국어 지식 대사전' 사업을 새롭게 기획하여 시작하였는데 이 사업은 지금까지 이야기한 종이사전의 문제점을 개선하고 앞으로 지향해야 할 발전적인 사전의 미래 모습을 구현하기 위하여 시작되었다.

이 사업은 '개방형 한국어 지식 대사전'이라는 제목에서 알 수 있듯이 크게 두 가지 목표를 가지고 있다. 하나는 '개방적'으로 사전을 구축한다는 것이며 또 하나는 다양한 '언어 지식'을 담는다는 것이다.

사전을 '개방형'으로 구축한다는 것은 두 가지 의미를 가지고 있는데 하나는 표준어 중심의 표준국어대사전에 비하여 신어, 전문용어, 방언 등 실생활에서 쓰이고 있는 많은 어휘들을 대폭 등재하여 사전에 올라가는 말의 범위를 크게 개방한다는 것이며, 또 다른 하나는 소수의 사전 편찬자만이 아니라 위키백과 사전처럼 일반인도 편집에 참여할 수 있게 하여 사전의 편집 참여 범위를 개방한다는 것이다.

그리고 '언어 지식'을 담는다는 것은 전통적으로 사전에 포함되었던 항목 이외에 전문용어 해설, 어문규범 해설, 역사 정보 등 언어사전만의 정보보다는 백과사전 정보에 해당하는 부분도 필요할 경우 폭넓게 포함한다는 의미이다. 따라서 '표준국어대사전'과 '개방형 한국어 지식 대사전'은 그 목표와 철학이 많이 다르기 때문에 그 내용에서도 많은 차이를 보일 수밖에 없다. 구체적인 내용을 정리하면 <표 1>과 같다.

<표 1>을 참조하여 새롭게 만들어지기 시작한 '개방형 한국어 지식 대사전'의 모습을 현재까지 활용된 표준국어대사전과의 비교를 통하여 가늠해 보자.

〈표 1〉 표준국어대사전과 개방형 한국어 지식 대사전의 성격

표준국어대사전	개방형 한국어 지식 대사전
규범 사전을 지향한 종합 사전	다양한 언어 현상을 수록한 국가 언어 지식 관리 체계
표준어 중심 (전문용어, 방언, 북한어 등 제한 수록)	실생활 용어 중심 (신어, 생활용어, 전문용어, 방언, 많이 쓰이는 구 등 수록)
관리자 중심의 편집, 수정	사용자 편집 참여 가능 (별도 검증단이 자료 검토 실시)
종이사전 구조(체계)	전자사전에 최적화한 XML 구조 (ISO TC37의 LMF[21] 구조 준용)
표준어 중심의 50만 항목	신어, 전문용어, 방언 등 100만 항목 (표준국어대사전 50만 항목 포함)
대표형 중심의 항목 선정, 제공	다양한 이형태, 파생어, 고유명사, 오류형 등 적극 반영
대표형 중심으로 뜻풀이 제공	일상 생활에 나타나는 이형태를 다양하게 표제어, 뜻풀이에 반영
별도의 학습사전 없음	5만 항목의 한국어기초사전과 이를 번역한 다국어사전 제공
관리자 정보 수정만이 가능	실시간 어휘 수집, 분석, 편찬, 검색, 유통이 하나의 체계로 연결
별도의 신어 수집, 분석 후 신어 반영	실시간 어휘 수집, 분석, 용례 추출, 생명 주기 분석을 통한 통합 관리
고도로 정제된 정보만 구축, 제공	사용자 편집 정보 등을 다양하게 제공하고 검증단 검토 정보를 제공
교육용, 규범 사전으로 기능	다양한 사전 분리 구축 가능 (교육용/규범 사전, 방언 사전 등)

　　위에서 살펴보았듯이 '개방형 한국어 지식 대사전'은 '표준국어대사전'
과는 그 성격과 내용이 사뭇 다르다. '표준국어대사전'이 규범 해설서의
역할을 겸하는 교육적 성격이 강한 사전이었다면 '개방형 한국어 지식

---

21) 국제 표준화 기구(ISO)의 언어 자원을 다루는 기술위원회(TC37)에서 어휘 자원을 기술, 구
　축하는 표준을 마련하여 공표하였는데 그 규격이 LMF(Lexical Markup Framework)이다.

대사전'은 우리말에 관련된 모든 정보를 집대성해 놓고 언중들이 이 마당에 들어와 그들의 정보를 마음껏 풀어낼 수 있는 우리말 놀이마당인 것이다. 따라서 '개방형 한국어 지식 대사전'은 단순한 사전이 아니라 지금까지 우리가 사용해 왔던 우리말 정보를 모두 집대성하여 이를 국가 차원에서 관리하되 일반 언중들이 들어와 다양하게 우리말 정보를 깁고 보낼 수 있는 '국가 언어 지식 관리 체계'라고 할 수 있다.

'국가 언어 지식 관리 체계'는 우리말의 다양한 정보가 쉴 새 없이 흐르는 '우리말샘'[22]이어서 사용자는 여기에 다양한 정보를 담아둘 수도 있고 찾아볼 수도 있으며 자유롭게 퍼갈 수도 있다. 그리고 '우리말샘'은 다양한 정보가 흐르는 공간이기 때문에 특정 목적을 가진 사전만을 염두에 두고 운영되지는 않는다. 그래서 이 안에 있는 다양한 정보들은 규범 관련 정보, 교육용 사전 관련 정보, 전문용어 정보, 방언 정보, 속담 정보 등으로 해당 정보를 표시할 수 있는 표지(tag)로 관리할 수 있으며 사용자는 어떤 표지를 조건으로 검색을 하느냐에 따라 특정 목적에 맞는 자료를 추출하여 2차 자료를 다양하게 만들어낼 수 있다. 또한 '우리말샘'에 도달하는 정보는 사용자가 두레박으로 퍼 넣는 것도 있겠지만 산줄기를 타고 내려 온 샘물이 자정 작용을 통하여 샘에 고이듯이 인터넷에서 수집된 정보들이 신어, 용례 분석 작업을 거쳐 쌓이는 것도 있다. 결국 '우리말샘'은 남한강과 북한강이 만나 한강을 이루고 그곳에서 다양한 사람들이 함께 모여 생활을 하듯 다양한 근원을 가진 우리말 정보가 한 군데 모여 그곳에서 여러 사람들이 우리말 잔치를 벌이는 놀이마당 공간이라고 할 수 있다.

---

22) 국립국어원에서는 지금까지 이야기한 '국가 언어 지식 관리 체계로서의 개방형 한국어 지식 대사전'을 좀 더 쉽고 친근한 용어로 사용하기 위하여 2010년 명칭 공모를 실시하였고 여기에서 대상을 받은 '우리말누리샘'을 줄여 '우리말샘'을 최종 명칭으로 사용하기로 하였다.

새롭게 시작한 '개방형 한국어 지식 대사전' 시스템에서도 문자 입출력 문제는 여전히 존재하고 있었다. 옛 한글의 경우 유니코드 규격에서 옛 한글의 구현 방식이 정의되어 상황이 조금 나아지기는 했지만 범용적인 입출력 프로그램이 존재하지 않아 별도로 만들어야 했고 확장 한자 역시 많은 글자들이 유니코드에 추가되기는 했지만 코드만 있고 글자체가 없거나 표준음이 없는 글자들이 많아 역시 입출력 시스템을 만들기가 쉽지 않았다. 특히 모바일 환경의 보편화와 함께 인터넷 시스템을 만들 때 어떤 환경에서도 별도의 프로그램 설치 없이 사용자가 공통적으로 같은 화면을 볼 수 있어야 한다는 웹 접근성 규칙의 준수 강화는 이러한 문자들의 입출력을 더욱 어렵게 하였다.[23]

2010년 '개방형 한국어 지식 대사전' 편찬 시스템을 설계, 구축하면서 이러한 문자의 입출력 문제를 해결하기 위하여 국립국어원에서는 당시 국어사전에 들어있던 문자와 기호들을 조사하여 유니코드에 반영되어 있는데도 사용자 문자나 그림 문자와 같은 비표준적인 방식으로 처리한 문자들을 찾아내어 최대한 유니코드 규격으로 처리할 수 있도록 하였다. 비표준 문자 검토 결과 유니코드에 포함되어 있지만 범용적인 글자체 등이 마련되어 있지 않아 사용자 컴퓨터에서 표현할 수 없는 문자들이 많았고 유니코드에 들어 있지 않아 유니코드에 포함시키도록 하는 표준화 작업이 필요한 글자들이 일부 발견되었다. 그런데 범용적인 글자체가 없는 글자의 경우에는 그 글자체를 따로 만들어 사용자가 컴퓨터에 설치하게 해야 하는데 이렇게 될 경우 사용자가 직접 설치하지 않으면 그 문자를 해당 컴퓨터에서 볼 수 없게 된다. 이는 웹 접근성 관점에서 매우 장애가

---

23) 일반적으로 문자의 입출력은 운영 체계 차원에서 담당하는 경우가 많은데 웹 접근성을 준수해야 하는 인터넷 시스템은 어느 운영 체계에서나 같은 방식으로 문자의 입출력을 할 수 있어야 하기 때문에 쉽게 별도의 프로그램을 설치하여 문자의 입출력을 해결할 수가 없다.

되는 것으로 국립국어원에서는 이러한 글자들을 웹 글자체로 만들어 서버에 두고 사용자가 사이트에 접속할 때 자동으로 이 글자체들이 사용자 컴퓨터의 메모리나 기타 저장 공간에 등록되는 웹 글자체 내장 방식으로 범용적인 환경에서 표현이 어려운 옛 한글, 한자, 기호 등을 처리하였다. 그 결과 한자 277자, 옛 한글 8자, 기호 66개, 수식 246개가 범용적인 환경에서 무리 없이 표현되었다.24)

표현하기 어려운 이러한 문자 이외에 또 하나의 문제는 국어사전에 등장하는 수식을 범용적인 환경에서 가장 호환성 있는 방식으로 표현하는 것이었다. 수식의 경우 그림으로 처리하게 되면 검색을 할 수 없는 문제가 있고 문자로 표현하게 되면 웹 브라우저에서 조합된 문자를 보여줄 수 없는 문제가 있어 수식의 모양도 제대로 보여주면서 호환성도 높은 수식 입력 방식인 라텍(LaTeX)을 적용하여 수식의 입출력 부분을 처리하였다.

이처럼 국어사전을 웹 서비스하기 위해서는 가장 기본적인 문자의 입출력 문제부터 고민을 하지 않을 수 없다. 하지만 이러한 문제가 어느 정도 해결된 이후에는 사전의 구조와 내용에 대한 본격적인 고민을 시작해야 하고 그동안 축적되었던 국어 정보화 기술도 최대한 활용할 수 있는 방안을 찾아야 한다.

그동안 국어 정보화 중장기 사업으로 추진되었던 21세기 세종계획에서 구축한 자료는 정보화 단계에서 한 단계 더 나아가 해당 분야에 유의미한 지식 자원(콘텐츠)으로 발전시켜 나가거나 그러한 자원을 만드는 과정에서 세종계획 결과물을 유용하게 활용한다면 사전에서 효율적으로 활

---

24) 웹 글자체를 만들 때 유니코드에 들어 있는 문자는 유니코드 부호값으로 연결을 하였고 유니코드에 없는 문자는 표준화 대상 문자로 분류한 후 사용자 영역에 글자 위치를 고정하였다. 또한 웹 글자체는 모두 확대, 축소가 자연스러운 트루타입 글자체로 제작하였다.

용할 수 있다. 왜냐하면 말뭉치를 활용하여 만들 수 있는 대표적인 지식 자원(콘텐츠)이 사전이기 때문이다. 따라서 사전의 용례를 추출하는 데 말뭉치를 활용할 수도 있고 분야에 따라서는 말뭉치 색인을 만들거나 이를 다듬어 용례 사전의 형태로 만들 때 말뭉치를 활용할 수도 있다.25)

'개방형 한국어 지식 대사전'의 자료들도 이러한 기초 자원들을 활용한 중요한 지식 자원(콘텐츠)이라고 할 수 있는데 이 사전에서 활용하고 있는 한국어 정보 처리 기술을 살펴보면 아래와 같다.26)

〈표 2〉 개방형 한국어 지식 대사전 사업의 내용과 주요 활용 자원

(1) 개방형 한국어 지식 대사전의 주요 내용
① 표준어 이외에 신어, 생활용어, 방언, 전문용어 확충(50만 항목 확충)
② 쉬운 풀이, 역사 정보, 멀티미디어 자료 구축
③ 사용자 참여가 가능한 위키피디아형 사전 편찬, 검색, 유통 시스템 구축
④ 외국인을 위한 한국어 학습용 한국어기초사전 구축(5만 항목)
⑤ 한국어기초사전 기반의 언어권별 다국어사전 구축(1단계 5개 언어)
(2) 개방형 한국어 지식 대사전의 특징
① 개방성 : 지식 기부에 의한 사용자 편집 참여, 일상어 중심의 표제어 등록
② 연계성 : 국제 표준 규격 설계에 따른 국내외 자료와의 연계 효율화
③ 실용성 : 쉬운 풀이, 학습 사전 구축으로 한국어 학습 기회 제공
(3) 개방형 한국어 지식 대사전에서 활용하고 있는 한국어 정보 처리 자료, 기술
① 신어 수집, 분석 : 인터넷 자료 수집 → 자료 자동 분석 → 신어 후보 제시
② 용례 후보 추출 : 인터넷 자료 수집 → 자료 자동 분석 → 용례 후보 제시
③ 활용형 등의 검색 : 활용형 등을 컴퓨터가 형태소 분석하여 기본형 검색
④ 문장 검색 : 사용자가 개념 설명을 입력하면 형태소 분석하여 핵심어 검색
⑤ 어휘 지도 구현 : 시소러스, 관련어 정보를 방사형 연계 지도로 보여줌
⑥ 기초 자료 활용 : 역사 정보, 세종 전자 사전, 어문 규정 표기/설명 자료

위의 내용을 살펴보면 지식 자원(콘텐츠)을 만들어가는 과정에서 그동안 발전한 자연 언어 처리 기술과 언어 정보 처리용 기초 자료들이 많이 활용됨을 알 수 있다.

---

25) '17세기 국어사전'(한국정신문화연구원)이 대표적으로 이러한 예에 해당할 것이다.
26) '개방형 한국어 지식 대사전'에 관한 자세한 내용은 이승재(2011) 참조.

표준국어대사전의 경우 편찬 과정에서 많은 부분 전산화의 도움을 받기는 했지만 기본적으로 종이사전이었기 때문에 많은 부분에 정보화하여 호환성을 유지하기 힘든 특수기호(각종 약물 등)들을 사용하였고 사전의 형식도 검색의 이점을 살리기에 힘든 구조를 유지하고 있다. 특히 지면의 제약이라는 종이사전의 태생적인 한계는 광범위한 정보의 공유를 기반으로 하는 인터넷 환경에서 다양한 사용자의 정보 욕구를 채워주기에는 많은 제약이 따를 수밖에 없다. 인터넷 환경을 지향하는 전자 사전이라면 지면의 제약이라는 종이사전의 한계에 구속당할 이유가 없기 때문에 종이사전에서 금과옥조처럼 여기던 많은 원칙이 새로운 환경에 맞게 바뀌어야 할 것이다.

3. 21세기형 사전의 방향

3.1. 한계의 극복과 새로운 접근

국립국어원에서는 1999년 50만 어휘 규모의 '표준국어대사전'을 발간하였고 2006년에는 5천 어휘 규모의 '외국인을 위한 한국어 학습 사전'을 발간[27]하였다. 이후 2008년 인터넷 웹 사전 형태로 '표준국어대사전 개정판'을 발간하면서 앞으로 표준국어대사전은 종이사전으로는 내지 않고 인터넷 사전 형태로만 서비스하기로 하였다.

'표준국어대사전'이 웹 사전으로 전환된 이후부터 '표준국어대사전'의 정보는 실시간으로 수정, 보완[28]되기 시작하여 종이사전에 막혀 있었던

---

27) 이 사전은 문화부 사업으로 한국어세계화추진위원회에서 시작하고 이후 한국어세계화재단에서 이어받은 후 문화부 사업이 국립국어원으로 이관되면서 국립국어원의 최종 검토 작업을 거쳐 출간되었다.

문제점이 조금씩 해결되기 시작하였다. 그러나 표준국어대사전 웹 사전도 서비스 형태만 인터넷을 활용하는 것으로 바뀌었을 뿐 편찬 지침 등은 종이사전 그대로였기 때문에 수정, 보완할 정보를 실시간으로 반영한다는 점을 제외하면 종이사전과 크게 다를 것이 없는 사전이었다.

그렇다면 이러한 한계를 극복한 보다 발전적인 사전은 어떠한 모습을 지녀야 할까? 국립국어원에서는 이러한 고민을 해결하기 위하여 새로운 사전에 대한 설계를 2009년 시작하였다. 새로운 사전은 기존 사전의 한계를 개선하고 21세기 새로운 환경 변화에 대응하며 사용자와 폭넓은 소통 체계를 확보할 수 있는 국가 언어 지식 관리 체계가 되어야 한다는 방향을 세우고 아래와 같은 여섯 가지 설계 원칙을 만들었다.

〈표 3〉 21세기형 사전을 만들기 위한 기본 설계 원칙

1	요즈음 사용자가 원하는 사항을 모두 담아야 한다.
2	자료의 수정, 보완이 최대한 빨리 이루어질 수 있어야 한다.
3	일반 대중의 언어 현실이 효율적으로 반영될 수 있어야 한다.
4	극복할 수 있게 된 예전 제약 사항들은 최대한 개선한다.
5	현재 시점에서 활용할 수 있는 정보화 기술을 최대한 활용한다.
6	국제적으로 다른 사전들과의 자료 교환이 손쉽도록 설계한다.

이 원칙은 '개방형 한국어 지식 대사전'을 기초로 한 '국가 언어 지식 관리 체계'를 설계할 때 모두 반영되었는데, 우선 사용자가 원하는 사항을 담기 위해서는 사용자가 찾고자 하는 표현들이 되도록 많이 수록되도록 단어만이 아니라 단어와의 구분이 모호한 많이 쓰이는 구까지 등재 범위를 확대하고 순수한 언어 정보만이 아닌 지식 정보도 추가할 수 있

---

28) 현재 국립국어원에서는 표준국어대사전의 수정, 보완 사항을 수집, 분석한 후 일부 정보는 즉시 수정하고 나머지 정보는 '표준국어대사전 정보 보완 심의회'를 거쳐 1분기에 한 번씩 수정을 하고 있다.

도록 하였으며 내용에 따라 다양한 표지(tag)를 부착하여 사용자가 다양한 조건으로 검색한 후 그 결과를 추출하여 2차 활용을 할 수 있도록 하였다. 또한 위키백과 사전과 같이 관리자나 사용자가 수정, 편집한 이력을 모두 관리, 검색할 수 있도록 하여 추가, 수정, 삭제된 모든 기록을 추적할 수 있도록 하였다.

두 번째로 자료의 수정, 보완이 최대한 빨리 이루어지게 하기 위하여 관리자만이 아닌 사용자가 광범위하게 참여하게 정보를 추가하고 보완할 수 있도록 하였다. 다만 무분별한 정보의 수정을 방지하기 위하여 사용자가 편집한 내용을 실시간으로 보여주되 별도의 전문가 검증단을 운영하여 기본 화면에서는 검증단이 검토한 정보를 우선적으로 볼 수 있도록 하였다.

세 번째로 일반 대중의 언어 현실을 효율적으로 반영하기 위하여 인터넷상에서 언어 자료를 지속적으로 수집, 분석한 후 신어를 추출, 반영하고 그에 따른 용례도 정비, 반영할 수 있는 '실시간 어휘 수집, 분석 시스템'을 만들어 사전 편찬 단계 이전에 전처리 작업을 할 수 있도록 하였다. 또한 전자사전의 장점인 정렬(소팅) 기능을 적극 활용하여 항목이나 뜻풀이 배열 순서를 사전 편찬자가 만들어 놓은 순서로도 볼 수 있고 사용자가 많이 찾아본 순서로도 볼 수 있으며 가장 최근에 편집된 자료 순서로도 볼 수 있도록 하였다. 이 기능을 활용하면 사용자는 일반 대중이 주로 많이 찾아본 뜻풀이를 제일 먼저 찾아보는 것이 가능하게 되어 자신이 찾고자 하는 뜻풀이를 비교적 쉽게 찾을 수 있게 될 것이다.

네 번째로 종이사전에서는 지면의 제약으로 생겨났지만 변화된 환경에서는 굳이 유지할 필요가 없어진 종이사전의 원칙들을 수정하였다. 다양한 파생어, 합성어의 경우 공간의 제약이 없어짐에 따라 다양한 파생어와 합성어 형태를 모두 올릴 수 있게 하였다. 또한 인명과 지명, 기관명 등 다양한 고유명사도 제한 없이 올릴 수 있게 하였다. 그리고 고정적인 배열순서의 제약이 없어짐에 따라 사용자가 사전을 검색했을 때 정확도순, 사용자 조회순, 최신 편집순 등으로 정렬 기준을 설정하여 검색 결과를 다양하게 볼 수 있도록 하였다.

다섯 번째로 1990년대 후반부터 진행되어 온 국어 정보화 기술을 적극 활용하여 필요한 지원 시스템을 최대한 개발, 활용하였다. 실시간으로 인터넷 자료를 수집, 분석하여 신어와 용례를 정비해 주는 실시간 어휘 수집, 분석 시스템을 개발하였고 이 시스템에서 정비한 결과를 활용하여 어휘 생명 주기 분석 시스템과 용례 후보 추출 지원 시스템을 만들었다. 또한 사전 편찬의 전 과정을 온라인상에서 처리할 수 있는 온라인 사전 편집, 검색, 유통, 활용 시스템을 구축하였으며 사전을 검색할 때 활용형을 검색어로 넣어도 자동으로 형태소 분석을 하여 기본형을 찾아줄 수 있는 기능도 구현하였다.

마지막으로 고려한 원칙은 디지털 자료의 지속적 관리와 2차, 3차 활용을 가능하게 하고 국제적 유통 문제를 해결하기 위한 절대적 기준을 설정하기 위하여 각 항목에 절대 주소를 도입한 것이다. 그동안 가변적이어서 준거 자료로서의 기능을 하기 힘들었던 사전의 동형어 번호를 없애고 그 대신 뜻풀이 단위로 절대 주소[29]를 도입하여 뜻풀이 단위로 지속적인 관리를 할 수 있도록 하였다. 그리고 최근 디지털 콘텐츠가 국제적인 연계 자료 은행인 LOD[30] 등에서 유통되는 경우가 많아 사전의 구조를 최대한 국제 표준 규격에 부합하도록 설계하였다. 이를 위하여 현재

---

29) 절대 주소는 여러 가지 방법으로 지정할 수 있는데 본 사업에서는 국내에서 표준화하기 시작한 디지털 콘텐츠 식별자인 UCI(Universal Content Identifier)를 사용하기로 하였다.
30) LOD는 Linked Open Data를 의미하는 것으로 세계 각국의 많은 디지털 콘텐츠가 이곳에 모여 있어 이곳에 자료를 올리게 되면 전 세계 디지털 콘텐츠와의 연계(클라우드 서비스 등)가 쉽게 가능해질 수 있다.

국제 표준 기구(ISO)에서 정한 LMF(Lexical Markup Framework) 규격을 최대한 준용하여 '개방형 한국어 지식 대사전'의 구조를 설계하였다. 또한 위키백과에서 채택하고 있는 자유 저작권 정책인 CCL[31]을 채택함에 따라 '개방형 한국어 지식 대사전'의 자료를 많은 사람들이 보다 쉽게 이용할 수 있도록 개방형 인터페이스 규격(Open API)을 채택하여 사이트를 개발하였다.

지금까지 살펴보았듯이 21세기형 사전, 더 나아가서는 국가 인이 지식 관리 체계로 출발한 '개방형 한국어 지식 대사전'은 단순한 사전을 넘어 개방성과 연계성, 그리고 실용성을 가지는 미래 지향의 언어 문화유산 보존, 활용 체계이며 한국어의 모든 자료를 수집하여 관리, 활용하는 한국어 지식 정보의 총본산 역할을 할 수 있는 체계이다.

결국 새롭게 설계한 사전은 표준어 이외에 신어, 생활용어, 방언, 전문용어, 멀티미디어 자료 등을 폭넓게 포함하는 한국어 관리 센터의 역할을 하는 체계가 될 것이다. 이 새로운 체계가 추구하고자 하는 것은 종이사전이 아닌 디지털 언어 지식이 가질 수 있는 장점을 최대한 살리면서 다른 분야에서 필요로 하는 한국어 지식 자원을 체계화, 다양화, 표준화하여 제공할 수 있도록 하는 것이다. 따라서 '표준국어대사전'이 정오를 판단하여 정보를 만들어 나가는 사전이었다면 새로운 사전은 직접 정오를 판단하지 않고 그와 관련된 다양한 자료를 만들어 올리고 최종적으로 규범, 표준화 등의 결과가 나오면 이도 역시 다양한 정보 중의 하나로 반영하는 사전이라고 할 수 있다.[32]

---

31) CCL은 Creative Commons License로 저작자 표시, 비영리 여부, 변경 금지/동일 조건 변경 허락 등의 4가지 조건을 조합하여 사용자가 원 자료를 자유롭게 이용할 수 있도록 하는 저작권 제도이다.

32) 새로운 사전은 총체적으로 각 분야에서 연구, 수집된 결과를 집대성하는 장으로 활용하기 위하여 만든 것이어서 규범이나 표준화 등 심의를 통하여 결정해야 할 문제들은 각 분야에서 최종 결정을 한 후 그 결과를 새로운 사전에 반영만 하면 될 것이다.

3.2. 21세기형 사전의 구축

지금까지 살펴보았듯이 디지털 인터넷 사전, 더 나아가서는 디지털 언어 지식 관리 체계가 가질 수 있는 가능성은 지금까지의 사전이 상상하지도 못했던 매우 큰 것이다. 새로운 언어 지식 관리 체계가 나오게 된 배경을 정리하면 아래와 같다.

〈표 4〉 개방형 한국어 지식 대사전 사업의 추진 배경과 목표

난해한 사전 풀이 실생활 언어 정보 미흡 폐쇄적 사전 편찬 체제 미검증 언어 정보 난립 한국어 학습 자료 부족 자료 활용 및 보급 미흡	쉬운 풀이, 보완 자료 확대 사전 항목 등록 범위 확대 사전 편찬 참여 범위 확대 인터넷 검증 체제 마련 한국어 학습 자료 확충 웹 기반 보급 체제 도입	쉬운 풀이, 보완 자료 구축 모든 한국어 자료 집대성 위키피디아형 시스템 구축 언어 지식 관리 체계 구축 한국어기초사전 구축 웹 기반 다국어사전 구축

지금까지 논의한 바를 토대로 하여 국립국어원에서는 2010년부터 '개방형 한국어 지식 대사전 구축' 사업을 시작하였다. 이 사업은 기존 '표준국어대사전'의 50만 항목을 포함하여 2012년까지 100만 항목 규모의 언어 지식 관리 체계를 구축하는 사업으로 2012년까지 100만 항목 규모의 1단계 사업을 완료하였다. 이 사업은 최근 컴퓨터와 인터넷 기술의 변화로 인한 사용자의 정보 생산과 유통 방식의 변화를 반영하여 표준어 이외에 신어를 포함한 생활용어, 방언, 전문 용어 등을 폭넓게 반영하며 사용자가 편집에 참여할 수 있는 개방적 체계를 지향한다. 또한 5만 단어 수준의 한국어 학습용 기초사전을 만든 후 이를 여러 나라의 언어로 번역하여 다양한 한국어-외국어 사전 형태의 다국어사전을 만들게 된다.

'개방형 한국어 지식 대사전' 구축 사업은 21세기에 나타난 일반 대중의 폭발적 정보 생산과 소비의 욕구를 언어 지식 사전 구축에 지식 기부의 형태로 끌어들여 실시간 언어 정보 데이터베이스를 구축하고 이를 다양한 형태로 활용할 수 있도록 인터넷으로 일반인에게 제공하는 실시간 언어 지식 수집, 분석, 보존, 공유, 유통 체계를 만드는 차세대 언어 지식 관리 사업이라고 할 수 있다. '개방형 한국어 지식 대사전' 사업은 자료의 등록 범위를 개방하였고, 일반인도 온라인으로 자유롭게 편찬에 참여할 수 있도록 편찬 권한을 개방하였기 때문에 사업명에 '개방형'이라는 용어를 사용한 것인데 만들어진 자료를 활용하고 유통하는 면에 있어서도 자유 저작권 정책을 취하고 국제 표준 규격과 개방형 인터페이스 규격(Open API)을 사용한다는 점에서 '개방형'이라고 할 수 있다. 다만, 1단계 사업이 끝나는 2012년까지는 기초 자원과 시스템을 구축하는 기간이어서 본격적인 '개방형' 서비스는 2단계 감수를 거쳐 2016년부터 이루어질 예정이다.

'개방형 한국어 지식 대사전' 사업에서 추구하고자 하는 것은 궁극적으로 국민과 함께하는 국가 언어 지식망을 구축하는 것이다. 21세기는 제대로 정비된 문화 콘텐츠가 국가 경쟁력의 원동력이 될 수밖에 없는 시대인데 모든 문화 자산의 기본이 되는 자국어 콘텐츠야말로 그 무엇보다도 중요한 자산이라고 하지 않을 수 없다. '개방형 한국어 지식 대사전' 사업의 주요 내용을 정리하면 아래와 같다.

〈표 5〉 1단계 사업(2010년~2012년)의 추진 내용

(1) 수요자 중심의 한국어 자료 집대성
  - 신어, 전문 용어, 방언 등 100만 항목 규모의 언어 지식 대사전 구축(신어와 생활용어 7만 항목, 전문 용어 34만 항목, 방언 9만 항목)
  - 쉬운 풀이, 용례 보완, 역사 정보 구축
  - 표준어 이외에 다양한 어휘들을 개방적으로 수용하는 사전 구축

- -기 구축 자료(표준국어대사전 자료, 방언, 전문어 등) 통합, 정비
- -멀티미디어 자료(삽화, 사진, 동영상, 애니메이션) 구축
(2) 위키피디아형 언어 지식 관리 체계 구축
  - -일반인이 참여할 수 있는 위키피디아형 개방형 사전 시스템 구축
  - -개방형 어휘 정보 수집, 추출, 분석 시스템 구축
  - -한국어 지식 대사전 기본 설계 및 개방형 정보 수집, 분석 시스템 구축
  - -한국어 지식 대사전 편찬 관리, 검색, 유통 지원 시스템 구축
(3) 한국어 학습용 기초사전과 다국어사전 구축
  - -한국어 학습용 기초언어사전 구축을 위한 기초 어휘 5만 항목 선정
  - -다국어사전 구축을 위한 한국어 기초언어사전 구축(5만 항목)
  - -외국인의 한국어 학습을 위한 5개 언어 다국어사전 구축(한-외국어)(5개 언어 : 타이어, 베트남어, 러시아어, 말레이-인도네시아어, 몽골어)
  - -다국어사전 검색 시스템 구축

'개방형 한국어 지식 대사전' 구축 사업 중 역사 정보 구축 작업은 '나무'와 같은 단어들의 역사적 변화 정보를 좀 더 상세하게 기술하고 세기별 문헌에 나타난 용례들을 별도로 정리하여 '역사 정보' 항목에 따로 기술하는 것이다. 그리고 풀이를 쉽게 하는 작업의 일환으로 뜻풀이를 보완할 수 있는 다양한 삽화, 사진 등 멀티미디어 자료를 보강하였다. 특히 종이사전에서는 보여줄 수 없었던 동영상과 애니메이션 등도 필요한 부분에 구축, 제공할 예정이다.

위키피디아형 언어 지식 관리 체계 구축 사업은 '개방형 한국어 지식 대사전' 기본 설계를 진행하는 작업과 인터넷을 통하여 여러 사람이 공동 작업을 진행할 수 있도록 지원하는 사전 편찬 관리, 검색 시스템, 그리고 인터넷 자료를 검색하여 신어를 수집, 분류하는 어휘 정보 수집, 추출, 분석 시스템과 구축된 정보를 사용자가 자유롭게 검색, 활용할 수 있도록 하는 사전 검색, 유통 지원 시스템 등으로 이루어져 국가 언어 지식 관리 체계를 구성하는 중요한 부분을 담당하고 있다.

한국어 학습용 한국어기초사전은 기존의 어휘 빈도와 선정 결과 등을 참고, 검토하여 5만 어휘를 선정하고 이를 토대로 학습용 기초사전을 만

드는 작업인데 2012년 10월 9일부터 'http://krdic.korean.go.kr'에서 시범 서비스를 시작하였다. 이 사전은 화면 설계와 항목 구성 등을 주 사용자 인 한국어 학습자에 좀 더 도움이 되도록 특화하여 설계하였다. 다국어사 전은 이 사전을 저본으로 번역을 하여 한국어-베트남어, 한국어-몽골 어, 한국어-타이어, 한국어-러시아어, 한국어-말레이인도네시아어 등 5개 언어 다국어사전을 1단계 완료인 2012년 말까지 구축하였다. 2012 년까지 진행된 1단계 5개 언어 사업은 한국어 학습 수요를 중요한 요소 로 고려하여 대한민국에서 생활하고 있는 외국인 입국자 수를 기준으로 하여 입국자가 많은 국가의 언어부터 선정하여 구축을 시작하였다.[33] 2013년부터는 2단계 사업으로 한국어-영어, 한국어-일본어, 한국어-아 랍어, 한국어-스페인어, 한국어-프랑스어 다국어사전을 구축하고 있다.

지금까지 살펴본 '개방형 한국어 지식 대사전'의 구축 목적은 '사용자 와 소통하는 국가 언어 지식망을 구축'하여 미래지향의 언어 문화유산 보존, 활용 체계를 만드는 것이라고 요약할 수 있으며 이 사전이 나타내 고 있는 특징은 개방성, 연계성, 실용성이라고 할 수 있다.

〈표 6〉 개방형 한국어 지식 대사전의 특징

(1) 개방성 　－신어, 방언, 전문 용어 등 실생활 언어를 포함한 모든 언어 자료의 등록 　－실시간으로 사용자 참여가 가능한 위키피디아형 시스템 구축, 운영 　－참여자의 지식 기부와 자유로운 활용을 지향하는 저작권 정책에 의한 자유로운 언 　　어 지식 정보의 수집과 활용 체계 구축 (2) 연계성 　－국내외 기관과의 정보 교류와 연계에 대비한 국제 표준 규격의 준용 　－다양한 정보와의 연계가 손쉬운 고유 식별자(UCI 등) 체계 도입 　－휴대용 기기와 인터넷 사이트 등을 통한 정보의 2차 활용성 강화

---

33) 한국어-중국어 등의 다국어사전도 불필요한 것은 아니지만 이들 언어는 민간에서 작업이 많이 이루어져 어느 정도 시장이 형성되어 있는 상태이므로 국가에서 구축하는 다국어사 전의 범위에서는 제외하였다.

(3) 실용성
 ─ 일반 대중이 실생활에서 사용하는 언어 지식 정보 원천의 축적
 ─ 사용자 참여 유도, 쉬운 풀이, 웹 사전 지향으로 사용자 편이 증진
 ─ 다국어사전 구축으로 국내외 한국어 학습자에게 다양한 학습 기회 제공

　지금까지 살펴본 특징 외에도 '개방형 한국어 지식 대사전'에서는 기존 사전의 풀이가 어렵거나 순환적인 경우가 있어 이를 쉽게 풀이하거나 어려운 풀이를 보완할 수 있는 멀티미디어 자료를 보충하였다. '표준국어대사전'의 풀이에 포함되어 있는 어려운 한자어를 쉬운 말로 풀어쓰고 순환적인 정의로 보이거나 참조 표시만 되어 있는 풀이들은 해당 풀이가 다소 중복된 표현을 사용하게 되더라도 하나하나 풀어서 설명하도록 하였다. 종이사전의 경우 중복된 표현을 최대한 억제하는 방식을 사용하지만 디지털 언어 지식 체계에서는 그럴 필요가 없기 때문이다. 그리고 풀이를 쉽게 할 경우 정확성이 떨어지는 문제를 해결하기 위해서 '쉬운 풀이' 항목을 따로 두어 정확성이 다소 떨어지더라도 사용자에게 쉽게 느껴질 수 있는 풀이를 제공하고 일반 풀이에서는 기존의 정확성을 유지하는 풀이를 해 나가기로 하였다. 특히 전문 용어의 경우 전문적인 설명이 필요할 경우가 많은데 전문 용어 사전이 아닌 언어 사전의 풀이에서 이러한 장황한 설명을 할 수는 없기 때문에 '지식 정보' 항목을 따로 두어 풀이는 일반 언어 사전 수준으로 하되 전문적인 정보는 '지식 정보' 항목에 기술하도록 하였다.

　또한 각종 기초 용어나 전문 용어 등에서는 글보다는 삽화, 사진 등을 사용하는 것이 훨씬 효과적인 경우가 많아 멀티미디어 자료를 많이 사용하였다. 그런데 '개방형 한국어 지식 대사전'은 종이사전이 아닌 디지털 사전이기 때문에 삽화, 사진 이외에도 애니메이션과 동영상 등을 활용할 수 있어 훨씬 폭 넓은 보조 자료의 활용이 가능해졌다. 종이사전의 경우

삽화나 사진이라 하더라도 가장 대표적인 것을 선별해서 올려야 했지만 디지털 사전은 용량의 제약을 받지 않아 다양하게 제작한 멀티미디어 자료를 몇 개라도 올릴 수 있게 되었다.[34]

또한 한국어 학습 자료의 성격으로 만들게 되는 한국어 교육용 기초 사전을 번역하여 한국어-외국어 형태의 다국어사전을 만들고 있는데 위키백과 사전 등이 다국어 구축을 기본으로 하고 있다는 점을 고려하면 '개방형 한국어 지식 대사전'의 활용성을 높이기 위해서 이 사전의 내용 중 일부를 다국어로 연계, 구축하는 것이 중요할 것이다.[35]

4. 나가기

이 글에서는 지금까지 기존의 종이사전이 가지고 있었던 한계를 살피면서 변화된 환경에 맞추어 그 한계를 극복하고 정보화 시대의 이점을 최대한 활용할 수 있는 새로운 언어 지식 관리 체계의 모습을 살펴보았다. 이 글에서 살펴본 새로운 체계는 기존 사전의 한계를 보완하면서 정보화의 장점을 극대화할 수 있는 방향으로 설계된 종합적인 국가 언어 지식 관리, 유통 체계였다. 새로운 체계가 만들어지면 언어 지식을 관리하고 활용, 유통하는 환경은 물론 우리말에 대한 정보를 사람들이 서로 소통할 수 있는 환경이 지금보다 훨씬 나아질 것이다.

최근 많은 출판사들이 국어사전 만들기를 포기하고 기존의 자료를 수

---

34) '그림자놀이, 공중뛰기, 썰물, 발장구' 등은 사진보다 동영상이 적합한 예이며 '대공원, 표지판, 리무진' 등은 한 장의 대표적인 사진을 정하여 등록하기보다는 다양한 환경에서 촬영한 여러 장의 사진을 보여 주는 것이 나은 예들이다.

35) 워드넷 등을 고려하면 '개방형 한국어 지식 대사전' 전체의 내용을 다국어로 구축해야겠지만 한국어 학습 수요를 고려하면 적정량의 어휘를 선정하여 한국어 교육용 기초 한국어 학습 사전을 먼저 만들고 이를 다국어로 구축하는 것이 효율적일 것이다.

정, 보완 없이 계속 재판매하는 현상이 지속되고 있는데 21세기가 문화의 시대이고 문화의 핵심을 이루는 것이 문화 지식(콘텐츠)이라는 것을 고려하면 매우 우려할 만한 일이 아닐 수 없다. 변화된 환경에 대한 반성과 개선 없이는 이러한 현상이 지속될 수밖에 없을 것이다. 앞으로는 문화 지식을 보물처럼 아끼고 키워나가는 국가가 선진국이 되는 시대라는 점을 감안할 때 이제 우리도 아름다운 우리말을 더욱 아끼고 다듬어나가는 작업에 참여하여 우리의 문화 콘텐츠의 수준을 높여야 할 때이다. 적절한 국가적 지원과 지식 기부에 의한 집단 지성이 조화롭게 균형을 이룬다면 우리 문화를 풍요롭게 할 수 있는 새로운 언어 지식 시장은 언제든지 생겨날 수 있을 것이다.

‖ 참고문헌

국립국어원(2000), 표준국어대사전 편찬 지침 Ⅰ, Ⅱ, 국립국어원.

국립국어원(2007), 21세기 세종계획 백서, 국립국어원.

국립국어원(2008), 표준국어대사전 개정, 국립국어원.

국립국어원(2009), 개방형 한국어 지식 대사전 구축, 국립국어원.

유현경·남길임(2009), 한국어 사전 편찬학 개론, 역락.

유현경(2000), "사전에서의 동형어 구별을 위한 새로운 제안", 사전편찬학 연구 10-1, 133-159.

이승재(2011), "정보화 시대와 개방형 한국어 지식 대사전", 565돌 한글날 기념 전국 국어학 학술대회 자료집.

이승재(2012가), "21세기형 사전 '개방형 한국어 지식 대사전", 한국사전학 20, 114-140.

이승재(2012나), "언어 교육과 한국어 정보 처리", 시학과 언어학 22, 251-268.

이승재(2013), "개방형 한국어 지식 대사전과 웹 서비스 정보", 제4회 단국대 동양학 연구원 사전학 국제학술회의 자료집.

이희자(2001), "동음이의어의 구별을 위한 '길잡이말'(Guide Words) 연구", 사전편찬학 연구 11-2, 167-201.

조재수(1984), 국어사전 편찬론, 과학사.

한영균(2007), "표준국어대사전의 사전적 성격에 대하여", 동방학지 140, 339-366.

홍종선·최호철·한정한·최경봉·김양진(2009), 국어사전학 개론, 제이앤씨.

국립국어연구원(1999), 표준국어대사전, 두산동아.

한글학회(1992), 우리말큰사전, 어문각.

回顧

사라진, 그리고 사라질 우리 言語財와 함께 한 세월[*]

서 정 목

갈 길은 먼데 해는 西山 마루에 걸렸습니다. 청산은 그림 같아도(靑山如畫圖), 사람의 生은 有限하고, 우리는 늘 못 다 이룬 꿈을 그리워한다(人常慕未成)고 합니다. 할 일이 태산 같은데 게으름 부리다가 제대로 다 하지 못하고 이 날을 맞이하게 되었습니다. 1983년 서강에 왔을 때 150여분 교수님들이 계셨습니다. 그분들의 隱退를 지켜보며 저에게 그런 날이 오리라고는 생각지도 않고 지냈는데, 별 수 없이 드디어 그 날이 저에게도 다가오고 있습니다.

정년퇴임 인사말은 '축하합니다.'입니다. 1992년 '화법표준화위원회'에서 이걸 정할 때 은퇴하신 한 원로 선생님께서 '그때 되어 봐. 축하한다는 말 듣고 싶은가.' 하셨는데, 저는 아직 철이 덜 들어서인지 '축하'보다 더 좋은 말이 있을 것 같지가 않습니다.

---

* 이 회고는 2013년 12월 3일 서강대학교 인문과학연구소, 국어국문학과 주관으로 행한 정년퇴임 기념 고별 강연 '사라진, 그리고 사라질 우리 言語財와 함께 한 세월'의 원고와 그것의 토대가 되었던 국립국어원의 '새국어생활' 제23권 3호의 '지금 이 사람'이란 대담 기사, 그 대담의 원자료를 종합하여 새롭게 편집한 것입니다.

[1] 1948년~1960년, 成長期

▌성장 과정과 국어국문학과 진학 동기를 말씀해 주셨으면 합니다.

고향은 慶南 昌原郡 熊東面 大壯里입니다. 부산서 목포 가는 2번 국도로 진해 도착 16km 전 해안 도로 곁 산골 마을입니다. 三國遺事의 가락국기 許黃玉 황후가 타고 온 배, 돌배가 있고, 望山島가 있으며, 님이 머문 主浦가 있고, 허 황후가 싣고 왔다는 金官城 虎溪寺 婆娑石塔이 있는 지역. 三國遺事 '南白月 二聖 노힐부득 달달박박' 조의 獅子嵓, 花山이 있는 지역 佛母山의 남쪽 기슭입니다. 三國史記 '列傳' '都彌' 조의 '泉城島'와 비슷한 '泉城里'가 앞 가덕도에 있고 오랫동안 '都彌墓'로 알려진 무덤이 있던 곳입니다. 인근 마산에는 元 나라 점령기를 증언하는 蒙古井이 있고, 안골포에는 이순신 장군의 승전 설화가 전해오는 곳, 神話와 說話 속에 살아 있는 고향, 어릴 때 할아버지 사랑방에서 듣던 옛날 이야기가 넘쳐나는 고장입니다.

이 지역 네 곳의 초등학교를 아버님 따라 다녔습니다. 거제도 황포에서 초등학교에 입학하였는데 1학년 때 국어 시험에 '닭'을 '달'으로 써서 채점하시던 아버님께서 파안대소하셨습니다. 우리 발음은 '닥'이나 '달'이거든요. "아버님을 '아부지'로 부를 것인가, '선생님'으로 부를 것인가?"가 언어와 관련된 첫 고민이었습니다. 나름대로 세운 기준은 집에서는 '아부지', 학교에서는 '선생님'으로 부르기로 했는데, 그러나 교무실에 가서는 아버님을 '아부지'로도 '선생님'으로도 부르지 못한 아픈 기억이 있습니다. 장승포 아주(현재 대우조선 터) 피난민 수용소 옆의 아주초등학교로 옮겨 함경도에서 피난 온 선생님, 아이들과 함께 바닷가 송림에서 공부하였습니다. '했지비?' 같은 함경도 말을 쓰는 '최훈종'이라는 한 학년

위의 학생의 이름이 기억납니다. 그때는 '했슴둥?', '했습꾸마.' 같은 말은 들은 기억이 없습니다. 아마 함경남도 사람들이라서 그랬는지…. 그 학생의 부친도 선생님이셨는데 방안에 부엌이 들어와 있는 함경도식 주거 공간이 놀라웠습니다. 처음 탑골 마을의 배씨 댁 아래채에서 살다가, 학교가 건립된 뒤 학교 안 사택에서 생활하였습니다. 4학년 때 창원 지귀초등학교로 전학 갔고, 가덕도의 천가초등학교를 졸업하였습니다. 4학년 때쯤 '원'을 답으로 써야 하는 산수 시험에 '동그라미'라고 썼는데 담임선생님께서 아버님께 '동그라미가 답이 됩니까?' 하고 여쭈어 보셨답니다. 아버님은 '요새는 그것도 답이 되겠지.' 하셨답니다. 아들 답안지인 줄도 모르고. 그때는 넘보라살(자외선), 사다리꼴(제형) 같은 말도 익혀야 했습니다. 가덕도에서 이웃의 중학생 형이 "세상에, '정말'이라는 나라가 있어."라고 하여 아버님께 전했더니, "그게 안데르센의 덴마크야."라 하셔서 두 가지 외래어에 대한 깨우침을 얻었습니다.

[2] 1961년~1974년, 修學期

중학교는 부모님 떠나 고향의 할머니 아래서 다녔습니다. 매달 시험을 보아 우수 학생에게 장학금을 주는 제도를 시행했는데 이 속에 들기 위하여 애써 공부를 한 기억이 있습니다. 마산고, 해양대를 나오신 수학 선생님의 귀여움을 받았고, 영어 선생님, 국어 선생님을 좋아하였습니다. 중2 때 아버님께 "poor의 명사형이 멉니꺼?" 하고 여쭈었더니 "poverty 지." 하셔서 아버님 머릿속의 영어 단어를 제 머릿속으로 옮겨왔으면, 하는 생각을 했습니다.

고등학교는 아버님께서 '육사 많이 가는 학교'라고 마산고를 선택하셨습니다. 고교 진학으로 객지로 나가 유학 생활을 하였는데, 도회지의 중학교를 나온 동기생들과의 학력 격차에 놀라서 따라가기 위하여 온 힘을 기울여 공부하였습니다. 이 3년간의 대입 준비 공부가 오늘의 저를 있게 하는 데에 결정적 요인이 되었습니다. 그때 그렇게 안 했으면 선생님들, 선배님들을 만날 수 없었을 것입니다. 마산의 모든 것에 깊이 감사하는 이유입니다. 어려운 형편에도 내내 수학 학원을 다니게 해 주시고, 필요한 입시 책은 다 사도록 허락하셨으며, 회의로 교육청에 오시면 가끔 급우랑 둘이 사는 하숙방에 오셔서 거의 밤을 새는 저희들 곁에서 새우잠을 주무셨던 아버님의 은혜를 다 갚지 못한 빚을 지고 있습니다.

그런데 서울서 갓 대학 졸업하고 금방 마산에 오신 국어, 영어, 독일어

마산고 교정에서. 고3 때(1967. 4.)

선생님들의 문학 수업과 데카당한 분위기, 염세적이고 비관적이고 약간 퇴폐적이고 사회 비판적이었던 분위기에 매료되었습니다. 학교 도서실에서 문학책을 찾아 읽었고, 문예반 활동을 하면서 문학의 밤 행사에 박경리 선생 등이 와서 강연하는 것을 들으러 다녔습니다. 낭만과 사랑과 학문이 있다는 대학가에 대한 환상에 젖어, 처음으로 아버님의 뜻을 어기고 사관학교가 아닌 대학을 갈 생각을 품었습니다. 선생님들 중에 3학년만 가르치시는 타의 추종을 불허하는 독보적인 국어, 문학 선생님이 계셨습니다. 나중에 창원대학교 교수로 계셨던 정재관 선생님이신데 고교 선배로서 무서운 선생님으로 소문이 나 있었습니다. 3학년 8개 반 중에 한 반 담임을 맡으시는데 우

리는 그 반으로 가지 않게 해 달라고 기도할 정도였습니다. 그분이 우리 반 담임선생님이 되셨고 제가 부반장을 맡았는데, 알고 보니 서울의 대학가에 대한 모든 낭만의 시원지가 이 선생님이셨습니다.

굉장히 어렵게 가르쳤습니다. '詩三百 一言以蔽之 思無邪'부터 가르치시고 '거울', '자화상', '권태', '광장', '요한시집', '이방인' 등등 어려운 시와 소설만 읽히시고 최재서 평론문을 많이 읽히셨습니다. '어려운 것 할 줄 알면 쉬운 것은 저절로 된다.'가 지론이셨고, '대학 졸업 후 취직은 늦게 할수록 좋다.'가 가르침이었습니다. 향가 해독이 문제가 많고, 고려 가요 어석이 제대로 안 되어 있고, 알퐁스 도테의 '별'이 우리나라 고3 국어 교과서에 있어서는 안 된다는 등 비판적 안목을 기르는 데 주력하셨습니다. 선생님은 경남매일의 논설위원이셔서 매우 바쁘셨습니다. 학교 일의 여러 가지 심부름을 해 드렸는데 댁에 가면 그때마다 문리대 교수님들과 졸업생들이 쓴 국어 참고서를 한 권씩 주셨습니다. 그런 참고서 덕분에 고전 문학 작품들을 많이 외우게 되었고 수준 높은 글들을 접할 수 있었습니다. 향가, 고려 가요, 용비어천가, 두시언해, 시조, 가사 등의 중요 작품들을 줄줄 외울 정도로 읽었습니다.

입시 원서를 쓸 때, 다들 하듯이 상대 간다니까 '대학은 출세하고 돈 벌려고 가는 곳이 아니다. 학문 하러 가는 곳이다. 경제학, 경영학 이런 데는 유학 안 가면 안 된다. 너의 가정 사정에 미국 유학 갈 수 있겠느냐? 네 문학적 재능이 아깝다. 국문학, 국사학이 네 사정에는 맞는다. 적성도 그쪽이고. 거기는 합격도 보장된다.'라고 하셨습니다. '합격 보장', 이 말의 마력을 다 아시지요? 소설을 써서 교지에 실리기도 하고, 시도 써 본 적이 있고, 국어 성적도 좋아서 국문학과를 지원했습니다. 입시 면접 때는 고려 가요를 공부하겠다는 생각을 말씀드렸습니다. 입학 후에 어느 선생님께서 "시험 답안에 정답인 '일출'을 '해돋이'로 적은 수험생들이 있어서 회의를 하여 정답 처리하기로 했다."고 말씀하시는 것을 듣고, 속으로 '아, 저도 그렇게 적었는데 왜 당연한 것을?' 했습니다.

▎ **국어학을 공부하게 된 계기는 어떤 것이었는지요? 학부에서의 학업 과정은 어떠하였으며, 대학원 진학을 결심하게 된 시기는 언제인가요?**

1968년에 교양과정부가 공릉동의 공대 교정에 설치되었습니다. 그때 문리대 국문학과 조교를 마치신 이병근 선생님께서 이곳에 조교 선생님으로 오셨습니다. 마산에 합격 인사를 갔을 때 고3 담임선생님께서 작년에 국문학과에 들어간 김태수라는 선배가 있으니 찾아보라고 하셨는데, 찾아보기도 전에 그 선배가 국어학을 공부하는 권영민, 최병두 선배들과 이병근 선생님께 인사를 왔습니다. 그때 같이 따라가서 선생님을 뵙고, 선배들과 어울려 다니면서 국어학계와 친해졌습니다.

'국어학개설'을 심악 선생님께서 공릉동 오셔서 가르치셨는데 이병근 선생님이 '모시고 강의실까지 오시고 끝나면 또 와서 모시고 가고…' 하는 것이 경이로웠습니다. '스승과 제자 사이는 저런 것이구나!' 하였고 '곁에 가 뵐 수만 있어도 좋으련만…' 하는 생각을 했습니다.

1학년 겨울방학 때, 국어학을 공부할 예정이라고 말씀드리니, 아버님께서 '그게 내가 젊었을 때 하고 싶던 공부였다.'고 하시며 "우리말본이 있었는데 너희 큰형(고종사촌 형님)이 가져갔단다." 그러셨습니다. 고향 집에 아버님 서명이 있는 한글갈, 조선문자급어학사, 고시조정해, 국문학개론 등이 있었는데 지금 다 제 연구실에 와 있습니다. 서울서 중학을 졸업하고 동경에 공부하러 가셨다가 학병 피하여 돌아와서 교편을 잡으셨는데, 그런 꿈을 가지셨던 줄은 몰랐습니다. 허웅 선생님의 동래고 후배로 독실한 국어학자셨던 나진석 선생님이 경남의 초등교육계에 전설적인 국어학 전문가로 계셨고 그런 분들과 교유하셨던 것을 나중에 알게 되었습니다. 아버님의 국어 교육에 관한 안목은 외솔 선생님의 '날틀', '안옹근 이름씨'에 가까이 가는 것이었습니다. 아버님의 제자들 중에 이영희 선생님, 신상철 선생님 등이 국문학을 전공하신 분들이십니다.

승낙을 받고 학부 시절 일석, 심악, 이기문, 강신항, 김완진, 이승욱, 안병희 선생님의 강의를 차례로 수강하면서 그 세계 속으로 빨려 들어갔습니다. 그 시절 문리대 국어학 분야는 흡인력이 강하였습니다. 이기문 선생님, 김완진 선생님의 2시간 연속 강의는 메모지 하나 없이 기억 속의 실타래를 풀어내시는 내용인데, 받아 적기에 숨 가쁠 정도로 한 자도 빠트릴 수 없는 내용들로 가득하였고, 나중에 읽어 보면 고칠 데 없는 완전한 문장들이 되어 있었습니다. 수강한 내용을 기억나는 대로 더듬어 보면 다음과 같습니다.

일석 선생님께는 두시언해 강독을 통하여 중세 한국어의 중요 현상들을 배웠습니다. 심악 선생님께 '중세국어문법', '근대국어연구', 향찰과 불경 언해에 대하여 많이 말씀하신 '국어학사'를 배웠습니다.

이기문 선생님의 '국어음운론'은 유럽의 구조주의, 특히 Prague학파의 N. Trubetzkoy와 생성 음운론(SPE, 1968)을 원용한 것이고, '국어계통론'은 A. Meillet, A. Martinet 등 프랑스 언어학에 토대를 두고 알타이 어학의 G. Ramstedt, N. Poppe 등을 접목하신 것이었습니다. '방언학'은 A. Dauzat를 직접 번역하신 언어학 원론과 E. Nida의 형태론의 제7장 현지 조사의 내용이었습니다. 여기에 '중세국어연구', '음성학' 등 5개 과목을 수강하였으니 학부 때 역사 언어학, 기술 언어학, 구조주의, 생성이론을 두루 배운 것이지요. 거기에 선생님, 선배들의 권유로 F. Saussure의 일반 언어학 강의, Trager, Bloch의 언어 분석 개론, Bloomfield의 언어, Gleason의 기술 언어학 입문, C. Hockett의 현대 언어학 강의 등을 필독서처럼 여기고 있었으나 충실히 읽지는 못했습니다. 3학년 겨울 방학에 Jacobs, Rosenbaum, Postal(1968), *English Transformational Grammar*를 사서 고향 가서 다 읽으려고 했는데 아직 다 읽지 못하였지요.

김완진 선생님은 '국어통사론'을 가르치셨는데 주로 생성 통사론이었습니다. 1969년에 귀국하셨고, 1971년 저희 4학년 때 부임하셨습니다. 구절 구조, 구 접속과 문 접속 등을 가르치시고, Chomsky의 책 *Syntactic Structure*와 'A Transformational Approach to Syntax'(Fodor, Katz(1964), *The Structure of Language* 소수)를 강독하셨습니다. 요즘 보니 그 논문 끝에까지 메모가 까맣게 되어 있었습니다. 다 가르치신 것입니다. 그렇게 데모로 지새던 시절에도 안 빠지고 강의하시는 분이 계신다는 것이 놀라웠습니다. '국어학특강' 시간에는 성조를 많이 가르치셨고 '국어사'를 가르치셨습니다. 3학년 때인 1970년 국어학회 월례발표회 때, 그때는 서강대에 계시던 선생님께서 '청산별곡의 사슴에 대하여'를 발표하셨습니다. '사슴의 탈을 쓴 사름'이 핵심인데 그 창의성과 논증 과정의 치밀함에 놀랐습니다. 이런 강의들에 매료되어서 '나도 저런 강의를 해 보았으면' 하는 꿈을 품게 된 것입니다.

나중에 알고 보니, 이때가 중세 한국어 연구의 황금기였습니다. 일석 선생님께서 국어대사전을 고어와 숙어 중심으로 새로 대폭 증보하고 계셨습니다. 졸업생 선배들이 문헌 찾아서 고어사전에 없는 어휘

동숭동 문리대 교정에서. 대학 4학년 때(1971. 10.)

를 모아 카드화하고, 문학 작품 속의 숙어들을 카드화하고 있었습니다. 심악 선생님께서는 *중세국어문법*을 고치고 계셨습니다. 박사학위 논문을 쓰고 계시던 선생님들께서 강의를 하셨는데, 이기문 선생님 *국어 음운사 연구*와 *국어사 개설* 개정판, 강신항 선생님 *훈민정음 연구*, 김완진 선생님 *중세국어 성조의 연구*, 그리고 언어학과의 허웅 선생님 *우리 옛말본*이 집필되고 있었습니다. 이승욱 선생님의 *국어 문법 체계의 사적 연구*에 실린 논문들, 안병희 선생님의 겸양법, 공손법, 의문법 등 중요 논문들도 다 이 직전에 나왔습니다. 그러니 강의실이 중세 한국어에 대한 연구로 불을 튀기고 있었던 것입니다. 저희는 방과 후에 둘러앉아 주제넘게 품평을 하곤 했는데, 결론은 김완진 선생님 강의에 압도되었고, 그분이 심악 선생님 사위인 이유가 있다는 데 합의하였습니다. 1971년 말에 학부 졸업 논문으로 '성조 소멸과 이중모음의 단모음화'를 썼는데 김완진 선생님 강의 영향입니다. 이 가설은 입증되지 않는 주제입니다. 성조는 국어에서 대표적인 사라진 현상이지만 우리 고향 말에는 남아 있습니다.

졸업 후 입대하여, 금화 최전방 연락장교로 주로 근무하였습니다. 브리핑이 주된 업무인데 전방 관측소 브리핑 원고를 받아보니 비문 투성이었습니다. 손질하여 브리핑하였더니 사령관이 산하 부대 여러 가지 브리핑 원고 개선 작업을 지시하였습니다. '당 오피, 도상으로는 차 지점이 됩니다.' 등을 '우리 관측소, 지도에서는 이 지점입니다.' 등으로 고쳤습니다. 나중에는 사단 작계 포병화력 계획 윤문을 오랫동안 하였습니다. 전쟁은 총칼로만 하는 것이 아니라 종이와 문장으로도 한다는

금화. 군 복무 때(1974. 4.)

것을 알았습니다. 모든 명령은 간결, 정확해야 했고 작전 계획은 누가 읽어도 단의적 해석만 나와야 했습니다.

[3] 1975년~1987년, 대학원 시절

심악 선생님께서는 정년 직전이시라 마지막 학생인 저희들에게 각별한 애정을 쏟으셨습니다. 1971년 가을 어느 날 교정을 산책하시다가 ROTC 교육 시간 중 휴식하고 있는 저희들에게 오셨습니다. '언제 제대하느냐? 대학원 진학은 할 것이냐?' 하셨습니다. 대답을 시원하게 하지는 못했습니다. 그때는 대학원 진학을 본인이 결심하는 것이 아니고, 선생님들께서 허락해 주시는 분위기였습니다.

1974년 봄, 휴가를 나와 김완진 선생님 연구실에 인사를 갔는데 *중세 국어 성조의 연구*에 제 이름을 정성들여 써서 주셨습니다. 아무 말씀 안 하셨지만 '너는 다른 데 가지 말고 여기 와서 공부를 하여라.'는 무언의 지도로 받아들였습니다. 그 후 이기문 선생님 연구실에 인사를 갔었는데 선생님께서는 *국어 음운사 연구*를 주시면서 제대 후에 양정고교에 가서 고3 고전을 가르쳐서 중세국어를 익히고 등등 해야 할 일을 당연하게 생각하고 계셨습니다. 앞서 말한 김태수 선배가 양정고교에서 가르치다 군에 가게 되어 저를 후임으로 추천하시는 경우였습니다. 양정고교 재직 중, 1975년 대학원에 입학하였습니다. 양정고교에서 주로 고전과 문법을 가르쳤기 때문에 대학원 공부와 직결되는 면이 많았지만, 대학원에서 공부에만 전념한 분들에 비하여, 직장과 공부를 병행한 아쉬움이 평생의 부담으로 남았습니다. 제 경우는 선생님들과 선배들이 좋아서 국어학을 선택하였다고 해야 가장 정확할 것입니다.

▍대학원에서의 공부 경향은 어떤 것이었는지요? 선생님의 연구 업적 하면 떠오르는 것이 생성 문법의 적극적 도입인데요.

네. 그렇지요. 그런데 제가 적극적으로 도입하고 활용하고 그런 것은 아닙니다. 이기문 선생님께 3년 동안 무려 5개 과목을 통하여 생성 음운론(SPE), 통사론의 기본적인 것을 배웠습니다. 거기에 금방 미국에서 오신 김완진 선생님께서 Chomsky를 강독하셨고 '문 접속과 구 접속' 등을 통하여 심층 구조-변형-표면 구조를 가르치셨습니다. 그런 강의들 속에서 '언어의 표면 현상을 관찰하여 그 현상을 지배하고 있는 심층의 원리를 밝혀라.'는 것은 1960년대 말 70년대 초의 문리대 국어학 분야 선생님들 강의의 핵심 교훈이었습니다.

1970년대 초 학과의 대학원 연구 분위기가 홍윤표 선생님의 '중세국어의 격 연구'로부터 시작하여 격과 조사에 쏠려 있었습니다. 홍 선생님은 심악 선생님 연구실에서 연구했는데, 학부생인 저희들은 선생님과 농구도 같이 하며 국어사에 대하여, 문법에 대하여 많은 지적 세례를 받았습니다. 박양규 선생님이 1970년 학부 졸업논문으로 '격, 그 층위와 체계', 석사논문으로 1972년 '처격'을 썼고, 임홍빈 선생님은 1972년 '주제화'이지만 실은 조사 '-은'에 대한 연구를 썼습니다. 이광호 선생님은 '대격'을 공부하였습니다. 김흥수 선생이 '중세국어 명사화'를 쓰면서 속격에 대하여 깊이 있게 논의하였습니다. 저도 그 시류를 따라 '속격'을 공부하였습니다. 생성 문법적 경향을 보인 임홍빈, 박양규 선생님을 제외하면 대체로 Ramstedt, Poppe의 알타이어 문법에 더하여 미국의 기술 언어학 방법을 원용하고 있는 상황이었습니다.

1975년에 학교가 동숭동에서 관악으로 이전하였습니다. 대학원 입학시험은 동숭동에서 보고 강의는 관악에서 수강하였습니다. 그런데 학교의 이전은 단순한 물리적 이사가 아니었습니다. 문리대 국문학과에는 어학 전공에 이기문, 김완진 두 분 선생님이 계셨는데, 관악의 인문대 국문학 과에는 교양과정부에 계시던 안병희, 이익섭, 심재기, 이병근 선생님, 국 어교육과 박갑수 선생님, 어학연구소와 재외국민연구소에 계시던 고영근, 이종철 선생님 등이 합류하셨습니다. 그리고 언어학과와 영문학과, 불문 학과, 나아가 사범대 영어교육과 등에는 미국에서 박사학위를 받고 갓 귀 국한 소장 언어학자들이 많았습니다. 이 미국 박사들에 의하여 관악은 Chomsky 언어학을 입에 달고 사는 상황이 되었습니다. 국문학과에도 알 게 모르게 이런 바람이 불어 왔습니다. 이기문 선생님은 강의 시간에 영 어교육과의 전상범 선생님을 모셔 와서 특강을 의뢰하기도 하셨습니다. 급여(feeding) 관계, 출혈(bleeding) 관계 등 음운 규칙에 관한 Kiparsky의 중 요 개념들은 전 선생님께 배웠습니다. 이 개념이 움라우트에서 성조와 음 운 현상을 연결시키는 아이디어로 나타났습니다. 이러한 분위기 속에서 Chomsky의 *Aspects of Theory of Syntax*와 Fillmore의 *The Case for Case*, Lyons의 *An Introduction to Theoretical Linguistics*와 *Semantics2* 등을 읽게 되었습니다.

여기에는 젊은 외국어과 교수들과 폭넓게 교유하고 계시던 이병근 선 생님의 영향이 컸습니다. 선생님은 갓 출간된 신간들을 거의 다 확보하고 계셨고 흔쾌히 복사하여 나누어 주셔서 우리는 중요한 외국 이론서나 논 문들을 힘들이지 않고 볼 수 있었습니다. 이 혜택을 가장 크게 입은 분들 이 곽충구, 송철의, 채완, 이남순, 이승재, 김창섭, 이현희 교수 등입니다.

석사학위논문(1977)은 '15세기 국어 속격의 연구'인데, 방법론은 생성 문법의 변형론자 이론과 유사하였습니다. '-ㅅ'은 기저 구조의 처격 체언 과 관련되고 '-의/의'는 주격 체언과 관련된다고 했는데 이는 적절한 설 명이 아닙니다. 주로 Robert Lees의 '영어의 명사화' 논문을 읽고 영향을 입은 것입니다. 그런데 이때 (1)처럼 동일 인물에게 '-ㅅ'을 쓰기도 하고 '-익/의'를 쓰기도 하는 경우, 화자나 관련 인물이 전자는 하위자이고 후자는 상위자로 서로 다르다는 것을 밝혔습니다. 이후 제 경어법 논문의 기본 논지, '[+H]와 [-H] 자질의 결정은 화자가 한다. 체언에 고유한 자질이 아니다. 국어의 경어법은 화용론적 세계의 지배를 받는 것으로 거리를 재는 사람의 심리적 문제이지, 문법론의 원리로 세울 수 있는 현상이 아니다.'가 거기서 굳어진 것입니다. (2)는 속격으로 된 것과 주격으로 된 것을 구분하려 제시한 자료인데, 사실적 표현과 관념적 표현으로 구분하려 했지만 적절한 해결책은 아닙니다. 속격 형태 '-ㅅ'은 사라진 우리 언어재라 할 것입니다.

(1) a. 王이 耶輸의 쁘들 누규리라 ᄒᆞ사(釋詳 六, 9b)
   a´. 太子祇陀익 東山(釋詳 六 23b)
   b. 目連이 --- 耶輸ㅅ 알픠 셔니(釋詳 六, 3a)
   b´. 祇陀太子ㅅ 東山(釋詳 六, 26b)
(2) a. 우흔 다 諸佛이 머리셔 찬탄ᄒᆞ시논 마리라(月釋 十八, 57b)
   b. 우흔 다 諸佛ㅅ 머리셔 찬탄ᄒᆞ시논 마리시니라(法華 六, 179a)

1978년 1년 동안 관악에서 조교로 근무할 때 이병근 선생님께서 많은 책과 논문들을 소개해 주시고 복사해 주셨습니다. 아직 다 읽지도 못하고 쌓여 있는 복사물들은 주로 이때 모은 것들입니다. 이 기간에 대학이 돌아가는 원리, 선생님들의 연구 생활, 선생님 모시는 자세, 학생 지도, 학사 행정 등 평생의 대학 생활에 지침이 될 기본을 익혔습니다. 석사학위 취득 이후의 공부 성향을 결정한 것은, 첫째 강원대에서의 첫 강의와 둘째 경상도 방언의 '-고/가', '-노/나'입니다.

1979년 3월 강원대에 가서 맡은 첫 강의가 '언어학 개론'이었는데 국어교육과의 전임이기에 학교 문법과 관련을 맺을 수밖에 없었습니다. 1979년 3월부터 사용되는 제5차 교육과정 고등학교 검인정 문법 교과서가 5종류 있었습니다. 그 중에 하나가 김완진, 이병근(1979) 공저의 박영사 책인데 이 책이 전체적으로 생성 문법적 시각으로 집필되었습니다. 다음은 그 머리말입니다.

"문법 체계의 … 최근의 학문적 성과의 내용을 흡수하여 반영시키는 것을 게을리하지 않았다. 이것은 학문의 발달에 따른 당연한 요청인 동시에 … ", "문법은 한 언어에 관한 규칙들의 총체다. 우리들의 머리 속에서의 사고가 어떻게 하여 말로 바뀌며 또한 음성으로 실현되는가를 공부하는 과목이다. … 문법이 단순한 언어 규칙의 학습이 아니고, 어떤 의미에서는 우주보다도 더 광대하다고 할 수 있는 인간의 사고 세계 내부로의 탐색의 학문이라는 데에 관심을 가져 주기를 바란다." "… 어떤 문법 현상 또는 문법 용어를 학생들이 이미 배웠거나 배우고 있는 외국어의 경우와 대비시켜 이해하도록 배려한 것들은 우리 저자 두 사람의 이러한 신념의 발로라 할 수 있겠다." 최근에 이를 읽으며 *문법의 모형과 핵 계층 이론*(빨간 책)의 제1장이 생각났습니다. 그 책을 쓸 때는 이 글을 읽어 볼 생각도 못했는데, 선생님의 가르침이 몸속에 녹아들어 있었구나 하는 생각이 들었습니다.

이 책은 많은 문법 현상을 생성 문법적 관점으로 설명하였습니다. 특히 지정사 '이-'에 대한 것이 돋보였습니다. '침묵은 금이다'라는 문장을 분석하여 설명한 "이 지정의 '-이-' 앞에 결합되어 서술부를 구성하는 체언은 보어와 같은 기능을 한다."와 "'그는 사람이 아니다'는 '그는 사람이다'의 부정문이다."라 한 기술이나 '-들'의 浮動을 설명하는 방식 등이 눈을 부시게 하였습니다. 당시 영어학자들의 논문에서 논의되던 것으로 국어학자들은 꿈도 못 꾸던 이야기인데, 우리는 김완진 선생님 강의 시간에 예사로 이런 말을 들은 것입니다. 그런데 그것이 고등학교 문법 교과서에 들어와 있었던 것이지요. 사실 이러한 기술은 문교부의 집필 지침을 어기는 것입니다. 이때 나온 허웅 선생님 책에는 머리말에서 "지정사는, 그 형태로나 그 기능으로나 용언의 한 가지로 보는 것이 타당하리라 생각되나 통일 문법에 따라 '-이다'는 조사로, '아니다'는 형용사로 보았다."라고 타협하고 있습니다. 안병희, 이응백 공저에도 "학자에 따라서는 '이다'를 용언의 한 종류로 잡는 일이 있다. 그러나 다른 용언과는 달리, 독립성이 없고, 또 실질적인 의미도 없으므로 여기에서는 조사의 일종으로 처리한다."고 하여 잘못을 변호하는 듯한 인상을 주고 있습니다. 이 책은 아무 말 없이 잘못된 집필 지침을 묵살하고 있었습니다.

이 문법 교과서와 이홍배 교수 등이 쓴 탑출판사의 *언어학 개론*, 선생님들께 배운 강의 노트들을 늘어놓고 강의안을 만들었습니다. 통사론을 중심에 놓고 음운론과 의미론을 곁들여서 중요 언어 현상 중심으로 강의안을 만들었는데, 결국 생성 통사론에 중심이 놓이는 강의였습니다.[1] 이 강의안이 여름방학 1급 정교사 강습의 '국어문법론', 교육대학원 '국어문법론', 다음 학기 '국어문법론' 강의에서도 활용되었고, 그 다음 학기 '국어학개론'에도 활용되었습니다. 특히 여름방학 1급 정교사 강습 때의 선생님들이 기억에 남습니다. 그 더운데 냉방도 안 되던 그 시절, 강원도 곳곳에서 오신 선생님들에게 새 문법 교과서의 내용이라 하고 가르쳤지요. 이듬해부터는 대학신문사 주간 일을 맡아 그 강의안을 새로 만들 시

---

1) 강원대학신문에서 '심층 구조와 표면 구조'라는 지정 제목의 학술난에 게재할 원고 청탁이 왔습니다. 많이 공부하여 주를 달아가며 썼습니다. 그걸 이민재 총장님이 읽으셨습니다. 대학 신문들이 온통 반유신, 반체제 운동권 기사로 덮일 때였는데 신선하셨던가 봅니다. 논설위원을 맡아 신문 편집에서 학술적 기사를 강화하라고 말씀하셨습니다. 여러 번에 걸쳐, '대학은 학문하는 곳이다, 열린 마음으로 세계의 학문을 접하자, 주말이면 서울 가서 문화 활동을 하자, 졸업논문을 정상적으로 쓰자.' 이런 사설을 쓰다가 그 삼엄했던 1980년에 전임강사가 주간까지 하게 되었습니다.

간도 없었습니다. 그리고 1980년에 박사과정에 입학하였습니다.

1981년에 고려대에서도 '국어문법론'에 이 강의안을 활용하였고, 1983년에 우리 학교에 와서도 '국어학개론', '국어통사론' 과목에 활용하였습니다. 1998년의 빨간 책, 2000년의 까만 책도 첫 원고 시원은 그 강의안으로부터입니다. 그래서 저는 누가 처음 강의 맡아 나간다고 인사 오면 무조건 "첫 강의안을 정성들여 만들어라. 그것이 평생을 좌우한다."고 말합니다. 어떻게 보면 직접적으로 생성 통사론과 맞부딪히게 된 것은 첫 강의가 '언어학 개론'이었기 때문이라 할 수 있습니다.

우리 학교에 와서는 통사론에 더하여 성현경 선생님의 권유로 '원전판독/고전문헌해독'을 맡았는데 이 강의안은 카드로 작성하였습니다. 예감 같은 것, '자꾸 추가해야 할 것이다.'라는 것이 있었습니다. 해마다 덧붙이고 추가하여 너덜너덜한 카드 교안을 지금도 추가하고 있습니다.

▎**박사학위 논문은 의문문에 관한 것이었습니다. 특별한 계기가 있으신지요?**

1976년에 최명옥 선생님이 경남 방언을 자료로 '현대국어 의문문 연구'를 학술원 논문집에 발표하였습니다. 그리고 영남대학교로 초빙되어 갔습니다. 이 일은 미래가 암울했던 저희 대학원생들에게 '좋은 논문 쓰면 교수가 될 수도 있겠다.'는 희망을 던진 일이었습니다. 저는 바로 안병희 선생님(1965)의 '중세국어 의문문'과 비교해 보았습니다. 그때 느낌은 '다 한 것은 아니다.'였고 "경남 방언을 대상으로 하여 안 선생님의 '의문문'처럼 쓰자."고 결심하였습니다. 그리고 의문문 공부를 시작하여, 1979년 첫 의문문 논문을 썼습니다. 처음에는 전체 종결어미 속에서 의문문을 보려 하였습니다. 점점 좁혀서 의문문만 보게 되었는데 전 종결어미를 다 보려 한 것이 큰 도움이 되었습니다. 전체 체계를 세울 수 있었으니까요. 작은 문제 하나 붙들고 학위 논문 쓰면 나중에 큰 공부를 할 수 없게 됩니다. 처음에는 밑바탕을 넓게 잡고 한국어 문법을 통째로 새로 쓰겠다는 자세로 공부를 시작해야 합니다. 이로부터 어미가 주전공이 되었습니다.

관악. 이병근 선생님 연구실에서(왼쪽은 최명옥 선생님. 1987. 8.)

(3)의 예문들이 중세 한국어 의문문의 특성을 보여줍니다. (3a~d)에서 포착되는 현상은 의문사가 있는 설명 의문문에는 '-고', '-뇨'가 나타나는 데 비하여 의문사가 없는 판정 의문문에는 '-가', '-녀'가 나타난다는 것입니다. 의문사와 의문 어미 사이에 통사적 일치가 포착되는 것이지요. 이것은 이미 알려져 있던 현상이었습니다. 그런데 (3d, e, f)를 보면 이 일치 현상이 절 경계를 넘어서 이루어지고 있습니다.

(3) a. 이 ᄯᅳ리 너희종가(월석 八, 94b)

   b. 이 엇던 光明고(월석 十, 7b)

   c. 이 大施主의 得혼 功德이 하녀 몯 하녀(月釋 十七, 48b)

   d. 므슷 罪業을 짓관더 이런 受苦롤 ᄒᆞᄂᆞ뇨(月釋 二十三, 78b)

   e. 世尊하 두 소니 다 뷔어늘 므스글 노ᄒᆞ라 ᄒᆞ시ᄂᆞ니잇고(月釋 七, 54
     의 1)

   f. 世尊하 地藏菩薩이 여러 劫브터 오매 각각 엇던 願을 發ᄒᆞ시관더 이
     제 世尊ㅅ 브즈러니 讚歎ᄒᆞ샤믈 닙습ᄂᆞ니잇고(月釋 二十一, 49b-50a)

　　1983년 우리 학교에 와서 국어 문법사의 이승욱 선생님, 방언 성조론
의 정연찬 선생님을 모시고, 영문학과의 생성 문법 이론가 이홍배 교수와
교유하며, 선배로는 생성 통사론 전문가 임홍빈 선생님, 경상도 방언 자
료 권위자 최명옥 선생님의 도움을 받으며 공부하였습니다.[2]

　　우리 학교에 와서 처음 발표한 1983년의 '오이라/온나/온, 오게, 오소,
오이소, 오(시)이소'라는 명령문 체계는 전체 종결 어미 체계를 새롭게
짜기 위한 시동이었습니다. 종결 어미 체계를 짜는 기본 정신은 한국어
문법사의 흐름을 존중하고 방언 자료를 중시하며, 현대 언어 이론과 연계
지어 이론화하는 것이었습니다.

　　1984, 1985, 1986 등의 논문을 거쳐 1987년 박사학위논문 '경남 방언
의 의문문에 대한 연구'를 썼습니다. 연구 방법론은 장의 성격에 따라 전
통 문법, 구조 기술 언어학, 생성 문법이 응용되었습니다. 자료는 중세

---

2) 그런데 이렇게 영향을 받은 관계인데도 그 두 분 논문과 제 논문은 기본 태도가 완전히 다르
다고 저는 생각합니다. 임홍빈 선생님이 Chomsky 이론을 비판하면서 새로운 대안을 제시하는
데에 주력한 반면에, 저는 그 이론 속에서 그나마 한국어를 설명하는 데에 도움이 되는 것을
찾아 응용하려는 글을 주로 썼습니다. 최명옥 선생님은 방언의 표면형을 중심으로 다른 방언
과 차이가 나는 특이성을 주로 기술하는 데 반하여, 저는 각 방언들의 차이나는 표면형 뒤에
들어 있는 심층 구조의 동일성을 강조하고 방언 차이를 표면 음성 실현 규칙의 차이로 설명하
는 글을 많이 썼습니다. 같은 선생님께 배우고 같은 논저들을 읽으며 공부해 왔는데 일생을
돌아보면 결국 서로 다른 길을 걷고 있었구나 하는 것을 느낍니다.

한국어, (4)~(7)에서 볼 수 있는 경남 방언, 표준 공통어를 다 이용하였습니다. Radford(1981, 번역본 1984, *변형문법이란 무엇인가*)를 이광호, 임홍빈 선생님과 함께 번역한 것이 큰 도움이 되었습니다. 이 현상은 표준 공통어에서는 이미 사라졌고, 남아 있는 방언에서도 곧 사라질 언어재라 할 수 있습니다.

문경 새재, 서강대 국문학과 교수 등산 때(앞줄 왼쪽부터 김열규 선생님, 정연찬 선생님, 김학동 선생님, 박철희 선생님, 이승욱 선생님, 필자, 성현경 선생님. 1985. 2.)

(4) a. 니는 순이가 <u>눌로</u> 좋아<u>한다고</u> 생각하<u>노</u>?
　　　Who(m) do you think that Suni likes ____?

　　b. 니는 순이가 <u>눌로</u> 좋아하<u>는고</u> 궁금하나?
　　　Do you wonder whom Suni likes ____?

(5) a. <u>누가</u> 가<u>도</u>, 그 일은 못하-{-<u>노</u> < -<u>나</u>}?　a´. <u>누구도</u> 못하나?

　　b. <u>운제</u> 가<u>(거)</u>나 만원이-{*-<u>고</u>, -<u>가</u>}?　　b´. <u>운제 (거)</u>나 만원이가?

(6) a. 이기 {순이가 <u>운제</u>　t　쓴} 책이<u>고</u>?

　　b. 이기 {순이가 <u>운제</u>　t　쓴} 그 책이{??-고 < -가}?

(7) a. 니는 순이가 <u>운제</u> 간 줄로 아노?

　　　When do you know ___ Suni went?

　　b. 니는 <u>누가</u> 꽃병을 깬 줄을 아나?

　　　Do you know who ___ broke the vase?

　　이때는 한국 언어학의 황금기였습니다. 한국언어학회에서 철마다 최신 이론 강독이 있었고, 매주 수요일 저녁에 중앙대/숭실대에서 언어 이론 스터디 그룹이 있었습니다. 영어학은 서강대의 김태옥, 이홍배, 고려대의 이기용, 서울대의 장석진, 이정민, 김한곤, 양동휘, 연세대의 이익환 교수 등, 독어학은 서울대의 신수송 교수, 불어학은 서울대의 홍재성 교수, 국어학은 서울대의 임홍빈 선생님과 제가 참석했습니다. 그 밖에도 영어학을 하는 대학원생들이 많이 참가하였습니다. 고려대의 강범모, 최재웅 교수, 국민대의 윤종렬 교수 등이 떠오릅니다. 그러나 국문과 대학원생은 거의 없었습니다.

　　그때 중요한 생성 통사론 논문을 거의 다 읽었습니다. Chomsky(1977)의 'On WH-Movement'를 꼼꼼히 읽었고, J. Huang(1982)의 'WH 이동이 없는 언어에서도 WH를 이동시켜라.'는 중국어에 대한 논문을 읽었습니다. 그거 읽고 '국어에도 논리 형식부에서 의문사를 이동시킨다.'는 입론을 세웠습니다. COMP의 좌측에 새로운 COMP를 촘스키-첨가시켜 의문사를 이동시킨다는 것이 당시 이론이었는데, 그것을 비판하고 수정하여 S' 위의 S"를 이루는 FOCUS 교점으로 의문사나 초점 받은 성분을 이동시킨다.'는 새로운 제안을 했습니다.[3] 이후 주제화와 초점화를 다룬

---

3) 금요일에는 고영근 선생님이 독일에서 가져오신 통사 의미론 관련 저서들을 고 선생님 연구실에서 여럿이 함께 읽었는데 동독에서 나온 책 속에서 문장의 의미 해석을 위하여 관점 표시 같은 것을 도입해야 한다는 이론을 본 것이 기억에 남았습니다.

1999a, 2002b 논문들이 이를 발전시킨 것입니다.

　복합문에서의 의문사의 영향권을 여러 경우로 나누어 볼 수 있었고, 의문사 이동과 그에 대한 제약이라는 관념을 가진 것 등 겉으로 보기에는 생성 통사론에 경도된 논문으로 박사학위를 받은 것처럼 보입니다. 제 생각에는 출발이 방언과 문헌 자료에서 시작했고, 거기에 WH-현상이 있어서 생성 통사론을 응용하게 된 것이라고 봅니다. 그런데 생성 통사론과 국어 문법 현상이 비교적 불화를 덜 일으키는 편안한 논제가 거기에 있었던 것입니다. 세부적으로는 많은 갈등이 있었고, 한국어 현상을 위하여 이론을 조절한 부분이 매우 많습니다. 특별히 말할 것은 하위 인접 조건(Subjacency Condition)입니다. 원래 구조적 조건인데 의미적 조건으로 이해해야 한다는 주장을 폈습니다. 또 많은 부분이 구조주의적 기술, 전통 문법과 관련된 논의로 되어 있습니다. 특히 초점과 관련된 것이 고민이었습니다. 1986년에 일본의 코리아학회에 발표하러 간 일이 있는데, 그때 神田의 서점에서 Horvath(1986)을 안병희 선생님께서 발견하셔서 구해 올 수 있었습니다. 이 논문은 헝가리어에서는 초점을 받은 성분과 의문사가 V의 바로 앞 자리로 이동한다고 주장한 희한한 논문입니다.4) 이 논문이 나름대로 생성 통사론을 상당히 수정한 설명 방안을 만드는 데 도움이 되었습니다.

　박사학위논문을 책으로 출간한 *국어 의문문 연구*(1987)의 생성 통사론 관련 부분인 제6장을 집필한 것은 1984~85년입니다. 그런데 1986년에 Chomsky의 *Barriers*가 나왔습니다. 논문 작성이 다 끝나고 전통 문법과 구조 기술 언어학 관련 항목을 손질하는 단계인데 S, S', S"로부터 CP,

---

4) 2006년에 세계 언어학자 대회를 위하여 한국에 온 세계언어학회장이던 헝가리의 F. Kiefer에게 *국어 의문문 연구*를 드리면서 참고문헌에 당신 논문과 책이 들어 있다고 했더니 반가워했습니다. 헝가리어의 초점과 WH-현상에 대하여 문의하였더니, Horvath(1986)의 데이터가 좀 문제가 있다고 하였습니다. 어디서나 언어학은 자료가 문제이구나 생각하였습니다.

TP, AGRP, VP 이렇게 바뀌었습니다. 반영할 엄두가 나지 않았습니다. 의문사가 S'에 촘스키-첨가된다고 한 것을 비판하고, FOCUS와 관련 S"에 첨가된다고 해 놓았는데, 의문사가 CP의 SPEC에 들어간다고 바뀌었습니다. 제 주장과 거의 같아져 버렸습니다. 그리고 제1의 공격 대상이던 의문사를 COMP 좌측에 촘스키-첨가시킨다는 이론이 공격 대상에서 사라졌습니다. 부분 부분을 각주에 밝혀 놓고 원래의 생각대로 밀고 나갔습니다. 한 학기쯤 늦추면서 새로 썼으면 어떻게 되었을까 그런 생각을 합니다. 그러나 그때까지의 사고는 그때까지의 사고이고, 그 후의 생각은 그 뒤에 다른 논문에 다 반영하였으므로 오히려 그 단계에서 끝낸 것이 잘 되었다고 생각합니다. 저도 2008년에 1984년 스타일의 '통사적 자질 일치로도 충분히 설명할 수 있다.'로 돌아갔습니다.

관악. 박사학위 수여식 때 이기문 선생님을 모시고(1987. 8.)

▌생성 문법을 수용하시면서도 현대 한국어, 서울 말만 대상으로 하시는 것
이 아니라 방언이나 국어사 문헌 자료를 대상으로 삼으셨습니다.

국어 의문문 연구는 방언 자료와 중세 한국어 자료를 대상으로 이루어
졌지요. 목표가 고향 말의 의문문을 기술하는 것이고 그 말과 같은 질서
를 가진 말이 중세 한국어였으니 좋은 뒷받침이 되었습니다. 운이 좋아,
좋은 자료가 고향에 있었고 선생님들의 연구 속에 있었습니다. 이 주제는
아버님과 함께 경남 초등교육계에 종사하신 나진석 선생님이 처음 연구
한 것이라는 점도 제게는 의미가 있습니다. 이론도 생성 통사론이 이 문
제에 관한 한 꽤 우아한 문법이라 할 수 있습니다. 이런 행운은 드문 일
이지요. 아마 1980년대에 누군가가 MIT에 유학 가서 그 내용을 영어로
써서 제출했어도 그들은 자신들의 이론을 잘 입증해 주는 자료를 제시하
였다고 높게 평가했을 것입니다.

관악 중앙도서관 앞, 박사학위 수여식 때(왼쪽부터 충목 동생, 아버님, 어머니, 윤주,
필자, 주헌, 아내, 강목 동생. 1987. 8.)

이 연구에서 '합니꺼? : 하니이껴?'와 '묵습니꺼 : 묵니이껴?'가 문제되었습니다. 우리 집안에서는 '하니이껴?, 묵니이껴?' 하는 말이 많이 사용되었습니다. 이건 경북 안동 말입니다. 달성 서씨 세거지가 의성 일직 蘇湖軒이고 대구가 관향입니다. 말의 관습이 참 오래 간다고 생각했습니다. (8)에서 '-ㅂ-/-습-'이 있는 형과 없는 형, 그리고 '-다'가 '-더'로 '-까'가 '-꺼'로 되는 현상에 주목하였습니다. 이는 1988년 확정된 표준어 규정이 '먹읍니까?'로 쓰던 것을 '먹습니까?'로 쓰기로 수정한 데에 기여했다고 자부합니다. 그 당시 국어심의회에서 모음 뒤 '-ㅂ니까?', 자음 뒤 '-습니까?'로 확정하였으니까요.

> (8) a. 하-ㅂ{-니-, -다-}꺼, 하{-니-, -다-}이껴 : 하-ㅂ{-니-, -다-}까, 흥{-ㄴ니-, -더-}잇가/고[중세]
> b. 하-ㅂ{-니-, -다-}더, 하{-니-, -다-}이더. : 하-ㅂ{-니-, -다-}다, 흥{-ㄴ니-, -더-}이다.[중세]

이를 설명하기 위하여 중세 한국어의 겸양법 선어말 어미 '-습-'을 정리해야 했습니다. 1987년 박사학위논문과 1988의 논문을 거쳐 최종안은 1993의 논문으로 나왔습니다. 안병희 선생님(주체 겸양설)과 허웅 선생님(객체 존대설)의 학설 대립 속에서 새 길을 찾아야 했습니다. 도입한 것은 임홍빈(1976)의 화자 겸양의 논리입니다. "중세 한국어에서는 '-습-'이 주체 겸양과 화자 겸양의 양 기능을 가진다. 근대 한국어에 오면 '-습-'의 주체 겸양 기능은 축소되고 화자 겸양의 기능이 우세해지며, 현대 한국어에서는 화자 겸양의 기능만 남았다. 방언에 따라 이 '-습-'의 화자 겸양의 기능을 받아들이지 않은 방언이 있어 '하니이껴, 하니이더 형'이 존속하고 있다. 그런 방언은 '청자 존대[화자 겸양]'의 '-이-'를 강하게 유지한다. '-더', '-꺼'는 이 청자 존대의 형태소 '-이-' 뒤에서 /ㅏ/가 /ㅓ/

로 변한 것이다. '-습-'의 화자 겸양 기능을 받아들인 방언은 청자 존대의 '-이-'를 약하게 유지하고 있다. '-습니더', '-습니꺼'로 실현되는 방언은 '-습-'의 화자 겸양 기능도 받아들이고 '-이-'도 강하게 유지하는 방언이다."와 같은 겸양법의 변화에 대한 논지를 확정지었습니다. 이 '-습-'도 주체 겸양이라는 원 의미는 사라진 것이고, '-이-'도 대부분의 문법 학자들이 인정하지 않는 사라져 가는 형태소입니다.

이어서 요새는 잘 안 쓰이는 '오오체'를 보았습니다. 1990c, 1996b, 2001b로 이어지는데 곧 사라질 '오오체'가 표준 공통어는 '오오, 읽으오'이지만 방언형은 평서, 의문은 '오요, 읽소'이고, 명령형은 '오소, 읽으소'이므로 같은 형태소로 볼 수 없다고 주장하였습니다. 평서, 의문은 '-습-'과 관련되지만, 명령은 그 외의 형식 '-(으)쇼셔'와 관련된다고 하였는데 이는 문제가 있는 해결안이었습니다. '-(으)쇼셔'가 '-(으)소서'로 되기 전에도 이미 명령문의 '-(으)소'가 나타나기 때문입니다. '-(으)소'의 기원은 달리 생각해 보아야 할 과제입니다.

선어말 어미 가운데 특히 '-(으)리-'를 본 것이 1989c입니다. '-겠-'의 출현으로 존재의 이유를 빼앗기고 사라져 가고 있는 형태소입니다. 그러나 '제가 가리이까?'에 대당하는 말 '제가 가겠습니까?'에서는 자신의 의도에 대하여 상대의 허락을 얻는 듯한 의미가 나오지 않습니다. 그래서 이러한 의미는 엉뚱한 반말 높임의 '제가 갈까요?'가 대신하고 있습니다. 중세 한국어에서 '-(으)리-'의 짝이었던 '-(으)니-'는 거의 누구도 언급하지 않습니다. 제가 1998년, 발화 양태로 보아 [+확실성]의 '-(으)니-', [-확실성]의 '-(으)리-'라고 제안은 했지만 아직 논증은 하지 못하고 있습니다. '-(으)리+어' → '-(으)려'의 표준 공통어와 달리 방언형들은 '-(으)리+라' → '-(으)르라'가 되는 /ㅣ/ 탈락 규칙의 적용을 받은 것입니다. 2012년의 '젠틀맨'의 가사 '알랑가 몰라'의 열풍 속에 '알랑가'에 대한 설명 방법이 (9)에 제시되어 있습니다.

(9a, b)를 보면 이 말은 사라져 가는 선어말 어미 '-(으)리-'를 설정해야 설명이 가능합니다. '알랑가'와 '오는가'는 (9a, 1)과 (9b, 1)에서는 그 통사 구조는 같지만 음성 실현이 전혀 다름을 알 수 있습니다. 그러나 (9a, 2, 3)과 (9b, 2, 3)에서는 통사 구조와 음성 실현이 완전히 같습니다. 2013년 여름 국어학회 특강의 제2 주제가 바로 이것이었습니다. (9a)를 보면 '알랑가'는 '현재 인식', '의도', '추측'의 삼중의성을 지녀서 세 가지 의미로 해석될 수 있습니다. (9b)는 '오는가'가 전혀 다른 모습을 띠므로 '올랑가'는 두 가지 의미로만 해석될 따름입니다.

> (9) a. 알랑가 : 1. 알-느-ㄴ가 : 현재 인식
> 2. 알-리-라 ㅎ-느-ㄴ가(ㅣ탈락) 알-ㄹ-라 ㅎ-느-ㄴ가 : 의도
> 3. (ㅎ 탈락) 알-ㄹ-라 -느-ㄴ가 : 추측
> b. 올랑가 : 1. 오-느-ㄴ가 : 현재 인식
> 2. 오-리-라 ㅎ-느-ㄴ가(ㅣ탈락) 오-ㄹ-라 ㅎ-느-ㄴ가 : 의도
> 3. (ㅎ 탈락) 오-ㄹ-라 -느-ㄴ가 : 추측

접속 어미로 끝난 절이 독립되어 발화되면 반말체 '-어'나 '-지', '-면서', '-은데', '-거든' 등으로 끝난 발화가 된다는 것을 밝힌 것이 1989b의 논문인데, 같은 연구 기간에 얻게 된 결과들입니다.

고향인 진해의 방언에 대한 자부심이나 애정들도 엿볼 수 있었는데요, 선생님의 국어학 연구에서 고향 말은 어떠한 의미를 갖는지도 궁금합니다.

그건 자부심보다는 애정이라 해야 하겠지요. '어머니의 말', '할머니의

말'이니까요. 물론 저희 집안은 여러 대 그 지역에서 살았고, 할머니, 어머니 모두 옛날의 熊川(곰내)縣, 창원시 진해구 안이 고향이지요. 그 고향 말에서 자료를 가져와서 제 논지를 입증하려는 논의를 많이 편 것이지요. 의문문은 말할 것도 없고, 움라우트를 성조와 관련시키는 것도, 경어법에 관한 논문들도 대부분 핵심 논거는 그 방언 자료이지요. 제 공부는 고향 말을 떠나서는 이루어질 수 없는 것입니다.

그런데 그게 방언학은 아니지요. 끊임없이 다른 방언과 비교하고 방언 차이를 역사적 변화의 차이에서 구하려고 노력했는데도 방언학계에서는 방언 연구로 인정하지 않지요. 저도 방언학자라는 생각을 못하지요. 필드 워크를 못하는 삶을 살았으니까요. 방언학에서도 언급되지 않고 표준어 연구에서도 언급되지 않으니 제 연구 결과들은 사각 지대에 놓여 있는 찬밥 신세이지요.

저는 이렇게 생각합니다. '통사론은 문장 구조를 이루는 규칙을 찾는 것인데, 그것은 문법적인 문장을 비문법적인 문장과 대조하면서 찾아야 하는 것이니까, 어차피 내성적 직관에 의존하게 되어 있다. 그러니 누구라도 자기가 확실히 아는 언어를 대상으로 하여 논의를 할 수밖에 없다. 내가 확실히 아는 언어는 고향 말이다. 내가 통사 구조를 논의할 때는 고향 말이 주 자료일 수밖에 없다.' 그런 거거든요. 그러니까 잘 모르는 방언을 대상으로 한 방언 연구가 흔히 오류에 빠지는 위험을 피하고, 또 아무도 잘 모르는 표준어를 대상으로 하는 일반적인 한국어 연구가 자칫 오류에 빠지는 현실을 피할 수 있는 방편이 이 길이었던 것이지요.

그런데 내용을 들여다보면 다음과 같이 됩니다. '고향 말은 중세 한국어와 닮은 점이 많다. 중세 한국어는 현전하는 가장 오랜 우리말로, 새로 만들어진 문자에 의하여 임금의 권위를 등에 업고 질서정연한 표기를 보인다. 그런데 그 표기는 문법 체계까지 완전히 분석하여 거기에 맞게 잘 고안되었다. 그래서 상당히 이상적인 언어 체계를 드러내 보이고 있다.'

이렇게 되잖아요. 그래서 '중세 한국어가 가장 표준적인 한국어 모습이다.' 이런 생각을 하게 된다는 말입니다. 그러니 '그 중세 한국어와 비슷한 고향 말이 어쩌면 이상적인 문법 체계를 갖춘 표준적인 한국어일지도 모른다.' 이런 생각을 했거든요.

그게 자부심으로 나타나게 되는데, 그런 게 깔려 있어요. 경북 내륙의 '가니이더', '가니이꺼?'와 같은 말이 가지는 암시도 그런 것이지요. 그런데 이 말이 우리 집안에서는 대대로 사용되었거든요. 어떤 자료든 그 자료가 신빙성이 있고 자연 언어로서의 한국어라는 보장만 되면 충분한데, 표준 공통어는 자연 언어로서의 속성을 많이 상실했다는 걸 강조한 것이 자부심처럼 보였을까요?

[4] 1988년~2009년, 연구와 봉사

▌미국서의 생활에 대해서도 궁금한 것이 많습니다. 미국에서의 연구 생활에 대하여 듣고 싶습니다.

1989~90년 Harvard-Yenching Institute 방문학자로 Cambridge에 갔습니다. 우리 학교의 안식년, Harvard대 연구소의 지원까지 받은 이 기간은 말할 수 없이 큰 혜택을 입은 기간입니다. 선진국의 모습, 세계 최고 대학들, 언어학 분야의 1위 MIT, 그곳에서 보고 들은 것을 필설로 다할 수는 없습니다. 시골에서 태어나 꿈도 꿀 수 없는 말들을 듣고, 온갖 것을 구경하면서, 세계 최고의 학자들의 강의를 자유롭게 청강할 수 있었던 기간이었습니다. Cambridge는 공부하는 사람들에게는 천국 같은 세계였습니다. 1990년 2학기에 돌아와서 학생들에게 한 말은 '컴퓨터로 출력하여 과제를 제출하라. 정보 검색 능력을 갖추어라. 방학 때 운전을 배워라.

미국을 꼭 가서 보라.' 등이었습니다. 지금은 당연한 것인데.

2003년과 2005년 BK21을 하면서 곽충구 교수, 이홍배 교수, 김영석 교수 등과 함께 대학원생들을 데리고 Harvard에서 열린 국제한국어학회에 참석하러 다시 갔을 때, 서강대 팀이 함께 묵었던 Irving House에서 어느 새벽에 일어나 문득 느낀 것은, '아아, 89~90년 그 시절이 내 인생에서 가장 좋았던 시절이구나!' 하는 것이었습니다. 그 후로 다시는 그렇게 행복하고 활기차게 살 수 있는 시기가 제게 오지 않았습니다.

이 꿈 같은 세월의 시작은, 얄궂게도 1989년 6월 3일의 천안문 사태의 기억으로부터 출발합니다. 고향에 출국 인사를 드리러 갔을 때 TV를 보시던 아버님께서 '중국 학생들이 무엇을 주장하는가?' 하고 물으셨습니다. 제 답변은 '제대로 된 공산주의를 하자는 걸 겁니다.'였지요. 아버님은 '정말 그럴까?' 그러셨어요. 그리고 미국 가서 우리보다 한 달 정도 늦게 Harvard에 온 중국학자들(그때 중국은 40세 이하의 나이 제한 때문에 교수들은 극소수가 오고 박사과정 학생들쯤 되는 학자들이 10여명 옴)과 친해진 뒤에 그 질문을 그대로 했더니 돌아온 답은 '서구식 제도'라고 하여 충격을 받았습니다. 그들은 기간이 만료된 뒤에도 돌아가려 하지 않았습니다. 귀국하자 말자 아버님께 말씀드렸더니 '그러면 그렇지.'라고 하셨습니다. 이 일이 저의 세계관에 큰 영향을 끼쳤습니다. 서울에서 가졌던 저쪽 세계에 대한 환상을 말끔히 씻어 버리는 계기가 되었습니다.

1989년 6월 말에 책에서만 보고 말로만 듣던 동경의 땅, 이기문, 김완진, 김열규, 이익섭 선생님께서 다녀오신 그 곳에 갔습니다. 가서 바로 Kuno 교수, 이익환 교수가 주관하여 2년마다 열리는 '하버드 국제한국어학회'에서 '한국어의 WH-현상'이란 발표를 하였습니다. 이 발표를 했을 때 Cornell대의 J. Whitman 교수가 "설명 의문문이 내포되었을 때도 모문이 설명 의문문이 되는 경우가 있는가?" 하고 질문하였습니다. 저는 없

Harvard대 과학관, 국제한국어학회 발표 때(1989. 7.)

다고 답했는데, 그 뒤 2008년에 그런 경우도 있다는 글을 썼고 그것이 2013년 여름 국어학회 특강의 제1 주제였습니다.

*국어 의문문 연구*를 이 학회 기간에 Harvard의 Kuno 교수에게 드렸는데, 방학이 지나고 개강이 되자마자 찾아와서 격주로 화요일 오후 3시에 만나서 2시간씩 통사 이론과 한국어 문법에 대하여 논의하자고 하였습니다. WH-현상은 Abstract 읽어서 되었고, 나머지 한국어 문법의 특징에 대하여 한 장씩의 요지를 만들어 오라고 하였습니다. 마침 우리 학교의 작문 책을 개편하면서 집필한, 강원대에서의 첫 과목으로부터 출발하여 이제는 서강대 교양 작문 책에 들어갈 예정으로 임시 인쇄하여 가르치는, 서강대가 보는 '한국어 문장 형성 원리' 라는 원고가 있었습니다. 그것으로 영문 요약문을 만들어 한국어 통사론의 거의 모든 문제에 대하여 영어, 일본어와 대조해 가면서 정리하였습니다.

그때는 틈만 나면 Boston 근교의 역사 유적 탐방과 명문 대학이 있는 인근 도시로의 여행을 감행하였습니다. Walden Pond, Concord, Lexington, Cape Cod, Plymouth, New Port, Revere Beach 등 역사 유적지를 돌아다니고, Nathanael Hawthorne의 소설 소재 White Mountains의 큰 바위 얼굴(Old Man in the Mountain)을 보러 여러 번 갔습니다. 2000년대 초반 어느 날 새벽 우연히 인터넷 검색을 하다가 큰 바위 얼굴의 턱이 떨어졌다는 기사를 막 뜨는 순간에 보고는, 가슴 한 모퉁이가 텅 비는 듯한 느낌을 받았습니다. 중학교 때 국어 교과서에 소설 '큰 바위 얼굴'과 기행문 '기차는 원의 중심을 달린다.'가 있었는데, 여름 방학 때 시골집 모기장 속에서 그런 거 읽으며 얼마나 동경하던 땅이었던지. 유진오 선생의 '滄浪亭記'를 읽으며 西江을 동경하고, 집을 마포 서강 가에 잡은 동기도 그 때 읽은 소설의 영향이지요. Dartmouth大가 있는 Hanover, Phillips Academy가 있는 Exeter와 Andover, Brown大가 있는 Providence, Yale大가 있는 New Haven, Cornell大가 있는 Ithaca, 뉴욕의 Columbia대, Princeton大, 나중에 둘째가 다니게 된 Stony Brook의 SUNY, West Point 등등 이루 헤아릴 수 없이 많은, 아름답고 정겨운 캠퍼스를 돌아다니는 것이 우리의 취미였습니다. 그 중에 가장 좋아한 곳은 Wellesley College였습니다. 그러나 깨달은 것은 아무리 좋은 것도 내 나라, 내 것이 아니면 헛된 것에 지나지 않는다는 것입니다.

Harvard에서는, 못 알아들었지만 Watkins 교수의 Hittite어 해독을 꾸준히 청강하였고, Pennsylvania大에서 교환 교수로 온 Kroch 교수가 진행한 History of English Syntax, 조교수로 있던 Epstein의 Syntax를 청강하였습니다.

이때 Leningrad 동방학연구소에서 Alexander Vovin이 Ross King 교수와 함께 Cambridge에 왔는데 우리 집에 초청하여 저녁도 대접하고 많은 이야기를 나누었습니다. 잊을 수 없는 만남이었는데, 라이샤워연구소에서 향가와 萬葉集를 강연한다고 해서 갔습니다. King 교수 말로는 소련 최고의 한국 고대어 연구자라고 했는데 萬葉集는 모르겠지만 향가에 대한 이해는 곤란한 상태였습니다. 고대 한국어로 해독하여 고대 일본어로 된 萬葉集와 비교한다는데 한국어가 무슨 말인지 알 수 없었습니다. 그래도 곧 Michigan대의 일본어과 조교수가 되었는데, 그 뒤 테뉴어는 받았는지 어찌 되었는지, 참 '人生不相見'이지요.

Harvard대 도서관 앞. Harvard-Yenching Institute 방문학자 때(1990. 5.)

MIT 강의 가운데 Hale과 Pezetsky가 함께 진행한 통사론, Higginbotham 과 Heim이 함께 진행한 의미론 등의 강의를 청강하였는데, 교수들 중에 가장 따뜻하게 대해 주신 분은 Morris Halle 교수였습니다. 형태론 한 학 기를 청강하였지요. 가끔 중세 한국어의 성조와 표기법 등을 설명해 드리 면 눈을 똥그랗게 뜨며 놀라워하였고, 1990년 1월 26일 'Metrics Sheds Light on History'라는 제목의 강연을 하였는데, 유대 민족의 암호 같은 고대 시(*Tell me not in mournful numbers/ Life is but an empty dream,/ And the soul is dead and slumbers,/ And things are not what they seem.//* …후략)을 히브리어로 해독하여 음수율을 따져서 나열하면, 그 모양이 神殿의 모습(picture of a temple)으로 재현된다는 신비로운 이야기였습니다. 꼭 김완진 선생님의 향 가 강의 '3구 6명'을 듣는 기분이었습니다.

MIT 도서관 안. Harvard-Yenching Institute 방문학자 때(1990. 5.)

일주일에 몰아서 3시간씩 강의하는 Chomsky의 강의실에서 Storrs의 Connecticut 주립대의 H. Lasnik을 알게 되었습니다. 그의(1988) *A Course in GB Syntax*를 번역하기로 하고, 원고를 만들어 와서 1992년에 *GB 통사론 강의*로 출판하였습니다. 그 책은 자기 선생님의 강의를 기록한 노트를 토대로 Uriagereka라는 Basque 출신 학생이 편집하여 만든 책이지요. 'Kuno 교수와의 토론 요약문과 이 번역본, Radford 번역서를 통합하여 강의를 하고, 학생들에게 나누어 준 프린트를 모아서 책으로 내자.' 그런 결심을 하였습니다. 이때 Radford(1988)의 번역도 서울의 두 분 선생님과 함께 진행하여 귀국하자마자 1990년 8월에 을유문화사에서 *변형문법*으로 발간하였습니다. 1990년 여름 귀국하여 2학기 대학원과 학부에서 이 강의를 하였습니다.

1991년부터 4년간 국립국어연구원 일을 겸직하면서 학교 강의 갈 때에 시간 맞추어 배포할 강의 요지를 만드느라 참 바빴습니다. 이 4년이 저로서는 아쉬움이 좀 있습니다. 이때 좀 더 열심히 몰두하여 공부하였으면 빨간 책, 까만 책이 한 5년 정도 더 빨리 나올 수 있었을 듯합니다. 자고 나면 이론이 바뀌던 시대이었는데, 이 책들이 나왔을 때는 이미 최소주의가 나온 후입니다. 수정확대표준이론이 낡은 것처럼 보이던 때에 그 이론으로 한국어 통사 구조를 분석한 그 책들이 나온 것이지요. 그러나 애초부터 최소주의를 이 책들에 반영할 생각은 하지 않았습니다.

그렇게 강의한 것이 모여서 1998년의 *문법의 모형과 핵 계층 이론*, 2000년의 *변형과 제약*(까만 책)이 되었습니다. 어말 어미를 COMP(문장자)로 본다든가, 선어말 어미들을 핵으로 보아 교점으로 분지시켜 TP(시제구), HP(경어법구), MP(양태구)의 핵으로 본다든가, 주제화를 WH-이동으로 설명하고 의미 해석에서 초점을 중시하는 것, 여러 가지 빈자리를 통사 구조 속에 설정하여 다양한 공 범주를 둔다는 것 등은 수정확대표준이론적인 생성 통사론이라 할 수밖에 없습니다. 그나마 문장 구조를 연구하는 데는 다른 어떤 이론이 없으니까 그것이 제일 나은 것이지 않았겠는가 하는 그런 생각을 한 것입니다. 격과 재귀사를 보는 방식에 있어서도 좀 더 생성 통사론에 충실한 설명을 한 셈입니다.

전체적으로 한국어의 문장 구조를 보는 기본 틀이 생성 통사론입니다. 제가 선생님들께 배우고 공부해 온 것이 위에 말한 것과 같아서 다른 일을 할 수 있는 사정이 안 되었습니다. 제 여건에 딱 맞는 일을 한 것이지요. 이것은 사실은 임홍빈 선생님과의 40여년에 걸친 사귐이 이끌어간 자연스러운 흐름입니다. 핵심 예문 '니는 순이가 눌로 좋아하는고 궁금하나?'와 '니는 순이가 눌로 좋아한다고 생각하노?'는 미아리 어느 통닭집에서 선생님과 대화하면서 종이 냅킨에 메모한 것입니다. 임 선생님은 그 뒤로도 최소주의에 이르기까지 생성 통사론의 자세한 이론적 변화를 따라 잡아 세세한 이론의 변화와 약점에도 밝으셨습니다. 함께 세월을 흘려

보낸 선배분이 있는 것이 이를 가능하게 해 준 원동력이었습니다.

저는 수정확대표준이론으로 끝을 낸다고 결심했습니다. 심악 선생님께서 늘 '40세(또는 (제 생각에는) 40대)까지는 남의 이론을 좇아가서 따라잡아라. 그러나 그 다음부터는 제 것을 써야 한다.' 하셨습니다. 사실 최소주의처럼 할 경우 아기자기한 언어학의 맛이 줄어드는 것 같은 느낌이 있었고 마땅히 한국어에 따로 얘기할 것도 없다는 생각이 들었습니다. 여기에는 임홍빈 선생님의 영향도 있습니다. 그분이 국어학계에서 이 공부의 1인자인데 아무리 공부해도 따라갈 수가 없는 독보적 1인자였지요. 영원한 2인자일 수밖에 없는데 선배 논문 따라다니며 옳으니 그르니 할 수도 없고 답답했습니다. 그리고 Chomsky의 진보적 좌파 행보도 싫었습니다. 제게는 미국에서 잘 먹고 잘 사는 사람이 다른 나라 실정도 모르면서 반정부, 반체제 부추기는 무책임한 태도로 보였습니다. 월남전을 그렇게 반대했는데 실제로 월남이 공산화되어 인류의 삶이 향상되었느냐, 그것은 아니거든요. 그런 게 싫으니 최소주의 그런 것도 싫어졌습니다.

그런데 갑자기 제 것이 써 지나요? 학교의 행정 일은 밀어닥치고, 시간 여유는 원서 읽어서 대학원에서 강독할 상황이 안 되었습니다. 그때 안 것이지요. 심악 선생님 말씀의 뜻을. 생각해 보면 이미 나이 知天命을 넘었는데 1998b로 명사구 이동을 손대고, 2000년에 *변형과 제약*에서 대폭 수정하고 있었거든요. 명사구 이동에는 격 이론을 엮어 넣어야 하는데 지도학생들이 석사, 박사학위 논문에서 이미 격에 대해서는 說盡한 상태였습니다. '너무 늦었다.'는 생각이 들었습니다. 그래서 '여기까지다.'라고 다짐했지요. 그래도 그 과정에서 "'비가 올 것 같다.'의 주어는 상황 공범주이고 '비가'일 수는 없다." "한국어에는 진정한 명사구 이동이 없다. 주어 인상 구성은 존재하지 않고, 있다면 모두 초점 이동이다."는 주장을 할 수 있었습니다.

  젊은 한 시절, 미친 듯이 한 곳에 빠져 살 수 있었던 것은 선생님들의 가르침 따라 이 공부를 이 방향으로 한 덕분입니다. 그러면서도 항상 머리 한 구석에는 이것이 내 본업은 아니고, 국어사나 방언과 관련하여 국어학 본연의 모습을 보여 주는 어떤 일을 해야 한다고 생각하고 있었습니다. 그러나 다른 어떤 것을 추구하지도 못했고 할 것도 없었습니다. 지금 향가 공부와 한문 공부에 몰두하는 것은, 그리고 소나무(松)와 心遠에 집착하는 것은, 이제는 변덕 부리지 말고 욕심 부리지 말고, 그 空虛함을 이겨 보자는 마지막 발버둥이라고 생각합니다. 한문은, 나이 들면 선조들이 남긴 것을 읽는 것밖에 할 일이 없을 것 같아서, 늦었지만 정요일 선생님을 모시고 그분이 우전 신호열 선생님께 배운 것을 간접 전달 받으려 애쓰고 있습니다. 생성 통사론은 이제 와서 보면 우리 시대의 숙명 같은 것으로, 그 방향으로 갈 수 있게 이끌어 주신 선생님들께 감사할 뿐입니다.

  그 뒤로 한국어 문법 연구 경향이 국어사 자료에 토대를 둔 문법 변화의 추적으로 바뀌어 가고, 서강의 대학원생들도 이정훈 교수, 박진희 교수 등을 끝으로 이론에 토대를 둔 연구는 끝나고, 문헌 자료를 토대로 문법 변화 논문과 조어법 논문을 쓸 때, 혼자 고립되어 있는 듯한 느낌을 가지기도 했습니다. 그러나 어쩔 수 없었지요. 대세는 이미 기울었고, 영문학과에서 이홍배 교수도 정년퇴임하셨고, 그 뒤로 최소주의는 바람직하지 않은 방향으로 달려갔고, 더 이상 생성 통사론 따라가는 것을 멈추었습니다. 대학원도 유학생이 많아 빨간 책, 까만 책 가르치기에도 벅찼고, 학교 문법과 다르니 학생들에게 강요할 수도 없었습니다.

  특히 교육대학원 강의가 힘들었는데, 저자가 주요 쟁점에서 "내 책대로 답 쓰면 임용고사 불합격이다. 이렇게 볼 수도 있다는 것이다. 정답은 *우리말 문법론*이나 '교사용 지도서'이다."라고 말하면서 가르치는 일은 못할 일이었습니다. 나중에는 교재를 아예 학교 문법 해설서 같은 것으로 바꿀 수밖에 없었는데, 다른 사람 책 가지고 이래서 틀리고 저래서 정답이긴 하지만 언어학 이론에는 안 맞는다고 말하는 것도 싫었습니다. 고등학교 문법이 저런 방향으로 단일화된 것이 심리적으로 상당한 부담을 주었습니다. 저 앞에서 말한 제5차 교육과정의 문법 책 5권 가운데 한 권은 출중하였고, 두 권은 전통 고교 문법의 전형을 보이고 있었는데, 세 권 중 어느 하나가 되거나 잘 절충하면 좋은 문법서가 될 줄 알았습니다. 그런데 제6차 교육과정의 단일 고교 문법 책은 이 책들과는 많이 달라졌습니다. 지금 8차 교육과정의 고교 문법 책은 완전히 언어학 개론이 되었지만, 문장 부분은 거의 6차 때의 책을 답습한 것입니다.

가장 큰 문제가 계사[지정사] '이다'입니다. "'학생이다'는 NP가 아니고 VP이다. '학생이다'에서 계사 '이-'가 중심이고 '학생이'는 보어다. '아니다'는 부사 '아니'에 계사 '-이다'가 합쳐진 것이다."고 주장하고, "서술어는 '목적어+동사'를 말한다. '영수는 순이가 예쁘다고 생각한다.'에서 '영수는 순이를 예쁘다고 생각한다.'로 변형시키는 것은 안 된다. 명사구 이동을 논의할 구성이 아니다." 이런 식으로 가르치는데….

지금의 고등학교 문법은 "'이다'는 서술격 조사다, '아니다'는 형용사다, '학생이다'는 명사구다, 서술부는 '목적어+서술어'다." 이렇게 되어 있으니, 50년 이 나라 통사론 연구를 백지화시킨 것처럼 되었습니다. 생성 통사론은 고등학교 문법에서 완전히 배제된 것입니다.5) '이다'가 활용

5) 여기에 알려지지 않은 일화가 하나 있습니다. 1984년쯤 한국언어학회에서 여름연구회 때 공동 토론 주제로 '고교 문법 교과서 검토'를 넣고 주제 발표를 임홍빈 선생님과 저에게 의뢰해 왔습니다. 둘이서 나누어 맡아서 주제 발표를 준비하다가 보니, 제 판단에 두 권은 고교에서 사용할 수 없을 정도의 수준이었고, 한 권은 다른 책과 비교할 수 없는 출중한 생성 통사론이고, 또 다른 두 권은 전통 문법과 기술 문법으로 과거의 답습이었습니다. 괜히 선생님들의 저작을 놓고 이러니, 저러니 하는 것이 옳지 않다고 생각하여 그 당시 회장이던 이기용 교수께 말씀드려 주제를 변경하였습니다. 차라리 이때 다 펼쳐놓고 중등교육의 국어 문법 교육을 어떤 방향으로 이끌어 가야 하는지를 논의했더라면 지금처럼 100년 전으로 퇴보하는 것을 막을 수 있지 않았을까 하는 생각을 합니다.

하는 서술격 조사라는 것은 곤란합니다. 영어 선생님은 be 동사라고 가르치는데, 우리 국어 선생님들은 조사라고 가르치니…. 그러니까 초등학생 받아쓰기에서 조기 영어 교육을 받거나 미국서 살다 온 아이들이 '학생 입니다'로 써서 틀리고 혼란을 겪게 되는 것입니다. 이게 계사라면 '저 나무가 소나무(이)다.'의 경우 생략될 수 있고, 띄어쓰기도 영어의 I'm처럼 붙여 써도 되고, 'He is'처럼 띄어 써도 된다 하면 다 끝나는 것입니다. 조사라 해 놓으니 무조건 붙여 써야 한다는 것을 요구하게 되는 것이지요. 2013년 11월 15일쯤 국립국어원에서 표준 문법 만든다고 설문 조사를 하였는데 "'이-'를 조사로 보는 문제"가 들어 있습니다. 저는 '당연히 반대. 지정사로 보고 '아니-'도 형용사로 보지 말고 부사 '아니'와 지정사 '이-'로 보라고 응답했지요. 초등학생의 받아쓰기는 "'나는 학생입니다'도 좋고 '나는 학생 입니다'도 좋다."로 바뀌어야 합니다.

외솔 선생님이 20세기 초에 잡음씨[지정사]라 하여 용언의 하나로 다루었는데, 21세기에 온 세계의 언어를 다 보고 사는 이 시대에, 이 세상 어떤 언어에도 없는 서술격 조사라는 것을 설정하다니…. 이를 강력하게 반박한 것이 1992a와 빨간 책의 'VP → NP+이-(V)'입니다. 사실 이 주장은 경남 방언의 '무슨 말이고?', '산이가?', '누가 우리 편이 아이고?', '순이가 학생 아이가?'의 '-고', '-가'의 분포를, '유야는 뭐 하노?', '유야 왔나?'의 '-노', '-나'의 분포와 구분하여 계사[지정사] 뒤에 '-고', '-가'가 온다고 한 1979의 논문에서 제기한 것이지요. 그 뒤로 여러 논문과 박사학위 논문의 기본 논지이기 때문에 저로서는 양보할 수 없는 진리라고 믿는 것입니다.

❚ 선생님께서는 국립국어연구원에서도 일을 맡아 표준 화법을 제정하는 등의 일에도 많은 공헌을 하셨습니다. 국어원에서의 활동과 그 활동이 실제의 언어 생활에 미친 영향력에 관해서도 말씀을 좀 듣고 싶습니다.

1991년 2월부터 1994년 10월까지 4년 가까이 새로 출범한 국립국어연구원의 어문실태연구부장으로 일하였습니다. 그 전해 말에 창립된 연구원의 초대 원장이신 안병희 선생님의 재직 시기와 거의 같은 기간이지요. 국어연구원 근무는 원장 선생님, 장관(이어령 초대 문화부 장관) 선생님을 모시고, 그때 막 모습을 드러낸 구소련, 중국, 북한 등의 우리말 사용 실태를 조감하면서 언어 정책을 조율해 나가는 것이었지요. 제가 재직한 어문실태연구부는 국어 순화라는 이름의 각종 생활 언어 다듬기, 해외동포 한국어 보급, 북한어 등을 담당하였습니다. 이때 언어 예절, 국어 순화, 북한어, 해외동포 한국어 사용 실태 조사, 한국어 해외 보급, 표준국어대사전 편찬 준비 등의 업무를 익힌 것이 큰 자산이 되었습니다. 그 전까지의 공부가 이론화 시기였다면, 이때부터의 공부는 실제의 언어 사용과 씨름한 문제의 체화 시기라 할 수 있습니다. 어문규범연구부는 처음 2년간 임홍빈 선생님, 그 다음 2년간 박양규 선생님이 맡았습니다. 그 쪽은 어문규범 손질과 표준국어대사전 편찬이 주된 일이었습니다.

1992년의 '표준 화법 제정'은 언어 예절의 표준화 성격을 지닙니다. 제일 큰 문제가 가족들끼리 호칭, 지칭이 혼란스러워졌다는 것이었습니다. 그 당시 텔레비전 드라마에서 남편을 '아빠', '오빠' 심지어 '형'으로 부르고 시아버지를 '할아버지'로, 시누이의 남편을 '고모부'라고 부르는 것이 일반적이었습니다. 論語의 正名論에 비추어 보면 사회가 혼란스러워지는 시초라 할 수 있는 것이지요.

초대 문화부 장관이신 이어령 선생님과 초대 국어연구원장 안병희 선생님께서 조선일보와 함께 생활 언어 전반을 조사하여 현재 사용되고 있는 실태를 파악하고, 혹시 바람직하지 못한 경향이 있다면 올바른 방향으로 이끌어 갈 여론 주도층을 형성하려는 원대한 계획을 세우신 거지요. 아이들 교육에서부터 쓰는 말인 호칭, 지칭어에서 인사말에 이르기까지 거의 모든 실제 언어 생활을 대상으로 기준이 될 만한 표준어형을 논의하여 방향을 잡았습니다. 이 위원회는 연령층도 폭 넓게, 출신 지역도 균형 잡히게 이루어져서 비교적 많이 쓰이고 올바른 말을 표준어형으로 정하였습니다. 제가 한 일은 위원회 진행 시에 사회를 보고 연구원들이 결과를 속기한 회의록을 신문 기사로 보낼 때 원고 교열을 본 것뿐입니다. 이 표준화의 모든 내용은 국어연구원의 결재 과정을 거쳤기 때문에 최종 결정은 모두 안병희 원장님이 하신 것입니다.

국립국어연구원 근무 때(오른쪽부터 안병희 원장님. 임홍빈 어문규범연구부장님. 필자. 1991. 8.)

‘처남의 댁’을 어떻게 부르느냐, ‘시누이 남편’을 어떻게 부르느냐가 화제의 대상이 되었습니다. 우여곡절 끝에 ‘처남의 댁’은 형이나 아우의 부인(아주머니, 형수, 제수)을 부르듯이 '아주머니'로 하는 것으로 결정되었고 '시누이 남편'도 남편의 형이나 아우(아주버님, 서방님)를 부르듯이 '아주버님'으로 하기로 위원회에서 정하였습니다. 이 표준화와 표준화된 말 사용에 가장 호응이 컸던 쪽이 방송 드라마들이지요. 가족들 사이의 호칭, 지칭어의 기준이 생긴 것입니다. 지금은 여기에 어긋나면 안 되는 것으로 되어 있지요.

2011년에 표준 화법 제정 20년이 되어 다시 검토하고 손질하는 위원회가 있었습니다. 이때 정식으로 이 일의 명칭을 '화법 표준화'로부터 '언어 예절 표준화'로 바꾸었습니다. 그 위원회의 위원장을 맡아 주관하면서 20년 동안의 사용 추이를 보니까 거의 그때 정한 말들로 표준 어형이 자리를 잡았습니다. 성공한 언어 정화 운동의 하나라 할 수 있을 것입니다.

해외동포 우리말 보급은 주로 구 공산권 동포들에게 표준어형을 알려주자는 교육 활동입니다. 구 소련, 중국의 동포들이 사용하는 말은 옛 함경도 또는 평안도 방언을 기본으로 하고 그 위에 현대 북한말이 덧입혀져 있는 상태입니다. 그런데 3-4세들이 우리말을 못한다는 것이 문제이지요. 정부나 민간단체가 구 공산권 동포들을 돕고 싶은데 말이 안 통하니 답답하다는 것이죠. 그래서 표준어를 가르치러 나가고 언어 사용 실태조사도 하고 했지요. 저는 알마타(그때는 알마(사과)아타(아버지)), 타슈켄트, 유즈노사할린스크 이런 데를 갔지요. 거기서 주로 동포 학교 선생님들을 크즐오르다, 비쉬켁(그때는 프룬제), 페르가나, 사마르칸트, 오또마리 등 각 지방으로부터 모셔다가 언어 규범, 문법, 우리말의 역사, 언어 예절 등을 강의하였고, 또 현지의 선생님들을 많이 우리나라로 초청하여 가르치는 일을 하는 것입니다. 그때는 북한과의 말 보급 경쟁 비슷한 심리도 작용하고 있었습니다.

타슈켄트, 한국어 교원 연수 때(뒷줄 오른쪽 세 번째 김세중 연구관, 네 번째 필자, 1993. 7.)

　이 활동에서 그 사회를 경험한 동포들의 마음속에 담겨 있는(주로 우리가 20여일씩 묵은 하숙집 주변의 민중들에게서나 들을 수 있었음, 밖에서나 잘 되어 있는 동포들에게서는 들을 수 없음) 이야기들은 저의 세계관을 완전히 바꾸어 놓았습니다. 가장 충격적인 말은, 1937년 원동(브라지보스톡 부근 연해주)에서 어느 날 새벽 갑자기 이주 명령을 받고 기차를 타고 중앙아시아로 끌려갔는데, 몇 달이 지난 겨울날 밤중에 카자흐스탄의 황무지에 내려놓았고, 그 갈대밭에서 아이들은 안쪽에 그 다음에 어머니들, 그 다음에 노인들, 그 다음에 젊은 아버지들, 이렇게 빙 둘러서서 밤을 보냈는데, 아침에 자고 나니 바깥에 있던 젊은 아버지들이 많이 동사하였다는 이야기였습니다. 카자흐인들이 아침에 나와서 무슨 동물 구경하듯이 바라보다가 먹을 것을 가져다주었다는 이야기, 집 떠나서 비옥한 우크라이나로 고분질(고공질?)을 가서 소작 농사를 지었다는 이야기 등은 말하는 사람도 울지 않을 수 없고 듣는 사람도 울지 않을 수 없는 비참한 내용이었습니다. 그 가운데서도 교육열은 높아서 2세, 3세들을 다 훌륭히 키웠더라구요.

사할린에 가서 징용 온 분들이 생활하던 합숙소를 보고, 그때 오신 할아
버지들의 신산했던 삶에 대한 이야기를 듣고는 일제와 소련의 압제에 대
하여 참을 수 없는 분노를 느꼈고 다시는 나라가 망해서는 안 된다는 것
을 절감하였습니다.

이 임무를 띠고 중앙아시아에 다녀온 뒤에, 그때 수집한 동포들의 이
주 과정, 삶의 현실, 언어 사용 실태, 북한과의 관계, 종교적인 문제 등에
관하여 장문의 보고서를 썼고 그 끝에 가칭 '문화봉사단'을 창설하여 이
지역에 우리말을 가르치고 한국 문화를 알릴 젊은이들을 정부 차원에서
병역 의무를 하는 정도의 보상으로 파견해야 한다는 것을 제안하였습니
다. 미국의 '평화봉사단' 선생님들께 영어를 배우던 고교 시절이 생각났
기 때문입니다. 이 보고서는 새국어생활에 실렸고 그 후에 박갑수 선생님
이 지은 고등학교 독서 교과서에 실렸습니다. 문화부, 외교부, 국방부, 교
육부 등이 협의하여 오늘날의 코이카로 구체화되었는데 꼭 제 제안이 역
할을 한 것이 아니라 하더라도, 저로서는 '아, 그때 문화부 차관, 장관 하
시던 분들이 아래 사람들의 의견에 귀를 기울였구나.' 하고 감사해 합니
다. 장관 결재가 나서 돌아온 보고서에 차관의 '여럿이 자세히 읽어 보게
여러 부를 만들어 보내 달라.'는 메모가 있었습니다.

곽충구 교수는 박사학위논문이 그 분야라서 추천하여 알마티로 가서
이 일에 관여하게 되었는데 깊이 빠져 있지요. 그러나 그 자료가, 그 동
포들이 사용하는 말이 이 세상에서 가장 기구한 운명을 걸어온 사람들의
언어이기 때문에 우리가 채록하여 남겨서 증언하지 않으면 안 됩니다. 구
소련에서 사용할 수 없었던 두 언어는 한국말과 유대말이었다고 합니다.
그 일을 하는 곽 교수가 곁에 있는 것도 큰 자랑입니다.

북한어는 문화어 때문에 관심을 끌었습니다. '얼음보숭이'가 제일 기억
에 남는 일이죠. 아이스크림인데 '보숭이'가 황해도 방언에서 '콩고물'이

예요. 그들은 '크림'이 가루인 줄 알았던 것이지요. 제가 '말의 세계'라는 칼럼을 쓰던 *월간조선*에 아이스크림을 먹어 보았으면 '얼음보숭이'라고 하지는 않았을 거라고 썼지요. 거기서 말다듬기 하는 학자들이 아이스크림을 먹어본 적이 없다는 것, '노견'을 '길섶'으로 다듬은 사람들이 고속도로의 'shoulder'를 본 적도 없을 거라는 확신을 갖고, 서구 문명 사회의 나머지 다른 이기들에 대하여 무슨 전망이 있어 미래를 위한 언어 정책을 수립하겠는가라는 생각을 했지요. 또 '얼음보숭이'를 '에스키모'라고도 하는데 참 이상했어요. 웬 일인가 하고. 나중에 모스크바에 가서 보니 이게 회사명이었어요. '코카콜라', '제록스'나 '진로' 같은 거지요. 민족이나 언어 이름으로는 뜻풀이 되지 않고 '얼음보숭이'로 뜻풀이 되는 '에스키모', 상상이 됩니까? 그 뒤에 저쪽의 *조선말대사전*에서는 많은 다듬은 말이 표제어에서 사라졌어요. 북한어 규범이 우리와 다르고, 외래어가 러시아식 발음으로 되어 있어서 뽈스카(폴란드), 웽그리아(헝가리), 체스코(체코), 슬로벤스코(슬로바키아) 등이 특이하였지요. 통일에 대비하여 그런 것을 연구해 두라는 것이었습니다.

국어 순화는 여러 일들이 많았는데 공공기관의 안내문을 다듬은 것이 기억나고, 의학 용어, 건설 용어 등을 각 전문 분야와 협력하여 다듬은 것이 기억에 남습니다. 아파트 이름이 한때 '한가람', '상록수', '달빛', '은빛', '별빛'으로 지어진 것이 그때인데, 일반적으로 '○○동 ○○아파트'라 하여 회사 이름을 붙였거든요. '회사명 안 된다, 한자 안 된다, 영어 안 된다.' 했는데 잘 가다가, 지금은 '래미안, 자이, 푸르지오, 데시앙' 등으로 가버렸지요. 이젠 국적 불명의 말들과 뜻도 짐작할 수 없는, 부모님 찾아올 수 없게 만드는 아파트 이름으로 뒤덮었습니다. 무리한 정책이 생활에 미친 악영향이라 할 수 있겠지요.

법무부의 의뢰로 형법을 전부 다듬은 일도 기억에 남았습니다. 동숭동 같은 집에서 하숙을 하던 법대생 채수철 검사가 어느 날 찾아와서 장관 지시로 형법을 쉬운 우리말로 바꾸는 일을 맡았는데 국어연구원이 함께 하는 것이 좋겠다고 하였습니다. 그때 허철구 교수와 함께 많은 어려운 법률 용어와 복잡한 문장을 쉽고 간결하게 손질하였습니다. 법무부로 순화안을 보내고 채 검사께 결과를 물었더니 장관께서 그대로 결재하셨다고 하여 전문기관의 권위라는 것이 무엇인가를 어느 정도 느꼈습니다.

'갑상샘'이라는 의학 용어는 '甲狀腺'으로 쓰던 것입니다. 이 '腺' 자가 문제인데 이것이 일본 사람들이 만든 한자로 '몸(肉)에 있는 샘(泉)'이라는 뜻이어서 '샘'으로 바꾸자는 주장이 강했습니다. 저도 '淋巴腺'을 '림프 샘'으로 하는 것까지 고려하여 '線'으로 오해되는 '腺'보다는 '샘'으로 하는 것이 좋겠다고 찬성했습니다. 그러나 다른 '○○선'을 모두 '○○샘'으로 바꾸지 않으면 어렵다고 보았지요. 지금도 의학계에서는 도로 '腺'으로 하자는 시비가 일고 있습니다.

'갓길'도 화제 거리였는데요, 그때 고속도로 가에 '노견 주행 금지'가 있었거든요. '노견'이 '늙은 개냐? 길 가는 개냐?, 국민을 개로 보느냐?' 이런 우스개 소리가 있었거든요. 'shoulder'인데 일본에서 '路肩'이라 했어요. 물론 '어깨 肩'은 훈독이지요. 북한은 '길섶'이라 했는데 이것도 진짜 'shoulder'를 보면 그 밖에 길섶이 있다는 것을 알게 되거든요. '길귀, 길섶, 길어깨, 길밖 등' 여러 대안이 제시되었고 심의위원들도 의견이 분분하였습니다. 연구원의 국어 순화 담당인 이근용 연구원과 담당 부장인 저는 내부적으로 '갓길'을 대안으로 갖고 있었습니다. 그런데 대세는 '길섶'이었는데 '길 가장자리 풀 있는 곳'이라는 생각이 들고 또 북한 사전에서 이미 이 말을 '고속도로 변'으로 뜻풀이 하고 있었습니다. '길어깨'는 너무 직역이고 '길귀'는 길 가에 차 세우고 잠시 쉬는 곳에 적합할 것 같아 곤란하다고 논의를 하고 있는데, 그런 사이에 옆에서 기록을 하던 이근용 연구원이 '부장님, 갓길을 제안하시지요.' 하여 그 틈에 '갓길'이 어떤지 제안하였고 그것이 채택되어 오늘날까지 사용되고 있습니다. 경찰청에서는 '길'이 아닌데 '길'이라고 하느냐고 반대했는데, 저는 '비상구난차가 다니니 길은 길이다.'고 주장하였습니다. 이 문제로 뒷말이 무성할 때 어문규범부장이던 임홍빈 선생님은 '비상선'이 좋은데 '비상선/주행선/추월선'을 놓고 논의할 걸 그랬다고 하였습니다. 그러나 국어 순화라는 분위기가 감히 한자어를 새 말이라고 내놓을 상황은 아니었습니다. 그냥 순화로 볼 문제가 아니다 싶어요. '주행선', '추월선'이 이미 있는데, 거기에 맞게 '비상선' 정도로 했어야 하는데 그냥 한자어는 안 쓴다는 강박관념 같은 것이 작용한 것이지요.

말 다루기가 쉽지 않지요. 지금 국어심의회 위원장을 맡아 다시 이 문제들과 씨름을 하게 되었습니다. '블루투스'를 어떻게 할 것인가 하는 것이 눈앞에 닥쳐온 문제입니다. 어원은 스칸디나비아 반도를 통일한 덴마크 왕의 별명이 '파란 이빨'이었다는 데서 온 거거든요. '주변기기 통합 운용 기능'인데 좁은 데서만 통한다고 '쌈지 통신'으로 하자는 의견도 있었는데, 어쩔 수 없지요. '블루투스'라 할 수밖에요. 덴마크가 원래 자기 왕의 별명대로 부르는지 궁금합니다. 만약 그러면 그 나라 국민만 왕따가 되는 거지요. 무거운 책임으로부터 벗어날 수 없는 운명이 어린 시절 동그라미, 해돋이로부터 유래하는 것이라 생각하고 있습니다.

선생님께서는 서강대학교에 오래 재임을 하시면서 이른바 서강 국어학이라고 할 수 있는 전통을 만들어 오신 주역이시기도 한데요, 서강대 국어학 연구의 전통 및 역사, 그리고 특유의 분위기가 있다고 느껴지는데 이에 관련해서도 이야기를 듣고 싶습니다.

서강 국어학 분야에 30년 이상 근무하였지요. 서강 국어학이 특별하다고는 생각하지 않습니다. 아주 정상적인 국어학을 해 왔다고 생각합니다. 선생님 수가 적다 보니까 연구 분야도 음운, 형태, 통사를 넘어서기가 어려웠습니다. 외국 학생들이 많아져서 어휘론 분야를 빠른 시일 안에 안정시키는 것이 지금의 급선무입니다. 물론 전통이 있는데 그걸 만드는 데 제가 주 역할을 한 것은 아니지요.

서강대 국문학과 창설 40주년 기념 학술대회 때(앞줄 왼쪽부터 김완진 선생님, 이재선 선생님, 김열규 선생님, 김현주 교수, 송효섭 교수, 필자, 정요일 교수, 이상란 교수, 곽충구 교수, 성호경 교수. 김경수 교수. 2004. 10.)

서강 국어학은, 초석을 놓으신 분이 김완진 선생님이십니다. 1961년에 우리 학교의 첫 국어 선생님으로 오셔서 교양 국어를 가르치시다가 1964

년 학과 창설의 산파 역할을 하셨지요. 1971년에 동숭동으로 옮기셨습니다. 선생님께서 1931년생이시니 30대의 10년을 서강에서 연구하신 것이지요(1967년부터 2년간 Harvard-Yenching Institute의 방문학자로 미국과 터키 체류). 성조론, 음운 현상과 형태론적 제약, 문 접속과 구 접속, 통사 구조의 심층과 표면, 청산별곡의 사슴, 언어의 시적 기능, 향가 해독, 고려 가요 어석 등의 상당량이 거의 서강에서 진행된 연구라 할 수 있습니다. 음운론은 프라그학파의 구조주의와 생성 음운론이 기본으로 깔려 있었지요. 통사론도 생성 통사론의 기본 토대는 다 마련되어 있었습니다. 거기에 정연찬 선생님께서 성조론과 방언 음운론, 음운사에 대한 연구를 진행하셨지요. 이승욱 선생님께서 알타이 어학적 문법 체계 위에 문법사에 대한 연구를 진행하셨습니다.

거기에다 저는 생성 통사론의 수정확대표준이론과 방언 문법, 한국어 통사사를 더한 것 정도이지요. 현재의 이론이 충분한 것은 아니지만 그 속에서 한국어를 설명하는 데에 도움이 되는 것을 찾아 응용하려 한 것, 문법 변화 과정을 문헌 자료를 통하여 실증적으로 밝히려 하는 논문들, 각 방언의 특징적 현상을 섬세하게 밝히려는 논문 등이 서강대 국어학 학위 논문들의 성격입니다. 곽충구 교수가 와서 방언 음운론, 문헌 자료, 해외동포 언어까지 포괄하게 되었습니다. 생성 이론적 경향은 영문학과의 이홍배, 김영석 교수님의 영향도 많이 입은 것으로 생각합니다. 대학원생들이 영문학과 강의도 많이 수강하였습니다. 저도 그것을 권장하였습니다. 제 수업에도 영문학과 대학원생들이 많이 들어왔습니다. 그분들이 권장하셨기 때문일 겁니다. BK21을 국어학, 영어학, 불어학, 독어학이 모여서 한 것도 특이한 일이라 할 것입니다. 이제 통사론의 이정훈 교수와 어휘 형태론의 황화상 교수가 이 전통을 잘 이어갈 것입니다.

BK21로 Harvard 국제한국어학회 참석 때, Pennsylvania의 Gettysburg에서(오른쪽부터 이홍배 교수님. 곽충구 교수. 김영석 교수님. 필자. 2003. 7.)

　현재로서 서강 국어학의 특징을 말한다면, '이론 공부를 탄탄히 한다. 모든 논문에는 이론적 배경이 있어야 하고 설명은 언어학 술어로 이루어져야 한다. 자료는 국어사 문헌 자료, 방언 자료까지 다 활용하고 설명에 언어의 역사적 변화를 최대한 반영한다. 논증은 궁극에 이르기까지 한다.' 이런 것을 들 수 있지요. 그런데 이런 것은 모두 김완진 선생님께로부터 유래한 것입니다. 저는 그 뜻을 잊지 않으려 애쓴 것이지요.

　사실 제가 자랑하고 싶은 것은 문학 분야를 포함한 우리 학과의 교수진 구성입니다. 가능한 한 그 시점에서 최고의 학문적 성취를 이룬 분이나 이룰 가능성이 확실한 분을 모시는 원칙을 고수하였습니다. 학연도, 지연도 심지어 연령도 배제된 철저히 업적과 장래성 위주로 초빙된 교수들로 짜여져 있습니다(타교의 40대 후반 확립된 학자도 모셨고, 35세 정도의 초임인 분도 모셨습니다). 그러다 보니 의도한 것은 아니었는데 우연히 교수 구성이 이상적으로 되었습니다. 지금 출신 학교로 보아 어느 대학도 학부 기준 동일학과 출신이 1/3이 안 됩니다. 서강대 국문학과가 1/4쯤으로 가장 많지요. 1999년쯤 시행된 교육법은 '학부 기준 동일학과 출신이 2/3를 넘으면 안 된다.' 정도입니다. 미국 명문 대학들은 자교 출신 1/3 이하를 불문율로 하고 있습니다.

▍ 이론을 받아들이는 태도, 그리고 어떤 자료를 대상으로 삼아야 할 것인가에 대하여 주실 말씀이 있으실 것 같습니다.

아무리 좋은 이론이 있어도 받아들일 준비가 되어 있어야 활용할 수 있습니다. 아무리 좋은 자료가 있어도 그 자료의 언어학적 가치를 이론상으로 깨달을 수 있어야 체계적인 연구가 될 것입니다. 어떤 이론이면 어떻고 무슨 자료이면 또 어떻습니까? 論語의 말씀대로 '꼭 이래야 하는 것도 없고, 꼭 그러지 말아야 하는 것도 없지요(無可無不可).' 좋은 이론을 공부해서 아직 발견되지 않은 한국어의 특성을 밝혀내면 그것으로 좋지 않겠습니까?

특별히 유의할 것은 이론을 맹목적으로 따르거나 이론에 맞추어 언어 자료를 조절해서는 안 된다는 것입니다. 역으로 이론을 비판하는 데에 정력을 낭비하는 것도 바람직하지 않습니다. 자기 얘기 하기도 바쁜데, 남의 아픈 데를 꼬집는 얘기에 시간을 보내면 안 됩니다. 어떤 이론의 좋은 면은 응용하고, 또 좋지 않은 면은 수정해 가면서 자연 언어로서의 한국어를 기술하고 설명하는 것이 바람직한 것이지요. 물론 저도 그러지 못한 면이 많습니다. 또 어떤 자료를 사용하든 그 자료가 신빙성이 있고 자연 언어로서의 한국어라는 보장만 있으면 충분합니다. 젊은 분들은 어떤 이론이든 하나를 붙들고 궁극에까지 가기를 권합니다. 자료는 가리지 말고

다 다루고, 어디에 어떤 책이 있고, 어느 책에 어떤 예문이 있다는 것을 기억하고 있는 것이 좋습니다.

여기서 말하고 싶은 것은 이론은 없고 한국어 자료만 분석하는 태도입니다. 이것도 無不可에 속하는가를 생각한 적이 있는데, 그런 논저들을 가만히 보면 전통 문법이든 역사 언어학이든 구조주의든 기술 언어학이든 어딘가에 기대고 있습니다. 독불장군은 없는 것이지요. 그래서 결국 '현재 국어학계는 無不可의 경지다.'에 도달하였는데, 그런 관점에서라면 '현대의 최신 언어학 이론을 접하지 않는 것은 無不可를 어긴 것이다.'는 생각을 할 수 있습니다. 그러나 그 누가 일부러 최신 이론을 접하지 않겠습니까? 나이 들고 외국어 해독 능력이 없으면 못하는 일입니다. 그러니 젊고 외국어 해독 능력이 있는 분들은 자꾸 새로운 세계로 나아가야 하고, 그것이 다른 사람들까지도 함께 無可無不可의 경지를 꿈꿀 수 있도록 하는 한 방안이 될 수 있지 않을까요?

┃ 함께 서강대에 재직 중이신 곽충구 선생님과도 여러 영향 관계가 있었을 것 같은데요.

자료와 이론 중 어느 쪽에 무게를 두는가 하는 생각의 차이가 있었지요. 처음 곽 교수가 오셨을 때, 아무래도 대학원생들의 공부가 이론적 경향이 강한 분위기라서 곽 교수가 볼 때는 자료 쪽이 영 엉성해 보였던 것이지요. 그리고 중앙아시아나 중국 동포들의 언어 자료를 다루다 보니 특이한 현상도 많이 알고 있고, 그런데 그런 것이 통사론을 하는 학생들에게 영향을 주면 안 된다는 것이 제 신념이지요. 통사론은 정상 이론에 토대를 두고 핵 문법을 설정한 후에, 방언적 변이형을 설명하는 쪽으로 방향을 잡아야 하는데, 먼저 이상한 자료 해석을 위하여 골몰하면 안 되는 것이지요. 내내 저의 이론 중시 경향과 곽 교수의 자료 중시 경향은 타협이 안 되는 논제이었지요. 대학원생 지도에 문제가 있었을 수도 있는데 제가 곽 교수에게 미안한 일이 많습니다. 충청도 양반이 남쪽 갯가 사람의 직선적 성격에 마음 상한 일이 더러 있었을 겁니다. 그러나 어쩌겠습니까? 생각이 서로 다른데요.

그러다가 학생들이 자연스레 문헌에서 자료를 찾아, 특히 근대 한국어 자료의 다양한 변화에 주목하여 논문을 쓰기 시작하였지요. 그 속에서 좋은 논문도 나오고 하여 저도 학생들이 최소주의를 따라다니는 것보다는 그쪽이 낫겠다 싶어 근대 한국어, 개화기 한국어까지의 문장 구조나 문법 형태소의 변화를 다루기를 권장하는 상황이 되었죠. 원래는 저도 자료에서 출발했으니까. 특히 시간 표현이나 양태 표현의 변화를 추적할 것을 권장한 것이 근 20여년이나 되었는데 이제야 슬슬 그 결과가 나타난다고 봅니다. 학문의 진전에는 참 시간이 많이 걸리더라구요[6]

그러나 이 연구들이 이론을 도외시하고 자료만 본 것은 아닙니다. 이 논문들은 구조주의, 기술 언어학, 역사 언어학 이론을 깔고 있는 것이지요. 문헌 자료 연구에 생성 통사론을 응용하기가 어려우니까 다른 경향의 이론을 응용한 것이라고 생각합니다. 서강의 국어학 석, 박사 학위논문들의 참고문헌을 보면 학생들이 서구 이론서들을 얼마나 많이 읽었는지 알 수 있습니다. 그것이 서강의 자랑이고 특징이라 할 수 있지요. 자기가 다루는 자료에 마땅한 새 이론이 없으면 과거 이론에 의지하는 것이 옳지요. 문헌 자료를 대상으로 논문을 써도 문장 구조를 보는 기본 틀은 유지하라는 것이 저의 요구입니다. 그러나 지금은 국내 어느 대학에서도 새

---

6) 그런데 문장의 변화를 다루는 게 시간과 품이 많이 들어서 단기간에 안 되지요. 대학원생 때 도서관에서 안병희 선생님의 공간하지 않은 '개화기국어의 문장 구조 변화'에 대한 연구 보고서를 보았습니다. 이런 주제는 단기간의 연구로는 완성하기 어렵겠구나 하는 교훈을 얻었습니다.

통사 이론을 소화하는 데가 없으니 걱정입니다.

▌그럼 좀 더 눈을 넓혀서 현재의 전반적인 국어학 분위기는 어떻다고 생각
　하십니까? 그리고 후배 연구자들에게 해주고 싶으신 격려와 질타의 말씀
　이 있으시다면 또 들어보고 싶습니다.

　저는 행정직 교수로 일한 시간이 많은 삶을 살았습니다. 총 35년 교수
생활 중 23년을 어떤 일이든 공부하는 일 외의 일이 머리 한 쪽을 차지
하고 있는 삶을 살았습니다. 공부에만 집중하는 삶을 살지 못한 것입니
다. 그래서 농담 삼아 '저처럼 보직으로 세월을 보낸 불행한 교수가 서강
에 다시는 없기를 바란다.'고 하면 다들 웃지요. 저보다 더 긴 시간 학교
행정일을 하고도 자기 분야 최고의 연구를 한 분도 많으니 핑계일 수도
있지요. 너무 젊은 날 학교에 와서 긴 시간 신부님들, 선후배 교수님들과
온갖 일들을 겪으면서 살았는데 중견이 되어 학교 사정을 잘 아니 일을
맡으라는데 버틸 수도 없었고, 국립국어연구원이 출범하면서 스승이 원
장과 문화부 장관이 되셔서 일하라고 하시는데, 그것이 국어 일인데, '저
는 못하겠습니다.'고 할 수도 없었습니다. 그러므로 이런 말을 할 자격이
없습니다. 근래에 가볍게 생각한 내용을 언급하는 것을 용서하시기 바랍
니다.

　지금 국어사 연구가 상당히 넓고 깊게 연구가 되고 있는 것으로 압니
다. 문헌들이 이용하기 쉽게 다 정리가 되어 있어서 공부하기에 편리해졌
습니다. 그 결과 옛날처럼 원전 자료를 확인하면서 공부하는 풍토가 사라
졌습니다. 간접 인용은 틀릴 수도 있고 자료 입력이 정확하지 않을 수도
있습니다. 논문에 인용하는 자료, 주요 논거는 꼭 원전에서 확인하고 사
용하는 전통이 확립되었으면 좋겠습니다. 혹시 *삼국유사, 삼국사기, 용비*

어천가 등 문헌 자료의 한문을 인용할 때는 꼭 원전을 보고 그 문장을 어떻게 번역하였는지를 밝혀야 할 것 같습니다. 원문만 인용해 놓고 그것을 토대로 논의하면, 엉뚱한 말을 하게 되는 우스꽝스러운 일이 생길지도 모릅니다. 또 번역문만 실어 놓으면 잘못된 번역에 오도될 수도 있고 자신의 번역이 잘못된 것을 토대로 논의를 펼칠 수도 있습니다. 서구어의 경우도 마찬가지일 것 같은데, 이제 원문만 제시하거나 번역문만 제시해서는 제대로 전달되지 않을 정도로 우리 사회의 지적 수준이 떨어졌다는 것을 받아들이고 '나는 이 원문을 이렇게 번역하였다. 그리고 그 토대 위에서 논의한다.'는 자세를 갖추어야 할 것 같습니다.

문법론에 대해서만 말한다면 저는 좀 비관적입니다. 현재 문법 변화를 추적하는 연구가 많은데 그것도 곧 연구 대상이 고갈될 것입니다. 그리고 창의적인 연구 결과가 나오기도 어렵구요. 어떤 쪽으로 돌파구가 열릴지 모르지만 당분간 한국어 문법학계는 발전하기 어려울 것입니다. 이론 공부를 하기가 어렵고, 학교 문법은 독점되어 是非를 논의할 수도 없이 전통 문법 시대 스타일로 굳어져 버렸고, 자료도 새로운 자료가 나올 가능성이 거의 없거든요. 이러면 그 학문은 고사됩니다.

2009-2010년 국어학회 회장을 하면서 특강이나 공동토론을 기획할 때 정말 막막하게 벽에 닿은 느낌이 들었습니다. 적절한 주제를 찾지 못하여 '국어 통사론 연구의 현황과 전망'으로 했는데, 그때는 각 대학의 박사학위 논문 중심으로 점검하자는 것이 아이디어였지만, 그것이 불가능하더라구요. 국어학회 창립 50주년 국제학술회의도 외형은 상당히 갖추어졌는데 내용은 그렇게 알차지 못했다고 반성합니다.

최근에는 국어학회 학술회의 때 참석하려고 노력하는데 다른 분야에 비하여 문법론 분야가 좀 조용하다는 느낌을 받았습니다. 지금은 마땅히 권할 이론도 없는 것 같지요? 이런 때는 이미 있는 이론 가운데 가장 마음에 드는 것을 골라 처음부터 찬찬히 다시 들여다보아야 할 것 같습니다. 저는 빨간 책을 쓰면서 일부러 구조 기술 언어학을 선생님들께 배운 노트를 꺼내 놓고 정리하였습니다. 언어학 기본도 모르는 사람이 유행 따라 생성 문법이니 하고 있다는 말을 들을까 봐, 구조 기술 언어학도 누구보다 더 잘 배웠다는 긍지를 가지려 했거든요. 그런데 큰 도움이 되었습니다. 생성 통사론, 생성 음운론도 이제 그런 시각으로 '그 시대의 고전이다.' 생각하고 찬찬히 들여다볼 때가 되었을 것입니다. 통사론만 말하면 Radford의 저서들의 번역서와 Lasnik의 저서 번역서, Haegeman의 GB 이론 입문서를 읽기

국어학회 창립 50주년 기념 국제학술회의 때, 서강대 다산관(2009. 12.)

를 권합니다. 가장 나쁜 것은 아무 것도 안 하는 것이지요. 지난 시대 이론은 한물갔다. 새 이론은 없다. 그러니 이론 공부 할 것은 없다. 이게 제일 나쁜 것이지요.

　서강 문법론은 당분간 수정확대표준이론(GB 이론) 정도의 생성 통사론과 생성 형태론을 하기 바랍니다. 음운론도 웬만하면 생성 음운론에 토대를 두고 하는 것이 좋을 것입니다. 다른 게 썩 좋은 것이 없거든요. 마치 오늘날도 어떤 대학의 국문학과가 구조 기술 언어학을 하고 있듯이, 서강은 그동안 해 온 서강의 공부를 하면 되는 것이지요. 물론 여기에는 구조 기술 언어학에 대한 완전한 이해가 전제됩니다. 특별히 과거의 선배들이

그렇게 해 왔듯이 영문학과 강의를 수강하고, 언어학회나 생성문법학회 등 생성 문법 이론에 토대를 두고 활동하는 학회에 부지런히 참가하기를 바랍니다. 외국어학과 교수들이 다루는 한국어를 통하여 세계 언어학계의 동향이 어떻게 돌아가는지, 그 이론에서 한국어의 어떤 현상을 어떻게 설명하는지, 그들이 잘못 해석하고 있는 한국어의 현상은 없는지, 국어학계에서는 이렇게 설명하는데 언어학계는 왜 저렇게 설명하는지를 생각할 수 있어야 창의적인 논문을 쓸 수 있습니다.

국어학뿐만 아니지만, 우리나라 대학의 풍토 가운데 꼭 바뀌었으면 하는 것이 있습니다. 우리는 교수가 인접 학과나 같은 학과의 다른 교수의 강의를 듣는 것이 어렵게 되어 있습니다. 이 문을 열었으면 좋겠습니다. 졸업생들도 필요하면 모교에 가서 '전에 배운 선생님이 요새는 어떻게 달리 가르치시나?' 하는 것을 보았으면 합니다. 다른 대학 강의도 들을 수 있게 되는 것이지요. 대학원생들도 학점 신청한 과목 외에 인접 과목도 청강하고, 수료한 뒤에도 관련 과목은 계속 청강하고 해야 합니다.

MIT의 강의실에는 다른 대학의 교수로 가 있는 졸업생들도 많이 왔습니다. 그들이 가장 날카롭게 스승의 강의 내용에 반론을 제기하는 반증례들을 세계 여러 언어들에서 찾아 제시하고 토론하면서 새로운 해결책을 모색하곤 하였습니다. 다른 교수들도 서로 청강하였습니다. 하버드의 강의실에는 품위 있게 예쁘게 나이 드신 호호백발 할머니들과 멋쟁이 할아버지들이 보였습니다. 얘기를 나누어 보면 학교 이웃에 사는데 이 과목 내용이 재미있어서 시간 나면 청강하러 온다고 합니다. 알아보니 그 학교에서 은퇴한 분들도 있다고 합니다. 내가 가르친 후배 교수가 요새는 어떤 연구를 하나? 예전에 우리가 쓴 논문은 지금 언급이라도 될까? 뭐, 그런 것이 사람 사는 재미 아니겠습니까? 대학이 열려 있는 것이지요. 그게 부러웠습니다. 그러나 저도 퇴임하면 그럴 용기가 없겠지요.

[5] 2009년~ , 반성과 앞날

▌마무리로 최근의 향가 연구와 앞으로의 계획에 대하여 듣고 싶습니다.

2009년 6월 문과대학 학장을 끝으로 오랜 행정직을 벗어나 안식년을 얻어 미국 Ohio Columbus로 갔습니다. 계획은 거창하였는데 빨간 책, 까만 책 개정판 쓰는 진도가 영 안 나갔습니다. 이때 주된 연구 과제가 선어말 어미 '-느-'의 분포와 기능이었습니다. 논증할 방법이 없는 과제이지요.7) 정신적으로 아이디어가 고갈되어 있었고 기억력 감퇴 등의 현상이 느껴졌습니다. 손자 돌보며 반성을 많이 했습니다. 그동안 너무 오래 학업으로부터 멀리 떨어져 살았던 것을 뼈저리게 후회하였지요.

2010년 복직하여 가르치고 연구하는 주력을 '원전판독/고전문헌해독'으로 집중해 갔습니다. 30년 전 부임할 때부터 봉사 과목으로, 고전 문학 전공할 학생들을 도와준다는 마음으로 가르쳐 왔던 과목인데 *삼국유사* 그것도 주로 鄕歌를 가르쳤습니다. 김완진 선생님의 1980년 해독을 소개하고 다른 해독과 비교하면서 한국어의 통사적 특성상 어떤 해독이 온당한 해독인가를 가리는 데 치중한 과목입니다.

---

7) 정년 기념 논총의 '어미의 문법'에 실은 논문이 그때 쓰던 것인데 국어 *의문문* 연구에서 주창한 과거 인식의 '-더-'와 대립되는 현재 인식의 '-느-'로 확립할 필요가 있었습니다. 논증이 어려웠어요. 그동안 참 많이 헤매고 절망하고, 지난날의 복잡한 연구사에 대하여 원망하는 마음도 생기고…. 도대체 연구사의 조리가 안 잡히는 중구난방의 학설로 뒤범벅이 되어 있는 주제였습니다. 결국 '현재 인식 : 과거 인식'으로 대립되는 인식 시제라는 범주를 두고 현재 인식을 나타내는 형태소가, 동사의 경우 의문문에서는 '-느-'로 나타나고 평서문에서는 '-ㄴ/는-'으로 나타나는데, 형용사에서는 '-0-'으로 나타난다. '있-', '없-'은 의문문에서는 동사처럼 '-느-'를 후행시키고, 평서문에서는 형용사처럼 '-0-'을 후행시킨다. '었-', '겠-'은 '있-'과 마찬가지로 의문문에서는 '-느-'를 후행시키지만 평서문에서는 '-0-'을 후행시킨다로 간결하게 정리하였습니다.

Ohio Columbus의 Olentangy 江가에서. 3차 안식년 때 손자 유곤이와(2010. 1.)

제가 이 공부를 한 動因은 두 가지입니다. 첫째는 1980년대 초 대학원 과정 내내 김완진 선생님께 배운 향가 해독입니다. 언어는 알겠는데 문학과 역사가 너무 궁금하였습니다. 향가 한 수 한 수에는 만만하게 보지 못할 설화들이 곁들여 있는데 이 설화가 생성된 시대적 배경이 쉽게 설명되지 않는 경우가 많습니다. 30년 동안 향가를 가르치면서 향가 해독이 완전해지려면 국어학적 지식 위에 더하여 신라 사회에 대한 역사적 이해가 필수적이라는 신념을 갖게 되었습니다. 둘째는 앞에서 말한 MIT의 Morris Halle 교수의 'Metrics Sheds Light on History'라는 강연입니다. 히브리어로 된 오래 된 시를 Metrical Phonology로 음수률을 헤아리면 그 모양이 神殿이 된다는 것입니다. 꼭 향가의 음수률을 헤아리시던 김완진 선생님 같았습니다. '향가에도 저런 신비로운 면이 있을까?' '나이 들면 다 제 민족의 고대 문화로 돌아가는구나!'하는 생각을 가졌습니다. 그때

제 운명도 저렇게 되리라는 예감이 들었습니다.

2000년 성호경 교수가 부임한 뒤로 자주 향가에 대하여 논의하였는데 성 교수는 술만 마시면 자기는 '아버지를 아버지로 못 부른다.'는 것이었습니다.[8] 자기 향가 공부의 스승은 김완진 선생님이신데, 그분이나 그분의 제자들은 자기를 제자나 형제로 안 본다는 것입니다. 저는 그분을 선생님이라 부르면서도 제자다운 제자 구실을 못 한 것이지요. 30년을 그분의 학설로 향가를 가르치고도 글 한 편 발표하지 않았다니 부끄러운 일이었습니다. 그래서 가르치면서 갖게 된 의문점들을 슬금슬금 던져 보았지요. 답은, 놀랍게도 그런 것은 잘 연구되지 않았다는 것이었습니다.

지금 향가 강의 30년을 정리하고 있습니다. 일단 '慕竹旨郎歌'는 다 되었습니다. 향가 모죽지랑가 연구(서강대학교 출판부, 2014. 2.)가 그 결과입니다. 김완진 선생님께 배운 해독에다 제가 가르치면서 알게 된 역사, 문학적인 해석이 토대를 받치는 구도입니다.

이 노래가 죽지 장군 사후에 지어졌는가, 생시에 지어졌는가로부터 출발하였지요. 결론은 사후에 지어졌다는 것인데 그것을 뒷받침하는 역사 기록을 추적하다가, 효소왕이, 국사학계가 연구해 놓은 것처럼, '6살에 즉위하여 16살에 승하한' 것이 아니라 삼국유사에서 말하고 있는 대로 '16살에 즉위하여 26살에 승하하였다.'는 새롭고 놀라운 사실을 밝혀내었습니다. 이 새로운 주장은 효소왕과 그의 두 아우인 보ㅅ도[寶叱徒]태자, 성덕왕까지 모두 신문왕이 즉위하던 681년 이전에 태어났어야 한다는 것을 뜻합니다. 그리고 그들의 어머니 신목왕후는, 제 연구 결과로는 655년

---

8) 이 과목을 성호경 교수가 부임해 왔을 때 넘겨드려야 하는데 그러지 못했습니다. 정말로 매력적인 과목이거든요. 넘겨 드리기엔 너무나 아까운 강의안이 제게 있는 것이지요. 이 과목이 없었으면 답답한 한국어 문법학계의 현실에 숨이 막혔을 것 같아요. 호한한 이야기, 유라시아 대륙의 민족 이동사와 5000년의 역사, 섬세한 향찰 읽기에 이르기까지 이렇게 좋은 과목을 '이제부터 성 선생이 가르치시오.' 하고 내어주기에는 제 욕심이 너무 컸던 것이지요.

전사한 태종무열왕의 사위 김흠운과 요석공주(?)의 딸이라는 것입니다. *삼국사기*에서 김흠운은 잡찬 김달복의 아들입니다.

그러면 신문왕과 신목왕후는 내외종간인데, 그들은 혼인 전에 세 아들을 두고 있었습니다. 이 아들들이 681년 정명태자가 신문왕으로 즉위하던 해에 일어난 왕의 빙부 '김흠돌의 모반'의 원인입니다. 이 모반으로 자의왕후와 신문왕은 김흠돌의 딸인 왕비를 폐비시키고 수많은 화랑 출신 장군들을 주륙하였습니다. (필사본 *화랑세기*에는 김흠돌이 김달복과 김유신 장군의 누이 정희 소생으로 되어 있습니다. 그리고 김흠돌의 처는 김유신 장군의 딸 진광으로 되어 있습니다.) 그로부터 3년 뒤인 683년에 신문왕은 이미 세 아들을 거느리고 있는 신목왕후를 새 왕비로 맞이하였습니다.

정년 기념 고별 강연 때, 서강대 정하상관 108호
(2013. 12.)

*삼국사기*를 보면 신문왕의 혼인으로부터 4년 후 687년에 원자가 출생하였고, 691년에 왕자 이홍을 태자로 봉했으며 이듬해 신문왕이 승하하고, 692년에 효소왕이 즉위하였습니다. 여기서 원자와 왕자 이홍이 동일인이라고 보고 효소왕이 6살에 즉위하여 16살에 승하하였다는 것이 국사학계의 통설입니다. 그러나 원자와 왕자 이홍은 동일인이 아닙니다. 원자가 태어나기도 전인 *삼국유사*의 만파식적(682년) 조에 6살쯤의 태자(효소왕)가 등장하고, 백률사(693년) 조에는 청년처럼 보이는 효소왕이 등장하며, 혜통 항룡(692년) 조에는 효소왕의 왕녀가 등장합니다. 효소왕은

677년생으로 16살인 692년에 즉위하여 26살에 승하하였습니다.

그리고 700년 '경영의 모반' 직후 신목왕후가 45세 정도로 이승을 떠나고, 경영이 주살되며 이에 연좌되어 중시 순원이 파면됩니다. 이어서 702년에 효소왕도 승하합니다. 경영과 순원은 신목왕후와 그 어머니로 추정되는 요석공주에게 반기를 든 세력으로 보입니다. 그 후 681년생인 성덕왕이 702년 22살의 나이로 오대산에서 와서 즉위하였습니다.

효소왕과 성덕왕의 외할머니이고 신목왕후의 어머니였을 요석공주의 힘이 작용하고 있음을 알 수 있습니다. 요석공주는 704년 성덕왕의 첫 왕비 성정왕후를 들이는 데에도 힘을 발휘하고, 만약 남편이 전사한 655년에 20살 정도였다면 81세쯤 된 716년경 이승을 떠난 것으로 보입니다. 성덕왕이 716년 외할머니가 간택하였을 성정왕후를 내보내고 721년에 외할머니의 정적(?) 순원의 딸인 소덕왕후를 들이는 것이 이를 보여 줍니다.

훈장 전달식 때, 서강대 총장실(오른쪽부터 유기풍 총장님, 필자, 물리학과 박광서 교수님, 심종혁 부총장님. 2014. 2.)

　결국 '모죽지랑가'는 김흠돌의 모반 이후 축출된 죽지 장군의 불우한 삶과 신문왕, 효소왕이라는 暗君이 다스린 어두운 시대의 士[武士와 文士를 아우름]들의 아픔을 배경으로 하는 의미심장한 노래입니다. 저는 죽지 장군이 700년 '경영의 모반'을 전후한 시기에 이승을 떠난 것으로 보았습니다. 그동안 어떻게 살았을까요? '익선의 죽지 장군 모욕 사건'은 그렇게 이해할 수 있는 일입니다. 이 노래는 지도자를 잘못 만난 良將의 쓸쓸한 최후를 보여 줍니다. 요석공주의 아들 설총이 지은 '花王戒'의 할미꽃 같은 신하는 바로, 智官이라는 별명을 가진 죽지 장군일 듯합니다.

　태종무열왕, 문무왕을 만난, 그리고 문무왕 13년[673년], 김흠돌의 모반 8년 전에 79세로 이승을 떠난 金庾信 장군은 행복한 사람입니다. 사람도 잘 만나야 하고 죽기도 적기에 죽어야 합니다. 김유신 장군도 8년만 더 살았으면, 험한 꼴을 보았을 것이고 오늘날의 위대한 장군 김유신의 전설은 없었을 것입니다. 혜공왕 때 김유신 장군의 무덤에서 나온 돌개바람이 미추왕릉으로 가서 울부짖었다는 *삼국유사* '죽엽군' 설화가 그냥 있는 것이 아닙니다.

　앞으로도 힘닿는 데까지 향가의 주변 사정을 밝히는 일을 계속할 생각입니다. 그리고 빨간 책, 까만 책을 개정하여 묶어서 *한국어 통사 구조의 생성 문법적 연구*라는 책을 내는 것이 또 하나의 목표입니다. 그 밖의 계획은 생각해 보지 못했습니다. 고맙습니다.

徐禎穆(族譜名 禎洙) 先生 年譜

[1] 출생과 가족

출생일   1948(무자)년 11월 15일(음 10월 15일)

출생지/원적   경남 창원군 웅동면 대장리(현 창원시 진해구 대장동) 45

본적   서울특별시 도봉구 쌍문동 119-16

현주소   서울특별시 마포구 대흥동 독막로 266 태영아파트 113-501

가족   父 達城 徐興錫   母 南平 文章수 6남 3녀 중 차남

            妻 晉州 姜玉美

                子 徐柱賢(명지병원 소아응급실장)

                壻 金海 金志雄(금융감독원)

                  손자 裕坤, 손녀 裕玟

                子 徐允珠(동아대학교 기초교육원 영어과 조교수)

                壻 長島 安德來(SUNY Stony Brook, Research Fellow)

[2] 훈장과 포상

1981년 12월   일석 국어학 장려상(국어학회)

1999년 5월   동숭 학술연구 장려상(동숭학술재단)

2010년 1월   문화체육관광부 장관 표창(국어발전유공)

2013년 3월   서강대학교 30년 근속 공로 표창

2014년 2월   황조근정훈장

[3] 학력

1961년 3월	경남 창원군 천가면 천가초등학교 졸업
1961년 4월–1964년 2월	경남 창원군 웅동면 웅동중학교 졸업
1965년 3월–1968년 2월	경남 마산고등학교 졸업
1968년 3월–1972년 2월	서울대학교 문리과대학 국어국문학과 문학사
1975년 3월–1978년 2월	서울대학교 대학원 국어국문학과 문학석사
1980년 3월–1987년 8월	서울대학교 대학원 국어국문학과 문학박사
	(지도교수 : 李基文 선생님)

[4] 경력

1972년 2월–1974년 6월	군 복무(ROTC 10기, 육군 중위 소집해제)
1974년 7월–1975년 2월	양정고등학교 강사
1975년 3월–1978년 2월	양정고등학교 교사
1978년 4월–1979년 4월	서울대학교 인문대학 국어국문학과 조교
1979년 4월–1981년 1월	강원대학교 사범대학 국어교육과 전임강사
1981년 2월–1983년 2월	고려대학교 문리대학 국어국문학과 전임강사
1981년 9월–1983년 2월	서강대학교 문과대학 강사
1983년 3월–2014년 2월	서강대학교 문과대학/국제인문학부 조교수, 부교수, 교수
2014년 3월–	서강대학교 명예교수

[5] 박사학위 배출자 명단

1. 박정규　　단국대 교양학부 교수

2. 허철구   창원대 국문학과 교수

3. 이승재   국립국어원 학예연구관

4. 우창현   대구대 한국어과 교수

5. 정용구   신안산대 교양학부 교수

6. 김명광   대구대 한국어과 교수

7. 김인균   신라대 국문학과 교수

8. 김대복   인천대 국문학과 강사

9. 이수득   대입 학원 강사

10. 이정훈   서강대 국문학과 교수

11. 오경숙   서강대 한국어교육원 교수

12. 박철주   한성대 국문학과 강사

13. 남미정   서강대 국문학과 대우교수

14. 장요한   계명대 국문학과 교수

15. 박진희   네델란드 레이든대 한국어 교수

16. 정혜선   국립국어원 학예연구사

17. 정한데로   서강대 국문학과 강사

박사 후보

18. 오승은   19. 한명주   20. 조지연   21. 박미영

[6] 교내 보임

1985년 3월–1987년 2월   문과대학 교학과장

1987년 8월–1989년 6월   국어국문학과장

1995년 2월–1997년 3월   대학원장보

1997년 9월–1999년 5월   국어국문학과장

1999년 4월–2001년 1월   교무처장 겸 연구처장
2002년 3월–2004년 8월   언어정보연구소장
2004년 2월–2006년 8월   교양학부 학장
2007년 7월–2009년 6월   문학부 학장(국제지역문화원장 겸직)

[7] 교외 겸직

1989년 7월–1990년 8월   Visiting Scholar, 미국 Harvard-Yenching Institute.
1991년 2월–1994년 10월   국립국어연구원(현 국립국어원) 어문실태연구부
　　　　　　　　장, 담당 업무 : 화법(언어 예절) 표준화, 북한어 연구, 국어
　　　　　　　　순화, 해외 한국어 보급, 해외 동포 한국어 사용 실태 조사.
1993년 3월–1995년 2월   방송위원회 보도교양 심의위원
2013년 10월–현재　　　　문화체육관광부 국어심의회 위원장

[8] 강사 출강

서울대학교, 국민대학교, 단국대학교, 상명대학교, 고려대학교(출강연도순)

[9] 학회 활동

1985년–1987년   한국언어학회 출판이사
1986년–1988년   국어학회 총무이사
1987년–1989년   한국언어학회 연구이사
2005년–2007년   한국언어학회 부회장
2009년–2011년   국어학회 회장

[10] 저서, 번역서, 편저, 논문 등

(a) 저서

1987, 국어 의문문 연구, 탑출판사.

1994, 국어 통사 구조 연구 1, 서강대학교 출판부.

1998, 문법의 모형과 핵 계층 이론(빨간 책), 태학사.

2000, 변형과 제약(까만 책), 태학사.

2002, 국어국문학 연구의 반성, 쟁점 그리고 전망(박철희, 송효섭 공저), 인문연구논총 30, 서강대학교 인문과학연구원.

2014, 향가 모죽지랑가 연구, 서강학술총서 62, 서강대학교 출판부.

(b) 고등학교 교과서

1997, 고등학교 교과서, 화법, 동아출판사(임홍빈 공저)

2002, 고등학교 교과서, 작문, 두산(임홍빈 외 4인 공저)

(c) 번역서

1984, 변형문법이란 무엇인가(이광호, 임홍빈 공역), 을유문화사. Radford, Andrew(1981), *Transformational Syntax*, Cambridge Univ. Press.

1990, 변형문법(이광호, 임홍빈 공역), 을유문화사. Radford, A.(1988), *Transformational Grammar*, Cambridge Univ. Press.

1992, *GB* 통사론 강의, 한신문화사. Lasnik, Howard and Juan Uriagereka (1988), *A Course in GB Syntax*, The MIT Press.

(d) 편저

1991, 문법 2, 국어학강좌 2(이병근 공편), 태학사.

(e) 논문

1977, "15세기 국어 속격의 연구", 국어연구 36. 서울대학교 국어연구회.

1978, "체언의 통사 특성과 15세기 국어의 '-ㅅ', '-이/의'", 국어학 7, 국어학회.

1979, "경남방언의 의문법에 대하여", 언어 4-2, 한국언어학회.

1981a, "경남 진해지역어의 움라우트 현상에 대하여", 방언 5, 한국정신문화연구원.

1981b, "한국방언조사 질문지, '문법편'에 대하여", 방언 5, 한국정신문화연구원.

1982, "15세기 국어 동명사 내포문의 주어의 격에 대하여", 진단학보 53-54합병호, 진단학회.

1983, "명령법 어미와 공손법의 등급", 관악어문연구 8, 서울대학교 국어국문학과.

1984a, "후치사 '서'의 의미에 대하여", 언어 9-1, 한국언어학회.

1984b, "의문사와 WH-의문 보문자의 호응", 국어학 13, 국어학회.

1985, "접속문의 의문사와 의문 보문자", 국어학 14, 국어학회.

1986, "복합명사구의 WH-현상", 국어학 신연구, 탑출판사.

1987, "경남방언의 의문문에 대한 연구", 서울대학교 박사학위논문.

1988, "한국어 청자대우 등급의 형태론적 해석 1", 국어학 17, 국어학회.

1989a, "WH-constructions in Korean", *Harvard Studies in Korean Linguistics* 3, Dept. of Linguistics, Harvard University.

1989b, "반말체 형태 '-지'의 형태소 확인", *이혜숙 교수 정년기념논문집*, 한신문화사.

1989c, "중부 방언의 '-(으)려(고)'와 남부 방언의 '-(으)ㄹ라(고)'", *이정 정연찬 선생 회갑기념논총*, 탑출판사.

1990a, "방언학의 자료와 이론", *방언학의 연구 동향과 과제*, 문학과지성.

1990b, "의문법", 국어연구 어디까지 왔나, 이기문 선생 회갑기념논총, 동
아출판사.

1990c, "한국어의 청자대우 등급의 형태론적 해석 2", 국어학논문집, 기곡
강신항 교수 회갑기념논총, 태학사.

1991a, "내포 의문 보문자 '-(으)ㄴ가'의 확립", 석정 이승욱 선생 회갑기
념논총, 원일사.

1991b, "한국어 동사구의 특성과 엑스-바 이론", 국어학의 새로운 인식과
과제, 김완진 선생 회갑기념논총, 민음사.

1992a, "계사 구문과 그 부정문의 통사 구조", 국어사 자료와 국어학의 연
구, 안병희 선생 회갑기념논총, 문학과지성사.

1992b, "지배와 결속 이론에 의한 국어 연구", 국어학 연구 백년사, 약천
김민수 교수 정년기념논총, 일조각.

1993a, "국어 경어법의 변천", 한국어문 2, 한국정신문화연구원.

1993b, "국어의 구절 구조와 엑스-바 이론", 언어 14-2, 한국언어학회.

1996a, "북한의 전문 용어 다듬기에 대하여–의학, 약학 용어를 중심으
로", 한국의학교육 8-1, 대한의학협회.

1996b, "現代 韓國語 '하오體 語尾'의 形態論的 特徵", 朝鮮學報 159, 日本
朝鮮學會.

1998a, "방언학과 국어학", 청암 김영태 교수 회갑기념논총, 태학사.

1998b, "인상 구성의 통사적 특성", 심재기 교수 회갑기념논총, 태학사.

1998c, "경남방언의 '오너라체' 의문 형식 '-가', '-고'와 '-나', '-노'",
방언, 국어학강좌 6(이병근, 곽충구 편), 태학사.

1999a, "국어의 WH-이동과 주제화, 초점화", 이홍배 교수 회갑기념논총,
한신문화사.

1999b, "심악 이숭녕 선생의 문법 연구", 국어학 34, 국어학회.

1999c. "국어연구의 반성", 1960년대까지, 인문연구논총 10, 서강대학교

인문과학연구원.

2001a, "문법 연구의 현황과 전망", *경남방언연구*, 경상대학교 경남문화연구소, 한국문화사.

2001b, "현대국어 '오오체' 어미의 형태론적 해석", *형태론* 3-2, 도서출판 박이정.

2002a, "'의학용어집 : 제4집'과 전문 용어의 특성", *대한의사협회지* 45-10, 대한의사협회.

2002b, "Topicalization and Focusing in Korean", *Selected Papers from the Twelfth International Conference on Korean Linguistics*, 경진문화사.

2003, "국어 방언 문법 차이의 기술과 설명 방향", *언어와 정보 사회* 5, 서강대학교 언어정보연구소.

2004a, "A Morphological Explanation of Polite-Formal Style Forms in Kyeongsang Dialect", *Harvard Studies in Korean Linguistics* 10, Dept. of Linguistics, Harvard University.

2004b, "국어 의문문 기술과 몇 가지 통사적 문제", *이홍배 교수 정년기념논총*, 경진문화사.

2006, "The WH-scope of Embedded Questions in Korean", (2인 공저), *Harvard Studies in Korean Linguistics* 11, Dept. of Linguistics, Harvard University.

2008, "복합문의 의문사와 '-고'계 의문 어미 일치 설명의 반성", *의문사 의문문의 통사와 의미*, 한국문화사.

2013a, "<慕竹旨郞歌>의 형식과 내용, 창작 시기", *시학과 언어학* 25, 시학과 언어학회.

2013b, "<모죽지랑가>의 창작 동기와 정치적 배경", *서강인문논총* 37, 서강대학교 인문과학연구소.

2013c, "'모죽지랑가'의 새 해독과 창작시기 추정", *언어와 정보 사회* 20,

서강대학교 언어정보연구소.

2013d, "'모죽지랑가'의 시대적 배경 재론—효소왕의 출생 시기에 대한 새로운 추론—", 한국고대사탐구 15, 한국고대사탐구학회.

2014, "문말앞 형태소의 통사적 지위", 서정목 선생 정년 기념 논총, 역락.

(f) 비논문

1991, 한국어 문장 형성 원리, 문장작법(서강대학교 작문 교재), 새문사.

1993.12.01, 옛 소련 땅 동포의 우리 말 사용, 태백 78.

1997.05.01, 한글 맞춤법의 원리와 실제, 국어문화학교, 국립국어연구원.

1998, 우리 말과 글이 걸어온 길, 대학국어교정, 서강대학교 출판부.

1999.03.30, 국어학에서 본 우리 의학 용어의 문제점과 개선 방향, 대한의사협회 의학용어개선작업 세미나 주제발표.

2007a, Korean Language and Korean Alphabet, (원글 1989년 이세(하버드 대학 학부 재학생 한국인 2세 학생동아리 회보)에 실림), 한국하버드옌칭학회 50년, 한국하버드옌칭학회.

2007b, 가든 스트리트 29의 추억, 한국하버드옌칭학회 50년, 한국하버드옌칭학회.

(g) 언어 관련 에세이

월간 조선의 〈말의 세계〉

1991년	10월	친족간의 바른 호칭어
	11월	'당신'과 '자기'
1992년	1월	'갓길'과 '길섶'
	2월	'도시락'과 '곽밥'
	3월	공중 전화집
	4월	가득 채우세요

	5월	'아주버님'과 '서방님'
	6월	라디오 따라 걷기
	7월	'아주머니'와 '처남의 댁'
	8월	노란선 뒤에서
	9월	양백천 명
	10월	경제엔 뚤이다
	11월	표준어 사용
	12월	'형님'과 '동서'
1993년	1월	과세 안녕하십니까?
	2월	'사부인'과 '사장어른'
	3월	'-오'와 '-요'
	4월	'외외가'와 '진외가'
	5월	'가만히'와 '가만이'
	6월	'-(으)로서'와 '-(으)로써'
	7월	'반드시'와 '반듯이'
	8월	'윗사람'과 '웃어른'
	9월	치간도 재비 말을 하는데…
	10월	골이 일한다
	11월	함지에 물 받아
	12월	'아이스크림'과 '얼음보숭이'
1994년	1월	'어서 오십시오'/'어서 오세요'
	2월	할 데 대하여
	3월	'괜찮다'와 '일없다'
	4월	면목을 익히다
	5월	'폴란드'와 '뽈스까'
	6월	'페루'와 '뻬루'

배움의 시간, 감사의 시간

선생님을 처음 뵌 것은 근 30년 전이다. 군 복무를 마치고 복학하였더니 세련된 풍모의 새 선생님 한 분이 계셨다. 그 모습만큼이나 신선하고 새로운 학문의 세계로 우리를 열정적으로 이끄셨던 일이 어제 같은데, 벌써 정년이시라니 믿기지 않는다.

그때만 해도 이렇게 오랜 세월 선생님과의 인연이 이어질 줄은 몰랐다. 그런데 운명의 힘을 입어 대학에서 선생님으로부터 배우고, 국어연구원에서 선생님을 모시고 근무할 기회를 얻었으며, 지금은 선생님 고향의 인근 도시에서 직장 생활을 하고 있으니, 나로서는 더없이 소중한 인연이다.

돌이켜 보면 선생님과의 지난 세월은 모두 배움의 시간이었다. 강의실에서는 국어의 어미들이 낱낱이 쪼개지고, 쪼개진 어미들은 나무 그림의 여기저기로 정신없이 옮겨갔는데, 문득 정신을 차리고 보면 수업 종료 시간을 넘기기 일쑤였다. X관에 있던 선생님의 연구실에 들르면, 언제나 책이 펼쳐져 있고, 컴퓨터 화면에는 쓰시는 글이 켜져 있었다. 그 모든 것이 만사에 정성을 다하고, 물고기처럼 늘 깨어 있으라는, 그러니 "니는 지금 머하노?"라고 게으른 제자에게 베푸는 무언의 가르침이었으리라.

선생님은 참으로 정확하시고, 세심하셨다. 래드포드의 *변형 문법*, 래스닉의 *GB 통사론 강의*의 역서를 내시는 동안, 대학원생들이 교정의 임무를 맡은바 오탈자 하나 찾기 어려웠으니 말이다. 90년대 초반, 당시 한창 보급 중이던 표준 화법을 방송에서 설명하시고 오신 적이 있다. 그때 선생님은 방송 내용을 상세히 들려 주시고, 그 녹음본을 연구원들과 몇 번이고 들어 보면서 혹 잘못 말씀하신 것은 없었는지 노심초사하시고는 했다. 모두 기억에 남는 일이다.

선생님은 언제나 말씀 끝에 "허허" 웃으시는 모습이 트레이드 마크이다. 그렇게 생활 속의 선생님은 소탈하고 다정하시다. 한여름의 무더운 연구실에서 종종 러닝셔츠 차림으로 연구에 매진하기도 하셨고, 때때로 교정에서 학생들과 어울려 야구를 하기도 하셨으며, 술자리에서는 소박하게 소주를 즐겨 찾으셨다. 모두들 슬금슬금 엉덩이를 들썩일 지경까지 오랜 시간 이야기 나누기를 좋아하셨으니 학생에 대한 애정이 없고서는 안 될 일이리라. 그동안 제자들에게 크게 부족한 점이 있었을 터인데도 늘 다독이시는 모습만 기억되니 우리 모두 선생님의 다감하신 품성 덕을 크게 입지 않았나 싶다.

제자들이 목도한 화목한 가족애도 빼놓을 수 없다. 종종 사모님이 싸 오신 저녁 도시락을 드시면서 두 분의 애정을 과시하기도 하셨고, *국어 의문문 연구*의 머리말에서 어린 따님들의 이야기를 잊지 않으셨으며, 나중에는 고3 따님의 밤늦은 하굣길의 운전기사 역할까지 도맡으셨다. 이렇게 화목하고 자상한 생활인의 모습은 오늘날 모든 제자들이 무탈하게 가정을 꾸리고 대인 관계를 이어가는 데 본보기가 되었다.

아, 돌아보니 무심히 지나간 시간 곳곳에 가르침이 있었다.

선생님.

흔히들 무사히 정년을 하시는 일에 당하여 당연히 축하의 말씀을 드리는 것이 예라고 하지요. 그러나 제자 된 처지에서 그저 기쁨의 자리로 하기에는 당치 않습니다. 아쉽고 허전함이 참된 심정이겠지요.

　오래 전 선생님께서 국어연구원 부장으로서 국어심의회를 이끄시던 모습이 떠오릅니다. 정년에 이르신 지금 다시 국어심의회 위원장으로서 봉직하시는 모습을 뵈니 지금 이 시간이 끝이 아니라 새로운 시작일 뿐이라는 생각이 듭니다. 이 작은 생각을 위안삼아 오늘의 정년을 진심으로 축하드립니다.

　제자들이 준비한 이 책이 선생님의 은덕에 보답하기에는 터무니없이 부족합니다. 그래도 늘 그러셨듯이 넉넉한 웃음과 함께 이 보잘것없는 작은 뜻을 너그러이 받아 주시겠지요. 그 부족한 점은 앞으로 천천히, 그리고 긴 시간에 걸쳐 하나씩 일깨워 주시기를 부탁드립니다.

　요즘 저희도 선생님의 향가와 역사 이야기, 그리고 손주 자랑 듣는 새 재미가 생겼습니다. 늘 건강하신 모습으로 부디 저희를 계속 즐겁게 해 주시고, 삶의 갖가지 행복을 오래오래 누리시기를 빕니다.

2014년 2월
서정목 선생 정년 기념 논총 간행위원회
위원장 **허 철 구** 근정

간행사

　서정목 선생 정년 기념 논총의 원고를 완료해서 출판사에 넘기고 표지에 쓸 사진을 찍기 위해 교정에 나갔더니 어느 새 봄기운을 느낄 수 있을 만큼 봄이 와 있었다. 그에 맞춰 교정은 또 다시 봄으로의 변신을 준비하고 있었다. 연구실은 사철 변함없건만 그 한 걸음 밖은 이렇듯이 끊임없이 또 어김없이 변신하는구나 생각하니 선생님의 변신은 어떠실까 궁금해졌다. 나무가 새잎으로 갈아입기 전에 묵은 잎을 떨어버리듯이 선생님께서도 연구실의 묵은 먼지를 떨어내고 계신데 과연 어떤 모습으로 변신하실까? 거목의 새잎과 꽃을 소망하면서 교정 이곳저곳을 사진에 담았다.

　이 책이 기획된 것은 사실 7년 정도 전의 일이다. 당시에 선생님 회갑을 기념하기 위해 제자들이 논총을 꾸미려고 마음먹고 선생님께 말씀 드리기로 했다. 해서 논총 계획을 잡고, 선생님께 말씀 드리고 허락도 받을 겸 해서 모두 모여 선생님을 모시고 산행을 갔다. 산행 중에 말씀 드린 것으로 기억하는데, 잠잠히 듣고만 계시더니 이내 그만두라 말씀하셨다. '회갑 때 제자들이 책을 꾸미는 전통이 이제는 사라지고 있고, 또 자리 잡고 승진하려면 점수가 되는 논문을 써야 하는데 내 논총 때문에 자네들한테 점수도 되지 않는 논문을 쓰게 해서 되겠나?' 사람과 삶의 진리를 궁구하는 인문학이 점수 따위에 밀리는 세태, 그 세태로 인해 사라지는 전통, 개운치는 않지만 그때는 정년 기념 논총은 꾸미는 것으로 허락을 받고 회갑 기념 논총은 꾸미지 않았다.

　그로부터 몇 년이 지나 어느덧 선생님의 정년을 앞두게 되었다. 그간 제자들은 경향 각처에 자리를 잡고 왕성히 활동을 하면서 간간이 정년 기념 논총 구상을 구체화해 왔고, 그 결과 '어미'와 '단어'를 큰 주제로 삼아서 논총을 꾸미기로 뜻을 모았다. 그리고 2년 동안 서로 격려하고 논의하면서 지금에 이르렀다. 선생님의 연구를 돌이켜 보면 '통사 구조'도 포함하는 것이 좋겠지만 서강 국어학 식구가 워낙 소수라서 '통사 구조'는 나중으로 미루기로 했다. 앞으로도 기념할 날은 계속 있지 않겠는가!

선생님의 학덕을 기리고 정년을 기념하려면, 좋은 글, 읽힐 만한 글로 책을 꾸미는 것이 마땅하다. 그래서 다음과 같은 원칙을 세웠다. '급히 써서 책임을 면하는 글은 쓰지 않는다. 서정목 선생 정년 기념 논총에 실릴 글은 학계의 성과와 필자 자신의 견해를 담는 동시에 학계에서 인정받을 수 있는 수준을 달성한다.' 이 원칙에 따라 열일곱 편의 글이 작성되었고, 선생님께서도 한 편의 글을 보태주셨다.

이 책에 수록된 글들은 크게 '어미'와 '단어' 둘로 나뉜다. '어미'는 어미와 관련된 제 현상을 다룬 연구 논문들과 어미에 대한 한국어 교육 분야의 논문들로 구성되었고, '단어'는 조어법에 더해 어휘부와 사전학까지 영역으로 삼아 구성되었다. 문법의 전체 체계 속에서 문법 현상의 미세한 수준까지를 숙고하는 한편으로 그 응용까지를 고려하는 태도를 견지한바, 선생님이 확립해 놓은 서강 국어학의 전통이라 할 수 있다.

정년(停年)은 멈추기로 약속한 해이다. 그런데 멈추기로 약속한 것은 학생과 학교에 대한 책임일 뿐이다. 학생과 학교에 대한 봉사를 멈추기로 약속한 적은 없고, 우리말에 대한 탐구에도 정년은 없다. 또 스승과 제자의 만남이 끊길 리도 없다. 제자들은 선생님의 정년을 희미해져가는 불빛이 아니라 선생님께서 학교라는 좁은 새장을 박차고 하늘로 날아오르는 때로 생각한다.

선생님이 쓰신 국어 의문문 연구 서문에 '이카루스' 이야기가 나온다.

그 책의 '이카루스'는 태양을 향해 날아오르다 곤두박질쳤지만, 이 책의 '이카루스'는 다르다. 이 책이 기리는 '이카루스'가 가진 날개의 깃털 하나하나는 장성한 제자들이고, 깃털로 장성한 제자들은 태양을 향해 아무리 날아올라도 녹아서 스러지지 않는다. 오히려 굳게 단련될 테니 선생님을 지남(指南) 삼아 태양을 향해 날기만 하면 된다. 선생님을 모시고 길이 길이 높이높이 날아오르길 기원한다.

2014년 2월
서정목 선생 정년 기념 논총 간행위원회
총무 이 정 훈 적음

서정목 선생 정년 기념 논총

초판 인쇄 2014년 2월 18일
초판 발행 2014년 2월 28일
편저자 서정목 선생 정년 기념 논총 간행위원회
펴낸이 이대현

펴낸곳 도서출판 역락
주 소 서울시 서초구 동광로 46길 6-6 문창빌딩 2층
전 화 02-3409-2058, 2060
팩 스 02-3409-2059
등 록 1999년 4월 19일 제303-2002-000014호
이메일 youkrack@hanmail.net

값 70,000원
ISBN 979-11-5686-004-4 93710